알기쉬운 불교용어 산책

일 러 두 기

- 표제어의 출전과 용례는 밝히지 않음.
- 스님의 법명, 경전 제목, 사찰 이름, 지역 이름, 불교를 빛낸 사람 등은 표제어에서 제외.
- 기본 개념어는 산스크리트어와 그 원래의 의미를 설명하여 보충.
- 기본어휘는 표제어에 📖로 표시.
- 기본어휘 가운데 가장 기초적인 108개 표제어는 ▦로 표시.
- 한자어 읽기가 불교식으로 굳어진 발음은 그대로 따름.
- 표제어와 관련이 있는 내용은 참조할 수 있도록 ➡로 표시.

사 진 제 공 처

- 본문에 사용된 사진에서 국립중앙박물관 등 공공기관 사진은 직접 촬영한 사진을 사용하였으며, 촬영을 하지 못한 사진은 박물관으로 부터 디지털 데이터를 받아서 사용하였습니다. 필자와 개인이 제공한 사진은 출처를 표기하지 않았습니다.

- 사진 제공에 도움주신 기관과 개인들입니다. 사진을 제공해 주신 분들께 감사드립니다. 국립경주박물관, 국립부여박물관, 국립중앙박물관, 다산문화연구소, 동국대학교박물관, 동북아불교연구소, 삼성미술관 리움, 송광사 성보박물관, 수덕사 근역성보관, 은해사 성보박물관, 일본 고려미술관, 일본 동사, 직지성보박물관, 통도사 성보박물관. 김윤선, 이용진, 장득진, 정성준, 현석 스님. (가나다 순)

- 이 책에 실린 사진 중에서 사용허가를 받지 못한 사진은 출간 후에도 저작권자의 권리를 존중해 사용허가를 받도록 계속 노력할 것입니다.

알기쉬운
불교 용어
산책

태경 · 조기영

불기佛紀 2555년인 오늘날에도 선가禪家에서는 이심전심以心傳心 불립문자不立文字라는 오랜 전통을 계승하여 언어문자를 초월한 깨달음 자체를 중시하고 있다. 성불成佛의 궁극이란 지극한 선禪 을 통해서 얻어지는 것이라고 인식하여 언어문자를 초월한 교 외敎外의 영역을 나름 추구하여 왔던 것이다. 그러나 현대사회 에서는 언어문자를 빌리지 않고서는 팔만대장경八萬大藏經을 이 해할 수 없으며, 대중들에게 부처님의 가르침을 제대로 전달할 수 없다. 팔만대장경을 비롯한 수많은 부처님의 언설言設은 불 법佛法을 가르치는 방편이면서 불교의 이치를 담고 있는 정화精 華인 것이다.

그리하여 언어문자를 통해서 부처님의 가르침을 알리기 위한 많은 노력들이 있어왔다. 지난 1961년에 운허耘虛 스님은 우리 나라 최초로 불교사전을 편찬하였으며, 1964년에는 동국역경 원東國譯經院을 설립하여 고려대장경高麗大藏經을 한글로 옮기기 시작하였다. 이러한 역경譯經사업의 영향으로 불교에 대한 연구가 활발하게 이루어졌으며, 다양한 종류의 불교사전이 간행되었다. 선문禪門의 불립문자不立文字를 이해하는 방법으로 언어문자를 이용하는 학술사업이 전개된 것이다.

경인문화사도 1998년에 불교용어사전을 출간하였다. 그러나 대중들이 쉽게 접하고 이해할 수 있는 내용으로 구성되지 못해 아쉬움이 많았다. 불편한 열람과 평이하지 못한 내용은 불교를 이해하려는 사람들에게 오히려 불편과 부담만 주었다. 이런 점들을 개선하기 위해 오랫동안 심사숙고한 끝에 새로운 차원의 불교사전을 기획하게 되었다.

2007년에 시작한 사전 편찬 작업이 이제야 결실을 거두게 되었다. 편리하게 휴대할 수 있고 누구나 쉽게 알 수 있는 내용으로 구성하려다보니 시행착오가 많았다. 표제어를 정하고 풀이한 내용을 다듬고 정리하는 과정이 생각보다 오래 걸렸다. 그동안 저자의 고뇌와 노고는 물론이거니와, 여러 차례의 편집회의와 원고 교정의 과정을 거치면서 훌륭하게 사전 편찬 작업을 마친 편집부 여러분의 노고에 감사드린다.

한국 불교의 역사는 1700년이나 된다. 그러나 오랜 우리 불교의 역사와는 달리 언제부터인가 점차적으로 그 정체성을 상실하여 왔다. 불교사전을 편찬하는 일은 우리 불교의 현실을 반성하고 현재 우리의 사유思惟를 정리하는 것이며 개념화하는 작업이라고 할 수 있다. 나아가 우리의 전통문화를 바르게 이해할 수 있는 기반을 구축하는 일이며, 우리 고유의 사상과 정신을 굳건하게 정립하는 길이기도 하다.

앞으로 이 사전이 출간됨으로써 부처님의 가르침을 쉽게 배우고자 하는 대중들의 오랜 숙원을 어느 정도 해결하고, 새롭게 불교 공부에 입문하려는 불자들에게 더할 나위 없이 좋은 도반道伴의 역할이 되리라 생각한다. 아울러 불법을 바르게 깨우치고자 용맹정진勇猛精進하는 학인學人들에게 지침이 되고, 중생들을 깨달음의 저 언덕으로 건너게 하려는 선지식善知識들에게 외람되이 자그마한 방편이 되기를 바라는 마음을 가져본다.

마지막으로《알기쉬운 불교용어 산책》의 간행을 계기로, 양사재에서는 앞으로 보다 세분화되고 전문화된 불교 전문사전의 간행을 차근하게 기약하는 바이다.

2011년 5월 3일

알 기 쉬 운 불 교 용 어 산 책

ㄱ

가(假)📖 스스로 성품의 실체가 없어 방편方便으로 펼쳐놓아 보여주는 것으로 허虛·권權 등과 같은 뜻이 있는 임시적인 존재를 말한다. 초기 불교에서는 현상계를 구성하는 지·수·화·풍 등과 같은 구체적인 요소인 법法은 실재하고 법의 화합으로 일어난 연기緣起의 존재로서 임시적인 가假로 파악하였으나, 연기를 상호의존성으로 파악하여 법까지도 실체가 없다고 부정하는 공空의 진리를 주장하여 가假의 뜻을 보다 풍부하게 하였다. 가假가 연기하여 눈앞에 펼쳐져 있는 존재를 아는 것이라면, 공空은 모든 존재를 있게 하는 진리의 개념이다. 따라서 눈앞에 드러난 존재인 가假와 공空을 어떤 관계 속에서 어떠한 방식으로 이해하는가에 따라 여러 가지 학설이 등장한다. ➡ 가명유假名有, 가법假法

가가성자(家家聖者) 성문이 수행하는 계위는 예류·일래·불환·아라한이며 각각 향向과 과果를 두어 사향사과四向四果라고 한다. 예류預流는 수다함이라고도 하며, 향은 이치를 보는 뜻으로 견혹見惑을 수행하고 과는 7번 생生을 반복한 결과이다. 일래一來는 사다함이라고 한다. 욕계에 상중하를 두고 또 각각에 상중하를 두어 9품의 구지九地를 수행하며, 아직 후3품을 끊지 못하고 천계에 한 번 태어난 후 다시 인간으로 와서 열반에 든다고 하는 6품의 수행에서 일래향一來向이 유래했다. 이때 수행으로 끊는 번뇌를 수도소단혹修道所斷惑 또는 수혹修惑이라고 하며, 증진하는 데 따라 하늘에 태어나면 천가가天家家라고 하고 인간에 태어나면 인가가人家家라고 한다. 수혹 중에서 제3품과 4품을 수행하여 생生을 받는 수행자를 가가성자라고 한다. 제6품을 수행하여 과를 얻는 것을 일래과一來果라고 하며, 이때 가家에서 가家를 옮겨 다니며 수행하는 지위의 성인이라는 뜻이다.

가간(家慳) 중생의 마음 속에 일어나는 생각으로 자기 혼자만 이 집을 출입하고 다른 사람을 허용하지 않는 것을 말한다. 자기만 할 수 있고 다른 사람에게 허용하지 않는 오간五慳 가운데 하나다.

가게(歌偈) 불보살의 덕을 찬탄하는 내용을 4자 또는 5자·6자·7

자·8자를 1구句로 하고, 4구를 모아서 1게偈라고 하여 노래하는 형태.

가견유대색(可見有對色) 육안의 눈으로 볼 수 있고 극미세 물질로 만들어져 장애하는 성질이 있기 때문에, 감촉할 수 있는 물질의 경계를 말한다. 삼종색三種色 가운데 하나. ➡ 유견유대색有見有對色

가공(加供) 가공양加供養의 줄임말. 법사가 설법을 하면, 법문을 들은 사람은 이에 대한 보답으로서 불사佛事의 뜻으로 공양물을 올리는 것을 말한다.

가관(假觀) 📖 현상계에 존재하는 모든 것은 실재하는 본래의 모양이 없는 공空한 것으로서 존재가 없는 가假라고 보는 것을 의미한다. 모든 사물은 실재하는 것이 없음에도 그 차별이 분명하게 나타나는 것은 서로 다른 것에 의지하여 존재하기 때문이라고 보는 견해. 천태종의 삼관三觀 가운데 하나.

가교(家敎) 선방에서 때와 시간을 정해 놓지 않고 필요할 때마다 설법하는 것을 말한다. 때와 시간이 정해져 있는 상당上堂의 설법인 대참大參과 구별되는 의미로 쓰인다. 가훈家訓 또는 소참小參의 별칭.

가구(加句) 진언眞言의 처음 또는 끝에 법을 수행하는 종류에 따라 읽도록 어구語句를 더하는 것을 말하며 옴[ॐ oṃ] 또는 스바하[ᄿᅑ svāhā] 등이 있다.

가구경행(街衢經行) 음력 2월에 승려들이 관리들과 함께 마을을 돌아다니며 경전을 외우면서 백성들의 복을 빌던 고려시대의 행사.

가나제바(迦那提婆) 용수보살의 제자인 제바를 가리킨다. 가나는 한쪽 눈이 없는 애꾸눈이란 뜻이고, 제바는 하늘天이란 뜻으로 편목천片目天이라고도 한다.

가나타(迦那陀) 낮에는 산에 숨어서 경서를 쓰고 밤에는 다니면서 설법하고 교화함이 올빼미와 같다고 하여 우루가優樓迦 또는 휴류선인仙人이라고 한다. 승론파勝論派의 시조.

가네샤 Gaṇeśa 힌두교에서 숭배하는 신으로 몸은 인간, 머리는 코끼리, 어금니는 하나이며, 배는 불룩하고, 쥐를 타고 있는 모습이다. 지혜와 행운의 상징.

가념(可念) 부처의 자비로 중생을 보호해주는 것을 말한다. 가호加護.

가단니(珂但尼) 씹어서 먹는 음식으로 비구들이 간식으로 씹어 먹는 뿌리, 줄기, 꽃, 잎, 열매를 말한다. 부정식不正食.

가둔(嘉遁) 의리를 온전히 지키고 뜻을

가네샤(국립중앙박물관)

바르게 갖기 위해서 속세를 떠나 산림에 숨는 것을 말한다.

가득상사(可得相似) 불교논리학에서 사용하는 용어로, 다른 사람이 제시한 바른 이유인 정인正因을 논파하기 위해 세운 논리에 오류가 있는 것을 말한다. 가득상사과류可得相似過類.

가득원(可得願) 복을 닦아 인간과 천상 가운데 태어나거나, 계정혜戒定慧를 닦아 아라한 내지 불佛의 과위果位를 얻는 것을 말함.

가등류(假等流) 전생에 살생을 하여 남의 목숨을 짧게 한 까닭에 금생에 자신도 단명하게 되어 결국 서로 같게 된 것을 말한다. 삼등류三等流 가운데 하나.

가라(迦羅) 📖 kāla 적당한 계절, 운명, 죽음, 검은 청색과 같이 검은 색. 시의 운율. ①분량分量의 이름. 시간의 짧은 단위 또는 적은 수량. 사람 몸의 털 하나를 1백분의 1로 자르거나, 16분의 1로 나눈 것을 말하며, 가라분歌羅分과 같은 뜻으로 사용된다. ②시時의 이름. 율장에서 정해 놓은 음식을 먹을 때인 시식時食, 약을 먹을 때인 시약時藥, 옷을 입을 때인 시의時衣 등의 시時는 일정한 때를 말하는 실시實時이며, 경전마다 처음 정해진 문구로 사용하는

'여시아문일시如是我聞一時'의 시時는 임시를 뜻하는 삼마야三摩耶의 가시假時이다. 가라柯邏로도 쓴다. ③용왕의 이름. 흑黑으로 번역. 가라哥羅·가루迦樓.

가라분(歌羅分) 물체나 시간의 아주 작은 양을 나타내는 단위. 가라歌羅·가라伽羅라고도 한다. ➡ 견절堅折, 계분計分, 교량분校量分

가라월(迦羅越) 출가하지 않고 집에 있으면서 부처의 가르침에 귀의한 남자, 즉 거사居士를 말한다.

가라타(伽羅陀) ①『인왕경』에서 보살이 수행하는 단계의 하나로, 무생법인無生法忍 가운데에서 삼명三明을 닦아 마음의 검고 어두움을 제거하는 수다함 단계의 바로 앞 계위를 말한다. 도변지度邊地로 번역. ②수미산 근처에 있는 나림산㮈林山으로 지장보살이 머무르며 살고 있으며, 부처가 『지장십륜경』을 설교한 곳이다. 십보산十寶山과 칠금산七金山 가운데 하나. 가라타迦羅陀

가란타(迦蘭陀) 좋은 소리를 내는 새란 뜻으로 호성조好聲鳥라고 한다. 나라의 이름. 죽림의 이름. 다람쥐. 고대 인도의 왕사성에 살던 장자의 이름으로 처음에는 외도를 믿었으나, 후에 불교에 귀의하여 죽원竹園을 지어 부처에게 보시하여 공양했다고 한다.

가란타죽원(迦蘭陀竹園) 가란타 장자가 지어서 부처에게 보시하여 공양한 인도 마갈타국 왕사성 북쪽에 있던 죽림.

가람(伽藍) 📖 saṃghārāma 원래는 출가자들이 함께 모여 공동으로 일상생활을 하고 청정하고 조용한 수행으로 생활하는 공간인 원림園林을 말하였으나, 후에는 사원 건축물을 포함하는 뜻이 첨가되어 승원僧院 또는 사원을 의미하게 되었다. 승려가 생활하는 데 반드시 있어야 할 건물은 부처를 모신 금당金堂, 경전을 강의하고 법문을 설법하는 강당, 탑, 음식을 먹을 수 있는 식당, 대중에게 여러 가지 알리는 사물四物인 대종·법고·목어·운판을 놓은 종루鐘樓, 경전을 보관하는 경장經藏, 승려들이 일상생활을 하는 승방僧房 등 7가지인데, 중국에서는 이 7가지 중요한 당우堂宇 또는 당사堂舍를 갖추어야 한다고 하여 칠당가람七堂伽藍이라고 한다. 칠七은 갖추었다는 뜻으로 부처의 얼굴을 나타낼 때는 정수리[頂]·코·입·두 눈·두 귀이며, 사람의 몸을 나타낼 때는 머리·마음[心]·음덕[陰]·양손·양다리를 가리킨다.

가람당(伽藍堂) 가람신을 모신 집.

가람신(伽藍神) 가람을 수호하는 신. 수가람신守伽藍神·호가람護伽藍·사신寺神이라고도 한다.

가람청(伽藍請) 불교의식은 제일 먼저 삼귀의를 한 후에, 그 날 의식에서 가장 중심이 되는 주인공을 청하여 모시고 시작하게 되는데, 도량 안에 있는 가람신, 즉 토지신을 청하여 존상을 모시는 거불擧佛을 하고, 다음은 의식이 이루어진 이유를 말하는 유치由致, 그리고 청사請詞·가영歌詠·예참禮懺의 순서로 진행하는 것을 말한다. 거불은 "南無十方佛 南無十方法 南無十方僧 以此振鈴伸召請 伽藍土地普開知 願承三寶加持力 今日今時來赴會"이다.

가력(加力) 부처나 보살이 도와주고 지켜주는 힘.

가루라(迦樓羅) 용을 잡아먹고 산다는 전설 속의 큰 새. 새의 왕. 팔부중八部衆 가운데 하나. ➡ 금시조金翅鳥, 묘시조妙翅鳥

가루자(可漏子) 껍질. 문서를 넣는 봉투. 사람의 육체나 멍청한 사람이란 뜻으로 저속하게 낮추는 말. ➡ 각루자殼漏子

가릉빈가(迦陵頻伽) 설산에 살며 그 소리가 온화하고 우아하여 듣는 사람이 싫어하지 않는다는 새. 또는 극

가루라(국립중앙박물관)

락정토에 사는 극락조라고 하며, 머리는 사람 모습이고 아래는 새의 모습을 하고 있다고 한다. 호성好聲·미음美音·묘음妙音·화아和雅

등으로 번역. ➡ 가릉迦陵, 가릉
가迦陵伽, 가릉가迦陵迦, 갈릉가羯
陵伽, 가릉비가迦陵毘伽, 가릉빈迦
陵頻

가리(伽梨) 옷 이름. 승가리僧伽
梨의 줄임말.

가리왕(歌利王) 본생담에 나오
는 왕의 이름. 전생에 부처가 남
천축 부단성富單城 바라문 집안
에 태어나 중생을 제도하고 선

가릉빈가(국립경주박물관)

정을 닦고 있었는데, 이때 성격이 포악하고 교만한 가라부왕迦羅富
王이 부처를 시기하고 미워하여 귀와 코와 손을 잘랐으나 조금도
변함이 없었다. 곧이어 하늘에서 큰 비가 내리고 돌덩이가 쏟아지
자 가라부왕이 겁에 질리고 두려워하여 부처에게 귀의하였다고 한
다. ➡ 가릉가왕迦陵伽王, 가리迦利, 가리哥利, 갈리羯利, 가람부伽藍浮

가린제(迦鄰提) 새 이름. 가제迦提.

가립(假立) 대상을 파악하는 데 실재하는 모습을 효과적으로 알기
위하여 임시방편으로 세운 수단을 말한다.

가마(迦摩) ①인도 신화에 나오는 애욕의 신. 욕欲 또는 욕신欲神으
로 번역. 애욕愛欲·성애性愛의 신. ②아귀餓鬼 이름.

가명(假名)📖 거짓 혹은 임시로 빌린 이름. 모든 사물의 이름은
처음부터 있는 것이 아니며, 사람이 임시로 붙인 것으로서 본래
체의 성품과는 맞지 않고, 다만 세상의 모든 존재는 인연이 화합하
여 생긴 것이거나 또는 다른 것이 있으므로 존재할 수 있는 상호관
계로서 진실한 본래의 체가 아니라는 뜻이다. 실질적인 본래의 모
습이 없고 임시로 이름을 붙이는 것. 『대승의장』의 가명의假名義에
는 네 가지가 있다. 첫째 모든 법은 이름이 없으나 임시로 이름을
만들어서 가명이라고 하는 것은 가난한 사람이 부자의 이름을 빌려

서 사용하는 것과 같고, 둘째는 다른 것을 빌어서 얻은 이름을 가명이라고 하는 것은 모든 음陰을 빌어서 중생이라고 하는 것과 같고, 셋째는 가假의 이름을 가명이라고 하는 것은 세속의 모든 법이 정해진 성품이 없어서 다른 것을 빌어서 있으므로 이름을 가법假法이라고 하는데 '나무, 콩, 사과' 등은 거짓으로 부르는 것이므로 가명이며, 넷째는 모든 법은 거짓으로 있는 것이니 가명이므로 이름을 버리고 법法을 논하는 것으로 법이 마치 도깨비와 같아서 있지도 않고 없지도 않고[非有非無] 또한 있지 않은 것도 아니고 없지 않은 것도 아니므로[亦非非有亦非非無] 일정한 모양이 없으므로 다름을 따라서 법法이라고 하며 법을 따라서 이름이 바뀌므로 여러 가지 차별의 모습이 생김은 임시의 이름으로 존재하게 되어 모든 법은 가명이된다.

가명보살(假名菩薩) 보살수행의 52계위 중에서 10신위信位에 있는 보살을 말한다. ➡ 신상보살信想菩薩, 명자보살名字菩薩

가명상(假名相) 여러 인연이 모여 이루어진 것으로, 이름과 모양은 실재 있는 것이 아니고 생하고 멸하는 변화를 하고 있지만 이를 알지 못하고 항상 있는 것처럼 생각하여 이름을 세우고 집착을 일으키는 것을 말한다. 모든 법이 가지고 있는 세 가지 모습 가운데 하나. 『대지도론』삼종상三種相 가운데 하나.

가명세간(假名世間) 오온이 일시적으로 화합한 것이므로 실질적인 본체가 없어 임시로 이름 한 것을 말한다. 모든 중생. 삼세三世간 가운데 하나. 중생세간·유정세간.

가명유(假名有) 여러 가지가 모여서 임시로 하나의 사물 이름을 붙인 것을 말한다. 오온의 인연으로 화합하고 이름을 빌린 것이므로, 나는 색色·수受·상想·행行·식識에 의한 것이고 나라는 실질적인 본래의 모습이 없음을 의미한다. 존재의 뜻이 있는 삼종유三種有 가운데 하나.

가명종(假名宗) 모든 사물은 이름만 있고 실질적인 본체가 없다고 말하는 종지宗旨. 사종四宗 가운데 하나. 파성종破性宗. 성실부·경량부의 교설.

가무관청계(歌舞觀聽戒) 연극·무용·음악 등을 보거나 듣는 것을 금지하는 계. 팔계八戒 또는 십계十戒 가운데 하나.

가무원(歌舞苑) 제석천帝釋天에 있는 4개의 정원 가운데 하나인 희림원喜林苑의 다른 이름.

가문(假門) 진실한 가르침에 들어가게 하기 위해 임시로 베풀어 놓은 방편의 교법. 임시로 설하는 법문 또는 방편의 법문이란 뜻으로 쓰인다.

가반(加飯)📖 발우공양을 할 때 공양물이 담겨 있는 그릇인 마지동이를 가장 윗자리에 앉아 있는 어른스님부터 말석까지 전체적으로 한 번 진지進止하고 나서, 공양물을 덜거나 더하기 위해서 다시 한 번 진지하는 방법을 말한다. 처음 진지에는 순서에 따라 필요한 양만큼의 공양물을 마지동이에서 덜어 자신의 발우에 담고, 한 바퀴가 돌고 나면 다시 처음부터 마지동이를 돌리게 되는데, 이때 처음 덜어 놓은 공양물의 양이 많은 경우에는 발우에서 덜어 마지동이에 담고 부족하면 마지동이의 공양물을 덜어서 발우에 담는다. 말석에 돌아갈 공양물이 부족한 경우에는 상관 곧 윗자리에 앉은 승려들이 자신의 발우에서 공양물을 조금씩 덜어서 마지동이에 담아 말석에까지 고르게 공양하도록 한다.

가방화주(街坊化主) 가방街坊은 길거리 또는 시장거리라는 뜻으로, 절 안팎을 드나들며 사중에 도움이 되도록 도와주는 일을 말한다. 선방 소임 중의 하나로 대중을 위해 탁발하고 시장을 왕래하며 물건을 사들이며, 세상 사람들과 인연을 맺어 사원의 재정과 비용을 마련하는 승려. ➡가방街坊, 화주化主, 화연化緣, 모연募緣

가범(伽梵) 바가범婆伽梵의 줄임말로 부처의 존칭.

가법(假法) 사물을 파악하는데 인연으로 화합하여 임시로 생겼다가 사라지므로 실재 본래의 모습이 없다고 하는 법. 실법實法의 반대.

가부좌(跏趺坐) 📖 가跏
는 발을 안쪽으로 향하여
걷어 올린다는 뜻이고 부
趺는 발의 등을 말하므로,
오른발의 등을 왼쪽 허벅
지 위에 끌어당겨 놓고
왼발의 등을 오른쪽 허벅
지 위에 얹어 두 발을 포
개어 놓고 앉는 법을 말
한다. 부처의 좌법이므로
여래좌如來坐·불좌佛坐라

길상좌

항마좌

가부좌 중 길상좌와 항마좌

고도 한다. 결가부좌結跏
趺坐의 줄임말. 왼발이나 오른발 중에 한쪽 발을 다른 한쪽 허벅지
위에 올려놓는 것을 반가좌半跏坐라고 한다.

가비(加備) 부처의 자비심으로 중생의 일용日用을 지켜주는 것을
말하며, 가피加被·가우加祐라고도 한다.

가비가(迦毘伽) ①가릉빈가迦陵頻伽. ②불신佛神의 이름. 세속의 복
덕福德을 맡은 귀신. 여래의 화신이라고도 한다. 능인주처能仁住處로
번역. 가비라伽毘羅. ③외도 이름. 머리털과 얼굴빛이 황색이어서
황적색 선인이라고도 한다. 황두黃頭·구종龜種·금두金頭·적색赤色
등으로 번역. 수론파數論派의 시조. ➡ 가비라迦毗羅, 가비라迦比羅, 가
비리迦毘梨, 겁비라劫毘羅 ④땅 이름. 고대 중인도 지역. 석가모니부
처가 태어난 곳. ➡ 가비라바소도迦毘羅婆蘇都, 가비라성迦毘羅城, 가
비라위迦毘羅衛.

가비라성(迦毘羅城) 부처의 부왕이 있던 성이기 때문에 부성父城
이라고도 한다. ➡ 가비가迦毘伽, 가비라바소도迦毘羅婆蘇都

가비라위(迦毘羅衛) 석가모니부처의 탄생지. 황두거처黃頭居處·묘
덕妙德·창색蒼色으로 번역. 겁비라벌솔도劫比羅伐窣堵·가비라바소도

迦毘羅婆蘇覩·가유리열迦維羅閱·가유라위迦維羅衛라고도 쓰고, 가비
가迦毘伽·가비라迦毘羅·가이라迦夷羅·가유迦維라고도 쓴다.

가사(袈裟) 📖 kaṣāya 인도 사냥꾼 등이 입던 누더기 옷을 가사야라
고 불렀으며, 바르지 못한 색[不正色]·물들인 색[染色]·탁한 색[濁色]·
괴색壞色 등의 뜻이 있었던 것을 불교에서 받아들여 5가지 바른
색인 청·적·황·흑·백을 피하고 잡색인 괴색으로 만들어 사용하도
록 하였으므로 카사야라고 불렀다. 가사는 버린 옷, 죽은 사람의
옷, 낡은 옷 등의 천 조각을 모아 꿰매어 만드는데, 양끝에는 끈을
달고 겹으로 하여 사방으로 통하는 문[通門]을 내어 콩알을 넣어
사방으로 굴렸을 때 막힘이 없어야 한다. 법식이나 행사의 종류
에 따라 3가지가 있다[三衣]. 승가리僧伽梨(saṃnghātī)는 마을에 탁발
을 나가거나 궁중에 들어갈 때 사용하는 옷으로 일종의 정장을
말하며, 이때는 9조條 내지는 25조를 착용한다. 대의大衣·중의重衣
울다라승鬱多羅僧(uttara āsaṅga)은 예불, 경전을 강설할 때, 포살할
때, 대중에 들어갈 때 사용하는 옷으로 7조를 사용한다. 상의上衣·
중가의中價衣 안타회
安陀會(antar-vāsa)는 일
상 작업이나 잠잘 때
입는 옷이다. 중의中
衣·오조의五條衣 비구
니에게는 어깨를 싸
는 승기지僧祇支(saṃkā
kṣikā)라는 복견의覆肩
衣와 허리를 감는 궐
수라厥修羅를 합하여
오의五衣라고 하며, 후
에는 비구에게도 허
락되었다.

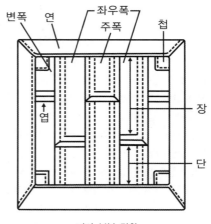

가사 부분 명칭

가사대(袈裟袋)　가사 자루. 비구가 다른 곳에 갈 때 출가자가 입을 수 있는 세 가지의 옷인 삼의三衣 또는 경전, 수를 셀 수 있도록 만든 염주[수주 數珠], 머리를 깎을 때, 즉 삭발할 때 쓰는 칼[계도 戒刀], 경쇠 등 항상 사용하는 물건들을 담아서 목에 걸어 가슴에 드리운 자루.

가사십리(袈裟十利)　가사를 입음으로 생기는 10가지 이익.

가상(嘉祥)　①길장吉藏(549~623)을 말한다. ②『고승전高僧傳』의 저자인 혜교慧皎(497~554)를 말하는데, 회계會稽의 가상사嘉祥寺에 있었기 때문에 붙여진 이름이다.

가상(假相)　겉으로 드러나 있는 일시적인 모습.

가상(家常)　보통 또는 일반적이라는 뜻으로 심상尋常과 같은 의미.

가색(假色)　겉으로 드러나는 사물의 모양도 행위의 모양도 없으나 물질적인 존재라고 하여 색법에 속하며, 향이나 맛 등은 모양이 없는 것과 같아 모양이 있는 실재의 색色에 대해 가색이라고 한다. 계를 받았을 때 생기는 계체戒體 같은 것으로 무표색無表色의 다른 이름이다.

가설(假說)　어떤 사실을 설명하기 위해 편의상 임시로 개념을 정한 것.

가섭(迦葉)　📖　①인도 마가다국에 있는 마하디타라는 마을에는 바라문인 대가섭 종족種族이 살았는데, 이 중 왕사성의 장자인 카필라와 수마나데니 사이에서 태어난 아들로서 마하가섭摩訶迦葉이라고도 부른다. 엄격한 계율을 잘 지키는 두타행頭陀行을 제일로 하는 부처의 10대 제자 중 하나. 부처가 니야그로다 나무 아래에서 가섭을 맞이하고 '어서 오너라. 가섭이여. 여기 내 자리에 앉아라'라고 하여 바른 법을 부촉하며 의치처가 될 것을 수기하고, 8일 후에 깨닫고 많은 제자들을 두었다. 이 이야기가 바로 염화미소拈花微笑의 연유이다. 음광飮光으로 번역. ②가섭불迦葉佛은 과거 7불佛 중 여섯 번째 불佛. 종성種姓은 바라문으로 성은 가섭이며 아버지 범덕

梵德과 어머니 재주財主 사이에서 태어난 아들 집군集軍으로, 이때 사람의 수명은 2만 세. ③소승 음광부飮光部의 시조 불멸 후 약 300년이 지난 후에 태어난 인물로서 7살에 아라한과를 얻어 모든 이들을 불법으로 교화. ➡ 가섭파迦葉波, 가섭파迦攝派, 마하가섭摩訶迦葉

가섭마등(迦葉摩騰) 중인도 사람으로 대소승의 경·율에 정통하였으며, 서인도에서 『금광명경』을 강설하여 이름을 떨쳤다. 중국으로 와서 『사십이장경』을 번역하여 중국 역경의 시초가 된다. ➡ 축섭마등竺葉摩騰, 섭마등攝摩騰, 마등

가섭존자(해남 미황사)

가송(歌頌) 부처의 공덕을 노래하는 게송.

가시(假時) 모든 법은 변하기 때문에 임시로 길고 짧은 시간을 정한 것을 말한다. 가정한 시간. 경전의 첫 머리에 '일시一時'라고 한 것. 삼마야三摩耶. 실시實時의 반대.

가아(假我) 오온의 일시적인 화합에 지나지 않으므로 실질적인 본체가 없는 자아. 실제로 내가 있다고 집착하지만 아我라는 이름도 임시로 붙여진 것이다.

가야(伽耶) 산성山城으로 번역.

가야(迦耶) 오근五根은 사대四大가 모여서 이루어진 것이고, 눈·귀·코·혀의 사근四根은 신근身根에 모여 의지한 것이므로 특히 신근을 가야라고 한다. 몸을 가리킨다. 적집積集으로 번역.

가야(伽倻) 📖 gayā ①중인도 마갈타국 파트나의 서남쪽에 있는 도시. 종교의 중심지로서 힌두교의 유적이 많다. ②중인도 마갈타국 가야의 서남쪽에 있는 산. 상두象頭로 번역. 가야시리사伽耶尸利沙. ③소의 일종. 상象으로 번역.

가영(歌詠) 법회나 의식에서 부처나 보살을 찬탄하고 기리는 노래.

가영심(歌詠心) 노래를 듣고 다른 사람에게 들려주듯이, 가르침을 듣고 다른 사람에게 전하려는 마음.

가온(假蘊) 온蘊이 모여서 임시로 있게 되었다는 뜻.

가위력(加威力) 부처나 보살이 중생에게 베풀어주는 불가사의한 힘.

가유(假有)📖 임시로 있는 것. 가짜로 나타나 있는 것. 자연계에 존재하는 물체. 자연계에 있는 모든 존재가 인연의 화합으로 이루어진 것이고 실제로 존재하는 것이 아님을 뜻한다. 쇳덩이에 핀 꽃과 같다는 경화鏡花 또는 물속에 비친 달과 같다는 수월水月에 비유되며 속유俗有라고도 한다. 실유實有의 반대.

가자문(迦字門) 𑀓ka 모든 법의 얻을 수 없기 때문임. 실담자에 뜻을 부여함. ➡ 실담悉曇

가자문(伽字門) 𑀖gha 모든 법의 일합一合은 얻을 수 없기 때문이다. 실담자에 뜻을 부여한다. ➡ 실담悉曇

가전연(迦旃延) 부처의 10대 제자 가운데 하나. 논의論議 제일. 문식文飾·불공不空으로 번역. ➡ 가다연나迦多衍那, 가다연니자迦多衍尼子, 가저야야나迦底耶夜那, 가전연迦氈延, 가전연자迦旃延子

가제(迦提) 새 이름. 원앙처럼 암수의 정분이 좋은 새. 가린제迦鄰提.

가제(假諦) 자연계의 모든 존재는 전부 인연으로 화합하여 자기의 본성이 없고 실질적인 본체도 없다는 진리. 삼제三諦 가운데 하나.

가좌(跏坐) 발을 다른 쪽의 넓적다리 위에 올려놓고 앉는 것. 가부좌跏趺坐. 전가全跏와 반가半跏가 있다.

가지(加持)📖 adhiṣṭhāna 입장立場, 머무르는 곳으로 주처住處, 주권主權, 주택住宅, 왕정王廷, 결심決心, 각오覺悟 등의 뜻이 있으며, 이를 번역하여 장소라는 처處, 의지할 의依, 머무르 류留, 의지하는 것, 편안하게 머무르는 것, 힘이 있는 역力 등의 의미로 쓰인다. 근기根基, 취락, 신통, 신력, 원력 등의 뜻이 있고, 보호하여 감싸는 호護, 지니는 지持, 세운다는 건립建立 등의 의미가 있다. 가加는 불타佛陀가 대비와 큰 지혜로 중생에게 응하는 것이고, 지持는 중생이 부처에게 받아서 지니는 것을 말한다. 섭지攝持·임지任持의 뜻으로 소지所持·호념護念이라고도 한다. ①부처의 자비를 중생에게 베풀어 중생을 지켜주는 것. ②부처의 불가사의한 삼밀三密의 힘으로 중생의 삼업을 맡아 지킨다. 밀교에서 신身·구口·의意의 삼밀에 의해 중생이 부처와 하나 되는 세계를 말한다. ③부처의 위신력이 믿는 이에게 베풀어져서 믿는 이로 하여금 부처의 힘을 받도록 기도하는 것. 부처의 가피력을 입어서 병·재난·부정·불길 등을 없애도록 하는 기도. ④공덕을 더하고 독송을 계속하여 공부를 더욱 향상시키다.

가지문(加持門) 본지本地의 불佛이 중생을 가호加護하고 설법하기 위해서 부처의 몸으로 나타내는 불가사의한 작용 또는 힘을 갖춘 방편을 말한다. 본지문本地門의 반대.

가지산문(迦智山門) 보조국사 등이 장흥 가지산에 보림사를 짓고 신라시대의 도의국사를 종조宗祖로 하여 개산했다. 구산선문九山禪門 가운데 하나.

보림사 전경(전남 장흥)

가지성불(加持成佛) 덕의 모습은 갖추어지지 않았으나, 수행의 공덕으로 부처의 위신력이 베풀어져 순간에 성불하는 모습을 말한다. 가지즉신성불加持卽身成佛. ➡ 즉신성불卽身成佛

가지신(加持身) 부처는 중생을 대하여 응하고 중생은 받아서 지니는 부처의 몸인 불신佛身을 말한다. 가지함으로 부처의 몸에 의해 드러나는 불신으로 곧 응신應身. 본지신本地身의 반대.

가지향수(加持香水) 향에는 두루 퍼지는 덕이 있고, 물에는 깨끗하게 씻는 덕이 있으므로, 이것으로써 가지하면 수행하는 이의 번뇌를 깨끗이 씻고 보리심을 일으키게 한다. 향수로 가지加持하는 것을 가리킨다.

가진(家珍) 모든 중생이 태어나면서부터 지니고 있는 부처의 성품, 즉 불성佛性. 가보家寶.

가집(嘉集) 아름답고 훌륭한 집회.

가책(呵責) 비난하는 것 또는 꾸짖는 것을 말하며, 때로는 꾸짖는 사람을 가리키기도 한다.

가책건도(呵責犍度)📖 잘못이 있는 비구의 죄를 다스리는 법을 설명하여 놓은 장章으로 7가지 법法이 있다. 출가자가 행으로 지어야 하고[作], 또 항상 마음에 지녀야 하는[持] 것을 분류하여 장章·편篇의 뜻으로 건도라고 한다. 부처가 있는 곳에 싸우기를 좋아하는 반차비구와 노가비구가 있었는데 이 두 사람을 꾸짖는 갈마羯磨의 방법으로, 죄의 가볍고 무거움에 따라 정해진 승려들을 모시고 그 앞에서 죄를 드러내고 이를 꾸짖는 방법이다. 가책의 정도에 따라 비구가 가지는 권리 중에서 모두 또는 일부를 정지시키거나 빼앗는다. 『사분율』 제44권에 비구의 죄를 다스리는 법을 기록한 장章으로 갈마羯磨에 의해 비구에게 벌주고 죄를 없애는 법을 말한다. 율장의 20건도 가운데 하나. 하책건도訶責犍度·갈마건도羯磨犍度.

가천(歌天) Gita devatā 바람을 다스리는 천 즉 풍천風天에 나타나는 3존尊의 권속 이름. 태장계 만다라 서쪽의 낙천樂天 왼쪽에 피리를 불고 퉁소를 부는 2존이 있고, 북쪽 긴나라 북방의 밖으로 퉁소를 불면서 낙천과 서로 마주보며 연주를 하고 있는데, 서쪽 낙천에서 피리를 부는 쪽을 가천녀歌天女라고 한다. 만다라에서 서쪽 문을 중심으로 배치하는 광목천룡廣目天龍의 무리와 용왕비龍王妃의 권속을 호위하며 아름다운 소리로 노래를 부르는 무리들을 말한다.

가치나(迦絺那)📖 kaṭhina 비구들이 90일 동안 안거를 마친 뒤에 일반 신도들이 공양한 옷을 입는 것을 말한다. 또는 안거 중에 더럽혀진 옷을 빨래하는 동안에 입는 편한 옷으로 하루 낮밤 동안에 만든 것이라고 한다. 공덕의功德衣라고도 한다.

가치나의건도(迦絺那衣犍度) 비구들이 안거를 끝내면 그 수고를 위로하기 위해 가치나의迦絺那衣를 입는 법과 입었을 때 생기는 5가지 이로움을 밝힌 편장篇章.『사분율』제43권에 있는 20건도 가운데 하나.

가칠(假漆) 단청을 할 때 처음 바탕칠을 하는 작업으로 개칠이라고도 한다.

가칠단청(假漆丹靑)📖 사원건축에서 재료인 목재의 보존을 위해서 가장 간단하게 밑칠하는 방법. 선이나 문양을 사용하지 않고 건축 재료의 면 닦기가 끝나면 바탕에 교착제를 바르고 마른 다음 그 위에 단청에서 쓰이는 색 중에서 하나를 선택하여 칠을 하는 것으로 2회 이상 칠한다. 가칠단청을 한 후에 마르면 정식으로 단청하는 색을 칠하게 된다.

가타(伽陀)📖 gāthā ①이야기하듯이 긴 문장으로 노래하는 것이 아니라, 짧은 시詩의 형태로 글자의 수를 맞추어서 부처의 공덕이나 교리를 찬탄하거나 노래하는 게송偈頌의 글귀. 시로서 노래하는 형태인 게송으로 설법하는 것을 말한다. 부처가 설교한 법을 글로 서술한 형식과 내용을 12종류로 나누면 12분경分經 또는 9종류로 나누면 9부교部教라고 말하는데, 이와 같이 경전의 내용을 나누는 기준의 하나다. 풍송諷頌·조송造頌·고기송孤起頌·직송直頌 등으로 번역. ➡ 가타伽他, 게타偈陀, 게偈 ②아가타阿伽陀(agada)의 줄임말로 원래는 건강, 죽지 않는, 오래 사는, 병이 없는 등의 뜻이었는데,

후에는 모든 독을 해독하는 것, 먹으면 모든 병을 없애버려 죽지 않는 불사不死의 약이라는 뜻을 가지게 되었다.

가탁(假託) 임시로 의지하여 맡기다. 실재가 아니며 도리에 맞지 않는 것을 마치 실재인 것처럼 꾸미는 것을 말한다.

가패(歌唄) 가歌는 노래하여 찬탄하는 찬讚의 뜻이며, 패唄는 음운에 굴곡이 있고 오르내림이 있는 찬송讚誦이라는 뜻의 pāṭha을 음사한 패닉唄匿에서 만들어진 단어. 패唄하는 것. 찬탄讚歎·창패唱唄라고도 한다.

가평(嘉平) 중국 하나라에서 한 해를 마치면서 신에게 제사지내던 의식.

가포덕가가람(迦布德迦伽藍)📖 kapotaka 비둘기를 말할 때 큰 것은 가포迦逋라고 하고 작은 것은 가포덕가라고 하며, 비둘기가 많이 사는 사원을 비둘기 합鴿을 써서 합원鴿園 또는 합가람鴿伽藍이라고도 한다. 부처가 과거세에 비둘기가 되어 불 속에 몸을 던져 죽음으로써 사냥꾼을 바른 길로 인도했다는 전설이 있는 땅에 지은 사원으로, 중인도 마갈타국 동쪽에 있는 것을 합원이라고 한다.

가피(加被)📖 adhiṣṭhāna 가지加持와 같은 어원의 범어를 번역한 말. 부처나 보살이 자비의 힘을 베풀어 중생을 이롭게 하는 것 혹은 지혜와 복덕을 주고 보호한다는 의미. 힘을 입어 법을 설할 수 있는 것을 가설加說이라고 하며, 신구의 삼업을 움직여서 설하는 것을 눈으로 볼 수 있는 현가顯加와 눈으로 볼 수 없지만 불보살이 지켜주는 명호冥護·명우冥祐의 두 가지가 있다. ➡ 가지加持, 가우加祐, 가비加備, 가호加護, 보우保佑

가필시(迦畢試) Kapiśa 인도 서쪽에 있었던 나라로 한漢나라 때는 고부국高附國이었으며, 당唐나라 이후에는 계빈국罽賓國이라 불렸다. 처음에는 대하大夏, 곧 박트리아왕국의 영토였으나 후에 대월지

大月支에 병합되었다. 지금의 아프가니스탄 북쪽 카불 지방. ➡ 가비시迦臂施, 가비시迦毘尸, 겁비사劫比舍

가합(假合) 📖 여러 인因과 연緣이 생기고 화합하여 임시로 존재하는 것. 인연으로 생하여 화합한 것은 반드시 흩어지므로 일시적인 화합일 뿐 영원한 것이 아니며, 사람의 몸도 이와 같은 종류의 하나라고 할 수 있다. ➡ 인연因緣

가행(加行) 📖 prayoga pra는 앞에, 전방에, 위에, 앞의 방향에, 충분하다, 만족하다, 기르다, 유사하다 등의 뜻이 있으며, yoga는 멍에를 씌우다, 적용, 주술, 노력, 결합, 이득, 명상, 열중, 성취, 수행, 정진, 요가, 통하다, 익히다 등의 뜻이 있다. 수습, 정신 수습, 수행, 배움, 사유 방편 등으로 번역하며, 수습 또는 수행하여 행업行業을 쌓아 나아가는 것을 뜻한다. 수행을 할 때 반드시 한 단계 한 단계 높은 곳으로 공덕을 더해 가며 수행하는 것을 말하며 목적을 이루려는 수단으로 수행하기 때문에 방편이라고도 한다. ➡ 가행도加行道, 가행위加行位, 사가행四加行, 사도가행四度加行

가행과(加行果) 요가행, 즉 방편으로 수습하여 더해 나아가는 행行으로 말미암아 얻어지는 과로서 증득한 과果를 말한다. 구과九果 가운데 하나. ➡ 구과九果

가행도(加行道) 번뇌를 끊기 위해서는 가행도, 무간도無間道, 해탈도解脫道, 승진도昇進道 네 가지 종류의 도道에 순서대로 들게 되는데, 올바르게 번뇌를 끊는 무간도 앞에서 준비 단계로 수행하는 것을 말한다. 사종도四種道 가운데 하나. ➡ 가행위加行位, 방편도方便道

가행선(加行善) 가행의 방편으로 얻은 착한 마음. 방편선·수득선修得善과 같은 뜻이며, 생득선生得善과는 반대어.

가행위(加行位) 📖 prayogāvasthā 대승보살이 수행하는 5위位인 자량위資糧位, 가행위, 통달위通達位, 수습위修習位, 구경위究竟位 중에서 둘째 단계이며, 다음 지위로 나아가기 위해 더욱 노력하는 자리. 가행위에 있는 보살은 난煖·정頂·인忍·세제일世第一의 사선근

四善根을 닦는 위位로 복된 지혜를 바탕으로 말미암아 더욱 힘써서 견도見道에 들어가고 진여의 성性에 머무는 것을 말한다. 나무에 불을 붙일 때, 아직 불은 겉으로 보이지 않지만 먼저 따뜻함을 알수 있듯이 지혜의 불이 드러나지는 않아도 이미 따뜻함을 얻은 모습을 비유한 것이다. 산꼭대기에 오르듯이 모두 분명한 것, 고·집·멸·도의 사제를 인내하면서 즐겁게 수행하는 것, 이치에 있어서 아직 증득하지 못했으나 세간에서 가장 뛰어난 것을 의미한다. ➡ 가행도加行道, 방편도方便道

가행인(加行因) 깨달은 불과佛果에 의지하여 차례를 세운 응득인應得因, 가행인, 원만인圓滿因의 삼인三因 가운데 하나로서 보리심善提心을 말한다. 보리심에 의거하여 더욱 공력을 들이고 이것을 인因으로 법신의 과果를 증득하는 것을 말한다.

가행정진(加行精進)📖 prayoga-vīrya vīrya는 용기가 있는, 능력, 영웅적인 행위, 힘 등의 뜻이 있어 정진, 용맹, 강건, 정근 등으로 번역하며, 앞의 가행의 뜻과 합하여 만들어진 용어. 정진바라밀을 의미하여 용맹스럽게 선善을 닦도록 마음을 채찍질하는 행위. 한국의 사원 특히 선방에서는 규칙으로 정한 수행 시간과 방법 이외에 특별히 수행하는 것을 의미하며, 어떤 일정한 기간을 정하여 일상생활보다도 좌선 정진의 시간을 늘리고, 수면도 매우 단축하여 이루어지는 정진을 말한다.

가호(加護) 부처의 위신력으로 중생을 지켜 주고 보호하여 주는 일. ➡ 가지加持, 가피加被

가화합(假和合) 모든 사물은 인과 연이 임시로 화합하여 존재하므로, 세상의 모든 존재가 실재로 있는 것이 아님을 의미한다. ➡ 가假

가훈(家訓) 선원에서 때를 정하여 설법하는 대참大參 이외에 장소와 때를 정하지 않고 법을 설하는 소참의 형태를 말하는 것으로 소참小參의 다른 표현이다. 방장실, 법당, 잠자는 곳, 아침과 저녁에 종이 울리면 대중이 모이는 곳 등에서 할 수 있으며 가교家教라고도 한다.

각(覺) 📖 bodhi, buddha, buddhi, vitarka, vidvas, cetanā, saṃjñā, sparśa 각覺의 뜻으로 번역할 수 있는 범어는 다양하지만 일반적으로 bodhi를 각覺으로 해석한다. ①깨달은 사람이란 뜻으로 각자覺者, 불타佛陀를 의미함. 각오覺悟. ②도道·지智. 보리菩提를 말한다. 깨달은 지혜. 부처가 증득한 과위果位. ③심尋으로 번역. 자세히 살피고 관찰하고, 생각하고 생각하려는 정신 작용. 심소心所의 이름. ④심왕心王과 심소를 통틀어 말하는 이름. 객관 대상을 깨달아 아는 것. ⑤처음에 사물을 헤아리는 마음 작용. 총체적으로 사고하는 거친 생각의 추사麤思.

각견(覺堅) 보살에게 있는 여섯 가지 종자의 성질인 종성種性을 주행향지住行向地와 등각等覺·묘각妙覺으로 설명할 때, 묘각성妙覺性에 해당하는 것으로 깨달아 이해함이 견고함을 말한다. 6견법堅法 가운데 하나.

각관(覺觀) 📖 각覺은 처음에 사물을 헤아리는 마음 작용이며, 관觀은 자세하게 선미禪味를 분별하는 마음 작용으로 vitarka와 vicāra를 각각 번역한 것이다. 총체적으로 사고하는 거친 생각으로 추사麤思를 각覺이라 하고, 분석적으로 자세히 살피는 세사細思를 관觀이라 한다. 이 2가지는 모두 선정을 방해하는 마음으로, 조잡하고 거친 마음작용과 자세하고 세세한 마음작용, 또는 조잡하고 거친 마음과 자세한 마음에 해당한다. 심사尋伺로도 번역된다.

각단예경(各壇禮敬) 📖 사찰에 있는 전각殿閣은 중앙에 모시는 불佛에 따라 건물의 이름을 달리하는데, 전각의 역할과 중요도에 따라 상·중·하로 구분하고, 모신 불보살에게 올리는 예불의식과 사시巳時에 올리는 공양의식인 예경법禮敬法도 달리한다. 이때 단檀을 차린다고 하여 각단이라고 말한다. 예를 들면 관음전, 지장전, 용화전, 팔상전, 나한전 등은 예경법이 각각 다르다.

각도(覺道) 올바른 깨달음에 이르는 큰 길.

각도지(覺道支) 칠각지와 팔정도지.

각등(脚凳) 의자 앞에 발을 올려놓는 작은 받침대. 발로 밟는 것. 답상踏床과 같은 뜻. ➡ 답상踏床, 각답脚踏

각래(却來) 깨달음에 도달한 위位나 번뇌가 없는 지위 또는 선문禪門에서

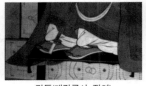

각등(대각국사 진영)

보편적인 진여眞如로 불리는 정위正位인 평등의 세계로부터 다시 차별의 세계로 불리는 중생계인 편위偏位로 오는 것을 말한다. 천태지의가 수행법으로 제시한 공가중空假中을 닦는 법 중의 하나로, 공空의 이치는 알지만 현상계에서 다시 한 번 더 가관假觀을 일으켜 중생을 교화하는 것으로 종공출가從空出假하는 것을 말한다. ➡ 각입却入, 각회却回, 각래却來

각로(覺路) 올바르게 깨달을 수 있는 길. 보리菩提의 도.

각료(覺了) 이치를 깨달아 잘 아는 것.

각료법성(覺了法性) 『화엄경』「이세간품」에서 보살이 꼭 이루고자 하는 서원의 마음을 금강金剛에 비유하여 설명하는 열 가지 십금강심十金剛心 중에서 첫 번째. 한이 없고 끝이 없는 온갖 법을 모두 깨달으려고 맹세하고 서원하는 마음.

각루자(殼漏子) 물같이 졸졸 샐 수 있는 물건에 가죽을 씌워 놓아 겉으로는 알 수 없으나, 잘 살펴서 안에 있는 물건의 성질을 알아내는 공부를 비유한 말. 각殼은 달걀의 껍질로 사람의 몸이며, 루漏는 죽은 사람의 몸에서 느낌 없이 흐르는 오줌에 비유하여 각루자 또는 가루자可漏子라고 한다. 편지나 문서 등을 넣는 봉투 또는 사람의 육신을 의미한다. 사대四大가 화합한 색신色身. ➡ 가루자可漏子

각류반좌(各留半座) 안온한 극락정토에 먼저 태어나 연화좌蓮華座의 반을 남겼다가 뒤에 왕생往生하는 이에게 남겨 준다는 뜻으로 도반道伴이 오기를 기다린다는 의미.

각만(覺滿) 깨달음이 원만한 사람이란 뜻으로 부처를 의미한다.

각행원만覺行圓滿.

각모(覺母) ①깨달음의 어머니가 된다는 뜻. ②이리理와 지智의 이문二門 중에서, 문수는 지혜를 맡아보는데 모든 부처가 지혜에서 태어나므로 깨달음의 어머니라고 한 것이다. 문수보살의 공덕을 말할 때 쓰인다. ③반야보살을 어머니에 비유하여 말한 것. ➡ 불모佛母

각배(各拜)📖 시왕 또는 나한 등은 통칭하는 경우와 각각의 이름을 불러서 나타내는 경우가 있는데, 공양을 올리는 상주권공재 의식에서 단檀에 모셔진 불보살에 대하여 한 분 한 분 각각의 위位에 따라서 의식을 진행하는 것을 말한다. 상단에 올리는 대예왕공재大禮王供齋와 시왕十王에 대하여 각각 올리는 각배재各拜齋가 있다.

각배재(各拜齋)📖 시왕十王에게 각각 단을 차리는 시왕각배재十王各拜齋와 죽음을 관장하는 명부의 시왕인 명부시왕冥府十王에게 각각 단을 차려서 따로따로 권공하는 것을 말한다. 시왕권공에서 청請을 할 때, 시왕에 대해 각각 차리는 것과 이를 간략히 하여 시왕과 그 무리들을 모두 한꺼번에 청하는 도청都請이 있다. 조선시대에 정착한 의식이다.

각법(覺法) 마음 작용이 한곳에 치우치지 않고 바른 자리를 깨달아 가도록 살피는 것을 말한다. ➡ 각지覺支, 각분覺分, 보리분菩提分, 삼십칠조도법

각분(覺分) bodhyaṅga 깨달음으로 가는 길, 즉 수행법을 37종류로 조합하여 놓은 법. 37과科의 실천 덕목을 말한다. ➡ 보리분菩提分, 각지覺支, 삼십칠조도법

각성(覺性) 깨달은 성품. 거짓의 생각을 떠난 마음의 성품. 불성佛性.

각성(覺城) 석가모니가 바른 깨달음을 이룬 성으로, 중인도 마갈타국의 가야성을 말한다.

각수(覺樹)📖 석가모니가 마갈제국 부다가야의 비파라畢波羅 (pippala)라는 나무 아래서 지혜를 얻어 깨달았는데 이곳의 나무를 가리키는 것으로, 도수道樹, 불수佛樹, 보리수菩提樹라고도 한다.

각심(覺心) 모든 허망한 생각에서 벗어나 미혹하지 않는 마음. 본래의 바탕을 깨달은 마음.

각안(覺岸) 세간의 이치를 잘 알지 못하는 미혹함을 바다에 비유하고, 이 미혹을 벗어나는 깨달음을 바다의 저편 언덕에 있는 것에 비유하여 만들어진 말. 부처는 깨달음의 언덕에 도달한 사람. 부처의 경계.

각수(원주 법천사 지광국사 현묘탑비)

각여(覺如) ~이 일어나 실제로 모양이 되어 있는 모습. 만물이 일어난 이치와 생긴 모양을 바르게 아는 깨달음으로 진여眞如를 아는 것을 뜻한다.

각오(覺悟)📖 jāgara 각覺을 『일체경음의』에서는 밝다는 뜻의 명明으로 설명한다. ①잠이나 술 등으로 인하여 혼미한 상태에서 깨어나는 것 또는 마음이 깬다는 뜻. 꿈에서 깬다는 뜻으로 쓰이는 '覺夢'은 각몽이 아니라 '교몽'으로 읽는다. ②참다운 이치를 깨달아 밝은 지혜를 얻는다. 개오開悟. ③참된 지혜를 통달한다. ➡ 각찰覺察

각오지(覺悟智) 부처의 지혜를 깨달아 아는 것.

각왕(구례 화엄사 각황전)

각왕(覺王) 스스로 깨닫고, 다른 이를 깨닫게 하고, 깨달아 행하는 세 가지가 잘 갖추어져 원만한 존재를 말한다. 부처가 깨달은 경지는 자재自在하기 때문에 각왕 혹은 각황覺皇이라고도 하며, 이를 상징하여 깨달은 후에 설법한 내용을 담은 경전을 모신 전각의 이름을 각황전이라고 붙이는 경우도 있다. 구례 화엄사의 각황전.

각위(覺位) 올바른 깨달음의 지위. 성불成佛의 지위. 모든 사물의 실상을 완전하게 깨달은 지위.

각유정(覺有情)📖 bodhi-sattva 깨달음이 있는 중생이라는 뜻으로 불교의 이상적인 인간상을 말한다. ➡ 보살菩薩

각윤(覺胤) 각覺은 깨달은 부처나 깨달음을 가리키고, 윤胤은 후손 또는 제자를 말하므로 부처의 후손이나 제자를 지칭하는 말이다.

각의삼매(覺意三昧) 지止와 관觀을 닦고자 할 때 90일, 또는 7일을 한 주기로 하거나 기일을 정하지 않고 앉아서 또는 걸어 다니며 수행하는 방법으로 천태지의가 주장한 방법. 항상 앉아서 부처의 명호를 부르며 삼매를 공부하는 상좌삼매常坐三昧, 도량 안을 천천히 걸으며 도는 선행旋行으로 항상 아미타불을 입으로 송하며 수행하는 상행삼매常行三昧, 상행常行의 방등삼매와 상좌常坐인 법화삼매를 번갈아가며 반복하여 닦는 반행반좌삼매半行半坐三昧, 앞의 세 가지를 함께 닦는 비행좌삼매非行非坐三昧의 네가지 중에서 마지막 공부법을 말한다. 기한을 정하지 않고 마음이 향하는 대로 삼매에 들어 모든 깨달음이 상응하게 되는 삼매. ➡ 사종삼매四種三昧, 비행비좌삼매非行非坐三昧

각자(覺者) ①싯다르타태자가 바른 깨달음을 이룬 후에는 붓다(Buddha)로 부르는데, 소리 나는 대로 적어서 불타佛陀라고 하고, 이를 번역하면 각자覺者가 된다. 석가모니는 석가족의 성자라는 뜻. ②최고의 진리를 깨달아 부처의 성품인 불성佛性을 얻은 사람, 즉 부처를 뜻한다. ③진리를 체득하여 몸에 익힌 사람. 스스로 깨닫고 다른 사람을 깨닫게 하는 이.

각자장(刻字匠) 종이에 글을 찍어 내기 위하여 나무판에 글을 새기는 사람을 각수刻手라고 하는데, 목판에 글자를 새기는 기능을 가진 장인들 중에서 가장 뛰어난 사람을 말한다.

각제(覺帝) 각왕覺王. 부처.

각조(覺照) 깨달은 마음으로 세상의 모든 존재를 비추어 보는 것.

각주(閣主) 절에 들어가는 입구에 자리하여 멀리 경치를 바라보거나 세속의 세계와 불의 세계를 경계 짓는 기능을 하는 누각樓閣의 모든 일을 맡아서 관리하는 소임.

각지(覺支) 깨달음에 이르는 여러 가지 요소. 깨달음을 향한 실천의 모든 덕목으로 마음으로부터 미혹함을 깨닫는 갈래. 37과科의 도품이 있다. ➡ 각분覺分, 보리분菩提分

각찰(覺察) 인식의 대상인 사물을 살펴 혼미함을 알아차리는 것, 즉 세상의 이치를 잘 아는 것을 뜻한다. ➡ 각오覺悟

각천(覺天) Buddhadeva 유부종의 4대 논사의 중에 한 사람으로 불타제바佛陀提婆를 의역한 것이다.『물심이원론』을 세우고 지·수·화·풍 네 가지 요소로 만들어진 물질 현상인 조색造色은 큰 종류의 차별이 있고, 정신 현상인 심소心所는 마음의 차별이 있다고 주장하여 다른 논사보다 진보적인 면을 보여주고 있다.

각청(各請)📖 불교의식에서 의식을 시작하기 전에 의식에서 주인공이 되는 각각의 불과 보살 및 호법신을 호명하여 법회가 이루어지게 된 내용과 뜻을 알리는 것을 청請이라고 한다. 청은 법회의 주인공에 따라, 즉 불공의 대상에 따라 미타청·약사청·미륵청·관음청·지장청 등이 있다.

각총(茖蔥)📖 부추. 성질은 열이 나고, 기운은 매우며 비린 냄새가 난다. 맛은 매워서, 수행하는 사람이 먹으면 수행하는 몸, 즉 법신을 죽일 수 있어서 독과 같다고 하여 불자佛子가 먹지 않는 다섯 가지 매운 채소 중의 한 가지. 이것을 먹은 냄새가 나면 천신이 도망가서 복덕이 없게 되며, 삼매를 닦아도 천신이 보호해 주지 않는다고 한다. 오신五辛 또는 오훈五葷 가운데 하나. ➡ 오신, 대산大蒜, 자총慈葱, 난총蘭葱, 홍거興渠

각타(覺他) 📖 현상계의 모든 법이 항상 하는 상常과 항상 하지 않는 무상無常임을 스스로 깨닫고, 깨달음에 이른 뒤에는 인연이 없는 서원의 자비로 부처의 법을 설명하여 다른 사람을 깨닫게 하여 생사의 괴로움을 벗어나게 하는 것. 성문·연각이 자기만 깨닫는데 노력하고 다른 이를 구하지 않는데 대한 비판으로부터 나온 것. 부처의 깨달음인 삼각三覺 가운데 하나. ➡ 자각自覺, 각행원만覺行圓滿

각태(角馱) 소의 뿔에 짐을 실어 놓은 것에 비유한 것. ①뿔 위의 짐. 쇠뿔 위에 짐을 올려놓는 것처럼 망상과 미혹에 빠져 몸과 마음이 자유롭지 못한 것을 의미한다. 망상妄想, 미집迷執. ②나귀와 말에 물건을 싣는다는 뜻으로 비구가 지니고 있는 삿된 견해로 허망한 생각을 비유한 것. ③소나 말 등에 양쪽으로 실려 있는 짐.

각하조고(脚下照顧) 두 다리 아래를 비추어서 관찰하라는 뜻으로, 지금 있는 그 자리를 잘 돌아보고 살펴보라는 의미이다.

각해(覺海) 깨달은 자기의 본래 성품이 매우 깊고 넓은 것이 마치 바다와 같다는 뜻.

각행(覺行) 📖 현상계의 모든 법이 항상 하는 상常과 항상 하지 않는 무상無常임을 스스로 깨닫는 자각自覺과 이미 깨달음에 이른 뒤에 인연이 없는 서원의 자비로 불법을 설명하여 다른 사람을 깨닫게 하여 생사의 괴로움을 여의게 하는 각타覺他의 두 가지 행을 잘 갖추어서 행하는 보살행을 말한다. ➡ 자각自覺, 각타覺他

각행궁만(覺行窮滿) 부처의 세 가지 깨달음인 삼각三覺 가운데 하나. 보살과 구별하여 부처가 각자覺者임을 밝힌 것. 각행원만覺行圓滿과 같은 뜻이다.

각행원만(覺行圓滿) 자각自覺과 각타覺他를 닦고, 이 두 가지를 행하는 각행覺行이 원만한 것. ➡ 자각自覺, 각타覺他, 각행覺行

각혹(覺惑) 바른 지견知見이 없어 오진五塵의 경계에서 항상 나쁜 깨달음을 일으켜 애착의 마음을 내고 혼미하여 부처의 가르침인 법의 이치를 이해하지 못함을 의미한다.

각황(覺皇) 깨달음의 왕, 곧 부처를 말한다. 각왕覺王.

간(慳)📖 mātsarya 악의惡意, 불만不滿 등의 뜻이 있으며, 간린慳, 인悋, 노파路婆라고 번역. 모리연母履衍은 음사. ①물건을 아끼는 마음의 작용으로 인색하고 탐내는 것. 심소心所의 이름. ②집에 있어서는 재물을 아끼고, 출가해서는 교법을 아껴서 보시하지 못하는 마음 작용. 『구사론俱舍論』에서는 10소번뇌지법小煩惱地法 가운데 하나. 재간財慳·법간法慳이 있다. ③사물에 집착하여 다른 사람에게 베풀지 못하게 하는 마음 작용을 말한다. 재물에 탐욕하고 집착하여 남에게 베푸는 마음 없이 더 모으는 것만 생각하는 마음. 유식唯識에서는 20수번뇌隨煩惱 가운데 하나.

간격(間隔) antara 가까이, 친근한 등의 의미가 있다. '틈'이라는 뜻의 간격에는 일념一念과 시작함이 없는 무시간격無始間隔이 있다. ①부처의 본래 가르침을 깨치지 못한 무시이래로 있는 무명無明의 다른 이름. 진언종眞言宗의 용어. ②법계의 평등한 이치를 잘 알지 못하고 차별에 집착하는 허망한 생각을 뜻한다. 이 차별의 망념으로 말미암아 탐욕과 성내고 어리석음인 탐貪·진瞋·치癡를 일으켜 모든 악업을 짓고 생사에 윤회하게 된다.

간결(慳結) 결結은 나를 묶어 공부와 수행을 방해하여 해탈하지 못하도록 하는 번뇌를 말한다. 목숨과 재물을 아끼는 마음이 자신을 결박하여 선행을 베풀지 못하고 해탈을 얻지 못하는 것으로 구결九結 가운데 하나다.

간경(看經)📖 소리를 내어 경전을 읽는 풍경諷經과는 다르게 소리를 내지 않고 읽는 법을 말한다. 후대로 오면서 근행勤行·독경讀經·풍경諷經과 같은 뜻으로 쓰이며, 또한 경을 공부하고 연구하는 일을 가리킨다. ①선가의 독경으로 경전을 보고 읽는 수행법. 선원청규에 의하면 주지의 청이 있으면 사중에 있는 모든 승려들은 간경을 하며, 간경당看經堂수좌라는 소임을 두기도 한다. 간경간교看經看教. ②경을 소리 없이 읽거나 경문을 낮은 소리로 송독하는 것을 말한다. 묵독默讀·관경觀經.

간경도감(刊經都監) 불교의 경전과 유교의 서적 등을 간행하던 조선시대의 출판 기관으로 1461년(세조 7)에 설치하고 1471년(성종 2)에 폐쇄. 고려시대에 불경 간행을 위해 설치하였던 대장도감大藏都監과 대각국사 의천이 논서를 모은『신편제종교장총록新編諸宗教藏總錄』을 간행하기 위해 만들었던 교장도감教藏都監을 본떠서 세조가 만들었던 임시 기관.

간경파(看經派)📖 출가하여 경전을 공부하는 곳을 강원講院이라고 하는데 크게 독서파讀書派와 간경파로 나눈다. 현대의 대학교 1·2학년에 해당하는 과정은 예비과에 사미(니)과, 치문과 사집을 보는 3단계의 과정을 독서파라고 하고, 간경파는 대학교 3·4학년과 대학원에 해당하는 과정으로 경전과 논서를 주로 공부하는데, 3학년은 사교과, 4학년은 대교과, 그리고 대학원 이상의 과정으로는 격외과 또는 수의과隨意科를 두었다. ➡ 독서파讀書派, 사교과四教科, 대교과大教科, 수의과隨意科

간공(竿孔) 불보살의 도량道場을 표시하기 위하여 깃발을 매다는 기둥인 당간幢竿을 고정시키기 위해 지주에 뚫어 놓은 구멍. ➡ 당간幢竿

간교(看教) 경을 읽는 것. 경의 참뜻을 이해하는 것. ➡ 간경看經

간구(竿溝) 당간幢竿을 고정시키기 위해 지주의 꼭대기에 파놓은

흠. ➡ 당간幢竿

간구(慳垢) 중생에게 공덕이나 선행을 베풀어주기를 아까워하는 마음이 생기는 것.

간기(簡器) 제자가 될 만한 그릇인가 아닌가를 잘 가려서 선택하는 일.

간다라(幹陀羅) 건타라乾陀羅. ➡ 간다라불교

간다라불교📖 간다라(Gandhara)라는 지명은 기원전 1500~1000년경 인도 고대의 종교 문헌인 『리

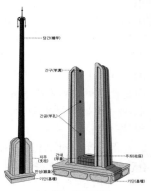

당간지주 세부명칭도

그베다』에도 언급하고 있을만큼 오랜 역사를 지니고 있다. 기원전 5세기 페르시아의 아케메네스 왕조의 속령屬領의 하나로서 이름이 등장하고, 그 후에 이곳은 헬레니즘시대와 로마시대의 문헌과 인도를 방문하는 중국의 구법승들의 기록에 자주 이름을 남기고 있다. 시대에 따라 지역 범위에는 차이가 있지만, 아케메네스 왕조시대에는 현재 아프카니스탄의 잘랄라바드(Jalalabad) 일대와 파키스탄의 페샤와르(Peshawar) 분지를 포괄하는 지역을 가리킨다. 중국의 구법승들의 기록은 페샤와르분지에 국한하는 의미로 쓰이지만, 문화의 의미로 쓰일 때는 지역이 넓어져서 페샤와르 분지뿐 아니라 그레코로만 양식의 조각들이 출토되는 서쪽의 카불 분지와 잘랄라바드, 북쪽의 스와트(Swat), 동남쪽의 인더스강 동안東岸의 탁실라(Taxila) 등을 포함하는 넓은 지역을 의미한다. 현재 파키스탄 지역으로서 고대에 파키스탄은 수세기 동안 페르시아의 아케메네스 제국의 일부였으며, 기원전 326년 알렉산더의 침입으로 헬레니즘 문화의 영향을 받았다. 역사적으로 마우리야 왕조, 박트리아의 그리스인들, 샤카족, 파르티아인, 쿠샨족, 훈족의 지배를 받았다.

이러한 변화 속에서 불교가 출현하며 그 성스러운 이야기들은 이 지역의 특유한 소재를 통해 독특한 형태의 조각으로 표현되었다. 일반적으로 간다라 지역에서 처음으로 부처가 인간의 형상으로 만들어진 것으로 알려지고 있다.

간다르바📖 gandharva 『아타르베다』 또는 『리그베다』에서 태양이나 달, 소마, 무지개, 물과 관련지어 신격화하는 수호신. 신의 하늘에 머무는 천상의 음악사. 육체가 죽은 후 다른 새로운 육체에 머무를 때까지의 영혼. 향기를 먹는 자들. 환상의 구름 속에 사는 요정. 음악의 요정. 건달乾達의 어원. ➡ 건달바乾闥婆

간당(看堂) 참선하는 사람들의 마음을 잡으려고 행하는 의식. 간당틀을 차려놓고 입선入禪하고 방선放禪하는 것을 말한다.

간당틀 1자 3치쯤의 네 기둥을 세우고 기둥과 기둥 사이에 새재비를 넣어 맨 위에 두 개의 널판을 올리고, 가는 대나무 가지 다섯 개를 한쪽을 묶은 것을 두 개를 만들어 위에 올려 잘 흔들리도록 하여 입선과 방선에 소리를 내어 표시하는 기구를 말한다.

간대(竿臺) 절의 구역을 표시하거나 법회가 있을 때 깃발을 매달아 알리는 장대인 당간幢竿을 올려놓기 위해 만들어 놓은 돌. 당간지주 사이에 놓는다.

간두(竿頭) ①대나무 막대기의 꼭대기. 간두에서 걷는다는 것은 지극히 높은 경계에 비유하여 그 경계를 향하여 나감을 의미한다. ②매우 아슬아슬하고 위험한 상태.

간량(看糧) 사찰에서 식량을 담당하고 관리하는 소임. 간량사看糧師라고도 한다.

간목(干木) 스승이 학인을 교화할 때 쓰는 막대기.

간문(看文) 경문을 보는 것. 눈으로 보면서 익히는 것을 간문위독看文爲讀이라고 한다. 독경讀經.

간방(看坊) 사찰에서 승려들의 뒷바라지를 하고 보호하는 소임으로 주지를 보좌하는 직책을 말한다. 주지가 없을 때는 대행을 하거나 후견인이 되기도 한다.

간방편(看方便)　조심하고 주의하라는 뜻.

간법칠보(慳法七報)　부처의 가르침인 법法을 아까워하여 남에게 일러 주지 않거나 베풀어 주지 않는 이가 받는 7가지 나쁜 과보. 곧 뱃속에서 죽거나, 장님이 되거나, 바보로 태어나거나, 사악한 중생으로 태어나거나, 모든 사람들이 무서워하는 것으로 태어나거나, 어질고 착한 이들이 멀리하는 사람으로 태어나거나, 삼보를 믿지 않아 무거운 집에 태어나거나 하는 따위를 말한다.

간별(簡別)　📖 viśeṣaṇa 차별하다, 특수화하다, 속성 등의 뜻이 있다. ①가려서 나눔. 간택하여 구별함. 간이簡異·별이別異·분이分異. ②불교논리학에서 외연外延을 줄여 논법의 잘못을 피하기 위해 사용하는 방법. 일정한 범주. 정해진 한계.

간병(看病)　아픈 대중이 있을 때 간호하는 소임.

간사(揀師)　학인이 스승을 고르는 것을 말한다.

간색(間色)　청·황·적·백·흑을 다섯 가지 정색正色이라고 하고, 붉은 색인 비緋, 보라색인 자紫, 녹색인 녹綠, 주홍색 홍紅, 유황색인 유황硫黃의 다섯 가지 색을 간색이라고 한다.

간색복(間色服)　모두 순전한 흑·청·적색이 아니고 중간색이므로 간색복이라고 한다. 세 가지 간색을 사용하는 가사袈裟의 다른 이름. 흑니색黑泥色·동청銅靑·건타색乾陀色·목란색木蘭色이라고도 한다. ➡ 가사袈裟

간수번뇌(慳隨煩惱)　모든 재물을 구하여 쌓아두려는 탐욕 때문에 베풀지 못하고 항상 잃을까 두려워하여 마음의 상태를 말함.

간시궐(乾屎橛)　공안의 하나. 마른 똥 막대기. 부처를 일컫는다. 세간의 모든 본래의 성性조차도 허물어뜨리라는 화두 ➡ 화두話頭, 공안公案

간심(肝心)　가장 중요한 사항이나 부분. 각별히 중요한 부분. 간요肝要. 핵심核心.

간심(慳心) 『대지도론大智度論』에서 깨끗한 마음을 덮어 가리는 여섯 가지 나쁜 마음인 육폐심六蔽心 가운데 하나로 인색하고 탐하는 마음에 가려져서 보시를 행할 수 없는 것을 말한다.

간인(奸人) 거짓말하고 마음의 술수가 바르지 못한 사람. 간사奸邪하고 마음이 뒤틀린 사람.

간정(刊定)📖 간刊은 깎아내어 제거한다는 뜻으로, 종이 위에 글을 써서 나무 판에 뒤집어 글자만 드러나게 깎아내고 파내 출판하여 정본을 삼는다는 뜻. 때로는 긴 문장이나 번잡한 설명들이 많아 읽는 이가 이해하기 어려우므로 쉽고 간결하도록 내용을 조리를 있게 하는 일을 말한다.

간주석(竿柱石) 석등石燈의 기둥.

간취(看取) 취取가 조사로 쓰이는 경우 간看은 동사로서 의意에 머무른다는 뜻으로 알게 하거나 이해의 의미. ①보고 앎. 꿰뚫어 봄. ②다른 사람을 부추겨서 보는 앞에서 가지게 하는 것.

간탐(慳貪) 남에게 베풀 줄 모르고 욕심을 부리는 마음. 인색하고 탐욕이 많음.

간택(簡擇) 많은 것 가운데서 가리고 고르는 것. 즉 구분하여 선택하는 것을 말한다.

간혜(乾慧)📖 대승보살이 수행해 나아가는 단계 가운데 십지十地 중 처음인 초지를 환희지 또는 건혜지라고 한다. 생사의 이치를 알지만 선정을 닦아 실답게 생사에서 자유롭게 되지 못하였으므로 참된 지혜라 할 수 없기 때문에 마른 지혜라고 한다. 온전한 진리를 살피는 법의 성품을 깨닫지 못한 것. ➡ 건혜乾慧

간화(看話)📖 부처나 조사들이 제시하는 어구, 행동, 제자들과의 대화, 깨달음의 계기가 되는 상황 등을 참선하는 모범으로 삼는 것을 공안公案이라고 하고, 이 공안을 실천하며 궁구하는 수행을 간화라고 한다. ➡ 간어看語.

간화선(看話禪)📖 공안·화두話頭를 참구하는 참선 수행법. 좌선 수적수寂하는 묵조선默照禪과 공안의 언어문자만 사량 분별하는 문자선文字禪에 대하여, 대혜 종고大慧 宗杲가 정신을 집중하여 고인의 화두를 참구하여 참선하는 근기를 갖도록 하였던 공부의 한 방법. 조사선祖師禪이라고도 한다.

갈(喝)📖 큰 소리로 질타하는 소리. 황벽 임제黃蘗 臨濟 이래로 선가에서 공부하는 학인을 꾸짖어 선기禪機를 일으키는 데 사용하는 하나의 방법. 일갈一喝. ➡ 할喝

갈두(碣斗) 갈碣은 우뚝 솟은 돌이며, 두斗는 자루 같은 모양으로, 도리에 어긋난 논리를 관철시키려고 다투는 무리를 우뚝 선 비석에 비유한 것. 갈두竭斗·걸두傑斗.

갈등(葛藤)📖 ①칡넝쿨. ②얽혀서 풀리지 않음을 비유한 것. ③부처의 참다운 가르침인 법의 본뜻을 모르고 문자나 언어에 사로잡혀 고민하는 상태. 법문의 번거로움에 얽힘. ④복잡한 심리 상태. 번뇌. ⑤언어, 곧 선가의 일반적인 말을 의미한다.

갈등선(葛藤禪) 참뜻을 이해하지 못하고 언어문자에만 빠져서 참선하는 수행자를 비방하는 말. 문자선文字禪.

갈라람(羯邏藍) kalala 부모의 정자와 난자가 결합한 수태의 처음부터 7일간을 말한다. 미음처럼 끈끈하고 조금씩 굳어지는 상태. 태내5위의 하나. 갈랄람羯剌藍·가라라歌邏羅. 응활凝滑·잡예·응결·화합·잡염 등으로 번역.

갈라야(曷羅惹) rājan 왕王의 뜻. 나야羅惹.

갈마(羯磨)📖 karman 행위, 작업, 의식儀式, 결과 등의 뜻이 있으며, 업業, 행行 등으로 번역. 갈마羯磨 또는 검모劍慕로 음사한다. ①악을 막고 선을 행하는 의식으로 수계受戒, 참회懺悔, 결계結界 등 계율이 정한 행사에 대하여 법法·사事·인人·계界를 갖추고, 가볍고 무거운 정도에 따라 법이 정하는 방법으로 묻고 답하는 횟수를 다르게 하여 결과를 드러내는 행行을 말한다. 위의작법威儀作法이라고도 하며, 대중에게 알리는 것으로 끝나는 단백법單白法, 대중에게 한 번 알리고 가可와 부否를 1번 묻는 백이법白二法, 대중에게 한 번 알리고 가可와 부否를 3번 묻는 백사법白四法이 있다. ②밀교에서의 갈마금강羯磨金剛을 가리킨다. ➡ 수계受戒, 참회懺悔, 결계結界

갈마금강(羯磨金剛) 양 끝이 세 가락의 모양으로 된 금강저 2개를 십자十字로 하여 가운데를 잡고 불교 의식에 사용하는 기구. 전륜성왕이 지니는 7가지 보물 가운데 하나로 원래는 무기 또는 수레바퀴를 뜻하는 차크라(cakra)를 가리킨다.

갈마금강

갈마득(羯磨得) 구족계를 받는 데 갖추어야 할 열 가지 인연인 십종득계연十種得戒緣 가운데 하나로, 스승이 되는 세 사람인 삼사三師와 이를 증명하는 일곱 사람의 칠증七證을 모시고 계戒를 받는 일을 말한다.

갈마만다라(羯磨曼茶羅) 만다라에는 존귀한 분의 얼굴 모양과 용모를 그리는 존형尊形만다라, 삼매야 즉 서원을 세운 상징으로 손에 물건을 가지고 있는 삼매야三昧耶만다라, 진언과 종자를 표시하는 법法만다라, 존귀한 분이 위엄을 갖추고 갈마하는 행行을 나타내는 갈마만다라가 있는데, 이 가운데 하나. 작업륜원구족作業輪圓具足으로 번역. 많은 부처나 보살의 형상을 그려 위의威儀를 나타낸 것으로 넓은 의미에서 행行·주住·좌坐·와臥 등 모든 행行 자체가 갈마만다라라고 할 수 있다.

갈마부(羯磨部) 금강계는 불佛, 금강金剛, 보寶, 연화蓮華, 갈마羯磨의 5부를 갖추는데, 이 가운데 불보살이 중생을 위해 자비를 드리우는 갈마를 뜻한다.

갈마사(羯磨師) 구족계를 설할 때는 계戒를 청하는 계사戒師, 갈마문을 읽는 갈마사, 위의작법을 하는 교수사를 갖추어야 하는데,

이를 삼사三師라고 한다. 갈마아사리羯磨阿闍梨라고도 하며, 법을 전하고 지도하는 학덕과 법랍을 갖춘 비구를 말한다. 갈마는 의식儀式을 뜻하고, 아사리는 학덕이 높은 비구를 뜻하므로, 곧 의식을 잘 알아서 자세히 보는 비구라는 의미이다. 원돈교圓頓教에서는 문수보살을 갈마사로 삼기도 한다.

갈마승(羯磨僧) ①승려들이 거주하는 일정 지역의 질서를 유지하고 보호하기 위해 경계를 설정하는 의식인 결계結界를 하고, 그 정해진 구획 안에 있으면서 갈마의 작법을 행하는 4인 이상의 비구를 말한다. ②수계나 참회 등의 의식을 진행하는 승려.

갈마신(羯磨身) 법신·보신·응신의 3신에 대하여, 아阿 등의 실담자로 종자신種子身을 만들고, 양끝이 한가지 모양으로 된 독고獨鈷의 금강저로 삼매야신三昧耶身을 만들고, 존귀한 분의 형상으로 존형尊形의 갈마신인 삼신三身을 세울 때, 여러 존상尊像의 형체를 갖춘 곳을 말한다. 훌륭한 모습을 갖춘 존상.

갈마아사리(羯磨阿闍梨) 갈마사羯磨師라고도 한다.

갈마회(羯磨會) 금강계의 근본이 되는 중앙 모임. 이 모임에 1061존상이 있으나 보통 37존상으로 하며, 이들 존상들이 모두 상호相好가 구족한 갈마신을 나타내므로 갈마회라고 한다. 근본회根本會·성신회成身會라고도 한다.

갈법(渴法) 바른 법法에 목말라 하는 것.

갈수(渴獸) 아지랑이.

갈앙(渴仰) 목마른 사람이 물을 찾는 것처럼 부처의 교법을 우러러 사모하여 구하는 것을 말한다.

갈애(渴愛)📖 tṛṣṇā 목말라 한다는 뜻으로 욕망, 탐욕, 음욕 등을 열심히 구하는 것에 비유한 것. ①목이 말라서 물을 구하는 것처럼 오욕五慾에 탐착하다. 탐욕의 마음. ②12연기에서 수受 다음 여덟 번째에 일어나는 애愛를 말한다. ③아지랑이. 신기루. 목마를 때 아지랑이를 보고 물로 여기는 것.

갈온(葛褞) 칡껍질 등으로 만든 거친 옷.

갈지옥(渴地獄) 옥졸이 죄인의 입 안에 빨갛게 달군 철환鐵丸을 넣어 입술과 혀를 태우고 또 뱃속까지 들어가 태운다고 하는 지옥. 16유증지옥遊增地獄 가운데 하나.

감(紺) nīla 검은 색 중에서 암청색暗青色, 푸른 등의 뜻이 있고, 창蒼의 색, 감청紺青, 청록青綠 등으로 번역. 함含 자의 의미로 청색에 적색을 넣는다는 뜻이 있다. 부처의 눈이나 머리를 나타낼 때 사용하여 검푸른 눈을 감목紺目, 검푸른 머리를 감발紺髮이라고 한다.

감(鑑)📖 있는 모습 그대로 숨김없이 비추어 본다는 뜻으로, 이러한 기능은 의식에서 중요한 역할을 한다. ①물건을 비추는 물건. 거울. ②부처의 가르침인 교의에 통달하지 않은 무명無明을 모두 여읜 지혜. ③모범이 되는 물건. 본보기. 귀감龜鑑. ④안식眼識·견식見識.

감(龕)📖 gaha ①불상을 안치安置할 수 있도록 부속물의 형태로 공간을 만든 작은 건물 모양이나 함函. 불장佛藏. ②부도탑. ③탑 아래의 방. ④시신을 넣는 관. ⑤받다 또는 담다는 뜻이 있어 수受나 성盛의 뜻으로도 쓰인다.

불감(화순 운주사)

감겁(減劫) 겁劫은 kalpa를 음사한 것으로 우주의 시간을 나타내며, 인간의 수명이 점점 짧아져 가는 시기를 뜻한다. 8만 4천 살로부터 줄어서 10세에 이르는 것. 하나의 소겁小劫은 사람의 수명이 8만 4천 살로부터 백 년에 한 살씩 줄어서 10살에 이르고, 다시 백 년에 한 살씩 늘어서 8만 4천 살이 되기까지를 말한다. 반대말로 증겁增劫이 있다.

감과(感果) 수행하여 마음이 움직여 바른 법에 들어가고, 그 결과로 과果를 얻는 것을 말한다. 작업에 의해 결과를 만드는 것.

감기삼매(鑒機三昧) 부처가 설법하기 전에 미리 대중의 근기를 파악하고 분별하기 위해 드는 선정.

감능(堪能) ①감당할 수 있는 힘. ②몸과 마음이 청정하고 평온한 상태.

감달법(堪達法) 아라한과를 얻은 이 가운데 그 소질이 뛰어나 동요되지 않는 단계에 도달한 사람. 6가지 나한 가운데 하나.

감로(甘露)📖 amṛta 죽지 않는, 멸하지 않는, 아름다움, 신神 등의 뜻이 있으며, 감로, 불사不死, 불사자不死者, 모든 신의 음료, 치료治療, 약, 물, 우유, 광선 등으로 번역. ①하늘나라의 신들이 먹는 불사의 약인 소마蘇摩의 즙으로 꿀처럼 달며 모든 천인이 먹는다. 마시면 몸이 편안해지고 빛이 나며 장수하며, 천주天酒라고도 한다. 미로美露. ②중생을 제도하는 부처의 가르침에 비유. ③죽지 않는 영원한 삶. ④최고 깨달음의 경지. 열반涅槃. ⑤고귀하고 소중한 물.

감로계(甘露界) 열반의 경계.

감로고(甘露鼓) 묘법의 소리를 비유한 말.

감로다(甘露茶) 부처의 바른 법이 온 세계에 퍼지기를 바라는 마음으로 정성을 다하여 불단 앞에 올리는 차.

감로멸(甘露滅) 나고 죽음을 제거하고 멸한 것.

감로문(甘露門)📖 ①열반의 경지에 통달하다. ②부처의 참된 가르침. 여래의 가르침. 중생을 해탈하게 하여 열반에 이르게 하는 최상의 가르침. 감로법甘露法. ③선가에서 매우 훌륭한 스승의 가르침을 받는다는 의미로 쓴다.

감로반왕(甘露飯王) 가비라국의 왕. 사자빈왕의 아들. 정반왕의 아우.

감로법(甘露法)📖 중생의 몸과 마음을 잘 길러서 부처의 가르침을 따르도록 하는 것. 부처의 가르침이 끝없는 공덕과 이익을 주는 것이 영원히 죽지 않는 감로와 같다는 뜻.

감로법우(甘露法雨) 부처의 가르침인 법이 영원히 죽지 않는 감로甘露의 비와 같다는 뜻.

감로불화(甘露佛畵) 📖 아미타불이 죽은 자에게 감로를 베풀어 지옥이나 아귀에서 구한다는 부처의 가르침으로 구성되어 있는 그림.

감로불화(남양주 불암사)

감로성(甘露城) 영원히 죽지 않는 열반涅槃을 성城에 비유한 것.

감로왕(甘露王) 아미타불의 다른 이름.

감로주(甘露呪) 한 방울의 물이 변해서 10방울의 물이 되어, 모든 아귀에게 먹을 수 있게 하는 주呪. ᚠna南 ᚠmo無 ᚠsu素 ᚠru嚕 ᚠpa皤 ᚠya耶 ᚠta怛 ᚠthā他 ᚠga揭 ᚠta多 ᚠya耶 ᚠta怛 ᚠdya姪 ᚠta他 ᚠom唵 ᚠsu素 ᚠru嚕 ᚠsu素 ᚠru嚕 ᚠpa皤 ᚠra囉 ᚠsu素 ᚠru嚕 ᚠpa皤 ᚠra囉 ᚠsu素 ᚠru嚕 ᚠsvā莎 ᚠhā呵.

감말달(憨抹撻) 어림없는 사람. 부산하고 성급한 사람.

감방(紺坊) 부처의 머리카락이 검푸른 유리색이기 때문에 붙여진 이름으로 절이나 사찰을 의미한다. 불국토의 색상을 감청색이라고 한다. 감우紺宇·감원紺園·감전紺殿.

감변(勘辨) 스승이 공부하는 사람의 근기를 시험하고, 학인이 스승에게 삿된 것과 바른 것을 물어 찾는 것.

감불(龕佛) 암벽, 벽 등을 파내어 작은 건물 모양을 만들고, 그 안에 조각해 넣은 불상.

감사(監寺) ①사찰에서 주지를 대신하여 절의 온갖 사무를 감독하는 소임을 맡은 승려. 절의 살림을 맡아보는 소임. 감원監院·권관權管·원재院宰·원주院主·주수主首·사주寺主라고도 한다. ②절에서는 참선 공부를 하는 승려는 서쪽에 자리하므로 서서西序라고 하고, 사찰의 사무를 보는 승려는 동쪽에 자리하므로

감불(경주 남산 불곡)

동서東序라고 하는데, 동서東序의 수장인 지사知事 및 도사都寺 아래에 있는 승직僧職.

감수(監收) 절 소유의 땅에서 나오는 농작물, 도지 등 수입원을 감독하는 소임.

감실(龕室) 암벽을 파내고 오목하게 마련한 방이나, 큰 방의 한쪽에 작게 낸 방으로 불상 등을 모셔두는 곳을 말한다.

감우(紺宇) 절의 다른 이름.

감원(紺園) 절의 다른 이름.

감원(監院)📖 사찰에서 주지를 대신하여 온갖 일을 감독하고 승려들을 총괄하는 소임. 권관權管·원주院主·원재院宰·감사監寺·주수主首라고도 한다.

감응(感應)📖 중생이 부처에게로 마음이 움직여지는 것을 감感이라 하고 부처가 이에 응하는 것을 응應이라고 하는데, 이 둘이 서로 통하여 하나가 되는 것을 말한다. 부처의 마음이 중생의 마음속에 들어가 중생이 감화되어 하나 되는 것.

감응도교(感應道交)📖 중생이 부처에게로 부처가 중생에게로 향하여 하나가 되는 감응感應이 조금씩 다르게 나타나는 모습을 천태 지의가 사구四句로 설명한 것으로 명기명응冥機冥應, 명기현응冥機顯應, 현기현응顯機顯應, 현기명응顯機冥應이 있다.

감응묘(感應妙) '묘법연화경'의 '묘妙'자의 이치를 천태 지의는 석가모니불 이전의 적문십묘迹門十妙와 석가모니불의 본래 모습이 드러나는 본문십묘本門十妙로 나누어 각각 열 가지로 설명하는데, 적문 십묘 가운데 하나. 중생의 근기에 맞추어 자비를 베푸는 부처의 묘한 덕을 뜻한다.

감인세계(堪忍世界) 고통을 견디어 내며 사는 인간의 세계로, 곧 사바娑婆 또는 색하索訶세계를 말한다.

감인지(堪忍地) 보살이 몸과 마음의 고통을 잘 참아낼 수 있는 지위를 천태종에서는 감인지라고 하고, 화엄종에서는 환희지歡喜地 라고 한다.

감인토(堪忍土) 사바세계娑婆世界. 중생이 온갖 고통을 참아내며 수행하고, 성자도 온갖 고난을 이기고 교화하기 때문에 감인토라고 한다.

감입(嵌入)▣ 공업과 미술 두 분야가 합하여 일상생활에 유용하고 필요한 물건에 유기적인 완성미를 높여 만들고자 할 때, 표면을 장식하는 방법. 공예工藝의 효과를 높이고자 본래의 재료로 이루어진 면을 파고 그곳에 다른 재료를 넣어 모양을 내는 것을 말한다.

감자(甘蔗) 석가모니부처가 출가하기 전에 가졌던 다섯 가지 속성俗姓 가운데 하나.

감자왕(甘蔗王) Ikṣvāku 의마미懿摩彌, 의사마懿師摩 또는 줄여서 의마懿摩·이마伊摩 등으로 읽으며, 일종日種·선생先生 등으로 번역한다. 석가족의 선조. 인도강 하류 부타락성浮陀洛城에 도읍을 정하고 복덕으로 다스려서 천하를 통일한 임금.

감자종(甘蔗種) 감자왕의 후손. 곧 석가족을 말함.

감재보살(監齋菩薩) 선종禪宗에서 대중의 음식물을 감독하는 신분.

감재사자監齋使者·감찰보살監察菩薩이라고도 한다.

감전(紺殿) 감색의 궁전. 절의 다른 이름. 감우紺宇·감원紺園이라고
도 한다. ➡감紺

감지(紺紙) 쪽 염료를 사용하여 염색한 종이. 주로 감람색紺藍色으
로 물들인 종이 위에 금金·은銀·호분胡粉 등으로 경전을 베껴 쓴다.
➡감紺

감지금니(紺紙金泥)📖 금가루로 감색 종이에 경전의 글을 쓰거나
부처의 가르침을 그린 그림. ➡감紺

감진(感進) 감응과 정진. 정진하고 공부하여 배우는 학인이 감感하

감지금니 묘법연화경

고 부처가 이에 응應하는 것. 정진을 통해 감응이 생기므로 붙여진
이름이다.

감집(減執) 덜어내고 줄어드는 손감損減에 집착하는 것. 모든 법이
공空하여 무無라는 견해에 잘못 치우친 것으로, 불교의 가르침인
중도의 이치를 잘 관觀하여 모든 법이 실제로 있다는 것에 집착하
는 증집增執의 반대말.

감찰보살(監察菩薩) 감재보살監齋菩薩.

감첩(紺睫) 부처의 눈썹. ➡감紺

감탑(龕塔) 불상을 안치하는 방이 있는 탑. 상탑常塔.

감통(感通)📖 중생이 부처에게로 마음이 움직여지는 감感으로 부처와 통하여 하나가 되는 것. 당나라 도선道宣은 고승들의 사적 및 전기를 모아 책을 만들면서 번역飜譯, 해의解義 등 앞의 8과科는 혜慧를 닦는 항목으로 수혜修慧라고 하고, 제9과는 복을 닦는다고 하여 수복修福으로 흥복興福이라 하고, 제10과는 여러 가지를 모았다고 잡과雜科라고 하여 모두 십과十科로 나누었는데, 이 가운데 다섯 번째를 말한다.

감파(勘破) 서로 비교하고 시험하는 질문에 대하여 꿰뚫어 알아 버리는 것.

감포(紺蒲) kamboja 서역에서 나는 과일 이름. 과일 위쪽에 옆으로 있는 줄무늬는 부처의 목에 있는 모양을 드러낸다고 하여 감포성취紺蒲成就라고도 한다. 부처가 살아있을 때 있었던 16국 가운데 하나로, 원래는 과일이 나는 초원의 이름이었다가 나중에 나라의 이름이 되었다.

갑간(甲幹) 갑甲은 우두머리인 장長을 말하고, 간幹은 기둥 또는 줄기의 뜻으로, 우두머리가 되어 일을 자세히 보며 주관하는 간사幹事와 같은 사람. 농장의 경작耕作 등의 소임.

갑계(甲稧)📖 조선시대에 사찰에서 조직된 승려들의 친목 모임.

갑급(搕圾) 똥색. 더러운 것을 의미.

갑마(甲馬) 민간에서 종위 위에 불상이나 신神의 모습을 그려놓고 제사를 지내는 것.

갑석(甲石) 돌 위에 포개어 얹는 납작하고 판판한 돌.

갑석부연(甲石副椽) 갑석 아래 계단 모양의 돌.

갑찰(甲刹) 갑甲은 크다는 뜻으로 으뜸가는 큰 사찰을 말한다. 봉선사奉先寺를 교종教宗의 갑찰이라고 한다.

강(講)📖 deśanā 지시指示, 교수, 교지, 교의教義 등의 뜻이 있으며, 설說, 강講, 언설, 설법, 연설, 교 등으로 번역한다. 설명하는 내용에 따라 경전을 설하면 강경講經, 논서를 설하면 강론講論, 율을 설하면

강율講律이라고 하며, 그러한 자리를 강연講筵 또는 강회講會라고
한다.

강가(强伽) Gaṅgā 음으로 읽어 항하恒迦, 긍가殑伽, 긍가하殑伽河라
고 한다. 인도 갠지스 강에 신성을 부여한 이름.

강가(갠지스강)

강거국(康居國) 월지국 북쪽에 있던 서역의 나라.

강격(綱格) 부처의 가르침인 교문敎門의 중요한 부분. 그물의 코를
만드는 가장자리의 줄과 같이 중심이 되는 강기綱紀와 그물의 눈과
같이 바른 격정格正. 사물의 큰 틀을 말한다.

강경(講經)📖 경전을 강의하고 설명는 것. 구마라습이 초당사草
堂寺에서 강경하였다. ➡ 강講

강경의식(講經儀式) 부처의 가르침을 담고 있는 경전을 강의하기
전에 불전에 올리는 의식.

강공(講供) 경전을 강설하고 비구에게 공양하는 것.

강당(講堂)📖 prāsāsāda 앉기 위한 높은 대, 높은 건물의 제일 높은
곳, 높은 기초 위에 큰 건물, 궁전, 신전 등의 뜻이 있으며, 각閣,
누각, 전殿, 강당 등으로 번역. 경전을 강의하고 논하는 장소나 건
물. 강의나 의식을 행하는 장소. 강원講院.

강도솔(降兜率)📖 부처의 일생을 모두 8시기로 구분하여 설명하

는 팔상八相 가운데 하나. 석가모니부처가 도솔천에서 내려오는 것을 말한다. 도솔강생兜率降生. ➡ 도솔래의상兜率來義相.

강독(强毒) 불법을 믿지 않는 이에게 불법을 비방하게 하여 나쁜 인연을 맺게 하는 것. 강독疆毒.

강두(講頭) 신자들의 모임. 조직의 지도자 혹은 중심 인물을 말한다.

강림(降臨) 부처나 보살 등이 천상에서 인간 세상으로 내려오는 것.

강목(綱目) 강령의 세목. 천태학에서 돈교·점교·비밀교·부정교의 화의사교를 대강大綱에 비유하고, 장교·통교·별교·원교의 화법사교를 강목에 비유하여 말하는 것.

강목(講目)📖 출가자들은 강원講院에서 경전을 배우고 닦아야 하는데, 이때 꼭 배워 익혀야 할 과목. ➡ 강원講院, 독서파讀書派, 간경파看經派

강백(講伯)📖 강원講院에서 경전의 뜻을 강의하는 승려를 강사講師라고 하고, 이 가운데 가장 명망이 있는 강사를 강백 혹은 강주講主라고 한다. ➡ 강사講師

강복(降伏) 교법이나 위신력으로 삿된 상대를 굴복시키는 것.

강사(講師)📖 법회 때 불상 앞 오른쪽 자리에 올라 경전과 논전을 강의하는 승려. 사찰이나 총림의 강원에서 경전과 논전을 가르치는 소임.

강생(降生) 여래가 도솔천으로부터 내려와 이 세상에 태어나는 것, 곧 석가모니부처가 도솔천에서 내려와 마야부인의 오른쪽 옆구리에서 탄생한 것을 말한다. 석가모니의 일생을 8시기로 구분한 팔상八相 가운데 하나. 강도솔降兜率. 강세降世.

강원(講院)📖 사찰 안에 설치하여 출가자들을 교육하는 장소. 출가한 초심의 학인에게 불교의 전반적인 기틀을 세우는 기능을 담당한다. 사미니과, 치문·사집·사교·대교의 네 과정으로 편성하여 사집까지를 독서파讀書派라 하고, 사교부터는 간경파看經派라고 하여 종지에 알맞은 교과목 및 선풍 진작을 위한 제반 교육 조건을 갖추고 있다.

강원상강례(講院上講禮) 강원講院에서 경전을 강설하기 전에 비로
자나불과 미타불, 화엄화상의 불보살들에게 예를 올리는 법.

강유(綱維) 사찰의 구성원을 덕목으로 다스리고 불사를 유지하는
스님으로 유나維那를 가리킨다. 사주寺主·상좌上座·유나維那 세 사람
을 삼강三綱이라고 한다.

강종(講宗) 선종과 율종律宗을 제외한 그 밖의 여러 종파. 경전의
뜻을 많이 강의하고 설하기 때문에 붙여진 이름.

강주(講主) 경전을 공부하는 강원에서 경문에 해박하고 학인을
지도하는 웃어른.

강찬(講讚) 강講은 교教의 이치를 해석하는 것이고, 찬讚은 뜻의
이치를 서로 화합하도록 하여 바르게 한다는 뜻이다.

강친(講嚫) 강의에 대한 감사의 인사. 친嚫은 보시布施로 번역한다.

강탄회(降誕會) 석가모니부처가 태어난 날을 축하하기 위해 행하
는 법회. 음력 4월 8일에 거행하는 관불회灌佛會를 말한다. 경전에
따라 부처의 탄생일이 다르기 때문에 국가에 따라 부처님오신날이
다르다.

강호(江湖) 중국의 강서성·호남성을 가리킨다. 옛날에 선풍禪風이
극성하여 선을 수행하는 사람을 강호라고 불렀다. 강서에서는 남악
南嶽 문하의 마조 도일馬祖 道一, 호남에서는 청원青原 문하의 석두
희천石頭 希遷이 선법을 선양했다.

강호료(江湖寮) 참선에 힘쓰는 강호의 선승들을 두루 받아들이던
곳. 대중의 집회소.

강호회(江湖會) 선종禪宗에서 사방의 승려를 모아 여름 안거법회
를 행하는 것. 선종의 여름 안거를 이르는 말. ➡ 강호江湖

개(蓋)📖 āvaraṇa 숨는다, 포함한 것, 외피外皮, 벽壁, 보호 등의
뜻이 있다. 지혜를 덮고 있는 것. 수행자의 선善한 마음을 내지 못하
게 방해한다는 뜻으로 번뇌와 같은 의미.

개(蓋) 📖 chattra 법회에서 설법을 하는 왕을 상징하는 법사法師의 위를 덮어 존경의 뜻을 표하고, 또 햇빛을 가리도록 하는 일산日傘. 천개天蓋·현개懸蓋·대산大傘·주산朱傘·산개傘蓋·입개笠蓋.

개(전등사 향로전)

개각(開覺) 깨닫는 것. 본래부터 지니고 있는 불성을 드러내어 참된 본성의 근원을 깨달아 아는 것을 말한다. 개오開悟.

개감로문(開甘露門) 아귀에게 감로甘露의 비를 베풀어 불타는 것은 없앤다.

개결이경(開結二經) 천태종에서 『법화경』을 근본 경전으로 정하고, 『법화경』을 설하기 전에 서론 형식으로 설하는 『무량의경』을 개경開經이라 하며, 『법화경』을 설한 뒤에 『보현경』으로 결론을 맺으므로 법화결경法華結經이라고 하는데, 이 『무량의경』과 『보현경』을 말한다.

개경(開經) 📖 ①제목이나 두루마리를 여는 것을 가리키며, 경전을 독송하기 전에 먼저 큰소리로 읽는 것을 말한다. ②본경本經을 설하기 전에 서론처럼 설교하는 경전. 결경結經의 반대말.

개경게(開經偈) 경전을 독송하기 전에 송하는 4구의 게송. 본래는 경권을 펴서 독송하려고 할 때 제일 먼저 부른다. 우리나라에서는 『염불보권문』에서 처음 보이며 게송은 "無上甚深微妙法 百千萬劫難遭遇 我今聞見得受持 願解如來眞實意"이다. 앞의 2구는 미묘한 법을 찬탄하는 것으로 불법을 만나기가 어려움을 나타내고, 뒤의 2구는 크게 발원하여 내가 지금 이 경전을 만날 수 있는 것은 가난한 사람이 보물을 만나는 것과 같다는 뜻을 가지고 있다.

개계(開啓) ①법회를 연다는 뜻. 처음으로 법회를 여는 첫 날. 계건啓建. ②개백開白.

개계소(開啓疏) 📖 법회의 취지를 알리는 표백문表白文으로, 건회

48 개

建會, 개계開啓, 대회大會, 삼보三寶를 영산사소靈山四疏라고 하는데, 이 가운데 하나로 괘불을 이운하고 나서 영산재의 시작을 알리는 소疏. 가장 큰 직책이라고 할 수 있는 부처에 대해 찬탄하는 것을 대직찬大直讚이라고 하고, 법法에 대해서는 중직찬中直讚, 중衆에 대해서는 하직찬下直讚이라고 하여 불·법·승 삼보를 찬탄하고 경의 가르침으로 인도하는 것을 말한다. ➡ 소疏, 개백開白, 표백表白

개공(開工) 불상의 조성을 시작하는 의식을 할 때 개공소開工疏를 읽는다.

개광(開光) 불상을 만드는 일이 끝나면 좋은 날을 택하여 예불의식을 거행하여 받들어 이바지하는 일. 점안點眼에 해당한다. 원만하게 끝났음을 알리는 개광소開光疏를 읽는다. 개안開眼. 개안공양開眼供養. 개광명開光明. ➡ 점안點眼, 소疏

개교(開敎) 교법敎法의 밭을 개척한다는 뜻. 아직 불교가 전해지지 않은 곳에 교법을 펼치는 것.

개교구(開敎區) 아직 불교가 전해지지 않은 곳.

개교사(開敎師) 아직 개척하지 못한 가르침의 밭인 교전敎田을 개척하는 승려. 교법이 전해지지 않은 곳에서 교법을 펼치는 승려.

개교현관(開敎顯觀) 가르침의 모습인 교상敎相을 열어 마음을 살피는 법인 관심觀心을 밝히는 것.

개구(開具) 기물의 수량과 목록을 상세하게 기록하는 일.

개구견담(開口見膽) 말을 하여 자기의 속마음을 꺼내 보이는 것.

개권(開權) 진실을 드러내기 위해 방편의 가르침인 권교權敎를 여는 것. 삼승은 권의 가르침이고, 일승은 진실의 가르침이라고 한다. ➡ 개권현실開權顯實

개권현실(開權顯實) 📖 『법화경』에서 중생의 근기에 따라 가르치기 위해 경전을 설하는 방법을 가리키는 말. 권교權敎인 방편을 열어서 진실을 드러내는 것으로, 삼승은 권權의 가르침이고, 일승은 진실의 가르침이라고 한다. 여기서 개開는 밝힌다는 뜻이다. 개현開顯

개근현원(開近顯遠) 『법화경』에서 석가모니부처는 무량겁 전에 이미 성불하였지만 부처의 가르침을 믿지 못하는 무지한 중생들의 소견을 없애주기 위해 가야伽耶에서 성불을 보인 것을 말한다. 가까운 일인 성도成道는 방편에 불과하며 오래전부터 있었던 본래의 모습을 드러내는 것을 뜻한다. 개적현본開迹顯本.

개기(開基) 절을 창건하고 주지住持의 소임을 시작하는 것 또는 절의 창건을 위해 경제적으로 지지한 이를 말한다.

개단(開壇) 법을 전하기 위해 여법하게 단壇을 설치하여 도량을 여는 것.

개당(開堂) ①해마다 임금의 생일날에 새 경전을 번역하여 올리고 임금이 만수무강하기를 기원하는 역경원譯經院의 의식을 위해, 두 달 전에 여러 관리들이 모여서 번역하는 것을 말한다. ②새로 주지가 되어 처음으로 법을 설하는 행사.

개도(開道) 불교의 법도를 열어 보인다는 뜻으로 부처 자신을 칭한다.

개도(開導) 어리석음을 깨우쳐 부처의 가르침인 불도佛道로 인도하는 것.

개도의(開導依) 📖 4종류의 연緣 중에 인연因緣·증상연增上緣·등무간연等無間緣 3가지는 심心과 심왕心王이 일어나 작용할 때에 의지하는 곳이 있다고 하는데, 이때 등무간연이 의지하는 것을 이르는 말. 앞에 생긴 심왕心王이 뒤에 생기는 심왕을 위해 자리를 비켜주는 것. 개피법開避法·개도근開導根.

개로(開爐) 선종에서 해마다 음력 10월 1일이 되면 승당僧堂과 요사寮舍에 화로를 피워 놓는 것. 이날 방장方丈의 대상간大相看이 있다.

개루긍(蓋樓亘) avalokiteaśvara 소리로 적어 '盧樓亘'이라고 하는데, '盧'를 '蓋'로 쓴다. 관세음보살의 다른 이름. 광세光世로 번역. 개루긍開樓亘. ➡ 관세음보살

개발언(開發言) 법사가 설법으로 깊고 은미한 뜻을 드러내어 분명

하게 이해하도록 하는 것. 거칠고 얕은 뜻을 드러내어 깊고 오묘함을 이해하도록 하는 것. 크고 작은 근기라도 이익을 얻게 하는 것.

개백(開白)　법회의 시작을 알리는 것. 개백사開白詞를 읽어 법회에 모시는 존상尊像에게 고하여 알린다. 계백啓白·표백表白·개계開啓.

개법(開法)　법의 가르침을 열어 대중을 교화하는 것.

개법장진언(開法藏眞言)　진리의 곳간을 여는 진언. 경전에 들어,있는 법의 장藏을 연다는 뜻으로, 진언은 '옴 아라남 아라다'이다.

개사(開士)　①보리살타, 즉 보살을 뜻한다. 정도를 열어 깨우쳐주는 보살이나 화상和尙. ②불법으로써 중생들을 개오하고 인도하는 사부士夫. 화상의 존칭. 대승의 수행자. 고승高僧을 가리키기도 한다.

개산(開山)　①절을 새로 창건하는 일. ②절을 새로 세운 주지. ③하나의 종파를 만들어서 가르침을 설하는 사람. 개조開祖. 개산조사開山祖師.

개산기(開山忌)　절을 새로 열어 기초를 세운 분이 돌아가신 날. 개산조開山祖 기일에 행하는 법회.

개산당(開山堂)　절을 새로 세운 조사祖師의 초상인 진영을 모신 건물의 이름. 조당祖堂 또는 영당影堂이라고도 한다.

개산당(여주 신륵사 조사당)

개산조(開山祖)　절이나 종파를 처음으로 연 시조.

개삼현일(開三顯一)📖　『법화경』에서 법을 설하는 대상에 따라 성문·연각·보살의 삼승三乘 교설이 각각 다르다고 생각하는 중생의 어리석은 소견을 열어서, 그것이 조금도 차별이 없는 일승一乘임을 드러내 보여주는 것. 개권현실. 적문법화迹門法華. 개현開顯.

개석(芥石)　아주 오랜 시간. 겨자씨를 세는 개자겁芥子劫과 천으로 반석을 스쳐 닳아 없어지는 반석겁磐石劫을 말한다. ➡ 개자겁芥子劫,

반석겁磐石劫

개성(芥城) 아주 작은 겨자씨로 성을 쌓는다는 비유로 겁량劫量을 나타내는 표현.

개수(開手) 물건을 사람들에게 주는 것. 관대하게 보시하다. 보살이 보시를 행하여 가난을 구제하고 고난을 제거하여 재물과 지혜로써 중생들을 두루 보호하는 일. 보살의 다섯 가지 모습인 연민상憐愍相, 애어상愛語相, 용건상勇健相, 개수상開手相, 석의상釋義相 중의 하나.

개시오입(開示悟入) 📖 『법화경』에서 부처의 출세 본회本懷 4가지 특질을 나타낸 말. 중생으로 하여금 불지견佛知見에 들어가게 하는 것을 말한다. 개開는 개제開除로 미망迷妄을 깨뜨리고 세상 모든 사물의 실상을 보이는 것을 말하고, 시示는 현시顯示로 번뇌가 사라지고 지혜가 나타나 법계의 덕이 밝게 드러나 보이는 것을 말하며, 오悟는 각오覺悟로 체體의 본래가 그대로 드러난 상相이고 상 그대로가 본래임을 깨닫는 것이며, 입入은 증득證得으로 진리인 그대로의 본래에 깨달아 들어가는 것을 말한다.

개실(開室) 📖 선가에서 입실入室과 같은 뜻으로 쓰인다. 사장師匠이 방을 열어 대중들이 들어와 질문하도록 하는 것을 개실이라고 하고, 방에 들어가 질문하는 것을 입실入室이라고 한다. 스승이 공부하는 학인을 받아들여 공부의 정도와 잘못된 점을 고쳐주는 방법.

개심(開心) 무루지無漏智에 들어가 먼저 내 마음의 궁전을 여는 것.

개안(開眼) 새로 조성한 불상이나 탑·불화에 복장腹藏을 마치고 처음으로 눈을 뜨게 하는 것. 점안點眼이라고도 한다. 개안공양開眼供養. 개광開光. 개명開明.

개안공양(開眼供養) 새로 조성한 불상이나 탑·불화에 복장腹藏을 마치고 처음으로 눈을 뜨게 한다는 뜻으로, 대중을 모아 법회를 열고 공양을 올려 모든 이에게 알리는 것을 말한다.

개연(開演) 경전을 잘 받아 지키는 방법의 행에는 열 가지가 있다고 하여 십종행법이라고 하는데, 그중에 부처의 가르침을 다른 이에게 설명하여 믿는 마음이 일어나도록 하는 것을 말한다. ➡ 십법행十法行

개오(開悟) 지혜가 열리어 진리를 밝게 깨닫는 것.

개욕(開浴) 선방에서 대중에게 목욕을 허락하는 것. 목욕하는 시기는 추울 때에는 닷새에 한 번, 더울 때에는 매일 한다. 목욕을 알릴 때에는 목욕실 앞에 개욕패開浴牌를 건다.

개욕패(開浴牌) 사찰에서 목욕실을 열어 목욕을 허락할 때 대중에게 알리기 위해 욕실 앞에 거는 패.

개인신(開因信) 여래가 모든 중생들이 본래부터 덕성을 지니고 있음을 열어 보여주는 것.

개자(芥子) 📖 sarṣapa ①겨자씨. 매우 작은 물건을 비유할 때 쓴다. ②부처가 이 세상에 출현하기 어렵다는 비유. ③아주 작은 것에 대한 비유로 겁량劫量을 뜻한다.

개자겁(芥子劫) 겨자씨로 겁량劫量에 비유한 것. 둘레 40리의 성안에 겨자씨를 가득 채워 놓고 천인天人이 3년마다 한 알씩 가지고 가서 모두 다 없어질 때까지 걸리는 시간을 1겁이라고 한다.

개재(開齋) 아침공양을 하는 것.

개전(蓋纏) 개蓋는 선한 마음을 덮는다는 뜻이며, 전纏은 속박하여 자유롭지 못하다는 뜻으로 번뇌의 다른 이름이다. 오개五蓋와 십전十纏이 있다.

개전성불(改轉成佛) 여자의 몸을 남자의 몸으로 바꾸어 성불하는 것. 악을 선으로 바꾸어 성불하는 것을 뜻하는 말.

개점(開漸) 점교漸教를 열어 돈교頓教를 드러내는 것. 개권현실과 같은 말. 개현開顯.

개정(開靜) 선방에서 이른 아침에 잠을 깨우려고 판板을 울리는 것. 졸음을 깨우는 것.

개정(開定) 정定에서 나와 좌선에서 일어나는 것. 개開는 열어 제치는 것이며, 정定은 선정에 든다는 뜻이다. 출정出定.

개제(開題) 경經·논論의 제목에 대한 뜻을 풀이하여 적거나, 전체의 뜻을 정리하여 적은 것. 현의玄義. 현담玄談.

개조(開祖) 하나의 종파를 창설한 조사祖師.

개종(改宗) 소속하고 있는 종파를 옮기는 것. 전종轉宗.

개차(開遮) 📖 개開는 개제開制로 허락하는 것이고, 차遮는 차제遮制로 금지하여 막는 것. 근기 또는 상황에 따라 같은 계를 적용함에 있어 어떤 경우에는 계를 어기는 것을 허락하고, 어떤 경우에는 계를 어겨서는 안 된다고 하는 것을 말한다. 목숨이 위험한 자를 위해서 계를 어겨서라도 구해주어야 할 때는 개開라고 하며, 죽음을 당하더라도 계를 지켜야 하는 경우에는 차遮라고 한다. 지지持와 범犯 또는 개開와 폐廢도 같은 뜻.

개타성(皆打聲) 책을 총총히 읽어 내려가듯이 목탁을 치는 방법.
➡ 게탁성偈鐸聲

개폐회(開廢會) 『법화경』의 내용인 권權과 실實, 교敎와 불佛 등의 관계를 어떻게 설명하는가를 보이는 천태 지의의 세 가지 방법으로, 개권현실開權顯實·폐권입실廢權立實·회삼귀일會三歸一을 말한다. 이는 방편을 말하거나, 방편을 말하지 않거나, 방편과 실實이 하나임을 보이는 개념이다.

개피(開避) 차별하는 것. 남을 피하는 것. 길을 서로 사양하는 것.

개해(開解) 도리를 이해하는 것. 선가禪家에서는 개오開悟, 교가敎家에서는 개해라고 한다.

개현(開顯) ①명백하게 밝힘. ②방편인 권을 열어서 진실을 나타내는 것이 『법화경』의 주된 뜻이라고 하며, 개권현실開權顯實을 말한다. 개삼현일開三顯一·개근현원開近顯遠·개적현본開迹顯本.

개화(開化) 설법으로 바른 길을 열어서 중생을 교화하는 것. 사람을 가르쳐서 어리석음을 깨닫게 하여 악을 멀리하게 하는 것.

개화삼매(開華三昧) 관세음보살이 서방 정토에 왕생한 사람이 머무르는 곳에 연꽃을 피우기 위해 드는 삼매.

개회(開會) 개開는 방편을 바르게 열어 제除한다는 뜻이며, 회會는 진실한 법을 잘 알게 한다는 뜻이다. 성문·연각·보살의 삼승三乘에게 가르침을 설하는 방편을 열어서 일승一乘으로 회귀會歸함을 알게 하는 것. 방편을 버리고 진실한 가르침에 들어간다는 뜻.

개회(改悔) 되돌아보고 잘못한 행동과 마음씀씀이를 고치는 것.

개효(開曉) 어리석음을 열어주고 교의에 통달하지 않은 무명無明을 밝혀주는 것.

개훈(開葷) 승려들에게는 술과 고기, 그리고 맵고 비린내가 나는 5가지 신채辛菜를 금하는데, 만약 치료를 위한 것이거나 이로움이 있을 때에는 먹는 것을 허락한다. 개소開素.

객(客)📖 āgantu 도착한다, 더해져야 하는, 더해 들어가는 등의 뜻이 있다. 교의에 통달하지 않은 무명無明의 미혹이 조금씩 바깥으로부터 이르는 것을 이르는 말. 교의에 통달하지 않은 무명無明한 중생이 번뇌의 경계에서 가지가지 허망한 생각이 생겨 참되고 올바른 깨달음에 머물지 못하는 것을 이르는 말. 객의客義.

객두행자(客頭行者) 손님을 맞이하고 접대하는 소임인 지객知客의 밑에서 심부름을 하며 일을 돕는 사람.

객사(客司) ①손님을 접대하는 곳. ②손님 접대를 맡아보는 소임. ③상벌을 맡아보는 사무.

객선(客善) 석가모니부처가 출세하여 처음으로 가르친 삼귀의三歸依·계율 등의 선善을 말한다. 구선舊善의 상대어.

객위(客位) 손님 및 새로 참석한 대중들이 쉬는 방.

객진(客塵)📖 마음은 본래 청정하지만 밖에서 온 무명無明의 미혹으로 오염되므로 객客이라 하고, 미세하게 많은 티끌먼지 같은 것이므로 진塵이라고 한다. 번뇌의 다른 말. 객유진客遊塵. 객진번뇌客塵煩惱. 객진위망客塵偽妄.

갱두(羹頭) 사찰에서 국을 끓이는 일을 맡은 소임. 채로菜露.

거(擧) ①고인의 공안을 들어 보이는 것. 거시擧示. ②선승이 자기의 선풍을 드높이는 것. 거양擧揚. ③노력하고 활동하는 마음의 상태. ④들뜨고 흥분된 마음. 도거심掉擧心. ⑤행동. 동작. ⑥선법禪法에 대해 문답을 주고받을 때 처음으로 쓰는 말. 기득記得.

거(去)📖 gamana 가는 것, ~에 착수하는 것 등의 뜻으로, 행行, 거去, 귀歸 등으로 번역. ①지나감. 지나가는 작용. ②소실하는 것. ③버리고 가는 것. ④설명을 잘 할 수 없다는 뜻. ⑤선어록에서 동사의 밑에 붙는 말. 동사의 의미를 강조하거나, 아무 의미가 없는 어조사.

거각(擧覺) 거擧는 사장師匠이 들어 보이는 것이며, 각覺은 그로 인해 학인이 깨닫는 것을 말한다. 공안이나 게송 등을 제시하여 깨우치게 하는 것. 사장師匠과 학인學人이 만나는 것. 거양경각擧揚警覺.

거관결안(據款結案) 죄상에 따라서 단안을 내려 판결하는 것. 언어·동작 등을 보고 실제로 수행하는 정도를 간파하는 것.

거래실유종(去來實有宗) 외도 16종宗 가운데 하나. 과거와 미래도 현재와 같이 실제로 있는 것이고 거짓으로 있는 것이 아니라고 주장하는 승론勝論 및 시론時論의 두 외도를 말한다. 거래실유론去來實有論.

거목(擧目) 윗자리의 신위神位를 거명하여 청하는 의식. 거명위목擧名位目.

거불(擧佛) 의식을 시작할 때 의식의 주인공인 신앙의 대상을 청하며 귀의와 함께 거행하는 일.

거불패(擧佛牌) 부처나 보살의 명호를 적은 패牌.

거사(擧似) 들어 보임. 사似는 보인다는 뜻으로 거시擧示와 같은 뜻이다.

거사(居士)📖 grha-pati 가정의 주인, 바라문의 생활 가운데 제2주기에 있는 사람을 말하며, 장자長子, 거사, 재가在家, 백의白衣, 가주

家主, 가장家長이라고 번역한다.
①재물을 많이 모으고 쌓아서 재물을 많이 가진 장자. ②출가하지 않고 집에서 수행하는 남자. ③학식과 도덕이 높으면서 벼슬하지 않는 사람. 청정자거淸淨自居.

거불패 앞과 뒤(통도사 성보박물관)

거사불(居士佛) 출가하지 않고 불법을 신봉하고 수행하여 정定을 닦아서 깨달은 재가 불자.

거승위론(據勝爲論) 2가지 이상의 사물을 비교할 때, 각각 특징과 장점으로 줄거리를 서술하는 것. 거승舉勝. 극실통론剋實通論의 반대말.

거신광(舉身光) 불상의 온몸에서 나오는 빛. 광배光背·후광後光의 하나.

거실(據室) 주지가 기거하는 방.

거애(舉哀) 선림의 장례식에서 불사를 마치고, 슬퍼하는 마음을 표현하는 것으로 감龕 앞에서 모든 대중들이 한꺼번에 "애! 애! 애!"라고 세 번 소리를 내는 것. 거애불사舉哀佛事.

거일명삼(舉一明三) 하나를 들어 보이면 곧바로 3가지를 이해하는 것. 지혜가 영리함을 나타내는 말로 하나를 들으면 열을 안다는 것과 같은 말.

거일전수(舉一全收) 하나의 법칙을 들어서 모든 법을 거두는 것. 하나 안에 다른 모든 것을 포함하고 있는 것.

거일폐제(舉一蔽諸) 하나를 들어 모든 것을 갖추는 것.

거자문(車字門) 범어의 두 번째 자음인 𑖓ha로 거車 또는 거去로 음사한다. 반야바라밀에 들어가며 계행을 닦는 것. 5자진언인 𑖓ha·𑖘va·𑖨ra·𑖮ha·𑖏kha에서는 공空을 의미한다. ➡ 실담悉曇

거자문(去字門) 𑖓ha 모든 법은 적정寂靜하기 때문임. 실담자에 뜻을 부여함. ➡ 실담悉曇

거자문(佉字門) 𑖏kha 모든 법의 허공虛空은 얻을 수 없기 때문임.

5자진언인 𑀆a·𑀟va·𑀭ra·𑀱ha·𑀲kha에서는 공空을 말한다. 실담자에 뜻을 부여함. ➡ 실담悉曇

거전(居廛) 큰 시장 안에 숨어 살아 뭇사람들이 뒤섞이고 시끄러워서 서로 알지 못하는 것을 말한다.

거제(車帝) 석굴 이름. 부처가 열반에 든 뒤에 5백 아라한이 모여 결집한 곳. 결집경처結集經處.

거집(去執) 모든 사물·이론·사상 및 의견 등의 고집을 흔들어 버리는 것.

거찰(巨刹) 총림이 있는 큰 절.

거처(擧處) 분명하게 과실을 지적하고 규명하여 처단하는 것.

거축(車軸) 빗방울의 크기가 수레 굴대와 같다는 비유.

거해칭추(鋸解秤錘) 칭추는 쇠로 만든 저울추이며, 거해는 톱으로 끊는다는 뜻이다. 분명하게 알 수 없고 이해할 수 없다는 것을 나타내는 말.

거행(去行) 더러운 땅을 떠나 정토로 가기 위해 수행하는 여러 가지 실천 덕목.

거향찬(擧香讚) 향을 올리면서 찬탄함.

거화(擧火) 다비에서 반혼착어返魂着語 다음의 절차. 먼저 오방번과 오방불五方佛에 올리는 다기를 상징하는 수기水器에 오방번이 제자리에 있는가를 확인한 뒤, 오방불에 대한 귀의를 마치고 다비법사가 큰소리로 '거화'라고 하면 제자리에 자리한 오방법사가 대답하며 각자의 홰에 불을 붙인다.

거휴옥(居休屋) ①불전佛殿에 딸린 작은 휴게실. ②불상 앞에 바칠 음식을 준비하는 곳. ➡ 다비

건달(乾闥) ①향香. 건달健達·건다健陀. ②악신樂神의 이름. 8부중部衆 가운데 하나. 건달바乾闥婆.

건달바(乾闥婆) 📖 gandharva 태양과 밀접하게 관계있는 수호신의 이름, 시간으로, 천상의 음악사, 육체 사후에 새로운 육체에 머무를

때까지의 영혼을 말한다. 약신樂神의 이름으로 번역하여 향신香神·취향嗅香이라고도 한다. 술과 고기를 먹지 않고 오직 향을 구해 몸을 위하고 그 몸에서 향이 나온다고 한다. 긴나라緊那羅와 함께 제석을 모시고 음악을 연주하는 데, 긴나라緊那羅는 법악法樂, 건달바는 수악修樂을 맡는다. 8부중部衆 가운데 하나.

건달바(경주 담엄사터)

건달바성(乾闥婆城) 건달바가 세웠다는 상상 속의 성. 건성乾城·심향성尋香城·귀성鬼城이라고도 한다. 실질적인 본체가 없이 허공에 나타나는 성곽. 바다 위나 사막의 벌판에 나타나는 신기루蜃氣樓·해시海市를 말한다. 허구·허망·공허·일시적 현상 등을 비유하는 말. 제법이 공성空性임을 나타내기 위해 베푼 대승십유大乘十喩 가운데 하나.

건당(建幢) 불법의 깃발을 세운다는 뜻. 오랫동안 수행하여 대중을 가르치고 인도할 만한 경지에 이른 비구가 스승의 법맥을 이어받는 것. 입실入室.

건도(犍度) 📖 skandha 어깨라는 의미로 견肩, 줄기에 가지를 내고 있는 부분, 나무줄기의 부분, 바람의 통로, 논문의 절, 집합체 등의 뜻을 가지고 있으며, 온蘊, 취聚, 중衆, 분단分段 등으로 번역된다. 동일한 종류의 법을 모아 놓은 것으로 대표적인 번역어는 온蘊 또는 음陰이 있다. 게송을 모아 놓은 게건도偈犍度, 현상계의 최소 원소를 지수화풍地水火風이라고 하고 원소의 성질인 견습난동堅濕暖動이 쌓여 물질을 생성할 수 있다는 내용을 모아 놓은 사대건도四大犍度 등이 있다. 또 율장에서 장章이나 편篇의 의미로 사용하여 『사분율』은 계戒를 주는 법을 설명하는 수계건도受戒犍度, 옷을 입는 법을 설명하는 의건도衣犍度, 안거하는 방법과 내용을 적어 놓은 안거건도安居, 일상의 주거 생활과 수행에 쓰이는 방사와 그 역할 또는 운영에 필요한 내용을 적어 놓은 방사건도坊舍犍度 등 모두 20건도로 구성된다. 팔리 율장은 22건도로 구성되어 있다. 색수상행식의 오온의 온蘊과 같은 어원으로 온蘊·취聚·음陰·중衆 등의 뜻이 있다.

건률타야(乾栗陀耶) 건률타乾栗馱·한륜타汗栗馱·흘리나야紇利娜耶·흘리내야紇利乃耶·흘리타야訖利馱耶·흘리타紇利陀. 진실심眞實心·견실심堅實心으로 번역. 중생이 본래부터 가지고 있는 심성을 말한다.

건자(鍵茨) 건지健支. 천철발淺鐵鉢. 발우 속에 들어가는 세 개의 작은 발우.

건척(犍陟) Kaṇṭhaka 건덕犍德·건척乾陟·건특犍特·가차가迦蹉迦·건타가健他歌. 납納으로 번역. 석가모니부처가 사랑하던 말의 이름. 부처가 출가할 때 이 말을 타고 마부 차닉車匿을 데리고 밤중에 성을 탈출하여 고행림苦行林으로 갔다고 한다.

건치(犍稚) ghṇṭa 나무로 만든 시간을 알리는 기구. 건추犍槌·건추犍推·건지犍地·건지犍遲. 경磬·종鐘·타목打木·성명聲鳴으로 번역.

건칠불상(乾漆佛像) 나무로 골격을 만들고 여러 겹의 천을 입혀서 형상을 만든 다음 옻칠을 하여 완성한 불상.

건타(健陀) ①건타乾陀·건타乾馱·건달健達. 적색赤色·황색黃色으로 번역. 가사의 빛깔. ②건타乾陀·건대乾大. 향香으로 번역. 남해南海·안남安南 지방에서 나는 교목.

건칠불상(나주 심향사)

건타라(乾陀羅) 건타라健陀羅·건타얼乾陀越·건타위乾陀衛·건타하乾陀訶·건타바나乾陀婆那. 지지持地·향변香遍·향행香行·향정香淨·향결香潔·향풍香風으로 번역. 인도 서북부 페르시아를 중심으로 한 지역. 대월지국大月氏國 카니시카왕이 불교를 숭상하면서 건타라 미술이 융성하게 된다.

건타리(健馱梨) gāndhāri 주문 이름. 이 주문을 외우면 공중에 날 수 있다고 한다.

건타위국(乾陀衛國) 인도 서북부 페르시아 중심부에 위치했던 나라. 건타라국乾陀羅國.

건행정(健行定) 부처나 보살이 강건한 공력으로 정진하고 수행하는 모습이 뛰어나 이르는 단계.

건혜(乾慧) 대승보살이 수행해 나아가는 단계 가운데 십지十地 중 처음인 초지를 환희지 또는 건혜지라고 한다. ①오직 진리의 지혜를 보지만 아직 선정수禪定水에 젖어 배어드는 단계가 되지 못한 상태. 아직 궁극의 진리에 도달하지 못한 단계. 건혜지. ②헛된 현명賢明. ➡ 간혜乾慧

건화문(建化門) 불법의 깃발을 세우고 교화의 문을 활짝 열어 놓는다는 뜻으로 자기 수행에서 벗어나 중생을 인도하고 교화하는 것을 말한다. 제2의 의문義門이라고도 한다.

건회소(建會疏) 영산사소靈山四疏 가운데 하나로 영산재를 시작할 때 처음에 나오는 소疏. 부처를 모시는 괘불을 옮기고 헌화게를 독송한 후에 법회法會의 동기를 부처에게 하나하나를 아뢰는 글.

걸개(乞丐) 가난하여 남에게 구걸하는 사람.

걸개필추(乞匃苾芻) 탁발을 하여 살아가는 수행승.

걸두(傑斗) 갈두碣斗.

걸립(乞粒) 절에 많은 경비가 필요할 때 비용을 조달하는 방법으로 화주化主하는 행사의 한 가지. 승려나 거사 등이 한패를 만들어 각지를 돌아다니면서 꽹과리나 법고를 치고 춤을 추면서 염불·축원·타령을 하여 돈이나 곡식을 구걸하는 것. 화주·법고쟁이·광쇠잽이·화동花童·무동舞童 등의 명칭이 있었다. 건립建立·굿중패·금고金鼓.

걸망 바랑. 비구들이 옷·경전·발우 따위를 넣어서 지고 다니는 큰 주머니. 일종의 배낭背囊.

걸사(乞士)📖 bhikṣu 구걸하는 청아淸雅한 선비라는 뜻. 위로는 부처에게 법을 빌어 지혜를 돕고, 아래로는 대중에게 밥을 빌어 몸을 기르는 것. 비구오덕比丘五德 가운데 하나.

걸쇄자문(乞灑字門) ✦kṣa 모든 법은 진盡을 얻을 수 없기 때문이란 실담자에 뜻을 부여함. 실담 50자문字門의 42자문 가운데 하나. 두 글자를 한 음절로 소리를 내야 하는데, 표시하면 걸차乞叉·갈차葛叉·걸채乞察. ➡ 실담悉曇

걸식(乞食)📖 piṇḍapātika 발우 가운데 받은 음식만을 먹는 뜻으로 분위分衛·단타團墮로 번역. 출가자가 자기의 몸과 목숨을 유지하기 위해 최소한의 음식을 먹는 일.

걸식사분(乞食四分) 비구가 구걸하여 얻은 것을 네 등분하는 것. 하나는 동료 수행승에게 주고, 하나는 가난한 사람에게 주고, 하나는 귀신에게 주고, 나머지는 자신이 먹는다.

걸식사사(乞食四事) 걸식할 때 비구가 지켜야 할 4가지 일. ①몸과 마음을 바르게 가져 바른 계율에 머무는 것. 주정계住正戒. ②용모를 바르게 하고 위의를 갖추어 사람들이 공경하고 믿을 수 있게 하는 것. 주정위의住正威儀. ③부처의 법도에 따라 걸식하고 부정한 생활을 하지 않는 것. 주정명住正命. ④몸이 괴로움의 근본임을 알아서 겨우 몸을 유지할 정도의 음식에 만족하는 것. 주정각住正覺.

걸식십리(乞食十利) 걸식을 통해 얻는 10가지 이익. ①걸식으로 생명을 유지한다. ②삼보에 머물게 한다. ③자비심을 유발시킨다. ④부처의 가르침을 따른다. ⑤만족한 마음을 갖게 한다. ⑥교만한 마음을 없앤다. ⑦무견정상의 선근에 감동한다. ⑧걸식하는 것을 보고 선근심을 갖게 한다. ⑨남녀노소 등의 모든 인연이 없어진다. ⑩차례로 걸식하므로 모든 사람들에게 평등심을 갖게 한다.

검교(檢校) 점검전교點撿典校. 검교撿挍. 사찰에서 모든 사무를 감독하는 임무.

검륜법(劍輪法) 악마를 항복시키기 위해 사용하는 도검刀劍의 방법. 비인秘印과 비주秘呪를 행한다.

검림지옥(劍林地獄) 검수지옥劍樹地獄. 칼로 된 나무숲에 뜨거운 쇳덩어리가 달려 있는 지옥. 어버이에게 불효하고 스승과 어른을 존경하지 않으며, 험악하고 자비심이 없어 칼이나 몽둥이로 남을 괴롭힌 사람이 떨어지는 지옥.

검산(劍山) 검수劍樹지옥. 검수劍樹. 도인로刀刃路.

검수지옥(劍樹地獄) 검림지옥劍林地獄.

검인상논살활(劍刃上論殺活) 활인검活人劍을 두르고 살인도殺人刀를 날리면서 자유로이 학인을 접대해 교화한다는 뜻.

검인상주(劍刃上走) 종사宗師가 자유자재로 교화하는 모양.

겁(劫)📖 kalpa 고대 인도에서 가장 긴 시간의 단위. 불교에서는 셀 수 없는 오랜 세월을 의미한다. 개자겁芥子劫과 반석겁盤石劫의 비유가 있다. 개자겁은 40리가 되는 큰 성 안에 겨자씨를 가득 채워 넣고 오래 사는 천인이 백 년 또는 3년에 한 알씩 가지고 가서 모두 없어질 때까지를 1겁이라 한다. 사방이 일유순인 철로 된 성에 개자를 채워 넣고 백 년마다 하나씩 제거해도 1겁이 끝나지 않는다는 비유. 반석겁은 둘레가 40리 되는 큰 돌을 장수하는 천인이 얇은 옷으로 백 년 또는 3년에 한 번씩 스쳐 그 돌이 달아 없어질 때까지를 1겁이라고 하는 비유. 겁파劫波·겁파劫跛·갈랍파羯臘波. 분별시분分別時分·분별시절分別時節·장시長時·대시大時. ①범천의 하루로 인간세계의 43억 2천만 년에 해당한다. ②연월일로써 헤아릴 수 없는 아득한 시간. 인도의 시간 단위 가운데 가장 긴 것. 지극히 긴 시간. 헤아릴 수 없이 아득한 시간. ③도적.

겁석(劫石) 반석겁盤石劫. 부처가 보인 겁량劫量의 장구함을 천의天衣로 반석을 스치는 것에 비유한 말.

겁소(劫燒)　세계가 파괴되어 가던 때, 곧 겁이 파괴되던 때의 큰 화재. 겁신劫燼·겁화劫火·겁진화劫盡火.

겁수(劫數)　액운阨運.

겁수(劫水)　세계가 파괴되어 가던 때, 곧 겁이 파괴되던 때의 큰 물난리.

겁진(劫盡)　세계의 주겁住劫, 곧 세계의 존속 기간이 다하는 것. 세상에 있는 때가 다해서 없어지는 것.

겁초(劫初)　성겁成劫의 시초. 세계가 성립할 초기. 세계가 완성되던 초기.

겁탁(劫濁)📖　kalpa-kaṣāya 시대의 혼탁과 재난. 감겁減㤼 중에 사람의 수명이 줄어 서른 살이 되면 굶주림이 일어나고, 스무 살이 되면 질병이 유행하고, 열 살이 되면 칼부림이 일어나 세상이 어지럽게 된다고 한다. 겁파탁劫波濁. 오탁五濁 가운데 하나.

겁풍(劫風)　세계가 파괴되어 가는 것을 바람에 비유한 것. 겁이 파괴되던 때의 큰 바람 재앙.

겁해(劫海)　겁수劫數가 많음을 큰 바다의 수량과 같다는 비유.

겁화(劫火)　세계가 파괴되어 가는 것. 곧 겁이 파괴되어 가던 때의 큰 화재. 겁소劫燒·겁신劫燼·겁진화劫盡火.

곁채비소리　범패를 전문으로 하는 외부 범패승의 노래. 범패의 하나.

게(偈)📖　넓은 뜻으로는 9분교 혹은 12분교에서 가타伽陀(gāthā)와 기야祇夜(geya)의 게송偈頌을 가리키는 말. 가타는 앞에 긴 문장[長行]이 없이 바로 운문을 기록한 형태로 고기게孤起偈라고 하며, 기야는 앞에 산문이 있고 이 내용을 다시 운문인 송頌으로 만들어 뜻이 중복하는 경우로 중송게重頌偈라고 한다. 좁은 뜻으로는 단순히 가타를 가리킨다. 게偈에는 두 가지 의미가 있는데, 하나는 노래하고 칭송한다는 뜻의 송頌이 있고, 다른 하나는 뜻을 다한다는 의미로 갈竭이 있다. 불교의 가르침이나 불보살의 덕을 노래하는 내용으로

3~8자를 1구로 하여 4구를 1게偈라고 한다. 불전에서 흔히 사용하는 형태는 8음절을 1구句로 하고, 2구를 1행行으로 하며, 2행을 4구로 하여 구성하는 32음절의 시詩 형식인데, 이때의 게송은 한문시와 다르게 운율이 없다. 32음절을 수로가首盧迦(śloka)라고 한다. 게타偈他·게송偈頌.

게라(揭攞) 게리타揭利馱. 라구산羅鳩山의 부처가 설법하던 곳. 기도굴耆闍堀·이사굴伊沙堀·라구지羅鳩脂. 취봉鷲峰·영취靈鷲로 번역한다.

게문(偈文) 경經·논론論·석釋 가운데 게송으로 부처의 공덕을 찬탄하거나 법리法理를 말하는 것. 가타伽陀. 게송偈頌.

게송(偈頌) 불교의 시가. 게偈. 가타伽陀.

게찬(偈讚) 게구偈句로 덕을 찬탄讚嘆하는 것.

게탁성(偈鐸聲)📖 특별히 강조할 부분 이외에도 목탁을 울리며 글을 읽듯이 일정한 박자로 총총히 읽어 내려가는 소리. 시간을 단축하고자 할 때 이용하며 단락과 단락을 분명히 한다. 개타성皆打聲이라고도 한다.

격력(隔歷) ①떨어져 있는 것. ②단절되어 있는 것. ③격력삼제隔歷三諦. 삼제三諦가 서로 융합하지 못하는 것. 공空·가假·중中의 삼제가 서로 막혀 융합하지 못하는 것. 우주의 본체인 진여는 공·유의 두 쪽을 초월한 중도中道라는 뜻이므로 중제中諦. 현상인 만법은 가의 존재이므로 가제假諦. 현상은 그 실질적인 본체가 없는 것이므로 공제空諦. 공제·가제·중제가 서로 달라 일치하지 않고 서로 막혔다고 하는 의미로 천태 4교 가운데 별교의 주장이다. 원융삼제圓融三諦의 반대말.

격생즉망(隔生則忘) 사람이 태어나면 전생의 일을 모두 잊어버리는 것처럼 보통 사람이나 보살이 다음 생을 받을 때마다 과거의 일을 모두 잊어버리는 것.

격수구(隔手句) 격신구隔身句. 보통 사람들은 말에만 국한하고 집착하여 그 참뜻을 알지 못하지만, 마음이 통하는 도반끼리는 뜻이 서로 통하여 말이 도리어 장애가 된다는 뜻.

격숙(隔宿) 기일忌日 전날. 당일과 하룻밤 간격이어서 붙여진 이름.

격외(格外) 격격은 격식格式·규격規格. ①보통이 아닌 것. 상식을 넘는 규격. ②격외구格外句. 격외선格外禪.

격외구(格外句) 상식을 초월한 규격 밖의 어구語句. 모든 조사祖師의 어구.

격외선(格外禪) 격외는 규격 밖, 규격을 초월한다는 뜻. 언어 문자로 의논할 수 없고 보통 사람의 범상한 소견을 초월한 선법禪法. 달마 조사가 전한 최상승선. 격외선지格外禪旨.

격외선지(格外禪旨) 참선의 도리는 보통 사람의 소견에서 벗어난 것이라는 뜻.

격외현기(格外玄機) 보통의 분별하는 생각으로는 헤아릴 수 없는 종지宗旨 가운데 요긴한 것.

격의(格義) 불교를 다른 종교나 사상에 적용시켜 이해하는 것. 부처가 황제黃帝나 노자老子와 나란히 제향祭享되거나 불교의 '공空'을 노자의 '무無'로 해석하려는 태도. 격의불교格義佛敎.

격자문(隔子門) 방장方丈에 달려 있는 작은 문. 바깥뜰과 막혀 있어 격자문이라고 한다.

견(堅)📖 ①곧음. 단단함. ②암석과 같이 딱딱함을 말한다. 원소로서의 땅의 특성. 땅의 본성. ③물러서지 않는 사람.

견(見)📖 dṛṣṭi ~을 보는 것, ~을 주시하는 것, 쳐다보는 것 등의 뜻이 있고, 시각視覺, 지능知能, 안안眼, 관견觀見 등으로 번역하며 부정적인 의미로 많이 쓰인다. darśana ~을 본다, ~을 조망한다, 배운다, 안다 등의 뜻이 있고, 간看, 관觀, 견조見照, 망望 등으로 번역하며 긍정적인 의미로 많이 쓰인다. ①육근六根 중의 하나인 의근意根이 의식에 대하여 일어난 법法에 집착하여 분별을 일으키는 것. ②허망하게 내가 안근眼根이 있어 모든 색色의 모습을 볼 수 있다고 헤아리는 것. ③잘못된 견해. 번뇌육법煩惱六法 가운데

하나. ④청정淸淨한 바른 견해. ⑤견해·의견·주장을 말한다. ⑥조
료照了.

견결(見結) 구결九結 가운데 하나. 사악한 견해에 의한 번뇌. 오견
중에서 자기의 신체를 나 또는 나의 것이라고 보는 견해. 신체는
항상 봉안되는 것, 또는 단멸하는 것이라고 보는 견해. 인연으로
화합하는 법을 부정하는 신견身見·변견邊見·사견邪見의 삼혹三惑을
말한다. 중생은 여기에 결박되어 고苦에서 벗어나지 못하므로 견결
이라고 한다.

견경(見經) 경전을 말하는 것으로 종이를 발명하기 전에는 견다라
수見多羅樹라는 나뭇잎에 부처의 법을 기록했던 것에서 기인한다.
견다라見多羅·견다見多·견엽見葉 등으로도 쓴다.

견경계(見境界) 바른 지혜의 작용이 이루어지고 바른 견해를 내서
눈앞의 사물을 바르게 보아 삿되고 망령됨이 없는 것을 말한다.

견경사경(見境思境) 경계를 보고 경계를 생각하는 것. 경境은 널리
인식하거나 가치 판단의 대상이 되는 것을 뜻하는데, 인식 작용의
대상이 되는 외부 세계의 모든 것을 의미한다. 육식六識으로 인식하
는 대경對境, 즉 색경·성경·향경·미경·촉경·법경을 가리킨다. 대경
을 보고도 마음이 어지럽지 않는 안정된 상태가 선정禪定이니 대경
에 대한 집착을 끊어야 한다는 뜻.

견고계(堅固戒) 대승계는 아홉 종류의 모습을 가진다고 하는 구종
상계九種相戒로 나누고 있다. 그중의 하나인 일체종계一切種戒는 모
든 종류의 계율을 나타내는데, 대승보살이 계율을 지닐 때 무엇으
로도 유혹하여 움직일 수 없는 6가지 계율 가운데 하나.

견구(見垢) 사람들이 공덕에 집착하고 분별하는 견해.

견대(肩帶) 범종의 윗부분 가장자리에 돌린 띠무늬.

견대(見大) 색성色性이 법계에 두루 가득하듯이 견성見性 또한 법계
에 두루 가득함을 말한다. 근대根大라고도 하며 칠대七大 가운데
하나이다.

견도(見道)📖 darśana-mārga darśana는 ~을 본다, ~을 조망한다, 배운다 등의 뜻이 있으며, 견見으로 번역한다. mārga는 야수가 지나간 흔적, 작은 길, 바른 길, 정당한 진로 등의 뜻이 있다. ①진리의 이치를 보는 것. ②성문이 삼계三界의 견혹見惑을 끊고 진제眞諦의 이치를 보는 것. 성문이 처음 얻는 과위인 수다원須陀洹. 처음 무루지無漏智를 내서 진제의 이치를 조견하는 위. 곧 사제四諦의 이치를 자세히 살피고 무루無漏의 지혜로 잘못된 소견을 여의고 성자라고 부르는 위. 깨달음의 마지막 과정. 견도위. 통달위通達位. ③삼도三道 가운데 하나. 온갖 안다는 미혹迷惑에서 벗어나는 지위. 초과初果인 수다원須陀洹.

견도소단(見道所斷) 견도의 자리에서 다음 수행으로 나아가기 위해 끊어 없애야 하는 견혹見惑. 삼단三斷 가운데 하나. 견소단見所斷.

견독(見毒) ①삿된 견해인 사견邪見이 독화살처럼 몸을 해친다는 비유. ②부처의 가르침인 법을 수행하는 데 가장 방해가 되므로 독에 비유한다.

견득(見得) 견지見至·견도見到. ①성문승聲聞乘의 사람이 수도위修道位에 들어가서 불법을 보고 이치를 깨닫는 이근利根이 되는 것. 18학인學人 가운데 하나. ②지견知見이 뛰어나서 스스로 법을 보고 이치를 증득할 수 있는 사람. 칠성七聖 가운데 하나.

견득수증(見得修證) 자기 본래의 성품을 보고 지키면서 수행하여 불佛의 과위果位를 깨닫는 것.

견련(牽連) ①인연·연기緣起. ②12연기緣起의 다른 이름.

견뢰지신(堅牢地神) 대지를 맡은 신. 항상 교법이 베풀어지는 곳으로 가서 법좌法座 아래에서 설법하는 이를 호위한다. 밀교에서는 태장胎藏 대일大日여래의 수류응현隨類應現하는 몸이라고 설명한다.

견론(見論) 희론戲論 가운데 하나. 아견我見·변견邊見 등 그릇된 견해를 전개하는 언론言論. 여러 가지 치우친 소견으로 하는 의론.

이근인利根人·출가인出家人·외도外道·이승二乘이 주장하는 의론.

견류(見流) 사물에 집착하는 망상인 견혹으로 인해 삼계를 돌아다니면서 벗어나지 못한다는 뜻으로 사류四流 가운데 하나. 견혹見惑. 삼계견혹三界見惑. 견폭류.

견망(見網) 여러 가지 사견邪見에 억매여 몸이 벗어나지 못함을 그물에 비유한 것.

견문각지(見聞覺知) 눈으로 빛을 보고, 귀로 소리를 듣고, 코·혀·몸으로 냄새·맛·촉감을 알고, 뜻으로 법을 아는 것. 육식六識이 밖의 대상에 접촉하는 것을 말한다.

견문생(見聞生)📖 화엄에서 견문, 해행解行, 증입證入의 삼생三生 가운데 하나. 과거세에 노사나불을 친견하고, 보현보살의 법문을 들어 미래에 부처될 종자를 얻는 자리. 숙선宿善에 속한다. 견문위見聞位.

견문의(見聞疑) 본 것, 들은 것, 비록 실제 보고 들은 것은 아니지만 마음으로 의심하는 것을 삼근三根이라고 한다. 계학戒學의 명목名目.

견박(見縛) 진리가 아닌 견해에 집착하고 사람을 속박하여 자유롭지 못하게 하는 미혹. 견혹見惑.

견번뇌(見煩惱) 온갖 바른 도리에 대한 미혹迷惑. 견혹見惑.

견법(見法)📖 dṛṣṭa-dharma dṛṣṭa는 본다, 현현顯現한다는 뜻이 있으며, dharma는 미덕美德, 관습慣習 등의 뜻이 있다. 수행하는 이가 성취하는 일에 대해 물들지 않고 애착하지 않고 깨끗하고 진실한 마음으로 실상을 자세히 관찰하여 참된 뜻 있는 그대로 보는 것.

견본(絹本) 불화佛畵나 탱화 등을 그릴 때 바탕으로 사용하는 비단.

견분(見分)📖 유식에서 심식의 작용을 설명하기 위해 객관의 대상을 보는 심의 작용인 견분, 객관 대상의 모양이 떠오르는 상분, 견분과 증자증분을 증지證知하는 자증분, 자증분을 다시 증지證知하는 증자증분의 사분四分을 세운 것 가운데 하나. 대상의 형상을 보는 작용. 능견能見의 식識. 눈 등의 육식六識으로 대상 사물 세계를 분별하는 것. 증견證見·조촉照燭·능연能緣·염해念解·추탁推度을 모두 견분이라고 한다. ➡ 상분相分, 자증분自證分, 증자증분證自證分

견불(見佛) 📖 ①과보와 수행의 결과인 공덕으로 나타나는 보신報身, 중생교화를 위해 여러 가지 형상으로 나타나는 응신應身, 그리고 진리의 몸으로 있는 법신法身인 불신佛身을 바로 보는 것. ②본래 갖추고 있는 불성을 꿰뚫어 보아 깨닫는 것.

견사혹(見思惑) 수행을 방해하는 세 가지 미혹 가운데 하나로 견혹見惑과 사혹思惑을 말한다. 견혹은 사성제를 설명하는 무상無常·무아無我 등의 이치를 잘못 이해하여 일어나는 미혹이며, 사혹은 세간 사물의 법인 색법, 즉 색色·성聲·향香 등을 잘못 이해하여 일어나는 미혹이다.

견삭(羂索) 📖 pāśa 그물, 끈 등을 말하며, 아름다움에 비유한 것이다. ①짐승을 잡아 가두는 그물. 보살들이 손에 들고 있는 마魔를 항복시키는 상징의 하나로 견삭은 진실한 보리심을 나타낸다. 예를 들면 부동명왕은 오른손에는 보검을 왼손에는 견삭을 들고 있는데, 보검은 중생에게 있는 근본 무명을 끊는 것이며, 견삭의 보리심으로 모든 중생을 묶고 갈고리인 구鉤鉤로 끌어 들인다는 뜻을 가지고 있다. 밀교의 구鉤·삭索·쇄鎖·령鈴의 사섭법은 보시布施·애어愛語·이행利行·동사同事와 같은 뜻으로 부처나 보살이 4가지 섭법攝法으로 중생을 거두어서 취하는 것을 비유한 말. ②아견我見에 얽매여 있는 것.

견살(見殺) 살아 있는 것을 보고 나라고 여기는 견해.

견삼루(見滲漏) 수행하는 사람에게 아견我見이 있어 망상이 줄줄 새는 것을 비유한 말로 독毒의 바다에 빠져 있음을 말한다.

견상(見相) 무명이 진여에서 일어나 생멸하고 유전流轉하며 움직이는 모습은 망상의 법으로, 심왕心王과 심소心所로 나누어짐이 없는 처음의 상相은 미세하고 측량하기가 어려워 세細라 하고, 후에 심왕과 심소의 상相이 드러나는 것을 추麤라고 하며, 모두 구상九相

70 견불

으로 설명한다. 삼세三細는 무명업상·능견상·경계상이며, 추는 6종
이다. 능견상能見相을 건상 또는 전상轉相이라고 한다. 처음으로 움
직이는 현상을 보는 것. 깨닫지 못하고 밝지 못한 마음으로 사물을
보는 것을 말한다.

견상(肩上) 선원이나 절에서 앉는 자리를 정할 때 자기보다 윗자리
에 있는 승려를 말한다. 상견上肩.

견상이분(見相二分) 유식唯識에서 심식의 작용을 설명하기 위해
사분四分을 세운 것 가운데 대상으로 있는 주체인 상분相分과 대상
을 보는 주체인 견분見分을 말한다. 안혜安慧는 견상이분만을 주장
하였다.

견상증성식(遣相證性識) 5중유식重唯識 가운데 하나. 다른 것을 의
지하여 일어난 것을 버리고 유식의 참된 성품인 진여를 증득하는
관법.

견성(見性) 📖 견성성불見性成佛. 자기의 본성을 꿰뚫어 보고 깨닫
는 것. 인간의 본성을 꿰뚫어 보고 부처가 될 수 있다고 하는 것.
참된 자기 자신을 깨닫는 것. 자신의 참된 마음을 발견하는 것.
참된 이치를 깨치는 것. 존재의 본질에 도달하는 내적 자각. 내심자
증內心自證

견성공안(見成公案) 확실히 나타나 있는 참된 실지의 형태. 현성공
안現成公案.

견성학도난(見性學道難) 사람들이 허망한 생각에 미혹되고 애욕愛
欲에 눈이 어두워진 것을 되돌려 참된 마음으로 돌아가 본성을 바
로 보는 부처의 가르침을 배우는 것을 어렵게 여긴다는 뜻.

견소단(見所斷) 견도의 자리에서 끊어 없애야 하는 견혹見惑. 삼계
의 88사견혹使見惑을 끊는 것을 말하며 3가지 소단所斷 가운데 하나.
견혹見惑의 유루법有漏法. 견도소단見道所斷. 견도見道.

견수(見修) 견사見思. 견혹見惑과 수혹修惑. 견도見道함에 끊어야 하는 이혹理惑을 견혹이라 하고, 수도修道함에 끊어야 하는 사혹事惑을 수혹이라 한다.

견수(見受) 자기의 의견을 주장하는 집착. 견취見取.

견수면(見隨眠) 견見이라는 분별의 종자가 심식 속에 숨어서 여러 가지 허망한 의견을 내는 것을 말한다.

견신득(遣信得) 10가지 계를 받을 수 있는 인연인 득계연得戒緣 가운데 하나. 비구니계를 받으려는 이가 얼굴과 몸매가 곱고 예뻐서 절에 이르는 길에 액난을 만날 염려가 있을 때 부처가 사자使者를 보내 구족계具足戒를 주는 것과 같은 것.

견실심(堅實心)📖 hṛdaya 마음의 움직임이 있는 장소로서의 심장心臟, 신체의 내부, 중심中心, 가장 좋은 것, 최고 비밀스러운 것 등의 뜻이 있으며, hṛd와 같은 뜻이다. 견고하고 진실한 마음이란 뜻으로 중생이 본래 지니고 있는 참된 마음. 진여의 실질적인 본체. 여러 부처들이 증득한 이치. 곧 제일의심第一義心. 정실심貞實心. 『기신론』의 일심一心.

견실심합장

견실심합장(堅實心合掌)📖 두 손바닥을 꼭 마주 치도록 합하는 합장.

견심(見心) ①곧바로 경계를 보아 아는 마음. 마음이 대상에 대하여 작용하는 아홉 개의 마음인 구심륜九心輪 가운데 하나. ②견성見性.

견애(見愛) ①견사見思. 견수見修. 견혹과 사혹. 견혹과 수혹. 탐욕과 진에瞋恚 등 모든 사물에 미혹됨을 애愛라고 한다. ②견애이행見愛二行. ③견애번뇌見愛煩惱. 교의에 통달하지 않은 무명無明에 의해 일어나는 지知적 번뇌인 견번뇌와, 대상에 집착하는 마음의 번뇌인 애번뇌를 말한다.

견애이행(見愛二行) ①견행은 다른 이의 가르침을 따르지 않고 자기 소견대로 하려는 것이며, 애행은 다른 이의 가르침을 유순하게 따르는 것을 말한다. 중생의 2가지 근성根性으로 견행見行과 애행愛行. 행行은 행업行業이란 뜻이다. ②2가지 번뇌로 견애번뇌見愛煩惱와 행은 유위법有爲法을 말하며, 특히 번뇌를 가리킨다.

견액(見軛) 액은 번뇌의 다른 이름으로 사액死厄 가운데 하나. 삼계에 걸친 여러 가지의 유견. 견액見厄.

견연(見緣) 견분見分이 반연하는 영상影像. 자기 주관에 의해 그려진 영상으로 곧 상분相分을 말한다. 주관이 객관을 감각하여 인식할 때 객관 그 자체를 직접 인식하는 것이 아니고, 반드시 자기 마음속에 먼저 객관의 형상을 그리고, 그 형상을 객관적인 존재로 인식하는 것을 말한다. ➡ 견분見分

견엽(見葉) 경전. 견경見經.

견왕재(見王齋) 죽은 지 3일째 되는 날에 행하는 승재僧齋. 죽은 이는 이날 비로소 염라왕을 보려고 일어난다고 한다.

견우(見牛) 소를 발견한다는 뜻으로 십우도十牛圖의 세 번째 그림. 수행자가 자신의 성품을 보는 것.

견우(십우도)

견일처주지(見一處住地) 삼계三界의 견혹見惑, 사혹事惑, 무명혹無明惑이 의지하고 머무를 데가 된다는 뜻으로 다섯 종류의 주지住地 가운데 하나. 견혹이란 사물에 집착하여 생기는 미혹으로 견도위見道位에 들어가 사제四諦의 이치를 관찰하면 그 미혹이 한꺼번에 없어지므로 견일처見一處라 하는데, 이 미혹이 근본이 되어 여러 가지 번뇌를 일으킨다. 오주지혹五住地惑 가운데 하나. 일체견주지一切見住地·견일체처주지見一切處住地.

견자(見者) 나에 대해 강하게 집착하는 사람.

견장(見障) 바른 길을 방해하여 넘어뜨리는 네 가지 장애 중의 하나. 중생이 바른 법을 듣지 못하여 사견邪見을 일으켜 마사魔事에 빠져 보리심을 잃어버리는 것으로 사장四障 가운데 하나.

견쟁(見諍) 다른 견해를 강하게 고집하여 논쟁하는 것.

견적(見迹) ①견도見道. ②십우도十
牛圖의 두 번째 그림. 소의 발자국을
본다는 말로 자신의 본성을 본 경지
를 뜻한다.

견적(십우도)

견전도(見顚倒) 대상을 잘못 아는
상想, 착각하는 견해로 보는 견見, 상
과 견을 반대로 보는 심心 자체의 허망을 삼전도三顚倒라고 하는데,
그중의 하나. 객관 현상은 환幻이나 공화空華와 같음을 알지 못하고
실재하는 것처럼 여기는 견해. 그릇된 소견이므로 전도라고 한다.
➡ 전도顚倒

견제(見諦) 참된 이치를 증명하고 깨닫는 것. 진리에 도달하는 것.

견제득(見諦得) 교진여憍陳如 등 다섯 비구와 같이 사제四諦의 이치
를 듣고 견도위見道位에 들어가 깨닫는 것. 인과因果의 도리를 몸소
깨달아 자연히 구족계를 얻는 것. 계를 자연스럽게 얻는 10가지
인연인 득계연得戒緣 가운데 하나.

견좌(堅座) 다리를 나란히 하여 웅크리고 앉되 엉덩이가 땅에 닿지
않게 하는 것.

견지(堅智) 금강권金剛拳의 다른 이름.

견지(見地) darśana-bhūmi 보살의 수행계위인 십지十地 가운데 네
번째로, 사제四諦의 이치를 보고 과를 얻는 지위. 번뇌가 일어나지
않는 무루지無漏智를 얻어 진제眞諦의 도리를 보는 지위. 제일의제第
一義諦·무생無生·사제四諦의 이치를 보는 까닭에 견지라고 한다.

견지(見至) 뛰어난 견해로 정견正見에 도달한 사람을 뜻한다. 칠성
七聖 또는 이십칠현성二十七賢聖 가운데 하나. 견도見到. 견득見得.

견지신(見智身) 지법신智法身인 금강보살을 본다는 뜻으로, 금강계
에서 맺는 인계印契 가운데 하나.

견진(見眞) 지혜의 눈으로 진제眞諦를 바로 보는 이치.

견차(見次) 선가禪家에서 자기보다 아랫자리에 있는 승려를 말한다. 어깨를 접하여 아랫자리에 앉는 것. 견하肩下. 하견下肩.

견처(見處) ①잘못된 견해가 생긴 곳. 다섯 가지 물들고 더러운 견해인 신견身見·변견邊見·사견邪見·견취견見取見·계금취견戒禁取見 등 그릇된 견해를 일으키는 곳. 유루법有漏法의 다른 이름. ②견식. 견해. 보는 입장. 파악하고 있는 바. 보는 바.

견취(見取) dṛṣṭi-upādāna 보고 알아서 취한다는 뜻으로 잘못된 견해. ①집착으로 취하는 사취四取 가운데 하나로, 삿된 마음으로 분별하는 모든 견혹見惑에 집착하여 그것을 진실한 견해라고 여기는 것. ②견취견見取見. 오견五見 가운데 하나. 자기의 소견을 고집하는 견. 망견妄見. 그릇된 견해를 바른 것으로 간주하여 집착하는 견해. 신견身見·변견邊見·사견邪見 등을 일으키고 집착하여 수승한 견해라고 여기는 것. ➡ 견見

견취사(見取使) 사使는 마음을 한 방향으로 몰고 가는 것을 말하며 번뇌의 다른 이름. 보고 알아서 그것을 취하여 잘못된 견해로 흘러가는 것을 가리킨다. 마음을 몰아가는 작용에는 마음에 날카롭게 작용하는 오리사五利使와 마음도 잘 모르게 일어나는 오둔사五鈍事가 있으며, 이 둘을 합하여 십사十使라고 하는데, 오리사 중의 하나. 사취四取 가운데 견취見取, 오견五見 가운데 견취견見取見을 가리키기도 한다.

견탁(見濁) 말세에 이르러 중생들이 보아서 아는 견견이 삿되고 그릇되게 일어나 세상을 어지럽히는 것을 말한다. 업탁業濁. 오탁五濁 가운데 하나. 견식見識의 탁란濁亂을 뜻한다.

견폭류(見暴流) 폭류暴流는 번뇌의 다른 이름으로, 보아서 아는 견見의 삿됨이 한쪽으로 흘러가는 것을 홍수로 세차게 흐르는 물에 비유하여 말한 것. 사폭류四暴流 가운데 하나. 삼계三界의 견혹見惑으로 사제四諦마다 각각 그 아래서 일어나는 신견身見·변견邊見

등의 그릇된 견해.

견행(見行) 아견我見·사견邪見 등으로 이치를 모르고 해매는 견혹. 견애이행見愛二行 가운데 하나로 신견身見 등 나쁜 소견, 곧 견혹을 말한다. 다른 이의 가르침을 따르지 않고 자기 소견대로 하려는 것.

견허존실식(遺虛存實識) 오중유식五重唯識 가운데 하나. 감정이나 욕심에 의해 일어나는 주관적인 견해나 고집은 객관적인 이치나 실재와는 무관한 허망한 것이며, 인과의 이치에 의해 존재하는 모든 법만이 진실한 본체라고 인정하는 관법.

견현관(見現觀) 삿된 번뇌가 없는 무루無漏의 지혜로써 사제四諦의 이치를 있는 그대로 드러내는 것, 즉 견분見分의 이치가 드러나 밝은 것을 말한다. 견見, 연緣, 사事가 드러나는 밝은 것을 삼현관三現觀이라고 하는데, 그중의 하나.

견혜(見慧) 여러 의견을 드러내는 지혜.

견혹(見惑) 📖 darśana-mārga-prahātavyānuśaya 움직이는 대로 놓아둔 혹惑을 견見이 분별 작용을 하여 잘못 안다는 뜻. 마음의 미혹으로 생긴 번뇌를 뜻한다. 사물에 집착하는 망상으로 일어나는 것이나 진리를 알지 못해서 일어나는 번뇌. 견번뇌見煩惱·견장見障이라고도 한다. 신견身見·변견邊見·사견邪見·견취견見取見·계금취견戒禁取見·탐貪·진瞋·치癡·만慢·의疑 등 10가지가 있다. 삼계三界에서 각기 사제四諦를 관찰하여 끊는 번뇌가 각각 다르며 모두 88사使가 있다. ➡ 견見

견화(見和) 화和는 대중과 화합한다는 뜻의 화경和敬의 의미이다. 이때 화和는 밖으로는 다른 사람의 선善을 같이 하고, 경敬은 안으로는 스스로 겸손하고 낮추는 것을 말한다. 화에는 이치를 함께 중득하고자 하는 이화理和와 일상의 생활에서 같이하는 사화事化가 있다. 일상생활에서 화합하는 것이란 계戒의 화합은 받는 계가 같은 것이며, 견見의 화합은 같은 이해를 하는 것이며, 신身의 화합은 같이 머무르는 것이며, 이利의 화합은 분배를 고르게 하는 것이며,

구口의 화합은 다툼이 없는 것이며, 의意의 화합은 같이 기뻐하는 것으로 대중이 화합하는 여섯 가지 방법 가운데 하나.

견환(遣喚) 석가모니불은 사바세계에서 아미타불의 48원願의 배를 타고 극락세계로 보내는데 이를 발견發遣이라고 하고, 아미타불은 이 극락세계로 오라고 부르는데 이를 초환招喚이라고 한다. 이 둘을 함께할 때 쓰는 말.

결(結)📖 bandha 묶는 것, 속박하는 것, 끼워 맞추는 것 등의 뜻이 있으며, 결結이라고 번역한다. ①마음을 묶은 것. 자신을 얽어매고 가두는 일. 묶어서 마음대로 부린다고 하여 결사結使라고도 한다. 결박結縛. 속박束縛. 번뇌. 미혹. ②탐욕, 진에瞋恚, 만慢, 견見, 의疑, 계금취戒禁取, 유탐有貪, 질嫉, 간慳, 교의에 통달하지 않은 무명無明의 열 가지를 십결十結이라고 한다. ③태어나는 것. 다음 세상에 다시 태어나는 것. ④머리털. 고수머리. 백호상白毫相. ⑤인명因明에서 5단계로 논증하는 경우가 있는데, 이 오분작법에서 마지막 단계인 결론을 뜻한다.

결가부좌(結跏趺坐) 바르게 앉는 자세의 하나로, 발등을 끌어당겨 반대편의 다리 허벅지 위에 올려놓아 서로 꼬아서 앉는 것. 부처는 반드시 이 앉는 법에 따르기 때문에 여래좌·불좌라고도 한다. 옛날 인도에서 행해진 원만하게 앉아 있는 모습이기 때문에 전가부좌全跏趺坐·본가부좌本跏趺坐라고도 한다. 선종에서는 이 자세를 좌선의 바른 자세로 정하고 있다. 결가는 여래의 앉음새, 반가는 보살의 앉음새. 결가結跏·가부跏趺·가좌跏坐·가부좌跏趺坐라고도 한다. ➡ 가부좌跏趺坐

결가부좌

결갑(結甲) 갑甲은 보갑保甲, 조합한다는 뜻으로, 곧 여러 사람이 한데 뭉치는 것을 뜻한다.

결강(結講) 경전을 설하는 마지막 날.

결경(結經) 본경本經을 설하고 난 다음 결론으로 설하는 경전. 천태종에서 『법화경』을 근본 경전으로 정하고, 『법화경』을 설하기 전에 서론 형식으로 설하는 『무량의경』을 개경開經이라 하며, 『법화경』을 설한 뒤에 『보현경』으로 결론을 맺으므로 법화결경法華結經이라고 한다. ➡ 개경開經

결계(結戒) 📖 ①계율은 수범수제隨犯隨制라고 하여 범할 때마다 한 조목 한 조목 만들어진 것이 특징인데, 이때 계율을 만드는 것을 말한다. ②계율을 잘 지키도록 조문을 정리하여 놓은 것을 가리키기도 한다.

결계(結界) 📖 sīmā-bandha sīmā는 경계의 뜻이며, bandha는 묶는다紲는 뜻이다. 경계를 지어 제한된 구역. ①일정한 지역을 택하여 구획을 지어 경계를 삼는 것. 교단에 소속된 승가의 질서를 유지하기 위해 일정 지역을 제한하는 것. 승가의 구성원이 과실을 범하지 않도록 계율을 유지하기 위해 일정한 지역을 구획하여 제한하는 것. 결계지結界地. 결계량結界場. ②수행하는 데 장애가 되는 것을 없애기 위해 의·식·주를 제한하는 것. 일정한 장소에서만 거처하는 것. 또는 옷을 벗지 않는 것. ③마魔의 장애나 유혹을 막기 위해 두 손과 열 손가락을 사용하여 맺는 인印을 밝히는 법法에 따라 제정한 도량의 구역. 밀교에서 도량을 청정히 할 목적으로 주로 행한다. ➡ 결結

결계석(結界石) 일정한 지역에서 경계를 표시하는 돌. 냄새나는 음식 등을 일정한 경계 안으로 들어오지 못하도록 표시하여 공부하는 데 방해가 없도록 하는 것을 훈주패葷酒牌라고 하며, 이렇게 금지하는 표시를 금패석禁牌石 또는 석방石牓이라고 한다.

결계오상(結界五相) 일정한 구역에 승가의 질서를 유지하기 위하여 경계를 표시하는 다섯 가지 모양. 이때 구역의 범위가 넓으면

대계大界라고 하고, 모양에 따라 네모난 모양의 방상方相, 둥근 모양의 원상圓相, 북과 같은 모양의 고형상鼓形相, 달과 같은 모양을 한 반월상半月相, 삼각형의 모양을 한 삼각상三角相을 오상五相이라고 한다. 또는 자연 지형을 따라서 표시하기도 하며 산·물·나무·돌로 표지를 삼는다.

결료(決了) 올바른 이치로 결정을 명료하게 내리는 것.

결루(結漏) 삿되고 바르지 못한 번뇌가 몸과 마음을 묶으므로 결結이라 하고, 이 번뇌인 결結이 육근六根으로부터 새어 나오므로 누漏라고 한다.

결루(缺漏) 계율은 둑이나 제방堤防같이 허물을 막는 것으로, 계율을 지키지 않는 것을 결缺이라 하고, 지키지 않아 밖으로 나타나는 허물을 누漏라고 한다.

결박(結縛)📖 bandha 묶는 것, 속박한다는 뜻으로 번뇌가 몸과 마음을 묶고 속박하여 자유롭지 못하게 하는 것을 이른다. 번뇌의 다른 이름.

결병(結病) 번뇌가 몸과 마음을 묶어 자유롭지 못한 것을 병이라고 하여, 번뇌를 몸의 병으로 비유한 것.

결사(結使) 결結은 묶는다는 뜻이고 사使는 마음대로 몸을 부린다는 뜻으로, 곧 번뇌를 말한다. 번뇌가 몸과 마음을 속박하여 고달프게 부리는 것. 미혹한 행인 업과 번뇌가 중생들을 핍박하여 고苦를 받게 하는 것. 구결九結과 십사十使가 있다.

결사(結社) 같은 뜻을 가지고 함께 수행하는 모임이나 단체.

결생(結生) 중생이 미혹의 세계에서 윤회하는 네 가지 모습으로, 죽은 뒤의 모습인 중유中有, 각각의 생을 받아 태내에 나는 생유生有, 생을 받고 죽을 때까지의 본유本有, 죽는 찰나를 사유死有라고 하는데, 생유에서 태내에 나는 찰나를 탁생託生이라고 하고 이 세상에 나오는 찰나의 생을 결생 또는 수생受生이라고 한다.

결수(結手) 두 손과 열 손가락을 이용하여 구부리고 펴고 꺾고 서로 엇갈리고 대고 하여 위치나 모양 상태에 따라 뜻을 다르게 하는 방법을 말하며, 그 모양을 결인結印이라고 한다.

결수문

결업(結業) 미혹으로 바르게 보지 못하는 번뇌를 결結이라고 하고, 이 결結로 일어난 행의 결과를 업業이라 한다. 번뇌로 말미암아 생긴 행위의 결과.

결연(結緣) ①지금의 생生에서 수행하여 해탈은 얻지 못하지만, 후에 반드시 깨달음에 이를 수 있도록 인연을 맺어 놓는 것. 또는 중생이 법을 닦기 위해 먼저 불·법·승과 인연을 맺는 일. ②널리 좋은 연緣을 맺는 것.

결연경(結緣經) 불법에 인연을 맺기 위해 경문을 베껴 쓰는 일. 임금·부모·벗을 위해 『법화경』 등의 경전을 쓰거나 읽게 하여 성불할 인연을 맺게 하는 것을 말한다.

결연관정(結緣灌頂) 관정에는 인연을 맺어 주는 결연結緣, 제자가 되기 위한 학법學法, 스승인 아사리가 되기 위한 전법傳法 관정 등이 있다. 결연은 불佛과 인연을 맺기 위해 정수리에 물을 뿌리는 의식으로, 관정하는 단壇에 들어가서 꽃을 여러 불에게 던져 꽃을 맞은 불이 그 사람과 과거에 인연因緣이 있는 존귀한 몸이라고 하여 꽃을 맞은 불의 이름을 부르게 하고 사람의 정수리에는 물을 세 번 뿌리는 의식이다. 투화삼마야投華三摩耶라고도 한다.

결연중(結緣衆) 법을 설하는 자리에 참여하여 불법을 들으며 인연을 맺는 네 종류의 대중인 사중四衆 가운데 하나. 대중의 종류에는 법회를 소집하여 좋은 모양을 만들어 가도록 인연을 일으키는 사람의 연기중緣起衆, 설법의 내용을 바르게 알아서 이치를 바로 깨닫는 사람의 당기중當機衆, 불보살이 여래의 교화를 보좌해 주는 것으로 법을 듣는 청중 속에서 모습이나 소리 등으로 드러내 보이는 영향중영響衆, 부처의 법을 설하는 자리에서 법은 듣지만 근기가 하열하여 깨달음을 세울 수 없지만 불을 보고 법을 들었으므로 장래에 도道를 이룰 수 있다고 하는 결연중結緣衆이 있다. 근기가 하열하지만 미래에 반드시 해탈할 수 있는 인연을 맺는 무리.

결원(結願) 법을 설하거나 수행하기 위한 집회를 시작할 때 집회의 주인이 되는 본존에게 모임을 하게 된 뜻을 알리는데 이를 개백開白 또는 계백啓白·표백表白이라고 하고, 끝나는 마지막 날에는 원만한 성취와 원願, 그리고 부족한 점이 있음을 고하는 것을 결원이라고 한다. ①소원을 말하는 기도 의식으로 법회 마지막에 하는 것. ②기간을 정하고 하는 법회에서 법회의 마지막 날을 말한다. 만산滿散. ③결원작법結願作法. 밀교에서 법회를 행하는 과정에 빠지거나 혹시 잘못되어 허물이 있을지도 모를 것에 대하여 집회의 주인이 되는 본존 앞에서 거짓 없이 드러내 말하고 고백하는 것.

결의(決疑) 모든 중생의 의심과 어려움을 해결하고 다스리는 것.

결의무소외(決疑無所畏) 불佛과 보살에게는 두려움이 없는 네 가지가 있다. 즉, 불佛에게는 지혜가 있고 번뇌가 끊어지고 출리出離의 길을 설하고 수행에 장애되는 것을 설하므로 두려움이 없는 사무외四無畏가 있고, 보살에게는 가르침을 잘 기억하고 중생의 근기에 따라 의심을 풀어 주고 물음에 자유자재로 답하므로 두려움이 없는 사무외四無畏가 있다. 보살의 사무외 가운데 하나로 보살이 설법할 때 중생의 의문을 풀어 주는 데 두려움이 없는 것을 가리킨다.

결인(結印) 📖 두 손과 열 개의 손가락을 구부리고 꺾고 굽히고 펴고 교차하고 하는 움직임을 이용하여 여래가 안으로 증득한 본래의 서원을 손가락의 모습으로 나타내는 것. 결인의 모습은 부처의 법法과 덕德을 상징하며, 밀교에서는 그 법을 매우 중요하게 여겨 인계를 맺을 때는 반드시 스승에게 직접 받고 다른 사람에게는 보여 주지 않는다. 인계印契를 맺는다는 뜻. 수결인계手結印契·계인契印·비인秘印.

장掌: 금강합장, 권拳: 금강권, 박縛: 외박

결재(潔齋) 재齋는 청정한 뜻이 있는 upoṣadha로 인도에서 제사지 내는 법을 가리키는 말이었으나 불교에서 몸을 깨끗하게 하고 마음을 정제한다는 의미로 쓰인다. ①공양을 올리거나 재齋를 준비하는 사람이 몸과 마음을 경건하고 깨끗하게 하여 정성을 다하는 일. ②몸을 깨끗하게 하고 마음을 정결하게 하며, 정진精進·정제하는 것. 음란한 일을 그치고 술과 고기를 끊는 것. 정진精進. ➡ 재齋

결적(結賊) 번뇌를 뜻하는 말. 번뇌가 지혜를 해치기 때문에 도적 盜賊에 비유한 것이다.

결정(決定) 📖 niścaya 정확한 실상, 사건의 실상 등의 뜻이 있다. 뜻이 하나로 정해져서 변하지 않는 것, 확고한 믿음 또는 신념信念을 말한다.

결정사(決定思) 조작造作의 뜻이 있는 세 종류의 사思 가운데 하나. 스스로 아는, 지능智能, 정신 등의 뜻이 있는 cetanā를 번역한 말로서, 심려사審慮思, 결정사決定思, 동발승사動發勝思가 차례로 일어난다고 한다. 경계를 대對하여 바른 인因인지 거짓 인因인지를 가리는 심려사審慮思, 심려를 한 후에 그 뜻을 결정하는 결정사決定思, 결정을 한 후에 몸과 말을 움직인다고 하여 동발승사動發勝思라고 한다.

결정성(決定性) 중생과 불佛에게 장래에 무엇이 될 것인지를 정한 다섯 가지 성품을 말한다. 중생에게는 보살·성문·연각·삼승三乘·무성無性의 정해진 성품이 있고, 불에게는 구담瞿曇·감서甘庶·석가

釋迦·일종日種·사이舍夷의 정해진 성품이 있다. 정해지지 않은 부정성不定性 또는 성품이 없는 무성無性과 대칭이 되는 말.

결정신(決定信) 의심을 일으키지 않으며 확고하게 결정된 믿음[信心].

결정심(決定心) ①굳게 결단하고 잘 정하여 움직임이 없는 마음. ②가르침을 듣고 의심을 일으키지 않으며, 진심을 다해 행하려는 마음. 육십심의 하나. ③아미타불의 본원을 분명히 믿는 마음.

결정업(決定業) 모든 행行은 인因이 되며, 반복하여 쌓인 업業은 변해서 후에 과果로 받는 데, 그 시기와 양이 결정되어 있다고 하는 주장. 이때 인因이 보관되어 있을 때는 선도 악도 아닌 무기無記의 형태로 있으므로 이숙異熟이라고도 한다. 정업定業.

결정주(決定住) 보살은 10주住·10행行·10회향廻向·10지地를 수행해야 하는데, 이를 여섯 단계로 다시 나눈 것 중에서 다섯 번째를 말한다. 10주와 10행을 종성주種性住라고 하고, 10회향을 해행주解行住라고 하고, 초지初地를 정심주淨心住라고 하고, 제2지에서 제7지를 행도적주行道迹住라고 하고, 제8·9지를 결정주決定住라고 하고, 제10지를 구경주究竟住라고 하는데, 이 가운데서 제8·9지를 수행하는 계위를 가리킨다. 이 6계위의 보살은 증득한 계위가 조화를 잘 이루어서 잃어버리거나 물러서지 않으므로 주住라고 하는 것이다.

결제(結制) 📖 vārṣika varṣa 비가 오는 기간, 즉 인도 여름의 우기雨期를 말한다. 출가자들이 외출을 금지하고 한곳에 모여 생활하며 수행하는 것을 안거安居 또는 결제라고 한다. 땅 표면에 있는 벌레와 초목의 새로운 싹을 밟아 죽이면 세상 사람들에게 나무람을 듣기 때문에, 외출을 금지하고 한 곳에 모여 수행하는 것을 말한다. 안거安居는 마음을 가다듬어 고요함을 지키는 것으로 안安이라 하고, 일정한 기간 동안 머물러 있기 때문에 거居라고 한다. 안거를 시작하는 것을 결제結制라고 하고, 안거를 끝마치는 것을 해제解制라고 한다. 결하結夏·좌하坐夏·좌랍坐臘·일하구순一夏九旬·구순금족

九旬禁足.

결좌(結座) 선가에서 법석을 끝맺는 법좌를 말한다. 법회에서 법석의 한 자리를 끝낼 때, 마지막에 옛 고덕들이 보인 어구語句인 고칙古則이나 게송偈頌을 들어 보이면서 끝맺는 것.

결주(結冑) 📖 밀교 금강계에서 법을 수행할 때, 재빨리 성취하기 위해 삿된 것을 마魔에서 제하고 법덕法德으로 되어 있어 부서지지 않는 금강의 갑주인甲冑印을 맺는 것을 뜻한다. 갑주甲冑는 중생에게 대비심을 일으키고 큰 서원을 세워서 몸을 보호하는 것을 말한다.

결중(結衆) 많은 사람들이 모인 것을 대중이라고 하고, 모인 대중이 서로 의지하여 함께 일을 도모하는 것을 결중이라 한다.

결집(結集) 📖 saṃgīti 함께 노래하는 것, 합주, 음악과 춤을 결합한 예술 등의 뜻이 있다. 부처 열반 후에 후세에 전하는 가르침이 없어지는 것을 막고 권위를 확립하기 위해 부처의 설법을 직접 들었던 여러 비구제자들이 함께 모여 가르침을 외우고 합송하여 집성한 것을 말한다. 처음 결집은 부처가 열반하자 바로 왕사성에서 대가섭을 상수제자로 하여 500명의 비구가 모였다고 하여 오백결집이라고도 한다. 이후 여러 번의 결집이 있었다고 하는데, 경전과 논서들 사이에 많은 의견이 있지만 일반적으로 모두 네 차례의 결집을 뜻한다.

결탄(結歎) 경전을 해석할 때는 내용을 중심으로 단락을 나누어서 설명함. 이를 과문科文이라고 하여, 이 과문이 끝날 때에는 경전과 설명한 내용을 찬탄하고 글을 맺는 것을 말함.

결택(決擇) 📖 nairvedhika 찔러서 통한다, 관통한다, 꿰뚫다 등의 뜻이 있다. 의심을 꿰뚫어서 이치를 바르게 분별하는 지혜의 작용. 어떤 한 곳을 결정하여 끊고 대쪽같이 선택한다는 의미. ①탐하고 성내고 어리석음의 세 가지 독毒을 번뇌라고 하는데, 이 번뇌가

84 결좌

없는 무루無漏에서 보면 삼계에서 생하는 것은 모두 고苦이며, 고의 원인이 쌓인 것이 집集이며, 고의 원인을 멸滅하고 깨달음으로 이끄는 8가지의 바른 길의 수행으로 가능하다고 하여, 무루無漏의 이치로 사제四諦를 잘 택하는 것을 말한다. ②가장 뛰어나고 훌륭한 것을 고르는 것. ③선택하여 결정을 행하는 것. 곧 결론을 내는 것. ④지혜를 가지고 의심을 끊고 이치에 따라 분별하는 것. 결택정안決擇正眼.

결택분(決擇分) 소승에서는 수행의 계위를 탐하고 성내고 어리석음의 세 가지 독이 없는 지혜로 고집멸도를 보는 견도見道와 견도위에 들어가서 구체적으로 사물의 이치를 익혀 닦는 수도위修道位와 더 이상 익혀 닦을 것이 없는 구경의 깨달음을 무학위無學位라고 하여 세 단계로 나눈다. 견도위에서는 탐·진·치 삼독이 없는 무루無漏의 지혜로 자비심을 내어 바른 이치를 보고 바른 것을 잘 택한다고 하여 결택한다고 하고, 이 견도위도 성인이 가지는 지혜의 한 부분이므로 결택분이라고 한다.

결파정업인게(結破定業印偈) 수인手印을 맺어 숙세에 지은 업을 파한다는 뜻을 가진 게송을 말한다. 정해진 업을 파하는 인印의 게송으로 『금강삼매경통종기』에는 참회게와 함께 쓰인다. 게송은 "罪無自性從心起 心若滅時罪亦亡 罪亡心滅兩俱空 是則名爲眞懺悔"이다.

결하(結河) 결結은 꽁꽁 묶는다는 계박繫縛의 뜻으로 번뇌의 다른 이름. 번뇌와 미혹이 사람을 꽁꽁 묶으면 미혹의 흐름대로 가게 되는데, 이것을 마치 물이 흐르는 대로 가는 강하江河에 비유하여 말한 것이다.

결하(結夏) 📖 vārṣika 인도의 여름은 비 오는 기간이 3개월 정도가 되며, 이때 외출하여 땅 표면에 있는 벌레와 초목의 새로운 싹을 밟아 죽이면 세상 사람들에게 나무람을 듣기 때문에 한 곳에 모여 수행하는 안거安居의 법을 제정하였다. 이 제도를 시작하는 것을 결하, 결제結制, 입제入制라고 한다. 보통 음력 4월 16일이나 5월 16일. ➡ 안거安居, 결제結制, 해제解制

결해(結解) 탐·진·치 삼독에 묶여서 자유롭지 못한 것을 결結이라 하고, 탐·진·치 삼독이 없는 지혜로 이치를 바르게 깨달아 결結에서 벗어나는 것을 해解라고 한다.

결해동년(結解冬年) 선가에서 하안거를 시작하는 결제일結制日을 결結, 안거가 끝나는 해제일解制日을 해解, 그리고 동짓날을 동冬, 설날을 년年이라고 하여 기념하는 것을 말한다. ➡ 안거安居, 결제結制

결호(結護) 밀교에서는 단壇에 들어가서 법을 수행할 때에 악마와 마귀 등이 가로막고 어렵게 하는 허물을 제거해야 하는데, 먼저 몸을 보호하는 것을 행하고, 다음에 단壇의 경계를 맺는 법을 지어야 한다. 결계호신結界護身의 준말. ①진언을 수행하는 이가 인계印契를 맺고 진언을 암송하며 법을 닦아 수호하는 것. ②진언을 수행하는 이가 가지加持로 몸을 보호하고 삿된 것을 물리치는 것. ➡ 결계結界, 인계印契, 가지加持

겸단대대(兼但對帶) 천태종에서는 부처의 설법을 화엄·아함·방등·반야·법화 등 다섯으로 나눈 5시時로 설명하는데, 이때 앞의 4시時의 설법하는 방법을 설명하는 말이다. 겸兼은 제1 화엄시華嚴時에 원교圓教와 별교別教를 겸하여 설했다는 것이고, 단但은 제2 아함시阿含時에 장교藏教만 설했다는 것이며, 대對는 제3 방등시方等時에 장藏·통通·별別·원圓의 사교四教를 서로 비교하면서 설했다는 것이고, 대帶는 제4 반야시般若時에 원교圓教를 장교藏教·통교通教·별교別教에 끼워서 설했다는 것을 말한다. 줄여서 방겸傍兼·단독但獨·대망對望·협대挾帶라고도 한다.

겸량략중(兼兩略中) 처음과 끝은 아우르고 가운데는 생략했다는 뜻이다. 긴 문장을 인용할 때 처음 글과 끝의 글은 쓰고 중간은 내지乃至라고 하여 생략하는 방법. 일 내지 백이라고 하면 일과 백의 두 끝은 말하고 중간을 생략하는 것을 말한다. 겸량용중兼兩用中

이라고도 한다.

겸리(兼利) 나와 남이 모두 이로운 것을 말한다. 자리이타와 같은 뜻.

겸중도(兼中到) 동산 양개洞山良改와 조산曹山의 이름을 따서 만든 조동종曹洞宗에서 정正은 진여인 이理, 편偏은 현상인 사事의 뜻으로 불교의 교리를 다섯 가지 항목으로 정리하여 말한 것 중의 하나이다. 정위각편正位却偏은 정중편正中偏, 편위각정偏位却正은 편중정偏中正, 정위중래正位中來는 정중래正中來, 편위중래偏位中來는 편중지偏中至, 상겸대래相兼帶來는 겸중도兼中到라고 한다. 고려시대 일연一然의 『중편조동오위重編曹洞五位』가 있어 조동종에 대한 인식이 있었다고 한다.

겸추(鉗鎚) 겸鉗은 집게, 추鎚는 망치라는 뜻으로 대장장이가 쇠를 단련하는 연장을 가리킨다. 뜨거운 쇠붙이를 집어서 망치로 단련하는 것처럼 스승이 학인이나 대중을 엄하게 가르치는 것을 비유해서 하는 말.

겸하자비(謙下自卑) 대중 속에서 항상 공손하게 스스로를 낮추어 처신하는 것을 말한다.

겸학(兼學) 자신이 속해 있는 종파의 교리와 함께 다른 여러 종파의 교리도 같이 배우는 것을 말한다.

겸행육도(兼行六度) 천태 지의의 주장으로 『법화경』「분별공덕품」에서 부처가 입멸한 후에 제자들이 수행해야 할 수희隨喜·독송讀誦·설법說法·겸행兼行·정행正行의 다섯 가지 품위品位 가운데 하나이다. 겸행兼行을 겸행품兼行品 또는 겸행육도품兼行六度品이라고 하는데, 원관圓觀의 지혜를 닦으면서 동시에 육도六度의 복덕을 함께 닦는 것을 말한다.

경(磬) 중국 고대 악기에서 유래한 것으로 예불을 올리거나 경을 읽을 때 절도 있게 함께 일어서고 앉기 위해 사용하는 악기. 법회를 행할 때 사용하며 건치犍稚. 동발銅鉢 등과 유사한 법구法具. ➡ 경쇠

경(境)📖 viṣaya 활동의 영역, 인식 작용의 대상, 범위, 영토 등의 뜻이 있으며, 바깥 세계의 존재나 사물의 현상 그리고 감각 기관과 마음에서 지각되는 대상 등을 의미한다. ①일반적으로 눈·귀·코·혀·몸·의의 육근六根은 바깥의 대상인 색·소리·향·맛·촉감·법에 대하여 각각 작용을 일으키는데 이를 각각 경境이라고 하고 모두를 육경六境이라고 칭한다. 육경六境을 육진六塵이라고도 한다. ②외계의 존재. 현상. 물. 사물. 대상. ③마음이 인식하거나 가치 판단하는 대상으로 취해진 소취所取 또는 일어난 소연所緣. 객관세계. 경계境界.

경(經)📖 sūtra 간단한 규칙이 되는, 강요서, 실, 끈 등의 뜻이 있다. 음사하여 수다라修多羅·소달람素呾纜이라 하고, 계경契經·경본經本이란 뜻이 있다. ①날실이란 뜻으로, 고대 인도에서는 기본적인 강요를 정리한 짧은 문장을 수트라라고 하였다. 가르침의 기본선, 가르침을 꿰뚫는 요점이란 뜻. ②부처의 가르침인 설법을 기록으로 정리하여 놓은 경전. ③영원히 변하지 않는 규칙. 성전의 문구. ④부처가 법을 설하는 방법에 따라 9분교 또는 12분교로 나누는데, 문장의 구성은 부처가 직접 법을 설한 것이라고 여기는 산문인 장행長行과 산문을 찬탄하는 게송으로 된 중송重頌으로 되어 있다. 이중에서 산문의 교설을 가리킨다. ⑤부처의 가르침을 크게 교법敎法을 적어 놓은 경장經藏과 출가자가 지키고 교단 유지를 위해 필요한 규율을 조목조목 기록하여 놓은 율장律藏으로 나누고, 이 교법과 율목律目을 설명하고 풀이해 놓은 논장論藏을 합하여 三藏삼장이라고 하는데, 율律과 논論에 상대되는 표현으로 경經이라고 한다. 즉, 부처가 제자와 중생들을 교화하기 위해 말한 교법을 적은 경전을 말한다.

경(鏡) darpaṇa 스스로 책임을 일으킨다는 뜻이 있으며, 거울 또는 경鏡으로 번역한다. ①율장에서는 출가자가 거울을 사용하여 치장하는 것을 금하고 있다. ②불상을 법당에 봉안할 때, 불상의 광배를 장엄하는 경우에 사용한다. 매단다고 하여 현경懸鏡 또는 단壇에 사용한다고 하여 단경壇鏡이라고 한다.

경가(합천 해인사)

경가(經家) 경전을 결집結集한 사람들을 가리키는 말로 곧 아난阿難·가섭迦葉 등을 말한다. ➡ 결집結集

경가(經架) 경전을 두는 시렁·선반 같은 곳.

경각(經閣) 경문을 판각하여 놓은 경판經板이나 경판으로 찍은 경전을 보관하는 전각. 경장經藏·경판각·경판전經板殿이라고도 한다.

장경각(합천 해인사)

경각(頃刻) 아주 짧은 시간. 눈 깜짝할 사이.

경각(警覺) ①마음으로부터 깨달음을 일으키는 것. ②놀라게 하여 깨닫게 하는 방법으로, 부처가 중생의 깊은 잠을 깨우쳐 눈을 뜨도록 한다는 뜻과 인印과 진언眞言의 행을 지어서 부처를 선정으로부터 일어나게 하여 지켜 주기를 청한다는 뜻이 있다.

경계(經戒) ①경전의 뜻과 계戒의 행行을 말한다. ②경전 가운데서 계법을 풀이한 것. ③계율을 오래도록 전하는 경전이 된다는 뜻으로 쓰인다.

경계(境界)📖 viṣaya 활동의 영역, 한계, 구역을 나눈다는 뜻으로 인식 작용이나 감각 기관이 미치는 범위를 말한다. ①여러 감각 기관에 의한 지각·인식의 대상. ②인식이 미치는 범위·영역·장소· 범주. ③깨달은 사람의 마음 상태. 깨달음의 경지. ④상태. ⑤자기 세력이 미치는 범위. ➡ 경境

경계력(境界力) 욕심 등에 따라서 움직이는 대상이 나타나는 것.

경계반야(境界般若) 지혜로 법계를 잘 비추어 보는 실상實相·관조 觀照·문자文字·권속眷屬·경계境界의 5가지 반야 가운데 하나. 진여 로 반야의 실제 성품을 삼고, 지혜로 모든 법의 무상을 보고, 언어 로 반야의 이치를 전하고, 모든 행과 지혜가 상응하여 반야의 완성 을 이루어 지혜의 성품을 보는 것을 권속으로 삼고, 모든 법을 지智 의 경계로 하면 무자성임이 지智로 나타나는 반야를 말한다. 즉, 모든 사물은 지智를 바탕으로 반야가 상대하는 경계가 된다는 뜻.

경계상(境界相) 근본 무명無明이 진여를 움직여 생멸하며 흘러가 는 망법亡法을 드러내는데, 심왕心王과 심소心所가 나누어지지 않아 그 상태를 헤아리기 어려운 것을 세細라고 하고, 심왕과 심소가 서로 응하여 그 작용의 모습이 드러나는 상태를 추麤라고 한다. 이 때 세細가 진眞을 따라 망妄이 일어나는 처음 움직임을 업상業相 이라 하며, 처음 움직임의 모습을 볼 수 있다고 하여 견상見相이라 하고, 앞의 2가지로 망妄이 경계로 드러나는 모습을 경계상 또는 현상現相·현식現識이라고 한다. 추麤에는 경계상의 망妄이 깨끗하고 더러운 염정染淨을 분별함을 일으키는데, 정淨에 집착하고 염染에 집착하지 않는 지智의 모습인 지상智相에서 상속상相續相·집취상執取 相·계명자상計名字相·기업상起業相·업계고상業繫苦相을 육추六麤라고 한다. ➡ 삼세三細, 육추六麤

경계애(境界愛) 임종하려고 할 때 깊고 무거운 것과 자신의 몸과 내생에 처할 곳에 대해서 일어나는 세 가지 애愛 가운데 하나이다.

임종하려고 할 때 처자·권속·재물 등에 애착을 내는 것을 뜻한다.

경계유대(境界有對) 대對는 장애의 뜻으로 방해 받는 것을 의미한다. 육근六根과 육식六識의 12계와 심心과 심소心所의 법이 장애를 받아서 다른 경계에 생겨나지 않는 것을 말한다. 물고기의 눈은 물속에서만 작용하고 육지에서는 작용하지 않으며, 사람의 눈은 육지에서만 작용하고 물속에서는 작용하지 않는 것을 말한다. 어두움에 저촉되는 눈은 박쥐·올빼미 등의 눈이며, 밝음에 저촉되는 눈은 사람의 눈을 가리킨다. 즉, 경계境界에 저촉되어 작용이 일어나는 것을 말하며, 물질에 일어나는 장애유대障礙有對, 경계에 일어나는 경계유대境界有對, 육식六識의 반연으로 일어나는 소연유대所緣有對 등 삼유대三有對 가운데 하나이다.

경고(更鼓) 청규에 밤 시간을 알리기 위해 북을 치도록 하는 것을 말한다.

경곡(鏡谷) 거울에 그림자가 나타나고 계곡에 메아리가 울리는 것을 부처와 중생이 서로 감응하는 것에 비유한 말.

경공양(經供養) 경전을 베껴 쓰는 사경 불사로 법보를 공양하는 것을 말한다. 서사書寫공양 또는 개제開題공양이라고도 한다.

경교(經敎) 경전 속에 담긴 부처의 가르침.

경구죄(輕垢罪) 📖 무거운 중죄重罪인 바라이죄에 대한 상대어로 청정한 행을 더럽히는 가벼운 허물을 말한다. 보살이 지녀야 하는 보살계에서는 무거운 허물 10가지를 10중대계重大戒라 하고, 보다 가벼운 허물 48가지를 48경구죄라고 한다. 중대한 죄는 아니지만 청정하지 못해 가벼운 허물이 된다는 뜻.

경권(經卷) 옛날 경전은 두루마리 형태의 권자본卷字本이었기 때문에 붙여진 명칭. 부처의 가르침을 적은 책이란 뜻이다.

경권(동국대학교 박물관)

경궤(經櫃) 경전을 넣어 두는 상자.

경궤(은해사 성보박물관)

경궤(經軌) 의식의 순서를 설명하는 의궤儀軌와 경전. 주로 밀교의 경전과 의궤를 뜻하는 경우가 많다.

경단(經單) 선가에서 큰 법회가 있을 때, 독송할 경전을 대중에게 알리기 위해 전각 높은 곳에 미리 노란 종이에 경전의 이름을 적은 표지標紙를 붙이는 것.

경당(經堂) 경전을 넣어 보관하는 전각. 전당殿堂, 경장經藏, 경각經閣이라고도 한다.

경도(經道) 경전에서 설해져 있는 부처의 가르침인 도리. 다르마. 달마. 법.

경도사(慶導師) 대장경을 만들거나 국가에 큰 경사가 있으면 이를 위해 경찬慶讚 법회를 여는데, 이때 모든 의식을 주관하는 승려를 말한다.

경두(經頭) ①사찰에서 경전 및 도서를 관리하는 소임. ②경전을 보수하고 수리하고자 할 때, 거리에 나가 경전을 독송하며 시주를 모으는 등 여러 가지 심부름을 하는 승려.

경락식(更樂食) 경락은 촉觸의 고역故譯으로 촉식觸食을 뜻한다. 중생은 색신色身을 잘 기르고 보존하기 위해, 성자는 법신을 존재하도록 하기 위해 먹는 것을 말한다. 신체와 외계가 접촉하여 지각이 일어날 때 괴로움과 즐거움을 느끼며 먹는 것. 경락식·염식念食·식식識食의 3식食이 있고 여기에 전식搏食을 더해 4식食이라고도 한다. 갱락식으로도 읽는다.

경량부(經量部) Sautrānika 부처가 열반에 든 후 약 100년이 지나자 율장에 대한 해석에 작은 차이가 생기게 되었는데 이 문제로 처음에는 상좌부와 대중부로 나뉘는 근본 분열이 있었으며, 이후 다시 대중부는 5부로 상좌부는 11부로 나뉘게 되어 모두 20부가 되었다. 경량부는 이 소승 20부部 가운데 하나이며, 분파의 수는 전하는 문헌에 따라 약간씩 차이가 있다. 삼장三藏 가운데 오직 경전을 바른 사량思量의 근원으로 삼는다.

경례(敬禮) 📖 vandana 찬탄하다, 공경하여 인사하는, 공경하는 인사, 경례敬禮, 예랑, 공양供養, 계수稽首 등의 뜻이 있다. 귀명歸命. 자신을 낮추고 상대방을 찬탄하며 정성을 들이고 의식에 맞게 예를 취하는 것. 삼보三寶를 공경하여 예배하는 것.

경론(經論) 경經과 율律과 논論의 삼장三藏 가운데, 경經과 논論 2가지를 들어서 말할 때 사용한다.

경론석(經論釋) 부처의 교법을 기록한 것을 경經이라 하고, 경經의 체계와 의미를 해설한 것을 논論이라 하는데, 다시 경·논의 뜻을 풀이한 것을 석釋이라고 한다.

경목(經木) ①경전을 읽을 때 탁탁 치는 나무로 음목音木이라고도 한다. ②노송나무나 삼나무를 얇게 쪼개서 만드는데, 경문이나 죽은 자의 이름을 써서 죄업을 소멸하거나 망자의 추선공양追善供養을 올리는 데 사용하는 나무. ➡ 추선追善

경묘(境妙) 『법화현의』에서 『묘법연화경』의 제목을 해석하면서 '묘妙' 자에 열 가지의 뜻이 있다고 하는데, 앞의 14품을 적문십묘迹門十妙라 하고 뒤의 14품을 본문십묘本門十妙로 나누어 설명한다. 경묘는 적문십묘 가운데 하나로, 지혜가 대하는 대상의 경계인 인연, 4제 등이 묘하므로 부처들이 본받는다고 하는 경계를 말한다.

경문(經文) 부처의 가르침을 담고 있는 경전의 문구로 불자에게는 법을 수행하는 규범規範, 곧 경전을 말한다.

경박박지(硬剝剝地) 단단함을 허공에 비유하여 벗겨도 벗겨도 벗어지지 않는 것을 일컫는다.

경법(經法) 경전에서 부처의 가르침인 교법教法을 가리킨다.

경변(經變) 불경변상佛經變相의 줄임말. 경전에 기술되어 있는 정경이나 내용을 비단이나 사찰의 벽에 그림으로 그린 것을 말한다.
➡ 변상變相, 변상도變相圖

경본정신(境本定身) 삼장三藏의 여래如來로 경계의 근본을 삼는다는 사명지례의 주장. 경境은 보는 경계이고, 본本은 근기에 응하는 근본이며, 정定은 반드시 정해진 것이며, 신身은 장육丈六 32상의 응신을 뜻한다.

경사(經師) ①경문에 음조를 붙이고 암송하여 대중을 교화하는 승려. ②선가에서 문구에 얽매여 풀이하는 사람을 말한다. ③원래 경전을 베껴 쓰는 종이를 만드는 승려를 가리켰으나, 뜻이 변하여 제본하고 표구하는 사람을 말한다.

경사(經筒) ①경전을 담는 상자. ②인도 사람들이 현장법사를 존칭하는 말이며, 덕이 많은 것을 가리켜 경사經筒 또는 법장法將이라 한다.

경사(서울 화계사)

경삼진(經三塵) 경의 근본이 되는 세 가지 경우. 부처가 직접 설하는 소리를 듣고 깨닫는 성진聲塵으로 된 경經, 불멸 후 책과 글씨로 전해지는 색진色塵으로 된 경, 다른 사람이 아닌 자신의 사유로 이치에 맞는 법진法塵으로 된 경을 말한다. ➡ 법체삼진法體三塵

경상(經箱) 경전을 넣어 두는 상자로 경괘經櫃라고도 한다.

경상(經床) 경전을 올려놓고 읽을 수 있도록 만든 작은 탁자.

경상(境相) 바깥에 있는 모든 대상의 모습. ➡ 경계상境界相

경 상

경생(經生) ①경전을 베껴 쓰는 사람으로 경수經手 또는 경사經師와 같은 뜻. ②오식五識과 의식意識이 일어나 여러 번 태어나고 죽으며 여러 세계를 경유하는 것.

경생성자(經生聖者) 욕계欲界나 색계色界를 여러 생을 통해 경유하여 열반에 드는 자를 말한다.

경석(經釋) 부처의 가르침인 경전을 풀이 한 주석. 때로는 선지식들의 말씀을 풀이한 사석師釋까지 포함한다.

경쇠📖 절에서 아침과 저녁 예불이나 법식을 행할 때, 한 손에는 놋쇠로 된 종지 모양의 불구를 뒤집어 손잡이를 들고, 다른 한 손으로는 녹각으로 된 채로 쳐서 소리를 내는 작은 종. 경자라고도 한다.

경쇠(통도사 성보박물관)

경수(經手) 경전을 손으로 베끼는 사람. ➡ 경생經生

경시(經施) 출가 보살은 묵墨·경經·필筆·법法의 네 가지를 보시해야 하는데, 이 사종보시四種布施 가운데 하나로 경판經板을 간행하거나 인쇄하여 사람에게 베풀어 주어 독송讀誦을 하도록 권장하는 보시.

경식구민(境識俱泯) 인식하는 식識과 인식되는 경境을 모두 허망한 것이라고 하여 없애는 것.

경신회(庚申會) 도교에서는 사람의 몸에 삼시충三尸蟲이 살고 있는데, 경신일이 되면 사람이 잠든 밤에 하늘에 올라가 상제에게 죄를 고하여 죄가 가벼우면 3일을 감하고 무거우면 300일을 감한다고 한데서 유래한 말. 불교에서 이를 받아들여 경신날 밤에 제석천의 사자인 청면금강의 형상을 존상尊像으로 삼고 원숭이 형상을 만들어 귀신으로 삼아 밤새도록 제사를 지내 중생들의 서원을 만족시키는 행사를 말한다. 경신을 지키는 것.

경안(經案) 경전을 펴 놓는 책상.

경안(輕安) 📖 prasrabdhi 몸과 마음이 편안하고 가벼워 마음이 견디어 내는 것. 선심소善心所와 상응하여 일을 잘 감당하고 몸이 경쾌하고 마음이 견디어 내는 작용. 혼란을 멀리하고 여의는 것. 심소心所인 10대 선지十大善地 가운데 하나.

경애(敬愛) 부처나 보살의 가호를 청하며 서로의 화합과 친목을 기원하는 것. 호마護摩 의식에서는 지혜의 불로 미혹한 마음을 불사르는 것에 비유하여, 공양물을 불속에 던지는 5가지 단법壇法 가운데 하나. ➡ 호마護摩

경와(經瓦) 와경瓦經이라고도 하며, 후세에 오래도록 경전을 전하기 위해 기와에 경문을 새겨 넣거나 혹은 경문을 새긴 기와를 땅속에 묻어 두는 것을 말한다.

경유(經帷) 경유의經帷衣라고도 하며, 죽은 사람에게 입히는 수의壽衣를 말한다. 이때 천에 경전의 문구나 부처의 명호·진언 등을 적는다. ➡ 경유의經帷衣

경유식(境唯識) 경문에서 유식을 설명할 때 경境·교教·이理·행行·과果 오종유식五種唯識 가운데 하나. 만물은 오직 식의 변화로 이루어진다는 주장.

경유의(經帷衣) 죽은 이에게 입히는 옷으로 경문을 써서 만든 옷. 본래 삼베를 사용하다가 뒤로 오면서 교의에 통달하지 않은 무명無明이나 종이옷에 경문·주문·불명 등을 썼다. 죽은 이에게 이 옷을 입히면 죄가 소멸되어 지옥의 고통을 면한다고 하는 믿음에서 생긴 풍습. 경유經帷·경유자經帷子·경의經衣·예부만다라曳覆曼荼羅.

경율(經律) 경율론. 삼장三藏 가운데, 부처가 설한 가르침을 담아 놓은 경장經藏과 승가의 질서 유지를 위해 하지 말아야 할 바라제목 차의 조목을 적어 놓은 율장律藏.

경율론(經律論)📖 불교의 가르침을 크게 세 가지 성격으로 나누어 모아 놓은 삼장(三藏). 부처가 설한 가르침인 교법을 모아 놓은 경장(經藏), 승단의 화합과 유지에 필요하고 법을 전승하기 위해 금지해야 할 규칙을 모아 놓은 율장(律藏), 교법을 설명하고 풀이한 교리를 모아 놓은 논장(論藏)을 말한다.

경음(鯨音) 범종梵鍾 소리를 고래의 울음소리에 비유한 말.

경의(經衣) 경전을 싸는 보자기.

경장(經藏) ①부처가 설한 교법을 모아 놓은 책을 경經이라 하고, 이 경전 속에 진리를 담고 있다고 하여 장藏이라고 한다. ②경전을 넣어 두는 전각. 경고經庫·경당經堂·경방經房·경주經廚·경각經閣·장경각藏經閣·장각藏閣·장전藏殿·법보전法寶殿·수다라장修多羅藏·대장경루大藏經樓·윤장輪藏·전륜장轉輪藏 등이라고도 한다.

경장당주(經藏堂主) 장주藏主는 경전을 모아 보관하는 전각인 경장經藏을 관리하는 소임으로 전각에 거주하지는 않지만, 장주藏主 아래 소임인 당주堂主는 항상 전각에 거주하며 경전을 지킨다.

경전(經典) ①글자를 풀이하면 경經은 날실이란 뜻이고 전典은 법法 또는 본보기라는 뜻으로, 기본·근거가 되는 가르침, 이치의 법法이란 뜻이다. ②부처가 법을 설한 교법을 기록한 책. 경전. ③바라문교의 소의경전을 말하기도 한다. ④옛날 선인이 설법한 베다.

경전(敬田) 불법승佛法僧 삼보三寶에게 공경하고 공양하면 무량한 공덕이 생기는데, 이를 곡식이 자라는 데 비유하여 경전敬田이라고 한다. 3가지 복전福田 또는 8가지 복전 가운데 하나.

경전정학(經詮定學) 경율론 삼장에 계정혜 삼학의 이理와 사事가 잘 갖추어졌으므로 온전한 하나의 가르침이란 의미에서 전일학詮一學이라고 부른다. 『아함경』 등에서 밝힌 내용은 모두 마음을 편안하게 하는 법이므로, 이 가르침에 의지하여 마음을 잘 갈무리하면 산란하지 않으며 반드시 먼저 정定에 들어간다고 하는 의미.

경제(經題) 경전의 제목. 경전을 풀이할 때는 책머리에 귀경서歸敬序를 쓰고 제목을 해설하는 것이 일반적이다. 그러나 범어나 티베트어의 경우는 귀경서, 본문, 그리고 마지막에 제목을 놓기도 한다.

경종(經宗) ①한 경전에서 가장 근본적인 뜻으로 가르치고 주장하는 것을 종宗이라고 하는데, 경전을 체體로 할 때 경종이라고 한다. 예들 들면 『화엄경』에 의지하여 그 사상을 종지로 하면 화엄종이라 한다. ②율을 종지로 세운 종파를 율종律宗이라 하고, 논을 종지로 세운 종파를 논종論宗이라 하며, 석釋을 종지로 세우면 석종釋宗이 된다. 경전에 의거하여 생긴 종파로는 화엄종·천태종·열반종과 같은 것이 있다.

경종(鯨鐘) 범종의 소리를 고래의 울음소리에 비유한 말로서, 범종梵鐘의 다른 이름.

경중상(鏡中像) 거울 속에 비친 모습은 거울이 만들어 낸 것도, 거울 면이 만들어 낸 것도 아닌 것과 같이, 모든 법을 공空의 이치로 설명하는 비유. 대승의 뜻을 열 가지로 비유하는 대승십유大乘十喩 가운데 하나.

경증(經證) 설명이나 풀이 등을 경전의 내용을 증거로 들어 보이는 것.

경지(鏡智) 대원경지大圓鏡智.

경지(境智) 대상을 여실하게 살펴 비추는 지智와 지智의 대상이 되는 경계인 경境을 말함. 이 지智와 경境이 하나가 되는 것을 이상적인 수행의 결과라고 한다.

경지행(境智行) 천태종에서는 『묘법연화경』의 '묘妙' 자에 10가지의 묘한 뜻이 있다고 하는데, 이 가운데 경계의 묘함을 경묘境妙, 지혜의 묘함을 지묘智妙, 행의 묘함을 행묘行妙라고 하고, 이 세 가지를 삼법묘三法妙라고 한다.

경질(經帙) 두루마리 형태로 된 경전을 보관하기 위한 도구. 대나무를 얇게 깎아 실로 엮어서 두루마리를 쌀 수 있는 정사각형의 발 모양으로 만든 다음 비단이나 한지를 바르고 한쪽에 삼각형 모양의 헝겊을 붙여서 묶을 수 있도록 한 것.

경집(經集)📖 Sutta-nipāta 팔리어로 된 남방 상좌부에 속하는 경전에서 달리 주제가 일정하지 않은 잡다한 경들을 모아 이루어졌기 때문에 붙여진 이름. ①『법구경』 또는 『경집』은 소박하고 순수한 초기의 불교 사상을 담고 있는 최고의 불교 시가. ②부처가 설한 법을 모아 놓은 것. ③대승에서 경전을 모아 대장경을 만들 때, 부처의 교설을 모아 한곳에 묶어 경집부經集部라고 부른다.

경찬(慶讚) 불상을 조성하거나 경판을 새로이 판각하고 경전을 새로 찍을 때, 절·탑 등의 가람 공사를 마쳤을 때에 큰일을 시작하여 끝마쳤다는 뜻으로 부처의 공덕을 경탄하고 축하하는 것을 경찬慶讚이라 하고, 이때 행하는 법회를 경찬회慶讚會라고 한다. 특히 고려시대에는 많은 경찬회가 베풀어졌으며, 화려한 4·6병려체의 문장으로 글을 짓는 경찬소慶讚疏가 유행하였다.

경참(慶懺) ①불전의 부처 앞에서 자신의 잘못을 뉘우쳐 마음이 청정하고 맑아진 것을 기뻐하는 일. ②경찬慶讚.

경책(警策)📖 ①승가의 원만한 운영을 위해 잘못된 행위를 경계하고 훈계하는 의미에서 타이르거나 꾸짖는 것을 말한다. ②좌선이나 참선을 할 때, 졸음을 쫓고 나태해지는 마음을 깨우기 위한 행위. 대나무의 한쪽은 묶고 다른 한쪽은 반을 쪼개서 만든 죽비竹篦를 사용하며, 조는 사람의 어깨에 죽비를 살짝 대서 마주치는 소리로 졸음을 쫓는 행위를 말한다. 경전을 독송할 때에도 사용한다.

경체(經體) 하나의 경전에서 일관되게 경문을 설명하는 내용으로, 경전의 본질이나 근본정신을 뜻한다. 즉, 천태종에서는 『법화경』에서 경의 뜻인 경종經宗은 인과因果이며, 경의 체인 경체經體는 실상의 이치라고 하는 주장이 그것이다.

경체삼진(經體三塵) 경전은 성聲·색色·법法 3가지로 체體를 삼는다는 뜻. 부처가 살아 있을 때 부처의 음성을 듣고 이치를 얻는 것은 성진聲塵으로 경經이며, 부처의 입멸 후에 종이와 먹으로 쓰여진 경권經卷이 전해져 지니는 것은 색진色塵으로 경經이며, 마음속으로 법을 사유하여 이치에 계합함은 교敎라고 하는데, 먹으로 인하여 깨달은 것이 아니고 오직 법진法塵을 경經으로 삼는 것을 말한다. 이식耳識이 날카로운 자는 소리에 의지하고, 안식眼識이 날카로운 자는 색色에 의지하고, 의식意識이 날카로운 자는 법法에 의지한다고 한다.

경총(經塚) ①부처의 경전을 오래도록 후세에 전하기 위해 경전을 땅속에 묻고 만든 무덤. ②경와經瓦·경석經石·경통經筒·불상·불구·장신구 등을 공양의 뜻으로 땅속에 석실을 만들어 무덤을 만들기도 하며, 무덤 위에 오륜탑을 세우기도 한다.

경탁(經卓) 경전을 읽을 때 경책을 올려놓기 위해 사용하는 탁자. ➡ 경궤經机

경탑(經塔) ①경전이나 다라니를 탑 안에 공양물로 넣고 만든 탑. ②경문을 새겨 넣은 탑으로 경만다라經曼茶羅라고 하는데, 우리나라에서는 탑다라니라고 부른다.

경통(經筒) 경전을 후세에 오래 전하기 위해 땅속에 묻을 때, 경전을 담는 나무나 구리, 돌, 질그릇 등으로 만든 통. ➡ 경총經塚

경패(經唄) 경을 찬탄한다는 의미로 경문에 가락을 붙여서 노래하는 소리. ➡ 범패梵唄.

경패(經牌) 경전을 보관하는 함의 뚜껑에 매달아서 어떤 경전이 들어 있는지 알 수 있도록 하는 표지.

경통(국립중앙박물관)

경패(송광사 성보박물관)

경학(經學) 경전을 위주로 공부하는 것을 말하며, 경학하는 장소를 경학원經學院이라고 한다.

경함(經函) 경전을 보관하기 위해 담아 두는 상자.

경해(謦咳) 법을 설하기 전에 목을 가다듬기 위해 내는 소리. 소리가 가벼운 것은 경謦이고 무거운 것은 해咳이며, 담소談笑에 비유하기도 한다.

경행(經行) 📖 ①큰 법회가 있을 때 의식을 주관하는 법사와 함께 복을 빌어 질병과 재앙을 물리치도록 경을 독송하며 불전이나 부처의 주위를 도는 의식. ②선방에서 참선이나 좌선을 할 때 졸음을 막거나 몸을 보호하기 위해 일정 시간 좌선하고 일정 시간 정해진 지역을 걸어 오고가는 것으로 행선行禪이라고도 한다. 경행에는 몸이 가벼워지고, 힘이 생기고, 병이 없으며, 호흡이 길어지고, 뜻이 견고해지는 다섯 가지 이로움이 있고, 조용한 곳·문 앞·강당 앞·탑 아래·전각 아래를 경행하기 좋은 다섯 곳이라고 한다.

경행과(境行果) 경境이라 함은 잘 비추어 보고 믿어 아는 대상이며, 행行은 경을 바탕으로 하는 실제의 수행이며, 과果는 수행으로 얻어지는 증득한 보리의 결과를 말한다.

경행처(經行處) 경행하기 좋은 곳을 말하며 한처閑處·호전戶前·강당전講堂前·탑하塔下·각하閣下 등 다섯 장소를 가리킨다. ➡ 경행經行

경협(經筴) 패엽나무 잎에 경문을 써서 만든 경전이 서로 흩어지거나 섞이지 않도록 양 옆에 같은 모양의 목판을 대고 구멍을 뚫어 묶어 놓은 것. 범협梵筴·범협梵夾·경협經夾·패협貝筴·경책經策·서협筮策이라고도 한다.

경화(鏡花) 거울 속의 꽃은 거울이나 거울 면에서 생긴 것이 아니라 임시로 비추어진 거짓이라는 뜻.

경화(經畵) 부처의 경전에 그린 그림. 불교의 교리를 이해시키기 위해서 경전의 표지나 중요한 대목에 그 내용을 그림으로 설명한 것을 말한다. 변상도變相圖.

경화수월(鏡花水月) 거울 속의 꽃은 거울 속이나 거울 면에서 생긴 것이 아니고, 물속에 비친 달도 거울 속의 꽃과 같이 임시로 비추어진 거짓이라는 뜻. 실제의 본성이 아니라 임시로 있는 것을 비유하는 말.

경희(慶喜) ①부처의 가르침인 교법을 믿고 기뻐하는 환희歡喜. ②아미타불의 서원을 믿고 염불하면 극락세계에 왕생하게 될 것을 기뻐하는 것.

계(界) 📖 dhātu 층層, 성분, 요소, 계界, 성性, 근根 등의 뜻. ①어떤 사물이 있는 곳으로 근본이 되는 것을 가리킨다. 다른 것들과 구별되는 같은 종류를 모아 놓은 집합체가 가지고 있는 성질, 또는 그곳으로부터 동질의 것을 생겨나게 하는 본질. ②속성을 유지한다는 뜻으로 사물이 가진 고유한 본질이나 본성. ③원리의 뜻으로 종족, 층, 근기, 기초, 범주 등을 의미하기도 한다. ④인간 존재를 구성하는 근경식根境識의 근본 요소라는 뜻으로, 인간의 육체에 있는 요소로는 안·이·비·설·신·의 육근六根, 근根의 경계가 되는 색·성·향·미·촉·법의 육경六境, 근根과 경境을 짝으로 작용하게 하는 견·문·후·미·촉·지의 육식六識을 모두 합하여 18계라고 한다. ⑤우주를 구성하는 근본 요소라는 뜻으로 지·수·화·풍의 4대를 사계四界라 하고, 이에 공空·식識의 2요소를 더하여 6대를 육계六界라고도 한다. ⑥경역, 영역 등의 뜻으로는 욕계·색계·무색계의 삼계로 나누는 데 쓰이기도 한다.

계(戒) 🕮 śila 관습, 습관, 풍습, 품성, 고상한 품성 등의 뜻이 있으며 몸에 좋은 습관을 익힌다는 의미를 가진다. 음으로 읽으면 시라尸羅이며, 계戒라고 해석한다. ①그릇됨을 막아 악행을 그치게 하며, 좋은 행을 하도록 하는 근원. 청량淸涼, 안온安穩, 적멸寂滅이라고도 한다. ②불교의 모든 수행은 이 계戒에서 시작하며, 계정혜 삼학三學 가운데 하나. ③원래 계戒는 범해도 처벌하는 조목條目이 있는 것은 아니고, 스스로 좋은 습관을 몸에 익히는 노력을 우선으로 하기 때문에 엄중하게 범하는 비행非行에 제재를 가하는 율律과는 구별하여 사용하였으나, 현재는 두 가지를 혼용하여 사용하고 있다. ④불교에 귀의한 불자가 지켜야 할 규칙으로, 출가자와 재가자가 지녀야 하는 바라제목차의 조목이 다르다. 대승계로는 삼귀계三歸戒·삼취정계三聚淨戒·십중사십팔경계十重四十八輕戒 등이 있어 대승보살이면 누구나 지켜야 하는 것이며, 소승계에서는 재가계在家戒인 5계·8계·10계 등이 있고 출가자에게 해당하는 비구 250계·비구니 348계·사미계·사미니계 등이 있다. 이때 비구·비구니계를 구족계具足戒 또는 대계大戒라고 한다. ⑤지은 행行의 성질에 따라 근본적인 죄罪가 되는 살도음망殺盜淫妄을 성계性戒라 하고, 자체로는 죄가 성립되지 않지만 사람들에게 비난 받기 쉽고 근본이 되는 죄를 일으키기 쉬우므로 차계遮戒라고 하여 2계戒를 분류하는 경우도 있다.

계(繫) 🕮 saṃyoga ~의, ~의 사이에, ~과, 접속, 연결, 결합 등의 뜻으로 중생을 묶어 속박하여 자유롭지 못하게 하므로 번뇌의 뜻으로 사용한다. 묶여 있는 계繫의 속박에서 벗어나면 곧 열반에 이른다.

계(計) 자아自我가 있다는 잘못된 견해로 이치를 헤아리는 것. 계탁計度·망계妄計·사계邪計·변계邊計 등으로 쓰인다. ➡ 무아無我

계(䯿) mālā 화환花環, 화관花冠, 수주數珠, 목에 장식하는 것이란 뜻이 있으며 꽃송이나 꽃봉오리를 뜻한다. 상투나 머리에 쓴 관을 의미하기도 한다.

계(契)📖 yukta 이끌리는 것, ~에 종사하는, 함께 소유하는, 화합 등의 뜻이 있다. ①진리에 꼭 맞게 합한다는 뜻으로 계합契合이라 한다. ②어려운 일을 서로 돕는 친목 형태의 공동체 모임. 신라시대의 향도香徒에서 시작되었으며, 같은 뜻을 모아 함께 수행하고자 모인 결사結社, 공양을 불보살 등에게 올려 지옥의 중생까지도 제도한다는 뜻으로 재회齋會, 불보살 앞에서 향을 피우면 그 향이 몸에 닿아 더러운 죄를 소멸한다는 소향燒香, 나무에 있는 더러운 물질을 제거하여 좋은 향을 만들기 위해 향나무를 땅에 묻는 매향埋香, 염불念佛 등이 있다. ③신행과 수행을 목적으로 하고 나아가 사찰의 재정에 도움을 주고자 염불계·지장계·칠성계·불량계佛糧契 등을 조직하기도 한다.

계갈마(戒羯磨) 의식의 순서에 따라 계戒를 준다는 뜻으로 수계갈마授戒羯磨의 줄임말이다.

계경(戒經) 엄밀한 의미에서 대승불교는 출가자들이 지녀야 하는 소승율장과 같은 율장을 가지고 있지 않으나, 보살도의 실천을 중요한 수행으로 여기기 때문에 계戒를 언급하고 있는 경전을 모아 계경戒經이라고 부르는 경우가 있다.

계경(契經)📖 ①계契는 위로는 모든 부처의 가르침에 맞아야 하며 아래로는 중생의 근기에 맞아야 한다는 뜻이 있다. ②결집結集과 간정刊定의 뜻. 실로 꽃다발을 만들어 중생의 머리에 씌우면 오래 하듯이 부처의 가르침을 글로 하여 유정有情의 마음에 새기는 것을 경經, 그리고 장인의 먹줄과 같이 부처의 가르침을 알기 쉽게 하여 악은 버리고 선은 놓아두는 것을 계契라고 한다.

계계(界繫) 중생이 사는 세계인 욕계·색계·무색계의 삼계三界에 매여서 자유롭지 못한 것. 욕계의 번뇌에 속박됨을 욕계계欲界繫, 색계의 번뇌에 속박됨을 색계계色界繫, 무색계의 번뇌에 속박됨을 무색계계無色界繫라고 한다.

계관(戒灌) 밀교에서 계戒를 받을 때 공덕수 또는 향탕수라는 청정한 물로 정수리에 물을 붓거나 뿌리는 의식. 일종의 관정법灌頂法.

계구(戒垢) 여자는 수행자에게 계를 더럽힐 수 있는 원인이 되기 때문에 붙여진 이름.

계구계(雞狗戒) 계戒를 잘못 알아 올바른 계라고 믿고 수행하는 계금취戒禁取의 일종. 자기의 전생이 닭이었다고 하여 외발로 서 있거나 자기의 전생이 개였다고 하여 똥을 먹고, 또 그대로 믿고 수행하면 천상에 난다고 지키는 것을 말한다.

계구족(戒具足) 📖 불문에 있는 사람이 계를 원만하게 지키는 것. 일상생활 모습인 앉고 일어서고 하는 행주좌와行住坐臥의 4가지 모습에 위엄이 있고 덕德이 있는 것을 말한다.

계권(誡勸) 모든 나쁜 행을 짓지 말라고 경계하는 소극적인 뜻으로 계誡를 쓰고, 모든 선한 행을 행하도록 권하는 적극적인 뜻으로 권勸을 쓴다.

계금(戒禁) 하지 말도록 금지한 계戒를 올바르다고 믿고 지키며, 또 그대로 수행하는 것. ➡ 계구계雞狗戒

계금취견(戒禁取見) 계戒를 잘못 알아 올바른 계라고 믿고 수행하는 것. 곧 인因이 아닌 것을 인이라 여기고, 도道가 아닌 것을 도라고 여기는 잘못된 소견. 오견五見, 십수면十隨眠, 사취四取 가운데 하나. 계금등취견戒禁等取見·계취견戒取見·계금취戒禁取라고도 한다.

계급(戒急) 계戒를 지키는 모습을 수행의 모습과 함께 4구句로 나타낸 것으로, 계급승완戒急乘緩의 줄임말. 계법戒法은 엄격하게 하며 지혜를 닦는 것은 태만하게 하는 것을 계급승완戒急乘緩, 성불하려는 급한 마음으로 지혜만을 닦고 계법은 소홀히 하는 것을 승급계완乘急戒緩, 지혜와 계법을 고루 닦는 것을 승계구급乘戒俱急, 지혜와 계법을 모두 태만하게 닦는 것을 승계구완乘戒俱緩이라고 한다. ➡ 계승사구戒乘四句

계급승완(戒急乘緩) 계를 지니는 데는 엄격하게 하지만, 성불을 위해 지혜를 닦는 것은 소홀히 하는 것. ➡ 계급戒急.

계기(戒器)📖 출가하여 계를 받기에 알맞은 그릇이란 뜻으로 부처가 제정한 금계禁戒와 위의威儀를 받을 만한 자격을 갖춘 사람. ①대중 생활에 부적합한 질병이나 육체적 결함, 또는 본래의 성품과 구족계를 받기에 부적합한 13난難에 저촉되거나 10차遮의 일부에 부합하는 경우는 수계授戒를 하지 않는다. ②약물중독, 악창·등창 등으로 냄새를 맡지 못하는 병, 문둥병, 소갈증 등의 질병과 군인, 노예, 부채자 등은 소승율장에서는 출가를 금하고, 이와 함께 부모를 살해하지 않았는지 남자 여자의 몸을 동시에 가지고 있지는 않은지 등을 살피는 13난難과 부모의 허락은 받았는지 남의 빚은 없는지 등을 살피는 10차遮에 저촉되면 사분율장에서는 출가를 금하고 있다. 율장과 경전에 따라 조금씩 차이가 있다.

계랍패(戒臘牌) 승려의 자리를 정하기 위해서 구족계를 받은 이후의 햇수를 표시하여 자리의 차례를 적어 놓은 목패木牌.

계내(界內) ①생사가 있는 욕계·색계·무색계의 삼계三界는 계내界內이고, 이를 벗어나면 계외界外라고 한다. ②율법律法에 따라 수행장소나 큰 법회·행사가 있을 경우에는 결계結界라고 하여 한정된 지역을 정하여 청정성을 부여한다. 이때 일정한 구역을 정하는 의식을 결계라고 하고, 결계한 지역 안을 계내界內, 밖을 계외界外라고 한다.

계내교(界內教) 천태교학에서 욕계·색계·무색계의 삼계三界에 윤회하는 중생에 대해 이치를 본 것을 의심하는 혹惑을 끊고 또 닦는 것을 의심하는 혹惑을 끊어 삼계에서 벗어나는 것을 가르치는 교教. 장교藏教에서 사상事相을 중심으로 공空을 관하는 가르침을 계내사교界內事教라 하고, 체體의 공空을 통교通教의 입장에서 주장하는 것을 계내이교界內理教라고 한다.

계내혹(界內惑) 삼계三界에 생사윤회하는 원인인 견혹見惑, 사혹思

惑, 무명혹無明惑을 말한다. ➡ 계내교界內敎

계념(繫念) 한곳에 생각을 매어 두어 다른 것을 생각하지 않는 것.

계단(戒壇) 수계授戒 의식의 장소로 만들어진 계단 위에 네모난 모양의 특정한 곳. 통도사 금강계단金剛戒壇.

금강계단(양산 통도사)

계단석(戒壇石) 사찰로 들어가는 문 앞에 수행 도량임을 알리는 표시로 돌을 세워 두는 석표石標를 말한다. 결계석結界石이라고도 함.

계덕(戒德) ①계戒를 지니는 공덕. ②1987년 대한불교 조계종에서 정한 비구니 법계 중의 하나.

계도(計都) ketu 광光, 광명光明, 광휘光輝, 등화燈火, 표標, 기旗 등의 뜻으로, 기旗로 번역하며, 계도計都·계도鷄兜·혜도醯都라고 읽는다. ①기旗는 깃발에 밀호密號를 써 넣은 것이며, 당幢은 여러 가지 색으로 표시하여 장엄한 것을 말한다. ②하늘에 빛나는 아홉 가지 구요九曜 가운데 하나인 혜성彗星을 뜻한다. ➡ 구요九曜

계도(戒盜) 금지하는 계戒를 잘못 알아 그것이 올바른 계라고 믿고 수행하는 것. 계금취戒禁取의 고역古譯. ➡ 계금취戒禁取

계도(戒刀) 비구가 다닐 때 항상 지녀야 하는 18가지 물건 가운데 하나. 옷을 재단하기 위해 사용하도록 허락된 칼이다.

계도견(戒盜見) 계를 잘못 알고 그것이 바른 것이라 믿고 수행하는 것. 계도戒盜·계금취견戒禁取見.

계랍(戒臘) 출가하여 구족계를 받은 해부터 세는 나이로, 출가한 후의 햇수를 의미한다. 좌랍坐臘·하랍夏臘·법랍法臘·계랍戒蠟으로도 쓴다.

계려궐(繫驢橛)　나귀를 매는 말뚝이란 뜻으로 사용하였으나, 뜻이 변하여 글자나 어구에 묶여 자유롭지 못한 것을 비유하는 말.

계력(戒力)　계戒를 지키고 지님으로써 얻는 공덕의 힘. 계율의 공력功力이나 지계持戒의 공력.

계리(戒贏)　계율을 지키지 않고 자주 범하게 되면, 공력功力이 줄고 쇠약해져서 마침내 계율을 버리는 것과 같게 된다는 뜻.

계리(契理)　진리에 잘 맞아 계합契合하는 것.

계맥(戒脈)　계법戒法을 전하여 받아 내려온 계통. 석가모니부처로부터 마하가섭·아난 등을 거쳐 지금 계를 주는 계사戒師와 계를 받는 수계자受戒者에게 이르기까지 이어진 계통을 말한다.

계명(戒名)📖　계를 받고 귀의할 때, 계戒를 주는 수계사授戒師가 받는 사람에게 지어 주는 이름을 말한다.

계명자상(計名字相)　무명이 진여에서 일어나 생멸하고 유전流轉하며 움직이는 모습은 망상의 법으로, 심왕心王과 심소心所로 나누어짐이 없는 미세하고 측량하기가 어려운 3가지 상相을 삼세三細라 하고, 후에 심왕과 심소의 상相이 드러나는 6가지의 상相을 육추六麤라고 하는데, 육추六麤인 육상六相 가운데 하나. 상相에 집착하여 고苦와 낙樂을 잘 알지 못하고 허망하고 실답지 않은 것으로 삼아 버리며, 전도顚倒된 것에 의지하여 집착한 상相에 다시 이름까지 세우는 것을 말한다.

계바라밀(戒波羅蜜)📖　śīla-pāramitā pāramitā는 반대편의 언덕에 이른다고 하여 완성·이룬다는 뜻이 있으며 피안彼岸으로 번역한다. 보살마하살이면 반드시 크게 행해야 하는 보시·지계·인욕·정진·선정·반야의 6가지 바라밀 가운데 하나. 행하지 말아야 할 악惡은 계戒로서 잘 지니고, 반드시 행해야 할 선善은 적극적으로 행하여 몸과 마음을 청정하게 하는 계행戒行을 말한다.

계바라밀교주(戒波羅蜜教主)　『범망경』에서 법을 설하는 주인공은 노사나불盧舍那佛인데, 이 노사나불이 범망보살계梵網菩薩戒를 설하기 때문에 계바라밀주라고 한다. 천 개의 꽃잎으로 만든 연화대蓮花臺에 앉아 있다는 보신불報身佛.

계바리(戒婆離) 부처의 10대 제자 가운데 하나로 지계持戒가 제일이라 알려진 우바리優婆離의 다른 이름.

계박(繫縛) bandha 몸과 마음에 집착하여 스스로 얽어매고 속박하여 자유롭지 못한 것. 결박結縛이라고도 하며 번뇌를 의미한다.

계백(啓白) ①법회나 불사佛事를 시작할 때 불보살 앞에서 그 연유를 고하는 것. 개계開啓·개백開白·표백表白이라고도 한다. ②법회의 첫날을 계백일啓白日이라고 한다.

계백일(啓白日) 법회를 시작할 때 법회의 주인공을 모시고 모임을 하는 뜻과 이유를 말하는 것을 계백啓白이라고 하는데, 계백을 하는 첫날을 말한다. 법회의 첫날. 개백開白이라고도 한다.

계범(契範) 부처의 가르침인 법을 기록한 경전이 진리에 계합하고 모범이 된다는 뜻으로 경전의 다른 이름.

계법(戒法) 📖 ①부처가 하나의 사건이 있을 때마다 그 사건의 내용과 처리하는 법을 정하여 지니고 지키도록 한 법. ②재가자가 지녀야 할 계법과 출가자가 지녀야 할 계법을 다르게 정하고 있다. 종류로는 삼취정계三聚淨界, 삼귀의계, 5계, 8계, 10계, 10중48경계, 구족계具足戒 등이 있으며, 불교의 수행과 해탈은 이 계법에서 출발한다.

계법신(戒法身) 신身·구口·의意 삼업에 번뇌인 누漏가 없어 청정한 것. 십악十惡을 행하지 않고 십선十善을 행하는 것.

계복(戒福) 📖 불법승 삼보에 귀의하여 받은 계戒를 잘 지니고 지키면 과거·현재·미래에 모든 부처의 청정한 인因이 되어 극락정토에 왕생하는 복福이 된다는 뜻. 세복世福, 계복戒福, 행복行福의 삼복三福 가운데 하나이며, 계선戒善이라고도 한다.

계본(戒本) 비구와 비구니가 배우고 지녀야 할 학처學處인 바라제목차를 모아 놓은 책을 통틀어 가리키는 말. ➡ 바라제목차

계분(界分) ①욕계·색계·무색계의 삼계三界에는 각각 나누어지는 분분이 있다는 뜻. 세계를 가리키는 말. ②사법계四法界에서 사법계事法界의 계분는 분분의 뜻, 이법계理法界는 성性의 뜻을 가진다.

계빈(罽賓) 북인도에 있던 나라 이름이며 가습미라迦濕彌羅의 옛 이름. 겁빈劫賓·갈빈葛賓이라고도 한다.

계사(戒師)📖 계戒를 주는 승려. 구족계를 수계할 때는 반드시 3명의 스승이 되는 삼사三師와 증명을 하는 7명의 승려를 모셔야 한다. 이때 갈마사羯磨師·교수사敎授師·수계사授戒師를 삼사라고 하며, 계사는 이들 중 수계사授戒師를 말하며 계화상戒和尙이라고도 한다.

계사별(戒四別) 계戒의 의미나 뜻을 설명하기 위해 4가지로 분류하는 방법. 부처가 제정한 교敎를 법法으로 하는 것을 계법戒法, 계戒를 받은 후에 행行을 이루게 하는 것을 계체戒體, 계의 체體에 의지하여 지킴을 일으키는 것을 계행戒行, 행行이 되어 뜻이 있음을 상相으로 하는 것을 계상戒相이라고 한다.

계사오덕(戒師五德) 계를 주는 계사戒師가 갖추어야 할 5가지 덕. 청정한 계를 잘 지녀야 하고, 출가한지 10년이 되어야 하며, 율장을 잘 알아야 하고, 스승과 스승이 서로 준 것이어야 하며, 정定과 혜慧를 잘 궁구하고 현묘해야 하는 다섯 가지의 덕을 말한다.

계상(戒相) 계의 뜻이나 의미를 설명하기 위한 방법인 계사별戒四別 가운데 하나. 성인이 제정한 가르침을 법法으로 삼고, 수계한 후에 계를 행하게 하는 체體로 삼고, 체에 의지하여 행行을 일으키고, 행行이 되어 뜻이 있음을 상相으로 하는 것을 계상戒相이라고 한다. ➡ 계사별戒四別

계선(戒善) 불법승 삼보에 귀의하여 받은 계戒를 잘 지키면, 과거·현재·미래에 모든 부처의 청정하고 바른 인因이 되어 극락정토에 왕생하는 복이 된다는 뜻. ➡ 계복戒福

계선(契線) 선線은 경經의 뜻으로 계경契經·경문을 가리킨다.

계수(稽首)📖 vandana 찬탄하다, 공경하여 인사하는, 공경하는 등의 뜻이 있다. ①무릎을 꿇고 머리를 땅에 대고 두 손바닥을 위로 올려 상대의 발에 닿게 하여 절하는 모습을 말한다. 오체투지. ②한량없이 존귀하고 공경하는 상대에 대하여 자신의 몸을 최고로 낮춘다는 뜻이 있다. 반담伴談·반제伴題·계수례稽首禮.

계수게(稽首偈) 대중에게 알릴 때 북 모양을 한 반磬을 치면서 독송하는 게송. 계수례稽首禮에서 유래하여 계수게라고 한다.『불설초일명삼매경說說超日明三昧經』에 보이는 경문은 "處世間如虛空 若蓮花不著水 心清淨超於彼 稽首禮無上聖"이나, '似蓮花不著水'로 쓰인다. ➡ 계수稽首

계슬(戒膝) 계를 받을 때, 오른쪽 무릎을 땅에 대고 앉는 우슬착지右膝著地를 말한다.

계승구급(戒乘俱急) 계戒를 지키는 모습을 수행의 모습과 함께 4구句로 나타낸 계승사구戒乘四句 가운데 하나. 계법과 지혜를 고루 닦는 것을 말한다. ➡ 계승사구戒乘四句

계승구완(戒乘俱緩) 계戒를 지키는 모습을 수행의 모습과 함께 4구句로 나타낸 계승사구戒乘四句 가운데 하나. 계법과 지혜를 모두 태만하게 닦는 것을 말한다. ➡ 계승사구戒乘四句

계승사구(戒乘四句) 계戒를 지키는 모습을 수행의 모습과 함께 4구句로 나타낸 것. 계법戒法은 엄격하게 하지만 지혜를 닦는 것은 태만하게 하는 것을 계급승완戒急乘緩, 성불하려는 급한 마음으로 지혜만을 닦고 계법은 소홀히 하는 것을 승급계완乘急戒緩, 지혜와 계법을 고루 닦는 것을 계승구급戒乘俱急, 지혜와 계법을 모두 태만하게 닦는 것을 계승구완戒乘俱緩이라고 한다.

계신(戒身) 불佛과 아라한에게는 자체에 잘 갖추어진 다섯 가지 공덕이 있다고 하여 오분법신五分法身이라고 한다. 계戒·정定·혜慧·해탈解脫·해탈지견解脫知見의 오법五法 가운데 계戒를 법신의 하나로 보아 붙여진 이름.

계심(戒心) ①경전에 따라 보살이 수행해야 할 내용을 계위階位마다 다르게 제시하는데, 보통 처음 계위인 십신十信에서 열 가지 마음을 닦도록 하며 이 마음 중에 신구의 삼업을 청정히 하여 허물을 범하지 않는 것을 계심이라고 한다. ②비구와 비구니가 배우고 지녀야 할 학처學處인 바라제목차를 모아 놓은 책인 계본戒本을 마음의 요체란 뜻으로 사용한다.

계아(計我) 아我는 존재하지 않는다는 이치를 모르고 실제로 있다고 잘못 알아 집착하는 것.

계아실유종(計我實有宗) 내가 분별한 아我는 실제로 있다고 주장하는 학파의 이론. 외도 16종宗 가운데 하나인 계아론計我論을 가리키는 것으로 불교에서는 이 주장이 잘못이라고 비판한다.

계여(界如) 미혹한 세계와 깨달음의 세계를 모두 합하여 지옥에서 불계佛界까지 10세계로 나누어 십계十界라고 하고, 법의 궁극적인 모습을 성性에서 본말구경本末究竟까지 10여시如是로 나누어 십여十如라고 한 천태법화의 주장.

계연(繫緣) 마음을 세간의 여러 가지 사물에 묶어 두고, 그것을 마음의 대상으로 하여 생각을 일으키는 것.

계완승급(戒緩乘急) 계법을 지녀 지키는 것은 소홀히 하고 마음의 지혜만을 닦는 모습. 계승사구戒乘四句 가운데 하나.

계외(界外) ①욕계·색계·무색계의 삼계三界 안을 계내界內라고 하며, 삼계의 밖을 계외라고 한다. ②승단의 생활에 필요한 일정 지역이나 큰 법회나 불사佛事가 있을 때, 율장에서 정한 법에 따라 일정 지역을 표시하는데 이때 표시된 지역 안을 계내界內라고 하고 지역 밖을 계외라고 한다.

계외교(界外敎) 천태 교학에서 욕계·색계·무색계의 삼계三界에 윤회하는 중생에 대해 이치를 본 것을 의심하는 혹惑을 끊고 또 닦는 것을 의심하는 혹惑을 끊어 삼계에서 벗어나는 계내교界內敎의 가르침을 여의고, 계외界外의 정토에서 죽지 않는 몸인 변역생사變易

生死를 받아 무명을 끊고 성불하는 것을 가르치는 교敎.

계외기(界外機) 계외界外의 가르침을 받을만한 근기. ➡ 계외교界外敎

계외사교(界外事敎) 계외교界外敎에서 혹惑이 무겁기 때문에, 사법事法을 분별하는 방편으로 이치를 깨닫게 하는 가르침을 말한다. ➡ 계외교界外敎

계외이교(界外理敎) 계외교界外敎에서 혹惑이 가볍기 때문에, 방편으로 가르치지 않고 중도中道의 이치로 직접 실상의 묘한 이치를 가르쳐 깨닫게 하는 것. ➡ 계외교界外敎

계윤부(雞胤部) Kurkutika 교리를 해석하는 의견의 차이로 나누어지는 소승 20부 가운데 하나. 불멸 후 약 200년이 지나서 대중부大衆部가 갈라져 나왔다고 하며, 과거와 미래는 실재하지 않는다는 과미무체론過未無體論을 주장한다. 경장經藏과 율장律藏은 부처가 방편으로 설하였다고 하여 논장論藏을 중요하게 여기는 학파. 고구리가高俱梨柯·고구지가高俱胝柯. 회산주부灰山住部.

계율(戒律) 📖 vinaya śikṣā는 학學, śikṣāpada는 학처學處, prātimokṣa는 바라제목차, upasaṃpadā는 구족계具足戒, śīla는 계戒, vinaya는 율律의 뜻으로 모두 계戒와 율律에 관계있는 단어들이다. ①공통적으로 좋은 습관을 몸에 익힌다는 뜻을 포함하고 있다. vinaya는 제거한다는 뜻이 있고, 조복調伏으로 번역한다. ②관습, 습관, 풍습, 품성, 고상한 품성 등의 뜻이 있어 계戒로 의역하는 śīla와 제거除去·훈련訓練·조복調伏의 뜻이 있어 율律로 의역하는 vinaya는 처음에는 완전히 다른 뜻으로 사용하였다. 신구의 삼업에 좋은 습관을 익히는 도덕적인 규범을 말하는 계戒는 넓은 의미의 행위 규범이며, 율律은 승가 공동체의 유지 수단으로 제정되었기 때문에 몸에 좋은 습관을 훈련하는 것은 물론 범했을 경우에는 상응하는 제재가 따르는 특징이 있는 좁은 의미의 행위 규범이다. 계는 자율적이지만 율은 타율적이다. ③현재는 계와 율을 구분하여 사용하지 않는 경향이 있으며, 또한 계율戒律이라고 하여 두 단어를 합하여 사용하는

것이 일반적이다. ➡ 계戒, 율律, 계경戒經

계인(戒印) 계戒도 교의와 같이 법法이 된다고 하는 뜻을 도장에 비유해서 말한 것.

계일(計一) 모든 만물은 하나라고 하는 상키야학파의 주장. 『입대 승론』에서는 이이異·일이一異·불不·일불一不의 사종집착四宗執着을 내세워, 이이異로서 만물이 하나라는 계일計一의 주장은 과실이라고 논파하였다.

계장(戒藏) 경율론 삼장 가운데 하나인 율장.

계재(戒財) 불도佛道를 성취하는 7가지 성인의 법인 칠성재七聖財 가운데 하나로, 계를 잘 지니는 것을 말한다. 살아 있는 것을 죽이지 않고, 삿된 욕심의 행을 버리고, 헛되고 미친 말을 하지 않고, 술을 마시지 않는 것 등을 말한다.

계정혜(戒定慧)📖 ①부처의 가르침으로 꼭 배워야 하는 계·정·혜의 삼학 또는 계심혜戒心慧를 말한다. 계戒는 신구의 삼업으로 범犯하는 악惡을 방지하고 적극적인 선善을 행하도록 하는 청정한 행, 정定은 연緣이 일어나는 것을 쉽게 하는 것이며, 혜慧는 악惡과 혹惑을 파하여 안정되고 고요한 진眞을 증득하는 것을 말한다. ②경율론 삼장은 각각 계학戒學과 정학定學, 혜학慧學을 드러낸다고 한다. 또는 '증상增上'이란 말을 앞에 붙여 증상계增上戒·증상심增上心·증상혜增上慧라고 하여 수승한 의미가 있음을 보이기도 한다.

계정혜해탈해탈지견(戒定慧解脫解脫知見)📖 번뇌가 없는 오온五蘊인 불佛이나 아라한은 그 자체에 갖추어진 다섯 가지의 덕이 있다고 하는 계戒·정定·혜慧·해탈·해탈지견解脫知見의 오분법신五分法身. 앞의 셋은 인因을 닦는 것이 되고, 뒤의 둘은 과果가 됨을 의미한다.

계족(戒足) 사람에게 발이 없으면 앞으로 나아갈 수 없는 것처럼, 계戒가 부처의 가르침인 도道에 나아가는 것을 비유한 말.

계주(戒珠) 계戒를 잘 지니고 지키면 청정하여 몸과 마음을 장엄할 수 있음을 뜻한다. 즉, 구슬이 맑아 티가 없으면 사람의 몸을 장식할 수 있는 것과 같이 계戒도 이와 같음에 비유한 말.

계주(繫珠) 자기가 입고 있는 옷 속에 있는 보배를 알지 못하고 가난한 처지를 탓하며 옷과 음식을 구걸하는 것.

계주유(髻珠喩) 『법화경』에 나오는 7가지 비유인 칠유七喩 가운데 하나. 전륜성왕이 여러 나라를 토벌할 때 공이 있는 병사들에게 논·밭·금·은 등의 상을 주었으며, 가장 큰 공을 세운 병사에게는 자기 상투 속에 있는 보배를 상으로 준 것에서 유래한 말. 전륜성왕의 상투는 소승의 가르침이고 구슬은 대승의 가르침에 비유한 것이다.

계착(繫著) 마음이 사물에 얽매어 묶여 있으므로 자유롭지 못하고 집착하는 것.

계척(界尺) 경전을 베껴 쓸 때 제일 먼저 줄을 긋게 되는데, 이때 종이에 줄을 긋는 자로 사용하거나 종이가 날리지 않도록 누르기 위해 사용하는 도구로 지금의 문진文鎭과 같은 문방도구를 말한다.

계첩(戒牒) 계戒를 받을 때, 받은 계의 내용과 계를 받아 계행을 일으키는 근본인 계체戒體를 잘 지키라는 뜻으로 주는 신표信表. 호계첩護戒牒이라고도 한다. ➡ 계체戒體

계청(啓請)📖 큰 법회나 불사 또는 독경讀經이 있을 때, 제일 먼저 법회의 주인공이 되는 불佛이나 보살께 아뢰어 강림하여 보호해 주기를 청하는 것.

계청문(啓請文) 법회나 불사·송경 등을 할 때 제일 먼저 의식의 주인공을 청하는데, 이때 청하는 내용을 적은 글. 예를 들면『천수경』에서는 관세음보살을 청하는데, '稽首觀音大悲呪'로부터 시작하는 게송을 말한다.

계체(戒體)📖 계戒를 받으면 몸에 생기는 잘못은 막고, 나쁜 것은 그치는 공능이 있게 되는 것을 말한다. ➡ 계법戒法

계체삼종(戒體三種) 계戒를 받으면 몸에서 생기는 잘못은 막고,

나쁜 것은 그치는 공능을 계체戒體라고 하는데, 계체의 성질이 속해 있는 곳이 어디인가를 밝히려는 주장에는 3종류가 있다. 지수화풍에 의해 생겨나므로 색온色蘊에 속한다고 하는 색법계체色法戒體, 계를 받을 때는 사思의 심소心所가 움직이므로 심소의 종자種子에 상속하며 비록 색법으로 수계하지만 심법心法에 속한다는 심법계체心法戒體, 계체는 모양과 바탕이 없으므로 색色이 아니며 반연하는 경계가 없으므로 심心이 아니어서 비색비심법계체非色非心法戒體 3가지가 있다는 주장.

계취(戒取) 계戒에서 금지하는 것을 잘못 알아서 그것이 진실하다고 믿고 수행하는 잘못된 견해. 외도의 계율을 가리키며, 잘못된 사계邪戒를 말한다. 계취결戒取結, 계금취견戒禁取見, 계도戒盜라고도 한다.

계취(界趣) 중생이 윤회하며 태어나는 3계界와 중생들의 행行인 업에 따라 생사윤회하는 6취趣를 말한다. 삼계는 욕계·색계·무색계이며, 육취는 천상·인간·아수라·지옥·아귀·축생을 뜻한다.

계탁(計度) 자기의 망심妄心으로 분별하여 사물의 이치를 판단하는 것.

계탁분별(計度分別) 반연하여 일어난 경계를 헤아리는 것으로, 의식과 상응하여 일어나는 산란한 혜慧. 과거·현재·미래에 걸쳐 드러나지 않은 사실을 여러 가지로 생각하고 분별하는 것. 자성분별自性分別·수념분별隨念分別과 함께 삼분별三分別 가운데 하나.

계품(戒品) 계의 종류, 의미, 뜻 등에 대하여 설명하고 밝히는 편編의 이름.

계품(界品) ①세계를 구성하고 있는 요소, 성질 등을 밝히고 설명하는 편編의 이름. ②법계法界의 뜻을 설명할 때의 계界는 성性이라는 뜻으로 쓰인다.

계학(戒學) 📖 ①부처가 제정한 계戒와 율律을 배우고 익혀 좋은 습관을 몸에 지니도록 하는 것. ②몸·입·마음으로 행하는 악惡을 막고 선善을 행하도록 몸에 익히는 것으로 계정혜 삼학三學 가운데 하나.

계해(戒海) 계를 지키고 지니며 살아가는 것을 물고기가 청정한 바닷물 속에서 자유롭게 사는 것으로 비유한 것.

계행(戒行) 계를 받아 계체戒體를 얻은 다음, 청정한 계체에 의지하여 계를 범하지 않는 일상생활의 모든 행을 말한다.

계향(戒香)📖 계율을 잘 지니고 지키면 공덕이 퍼져 나가는 것이 마치 향香을 피우면 눈에 보이지 않지만 향기가 널리 퍼져 나가는 것과 같음에 비유한 것. 오분법신五分法身 가운데 계신戒身을 향에 비유한 말. ➡ 오분법신五分法身

계현관(戒現觀) 무루無漏, 즉 번뇌가 없는 계戒로서 몸에 있는 허물을 제거하면 수행하는 관觀이 더욱 밝아지는 것을 말한다. 육현관六現觀 가운데 하나.

계화(戒和) 화합에는 깨달음을 얻고자 같은 이치로 화합하는 이화理和와 일상생활의 일로 화합하는 사화事和가 있다. 계화는 일상생활에서 화합하는 6가지 가운데 하나로, 같은 계를 받아 서로 지키고 격려하는 것을 말한다.

계화상(戒和尙)📖 ①계를 받을 때, 계의 조목을 설하여 주는 계사戒師. 계화상은 갖추어야 할 다섯 가지 덕이 있는데, 계를 잘 지켜야 하고, 법랍이 10년을 지나야 하고, 율장을 잘 알아야 하고, 선禪에 통달해야 하고, 혜慧로 경전을 잘 궁구해야 함을 말한다. ②사분율장에서는 계화상과 함께 세 사람의 스승과 이를 증명하는 일곱 사람의 법사를 필요로 하지만, 천태 지의가 주장하는 대승원돈계大乘圓頓戒에서는 석가모니부처 한 분만을 청하여 계戒를 전하는 전계사傳戒師로 삼고 수계하는 법도 있다.

고(苦)📖 duḥkha 불유쾌하다는 뜻이 있으며 고苦로 의역한다. ①몸과 마음이 핍박하여 괴롭고 편안하지 않은 상태. 핍박逼迫의 뜻. ②고苦와 낙樂은 상대되는 성질로 존재한다. ③혐오嫌惡와 허공이란 두 가지 뜻이 있으며 열반의 모습인 상락아정常樂我淨이 없는 상태를 말한다. ④생로병사는 자연 현상으로 고苦가 아니라, 삶에서 피할 수 없는 고통의 진리라는 뜻으로 고苦를 쓴다. 고집멸도苦集滅道의 사성제四聖諦 가운데 하나.

고각(高刻) 조각하는 면이 튀어나오게 하는 기법. 바탕을 파내어 도드라지게 하거나 바탕과 다른 재질을 붙여 높게 보이게 하는 방법이 있다.

고경(古鏡) 오랜 동안 변치 않고 모든 사물을 비추는 데 차별이 없음을 불성佛性에 비유한 것.

고계(苦界) 유정이 사는 괴로운 세계로 지옥·아귀·축생·수라·인간·천상의 육도六道.

고고(苦苦) 중생의 몸과 마음은 본래부터 고苦인데, 여기에 배고픔, 병나는 일, 바람, 비, 추운 것, 더운 것, 매 맞는 것, 노역 등으로 고苦의 연緣이 생겨 괴로운 것. 삼고三苦 가운데 하나.

고공(苦空) 번뇌인 유루有漏의 과보果報는 고苦·공空·무상無常·무아無我의 4가지 모습이 있다고 하며, 이 가운데 고苦와 공空을 함께 말한 것이다.

고공무상무아(苦空無常無我) 고苦의 경계를 관해 일어나는 고제苦諦의 네 가지 행行의 상相. 이 세상의 사물은 중생의 몸과 마음을 핍박하여 괴롭게 하므로 고苦, 모든 사물은 인연의 화합으로 생기는 것이어서 모두 실제의 본체나 성품이 있는 것이 아니므로 공空, 모든 인연 화합은 언젠가는 다시 흩어지므로 항상하는 것이 없는 무상無常, 모두 공하고 무상하여 나 혹은 나의 것이라고 고집할 것이 없으므로 무아無我임을 자세히 살피는 것. 비상非常·고苦·공空·비아非我라고도 한다.

고광대상계(高廣大床戒) 일정한 크기 이상의 높고 넓은 평상에서 눕거나, 금·은·보배로 장식한 화려한 자리에 앉는 것을 금하는 계. 팔재계八齋戒 가운데 하나. ➡ 팔재계八齋戒

고굴(苦屈) 고苦는 괴롭고 굴욕스러운 고통이며, 굴屈은 욕되게 굽히는 굴욕으로, 조사祖師의 가르침을 뚫어 내지 못하여 매우 괴로워하는 모양을 가리킨다.

고기송(孤起偈)📖 gāthā 찬탄讚嘆, 시구詩句, 송문頌文의 뜻. ①노래한다는 뜻에서 유래한 것으로 산문으로 된 한 절의 경문이나 전체 끝에서 찬탄하는 형식의 시구詩句로 맺어 쓴 글을 말한다. 본문의 내용을 거듭 찬탄하는 것은 중송重頌이며, 본문 내용과 상관없는 아름다운 노래이므로 고기송이라고 한다. ②부처가 설하는 법을 설법하는 방법에 따라 12부로 나누어 십이분교十二分敎라고 하며, 이 가운데 시구의 형태로 되어 있는 가타伽陀를 가리킨다. ➡가타伽陀, 중송重頌

고도(苦道) 혹혹惑·업業·고苦 삼도三道 가운데 하나로, 처음 탐·진·치의 혹惑으로부터 선악善惡의 업業을 만들고, 신·구·의 삼업으로부터 삼계三界 육도六道의 고과苦果를 받는 것. 과果는 다시 혹惑을 일으키므로 서로 통한다고 하여 도道라고 한다.

고독원(孤獨園) 기원정사인 급고독원給孤獨園의 줄임말.

고두(庫頭) 절에서 돈·쌀·옷감·곡식 등을 관리하고 출납을 맡아 보는 소임. 궤두櫃頭·부사副寺·재백財帛.

고두례

고두례(叩頭禮)📖 마지막 절을 마칠 때 엎드린 상태에서 두 손바닥을 합쳐 공손하게 머리 아래쪽에서 모으는 것을 말한다. 삼보에 대한 지극하고 무한한 존경심의 표현. 고두배叩頭拜. 유원반배唯願半拜.

고등(枯藤) 주장자를 다르게 부르는 말.

고려대장경(高麗大藏經) 📖 고려시대에 만들어졌다고 하여 붙여진 이름. 고려시대에는 두 번 대장경을 만들었는데, 현종 때 시작한 초조본初雕本과 고종 때 시작한 재조본再雕本이 있다. 거란의 침입을 부처의 힘으로 막고자 하는 염원으로 1011년(현종 2)에 시작한 경판을 고려초조본高麗初雕本이라고 한다. 이후 몽고군에 의해 1232년 부인사에서 초조본이 불타자 1236년(고종 23) 강화도에 대장도감大藏都監과 진주에 분사分司를 두어 1251년까지 16년에 걸쳐 경판을 다시 만들었는데 이를 재조본再彫本이라고 한다. 경판 1장은 1행 14자 23행으로 구성되어 있고 총 81,137판으로 이루어졌기 때문에 팔만대장경이라고도 부르며, 현재 합천 해인사에 보관되어 있다.

고로(孤露) 부모가 없는 것을 고孤라 하고, 부양을 해 줄 사람이 없는 것을 로露라고 한다. 의지할 곳이 없는 가난한 상태를 말한다.

고루(鼓樓) 큰북을 달아 놓은 누각. 종루鐘樓는 동쪽에 두고, 고루는 서쪽에 둔다.

고류인(苦類忍) 견도見道에서 사제四諦를 관하면 번뇌가 없는 무간도無間道의 8인忍과 해탈도解脫道의 8지智가 생기는데, 팔인八忍 가운데 하나. 욕계에서는 고집멸도 4제諦의 4법法에 대한 증득 인가認可를 4법인法忍이라고 하며, 색계·무색계에서는 고집멸도 4제諦의 4법法에 대한 증득 인가를 4류인類忍이라고 하는데, 이때 무색계에서 얻는 고제苦諦의 이치를 고류인苦類忍이라고 한다.

고류지(苦類智) 견도見道에서 사제四諦를 관하면 번뇌가 없는 무간도無間道의 8인忍과 해탈도解脫道의 8지智가 생기는데, 팔지八智 가운데 하나. 팔인八忍으로 삼계의 견혹見惑을 끊으면 관조觀照함이 점점 밝아져 팔지八智가 되는데, 욕계에서는 4제諦에 대해 각각의 법지法智가 생기며, 색계·무색계에서는 4제諦에 대해 각각의 유지類智가 생기는데, 이때 무색계에서 얻는 고제苦諦의 이치를 고류지

苦類智라고 한다. ➡ 고류인苦類忍.

고륜(苦輪) 생사의 고과苦果가 그치지 않고 돌기 때문에 수레바퀴
에 비유한 말.

고리(庫裡) 사찰에서는 사시巳時가 되면 부처에게 공양을 올리는
데, 이때 올리는 공양을 마지라고 한다. 고리는 마지나 승려들의
음식을 만드는 곳, 또는 사찰 내에 승려들의 주거를 위해 지은 모든
방사를 말한다. 고원庫院·주방廚房·포주庖廚·식주食廚라고도 한다.

고멸도성제(苦滅道聖諦)📖 고집멸도의 사성제 가운데 해탈에 이
르는 8가지 바른 수행의 길이라고 부르는 팔정도八正道를 뜻하는
도제道諦의 다른 이름.

고명(膏明) 고膏는 등잔에 사용하는 기름, 명明은 불의 밝기를 뜻하
며 서로 도와주고 서로 이루어 주는 것을 비유한 말. 고膏는 고유膏
油로서 바른 행行을 기름에 비유하고, 명明은 등명燈明으로 묘한 이
치를 아는 것에 비유한 것.

고명(告命) 부처나 보살이 중생에게 바른 것을 알려 주어 그대로
행하도록 하는 것과 같이, 윗사람이 아랫사람에게 사실을 알려 주
어 행하게 하는 것을 말한다.

고목(枯木) 번뇌가 없는 청정하고 무심無心한 마음으로 좌선하는
모습을 고목에 비유한 말. 고목과 같이 눕지도 않고 좌선하는 대중
을 고목중枯木衆이라 하고, 거처하는 곳을 고목당枯木堂이라고 한다.

고복(皐復) 죽은 사람의 혼을 불러서 다시 살아나도록 하는 것으로
초혼招魂이라고도 한다.

고봉독숙(孤峰獨宿) 아주 높은 봉우리에서 인연을 끊고 홀로 사는
뜻에 수행을 비유한 말. 스스로의 깨달음과 스스로의 증득을 위한
자기 수행만을 하며, 중생을 구제하고자 하는 보살행이 없는 수행
태도를 경계하여 비판하는 말.

고부(孤負) 고孤와 부負는 모두 배반이라는 뜻을 가지고 있어 은혜
를 저버리는 것을 말하며, 고부辜負라고도 한다.

고불(古佛) ①석가모니부처가 이 세상에 오신 것은 과거세에 6번 출현하여 수행한 인因이 있기 때문이며, 이를 모두 합하여 과거칠불이라고 부른다. ②나이가 많고 덕이 있는 승려를 높여 부르는 말. ③만들어진 지 오래된 불상佛像. ④벽지불辟支佛의 다른 이름.

고불식(告佛式)📖 불교에서 의미 있는 큰 행사나 불사佛事·법회法會를 시작할 때, 제일 먼저 행사의 취지나 뜻에 알맞은 불·보살을 청하여 증명을 얻어 원만하게 성취되기를 바라는 마음으로 시작을 고하고 알리는 의식. 이때 불보살에게 고불식의 의미·내용·바라는 마음 등을 적어 읽는 글을 고불문告佛文이라고 한다.

고사(庫司) 절의 규모를 잘 갖춘 총림에서 중요한 6가지 소임인 육지사六知事가 있는데, 이 가운데서 가장 중요한 도사都寺·감사監寺·부사副寺를 고사庫司라고 한다. 고주庫主 또는 감원監院이라고도 부르며, 모든 사무를 감독하고 총괄하는 소임.

고사(高士) 구역舊譯 『유마경』에서는 보살菩薩을 고사高士로 번역한다.

고사업(故思業) 일부러 몸과 말로 지어 점점 증장하는 업業으로 고작업故作業이라고도 한다. 불고사업不故思業의 반대말.

고삼론(古三論) 『중론』『백론』『십이문론』을 소의경전으로 하는 종파. 일반적으로 승랑을 기준으로 이전을 고삼론, 이후를 신삼론이라고 한다.

고선(枯禪) 간화선에서 마른 나무같이 앉아 있기만 하고 묘용妙用이 없는 선이라고 하여 묵조선을 비판하는 말. 고고선좌枯槁禪坐.

고성제(苦聖諦)📖 duḥkha-satya 고苦는 생로병사의 네 가지 고통이 삶에서 피할 수 없는 것이기 때문에 고통의 진리라는 뜻이고, 성제聖諦는 고귀한 성인에 의해서만 진리로 알려지는 것을 말한다. 고제苦諦라고도 하며 고집멸도의 사성제四聖諦 가운데 하나.

고수(苦受) 몸과 마음을 괴롭게 하여 본래를 어기고 고통과 괴로움을 느끼고 받게 하는 것.

고양편피(鼓兩片皮) 고鼓는 북을 두드리는 것이고, 양편피兩片皮는 위·아래에 있는 두 입술을 움직인다. 연다라는 뜻으로, 입술을 움직이고 부딪쳐서 소리를 낸다는 뜻이다. 격외선格外禪에서는 마음 수행을 중요하게 여기고 참선을 하는데, 이에 대하여 쓸데없이 많은 말이나 설명을 한다는 뜻. 동양편피動兩片皮.

고언(苦言) 다른 사람을 가르치고 타이를 목적으로 남의 허물을 꾸짖는 말.

고업(苦業) 고통스러운 행行과 받는 행의 과果를 갖추어 청정한 믿음을 내어서 바른 견해를 받아 지니면, 생천生天하는 길에 난다고 한다. 이때 고苦는 있지만 굳은 믿음과 바른 견見로 생천하는 하는 행위를 말한다.

고온(苦蘊) 고苦는 생로병사의 네 가지 고통이 삶에서 피할 수 없는 것이기 때문에 고통의 진리라는 뜻을 알아야 하지만, 이를 알지 못하고 집착하여 생기는 여러 가지 괴로움. 오온五蘊으로 이루어져 있는 인간의 존재를 가리키기도 한다. 고음苦陰. ➡ 오온五蘊

고원(庫院) 사찰에서 마지나 승려들의 음식을 만드는 곳. 또는 사찰 내에 승려들의 주거를 위해 지은 모든 방사. 고리庫裡·주방廚房·포주庖廚·식주食廚.

고육상감(高肉象嵌) 재질의 바탕에 면상감面象嵌과 같은 방법으로 면을 만들고, 상감할 재료를 원래의 면보다 더 높게 만들어 입체감 있게 만드는 방법. ➡ 면상감面象嵌

고음(苦陰) 생로병사가 고苦에 원인이 있음을 알지 못하고 몸에 집착하는 것. ➡ 고온苦蘊

고의(鼓儀) 시간을 알리기 위해 나무로 만든 기구인 건치犍稚, 목탁, 북 등을 치는 규칙.

고인(苦因) 고苦가 되는 인因.

고자(庫子) 총림에서 가장 중요한 여섯 가지 소임 가운데 도사都寺·감사監寺·부사副寺를 총괄하는 고사庫司에 딸려서 회계 등을 행

하는 소임. 고사행자庫司行者. ➡ 고사庫司

고장(鼓匠) 북이나 장구 등 타악기를 만드는 장인.

고정(敲鉦) ①끈으로 매달아 놓고 나무망치로 치는 것을 정고鉦鼓라 하고, 아래에 내려놓고 나무망치로 치는 것을 고정이라고 한다. ②두 가지 모두 정토종에서는 경전을 독송할 때 음율을 맞추기 위해 치면서 염불하기도 한다.

고정성(刳正性) 고刳는 쪼개고 부순다는 뜻이고, 정성正性은 중생에게는 음姪과 살殺을 바른 성질로 삼고 있다는 뜻이다. 부처의 가르침대로 수행하고자 하면, 먼저 중생에게 악惡이 되는 조인助因을 제거하고, 중생이 바른 성질이라고 하는 정성正性을 제거하고, 오신채를 끊어 몸으로 있는 현재의 경계를 돌아다니지 말아야 한다는 주장. 『능엄경』의 삼점차三漸次 수행법 중의 하나.

고제(苦際) 생로병사가 고苦의 진리임을 아는 고苦의 가장 끝 언저리를 말하며, 고苦가 소멸한 해탈과 같은 뜻으로 사용한다.

고제(苦諦)📖 고苦는 생로병사의 네 가지 고통이 삶에서 피할 수 없는 것이기 때문에 고통의 진리라는 뜻. ➡ 고집멸도苦集滅道

고조(孤調) 자신의 혹惑을 조복調伏시켜 자신만을 위한 수행이나 해탈을 추구하는 것, 즉 중생을 구하고자 하는 보살행이 없는 수행을 말한다. 고조해탈孤調解脫.

고족(高足) 제자 가운데 가장 뛰어난 사람으로 고제高弟·신족神足이라고도 한다.

고좌(高座) 법회나 경전을 설하는 강회講會, 또는 계戒를 수계하는 수계법회에서 모임을 이끌어가는 강사講師·계사戒師·법사法師 등이 올라가 앉는 자리. 부처가 성도한 금강보좌金剛寶座를 상징하여 만든 좌석.

고주(故住) 현재의 주지住持가 아닌 앞의 소임을 보았던 주지.

고주계(酤酒戒)📖 술은 마음을 혼미하고 어지럽게 하고, 이것이 인因이 되어 다른 악행을 일으키므로 술을 팔지 못하도록 금한 것.

대승 보살은 남을 이롭게 하는 것이 계戒를 지니고 지키는 행이라고 하고 또 보살행이라고 하기 때문에, 다른 이에게 악행을 일으키는 인因을 제공하는 것은 계戒를 범犯하는 것에 해당되므로 금하고 있다.

고지(苦智) 욕계·색계·무색계 삼계에서 생로병사의 삶이 고苦의 진리임을 알아 번뇌가 없는 무루지無漏智를 얻는 것을 말한다.

고진(苦津) 고苦는 생로병사에서 피할 수 없는 것이지만 강을 건너 나루터에 가는 것처럼 극복해야 함을 비유한 것.

고집멸도(苦集滅道) 📖 고苦는 생로병사의 네 가지 고통이 삶에서 피할 수 없는 것이기 때문에 고통의 진리라는 뜻으로 고苦이며, 집集은 마음 깊은 곳에 채워지지 않은 갈애渴愛, 즉 무명無明으로 번뇌가 생겨 마음을 더럽혀 고통의 원인인 집集이 되고, 멸滅은 갈애를 남김없이 멸하여 마음이 속박에서 벗어나는 해탈·열반으로 고통의 멸滅의 진리라는 뜻으로 멸滅이며, 도道는 멸滅을 실천하는 길의 뜻으로 팔정도를 수행하는 방법으로 실천의 길을 뜻한다. 이 네 가지를 고집멸도 사성제四聖諦라고 하며, 성제聖諦는 고귀하다는 뜻을 포함하고 성인에 의해서만 진리로 알려진다는 것을 말한다.

고창(敲唱) 고敲는 학인의 물음, 창唱은 스승의 답이란 뜻으로, 스승과 제자가 배움에 대해서 이야기하는 것이 마치 도장을 찍으면 같은 모양이 만들어지듯 친밀한 상태를 말한다. 고창쌍거敲唱雙擧.

고처고평(高處高平) 높은 곳은 높은 대로 평평하게 하고 낮은 곳은 낮은 대로 평평하게 한다는 뜻으로, 불성佛性은 본래 있는 모습 그대로라는 뜻. 불성은 높은 곳을 깎아 낮은 곳을 메울 수 없듯이 있는 그대로 평등함에 비유한 말. 고처고평저처저평高處高平低處低平.

고청규(古淸規) 당나라 때 만들어진 백장 회회百丈懷海의 선원청규가 산실되어 송宋 나라 때 새로운 청규를 편집하게 되는데, 이전의 당唐의 여러 청규를 고청규라 하고 송 이후의 청규를 신청규新淸規라고 부른다.

고출삼매(高出三昧) 보살이 이 삼매에 들면 그 안에 있는 복福과 덕德과 지혜가 증장增長하며, 모든 삼매의 성질은 마음으로부터 나온다는 『대지도론』의 주장에 근거한 삼매. 삼매의 본질인 심心으로부터 나오는 삼매는 복福·덕德·지혜를 더욱 증장시킨다는 뜻.

고칙(古則) 선가에서 부처나 조사들이 공부의 방법으로 제시한 아주 짧은 어구語句나 행동, 어떤 대화나 상황에서 깨달음의 계기가 된 정황을 표현하는 말 등을 참선하는 모범으로 하여 수행할 때, 모범으로 삼은 짧은 어구를 고칙이라고 한다. 공안公案. 화두.

고하(苦河) 고苦가 깊다는 것을 강물에 비유한 말.

고해(苦海) 중생이 살고 있는 사바세계의 끝이 없는 고통을 바다에 비유한 말. 미혹한 속계의 고통의 바다에서 중생들이 끝없이 윤회輪廻를 거듭하므로 고륜해苦輪海·윤해輪海라고도 한다.

고행(苦行) ①자기의 몸에 고통을 가해 욕망을 끊으려고 하는 여러 가지 수행. 고행을 하면 미래에 좋은 곳에 태어난다고 하여 천상에 태어나기 위해, 깨닫기 위해, 소원을 성취하기 위해 외도들이 하는 수행법. ②이루기 어려운 일을 실천하기 위해 노력하는 것.

고행림(苦行林) 부처가 6년 동안 고행한 곳. 중인도 마갈타국 부다가야佛陀伽耶 우루빈라촌優樓頻螺村.

고향(告香) 향香을 사른다는 뜻으로, 선원에서 배우는 사람이 향을 사르면서 대중에게 법을 설하는 보설普說을 청하거나 의식의 시작을 알리는 것을 말한다.

고현(高顯) 탑塔. 탑파塔婆.

고혼소(孤魂疏) 돌아가신 분을 위해 공양을 올리는 재齋 의식에서 영혼에게 법을 여는 동기와 뜻을 알리는 글을 소疏라고 한다.

고혼청(孤魂請) 돌아가신 분을 위해 공양을 올리는 재齋 의식에서 돌아가신 분을 청하는 의식.

곡두(穀頭) 사찰에서 양식이 되는 양곡糧穀을 관리하는 소임.

곡림(鵠林) 부처가 열반에 들 때 주위에 있던 사라수들이 모두 흰색으로 변했다고 한다. 이때 사라수나무 숲을 학림鵠林·백림白林이라고도 하는데, 열반으로 모든 색의 근본인 흰색으로 돌아가는 것을 나타냈다고도 하고, 성자의 열반을 나타냈다는 설도 있다.

곡차(穀茶) 선가에서 쓰는 말로써 술을 뜻하는 은어. 반야탕般若湯. 곡차曲茶.

곡향(谷響) pratiśrutka 산중에서 나는 소리라는 뜻으로, 메아리를 말한다. 모든 현상은 산속의 메아리와 같이 실체가 없다는 비유.

곤륜산(崑崙山) 중국 절강성에 있는 산. 옥이 많이 나오며 불사不死의 선녀 서왕모가 산다는 서방 정토를 의미한다.

골돌(鶻突) 흐리멍텅하고 어지럽다는 뜻으로, 사리를 분명하게 하지 않고 애매하게 처리하는 것을 말한다.

골동선(骨董禪) 오래된 물건처럼 기운 없이 참선하는 모양.

골불(骨佛) 사람이 죽어서 하얀 뼈가 된 것을 말한다.

골상(骨想) 다 썩은 시체의 해골을 보고 몸은 죽으면 모두 흩어져 항상함이 없다는 무상無常을 관觀하는 것. 백골관白骨觀. 아홉 가지 관상법觀想法 가운데 하나.

골상관(骨想觀) 시체의 해골을 보고 몸이 죽으면 흩어져 항상함이 없는 무상을 관觀하는 것. 골쇄관骨鎖觀. 백골관白骨觀.

골신(骨身) 사리舍利.

골인(骨人) 육체가 썩어 뼈만 남은 해골을 가리킨다. 이 뼈를 보며 몸이 깨끗하지 못함을 관觀하는 부정관不淨觀으로 몸에 대한 집착을 없애는 것을 백골관白骨觀·골쇄관骨鎖觀·골상관骨想觀이라고 한다.

골장(骨場) 화장할 때 다비한 후에 유골을 주워 모으는 것.

골타(楜垜) 마른 나뭇가지 끝에 쇠나 나무로 동그란 마늘 모양의 추를 달아 채찍처럼 매몰차게 때리는 기구.

골탑(骨塔) 부처의 사리나 유골을 봉안한 사리탑舍利塔.

골필(骨筆) 뼈를 깎아 붓을 만들어 경전을 베낀다는 뜻. 가죽을 벗겨 종이로 삼고, 피를 찔러 먹으로 삼고, 뼈를 깎아 붓을 만들어 경전을 베낀다는 뜻으로 지극한 정성을 다한다는 표현.

공(功) 공부功夫. 밀교의 수행법 가운데 하나. 공부功夫란 행行의 실기實技를 뜻한다. 지계持戒·지행持行·조신調身·조기調氣·연기練氣·연신練神·선정禪定·삼매三昧의 여덟 단계로 진행된다.

공(空) ▦ śūnya 비어 있는, 머무르는 자가 없는, 버려 버린, 망연한, 황량한 장소, 존재가 없는, 고독 등의 뜻으로 공空·비유非有 등으로 번역한다. ①존재가 없는 공간·공허 등의 뜻. ②유有와 대칭되는 의미로 실질적인 본체와 자성이 없는 것을 말한다. 현재 존재하는 것은 다양한 조건에 의존하여 있기 때문에, 이 조건이 변하면 존재도 변하므로 스스로의 성질인 자성自性이 없다는 뜻. 자아自我도 이와 같이 실재로 있는 것이 아닌데, 있다고 집착하므로 아我가 공空함을 가르치는 것을 아공我空 또는 인공人空이라고 하고, 조건인 인因과 연緣이 화합한 법法도 조건이 변하면 변하므로 공空이라고 한 것을 법공法空이라고 한다.

공가중(空假中) 성性을 여의고 상相을 여읜 것, 즉 자성自性이 없음을 공空이라 하고, 법마다 갖추지 않음이 없는 연기의 모습을 가假라 하고, 공空도 아니고 가假도 아닌 것을 중中이라고 한다. ①모든 법이 공空하여 어떤 물건도 실재하는 것이 아니므로 공제空諦, 하나도 실재한 것이 아니지만 모든 현상은 갖춰져 있으므로 가제假諦, 모든 법이 공도 아니고 유有도 아니므로 중제中諦라고 하며 이 셋을 삼제三諦라 한다. ②삼제三諦를 자세히 관觀하는 공관空觀·가관假觀·중관中觀을 삼관三觀이라 한다.

공강(供講) 『법화경』에서는 경전의 사경寫經을 가장 큰 공덕이라고 하는데, 부처의 경전을 베껴 쓴 뒤에 사경寫經·사서寫書를 공양하고 설하여 찬탄하는 것을 말한다.

공거천(空居天) 욕계의 야마夜摩·도솔兜率·화락化樂·타화자재他化自在의 사천四天과 색계의 여러 천天이 허공 가운데 떠 있다고 하여 붙여진 이름.

공겁(空劫) 만들어진 세계의 모든 것을 성成이라고 하며, 만들어진 것은 잠시 머물러 형태를 유지하는 과정인 주住를 거치고, 형태가 무너지는 괴壞의 과정으로 들어가, 결국 이루어졌던 형태가 모두 무너지면 세계가 만들어지기 이전의 상태인 공空으로 돌아간다는 우주의 순환 원리. 이때 마지막 공空의 상태를 공겁空劫이라고 한다.

공견(空見) 삼세에 인과가 있음을 인정하지 않으며, 공空에 집착하는 견해.

공경(空經) 공空의 가르침을 담고 있는 반야부般若部 경전을 가리키는 말.

공경(恭敬)📖 satkāra 친근한 대우, 왕의 칭찬, 호의 등의 뜻이 있으며, 공경恭敬, 공양供養, 존중尊重으로 의역한다. 자기를 낮추는 것을 공恭, 남을 존중하여 올리는 것을 경敬이라고 한다.

공경수(恭敬修) 불보살과 모든 성중聖衆, 불상, 경전 등을 공경하는 것을 익히고 닦는 것. ➡ 공경恭敬

공경시(恭敬施) 믿는 마음이 청정하여 다른 이를 공경하고 예배하며, 사람을 보내고 맞이하는 데 칭찬하고 감싸는 보시를 말한다.

공계(空界) 세계를 구성하는 요소를 지·수·화·풍·공·식 6가지로 나눌 때, 공空의 요소를 가리키는 말.

공고(貢高) 스스로 교만하여 자신을 최고라고 여기고 남을 업신여기는 것.

공공(空空) 인因과 연緣의 화합으로 존재하는 모든 법法은 스스로의 성질인 자성自性이 없으므로 공空이라고 하는데, 이 공空 또한 공空이라고 하여 공空에 대한 집착을 파하여 없애려는 논리.

공과행자(供過行者) 절에서는 아침에 죽을 먹고 낮에 밥 먹는 것을 원칙으로 하는데, 이때 밥·국·차·과일 등을 마련하는 소임을 맡은 사람. 공두행자供頭行者·공두공두供頭.

공관(空觀) 모든 존재하는 사물은 인因과 연緣이 화합한 것이므로 스스로의 성질인 자성自性이 없고, 모습은 항상하지 않는 무상無常으로 상相이 없고 공쓨함을 관하는 것을 공관이라 한다. ➡ 공적空寂

공교(空敎) 세상의 모든 존재가 모두 공하다는 이치를 말한 교법. 성실론成實論·삼론三論·반야경般若經 등이 이에 속한다. ➡ 공쓨

공교(共敎) 반야를 성문·연각·보살의 삼승三乘에서 함께 가르치는 것을 말한다. 반면『화엄경』은 보살의 가르침만을 가르친다고 하여 불공교不共敎 또는 일승교─乘敎라고 한다.

공교명(工巧明) 고대 인도에서는 학문을 성명聲明, 인명因明, 내명內明, 의방명醫方明, 공교명工巧明이라고 하고, 명明은 배운 것이 분명하다는 범어 vidyā를 학문으로 번역하여 오명五明이라고 한다. ①공교工巧는 공업명工業明이라고도 하며 기술, 공예, 음양, 점성술, 천문, 산술, 음악, 미술 등에 관한 내용으로 현대의 공업이나 공예학 등을 모두 포함하고 있다. ②문자로 하는 것과 몸으로 하는 것을 나누어, 세공細工, 서화書畫, 무용, 조각 등은 신공교身工巧라 하고, 문학, 시 등은 어공교語工巧라고 한다.

공구(供具) 불보살에게 공양을 올리는 향·꽃·번개幡蓋·음식 등의 물건과 공양하는 데 필요한 모든 불기佛器를 통칭하는 말.

공기아(工伎兒) 기예에 뛰어나 재주 잘 부리는 광대를 마음에 비유한 말.

공능(功能) 📖 samartha ~을 위해서, 적당한 것을 위해 좋은, 같은 의미를 가진, 자격이 있는, 능력이 있는, 할 수 있다, 실력이 있다는 등의 뜻이 있다. ①어떤 결과를 일으킬 만한 능력이 있는 세력을 말한다. ②현재와 미래에만 일으키는 힘은 공용功用이고, 과거·현재·미래 삼세에 통하는 힘은 공능이라고 한다. 인因이 되어

스스로 과과果의 역용力用을 끌어 당겨 포섭할 수 있으면 작용作用이고, 연緣이 되어 다른 종류의 세력을 포섭하여 도울 수 있으면 공능功能이라고 한다. ③종자種子에서 과과를 만드는 힘의 작용을 말한다.

공대(供臺) 불단 앞에 공양물을 올려놓는 대臺, 곧 수미단을 말한다.

공대(空大)📖 ākāśa 허공, 푸른 하늘의 뜻이 있다. 존재하는 세계는 지·수·화·풍·공 5가지 또는 식識을 포함하는 6가지 요소로 구성되어 있으며, 모든 존재는 공계空界를 인因으로 하여 4대소조大所造인 지·수·화·풍이 의지하고 있으므로 공대라고 한다.

공대(供台) 공양물을 올려놓는 불단 앞의 큰 탁자.

공덕(功德)📖 guṇa 끈을 구성하는 조條, 등심燈心, 궁현弓弦, 거문고의 줄, 근본적인 성질, 선성善性 등의 뜻이 있으며, 공덕이라 의역한다. 공功은 어떤 힘을 일으킬 만한 힘이 있는 공능功能으로 바탕이 윤택한 복福과 이익의 공로가 있는 것이며, 이 공功은 선행하는 사람의 덕德으로 공덕이라 한다. ①선행의 행行은 공功이며 수행의 행行은 덕德. ②선善을 수행하는 이를 도와 복되게 하므로 복덕福德이라 한다. ③어떤 것을 할 수 있는 힘인 공능功能으로 선善을 수행하는 이를 도와 이롭게 하므로 공덕이라고 한다. ④남에게 베푸는 것을 공功이라 하고, 자기에게 돌아오는 것을 덕德이라 한다. ⑤악惡을 그치는 것을 공功이라 하고, 선善을 행行하는 것을 덕德이라고 한다. ➡ 공능功能

공덕림(功德林) ①쌓인 공덕이 숲과 같다고 하여 총림叢林을 비유한 말. ②『화엄경』「십행품」에서 십바라밀을 수행하는 공덕림보살을 가리킨다.

공덕사(功德使) 당나라 때 설치한 직위로 비구를 관장하는 일을 하는 관리.

공덕수(功德水) 8가지 수승한 공덕이 있는 물. 팔공덕은 맑고 깨끗한 징정澄淨, 청량하고 시원한 청냉淸冷, 달고 맛있는 감미甘美, 가볍고 부드러운 경연輕軟, 촉촉하고 윤이 나는 윤택潤澤, 편안하고 서로 화합하는 안화安和, 배고프고 목마름이 없는 제기갈除饑渴, 모든 근根을 길러주는 장양제근長養諸根의 8가지를 말한다.

공덕의(功德衣) kaṭhina 안거 중이나 안거 후에 입을 수 있는 임시 의복. 가치나迦稚那衣.

공덕장(功德藏) 📖 ①많은 선행善行을 쌓아 모은 보배 창고라는 뜻. ②나무아미타불의 이름. 염불하여 극락에 나기를 원하는 제 18원을 복지장福智藏이라 하고, 명命을 마칠 때 아미타불이 와서 맞이하기를 바라는 제19원을 복덕장福德藏이라고 하며, 좋은 정定을 잘 이어지게 하기를 바라는 원을 공덕장이라고 한다. ➡ 공덕功德

공덕전(功德田) 불법승 삼보는 위없는 공덕을 갖추어서 중생에게 공덕을 쌓게 하고, 한없는 복을 지닐 수 있게 하므로 공덕의 복전이라 한다.

공덕천(功德天) 길상천吉祥天.

공덕해(功德海) 공덕이 깊고 넓음을 바다에 비유한 말. ➡ 공덕功德

공력(功力) 📖 yatna 부처의 가르침대로 노력하고 행하여 반야바라밀을 얻는 공功을 공덕력功德力이라 한다.

공료(供料) 대중에게 공양할 물건이나 음식의 재료를 통칭하는 말.

공륜(空輪) 📖 ①우주의 모양을 설명하는 요소. 우주의 가장 밑에는 공륜空輪이 있고, 그 위에 풍륜風輪이 있고, 그 위에 수륜水輪이 있고, 그 위에 금륜金輪이 있어 사륜四輪으로 이루어졌다고 한다. 공륜은 의지하는 곳이 없이 허공에 있는데 중생의 행行인 업業의 증상력增上力으로 허공에 있게 된다. ②세계는 지·수·화·풍·공의 다섯 가지 요소인 오륜五輪으로 구성되었는데, 이 요소 가운데 공대空大를 가리킨다. ③탑의 꼭대기는 동그란 모양의 윤상輪相으로 9개를 올리는데, 변형된 산개를 올리기도 하며, 이 모양이 공중에 있기 때문에 공륜이라고도 한다.

공리(空理) 존재하는 모든 사물은 인因과 연緣에 의지하여 생겨난 것이므로 자성이 없으며, 조건이 변하면 상相도 변하게 되어 항상 하지 않는 무상無常의 이치를 공리空理라고 한다.

공마(空魔) 혜명慧命을 부수는 것은 법法과 공덕과 선善의 근본을 파괴하는 것. 모든 인과因果를 제외한 공空의 견해와 모든 선악善惡의 인과因果를 부정하는 주장은, 곧 불법佛法을 부정하는 것이기 때문에 마魔라고 한다.

공명조(共命鳥) 네팔 지역에 사는 목소리가 아름다운 새. 설산雪山에 사는 새로 사람 모양을 하고 머리는 두 개가 달려 있어서 함께 목숨을 유지하며 산다는 전설 속의 새. 한 머리가 독을 먹게 되어 다른 머리의 새도 따라서 죽게 되었다는 이야기가 전한다. 생명을 같이한다고 해서 공명共命이라 한다. 명명命命·명명조命命鳥·생생조生生鳥, 기바기바耆婆耆婆.

공무(空無) 모든 사물은 인연이 화합한 것으로 스스로의 성질인 자성自性이 없으며, 항상 하는 상相이 없기 때문에 실재하는 아我도 없다는 뜻. ➡ 공空

공무변처(空無邊處) 무색계를 구성하는 네 단계 가운데 최초의 단계. 모양인 형形과 인연이 화합하여 모인 색色으로 이루어진 몸을 싫어하여 버리고 허공의 끝없음을 좋아하여, 가행加行으로 정定을 거듭하여 닦는 인因으로 얻은 정定의 과果를 말한다. 허공에는 가장자리가 없다는 이치를 알고 그와 같은 정定을 얻고자 수행하여 태어나는 곳이므로 공무변처라고 한다. 공무변처정空無邊處定.

공무상무원(空無相無願) 세 가지 삼매를 말하며, 삼삼매三三昧라고도 한다. 공空은 일체의 모든 법法은 인연이 화합하여 존재하므로 자성自性이 없이 존재하는 공空임을 관觀하는 삼매, 무상無相은 일체의 모든 법法은 항상하지 않으므로 상相이 없음을 관觀하는 삼매이며, 무원無願은 일체의 모든 법法에 대하여 추구하지 않고 관觀하는 삼매를 말한다. 무원삼매無願三昧. 무원해탈無願解脫.

공문(空門) ①불교에서 존재의 본질은 모든 것이 여러 가지 조건에 의해 상호의존하여 존재하기 때문에 조건이 변하면 모든 것이 변하므로 자성自性이 없는 무자성無自性이며, 모양도 정해진 것이 없는 무상無常이며, 나라는 존재도 없는 무아無我라는 공空 사상을 바탕으로 이루어져 있다. 때문에 불교를 공문空門이라고 하며, 이 공空을 관觀하는 수행법을 통해서 깨달으려고 하는 사람을 공문자空門子라고 부른다. ②공空의 이치를 설법하는 법문을 말하기도 한다.

공문자(空門子) 모든 법이 공空함을 관觀하여 열반에 들어가는 수행을 하는 사람. ➡ 공문空門

공물(供物) 불법승 삼보三寶에게 올리는 음식, 향, 꽃 등의 공양물을 통칭하는 말.

공미(供米) 불법승 삼보三寶에게 올리는 공양물 가운데 쌀을 가리킨다. 불향佛餉·공양미供養米·불공미佛供米라고도 하며, 쌀을 넣은 자루를 공미대供米袋·복전대福田垈라 한다. 또 공양을 위해 경작하는 논을 공미전供米田·공미소供米所라고 한다.

공법(空法) 모든 존재가 조건에 따라 인연화합으로 상호 의존하여 존재하므로 자성自性이 없는 공空이라는 이치. 불교의 기본 논리. ➡ 공空

공법(共法) 공덕 가운데 성인이 중생과 함께 지니는 것. 불공법不共法은 성인만이 지니는 공덕으로 부처는 십력十力·사무외四無畏·삼염주三念住·대비大悲의 18가지 덕을 갖추었다고 한다.

공병(空病) 사물에 대한 집착을 공空의 원리로 없애고자 하는데, 이를 잘 모르고 다시 공空에 집착하는 것을 병이라고 한다. ➡ 공空

공복고심(空腹高心) 수행을 하지 않아 깨달음이 적은데도 깨달은 것처럼 교만한 행동을 하는 것을 배가 비었는데도 꽉 찬 듯이 하는 행동에 비유한 말.

공부(工夫) 참선을 하며 수행하는 것으로 수행자의 본분을 다하는 것. 공부功夫, 공부工夫, 참선參禪.

공사(供司) 밥을 짓는 소임. 공양주라고도 한다.

공삼매(空三昧) 일체의 모든 법法은 인연 화합하여 존재하는 것이므로 자성自性이 없이 존재하는 공空임을 관觀하는 삼매.

공상(共相) 모든 법에 공통으로 나타나는 특징. 고苦는 유루법有漏法의 공상이며, 무상無常은 유위법有爲法의 공상이며, 공空과 무아無我는 일체법의 공상이다.

공상(空相) 세상 모든 사물은 모두 인연 화합으로 생긴 것이므로 자성自性이 없는 모습으로 존재하는 것을 뜻하는 말.

공색(空色) 형체가 없는 것을 공空이라 하고, 형체가 있는 것을 색色이라 한다.

공생(空生) 부질없는 삶.

공성(空性)📖 śūnyatā 공허, 고독, 공空, 무無, 공성空性 등의 뜻이 있다. ①존재하는 모든 것은 조건에 의해 인因과 연緣의 화합으로 존재하므로 자성自性이 없는 것을 공空이라고 하며, 무자성無自性인 공空으로 드러나는 실체를 공성이라 한다. 공성은 드러날 뿐 실체는 얻을 수 없다. ②유식唯識에서는 진여眞如의 다른 이름으로 쓴다.

공숙(共宿) 구족계를 받은 자가 구족계를 받지 않은 사람과 같이 자면 율律을 범犯하게 되는데, 이를 바일제波逸提를 범하였다고 한다.

공숙(供宿) 존귀한 사람에게 공양하는 것.

공시교(空始教) 화엄종에서는 공空을 설하는 가르침을 대승시교大乘始教에 속한다고 하며, 이를 공시교空始教라고 한다. ➡ 공空

공심(空心) ①공空의 이치를 관觀하는 마음. ②인과의 이치를 부정하고 오히려 공空에 집착하는 마음.

공안(公案)📖 ①선가에서 부처나 조사들이 공부의 방법으로 제시한 아주 짧은 어구語句나 행동, 어떤 대화나 상황에서 깨달음의 계기가 된 정황을 표현하는 말 등을 참선하는 모범으로 하여 수행할 때 모범으로 삼은 짧은 어구. 참선하는 이가 이 어구에 의지하여 참구하는 것을 공안公案이라 한다. ②원래 관공서에서 시비를 판결하는 안내문을 가리키는 말이었으나, 선가에서는 공부하는 하나의 지침이란 뜻으로 사용한다. ➡ 고칙古則, 화두話頭

공양(供養)📖 pūjā 존경, 존중, 경의, 숭배, 예배 등의 뜻이 있다. ①초기 불교에서는 의복, 침구, 음식, 탕약을 사사공양四事供養이라고 하여 출가자에게 필요한 최소한의 의식주를 부족함 없이 공양하도록 하고 있다. 수행을 위해 최소한의 몸을 유지할 목적으로 자양資養하는 것을 말한다. 탑묘, 방사房舍, 토지, 경전 등의 공양은 넓은 의미로 쓰인 것이다. ②향·등·차·쌀·꽃·법의 6가지를 올리는 것을 육법공양이라 하고, 바르는 향, 꽃, 태우는 향, 음식, 연등의 5가지를 올리는 것을 오법공양이라고 한다. ③승려들의 식사를 공양이라고 하는 것은 보시한 은혜를 잊지 않겠다는 뜻이 담겨 있다. ④경전, 불탑 등이 공경의 대상이 되듯이 공양의 대상이 된다. ⑤의복, 와구, 향 등 사찰에 필요한 모든 물건을 공양하는 것을 재공양財供養이라 하고, 공경하고 찬탄하고 예불하는 것은 존경하는 마음을 가지고 공양하는 것으로 법공양法供養이라 한다. 부처의 법을 따라 수행하는 것도 공양의 일종이다. 즉, 신·구·의 삼업의 모든 행行이 공양의 대상이 될 수 있다.

공양게(供養偈) 공양을 할 때는 항상 음식을 먹고 부처의 가르침을 배울 수 있는 몸을 기르고, 음식을 만들 수 있도록 농사를 짓고 음식을 지은 모든 이들의 수고와 노력에 감사하는 마음으로 해야 한다. 밥을 먹을 때는 정해진 의식인 식당작법에 따르며, '계공다소

양피래처計功多小量彼來處 촌기덕행전결응공忖己德行全缺應供 방심이
과탐등위종防心離過貪等爲宗 정사양약위료형고正思良藥爲療形枯'라는
다섯 가지 게송偈頌을 모두 합송하고 먹기 시작하는데, 이를 오관게
五觀偈라고 한다.

공양구(供養具) 불법승 삼보에게 공양을 올릴 때 사용하는 모든
기구. 향로·화병·촛대 등이 있다.

공양불법승삼보법(供養佛法僧三寶法) 기도祈道하는 순서를 말한
다. 공양법으로 진리를 구하는 방법으로 제일 먼저 삼보 앞에서
오체투지로 법계의 무진한 불법승 삼보에게 예를 올리고 다음으로
보례진언 → 정법계진언 → 무량위덕자재광명승묘력변식진언 →
출생공양진언의 순서로 진행된다.

공양의식(供養儀式)📖 ①불보살에게 공양을 올리는 것을 불공佛
供이라 한다. ②불보살에게 공양을 올릴 때 많은 진언을 암송하며
의식을 진행하므로 진언권공眞言勸供이라 한다. ③밀교에서는 여러
가지 음식물을 기원하는 종류에 따라 정해진 종류와 순서로 불에
태우는 호마의식을 공양의식이라 한다. ➡ 공양供養

공양주(供養主) ①절에서 죽이나 밥을 만드는 소임. 공사供司, 반두
飯頭, 화두火頭라고도 부른다. ②시주하기를 권하거나 공양을 받는
승려를 화주化主 또는 공양주라고 한다. ③삼보三寶에게 재물을 시
주하는 사람을 가리키는 말.

공양탑(供養塔) 공양하기 위해 만든 탑.

공업(共業)📖 모든 중생에게 공통으로 있는 업業이란 뜻으로 기세
간器世間의 과果에 감응하는 원인이 된다. 같은 공간에 있는 사람을
예로 들면, 같은 공간에 있는 행行은 공업共業으로 있는 것이며,
모든 사람은 각각의 다른 모습을 하고 있으므로 별업別業이라 한다.

공여래장(空如來藏) 여래장如來藏이 모든 번뇌를 여의어 있는 것을
공여래장이라고 하며, 여래장이 불가사의한 부처의 법法을 잘 갖추
고 있으면서도 여래장과 법法이 서로 떨어지지 않고 다르지도 않은

것을 불공여래장不共如來藏이라고 한다.

공왕(空王) 모든 부처가 법의 공성空性을 친히 증득하여 얻은 성인
聖人의 과果는 필적할 만한 것이 없어서 공왕空王이라 부른다. 부처
의 다른 이름. 공왕불空王佛. ➡ 공성空性

공용(功用) 📖 ①어떤 행을 일으킬 수 있는 힘으로 몸·입·뜻이
작용하는 것. ②초지에서 칠지七地까지를 공용지功用地라고 하는 것
은, 이 위位에 있는 보살은 진여眞如를 깨달았지만 공용을 좀 더
닦는 가행加行이 필요하다고 하여 붙여진 이름. ➡ 공능功能

공유(空有) 📖 ①무자성의 이치를 바로 알아 보내는 차견遮遣을
공空이라 하고, 세우는 건립建立을 유有라고 한다. ②공空과 유有.
존재하는 모든 법은 조건에 의한 인연 화합으로 생기지만 자성이
없으므로 공空이라 하고, 그 공空의 성질을 공성空性이라고 하지만
존재하는 가상假相은 있어 유有라고 한다.

공작왕법(孔雀王法) 밀교에서 공작명왕을 근본 존상尊像으로 하여
재난을 없애고 비를 기원하며 행하는 기도법.

공적(空寂) 존재하는 법의 모든 상相이 무자성이므로 공空이라 하
고, 인연 화합이 일어나지 않고 멸滅한 것을 적寂이라 한다.

공점(空點) 범자梵字의 꼭대기에 있는 동그란 검은 점인 원점圓點.
제법개공諸法皆空을 나타내므로 공점空點이라고 한다. 범어 문법에서
anusvārāṃ를 표시하는 것으로 비음화한 콧소리.

공정(空定) 공상空相을 바라보는 선정. 세상의 모든 존재는 전부
인연으로 생긴 것이므로 어느 하나라도 자기의 본성을 가진 것이
아니라고 관관觀하는 정定. 공정空靜.

공제(空際) 세상의 모든 존재가 조건으로 인연 화합하여 있는 것임
을 바로 아는 공적空寂의 경계. 실제實際라고도 한다. 열반涅槃의
다른 이름. ➡ 공적空寂

공제(空諦) 세상 모든 사물은 모두 인연화합으로 생긴 것으로 어떤
것도 실질적인 본체나 자기의 본성인 자성이 있는 것이 아니므로

공空이라 한다. 이 이치가 진실한 도이므로 제諦라고 한다. 천태종의 삼제三諦 가운데 하나.

공종(空宗) 세상의 모든 존재가 모두 공空이라는 이치를 종지宗旨로 삼는 것을 말하며, 소승의 성실종成實宗이나 대승의 삼론종三論宗이 그것이다.

공종(共宗) 여러 종파의 공통된 종지. 염불종念佛宗과 같은 것.

공종자(共種子) 공상종자共相種子·공상종共相種. 공동으로 수용受用하고 변화하는 경계를 내는 종자.

공중공(共中共) 공법共法 중의 공법이란 뜻. 제8식에서 나타나 함께하는 것으로 누구나 함께 수용受用하는 대상, 즉 개인의 소유로 할 수 없는 산하대지山河大地 따위를 말한다.

공중불공(共中不共) 공법共法 가운데 불공법不共法이란 뜻. 자기와 다른 사람의 제8식이 공동으로 변화하여 나타난 것 중에서 자기만 수용하는 주택이나 정원 따위를 말한다.

공중화(空中華) 허공에 보이는 꽃. 눈병으로 인해 보이는 헛것.

공즉시색(空卽是色) 진여眞如의 실상인 공空은 차별 세계인 색色으로 그 자체가 공空이라고 하는 말. 상相으로 나타난 색色은 그 자체가 공空으로 색과 공이 분리되어 있지 않다는 논리. ➡ 공空

공처(空處) ①무색계는 형태로 나타나는 것이 없는 곳이므로 공처라 한다. ②공무변처空無邊處의 준말.

공천(供天) 범천 제석帝釋에 공양하는 것. 천공天供.

공취(空聚) 사람이 없는 마을.

공한처(空閑處) 한적한 곳으로 수행하기 알맞은 곳, 곧 절을 가리킨다. 아란야阿蘭若·아련야阿練若·난야蘭若라고도 한다.

공해(空解) 공空의 이치인 공견空見에 다시 집착하는 지해知解.

공해탈문(空解脫門) 모든 사물은 조건으로 인연 화합하여 존재하므로 자신의 성질이 없는 것을 공空이라고 하며, 이를 수행하여 공의 이치를 잘 알아 통달하면 해탈을 얻는다고 보는 것. 삼해탈문

三解脫門 가운데 하나.

공혜(空慧) 공空의 이치를 바로 보는 지혜. 무소득無所得. 무분별지無分別智를 말한다.

공화(供華) ①불보살에게 공양으로 갖가지 꽃, 향 등을 올리는 것. ②음식물 따위를 담아 불보살에게 공양으로 올리는 것.

공화(空華) ①허공의 꽃. 허공에는 본래 꽃이 없지만, 눈병 있는 사람이 허공에 떠 있는 해나 달을 보고 꽃으로 착각하거나 해와 달이 이중 삼중으로 보이는 것을 비유하여 가짜 꽃이라고 한 것으로, 허공화虛空華라고도 한다. ②실질적인 본성이나 자기의 본성인 자성이 없고 임시로 이름만 있는 것을 말하며, 환幻이라고도 한다. 환화幻化·환몽幻夢.

과(果)📖 phala 과실, 과실의 핵, 결과結果, 갚는 것, 이익, 보복報復, 죄罪 등의 뜻이 있으며, 과果, 과보, 열매 등으로 의역한다. ①인因이 있어 생긴 결과. 세상에 존재하는 모든 사물은 조건으로 인因이 있고 연緣이 있어 서로 화합하여 과果를 만들어 낸다. ②유위법有爲法은 이전의 어떤 인因에 의해 생기는 과果이고, 택멸법擇滅法은 무위법無爲法으로 인因과 연緣에 의한 것이 아니라 법의 이치를 아는 힘에 의해 증득하는 과果를 뜻한다.

과(過) ①인명학에서 주장에 일치하지 않는 허물을 가리키는 말. ②시간적으로 지나 버린 것. ③수행하는 데 잘못이나 허물이 있음을 가리키는 말.

과거칠불(過去七佛)📖 석가모니부처 이전에 출현한 과거의 6분 부처와 현재의 석가모니불을 합하여 부르는 이름. 비바시불毘婆尸佛·시기불尸棄佛·비사부불毘舍浮佛·구류손불俱留孫佛·구나함불俱那含佛·가섭불迦葉佛·석가모니불釋迦牟尼佛.

과과(果果) 보리는 수행의 결과이므로 과果라 하고, 보리에 따라

열반을 증득하므로 **과과**果果라고 한다. 열반涅槃을 말한다.

과구(窠臼)   **과窠**는 새의 둥지를 말하는데, 배우는 자가 얻은 견해 **에** 머무르고 안주하여 앞으로 나아가지 못함을 비유한 말. 구臼는 **절구통** 모양으로 푹 들어간 웅덩이나 함정·구멍을 뜻하는데, 문자 **에** 집착하여 자유롭지 못한 것을 비유한 말.

과극(果極)   불보살의 공덕이 지극하고 원만한 것을 뜻한다.

과능변(果能變) 📖 phalapariṇāma   과실이 숙성되었다, 최후의 결과, **변화** 발전 등의 뜻이 있다. 유식唯識에서는 식識이 변화한다고 주장 **하는데** 이 식識의 변화를 인因의 성질과 과果의 성질 두 입장에서 **설명한** 것. 인因의 입장에서는 인因에는 등류等流와 이숙異熟 등의 **습기**習氣가 있어 점점 증장되어 종자種子에서 종자種子를 만들어 내 **는** 인因과 과果가 다른 시간으로 변화하는 인능변因能變이라고 하 **고,** 과果의 입장에서는 식識의 종자種子가 이숙異熟의 습기習氣로 인 **능변**因能變을 통해 완전하게 성숙하면 동분同分의 식識을 만들어 내 **어** 현행現行하는 식識이 되는 것을 과능변果能變이라고 하는데, 이 **모두를** 식전변識轉變이라고 한다. 아뢰야식과 현행식現行識의 호위 **인과**互爲因果를 설명하는 방식으로 식識이 찰라생멸하며 상속相續하 **여** 끊이지 않음을 설명하는 말.

과단(果斷)   생사에 얽매여 있는 고과苦果를 끊는 것을 과단果斷이라 한다.

과덕(果德)   수행으로 얻는 과果의 공덕. 열반이 가지는 상락아정常 樂我淨의 4가지 공덕을 말한다. 과원덕果圓德.

과두(鍋頭)   선원에서 솥 등에 불을 때는 일을 맡은 사람으로 화두 火頭를 말한다.

과력(果力)   부처가 지닌 자유자재하고 불가사의한 힘. 수행의 결과 로 얻는 것으로 부처의 과위果位에서 나오는 힘이므로 과력이라 한다.

과만(過慢)   서로 비슷한 것 가운데에서 자기가 낫다고 여기는 것으로 칠만七慢 가운데 하나.

과문(科文) 경전을 해석하는데, 내용에 따라 문단과 단락을 나누어 분과分科한 것으로 과도科圖라고도 한다.

과박(果縛) 박縛에는 자박子縛과 과박果縛의 두 가지가 있다. 자박子縛의 '子'는 종자種子의 인因으로 중생이 삼계에 태어나는 인因인 혹惑에 얽매여 삼계를 벗어나지 못함을 끊는 것이며, 과박果縛의 '果'는 이전에 행한 업業의 과果로 육신에 얽매여 삼계를 벗어나지 못함을 끊는 것을 말한다. 자박을 끊은 것을 유여열반이라고 하고, 과박을 끊은 것을 무여열반이라고 한다.

과법(果法) ①행의 결과로 생긴 법. ②불법승 삼보 가운데 법보를 분류하는 교법敎法, 이법理法, 행법行法, 과법果法 네 가지로 분류하는 사법四法 가운데 하나. ③ 수행의 마지막에 이른 경계인 열반.

과보(果報) 행업의 결과에 따라 받는 보답. 과거에 지은 업業으로 인해 현재에 받는 과果. 또는 현재의 인因에 의해 미래에 받는 과果를 가리킨다. 인과응보因果應報의 줄임말. 이숙異熟에 의해 과果를 받는 결과이므로 보報라고 한다.

과분(果分) 과분果分은 불佛의 지地로서만 알 뿐, 말로서는 설명할 수 없다고 하여 불가설不可說이라고 한다. 반면에 인분因分은 말로서 할 수 있다고 하여 가설可說이라고 한다.

과상(果相) 유식종에서 아뢰야식의 세 가지 인상因相·과상果相·자상自相을 세운 것 가운데, 아뢰야식이 이숙과異熟果로 과거에 지은 선善과 악惡이 나타나는 것을 가리키는 말.

과여(果餘) 생사가 있는 욕계·색계·무색계의 삼계三界는 계내界內이고, 이를 벗어나면 계외界外라고 한다. 계내界內의 생사인 분단생사分段生死는 벗어났으나 계외界外의 생사인 변역생사變易生死는 아직 벗어나지 못한 것을 과여라 한다.

과위(果位) 행업의 인因에서 이숙식異熟識으로 이숙과를 얻고 과능변果能變으로 증득한 불佛의 과위果位. 깨달음의 자리로 과지果地.

인위因位의 반대말.

과유식(果唯識) 유식唯識의 식識에 대한 설을 모아 문장의 뜻에 따라 내용을 경經·교教·이리·행行·과果의 다섯 가지로 분류한 5종유식種唯識 가운데 하나. 경론 가운데서 불과佛果의 묘한 경계를 천명하여 밝힌 것. 즉, 유식의 이치를 사유하고 관찰하여 얻은 과果의 지혜는 유식이 오직 모든 체體로 부처가 설한 것이고, 앞의 네 가지 유식은 부처가 설하여 전해진 것의 다른 뜻이라는 주장.

과절(跨節) 천태종에서 『법화경』 이외의 모든 경전을 『법화경』의 입장에서 풀이하는 것을 말한다.

과지(果地) 수행의 인因으로 증득한 경계로 깨달음의 지위. 인지因地의 반대말. ➡ 과위果位

과천비구(寡淺比丘) 경전을 듣거나 독송하는 일은 않으나 마음을 다하여 수행에 힘쓰는 비구.

과하(過夏) 안거安居를 시작한 지 90일 되는 날. 즉, 여름에 외출을 금하고 한곳에 거주하며 좌선 수행하여 안거를 마친 것을 말한다.

과해(果海) 부처의 과위果位 공덕이 넓고 큰 것을 바다에 비유한 말.

과호(果號) 수행으로 깨달음을 증득하여 불과佛果를 이룬 과위果位의 명호. 불보살을 부르는 이름.

과후방편(果後方便) 수행으로 깨달음을 얻은 불佛의 과위果位에서 다시 중생을 제도하기 위해 여러 가지 행을 하는 것을 말한다.

곽시쌍부(槨示雙趺) 부처의 입멸 후 늦게 도착한 가섭을 위해 관 밖으로 두 발을 내보인 것을 말한다. 이심전심以心傳心을 보인 삼처전심三處傳心 가운데 하나.

관(關) 통과하기 어렵거나 험한 곳이지만 반드시 통과해야 할 곳. ①조사祖師가 수행 방편으로 제시한 화두·공안 등을 뚫어 내기가 어려운 것을 비유한 말. ②팔관회. ③금지함.

관(觀) 📖 vipaśyanā 바른 지식이란 뜻. 안을 향해 구하지 않고 깊이 자신의 안을 살핀다는 뜻. 안의 마음을 진리를 향하여 관찰하도록 하는 것으로 실천 수행을 가리킨다. 원 뜻은 심心을 하나의 온전한 마음에 정하여 부처가 가르치는 이치의 법法 등의 대상을 관찰하여 깨달음을 열게 하는 것으로 관觀의 내용은 여러 가지가 있다.

관공(觀空) 세상의 모든 사물이 공상空相인 것을 살피는 것. ➡ 관觀

관념염불(觀念念佛) 부처의 공덕이나 모습을 마음속으로 생각하는 것. 곧 아미타불을 자세히 살피며 마음으로 생각하는 것. 부처를 자세히 살피고 생각하는 것으로 구칭염불口稱念佛의 반대. ➡ 관觀

관대(管帶) 관管은 대나무와 같이 곧게 흘러 뜻을 알아 잊지 않는 것이며, 대帶는 몸에 붙어 떨어지지 않는 것을 말한다. 몸과 마음에 잘 지니고 잊지 않는 것을 말하며, 관취觀取와 같은 뜻.

관득(管得) 관管은 대나무와 같이 곧게 흘러 뜻을 알아 잊지 않는 것을 뜻하며, 관대管帶와 같이 몸과 마음에 잘 지니는 것을 말한다. 관령管領.

관등(觀燈) 간등看燈. 연등을 밝힌 것을 관觀하며 마음을 밝히는 것.

관랍(灌臘) 7월 15일, 4월 초파일 등 큰 의미가 있는 행사 날에 관정灌頂과 같이 머리 위에 물을 뿌리는 관불灌佛 의식.

관려자(關捩子) 말이나 생각으로 미칠 수 없는 깊은 곳을 비유하는 말. 부처나 조사祖師의 살림살이를 뜻한다.

관문(觀門) 📖 관觀은 vipaśyanā의 뜻으로 바른 지식이라 함. 안으로 향해 구하지 않고 깊이 자신의 안을 살핀다는 뜻. 안의 마음을 진리를 향하여 관찰하도록 하는 것으로 실천 수행을 가리킨다. 원래의 뜻은 심心을 하나의 온전한 마음에 정하여 부처가 가르치는 이치의 법法 등의 대상을 관찰하여 깨달음을 열게 하는 것이다. ①교관敎觀 이문二門 가운데 하나로, 교敎는 가르침이고 관觀은 실제의 실천행을 말한다. 관법灌法. ②육묘문六妙門 가운데 하나. 지문止門에서 마음을 가다듬고 생각을 고요히 하며 사념처관四念處觀을 일으켜 몸은 부정不正, 수受는 고苦, 마음은 무상無常, 법은 무아無我라고 여겨 대상을 자세히 살피는 것. ➡ 관觀

관법(觀法)📖 ①관觀은 바른 지식이란 뜻으로, 안으로 향해 구하지 않고 깊이 자신의 안을 살핀다는 것으로 곧 법을 바르게 보는 것을 뜻한다. 마음으로 진리를 자세히 살피는 방법. 불교에 대한 실천 수행을 가리키는 말. ②마음을 보는 관觀으로 수행하는 방법이란 뜻. ➡ 관觀, 관문觀門

관불(灌佛) ①뜻있는 날에 머리에 물을 뿌리는 의식을 행하는 것. 욕불浴佛. ②관불회灌佛會의 준말.

관불(觀佛) 불보살의 위의와 공덕을 마음으로 관觀하여 바른 생각으로 불佛의 모습을 마음에 떠올리는 것.

관불게(灌佛偈) 불상을 목욕시킬 때 부르는 게송. "무량한 광명 가운데 화신불이 많은데 우러러 바라보니 모두가 아미타불이네. 응신은 각기 황금의 모습으로 출현하고, 보계의 모두 돌린 모습은 푸른 옥의 소라 같았네. 그러므로 저희들은 일심으로 귀명하여 정례를 드립니다無量光中化佛多 仰瞻皆是阿彌陀 應身各挺黃金相 寶髻都旋碧玉螺 故我一心 歸命頂禮."

관불기(灌佛器) 아기 부처를 목욕시키는 아홉 마리의 용이 장식되어 있는 그릇. 구룡장식관불기.

관불삼매(觀佛三昧) 한결 같은 마음으로 부처를 살피고 생각하는 삼매. 생각을 가다듬어 부처의 상호와 고덕을 생각하고 자세히 살피는 선정.

관불기(통도사 성보박물관)

관불의식(灌佛儀式) 7월 15일, 4월 초파일 등 큰 의미가 있는 행사 날에 관정灌頂과 같이 머리 위에 물을 뿌리는 의식. 부처의 탄생을 의미하는 탄생불을 장엄하고 정수리에 물을 붓는 법회. 욕불회浴佛會·용화회龍華會·석존강탄회釋尊降誕會·불생회佛生會라고도 한다.

관불회(灌佛會) 매년 음력 4월 8일은 부처의 탄생을 기념하며 아기

부처의 불상을 목욕시키는 행사를 말한다. 꽃으로 꾸민 곳에 탄생불을 모시고 머리에 향탕이나 감차甘茶를 부어 탄생을 축하하는 의식. 욕화재浴化齋·욕불회浴佛會·불생회佛生會·탄생회誕生會·용화회龍華會·강탄회降誕會.

관상(觀想) 마음속에 여러 가지 상相을 떠올려 바르게 관觀하는 수행 방법.

관상염불(觀想念佛) 사종염불四種念佛 가운데 하나. 불佛의 모습을 떠올려서 그 형상을 관觀하는 수행 방법.

관세음보살상(觀世音菩薩像) 자비를 상징하는 관세음보살의 상. 머리에 보관을 쓰고 몸에 옷을 입고 보석으로 장엄을 한 귀부인의 모습. 팔의 숫자로 사비·육비·팔비관세음보살, 또는 많은 눈과 손을 가진 천수천안관세음보살, 보관에 다양한 모습의 얼굴을 가진 11면관세음보살, 화현으로 나타나는 32관세음보살 등이 있다.

관세음보살상(보은 법주사)

관수(觀樹) 부처가 깨달으시고 금강좌에서 일어나 보리수를 관觀하고 삼매에 들었다는 이야기.

관심(觀心) 📖 ①관觀은 바른 지식이란 뜻으로, 안으로 향해 구하지 않고 깊이 자신의 안을 살핀다는 것으로 곧 법을 바르게 보는 것. 마음으로 진리를 자세히 살펴 본래의 성질을 아는 방법. ②종파의 종지宗旨를 따라 세운 수행 방법으로 실천하는 것을 말한다. 교의敎義의 측면을 살피는 것을 교상문敎相門이라 하고, 자기의 마음을 관관觀하는 실천 수행을 관심문觀心門이라고 한다.

관심석(觀心釋) 천태 지의가 주장하는 경문을 해석하는 네 가지 방법인 사대석의四大釋義 가운데 하나. 경문 하나하나를 자기 마음에 비추어 관觀하면서 해석하는 것을 말한다.

관욕(灌浴) ①관불灌佛. 탄생불의 정수리에 물을 부어 목욕시키는 의식. ②천도재를 지낼 때, 본격적인·재齋 의식에 들어가기 전에 망자亡者를 먼저 불러 죄업을 씻어낸다는 뜻으로 목욕시키는 의식. 관욕에는 병풍 등을 둘러서 관욕단을 만들고 향탕과 종이로 된 옷, 목욕에 필요한 여러 물건, 인간이 입는 옷과 같은 것들을 준비해 놓고, 병풍 앞에는 망자의 성별에 따라 남신구南身軀 또는 여신구女身軀를 놓고 의식을 진행한다.

관욕게바라춤 신구의身口意의 삼업에 의해서 더러워진 때를 닦아내기 위한 춤. 태징·북·목탁·호적에 맞추어 추는 춤으로 정법을 받아들일 준비를 한다는 뜻이 있다.

관욕쇠 시식에서는 공양을 올리는 진언이 시작되면 소종小鐘으로 다섯 번 종을 쳐서 신호하는데, 이 종을 관욕금灌浴金 또는 다섯 망치라고 한다.

관음(觀音) 관세음보살觀世音菩薩.

관음경(觀音經) 『법화경』 25품 가운데 「보문품」만 별도로 만든 경전. 관세음보살이 32상을 나타내어 중생을 제도하는 내용을 담고 있다.

관음소(觀音素) 비구들의 소식素食의 일종.

관음시식(觀音施食) 모든 영가를 대상으로 음식을 베풀고 함께 법식과 불법을 베푸는 것을 말한다. 선망부모·친속·모든 고혼을 위해서 사명일(四明日)·재일(齋日)이나 그밖에 좋은 날을 택하여 행한다.

관음예문(觀音禮文) 관음보살에 대한 참회문. 고려시대 혜영(惠永)이 해설한 『백의해(白衣解)』가 있다.

관음재일(觀音齋日) 매월 음력 24일 관세음보살(觀世音菩薩)에게 기도를 드리는 날.

관음전(觀音殿) 관세음보살을 모신 전각. 원통전(圓通殿)·원통보전(圓通寶殿)·자비전(慈悲殿)이라고도 한다.

관음전(순천 송광사)

관음정토(觀音淨土) 인도의 남해안에 있는 보타낙산(補陀落山)을 가리킨다.

관음참법(觀音懺法) 관세음보살을 본존으로 모시고 참회하고 발원하며 지관법(止觀法)을 수행하며 공양하는 참법으로, 『청관음경』을 바탕으로 만들어졌기 때문에 청관세음참법(請觀世音懺法)이라고도 한다.

관음첨(觀音籤) 관음보살 앞에서 죽첨(竹籤)을 가져다가 길흉을 점치는 것. 대사첨(大士籤).

관음청(觀音請) 각각의 청(請)은 의식 순서가 동일하지만, 거불(擧佛)에서 법회의 주인이 되는 원통교주 관음보살, 도량교주 관음보살, 원통회상 불보살에게 예배하는데, 유치(由致)·청사(請詞)·가영(歌詠)·예참(禮懺)은 관세음보살에 맞추어 한다.

관자재(觀自在) Avalokiteśvara 중생계를 관찰하여 고통으로부터 구하려고 나타나는 보살. ➡관세음(觀世音)

관자재보살(觀自在菩薩) Avalokiteśvara 관세음보살. ➡관세음(觀世音)

관정(灌頂) abhiṣeka 관수(灌水), 즉위(卽位), 관정용의 물 등의 뜻으로 관정灌頂, 수위受位, 수직受職으로 의역한다. ①아비전좌阿鼻詮左로 음역한다. 고대 인도에서 왕의 즉위식이나 태자를 세울 때 바닷물을 정수리에 붓는 의식. 수계하고 불문에 들어갈 때 정수리에 물을 붓는 의식. 관정삼마야灌頂三摩耶. ②천태 지의의 제자로 천태교학을 확립시킨 장안대사章安大師·장안존자를 말한다.

관정(貫頂) 한 종파의 우두머리. 관수貫首.

관정가행(灌頂加行) 관정灌頂 의식에 들어가기 전에 미리 준비하는 수행을 말한다.

관정단(灌頂壇) 관정 의식을 행하기 위해 만들어 넣은 단壇. 만다라曼陀羅.

관정부(灌頂部) ①밀교계 경전을 모아 놓은 장章. ②만다라에서 관정 의식을 행하는 곳을 말한다.

관정위(灌頂位) 보살의 수행이 일정한 계위階位에 오름을 증명하는 뜻에서 관정 의식으로 지위地位를 나타내는 것. 수직관정受職灌頂으로 여러 계위가 있지만, 보살 10지를 관정지灌頂地라고도 한다.

관정호마(灌頂護摩) 재해와 장애를 멸滅하기 위해 공양물을 태우는 의식.

관조(觀照) 지智로써 사事와 이理를 관觀하여 바르게 아는 것.

관조반야(觀照般若) 삼반야三般若 가운데 하나. 지智로써 사事와 이理를 관觀하여 인因과 연緣이 화합하여 있는 존재는 무자성無自性으로 무상無常하고 공空함을 바르게 아는 것. ➡공空

관찰의선(觀察義禪) 사종선四種禪 가운데 하나. 인무아·법무아法無我와 모든 법의 무성無性을 관하고, 그 밖에 다른 의리를 자세히 보는 것이 점점 증장增長되어 가는 선을 말한다.

관하(觀河) 부처가 파사닉왕波斯匿王에게 본래 강물의 흐름에 비유하여 생멸이 없음을 보여준 것을 가리킨다.

관행(觀行) 관觀은 바르게 아는 것이며, 행行은 인因과 과果에 두루 통하여 있는 것을 말한다. ①먼저 마음을 관觀하고 실천하는 수행.

②자기 마음의 수행 방법을 관조하는 것, 곧 관심觀心의 행법行法.

관화(貫花) 경전의 산문散文을 산화散花에, 게송을 관화貫花에 비유한 말.

광(誑) 📖 māyā 불가사의한 힘, 술術, 책략策略, 계략計略 등의 뜻으로, 환幻, 환화幻化, 환사幻事라고 의역한다. 남을 혹惑하게 하여 거짓으로 믿게 하는 것을 말한다.

광겁(曠劫) 오랜 시간. 많은 겁을 쌓고 쌓은 아주 오랜 기간이란 뜻.

광경(光境) 광광은 비추는 것이며, 경境은 비추어지는 대상을 말한다.

광과천(廣果天) 색계 십팔천十八天 가운데 하나. 사선천四禪天. 과실천果實天. 복생천福生天의 위. 무번천無煩天 아래에 있는 하늘. 제4선천 중에서 보통 사람이 사는 하늘 중에 가장 좋은 경계. 작은 일을 해도 결과가 크고 넓게 나타나는 것을 말한다. 광과천왕廣果天王이라고도 한다.

광란왕생(狂亂往生) 10악惡이나 5역죄逆罪를 지은 사람은 임종하는 순간 지옥의 불을 보고 광란을 일으킬 때, 십념十念 또는 일념一念으로 아미타불을 염불하면 정토에 왕생한다는 것을 가리킨다.

광륜(光輪) 부처의 광명함이 두루하여 중생의 번뇌를 없애 주는 것을 비유한 말.

광명(光明) 밝은 지혜가 광光이고 경계를 비추는 것이 명明이다. 교의에 통달하지 않은 무명無明을 깨는 것과 진리를 밝히는 것을 말한다. 부처나 보살의 광명은 중생을 비추어 이익을 주고 악마로부터 중생을 보호하며 탐貪·진瞋·치癡 등 번뇌의 어둠을 깨뜨리고 해탈하게 한다.

광명심전(光明心殿) 본래부터 갖추고 있는 마음의 각덕覺德을 일컫는 말. 대일여래大日如來가 머무는 곳으로 찬란한 광명의 다섯 지혜가 있는 곳. 온갖 공덕功德이 나오는 곳이란 뜻에서 광명심전이라고 한다.

광명안(光明眼) 십안十眼 가운데 하나. 불보살이 갖춘 덕을 비유한 말.

광명운대(光明雲臺) 광명光明은 진리를 가리키고, 운대雲臺는 구름이 펼쳐져 있는 모습으로, 진리의 광명이 구름과 같이 펼쳐져서 온 세계에 가득 차 있는 모양을 말한다.

광명장(光明藏) 광명의 창고. 여래의 법신을 가리키는 말.

광목천(廣目天) 비류박차毘留博叉. 잡어雜語·비호보非好報·악안惡眼으로 번역된다. 사천왕四天王 가운데 하나. 수미산의 서쪽에 있으면서 세계를 수호한다. 오른손은 팔꿈치를 세워 삼지창을 들고 왼손에는 보탑을 들고 있다. 입을 벌리고 눈을 부릅뜨며 식혈육귀인 비사사와 용신을 거느리고 사악함을 물리치므로 광목廣目·악목惡目이라고 한다. 광목천왕廣目天王.

광배(光背) 불상의 후면 전신에서 나오는 빛. 부처의 위대한 지혜와 덕을 빛으로 표현한 것으로 후광後光이라고도 한다.

광부(光趺) 불상의 후광後光과 대좌台座. 광좌光座라고도 한다.

광상(光像) 광채가 밝게 빛나는 불상을 일컫는 말.

광세음(光世音) 관세음觀世音. 관세음보살觀世音菩薩.

광쇠 놋쇠로 만든 꽹과리와 비슷한 악기. 염불할 때 북과 함께 친다.

광배(남양주 흥국사)

광수무량(光壽無量) 아미타불의 공덕. 광명무량光明無量과 수명무량壽命無量. 광수이무량光壽二無量.

광안(光顔) 부처의 얼굴에 광채가 있는 것을 가리키는 말.

광염왕(光燄王) 광염왕光炎王. 아미타불의 덕명德名. 광명 가운데 가장 뛰어난 광명이라는 뜻.

광음천(光音天) 색계 십팔천十八天 가운데 하나. 소정천少淨天 아래에 있다. 이 하늘의 중생은 목소리가 없고, 말을 할 때 입에서 빛이 나오며, 인류의 시조가 이 하늘에서 내려왔다고 한다. 이선천二禪天. 아파회제바阿波會提婆. 무량광천無量光天의 자리.

광좌(光座) 광부光趺. 불상의 후광後光과 대좌台座.

광촉(光觸) 부처의 광명이 중생의 몸에 닿는 것을 뜻하는 말.

광택(光澤) 부처의 광명이 중생을 윤택하게 하는 것을 뜻하는 말.

광택사교(光宅四敎) 광택사의 법운法雲이 『법화경』「비유품」에 의거하여 부처의 일대 교설을 4가지로 판단한 것. 성문승은 양거羊車, 연각승은 녹거鹿車, 보살승은 우거牛車, 법화 일승의 실교實敎는 대백우거大白牛車라고 한다.

광혜(狂慧) 사리분별을 못하는 지혜라는 뜻으로 완전한 선정이 아닌 것을 뜻하는 말.

광혜력(廣慧力) 널리 중생을 교화하는 부처의 지혜. 또는 보살이 갖춘 덕상德相을 말한다.

광호(光毫) 부처의 양 눈썹 사이에서 빛나는 흰 털로 백호白毫라고도 한다. 부처의 32상相 가운데 하나.

광화(狂華) ①눈에 병이나 피로 등으로 허공에 실재하지 않는 꽃을 보는 것으로, 공空과 무아無我임을 알지 못하여 집착을 일으킨 것을 비유한 말. ②제철이 아닌데 꽃이 피는 것.

광효(光曉) 광명光明. 부처의 지혜. 중생의 무명無明 번뇌를 깨뜨림을 새벽빛이 어둠을 깨뜨리는 것에 비유한 말.

괘단(掛單) 괘탑掛搭. 승려가 거처하는 곳을 말한다.

괘락(掛絡) 간편하게 입는 작은 가사. 일을 할 때 편리하도록 목에 걸치는 가사. 두 어깨를 통해 가슴 앞에 걸치는 작고 네모진 가사로 오조라고 부른다. 안타회安陀會와 같은 말. 괘라掛羅·괘자挂子·괘자掛子·낙자絡子.

괘발(掛鉢) ①죽이나 밥을 먹은 다음 고리에 걸어 두는 것. ②대중과 함께 밥을 먹는 것. 걸망을 걸어 놓는다는 괘탑掛搭, 지팡이를 걸어 놓는다는 괘석掛錫도 같은 뜻이다.

괘불(掛佛)📖 법당 밖에 법회를 위해 걸어 놓는 큰 그림. 임진왜란 이후 불교의 대중화를 위해 새로운 형태의 다양한 불화들이 등장하며 조선 후기 불교를 중흥시키는 역할을 하였다. 그림은 괘불화掛佛畵라고 하고, 그림을 거는 대를 괘불대掛佛臺라고 한다.

괘불문(掛佛門) 괘불이 드나드는 문. 법당 뒤편 오른쪽이나 왼쪽에 사람이 드나들기 힘든 작은 문을 가리킨다.

괘불석주(掛佛石柱) 사찰의 대웅전이나 중심 법당 기단의 좌우에 세워 놓은 두 쌍의 돌기둥. 야외 법회를 위해 불화를 걸 때 사용한다.

괘불대와 괘불석주(청도 적천사)

괘불이운(掛佛移運) 법당 밖에서 법회를 할 때 불화를 법회 장소로 옮기는 의식을 말한다.

괘불재(掛佛齋) 불화를 법당 밖에 있는 괘불대에 걸고 법회나 재 의식을 하는 것.

괘불화(掛佛畵) 법회나 도량을 개설할 때 야외에 거는 불화佛畵. 주로 대웅전 앞에 괘불대가 있어 이곳에 걸고 의식을 진행한다.

괘석(掛錫) 석장錫杖을 걸어 놓고 쉰다는 뜻. ①안거安居하는 것. 예전에 석장을 가지고 다니다가 안거安居할 때는 벽에 걸어 두었다. ②다른 절에 가서 머무는 것. 괘단掛單. 방부라고도 한다.

괘전(掛錢) 천도재나 예수재에서 종이로 만든 돈을 단壇에 걸어 놓은 것.

괘탑(掛搭) 괘掛는 건다는 뜻, 탑搭은 걸망을 놓는다는 뜻이다. 승당僧堂에서 안거하는 것을 말한다. 괘석掛錫.

괴(愧)📖 apatrāpya 어긋나서 부끄럽다는 뜻으로 참괴慚愧로 번역한다. 허물이나 악행을 부끄러워하는 것. 허물을 부끄럽게 여기는 마음. 10대선지十大善地 가운데 하나. 11선심소善心所 가운데 하나. 심소心所의 이름.

괴각(乖角) 말이나 행동이 도리에 어긋나는 것.

괴겁(壞劫) 성주괴공成住壞空의 사겁四劫 가운데, 세계가 점차 멸滅해 무너지는 기간. 우주가 소멸해 가는 시기. 20중겁을 가리킨다.

괴고(壞苦) 삼고三苦 가운데 하나. 사랑하던 사물이나 몸이 멸하여 무너져 가는 것을 보고 고苦를 느끼는 것.

괴상(壞想) 수행하는 사람이 탐욕과 육신에 대한 집착을 버리기 위해 죽은 시체가 썩고 문드러지는 모습을 보는 것을 말한다.

괴상(壞相) 화엄에서 인因의 입장에서는 삼성동이설三性同異說과 인문육의因門六義, 과果의 입장에서는 육상六相과 십현十玄으로 교의를 설명하는 것. 육상은 과果의 모습인 상相을 총별總別·동이同異·성괴成壞의 여섯 가지 보살행의 방편으로 설한다. 모든 선근을 포섭하여 모든 지혜에 들어가는 것은 성상成相이고, 들어가서도 차별적인 보살행의 특징을 보이는 것이 괴상이다.

괴색(壞色) 5가지 정색正色을 피하고 부정색不正色을 쓰기 때문에 괴색이라고 한다. 부처가 비구가 입을 가사袈裟 삼의三衣의 염색으로 허락한 색. 부파나 종파에 따라 다르며, 감청색이나 회색, 갈색 계통의 색이 주로 쓰였다.

교(憍)📖 mada 쾌활快活, 상쾌한 기분, 황홀, ~에 대하는 열정, 방종, 정욕情欲, 동물의 발정 등의 뜻으로 의역하고, 광狂 또는 교憍로 번역한다. 교만憍慢. 심소心所 가운데 하나. 자기의 재물·지위·지혜 등에 집착하여 오만하게 마음먹고 행동하는 것을 가리킨다.

교(敎) 성인의 가르침. 선종에서는 선禪에 대하여 경전을 중심으로 하는 것을 교敎라고 한다.

교경(敎鏡) 가르침이 담긴 경전이 밝은 거울이 된다는 비유.

교관(敎觀) 교상敎相과 관심觀心. 교상은 석가모니부처 일대의 교법을 자기 종파의 입장에 따라 분별하고 판단하는 교판敎判. 관심은 자기 종파가 실천하는 방법으로 수행하는 것을 말한다. 교상문敎相門과 관심문觀心門. 교문敎門과 관문觀門.

교권증실(敎權證實) 천태종의 별교別敎를 말한다. 교설은 방편의 권교權敎. 교설에 의해 깨달은 증과證果가 진실하다는 말.

교기(敎起) 교법이 일어나는 이유. 부처가 설한 경전을 해석한 논서들은 경문을 해설하기 전에 교敎를 일으킨 이유를 서술하고 있다. 이는 논서의 서분序分에 포함된다.

교기인연(敎起因緣) 부처가 경전의 교법을 설한 인연을 밝히는 것.

교단(敎團) 📖 saṃgha 어떤 가르침에 뜻을 같이하여 모인 공동의 집단. 불교의 교단을 승가라고 한다. ➡ 승가僧家

교답마(喬答摩) 구답마瞿答摩・교답마驕答摩・구담瞿曇・具譚. 지최승地最勝・이토泥土・지종地種・암우暗牛・우분종牛糞種・멸악滅惡으로 번역한다. ①사라드바트(Śaradvat)라고도 하는 옛날 선인仙人의 이름. 석가족의 조상. ②교답마 선인의 후예. 곧 석가 종족의 성. ③특히 부처를 가리키는 말.

교령(敎令) ①중생을 가피하고 이롭게 하라는 교칙. ②가르침.

교로(交蘆) ①인연이나 과보로 되는 법을 비유한 것. 속로束蘆. 갈대蘆의 줄기가 뻗으면서 마디마다 두 갈래로 나서 서로 기대어 있다가 하나가 꺾이면 다른 하나도 꺾이는 것을 말한다. ②6진塵에서 6식識이 일어나고 6근根에서 만물의 모습이 있게 되는 것은 근경식根境識이 어느 하나라도 없으면 성립하지 않음을 세 갈대가 서로 의지하고 있는 것에 비유한 말.

교리(敎理) 교의敎義. 종의宗義. 교법의 원리나 이치. 교교敎는 부처의 가르침을 언어 문자로 나타낸 것이며, 리리理는 교법에 의해 나타난 이치를 말한다.

교리행과(敎理行果) 사법四法. 스스로 수행의 과정을 네 단계로 말하는 것으로 교교敎는 부처의 법을 언어 문자로 만든 교설, 리리理는 교설의 내용 가운데 설법하는 도리, 행행行은 그 도리에 따라 실천하는 수행, 과과果는 수행으로 말미암아 체득하는 증과證果를 말한다.

교만(憍慢) 교교憍. 만만慢. 스스로 잘났다고 여기고 남을 업신여기는 마음. 스스로를 높이어 남을 능멸하는 마음. 교만驕慢. 증상만增上慢.

교망(敎網) 중생을 물고기에 비유하고, 부처의 가르침을 그물에 비유한 말. 교교敎라는 그물로 중생을 제도하는 것을 말한다.

교묘지(巧妙智) 교지혜巧智慧. 모든 지혜. 곧 부처의 지혜.

교문(敎門) ①교교敎를 통해 바른 이치인 부처의 가르침에 들어간다고 하여 문문門이라고 한다. 문문門은 교가 한결같지 않고 다양하게 각자에 따라 문호를 달리한다는 뜻으로, 이를 팔만사천 법문門이라고 한다. ②교상문敎相門의 준말.

교방편(巧方便) 선교방편善巧方便. 중생을 제도하기 위해 근기에 따라 제시하는 여러 가지 교묘한 수단과 방법.

교법(敎法) 사법四法 가운데 하나. 부처의 교법. 한 종파의 교리를 언어·문자로써 설명하는 교설.

교사야(憍奢耶) 교시憍尸·교사야憍舍耶·교세야憍世耶·고세야高世耶·구사俱舍. 충의蟲衣·잠의蠶衣로 번역된다. 명주옷. 비단옷.

교상(敎相) ①부처의 가르침인 교교敎의 모습. 석가모니부처의 교법을 종파의 입장에 따라 분별하고 판단한 교판敎判. 교관敎觀. 교관이문敎觀二門. ②밀교 교리를 체계적으로 해석한 부문. 사상事相의 반대말.

교상문(敎相門) 부처의 가르침인 교교敎를 이론적으로 체계화하는 것. 불교의 교학. 실천 수행은 관심문觀心門이라고 한다.

교상판석(教相判釋)📖 부처가 일생 동안 설한 교설을 시기와 뜻에 따라 분류하고 판별하는 것. 교판을 세우는 것. 교상教相·판교判教·교판教判·교섭教攝이라고 한다.

교선(教禪) ①교教와 선禪. ②교내教內와 교외教外. 부처가 설한 가르침을 적어 놓은 언어 문자에 의해 깨닫는 것을 교법이라고 하고, 실천 방법으로 선禪을 통해서 수행하는 것을 선이라고 한다.

교수사(教授師) 제자에게 교教를 가르쳐 주는 스승. 수계受戒 삼사三師 가운데 하나. 교수아사리教授阿闍梨.

교어(教語) 부처가 중생을 가르치는 언어.

교외별전(教外別傳) 가르침 외에 따로 전하는 것. 곧 언어나 문자를 여의고 곧바로 마음에서 마음으로 전하는 것. 삼처전심三處傳心과 같은 뜻으로 별전別傳이라고도 한다.

교의(教義) ①교법의 의리. ②교教와 의義. 언어 문자로써 전해지는 교와 그 안에 포함된 뜻을 말한다.

교익(教益) 교법의 이익. 부처가 설한 교教의 공덕과 이익.

교인신(教人信) 자기가 믿는 것을 남에게 가르쳐 믿게 하는 것. 자신自信의 반대말.

교장도감(教藏都監) 대각국사 의천이 송宋, 거란, 일본 등 여러 지역에서 모은 경전과 논서 등을 간행하기 위해 1086년 흥왕사에 설치한 교장教藏 간행 기관.

교적(教迹) 부처가 세상에 출현하여 교설을 남긴 자취.

교조(教祖) 종파를 창립한 사람. 종조宗祖.

교종(教宗) 부처의 설교說教를 소의所依로 삼는 종파. 선종禪宗과 대칭되는 말.

교중(交衆) 입중入衆. 대중 속으로 들어가는 것.

교증(教證) 교설 법문상의 증거. 이증理證과 대칭되는 말.

교증구권(教證俱權) 천태 사교四教 가운데 장교藏教·통교通教를 가리키는 말. 교법이나 교설에 의해 증득한 개오開悟가 모두 방편이고 진실이 아니라는 뜻.

교증구실(敎證俱實) 천태 사교四敎 가운데 원교圓敎를 가리키는 말. 교법이나 교설에 의해 증득한 개오開悟가 모두 진실하다는 뜻.

교지(敎旨) 교법.

교체(敎體) 부처가 설한 교법의 본체. 경체經體라고도 한다.

교판(敎判) 교판상석敎相判釋. 방대한 경전의 가르침을 부처가 설교한 순서·내용·방법 등에 따라 나누는 것.

교해(敎海) 가르침의 바다. 부처의 말씀을 결집한 대장경大藏經을 이르는 말. 장해藏海라고도 한다.

교행(敎行) ①교법과 수행. ②교법의 규정에 따라 수행하는 것.

교행인리(敎行人理) 교는 부처가 말씀한 교법, 행은 가르침에서 보여 준 수행, 인은 가르침을 믿고 수행하는 사람, 리理는 수행의 결과로 증득하는 진리를 말한다.

교행증(敎行證) 교는 부처의 교법, 행은 교법대로 수행하는 것, 증은 수행하여 진리를 깨닫는 것을 말한다.

교화(敎化) 교도전화敎導轉化의 뜻. 중생을 가르쳐서 교화하는 것. 권화勸化.

구(句) ①여러 낱말이 합해져서 사물의 의리를 말한 것. 구句·구신句身·다구신多句身. ②문장상의 이름이 아니고 사구死句·활구活句라고 할 때에도 쓰인다.

구(衢) 구瞿로도 쓴다. 10개의 이름으로 쓰이는데, 양羊, 안眼, 지地, 천天, 수水, 설說, 방方, 금강金剛, 광光, 전箭을 말한다.

구(垢) 마라摩羅. 번뇌의 다른 이름. 깨끗한 성품을 더럽히는 것. 티끌. 먼지.

구거(九居) 구유정거九有情居·구중생거九衆生居·구유九有·구지九地.

구거(求車) 『법화경』의 화택火宅 비유 가운데, 불타는 집의 아들들이 집 밖으로 나와서 장자에게 수레를 달라고 하는 것. 생사를 싫어하여 법을 구하는 것을 비유한 말.

구결(口訣) ①스승이 제자에게 입으로 전해주는 비결, 곧 요의要義를 말한다. ②토吐. 한문의 구절 끝에 다는 말.

구결(九結) 9가지의 결박이란 뜻. 중생을 속박하여 고통을 벗어나지 못하게 하는 9가지 번뇌. 애愛·에恚·만慢·교의에 통달하지 않은 무명無明·견見·취取·의疑·질嫉·간慳을 말한다.

구경(究竟)📖 ①지극히 높은 깨달음. 부처의 각오覺悟를 구경각究竟覺이라 하고, 성자聖者의 가장 높은 지위를 구경위究竟位라고 한다. 울다라鬱多羅. 최상最相·필경畢竟·구극究極의 뜻. ②마침내. 필경. 궁극窮極·종극終極과 같은 말. 사물을 철저하게 끝까지 추구한다는 뜻으로 사리의 마지막 경계.

구경각(究竟覺) 사각四覺 가운데 하나. 수행 끝에 얻는 궁극의 깨달음. 불佛의 자리. 보살지에 다하고 무명을 여의어 자기의 심성을 보는 깨달음의 경지. 묘각妙覺.

구경과(究竟果) 완성의 결과로 얻은 지위. 구경위究竟位.

구경락(究竟樂) 완성의 결과로 얻은 과果인 열반의 오묘한 즐거움.

구경법신(究竟法身) 더 이상 위가 없는 불佛의 과위果位. 법성法性을 증득하여 깨달은 궁극에 도달한 불신佛身.

구경불(究竟佛) 구경즉究竟卽의 지위에 이른 부처. 사리에 모두 원만한 부처.

구경원(究竟願) 서원하는 마음이 마침내 성취되는 것.

구경위(究竟位) 오위五位 가운데 하나. 최상의 깨달음에 도달한 부처의 지위. 모든 번뇌를 끊고 진리를 증득하여 부처의 과위果位에 도달한 지위.

구경즉(究竟卽) 육즉六卽 가운데 하나. 본래부터 갖추어진 불성이 온전하게 나타나 깨달을 지혜도 없고 끊어 버릴 번뇌도 없는 가장 높고 원만한 자리. 곧 부처를 뜻하는 말.

구계(狗戒) 고대 인도에서 개가 죽어 하늘에 태어난 것을 보고 개가 하는 짓이 하늘에 태어날 원인으로 생각해 개처럼 자고 똥을 먹은 외도를 가리키는 말. 구계외도狗戒外道라고 한다.

구계(具戒) 구족계具足戒. 비구나 비구니가 받아 지켜야 할 계. 비구 250계. 비구니 348계.

구계(九界) 사리事理에 명철하고 원만한 지혜를 갖춘 부처의 과위果位를 제외하고, 교의에 통달하지 않은 무명無明의 허망한 집착을 벗어나지 못하는 지옥계·아귀계·축생계·아수라계·인간계·천상계·성문계·연각계·보살계 등을 가리키는 말.

구공(九孔) 두 눈, 두 귀, 두 콧구멍, 입, 대변, 소변 등 아홉 구멍. 구공九孔·구창九瘡·구규九竅·구류九流.

구공(俱空) 삼공三空 가운데 하나. 나라는 관념과 미혹한 아집我執과 아집이 일어난 근본과 여러 사물에 대한 객관적 법집法執을 여의고, 아공我空·법공法空까지도 여의어 모든 사물의 본성에 계합함을 뜻하는 말.

구과(九果) 인因에 따라 얻은 과果를 9가지로 분별한 것. 등류과等流果·이숙과異熟果·이계과離繫果·증상과增上果·사용과士用果·안립과安立果·가행과加行果·화합과和合果·수습과修習果. 오과五果에 안립安立·가행加行·화합和合·수습修習을 보탠 것.

구관격절(扣關擊節) 번뇌의 속박에서 벗어나 자유롭게 큰 도道에 왕래함을 뜻하는 말.

구규(九竅) 구공九孔·구루九漏·구창九瘡·구입九入·구류九流. ➡ 구류九流

구근(九根) 의意·낙樂·희喜·사捨·신信·근勤·염念·혜慧.

구기(俱起) 둘 이상의 것이 함께 갖추어져 일어나는 것.

구나(求那)📖 guṇa 끈을 구성하는 조條, 실, 망網, 등심燈心, 궁현弓弦, 거문고의 줄, 종속적인 요소, 부속물, 2차적인 식품, 조미료, 고유성固有性, 성질, 근본적인 원소, 근본적인 성질, 선성善性을 말한다. ①원질原質·순질純質·속성屬性·특성이란 뜻. 원질은 반드시 활동하므로 작자作者란 뜻이 되고, 다시 변하여 그 지은 결과, 곧 덕이라는 뜻이 된다. ②승론파勝論派에서 개념은 반드시 그에 대응하는 구체적인 실재물이 있다고 하며, 그 실재한 사물의 수량과 성질 따위를 덕德이라고 한다. ➡ 공덕功德

구난(九難) 석가모니부처가 세상에 있을 때 받은 9가지 재난. 음녀 손타리에게 비방을 받은 일, 전차旃遮 바라문 여인에게 비방을 받은 일, 제바달다提婆達多에게 엄지발가락을 상한 일, 나무에 다리를 찔린 일, 비루리왕을 위해 두통을 앓은 일, 아기달다 바라문에게서 마맥馬麥을 받아먹은 일, 찬바람으로 인해 등에 고통 받은 일, 6년 동안 고행한 일, 바라문의 마을에 들어가 먹을 것을 빌었으나 얻지 못한 일 등을 말한다. 구뇌九惱·구횡九横·구죄보九罪報.

구담(瞿曇) 교답마. ①가장 좋은 소라고 하는 의미를 가진 족성族姓. ②구담瞿曇. 석가모니부처가 출가하기 전에 가졌던 다섯 가지 속성俗姓 가운데 하나.

구덕(具德) 두루 공덕을 갖추는 것 혹은 덕을 갖춘 사람.

구도(九道) 구유정거九有情居.

구도(求道) 부처가 될 방도를 구하는 것. 가르침을 구하는 것.

구두선(口頭禪) 선의 이치를 잘 이해하지 못하고 깊이 없는 상식적인 말만 늘어놓는 것을 말한다.

구라(俱攞) 보통 사람의 작은 탑.

구로주(瞿盧洲) 사주四洲 가운데 하나. 북울단월北鬱單越. 승처勝處로 번역된다. 4주 가운데 국토가 가장 수승하므로 승처라고 한다.

구룡(驅龍) 계율을 지키는 나한이 계율의 힘에 의지하여 독을 지닌 용을 물리치는 것.

구룡(九龍) 부처가 탄생하자 하늘에서 9마리의 용이 입으로 물을 뿜어 아기 부처의 몸을 깨끗이 씻어 주었다는 설화에서 유래한 말.

구루(九漏) 구공九孔·구규九竅·구창九瘡·구입九入·구류九流.

구류(九流) ①구공九孔·구규九竅·구창九瘡·구입九入·구루九漏. ②유

류유流·도류道流·음양류·법류·명류名流·묵류·종횡류·잡류·농류農流의 9가지 제가.

구류생(九類生) 과거에 지은 선과 악의 행위에 따라 받는 9가지 생生. 태생胎生·난생卵生·습생濕生·화생化生·유색有色·무색無色·유상有想·무상無想·비유상비무상非有想非無想을 말한다.

구롱(『월인석보』)

구륜(口輪) 교계륜教誡輪·정교륜正教輪. 부처가 중생을 제도하기 위해 설교하는 것.

구륜(九輪) 탑두부塔頭部의 노반·복발·앙화·보륜·보개·수연水煙·용차·보주·심주의 9가지를 뜻한다. 탑 위에 돌출된 아홉 겹의 금륜金輪. 공륜空輪·윤개輪蓋라고도 한다.

구륜(句輪) 한 글자의 진언眞言에 상대해 많은 글자의 진언을 일컫는 말.

구리성(拘利城) 천비성天臂城. 석가모니부처의 어머니 마야부인의 아버지인 선각장자善覺長者의 도성. 가비라성의 북쪽. 구리족拘利族이 살던 곳.

구리족(拘利族) 석가족과 같은 조상에서 내려온 종족. 가비라성의 북쪽 천비성天臂城에서 살았다. 석가모니부처의 어머니 마야부인의 종족.

구리태자(拘利太子) 곡반왕斛飯王의 맏아들. 석가모니부처의 사촌. 석가모니부처가 득도한 뒤 녹야원에서 교화한 다섯 비구 가운데 하나인 마하남摩訶男.

구마(驅魔) 마귀를 몰아내는 것.

구만(九慢) 구만류九慢類. 자만自慢의 9가지. ①아승我勝. ②아등我等. ③아열我劣. ④유승아有勝我. ⑤유등아有等我. ⑥유열아有劣我. ⑦

무승아無勝我. ⑧무등아無等我. ⑨무열아無劣我.

구면관음(九面觀音) 아홉 얼굴을 가진 관세음보살의 형상.

구모(龜毛) 유명무실有名無實함을 비유한 말.

구무간도(九無間道) 구품혹九品惑, 곧 9품 번뇌를 끊어 없애는 것. 삼계三界에는 구지九地가 있고 각 지마다 우주의 진상이 판명되지 않는 견혹見惑과 온갖 사물의 진상이 밝혀지지 않는 수혹修惑이 있는데, 수혹을 1지마다 9품으로 나누어 끊을 때마다 끊는 자리와 끊어진 자리가 있어 끊는 자리를 무간도라 하고, 끊어진 자리를 해탈도解脫道라고 한다.

구무실(口無失) 18불공법不共法 가운데 하나. 부처가 끝없는 지혜와 변재辯才를 가지고 중생의 근기에 맞게 법을 말해 깨닫게 하는 것을 말한다.

구무애(九無礙) 구무간도九無間道.

구무위(九無爲) 9가지 무위無爲의 뜻. 택멸擇滅·비택멸非擇滅·허공虛空·공무변처空無邊處·식무변처識無邊處·무소유처無所有處·비상비비상처非想非非想處·연기지성緣起支性·성도지성聖道支性.

구무학(九無學) 9가지 무학無學의 지위. 아라한에 9가지의 구별이 있음을 말한다. 구종나한九種羅漢.

구문(九門) 구유정거九有情居.

구문지(求聞持) 구문지법求聞持法. 허공장문지법虛空藏聞持法. 허공장보살을 염불하여 기억력이 이루어지기를 구하는 수법修法.

구밀(口密) 삼밀三密 가운데 하나. 어밀語密. 진언을 암송하는 구업口業의 오묘한 작용과 신비로움을 뜻하는 말.

구박(具縛) 몸과 마음이 번뇌에 속박되는 것. 견혹見惑·수혹修惑에 얽매여 끊지 못한 보통 사람을 말한다. 구박범부具縛凡夫.

구반다(鳩槃茶) 구반다鳩般茶. 옹형귀甕形鬼·음낭陰囊·형란·형면사동귀形面似冬瓜鬼로 번역된다. 말머리에 사람 몸을 하고, 사람의 정기를 빨아먹는 귀신. 남방 증장천왕의 부하.

구발라(漚鉢羅) 푸른 연꽃. 향기가 짙은 연꽃을 의미한다.

구방편(九方便) 9가지 방편. ①법회에서 수행하는 법식 이름. 작례作禮·출죄出罪·귀의歸依·시신施身·발보리심發菩提心·수희隨喜·권청勸請·봉청법신奉請法身·회향廻向. ②밀교에서 비법秘法을 수행하기 전에 행하는 의식. 건성공경虔誠恭敬·참회懺悔·귀의歸依·자공양自供養·발보리심發菩提心·수희공덕隨喜功德·권청덕운勸請德雲·제불주세諸佛住世·회향보리廻向菩提.

구배(九拜) 세 차례에 걸쳐 세 번씩 절하는 의식.

구범(九梵) 색계 제4 선천禪天의 9가지 천天. 무운無雲·복생福生·광과廣果·무상無想·무번無煩·무열無熱·선현善現·선견善見·색구경천色究竟天.

구법(求法) 불법을 구하는 것. 바른 교법을 구하는 것.

구변(九辯) 보살이 지닌 9가지의 변재. 무차無差·무진無盡·상속相續·부단不斷·불겁약不怯弱·불경포不驚怖·불공여不共餘·무변제無邊際·일체천인소애중一切天人所愛重.

구병(九病) 사람의 수명이 8만 세 때에 생긴다는 9가지 병. 한병寒病·열병熱病·아병餓病·갈병渴病·대변병大便病·소변병小便病·욕병欲病·도철병饕餮病·노병老病.

구병시식(救病施食) 책주귀신영가嘖主鬼神靈駕들이 제상의 자리인 초좌醮座에 와서 공양을 받고 원통함을 풀어서 병과 우환이 없어지기를 바라는 것.

구보시(求報施) 8가지 보시布施 가운데 하나. 받은 이가 다시 갚기를 바라고 하는 보시.

구부(九部) 부처가 설한 법을 내용이나 형식에 따라 분류한 것.

구분교九分教 또는 **십이분교**十二分教. ①대승 구부九部·구분교九分教. 12부경 가운데 인연因緣·비유譬喩·논의論義의 셋을 제외한 것으로 수다라修多羅·기야祇夜·가타伽陀·이제목다가伊帝目多伽·사다가闍多伽·아부달마阿浮達磨·우타나優陀那·비불략毘佛略·화가라和伽羅를 말한다. ②소승 9부. 12부경에서 방광方廣·수기授記·무문자설無問自說의 셋을 제외한 것으로 수다라修多羅·기야祇夜·가타伽陀·니타나尼陀那·이제목다가伊帝目多伽·사다가闍多伽·아부달마阿浮達磨·아바타나阿波陀那·우파제사優波提舍를 말한다.

구부득고(求不得苦) 팔고八苦 가운데 하나. 구해서 얻지 못하는 고통으로 희망을 성취하지 못하는 괴로움.

구분경(九分經) 구부경九部經.

구불견과(俱不遣過) 인명因明 33과過 가운데 하나. 이유異喩 5과過 가운데 하나. 이유에 종宗과 인因에 관계되는 것을 써서 어느 것도 부인할 수 없는 허물.

구비라(俱毘羅) 교교蛟로 번역된다. 도룡뇽을 뜻하는 말. 구미라俱尾羅·구폐라俱吠羅·구폐람俱吠濫.

구사(俱舍) 📖 kośa ①구사句舍. 장藏·초鞘·견繭. 포함包含·창고倉庫의 뜻. ②구사론俱舍論 또는 구사종俱舍宗의 약칭.

구사(口四) 십악十惡 가운데 망언妄言·기어綺語·악구惡口·양설兩舌의 4가지. 구업口業에 속한다.

구사종(俱舍宗) 세친世親이 지은 『구사론俱舍論』을 근본 경전으로 하고 세운 종宗. 『아비달마구사론阿毘達磨俱舍論』.

구산선문(九山禪門) 중국 선종의 영향으로 신라 말과 고려 초에 선禪의 공부 방법을 여러 형태로 주장하게 되었는데, 공부를 지도하는 선사禪師의 종풍宗風 따라 머무르는 산의 이름을 따서 9곳을 구산선문이라고 한다. 실상산문實相山門, 가지산문迦智山門, 사굴산문闍崛山門, 동리산문桐裡山門, 성주산문聖住山門, 사자산문獅子山門, 희양산문曦陽山門, 봉림산문鳳林山門, 수미산문須彌山門의 9곳.

구상(九相) ①『기신론起信論』에서 삼세三細와 육추六麤를 함께 일컫는 말. 절대 평등하여 항상 불변하는 진여로부터 미계迷界의 사물을 형성할 때 9상相으로 전개된다고 한다. ②사람이 죽은 뒤에 9가지의 상相이 있음을 뜻하는 말.

구상(九想) 구상관九想觀. 오욕五欲의 즐거움을 탐하여 아름다운 것이라 여기고 즐기는 중생에게 더러움을 알게 하여 그 욕정을 없애는 관법. 반창상胖脹想, 청어상靑瘀想, 괴상壞想, 혈도만상血塗漫想, 농난상膿爛想, 충담상蟲噉想, 산상散想, 골상骨想, 소상燒想.

구생(俱生) ①생득生得. 선천적으로 갖추고 있는 것. ②구생기俱生起. 분별分別의 반대말. 사사邪師·사교邪敎·사사유邪思惟 등의 바깥 연에 의거하지 않고 저절로 본능적으로 일어나는 번뇌를 구생기俱生起의 혹惑이라고 한다.

구생(求生) 중유中有. 중유는 다음에 날 곳을 항상 구한다는 뜻으로 이생已生의 반대말.

구생견혹(俱生見惑) 3가지 견혹 가운데 하나. 나면서부터 저절로 갖추어 있는 선천적인 견혹.

구생기(俱生起) 사사邪師·사교邪敎·사사유邪思惟 등 바깥 연에 의지하지 않고 나면서부터 갖추어 있는 선천적인 번뇌. 분별기分別起의 반대말.

구생혹(俱生惑) 생득生得의 혹惑. 선천적으로 갖고 있는 번뇌.

구선(舊善) 석가모니부처 이전부터 세상에 유행하던 충忠·효孝·인仁·의義 등의 덕목.

구선객선(舊善客善) 석가모니부처 이전부터 세상에 교화되어 행하던 세속의 충忠·효孝·인仁·의義 등의 도를 구선舊善이라 하고, 석가모니부처의 교법에 의해 비로소 교화되는 삼귀三歸·계율 등의 선을 객선客善이라고 한다.

구섬미건도(俱睒彌犍度) 20건도 가운데 하나. 승려가 화합하여 한 곳에 머무는 법을 설명하는 율장律藏의 편장篇章 이름.

구성(久成) 구원성불久遠成佛·구원실성久遠實成. 아득히 먼 옛날에 이미 깨달아 부처가 되었다는 말.

구세(救世) ①대비의 마음으로 중생을 구제하는 부처나 보살을 일컫는 말. ②대표적으로 관세음보살觀世音菩薩이 있다.

구세(九世) 과거·현재·미래의 삼세三世에 또 각각 삼세三世를 두어 모두를 합하면 9세가 된다.

구세간(九世間) 지옥·아귀·축생·아수라·인간·천상·성문·연각·보살·불의 10세간 가운데 불계佛界를 제외한 다른 9계를 가리키는 말. 모두 미망迷妄을 벗어나지 못했으므로 세간이라고 한다.

구세보살(救世菩薩) 대비의 마음으로 중생을 구제하는 관세음보살. 구세원통救世圓通, 구세대사救世大士라고도 한다.

구소락가(倶蘇洛迦) 천의天衣. 비구니가 입는 치마. 가랑이가 없는 통치마. 기수라祇修羅·구수라瞿修羅·궐수라厥修羅·궐소락가厥蘇洛迦.

구수(具壽) 법수法壽를 갖추었다는 뜻으로 승려를 말한다. 비구가 제자를 부르는 이름.

구수라(瞿修羅) 구소락가倶蘇洛迦. 비구니가 입는 치마.

구습(垢習) 번뇌의 버릇. 자주 번뇌를 일으켜서 쌓인 번뇌의 훈습熏習. 번뇌가 모두 없어진 뒤에도 오히려 그 버릇이 남아 있는 것을 말한다.

구승(九僧) 대법회에서 중생들을 이끄는 아홉 명의 비구. 도사導師·주원사呪願師·패사唄師·산화사散花師·범음사梵音師·석장사錫杖師·인두引頭·당달堂達·납중衲衆.

구시라(瞿翅羅) 구시라拘翅羅·구기라拘枳羅·구기라倶耆羅. 호성조好聲鳥·자구조鶌鳩鳥로 번역된다. 인도에 사는 검정빛 두견새. 울음소리가 고우나 생김새가 흉하며, 울창한 숲을 좋아하고 죽은 나무에는 살지 않는다고 하는 새.

구식(垢識) 심식心識이 번뇌에 더럽혀졌다는 뜻.

구식(九識) 성종性宗의 학설. ①빛을 분별하는 안식眼識. ②소리를 분별하는 이식耳識. ③냄새를 분별하는 비식鼻識. ④맛을 분별하는 설식舌識. ⑤감촉을 분별하는 신식身識. ⑥모든 법진을 분별하여 아는 의식意識. ⑦아뢰야식을 분별하여 실아實我로 삼는 말나식末那識. ⑧종자와 5근과 기계器界의 3경境을 분별하여 이를 생기게 하는 아뢰야식阿賴耶識. ⑨진여의 본체를 식으로 인정하여 모든 사물의 근원이라고 하는 암마라식庵摩羅識. 무구식無垢識.

구신(句身)📖 padakāya pada는 한 발자욱, 일보一步, 족적足跡, 기호, 목표, 장소, 주소, 입장, 위치 등의 뜻. kāya는 신체, 유형체有形體, 집단集團, 다수多數, 다량多量, 집합集合의 뜻이며, 음사하여 발타鉢陀·발타가야鉢陀伽耶·발타가야跋陀迦耶라 한다. 구句가 두 개 이상 모인 것을 말하며, 자기 본성의 차별인 의리義理를 나타내는 것이 구句이고 신身은 무더기라는 뜻. 심불상응행법心不相應行法의 삼종신三種身 가운데 하나. 문장으로 완결된 뜻을 나타내는 것.

구심륜(九心輪) 소승 상좌부上座部에서는 마음이 대상을 대하는 작용이 고리와 같이 차례로 변해가는 9가지가 있다고 한다. ①유분심有分心. ②능인발심能引發心, ③견심見心, ④등심구심等尋求心, ⑤등관철심等貫徹心, ⑥안립심安立心, ⑦세용심勢用心, ⑧반연심返緣心, ⑨유분심有分心.

구십단타(九十單墮) 구십바일제九十波逸提. 많은 사람에게 참회하지 않으면 지옥에 떨어지는 죄. 거짓말·욕설·이간질 등 90종이 있다.

구십팔사(九十八使) 구십팔수면九十八隨眠. 사使는 번뇌의 다른 이름.

구십팔수면(九十八隨眠) 구십팔사九十八使. 수면은 번뇌의 다른 이름. 번뇌는 항상 사람을 따라다니면서 마음을 혼미하게 하지만 그 작용은 미세하여 알기 어려우므로 이같이 말한다. 견혹見惑 88종과 수혹修惑 10종을 합한 것.

구악설(口惡說) 입으로 짓는 네 가지 악업惡業으로 망어妄語·기어綺語·양설兩舌·악구惡口를 말하며, 범犯하면 돌길라突吉羅라는 죄를 짓게 된다.

구안락행(口安樂行) 4가지 안락행 가운데 하나. 입으로 사람과 경전의 허물을 말하지 않고, 업신여기지 않고, 남을 훼방하거나 칭찬하지 않고, 원망하는 소리를 하지 않아 안락하게 수양함을 말한다.

구업(口業) 입으로 악惡을 행하는 업業으로 망어妄語·기어綺語·양설兩舌·악구惡口를 말한다.

구역(舊譯) 현장법사(600~664) 이전에 번역한 경전의 번역을 말하며, **구번**舊翻, **고번**古翻, **고역**古譯이라고도 한다.

구예(垢穢) 때가 묻어서 더러워진 것. 번뇌와 악업에 의해 믿음 마음이 더럽혀진 것.

구오(驅烏) 7세부터 13세까지의 사미沙彌를 말하며, 절에 날아드는 까마귀를 쫓는다고 하여 붙여진 이름. **구오사미**驅烏沙彌.

구오사미(驅烏沙彌) 7~13세 사이의 사미. 음식에 날아오는 까마귀를 쫓는다는 뜻.

구요(九曜) 구집九執. 인도의 달력에 나타난 일종의 역법曆法. ①일요日曜. ②월요月曜. ③화요火曜. ④수요水曜. ⑤목요木曜. ⑥금요金曜. ⑦토요土曜. ⑧라후羅睺. ⑨계도計都. 구성九星은 사람의 나이에 따라서 길흉을 판단한다고 한다.

구원미타(久遠彌陀) 아미타불이 10겁 전에 성불하였다고 하지만 그것은 중생을 제도하기 위한 방편이고, 실제는 그보다 훨씬 오랜 옛날에 이미 성도한 부처라는 뜻.

구원성불(久遠成佛) 구원실성久遠實成.구원고성久遠古成·구원성久遠成·구성久成. 아득히 먼 옛날에 이미 깨달아 부처가 되었다는 말. 석가모니부처가 보리수 아래서 올바른 깨달음을 이룬 것은 중생을 교화하기 위한 방편이고, 실제는 아득한 먼 옛날에 이미 성불한 부처라는 의미.

구유(九有) 구유정거九有情居. 구중생거九衆生居·구거九居·구지九地.

구유법(俱有法) 공유법共有法. 구유俱有. 동시에 함께 있으면서 하나의 조직을 이루고 서로 떠나지 않음을 뜻한다. 지地·수水·화火·풍風의 사대四大나 심왕心王과 심소心所와 같이 동시에 공존하여 하나의 조직을 이루는 것을 말한다.

구유소의(俱有所依) 구유의俱有依·구유근俱有根. 팔식八識과 동시에 있으면서 의지할 수 있게 힘을 주어 생기게 하는 것. 구유근이란 의지할 바가 되어 다른 것을 생장시키고 도와준다는 뜻이다.

구유인(俱有因) 공유인共有因·공생인共生因. 육인六因 가운데 하나. 인因에 함께 있고, 인因에 함께 생하는 것으로 인因과 과果가 함께 갖추어져 있는 것을 말한다.

구유정거(九有情居) 구중생거九衆生居·구거九居·구유九有·구지九地. 삼계 가운데 중생들이 머물기를 즐겨하는 9가지 거처. ①욕계의 인천人天 중생의 몸에 여러 가지가 있고 생각이 서로 다른 곳. ②범중천梵衆天. 몸은 서로 다르나 생각은 같은 곳. ③극광정천極光淨天. 몸은 같으나 생각이 서로 다른 곳. ④변정천徧淨天. 몸도 생각도 같은 곳. ⑤무상천無想天. 생각도 없고 대상도 없는 곳. ⑥공무변처空無邊處. 끝없는 허공의 자재함을 좋아하는 중생이 사는 곳. ⑦식무변처識無邊處. 생각을 여읜 곳. ⑧무소유처無所有處. 적정寂靜하고 무상無想한 정定에 머무는 곳. ⑨비상비비상처非想非非想處. 식처識處의 유상有想을 여의고 무소유처의 무상無想도 여읜 곳.

구이(瞿夷) 10대천자大天子 가운데 하나. 구이俱夷·구비가瞿比迦·교비嬌比·구파瞿婆. 수호지守護地·부장覆障·명녀明女로 번역된다. 싯달타태자의 아내. 선각왕善覺王의 딸. 또는 수광장자水光長者의 딸로서 석가모니부처가 태자로 있을 때 첫째 부인. 야수다라의 별명이라고도 한다.

구인(口忍) 삼인三忍 가운데 하나. 남에게 욕을 듣더라도 참고 욕을 하지 않는 것을 말한다.

구일체망령법(救一切亡靈法) 기도祈道라고 하여 공양하는 법. 진리를 구하는 방법 가운데 하나로 죽은 영가를 구하는 광명진언을 말한다.

구입(九入) 구공九孔·구창九瘡·구루九漏.

구자명호(九字名號) 나무불가사의광여래南無不可思議光如來의 아홉 자로 아미타불의 광명하고 불가사의한 명호를 찬탄하는 것.

구잠(拘蟹) 꽃 이름. 우담優曇.

구장륙(龜藏六) 거북이가 적을 만나면 사지와 머리·꼬리 여섯 갈래를 감추는 것을 비유한 말.

구재일(九齋日) 1월·5월·9월은 날마다 재일齋日이고, 그외 달의 8일·14일·15일·23일·29일·30일의 여섯 재일을 합한 것. 이 날은 도리천忉利天의 제석帝釋과 사천왕四天王 등이 중생의 행동을 살피는 날이므로 계율을 지키고 소식素食을 하며 착한 일을 해야 한다고 한다.

구적(求寂) 사미沙彌. 실라말니라室羅末尼羅. 십계十戒를 받고 열반과 원적圓寂에 구하는 사람.

구정(口定) 고요하게 침묵을 지키면서 시비를 말하지 않음.

구정(丘井) 몸이 늙어서 쓸 수 없음을 언덕에 있는 마른 우물에 비유한 말.

구정육(九淨肉) 구종정육九種淨肉. 비구는 육식을 금하지만 병을 치료하기 위해서나 부득이한 경우에는 9가지 정육淨肉을 먹는 것을 허락한다. ①죽임을 보지 않은 고기. ②죽임을 듣지 않은 고기. ③자기를 위해 죽였다는 의심이 없는 고기. ④자기를 위해 죽이지 않은 고기. ⑤목숨이 다해 스스로 죽은 고기. ⑥새가 먹다 남긴 고기. ⑦죽은 지 오래되어 저절로 마른 고기. ⑧기약하지 않고 대접하는 고기. ⑨이전에 이미 죽인 고기.

구제(救濟) 불행이나 고통 속에 있는 중생을 도와주는 것. 제도하는 것.

구조(九條) 승가리僧伽梨. 좁고 긴 아홉 오라기 베를 가로로 기운 가사. 아홉 오라기 베는 긴 조각 두 개와 짧은 조각 한 개를 세로로 기운 것. 외출할 때나 엄숙한 법회 때에 입는다.

구조가사(통도사 성보박물관)

구족계(具足戒)📖 upasaṃpanna 비구로서 공인을 얻는다는 뜻으로 수계受戒를 뜻하는 말. ①구계具戒. 만분계滿分戒. 비구가 되어서 지켜야 하는 계. 음역하여 오파삼발나鄔波三鉢那라고 하고 근원近圓으로 번역된다. 열반에 친근하다는 뜻으로 대계大戒·비구계比丘戒·비구니계比丘尼戒를 말한다. 사미계를 받은 지 3년이 넘은 만 20세 이상 70세 미만의 비구·비구니가 받아 지킬 계법으로 비구는 250계, 비구니는 348계가 있다. ②보살 십계 가운데 맨 마지막의 계율이기도 하다.

구종(九宗) 화엄종·율종·법상종·삼론종·성실종·구사종·천태종·진언종의 8종에 선종이나 정토종을 더한 것.

구종불환(九種不還) 욕계에서 색계로 올라가 반열반般涅槃하는 불환과不還果의 성자聖者. 곧 욕계의 혹惑을 끊어 다시 욕계에 나지 않는 성자를 9종류로 나눈 것으로 속반速般·비속반非速般·경구반經久般·생반生般·유행반有行般·무행반無行般·전초全超·반초半超·변몰徧沒이 있다.

구종식(九種食) 9가지 음식물. ①단식段食. 씹어서 먹는 고기·채소 따위와 같이 형상이 있는 식물. ②촉식觸食. 기쁘고 즐거운 감정을 일으키는 감촉에 의해 몸과 마음을 기르는 것. ③사식思食. 사상과 희망에 의해 몸을 돕는 것. ④식식識食. 마음의 힘으로 몸을 부지하는 것. ⑤선열식禪悅食. 선정에 의해 몸을 지탱하는 것. ⑥법희식法喜食. 불법에 의해 몸과 마음을 기르는 것. ⑦원식願食. 소원에 의해 목숨을 이어가는 것. ⑧염식念食. 수행하는 사람이 자기가 닦는 착한 일을 잊지 않으며 지혜를 더하는 것. ⑨해탈식解脫食. 증득한 이가 몸과 마음의 속박을 벗고 열반의 즐거움을 얻어 몸과 마음을 기르는 것.

구종횡사(九種橫死) 구횡九橫.

구주보살(舊主菩薩) 옛날부터 정토에 살고 있는 보살을 말한다.

구주심(九住心) 선정을 닦을 때 마음이 한 경계에 머물러 어지럽지 않게 하는 9가지의 방법. 안주심安住心·섭주심攝住心·해주심解住心·전주심轉住心·복주심伏住心·식주심息住心·멸주심滅住心·성주심性住心·지주심持住心.

구중생거(九衆生居) 구유정거九有情居·구거九居·구유九有·구지九地.

구지(九地) 구유정거九有情居·구중생거九衆生居·구거九居·구유九有. 삼계三界를 9가지로 나눈 것. ①욕계오취지欲界五趣地. ②이생희락지離生喜樂地. ③정생희락지定生喜樂地. ④이희묘락지離喜妙樂地. ⑤사념청정지捨念淸淨地. ⑥공무변처지空無邊處地. ⑦식무변처지識無邊處地. ⑧무소유처지無所有處地. ⑨비상비비상처지非想非非想處地.

구지(俱胝) 인도에서 쓰던 수의 단위. 십진법으로 되는 일·십·백·천·만·락차·도락차·구지이므로 1구지는 천만 분의 1에 해당한다.

구지근(具知根) 삼무루근三無漏根 가운데 하나. 아라한의 무루지無漏智. 닦을 것은 이미 닦고 끊을 번뇌도 이미 끊어 다시는 닦을 것이 없다고 하는 아라한위位에서 일어나는 지혜.

구지옥법(救地獄法) 기도祈禱라고 하여 공양하는 법으로 진리를 구하는 방법 가운데 하나. 지거여래심파지옥진언智炬如來心破地獄眞言을 염송하면 무간지옥이 먼지처럼 부서지고 고통 받는 중생이 모두 극락세계에 태어난다고 한다. 종·북·요령·목탁 등 소리가 나는 기물의 소리를 들으면 모든 죄가 소멸하여 악취에 떨어지지 않는다고 하며, 이 다라니를 베껴 쓰면 중생을 이롭게 하고 즐겁게 한다고 한다.

구차제정(九次第定) 무간선無間禪·연선鍊禪. 차례로 이어서 닦는 9가지의 선정. 초선初禪에서 일어나 차례로 제2선禪에 들어가고, 나머지 마음이 들지 못하게 하면서 차례로 멸진정滅盡定에 드는 것.

구참상당(九參上堂) 선가禪家에서 한 달에 아홉 번, 곧 3일마다 상당上堂하는 것.

구창(九瘡) 구공九孔.

구천(九天) 온 하늘. 대지를 중심으로 월천·수성천·금성천·일륜천·화성천·목성천·토성천·항성천·종동천을 말한다.

구치(俱致) 구지俱胝. 구치拘致. 수 이름. 억億으로 번역된다.

구치라(俱絺羅) 구슬치라拘瑟恥羅·구슬지라俱瑟祉羅. 슬膝로 번역된다. 태어나면서부터 손톱이 길어 장조범지長爪梵志라고 일컬었다. 뒤에 부처에게 귀의. 변재가 있어 문답이 제일인 부처의 제자.

구칭염불(口稱念佛) 칭념稱念하는 뜻으로 해석하여 부처의 명호를 부르는 것. 관념염불觀念念佛의 반대말. 칭명염불稱名念佛.

구파(瞿波) 여자를 뜻하는 말.

구품(九品) 아홉 종의 품류品類. 상상上上·상중上中·상하上下·중상中上·중중中中·중하中下·하상下上·하중下中·하하下下.

구품연대(九品蓮臺) 정토에 왕생하는 이가 앉는 아홉 종의 연화대. 정토의 행자行者는 임종할 때 성중聖衆의 마중을 받아 그들이 가지고 온 연대에 올라타고 정토로 가는데 그 행자의 품위品位에 9품이 있다. 상상품은 금강대金剛臺. 상중품은 자금대紫金臺. 상하품은 금련대金蓮臺. 중상품은 연화대蓮華臺. 중중품은 칠보연화七寶蓮華. 중하품은 자세하지 않음. 하상품은 보련화寶蓮華. 하중품은 연화. 하하품은 금련화유여일륜金蓮華猶如日輪.

구품염불(九品念佛) ①염불 수행의 우열을 일과日課의 많고 적음에 따라 9품으로 나눈 것. ②염불할 때 9가지의 장단으로 바꾸어 부르는 것.

구품왕생(九品往生) 정토淨土에 왕생하는 9품. 상품상생上品上生·상품중생上品中生·상품하생上品下生·중품상생中品上生·중품중생中品中生·중품하생中品下生·하품상생下品上生·하품중생下品中生·하품하생下品下生.

구품인(九品印) 아미타불의 정토 세계를 9가지로 나누어 보인 결인.

구품정토(九品淨土) 구품왕생九品往生.

구품혹(九品惑) 9품 번뇌. 탐貪·진瞋·만慢·교의에 통달하지 않은

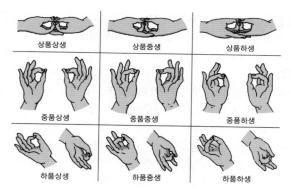

상품상생	상품중생	상품하생
중품상생	중품중생	중품하생
하품상생	하품중생	하품하생

구품인

무명無明의 4가지 수혹修惑을 추세에 따라 상·중·하 3품으로 나누고, 다시 각각을 상·중·하로 나눈 것. 9품 번뇌를 끊어 없애는 것을 구무간도九無間道라고 한다.

구해탈(俱解脫) 심해탈心解脫. 정력定力과 진지력眞智力으로써 번뇌장障과 해탈장을 모두 벗어나는 것. 혜해탈慧解脫의 반대말.

구해탈도(九解脫道) 구무간도九無間道.

구행인(久行人) 오랫동안 수행을 해 온 사람. 시행인始行人의 반대말.

구화(口和) 말다툼을 하지 않는 것. 범승凡僧의 사화事和 가운데 하나.

구화(漚和) 방편方便. 구화구사라漚和俱舍羅.

구화정진(求化精進) 노력하여 위로는 부처의 과위果位를 구하고 아래로는 중생을 교화하는 것.

구회일처(俱會一處) 염불하는 수행자가 극락세계에 왕생하여 모든 보살과 함께 한곳에서 만나는 것을 뜻하는 말.

구횡(九橫) 아홉 종의 횡사橫死. 구난九難.

국사(國師) 국가나 왕의 사표師表가 될 만한 고승에게 내리는 칭호.

국사단(局司壇) 절의 경내를 맡아보는 신을 봉안한 사당.

국사전(國師殿) 국사를 모신 전당. 국사가 나온 사찰에는 조사당祖師堂 대신에 국사전國師殿을 조성하여 봉안한다.

국토(國土) 모든 중생들이 머무는 곳. 정토淨土와 예토穢土 등의 구별이 있다.

국토세간(國土世間) 주처세간住處世間. 3가지 세간 가운데 하나. 중생이 사는 10계 차별의 기세간器世間을 말한다.

국토신(國土身) 산하대지山河大地를 말하는 것으로 십신十身 가운데 하나.

국통(國統) 승통僧統·사주寺主. 신라시대에 가장 높은 승직僧職.

군(裙) 하군下裙·내의內衣로 번역된다. 허리에 둘러서 입는 짧고 검은 옷. 치마처럼 주름이 많다. 이원승尼洹僧·열반승涅槃僧·이박사나泥縛些那·이벌산나泥伐散那.

군기(群機) 여러 종류의 근기根機라는 뜻으로 많은 중생을 의미한다.

군다리법(軍茶利法) 감로군다리명왕법甘露軍茶利明王法·군다리명왕법. 밀교에서 군다리명왕을 근본 존상尊像으로 하고 불행이나 재난 따위를 없애기 위해 기도하는 법.

군다리보살(軍茶利菩薩) 군지軍遲라고도 쓰고, 병瓶으로 번역된다. 5대 존명왕尊明王 가운데 하나. 남쪽에 배치된 명왕明王. 본지는 허공장虛空藏 또는 관세음보살. 보병寶瓶을 들고 있으며 모든 고통을 제도해 주고 자비를 베푸는 보살. 머리 하나에 팔이 여덟 개이며 성난 모습으로 모든 나쁜 귀신에게 항복을 받는다고 한다. 군다리야차軍茶利夜叉.

군맹(群萌) 한꺼번에 초목의 싹이 무더기로 나오는 것으로 곧 중생을 뜻한다. 육도六途를 윤회하면서 태어났다 죽었다 하는 무리. 유정有情·함령含靈·함식含識·군생群生·군품群品 등으로도 표현된다.

군생(群生) 중생을 뜻하는 말.

군지(軍持)📖 kuṇḍikā 병瓶으로 번역된다. 승려가 지니는 물병. 대승 비구의 18물物 가운데 하나. 군지君持·군지軍持·군치가捃稚迦·

군치가拘稚迦. 군지君遲 ➡ 정병淨甁

군지수(軍持手) 물병을 든 손. 천수관음千手觀音의 40개 손 가운데 군지君持를 든 오른쪽의 한 손.

군품(群品) 많은 계층의 사람들. 중생을 가리키는 말.

굴관(窟觀) 석굴에서 행하는 수관법修觀法. 좌선.

굴순의(屈眴衣) 제1포布·제1호포好布·대세포大細布라 번역된다. 무명베로 만든 청흑색의 7조 가사. 달마로부터 6조 혜능慧能까지 전해진 가사.

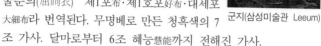
군지(삼성미술관 Leeum)

굴슬(屈膝) 귀명歸命.

굴외결집(窟外結集) 석가모니부처가 입적한 해에 대가섭 등 5백 비구가 왕사성 칠엽굴에 모여 결집할 때 결집에 참가하지 못한 비구들이 굴 밖에 모여 파사가婆師迦를 상수上首로 하여 결집한 것을 말한다.

굴청(屈請) 윗사람을 청하여 맞는 것.

궁강(宮講) 궁중에서 경전을 강의하는 것.

궁비라(宮毘羅) 약사전藥師殿에서 일광보살日光菩薩과 월광보살月光菩薩 외에 약사여래의 일을 돕는 12나한羅漢.

궁생사온(窮生死蘊) 생사를 다하는 온蘊이라는 뜻. 생사의 궁극인 금강유정金剛喩定에 이르기까지 계속해서 수전隨轉하는 근본온根本蘊으로 6식보다 더 미세한 의식을 말한다.

궁자(窮子) 궁자유窮者喩. 법화칠유法華七喩 가운데 하나. 가난하고 궁핍한 아들이라는 뜻. 장자의 아들이 집을 버리고 나가 50년 동안 외국을 방랑하며 가난하게 살아오다 아버지의 집에 와서 일하게 되는데, 아들은 아버지를 모르지만 아버지는 아들을 알아보고 깨닫게 한다는 비유. 장자는 부처, 궁자는 이승二乘, 재물은 대승의 보배에 비유하여 설명한다.

권(權) 📖 upāya 접근接近, 도착到着, 수단手段, 방책方策, 공부工夫, 책략策略, 기교技巧 등의 뜻. 권도權道. 방편方便의 다른 이름. 잠시 사용하고 버리는 교법. 수단. 실實實의 반대말.

권가(權假) 진실에 이르는 단계로서 가설적으로 베푼 수단이나 방편을 말하며, 진실眞實의 반대말.

권경(權境) 가설假設한 수단이나 방편을 말한다. 권교權巧. 권지權智.

권계(勸誡) ①권勸과 계誡. 권문계문勸門誡門·권계이문勸誡二門. 권은 권유하여 나아가게 한다는 뜻으로 선善에 나아감을 말하고, 계는 경계하여 장려한다는 뜻으로 악을 경계함을 말한다. ②진실심을 권문, 허가심虛假心을 계문에 놓기도 한다. ③마법魔法을 항복받는 것을 계, 정법正法을 섭수하는 것을 권이라 한다.

권공(勸供) 권청공양勸請供養. 공양을 올리는 의식. 상주권공常住勸供·상단권공上壇勸供·중단권공中壇勸供·하단권공下壇勸供·운수상단권공雲水上壇勸供·운수중단권공雲水中壇勸供 등이 있다.

권관(權管) 사찰에서 주지를 대신하여 온갖 일을 감독하는 소임. 감원監院·원주院主·원재院宰·감사監寺·주수主首.

권교(權教) 중생들이 진실한 이치를 깨달을 수 있도록 먼저 수단으로 말한 방편교方便教. 방편설이라고도 하며 실교實教의 반대말.

권귀(勸歸) 부처의 가르침에 귀의할 것을 권장하는 것.

권기(權機) 가르침을 바로 받을 근기가 아닌 사람에 대해 설법하는 것. 권교대승權教大乘. 실기實機의 반대말.

권대(權大) 권대승權大乘·권교대승權教大乘. 실대승實大乘의 반대말.

권도(權道) 다른 사람을 이롭게 하는 수단이나 방법. 방편方便.

권두(拳頭) 움켜쥔 주먹. 면목面目과 같은 뜻.

권란(圈欒) 권란捲欒 ①반절어反切語. 권권圈은 원반圓盤, 일원상一圓相을 말한다. ②가축을 가두어 기르는 우리.

권리(權理) 한쪽에 치우친 이치. 권가權假의 이치. 실리實理의 반대말.

권모(權謀) 방편의 다른 이름. 경우에 따라 거짓으로 베푸는 방법.

권문(權門) 권權은 가假의 뜻이고, 문門은 통通·입入의 뜻이다. 인도하기 위한 수단으로 가설한 교법을 말한다.

권발(勸發) 남에게 권장하여 부처의 가르침에 대해 마음을 내게 하는 것.

권방편(權方便) 부처의 가르침에 이르는 단계로서 가설한 수단.

권선지(勸善紙) 한지로 만든 주머니로 권선대勸善袋·권지勸紙라고도 한다. 불사가 있거나 추수기에 집집마다 나누어 주어 보시할 수 있도록 준비한 봉투.

권속(眷屬)📖 parivāra 시자侍者, 수행자隨行者, 종자從者 등의 뜻이며, 권속眷屬, 반반伴, 반류伴流, 수행隨行, 위요圍繞라고 의역하고 음사는 파니박라跋儞縛羅이다. 보좌하고 시중드는 사람. 주위를 둘러싸는 위요圍繞로 불보살을 따르며 불법을 닦는 대중.

권속반야(眷屬般若) 다섯 반야 가운데 하나. 난위·정정頂·인인忍·세제일법世第一法 등의 모든 지혜나, 계계戒·정정頂·혜혜慧·해탈解脫·해탈지견解脫知見 등을 말한다. 모두 온갖 교법을 자세히 살피는 지혜의 권속이므로 권속반야라고 한다.

권속정(眷屬淨) 부처를 따르는 제자들의 청정한 믿음.

권승(權乘) 대중의 근기에 맞게 가설한 방편을 권權으로, 곧 수단이나 방편의 단계적 교설을 말한다. 수단이 아닌 불변의 진실은 실實이다. 진승眞乘·실승實乘의 반대말.

권신계의(勸信誡疑) 믿음[信心]을 권하고 의심을 경계한다는 뜻. 불법은 오직 믿음으로 도에 들어가는 것이므로 믿음을 권하고 의심을 경계한다는 뜻.

권실(權實) 권교權敎와 실교實敎의 약칭. 가설한 방편이 권이고, 수단이나 가설이 아닌 불변의 진실이 실이다. 권지權智·실지實智 또는 권경權境·실경實境이라고도 한다

권실불이(權實不二) 권교權敎와 실교實敎가 둘이 아니라 실질적인

본체가 하나라는 말. 실교實敎는 진실한 교법이며, 권교權敎는 실교를 위한 수단으로 가설한 교법.

권인(拳印) 주먹 모양이 되는 결인.

권자본(卷子本) 두루마리 형태로 책을 묶어 만든 경전이나 사경寫經.

권적(權迹) 부처가 중생을 교화하고 구제하기 위해 방편인 권權으로 자취를 보인 것을 말한다. 중생을 구제하는 방편으로 일부러 여러 가지 다른 모양으로 화하여 나타나는 것을 말한다.

권전법륜(勸轉法輪) 삼전법륜三轉法輪 가운데 하나. 권勸은 권면勸勉의 뜻. 사제四諦에 대해 미迷의 원인인 집集을 없애고, 미의 결과인 고苦를 알고, 오悟의 경계인 멸滅을 증證하고, 오에 도달하는 도道를 행하라고 권하는 것. 권전勸轉.

권지(權智) 가설假設한 수단 방편인 권을 말한다. 권교權巧. 부처가 중생의 근기에 맞는 차별상差別相을 통달하는 지혜. 중생 교화의 묘한 작용은 권지에 있다. 방편지方便智. 후득지後得智. 실지實智의 반대말.

권지(勸紙) 권선지勸善紙.

권진(勸進) ①권화勸化. 권유하여 책진策進하게 하는 것. 착한 일을 하고 공덕을 쌓으라고 남에게 권하는 것. 남에게 권하여 불교의 법도에 들게 하는 것. ②권재勸財·권모勸募·권선勸善. 절에서 행하는 불사佛事를 위해 보시하기를 권하는 것.

권청(勸請) 📖 ①권하여 청한다는 뜻. 부처가 설법해 주기를 지극한 정성으로 원하는 것. ②열반에 들려는 부처에게 오래도록 이 세상에 계시기를 원하는 것. ③불보살의 위位의 있는 모습으로 위령威靈이나 불상을 절 안에 봉안하는 것을 말한다.

권청공양(勸請供養) 권공勸供.

권현(權現) 불보살이 중생을 구제하기 위해 화현하여 나타나는 것. 권자權者·권화權化·대권大權·화자化者.

권화(權化) ①모든 부처와 보살이 여러 가지 의미의 몸을 나타내는 것. 권자權者·권현權現·화자化者. ②불법을 설교說敎하는 일. 교화敎化.

궐과(闕過) 궐감과闕減過. 인명因明의 작법에서 말을 진술하지 않거나 진술하더라도 이치에 결함이 있어 남이 이해하기 어려운 허물을 말한다. 유체궐有體闕과 무체궐無體闕이 있으며 지과支過의 반대말.

궐소락가(厥蘇洛迦) 비구니가 입는 치마 이름. 천의圖衣. 구소락가俱蘇洛迦·궐수라厥修羅.

궤(櫃) 절에서 의식에 사용하는 탁자보나 장막 등을 넣어 보관하는 장방형의 나무 가구.

궤두(櫃頭) 고두庫頭·부사副寺. 사찰에서 돈·쌀·옷감·곡식 따위의 출납을 맡아보는 소임.

궤범사(軌範師) 제자들에게 법식의 뜻을 가르치는 스승. 아사리·아차리야阿遮利耶.

궤지(軌持) 법法의 뜻을 풀이한 것. 법에는 궤軌의 뜻과 지持의 뜻이 있다.

귀(鬼) preta 죽은, 사인死人, 사체死體의 뜻으로 음사는 폐려다薜荔多이다. ①야차夜叉나 나찰羅刹처럼 큰 힘을 가지고 사람을 해치는 귀신. ②육도六道의 중생 가운데 하나. 항상 배고픔과 목마름에 시달리는 아귀. ③요괴妖怪. ④영혼. ⑤지옥의 옥졸.

귀갑문(龜甲紋) 거북이 등껍질 모양과 비슷한 육각형의 문양.

귀견(鬼見) 사견邪見을 귀신에 비유한 것.

귀경(歸敬) 📖 namas 귀의하여 공경함. ➡ 귀명歸命

귀경서(歸敬序) 귀경문歸敬文. 논論이나 소疏의 첫머리에 불보살에게 귀경하는 뜻을 나타내는 글.

귀갑문(태종무열왕릉비)

귀계(歸戒) 삼귀계三歸戒. 삼보에 귀의하는 계법.

귀꽃 석탑 등의 귀마루 끝에 새겨진 꽃봉오리 모양의 장식.

귀두(龜頭) 비석의 거북이 머리 부분.

귀례(歸禮) 귀명歸命.

귀면(鬼面) 귀신의 얼굴을 한 조각품. 요괴나 악귀, 사귀, 병귀, 마귀 등을 쫓기 위한 축귀逐鬼의 용도로 쓰였다. 석가여래상 좌대의 용왕 귀면과 같은 것.

귀면(국립경주박물관)

귀명(歸命) 🕮 namas 머리를 아래로 하는 것으로 경례敬禮. ①귀투신명歸投身命. 목숨을 던져 귀의한다는 뜻. ②귀순교명歸順教命. 부처의 교명에 따른다는 말. ③환귀본명還歸本命. 명근命根을 근본에 돌려보내는 것. ④불법을 공경하고 따름. 지극한 공경심을 갖고 예배하는 것을 말한다. 삼보三寶에 돌아가 몸과 마음을 부처에게 의지하는 것을 말한다. 나무南無·나모南謨로 음역된다. 경례敬禮·귀례歸禮·귀의歸依·구아救我·도아度我·굴슬屈膝·신순信順·의고依靠 등으로 번역된다.

귀명상(歸命想) 구원해 주기를 바라는 생각.

귀명정례(歸命頂禮) 귀명례歸命禮. 귀의삼보歸依三寶. 신구의身口意 삼업으로 목숨을 다하여 머리를 땅에 대고 예를 올리는 것. 귀명歸命은 의업意業으로, 마음으로 삼보에 귀순하는 것. 정례는 신업身業으로, 머리를 땅에 대고 삼보에 경례하는 것을 말한다. 귀투신명歸投身命. 곧 지극한 마음으로 자기 목숨을 던져 부처의 가르침에 귀의한다는 뜻의 예불. 지심귀명례至心歸命禮.

귀명합장(歸命合掌) 금강장金剛掌·금강합장金剛合掌이라고도 한다. 열 손가락의 머리를 서로 교차하는데 왼손 각 손가락 위에 오른손의 각 손가락을 놓는 합장.

귀모토각(龜毛兎角) 거북이의 털과 토끼의 뿔이라는 말로 실제의 체體가 없는데 있는 것으로 잘못 아는 것을 비유하는 말.

귀병(鬼病) 귀매鬼魅가 사람에게 붙어 병이 된 것.

귀부(龜趺) 거북 모양으로 만든 비석의 받침돌.

귀산(歸山) 승려가 자기가 있던 절로 돌아가는 것.

귀성(鬼城) 건달바성.

귀속(歸俗) 승려가 출가자 생활을 그만두고 다시 속세로 돌아오는 것. 환속還俗·퇴속退俗.

귀신(鬼神) 무서운 위력을 지닌 일종의 괴물. 악귀신惡鬼神과 선귀신善鬼神이 있다.

귀신식시(鬼神食時) 4식시食時 가운데 하나. 귀신이 음식을 먹는 시간. 어두운 밤을 말한다.

귀왕상(鬼王像) 악귀를 물리치고 권선징악을 상징하는 신장神將의 상.

귀왕상(서울 청룡사)

귀원(歸元) 몸을 가진 생멸 변화하는 현세계를 벗어나 진적眞寂한 본원本元에 돌아간다는 뜻으로 열반涅槃을 말한다. 승려의 죽음. 귀적歸寂·귀진歸眞·멸도滅度·순세順世·원적圓寂·입적入寂·천화遷化라고도 한다.

귀의(歸依) 부처에게 의지한다는 뜻. 목숨을 다하여 불법에 의지한다는 뜻. 귀명歸命. 귀투歸投.

귀의법(歸依法) 사악한 법을 버리고 바른 법을 닦는 것. 귀歸는 사악한 법에서 돌아서서 바른 법을 닦는 것, 의依는 부처가 설한 법에 의지하는 것을 말한다.

귀의불(歸依佛) 사법邪法을 버리고 올바른 스승인 부처의 법으로 돌아간다는 뜻. 부처의 큰 깨달음인 법에 의지하여 삼도三途 및 삼계三界의 생사에서 벗어나는 것.

귀의삼보(歸依三寶) 귀명정례歸命頂禮. 귀명례歸命禮. 불법승 삼보에 귀의하는 것.

귀의승(歸依僧) 외도의 사특한 행실을 하는 벗을 버리고 부처를 믿고 출가하여 올바른 행실을 하는 벗에 의지하는 것을 말한다. 보통은 승가에 귀의하는 것 또는 승려에 귀의하는 것을 말한다.

귀입(歸入) 허망함을 버리고 진실한 법에 들어가는 것.

귀자모신(鬼子母神) 노귀신왕老鬼神王인 반사가의 아내. 부처의 교화를 받아 악행을 중지하고 아기의 양육을 도우는 일을 맡았다고 하는 귀자모鬼子母, 대야차여신大夜叉女神의 이름. 하리제訶利帝·하리저訶利底·가리저柯利底·가리저哿利底·하리타訶利陀. 환희歡喜로 번역된다. 환희모歡喜母·애자모愛子母·천모天母·공덕천功德天이라고도 한다.

귀점오처(鬼黏五處) 쉬지 않고 힘써 정진하는 것.

귀진(歸眞) 생멸 변화하는 현 세계를 벗어나 진적眞寂한 본원本元에 돌아간다는 뜻으로 죽음을 말한다. 승려의 죽음. 열반涅槃. 귀본歸本·귀원歸元·귀적歸寂·귀화歸化·멸도滅度·순세順世·순화順化·원적圓寂·입적入寂·천화遷化라고도 한다.

귀투(歸投) 귀투신명歸投身命. 지심귀명례至心歸命禮. 지극한 마음으로 자기 목숨을 던져 불교에 귀의한다는 뜻. 귀명정례歸命頂禮. 귀명례歸命禮.

귀포목(鬼怖木) 버드나무. 선제禪提 비구가 버들가지로써 용龍을 저주하였다는 고사故事에서 나온 말.

귀화(歸化) 귀원歸元. 사람이나 승려의 죽음을 말한다. 열반涅槃. 입적入寂.

규환(叫喚) 팔열八熱 지옥 가운데 네 번째. 물이 끓는 큰 가마솥에 들어가기도 하고, 뜨거운 쇠통 속에 들어가서 고통을 견디지 못해 울부짖는다고 한다. 살생·도둑질·음행·음주 등의 죄를 범한 이가 들어가는 지옥. 규환지옥叫喚地獄. 누갈樓獝·누독樓獨. 제곡啼哭·호규號叫로 번역된다.

균자장(均字匠) 조선시대 교서관校書館에 소속된 장인. 책을 찍는 판목 위에 주자鑄字를 배열하고 고정시키는 사람.

균제동자(均提童子) 문수보살의 시동.

극각(極覺) 묘각妙覺.

극과(極果) 구극究極의 증과證果. 대승의 불의 과위果位. 소승의 무학과無學果와 같이 지극 구경의 과위果位를 가리킨다. 아라한과阿羅漢果. 무상열반의 극과라고도 한다.

극과(剋果) 득과得果.

극난승지(極難勝地) 난승지難勝地. 보살 십지十地 가운데 다섯 번째.

극락(極樂) 📖 불교의 이상향. 공덕 수행을 통해서 극락왕생하는 곳. 불국토. 서방정토. 아미타불이 거주하는 안락한 이상세계. 아미타불의 전신인 법장비구法藏比丘의 이상을 실현한 국토. 수마제須摩提·수하제須訶提·수하마제須訶摩提·소하박제蘇縛提. 묘락妙樂·안락安樂·안양安養·안온安穩·낙방樂邦·낙무량樂無量·낙유樂有·일체락一切樂 등으로 번역된다. ➡ 정토淨土

극락당(極樂堂) 아미타불을 봉안한 불전佛殿.

극락보전(極樂寶殿) 극락정토의 주재자인 아미타불을 봉안한 법당. 극락전極樂殿. 미타전彌陀殿·무량수전無量壽殿.

극락보화(極樂報化) 아미타불의 극락국토를 각 종파에 따라서 보토報土라고도 하고, 화토化土라고도 한다.

극락전(極樂殿) 극락보전極樂寶殿. 미타전彌陀殿·무량수전無量壽殿이라고도 한다. 극락정토의 주재자인 아미타불을 봉안한 법당.

극락정토(極樂淨土) 극락. 극락세계. 서방정토.

극략색(極略色) 법처소섭색法處所攝色 5가지 가운데 하나. 오근五

根·오경五境 등의 색色을 세밀하게 나누어 더 이상 나눌 수 없는
데까지 이른 것을 말한다. 극미極微.

극락보전(강진 무위사)

극미(極味) 우유를 정제하여 만든 제호미醍醐味. 오미五味 가운데
하나.

극미(極微)📖 paramāṇu 극소의 부분, 극미極微, 원자原子의 뜻이
있으며, 음사는 파라마나波羅摩拏이며 극미極微 또는 최극미세最極
微細라고 의역한다. 색법色法의 지극히 작은 것. 물질을 가장 작게
분석한 것으로 지금 과학에서 말하는 분자分子와 같은 것이다.
극유진極遊塵의 823,543분의 1에 해당한다. 견堅·습濕·난煖·동動
의 네 가지 성질을 가진다. 구사종俱舍宗에서는 모든 색법은 전부
극미가 모여서 이루어진 것이라고 하며 극략색極略色이라고도 한
다. ➡ 색色

극설(極說) 지극한 교설敎說.

극성(剋聖) 극증克證. 성인의 과위를 얻은 것.

극성(極聖) 부처. 성인 가운데 최고를 일컫는 말.

극성위(極聖位) 6가지 성위性位 가운데 맨 윗자리인 묘각妙覺의
지위. 교의에 통달하지 않은 무명無明을 여의고 증득한 부처의 과위
果位의 위位.

극식(剋識) 극剋은 필必이며, 식識은 기억을 뜻한다. 천신天神이 사람의 선과 악을 기억해 내는 것을 말한다.

극실(剋實) 극실克實. 진실한 이치를 얻는 것. 실질적인 본체를 취하는 것. 일의 실제를 정미하게 의논하는 것.

극악(極惡) 네 가지 중죄重罪와 다섯 가지 역죄逆罪를 범한 일.

극열지옥(極熱地獄) 팔대 지옥 가운데 일곱 번째.

극위(極位) 지극히 증득하여 깨달은 지위. 불의 깨달은 과위果位.

극유진(隙遊塵) 일광진日光塵·향유진向遊塵. 공중에 흩어져 겨우 눈으로 알아볼 만한 정도의 티끌.

극정(極靜) 지극히 고요한 정려靜慮. 선정.

극존(極尊) 매우 높은 어른. 부처를 가리키는 말.

극증(極證) 지극한 깨달음.

극지(極地) 지극한 지위. 부처.

극치(極致) 지극한 종지宗旨.

극형색(極逈色) 법처소섭색法處所攝色 5가지 가운데 하나. 온갖 형상이 있는 물질을 제외하고 아득한 것을 공계색空界色이라 하는데, 공계색을 분석하여 극미極微에 이르는 것을 말한다. 안식眼識의 대상이 아닌 의식의 대상이 되므로 12처處 가운데 색처色處가 아닌 법처法處에 속한다.

극호음(極好音) 여래 8음音 가운데 하나.

극희(極喜) 보살 10지 가운데 초기初地. 극희지極喜地. 환희지歡喜地.

극희지(極喜地) 환희지歡喜地.

근(根)📖 indriya 신神에 속한다, 신과 닮았다, 신의 무리, 신의 힘, 지배支配, 위대한 행위, 활력, 체력, 정력, 감관感官, 감각感覺, 감능感能 등의 뜻이 있다. ①근본. 선근善根 등의 근. ②오관五官 등의 기관. 증상增上하고 능생能生하는 작용이 있는 것. ③육근六根.

근(勤)📖 vīrya 용감한, 용기勇氣, 력力, 능력能力, 영웅적인 행위, 남성의 정력精力 등의 뜻이 있다. 75법法 가운데 하나. 백법百法 가운데 하나. 심소心所의 이름. 정진으로 번역된다. 악을 끊고 선을 닦는 데 용맹한 정신작용. 10대선지十大善地 가운데 하나.

근구(勤求) 부지런히 수행하여 법을 구하는 것.

근궐(根闕) 근불구根不具. 근근이 모자라는 것. 곧 귀머거리·소경·벙어리 따위의 불구자.

근근(勤根) 정진근精進根.

근기(根器) 근근은 근성根性, 기器는 근성에 따른 도량을 말한다. 기류機類.

근기(根機)📖 indriya 신神에 속한다, 신神과 닮았다, 지배支配, 위대한 행위, 활력, 체력, 정력精力, 감관感官, 감각感覺, 감능感能 등의 뜻이 있다. ①중생의 성품을 가리키는 말. ②근근은 물건의 근본이 되는 힘, 기機는 발동의 뜻으로 교법을 닦아서 증득하여 얻는 능력 또는 교법을 받는 중생의 능력을 말한다.

근념(勤念) 부지런히 염불하는 것.

근력(根力) 오근五根과 오력五力.

근력각도(根力覺道) ①근력根力. 오근五根과 오력五力. ②칠각지七覺支와 팔정도八正道.

근문(根門) 안眼·이耳·비鼻·설舌·신身·의意의 육근六根.

근바라밀(近波羅蜜) 대바라밀에 가까워진 보살의 수행. 보살 10지地 가운데 제8지 이상을 말한다.

근본무명(根本無明) 진여의 실성을 알지 못하는 불각不覺 미망迷妄의 마음. 지말무명枝末無明의 반대말. 근본불각根本不覺·무시무명無始無明·원품무명元品無明.

근본번뇌(根本煩惱) ①본번뇌本煩惱·근본혹根本惑·본혹本惑. 모든 번뇌 가운데 번뇌의 근본이 되는 여섯 가지 번뇌. 탐貪·진瞋·치癡·만慢·의疑·악견惡見. ②아집我執의 미혹과 허망한 생각을 이루는 4

가지 근본적인 번뇌. 아치我癡·아견我見·아애我愛·아만我慢. 말나식
末那識의 원인.

근본법륜(根本法輪) 3전법륜轉法輪 가운데 하나. 『화엄경』의 설법
을 말한다.

근본불교(根本佛教) ①부처의 원형적인 교설을 가장 잘 간직하고
있는 불교를 말하며, 부처와 그 직제자들의 사상을 가리킨다. ②부
처가 보리수 아래에서 깨달은 후부터 열반까지의 가르침인 30년
또는 40년의 교화 활동 기간을 근본 불교라고 하고, 불멸 후
100~200년 사이에 일어난 대중부와 상좌부가 분열하기 이전까지
의 불교를 원시 불교 또는 초기 불교라고 한다.

근본선(根本禪) 근본정根本定. 근본정려根本靜慮.

근본식(根本識) 근식根識. 현상 세계의 근본이 되는 식. 안식·이식
등 모든 심식이 의지하는 아뢰야식阿賴耶識.

근본심(根本心) 삼심三心 가운데 하나. 제8식. 제8식은 물物·심心의
모든 법이 생겨나는 근본이 되므로 근본심이라고 한다.

근본오인(根本五印) 수인 가운데 근본이 되고 자주 사용하는 것.
곧 전법륜인轉法輪印·선정인禪定印·지권인智拳印·시무외인施無畏印·여
원인與願印을 말한다.

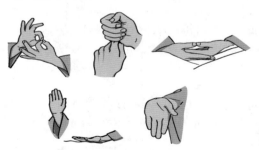

근본오인. 왼쪽부터 전법륜인, 지권인, 선정인, 시무외인, 여원인

근본의(根本依) 심심·심소心所가 의지하여 생기는 곳. 종자의種子依.

근본정(根本定) 몸이 욕계에 있어 색계·무색계에 아직 태어나지 않았는데, 아래 지위의 수혹修惑을 끊고 얻은 선정. 근본선根本禪. 근본정려根本靜慮.

근본존상(根本尊像) 공양하고 예배하는 대상이 되는 존상.

근본주(根本咒) 관음보살의 큰 자비의 주문.

근본지(根本智) 진리에 계합하여 능연能緣과 소연所緣의 차별이 없는 진실한 지혜. 모든 지혜의 근본. 후득지後得智를 내는 근본. 근본무분별지根本無分別智·무분별지·여리지如理智.

근본혹(根本惑) 근본번뇌.

근분정(近分定) 요계에서 아래 지위의 수혹修惑을 굴복시키고 근본정으로 들어가려고 준비하는 선정. ➡ 근본정根本定

근사(近事)📖 upāsaka ~에 봉사한다, 종자從者, 숭배자, 신자信者 등의 뜻이 있다. upāsaka는 남자를 가리키고, upāsikā는 여자를 가리킨다. 삼보를 가까이 하고 받드는 집에 있는 사람. 남자는 근사남. 여자는 근사녀.

근사남(近事男) upāsaka ~에 봉사한다, 종자從者, 숭배자, 신자 등의 뜻으로 남자를 가리킨다. 삼보를 가까이 하고 받드는 남자. 오계五戒를 받은 재가의 남자. 우바새優婆塞·오파색가鄔波索迦.

근사녀(近事女) upāsikā ~에 봉사한다, 종자從者, 숭배자, 신자信者등의 뜻으로 여자를 가리킨다. 우바이優波夷·오파사가鄔波斯迦. 삼보를 가까이 하고 받드는 여자. 오계五戒를 받은 재가의 여자.

근사율(近事律) 근사율의近事律儀·근사계近事戒. 우바새·우바이가 지켜야 하는 오계五戒.

근상하지력(根上下智力) 십력十力 가운데 하나. 중생의 근기와 성품이 같지 않고 증득의 과위果位가 다름을 아는 부처의 밝은 지혜.

근선우(近善友) 좋은 벗을 가까이 한다는 뜻으로 열반 십인十因 가운데 하나. 친인親仁.

근성(根性) 기력氣力의 근본이 근根, 선과 악의 습관이 성性이다.

근식(勤息) 📖 śramaṇa 몸을 수고롭게 한다, 고행자, 유행승遊行僧 등의 뜻으로 사문沙門·상문桑門 등으로 의역하며, 지식止息으로도 번역한다. 부지런히 선행을 하고 온갖 악행을 그친다는 뜻. 출가하여 법을 수행하는 이, 즉 사문沙門을 말한다.

근식(根識) 아뢰야식阿賴耶識 가운데 하나.

근신(根身) 육근六根의 조합으로 이루어진 몸.

근심(根心) 안식眼識·이식耳識·비식鼻識·설식舌識·신식身識·의식意識을 말한다.

근원(近圓) 구족계具足戒의 다른 이름.

근정(根淨) 육근六根의 청정한 공덕.

근주(近住) 📖 upavāsa 삼보를 가까이 하며 오래도록 머무는 이. 집에서 하루 밤낮 동안 팔계八戒를 지니는 남자와 여자.

근주남(近住男) 선숙남善宿男. 집에 있으면서 팔계를 받은 남자.

근주녀(近住女) 집에 있으면서 팔계를 받은 여자.

근주율의(近住律儀) 집에 있는 남녀가 하루 밤낮 동안 받아 지키는 팔계.

근진(根塵) 근경根境. 육근六根과 육진六塵.

근책(勤策) 사미沙彌. 비구가 되려고 부지런히 힘쓴다는 뜻.

근책남(勤策男) 사미沙彌. 비구가 되려고 부지런히 힘쓰는 남자.

근책녀(勤策女) 사미니沙彌尼. 비구니가 되려고 부지런히 힘쓰는 여자.

근책녀율의(勤策女律儀) 사미니계.

근책율의(勤策律儀) 사미계沙彌戒.

근패(根敗) 눈·귀·코·혀·몸의 오근五根이 나빠져서 쓰지 못하는 것.

근행(勤行) ①항상 선한 일을 부지런히 행하는 것. ②불보살 전에서 독경·예배 등을 부지런히 닦는 것.

금가(今家) 자기의 종파를 뜻하는 말.

금강(金剛)📖 vajra 뇌전雷電, 신神의 뇌전雷電, 파괴적인 주문에 대응하는 금강저金剛杵, 금강석金剛石 등의 뜻이 있다. 발절라跋折羅. ①금강석金剛石. 쇠 가운데 가장 정精하고 굳고 예리한 것. 지혜에 비유. 부처의 경전에서는 항상 견리堅利의 2가지에 비유된다. ②금강보계金剛寶戒. 금강석金剛石을 깨뜨리거나 부술 수 없듯이 한번 계를 받으면 영원히 잃지 않아야 한다는 것을 비유하는 말. ③금강저金剛杵. 제석천왕과 금강신들이 들고 있는 무기.

금강결가(金剛結跏) 반가좌半跏坐. 오른발을 왼쪽 다리 위에 올려 놓고 단정하게 앉는 것.

금강계(金剛界) 대일여래가 지혜와 공덕을 열어 보인 부문으로 불佛·금강金剛·보寶·연화蓮華·갈마葛磨의 5부로 되어 있다. 계界는 체성體性이란 뜻으로 모든 살아 있는 유정有情은 본래부터 부처의 지혜와 성품인 지성智性을 갖추고 있음을 가리킨다.

금강계단(金剛戒壇) 수계 의식을 행하는 장소. 진신사리眞身舍利를 봉안한 계단. 열반을 성취함에 있어서 계戒·정定·혜慧 삼학三學의 원만한 획득이 중요하지만, 무엇보다 계율을 지키는 것이 가장 중요하다는 의미에서 금강계단이라고 한다.

금강계만다라(金剛界曼荼羅) 대일여래의 깊은 지혜의 세계를 금강에 비유하여 묘사한 것. 9종 만다라.

금강계여래(金剛界如來) 대일大日여래.

금강구(金剛句) 전도됨이 없다는 뜻으로 부처를 찬탄讚歎하는 열 개의 게송 구절. 금강구게金剛句偈·금강찬金剛讚·금강풍영金剛

금강계만다라(일본 동사東寺)

諷詠이라고도 한다.

금강구(金剛口) 여래의 매우 뛰어난 말이 금강과
같음을 뜻하는 말.

금강권(金剛拳) 금강권인金剛拳印. 네 손가락으로
엄지를 감싼 모양. 금강계 대일여래의 오른손 권인.

금강궐(金剛橛) 사방궐四方橛·사궐四橛. 수법修法

금강권

하는 도량에서 결계結界할 때 단상의 네 모퉁이에
세우는 기둥. 그 모양이 독고저獨股杵와 같으며 머리는 연꽃 모양이
나 보배 모양으로 만든다.

금강나라연신(金剛那羅延身) 불보살의 수승한 몸을 말한다. 불보
살의 수승한 몸이 견고하여 깨지지 않는 것이 금강과 같고, 또 힘이
센 것이 나라연의 몸과 같다는 뜻. 나라연那羅延은 견뢰堅牢·승력勝
力으로 번역되며 천상의 역사力士를 말한다.

금강장(金剛場) 금강심金剛心. 금강좌金剛座로서 여래가 바르게 깨
달은 곳.

금강력(金剛力) 강한 힘 또는 금강역사金剛力士의 힘을 뜻한다.

금강역사(金剛力士) 금강저金剛杵를 들고 불법을 수호하는 천신天
神. 금강신金剛神·집금강執金剛·지금강持金剛·금강야차金剛夜叉·금강
밀적金剛密迹·밀적금강密迹金剛.

금강륜(金剛輪) ①금강의 법륜. 밀교를 말한다. 금강승金剛乘. ②부
처가 깨달음을 이룰 때 앉았던 자리. 금강좌金剛座. ③오륜五輪 가운
데 하나. 금륜金輪.

금강륜삼매(金剛輪三昧) 오륜삼매五輪三昧 가운데 하나. 선정에 들
어 번뇌의 방해를 받지 않고 모든 번뇌를 끊어 버린 뒤 무학과無學
果를 증득하는 선정.

금강무간도(金剛無間道) 금강심金剛心 보살이 바로 묘각妙覺의 자
리에 들어가는 것.

금강무간지(金剛無間智) 금강무간도에서 바로 불과위佛果位의 장

애를 끊어 내는 지혜.

금강문(金剛門) 가람과 불법을 수호하는 두 명의 금강역사가 있는 문. 천왕문과 일주문 사이에 위치한 문으로 왼쪽에는 밀적금강密迹金剛, 오른쪽에는 나라연금강이 자리잡고 있다. 인왕문仁王門이라고도 한다.

금강문(하동 쌍계사)

금강밀적(金剛密迹) 금강역사金剛力士·밀적금강·밀적역사. 밀적이란 항상 부처를 모시고 부처의 비밀한 사적을 기억한다는 뜻으로 손에 금강저를 들고 큰 위엄을 나타내어 불법을 수호하는 천신天神을 말한다.

금강반(金剛盤) 금강반자金剛盤子. 금강령鈴과 금강저杵를 담는 도구 이름.

금강번(金剛幡) 번幡의 간두竿頭에 용머리 모양으로 꾸며 놓은 깃발.

금강법계궁(金剛法界宮) 법계궁전法界宮殿. 대일여래가 『대일경大日經』·『금강정경金剛頂經』 등을 설한 곳.

금강보계(金剛寶戒) 일심금강계一心金剛戒. 『범망경梵網經』에서 말한 대승계大乘戒, 곧 원돈계圓頓戒를 말한다.

금강보장(金剛寶藏) 대열반 및 중생 심지의 깨끗한 보리심.

금강불괴승지(金剛不壞勝地) 절을 지은 땅. 공덕이 견고하여 파괴할 수 없음을 비유하는 말.

금강불괴신(金剛不壞身) 불신佛身 또는 법신法身을 말한다.

금강불자(金剛佛子) 밀교에서 관정灌頂을 받은 사람을 가리킨다.

금강삼매(金剛三昧) 모든 미혹을 끊은 경지. 금강유정金剛喩定·금강심金剛心·금강정金剛定.

금강수(金剛手) 금강살타金剛薩埵. 손으로 금강장金剛杖이나 금강저金剛杵를 잡은 보살을 말한다.

금강수(金剛水) 금강서수金剛誓水·서수誓水. 관정식灌頂式 때 서약을 세우기 위해 관정을 받는 사람이 마시는 향수.

금강수(金剛樹) 천목수天目樹. 보리수菩提樹라고도 한다. 열매를 금강자金剛子라고 하여 흔히 염주를 만드는 데 쓴다.

금강승(金剛乘) 밀교는 금강승, 시륜승時輪乘, 구생승俱生乘을 삼승三乘이라 한다. 금강륜金剛輪.

금강신(金剛神) 절에 들어가는 문이나 전각의 입구에 서서 불법을 수호하는 신. 금강역사金剛力士라고도 한다.

금강신(金剛身) 파괴되지 않는 금강의 몸. 불신佛身. 법신法身.

금강심(金剛心) ①보살의 큰마음. 어떤 유혹에도 움직이지 않는 견고한 마음. ②금강유정金剛喩定·금강삼매金剛三昧.

금강심보살(金剛心菩薩) 무구지보살無垢地菩薩의 다른 이름.

금강야차(金剛夜叉) 금강역사金剛力士.

금강유정(金剛喩定) 금강의 견고하고 예리함으로 모든 번뇌를 끊어버리는 선정을 말한다. 금강정金剛定·금강삼매金剛三昧·금강심金剛心·정삼매定三昧.

금강장(金剛杖) 불법을 호지護持하고 중생을 이롭게 하기 위해 상징적으로 드는 지팡이.

금강장(金剛掌) 금강합장金剛合掌·귀명합장歸命合掌.

금강장(金剛藏) 팔장八藏 가운데 하나. 등각보살이 금강유정金剛喩定의 모양을 말한 것.

금강장왕(金剛藏王) 금강살타金剛薩埵의 화신. 태장계 허공장원 중의 보살로서 만다라 보살의 오른 쪽에 있으며 밀호를 비밀금강이라고 한다.

금강저(金剛杵) vajra 벌절라伐折羅. 원래 인도의 병기兵器였으나 밀교密教에서 빌려다가 견고하고 예리한 지혜의 표상으로 삼아 번뇌를 끊고 악마를 굴복시키는 의미로 사용한다. 불구佛具로 사용한 것은 제석천이 금강저를 무기로 삼아 아수라를 쳐부순 신화에서 비롯되었다.

금강정(金剛定) 금강유정金剛喩
定·금강삼매金剛三昧·금강심金剛
心.

금강정찰(金剛淨刹) 가람伽藍의
덕칭德稱. 공덕功德이 견고하고
예리함을 금강에 비유한 것. 금
강찰金剛刹.

금강저(독고저, 삼고저, 오고저)

금강좌(金剛座) 부처가 깨달음을 이룰 때 앉았던 자리. 금강륜金
剛輪.

금강지(金剛智) ①지혜의 견고하고 예리함이 금강과 같다는 뜻.
부처의 지혜. 여래의 지혜. ②남인도 광명국光明國 사람으로 밀법密
法에 능통했다고 한다.

금강체(金剛體) 금강처럼 견고한 몸. 부처의 몸 또는 불신佛身의
공덕을 가리켜서 하는 말.

금강침(金剛針) 독고獨鈷의 다른 이름.

금강합장(金剛合掌) 금강장金剛掌·귀명합장歸
命合掌. 12합장 가운데 하나. 열 손가락을 합하
여 그 첫마디를 교차하여 세운 것. 차수합장과
같은 말.

금경(金經) 부처의 경전.

금계(金界) 금사계金沙界. 관세음보살이 사는
세계 또는 금강계金剛界를 말한다.

금계(禁戒) 금지한 계법. 곧 계戒나 율律.

금고(金鼓) 금속으로 만든 악기의 일종.

금강합장

금골(金骨) 금강의 신골身骨. 곧 부처의 유골. 부처의 사리.

금구(金口) ①부처의 입. 부처의 몸이 황금빛이므로 그 입을 금구
라고 한다. 또는 금강처럼 견고하다는 뜻으로 금구라고 한다. ②부

처의 말. 부처의 말은 만세에 없어지지 않을 진리로서 금강과 같으므로 금구라고 한다.

금구(金軀) 금색의 몸. 부처의 몸.

금구(金龜) 불성佛性. 생사의 물에서 놀면서 열반의 육지에 잘 오르는 것을 거북이에 비유해서 하는 말.

금구상승(金口相承) 천태종 삼상승三相承 가운데 하나. 금구조승金口祖承. 부처의 금구 설법을 받아 부법장付法藏의 24조가 차례로 그 법문을 이은 것을 말한다.

금고(파주 보광사)

금구성언(金口聖言) 금구金口. 부처의 가르침이 담긴 경전.

금단청(錦丹靑) 금문錦文을 더하여 화려하게 단청하며 금문錦文이나 별화 등을 그리는 것.

금당(金堂) 절. 부처를 봉안한 전각 또는 대웅전을 가리킨다.

금란(金襴) 금빛의 가사袈裟. 금란의金襴衣·금란가사金襴袈裟·금루가사金縷袈裟.

금루가사(金縷袈裟) 금란의金襴衣·금란가사金襴袈裟.

금륜(金輪) ①금성지륜. 사륜四輪 가운데 하나. 수륜水輪 위에 있어 세계를 받들었다는 한 지층. ②금륜보金輪寶·윤보輪寶·윤륜. 전륜왕轉輪王 칠보七寶 가운데 하나. 전륜왕이 즉위할 때 동방에 나타나 광명을 놓으면서 왕에게 와서 그 다스림을 돕는다는 하늘의 금강륜보金剛輪寶를 말한다.

금륜보(金輪寶) 전륜왕 칠보七寶 가운데 하나. 금륜金輪.

금륜왕(金輪王) 사륜왕四輪王 가운데 하나. 금륜성왕金輪聖王. 금륜성제金輪聖帝. 전륜왕 중에서 가장 수승한 왕.

금만(禁滿) 온기溫器의 이름.

금바라화(金波羅華) 금화金華. 황금빛 연꽃.

금비(金篦) 관정灌頂할 때 눈에 사용하는 도구. 원래는 인도 의원들이 맹인의 안막眼膜을 긁어낼 때 사용하던 메스 종류로 금주金籌. 금비金錍·금비金箆라고도 한다.

금비라(金毘羅) 교룡蛟龍. 악어鱷魚를 말한다. 밤낮 12시를 수호한다는 약사藥師 12신장神將 가운데 하나. 여러 야차를 거느리고 불법 수호를 서원한 야차신왕夜叉神王의 우두머리. 금파라金波羅·금비라禁毘羅·구비라俱毘羅·궁비라宮毘羅.

금사(金沙) 금모래. 진실무착眞實無著. 금金은 진실, 사沙는 무착無著의 뜻이 있다.

금사계(金沙界) 구야니주拘耶尼洲의 세계. 관세음보살의 주거처지.

금사륜삼매(金沙輪三昧) 오륜五輪 삼매 가운데 하나. 금사金沙는 진실무착眞實無著의 뜻. 선정에 들어 견혹見惑·사혹思惑을 끊고 무루지無漏智를 일으켜 감염感染되거나 집착하지 않고 모든 번뇌를 끊어 없애고 도과道果를 얻는 선정.

금산(金山) ①불신佛身을 비유하는 말로 부처의 신체. ②수미산須彌山 주위의 7중 금산金山을 가리킨다.

금산왕(金山王) 금산金山 가운데 승묘勝妙한 이로서 여래를 비유하는 말. 미타여래彌陀如來.

금색(金色) 32상 가운데 하나. 부처 몸에서 드러나는 금색.

금색가섭(金色迦葉) 마하가섭摩訶迦葉의 다른 이름. 가섭이 본생에서 한 가난한 여인과 함께 비바시불 사리탑의 금빛이 낡은 것을 보수한 공덕으로 91겁 동안 온몸이 금빛으로 되었다고 한다. 몸이 금빛이고 두타행頭陀行이 제일이기 때문에 금색두타金色頭陀라고 한다.

금색세계(金色世界) 문수보살文殊菩薩의 정토淨土 이름.

금석(金錫) 석장錫杖을 말한다.

금선(金仙) 부처를 뜻하는 말로 금색선金色僊이라고도 한다.

금수(金水) 지혜智慧를 비유한 말.

금시조(金翅鳥) 묘시조妙翅鳥로 팔부중八部衆 가운데 하나. 양 날개의 길이가 360만 리나 되고 수미산 아래에 살면서 항상 용을 잡아

먹는다고 하는 전설 속의 새. 가루라迦樓羅·갈로도羯路茶·게로다揭路茶·벽로나薜嚕拏.

금시조왕(金翅鳥王) 금시조金翅鳥 가운데 가장 뛰어난 것. 부처를 비유하는 말.

금신(金身) 황금빛의 몸. 즉 불신佛身.

금안(金顏) 금빛의 얼굴. 여래의 빛나는 얼굴을 말한다.

금어(金魚) 화승畵僧.

금언(金言) 부처의 말씀. 영원히 변하지 않는 진실한 말.

금오(金烏) 태양太陽.

금오로인(禁五路印) 죽음에 임한 병든 이의 혼백을 그 몸에 머물러 목숨을 늘리게 하기 위한 결인. 곧 무명지無名指를 굽혀서 손바닥 가운데 넣고 새끼손가락을 세운 것.

금요성(金曜星) 태장계胎藏界 밖의 금강부원金剛部院 북쪽에 있다. 태백성太白星. 구요九曜 가운데 하나.

금용(金容) 불상. 부처를 이르는 말.

금은니(金銀泥) 금 또는 은가루를 아교에 개어서 만든 안료로 사경寫經할 때 사용한다.

금인(金人) 황금빛의 사람. 부처를 가리키는 말. 금으로 만든 불상.

금자(金姿) 금빛 자태. 곧 불신佛身.

금자경(金字經) 금가루로 쓴 경문經文이나 경전.

금장(金藏) 참된 금이 보관된 창고. 중생에게 있는 불성佛性을 비유한 말.

금전(金田) 금지金地. 절의 다른 이름.

금정(金精) 여래의 머리카락을 가리키는 말.

금주(金籌) 금비金篦.

금지(金地) 금전金田. 절을 가리키는 말. 급고독장자給孤獨長者가 기타림에 황금을 깔고 기원정사祇園精舍를 지었다는 데서 연유한다.

금지(金脂) 달을 가리키는 말.

금진(金塵)　매우 미세한 물질. 미진微塵보다 7배나 작은 것.

금찰(金刹)　탑의 다른 이름.

금첩(金牒)　경문이나 경전의 존귀함이 금옥金玉과 같다는 뜻.

금태양부(金胎兩部)　금강계金剛界와 태장계胎藏界.

금패(金唄)　금구金口를 말한다.

금화(金華)　금바라화金波羅華. 황금빛 연꽃.

급(笈)　서급書笈. 여행할 때 등에 지고 다니는 상자.

급고(給孤)　부처에게 보시를 한 급고독장자給孤獨長者의 이름. 소달다蘇達多. 선시善施로 번역되며 아나타빈다타阿那陀擯荼陀라고도 한다. 성품이 착하고 자비로워 외로운 사람에게 베풀기를 좋아하였으며, 기원정사祇園精舍를 세워 부처에게 공양하였다.

급고독원(給孤獨園)　급고독장자가 기타祇陀 태자의 원림을 사서 기원정사祇園精舍를 세우고 부처에게 공양하였다. 기원祇園.

급고장(給孤長)　외롭고 가난한 중생을 진휼하고 구제하는 것.

급정륜(汲井輪)　윤회가 다함이 없음을 우물물을 긷는 도르래에 비유한 말.

굿기단청　가장 단순한 문양으로 흑백 두 가지 색으로만 그리는 방법.

긍가(殑伽)　Gaṅgā 긍가하殑伽河. 줄여서 강가强伽·강가强伽·항가恒伽·항가恒架라고도 한다. 설산의 남부에서 발원한 인도 동북 지방의 물 이름. 천당래天堂來로 번역된다.

굿기단청(경주 향교 명륜당)

긍가(殑伽)　천당래天堂來. 곧 높은 곳으로부터 흘러내려 옴을 뜻하는 말.

긍갈라(矜羯羅)　Kiṅkara 능작자能作者·비하卑下·공경자恭敬者·복비僕婢·수순隨順로 번역된다. ①노예奴隸. ②부동명왕不動明王을 권속으로 왼쪽에서 보좌하는 동자. ③수의 단위 1015. 긍기라殑耆羅. 긍갈락羯羯落·견갈라堅羯羅·긴갈라緊羯羅·금가라金伽羅.

기(器) ①근기根器. 기량器量. 그릇. 사람의 근성根性을 그릇에 비유한 말. ②기세간世間. 중생을 받아들이는 산하대지 등을 이르는 말.

기(記) ①기별記別. 수기授記. 미래에 부처가 될 것을 하나하나가 구별하여 예언한 것. ②경론經論의 주석. ③표지標識. 기록.

기(機) 📖 ①자기의 심성에 본래 지니고 있는 것으로 교법에 의해 격발하여 활동하는 마음. 중생들이 불보살의 공덕에 감응하여 선근善根을 발동하는 것. ②세상 모든 사물의 기본적인 틀이나 기관. 소질. 기량. 근기. ③어떤 현상이 드러나기 이전의 상태. 조짐. 기미. ④개개의 사람들이 처해 있는 상황. 선기禪機.

기감(起龕) 다비에서 입감入龕 다음의 절차. 발인發靷하여 감龕을 다비하는 장소인 사유소闍維所로 옮기는 일.

기감(機感) 중생이 착한 근기를 지녀 부처에 감응하는 것. 부처의 가르침을 받아들이는 것.

기강료(紀綱寮) 사찰에서 유나維那가 거주하는 방. 유나료維那寮. 절 안의 모든 기강이나 법규를 총괄하는 곳.

기계(器界) 세계가 그릇과 같다는 말. 국토. 중생을 포용하여 살게 하는 산하대지. 기세계器世界·기세간器世間.

기고전(寄庫錢) 예전瘞錢. 장례식 때 땅속에 돈을 묻는 일. ①생전에 저승 명부冥府의 관리에게 주어 죽은 뒤에 죄를 면하기를 청하는 돈. 한나라와 위魏나라 이래의 습속. ②생전에 저승 명부冥府의 관리에게 맡겼다가 죽은 뒤에 쓰는 것을 말한다. 기고寄庫.

기골(起骨) 습골拾骨이 끝난 다음 다른 곳으로 옮기는 의식.

기골입탑(起骨入塔) 다비가 끝난 다음 남은 유골을 잘 수습하여 다른 곳으로 옮기는 것을 기골起骨이라고 하며, 기골起骨 뒤에 탑에 모시는 것을 입탑入塔이라고 한다.

기관(機關) ①선문의 종장宗匠이 고칙古則과 공안公案으로써 때로는 꾸짖고 때로는 막대기로 쳐서 학인들을 가르치는 것을 말한다.

②조작. 장치. 계략.

기관공안(機關公案) 4가지 공안公案 가운데 두 번째. 공부가 되는 학인을 더욱 단련하기 위해 베푸는 관문關門.

기관목인(機關木人) 꼭두각시란 뜻으로 중생이 오온五蘊이 일시적으로 화합하여 생긴 것임을 비유한 말.

기관선(機關禪) 어떠한 과정이나 단계를 하나하나 나아가게 하여 깨닫게 하는 선풍禪風.

기교(機敎) 중생의 근기와 부처의 교법.

기구(耆舊) 기구장숙耆舊長宿이라고도 한다. 법랍法臘의 많고 적음에 따라 하좌下座·중좌中座·상좌上座·기구장숙耆舊長宿을 세운다. 법랍 50년 이상이 되면 국왕·장자長者·출가인의 존경을 받으며 기구耆舊라고 부른다.

기근(機根) 기연機緣과 근성根性. 가르침을 받을 근기와 듣고 수행할 능력.

기근재(饑饉災) 소삼재小三災 가운데 하나.

기년장로(耆年長老) 출가하여 안거安居를 거듭하고 모든 일을 분명히 아는 승랍이 높은 승려. 삼종장로三種長老 가운데 하나.

기단(起單) 단單에서 일어나 뗀다는 뜻으로, 선승禪僧이 절을 떠나는 것을 말한다. '방부 떼다'라는 말과 같은 뜻. 단單은 승려의 이름을 적은 작은 종이로 안가하는 동안 벽에 붙여 놓은 쪽지. 추단抽單·잠가暫暇.

기단(基壇) 당간과 지주를 받치는 밑돌. 건물이나 비석·탑 등의 맨 밑에 한 단 정도 높게 만든 기초.

기단부(基壇部) 기단이 되는 부분. 탑의 지반地盤부터 탑신을 괸 곳까지를 말한다.

기단석(基壇石) 기단에 쓰이는 돌. 기지석基址石.

기도(祈禱)📖 ①기념祈念·기청祈請·기원祈願이라고도 한다. 마음으로 소원하는 것을 빌어서 불보살의 가피加被를 구하는 것. 재앙을 없애고 질병이 낫기를 비는 등 현세에 대한 행복을 구하기 위해 행하는 발원 의식. ②밀교에서는 식재법息災法·증익법增益法·경애법敬愛法·조복법調伏法의 방법이 있다.

기도(祈道)📖 부처에게 공양하고 중생을 이롭게 하는 방법을 말한다.

기득(記得) 선법禪法에 대해 문답을 나눌 때 처음으로 쓰는 말.

기랍(耆臘) 나이가 많은 승려. 절에서는 세속의 나이로 차례를 매기지 않고, 구족계를 수계한 날로부터의 햇수인 납臘으로 차례를 매긴다. 승랍僧臘을 헤아린다는 뜻.

기량(器量) 재능의 많고 적음.

기려멱려(騎驢覓驢) 나귀를 타고 있으면서 나귀를 찾는다는 뜻으로, 자기 마음의 불성佛性을 보지 못하고 미혹됨을 뜻하는 말.

기록(機錄) 부처나 조사들의 기록機錄. 참 이치를 가르치는 말이나 행실. 삶의 문제를 풀고 깨달음에 이르는 1,700여 개의 공안. 참선 공부를 하는 이들은 이것을 참구하여 의심을 일으키면서 마침내 크게 깨치게 된다.

기류(機類) 근기根機의 종류. 중생의 근기. 불교의 이상을 실현하여 부처나 성자가 될 가능성이 있음을 말한다.

기멸(起滅) 조건의 인연 화합으로 생긴사물이 생멸生滅하는 것. 인연의 화합으로 생하여 일어나고 인연의 이산離散으로 멸하여 사라지는 것.

기바(耆婆) ①옛날 인도의 왕사성에 살던 훌륭한 의사醫師. 고활固活·능활能活·갱활更活·수명壽命 등으로 번역된다. ②10대 천자天子 가운데 하나.

기바기바(耆婆耆婆) 기바조耆婆鳥. 도파기파가闍婆耆婆迦라고도 하며 몸 하나에 머리가 두 개인 새. 자고鷓鴣새의 일종. 명명조命命鳥·생생조生生鳥·공명조共命鳥. 『열반경』에서는 명명조命命鳥, 『승천왕반야경』에서는 생생조生生鳥, 『아미타경』·『잡보장경』에서는 공명조共命鳥라고 한다.

기법(機法) 기機는 부처를 믿는 중생, 법法은 부처의 가르침인 교법을 가리킨다.

기별(記別) 기記. 수기授記. 기별記莂. 예언. 미래에 성불成佛할 것이라고 미리 기록하여 놓은 것.

기별(記莂) 기記. 기별記別.

기복(祈伏) 간절한 마음으로 엎드려 기원하는 것으로서, 의지하고 의탁하는 것.

기봉(機鋒) 기機는 수행에 따라 얻은 심기心機, 봉은 심기의 활용이 날카로운 모양을 뜻한다. 선객이 다른 이를 대할 때의 예민한 활용을 말한다.

기부(寄附) 사원에 재물을 위탁하여 삼보三寶의 쓰임에 준비하게 하는 것. 여러 가지 불사에 재물을 보시하는 것. 기부에 응하지 않는 네 곳이 있으니 노인老人·원처遠處·악인惡人·대력大力이 그것이다.

기사(忌事) 꺼리고 삼가야 하는 일. 계율.

기사굴산(耆闍崛山) 영산靈山·영취산靈鷲山·취두鷲頭·취봉鷲峰. 중인도 마갈타국 왕사성王舍城 동북쪽에 있는 산. 석가모니부처가 설법하던 산.

기사선화(伎死禪和) 기량技倆이 부족한 선객禪客. 역량이 없는 선승.

기사심(起事心) 육식六識이 육진六塵의 경계에 대해 더럽고 깨끗함 등을 분별하는 일.

기서(祈誓) 기도. 기청祈請. 마음속에 어떤 서원을 세우고 불보살께 가피加被를 바라는 것.

기선구후(機先口後) 온갖 동작이 일어나기 전과 동작이 모두 끝난 뒤. 기선機先은 기미가 일어나기 전. 구후口後는 언어 문자의 밖.

기설시도(記說示導) 3가지 시도示導 가운데 하나. 보살이 지옥에서 괴로움을 받는 중생을 항상 잊지 않고 법을 설교하여 그 고통을 구제해 주는 것.

기세간(器世間) 3종 세간 가운데 하나. 중생이 의지하고 있는 세간이란 뜻. 산하대지 등의 세계. 기계器世界·기器·기세계器世界.

기수(機水) 중생의 기근機根이 물과 같음을 비유한 말.

기수급고독원(祇樹給孤獨園) 기원祇園정사를 말한다.

기수라(祇修羅) 구소락가俱蘇洛迦. 비구니가 입는 치마.

기수원(祇樹園) 기타祇陀태자가 공양하던 숲속의 정원.

기숙(耆宿) 나이가 많고 경험이 많은 사람. 노숙한 사람. 기년노숙耆年老宿.

기신이문(起信二門) 『기신론』에서 중생심衆生心을 설명하기 위해 진여문眞如門과 생멸문生滅門으로 나눈 것.

기실(記室) 사찰에서 사중의 일에 관련한 서류 따위를 만드는 소임. 곧 서기書記.

기심륜(記心輪) 억념륜憶念輪. 삼륜三輪 가운데 하나. 부처가 법을 설하기 전에 먼저 듣는 이의 근기인 이둔利鈍을 살피는 것. 다른 사람의 마음을 식별하는 부처의 의업意業 작용을 말한다.

기심법문(己心法門) 자기의 마음에서 깨달은 법문.

기악(棄惡) 선정禪定·정려靜慮·사유수思惟修를 말한다.

기야(祇夜) 📖 geya 응송應頌. 중송重頌·게偈라고도 하며 앞의 긴 문장에 응하여 거듭 그 뜻을 베푸는 것을 말한다. 2구·4구·6구·8구 또는 많은 구를 모두 송頌이라 이름 하는데, 소승구부小乘九部 가운데 하나. 12분경分經 가운데 하나.

기야가타(祇夜伽陀) 기야와 가타를 함께 부르는 것. 모두 시詩의 형태인 게문偈文으로 이루어져 있는 풍송諷誦.

기어(綺語) 진실이 없이 교묘하게 꾸며서 하는 말. 발림 말. 겉만 좋아 보이고 실속 없는 말. 십악十惡 가운데 하나. 구업口業 가운데 하나. 잡예어雜穢語·무의어無義語.

기어(機語) 선기禪機가 있는 말.

기업상(起業相) 번뇌로 말미암아 여러 가지 업을 행하는 것. 조업상造業相. 6추상麤相 가운데 하나.

기연(機緣) ①근기根機와 인연. 중생의 근기에 부처의 교화를 받을 만한 인연이 있는 것. 부처의 교화에 대해 감응성이 있으므로 기연이라고 한다. ②기機는 시기이며 연緣은 인연. 곧 기회機會라는 뜻.

기용(機用) 선가禪家의 종장宗匠이 언어로써 미치지 못하는 기미機微를 증명하여 깨우쳐 주고 마음을 써서 배우는 이들에게 베풀어 주는 것을 말한다.

기우귀가(騎牛歸家) 십우도十牛圖 가운데 여섯 번째. 소를 타고 집으로 돌아오는 장면으로, 잘 길들인 소를 타고 마음의 본향인 자기 자신에게 돌아가는 단계를 뜻한다. 번뇌도 끊고 망상도 끊고 욕망도 끊어 소나 목동이나 무심한 경지.

기우귀가(십우도)

기원(祈願) 불보살에게 원願을 일으키고 바라는 것.

기원정사(祇園精舍) 기타원림수달정사祇陀園林須達精舍라고도 한다. 죽림정사竹林精舍와 더불어 불교 교단의 2대 정사.

기월(忌月) 정월·5월·9월은 삼장재일三長齋日로 제석천이나 사천왕이 세상을 돌아다니며 선행과 악행을 감찰하므로 오후불식과 계戒를 잘 지켜야 한다고 한다.

기위(寄位) 기현寄顯과 기재寄在. 행위行位의 차별로 교문敎門의 얕고 깊음을 나타낸 것.

기응(機應) 중생의 근기와 여래의 감응. 부처의 가르침에 이끌려서 생기는 중생의 근기와 이에 응하는 부처의 제도를 말한다.

기의(機宜) ①중생에게 선근善根이 있어 포교하기에 마땅하다는 뜻. ②기機는 마음의 움직임, 의宜는 그 적절함에 따르는 것을 말하는 것으로 상대의 움직임에 대응하여 적당한 작용을 이루는 것을 의미한다.

기일(忌日) 제삿날. 휘일諱日. 사람이 죽은 날에 즐거운 일을 꺼리는 것을 말한다.

기일설재(忌日設齋) 죽은 사람의 기일忌日에 승려에게 독경讀經을 청하고 공양하며 명복을 비는 것.

기장인(器仗印) 독고獨鈷 등 삼매야의 모습을 지닌 인상印相.

기중(忌中) 사람이 죽은 뒤 49일 동안을 일컫는다.

기증(己證) 자증自證. 남에게 의지하지 않고 스스로 깨닫는 것. 자기 혼자 증득하여 깨닫는 것.

기지(祇支) 옷 이름. 승기지僧祇支.

기지석(基址石) 기단석基壇石.

기지처(起止處) 분처糞處. 변소便所.

기청(起請) 기서起誓. 서원을 세워 불보살이 살펴보기를 청하며 종이에 쓴 것. 기청문起請文·기서문起誓文·기청장起請狀.

기타(祇陀) 인도 사위성 바사닉왕의 태자 이름. 자기 소유의 기타림祇陀林을 석가모니부처에게 공양했다. 서다逝多·서다誓多. 승勝·전승戰勝.

기타림(祇陀林) 승림勝林으로 번역된다. 급고독장자가 부처를 위하여 희사한 기원정사. 기원반나祇洹飯那·서다림逝多林.

기행(起行) ①자기가 얻은 신념에 따라 삼업三業으로 일어나는 행업. ②극락세계에 왕생하기 위해 닦는 오념문五念門의 행업과 5가지 정행淨行을 말한다.

기현(寄顯) 사물의 뜻을 바로 해석하지 않고, 다른 것에 비유하여 보이는 것. 직현直顯의 반대말.

기혐계(譏嫌戒) 세상 사람들의 비방을 막기 위해 제정한 계율. 식세기혐계息世譏嫌戒.

기화(起畵) 단청이나 병풍 등을 그릴 때 채색이 끝난 뒤에 윤곽선을 그려 마무리하는 작업. 또는 그림의 밑그림을 그리는 작업.

긱교(喫交) 두 발을 교차하고 가부좌한 모양.

긴나라(緊那羅) 팔부중八部衆 가운데 하나. 긴나라緊拏羅·긴타라緊陀羅·긴날락緊捺洛·견타라甄陀羅·진타라眞陀羅. 의인疑人·의신疑神·인비인人非人으로 번역된다. 가신歌神·가악신歌樂神·음악신音樂神이라고도 한다. 노래와 춤의 신. 긴나라왕緊那羅王이라고도 한다.

길경찬(吉慶讚) 밀교에서 관정灌頂한 이마에 불을 부을 때, 법을 받는 이가 찬탄하는 노래. 길경아리사게吉慶阿利沙偈. 팔상성도찬八相聖圖讚.

길상(吉祥)📖 śrī 광휘光輝, 미美, 계영繫榮, 행운幸運, 부富, 고위高位, 영광榮光 등의 뜻이 있다. 실리室利로 음사하고 선조善兆·길조吉兆·구덕具德·호사好事 등으로 의역한다. 좋은 일의 조짐.

길상과(吉祥果) 석류. 귀자모鬼子母가 지녔던 과실. 마魔를 없애는 과실이라는 뜻.

길상병(吉祥瓶) 덕병德瓶. 여의병如意瓶.

길상수(吉祥手) 결결정인結決定印.

길상수(吉祥樹) 보리수를 말한다.

길상좌(吉祥坐) 반가좌半跏坐를 말한다. 오른발을 왼쪽 다리 위에 얹은 다음에 왼발을 밖에서 오른쪽 다리 위에 얹는 것. 부처가 보리수 밑에서 깨달음을 얻었을 때 취했던 자세.

길상천(吉祥天) 인도 신화에 나오는 낙걸사명洛乞史茗의 다른 이름. 귀자모의 딸. 비사문천의 아내로 중생에게 복덕을 준다는 여신. 천의의 보관을 쓰고 왼손에는 여의주를 들고 있다. 마하실리摩訶室利·실리천녀室喇天女·길상천녀吉祥天女·길상공덕천吉祥功德天·대길상천大吉祥天·공덕천功德天.

길상초(吉祥草) kuśa 제사지낼 때 사용하는 풀이라는 뜻. 부처가 이 풀을 깔고 보리수 아래 앉아서 성도한 데로부터 길상초라고 한다. 또는 이 풀을 부처에게 바친 사람이 길상동자라서 이름 붙였다고도 한다. 고사姑奢·구시矩尸·구서俱舒. 상모上茅·유초茆草·희생초犧牲草로 번역된다.

길상해운상(吉祥海雲相) 만卍자의 모양. 인도에 전하는 길상의 표상.

길상회과(吉祥悔過) 길상천회과吉祥天悔過. 해마다 정월에 길상천을 상징하는 존상尊像을 모시고, 풍년을 빌고 재해를 없애기를 바라는 마음으로 여는 법회.

끽기라(喫棄羅) 석장錫杖·성장聲杖·오장嗚杖으로 번역된다.

끽다거(喫茶去) 차나 마시라는 조주趙州의 공안. 상대방의 질문이 정곡이나 핵심을 제대로 가리키지 못했음을 꾸짖는 말.

끽소(喫素) 고기 반찬이 없고 채식 위주로 한 소식素食으로 평상시에 하는 식사, 즉 공양.

ㄴ

나가(那伽) nāga ①용龍 수호신. ②코끼리. 상象. 힘이 센 것을 비유한 말. ③무죄無罪의 뜻. 아라한. 번뇌를 끊는 것. ④불래不來의 뜻. 생사의 세계에 윤회하여 다시 올 일이 없음을 뜻하는 말로, 곧 부처.

나가(娜伽) naga 산山으로 번역. 움직이지 않는다는 뜻.

나가신(那伽身) 용신龍身.

나계(螺髻) ①부처의 머리가 소라 모양인 것을 말하는 것. ②나계범 왕螺髻梵王. 대범천왕의 정수리 머리카락이 소라와 같이 되었음을 말한다. ③송나라 정광법사 의숙 의 호. 자는 상조. 천태종.

나 계

나계범지(螺髻梵志) 과거 부처의 모습. 부처가 나계선인이 되어 선정을 닦는데 새가 날아와서 머리 위에 집을 지었다고 한다. 나계 선인螺髻仙人, 나계범螺髻梵. 상사리尙闍梨.

나라(那羅) 인간계人間界.

나라연(那羅延) 천상 역사力士의 이름. 제석천의 권속眷屬으로 불법을 지키는 신. 금강나라연신金剛那羅延身, 나라연나那羅延那, 나라야 나那羅野拏. 견뢰堅牢·승력勝力으로 번역.

나락가(那落迦) 나락奈落·나락那落·날락捺落·날락가捺落迦. 악자惡者로 번역. 지옥. 악업을 지은 사람이 떨어져서 사는 곳.

나란타(那爛陀) 중인도 마갈타국 왕사성의 북쪽에 있던 절.

나망(羅網) ①불전佛殿을 장엄하는 도구. 구슬을 꿰어서 만든 그물. ②애욕망愛欲網. 애욕의 그물을 말한다.

나무(南無)📖 namas 돌아가 의지한다는 뜻. 진심으로 삼보에 귀의 하여 믿음을 바친다는 뜻으로, 귀명歸命·귀경歸京·신종信從·경례敬 禮·공경恭敬·귀의歸依 등으로 번역한다. ➡ 귀명歸命

나무대불정여래밀인수증요의제보살만행수능엄신주 『능엄경』 7권에 있는 439구를 말하는 것으로 능엄주라고도 한다. 사대주라고 할 때는 이 가운데 426구부터 436구까지를 가리킨다. 진언은 "단야타 옴 아나례비사제 비라 바아라 다리반다 반다디 바아라바 나반 호홈 다로옹박 사바하怛地他 唵 阿那隷毘舍提 鞞囉 跋折囉 阿喇畔陀 毘陀儞 跋折囉波尼泮 呼吽 咄嚕吽 莎嚩訶."

나무불(南無佛) 불보에게 귀의하고 귀명歸命하는 것.

나무삼보(南無三寶) 불·법·승의 삼보에 귀명歸命하는 것.

나반존자(那畔尊者) 나반존자那畔尊者. 독수성獨修聖·독성獨聖. 남 인도의 천태산에 홀로 들어가서 수행하여 깨달은 성자. 과거·현재· 미래를 훤히 꿰뚫어 알고 중생들에게 복을 주는 나한. 독성각獨聖閣 에 봉안.

나발(螺髮) 부처의 32상相 가운데 하나. 소라 모양인 부처의 머리 카락을 뜻한다.

나비춤 옷 모양이 나비와 같다고 하여 붙여진 이름으로 착복무着 服舞라고도 한다. 소생하지 못한 미물들을 불러들여 죄를 참회시켜 부처에게 귀의하게 한다는 의미가 있다. 공양을 올릴 때나 예불을 할 때 추는 춤.

나열(羅閱) 마갈타국摩竭陀國 왕사성王舍城의 범어 이름.

나열기가라(羅閱祇迦羅) 마갈타국摩竭陀國 왕사성王舍城의 범어 이름.

나유타(那由陀) 아주 많은 수. 나유타는 1천억. 아유다阿由多의 백 배. 수천만 또는 천억·만억이라고도 한다. 나유다那由多·나유타那由 他·나술那述.

나의(蘿衣) 벽라薜蘿의 옷. 산속에서 고행하는 수행자의 옷.

나자문(娜字門) 𑰜da 실담자에 뜻을 부여하여, 모든 법의 시施는 얻을 수 없기 때문이라고 함. ➡ 실담悉曇

나자문(拏字門) 𑰝da 실담자에 뜻을 부여하여, 모든 법의 성내는 적敵은 얻을 수 없기 때문이라고 함. ➡ 실담悉曇

나자문(拏字門) 𑰜ṇa 실담자에 뜻을 부여하여, 모든 법의 쟁諍은

얻을 수 없기 때문이라고 함. ➡ 실담悉曇

나재(羅齋) 탁발托鉢하여 재식齋食을 받는 것. 나재邏齋.

나전장(螺鈿匠) 자개를 이용하여 공예품으로 만드는 장인.

나제(那提) 강하江河의 뜻.

나찰(羅刹) rakṣa 가외可畏·속질귀速疾鬼·호자護者로 번역. 인도 전설 가운데 나오는 식인귀食人鬼. 본래는 옛날 인도 민족의 명칭. 팔부귀중八部鬼衆 가운데 하나. 뒤에 불교에 귀의하여 불법의 수호신이 됨.

나찰국(羅刹國) 사람을 잡아먹는 악귀가 머무는 곳으로 큰 바다 가운데 있다고 하며, 나찰바羅刹婆, 나차바羅叉婆라고도 한다.

나찰녀(羅刹女) 사람을 잡아먹는 귀녀鬼女.

나찰라(羅刹羅) 문자文字의 전체 호칭.

나찰사(羅刹娑) 남자 나찰羅刹.

나찰사(羅刹私) 여자 나찰羅刹.

나찰일(羅刹日) 흉한 날을 가리킨다.

나찰재(羅刹災) 사람을 잡아먹는 악귀의 재앙. 흉악한 재앙.

나찰천(羅刹天) 12천天 가운데 하나. 나찰과 나찰녀를 거느리는 우두머리.

나한(羅漢) ①아라한阿羅漢. 소승불교의 수행자 가운데 가장 높은 지위에 오른 사람. 깨달음을 이룬 성자. ②온갖 번뇌를 여의고 세상 이치를 밝혀 모든 사람들의 공양을 받을 만큼 공덕을 갖춘 성자. 곧 부처를 말한다.

나한공(羅漢供) 나한에게 공양하는 것.

나한상(羅漢像) 부처의 제자 가운데 아라한을 얻은 모습을 상징하는 상像. 16나한과 5백

나한상(고창 선운사 참당암)

나한이 있다.

나한전(羅漢殿) 응진전應眞殿·영산전靈山殿·오백전五百殿이라고도 한다. 나한을 봉안한 전각. 석가모니부처를 중심으로 좌우에 16나한 또는 5백나한이 있다.

나한전(영주 성혈사)

나함(那含) anāgāmin 불환不還·불래不來로 번역. 욕계로 다시 돌아오지 않는다는 뜻. 불환과不還果. 소승 사과四果 가운데 하나. 나함那鋡·아나함阿那含.

나형외도(裸形外道) 니건자외도尼乾子外道 가운데 하나인 공의파空衣派. 대공大空을 옷으로 삼는다고 하여 알몸으로 생활했다. 노형외도露形外道.

나후(羅睺) 암장暗障·장폐障蔽·부장覆障으로 번역. 별 이름. 인도의 전설에는 아수라왕阿修羅王의 하나로 해와 달의 빛을 가려 일식·월식을 일으킨다고 한다. 악마.

나후라(羅睺羅)📖 나후라. 속박·장애로 번역. 석가모니부처의 10대 제자 가운데 하나. 석가모니부처의 아들. 석가모니가 출가하여 도를 배우려고 마음을 내었다가 아들을 낳고 수도에 장애됨을 한탄하여 나후라라고 이름 지었다. 석가모니부처가 성도한 뒤에 출가하여 제자가 되었다. 밀행 제일. 사미의 시초.

낙(樂) 소구素侂. 소길시라蘇吉施羅. ①안락安樂. 편안함. 안온적멸安隱寂滅. ②쾌락快樂. 상쾌함. ③열락悅樂. 지락至樂. 해탈의 경지. ④부처의 법신과 불성과 열반에 갖추고 있는 상常·낙樂·아我·정淨의 열반 사덕涅槃四德 가운데 하나. ⑤오온의 하나. ⑥사전도四顚倒 가운데 하나. ⑦탐락耽樂.

낙견(樂見) 낙천적인 생각을 갖는 것.

낙경공양(落慶供養) 불상을 조성하거나 불전佛殿을 신축하거나 수선하는 등의 불사 뒤에 행하는 법회. 고려시대에는 이와 같은 불사를 경찬법회라 하여 경찬회慶讚會가 유행하였다.

낙과(樂果) 열반의 경지를 이르는 말. 열반의 체體로 모든 생멸하는 인연법을 여읜 것이 낙과. 지극한 즐거움의 결과.

낙근(樂根) 22근 가운데 하나. 낙樂을 받아들이는 근根이 의지하는 것으로, 육식六識 가운데 안·이·비·설·신의 오식五識.

낙덕(樂德) 상常·낙樂·아我·정淨의 열반 사덕四德 가운데 하나. 생사와 핍박의 고통을 여의고 적멸의 열반에 이르는 것.

낙뢰(落賴) 절개와 의리를 저버리고 인륜을 경시하는 사람. 무뢰한·파락호破落戶의 무리. 건달이나 부랑자.

낙미(酪味) 오미五味 가운데 하나. 우유를 끓여 만든 것이 낙酪. 천태종에서 석가모니부처의 설법을 화엄·아함·방등·반야·법화 열반의 오시五時로 나누고, 오미五味를 대항하는데 낙미酪味는 아함시阿含時에 해당한다.

낙바라밀(樂波羅蜜) ①상常·낙樂·아我·정淨인 열반 사덕四德 가운데 하나. ②바라밀은 도피안到彼岸의 뜻. 보살의 수행으로 4바라밀 가운데 하나.

낙발(落髮) 머리를 깎고 출가하여 승려가 되는 것을 말한다.

낙발염의(落髮染衣) 머리를 깎고 승려를 상징하는 물들인 옷인 치의緇衣를 입는 것. 곧 출가하는 것을 말한다.

낙방(樂邦) 극락極樂. 극락세계. 정토.

낙법(樂法) ①즐겁게 묘법을 구하는 것함. ②불법을 사랑하고 즐거워하는 것.

낙삭(落索) 노끈이 얽혀서 풀 수 없는 것처럼 일이 얽히고 꼬인 것을 말한다. 낙삭絡索.

낙생(樂生) 색계의 사선四禪 가운데 아래의 삼선三禪에 태어나 낙을 향수하는 것.

낙속통행(樂速通行) 사통행四通行 가운데 하나. 사정려四靜慮에 의한 이근利根의 사람이 불법에 대한 이해가 빠른 것을 말한다.

낙수(樂修) 삼수三修 가운데 하나. 열반의 적멸寂滅한 즐거움을 자세히 보는 것.

낙수(樂受) 삼수三受 가운데 하나. 외부 경계와의 즐거운 상호 작용. 몸과 마음의 즐거움. 쾌락의 근거. 즐거움의 근거.

낙수(樂修) 삼수三修 가운데 하나. 모든 법 가운데 스스로 열반적정의 낙이 있음을 알고 성문이 괴롭다는 고집을 파하는 것.

낙수면(落水面) 탑이나 비석에서 제일 위를 덮는 옥개석의 지붕면. 빗물이 떨어지는 지붕돌의 윗면.

낙식(落飾) ①삭발削髮과 같은 뜻. 머리털과 수염을 깎는 것. ②왕공王公의 출가를 뜻하는 말. 몸의 장식을 벗는다는 뜻.

낙염(落染) 낙발염의落髮染衣의 준말.

낙욕(樂欲) ①바라고 구하는 마음으로 이익을 원하는 것. 탐욕. ②좋아하고 즐기는 것. 욕정.

낙유(樂有) 극락極樂. 극락세계.

낙음수(樂音樹) 미풍이 나뭇잎에 불어 음악 소리를 내는 것.

낙자(絡子) 간편하게 입는 작은 가사. 5조 가사. 쾌락掛絡.

낙잠(落賺) 일마다 남을 속이는 교활한 사람.

낙전도(樂顚倒) 사전도四顚倒 가운데 하나. 괴로운 것에서 즐거움이 있을 것이라는 견해로 옮기는 것. 낙도樂倒.

낙죽장(烙竹匠) 인두를 붓으로 하여 대나무로 여러 가지를 만드는 장인.

낙차(洛叉) 낙사洛沙. 수의 단위. 105. 또는 십만.

낙착(樂著) 집착하기를 즐기는 것.

낙처(樂處) 안빈낙도安貧樂道의 경지. 가난을 초월하여 즐길 수 있는 마음의 경지.

낙청정심(樂清淨心) 삼청정심三清淨心 가운데 하나. 모든 중생으로 하여금 극락에 나서 위없는 낙과樂果를 얻게 하는 마음.

낙초(落草) 비천한 곳에 떨어지는 것. 도둑의 무리로 들어간다는 뜻.

낙타(落墮) 출가한 승려가 다시 속세로 돌아가는 것. 속한俗漢이 되는 것으로 타락墮落.

낙토(樂土) 안락한 국토. 정토.

낙행(樂行) 싯다르타태자가 6년 동안 고행한 뒤 부질없는 것임을 알고 니련선하尼連禪河에서 목욕하고 우유를 받아 보리수 아래 금강좌에서 선정에 들어간 것을 말한다.

난(難) ①액난厄難. 고뇌하는 곳. ②힐책詰責하는 것.

난(卵) 태·난·습·화의 사생四生 가운데 하나. 난생卵生.

난도(難度) 고집이 센 중생을 교화하거나 제도하기가 어려움을 뜻한다. 난화難化.

난도해(難度海) 중생이 깊고 넓은 생사의 바다에 빠져서 건너기 어려움을 비유한 말. 미계迷界. 생사해生死海.

난등 연꽃이나 모란꽃 따위를 만들어 불상의 머리나 영단靈壇 위에 둘러놓는 장식용 꽃 뭉치.

난렴(暖簾) ①추울 때 승당僧堂에 거는 발과 같은 것. ②찬바람을 막기 위해 무명천으로 얼굴을 가리는 것. ③바람을 막기 위해 천을 펼쳐서 발을 친 것.

난료(暖寮) 선종에서 새로 승료僧寮에 들어온 사람이 다과茶果 등으로 먼저 들어와 사는 이들에게 대접하는 것. 또는 다른 사람이 승료僧寮에 들어온 것을 축하하는 것. 난동暖洞·난사暖寺·난석暖席.

난법(暖法) 난暖·정頂·인忍·세제일위의 사가행위四加行位 가운데 첫 번째 난위暖位를 말한다.

난복지(難伏地) 불지佛地의 다른 이름.

난사대(蘭奢待) 사물 가운데 좋은 것을 칭찬하는 것. 비구가 기뻐하는 것. 포예褒譽. 호어胡語.

난사왕생(難思往生) 아미타불의 정토에 왕생하는 것은 헤아리기 어려운 일이라는 뜻.

난사의(難思議) 📖 ①생각하고 헤아리기 어려운 것. 생각이나 말로 미칠 수 없는 것. ②부처에 대한 존칭. 부처의 덕은 깊고 넓고 묘하여 수행하는 사람이 생각이나 뜻으로 미칠 수 없음을 말한다. ③불법을 찬탄하는 말. 불법이 넓고 깊어서 생각하기 어려움을 말한다.

난사홍서(難思弘誓) 성문이나 보살이 극락왕생에 대한 서원誓願을 사려할 수 없음을 말한다. 아미타불의 본원本願.

난생(卵生) 알에서 태어나는 것. 조류·양서류·어류 등을 가리킨다. 태胎·난卵·습濕·화火의 사생四生 가운데 하나.

난석전(暖席錢) 다른 사찰 등을 빌려서 법회나 불사를 하고서 사례하는 돈.

난선(難禪) 선정을 수행하기 어려움을 뜻하는 말로 9가지 대선大禪 가운데 하나.

난선(亂善) 욕계의 중생이 안정되지 못한 마음으로 행하는 예불과 독경讀經 등의 선업을 말한다. 어지러운 마음이 행하는 착한 일.

난순(襴楯) 난蘭은 난간의 가로 나무이며, 순楯은 나무를 세운다는 뜻으로 울타리나 돌담을 일컫는 말. 불탑의 바깥쪽에 난순襴楯을 만들어야 한다고 율법에 나와 있다.

난승(亂僧) 음란한 짓을 하는 승려.

난승지(難勝地) 보살의 십지十地 가운데 다섯 번째. 진제와 속제를 조화하기 어려운 지위로 주로 고집멸도의 사성제와 선정바라밀을 닦는 지위. 법에 통달하여 중생에게 이익이 되는 일이면 모두 보여 위없는 법에 머물게 하여 이길 수 있는 이가 없음을 말한다. 극난승지極難勝地.

난신지법(難信之法) 믿기 어려운 법문. 중생들이 선과 악의 인과법을 믿기 어려움을 뜻하는 말.

난실(蘭室) 절의 다른 이름. 난蘭은 범어 난야蘭若의 준말로서 난초의 향기로움을 취한 것.

난심(亂心) 『대지도론大智度論』에서 말한 육폐심六蔽心 가운데 하나. 산란한 마음에 가려서 비록 광명이 있으나 사물을 비출 수 없는 것을 말한다.

난야(蘭若) 🔲 araṇya 원래는 산중山中·들판이라는 뜻. 아란야阿蘭若는 음사. 한가롭고 고요하여 수행하거나 거주하기에 적당한 곳. 공한처空閑處·무쟁처無諍處·원리처遠離處·적정처寂靜處.

난위(煖位) 난暖·정頂·인忍·세제일위의 사가행위四加行位 가운데 하나. 난법暖法의 지위. 미혹을 끊고 법을 알게 되는 것이, 나무를 뚫어서 불씨를 얻을 때 불은 비록 보이지 않으나 따뜻한 기운으로 불이 일어날 것을 알 수 있다고 하는 것에 비유하여 붙여진 이름.

난이이도(難易二道) 난행도難行道와 이행도易行道. 난행도란 육지의 길로 걸어가는 것은 자력自力으로 하는 것이므로 어려움을 말하고, 이행도는 바닷길로서 타력他力으로 배를 타고 건너기 쉬움을 비유하여 난이이도難易二道라고 한다.

난제(難提) Nandi ①탑파塔婆의 다른 이름. 지제支提라고도 한다. 악을 없앤다는 뜻. ②난디. 비구의 이름. 희喜로 번역.

난처(難處) 수행하기 어려운 곳. 불교의 법도 수행에 방해가 되는 곳.

난총(蘭蔥) 달래. 성품은 열이 나고, 비린 냄새가 나며, 맛은 매워서, 수행하는 사람이 먹으면 수행하는 몸, 즉 법신을 죽일 수 있는 독과 같다고 하여 불자佛子가 먹지 않는 다섯 가지 매운 채소 중의 한 가지. 먹은 냄새가 나면 천신이 도망가서 복덕이 없어지며, 먹은 사람이 삼매를 닦아도 천신이 보호해 주지 않는다고 한다. 불자佛子가 먹지 않는 오신五辛·오훈五葷 가운데 하나. ➡ 오신五辛

난치기(難治機) 상대하여 다스리기 어려워 교화하기 어려운 근기. 난화삼기難化三機.

난치삼병(三難治病) 대승을 비방하는 방대승謗大乘, 부모나 스승을 죽인 오역죄五逆罪, 성불할 인연이 없는 일천제一闡提를 교화하기 어려운 삼기三機라고 한다. 이 난화삼기難化三機를 치료하기 어려운 병에 비유한 말이다.

난타(難陀) ①손다라난타孫陀羅難陀. 가비라성의 왕자. 석가모니부처의 배다른 동생. 아내 손다라의 미모에 반해 출가하지 않고 아내 곁에 머물자 부처가 방편으로 천상의 즐거움과 지옥의 괴로운 모습을 보여 주어 법에 귀의하게 하였다. ②목우난타牧牛難陀. 비구 이름. 부처의 제자. 선환희善歡喜로 번역. ③8대 용왕龍王의 하나. 마갈타국의 형제 용왕 가운데 하나. 적당한 시기에 비를 내려 중생들을 기쁘게 한다고 한다. ④희喜. 환희懽喜. ⑤용왕으로서 발란跋難과 형제. ⑥환희歡喜. 십대논사十大論師 가운데 하나.

난탈(爛脫) 경전의 글귀를 뒤섞어 뜻이 이어지지 않게 하여 스승의 지도를 받지 않고는 도저히 그 뜻을 알 수 없는 것.

난탑(卵塔) 이은 흔적이 없다고 하여 무봉탑無縫塔이라고도 한다. 한 덩어리의 돌로 묘지의 표지를 세운 것. 일종의 부도.

난피육(煖皮肉) 고인의 정신이 지금까지 전하는 것이 마치 체온이 느껴지는 것 같다는 뜻.

난행도(難行道) 자기의 힘으로 부지런히 수행하여 깨달으려는 몹시 힘든 수행 태도. ➡ 난이이도難易二道

난화(難化) 고집이 세고 완강한 중생을 교화하거나 제도하기가 어려움을 뜻하는 말. 난도難度.

난화삼기(難化三機) 불법이나 대승을 비방하는 방대승謗大乘과 일천제一闡提, 오역五逆의 죄를 범犯한 사람은 교화하거나 구제하기

어려운 3가지 나쁜 근기의 무리라는 뜻. ➡ 난치삼병三難治病

날락가(捺落迦) 지옥. 또는 지옥의 죄인을 말한다. 나락가那落迦. 고기苦器의 뜻으로 죄업을 받는 곳. ➡ 나락奈落

날정 날이 널찍하게 생긴 조각칼.

남능북수(南能北秀) 중국 선종에서 남종의 혜능慧能과 북종의 신수神秀를 일컫는 말.

남돈북점(南頓北漸) 중국에서 남종·북종의 선풍禪風이 돈오頓悟와 점수漸修를 이해하고 수행하는데 있어 차이점을 구별하여 이르는 말.

남무구(南無垢) 남방의 티끌 없는 세계.

남비니(藍毘尼) 석가모니부처가 태어난 곳으로 중인도 카필라성의 동쪽에 있던 꽃동산.

남분니(藍羍尼) 남비니嵐毘尼. 염鹽으로 번역. 원래 정원을 지키던 노비의 이름이었는데 나중에는 정원 이름이 되었다고 한다. 또는 가애可愛로도 번역. 남비嵐毘. 화원花園 이름. 가비라성迦毘羅城 동쪽에 있던 꽃동산. 마야摩耶 부인이 석가모니를 낳은 곳. 해탈처解脫處로 번역.

남산(南山) 남산율사南山律師. 당나라의 도선율사道宣律師. 종남산終南山의 저마난야紵麻蘭若에 머물렀다.

남산삼관(南山三觀) 사분율종四分律宗을 개시한 도선율사가 세운 3가지 관법觀法. ①성공관性空觀은 성문·연각 이승二乘이 닦는 것으로, 세상 모든 사물은 인연 화합으로 생겼기 때문에 자성自性이 없는 공空으로 아我가 없다고 관觀하는 것. ②상공관相空觀은 대승의 시작으로 모든 법의 상相이 공空하다고 관觀하는 것. ③유식관唯識觀은 세상 모든 사물은 식識의 전변으로 드러나는 것으로 관觀하는 것.

남섬부주(南贍部洲) 인도인의 우주관에서 생긴 사상으로, 수미산을 중심으로 동서남북 사방을 사주四洲로 나누는데, 그중 남쪽의 땅을 말한다.

남순동자(南巡童子) 관세음보살의 왼쪽에 있는 존상. 언제부터 이

러한 좌우보처가 정형화되었는지는 알려
지지 않았다.

남순동자(南詢童子) 53선지식을 찾아 가
르침을 청하는 선재동자善財童子를 말
한다.

남신구(男身區) 영가를 목욕시키는 관욕
灌浴 의식에서 남자와 여자의 목욕탕을
병풍 등으로 나누어 설치하고 밖에 붙이
는 글. 남자의 위패를 모신 곳의 병풍에
남신구男身區라고 표시한다.

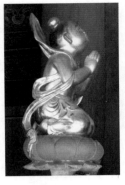

남순동자(보은 법주사)

남실성권(攬實成權) 진실한 교법을 가지
고 방편으로 권화權化하는 교법을 만드는 것.

남악(南岳) ①중국 호남성에 있는 형산衡山을 말한다. ②남악대사.
천태종의 2조 혜사慧思를 가리킨다. ③선종의 임제종이 개시된 곳.

남염부제(南閻浮提) 수미산 남쪽 바다 가운데 있는 큰 섬. 사주四洲
가운데 하나. 승금주勝金洲로 번역. 남섬부주南贍部洲. 염부제閻浮提.

남용(南涌) 세계 남쪽에 있는 샘.

남우(藍宇) 가람의 당우堂宇.

남종(南宗) 달마가 창시한 선종이 5조 홍인弘忍의 제자 혜능慧能과
신수神秀에 이르러 남종과 북종으로 개시되는데, 6조 혜능이 강남
에서 종풍을 성행시켜 남종이라고 한다. 임제종·조동종 등이 남종
에 속한다. 남돈북점南頓北漸.

남주(南洲) 수미산 남쪽 바다 가운데 있는 큰 섬. 인간이 사는
세계. 남염부제南閻浮提. 염부제閻浮提.

남중삼교(南中三敎) 중국 강남지역에서 일어난 돈頓·점漸·부정不
定의 삼교三敎. 돈교頓敎는 『화엄경』의 설설을 말하고, 점교漸敎는
『아함경』부터 『열반경』까지 차례대로 설한 내용을 말하며, 부정교
不定敎는 『승만경』·『금광명경』 등과 같이 돈·점이 정해져 있지 않

고, 불의 본성이 항상 있음을 밝힌 교.

남천축(南天竺) 고대 인도의 다섯 천축天竺 가운데 하나. 남인도 16나라. 데칸고원을 중심으로 한 반도지역.

남풍(藍風) 수미산 꼭대기에서 일어나는 폭풍. 비람풍毘藍風. 비람毘藍·비람毘嵐으로 쓴다.

납(臘)📖 ①수계受戒한 뒤 안거安居한 햇수. 계랍戒臘·하랍夏臘·법랍法臘이라고도 한다. ②납臘은 렵獵의 뜻으로 짐승을 사냥해서 선조에게 제사지내는 것을 말한다. 『풍속통』에 의하면 한 해를 마치면서 신에게 제사지내는 의식을 하나라에서는 가평嘉平, 은나라에서는 청사淸祀, 주나라에서는 대사大蜡, 한나라에서는 납臘이라고 했다.

납(衲)📖 누더기 옷이라는 뜻. 선가에서는 누더기 옷을 입고 운수행각을 하므로 납의衲衣·납승衲僧·납승납자衲僧衲子라고도 한다. ➡ 분소의糞掃衣

납경(納經) 복福을 구하고자 죽은 이에게 공양으로 경전을 사서寫書하여 절이나 망자亡者가 모셔진 곳에 보시하는 것.

납계(納戒) 수계受戒의 뜻으로 몸에 계체戒體를 받아들여 청정한 계행戒行이 일어나는 근원으로 삼는 것. ➡ 계체戒體

납구(納具) 구족계를 받아들이는 것.

납박(臘縛) 라바. 매우 짧은 단위를 의미하는 시간의 단위. 60찰나가 1식. 10식이 1라바.

납병(臘餠) 안거安居 마지막 날인 음력 7월 15일에 부처에게 공양하는 떡.

납불(臘佛) 안거安居 마지막 날인 음력 7월 15일에 공양을 부처에게 올리는 것. 우란분盂蘭盆.

납사어통(納蛇於筒) 뱀이 대나무 통속에 들어가면 곧은 몸이 되듯이, 선정禪定으로 사람의 잘못된 마음을 바로 잡음에 비유한 말.

납소(納所) ①사원에 속한 온갖 물품·기구·곡식 등을 넣어 두는 곳. ②금전 출납 등을 맡아보는 곳.

납승(衲僧)   납자衲子. 선승禪僧.

납월련(臘月蓮)   12월에 피는 연꽃. 매우 드물다는 뜻. 희유稀有.

납월팔일(臘月八日)   음력 12월 8일. 석가모니부처가 35세에 보리수 아래서 깨달아 도道를 이룬 성도일成道日을 말한다. 납팔臘八, 성도재일成道齋日.

납의(納衣)   kanthā 사람들이 버린 낡은 누더기 조각으로 만든 법의法衣를 말한다. 가사, 납의衲衣, 납가사衲袈裟, 법의法衣. ➡ 분소의糞掃衣

납자(納子)   납의衲衣를 입고 운수행각을 하는 승려. 수행승, 선승, 납승衲僧이라고도 한다.

납차(臘次)   법랍法臘의 차례. ➡ 납랍

납팔(臘八)   음력 12월 8일. 성도재일成道齋日. 성도회成道會. 성도절成道節.

납피몽두(衲被蒙頭)   좌선하는 행자行者의 모양을 나타낸 말로 머리에 누더기를 썼다는 뜻.

낭당(郎當)   늙고 병들어 몸이 쇠약한 모양.

낭범(浪範)   규칙을 지키지 않으며 행동이 굼뜨고 게으른 것.

낭율(榔栗)   지팡이. 즐률櫛栗.

낭자문(曩字門)   ₹na 모든 법의 명名은 얻을 수 없기 때문에 실담자에 뜻을 부여함. ➡ 실담悉曇

내(來)   āgata 입入, 득得, 래來, 전래傳來, 회래會來, 지至, 귀歸, 소집所集의 뜻이 있다. 동사 gam은 행한다, 움직인다, 간다, 온다, 머문다, 죽는다, 돌아간다 등의 뜻으로 주住, 예예詣, 유행遊行, 승진勝進의 의미를 갖는다.

내경(內境)   식識과 경境의 관계 속에서, 식識 안에 대상의 경境이 존재한다고 주장하는 것.

내계(內界)   인식 구조를 파악하고자 할 때 기준을 정하여, 안을 내계라고 하고 밖을 외계라고 한다. ①신체는 외계이며 마음은 내계. ②오근五根. ③육계六界인 지地·수水·화火·풍風·공空·식識 가운데서 식계識界를 내계라고 한다. ④법회가 있을 때 율에서 정한 의식으로 일정 지역에 경계를 정하는 결계結界를 하고, 그 안을 내계內界, 그 밖을 외계外界라고 한다.

내고(內庫) ①관정灌頂 의식을 행하는 내도량內道場을 말하며, 소단소小壇所 또는 내당內堂이라고도 한다. ②사찰에 필요한 여러 가지 물품을 보관하는 장소.

내공(內供) 궁중에서 주관하는 불사나 법회가 있을 때 대중을 위해 경전을 읽는 등의 일을 맡은 소임. 내공봉內供奉.

내공(內空) 눈·귀·코·혀·몸·뜻의 6근은 인因과 연緣에 따라 생긴 것이므로 자성이 없어서 공空이며, 실제 모습이 없으므로 내공이라고 한다.

내관(內觀) 바깥 경계에 따라 관觀을 일으키지 않고, 자기 마음을 자세히 살피는 것.

내기(內記) 선종에서 방장方丈이나 주지를 보좌하는 소임으로 다섯 시자侍者 가운데 하나. 주지의 모든 문서에 관계되는 일을 맡은 소임. 서장시자書狀侍者를 말한다. 내사內史.

내도량(內道場) 궁중 안에 만들어 놓은 도량으로 왕실에서 불보살에게 공양하고 수행하기 위해 마련한 장소. 내사內寺.

내림게바라춤 부처의 강림을 환희의 마음으로 찬탄하며 노래하고 춤추는 것.

내명(內明) 명明은 학문을 의미하며, 불교 자체의 가르침을 말하는 것으로, 모든 부처의 말씀이라는 뜻.

내문전(內門轉) 대상을 취하는 방향에 따라 나타낸 말. 색계와 무색계는 선정禪定에 대한 탐을 안으로 많이 일으키므로 내문전이라고 한다.

내박권인(內縛拳印) 손으로 깍지를 낀 모양. 열

내박권인

손가락을 모두 손바닥으로 하여 깍지를 하고 오른손 엄지손가락을 왼손 엄지손가락 위에 놓는다. 내박인內縛印이라고도 한다.

내박인(內縛印) 내박권인內縛拳印.

내방(內方) 일본 진종眞宗 승려들의 아내. 방수坊守.

내범(內凡) 견도見道 이전의 계위로 바른 이치를 증득하지 못한 범부를 일컫는다.

내법(內法) 부처의 가르침 안에 있는 법. 불법 이외의 법을 외법이라 한다.

내보(內報) 수청守請.

내불(內佛) 지불持佛로 본존불의 중심이 되며, 그 아래에 역대 조상의 이름을 적은 패牌를 모신다. 절에 모신 불단佛壇과는 달리 개인적으로 모시는 불단을 말한다.

내비(內秘) 본래 모습은 안으로 숨겨 나타나지 않게 하고, 방편으로 다른 모습을 밖으로 드러내는 것. 내비외현內秘外現.

내사(內史) 주지스님이나 방장스님을 도와 서류 등을 정리하는 시자를 가리키는 말. 내기內記. 서장시자書狀侍者.

내사(內寺) 궁중 안에 왕실의 수행을 위해 설치한 도량. 내도량.

내삼분(內三分) 유식에서 말한 인식 체계 가운데 견분見分·자증분自證分·증자증분證自證分.

내색(內色) 오근五根과 육식六識. 모두 몸 안에 있기 때문에 붙여진 이름. 이종색二種色의 하나.

내세(來世) 죽은 뒤에 올 다음 세상. 미래의 세상. 사후의 세계.

내숙식(內宿食) 하룻밤이 지난 것. 깨끗하지 못한 음식 가운데 하나.

내식(內識) 밖의 경계인 외경外境의 반대로 심心·의意·식識을 말한다.

내심자증(內心自證) 선정을 통하여 법의 성품을 보는 견성見性을 말한다. 견성성불見性成佛.

내아(內我) 자기의 몸과 마음에 집착하여 항상 아我가 나의 안에 있다고 여기는 것.

내연(內緣) ①의식의 작용으로 모든 법을 분별하는 것. ②직접적인 원인이 나의 안에 있어 과果가 생긴다고 하는 것을 내인內因이라고 하고, 이 인因을 도와 과果를 내는 것을 내연이라고 한다.

내영(來迎) 불보살이 염불念佛하는 사람을 맞이하여 극락세계로 인도하는 것.

내외공(內外空) 육근六根과 육식六識은 내內라고 하고, 육진六塵은 외外라고 하는데, 모두 무자성無自性으로 공空임을 밝히는 것.

내원해인(耐怨害忍) 다른 사람이 미움과 해악으로 박해를 해도 자기의 숙업宿業으로 인한 것임을 알아 되갚을 마음을 참는 것. 삼인三忍 가운데 하나.

내응(來應) 다른 사람의 요청에 부응하는 것.

내의(內衣) 몸에 닿게 안에 입는 옷. 안타회安陀會라고도 한다. 삼의三衣 가운데 하나.

내장(內障) 마음속에 있는 장애. 번뇌 등.

내재(內財) 재물인 금·은·보화 등을 몸 밖에 있다고 하여 외재外財라 하고, 자신의 몸과 팔다리 등 중생의 정보正報를 내재라고 한다.

내재(內災) 자기의 몸에 생기는 재난과 우환.

내재(內齋) 국왕의 탄신일.

내전(內典) 불교 경전을 일컫는 말. 그 밖의 책을 외전外典이라고 한다.

내제(內題) 책의 표지가 아닌 본문 처음에 쓰인 제목.

내종(內種) 식물의 종자種子는 눈에 보이는 것으로 외종外種이라고 하고, 제8식 안에 들어 있는 종자를 내종이라고 한다. 식물 종자가 싹이 트고 자라면 모양을 갖추듯이 식識의 작용을 종자에 비유하여 설명한 것이다.

내증(內證) pratyātmādhigama pratyātma는 각각에게 있어, 개개에 등의 뜻으로 자각自覺·내신증內身證·자증自證으로 번역하며, adhigama는 도달, 상달上達, 이리利, 인식認識, 지식知識, 연구 등의 뜻으로 지至·득득得得·득과득果得果·증득證得·소증소증所證·성취成就·해解·수행修行·전향專向·구求 등으로 의역한다. ①자내증自內證으로 각각 개인이 수행하여 자기 마음속에서 깨달은 진리의 증득. 마음속으로 노력하여 깨달은 진리. 마음속의 깨달음. 내면의 깨달음. ②집안 살림살이. 집안 사정.

내지(內智) 안으로 번뇌를 끊고 해탈의 경지에 이르는 지혜. 삼지三智 가운데 하나.

내지일념(乃至一念) 매우 적은 생각으로 많은 생각을 가져오는 것.

내진(內陣) 불화에서 그림의 주인이 되는 본존의 자리를 내진이라 하고, 그 밖의 주변을 외진外陣이라고 한다. 또는 불전 앞에서 승려들이 앉는 자리의 안을 내진, 밖을 외진이라고 한다.

내진(內塵) 색色·성聲·향香·미味·촉觸·법法의 육진六塵을 나누어서 의식意識이 대상으로 하는 법法을 내진이라고 하고, 나머지 색성향미촉의 대상인 안眼·이耳·비鼻·설舌·신身의 다섯 가지를 외진이라고 한다.

내처(內處) 육근六根이 몸의 안에 있다고 하여 붙여진 이름. 육내처六內處.

내학(內學) 불교계 안에서 불교를 말할 때 쓰이는 말. 내명內明이라고도 한다. ➡ 내명內明

내호마(內護摩) 호마護摩의 일종으로 이호마理護摩라고도 한다. 밀교에서 호마는 먹는 음식물을 태워 공양하는 것이지만, 자기 마음속의 번뇌를 태워 버리는 법으로 화단火壇을 향하지 않고, 심월륜心月輪을 마음으로 관상觀想하여 마음속의 번뇌를 불태우는 것을 말한다. ➡ 호마護摩

내훈(內薰) 원래 중생의 마음속에는 본각本覺의 진여眞如가 있는데, 만약 무명無明이 훈습되면 그 미혹된 마음은 생사의 고苦를 싫어하여 열반의 낙樂을 구하려고 하는 것을 말한다. 불보살의 법法과 자신의 수행을 외훈外薰이라고 한다.

냉좌(冷坐) 묵묵하게 좌선하는 것을 말한다.

념(念)📖 smṛti ~의 기억, 상기想起, 염기念起, 권위 있다, 성전문학, 전통적인 법전法典 등의 뜻으로, 기記, 지智, 염念, 억념憶念 등으로 의역한다. ①마음이 작용하는 심소心所의 이름으로 경험한 것을 밝게 기억하는 것. 힘이 있기 때문에 염근念根 또는 염력念力이라고 한다. ②불·법·승·계戒·시施·천天의 육염六念은 부처가 생천生天하려는 사람을 위하여 설하신 내용으로 천天은 청정계淸淨戒를 지니고 지켜 선업을 쌓아 낙보樂報를 받는 것이다. ③육염에 휴식休息·안반安般·신비상身非常·사死, 다른 말로는 멸멸·출입식出入息·신신·사死의 4가지를 더하여 십염+念이라고 하며 마지막에는 몸의 무상함과 죽음을 잘 기억하여 그 모습을 떠올리는 것이다. ④육염과 십염을 따라가면서 수행하는 뜻으로 육수념六隨念 또는 십수념+隨念이라고도 한다. ⑤아주 짧은 시간.

노(露) 사물의 무상함을 아침 이슬에 비유한 것.

노가(路伽) 로가路迦를 세간世間으로 번역.

노가기야(路伽祇夜) 12분교分敎 가운데 하나. 중송重頌으로 번역.

노가다(路伽多) 적赤으로 번역. 갈라가다曷囉迦多로도 쓴다.

노가비(路伽憊) 가비伽憊를 지세간知世間·세간해世間解로 의역한다. 여래 십호+號 가운데 하나.

노가야파(路伽耶派) 순세외도·순세파라고 번역. 공空이나 윤회를 부정하고 공양·보시 등의 수행도 인정하지 않는다.

노결(勞結) 진로塵勞와 결사結使라는 뜻으로 모두 번뇌의 다른 이름이다.

노겸(勞謙) 수고를 하면서도 노고와 공을 자랑하지 않고 자기를 낮추는 것.

노고추(老古錐) 추錐는 물건을 잘 뚫는 송곳에 비유하여 노덕老德을 존경하여 말하는 것. 노고老古는 존칭. 노대원숙老大圓熟이란 뜻이다.

노납(老衲) 납衲은 조각을 이어 만든 옷을 입은 승려를 일컫는 말이므로 납자衲子·납승衲僧과 같은 말. 노승老僧.

노두(爐頭) 절에서는 매년 음력 10월 1일이면 화로에 불을 피우기 시작하여 이듬해 2월 1일에 끄는데, 이 화로의 불을 관리하는 승려를 가리키는 말.

노두(爐頭) 화롯불을 관리하는 소임.

노려(勞侶) 번뇌가 있는 무리나 동료.

노만(露幔) 불전佛殿이나 불탑 주위에 장식한 휘장.

노명(露命) 목숨인 명命의 무상함을 이슬에 비유한 말.

노반(露盤) 탑의 상륜을 받치는 사각형의 돌. 노반 위에는 발우를 뒤집어 놓은 모양을 한 복발覆鉢이 있다. 승로반承露盤이라고도 한다.

노변보살(路邊菩薩) 지장보살.

노불(露佛) 불전佛殿 안에 모시지 않아서 비바람을 맞아 씻기는 불상. 유불濡佛.

노사나불(盧舍那佛)📖 Vairocana 변조遍照, 변광遍光, 조명照明 등의 뜻이 있으며, 노사나 또는 비로자나로 읽고 정만淨滿·광명편조光明遍照로 번역. ①부처의 보신報身 또는 법신法身. 보리심 그 자체로 불보살의 마음이 의지하고 있는 심지心地를 가리킨다. 무량겁 동안 수행한 끝에 깨달음을 얻어 연화장세계蓮華藏世界에 머물며 시방세계에 광명과 가르침을 베풀어 중

노사나불(경주 불국사)

생들을 제도한다. ②대일여래大日如來로 번역하기도 한다.

노숙(老宿) 오래도록 수행하여 도덕이 높은 승려. 기숙耆宿. 노성老成·숙덕宿德의 뜻.

노원(老猿) 부처가 이복동생 난타難陀가 부인의 예쁜 얼굴을 그리워하여 집에 돌아가려는 것을 막기 위해 부인을 늙은 원숭이에 비유하여 제도한 것을 말한다.

노전(爐殿) 대웅전과 같은 큰 법당을 맡아서 관리하고 의식을 이끌며 집전하는 소임을 맡은 승려. 부전副殿의 일종. 노전비구爐殿比丘 또는 노전대사爐殿大師라고도 한다.

노주(露柱) 불전佛殿 밖의 정면에 세워 놓은 둥근 두 기둥.

노지염불(路地念佛) 장례식이 진행될 때 상주의 집에서 장지葬地로 가는 길에 의식에 따라 염불하는 것.

노지우거(露地牛車)📖 『법화경』「비유품」에 나오는 것으로, 문 밖의 노지露地에서 소가 끄는 수레를 보여서 문 안에 있는 삼거三車의 삼승 가르침을 일승으로 이끄는 것. 대승의 실교實教를 비유한 것이다.

노지좌(露地坐) 드러난 곳에서 좌선하는 것. 12두타행頭陀行 가운데 하나.

노파(老婆) 노파가 손자를 이끄는 것과 같은 자비로움을 일컫는 말.

노파선(老婆禪) ①노파와 같은 선기禪機로 가르치는 선법禪法. ②친절하고 자세하게 가르치지만 날카로움과 기개는 없는 선법禪法을 말한다.

노하(路賀) 금철金鐵을 총괄한 이름.

노행자(盧行者) 중국 선종의 6조인 혜능慧能을 일컫는 말. 속성이 노씨盧氏라 하여 붙여진 이름.

녹거(鹿車) 양이 끄는 수레인 양거羊車, 사슴이 끄는 수레인 녹거鹿車, 소가 끄는 수레인 우거牛車를 삼거三車라고 하는데, 녹거는 연각緣覺乘에 해당한다. 수레를 동물에 비유한 것은 양은 혼자 달리고, 사슴은 달려가며 뒤를 돌아보고, 소는 무거운 짐을 묵묵히 나르는 성질을 가지고 있어 이를 삼승의 수행 방법에 비유한 것. ➡ 삼거三車

녹계(鹿戒) 잘못된 견해를 믿고 따르는 계금취견의 하나. 사슴의 동작을 배우고 사슴의 먹이를 먹는 것이 하늘에 태어나는 인因이 된다고 여기는 것.

녹녀부인(鹿女夫人)　연화부인蓮華夫人.

녹림(鹿林)　녹야원鹿野園.

녹모(鹿母)　녹자모鹿子母.

녹수낭(漉水囊)　출가자가 항상 지니고 다녀야 하는 육물六物 가운데 하나. 물속 벌레의 생명을 보호하기 위해 물을 거르기 위한 주머니처럼 생긴 도구. 녹수대漉水袋·여수낭濾水囊이라고도 한다.

녹수대(漉水袋)　녹수낭漉水囊.

녹야원(鹿野園)　사슴이 있는 정원. 사슴 동산이란 뜻. 녹야원鹿野苑·선인주처仙人住處·선인타처仙人墮處·선인녹원仙人鹿園·선원仙園·녹원鹿園·시녹원施鹿園·녹림鹿林. ①부처가 깨달은 후에 처음으로 교진여憍陳如 등 다섯 비구에게 고집멸도의 사제법四諦法을 설 한 곳. ②태자의 세 번째 왕비.

녹원전법상(『월인석보月印釋譜』)

녹원전법상(鹿苑傳法相)📖　부처의 일생을 8가지로 설명하는 모습 가운데 일곱 번째. 부처가 정각을 이루고 처음으로 녹야원에서 법을 전하는 초전법륜 장면과 기원정사를 건립하는 장면 등이 있

다. ➡ 팔상성도八相成道

논고(論鼓) 논강論講을 위해 북을 쳐서 대중을 모이게 하는 것.

논력외도(論力外道) 고대 인도 비야리국에서 논의하는 힘이 가장 세다고 자랑하던 외도.

논부(論部) 부처의 경전인 경·율·논 삼장三藏 가운데 논장論藏을 말한다.

논사(論師) 삼장三藏 가운데 논장論藏에 통달한 사람. 부처의 말씀을 알기 쉽게 풀이하는 사람을 말한다.

논소(論疏) 성인과 조사들이 부처의 말씀을 알기 쉽게 풀이하는 것을 논論 또는 소疏라고 한다.

논의(論義) 상대의 그릇된 논리를 문답을 통하여 밝히는 것.

논장(論匠) 논의에 뛰어난 사람.

논장(論藏) 📖 삼장三藏 가운데 하나. 부처의 말씀이나 성인과 조사들의 말을 알기 쉽게 풀이해 놓은 것을 논論이라고 하고, 이 논들을 모아 하나로 묶어 놓은 것을 논장이라 한다.

논제(論題) ①성인이나 조사들의 말을 알기 쉽게 풀이해 놓은 책을 논論이라고 하는데, 이 책의 제목을 일컫는다. ②논의나 모여 읽어가며 토론하는 모임의 주제.

논종(論宗) 논서의 논지에 의지하여 생긴 종파. 성실종이나 삼론종과 같은 것.

논주(論主) 논論을 지은 사람.

농두(籠頭) 말과 소의 주둥이를 얽어매는 기구를 뜻하는데, 몸과 마음을 장애하는 무명업식無明業識이나 망상분별妄想分別을 비유한 것.

농란상(膿爛想) 선문禪門 구상九想 가운데 하나. 수행하는 사람이 육신에 대한 집착을 끊기 위해 더럽거나 죽은 시체의 아홉 구멍에서 벌레와 고름이 흘러나오는 것을 보는 수행법.

뇌(惱) ①번뇌煩惱. 번민煩悶. ②수번뇌이십법隨煩惱二十法 가운데 하나. ③심소心所의 이름. 구사종에서 소번뇌지법小煩惱地法의 하나.

④유식설에서는 이십수번뇌二十隨煩惱 가운데 하나. 과거에 분하게 여기던 것을 돌이켜 생각하거나, 현재의 사물이 자기 마음에 맞지 아니하여 괴로워하는 정신 작용.

뇌각(惱覺) 미워하는 마음을 일으켜 항상 다른 사람을 괴롭힐 생각을 하는 것.

뇌야(賴耶) 아뢰야식阿賴耶識의 약칭.

누(漏) 📖 āsrava 수문水門, 유출流出하다, 나무나 꽃의 분비액으로 만들어진 술, 마음을 섭하는 특수한 생각, 고뇌苦惱의 뜻으로 누漏로 의역한다. 물이 새는 그릇이나 집은 사용할 수 없는 것처럼 번뇌가 있으면 수행을 할 수 없다는 것을 비유한 말.

누각(樓閣) 사찰 안에 있는 전각殿閣 가운데 하나. 문과 벽이 없는 것이 일반적이며 멀리 사방을 내다볼 수 있도록 되어 있다. 대부분 누각을 통해서 주존主尊을 모신 법당으로 들어갈 수 있도록 배치하였으며, 경우에 따라서는 법회나 설법 장소로도 사용한다.

누각(영주 부석사 안양루)

누계(漏戒) 계戒를 범犯하여 지키지 못하는 것. 파계破戒.

누교(累教) 부촉付囑.

누박(漏縛) 누漏는 새는 것이며, 박縛은 묶는다는 뜻으로 번뇌의 다른 이름.

누영진무외(漏永盡無畏) 부처의 사무소외四無所畏 가운데 하나. 모든 번뇌를 끊어 두려움도 없음을 뜻하는 말.

누장(累障) 번뇌가 쌓인 장애.

누지불(樓至佛) 애락불愛樂佛. 현겁 천불 가운데 가장 뒤의 부처.

누진(漏盡) 무명의 번뇌를 끊는다는 뜻.

누진력(漏盡力) 여래의 십력+力 가운데 하나. 모든 번뇌를 끊어 다한 부처의 지혜.

누진비구(漏盡比丘) 번뇌를 끊은 비구. 곧 아라한阿羅漢을 말한다.

누진통(漏盡通) 물이 새는 듯한 무명의 번뇌를 끊고 다하여, 고집멸도 사제의 이치를 알아 삼계에 미혹함이 없는 힘.

누질(漏質) 번뇌가 있는 몸을 가리키며, 번뇌의 더러움에 물들었다는 뜻.

누칠재(累七齋) 재칠齋七. 사람이 죽은 지 7일마다 재를 올려 49재까지 이르는 것을 말한다.

누화 금속판을 두드려서 오목과 볼록의 효과를 내는 육각肉刻이라는 공예 기법.

능가(陵伽) ①갈 수 없다는 뜻으로, 곧 신통한 사람만 이를 수 있다는 뜻이다. ②비구의 이름. 필능가바차畢陵伽婆蹉.

능가산(楞伽山) 능가楞伽는 스리랑카섬 한가운데 있는 제일 높은 산을 가리킨다. 능가산에서 부처와 대혜大慧가 주고받은 문답을 기록한 경전을 『능가경』이라고 한다.

능견상(能見相) 무명이 진여에서 일어나 생멸하고 유전流轉하며 움직이는 모습은 망상의 법으로, 심왕心王과 심소心所로 나누어짐이 없는 처음의 상相은 미세하고 측량하기가 어려워 세細라 하고, 후에 심왕과 심소의 상相이 드러나는 것을 추麤라고 하며, 모두 구상九相으로 설명한다. 삼세三細는 무명업상·능견상·경계상이며, 추는 6종이 있다. 능견상能見相을 견상 또는 전상轉相이라고 한다. 처음으로 움직이는 현상을 보는 것. 깨닫지 못하고 밝지 못한 마음으로 사물을 보는 것을 말한다.

능관(能觀) 보는 주체.

능귀(能歸) 귀의하는 주체.

능득(能得) 증득하는 주체.

능량(能量) 삼량三量 가운데 하나. 대상을 생각하는 주관. 대상을 헤아리고 추측하는 마음.

능례(能禮) 예禮를 올리는 주체.

능립(能立) 인명因明의 법이 정인正因과 정유正喩를 갖추어 종법宗法을 성립시키는 것을 말한다. 옛날 인명因明에서는 삼지작법三支作法인 종宗·인因·유喩가 함께 능립能立이 되는데, 새로운 인명因明에서는 종宗이 소립所立이 되고 인因·유喩가 능립能立이 된다.

능만(能滿) 석가모니부처를 말한다.

능문(能門) 모든 법이 조건에 의해 인因과 연緣이 화합하여 존재하므로 자성이 없어 공空하고, 조건이 변하면 모든 것이 변하므로 무상無常인 것을 알면 열반의 진리에 들어갈 수 있다고 하는 것. 이理가 소입所入의 문이 되고, 교教가 능입能入의 문이 된다.

능변(能變) 유식에서 모든 법法은 팔식八識에 의해 상분相分과 견분見分으로 변하여 나타나기 때문에 붙여진 이름. 삼능변三能變.

능변무기(能變無記) 제8 아뢰야식은 만물을 일으키는 근본이며 선善도 악惡도 아닌 무기無記의 성질이라는 뜻.

능별(能別) 인명因明의 종법을 세우는 말에 성위무상聲爲無常이라고 하는 것과 같다. 성聲은 소별所別이 되고, 무상無常은 능별能別이 된다. 성聲이라는 것은 자체自體이고, 무상無常이라는 것은 본체 위의 의리義理를 말한다.

능생인(能生因) 제8식이 안식 등의 여러 식을 일으키고 모든 선과 악종자善惡種子의 인因이 되는 것을 말한다.

238 능관

능생지(能生支) 십이인연 가운데 애愛·취取·유有의 삼지三支를 말한다. 삼지三支가 미래의 과果인 생生·노老·사死를 내기 때문에 능생지라고 한다.

능성립(能成立) 인명因明의 종宗·인因·유喩 삼지三支 가운데 종법宗法이 소성립所成立이 되고 인因·유喩가 능성립能成立이 된다.

능소(能所) 🕮 능能은 주체로서 스스로 움직일 수 있는 것이며, 소所는 능能이 한 것으로 스스로 움직일 수 없는 것을 말한다. 주체와 객체 또는 인식의 주관과 객관.

능신(能信) 믿는 주체이며, 소신所信은 믿는 대상이다.

능안인(能安忍) 천태 십승관十乘觀 가운데 아홉 번째. 마음이 안정되어 어떠한 장애에도 흔들리지 않고 참아 내는 것을 말한다.

능엄주(楞嚴呪) 『능엄경』 7권에 있는 대불정여래大佛頂如來의 깨달음의 공덕을 말한 439구의 다라니. 불정주佛頂呪·대불정만행수능엄다라니·나무대불정여래밀인수증요의제보살만행수능엄신주라고도 한다. 능엄주楞嚴呪를 송하는 비구를 능엄두楞嚴頭라 한다.

능연(能緣) 대상을 인식하는 주체. 심식心識은 경境을 대상으로 일어나는 것을 말한다. 능연의 혹惑을 끊으면 소연所緣의 혹惑도 끊어지는 것을 능연단能緣斷이라 한다. 번뇌를 끊는 사종인四種因 가운데 견혹을 끊는 인因이다.

능원도(能遠到) 불보살의 힘으로 멀리 나아갈 수 있는 능력.

능인(能人) 중생을 교화하여 이롭게 하는 사람이란 뜻으로, 부처를 말한다.

능인(能忍) 부처를 가리키는 말.

능인적묵(能仁寂默) 부처의 다른 이름으로, 어질고 고요한 마음을 가진 것을 가리킨다. 석가釋迦는 능인能仁, 모니牟尼는 적묵寂默의 뜻. 부처를 당나라 때에는 능적能寂으로 번역하고, 그 전에는 능만能滿으로도 번역했다.

능인지(能引支) 능인사能引師. 십이연기 가운데 무명無明과 행行을 말한다. 이 두 가지가 식識·명색名色·육입六入·촉觸·수受의 오과五果 종자를 잘 이끌어 내기 때문에 능인지라고 한다.

능입(能入) ①불법에 들게 하는 인연이나 믿음. ②소입所入의 반대 말. 능입의 대상. ③가장 절실하고 필요한 것.

능자(綾子) 매우 가는 실로 짠 명주 천.

능작인(能作因) 육인六因 가운데 하나. 하나의 법法이 생길 때, 그 자체를 제외하고 다른 것은 그 생生을 방해할 수 없다는 뜻. 즉 모든 법은 능작인의 체體가 된다는 주장.

능장(能藏) 장식藏識 삼의三義 가운데 하나. 장藏은 아뢰야식 제8식 과 종자를 설명할 때, 아뢰야식은 종자를 간직하고 종자는 아뢰야 식에 간직되어 있음을 말한다.

능전(能詮) 부처가 전한 법 자체를 말한다. 경전에 쓰인 글은 능전 이며, 그 뜻을 이해하는 각각의 내용은 소전所詮이 된다.

능정관음(能靜觀音) 33관음 가운데 하나. 바위에 기대어 바다를 향해 고요한 모양을 하고 있는 관음.

능지(能持) ①계戒를 받은 자가 계체戒體를 잘 지니고 지키는 것. ②다르마의 뜻을 의역하여 가르침의 뜻을 기억하며 여러 가지 선법 을 잘 지니고 있는 것.

능지무소외(能持無所畏) 보살의 사무소외四無所畏 가운데 하나. 보 살이 부처의 모든 교법을 듣고 항상 지키면서 잊지 않으므로, 대중 에게 법法을 말할 때 두려움이 없는 것을 말한다.

능지방편(能止方便) 자신의 허물을 부끄러워하여 모든 악惡을 막 아 그치고 선善을 행할 수 있게 하는 것.

능집(能執) 📖 grāhaka 취한다, 받아들인다, 감지感知한다, 지각知覺 한다 등의 뜻으로, 능취能取, 능집能執, 능지能知, 섭攝 등으로 의역한 다. ①무엇인가를 취하여 받아들이는 주체로 실재하는 것은 아니 다. ②무엇인가에 집착하는 행. ③관심. 취미. 성향. 기호.

능차(能遮) dhāraṇī의 의역으로, 부처의 가르침인 법法을 잊지 않고 기억하여 잘 간직함으로써 여러 가지 악惡이 일어나는 것을 막고 선법善法을 일으키는 것을 말한다.

능취(能取) 🔲 grāhaka 취한다, 받아들인다, 감지感知한다, 지각知覺한다 등의 뜻으로, 능취能取, 능집能執, 능지能知, 섭섭 등으로 의역한다. ①인식하는 주체가 되어 받아들이는 것. 대상을 아는 것. ②집착하는 주체. 능행能行. ➡ 능집能執

능파(能破) 인명因明 팔문八門 가운데 하나. 진능파眞能破. 자기와 다른 주장에 대對하여 허물이 있음을 지적하는 것.

능피법(能被法) 법法을 알고자 하는 중생의 근기에 알맞도록 설하는 법法. 소피기所被機의 반대말.

능행(能行) ①소행所行의 반대말. 주체가 행하는 것. ②능행자能行者. 육조六祖 혜능慧能을 가리키는 말.

능화(能化) 소화所化의 반대말. ①남을 잘 교화하여 인도하는 사람. 부처는 능화이며 중생은 소화이고, 승려는 능화이며 대중은 소화이다. ②법法을 설하여 대중을 잘 교화하는 불보살. 화주化主.

능훈(能薰) 식識인 종자種子가 대상을 인식하여 식識에 저장하는 작용. 저장되어지는 작용을 소훈所薰이라고 한다.

능훈사의(能薰四義) 🔲 능훈能薰의 작용인 훈습이 있기 위해서 반드시 갖추어야 하는 네 가지 조건. 유생멸有生滅은 생멸하는 뜻이 있어야 습기를 생장시킬 수 있다는 뜻. 유승용有勝用은 심심과 심소心所가 힘이 약해 습기를 막을 수 없는 수승한 쓰임이 있는 것. ③유증감有增減은 뛰어난 작용이 있고 증감이 있어야 습기를 받아들일 수 있다는 것. ④소훈화합성所薰和合性은 훈습한 소훈所薰이 같은 시간과 같은 곳에 화합하여 있어야 한다는 것. 이 네 가지 뜻에 의해 능훈으로 받아들여진 소훈의 결과가 식識에 존재하게 된다.

니(尼) 비구니比丘尼의 약어로 출가한 여자 승려를 말한다.

니강(尼講) 비구니가 법法을 설하는 것.

니계(尼戒) 비구니가 받아 지니는 계율. 원래는 341계였으나 남산 율사南山律師 도선이 주장한 칠멸쟁七滅諍을 더해 348계가 되었다.

니고(尼姑) 사고師姑. 비구니의 별칭.

니근저(尼近底) 탐식의 다른 이름. 심입深入·집취執取로 번역. 니연저尼延底.

니금(泥金) 금가루. 금니金泥.

니다나(尼陀那) 부처가 법을 설한 기록인 경전을 12가지 내용으로 분류한 12부경 가운데 하나. 인연因緣·연기緣起의 뜻.

니단(尼壇) 여자를 출가시켜 비구니가 되기 위한 구족계를 주는 의식을 행하는 단壇.

니라오발라(尼羅烏鉢羅) 푸른 연꽃.

니로발라(泥盧鉢羅) 인도의 연꽃. 연화蓮華.

니르바나 이원泥洹. 열반涅槃. ➡ 열반涅槃

니리(泥犁) 지옥. 니리야泥梨耶·니리가泥梨迦.

니사(尼寺) 비구니가 거주하는 절. 승방僧坊. 낙양 죽림사竹林寺가 중국 최초의 니사.

니사단(尼師壇) 출가자가 지녀야 하는 육물六物 가운데 하나. 좌구坐具. 방석 따위를 말한다.

니살기바일제(尼薩耆波逸提) 니살기는 버린다는 사捨, 바일제는 떨어진다는 타墮의 뜻이므로 사타捨墮로 의역한다. 비구·비구니가 지켜야 할 율律이며, 30개의 바라제목차로 이루어져 있다. 대부분 생활에 필요한 의식衣食의 내용에 관한 조목으로 이를 범犯하게 되면, 율장에서 정한 순서와 법에 따라 참회하게 된다. ➡ 칠취七聚

니야마(尼夜摩) ①학파 이름인 niyāma이며, 결정決定이라고 의역한다. ②보살이 수행하여 그 공덕으로 범부나 악취에 떨어지지 않는다고 경정된 계위를 니야마위尼夜摩位라고 한다.

니연저(尼延底) 탐식을 가리키며, 심입深入·집취執取로 의역한다.

니우(泥牛)　진흙으로 빚어 만든 소. ①토우土牛. 흙으로 만든 소, 중국에서는 입춘 때 이 토우를 만들어서 장식한다. ②대혜大慧 종고와 설두 중현에 이르러 본래 면목이 니우·철우·목마·석녀 등으로 표현되거나 형상화된다.

니인(泥人)　니리泥犁는 지옥이란 뜻으로, 지옥에 떨어진 사람을 말한다.

니탑(泥塔)　진흙으로 빚어 만든 작은 탑.

니파라(尼波羅)　설산 가운데 있는 나라. 네팔을 말한다.

니환(泥桓)　nirvāṇa 이원泥桓, 열반涅槃, 니환泥丸, 니왈泥曰, 니원泥洹, 니반泥畔. ➡ 열반涅槃

니탑(동국대학교 박물관)

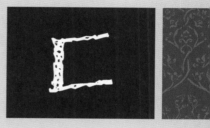

다가라(多伽羅) tagara 감송甘松, 격향格香, 목향수木香樹, 계桂, 근향根香, 목향상木香相·불몰향不沒香이라고 한다. 향료 이름. 협죽도과夾竹桃科에 속한 향나무의 일종. 가라伽羅. 다가루多伽婁·다가류多伽留·다게라多揭羅.

다각(茶角) 사찰에서 차를 달이고 과일을 준비하는 일을 맡은 소임.

다게례(茶偈禮) 아침 예불에서 차를 올리면서 하는 게송.

다게작법(茶偈作法) 법회의 성질에 따라서 차려진 단壇에 차를 올리는 법.

다관(茶灌) 차를 담는 꼭지가 있는 그릇.

다기(茶器) 부처 앞에 차나 공덕수라고 하는 청정수를 올리는 그릇. 헌다의식獻茶儀式에 사용되는 불구佛具.

다기니(多枳尼) 다길니茶吉尼·나길니拏吉尼·타기니陀枳尼. 야차 가운데 하나. 칼과 보주寶珠를 지닌 미녀가 흰 여우를 타고 앉은 모양이며 자유자재한 신통력이 있다.

다념(多念) 염불을 많이 하는 것. 나무아미타불을 많이 부르는 것. 일념一念의 반대말.

다당(茶堂) 주지가 접빈행례接賓行禮하는 곳. 곧 방장方丈.

다도파(多茶簸) 원리遠離로 번역. 사제四諦 가운데 멸제滅諦.

다두(茶頭) 사찰에서 차 달이는 일을 맡은 승려.

다라(多羅) ①sūtra 실, 끈, 그물의 줄, 초안, 계획, 선線, 강요서, 간명한 규칙, 간단한 규칙이 되는 등의 뜻이 있으며, 다라수多羅樹로 음사한다. 인도·미얀마·스리랑카 등지에서 자라는 종려과椶櫚科의 나무. 이 나뭇잎에 경전의 내용을 써서 패엽貝葉 또는 패다라엽貝多羅葉이라고 한다. ②안동眼瞳·동자瞳子·묘목정妙目精으로 번역. 관음觀音의 눈에서 나온 여신女身의 보살 이름. ③면面·세계世界로 번역. 세계의 이름. ④발다라. 은·백동 등으로 만든 발우.

다라(陀羅) 다라니陀羅尼.

다라과(多羅果) 열매가 석류石榴와 같으며 먹을 수 있다. 꽃이 희고 큰데 두 손으로 받들면 열매가 익어 붉어진다고 한다.

다라니(陀羅尼)📖 dhāraṇi 법을 마음에 머무르게 하여 잃어버리지 않는 능력 또는 수행자를 보호하는 등의 뜻이 있다. 장구章句지혜의 총지력總持力이라는 뜻. 모든 이치를 갖추고 있다는 주문. 총지總持·능지能持·능차能遮로 번역. ①원래 ~에 집執하다, ~에 완전히 붙어 있다, 보지保持하다, ~에 지지支持하다 등의 뜻이 있는 동사 dhṛ에서 파생되었음. 잊지 않기 위한 방편으로 쓰이기 때문에 억지憶持라고도 한다. 부처의 가르침이 들어 있는 경전의 내용이나 불보살의 원顧을 잊지 않도록 하는 것으로, 악惡이 일어나는 것을 싫어하고 선善을 잘 지키고 행하도록 하므로 능차能遮라고 한다. 진언眞言. ②지혜. 삼매.

다라니삼매(陀羅尼三昧) ①끝없이 다라니를 염송하여 얻은 삼매. ②모든 다라니를 포섭하는 삼매를 말한다.
다라불발(多羅佛鉢) 사천왕四天王이 석가모니부처를 공양하는 발우.
다라존관음(多羅尊觀音) 33관음 가운데 하나. 구름 위에 서 있는 관음.
다라한관(多羅閑管) 다라多羅는 수다라修多羅의 줄임말이며, 한관閑管은 좁은 견해라는 뜻. 경전 안에 들어 있는 본래의 가르침인 진실한 뜻은 모르고, 글자만을 따라 해석하고 이해하는 좁은 소견.
다르마📖 dharma 확정한 질서, 관습적인 순서, 습관習慣, 풍습風習, 법칙法則, 규정規定, 의무義務, 미덕美德, 선행善行, 종교宗教, 교설教說, 성격性格, 본질本質, 특질特質 등의 뜻이 있다. 몸에 잘 익힌 좋은 습관으로 본질적인 것을 말한다. 본질적인 교법이나 진리. ➡ 법法
다말(茶末) 찻잎을 갈아서 만든 차. 말차末茶.
다문(多聞) 법문을 많이 듣고 몸에 지니는 것.
다문견고(多聞堅固) 오견고五堅固 가운데 하나. 부처가 입멸한 후제3의 5백 년을 말하며, 부처가 입멸 후 오랜 시간이 흘러도 부처의 경전을 듣고 외우고 익히는 사람들이 많이 있어 불법이 지속되는 시기. 돈원頓漸, 편원偏圓, 공유空有 등의 법이 남아 있는 시기.

다문경(多聞慶) 법을 많이 듣고 마음으로 환희심을 내는 것.

다문력(多聞力) 서방정토 보살의 십삼력十三力 가운데 하나. 다문多聞하고 정법을 믿는 힘.

다문부(多聞部) 소승 20부部 가운데 하나. 부처가 입적한 뒤 2백 년 경에 대중부大衆部에서 갈라져 나온 부파. 그 부주部主가 다문多聞·박학博學하여 다문부라고 한다.

다문실(多聞室) 다문천多聞天의 궁전.

다문제일(多聞第一) 부처의 10대 제자 가운데 아난존자阿難尊者를 말한다. 다문장多聞藏이라고도 한다.

다문천왕(多聞天王) 사천왕四天王 가운데 하나. 야차夜叉·나찰 2신神을 지배하는 북방천北方天의 이름. 탑과 창을 들고 수미산 북방에서 부처의 도량을 지키며 항상 설법을 많이 듣고 중생에게 재물과 복덕을 베푸는 천왕. 비사문천毘沙門天.

다문천왕(청도 운문사 사천왕석주)

다반(茶盤) 찻잔이나 그릇을 담아 올리는 쟁반.

다반사(茶飯事) 선어禪語. 가상家常·심상尋常의 같은 뜻. 차 마시고 밥 먹는 일처럼 보통 늘 있는 일을 말한다. 항다반사恒茶飯事. 차 마시고 밥 먹고 잠을 자는 일상적인 것이 선禪이라는 것. 일상사에 깨달음이 있다는 뜻.

다보여래(多寶如來) 『법화경』에 보이는 부처로서 동방 보정세계寶

淨世界의 교주敎主. 다보불多寶佛

다보탑(多寶塔) ①다보여래의 전신사리탑全身舍利塔. 석가모니부처가 영취산에서 『법화경』을 설할 때에 땅 밑에서 솟아나 석가모니부처의 설법을 찬탄하고 증명하였다고 하는 탑. ②다자부다보탑多字部多寶塔. ③옥개屋蓋 아래 상층上層을 붙인 단층의 탑.

다불사상(多佛思想) 누구든지 깨달으면 부처가 될 수 있다는 대승불교의 근본 사상을 반영하여 많은 이상적인 불세계를 만들고 이에 상응하는 여러 형태의 불佛을 만들어 내는 것. 과거, 현재, 미래불은 물론 여러 불세계의 불이 있다. 보통 현겁賢劫의 천불千佛을 봉안한 천불전千佛殿을 모시는 경우도 있다.

다비(茶毘)📖 jhāpita 분소焚燒로 번역. 원래 시신을 태우는 인도 장례법이었지만, 불교에서 이를 받아들여 불교의 장례법으로 정착시켰다. 불교 장례 의식의 한 형태로 시신을 불로 태우는 화장법火葬法을 말한다. 현재 우리나라에서

다비식 중 거화(장흥 보림사)

는 다음과 같은 절차로 다비를 진행한다. 삭발削髮→목욕沐浴→세수洗手→세족洗足→착군着裙→착의着衣→착관着冠→정좌正坐→시식施食→입감入龕→재문齋文→기감起龕→장엄염불莊嚴念佛→반혼착어返魂着語→거화擧火→하화下火→봉송奉送→창의唱衣→습골拾骨→기골起骨→쇄골碎骨→산골散骨→산좌송散座頌.

다비법사(茶毘法師) 사찰에서 장례 절차와 다비식을 주관하는 법사이며, 특히 거화擧火 의식에서 불을 붙이도록 신호하는 법사를 말한다.

다비소(茶毘所) 다비를 행하는 장소. 미타단과 영단 등이 차려진

곳은 사유소閒維所라고 한다.

다산(多散) 마음이 흩어져 안정되지 않은 상태.

다산중생수식관(多散衆生數息觀) 오정심관五停心觀 가운데 하나. 마음이 흩어진 이는 수식관數息觀으로 마음을 다스려야 한다는 것.

다생(多生) 육도六道를 윤회하며 수많은 생을 거치는 것.

다자문(多字門) Cta 모든 법의 여여如如는 얻을 수 없기 때문에 실담자에 뜻을 부여한다. ➡ 실담悉曇

다자탑(多子塔) 중인도 비사리성毘舍離城 서북쪽에 있던 탑. 벽지불辟支佛의 옛 자취. ①석가모니부처가 일찍이 이곳에서 늦게 온 가섭존자迦葉尊者를 돌아보고 자리의 반을 나누어 앉게 하였다고 하여 다자탑전반분좌多自塔前半分坐라고 한다. ②석가모니부처가 3달 뒤에 입적한다는 예언을 이곳에서 했다고 전한다. ③왕사성의 어떤 장자의 아들딸이 벽지불辟支佛을 증득했을 때 기념으로 세운 탑.

다장(多障) 과거에 지은 악업의 장애가 많다는 뜻.

다재귀(多財鬼) 3가지 아귀餓鬼 가운데 하나. 탐욕이 많아 구두쇠라고 불린다.

다족(多足) 오공蜈蚣. 지네를 말한다.

다족중생(多足衆生) 지네와 같이 많은 발을 가진 중생. 양족중생兩足衆生의 반대말.

다진중생자비관(多瞋衆生慈悲觀) 오정심관五停心觀 가운데 하나. 성을 잘 내는 이는 자비관慈悲觀으로 마음을 다스려야 한다는 것.

다타갈(多陀竭) 여래如來로 번역. 다타아가도多陀阿伽度.

다타아가도(多陀阿伽度) 부처의 다른 이름. 여래 십호十號 가운데 하나. 다타갈多陀竭·다타아가타多陀阿伽陀·달달아갈怛闥阿竭·달타벽다怛他蘗多·달살아갈怛薩阿竭. 여래如來·여거如去로 번역.

다타아가도아라하삼먁삼불타(多陀阿伽度阿訶訶三藐三佛陀) 여래 십호十號 가운데 세 번째. 다타아가도多陀阿伽度는 여래. 아라하阿羅訶는 응공應供. 삼먁삼불타三藐三佛陀는 정변지正徧知.

다탐중생부정관(多貪衆生不淨觀) 오정심관五停心觀 가운데 하나. 탐욕이 많은 이는 부정관不淨觀으로 마음을 다스려야 한다는 것.

다탕회(茶湯會) 다회茶會. 차를 마시는 모임.

단(單) 승당僧堂 안에서 앉을 자리를 표시하는 법으로 종이나 나무 패에 이름을 적어 자리에 붙여 두는 것. 자리, 물건, 침구, 소임표 등 여러 가지로 사용한다. ①이름을 적은 편지. 명단. 명패名牌. ② 물건의 이름을 적은 쪽지. 품목을 적은 종이. 부단簿單. ③승당의 좌위座位. ④좌선坐禪.

단(檀)📖 dāna 준다, 시집 보내는 것, 주는 것, 공물을 바치는 것, 시물施物, 증재贈財, 봉물捧物 등의 뜻이 있다. 보시布施·시여施與로 번역. 정신적인 것과 물질적인 모든 것을 남에게 베푸는 것으로 보살이 수행해야 할 도리. ➡ 보시布施

단(壇)📖 maṇḍala 원형圓形의, 둥근, 원반이나 원구와 같이 공 형태 의 물건, 고리, 태양이나 달 주위의 둥근 모양과 같은 것, 둥근 모양 의 결계, 원만한 곳 등의 뜻이 있다. 결계結界를 하여 청정한 곳에 만든 제단. 만다라曼茶羅. 토목으로 높이 쌓은 제단祭壇이나 강단講 壇 등을 말한다. 단의 모양에 따라 사각형을 지륜단地輪壇, 둥근 것 을 수륜단水輪壇, 삼각형을 화륜단火輪壇. 반달 모양을 풍륜단風輪壇, 흙으로 만든 것을 지단地壇, 작게 만든 것을 목단木壇. 자유롭게 움 직여서 흐르는 물과 같은 것을 수단水壇, 호마단護摩壇을 화단火壇, 어디서나 근본 존상尊像이 되는 것을 풍단風壇이라고 한다.

단가(檀家) 단檀을 베푼다는 뜻으로 보시하는 불자나 불자의 집을 가리킨다. 즉, 보시를 해서 절이 유지할 수 있도록 힘쓰는 사람이나 가족. 닷집.

단견(斷見)📖 세상의 모든 존재가 인因과 연緣의 조건으로 화합하 여 있다는 인과因果의 이치를 믿지 않고 나아가 업業과 윤회輪廻를 믿지 않으므로, 목숨이 다하면 모든 몸과 마음은 없는 곳으로 돌아 간다는 일종의 허무적인 견해. 불성佛性이나 여래장如來藏을 인정하지 않는 견해. 사람도 죽으면 몸과 마음이 모두 없어져서 공空으로 돌아가 다시 나지 않는다고 고집하는 그릇된 소견. 팔부정견八不正見 가운데 하나. 모든 사물이 실재하지 않는 것처럼 사람도 죽으면 몸과 마음이 모두 없어진다고 믿는 소견을 말한다. 오악견五惡見 가운데 하나. 상견常見의 반대말.

단견론(斷見論) 16외론外論 가운데 하나. 사람이 죽으면 과보果報도 없어진다는 주장.

단견외도(斷見外道) 사람이 죽으면 재나 흙이 되어 몸과 마음이 모두 없어지고 다시는 나지 않는다고 주장하는 외도. 부란나가섭富蘭那迦葉.

단결(斷結) 결結은 결박結縛이란 뜻으로 마음을 한곳에 묶어 두어 자유롭지 못한 것을 말하는데, 번뇌를 끊는 것을 말한다.

단경(壇經) 『육조대사법보단경六祖大師法寶壇經』의 줄임말이며, 『육조단경六祖壇經』・『법보단경法寶壇經』이라고도 한다.

단계(斷界) ①마음을 묶어 놓아 자유롭지 못한 번뇌인 결結 가운데 일부를 끊는 것. ②제한된 경계를 두어 그 밖과 구분하는 것. 결계結界의 뜻. ➡ 결계結界

단계(壇戒) 수계授戒를 위하여 율장律藏의 의식에 따라 결계結界하여 놓은 단壇에 나아가 계戒를 받는 것.

단계(斷戒) 탐食·진瞋·치癡 등의 번뇌를 끊고 도과道果를 얻어 이루는 것.

단공(但空) 모든 사물의 법인 공空은 알지만, 동시에 공空하지 않다는 이치를 알지 못하여, 중도中道의 바른 이치를 모르는 것. 부단공不但空의 반대말.

단공삼매(但空三昧) 공空하다는 것만 고집하여 공空하지 않은 이치를 알지 못하는 선정禪定.

단과(旦過) 승려들이 유행流行이나 행각, 만행을 할 때 절에서 하루 저녁 묵는 것을 말한다. 저녁에 와서 자고 아침이면 간다는 뜻.

단과료(旦過寮) 절에 있는 객실. 행각승行脚僧이 하루저녁 묵는 곳.

단과승(旦過僧) 단과료旦過寮에서 하루 묵는 승려. 행각行脚하는 선승禪僧.

단관삭(斷貫索) 끈이 썩어서 끊어진 것. 쓸데없는 물건이란 뜻.

단금鍛金 단조鍛造라고도 한다. 열을 가해서 부드러워진 금속을 망치로 두드러서 늘리고 구부려 원하는 모양을 만드는 방법. 형태가 만들어지면 조이라는 기법으로 표면을 돋보이게 장식한다.

단나(檀那) dāna 단단檀. 단월檀越. 보시布施. 육바라밀六波羅密 가운데 하나. ➡ 단단檀

단나(檀拏) 🔲 daṇḍa 봉봉棒, 장장杖, 곤봉棍棒, 경莖, 파수把手, 무력武力, 군력軍力, 군대軍隊, 완전한 제어制御 등의 뜻이 있다. ①단다但茶·단타檀陀. 봉봉棒·장장杖으로 번역. ②산 이름. 단특산檀特山.

단나바라밀(檀那波羅密) 육바라밀.

단나사(檀那寺) 보시로 절이 유지될 수 있도록 힘쓰는 사람이나 단가檀家가 절을 지어서 승려에게 보시한 것.

단나인(檀拏印) ①두 손바닥을 세워 염라왕의 지팡이 모양을 만든 것. 염라왕의 표치標幟. 단다당檀茶幢·단다인但茶印. ②몽둥이 끝에 사람 머리를 올려놓은 것. 죄인의 벌을 다스린다는 뜻.

단다(但茶) daṇḍa 단나單拏·단나檀拏. 봉봉棒으로 번역. 몽둥이. 지팡이. ➡ 단나檀拏

단단(斷斷) 사정단四正斷 가운데 하나. 이미 일어난 악惡과 불선不善을 끊는 것으로 끊고 또 끊는 것을 말한다. 악한 법은 끊어도 다시 생기는 것이므로 정진하여 생기지 않게 하고 끊고 또 끊어야 한다는 뜻이다.

단대치(斷對治) 번뇌를 상대하여 끊어 없애는 것. 4가지 대치對治 가운데 하나. 번뇌와 혹업惑業을 알고 무간도無間道를 닦아서 모든 번뇌와 혹업惑業을 끊어 없애는 것.

단덕(斷德) 망상과 미혹 및 모든 번뇌를 끊어 없앤 덕德. 해탈解脫.

이덕二德 가운데 하나.

단덕(檀德) 산 이름. 단특산檀特山.

단도(斷道) 멸도滅道·대치도對治道. 번뇌를 끊고 조복調伏시키는 계위階位. 무명無明의 미혹을 끊은 도위道位. 견도見道에서 견혹見惑을 끊거나 수도修道에서 수혹修惑을 끊는 것과 같다.

단도(檀徒) 보시하는 신도나 그 집의 모든 사람을 포괄하는 단가檀家의 무리. 단가의 사람을 말한다.

단도(檀度) 육도六度 가운데 하나로 단바라밀檀波羅蜜. 보시행布施行을 완성하여 생사의 바다를 건널 수 있도록 열반에 이르게 하는 행법行法.

단도직입(單刀直入) 비유 또는 교리 등의 방편을 사용하지 않고 곧바로 번뇌나 공부를 방해하는 요소를 깨뜨려 버리는 공부 방법.

단두(檀頭) 보시로 절의 유지를 돕는 사람이나 가족인 단가檀家의 무리 가운데 우두머리. 단월檀越 가운데 우두머리.

단두(斷頭)📖 바라이죄波羅夷罪. 살생·도둑질·음행·거짓말의 죄를 범한 승려로 승단에 있을 수 없다고 추방하는 것에 비유하여 단두斷頭라고 한다. 승단에 거주할 수 없다는 뜻. ➡바라이죄波羅夷罪

단록(丹綠) 안료인 단청丹靑을 말한다.

단료(單寮) 혼자서 요사寮숨에 거처하는 것을 말한다. 퇴직한 두수頭首나 지사知事 혹은 나이가 많은 수좌首座가 독방에 사는 것을 모두 단료라고 한다. 딴방이라고도 한다. 독료獨寮·독방獨房.

단루(斷漏) 생사의 번뇌를 끊는 것.

단리수연(但理隨緣) 천태별교天台別敎의 수연설隨緣說. 본체인 진여가 연緣을 따라서 모든 사물을 낸다고 말하는 것. 원리수연의 반대말. 별리수연別理隨緣·일리수연一理隨緣.

단림(檀林) 전梅나무와 단檀나무 숲. 사원의 존칭.

단마(單麻) 한 개의 마실麻實. 부처가 6년 동안 고행하면서 하루는 한 개의 마를 먹고 하루는 한 알의 보리를 먹은 것을 말한다.

단말마(斷末摩)📖 marman 관절關節, 신체 중 노출된 치명적인 부분, 약하여 상처 입기 쉬운 부위 등의 뜻이 있다. 말마末摩를 찌르면 목숨이 끊어진다는 뜻으로, 말마末摩는 지절支節·사혈死穴로 번역. 신체 가운데 급소와 같은 곳. 여기에 물건이 닿으면 매우 아파서 죽게 된다. 사람이 죽을 때 수水·화火·풍風 가운데 하나가 많아져 말마末摩에 닿아 큰 고통을 일으키며 목숨이 끊어진다고 한다. 극심한 신체적 고통이나 임종을 뜻하는 말로 사용된다. ➡ 말마末摩

단망(旦望) 삭망朔望. 초하루와 보름.

단망상당(旦望上堂) 삭망상당朔望上堂. 초하루나 보름에 상당上堂하여 상축上祝하는 법식.

단멸(斷滅) 인과因果의 이치가 서로 이어짐이 없다고 여기는 것. 사람이 죽은 뒤에 다시는 생기지 않는다는 사견邪見을 가리킨다. 단멸견斷滅見.

단바라밀(檀波羅蜜)📖 남에게 물건을 베푸는 것으로 육바라밀六波羅蜜 가운데 하나. 단檀은 단나檀那, 보시布施, 바라밀은 완성의 뜻으로 건넌다는 의미의 도到·도피안到彼岸과 같은 말. 생사의 바다를 건너서 열반의 언덕에 이르는 수행법. ➡ 단나檀那

단반나(檀槃那) 동산의 이름. 시림施林으로 번역.

단배(團拜) 많은 사람이 모여서 절하는 것.

단백(單白) karman 업業 또는 행行의 뜻이 있으며, 한 번 행한다는 의미로 백일白—갈마라고 한다. 3가지 갈마羯磨 가운데 하나. 가장 경미輕微한 일에 대하여 범犯한 죄를 없애는 방법으로, 대중에게 한 번 고백하여 그 일을 성립시키는 것을 말한다.

단백법(單白法) 백갈마白羯磨로 여러 대중들에게 한 번 알리는 것으로 끝내는 것. ➡ 단백單白

단법(單法) 단백單白을 말한다.

단법(壇法) 밀교에서 만다라를 만들어 장엄하는 것으로 단壇을 설치하는 것을 말한다.

단벽(丹碧) 단청丹青과 같은 뜻.

단변(斷邊)📖 세상의 사물을 파악하는 방법으로는 모든 존재가 상주 불변한다는 견해와 이와는 반대로 업과 윤회를 부정하고 한 번 생한 것은 아무 것도 없게 된다는 견해가 있는데, 이 중 어떤 한쪽만을 주장하는 견해를 끊는다는 뜻이다. 즉, 그릇된 하나의 소견에 집착하는 것을 끊는다는 뜻.

단변지(斷遍知) 무루지無漏智에 의해 번뇌를 끊는 것. 구변지九遍知.

단복(斷伏) 단斷은 번뇌의 종자를 없애는 것이며, 복伏은 번뇌가 나타나 행해지는 것을 제어하는 것을 뜻한다. 번뇌가 일어나지 못하도록 한다는 의미로 능복도能伏道라고도 한다.

단본(單本) 번역한 경전 외에 다른 이역본이 없는 것. 별본別本의 반대말.

단비(斷臂) 2조 혜가慧可가 스스로 왼팔을 잘라 달마에게 바치면서 도를 구한 것을 말한다. 도를 구하는 간절한 마음과 자세를 뜻한다. 단비구법斷臂求法.

단사(檀捨) 단(檀)은 보시라고 번역하며, 남에게 재물이나 가르침 등을 베푸는 것을 말한다.

단사문문(斷事沙門) 계戒나 율律을 범犯했을 때, 율장이나 승단의 규칙에 따라 옳고 그름을 판단하는 승려.

단삼의(但三衣) 12두타행頭陀行 가운데 하나. 비구는 단지 승가리僧伽梨·울다라鬱多羅·안타회安陀會의 3가지 옷만 지녀야 한다는 뜻. 비구는 구조九條·칠조七條·오조五條의 가사袈裟만 갖추어야 한다.

단상(斷常) 단상이견斷常二見. 단견斷見과 상견常見. 세상의 사물을 파악하는 방법으로는 모든 존재가 상주 불변하다는 견해와 이와는 반대로 한 번 생한 것은 아무 것도 없게 된다는 공무空無의 업과 윤회를 부정하는 견해를 말한다. 오악견五惡見 가운데 두 번째가 변견邊見. 변견邊見에는 단견斷見과 상견常見이 있다.

단상(斷想) 떠오르는 상상想을 끊는 관상법으로 애결愛結을 제외한 나머지 결結을 끊는 것을 말한다.

단선(壇墠) 고대의 제사 장소로 단壇은 흙을 쌓은 곳이며, 선墠은 땅을 깨끗하게 손질한 것을 말한다. 흙으로 만든 깨끗한 단이란 뜻.

단선근(斷善根) 일천제一闡提. 삿되고 나쁜 소견으로 인과因果의 이치를 믿지 않아 후세에 부처가 될 인연을 갖지 못한 중생. 사람의 몸에 고유한 선근善根을 끊어 없애는 것을 말한다.

단설재(斷舌才) 탁월한 변론辯論의 재주를 가진 사람.

단시(檀施) 단檀은 단나壇那의 준말로 시施와 같은 뜻이다. 시施라는 같은 뜻의 범어와 한자를 나열한 숙어熟語.

단식(團食) 단식段食.

단식(段食) 밥·국수·나물·기름·장 등과 같이 형체가 있고 몸에 도움이 되는 음식물을 먹는 것으로 신체를 유지시키는 음식물. 인도에서는 손으로 음식물을 둥글게 하여 먹는다고 하여 단식團食 또는 단식搏食이라고 한다. 음식물을 먹는 방법으로는 끊어 먹는 단식斷食, 촉감으로 먹는 촉식觸食, 생각으로 먹는 사식思食, 의식으로 먹는 의식意識 등 네 가지 식食이 있다. 구종식九種食 가운데 하나.

단식(斷食)📖 anaśana ①고대 인도의 수행 관습으로 수행을 하거나 기도를 하기 위해 일정 기간 동안 음식물을 먹지 않는 것. ②외도의 법에 자기가 음식을 끊어서 남에게 보시하는 것을 공덕으로 여기는 것.

단식(搏食) 단식段食.

단신(檀信) 보시하는 사람들의 믿음信心으로 시주施主하는 것.

단엄(端嚴) 여래 32상의 장엄이 오묘하고 좋은 것을 뜻하는 말.

단역(單譯) 하나의 경전에 대하여 한 가지 번역만 있는 것. 중역重譯·중번重飜·중본重本 및 이역본이 없는 것. 단번單飜·단본單本.

단염(斷鹽) 소금을 먹지 않는 신주神咒의 법으로, 특정한 진언에는 소금을 먹지 않는 것을 말한다.

단욕(斷欲) 욕심을 끊고 계율을 지키는 것.

단우견(袒右肩) 참회를 행할 때 가사袈裟를 입고 오른쪽 어깨를 보이는 것. 편단우견.

단월(檀越) 📖 dnānpati 지극히 자선적인 사람, 자선가慈善家의 뜻이 있으며, 단월檀越이라고 의역한다. 시주施主. 월越은 보시布施한 공덕으로 빈궁貧窮한 처지를 뛰어넘는다는 뜻이며, 단檀은 보시라는 뜻이다.

단위(單位) 승당僧堂 안에 명단을 붙여서 정해 놓은 좌위座位.

단율의(斷律儀) 율의律儀는 악惡한 것을 막고 없앤다는 뜻으로 꼭 지켜야 하는 것을 말한다. 계를 받아 생기는 별해탈율위別解脫律儀와 선정에 의해 생기는 정려율의靜慮律儀, 무루율의無漏律儀 등이 있다. 초선에 들어가기 전에 끊어야 하는 율의이므로 단율의라고 하는데, 논서에 따라 주장이 각각 다르다.

단의정화(斷疑淨華) 혹惑을 끊은 위位를 청정한 꽃에 비유하여 말한 것. 견도위見道位를 말한다.

단이(檀耳) 전단이旃檀耳. 이耳는 용茸을 말한다. 전단나무에 자라는 버섯으로 보기 힘든 진귀한 식물. 부처는 최후에 춘다의 공양으로 이 버섯을 먹고 열반에 들었다.

단인명학처(斷人命學處) 학처學處는 śikṣāpada로 도덕의, 교훈의라는 뜻인데, śikṣā의 ~의 지식, 기술技術, 숙달熟達의 뜻과 pada의 일보一步, 걷는 것, 족적足跡을 합하여 이루어진 단어. 단인명斷人命은 사람을 죽인다는 뜻으로 사바라이四波羅夷 가운데 대살계大殺戒, 즉 살아 있는 생물을 죽이지 않는 계를 지니고 지키는 것을 몸에 익히는 것을 말한다.

단인입제(單人立題) 경전의 제목을 사람, 법, 비유를 들어서 해설하는 방법의 하나. 경을 설하는 사람이나 등장하는 주인공을 제목으로 삼은 것. 『불설아미타경佛說阿彌陀經』과 같이 설하는 주인공을 제목으로 한다.

단적(端的) 단端은 정正이며 적的은 실實의 뜻으로, 있는 것이 그대로 확실하게 드러나는 것을 말한다.

단전(單傳) 선가禪家에서 경론의 문구, 수단, 방편을 사용하지 않고 바로 종지를 드러내 심인心印을 전하는 것, 또는 참선 수행하는 것을 말한다. 단제單提.

단제(單提) ①선가에서 어떤 수단 방편을 쓰지 않고 곧장 가리키는 본분의 참뜻. 단전單傳. ②단타單墮.

단조(鍛造) 단금鍛金. ➡ 단금鍛金

단좌(端坐) 자세를 바르게 갖추고 앉는 것. 즉 정좌正坐.

단주(檀主) 단가檀家. 시주施主를 말한다. ➡ 단월檀越

단주(短珠) 칭념염불이나 주呪를 염송할 때 보통 수를 세는데, 수를 잃어버리지 않도록 사용하는 불구佛具. 염주는 알의 개수에 따라 다르게 부르는데, 보통은 과顆라고 하여 108개의 알로 이루어져 있는 것을 백팔염주라고 한다. 이보다 짧은 염주는 7과顆, 14과, 21과, 27과, 54과 등이 있으며 단주라고 한다. 1,000과로 이루어진 천주千珠도 있다.

단증(斷證) 번뇌와 혹惑을 끊고 지智를 증득하는 것.

단지(斷智) 사제四諦를 대상으로 하여 잘 알아서 번뇌가 끊어지는 지혜.

단청(丹靑) 목조건물의 부식이나 훼손을 방지하고 여러 가지 빛깔로 무늬를 그려서 아름답게 장엄하는 것. 오채五采·화채畵采·단칠丹漆·단벽丹碧·단록丹綠·당채唐采라고도 한다. 단청은 가칠假漆→ 초상草像→ 뜨기→ 초칠草漆→ 채화彩畵→ 기화起畵→ 기름 바르기의 순서로 이루어진다. 단청의 종류에는 긋기단청·모로단청·얼금단청·금단청·가칠단청 등이 있다.

단청장(丹靑匠) 단청을 하는 장인 중에서 가장 기술이 좋은 사람을 가리키는 말. 화사畵師·화공畵工·화원畵員·가칠장假漆匠·도채장塗采匠

이라고도 한다.

단칠(丹漆) 단청丹靑을 말한다.

단칠(斷七) 사람이 죽은 후 49일째 되는 날에 승려를 불러 송경誦經하는 것.

단타(單墮) 타墮는 바일제波逸提. 계율을 범한 죄. 말이나 행동으로 죄를 범犯하면 악취惡趣에 떨어진다고 하여 붙여진 이름. 물건으로 인하여 지은 죄로 범犯하면 물건을 내놓고 참회하여야 하지만, 말과 행동으로 지은 것이어서 다만 대중에서 나아가 참회하면 된다는 뜻으로 단單이라고 한다. 단제單提.

단타(檀陀) daṇḍa 봉棒으로 번역. 막대기. 지팡이. ➡ 단나單拏

단타(檀陀) daṇḍa 봉奉의 뜻. 단나單拏·단나檀拏·단다但茶. ➡ 단나單拏

단타가아란야(檀陀伽阿蘭若) 삼처三處 아란야阿蘭若 가운데 하나. 자갈과 모래가 있으며 한가하고 고요한 곳.

단특(檀特) 북인도 건타라국健馱羅國에 있던 산. 단덕檀德·단타檀陀·단다라가單多羅迦·탄다락가彈多落迦라고도 한다. 음산陰山으로 번역. 부처의 전생인 수대나태須大拏太 태자가 보살행을 닦던 곳.

단바라밀(檀波羅蜜) 보시布施. 보시의 완성을 말한다. 단檀은 단나檀那의 준말로 보시布施 또는 시주施主로 번역. 곧 재물이나 법을 남에게 베푸는 것. 바라밀波羅蜜은 완성이란 뜻을 가지고 있으며 도度로 번역. 도피안到彼岸과 같은 뜻. 생사의 고해를 건너서 열반의 피안에 이르는 행법. 보시는 그 행법의 하나.

단표(單票) 사찰에서는 승방에 정해진 순서에 따라 자리를 표시하는데 이를 단석單席이라 한다.

단하소불(丹霞燒佛) 단하소목불丹霞燒木佛. 중국 등주鄧州의 단하丹霞 천연선사天然禪師가 낙동洛東의 혜림사慧林寺에 이르러 법당의 목불木佛을 태워서 불을 피웠다는 고사. 세상 사람들이 토목우상土木偶像의 부처에 집착하여 자성불自性佛을 보지 못하는 폐단을 깨뜨려 없앤다는 뜻. 참된 부처를 보이기 위해 상相의 부처를 버리는 것을 비유한 말.

단행(檀行) 남에게 재물이나 법을 베풀어 주는 보시행布施行을 말한다.

단혹(斷惑) 유루有漏와 무루無漏의 지智로서 탐貪·진瞋·치癡 등의 번뇌를 네 가지 인因으로 제거하여 없애는 것. 이것을 단혹사인斷惑四因이라고 한다. 단장斷障·단결斷結·이염離染.

단혹사인(斷惑四因) 견혹見惑과 수혹修惑을 끊는 4가지 인因. 곧 변지소연단遍知所緣斷·능연단能緣斷·소연단所緣斷·대치단對治斷.

단혹증리(斷惑證理) 모든 미혹을 끊고 진리의 이치를 증득한다는 뜻.

단혹증진(斷惑證眞) 모든 탐貪·진瞋·치癡 등의 번뇌를 끊고 진리를 증득함.

단화(斷和) 두 사람의 다툼을 판단하여 시비를 끊고 화해하게 하는 것.

단흥(檀興) 단檀은 보시행布施行, 흥興은 복을 주는 것을 말한다. 보시를 행하여 복과福果를 낳는다는 뜻.

닫집 법당의 불상 위에 장식으로 만들어 놓은 집의 모형. 감실龕室·당가唐家·보개寶蓋·천개天蓋.

달다(怛茶) danda 봉봉奉의 뜻. 단다但茶·단다檀拏·단나檀拏. ➡ 단나檀拏

달라이라마 티베트 불교의 게룩파의 개조이며 총카파의 후계자인 환생불還生佛을 가리킨다. 달라이

닫집(익산 숭림사)

는 몽고어로 바다라는 뜻, 라마는 티베트어로 상사上師라는 뜻인데 이를 합친 말로 지혜와 덕을 갖춘 승려를 존경하는 말이다. 대해승자大海勝者·대양무상大洋無上·구호존자救護尊者·득승존자得勝尊者로 번역. 티베트불교의 종교적인 수장과 정치적인 수장을 겸하고

있다.

달마(怛麼) ātman 기식氣息, 영혼靈魂, 생명生命, 자신自身, 본질本質, 본성本性, 특질特質, 신체身體, 지성知性 등의 뜻이 있으며, 아我로 의역한다. 아我에는 인아人我와 법아法我가 있다.

달마(達磨)📖 dharma 확정한 질서, 관습적인 순서, 습관習慣, 풍습風習, 법칙法則, 규정規定, 의무義務, 미덕美德, 선행善行 등의 뜻이 있다. 음사하여 달마達摩·달마達磨·담마曇摩·타마馱摩라고 하며, 법法·궤칙軌則·궤지軌持로 의역한다. ①부처의 가르침. 교리. ②보리달마菩提達磨. 곧 중국 선종의 시조始祖인 달마대사. ③염주의 어미 구슬을 가리킨다. 달마가 선종의 초조이므로 염주의 어미 구슬에 비유한 것. → 법法

달마계도(達磨計都) dharmaketu 법의 광명·기旗·당幢이란 뜻으로 법당法幢으로 의역한다. ①부처의 법을 말하는 것으로 중생의 괴로움을 제압하여 이기고 개선가를 부르며 깃발을 흔든다는 뜻으로 승리의 깃발인 당幢에 비유한 것. ②법당불法幢佛의 범어 이름.

달마바라(達磨波羅) 십대논사十大論師 가운데 한 사람인 호법護法을 가리킨다.

달마아란야(達磨阿蘭若) 삼처아란야三處阿蘭若 가운데 하나. 아란야는 모든 법을 수행하기 좋은 공적한 곳을 말하지만, 달마아란야는 법法이 본래 고요하고 적정하여 조작이 없는 곳으로 법아란야처法阿蘭若處라고도 하는 보리도량菩提道場을 말한다.

달마종(達磨宗) 달마에 의해 세워진 종풍宗風. 선종禪宗의 다른 이름.

달마타도(達磨馱都) dharmdhātu 법계法界로 법法인 dharm와 계계界界인 dhātu의 합성어. 계界는 체體나 분分의 뜻으로, 곧 부처의 사리나 여래의 분신分身을 말한다.

달바라마(達婆羅摩) 건달바乾達婆와 그 이름.

달박다리(怛縛多利) 관음다라니觀音陀羅尼의 이름.

달본(達本) 진리의 근본에 통달한다는 뜻으로, 본질을 깨닫는 것을 말한다.

달삭가(怛索迦) 용왕龍王 이름.

달살아갈(怛薩阿竭)📖 tathāgata 그와 같은 모습에 떨친다, 그와 같은 상태에 있다, 그와 같은 성질, 그와 같은 본성 등의 뜻이며, 여래如來로 의역한다. 진리에 이른 이. 곧 부처를 말한다.

달서(達絮) dasyu 모든 신에게 대적하는, 극악인極惡人, 모든 신의 적敵 등의 뜻이 있다. 변방의 하찮고 천박한 사람을 가리키는데, 곧 오랑캐를 뜻한다. 예의를 몰라 짐승과 같은 사람. 불법을 잘 알지 못해서 수행을 굳건하게 하지 못한 것. 달수達須·달수達首.

달찰나(怛刹那) 고대 인도의 시간 단위. 120찰나. 1시간의 2,250분의 1.

달타갈다(怛他竭多) tathāgata 여래如來로 번역. 달타벽다怛他蘗多. 달살아갈怛薩阿竭.

담(淡) ①싱거운 맛. ②신체를 구성하는 풍질風質과 열질熱質을 말한다. ③속俗의 인연을 끊는 것.

담(曇) dharma 음사는 담마曇摩이며, 법法으로 번역. 당나라 때 승려의 이름 머리에 담曇 자를 많이 썼다고 한다.

담가과상(擔枷過狀) 자기 스스로 형틀이나 목에 씌우는 칼을 지고 자기 죄상을 고백하는 것. 담가진상擔枷陳狀.

담공설유(談空說有) ①불교에서 법法을 설하는 사람이 공空과 유有 어느 한쪽에 치우쳐서 서로 다투는 것. ②세간에서 법담法談을 나누며 이야기하는 것.

담림(談林) 수행자가 모여 담론하며 공부하는 곳. 학림學林. 담론하는 산림山林.

담마(曇摩) dharma 담曇. 달마達磨라고도 한다. 法으로 번역.

담마가(曇摩迦) Dharmākara ①법장法藏으로 번역. 곧 아미타불이 아직 성불하지 않았을 때인 법장비구法藏比丘의 이름. 법보장法寶藏·법처法處·법적法積·작법作法으로도 번역. 불법을 지켜 잃지 않는다는 뜻. 담마가류曇摩迦留. ②담마가라曇柯迦羅. 인도의 비구 이름.

담무(曇無) dharma 달마達磨.

담무덕부(曇無德部) 율종律宗 5부 가운데 하나. 담무덕曇無德 비구의 부파. 담마국다부曇摩鞠多部라고도 한다. 법장부法藏部·법밀부法密部로 번역.

담바(譚婆) 개고기를 먹는 사람.

담보라(擔步羅) tāmbūla 탐포라耽餔羅. 약과藥果 이름.

담복향(詹蔔香) campaka 황색의 꽃봉오리와 향기가 있는 꽃을 피우는 나무. 치자나무의 향긋한 향기.

담의(談義) 법의法義를 담화하는 것. 불법을 설교說教하는 일.

담참이교(曇讖二教) 서진西秦의 담무참曇無懺이 세운 두 개의 교. 곧 반자교半字教와 만자교滿字教를 말한다.

담파(憺怕) 안락하고 조용함. 고요하여 인적이 없음을 뜻하는 말. 담憺은 안락이며, 파怕는 정적靜寂의 뜻.

담판(擔板) 널빤지를 등에 지면 한쪽만 보이고 다른 한쪽은 보이지 않는다는 뜻으로 하나만 알고 둘은 모른다는 것을 비유한 말.

담판한(擔板漢) 널빤지를 짊어진 사람. 널빤지를 짊어져서 한쪽은 보고 다른 쪽은 보지 못하는 것을 말한다. 하나만 알고 둘은 모른다는 뜻에서 편견偏見을 가진 사람을 가리킨다. 바보라는 뜻.

담화(曇花) 우담화優曇華.

담화일현(曇花一現) 우담발화優曇鉢華는 3,000년에 한 번 피는데, 매우 드문 일을 비유하는 말.

답마(答摩) 다마多摩. 암치闇癡로 번역. 어둡고 거칠고 성낸다는 뜻. 수론數論에서 세운 자성명제自性冥諦의 3가지 덕 가운데 하나. 우둔하고 어리석은 성품을 말한다.

답보무소외(答報無所畏) 보살의 4가지 무소외無所畏 가운데 하나. 보살이 대중 앞에서 설법할 때 중생의 모든 물음에 대답할 수 있어 어떤 두려움도 없는 것을 말한다.

답상(踏床)   의자 앞에 발을 올려놓는 작은 받침대. ➡ 각등脚凳.

답향(答香)   절을 찾아온 사람이 향을 피우면 그 절의 주지가 인사하는 의미로 향을 피워 화답하는 일. 환향還香.

닷집   보시를 해서 절이 유지될 수 있도록 힘쓰는 사람이나 가족. 단가檀家.

당(幢)📖 dhvaja 절에서 법회 등의 의식이 있음을 알리기 위해 장대를 세우고 끝에 매다는 일종의 깃발과 같은 것. 부처나 보살의 위신과 공덕을 표시하는 장엄구. 부처를 모신 불전佛殿 앞에 세워 중생을 지휘하고 마군을 굴복시키는 의미를 나타내는 표지의 깃발. 타박야馱縛若·계도計都.

당가(當家)   ①자기가 속해 있는 종지宗旨. ②대중을 감독하고 책임을 맡은 감원監院.

당가(唐家)   궁전의 정전正殿 안에 설치한 닫집. 감실龕室·보개寶蓋·천개天蓋라고도 한다.

당간(幢竿)   사찰 입구에 절의 구역을 표시하거나 법회가 있음을 알리는 표시로 깃발인 당幢을 매달아 걸어 두는 장대.

당간지주(幢竿支柱)   당간을 지탱하기 위해 양쪽에 세운 두 개의 돌기둥. 절의 입구에 세워 신성한 경계임을 알리는 의미도 있다.

당기(當機)   부처의 설법이 중생의 근기에 알맞아서 이롭게 함을 뜻하는 말. 당기익물當機益物.

당기(幢旗)   사찰을 장엄하게 장식하기 위해 세우는 깃발.

당기중(當機衆)   설법 모임에 참석한 사중四衆 가운데 하나. 숙세宿世에 심어 놓은 덕본德本에 따라 부처의 설법을 듣고 도를 깨닫는 중생.

당달(堂達)   일곱 승려 가운데 하나. 법회 때 도량에 발원문 등을 전달하는 승려.

당도왕경(當途王經)   『법화경』「보문품普門品」을 가리키는 말. 『관음경觀音經』의 다른 이름.

당두(堂頭) ①당상堂上. 절의 우두머리라는 뜻으로 주지를 말한다. ②주지가 기거하는 방으로 방장方丈의 다른 이름. 이런 의미에서 주지를 당두화상堂頭和尙이라고 부른다.

당두(當頭) ①정면으로 마주치다. ②직하直下. 당하當下. '바로 그 자리'라는 뜻.

당두화상(堂頭和尙) 주지住持.

당래(當來) 내세來世. 장래. 미래.

당래도사(當來導師) 미륵보살彌勒菩薩.

당목(撞木) 종을 칠 때 사용하는 나무망치.

당문(當門) 당면當面. 보통普通·통도通途와 같은 말.

당간지주(강릉 굴산사지)

당번(幢幡) 불전佛殿을 장엄하는 깃발. 당幢은 간두竿頭에 보주寶珠를 두고 여러 가지 채색 비단으로 장엄한 깃발. 번幡은 긴 비단을 아래로 드리운 깃발. 정定·혜慧의 손[手]을 형상한 것. 또는 용머리에 매단 당기幢旗를 번幡이라고 한다. 번의 간두竿頭에 용머리를 둔 것을 금강번金剛幡이라고도 하며, 무량보개無量寶蓋 또는 보상개라고도 한다. 번기幡旗. 증번繪幡. 타박야馱縛若와 파타가波吒迦.

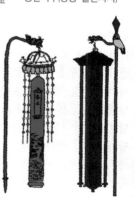

당번

당사(堂司) 유나료維那寮. 유나維那가 승당의 사무를 맡았기 때문에 그가 기거하는 곳을 당사라고 한다.

당삼장(唐三藏) 당나라 현장삼장玄奘三藏.

당상(幢相) 가사袈裟의 12가지 이름 가운데 하나. 가사를 꿰매어 합친 것이 당幢의 모양으로 사악한 데로 기울지 않는다는 뜻의 이름.

당상(堂上) 당두堂頭. 곧 주지.

당상즉도(當相卽道) 세상의 모든 사事에는 깊고 오묘한 도리가 있음을 가리키는 말. 즉사이진卽事而眞. 당위즉묘當位卽妙.

당생애(當生愛) 임종하려고 할 때 깊고 무거운 것과 자신의 몸과 내생에 처할 곳에 대해서 일어나는 세 가지 애愛 가운데 하나. 임종하려고 할 때 내세에 받을 생生에 애착을 내는 것.

당수(堂守) 번승番僧.

당양(當陽) 밝은 곳을 향하여 움직이는 것을 말한다.

당연(唐捐) 헛되이 버리는 행위. 부질없이 복을 버린다는 뜻.

당유인(當有因) 현재의 육근六根이 육진六塵에 대해서 지은 법이 인因이 되고, 이 인因이 아직 오지 않은 과과를 부르는 것을 말한다.

당익(當益) 내세來世에 얻을 이익. 현익現益의 반대말.

당정현상(當情現相) 주관적인 미정迷情과 망상妄想에 의해 눈앞에 나타났으나 실제는 자체가 없는 실아實我·실법實法의 상분相分을 말한다. 새끼줄을 잘못 보고 뱀이라고 여겼을 때 눈앞에 떠오르는 뱀의 모양을 말한다. 중문존경中門存境·중간존경中間存境.

당종(撞鐘) 범종梵鐘의 다른 이름.

당종(堂鐘) 선종의 사찰에 있는 3가지 종 가운데 하나.

당좌(撞座) 범종을 치는 부위. 보통 연꽃 무늬로 장식하는데, 원형 당좌와 화문 당좌가 있다.

당주(堂主) 환자를 간호하는 소임.

당채(唐彩) 단청丹靑을 말한다.

당체(當體) ①곧바로 그 본체를 가리키는 말. 당인當人·당면當面의 당當과 같은 뜻. ②즉卽의 3가지 종류 가운데 하나.

당좌(평창 상원사 동종)

당체즉시當體卽是.

당체설법(當體說法) 비로자나부처는 인간의 모습으로 나타나지 않지만 진리 자체인 이치로 존재하기 때문에 법신이라고 하며, 설법도 자연 이치와 순환 진리로 표현되는데 이를 당체설법이라고 한다.

당체즉시(當體卽是) 즉卽의 3가지 종류 가운데 하나. 파도의 당체가 곧 물인 것과 같이 번뇌가 곧 보리이며, 생사가 곧 열반임을 뜻하는 말.

당초문(唐草紋) 덩굴이 뻗은 모양의 무늬. 인동 당초문·모란 당초문·보상 당초문 등이 있다.

당초문

당친(堂嚫) 승당僧堂에 있는 승려에게 보시하는 재물.

대(待) apekṣya 떨어져서 바라본, 멀리서 바라보다, 다른 것을 전제로 하다 등의 의미로 상대적으로 상호 의존하고 있는 관계를 말한다.

대(對) pratigh ~에 대해서 치는 것, 장해障害, 저항抵抗, 방해妨害, ~에 대해서 다투는 것 등의 뜻이 있다.

대(大) mahā 큰, 독립적으로 나타나다 등의 뜻이 있다. ①마하摩訶·마하麼賀. 본체와 본성이 원융圓融하고 광대하여 두루 포함하여 끝이 없다는 뜻. 또 다多·승勝·묘妙·불가사의不可思議 등의 뜻이 있다. ②지·수·화·풍의 기본 원소元素가 널리 퍼져 있으므로 대大라고 하여 대종大種이라고도 한다. ③대승의 가르침을 나타내는 의미로 쓰인다.

대가사(大袈裟) 3가지 가사 가운데 가장 큰 가사. 9조 이상의 승가리를 말한다.

대가섭(大迦葉) 마하가섭摩訶迦葉을 일컫는 말.

대가전연(大迦旃延) 부처의 10대 제자 가운데 한 사람. 논의論議

제일. 마하가전연摩訶迦旃延·마하가다연나摩訶迦多衍那.

대각(大覺)🕮 ①부처의 다른 이름. 대각세존大覺世尊. 스스로 깨닫고 남을 깨닫게 한다는 뜻. 위대한 각오覺悟라는 뜻. ②성문·보살이 깨달은 지혜에 대해 부처가 깨달은 지혜를 말하는 것. ③임제종 비구. 중국 서촉西蜀 사람으로 이름은 도융. ④고려 시대 천태종을 중흥시킨 의천義天의 시호. 대각국사.

대각모(大覺母) 문수사리보살文殊師利菩薩의 다른 이름.
대각세존(大覺世尊) 대각大覺. 부처의 다른 이름.
대강(大綱) 강綱은 그물에서 중심이 되는 부분으로, 이곳을 들면 그물을 가지런하게 들어 올릴 수 있다고 하여 비유한 것. 법문法文의 큰 요지를 의미하는 말.
대거(大車) 크고 흰 우거牛車를 불승佛乘에 비유한 말.『법화경』에서 양·사슴·소를 삼승에 비유하고 모두를 아우르는 흰 소를 일승一乘에 비유한 것.
대겁(大劫) 성成·주住·괴壞·공空의 4기를 한 번 지내는 기간. 가로 세로 높이가 120리나 되는 성 안에 겨자를 가득히 쌓고, 장수천長壽天의 사람이 3년마다 한 번씩 와서 겨자를 한 알씩 가져가서 그 겨자가 전부 없어지는 기간.
대계(大戒) ①보통 대승계大乘戒를 가리킨다. ②대소승의 구족계具足戒를 가리키는 말.
대계(大界) 결계를 하여 표시한 일정 지역 가운데서 승려들을 총괄하는 곳. 승려들이 머물거나 포살布薩하는 결계. 산중이나 한 절의 경내. 계를 받는 장소인 소계小界나 계량界場을 대계라고 한다. 섭승계攝僧界. ➡ 결계結界
대계외상(大界外相) 결계結界의 외면을 뜻하는 말로 결계 지역의 밖을 말한다. 경계를 끝내는 표석에 이 네 글자를 써넣는다. ➡ 결계

대고중(對告衆) 부처가 법을 설할 때 대중 가운데서 그 설법의 상대자로 뽑힌 사람. 대고인對告人.

대고해(大苦海) 육도六道에 생사윤회生死輪廻함을 비유하여 고해苦海라고 한다.

대공(大空) ①20공空 가운데 하나. 모든 존재는 인과 연의 조건에 의해 지地·수水·화火·풍風의 4원소로 이루어져 있으며, 조건이 변하면 존재도 변하므로 자성이 없음을 공이라고 하여 붙여진 이름. ②필경공畢竟空 ③소승의 편공偏空의 반대말. 곧 대승의 열반 경계.

대공삼매(大空三昧) 삼중삼매三重三昧의 다른 이름. 삼삼매三三昧가 유有에 있음을 파破하는 방법으로 공공삼매空空三昧·무상무상삼매無相無相三昧·무원무원삼매無願無願三昧를 말한다.

대관정(大灌頂) 다섯 병의 물을 정수리에 붓는 법식으로, 밀교의 진언 수행자가 법을 전하는 전법관정傳法灌頂을 말한다. 여기에는 죄악을 씻고 공덕을 부어 준다는 뜻이 담겨 있다.

대광명불(大光明佛) ①비로자나불의 다른 이름. ②마명보살馬鳴菩薩이 지은 『대승기신론』의 본래의 뜻인 본지本地.

대광명왕(大光明王) 부처가 과거세에 염부제閻浮提의 국왕이 되어 수행할 때의 이름을 대광명大光明이라고 불렀다.

대광명전(大光明殿) 비로자나불毘盧慈那佛을 주불로 봉안한 법당. 대적광전大寂光殿. 비로전毘盧殿.

대광음천(大光音天) 색계의 제3 선천禪天. 태장계胎藏界 만다라曼荼羅에 있으며 오른손에 병을 들고 있다.

대교(大教) ①부처의 가르침의 방법. 위대한 가르침. ②대승大乘. ③『화엄경』의 가르침. ④밀교의 가르침. 만트라.

대교과(大教科) 출가한 승려들이 경전을 배우는 강원에서는 과목에 따라 학년을 달리 부르고 있는데, 『화엄경』과 화엄경류의 논서를 배우는 대학교 4학년에 해당하는 과정을 부르는 호칭으로 간경파看經派에 해당한다.

대교망(大教網) 부처의 교법教法. 고해苦海에 빠진 사람을 제도하는 것이 그물과 같다는 뜻.

대국통(大國統) 신라시대에 가장 높은 승직. 선덕여왕 때 자장율사를 대국통으로 삼았다.

대권(大權) 불보살의 크고 성스러운 권화權化. 다른 모습으로 변하여 나타나는 것. 권자權者·권현權現·권화權化·화자化者라고도 한다.

대귀씨(大龜氏) 마하가섭摩訶迦葉을 가리키는 말. 가섭迦葉은 귀龜·음광飮光으로 번역.

대규(大叫) 대규지옥大叫地獄. 대규환지옥大叫喚地獄. 8대 지옥 가운데 다섯 번째. 규환지옥 아래에 있으며 뜨겁게 끓는 물속에 들어갔다가 뜨거운 가마 속에서 달이고 볶여 고통이 너무 심해 크게 울부짖는 곳. 살생·도둑질·음행·음주·거짓말한 사람이 가는 지옥.

대근(大根) 대승의 기근機根.

대금강위(大金剛位) 진언을 행하는 자의 처음 지위.

대기(大機) ①대법大法의 묘한 근기. 종문의 법체를 가리키는 말. 대기대용大機大用. ②대승법을 들어서 보살승에 이를 만한 근기를 가진 사람.

대기(對機) ①부처가 중생의 근기를 대하면서 상응하는 수단을 베푸는 것. ②선가의 종장이 배우는 이의 물음에 답하는 것. ③설법자의 상대편, 곧 교를 받는 근기를 말한다.

대기(大己) 자기보다 계랍戒臘이 5년 이상 된 나이 많은 도반道伴을 높여 부르는 존칭.

대기대용(大機大用) 기용機用, 곧 활동이 큰 것을 뜻하는 말로 모든 말과 행동이 본분에 잘 맞고 적절하게 활용한다는 뜻으로 쓰인다.

대기설법(對機說法) 병에 따라 약을 주듯이 듣는 이의 근기에 알맞게 법을 가르치는 것.

대길상천(大吉祥天) 부귀富貴를 맡은 천녀天女를 말한다. 길상천吉

祥天. 공덕천功德天.

대념(大念) 큰 불신佛身을 보기 위해 큰소리로 부처의 명호를 부르며 염불하는 것.

대다라니(大陀羅尼)📖 dhāraṇi 법을 마음에 머무르게 하여 잃어버리지 않는 능력 또는 수행자를 보호하는 능력 등이 있는 장구章句라는 뜻. 동사 dhṛ에서 파생되었으며, ~에 집착執하다, ~에 완전히 붙어 있다, 보지保持하다, ~에 지지支持하다 등의 뜻이 있다. 몸에 부처의 가르침을 지니고 잃어버리지 않도록 하는 방편의 수행을 말한다. ①범문梵文을 번역하지 않고 소리대로 음사하여 옮겨 읽는 것을 다라니라 하고, 구절이 긴 것을 대다라니라고 한다. ②다라니를 아름답게 일컫는 말. 넓고 큰 공덕을 찬탄하는 말. 주어呪語가 많은 것을 대大라 하고, 또는 그 공덕을 찬탄하는 것을 대大라고도 한다.

대단(大壇) 중심이 되는 존상尊像을 모신 단壇. 이에 반해 관정단灌頂壇이나 호마단護摩壇은 소단小壇이라고 한다.

대대(待對) apekṣya 서로 다른 두 종류가 서로 짝이 되고 서로 의존하여 성립하는 관계. 생生과 멸滅 또는 유有와 무無 등의 관계.

대덕(大德)📖 bhadanta 승僧의 경칭. 본래는 부처를 일컫던 이름이었지만 율장에서는 덕이 높고 큰 승려를 일컫는다. 지혜와 덕망이 높은 승려. 도道와 덕德이 있고 불법에 정통精通한 사람.

대도계(大盜戒) 참회가 되지 않는 사바라이四波羅夷 가운데 하나. 주인이 있는 사물을 주인의 허락 없이 취하거나 옮기는 것. 불여취계不與取戒·투도계偸盜戒라고도 한다.

대도사(大導師) 불보살의 덕호德號. 중생을 생사의 고苦에서 벗어나도록 하는 스승을 말한다. 대도사大度師.

대도심(大道心) 보살마하살菩薩摩訶薩. 대도大道는 부처의 가르침을 구하는 보살의 마음. 위로는 부처가 되기를 구하고, 아래로는 중생을 제도하려고 노력하는 마음.

대독 의례나 의식에 쓰이는 깃대. 지검智劍이나 금강검金剛劍의 형태를 하여 번뇌를 잘라 내고 지혜와 덕을 나타내는 표식.

대라(大羅) 천天을 뜻하는 말. 십계+界 가운데 천상계를 가리킨다. 인간계와 천상계의 가르침을 말한다.

대락금강(大樂金剛) 금강보살 금강살타金剛薩埵의 다른 이름. 대락불공大樂不空. 대락금강大樂金剛.

대력(大力) 보살의 십육대력+六大力 가운데 하나. 크고 강한 힘.

대력광불(大力廣佛) 광대廣大하고 방정方正한 도리를 증득한 부처.

대련화법장계(大蓮華法藏界) 서방 극락정토를 일컫는 말.

대령(對靈)📖 ①사십구재四十九齋의 의식. 각종 의식에 앞서 영가에 대해 공양을 베푸는 의식. ②혼령을 청하여 자리하게 하는 것. 시련侍輦 의식으로 일주문 밖에서 맞이한 영가를 인로왕보살번을 따라 법당으로 인도한다. 영가에게 부처와 보살을 만나게 하는 준비로 시련 의식이 끝나면, 전각에 모셔진 영가를 위하여 시장기를 면할 수 있도록 간단한 공양을 올린다. 보통은 적은 양의 국수를 준비한다.

대례왕공재문(大禮王供齋文) 상단上壇에 공양을 올리는 의식의 다른 표현.

대례참례(大禮懺禮) 소례참례와 마찬가지로 시방삼세 부처의 명호와 이력을 하나하나 부르면서 예참하는 것. 법당에서 드리는 예불문 가운데 하나. 화엄대례문華嚴大禮文을 간략하게 줄인 것이 대례참례문이다.

대륜보살(大輪菩薩) 대륜금강大輪金剛·대륜명왕大輪明王. 태장계胎藏系 금강수원金剛手院의 33존 가운데 하나. 미혹을 끊는 지혜와 덕을 표시하여 대륜이라고 하는데 손에 금강저를 들고 있다.

대륜일자주(大輪一字呪) 말법 시대에 외우면 힘이 있다고 하며, 일자심주一字心呪라고도 한다. 세간에 큰 이익을 만들 수 있고, 여래의 모든 법장法藏을 보호할 수 있고, 모든 팔부의 무리를 항복시킬 수 있고, 나쁜 주呪를 꺾을 수 있으며, 불법의 정상에 있는 문수보살의 마음으로 모든 중생에게 두려움 없는 용기와 즐거움을 줄 수 있다고 한다. 진언은 '부림', 곧 '𑖦 bhrūṃ 部林'

대림정사(大林精舍) 부처가 살아있을 때 바이샬리 북쪽 큰 숲에 있던 절의 이름. 대죽림정사大竹林精舍의 약칭.

대마(大魔) 힘이 강한 마군.

대만다라(大曼茶羅)📖 maṇḍala 둥근 모양의 결계, 원만한 곳 등의 뜻이 있다. ①사만다라四曼茶羅 가운데 하나. 밀교에서 여래는 자字·인印·형상形象의 세 가지 비밀스런 몸을 갖추고 각각 위의威儀를 갖추고 있는데, 이와 같이 불보살의 상호相好 구족한 몸을 말한다. ②대大는 뛰어난, 원만한 뜻이 있으므로 나타난 만다라, 곧 조각·회화·날주捏鑄의 불상. 넓은 의미에서 모든 존재는 6대大 법신의 당체當體이므로 모든 것이 대만다라라고 할 수 있다.

대망어계(大妄語戒) 사바라이四波羅夷 가운데 하나. 이양利養을 얻기 위해 스스로 성인이라 하고 성인의 법法을 얻었다고 말하는 것. 망설과인법계妄說過人法戒·망어자득상인법학처妄語自得上人法學處라고도 한다.

대명(大明) 매우 밝은 것을 비유한 말로, 부처의 지智로 중생을 비추는 것을 말한다.

대명(大命) 목숨의 중요함을 뜻하는 말.

대명주(大明呪) 반야바라밀의 공능을 나타내는 말로, 큰 광명을 베풀어 중생의 어리석음을 깨뜨리는 주呪.

대목건련(大目犍連) 목련目連이라고도 하며 부처의 10대 제자 가운데 하나. 신통神通 제일. 마하목건련摩訶目犍連.

대몽(大夢) 생生과 사死의 경계를 꿈에 비유한 것.

대문(大門) 사원의 바깥문. 삼문三門과 통한다.

대바라밀(大波羅蜜) 보살이 제8지 이상에서 수행하는 십바라밀十波羅蜜. 노력하지 않아도 저절로 이루어지는 무공용無功用으로 수행할 수 있기 때문에 붙여진 이름.

대반야전독(大般若轉讀) 『대반야경大般若經』 6백 권의 제목과 품명만 읽고, 그 경권의 사이를 건너뛰며 읽는 흉내만 내는 것. 대반야진독(大般若眞讀)의 반대말.

대반야진독(大般若眞讀) 『대반야경大般若經』의 경문을 바르게 독송하는 것. 대반야전독大般若轉讀의 반대말.

대방(碓房) 대碓는 방앗간을 말한다. 마두磨頭.

대방(大房) 절에서 모든 대중이 모이는 곳.

대방광(大方廣) ①대방등大方等이라고도 하며 방정하고 광대한 모든 대승경大乘經의 통칭. 방광方廣이란 12분교分敎 가운데 하나로 대승과 소승에 두루 쓰이는 이름이나 대승경에 쓰인 것이 가장 많다. ②부처가 깨달은 진리를 말한다. 대大는 무외無外, 곧 온갖 것을 포함하여 한량없이 큰 진리라는 뜻, 방方은 정리正理, 곧 만법의 모범이 되어 변하지 않는 체성體性이라는 뜻, 광廣은 包富포부, 곧 덕이 널리 세상에 통한다는 뜻을 가지고 있다.

대방등(大方等) 대방광大方廣. 대승 경전의 통칭.

대방편(大方便) 불보살의 광대한 방편으로 중생의 근기에 잘 맞도록 이끄는 것.

대백우거(大白牛車) 『법화경』 「비유품」에서 삼거三車인 삼승을 이끌어 일불승一佛乘으로 나아가기 위해 방편으로 설한 것. 보살승菩薩乘 또는 불승佛乘을 비유한 것이라고 한다.

대백의(大白衣) 관세음보살이 입고 있는 흰 옷. 이 옷을 입고 있는 보살을 백의관음白衣觀音이라고 한다. 백의白衣.

대백의법(大白衣法) 대백의관음大白衣觀音을 근본 존상尊像인 본존으로 하고 닦는 법. 천재지변이나 일식·월식이 있을 때 행하면 효험이 있다고 한다.

대번뇌(大煩惱) 제5식·제6식·제7식에 의거하여 일어나는 악한 법이므로 대번뇌라고 하며, 대번뇌지법大煩惱地法이라고도 한다. 치癡·방일放逸·해태懈怠·불신不信·혼침昏沈·도거掉擧의 6법法을 말한다.

대범(大梵) ①색계천色界天. ②천신天神 이름. 또는 관음의 이름. 곧 대범심원관음大梵深遠觀音. ③신라 시대 비구 이름.

대범심원(大梵深遠) 천태종에서 세운 여섯 관음 가운데 하나. 대범심원관음大梵深遠觀音.

대범왕궁(大梵王宮) 대범천왕의 궁전. 색계 초선初禪의 범보천梵輔天 가운데 있는 높은 누대 위에 지은 궁전.

대범천(大梵天) 범梵은 범가이梵迦夷의 준말로 청정淸淨의 뜻. ①대범천왕大梵天王. ②초선천初禪天의 주재인 대범천왕이 있는 곳. 대범천처大梵天處. ③음욕婬欲의 색계를 여읜 모든 천天의 일반적인 이름.

대법(大法) ①부처의 교법. ②소승의 교법에 대하여 대승의 깊고 묘한 교법을 비교한 말. ③진지眞智의 존칭.

대법(對法) 📖 abhidharma ①아비달마阿毘達磨. 대법對法으로 번역. 대對는 대관對觀·대향對向의 뜻. 법에 나아간다, 향한다, 대한다는 뜻으로 대對하여 살펴본다는 것을 말한다. 지혜의 다른 이름. 법法은 사제四諦 열반의 법. 곧 사제의 이치를 자세히 살펴 열반으로 나아간다는 뜻. ②삼장三藏 가운데 논장論藏을 말한다. 대법장對法藏. ③세속대법世俗對法. 무루無漏의 지혜를 얻는 자량自量 방편인 세속의 지혜와 모든 논論을 말한다. 승의대법의 방편이 된다는 뜻으로 세속대법이라고 한다.

대법고(大法鼓) 큰 법의 북이라는 뜻으로, 큰 법회에서 법을 설하기 전에 북을 울려 알리는 것. 대법大法이 생사生死 번뇌의 길고 긴 밤을 깨우는 것을 북에 비유한 말.

대법라(大法螺) 대법大法의 소리가 꿈속에 있는 사람을 깨우치는 것을 나패螺貝에 비유한 것.

대법만(大法慢) 법만法慢이 큰 것.

대법우(大法雨) 대법大法이 목마른 대중을 자애롭게 적셔 주는 것을 비에 비유한 말.

대법장(對法藏) 📖 abhidharma ①삼장三藏 가운데 하나. 곧 논장論

藏. ②세친보살世親菩薩이 지은 『구사론俱舍論』. 범어 이름으로 아비달마구사阿毘達磨俱舍. ➡ 대법對法

대변재천(大辯才天) 노래·음악을 맡은 여신으로 걸림 없는 변재를 가져 불법을 유포하여 목숨을 길게 하고 원수를 쫓고 재산을 늘리는 이익을 준다고 한다. 형상은 머리에 흰 뱀으로 장식된 보배관을 쓰고, 오른손에 칼, 왼손엔 보배 구슬을 들고 있다. 대변천大辯天·대변공덕천大辯功德天. 대변재공덕천大辯才功德天·변재천辯才天·변천辯天·미음천美音天·묘음천妙音天·묘천음악妙天音樂.

대보(大寶) 불법佛法.

대보광박누각선주비밀다라니(大寶廣博樓閣善住祕密陀羅尼) 중생들을 이롭고 즐겁게 한다는 뜻이 있는 기도祈道 가운데 하나. 이락일체사생등유정법利樂一切四生等有情法. 진언은 '𑖡na曩 𑖦maḥ護 𑖭sa薩 𑖨rva嚩 𑖝ta怛 𑖞thā他 𑖐ga蘗 𑖝tā多 𑖡nām南 𑖌om俺 𑖪vi尾 𑖢pu補 𑖩la攞 𑖐ga蘗 𑖦ma陛 𑖦ma麼 𑖜ni抳 𑖢pra鉢囉 𑖥bhe陛 𑖝ta怛 𑖞thā他 𑖐ga蘗 𑖝tā多 𑖜ni儞 𑖟da捺 𑖨rśa捨 𑖡ne寧 𑖦ma麼 𑖜ni抳 𑖦ma麼 𑖜ni抳 𑖭su蘇 𑖢pra鉢囉 𑖥bhe陛 𑖪vi尾 𑖦ma麼 𑖩le黎 𑖭sā娑 𑖐ga蘗 𑖨ra囉 𑖐ga儼 𑖥bhi鼻 𑖨re隸 𑖮hūm吽 𑖮hūm吽 𑖕jva入嚩 𑖩la攞 𑖕jva入嚩 𑖩la攞 𑖤bu沒 𑖟ddha馱 𑖪vi尾 𑖩lo盧 𑖎ki枳 𑖝te帝 𑖐gu麌 𑖮hya哂夜 𑖠dhi地 𑖠dhri瑟恥 𑖝ta多 𑖐ga蘗 𑖨rbhe陛 𑖭svā娑嚩 𑖮hā訶'이다.

대보리(大菩提) 부처의 깨달음.

대보리심(大菩提心) 깨달음을 구하는 마음.

대보마니(大寶摩尼) 마니摩尼는 보주寶珠 이름으로 이구離垢 또는 호의好意로 번역.

대보방(大寶坊) 『대집경大集經』을 설한 곳. 욕계欲色 2계界의 중간에 있다.

대보살(大菩薩)📖 깊은 믿음으로 부처의 가르침을 실천하고 수행하는 보살. 자리이타自利利他의 큰 발원으로 부처의 가르침을 수행하는 보살 가운데, 이미 불퇴위不退位에 이른 보살.

대보화왕(大寶華王) 매우 오묘한 대보화大寶華. 꽃 가운데 제일이란 뜻.

대불(大佛) 거대한 불상. 장륙상丈六像의 10배 정도.

대불선(大不善) 불선不善한 심소心所가 생기는 심왕心王이 있는 곳. 무참無慚·무괴無愧의 2가지 법을 말한다. 대불선지법大不善地法.

대비(大悲) karuṇā 애련哀憐, 동정同情의 뜻으로 비悲로 의역한다. 위대한 자비심慈悲心. 부처의 위신력威神力인 18불공법不共法 가운데 하나. ①남의 괴로움을 가엾게 여겨 구제하려는 마음. 부처나 보살의 비심悲心이 광대하므로 대비大悲라고 한다. ②관세음보살의 다른 이름. 대자대비大慈大悲. 대비관세음大悲觀世音. 대비관음大悲觀音.

대비관음(大悲觀音) ①천수관음千手觀音의 다른 이름. ②관세음보살의 총명. 대비관세음大悲觀世音.

대비로자나(大毘盧遮那) 밀교의 본조인 대일여래大日如來.

대비보살(大悲菩薩) 가엾게 여기는 마음이 깊어서 온 마음으로 고통 받는 중생을 구제하는 보살. 관세음보살을 가리키는 말.

대비보현(大悲普現) 대비大悲의 관음보살로 33신身으로 나투는 것. 널리 대중의 근기에 응한다는 뜻.

대비심(大悲心)📖 모든 중생의 괴로움을 없애려는 마음. 곧 부처나 보살의 마음. 대자대비심大慈大悲心. 광대한 대비심大悲心을 무개대비無蓋大悲 또는 대자대비大慈大悲라고 한다. 3가지 발보리심發菩提心 가운데 하나. ➡ 대비大悲

대비원(大悲願) 부처나 보살이 모든 중생을 구제하려는 대자대비大慈大悲한 서원.

대비전(大悲殿) 관음전. 원통전. 관세음보살의 자비를 강조하여 대비전이라고 부른다.

대비주(大悲呪) 천수다라니千手陀羅尼·천수千手. 천수관음의 주문.

대비천제(大悲闡提) 모든 중생을 모두 제도한 뒤에 성불하려는 깊고 큰 자비심이 있는 보살로서 스스로는 부처가 될 기약이 없는 것을 말한다. 관세음보살, 지장보살 등을 가리키는 말.

대사(大師) ①부처의 존칭. 대도사大導師라는 뜻. ②고승高僧의 존칭. 큰 비구. ③조정에서 고승에게 내리는 호. ④승려에 대한 전체 호칭. ⑤도덕이나 학문이 다른 사람의 스승이 될 만한 사람.

대사(大士) 마하살타摩訶薩埵. 보살의 다른 이름. 불법에 귀의해 믿음이 두터운 사람. 성문聲聞 및 부처를 가리키는 말.

대사(大蜡) 중국 주나라에서 한 해를 마치면서 신에게 제사지내던 의식.

대사문(大沙門) ①부처의 존칭. ②출가자를 통칭하는 말. 사미에 대하여 비구를 높이는 말로 대大를 붙인 것.

대사인연(大事因緣) 일대사인연一大事因緣. 부처가 세상에 나타나 법을 설하는 것이 인연이 되어 중생의 깨달음을 여는 것이 된다는 뜻. 『법화경』에서 부처가 세상에 출현하는 뜻을 말하는 것.

대사첨(大士籤) 관음첨觀音籤. 관음보살의 상 앞에서 대나무 심지를 뽑아서 길흉을 점치는 것을 말한다.

대산(大蒜) 마늘. 성품은 열이 나고, 기운과 맛은 매우며 비린 냄새가 난다. 수행하는 사람이 먹으면 수행하는 몸, 즉 법신을 죽일 수 있어서 독과 같다고 하여 불자佛子가 먹지 않는 다섯 가지 매운 채소 가운데 한 가지. 먹은 냄새가 나면 천신이 도망가고, 삼매를 닦아도 천신이 보호해 주지 않는다고 한다. 오신五辛 또는 오훈五葷 가운데 하나. ➡ 오신, 대산大蒜, 각총茖葱, 자총慈葱, 난총蘭葱, 홍거興渠

대살계(大殺戒)📖 참회할 수 없는 죄를 범犯한 사바라이四波羅夷 가운데 하나. 자기 손이나 남의 손을 빌려서 살생하는 것을 금한 계. 살생계殺生戒·살인계殺人戒라고도 한다. 축생을 죽이는 것은 소살계小殺戒라고 한다. ➡ 사바라이四波羅夷

대삼재(大三災) 세상이 장차 붕괴하려 할 때 발생하는 수재水災·화재火災·풍재風災를 가리킨다. 괴겁壞劫에 20증감겁增減劫이 있는데 마지막 겁에 기세간器世間을 파괴하는 화재·수재·풍재를 말한다.

대상(隊商) 부처가 중생을 제도하는 것을 비유한 말. 중생을 제도하여 열반에 이르게 하는 것이 한 무리의 장사꾼을 이끌고 목적지에 도달하도록 인도하는 것과 같다는 말.

대상간(大相看) 선가에서 접견하는 대중을 말한다.

대상기(大祥忌) 세 번째 기일忌日. 죽은 후 만 2년 만에 돌아오는 대상大祥인 3년제第를 말한다.

대상장(大象藏) 용이 싸워서 생기는 향香.

대선(大仙) 세간을 떠나 산속에 살면서 수행하여 장생長生을 구하는 신선 가운데 가장 높다는 뜻으로 부처를 말한다.

대선(大船) 생사의 바다를 건너가는 것을 비유한 말.

대선근(大善根) 모든 선법善法을 내는 근본이 되는 것.

대선불(大禪佛) 대선사大禪師의 덕칭德稱.

대선사(大船師) 부처를 비유하는 덕호德號. 중생을 이끌어 생사의 바다를 건너게 하기 때문에 붙여진 이름.

대선지(大善地) 선善한 법의 심소心所가 생기는데 의지하고 있는 곳. 대선지법大善地法. 곧 신信·근근勤·사사捨·참참慚·괴愧·무탐無貪·무진無瞋·불해不害·경안輕安·불방일不放逸의 10법.

대섭수(大攝受) 아미타불의 덕호德號. 큰 자비로 모든 중생을 거두는 것을 뜻하는 말.

대성(大聖) 부처를 존경하는 호칭. 석가여래를 가리키는 말로 석가모니부처는 성인 가운데 큰 성인이라는 뜻이다. 대성세존大聖世尊.

대성인로왕보살번(大聖引路王菩薩幡) 일주문 밖에서 영가를 맞이하여 절 안으로 맞아 들일 때 길을 안내하는 깃발을

대성인로왕보살번
(화성 용주사)

앞세우는데, 이 깃발을 인로왕번引路王幡 또는 대성인로왕번大聖引路王幡이라고 한다.

대성주(大聖主) 부처를 존경하는 호칭.

대세불(大勢佛) 여래의 덕호德號. 부처가 큰 위력을 가지고 중생의 번뇌를 끊을 수 있음을 뜻하는 말.

대세지보살(大勢至菩薩) 아미타부처의 우보처右補處 보살. 대세지大勢至.

대소상입(大小相入) 대소호입大小互入. 큰 것이 작은 것을 받아들이고, 작은 것이 큰 것을 받아들여 큰 것과 작은 것이 서로 걸리지 않고 공존한다는 화엄 교학의 이론.

대소이승(大小二乘) 대승과 소승. 승乘이란 사람을 실어 나르는 수레의 크기에 비유하여, 법의 이해를 설명한 것. 성불하는 길을 설하고 있는 것이 대승이고, 아라한이 되는 길을 설하고 있는 것이 소승이라고 하는데, 그 기준은 경론에 따라 차이가 있다.

대소호입(大小互入) 하나가 많은 것을 거두고 많은 것이 또한 하나를 포함하며, 큰 것이 작은 것에 들어갈 수 있고 작은 것이 큰 것을 용납함을 말한다. 대소상입大小相入으로 화엄 교학의 이론.

대수(大樹) ①삼초이목三草二木 가운데 하나. 천태종에서 별교別教의 보살을 비유한 것. ②보리수를 가리키는 말.

대수구(大隨求) 대수구다라니大隨求陀羅尼. 다라니를 잘 지니면 온갖 야차의 침입이나 원수·독충·열병·독·화재 등에서 벗어나며, 과거의 조가 소멸된다고 한다.

대수번뇌(大隨煩惱) 도거掉擧·혼침昏沉·불신不信·해태懈怠·방일放逸·산란散亂·부정지不正知·실념失念의 8가지 번뇌.

대수법(對首法) 율장에서 정한 계를 범했을 때 참회하는 방법으로, 일정한 수의 승려 앞에서 행하는 갈마의 참회법.

대수선인(大樹仙人) 옛날 인도의 갠지스강가에서 어떤 신선이 오랫동안 선정에 들어 깨어나지 않아 고목과 같이 되고 어깨 위에 큰 나무가 났다고 한 데서 유래된 말.

대승(大乘)📖 mahā-yāna 용수 이후에 발전한 불교를 일컫는 말. 마하연摩訶衍. yāna는 승乘으로 태워서 실어 나른다는 뜻. 모든 사람에 대해 보살행을 통하여 모두 실어서 성불에 이르도록 하게 가르친다고 하여 큰 수레라는 뜻으로 붙여진 이름. 이에 대하여 이전에 주장한 모든 법은 아라한에 이르게 한다고 하여 소승이라고 부르며 구별하고 있다. 대교大敎라고도 한다. 최상승最上乘.

대승경전(大乘經典) 대승의 가르침을 설하고 있는 경전 전체를 가리키는 말로 대승경장大乘經藏이라고도 한다. 『화엄경』·『법화경』·『반야경』·『무량수경』 등이 있다.

대승계(大乘戒)📖 대승 보살이 지켜야 할 계로서 보살계菩薩戒, 불성계佛性戒, 방등계方等戒 등을 가리킨다. 삼귀계三歸戒 및 삼취정계三聚淨戒. 『범망경』에서는 십중사십팔경계十重四十八輕戒이며, 천태종에서는 원돈계圓頓戒, 진언종에서는 삼매야계三昧耶戒, 선종禪宗에서는 무상심지계無相心地戒 등이 있다.

대승계경(大乘戒經)📖 대승에서는 소승과 같이 종파에 따라 출가자에게 수계하는 사분율四分律, 오분율五分律 등과 같은 정해진 율장이 없으나, 경전에서 보인 모든 대승 보살로서의 행을 보살행으로 행하는 것이 계를 지키는 것이라고 하기 때문에 대승 경전은 모두 대승계경에 해당한다고 할 수 있다.

대승계단(大乘戒壇) 대승계大乘戒, 즉 보살계를 설하기 위해 시설된 단壇을 말한다.

대승교(大乘敎) 대승 경전에서 설한 대승의 가르침. 『화엄경』·『법화경』 등에서 설교한 것.

대승권교(大乘權敎) 대승의 가르침에 들어가기 위해 설한 방편의 가르침. 권교대승權教大乘·권기權機·권대權大·권대승權大乘.

대승무작대계(大乘無作大戒) 무작無作은 무표無表의 구역으로 계체戒體를 말한다. 계체는 계를 받으면 몸에 생기게 되어 악惡이 일어남을 막고, 선善을 행하게 하는 주체가 되어 대승의 큰 계戒가 된다고 한 것. 원돈계圓頓戒를 말한다.

대승방등경전(大乘方等經典) 『화엄경』·『법화경』 등 대승 경전을 말한다. 방등方等이란 방정方正과 평등의 뜻이다.

대승법(大乘法) 대승의 이치를 설한 법으로 보살이 행하는 수행법.

대승보살십지(大乘菩薩十地) 성문과 연각의 십지와 구별하는 대승의 십지를 말한다. 반야경 계통과 화엄경 계통 두 종류의 십지설이 있다. 환희지歡喜地·이구지離垢地·발광지發光地·염혜지燄慧地·극난승지極難勝地·현전지現前地·원행지遠行地·부동지不動地·선혜지善慧地·법운지法雲地를 말한다.

대승사과(大乘四果) 대승 보살의 십지설十地說을 수행함에 증과證果가 같지 않음을 소승의 사과四果로써 구별하여 나타낸 것. 초지는 수다원과須陀洹果, 팔지는 사다함과斯陀含果, 십지는 아나함과阿那含果, 불과는 아라한과阿羅漢果로 본다.

대승선(大乘禪) 규봉 종밀이 『도서都序』에서 아공我空과 법공法空이 드러나는 선. 이 행법을 수행하면 아공·법공을 깨닫고 결국 부처의 과위果位를 얻을 수 있는 선이므로 대승선이라고 정의한다.

대승선근계(大乘善根界) 극락정토를 가리키는 말.

대승시교(大乘始教) 처음 대승에 들어온 이를 가르치는 교教. 화엄의 교판론 가운데 하나.

대승심(大乘心) 대승의 이치로 법을 구하려는 마음으로 모든 중생을 구하려는 것을 말한다. 위로는 보리를 구하고, 아래로는 중생을 널리 제도하려는 마음. 보리심·대비심大悲心·방편심方便心 등을 합하여 대승심이라고 부른다.

대승오위(大乘五位) 오위에는 법을 분류한 것과 수행 계위를 분류한 것 두 가지가 있다. ①대승에서 모든 법을 심법心法·심소법心所法·색법色法·불상응행법不相應行法·무위법無爲法의 5가지로 나눈 것. ②대승에서 불교의 법도를 수행하는 데 5가지의 계위階位를 세운 것. 유식종唯識宗에서 세운 수행의 오위. 자량위資糧位·가행위加行位·통달위通達位·수습위修習位·구경위究竟位.

대승율장(大乘律藏) ①일반적으로 대승 보살이 지켜야 할 계율을 제정한 것. 『범망경』 등을 말한다. ②대승에는 정해진 율장律藏은 없으나, 대승보살은 보살행을 행해야 하므로 경전에 나타나는 모든 보살행을 행하는 것이 계戒를 지니고 지킨다고 할 수 있다.

대승이종성불(大乘二種成佛) 모든 중생이 부처가 될 수 있다고 하는 대승의 법에 세운 2가지 뜻. ①생득성불生得成佛. 중생의 마음이 청정하여 그대로 불성佛性이며 스스로가 곧 부처라는 것. ②수득성불修得成佛. 법을 듣고 부처의 가르침을 수행하여 불佛을 이루는 것.

대승인(大乘因) 대승의 과果를 일으키는 인因을 말한다.

대승천(大乘天) 인도 사람들이 현장玄奘을 존중하여 일컬은 말.

대시회(大施會) 무차대회無遮大會. 귀천과 높고 낮음이 없이 모든 사람에게 재물財物과 법法을 평등하게 베풀어 보시하는 법회.

대신(大身) 장륙丈六의 불상에 대해, 공덕이 무량한 보신報身을 말한다. 허공에 두루 퍼져 있는 법신으로서의 진신眞身을 가리킨다. 허공에 두루 하고 있는 대화신大化身.

대신력(大神力) 불가사의한 큰 힘. 불보살이 가진 불가사의한 힘을 말한다.

대신주(大神呪) 큰 신통력을 갖추고 있는 다라니. 불가사의한 힘을 가진 다라니. '반야바라밀다'와 같은 뜻.

대심(大心) ①대승심大乘心. ②대보리심. 큰 보리를 구하는 광대한 원심願心. 대원심大願心이라고도 한다. ③방편심. ④한쪽으로 치우쳐 있지 않은 마음.

대아(大我) 모든 번뇌를 여의고 열반에 이른 참된 자아. 위대한 진아眞我. 팔대자재아八大自在我.

대악(大惡) 스스로 죽거나 다른 사람이 죽게 하는 것. 스스로 인색하거나 다른 사람을 인색하게 하는 것 등을 말한다.

대악상(大惡象) 악한 마음이 광란하여 마구 날뛰는 것을 사납게 날뛰는 코끼리에게 비유한 말.

대안위(大安慰) 부처의 다른 이름. 부처가 모든 중생에게 안락을 베풀어 법희法喜를 얻게 한다고 해서 붙은 이름.

대야(大夜) 다비茶毘를 행하기 전날 밤. 가면 다시 돌아오지 못할 밤이란 뜻. 태야迨夜. 숙야宿夜.

대어(代語) ①바로 앞의 대중에게 묻고 대신하는 것. 스승의 물음에 대중이 답하지 못하면 스승이 대신해서 답하는 말. ②옛사람을 대신하는 것. 고칙古則을 들어서 옛사람이 말하지 못한 것을 내가 대신해서 해석하는 말. ③스승과 제자의 문답에 제자가 답하지 못한 것을 옆에 있는 사람이 대신 답하는 것.

대연(待緣) 인因이 가지고 있는 여섯 가지 성질 가운데, 인因이 있으므로 연緣을 만나야만 과果를 발생시킬 수 있다는 인문육의因門六義 가운데 하나. 대중연待衆緣. 주로 증상연增上緣을 말한다.

대연가(對緣假) 삼론종의 주장으로 모든 교설을 임시로 가설된 것으로 보는 인연가因緣假·수연가隨緣假·취연가就緣假·대연가對緣假의 사가四假 가운데 하나. 연緣을 대對하여 가假를 알도록 하는 것으로, 상견相見을 대치하여 무상無常을 설하고, 무상을 대치하기 위해 상常을 설하는 것처럼 상대되는 가假를 설하여 가르치는 것을 말한다.

대열반(大涅槃) 대적멸大寂滅. 생멸生滅이 없는 절대 적정寂靜한 경지로, 부처가 증득한 해탈의 경지, 즉 성불成佛을 뜻하는 말.

대열승응신(帶劣勝應身) 천태종의 통교通敎에서 이근利根이 보는 응신불應身佛을 열劣과 승勝으로 나누는 것으로, 열응신劣應身은 십

지 이전의 범부이승이며, 승응신勝應身은 십지이상의 보살을 가리
킨다.

대열지옥(大熱地獄) 8대 지옥 가운데 하나.

대예왕공재문(大禮王供齋文) 상단上壇에 올리는 공양 의식의 다른
표현.

대예참례(大禮懺禮) 『석문의범』의 대예참례문은 소예참례문보
다도 길며, 총 30회 절하는 공양 의식으로 이루어져 있다. 서문과
총 94회의 지심정례공양至心頂禮供養으로 되어 있는 화엄대예문華
嚴大禮文을 간략하게 줄인 것이 대예참례문이므로 화엄적인 요소
가 매우 강하게 나타난다. 서문에는 「보현행원품」의 십원이 제일
이라는 원왕願王과 『자비도량참법慈悲道場懺法』의 참회를 통하여
매일 공양을 올리며 참회하는 일과의 수행법으로 구성되어 있다.

대오(待悟) 간화선에서 화두를 참구하며 깨닫기를 기다리는 것.
깨달으려는 생각에 집착하는 것.

대오(大悟) 미혹과 망념을 여의고 실상을 바로 보아 아는 견해를
여는 것.

대오선(待悟禪) 깨달음이 있다고 하여 기다리면서 좌선에 매여
있는 것을 말한다.

대우거(大牛車) 소가 끄는 수레에 보살의 행을 강조하는 대승大乘
을 비유한 것. 삼거三車 가운데 하나.

대웅(大雄)📖 mahāvīra 위대한 영웅이란 뜻으로 마하비라로 음사
한다. 부처의 덕호德號. 큰 힘을 갖고 사마四魔를 항복시키는 부처를
말한다. 대장부大丈夫라는 의미로도 쓴다.

대웅봉(大雄峰) 백장산百丈山의 다른 이름.

대웅전(大雄殿)📖 석가모니불을 주불로 봉안한 법당. 사찰 내에
있는 전각殿閣 중의 하나이며, 대웅보전大雄寶殿이라고도 한다. 부처
를 모신 전각인 대웅보전은 사찰의 중심을 이룬다. 가람의 중심이
되는 전당이란 뜻으로 대웅大雄은 고대 인도의 마하비라를 한역한

것이며, 부처의 덕호德號를 나타내며『대보적경』「보살견실회정거천자찬게품菩薩見實會淨居天子讚偈品」에 여러 용례를 찾을 수 있다. 건물 안에는 중앙에 불단을 설치하고 석가모니불을 중심으로 좌우에 문수보살과 보현보살을 봉안하거나, 석가모니불과 좌우에 아미타불과 약사여래불, 가섭과 아난존자, 삼세불과 삼신불을 모시기도 한다. 삼세불三世佛은 석가모니불·미륵보살·갈라보살이며, 삼신불三身佛은 비로자나불·노자나불·석가모니불을 봉안한다. 때와 행사 내용에 따라 여러 형태의 예불문이 있으며, 매일 하는 오분향례五分香禮, 매년 1월 1일에 하는 향수해례香水海禮, 소예참례小禮懺禮, 대예참례大禮懺禮, 화엄법회 때하는 칠처구회례七處九會禮를 비롯하여 관음예문예觀音禮文禮, 사성례四聖禮, 강원상강례講院上講禮 등이 있다.

대웅전(대구 동화사)

대원(大願)📖 ①위대한 서원誓願. 중생이 성불하려는 서원. 또는 불보살이 중생을 구제하려는 서원. ②사홍서원, 아미타불이 세운 48원 등 다양한 서원이 있다.

대원각(大圓覺) 광대하고 원만한 깨달음이란 뜻으로 부처의 지혜를 말한다.

대원경지(大圓鏡智) 부처가 갖춘 네 가지 지혜 가운데 하나로,

식識의 전환으로 이루어지는 지혜. 제8식이 전하여 대원경지, 제7식이 전하여 평등성지平等性智, 제6식이 전하여 묘관찰지妙觀察智, 앞의 5식이 전하여 성소작지成所作智가 된다. 줄여서 경지鏡智라고 하며, 현전하는 모든 것은 공덕功德의 종자가 되며 국토를 드러내는 근본根本이 된다. 불의 과위果位에서 얻는 지혜. 무루無漏의 지혜. 부처의 위신력威神力인 현교顯敎 사지四智 가운데 하나.

대원경지관(大圓鏡智觀) 여러 개의 등근 거울을 맞세우면 그림자가 서로 비추는 것처럼 불신佛身과 내가 서로 원융하게 들어가는 입아入我·아입我入의 관법을 말한다.

대원력(大願力) 모든 부처의 큰 서원誓願의 힘을 뜻하는 말.

대원선(大願船) 부처의 본원本願을 배에 비유한 것.

대원전(大願殿) 지장전地藏殿. 명부전冥府殿.

대원청정보토(大願淸淨報土) 아미타불의 극락정토. 아미타불의 큰 서원의 과보로 성취한 청정무구한 국토라는 뜻.

대원평등방편(大願平等方便) 사종방편四種方便 가운데 하나. 보살이 다른 중생을 깨닫게 하기 위해 시간적으로 미래제未來際를 다하고 공간적으로 모든 중생을 빠짐없이 제도하려는 평등한 대원大願을 세우는 것.

대위덕(大威德) 악惡을 굴복시키는 위세가 있어 대위大威라 하고, 선善을 수호하는 공덕이 있어 대덕大德이라 한다.

대위덕명왕(大威德明王) 오대명왕五大明王 가운데 하나. 염만덕가閻曼德迦. 아미타불로서 서방에 배치. 세 개의 얼굴과 여섯 개의 팔이 있다. 희고 큰 소를 타고 있으며 항염마존降閻魔尊·육족존六足尊이라고도 한다.

대은교주(大恩敎主) 석가모니부처를 공경하는 뜻으로, 모든 중생을 고苦에서 구하는 덕이 크기 때문에 붙여진 이름.

대음계(大婬戒) 사바라이四波羅夷 가운데 하나. 온갖 음욕을 금한 것으로, 출가자에게는 몸으로는 물론 생각으로도 깨끗하지 못하다고 하여 금한다. 부정행계不淨行戒·비범행계非梵行戒·부정행학처不淨行學處라고도 한다.

대음계입(大陰界入) 대大는 사대四大, 음陰은 오음五陰, 계界는 십팔계十八界, 입入은 십이입十二入.

대음광(大飮光) 마하가섭摩訶迦葉을 말함. 가섭迦葉은 귀龜·음광飮光으로 번역.

대응공(大應供)📖 응공應供은 마땅히 다른 이에게 공양을 받을 만한 자격이 있다는 뜻. ①부처 십호十號 가운데 하나. 삼승三乘에 통하고, 성문聲聞·연각緣覺의 소승 아라한과 상대되므로 대大라고 한다. ②아미타불을 가리킨다. 아미타불이 모든 부처 가운데 대왕이므로 대응공이라고 한다.

대의(大衣) 삼의三衣 가운데 하나. 승가리僧伽梨 가운데 가장 큰 것. 법을 설하거나 걸식할 때 입는 가사.

대의(大醫)📖 모든 병의 원인과 치료약을 두루 알아 병을 모두 치료하기 때문에 대의大醫라고 하며, 부처를 가리킨다. 부처가 중생의 근기에 맞는 교법을 말해서 고통을 없애고 편안하게 해 줌을 말한다. 대의왕大醫王.

대의왕불(大醫王佛) ①대의大醫. 대의왕大醫王. 중생의 병을 치료하는 데 으뜸인 부처. ②약사여래의 다른 이름.

대인(待因) 인因이 가지고 있는 여섯 가지 성질 가운데, 연緣이 있으므로 인因을 만나야만 과果를 발생시킬 수 있다는 인문육의因門六義 가운데 하나.

대인상(大人相) 부처의 모습. 곧 32상相. 모든 중생 가운데 가장 높고 큰 사람이 부처이므로 대인상이라고 한다.

대인세계(大忍法界) 사바세계娑婆世界.

대일(大日) mahā-vairocana 밀교의 근본 존상尊像. 대일여래. 바이로차나를 음사하여 마하비로자나摩訶毘盧遮那라고 하며, 마하는 대大. 비로자나는 일日.

대일각왕(大日覺王) 대일여래. 각왕覺王은 여래의 다른 이름.

대일공(大日供) 대일여래를 공양하는 법회.

대일여래(大日如來) mahā-vairocana 밀교의 근본 존상尊像. 비로자나불毘盧遮那佛. 대광명변조大光明遍照로 번역. 시방세계를 두루 비추는 참된 부처. 변조금강遍照金剛.

대일여래불(大日如來佛) mahā-vairocana 비로자나불毘盧遮那佛.

대자(大慈)📖 ①분별심을 가지지 않고 중생과 함께하여 중생의 고苦와 낙樂을 뽑아 없애는 마음. 대자大慈는 모든 중생의 낙樂과 함께하는 것이고, 대비大悲는 모든 중생의 고苦를 뽑아내는 것.

대자(大姉) 출가한 비구니를 율장에서 여자라고 할 수 없기 때문에 높여 부르는 호칭.

대자대비(大慈大悲)📖 불보살의 넓고 큰마음으로 모든 중생을 구제하려는 자비. 즐거움을 주는 것이 자慈 괴로움을 없애는 것이 비悲.

대자비문(大慈悲門) 불보살이 덕德으로 중생을 구제한다는 뜻이며, 불과佛果를 증득하게 하는 것은 대지혜문大智慧門이라고 한다.

대자재(大自在) ①번뇌의 속박에서 벗어나 무슨 일이든 마음대로 할 수 있는 자유스러운 모양. ②대자재천大自在天.

대자재궁(大自在宮) 대자재천大自在天의 궁전. 마혜수라궁摩醯首羅宮. 색계色界의 꼭대기에 있다.

대자재천(大自在天)📖 Maheśvara 위대한 주主, 수장首長 등의 뜻으로, 마혜수라摩醯首羅로 음사한다. 원래는 인도 비슈뉴신과 같은 위치를 차지하고 있었으나, 후에 세계의 주재자인 대자재천으로 자리하게 된다. 대자재천의 희노애락은 곧 중생도 이와 똑같은 희노애락을 가지며, 세계가 파괴되면 만물은 대자재천에게로 돌아간다고 한다. 색계의 꼭대기에 살며 삼천 대천세계를 다스리는데, 눈이 세 개이고 팔이 여덟 개로 흰 소를 타고 색계에 거주한다. 대자재천왕大自在天王이라고도 한다.

대자존(大慈尊) 미륵보살彌勒菩薩을 말한다. 미륵彌勒은 자慈의 뜻.

대장경(大藏經)📖 장해藏海 또는 교해教海라고도 한다. 경·율·논 삼장三藏을 모두 모아 놓은 것을 하나로 호칭하는 것. 인도에서나 중국에 불교가 들어오던 초기에는 쓰이지 않던 말이었으나, 인도불교의 사상 발전 순서와 관계없이 중국으로 전래되던 불교 관련 서적들을 부처가 설한 경經, 승단의 유지와 질서에 필요했던 율律, 경전과 율장에 대한 주석서인 논論으로 분류하며 하나로 크게 묶어 부르기 시작하였다. 중국에서는 수나라 때에 이르러 사용하기 시작하였으며, 동남아에서는 팔리어로 묶여져 태국, 스리랑카 등으로 전래되었다. 대장경의 종류로는 팔리어 대장경, 산스크리트 대장경, 한역 대장경, 티베트 대장경, 몽고어 대장경, 만주어 대장경 등이 있다. 한역 대장경은 처음에는 인쇄술이 발달하지 못하였기 때문에 『개원석교록』과 같은 목록을 만드는 것이 중심이었으나, 송나라 971년부터 대대적으로 목판에 새겨지기 시작하여, 고려 초조대장경, 고려 재조대장경에 이어 원·명·청의 시대에는 왕조의 위업偉業으로 판각하여 인출印出하는 작업이 계속되었다. 한역 경전은 지금까지 약 15회 이상 대장경으로 만들어졌으며, 근대에 들어서 일본에서는 고려 재조대장경을 저본으로 하여 독자적인 분류 기준으로 대정大正 연간에 활자화하여 대정신수대장경을 간행하였다. 고려 재조대장경에는 약 1,500여 종을 싣고 있는데 반하여, 대정신수대장경은 도상圖像까지 포함하면 약 3,000종의 책을 싣고 있어 자료의 다양함으로 현재 많은 학자들이 이에 의존하여 연구하고 있는 실정이다. 고려 재조대장경을 번역한 한글대장경이 있다.

대장경판(합천 해인사)

대장전(大藏殿) 📖 경전을 보관하기 위해 만든 전각. 장경각藏經閣·판전板殿·법보전法寶殿이라고도 한다. 불법승 삼보를 모신다는 뜻이 있다. 예경법禮敬法에 따라 보

대장전(예천 용문사)

레게와 보례진언을 송한 후

에 각전에 맞는 예경禮敬과 예불을 한다. 예불문은 "지심귀명례至心歸命禮 시방삼세제망찰해상주일체불타야중十方三世帝網刹海常住一切佛陀耶衆, 지심귀명례至心歸命禮 시방삼세제망찰해상주일체달마야중十方三世帝網刹海常住一切達摩耶衆, 지심귀명례志心歸命禮 시방삼세제망찰해상주일체승가야중十方三世帝網刹海常住一切僧伽耶衆, 불신보변시방중佛身普遍十方中 삼세여래일체동三世如來一切同, 광대원운항불진廣大願雲恒不盡 왕양각해묘난궁汪洋覺海渺難窮, 고아일심귀명정례故我一心歸命頂禮"이다.

대재회(大齋會) 재식齋食을 베풀어 불보살과 대중스님 및 모든 이들에게 공양하는 큰 법회. 대재大齋.

대적광전(大寂光殿) 비로자나불毘盧慈那佛을 주불로 봉안한 법당. 비로전毘盧殿·대광명전大光明殿이라고도 한다. 주불인 비로자나불의 빛을 상징하는 의미가 담겨져 있는 건물. 삼신불의 법신인 비로자나불·보신인 아미타불·화신인 석가모니불을 모시거나, 선종 사

대적광전(합천 해인사)

찰에서는 청정법신 비로자나불·원만보신 노사나불·천백억화신 석가모니불을 모신다.

대적멸(大寂滅) 대열반大涅槃. 생멸生滅이 없는 절대 적정寂靜한 경지.

대적법왕(大寂法王) 대일여래大日如來를 가리킨다.

대적실삼매(大寂室三昧) 대적정大寂定.

대적정(大寂定) ①대열반. 사라쌍수에서 열반에 든 정定을 말한다. ②마음을 한 대상에 머물게 하여 흩어지거나 어지럽지 않는 것. 적정寂定은 여래가 든 선정은 크게 고요하다는 뜻이다. 대적실삼매大寂室三昧·대적정삼매大寂定三昧·대적정묘삼마지大寂靜妙三摩地. 정定은 선정禪定·삼매三昧·삼마지三摩地라고도 한다. ③미타삼매彌陀三昧. 모든 부처의 대열반을 모두 갖춘 아미타불을 생각하는 선정.

대전삼배(大展三拜) 예경을 표하여 절하는 법 가운데 하나. 좌구坐具를 길게 펴고 세 번 절하는 것. 특별히 존경의 뜻을 나타내는 예법.

대정(大定) ①욕계에서의 정定을 소정小定이라고 하고, 색계·무색계의 정定을 대정大定이라고 한다. ②모든 부처의 3가지 덕 가운데 하나. 모든 혹惑을 끊은 선정. 곧 부처의 마음이 맑고 밝음을 뜻하는 말. 대정지비大定智悲.

대조(大祖) 스승의 스승을 가리키는 말.

대종(大鐘) 종루에 매달아 매일 아침저녁 예불이나, 큰 법회가 있음을 알릴 때에 치는 종.

대종(大種) 지地·수水·화火·풍風의 네 가지 근본 원소를 말한다.

대좌(臺座) 불보살이 앉는 자리로 연화좌蓮花座·사자좌獅子座 등이 있다.

대주(大洲) 사방에 하나씩 있는 네 개의 대륙. 사대주四大洲.

대주(大呪)📖 범문梵文을 번역하지 않고 소리나는 대로 읽는 것을 다라니 또는 주呪라 하고, 범문이 긴 것을 대주라고 한다. 또는 그 공덕을 찬미하는 것을 대大라고 한다. 주呪는 진언眞言이라고도 하며, 범자梵字에 약간의 모양을 변화시켰기 때문에 살담자라고 한다.
➡ 진언眞言, 살담悉曇

대중(大衆) 📖 mahā-saṃgha saṃgha는 군群, 다수多數, 조합組合, 단체團體, 공동체共同體, 집회集會 등의 뜻이 있으며, 마하승가摩訶僧伽는 음사이다. 수많은 여러 사람이 모여 공동체를 이루며 생활하는 곳, 즉 많은 승려를 말한다. 불교 교단을 뜻하며 모여서 수행하는 승려들을 통칭하는 말.

대중공양(大衆供養) 가사, 의복, 장삼, 음식물 등을 승려들에게 올리는 공양을 말하며, 모든 공덕을 같이 하게 된다는 뜻을 담고 있다.

대중부(大衆部) Mahāsaṅghika 부처께서 열반하신 후 약 100년이 지나자 베살리 비구가 제기한 율律의 십사十事에 관한 논쟁 또는 대천이 제기한 오사五事에 관한 이해와 해석문제로 분열이 생기게 되었다. 십사十事는 걸식 후 손가락 두 마디까지 공양 시간을 정하는 이지정二指淨의 문제 등과 같이 율律에 맞으면 정淨으로 하는 열 가지이며, 오사五事는 아라한에게 자기도 모르게 일어나는 음욕婬欲의 문제인 여소유餘所誘는 망언이라는 등의 문제에 대한 논쟁을 말한다. 이를 인정하는 진보파와 인정하지 않는 보수파로 나뉘었으며, 대중부와 상좌부로 부른다. ➡ 대천오사大天五事

대중인(大衆印) 한 절에서 공용하는 인감印鑑.

대중처소(大衆處所) 대중이 머무르는 곳으로, 비구·비구니·우바새·우바이를 사부대중이라고 한다.

대지(大智) ①모든 부처의 3가지 덕 가운데 하나. 부처의 맑고 밝은 마음이 모든 법계를 비추는 것을 말한다. ②광대한 지혜. 모든 사리에 통달한 사람.

대지(大地) 견도見道 이상의 보살이 수행하는 지위인 십지十地 가운데 높은 지위를 대지라고 한다. 곧 불지佛地를 뜻하는 말.

대지락(大知樂) 모든 부처와 여래가 큰 지혜를 지녀 모든 법을 다 알고 다 보는 것을 대락大樂이라고 한다. 곧 열반의 대락大樂.

대지법(大地法) 선과 악 등의 심식心識이 일어날 때 따라서 일어나는 심소心所. 수受·상想·사思·촉觸·욕欲·혜慧·염念·작의作意·승해勝解·삼마지三摩地의 10법을 말한다.

대지선법(大地善法) 십대선지十大善地. 신신信·불방일不放逸·경안輕安·사捨·참慚·괴愧·무탐無貪·무진無瞋·불해不害·근근勤 등의 10법이 모든 선善과 더불어 서로 응하여 일어나는 것을 말한다.

대지장(大智藏) 대원경지大圓鏡智. 모든 사물의 모습을 그대로 비추는 원만하고 명료한 지혜. 모든 지혜의 근본이므로 장藏이라고 한다.

대지혜문(大智慧門) 대지大智와 대비大悲의 부처가 갖추고 있는 2가지 덕 가운데 하나. 큰 지혜로 부처의 과위果位에 깨달아 들어가는 문. 대자비문大慈悲門의 반대말.

대질경(帶質境) 삼류경三類境 가운데 하나. 대帶는 겸대兼帶의 준말로 함께 둘러싸고 있다는 뜻이며, 질質은 본래의 바탕이란 뜻. 거울속에 나타난 영상은 거울 밖의 실물을 지니고 있지만, 본래의 바탕을 둘러싸고 있기 때문에 본질이 있으면서도 본질 그대로 나타나지 않는다는 뜻. 즉 본연의 바탕이 있으나 그대로 나타나지 않는 것으로, 노끈을 뱀으로 잘못 아는 것과 같다.

대참(大參) 상당上堂.

대천오사(大天五事) 부처 열반 후 대천大天이 아라한에게 일어나는 5가지에 대한 해석 문제. 오사五事는 아라한에게 자기도 모르게 일어나는 음욕婬欲의 문제인 여소유餘所誘는 망언이라는 등의 문제에 대한 논쟁을 말한다. 대천오사망어大天五事妄語.

대철위산(大鐵圍山) 하나의 세계를 빙 둘러싼 철산鐵山을 말한다.

대초열지옥(大焦熱地獄) 8대 지옥 가운데 일곱 번째 지옥. 사납게 불타는 쇠로 만든 집 속에 들어가 살가죽이 타는 고통을 받는 곳. 살생·도둑질·음행·음주·거짓말 등의 죄를 범한 이가 이 지옥에 떨어진다고 한다.

대촉례(對觸禮) 얼굴을 하나하나 상대하며 예경하는 것.

대총상법문(大總相法門) 진여眞如의 실질적인 체體. 대大는 진여가 광대해 모든 것을 포섭한 것, 총상總相은 모든 것이 한 맛으로 평등 平等하여 차별의 모양을 여읜 것, 법은 수행하는 이의 모범이 되는 것, 문門은 자세히 보아 지혜가 드러나는 것을 말한다.

대충(大蟲) ①호랑이를 가리키는 말. ②선지禪旨가 있는 선사를 가리킨다.

대치(對治)📖 pratipakṣa 반대의 측, 반대反對, 반대당反對黨, 대립자 對立者, 적敵, 부정否定, 차견遮遣의 뜻이 있으며, 치治, 능치能治, 대 치大治, 대제對除라고 의역한다. 번뇌를 상대하여 끊어 없애는 것으 로 깨달아야 할 법法은 능대치能對治이며, 번뇌는 소대치所對治가 된다. 치治는 의사가 병의 증세에 따라 치료하는 것에 비유하여 번뇌를 없애는 것을 말한다. 대치對治에는 염환대치厭患對治·단대치 斷對治·지대치持對治·원분대치遠分對治가 있다.

대치도(對治道) 단도斷道. 번뇌를 끊은 계위階位. ➡ 대치對治

대치비밀(對治秘密) 사종비밀四種秘密 가운데 하나. 부처가 중생의 온갖 허물을 조복調伏하기 위해 여러 가지로 은밀隱密하게 가르침 을 편 것을 말하는데, 사의취四意趣가 여기에 해당한다.

대치성광법(大熾盛光法) 치성위덕광명불熾盛威德光明佛을 근본 존 상尊像으로 모시고 재난이 없기를 비는 수법修法.

대치실단(對治悉檀)📖 siddhānta 음사한 실단悉檀은 확립되어진 결과, 실증되어진 진리 등의 뜻으로 성취를 말하며, 사실단四悉檀 가운데 하나. 성취한다는 뜻은 상대가 집착하고 있는 것에 따라 집착을 깨뜨리게 하는 방법으로서, 탐욕이 많은 중생에게 부정관不 淨觀, 성냄이 많은 중생에게 자비관慈悲觀, 어리석음이 많은 중생에 게 인연관因緣觀을 가르치는 것을 말한다.

대치조개(對治助開) 오정심관五停心觀과 육바라밀六婆羅密을 닦아 깨달음에 도움이 되도록 하는 것을 말한다.

대친(大嚫) dakṣiṇā 보시를 말한다. 달친達嚫·달친噠嚫·단친檀嚫.

대탑존(帶塔尊) 미륵보살의 다른 이름.

대통(大統) 한 나라의 비구를 통괄하는 승려. 벼슬 이름.

대통지승(大通智勝) 대통지승불大通智勝佛. 3천 진점겁塵點劫 전에 세상에 나서 『법화경』을 설한 부처의 옛 이름.

대판(大板) 고庫 아래에 단 운판雲板으로, 큰 명판鳴板이란 뜻.

대편정(對偏正) 삼정三正 가운데 하나. 병에 대해 약을 주는 것처럼, 한쪽의 견해에 치우친 단견斷見·상견常見을 대치對治하기 위해 정正을 들어 보이는 것.

대편중(對偏中) 삼론종의 사중四中 가운데 하나. 한쪽의 견해에 치우친 단견斷見·상견常見의 편견에 대해 중도의 법을 보이는 것.

대풍재(大風災) 대삼재大三災의 하나. 4중겁 가운데서 괴겁의 마지막 1겁에 일어나는 바람의 재난.

대해(大海) 불교에서 우주는 수미산을 중심으로 가장 밖에 있는 철륜위산까지 8개의 바다가 있고, 안쪽의 일곱 바다는 8공덕수로 가득 차 있으며, 제일 밖의 바다는 소금으로 차 있다고 하는데, 보통 대해는 이 소금 바다를 가리킨다.

대해십상(大海十相) 『화엄경』 가운데 대해십상大海十相으로서 십지十地 보살의 수행을 비유한 것. ①조금씩 깊어지는 차제점심次第漸深. ②죽은 시체를 묵혀 두지 않는 부수사시不受死屍. ③나머지 강물이 들어와 본래 이름을 잃는 여수입실본명餘水入失本名. ④널리 한가지 맛으로 같은 보동일미普同一味. ⑤끝없는 보배라는 무량진보無量珍寶. ⑥밑바닥까지 들어가지 못하는 무능지저無能至底. ⑦넓고 커서 한량이 없는 광대무량廣大無量. ⑧큰 동물이 살고 있는 대신소거大身所居. ⑨조수가 시간을 어기지 않는 조불과한潮不過限. ⑩널리 큰 비를 받는 보수대우普受大雨.

대해우적(大海牛跡) 큰 바다를 소 발자국에 넣으려 하지 말라는 뜻으로, 자기 자신의 보잘 것 없는 소승 수행과 얕은 법문 지식으로 새로 불법을 배우려는 승려들을 잘못 이끌지 말라는 뜻.

대해인(大海印) 큰 바다의 물 위에 세상의 모든 존재가 나타나는 것에 비유한 말. 삼매의 총總으로 바다는 세상 모든 사물을 있는 그대로 비추어 보이듯이, 온갖 존재들을 그대로 설하는 것이 해인삼매海印三昧라고 하는 것.

대해인삼매(大海印三昧)📖 화엄종에서는 해인삼매를 『화엄경』에서 말하는 모든 삼매의 총總으로 설명. 바다의 파도가 고요해지고 맑아지면 삼라만상이 모두 비쳐서 드러나듯이, 여래장신삼매나 사자분신삼매에 삼세의 일체법이 모두 드러나지 않음을 비유한 것.

대해중(大海衆) ①온갖 강물이 바다에 들어가서 똑같이 한가지 짠맛이 되는 것처럼, 중생들이 출가하면 모두 평등함을 뜻하는 말. ②중생이 많은 것을 큰 바다에 비유한 것.

대행(大行) ①대승의 수행. 보살이 깨달음을 증득하기 위해 서원을 발하고 오랜 동안 선善을 행하고 공덕을 쌓는 것. ②천태종의 사종삼매四種三昧. ③진종서의 나무아미타불을 염불하는 것을 말한다.

대행사(大行師) 큰 법회를 행할 때 사무를 맡아보는 승려.

대향(代香) 남을 대신하여 향을 사르는 일 또는 사람. 불전 앞에서 기원하고 축원하는 사람.

대호규지옥(大號叫地獄) 8대 지옥 가운데 다섯 번째. 고통을 견디지 못해 큰 곡성哭聲을 내는 지옥. 대규환지옥大叫喚地獄.

대홍련지옥(大紅蓮地獄) 지옥 이름. 추위 등으로 몹시 차가워서 몸이 갈라지고 피나는 것이 큰 붉은 연꽃과 같음을 비유하여 말한 것.

대화(大化) 부처가 평생 동안 펼친 교화.

대화상(大和尙) ①승려의 존칭. ②수계受戒를 행하는 승려를 화상이라 하고, 출가하여 일정 기간이 지나고 덕이 높은 이에 대한 존칭.

대화취(大火聚) 큰 불이나 화염이 한곳에 모인 것. 다다르기 어려운 지혜에 비유하기도 한다.

대환(大患) 생사生死.

대환사(大幻師) 부처의 덕명德名. 부처가 중생을 교화할 때 꼭 마술과 같이 여러 가지 모습으로 보인다고 하여 환화幻化라고 하며, 환화幻化를 잘 하기 때문에 환사幻師라고 한다.

대회(大會) 대집회. 설법하거나 법회를 열 때 많은 승려와 대중들이 모인 것.

대회소(大會疏) 영산사소靈山四疏 가운데 하나. 괘불이운으로 부처를 모시는 건회소建會疏와 불·법·승 삼보를 모시는 개계소開啓疏를 마치면 관음보살을 청하는데 이때 법회의 내용과 취지를 알리는 글을 적은 것을 소疏라고 한다.

대흑천(大黑天) Mahākāla 세계의 대파괴자로서의 신을 가리키는 말. 대흑신大黑神 또는 대시大時라고 번역. 인도의 신으로 제를 지내면 전쟁에 승리한다고 하며, 부엌에 제사를 지내면 재화를 가져다 준다고 하며, 무덤에 머문다는 뜻이 있어, 중국에서는 재복신으로 추앙한다.

대희원(大喜苑) 제석천帝釋天 4개의 정원 가운데 하나인 희림원喜林苑의 다른 이름.

더도리 공양할 때 음식물을 배식配食하고 나서, 많으면 덜고 모자라면 더하는 가반加飯을 뜻하는 말. ➡ 가반加飯

덕력(德力) 보살이 수행할 때 온갖 공덕을 갖추고 모든 염착染著을 여읜 것.

덕모(德母) 공덕의 어머니. 덕德의 근본을 나타내는 말.

덕병(德瓶) 어떤 가난한 사람이 천신에게 기도하여 이 병을 얻고 부자가 되었다는 데서 유래. 현병賢瓶·선병善瓶·길상병吉祥瓶·여의병如意瓶.

덕본(德本) ①덕은 선善. 본은 인因. 불의 과위果位를 얻게 되는 원인. 곧 선근공덕善根功德. ②아미타불의 명호. 모든 선법善法의 근본이라는 뜻. ③모든 선행의 근본. 덕모德母.

덕시라성아귀(德尸羅城餓鬼) 옛날 덕차시라德叉尸羅에 살던 하나의 아귀餓鬼. 5백 년 동안 음식을 얻지 못해 그 자식을 잡아먹었다고 한다.

덕왕관음(德王觀音) 33관음 가운데 하나. 바위 위에 가부좌하고 왼손을 무릎 위에 놓고 오른손에 푸른 나뭇가지를 잡은 관음상.

덕정(德杖) 석장錫杖의 다른 이름.

덕천(德天) 공덕천녀功德天女.

덕풍(德風) 극락세계의 맑은 바람이 온갖 덕을 갖춘 것을 말한다.

덕해(德海) 공덕의 넓고 큼이 바다와 같다는 뜻.

덕호(德號) 부처에 대한 공덕이 원만圓滿함을 표현한 것. 미타彌陀의 6자 명호名號를 가리키는 말.

도(道) 📖 mārga 사슴 등의 짐승이 다니는 흔적, 소도小道, 도道, 도로道路, 바른 길, 정당한 진로 등의 뜻이 있다. 열반에 이르기 위해 수행해야 할 법法을 도道라고 한다. 자연의 현상을 유지하는 원리로 정해진 규칙. ①통입通入. 능통能通의 뜻. 도달하는 도로. 정도正道. ②윤전輪轉. 인과가 상속하여 그치지 않는 것. 진리. ③부처가 이룬 바른 깨달음의 지혜를 증득하기 위해 닦는 길. 보리. 열반. ④수행의 방법.

도(度) 📖 pāramitā 반대편 해안에 다다르는 것, 완전한 성취, ~의 완성 등의 뜻이 있다. ①생사의 고해苦海에서 괴로워하는 중생을 열반의 저쪽 언덕에 이르게 하는 것. 도度는 도渡의 뜻. ②바라밀다. 도피안度彼岸. 이상경인 피안에 도달하려는 모든 보살의 수행을 이르는 말.

도감(都監) 사찰 안에서 일어나는 모든 일을 감독하는 소임.

도거(掉擧) 대번뇌大煩惱 6가지 가운데 하나. 수번뇌隨煩惱 가운데 하나. 마음속이 요동하는 것. 마음과 생각이 부질없이 일어나고 움직이는 것을 말한다.

도견(屠犬) 개를 죽여서 이양利養에 보태는 것. 악율의惡律儀가 된다.

도견(倒見) 존재의 현상을 잘못 알아 전도된 망견妄見. 곧 무상無常을 상常이라 하고, 고苦를 낙樂이라 하고, 무아無我를 아我라 하고, 부정不淨을 정淨이라 하는 것을 말한다.

도고(屠沽) 도屠는 백정, 고沽는 물건이나 술을 파는 사람, 즉 미천한 사람을 가리킨다.

도공계(道共戒) 계戒를 얻는 삼종율의三種律儀 가운데 하나로 무루율의無漏律儀·도생율의道生律儀라고도 한다. 성문의 사람이 견도見道하고 수도修道에 들어가서 무루도無漏道를 얻었을 때, 신身과 구口에 일어나는 모든 악惡을 잘 지녀서 계戒와 교教를 갖추어 드러내는 것을 말한다.

도과(道果) 도道는 보리菩提이며, 과果는 열반涅槃. 깨달음의 결과.

도관(道觀) 도道는 화도化道, 곧 교화教化를 말하며, 관觀은 공관空觀, 곧 만법이 무자성으로 공空이라는 이치를 잘 아는 것을 말한다.

도광(道光) 지혜의 광명. 부처의 지혜는 청정하여 모든 허물을 여의고, 교의에 통달하지 않은 무명無明의 어둠을 깨뜨리므로 도광이라고 한다.

도교(道交) 중생의 선근善根이 발동하는 것이 기機이며, 큰 자비를 행하여 감동함이 응應. 기응機應이 서로 어울리는 것을 말한다.

도구(道舊) 불교의 법도를 함께 수행한 오랜 친구. 도우道友. 도반道伴.

도구(道具) 출가자가 지녀야 하는 6가지 물건. 곧 외출복인 승가리·평상복인 울다라승·작업복인 안타회·쇠로 만든 발우인 철다라·방석인 니사단·물주머니인 발리사리벌라.

도기(道器) 불교의 가르침을 받아들여 수행할 수 있는 사람의 됨됨이를 그릇의 크기에 비유한 말.

도덕(道德) 바른 법法으로 행동의 근거가 되는 규범으로, 십선十善 등이 이에 해당한다.

도도(刀途) 삼도三途 가운데 하나. 축생도畜生道의 다른 이름.

도래승(渡來僧) 다른 나라에서 건너온 승려. 특히 일본 불교에서 한반도에서 건너온 승려를 나타낼 때 사용하는 일본 불교 용어.

도량(道場)🕮 **부처가** 깨달음을 이룬 보리수 아래의 금강좌를 말함. ①보리도량菩提道場. 불법의 도를 닦는 곳. 불사佛寺. ②깨달음을 배우는 도道가 있는 모든 곳. 많은 사람들이 도를 배우는 장소. ③깨끗한 마음. 정직한 마음. ④부처에게 공양하는 곳.

도량석(道場釋)🕮 목탁석木鐸釋. 사찰에서 예불하기 전에 도량을 청정하게 하기 위해 행하는 의식. 도량을 돌면서 어두움을 밝히는 의식.

도량신(道場神) 부처를 모신 삼보三寶의 도량을 수호하는 신.

도량찬(道場讚) 법회의 성격에 따라 청한 불보살이 물을 뿌려 청정하게 된 땅에 강림하기를 바라는 마음이 담겨 있다. 게송은 "도량청정무하예道場淸淨無瑕穢 삼보천룡강차지三寶天龍降此地 아금지송묘진언我今持誦妙眞言 원사자비밀가호願賜慈悲密加護"이다.

도력(道力) ①도道인 이치의 체體로부터 생기는 힘. ②여러 가지 정당한 도리와 역량.

도류인(道類忍) 색계·무색계의 도제道諦의 이치를 보고 법法의 이치가 생기는 도류지를 얻으려 할 때 일어나는 것. 16심心 가운데 하나. 팔지八智 가운데 하나. 도류지인道類智忍의 준말.

도리천(忉利天) 욕계육천慾界六天의 둘째 하늘. 삼십삼천三十三天. 수미산須彌山 꼭대기에 있는데 중앙에 제석천帝釋天이 있고, 사방에 팔천八天씩 있어 모두 33천天이 있다고 하며, 화엄칠처華嚴七處 가운데 하나.

도마죽위(稻麻竹葦) 벼·삼·대·갈대를 뜻하는 말로 물건이 많은 것을 비유한 것.

도문(都聞) 도문都聞·통문通文. 사찰에서 쓰이는 승려의 직명. 문서를 담당하는 임무를 수행한다.

도미(道味) 사미四味 가운데 하나. 무루성도無漏聖道에서 번뇌를 다 끊은 곳에 있는 법의 즐거움을 뜻하는 말.

도반(道伴) 📖 도우道友, 법우法友, 선우善友, 동행同行 등과 같은 뜻. 같은 깨달음을 목적으로, 같은 수행법으로, 같은 곳에 다다르기 위해 서로 의지하며 탁마하는 법法의 친우親友를 일컫는 말.

도법지(道法智) 8지智 가운데 하나. 욕계의 도제道諦 이치를 자세히 살펴 얻은 지혜. 또는 도제道諦에 미혹한 견혹見惑을 끊는 지혜. 모든 법의 진리를 증득하는 지혜이므로 법지라고 한다. 도법지인道法智忍.

도복(道服) 가사袈裟의 12가지 이름 가운데 하나. 불교의 법도를 닦는 사람의 옷.

도사(導師) ①남을 인도하여 부처의 가르침인 법法에 들어가게 하는 승려. 중생에게 바른 길을 가르쳐서 깨달음의 경지에 이르게 하는 이. ②불보살의 통칭.

도사(都寺) ①총림의 선방에서 동서東序의 수장인 지사知事 바로 아래에 있는 승직僧職. ②절의 모든 일을 감독하는 소임을 맡은 승려. 도감사都監寺. 도총都總.

도사(睹史) 도솔兜率. 지족知足으로 번역. ➡ 도솔兜率

도사(圖寺) 부도浮圖와 불사佛寺.

도사(度使) 악마의 이름. 훼괴毁壞로 번역.

도사전(都史殿) Tuṣita 도사다천都史多天의 궁전. 미륵보살이 사는 곳.

도산(刀山) 도산지옥刀山地獄.

도산지옥(刀山地獄) 지옥 가운데 하나. 칼로 된 산을 맨발로 밟고 가는 지옥의 산. 극악한 중생이 가는 지옥.

도상(圖像) 불보살 등의 형상을 그린 그림. 화상畵像. 탱화.

도생(度生) 중생을 제도하는 일.

도성제(道聖諦)📖 도품道品을 닦아서 열반에 이르는 것. 사성제四聖諦의 하나. 고苦는 생로병사의 네 가지 고통이 삶에서 피할 수 없는 것이기 때문에 고통의 진리라는 뜻으로 고苦이며, 집集은 마음 깊은 곳에 채워지지 않은 갈애渴愛, 즉 무명無明으로 번뇌가 생겨 마음을 더럽혀 고통의 원인인 집集이 되고, 멸滅은 갈애를 남김없이 멸하여 마음이 속박에서 벗어나는 해탈·열반으로 고통을 없애는 진리라는 뜻으로 멸滅이며, 도道는 멸滅을 실천하는 길이란 뜻으로 팔정도를 수행하는 방법으로 실천의 길을 보이는 것을 말한다. 이 가운데 도道에 이르는 멸滅의 길을 팔정도로 보인 것을 말한다.

도세(度世) ①생사의 바다를 건너 이상향인 열반에 이르는 것. 출세出世·출세간出世間·이세간離世間. ②세상 사람들을 제도하는 것.

도소양(屠所羊) 사람의 수명이 시시각각으로 죽음에 가까이 가는 것을 도살장에 끌려가는 양에 비유한 것.

도속(道俗) 도道는 출가한 사람이며, 속俗은 세속에 있는 사람.

도속공계(道俗共戒) 출가한 사람이나 재가에 있는 사람 모두가 지켜야 하는 계戒로, 보살계·오계五戒. 삼계三戒 등을 말한다.

도솔(兜率) Tuṣita 도솔천兜率天. 상족上足·묘족妙足·지족知足·희족喜足 등으로 번역한다. 내원內院은 미륵보살의 정토. 외원外院은 천중天衆의 욕락처欲樂處.

도솔래의상(兜率來儀相) 석가모니의 일생을 8시기로 구분하여 설명하는 팔상 가운데 첫 번째. 석가모니가 도솔천에서 내려와 마야부인에게 입태하는 내용을 나타낸다.

도솔래의상(『월인석보(月印釋譜)』)

도솔천(兜率天) Tuṣita 수미산 꼭대기의 가장 높은 하늘. 도솔타兜率陀·도사타都史陀. 지족知足으로 번역. 오욕五欲에 있어서 그치고 만족할 줄 알기 때문에 붙인 이름.

도수(道樹) bodhi-druma 보리수菩提樹. 또는 과일 이름인 pippala를 음사하여 과파라수果波羅樹라 한다. 부처가 이 나무 아래에서 깨달음을 이루었기에 도수라고 한다.

도심(道心) ①올바른 이치를 지닌 마음. ②도를 구하는 마음. 도를 닦으려는 마음. ③보리심. 부처의 가르침인 보리심을 닦고자 하는 것. 부처의 과위果位를 구하는 마음.

도아(度我) 귀명歸命. ➡ 귀명歸命

도아(倒我) 사전도四顚倒 가운데 하나. 나라는 실재의 체體가 없는데 내가 있다고 생각하는 것. 전도된 망견妄見이 되므로 도아라고 한다.

도아(道芽) 정도正道의 싹.

도안(道眼) 도道를 닦아서 얻은 안목. 또는 보는 안목.

도안(到岸) 도피안到彼岸.

도업(道業)📖 세상의 근원을 지탱하는 원리를 알고자 수행하는 행行. 부처의 가르침과 바른 길을 배우고자 하는 수행. ➡도道

도연(道緣) 부처의 가르침을 배울 인연.

도요(道要) 법法의 중요한 부분.

도용(道用) 도道를 행하고자 하는 업의 쓰임새. 날마다 도道를 닦는 일을 말한다.

도원(道元) 정도正道의 근원.

도의(道意) 도심道心. 무상도無上道를 구하는 마음. 보리심.

도인(道人) ①불교의 법도에 들어간 사람, 곧 출가한 수행자. ②도교를 받드는 사람. ③속계를 버리고 선도仙道 등을 배우는 사람. ④득도한 사람. ⑤수도修道하는 사람.

도자(道者) ①불교의 법도를 수행하는 사람. ②도심道心을 가진 사람.

도자(刀子) 칼. 대승 비구의 십팔물十八物 가운데 하나.

도자문(茶字門) ✦dha 모든 법의 집지執持는 얻을 수 없기 때문에 실담자에 뜻을 부여함. ➡실담悉曇

도자장(刀子匠) 칼집이 있는 작은 칼인 장도粧刀, 즉 손칼을 만드는 사람. 은장도를 말하는데, 주머니 속에 넣고 다니므로 줌치칼 내지는 낭도囊刀라고 하고, 허리춤에 차고 옷고름에 찬다고 하여 패도佩刀라고 한다. 때끼칼이라고도 부른다.

도전의(稻田衣) 수전의水田衣. 가사袈裟.

도정(道情) 도를 닦고자 하는 마음. 또는 도道 닦는 과정의 수행 방법.

도제(徒弟) 문도제자門徒弟子의 준말. 문도門徒.

도제(道諦) 사제四諦 가운데 하나. 깨달음의 원인인 유루有漏·무루無漏의 수행을 통해 열반의 정도에 이르는 것. ➡도성제道聖諦

도종성(道種性) 습종성·성종성·도종성·등각성·묘각성의 육종성六種性 가운데 하나. 십회향十迴向의 지위에 오른 보살이 중도관中道

觀을 닦아 법에 통달하는 것을 말한다.

도종지(道種智) 삼지三智 가운데 하나. 보살이 중생을 교화할 때, 세간世間·출세간出世間과 유루有漏·무루無漏의 차이를 아는 지혜.

도중(道中) 삼도위三道位 가운데 하나. 초지 이상에서 구경위 이전의 사이를 말한다.

도중(道衆) 출가하여 계戒를 잘 지니는 승려들을 말한다. 구족계具足戒나 십계十戒를 받은 이. 이중二衆 가운데 하나.

도중생심(度衆生心) 모든 중생을 이롭게 하여 제도하기를 바라는 마음.

도지(道智) 십지十智 가운데 하나. 도제道諦의 이치를 도여행출道如行出의 네 가지 행상行相으로 증득하는 지혜.

도창(都倉) 사찰에서 출납을 담당한 직책.

도채장(塗采匠) 단청장丹青匠.

도철(饕餮) 음식과 재물을 탐낸다는 뜻으로 탐욕이 많은 전설상의 인물을 가리킨다. 탐식貪食.

도첩(度牒) 승려가 출가하여 계를 받을 때, 수계를 증명하여 발급하는 첩牒. 일종의 수계 증명서. 사부첩師部牒.

도첩(수덕사 근역성보관)

도청(都請) 불교 의식을 시작할 때 법회의 주인공을 청하되 각배재各拜齋에서와 같이 각각의 위位를 청하지 않고 모두를 함께 청請을 하는 방법을 말한다.

도총(都總) 도사都寺의 다른 이름. 절의 모든 일을 감독한다는 뜻.

도축(都祝) 불교 의식에서 불사를 위해 보시를 한 시주자의 이름 등을 크게 불러 모두에게 알리는데, 하나하나 밝히지 않고 한꺼번에 행사의 취지나 의미를 알리는 것을 말한다.

도탈(度脫) 📖 mokṣa ~에서 해방, ~에서 석방, 탈출, 윤회에서 해방, 영원의 해탈 등의 뜻이 있다. ①생사의 바다를 건너서 미혹의 세계를 벗어나 깨달음의 세계에 들어가는 것. ②모든 번뇌와 속박을 끊어 버리고 온갖 고통에서 벗어난다는 뜻. 해탈解脫.

도태(道胎) 도과道果의 잉태. 보살이 성인의 도에 들어감을 비유한 말.

도품(道品) 37조도법助道法의 품류品類. 열반에 이르는 여러 가지 수행법인 4념처·4정근·4여의족·5근·5력·7각지·8정도를 모두 모은 37종이 있다. 도분道分·보리분법보리분법.

도피안(到彼岸) 📖 pāramitā 반대편 해안에 다다르는 것, 완전한 성취, ~의 완성 등의 뜻이며, 바라밀다波羅蜜多로 음사한다. 저편의 해안에 이르는 것을 열반에 다다른 것에 비유한 말.

도행(道行) 부처의 가르침대로 배우고 행하는 것으로 불도가 닦는 수행을 뜻하는 말.

도향(塗香) 불보살에게 올리는 6가지 공양물 가운데 하나. 몸과 손에 청정한 향을 바르고 부처에게 공양하는 것.

도호(道號) ①자신의 서원이나 깨달음을 기원하는 뜻으로, 머무르는 산 또는 강 암자 등을 나타내어 짓는 이름으로 도道의 덕을 나타내는 칭호. 표덕호表德號를 말한다. ②스승이나 윗사람의 이름 대신 부르는 자字. 도인道人의 다른 호칭.

도화(道化) 바른 도道의 법으로써 다른 사람을 교화하는 것.

도화(導化) 중생을 인도하여 교화하는 것.

도회(掉悔) 도동掉動. 마음이 들떠서 고요하지 못한 것을 도掉, 뒤돌아보아 뉘우치는 것을 회悔라 한다. 마음이 편안하고 고요하지 못한 번뇌.

도후(道後) 보살이 구경위에 오른 이후를 가리킨다.

독(禿) 까까머리란 뜻. 머리를 깎아서 겉모습은 승려 같으나 아직 덕행을 갖추지 못한 이를 가리키는 말.

독각(獨覺) 연각緣覺. 벽지辟支. 부처의 가르침이 아니라, 스승이 없이 자기 혼자의 수행을 통해서 깨달은 이를 말한다.

독각승(獨覺乘) 정해진 스승 없이 스스로의 방법으로 수행을 실천하는 수행법. 연각승緣覺乘.

독각신(獨覺身) 화엄종의 십불十佛인 융삼세간融三世間의 십신十身 가운데 하나.

독거사(禿居士) 독禿은 까까머리, 거사는 집에 있는 남자 신도를 뜻한다. 계를 깨뜨리고 법을 지키지 못하는 비구를 말하는데, 겉모양만 비구일 뿐 거사와 다를 것이 없으므로 이렇게 부른다.

독경(讀經)📖 ①소리를 내서 경전을 읽는 것. ②『법화경』에서는 수지受持·독경·송경誦經·해설解說·사서寫書를 오종공덕이라고 하고, 이를 행하는 보살을 오종법사五種法師라고 하는데 이 가운데 하나.

독고(獨鈷) 밀교의 수법에서 사용하는 금강저金剛杵가 끝부분이 갈라지지 않은 것. 금강침金剛針.

독고(毒鼓) 여러 가지 독을 바른 북. 이 북소리를 듣는 사람은 죽는다고 한다. 북소리는 해탈하는 부처의 가르침으로 오역五逆과 십악十惡의 죄를 지었어도 죄를 없앨 수 있음을 비유한 말. 천태종에서는 삿되고 악함을 깨뜨린다는 뜻의 비유.

독노(禿奴) 출가한 승려지만 행동 등에 허물이 있어 집에 있는 재가자와 같음을 비유한 말. ➡ 독거사禿居士

독두무명(獨頭無明) 2가지 무명無明 가운데 하나. 탐貪·진瞋·치癡·만慢·의疑·악견惡見의 6대혹 가운데서 치癡가 무명無明으로 홀로 일어나는 것으로 다른 5대혹과 함께 행하지 않는 것. 불공무명不共無明이라고도 한다. 고집멸도 사제四諦에 어두운 무명을 말한다.

독료(獨寮) 단료單寮·독방獨房. 딴방.

독방(獨房) 단료單寮·독료獨寮. 퇴직한 두수頭首나 지사知事, 수좌首座가 독방에 기거하는 것을 말한다. 딴방.

독사(讀師) 경제經題를 읽는 비구. 독사讀師가 경문을 독송하면 강사講師는 경經과 논論을 강설한다. 강사는 부처 오른쪽, 독사는 부처 왼쪽의 높은 곳에 자리하여 서로 마주하여 앉는 법을 독사고좌讀師高座라고 한다.

독산의식(獨散意識) 사종의식四種意識 가운데 하나. 전 5식과 어울리지 않고 산란심과 함께 작용하는 의식.

독서파(讀書派)📖 출가하여 경전을 공부하는 곳을 강원講院이라고 하는데 사미(니)과, 치문緇門, 사집四集을 보는 과정을 독서파라고 하고, 경전과 논서를 보는 사교과, 대교과, 격외과格外科 또는 수의과隨意科를 간경파라고 한다. ➡ 간경파看經派, 사교과四敎科, 대교과大敎科, 수의과隨意科

독성(獨聖) 다른 사람의 가르침이나 수행 방법의 도움을 받지 않고 스스로 독자적인 방법으로 깨달음을 이룬 이. 독각獨覺으로 천태산에서 홀로 선정을 닦은 나반존자를 가리키는 말.

독성각(獨聖閣) 삼성각三聖閣. 천태산에서 선정을 닦는 독성이라고 불리는 나반존자가 소나무, 구름 등을 배경으로 나태내는 불화를 모신 건물.

독성단(獨聖壇) 천태각天台閣이라고도 한다. 예경법에 따라 보례게와 보례진언을 염송한 뒤에 각 단에 상응하는 예경을 한다. 예불문은 "지심귀명례至心歸命禮 천태산상독수선정나반존자天台山上獨修禪定那畔尊者, 지심귀명례至心歸命禮 천상인간응공복전나반존자天上人間應供福田那畔尊者, 지심귀명례至心歸命禮 불입열반대사용화나반존자不入涅槃待竢龍華那畔尊者, 나반신통세소희那畔神通世所稀 행장현화임시위行藏現化任施爲, 송암은적경천겁松巖隱迹經千劫 생계잠형입사유生界潛形入四維, 고아일심귀명정례故我一心歸命頂禮"이다.

독성도(獨聖圖) 남인도의 천태산에서 수행하는 독성존자獨聖尊者를 그린 그림. 삼성각에 산신도 및 칠성도와 함께 봉안한다.

독성청(獨聖請) 천태산에서 홀로 선정에 든 나반존자를 모시는 의식. 의식 순서는 다른 청請과 동일하지만, 거불擧佛에서 법회의 주인이 되는 분을 모신다. 그리고 유치由致, 청사請詞, 가영歌詠, 예참禮懺은 주인공인 나반존자에 맞추어서 한다. 거불은 "나무천태산상독수선정나반존자南無天台山上獨修禪定那畔尊者

독성도(가평 현등사)

나무삼명이증이리원성나반존자南無三明已證二利圓成那畔尊者 나무응공복전대사용화나반존자南無應供福田待竢龍華那畔尊者"이다.

독송(讀誦) 📖 독讀은 글자를 보면서 읽는 것이며, 송誦은 글자를 보지 않고 외우는 것을 말한다. 불교에서는 경전을 독송하는 것을 하나의 공덕으로 여기기 때문에, 큰 법회나 재회齋會가 있을 때는 독송을 하며, 죽은 자를 위해서도 독송을 한다.

독송품(讀誦品) 천태종에서 원교圓教에서 제자가 행해야 할 관행觀行으로 제시하는 오품五品 가운데 하나. 수희품, 설법품, 독송품, 겸행육도품兼行六度品, 정행육도품正行六度品으로 실천행을 나타낸다. 지극한 마음으로 묘경妙經을 독송함으로써 내관內觀을 돕는 지위.

독수(毒樹) 독 성분을 가진 나무를 사악한 비구가 맑은 중생을 해치는 것에 비유한 말.

독승(獨勝) 3대승大乘 가운데 하나. 득과得果와 득기得機를 말한다. 자기가 부처의 과위果位를 얻는 것과 중생의 근기에 따라서 교화하는 것.

독영경(獨影境) 인식이 대상을 인식하는 세 가지 모습인 성경性境·독영경·대질경帶質境의 삼류경三類境 가운데 하나. 독獨은 대상이 없이 견분見分의 현현顯現으로 나타나는 것으로 토끼 뿔, 허공의 꽃과 같은 것이며, 영影은 실제의 대상이 없는 것을 말한다. 토끼에게는 원래부터 뿔이 없는데 자기 멋대로 있다고 하는 것과 같이, 전혀 객관적인 존재성이 없는 것을 있다고 영상으로 그려내는 것을 말한다. 성경性境은 실질의 경계이며, 독영경은 존재하지 않는 것을 있다고 하는 경계이며, 대질경帶質境은 잘못 아는 것이지만 실재하는 경계이다.

독인(禿人) 독거사禿居士.

독자도인(犢子道人) 소승 20부 가운데 하나로, 푸드갈라설을 주장.

독자부(犢子部) 소승 20부 가운데 하나. 부처가 입멸한 지 3백년 경에 설일체유부說一切有部에서 갈라져 나온 학파.

독전(毒箭) 번뇌를 뜻하는 말. 번뇌가 사람을 해치는 것을 독을 바른 화살에 비유한 것.

돈각(頓覺) 소승에서 대승에 이르거나 얕고 깊은 차례를 밟아 나아가 깨닫지 않고, 단번에 깨닫는 것을 말한다.

돈교(頓敎) 📖 단계를 거치지 않고 바로 깨달아 버리는 것. 부처가 보리수 아래서 깨닫고 바로 설한 것이 깨달음의 세계 그대로로 돈교라고 한다. ①『화엄경』은 돈교의 설. 돈설頓說을 말한 교법. 문자나 언어를 가지고 설명하지 않고 바로 진여眞如를 가리킨 교법. ②남북조 이후에 세워진 돈교頓敎·점교漸敎·부정교不定敎인 삼교三敎 가운데 하나. 삼교에 비밀교祕密敎를 더하여 천태지의가 주장한 화의사교化儀四敎 가운데 하나. ③단계를 거치지 않고 곧바로 본원을 가리켜 단박에 깨닫는 가르침의 방법. ④소승을 말하지 않고 곧바로 대승을 설하는 것.

돈교일승(頓敎一乘) 차례대로 단계를 거치는 수행이 아니라 빠르게 성불하기 때문에 돈교라 하고, 모든 중생을 다 포섭하기 때문에 일승이라 한다.

돈근(頓根) 단계를 밟아 수행하여 하나하나 오르는 깨달음이 아니라, 어느 한순간에 깨달음을 얻을 수 있는 근기 또는 그런 사람.

돈기(頓機) ①단계를 밟아 수행하여 하나하나 오르는 깨달음이 아니라, 어느 한순간에 깨달음을 얻을 수 있는 근기 또는 그런 사람. ②소승에서 대승에 이르는 여러 가지 차례에 따르지 않고 처음부터 곧바로 대승의 법을 듣고 깨닫는 것 또는 그런 사람.

돈단(頓斷) 오랜 시간을 두고 조금씩 번뇌를 끊는 것이 아니고, 모든 번뇌를 단박에 끊는 것.

돈오(頓悟) ①단계를 밟아 수행하여 하나하나 오르는 깨달음이 아니라, 어느 한순간에 깨달음을 얻을 수 있는 근기의 사람. 즉 하나를 듣고 천 가지를 알아 총지를 얻는 것. ②소승에서 대승에 이르는 여러 차례를 거치지 않고 처음부터 곧장 대승의 법을 듣고 단박에 깨닫는 것. 대심大心의 중생이 곧바로 대승大乘의 법을 듣고 대법大法을 행하며 부처의 과위果位를 증득하는 것. 문법즉오聞法卽悟. 조범모성朝凡暮聖.

돈오기(頓悟機) 조금씩 차례대로 수행을 거치지 않고 단박에 깨닫는 사람. 곧 상근上根으로 지혜가 있어 빨리 깨달음에 드는 사람. 지견知見이 단박에 열리는 근기.

돈오돈수(頓悟頓修) 법을 듣고 곧장 깨닫고 곧장 닦음. 깨달음과 닦음을 한 번에 완성하는 수행.

돈오선(頓悟禪) 남종선南宗禪. 혜능 계통의 선.

돈오점수(頓悟漸修) 법을 듣고 단박에 깨닫고, 조금씩 닦아 점점 깨달음에 이르는 수행.

돈원교(頓圓教) 원교圓教를 점원교漸圓教와 돈원교頓圓教로 나누어, 『법화경』은 점원교에, 『화엄경』은 돈원교로 교판한 것.

돈점(頓漸) ①돈교頓教와 점교漸教를 말한다. 가르침에 의해 바로 증오證悟를 얻는 것을 돈頓이라 하고, 하나하나 수행하여 조금씩 얕은 데서 깊은 데로 나아가는 것을 점漸이라고 한다. ②돈오점수頓悟漸修의 준말.

돈점이교(頓漸二教) 부처의 일대 설법을 돈교와 점교로 나눈 것.

돈증(頓證) 여러 수행 과정을 거치지 않고 곧장 깨달음을 얻는 것. 단번에 보리를 이루는 것.

돌길라(突吉羅) duṣkṛta 몸과 입으로 악행을 지은 가벼운 죄의 총칭. 지은 악행의 경중에 따라 7가지로 나눈 칠취七聚 가운데 하나.

돌바(突婆) 향 이름. 돌바향突婆香. 모향茅香을 말한다.

동(動) ①지수화풍의 사대소조 중에서 움직이는 풍대風大의 자성. ②요양불안搖颺不安. 이 동動에는 3가지가 있는데 한쪽으로만 움직이는 동動, 사방으로 모두 움직이는 편동遍動, 팔방으로 일제히 움직이는 보편동普遍動이 그것이다.

동가(洞家) 조동종曹洞宗의 일가一家를 말한다. 제가濟家의 상대어.

동거예토(同居穢土) 사바세계娑婆世界와 같이 모래와 자갈이 가득한 것. 성인과 범부가 함께 살지만, 삼악도三惡道와 사악취四惡趣가 있는 곳. 범성동거토凡聖同居土 가운데 하나.

동거정토(同居淨土) 정토인 안양세계安養世界와 같이 금은보화의 장엄莊嚴이 있고 사악취四惡趣가 없다. 범성동거토凡聖同居土 가운데 하나.

동고(銅鼓) 둥근 대야와 같은 유기 그릇. 본래 물건을 담는 그릇인데 불가에서 경쇠 대신에 독경할 때 사용한다.

동과인자(冬瓜印子) 썩어서 부실한 동과冬瓜로 만든 인장. 학인을 가르칠 때 엄하게 가르치지 않고 애매하게 인가印可 받는 것을 말한다.

동교일승(同敎一乘) 화엄종에서 일승을 동교同敎와 별교別敎로 나눈 것 가운데 하나. 삼승三乘을 잘 이끌어서 일승一乘의 가르침으로 끌어 들이는 것.

동냥 걸식乞食·탁발托鉢. 승려들이 보시를 권하며 재물이나 곡식을 얻으려고 이 집 저 집을 돌아다니는 일. ①방울을 흔든다는 동령動鈴에서 유래된 말이라고 한다. 탁발할 때 염불과 함께 방울을 흔들었기 때문에 생긴 말이다. ②동량棟樑이라고도 쓴다.

동라(銅鑼) 법회 때 사용하는 불구. 놋쇠 대야나 그릇처럼 둥글고, 한쪽 끝에 끈을 매어 손으로 들고 채로 친다. 속어로 태징이라고 한다.

동류무애(同類無礙) 불과 불이 서로 걸림이 없고, 땅과 땅이 서로 걸림이 없는 것과 같은 상태. 이류무애異類無礙와 상대되는 말.

동류인(同類因) 육인六因 가운데 하나. 습인習因 또는 자종인自種因이라고도 하는데, 인因과 과果의 관계에서 전후 시간을 사이에 두고 서로 닮은 결과를 산출하는 인因을 말한다.

동륜왕(銅輪王) 사륜왕四輪王 가운데 하나. 동으로 만든 윤보輪寶를 갖고 동불우체東弗于逮와 남염부제南閻浮提를 통솔하는 전륜성왕轉輪聖王을 말한다.

동미(同味) 근본적인 뜻과 이치가 가지런하여 동일한 것.

동반(東班) 선림禪林의 양반兩班 가운데 하나. 동쪽은 주인의 자리로서 본방의 대중인 경우가 많으므로 동서東序라고 하고, 서쪽에 놓이는 직제는 선방에 드는 선객이나 객의 자리를 의미하는 경우가 많아 서서西序라고 한다. 이때 동서를 동반東班, 서서를 서반西班이라고 부른다.

동발(銅鈸) 요발鐃鈸. 법회 때 사용하는 불구. 동으로 만든 두 개의 둥근 쟁반 모양의 악기. 동으로 만든 경쇠. 바라라고도 한다.

동법(同法) ①행법行法을 같이하는 것. ②동품同品.

동별이교(同別二教) 화엄종의 교판敎判으로, 화엄일승華嚴一乘의 내용을 동교同敎와 별교別敎로 나눈 것.

동부동법(動不動法) 욕계의 법은 무사하고 빠르므로 동법動法이라 하고, 색계·무색계의 법은 오래가므로 부동법不動法이라고 한다.

동분(同分) sabhāga ①분分은 근根·경境·식識 곧 5관과 대상 경계와 인식 작용의 셋이 서로 교섭하여 자기의 작용을 가지는 것. 안근眼根은 색色을 취하고, 색경色境은 안근의 대상이 되며, 안식眼識은 색을 인식하는 작용을 말한다. ②심불상행법心不相應行法의 하나. 많은 물건 가운데 서로 같은 인因. 중생동분衆生同分과 법동분法同分이 있다.

동분망견(同分妄見) 중생이 참된 성품을 잃어버리고 모든 허망한 경계에 대해 괴로움과 즐거움을 받는 것을 말한다.

동불우체(東弗于逮) 동불어체東弗於逮. 그 몸이 남주南洲보다 뛰어나기 때문에 승신勝身이라 번역. 또는 해가 처음에 이곳으로부터 나왔기 때문에 위초爲初로 번역. 동불바제東弗婆提, 불우체弗于逮, 불바제弗婆提.

동사(東司) ①동정東淨. 절의 동쪽에 있는 뒷간. 동서東序에 있는 승려들이 다니는 변소. ②동쪽 서쪽의 모든 뒷간을 가리킨다. 해우소解憂所.

동사(同事) 모든 중생에 따라 그 일을 함께 행하여 이롭게 하는 것.

동사섭(同事攝) 중생을 교화하기 위한 보살의 실천 덕목인 사섭법四攝法 가운데 하나. 부처나 보살이 중생의 근기에 따라 몸을 나타내되 모든 중생들과 함께 일하며 즐거워하고 고통도 함께 나누며 진리의 길로 이끌어 들이는 것.

동산법문(東山法門) 선종 5조 홍인弘忍의 법문.

동산양개(洞山良价) 조동종曹洞宗의 시조.

동상(同相) 육상六相 가운데 하나. 모든 사물에 여러 가지 차별이 있으나 똑같은 법계의 연기로 서로 위배되지 않는 것. 작용이 서로 충돌하지 않고 조화롭게 동일한 것을 이룬다는 뜻. 예컨대 서까래와 기와 등은 같은 집을 이루고 있다. ➡ 육상六相

동생신(同生神) 구생신俱生神 가운데 하나. 동생천同生天. 모든 중생의 오른쪽 어깨 위에 있으면서 밤낮으로 선善과 악행惡行을 기록한다고 하는 여신.

동서(東序) 동반東班.

동승신주(東勝身洲) 수미산의 사방에 있는 네 개의 대륙인 사대주四大洲 가운데 하나. 곧 동불우체東弗于逮.

동시(童侍) 동행童行. 아직 사미니계를 받지 않은 어린 행자.

동악(東嶽) 산 이름. 오악五嶽의 우두머리인 태산泰山.

동안거(冬安居) 겨울 동안 승려들이 한곳에 모여 공동체 생활을 하며 수행하는 것. 10월 16일부터 이듬해 1월 15일까지 외출을 금하고 좌선하여 수행한다. ➡ 하안거夏安居

동암(東庵) 선림禪林의 동당東堂.

동야(冬夜) 동짓날 전날 밤.

동어(桐魚) 오동나무로 깎아 만든 목어木魚.

동업(同業) 중생의 견해에는 개별적인 망견과 공통적인 망견이 있는데, 같이 공부하는 것은 동업, 각기 다른 책을 보는 것은 별업別業이라 한다.

동유(同喩) 정유正喩. 정당한 비유. 인명因明의 논리학인 삼지작법三支作法에서 주장 명제의 주부와 같은 종류를 예로 든 것. 비유하는 유법喩法에 속한다. 이유異喩의 반대말.

동자(童子)📖 kumāra 아兒, 소년少年, 청년靑年, 자식子息, 왕자王子 등의 뜻이 있다. ①출가하기를 희망하여 절에 들어온 아이. ②20세 미만의 젊은이. ③여래의 왕자이기 때문에 보살을 뜻한다. ④출가를 위해 수행자를 따르는 젊은이.

동자경법(童子經法) 금강동자金剛童子를 근본 존상尊像으로 모시고 기도하는 비밀법. 아이의 병을 없애거나 순산順産 등을 위해 닦는 법.

동장(銅匠) 구리 그릇을 만드는 장인.

동정(東淨) 동사東事. 절의 동쪽에 있는 뒷간.

동조(冬朝) 동짓날 아침.

동진(東震) 동하東夏. 진단震旦이 인도 동쪽에 있었기 때문에 중국을 가리킨다.

동진(童眞) 사미沙彌의 다른 이름. 천진난만한 동자를 가리키는 말.

동참(同參) ①함께 한 스승을 모시는 것. 참알參謁. ②함께 연구하는 것.

동체대비(同體大悲) 부처의 법신이 중생의 몸과 같고, 자기와 다른 사람에 대해 분별하는 마음이 없으며, 다른 사람의 고통을 자기의 고통으로 보는 것. 곧 불보살의 자비심을 말한다.

동체삼보(同體三寶) 삼보三寶의 본질인 진여법신眞如法身을 3가지 방면에서 살펴본 것. 곧 진여법신에 본래 갖추어 있는 완전하고 원만한 영각靈覺이 불보佛寶, 진여의 고요한 법성法性이 법보法寶, 진여에 본래 구족한 화합의 덕상德相이 승보僧寶인데, 이들이 하나임을 나타내는 말.

동토(東土) 중국의 동쪽에 있는 나라. 우리나라를 말한다.

동토구조(東土九祖) 중국에서 천태종을 계승한 용수龍樹·혜문慧文·혜사慧思·지의智顗·관정灌頂·지위智威·혜위惠威·현랑玄朗·잠연湛然을 가리키는 말.

동토육조(東土六祖) 중국 선종의 달마達磨·혜가慧可·승찬僧璨·도신道信·홍인弘忍·혜능慧能을 가리키는 말.

동품(同品) 논리학 용어로, 논증식에서 주장 명제의 주부와 같은 종류의 것을 말한다. 동유同喩·동법同法.

동하(東夏) 동진東震.

동하(洞下) 조동종曹洞宗의 문하.

동행(同行) 세 선지식善知識 가운데 하나. 같은 마음으로 도를 행하는 사람. 서로 책려하여 절차탁마하는 도우道友.

동행(童行) 절에 들어온 어린아이로 아직 출가하지 않은 동자를 말한다. 동시童侍.

두광(頭光) 부처나 보살의 정수리인 백호白豪에서 나오는 원만한 빛. 배광背光 또는 원광圓光·후광後光이라고 한다.

두구(杜口) 법이 현묘하여 말할 수 없으므로, 입을 다물고 아무 말도 하지 않는 것. 『유마경』에서 유마거사가 불이不二 법문을 보인 것을 비유하는 말.

두구(豆佉)　duḥkha 고·집·멸·도의 고苦를 음사한 것. ➡ 고苦

두기(逗機)　두逗는 지止·투投의 뜻으로, 상대편의 근기에 서로 들어 맞는 것. 방편으로 중생의 근기에 딱 들어맞는 것.

두다(杜茶)　dhūta 두타頭陀와 같은 음사. ➡ 두타頭陀

두라(兜羅)　tūla 목면의 일종. 양화楊華·버들개지라고도 하며, 야잠견 野蠶繭·면綿·세향細香으로 의역한다. 두라면兜羅綿·두라이兜羅耗라고 한다.

두록(頭綠)　광물성 녹색 안료 가운데 가장 진한 것. 비단의 뒷면에 채색을 하거나 산수화의 녹색 바위 칠에 사용한다.

두면작례(頭面作禮) 📖　상대편 앞에 무릎을 꿇고 두 손을 내밀어 손바닥으로 상대편의 발을 받들어 자기의 머리에 대는 것으로 가장 높은 존경을 의미하는 예경법. 인도의 절하는 법. 두면예족頭面禮 足·접족정례接足頂禮·접족작례接足作禮.

두바(兜婆)　탑파塔婆. 탑塔.

두상안두(頭上安頭)　일이 복잡함을 비유한 말. 일이 중복되는 것.

두석장(豆錫匠)　구리와 주석의 합금으로 장식을 만드는 사람.

두수(頭袖)　두건頭巾의 다른 이름. 곧 모자帽子.

두수(頭首)　한 절의 주지 아래에 둔 동서東西 양서兩序 가운데 서서 西序의 수장. 학덕學德이 많은 승려가 맡는다. 두수의 처소가 서쪽에 있어 서서西序라고도 한다. 6두수는 수좌首座·서장書狀·장주藏主·지 객知客·고두庫頭·욕주浴主. ➡ 양반兩班

두수(抖擻)　두타頭陀를 말한다. 욕심을 버리기 위해 행하는 수행법. ➡ 두타頭陀

두슬치(鬥瑟哆)　도솔兜率·도솔천兜率天을 말한다.

두연(頭然)　머리 위에 불붙었듯이 급하다는 말. 빨리 구해야 한다 는 뜻. 일이 위급함을 비유한 말. 연然은 연燃의 뜻.

두장(斗帳)　이동식으로 만든 불상인 불감佛龕 안에 드리운 작은 휘장.

두저(杜底) 심부름꾼을 뜻하는 사자使者로 번역.

두청(頭靑) 광물성 청색 안료 가운데 가장 진한 것. 비단의 뒷면에 채색을 하는 데 사용.

두타(頭陀)📖 dhūta 흔들리다, 동요되다, 반항하다, 버리다 등의 뜻이 있다. 번뇌를 떨쳐 내고 의식주에 탐착하지 않으며, 청정하게 부처의 가르침을 수행하는 것. 수치修治·두수抖擻·두간抖揀·조태洮汰·완세浣洗·도태淘汰로 번역. 12두타행頭陀行은 다음과 같다. 항상 세간을 멀리하고 수행하기 좋은 아란야에 주하는 주아란야처住阿蘭若處, 항상 걸식해야 하는 상걸식常乞食, 걸식할 때 좋은 곳을 찾지 않고 공덕을 쌓을 수 있는 평등한 기회를 주기 위해 일곱 집씩 차례로 하는 차제걸식次第乞食, 하루에 한 번 음식을 받아먹는 수일식법受一食法, 발위 안의 양에 만족하며 과식하지 않는 절량식節量食, 정오가 지나면 먹지 않는 중후불음과장밀장中後不飲果漿蜜漿, 항상 납의衲衣를 입는 착분소의著糞掃衣, 세 가지 옷만을 입고 여분을 가지거나 쌓아놓지 않는 단삼의但三衣, 무덤 주위에 머물면서 부정관과 무상관을 닦는 총간주塚間住, 휴식을 할 때는 편안한 곳이 아닌 나무 밑에서 쉬는 수하지樹下止, 나무 아래에는 벌레가 많으므로 노지에 앉는 노지좌露地坐, 항상 앉아서 수행하며 눕지 않는 단좌불와但坐不臥를 십이법인十二法人이라고도 한다.

두타대(頭陀袋) 두타행을 하는 수행자가 휴대하는 자루. 삼의대三衣袋·의낭衣囊이라고도 한다.

두타십이행(頭陀十二行) 주아란야처住阿蘭若處, 상걸식常乞食, 차제걸식次第乞食, 수일식법受一食法, 절량식節量食, 중후불음과장밀장中後不飲果漿蜜漿, 착분소의著糞掃衣, 단삼의但三衣, 총간주塚間住, 수하지樹下止, 노지좌露地坐, 단좌불와但坐不臥를 십이법인十二法人이라고도 한다. ➡ 두타頭陀

두타제일(頭陀第一) 10대 제자 가운데 가섭迦葉을 가리킨다.

두타행(頭陀行) 깨달음을 향해 용맹 정진하는 모습을 말한다.

두회(逗會) 교화하기 적합한 기회.

둔근(鈍根) 우둔한 근기. 지혜와 덕행이 예민하지 못한 이.

둔기(鈍機) 우둔한 근기로 부처의 가르침을 배우는 것이 느린 사람. 둔근자鈍根者.

둔사(鈍使) 성질이 매우 느리고 둔한 번뇌. 빈貧·진瞋·치癡·만慢·의疑의 오혹五惑. 使는 번뇌의 다른 이름.

둔세(遁世) 번잡한 세상을 피해 출가하여 불문에 들어가는 것. 보통 둔세는 출가하여 불교의 법도에 들어가는 것이고, 별상別相의 둔세는 이미 출가한 이가 권세와 영달을 피해 올바르게 불교의 법을 수행하는 것을 말한다.

드림주의 기둥 위쪽에 여러 줄의 드림을 드리워 장식한 모양의 도안을 그린 주의초柱衣草.

득(得)📖 prāpti 도래到來, 때에 출현하는 것, 도달하는 영역, 범위의 도착, 얻는 힘, ~에서 구하는 것, 달성達成, 획득獲得 등의 뜻이 있다. 불상응법不相應法 가운데 하나. 모든 법에 조작하여 성취하고 잃어버리지 않도록 유지시켜 주는 작용. 승繩으로 비유하여, 중생이 얻은 법으로 중생의 몸을 매는 것을 말한다.

득과(得果) ①인因에 의해 과果를 얻는 것. ② 삼승三乘의 수행인이 계위에 오르는 것.

득기(得機) 교화할 수 있는 근기를 만나 해탈로 이끄는 것.

드림주의

득대(得大) 보살이 되기 전에 6가지 공덕의 인因으로 무상보리無上菩提의 과보를 증득하는 것.

득도(得度)📖 ①생사를 벗어나 피안彼岸의 언덕에 올라 생사의

고해를 건너는 것을 의미한다. 다른 사람도 함께 이끄는 것. 바라밀다. ②출가하여 머리를 삭발하고 승려가 되는 것.

득도(得道)📖 부처의 가르침을 믿고 따라 수행하여, 혹惑을 끊고 진리의 지혜를 증득하는 것. 도를 깨닫는 것. 도과道果를 획득하는 것, 곧 개오開悟를 말한다.

득도식(得度式) 출가하여 승려가 될 때는 율장에서 정하는 법식과 요건을 갖추고 정한 순서에 따라 진행하는 의식.

득도인(得度人) 사종인四種人 가운데 하나. 부처의 가르침을 따라 수행하여 바른 도를 얻은 사람. 생사계를 벗어나 열반 적정계寂靜界에 들어간 사람.

득병십연(得病十緣) 병을 얻게 되는 10가지 원인. 오래 앉아 있는 것, 음식을 조절하지 않는 것, 근심 걱정을 많이 하는 것, 매우 피곤한 것, 음욕, 성내는 것, 대변을 참는 것, 소변을 참는 것, 호흡을 참는 것, 방귀를 참는 것 등을 말한다.

득우(得牛) 소를 잡는다는 뜻으로 곧 마음을 잡는다는 의미. 십우도十牛圖 가운데 네 번째. 마음속에 있는 소를 보았으니 도망치지 않도록 단단히 붙든다는 내용. 자기의 성품이 도망치지 않도록 단단히 묶어야 함을 뜻한다.

득우(십우도)

득의망언(得意忘言) 뜻을 얻으면, 뜻을 얻기 위해 사용하였던 말 또는 문구, 즉 언어를 잃어버리는 것.

득입(得入) 불교의 법을 깨달아 들어가는 것. 증득證得과 오입悟入.

득정(得定) 삼매를 얻는 것을 가리킨다.

득탈(得脫) 해탈을 얻는 것. 모든 번뇌와 생사의 속박을 벗어나서 보리 열반의 묘과를 증득하여 자유자재함을 말한다.

등(等) ādi 시始, 시작한다 등의 뜻이 있다. ①평등平等의 뜻. ②등급

等級의 뜻. ③등류等類의 뜻.

등(燈)📖 dīpa 불꽃이 오르다, 불을 붙이다, 빛을 발하다, 빛나다 등의 뜻을 가지는 동사 dīp의 파생어로서 등燈으로 의역한다. 불보살의 앞에 밝히는 등불. 등명燈明. 부처의 밝은 지혜를 나타내는 말. 법法의 실다운 이치에 잘 맞는 최상의 지혜인 반야를 상징한다. 부처에게 올리는 6가지 공양물 가운데 하나.

등각(等覺) ①등정각等正覺·금강심金剛心·일생보처一生補處·유상사有上士. 보살의 지극한 지위이지만 부처의 묘각에 이르는 데에는 아직 하나의 등급이 남아 있고, 이전의 여러 지위를 잘 이겨 왔다고 해서 등각이라고 한다. 대승 52계위階位 가운데 제51위位 ②부처의 다른 이름. 평등과 각오覺悟. 모든 부처의 깨달음이 평등하다는 뜻. 평등각平等覺.

등각금강심(等覺金剛心) 보살이 오랫동안 수행하여 인지因地의 가장 높은 등각위等覺位에 올라 금강유정金剛喩定에 들어간 것. 금강유정은 바로 성불하려는 때 들어가는 선정. 금강은 지혜의 견고함을 비유한 것. 한결같은 생각으로 끝없던 교의에 통달하지 않은 무명無明을 깨뜨리고 무상無上한 부처의 과위果位에 도달하는 인위因位의 마지막 도심道心을 말한다.

등각대사(等覺大士) 대사는 보살의 다른 이름. 등각의 자리에 도달한 보살. 등각보살.

등각불(等覺佛) 무구지보살無垢地菩薩의 다른 이름.

등각위(等覺位) 등각성等覺性.

등고좌(登高座) 경전을 독송할 때, 도사導師가 높은 자리에 오르고 강사講師는 조금 낮은 곳에서 마주 보고 자리하는 것을 말한다.

등공(等供) 등득等得. 음식을 공양할 때 골고루 배분하여 차별 없이 음식물을 얻게 하는 것.

등공(等空) 부처의 지혜를 허공虛空의 가지런함에 비유한 말.

등관철심(等貫徹心) 경계의 선과 악을 미루어서 판단하는 마음.

구심륜九心輪 가운데 하나.

등기불선(等起不善) 4가지 원인에 의해 일어나는 4가지 불선不善 가운데 하나. 자성불선自性不善·상응불선相應不善과 더불어 같이 일어나는 몸과 입의 표업表業·무표업無表業과 불상응행법不相應行法을 말한다.

등기선(等起善) 3가지 선善 가운데 하나. 자성선自性善·상응선相應善과 더불어 일어나는 몸과 입의 표업·무표업과 불상응행법을 말한다.

등두(燈頭) 유두油頭. 사찰에서 등유燈油 등을 맡고 등불을 살피는 소임.

등로(燈爐) 세속에 통용하는 등롱燈籠.

등롱(燈籠) 부처가 승방에서 등불을 피우던 도구. 뒤에 불상 앞에 올리는 공양구供養具가 되었다. 법당 앞에 등불을 켜기 위해 사용하는 기구.

등류(等流) 인因과 과果의 성질이 같음을 뜻한다.

등류과(等流果) 오종과五種果 가운데 하나. 선인善因으로부터 선과善果가 생기고, 악인惡因으로부터 악과惡果가 생기며, 무기인無記因으로부터 무기과無記果가 생기는 것처럼 원인과 같은 결과가 생기는 것을 말한다.

등류법신(等流法身) 밀교의 4종 법신種法身 가운데 하나. 불계佛界를 제외한 다른 세계에 응하여 여러 가지 형체를 나타내서 설법하는 불신. 관세음보살의 32응신과 같다.

등류상속(等流相續) 같은 종류의 것이 그 성질을 변하지 않고 상속되는 것.

등류습기(等流習氣) 선인善因으로부터 선과善果가 생기고, 악인惡因으로부터 악과惡果가 생기며, 무기인無記因으로부터 무기과無記果가 생기는 것처럼 그 종자와 같은 결과를 내는 종자를 말한다. 2가지 습기習氣 가운데 하나. 이숙습기異熟習氣의 반대말.

등류신(等流身) 밀교의 4가지 법신 가운데 하나. 등류법신等流法身. 부처의 몸이 변화하여 사람·하늘·구신·짐승과 같은 모양을 나타내는 것을 말한다. 만다라 외금강부의 사람·하늘·귀신·짐승은 모두 대일여래의 등류신이라고 한다.

등명(燈明) ①등燈 공양. 부처나 보살의 앞에 밝히는 등불. ②자문역을 말한다.

등명불(燈明佛) 일월등명불日月燈明佛을 말한다.

등묘(等妙) 등각等覺과 묘각妙覺.

등묘각왕(等妙覺王) 부처의 존칭. 등각等覺은 인위因位의 수행이 원만함을 나타내고, 묘각妙覺은 과지果地의 만족함을 나타낸다.

등무간연(等無間緣) 사연四緣 가운데 하나. 심·심소가 전념前念에서 후념後念으로 변해 갈 때, 전념에 없어진 마음이 길을 열어서 뒤에 생기는 마음을 끌어 일으키는 원인이 되는 것을 말한다.

등미(等昧) 열반의 한결같은 맛을 지닌 덕성. 해탈미解脫味.

등분(等分) 탐貪·진瞋·치癡의 세 마음이 일제히 일어나는 것.

등사유(藤蛇喻) 등나무 넝쿨을 보고 뱀이라고 잘못 인식한 것처럼 잘못된 생각으로 나타난 것에 집착하여 실제로 있다고 주장하는 것을 비유한 말.

등신(等身) 불상이 신체의 크기와 같은 것을 말한다. 불상을 조성할 때의 기준의 하나.

등심(等心) ①평등심. ②모든 법에 대해 평등하게 수행하는 마음.

등심구심(等尋求心) 여러 가지로 경계를 헤아리고 생각하는 마음. 구심륜九心輪 가운데 하나.

등인(等引) 정定의 다른 이름. 등等은 마음에 어지러움이나 들뜸이 없고 고요하고 편안하며 평등한 것을 말하며, 사람이 만약 선정을 닦으면 이 등等을 일으키므로 등인이라고 한다. 삼마희다三摩呬多.

등자(橙子) 의자 앞에 놓인 다리를 받치는 작은 안석.

등자(等慈) 평등한 자비심.

등정각(等正覺) 부처의 십호十號 가운데 하나. 삼막삼불타三藐三佛陀. 정등각正等覺·정변각正遍覺·정변지正遍智로도 번역. 부처의 평등하고 바른 깨달음을 말한다.

등제(等諦) 속제俗諦의 다른 이름.

등주(登住) 보살의 수행 계위 가운데 십주十住의 지위에 들어가는 것을 말한다.

등지(登地) 보살 수행의 계위 가운데 십지十地에 오르는 것.

등지(等智) 십지十智 가운데 하나. 세속의 일을 아는 지혜.

등지(等持) 정定의 다른 이름. 삼매三昧. 삼마지三摩地. 선정을 닦으면 마음이 산란하지 않게 평등함을 유지하므로 등지라고 한다. 삼마발저三摩鉢底. 정력定力에 의해 혼침昏沈·도거掉擧의 번뇌를 여의고 마음이 평정平靜한 상태에 이르는 것을 말한다.

등지보살(登地菩薩) 초지初地인 환희지歡喜地에 들어선 보살.

등활지옥(等活地獄) 팔열지옥八熱地獄 가운데 첫 번째. 남섬부주 아래 1천 유순 되는 곳에 있다는 지옥.

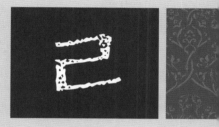

ㄹ

라구(邏求) 경輕으로 번역.

라구지(羅鳩脂) 인도 라구산羅鳩山의 부처가 설법하던 곳. 기도굴耆闍堀·이사굴伊沙堀. 취봉鷲峰·영취靈鷲.

라당낭계도(羅怛囊計度) dharmaketu 보당寶幢으로 번역.

라라리(羅羅哩) 가곡 사이에 들어간 말.

라마(羅摩) 사士·희락喜樂·희희戲로 번역.

라마(喇嘛) 몽고蒙古·청해靑海·티베트 등에서는 승려를 라마라고 한다.

라마교(喇嘛敎) 티베트불교의 교파. 7세기에 인도에서 티베트로 전해진 대승 불교가 티베트의 고유 신앙과 융합하면서 생긴 불교의 한 종파. 티베트를 중심으로 발생하여 몽고·만주·부탄·네팔 등지에 성행한다. 북인도의 고승 파드마 삼바바[蓮華座]를 교조로 하는 불교.

라미다(囉尾多) 작은 소리를 뜻하는 말.

라서(囉逝) 왕비王妃로 번역.

라아(羅誐) 탐貪으로 번역.

라야(羅惹) 갈라야曷羅惹. 왕王으로 번역.

라야흘리희(囉惹訖哩呬) 마갈타국摩竭陀國 왕사성王舍城의 범어 이름.

라예(羅預) 시간의 단위. 20라예에는 1수유須臾.

라월(羅越) 마갈타국摩竭陀國 왕사성王舍城의 범어 이름.

라이가(囉爾迦) 라이가羅爾迦. 개자芥子로 번역.

라자(囉字) 오대五大 가운데 화대火大의 종자. 혜화慧火.

라자문(邏字門) 라邏는 라구邏求의 준말. 경輕으로 번역. 곧 모든 경전이 경중상輕重相을 여읜다는 것을 뜻한다.

라자문(攞字門) ꜿla 모든 법의 상相은 얻을 수 없기 때문에 실담자에 뜻을 부여함. ➡ 실담悉曇

라자문(囉字門) ꜿra 모든 법은 진塵과 염染을 떠났기 때문. 5자진언인 **ℛa·ℭva·ℨra·ℌha·ℝkha**에서는 화火를 의미한다. 실담자에 뜻을 부여함. ➡ 실담悉曇

라자문(囉字門)   화火. 혜화慧火.

라자삼의(囉字三義)   ①진구塵垢의 뜻. 티끌. 먼지. ②도피안到彼岸의 뜻. 바라밀다. ③모든 법을 총섭한다는 뜻.

라조의(羅皂衣)   검은 색의 비단으로 만든 선의禪衣.

라차(羅差)   자색紫色으로 번역.

라타린나주(羅陀鄰那朱)   보살 이름. 보계寶髻로 번역.

라피나(羅被那)   탐욕의 한 가지.

라흘쇄(邏吃灑)   라걸쇄邏乞洒·라걸첨나囉乞尖拏. 상相으로 번역. 사물의 모든 모습인 상相을 말한다.

락샤사   나찰의 이름. 초능력을 가진 거인 마귀.

락샤시   여자 락샤사. 나찰녀.

락슈미   연꽃의 여신. 길상천吉祥天. 비슈누의 아내.

락차(洛叉)   락사洛沙. 수량數量의 이름. 10만에 해당. 또는 억億으로도 번역. 1구지俱脂의 백분의 일.

란도(蘭闍)   서인도에서 사람을 칭찬하는 말. 란사蘭奢라고도 한다.

랄나나가라(剌那那伽羅)   부처 이름 또는 보살 이름. 보적寶積으로 번역. 계나闍那라고 쓴 것은 잘못된 것이다.

랄나시기(剌那尸棄)   부처 이름. 보정寶頂으로 번역. 寶頂經에서 계나闍那라고 쓴 것은 잘못된 것이다.

랄도(剌闍)   라야囉惹. 진진塵으로 번역. 진분塵坌의 뜻.

랄사(剌闍)   진분塵坌의 덕. 수론학파의 삼덕三德 가운데 하나.

랄슬지(剌瑟胝)   간竿·장杖으로 번역. 절의 소재를 알리기 위해 세우는 번주幡柱를 말한다. 또는 찰주刹柱.

람(濫)   막행莫行의 표의.

람(覽)   람rāṃ은 금·옥·진귀한 보배와, 해와 달과 별의 모습과, 불꽃과 구슬의 광명으로서 이 글자를 따라 출생한다. 비밀실지秘密悉

地·오륜종자五輪種子 가운데 하나.

람자문(覽字門) 오대五大 가운데 화대火大로서 대일여래의 혜화慧火의 법문을 나타낸다.

로차니 티베트의 수호 여신.

뢰야삼장(賴耶三藏) 아라야식阿賴耶識에서 갖추어지는 능장·소장·집장의 3가지 성격을 말한다.

뢰야연기(賴耶緣起) 법상종의 연기론. 세상의 모든 존재가 아뢰야식으로 연기한다는 학설.

뢰타(賴吒) 뢰타야賴吒羅의 약칭. 마명보살馬鳴菩薩이 만든 기곡伎曲의 이름.

루드라 인도의 폭풍의 신. 시바의 화신.

류사나(流舍那) 로차나盧遮那·로자나嚧柘那. 부처 이름. 비로사나毘盧舍那는 법신불法身佛의 이름. 노사나盧舍那는 보신불報身佛의 이름.

리그베다(梨俱吠陀) Ṛg-veda 네 개의 베다 가운데 하나. 베다는 찬가讚歌의 뜻. 천지·자연·신을 찬미한 시를 모은 인도 최고의 문헌. 고대 인도의 종교·문명·풍속·습관 등을 이해하는 데 귀중한 자료.

리샤바 인도 자이나교의 개조 반인반신의 아들. 최초의 티르탄카라.

리시 ① 현자. ②성자. 고행자. 수도자. 힌두교의 예언자. 고타마.

리시(哩始) 선仙. 신선을 말한다.

리야(梨耶) 아리야阿梨耶. 성자聖者로 번역.

리자문(哩字門) र모든 법의 신통神通은 얻을 수 없기 때문임. 실담자에 뜻을 부여함. ➡ 실담悉曇

리자문(哩字門) र모든 법의 유예類例는 얻을 수 없기 때문임. 실담자에 뜻을 부여함. ➡ 실담悉曇

린아가색(鄰阿迦色) 허공의 색.

립파(立播) 옷 이름. 과복의裹腹衣.

알
기
쉬
운

불
교
용
어

산
책

마(魔)📖 māra 죽이다, 파괴하다, 사死, 애愛, 애의 신神, 유혹자, 살해 등의 뜻이 있다. 혜명慧命을 빼앗고, 법을 수행한 공덕과 선행善行을 무너뜨리는 것을 마魔라고 한다. 아귀餓鬼나 마왕 따위를 말한다.

마가라(摩伽羅) makara 바다 괴물의 일종. 대체大體·경어鯨魚·거오어巨鼇魚로 번역. 바다 가운데 사는 큰 고기. 고래나 악어 따위.

마가타(摩伽陀) 선승善勝.

마갈(摩竭) 마가라.

마갈보(摩羯寶) 녹색의 보주寶珠.

마갈제(摩竭提) 선승善勝. 무뇌無惱.

마계(魔界) 마도魔道. 악마의 경계.

마군(魔軍) 악마의 군병軍兵. 수행과 수도를 방해하는 사람.

마궁(魔宮) 하늘 악마의 궁전.

마나사용왕(摩那斯龍王) Manasvin 구위용왕具威龍王. 불교를 수행하는 팔부신중 가운데 하나.

마납(磨衲) ①가사 이름. 법복 가운데 하나. ②고급 비단으로 고려에서 생산한 정교한 능라綾羅 직물.

마납박가(摩衲縛迦) 유동儒童, 선혜善慧, 연소정행年少淨行으로 번역. 석가모니가 연등불 처소에서 보살이던 때 부르던 이름. 마납摩衲, 마납바摩衲婆, 마나바摩那婆.

마니(摩尼)📖 maṇi 진주眞珠, 진옥眞玉, 보석寶石 등의 뜻이 있다. 주주珠, 보寶, 무구無垢, 이구離垢, 여의如意로 번역. 재난과 질병을 없애주고 물을 맑게 해주는 공덕을 가진 보배주. 범마니梵摩尼, 일정마니日精摩尼, 월정마니月精摩尼 등이 있다.

마니교(摩尼教) 말니교末尼教. 페르시아 사람인 마니摩尼를 교조로 하는 종교. 조르아스터교에 영향을 받았으며, 모든 현상을 선善과 악惡으로 나누어 광명인 선은 언제나 악을 이긴다고 한다.

마니륜(摩尼輪) 철鐵·동銅·은銀·금金·마니의 육륜六輪 가운데 하나. ①바퀴 모양의 무기가 바뀌어서 만들어진 것으로 왕의 힘을 나타낸다. 등각위等覺位에 비유. 마니는 마니보주摩尼寶珠. 윤輪은 최파摧破의 뜻. ②마니륜이 기와나 돌을 깨뜨리듯이 등각보살이 관지觀智로써 삼혹三惑을 끊는 것을 말한다.

마다(摩多) mātā, mātṛkā 어머니, 부모, 대지大地, 물의 뜻을 가진 mātṛ에서 나왔다. 실담자에서 모운母韻을 나타내는 12자. 즉 모음 12자. 'a短阿, ā長阿, i短伊, ī長伊, u短甌, ū長甌, e短藹, ai長藹, o短奧, au長奧, aṃ短暗, aḥ長痾'

마단(魔檀) 과보에 대한 두려움으로 보시하는 보시행布施行. 악한 사람의 보시행布施行을 말한다.

마달리가(摩怛理迦) mātṛkā 논의에서 주제가 되는 핵심을 기억하기 위해 법수法數와 주제별로 정리한 것. 본모本母, 행모行母로 번역하며, 아비달마 논서는 대부분 이와 같은 형식으로 구성되어 있다. 논장論藏의 다른 이름. 논장이 모든 도리를 낳는 모체이므로 본모라 하고, 수행의 법도를 낳는 모체이므로 행모라고 한다.

마대사(馬大師) 마조馬祖 도일선사道一禪師.

마도(魔道) 마계魔界. 사악한 악귀와 하늘 악마의 세계.

마두(磨頭) 마주磨主. 사찰에서 마원磨院·대방唯房을 맡은 승려. 밀가루를 만들어 온 대중에게 이바지하는 일을 맡은 소임. 곧 방앗간의 소임.

마두관음(馬頭觀音) Hayagrīva 태장계관음원胎藏界觀音院의 여섯 관음 가운데 하나. 마두대사馬頭大士·마두명왕馬頭明王. 하야게리바何耶圖梨婆. 무량수無量壽의 분노신忿怒身. 관세음을 자기의 성신性身으로 삼고 말머리 모양을 하고 있다.

마두명왕(馬頭明王) 마두관음馬頭觀音.

마등(摩騰) 가섭마등迦葉摩騰. 중천축 사람으로 후한後漢 67년에 축법란쯔法蘭과 함께 처음으로 중국에 불교를 전파한 사람.

마등가(摩登伽) 작악업作惡業으로 번역. 고대 인도의 하층 계급으로 비천한 직업을 가진 남자. 여자는 마등기摩登祇.

마등가아란야(摩登伽阿蘭惹) 3처處 아란야 가운데 하나. 마을에서 조금 떨어진 곳인 공동묘지나 무덤 주위에 거처하는 고요한 곳.

마등기(摩登祇) 인도에서 가장 하층인들 가운데 여자를 가리키는 말. 마등가는 남자.

마라(摩羅) ①구구垢. 티끌. 먼지. 번뇌를 가리키는 말. ②악어鱷魚로 번역.

마라(魔羅) māra 말라末羅. 마魔. 수행을 방해하는 사람. 장애자障碍者, 살자殺者, 악자惡者로 번역. ➡ 마魔

마라(摩攞) malla 힘이 굉장히 있는 사람이란 뜻. 력力으로 번역.

마라가타(摩羅伽陀) 녹색 보옥.

마라난타(摩羅難陀) 384년 백제에 불법을 전파한 인도 승려.

마랑부관음(馬朗婦觀音) 33관음 가운데 하나. 남자에게 여자 모습으로 나타나 음욕을 없애는 관음의 화신.

마로(摩嚕) jala 물, 정수淨水로 번역.

마리지천(摩利支天) marici 대기 중에 떠다니는 빛나는 미진微塵, 광선光線 등의 뜻으로 양염陽炎·성광成光으로 의역한다. 고대 인도 민속 신앙의 신. 아지랑이를 말한다. 모습을 숨기고 모든 장애를 제거하여 중생들에게 이익을 준다고 하며 일천日天의 권속.

마마키 티베트의 수호 여신.

마맥(馬麥) 말이 먹는 보리. 부처의 10난難 가운데 하나. 부처가 5백 비구와 안거할 때 말 사료를 먹었다고 하여 생긴 고사.

마명(馬鳴)보살 중인도 마갈타국 사람. 부처가 입적한 뒤 6백년경에 출세한 대승의 논사論師. 양잠養蠶의 신.

마민(魔民) 마왕의 권속으로 불교의 수행을 방해하는 마魔의 작용.

마본(麻本) 불화를 그릴 때 괘불의 바탕에 사용하는 삼베를 말한다.

마사(磨沙) māṣa 식물로서의 두豆, 종자로서의 두豆, 금전의 단위 등의 뜻이 있다. 고대 인도에서 사용하던 돈의 단위. 비구가 5마사를 훔치면 바라이죄를 짓게 된다.

마사(磨司) 절에서 곡식 또는 곡물을 빻기 위한 건물. 마원磨院.

마사두(摩沙豆) 대두大豆. ➡ 마사磨沙

마삼근(麻三斤) 3근의 마사麻絲. 동산洞山이 거주하던 양주 지역은 삼을 많이 생산하는데, 선禪을 공부하여 입술을 떼자 뱃속이 드러나 보임을 조개에 비유하여, 마삼근에 모든 것을 다 볼 수 있다고 한 말.

마세(麽洗) 월月로 번역. 한 달을 뜻하는 말.

마승(馬勝) Aśvajit 석가모니부처의 맨 처음 제자. 다섯 비구 가운데 하나. 아설시阿說示, 아습파서阿濕波誓, 아사유시阿奢踰時, 아사파사阿捨波闍, 아습비阿濕鼻. 마승馬勝, 마성馬星, 마사馬師, 조마調馬로 번역. 위의가 단정하고 사리불을 인도하여 부처에게 귀의시켰다.

마야(摩耶) Mahāmāyā 마야부인 摩耶夫人. 마하마야摩訶摩耶. 석가모니의 어머니. 구리성주拘利城主 선각왕善覺王의 누이. 가비라성주 정반왕의 왕비.

마왕(魔王) māra 죽이다, 파괴하다, 사死, 유혹자, 살해 등의 뜻이 있다. 불법을 해치고 중생이 수행하는 것을 방해하는 마귀. ➡ 마魔

마야부인(남양주 흥국사 팔상탱)

마운(魔雲)　밝은 마음을 가리는 허망한 번뇌 망상의 구름.

마원(磨院)　마하磨下, 마사磨司. 사찰에서 쌀을 찧고 밀가루를 빻는 곳. 방앗간.

마유(摩偸)　māṣa 식물로서의 두豆, 종자로서의 두豆, 금전의 단위 등의 뜻이 있다. 두豆로 번역.

마음장(馬陰藏)　32상 가운데 하나. 음陰은 남근男根의 뜻으로, 부처의 남근은 말의 음陰과 같아서 뱃속에 숨기고 밖으로 나타내지 않음을 뜻하는 말. 음장陰藏.

마자남(摩剌諵)　사死로 번역.

마자문(麼字門)　마麼는 마마가라磨磨迦邏, 아소我所로 번역. 모든 법이 아소我所를 여의기 때문에 이르는 말.

마자문(麼字門)　ᚦba 모든 법의 박縛은 얻을 수 없기 때문임. 실담자에 뜻을 부여함. ➡ 실담悉曇

마장(魔障)　수행을 방해하는 장애.

마정(摩頂)　정수리를 손으로 어루만지는 것.

마제(摩提)　mati 경허한 사상, 기도祈禱, 숭배, 찬가讚歌, ~에 대한 사고, 복안腹案, 의도意圖 등의 뜻으로 말저末底로 음사한다. 혜慧로 번역.

마주(磨主)　마두磨頭.

마지(摩旨)　불보살에게 밥이나 음식을 올리는 공양.

마천(魔天)　타화자재천他化自在天. 욕계의 천주天主 대마왕大魔王이 사는 곳.

마촉(摩觸)　식차마나式叉摩那인 학법녀學法女가 배워 익혀야 하는 육법六法 가운데 하나. 음욕을 가지고 남자의 몸과 접촉하는 것을 금한 것.

마투라(摩偸羅)　Mathurā 나라 이름. 마도摩度, 마돌라摩突羅, 말토라秣菟羅, 공작孔雀, 밀선密善으로 번역.

마파순(魔波旬)　생명과 좋은 행을 할 수 있는 선근善根을 끊는 마군. 천마파순天魔波旬. 파순波旬.

마하(摩訶) mahā 대大, 다多, 승승勝으로 번역.

마하(磨下) 방앗간. 마원磨院.

마하가라(摩訶迦羅) Mahākāla 대흑大黑으로 번역. 천신의 이름.

마하가섭(摩訶迦葉) 마하가섭파摩訶迦葉波. 부처의 10대 제자 가운데 한 분. 두타頭陀 제일. 부처의 의발衣鉢을 받은 상수上首 제자로 부처가 입적한 뒤 5백 아라한을 이끌고 제1 결집結集을 했다.

마하기리(摩訶耆利) 야차 이름. 대산大山으로 번역.

마하나발(摩訶那鉢) 대세지大勢至.

마하남(摩訶男) Mahānāma ①석가모니부처의 다섯 비구 가운데 한 분. ②중인도 가비라의 성주. 곡반왕斛飯王의 아들. 또는 감로반왕甘露飯王의 아들이라고도 한다. 아나률의 형.

마하라가(摩訶羅伽) 대신大臣으로 번역.

마하라도(摩訶羅闍) 마하라야摩賀羅惹. 대왕大王으로 번역.

마하마야(摩訶摩耶) 석가모니부처의 어머니인 마야부인摩耶夫人. 정반왕淨飯王의 부인. 대환大幻, 대술大術, 대지모大智母, 천후天后로 번역.

마하만다라화(摩訶曼陀羅華) 대백련화大白蓮華로 번역.

마하바라타 라마야나와 함께 인도를 대표하는 대서사시.

마하비라 자이나교에서 최후의 구원자.

마하비로자나(摩訶毘盧遮那) 법신여래法身如來를 말한다. 밀교에서는 대일大日로 번역. 천태종에서는 변일체처遍一切處로 번역.

마하살(摩訶薩)📖 mahāsattva 위대한 인간이란 뜻으로 sattva는 유정이며, 마하살타摩訶薩埵로 음사한다. 대심大心, 대중생大衆生, 대유정大有情, 대사大士 등으로 의역한다. 크게 부처가 될 마음을 일으키는 중생으로 곧 보살을 말한다. 보살의 미칭美稱. 보살은 자리自

利·이타利他의 대원大願과 대행大行을 가진 사람이므로 마하살이라 하며, 부처를 제외하고 중생 가운데 맨 위에 있으므로 대大를 더한 것이다.

마하승기(摩訶僧祇) Mahāsaṅgha 대중大衆으로 번역.

마하승기부(摩訶僧祇部) 소승 20부의 하나. 대중부大衆部.

마하승나승열(摩訶僧那僧涅) 📖 mahā-saṃnāha-saṃnaddha saṃnāha 는 묶여져 있는 것, 개鎧, 갑옷, 마구馬具 준비, 설비 등의 뜻이다. 장엄, 개鎧, 갑옷, 무장武裝 등으로 번역한다. saṃnaddha는 장엄한의 뜻이며, 피被, 입다, 엄嚴 등으로 의역한다. 큰 성원이 갑옷을 입었다 는 뜻으로 대승보살을 가리킨다.

마하야니(摩訶夜泥) mahā-yāna 대승大乘으로 번역. ➡ 대승大乘

마하연(摩訶衍) 📖 mahā-yāna ①대승大乘으로 번역. 성문·연각의 이승二乘 교법을 소승이라 하고, 보살의 교법을 대승이라고 한다. ②강원도 회양군 내금강면 장연리 금강산에 있는 절. 표훈사에 속 한 암자. 신라 문무왕 1년(661)에 의상대사가 창건했다고 전한다. ➡ 대승大乘

마하연경(摩訶衍經) 여러 가지 대승 교법을 설명한 경전의 전체 호칭. 『화엄경』, 『법화경』 등.

마하제바(摩訶提婆) Mahādeva 대천大天으로 번역.

마하트마 위대한 성자. 위대한 영혼.

마하파사파제(摩訶波闍波提) Mahābrajātatī 대애도大愛道로 번역. 발제부인拔提夫人을 말한다. 구담족瞿曇族의 여성으로 교담미憍曇彌 라고 한다. 석가모니의 어머니 마야부인의 동생. 곧 석가모니의 이모. 석가모니가 탄생한 지 7일 만에 마야부인이 죽자 정반왕의 부인이 되어 석가모니부처의 양육을 맡았다. 8계법을 받고 최초의 비구니가 되었다.

마향(魔鄉) 수행에 장애가 많은 육도윤회의 세계, 곧 사바세계娑婆 世界를 말한다.

마혜수라(摩醯首羅) 📖 Maheśvara 대자재大自在, 위령威靈으로 번역. ①원래 인도에서는 우주를 주재하는 시바신의 다른 이름. ②불교에서 받아들여 대자재천이 되었다. 색계의 정상에 있는 천신의 이름. ③마혜수라 논사論師라는 외도가 숭배하는 신.

마혜타(摩呬陀) Mahendra 불교를 처음으로 스리랑카 곧 사자국師子國에 전파한 마휜다장로를 말한다. 아육왕의 아들.

마호라(摩虎羅) 약사전藥師殿의 일광보살日光菩薩과 월광보살月光菩薩. 두 보살 외에 약사여래의 방대한 사업을 돕는 12신장 가운데 아홉 번째.

마후라(摩睺羅) Mahoraga 대복행大腹行·지룡地龍·사신蛇神으로 번역. 몸은 사람과 같고 머리는 뱀의 형상을 한 악신樂神. 묘신廟神이라고도 한다. 팔부중八部衆 가운데 하나. 마후라가摩睺羅迦·막호락莫呼洛·모호락牟呼洛.

마희(摩呬) 등인等引으로 번역. 마음으로 평등을 일으키는 것을 말한다.

막제게(莫啼偈) 불공의 『보현보살행원찬普賢菩薩行願讚』의 '제불해회함공양諸佛海會咸供養 보현행겁무피권普賢行劫無疲倦'이라는 게송이 있는데, 나

마후라(숭복사지 동 삼층석탑)

후라존자의 울음을 멈추게 한 게송으로 잘못 알려진 것을 말한다. 사실은 『화엄경』 입법계품의 법계차별원지신통왕보살의 '여래무수겁如來無數劫 근고위중생勤苦爲衆生 운하제세간云何諸世間 능보대사은能報大師恩'이란 게송과 관계가 있으며, 징관澄觀은 40권으로 된 『화엄경』의 인因을 설명하는 열 가지 뜻 중에서 수석행원酬昔行願에 해당한다고 한다. 수석행원은 옛날의 깊은 인연이 있기 때문에 과果를 일으키게 되며, 자비와 지혜를 닦고, 원願은 법계에 두루하며,

행行은 이 세계에 가득하고, 맹세가 무진법문이며, 옛날의 원력이거나 옛날의 행력이란 뜻이 있다. 과거의 오래된 숙인宿因에 의해서 보현행원의 십원으로 보현보살이 행원을 실천하는데 피로와 권태로움이 없다는 의미.

만(慢) 교만驕慢. 스스로 믿고 남을 능멸하는 것. 심소心所의 이름. 구사俱舍에서는 부정법不定法 가운데 하나. 유식에서는 번뇌육법煩惱六法 가운데 하나.

만(卍) ⬚ śrīvatsa 길상吉祥의 표상. 길상吉祥, 유락有樂, 덕상德相, 경복慶福, 행운幸運 등으로 번역한다. 길상해운吉祥海雲·길상가선吉祥嘉旋이라고도 한다. 부처의 32상 가운데 하나. 또는 80종호 가운데 하나. 부처나 10지보살 이상을 나타낼 때, 가슴, 손 발 등에 나타나는 덕상. 불심인佛心印.

만(동국대학교 박물관)

만견(慢見) 10가지 견見 가운데 하나. 만慢과 같은 뜻.

만결(慢結) 구결九結 가운데 하나. 만慢. 결結은 결박의 준말로 번뇌의 다른 이름.

만경(萬境) 모든 경계.

만공(曼供) 만다라공曼陀羅供의 약칭.

만과(滿果) 만업滿業이 감동한 과果.

만과만(慢過慢) 칠만七慢 가운데 하나. 자기보다 나은 이에 대해 스스로 잘난 척하는 마음.

만구(慢垢) 자기의 공덕을 비교하여 남을 가볍게 여기는 마음.

만니(滿泥) 만제漫提. 예배禮拜로 번역. 경의를 표하는 것 또는 인사를 하는 것.

만다(滿茶) 견고堅固로 번역. 금강좌金剛座의 다른 이름.

만다라(曼茶羅) 📖 maṇḍala
원형圓形의, 둥근, 원반이나
원구와 같이 공 형태의 물건,
고리, 태양의 둥근 모양과 같
은 것 등의 뜻이 있어 륜輪,
원만圓滿, 군대軍隊, 회會, 환
環, 단壇, 도량道場, 윤원구족輪
圓具足, 공덕취功德聚 등으로
번역한다. ①단壇. 고대 인도
로부터 땅을 평평하게 단을
만들어 불보살에게 예배하고

만다라

공양하던 것을 말한다. 부처나 보살 그림으로 우주의 진리를 형상
화한 것. ②도량道場. 불교의 법도를 닦는 곳. ③윤원구족輪圓具足.
바퀴살이 모여 둥근 수레바퀴를 이루듯이 모든 법을 갖추어 부족함
이 없다는 뜻. 불교의 가르침이나 깨달음의 경지 등을 상징적으로
표현한 법당의 탱화가 만다라를 표현한 것이다. ④취집聚集의 뜻.
공덕취功德聚.

만다라화(曼茶羅華) 천상계의 꽃 이름. 적의適意·성의成意·잡색雜
色 등으로 번역한다. 불화佛花·전가顚茄·민타라초悶陀羅草·천가미타
화天茄彌陀花라고도 한다. 가지과에 속한다.
만달라(曼怛羅) maṇḍala 만다라曼茶羅·만달라滿怛羅 ➡ 만다라曼茶羅
만당(慢幢) 교만한 마음이 드높음을 비유한 말.
만등회(萬燈會) 만 개의 등을 밝혀서 부처에게 공양하는 법회.
만법(萬法) 세상 모든 사물. 모든 사물의 사리를 총괄한 말. 색色과
심心에 걸친 모든 차별법. 세상의 모든 존재와 법.
만법유식(萬法唯識) 모든 사물이 모두 식識으로 인해서 나타남을
뜻한다. 특히 유가행파瑜伽行派에서 해탈과 수행의 근거로 식識을

종자種子라고 하여 유가행 수행의 근본으로 삼고, 이 종자가 지혜를 증득하는 것을 전식득지轉識得智라고 하여 수행의 구경으로 한다.

만법유심(萬法唯心) 만법유식萬法唯識을 화엄 교학에서 차용하는 형식으로, 모든 것은 마음에서 비롯되었다고 하는 뜻. 『화엄경』 유심게인 '약인욕요지若人欲了知 삼세일체불三世一切佛 응관법계성應觀法界性 일체유심조一切唯心造'를 해석하는 근거가 된다. 또 '삼계허망三界虛妄 단시심작但是心作'의 십이연기설十二緣起說을 유식의 입장에서 해석하여 화엄 교학의 이종십불사상二種十佛思想을 완성시켰다.

만법일여(萬法一如) 모든 존재 사물은 인연의 화합으로 생기므로, 성性은 자성이 없어 모두 공호이며, 모습은 항상하지 않으므로 무상無常으로 평등하여 차별이 없음을 뜻하는 말.

만분(滿分) 보살의 수행이 원만하여 불佛의 지위에 오르는 것.

만분계(滿分戒) 구족계具足戒의 다른 이름. 우바새·우바이가 삼귀계三歸戒를 받은 다음 1계戒를 받는 것을 일분계一分戒, 2계를 받는 것을 소분계小分戒, 삼계三界·4계를 받는 것을 다분계多分戒, 5계를 모두 받는 것을 만분계라고 한다.

만사(慢使) 십사十使 가운데 하나. 만慢. 만혹慢惑이 사람의 몸과 마음을 핍박한다는 뜻. 또는 자기의 부귀나 재능을 믿고 남을 경멸하는 것을 말한다.

만산(滿散) 결원結願. 법회를 마치는 것. 정해진 기일에 법사法事를 행하고 마치는 것. 법회를 마칠 때 풍송諷誦하기 때문에 산경散經이라고도 한다.

만산(慢山) 교만함이 산처럼 높음을 비유한 말.

만수(曼殊) Mañjuśri 만수실리보살길상가타曼殊室利菩薩吉祥伽陀의 준말로 문수사리보살文殊師利菩薩을 말한다. ➡ 문수보살文殊菩薩

만수면(慢睡眠) 만혹慢惑의 종자가 장식藏識에 숨어서 여러 가지 교만을 내는 것.

만수사화(曼殊沙華) 천상계의 꽃 이름. 악업惡業을 없애 준다고 한다.

만수시리(滿殊尸利) Mañjuśri 묘덕妙德, 문수사리文殊師利를 말한다. 불가사의한 미묘한 공덕을 갖추어 모든 보살의 위에 있기 때문에 묘수妙首라고 한다. 또는 불가사의한 미묘한 공덕을 갖추어 가장 뛰어난 길상이 되므로 묘길상妙吉祥이라고도 한다. ➡ 문수보살文殊菩薩

만승회(萬僧會) 일만 명의 승려가 모여 공양을 닦는 것.

만업(滿業) 이업二業 가운데 하나. 별보업別報業. 인간계에 태어난 중생에게 개개의 개체를 완성시키는 업. 사람으로 태어나는 것은 총보總報이며, 사람 가운데 남녀·귀천·현우賢愚·미추美醜 등의 차별이 있는 것을 별보別報, 별보를 받게 되는 업을 만업이라고 한다.

만원(滿願) ①결원結願. ②소원을 이룸.

만원자(滿願子) 만자자滿慈子. 부처의 제자 부루나 미다라니자.

만월보살(滿月菩薩) 둥근 달처럼 공덕이 원만하고 상호가 원만한 보살. 온 중생에게 골고루 비춰 주는 보살. 곧 관음보살의 화현불.

만월보전(滿月寶殿) 약사전藥師殿. 유리광전琉璃光殿. 보광전普光殿.

만월존(滿月尊) 부처의 덕호德號.

만유(滿濡) Mañjuśri 만수曼殊. 만유曼乳 묘妙로 번역. 만수실리보살曼殊室利菩薩을 말한다. ➡ 문수보살文殊菩薩

만의(縵衣) 가사의 이름. 원래는 사미沙彌와 사미니沙彌尼의 옷이었으며, 조條가 없는 가사를 가리킨다.

만자(卍字) śrivatsa 만卍. 만자万字·만자萬字. 부처의 성덕聖德과 길상吉祥의 상징. 길상해운吉祥海雲, 길상희선吉祥喜旋. 만자卍字란 길상만덕吉祥萬德이 모이는 곳을 뜻한다. ➡ 만卍

만자교(滿字敎) 반만半滿의 2교敎 가운데 하나. 소승교를 반자교半字敎라 하고, 대승교는 교법과 이치가 만족하여 글자가 원만한 것과 같으므로 만자교滿字敎라고 한다. 범어에서 자음과 모음이 합해져서 하나의 글자를 만드는 것을 비유하는 말.

만좌(滿座) 법회의 가장 마지막 날. 즉 회향하는 날.

만죽(晚粥) 정오가 지나면 음식을 먹을 수 없었지만, 오후 2시부터 4시 사이인 포시晡時에 먹는 죽을 말한다.

만참(晚參) 모참暮參. ①선종에서 저녁 신시申時에 사장師匠 또는 스승에게 법문을 묻는 것. 조참朝參의 반대. ②오후 4시 무렵에 염불하고 송독하는 것. ③야간의 좌선.

만타라(曼陀羅) maṇḍala 만타라화曼陀羅華. 만타라慢陀羅, 만타라漫陀羅. 원화圓華, 백단화白團華, 적의화適意華, 열의화悅意華로 번역. ➡ 만다라曼茶羅

만트라📖 mantra 기도, 찬가, 제사祭詞, 주사呪詞, 성전의 문구, 비밀의 구句, 주문呪文, 상담相談, 결정決定 등의 뜻이 있다. 진언眞言. 다라니. 신비의 힘을 갖고 있는 단어나 문장. 만타라慢馱羅.

만행(萬行) ①수행하는 모든 법. ②장소와 시간을 정하지 않고 이곳저곳 돌아다니며 참선하는 방법.

만행난수굴(萬行難修屈) 삼종퇴굴三種退屈 가운데 하나. 육바라밀六波羅蜜을 수행하기 어렵다는 말을 듣고 퇴굴退屈의 마음이 생기는 것.

만혹(慢惑) 10대혹大惑 가운데 하나. 6가지 구생혹俱生惑 가운데 하나. 만慢과 같다. 교만하고 허망한 미혹.

만화회(萬華會) 만등회萬燈會의 다른 이름.

말가(末伽) mārga 사냥한 짐승 또는 사슴에 속하는 고기, 야수가 지나간 흔적, 작은 길 등의 뜻이 있다. 도道로 번역. 사제四諦 가운데 도제道諦.

말가리구사리(末伽梨拘賖梨) 육사외도六師外道 가운데 하나. 중생의 죄과에는 인연因緣의 과보가 없으며 생사고락도 인연에 의한 것이 아니라 자연히 생기는 것이라고 여기는 외도.

말교(末敎) 지엽 말단의 교법. 성문聲聞·연각緣覺의 소교小敎를 말한다. 본교本敎의 상대어.

말나(末那) manas 마나魔那. 의意로 번역. 잘 분별하고 사량思量함을 말한다. ➡ 말나식末那識

말나식(末那識) 📖 manas 지적 작용의 심心, 내적 기관, 이해력, 지력, 정신, 심정心情, 양심良心, 사상思想, 개념槪念, 상상想像, 사고思考, 염려念慮, 의향意向, 의지意志, 성향性向, 결심하는, 결의決意하는, 사고思考를 하는, 기억하는, 염려하는, 기억하다 등의 뜻이 있다. ①유식에서 식識을 8가지로 나눈 것 가운데 하나로 제7식. ②말나는 의식意識으로서 제6의식意識과 구별하기 위해 현장玄奘은 음사하여 말나식이라고 한다. ③제6식은 의식意識이 의근意根에 의한 식識이며, 제7식識 말나식은 의식意識하는 식識으로 의意이다. 말나식의 활동은 제8식에 있는 습기로 인因하며 제8식 알라야식을 인식대상으로 한다. 즉, 말나는 알라야식을 아我라고 잘못 알고 자아가 있다고 하는 아견我見, 자아에 대한 무지인 아치我癡, 자아에 대한 자만심인 아만我慢, 자기 몸에 대한 애착인 아애我愛는 깨달음의 수행을 방해하는 번뇌로 오염의汚染意로 나타나며 이 때문에 이숙과異熟果를 초감招感할 수 없다. 이 오염의가 말나를 덮고 있다고 하여 유부有覆라고 하고, 성질은 선善도 악惡도 아닌 무기無記이므로 유부무기라고 하고, 알라야식은 번뇌의 심작용이 일어나지 않으므로 무부무기無覆無記라고 한다.

말도(末徒) 말제末弟. 말법제자.

말두(末頭) 맨 처음. 말상末上. 궁극적인 목표를 말한다.

말라(末羅) māra 마라魔羅. 마魔.

말라식(末那識) manas 유식에서 말하는 마음속에서 작용하는 마음의 의意. 팔식八識 가운데 하나로 제7식에 해당한다. 항심사량恒審思量. ➡ 말나식末那識

말라이마 보살의 티베트어. 염주를 든 여인이라는 뜻.

말리(末利) 꽃 이름. 마리摩利, 말라末羅, 만鬘으로 번역.

말리(末梨) 아수라왕阿修羅王의 이름. 유력有力으로 번역.

말리부인(末利夫人) 중인도 사위국 성주 바사닉왕의 부인.

말마(末摩) marman 관절關節, 신체에서 노출되어 있는 치명적인 부분, 약하게 상처 입기 쉬운 장소 등의 뜻이며, 단말마斷末魔, 사혈死穴, 사절死節, 지절支節로 번역한다. 몸 가운데 조금만 상처만 받아도 목숨을 잃게 되는 부분.

말법(末法) 삼시三時 가운데 하나. 부처가 열반한 지 오래되어 교법이 쇠퇴된 시기를 뜻한다.

말법시(末法時) 삼시三時 가운데 하나. ①석가모니부처의 불법의 공덕이 전부 상실되는 시대. 법멸法滅 시대. ②석가모니부처가 열반에 든 뒤 정법正法 시대 1천 년과 상법像法 시대 1천 년을 지난 뒤로부터 1만 년을 말한다. 또는 정법 오백 년, 상법 천 년, 말법 천오백 년 후라는 설도 있다.

말사(末寺) 본산本山이나 본사本寺에 속한 절.

말산(末算) 문제를 논의할 때 첫 번째 물음을 본산本算이라 하고, 두 번째부터의 물음을 말산이라 한다.

말상(末上) 첫 머리. 말두末頭. 권두卷頭, 최초最初를 말한다.

말세(末世) 부처가 열반한 뒤에 오는 세상을 세 가지로 나눈 것 가운데 세 번째 세상을 말한다. 부처의 바른 법이 있는 정법시正法時, 법이 쇠퇴하였지만 아직 부처의 법이 조금 남아 있는 상법시像法時가 있고, 마지막에 오는 말법시로서 불법이 쇠퇴하고 세상이 어지러워지는 때를 말한다.

말저(末底) mati 경허한 사상, 숭배의 뜻으로 혜慧로 번역. ➡마제摩提

말제(末弟) ①말도末徒. 말법제자. 한 종파의 법류法流에서 끝자리에 있는 승려. ②본사本師의 상대어.

말타(末陀) ①술의 전체 호칭. 말타주末陀酒. ②60수명數名의 하나.

10구지俱胝의 수. 일억一億의 수.

말향(抹香) 가루로 된 향료. 말抹은 세말細末의 뜻. 야외에서 의식을 할 때는 손잡이가 달린 수로手爐라는 향로에 가루향을 넣어 사용한다.

말후구(末後句) 말후末後는 구경究竟·필경畢竟·구극究極·지극至極의 뜻이며, 구句는 언구言句·어구語句·문구文句라는 뜻이다. 가장 마지막 문장의 활구活句를 말한다. 크게 깨달아 구경에 이르러서 하는 말. 지극한 글귀. 말후일구末後一句.

말후일구(末後一句) 말후구末後句.

망(妄) 진실이 아니거나 이치에 어긋나는 것. 또는 대상에 대해 차별상을 만드는 것.

망(望) 먼 곳을 바라보는 것, 또는 마주 대하여 보는 것. 근본적인 진리를 바라보는 것.

망갈 인도의 불의 신.

망견(妄見) 잘못된 견해로 잘못 보는 것. 대상을 있는 그대로 보는 것은 깨달음이지만, 있는 그대로 진실을 보지 못하고 혹惑으로 인해서 왜곡되게 바라보는 것.

망군(妄軍) 자신을 공격하는 허망한 미혹을 군병軍兵에 비유한 말.

망념(妄念) 허망한 생각에 집착하는 것. 보통 사람이 육진六塵을 연緣하고 탐착하는 경계의 마음을 말한다. 식심識心·식정識情.

망료(望寮) 사찰에서 요주寮主 아래 부료副寮가 있고 그 아래 망료望寮가 있는데, 부료가 없으면 망료가 대신한다.

망분별(妄分別)📖 vikalpa 둘 중 하나를 선택하는 것, 선택選擇, 결합結合, 공부工夫, 변화變化, 구별區別, 불결정不決定, 의혹疑惑, 공상空想 등의 뜻이 있다. 허망한 분별. 평등한 진여의 의미를 깨닫지 못하고 교의에 통달하지 못한 무명無明이나 번뇌 때문에 선악善惡·미추美醜 등을 차별하는 허망한 생각을 내는 것.

망삼(望參) 선림禪林의 승직. 부참副參의 후보자.

망상(妄想) 5법 가운데 하나. 심식心識의 분별. 분별하는 허망한

생각. ➡ 망분별妄分別

망설(妄舌) 망어妄語.

망설(妄說) 망어妄語. 허망하고 진실하지 못한 언설.

망설과인법계(妄說過人法戒) 사바라이四波羅夷 가운데 대망어계大妄語戒를 말한다.

망습(妄習) 허망하게 생각하고 상상하는 습관.

망신(妄信) 허망하게 믿는 것. 잘못된 믿음.

망심(妄心) ①허망하게 분별하는 마음. 교의에 통달하지 않은 무명無明이나 번뇌. ②어지럽게 생각하는 마음. ③깨끗하지 않고 진실하지 않은 마음.

망어(妄語) 망령되고 이치에 맞지 않는 말. 진실하지 못한 허망한 말. 거짓말. 허광어虛誑語. 십악十惡 가운데 하나. 구업口業 가운데 하나.

망어십죄(妄語十罪) 망어妄語로 인해 생기는 10가지 죄과. 입에서 냄새가 나거나 선신善神이 멀어지거나, 남들이 믿어주지 않거나 하는 따위.

망업(妄業) 허망하고 진실하지 못한 업인業因.

망연(妄緣) ①모든 인연이 본체가 허망하고 진실하지 못함을 뜻한다. ②허망한 연유緣由. ③무명無明.

망우존인(忘牛存人) 소를 잊고 사람이 있는 것. 십우도十牛圖 가운데 일곱 번째. 소를 먹이는 사람이 소를 끌고 집으로 돌아온 것. 깨쳤다는 것은 자기의 본성조차 사라진 경지를 의미한다. 그 깨침까지 잊어야 진정한 깨침이 된다는 말.

망우존인(십우도)

망운(妄雲) 번뇌가 마음을 가리고 덮은 것이 구름과 같음을 말한다.

망자문(莽字門) ma 모든 법의 아오吾我는 얻을 수 없기 때문임.

실담자에 뜻을 부여한다. ➡ 실담悉曇

망전(忘筌) 득어망전得魚忘筌. 목적을 달성하면 그 과정에 사용한 수단이나 방법을 잊어 버린다는 말.

망정(妄情) 허망하고 진실하지 않은 정식情識.

망제 망자亡者. 죽은 사람이란 뜻으로 무당이 쓰는 말.

망집(妄執) 허망한 생각을 버리지 못하고 집착하는 일. 즉 허망한 집착.

망풍(妄風) 허망한 생각이 일어나는 것을 바람에 비유한 것.

매듭장 매듭을 전문으로 하는 장인.

매롱(賣弄) 스스로 자랑하는 것. 자기 물건을 자랑하면서 남에게 파는 것.

매장식(埋葬式) 매장을 할 때는 불교 상장례식喪葬禮式 가운데 재래식 순서를 따른다. 삭발削髮부터 기감起龕까지는 같이 하고, 거화擧火부터 산골散骨까지는 생략한다. 하관下棺편을 독송한다. ➡『석문의범』참조

매초(賣峭) 물건을 높은 가격에 파는 것. 헐값으로 팔지 않는 것. 선가에서 둘째로 떨어지지 않는 향상向上의 수단을 말한다.

맹귀(盲龜) 큰 바다에서 눈 먼 거북이가 물에 떠 있는 나무를 만나기 어려운 것처럼, 사람의 몸을 받기가 어렵고 불법을 만나기가 어려움을 뜻한다. 맹귀부목盲龜浮木. 맹귀우족盲龜遇木.

맹귀부목(盲龜浮木) 맹귀盲龜.

머리초 건축물의 큰 부재 양쪽에 연꽃, 웅련화, 파련화, 국화, 모란 등을 사용하여 그린 그림. 연화머리초와 머리초를 맞붙게 한 장구머리초가 대표적이다.

멱쟁(覓諍) 사쟁四諍 가운데 하나. 비구 등의 허물을 들추어 내서 없애려고 하는 논쟁.

면단(眠單) 침구. 누울 때 자리에 펴는 포단蒲團. 원래는 좌구坐具였다.

면목(面目) 본래의 면목. 본래의 모습. 맑고 깨끗한 성품.

면벽(面壁) 좌선坐禪의 다른 이름. 벽을 향해 앉아서 좌선하는 것. 달마대사가 하남성의 숭산 소림사에서 바람벽을 향해 9년 동안 좌선했다는 고사에서 유래. 면벽구년面壁九年.

면상감(面象嵌) 금속이나 도자의 바탕에 넓은 면으로 문양을 파고, 파인 면에 다른 물질을 넣거나 금속가루 등을 뿌려 효과를 내는 것.

면석(面石) 석탑 등에서 기단의 대석과 갑석 사이를 이은 넓은 돌.

면장(眠藏) 침실을 말한다.

면지(面紙) 장례 의식에서 죽은 사람의 이름을 가리는 오색 종이.

멸(滅)📖 vyaya 멸망하는, 파괴破壞, 멸망滅亡, 소실消失, 방분放糞, 희생犧牲 등의 뜻이 있다. niruddha는 멸제滅諦를 의미한다. ①유위법有爲法에서 멸멸에는 잠시 멸멸하고 생生하는 것을 계속하는 찰라멸刹那滅과 영원히 생生하지 않는 단멸斷滅이 있다. ②niruddha는 멸제滅諦를 가리킨다. 사성제四聖諦 가운데 하나. ③열반涅槃. 적멸寂滅. 해탈解脫. 번뇌와 고통이 모두 없어진 해탈 열반의 세계. ④계행戒行. 계행은 모든 악을 없애 버리는 것.

멸계(滅界) 열반.

멸과(滅果) 적멸寂滅의 과果. 열반.

멸도(滅道) 단도斷道. 번뇌를 끊은 계위階位. 멸제滅諦와 도제道諦.

멸도(滅度)📖 nirvāṇa 소멸消滅, 완전한 만족, 지복至福, 생生의 불꽃이 소멸한 것, 해소解消, 구극究極의 해방, 절대와 일치, ~에 전념하는 것 등의 뜻이며, 의역하면 열반. ①불과佛果를 얻어 생사를 벗어나는 것. 큰 고난을 영원히 없애고 삼계三界의 육도六道를 넘고 건넜다는 뜻. ②사람이나 승려의 죽음을 말한다. 입적入寂, 귀적歸寂, 원적圓寂, 귀진歸眞, 귀원歸元, 천화遷化, 순세順世.

멸량(滅場) 적멸寂滅한 도량.

멸려차(蔑戾車)📖 mleccha 타국인他國人이란 뜻이며, 변지邊地로 의역한다. 비천한 종자. 비천한 생활에 예의를 알지 못하며 불법을 믿지 않는 사람들. 야만인을 가리키는 말.

멸류지(滅類智) 팔지八智·16심心 가운데 하나. 색계·무색계의 멸제滅諦를 반연하여 얻은 무루지無漏智. 욕계의 멸제를 보는 법지法智와 비슷하므로 유지라고 한다.

멸리(滅理) 열반. 적멸한 진리.

멸멸(滅滅) 생·주·이·멸의 사수상四隨相 가운데 하나. 멸상滅相을 멸한다는 뜻.

멸법지(滅法智) 팔지八智·16심 가운데 하나. 욕계의 멸제를 반연하여 얻은 무루지. 그 법의 이치를 아는 지혜이므로 법지라고 한다. 욕계의 멸제에 미혹한 견혹見惑을 끊은 지혜.

멸병(滅病) 작병作病·임병任病·지병止病·멸병滅病의 사병四病 가운데 하나. 원각圓覺을 구하는 공부 과정에서 여의여야 할 병. 작병作病은 본래 마음에서 여러 가지 행을 지어서 원각을 구하려는 것, 임병任病은 열반과 생사는 일어나거나 멸하는 생각이 없는데 법의 성품을 따르므로 원각을 구하려는 것, 지병止病은 마음에 일어나는 것을 쉬어 원각을 구하려는 것, 멸병滅病은 모든 번뇌를 끊어 근根과 진塵을 고요하게 하여 원각圓覺을 구하려는 것.

멸빈(滅擯) 승단 밖으로 축출하는 것. 비구의 3가지 빈치擯治 가운데 하나. 범犯한 죄가 무거워 참회할 수 없는 것을 말한다. 비구가 될 수 없는 13가지 조건인 차법遮法을 숨기고 출가한 경우, 부처의 몸에 피를 흘리게 한 자, 부모를 죽인 자 등에 해당하는 경우를 말한다.

멸상(滅相) 사상四相 가운데 하나. 여러 가지로 생멸 변화하는 세상 모든 사물에 생生·주住·이離·멸滅의 4가지 현상 가운데 현재의 상태가 쇠하여 없어져서 과거로 돌아가는 모양. 업이 다하고 명이 다하며 몸 또한 괴멸하는 것.

멸성제(滅聖諦) 생사의 괴로움을 없애고 열반 적멸의 즐거움을 증득하는 것. 해탈. 사성제四聖諦 가운데 하나.

멸수상정(滅受想定) 멸진정滅盡定의 다른 이름.

멸쟁법(滅諍法)📖 승가에서 쟁의가 있을 때 쟁론을 없애는 절차. 일곱 가지가 있으므로 칠멸쟁법七滅諍法이라고 한다. 성립 요건은 죄를 물을 때는 항상 승려 앞에서 해야 하며, 정확한 기억으로 하여야 하며, 범한 사람이 정신 상태에 이상이 있으면 치료하기를 기다려서 하며, 자백한 후에 물으며, 죄를 인정하지 않으면 비구 자격을 정지시키며, 판단하기 어려우면 다수결로 하며, 대중 사이에 분쟁이 일어나 오래 지속되면 대표가 만나 무조건 쟁론을 멈추는 것을 말한다.

멸제(滅諦) 사제四諦 가운데 하나. 궁극적으로 깨달아야 할 목표. 곧 이상理想의 열반.

멸죄(滅罪) 참회와 염불 등의 수행으로 과거에 지은 죄를 없애는 것.

멸지(滅智) 십지十智 가운데 하나. 멸제滅諦의 이치를 비추어 보고 반연하는 무루지無漏智.

멸진(滅盡) 마음속에 일어나는 번뇌를 소멸시키는 것.

멸진정(滅盡定) 멸수상정滅受想定. 멸정滅定. 수受·상想의 두 심소心所를 없앰으로써 육식六識의 심소 또한 없애는 것. 곧 육식의 심상을 모두 없애 다시 일어나지 않게 하는 선정禪定.

멸후(滅後) 여래의 열반인 입적入滅 이후를 말한다. 곧 열반한 뒤.

명(冥) ①그윽하고 어두움. ②무지無知의 다른 이름.

명(明)📖 vidyā 지식知識, 학문學問, 학술學術, 주법呪法, 주술呪術, 명주呪 등의 뜻이 있다. ①무지의 어두움을 밝혀 알게 하므로 명明이라고 한다. 지혜의 다른 이름. ②진언 다라니陀羅尼의 다른 이름.

명(名) ①색수상행식의 4온蘊을 가리킨다. 명색이라고 하면 12연기 가운데 네 번째 지분. ②심불상응행법 중 하나로, 언어의 구성 요소 중에서 명사의 개념을 가리킨다. ③오법五法 가운데 하나. 가명假名. 사물에 가정적으로 붙인 이름.

명가(冥加) 사람이 알지 못하게 불보살이 중생에게 힘을 주어 이롭게 하는 것. 현가顯加의 반대말.

명가(名假) 삼가三假 가운데 하나. 모든 법에 붙인 이름이 법이나 생각에 의해 임시로 세운 것.

명가금(冥加金) 명가전冥加錢. 부처의 명가冥加에 감사하는 마음으로 바치는 돈.

명거(明炬) 밝은 등불. 반야의 지혜를 비유하는 말.

명계(冥界) 명도冥道. 지옥·아귀·축생의 삼도三道를 말한다. 지옥도地獄道의 다른 이름. 또는 염마왕琰魔王이 있는 세계를 가리킨다.

명과번(命過幡) 천망번薦亡幡. 죽은 영혼을 극락으로 인도하기 위해 당간에 거는 기.

명관(冥官) 명계冥界의 관료. 명부冥府의 재판관. 염마왕의 신하로 지옥에서 육도六道 중생의 죄를 재판하는 관리.

명광(命光) 사람의 수명.

명구문(名句文) 언어 요소를 문장과 개념과 음절로 나눈 것. 명名은 단어이며, 구句는 구절이나 문장이며, 문文은 문자, 즉 음절임. 여기에 신身을 붙여 집합의 의미로 사용한다. 심불상응행법心不相應行法에 속한다.

명권(冥權) 불보살이 사람에게 베푸는 방편.

명근(命根) 수명壽命을 말한다. 중생이 세상에 태어나 머무는 동안 의지하는 곳. 불상응행법不相應行法의 하나.

명기(冥祇) 저승의 신기神祇. 귀신.

명납(名衲) 승려의 뜻. 납의衲衣는 승려들이 입는 옷을 말한다.

명덕(名德) 명성과 덕행이 있는 비구. 명덕비구名德比丘.

명도(冥道) 명도冥途. 명계冥界. 명궁冥宮.

명도(冥途) 명도冥道. 명토冥土. 지옥·아귀 등을 말한다.

명도(明度) 반야바라밀般若波羅蜜. 반야般若는 명明. 바라밀波羅蜜은 도度.

명도(明道) 진언眞言의 도법道法.

명도공(冥道供) 염마왕 및 그 권속에게 공양하는 수법.

명도사문(命道沙門) 사사문四沙門 가운데 하나. 도법에 의해 생활하며 도법을 생명으로 하는 사문. 아난과 같이 계·정·혜 삼학三學을 생명으로 하는 이.

명도조(冥途鳥) 두견杜鵑.

명등(明燈) 등을 밝히고 끄는 소임.

명등(命藤) 명근命根을 등나무에 비유한 것.

명료원(明了願) 아미타불의 본원.

명료의식(明了意識) 사종의식四種意識 가운데 하나. 전前 5식과 함께 일어나 분명하게 바깥 경계를 관취觀取하는 의식.

명률(明律) 번역飜譯 십과十科 가운데 네 번째. 여래가 제정한 율법을 밝혀서 그릇됨을 막고 허물을 그치며 신身·구口·업意의 삼업을 조련調練하는 것.

명리(名利) 명예와 이익.

명바라춤 신중작법神衆作法을 하고 할향喝香하기 전에 바라의 소리를 크게 하는 춤. 석가모니의 탄생을 알리는 환희와 희망의 북소리이며, 사자후의 의미도 있다. 사미승으로 구성한다. 바라를 부딪치는 방법도 다양하며, 바라를 땅에 놓고 삼배를 올리는 특징도 있다. 서역 악기의 일종으로 법요의 시작을 알린다. 짝수로 하며, 태징과 북으로 반주한다.

명발(鳴鈸) 발鈸은 금속으로 만들어 소리를 내는 방울과 같은 악기를 말한다. 바라, 제금, 발자라고도 한다. 동발銅鈸·자바라啫哱囉·향발響鈸 등이 있다.

명벌(冥罰) 불보살이 사람에게 주는 형벌.

명보(命寶) 사람의 수명을 귀중한 보배에 비유한 것.

명복(冥福) 내세의 행복. 죽은 뒤에 받는 복덕.

명부(冥府) 명토冥土. 지옥의 염마왕閻魔王이 있는 청당廳堂.

명부전(冥府殿) 명부를 관장하는 지장보살을 봉안한 법당. 지장전地藏殿·시왕전十王殿이라고도 한다.

명사(冥使) 명관冥官의 사자使者. 염마졸閻魔卒. 저승사자.

명상(名相) 오법五法 가운데 하나. 모든 사물의 이름과 형상. 귀에 들리는 것을 명名, 눈에 보이는 것을 상相이라 한다. 이름이나 형상은 그 자체가 본래부터 있는 게 아니라 허망한 생각이 만들어 낸 거짓 이름이며, 임시로 인연에 따라 생겨난 거짓 형상이라는 뜻. 곧 가명假名과 가상假相.

명색(名色) 오온五蘊의 총명. 12연기緣起 가운데 하나. 인식 대상인 육경六境. 몸과 마음心身.

명석(鳴錫) 석장錫杖. 지팡이.

명성(冥性) 명제冥諦. 모든 법의 실질적인 본성.

명신(名身) 불상응행不相應行 가운데 하나. 명名은 자기의 본성. 신身은 적취積聚. 명사名詞와 복수의 뜻으로 두 개 이상의 명사를 말한다. 또는 사물에 의거하여 이름을 세우는데 많은 이름이 연합했기 때문에 명신이라고 한다.

명실 발원하는 사람이 쌀을 담은 밥그릇 가운데 꽂은 숟가락에 잡아맨 실. 툇실.

명심견성(明心見性) 명심은 자기의 참된 마음을 드러내는 것. 견성은 자기 본래의 참된 본성을 보는 것.

명양회(冥陽會) 명冥은 명계冥界의 아귀 무리. 양陽은 양계陽界의 바라문선婆羅門仙 무리. 이들에게 널리 공양하는 법회를 말한다.

명어(鳴魚) 선림禪林의 기구器具. 방梆이라고 부르며, 나무로 만든 물고기 모양의 물건으로서 쳐서 울리는 것. 어고魚鼓.

명언(名言) ①명교名敎의 전아典雅한 말. ②명목名目과 언구言句.

명언종자(名言種子) 명언습기名言習氣, 명언훈습名言熏習. 온갖 법을 낳는 직접적인 인연이 되는 종자. 명언에 따라 훈습하여 이루어지는 것이어서 명언종자라고 한다. 업종자業種子의 상대어.

명왕(明王) 교령윤신教令輪身. 비로자나불인 대일각왕大日覺王의 교령教令을 받아 분노하는 모습을 나타내 모든 악마를 항복시킨다. 부동명왕不動明王, 대위덕명왕大威德明王 등을 말한다. 밀종密宗 여러 존상尊像의 칭호.

명욕(名欲) 오욕五欲 가운데 하나. 명예에 집착하는 탐욕.

명월마니(明月摩尼) ①마니는 보주寶珠. 명월주明月珠라고도 한다. ②월광마니月光摩尼, 월정마니月精摩尼. 천수관음 오른손에 있는 보주.

명월천자(明月天子) 월천月天.

명위소(冥位疏) 영가를 불러서 알리는 소疏.

명의(名義) 법체의 명칭과 의리義理. 제행무상諸行無常에서 제행은 명名, 무상은 의義가 되는 것과 같다.

명자(命者) 16신아神我 가운데 하나. 나를 헤아려 실제의 수명이 있다고 여기는 것.

명자(名字) 범어 나마那摩는 명名. 아걸사라阿乞史囉는 자字. 명은 실명實名. 자는 가명假名. 모두 사물의 명칭.

명자(冥資) 죽은 사람을 위한 자복資福.

명자비구(名字比丘) 말세에 계율을 지키지 않는 비구. 비구의 실질이 없고 명목과 형식상 비구를 말한다. 무계명자비구無戒名字比丘.

명자사미(名字沙彌) 20세부터 70세까지의 사미. 구족계를 받지 못한 사미로서 곧 비구가 될 만한 사미.

명자즉(名字卽) 천태종에서 수행하는 계위인 육즉六卽의 제2위. 불법의 명자를 듣는 지위. 모든 세상 모든 사물이 모두 불법임을 통달하고 이해한 것을 뜻한다.

명장(明匠) 총명한 사장師匠.

명적(冥寂) 하나의 물건도 보이지 않는 것이 명冥, 모든 상相을 끊는 것이 적寂. 진공眞空의 이치를 형용한 것.

명전자성(名詮自性) 세상 모든 사물의 본성이 이름으로 말미암아 나타나는 것. 사물의 이름은 사물의 자기의 본성을 말하는 것이다.

명점(命點) 📖 실담悉曇에서 자음과 모음을 설명하는 실담장悉曇章은 글자를 만들어내는 근본이라고 하지만 문자가 갖추어진 것이 아니다. 이를 반자半字라고 하고 나머지 어법語法이 갖추어진 것을 만자滿字라고 한다. 이때 범어의 '아ऄa阿'의 음은 근본 가운데 근본으로서 모든 우주의 소리가 '아ऄa阿'에서 시작된다고 믿는다. 또한 생生의 의미를 실담에서는 점과 같이 표시하고 생명의 시작이라고 하여 명점이라고 부른다.

명정(明靜) 지혜의 밝음과 선정禪定의 고요함을 말한다.

명제(冥諦) 만물의 본원. 명성冥性. 자성, 본성本性, 승성勝性이라고도 한다.

명조(冥助) ①죽은 사람을 위해 불보살의 도움을 구하는 것. ②남모르게 불보살이 중생에게 힘을 주어 인도하는 것.

명종(鳴鐘) 절에 있는 큰 종으로 대중을 운집시키거나 큰 법회, 의례가 있을 때 나무로 쳐서 울린다.

명종불사(鳴鐘佛事) 종공양鐘供養. 큰 종을 새로 만든 뒤에 처음으로 쳐서 울리는 불사.

명종심(命終心) 목숨이 끊어지려 할 때의 마지막 마음. 자신, 권속, 재산, 후유後有의 4가지에 대하여 애착愛着을 일으켜 미래의 생生을 받게 된다는 것.

명주(明呪) 📖 vidyā 지식知識, 학문學問, 학술學術, 주법呪法, 명주明呪 등의 뜻이 있다. ①진언眞言. 다라니. ②분명한 주문. ③불보살의 가르침이나 지혜.

명주(明珠) 명월주明月珠. 명월마니明月摩尼. 흐린 물을 맑게 하는 덕이 있다고 한다.

명증(明證) 명백한 증거.

명지(明地) 십지十地 가운데 제3 발광지發光地의 다른 이름. 매우 깨끗하고 밝은 지혜를 낸다고 하여 명지라고 한다.

명지거사(明智居士) 선재동자가 보살의 지혜와 보살행을 묻기 위해 방문한 53선지식 가운데 15번째 선지식.

명진(明津) 바르고 밝은 진로津路.

명처(明處) 배우고 익혀서 지혜를 내는 곳. 오명처五明處가 있다고 한다. 오명五明.

명초(冥初) 명제冥諦. 명제冥諦로써 세상 모든 사물의 원초元初로 삼기 때문에 붙여진 이름.

명초자성제(冥初自性諦) 명제冥諦. 25제諦 가운데 하나.

명탁(命濁) 오탁五濁 가운데 하나. 말세에 이르러 중생의 수명이 단축되는 것을 말한다. 번뇌와 사견邪見의 결과. 옛날에는 사람의 수명이 8만 4천 년이었으나 악업이 증가하여 지금 사람들의 수명이 점점 줄어서 1백 세도 드물게 되었다고 한다.

명탈(明脫) 어리석음을 여의는 것이 명明. 탐애貪愛를 여의는 것이 탈脫.

명토(冥土) 명도冥途, 명계冥界. 유명幽冥의 세계인 명부冥府를 말한다.

명통(冥通) 진리를 찬탄하는 말. 명冥은 모든 모양을 여의고 명적冥寂하는 것. 통通은 모든 것에 융통하여 걸림이 없는 것.

명특(螟螣) 해충害蟲. 사악한 사람을 비유한 말.

명행족(明行足) 불십존호佛十尊號·여래십호如來十號 가운데 하나. 숙명명宿命明·천안명天眼明·누진명漏盡明 등 삼명三明과 성행聖行·범행梵行·천행天行·영아행嬰兒行·병행病行 등 오행五行이 모두 구족한 이.

명혜(明慧) 삼명三明과 삼혜三慧.

명호(冥護) 불보살이 남모르게 믿는 이를 돌보는 것.

명호(名號) 부처의 칭호. 명호는 덕을 포섭하고 실질을 나타낸다.

명훈(冥熏) 내훈內熏. 중생심 안의 본각진여本覺眞如가 어둡고 미망迷妄된 마음을 훈습하여 각오覺悟의 마음을 일으키게 하는 것.

모니(牟尼) 석가모니. 적寂으로 번역. 적묵寂默·적정寂靜의 뜻. 출가하여 마음을 닦고 도를 배우는 이의 존칭이기도 하다.

모니선(牟尼仙) 고요하게 수행하는 선인仙人.

모니왕(牟尼王) 적정寂靜의 왕. 부처의 존호尊號.

모다라(母陀羅) 📖 mudrā 각인을 붙인 표지, 봉인封印, 활자, 인장印章, 기호 등의 뜻이 있다. 인印 또는 봉封으로 번역. 곧 계약契約의 도장을 말한다. 손으로 표시하므로 결인結印·수인手印이라고도 한다. 두 손과 열 손가락으로 여러 가지 모양을 만들어 의미를 부여하고, 입으로는 진언을 외우고, 마음으로 본존을 떠올려 수행하는 방편으로 삼는 것을 말한다.

모도(毛道) ①모두毛頭. 보통 사람의 다른 이름. 가벼운 털이 바람에 따라 움직이는 것처럼 보통 사람의 마음이 어리석어 일정하지 못함을 뜻한다. ②사찰에서 머리 깎는 일을 맡은 소임.

모로단청 머리단청. 건물의 양 끝에 주로 연화 무늬를 그리는 방법.

모연(募緣) 권연勸緣. 보시금 등을 모집하는 것. 인연 있는 사람을 모집한다는 뜻. 권선勸善이라고도 한다.

모왕(牟王) 석가모니부처.

모전석탑(模塼石塔) 돌을 벽돌 모양으로 만들어서 쌓은 탑.

모지(冒地) 보리菩提를 말한다.

모타라수(母陀羅手) 길상수吉祥手. 곧 결결정인結決定印.

목건련(目犍連) Maudgalyāyana 부처 10대 제자 가운데 하나. 신통 제일. 채숙씨采菽氏·호두胡豆

모전석탑(경주 분황사)

로 번역. 상고시대에 신선들이 호두 먹기를 좋아했다고 하여 성씨로 삼았다. 보통 목련존자目連尊者라고 한다. 마하목건련摩訶目犍連.

목노(木奴) 귤을 뜻하는 말.

목단(木壇) 나무로 작게 만든 단.

목두(木頭) 계율을 범한 사람을 비유한 것.

목마(木馬) 나무로 만든 말. 나무 말은 사리분별이 없지만, 작용이 있으므로 무분별의 묘용을 드러낸다고 한다. 해탈의 모습을 말한 것.

목상좌(木上座) 선상禪床. 또는 지팡이라고도 한다. 주장자.

목소장(木梳匠) 나무로 빗을 만드는 장인.

목식(木食) 산속에서 고행하는 사람이 오곡五穀을 끊고 나무 열매를 먹는 것.

목어(木魚) 불전에서 쓰는 사물四物 가운데 하나. 나무를 깎아 물고기 모양으로 만든 불구佛具. 물속에 사는 모든 중생을 제도한다는 의미를 갖고 있다. 목어가 변형되어 목탁이 되었다고 한다.

목어(남양주 흥국사 내원암)

목어(目語) 이심전심以心傳心.

목욕(沐浴) ①물이나 향탕수로 몸을 깨끗이 씻는 것. ②다비에서 삭발削髮 다음의 절차. 향탕수를 사용하여 죽은 이의 몸을 씻기는 일.

목우(牧牛) 소를 먹여 길들인다는 뜻. 십우도十牛圖 가운데 다섯 번째. 소의 야성을 길들이기 위해

목우(십우도)

코뚜레를 꿴 뒤에 풀을 먹여 소를 길들이듯이 자기의 본성을 잘 키워서 내 뜻대로 움직이게 해야 한다는 뜻.

목장(木匠) 집을 짓는 대목大木과 가구를 만드는 소목小木의 장인을 말한다.

목저(木底) mokṣa ~에서 해방, ~에서 석방, 탈출, 윤회에서 해방, 영원의 해탈, 발사하는 것, 문제의 해결 등의 뜻이 있다. 해탈解脫로 번역.

목차(木叉) prātimokṣa 계戒, 계율戒律로 번역.

목탁(木鐸) 불교 의식에서 가장 많이 사용하는 불구. 나무를 깎아 둥글게 만든 목어木魚. 염불·독경·예배할 때 친다. 어리석음을 깨우친다는 뜻으로 사용한다. 용두어신龍頭魚身의 형태를 보이기도 한다.

목탁(직지성보박물관)

목탁석(木鐸釋) 📖 도량석道場釋. 청규淸規에는 물고기는 주야로 항상 눈을 뜨고 있으므로 나무에 형상을 조각하여 치면, 어두운 생각을 경책할 수 있다고 적고 있다. 목탁석은 정확한 유래는 알려지지 않았으나, 도성에서 새벽을 알리고 성문을 여닫는 법이나, 군대의 진영에서 3경에 순찰을 돌면서 나무를 쳐서 소리를 알린 것에서 찾는다. 현재는 주呪를 송誦할 때 주로 사용하며, 때로는 화엄경약찬게, 법성게, 반야심경 등을 편의에 따라 풍송諷誦의 소리를 조금 느리게 한다.

몰겁(沒劫) 우愚로 번역.

몰도(沒度) 범어 불타佛陀가 바뀐 말.

몰파비(沒巴鼻) 잡을 여지가 없다는 말.

몰현금(沒絃琴) 줄 없는 거문고. 마음의 연주나 울림. 선종에서 선禪의 종지를 나타내는 말.

몽(夢) 꿈. 제법이 공성空性임을 나타내기 위해 베푼 대승십유大乘十喩 가운데 하나.

몽당(蒙堂) 사찰에서 오래 소임을 보고 물러난 한직의 승려들이 쉬는 요사寮舍.

몽상(夢相) 꿈속에서 미리 무엇인가를 나타나는 전조를 말한다.

몽상(夢想) 잘못된 망상. 꿈속의 상상.

몽중사(夢中事) 꿈속의 일. 허망한 인생을 비유한 말.

몽중의식(夢中意識) 제6의식을 네 가지로 분류한 사종의식四種意識 가운데 하나. 전 5식과는 독립적으로 제6식만의 활동으로 일어나는 의식. 즉 꿈속에서 작용하는 의식으로, 실재하지 않는 대상을 꿈에서 인식하는 것.

몽호(夢虎) 꿈속의 호랑이. 헛된 일, 자성이 없음을 비유한 말.

몽환포영(夢幻泡影) 모든 존재가 꿈에 본 허깨비와 같고 물거품과 같이, 실질적인 본체 없이 공하다는 말

묘(妙) 불가사의不可思議하며 절대絶對이고 견줄 것이 없다는 뜻. 천태종에서는 『묘법연화경』의 '묘妙'를 오중현의五重玄義라고 해석하고, 또 '묘'에 열 가지 뜻이 있다고 하여 다양한 해석을 하고 있다.

묘각(妙覺) 구경각究竟覺. 보살이 십지十地·등각等覺의 수행을 마치고, 마침내 부처의 과위果位를 얻는 것. 스스로의 깨달음과 남을 깨닫게 하는 자각自覺과 각타覺他의 각행覺行이 원만하며 불가사의不可思議한 것을 말한다. 보리菩提, 열반涅槃.

묘고산(妙高山) 수미산須彌山.

묘과(妙果) 수승하고 묘한 과. 보리·열반을 말한다.

묘관찰지(妙觀察智) 제6식이 전의轉依하여 얻은 지혜. 사지四智 가운데 하나. 유식에서 8가지의 식識은 각각의 식識이 전의轉依하여 각각의 지智를 얻는다고 한다. 제8식은 대원경지, 제7식은 평등성지, 제6식은 묘관찰지, 전前 5식은 성소작지를 얻는다.

묘길상(妙吉祥) 문수사리文殊師利.

묘덕(妙德) 문수사리文殊師利.

묘락(妙樂) 극락極樂. 극락세계.

묘련화(妙蓮華) 진실하고 밝은 부처의 지견知見이 더러워지지 않음을 연꽃에 비유한 말.

묘문(妙文) 묘법의 경문을 설한다는 뜻으로 『법화경』이 일승一乘의 묘문妙文이다.

묘문(妙門) 특별하고 미묘한 법문.

묘법(妙法) 미묘한 법문. 묘妙는 불가사의. 법은 교법教法. 부처 일대의 설교 전체를 말한다. 세상 모든 사물실상諸法實相을 말한 법문

이나, 아미타불의 서원, 일승의 법을 묘법이라고 한다.

묘법륜(妙法輪) 불가사의한 교법의 수레라는 뜻. 부처의 일대 교설 전체를 말하는 것으로 부처의 설법을 전륜성왕轉輪聖王이 가지는 윤보輪寶를 굴리는 데에 비유한 것.

묘상(妙祥) ①묘길상妙吉祥의 준말. ②문수사리보살文殊師利菩薩의 역명譯名.

묘상(妙相) 장엄莊嚴의 상像.

묘색(妙色) ①소루파蘇樓波. 아름답고 미묘한 색상色相. 부처의 보신報身과 보토報土의 색상色相으로 불가사의한 것. ②장부丈夫. 형체가 아름답고 색상이 단엄端嚴하며 범행梵行을 잘 수행하기 때문에 장부丈夫라고 한다.

묘선공주(妙善公主) 관음보살의 과거.

묘수(妙首) Mañjuśrī 문수사리文殊師利. 문수文殊·만수滿殊라고도 한다. 문수文殊는 묘妙의 뜻이며, 사리師利는 수首·덕德·길상吉祥의 뜻. ➡ 문수사리文殊師利

묘시조(妙翅鳥) 가릉빈가迦陵頻伽를 말한다.

묘심(妙心) 깨달음을 얻은 사람이 갖는 아름답고 미묘한 마음의 체體. 곧 여래의 진심眞心. 마음의 체가 불가사의해서 묘妙라고 한다.

묘안(妙眼) 특이하고 미묘한 안근眼根.

묘왕(妙往) 선서善逝. 불환래不還來. 호거好去.

묘용(妙用) 무차별 또는 무분별의 경지에서 일어나는 작용. 신묘한 작용.

묘유(妙有) 📖 모든 법은 조건에 의해 인因과 연緣이 화합하여 존재하므로 자성自性이 없으며, 조건이 변하면 존재도 변하므로 무상無常으로 공空이라는 뜻이다. 이 공의 의미를 이해할 때 실체 각각의 모습으로 드러나게 되는데, 이 드러나는 원리를 묘유라고 한다. 비유非有의 유有. 불유지유不有之有.

묘음당(妙音堂) 묘음천妙音天에 제사하는 당堂.

묘음악천(妙音樂天) 변재천辯才天의 다른 이름.

묘음조(妙音鳥) 가릉빈가迦陵頻伽를 말한다.

묘음천(妙音天) 미음천美音天. 변재천辯才天의 다른 이름으로, 지혜, 과학, 예술, 음악을 관장하며 비파를 들고 있다. 묘음악낙천妙音樂天. 묘음보살妙音菩薩.

묘응(妙應) 불보살이 중생의 부름에 응하여 나타나는 불가사의한 응현應現.

묘인(妙因) 절묘한 행인行因. 보살의 대행大行.

묘전(妙典) 미묘한 법을 설명한 경전經典.

묘종(妙宗) 특이하고 미묘한 종지宗旨.

묘지(妙智) 부처의 지혜가 불가사의한 것.

묘지(妙旨) 순수하고 미묘한 취지.

묘진여성(妙眞如性) 여래장의 다른 이름. 모든 법의 모습은 진여眞如를 본성으로 하며 그 속에 모든 것을 함장하고 있는 성질.

묘체(妙體) 특이하고 오묘한 체성體性.

묘촉탐(妙觸貪) 4가지 탐貪 가운데 하나. 다른 사람의 몸이 부드럽고 매끄러운 것에 접촉하려고 탐착貪着을 일으키는 것.

묘토(妙土) 아름답고 미묘한 국토. 제불의 보토報土. 부처의 보토報土가 특이하고 미묘한 것을 말한다.

묘향보살(妙香菩薩) 미륵전의 협시보살.

묘현산(妙顯山) 수미산須彌山. 묘고산妙高山이라고도 한다.

묘화삼매(妙華三昧) 백팔삼매百八三昧 가운데 하나.

묘희국(妙喜國) 동쪽의 아촉불이 있는 나라 이름. 이 나라에서는 부처를 무동無動 또는 부동不動이라고 부르며, 묘희세계妙喜世界라고도 한다.

묘희세계(妙喜世界) 유마거사維摩居士의 국토國土.

묘희족천(妙喜足天) 도솔천兜率天을 말한다. 지족천知足天, 희족천喜足天이라고도 한다.

무(無)📖 a 범어梵語에서는 주로 단어 앞에 a를 붙여 존재하지 않는 것, 없음, ~하지 못한다 등의 부정不定을 나타낸다. ①유有의 반대. 공무空無. 아무것도 없는 것. ②묘무妙無. 유有·무無를 초월한 무無. 혹惑의 지혜의 무無는 겨우 단견斷見이 되지만, 성인의 지혜의 무無는 유有·무無를 초월한 묘무妙無.

무가(無價) 가치가 귀중한 것.

무간(無間)📖 anantara 중간이 없는, 직접 계속되는, 다음의 등의 뜻이 있으며, 무간無間으로 의역한다.

무간도(無間道) 가행도加行道, 무간도, 해탈도解脫道, 승진도昇進道道의 사종도四種道 가운데 하나. 무애도無礙道라고도 한다. 번뇌를 끊는 순간에는 간격이나 방해가 없음을 말한다. 무간도無間道는 앞에 있는 염念의 인因이 되고, 해탈도解脫道는 뒤에 있는 염念의 과果가 된다.

무간삼매(無間三昧) 일어나지도 없어지지도 않는 이치를 자세히 살펴, 사이나 끊어짐이 없음을 말한다.

무간수(無間修) ①4수修 가운데 하나. 간단間斷이 없는 수행. 어떤 곤란이 있더라도 조금도 쉬지 않고 수행한다는 뜻. ②왕생정토往生淨土의 행업行業인 5가지 정행淨行을 간단없이 수행하고 정행 이외의 행업이나 탐·진·치 등의 번뇌에 의해 간단되지 않는 것.

무간업(無間業) 무간지옥에 떨어져서 끊임없이 고통을 받는 죄의 업보를 말한다. 오역죄五逆罪를 지은 사람이 떨어지는 지옥.

무간정(無間定) 끊어짐이 없이 선정에 드는 것.

무간지옥(無間地獄) 팔열지옥八熱地獄 가운데 여덟 번째. 무구無救라고도 한다. 오역죄五逆罪를 지은 사람이 떨어져서 끊임없이 고통을 받는 지옥. 아비지옥阿鼻地獄.

무개(無蓋) 무상등無上等. 무소불개無所不蓋. 광대함이 지극하여 다시 덮을 것이 없는 것을 말한다. 부처의 자비가 광대해 덮지 않음이 없다는 말. 무개비無蓋悲. 무개대비無蓋大悲.

무거무래(無去無來) 여래의 법신은 가지도 오지도 않으며, 즐거이 항상 머문다는 뜻.

무견(無見) 중생이 모든 세상 모든 사물에 대해 허망하게 헤아려 모두 자기의 본성이 없다고 집착하여 무無라고 하는 것. 팔부정견八不正見 가운데 하나. 단견斷見.

무견정상(無見頂相) 부처의 32상 가운데 하나. 육계상肉髻相. 부처의 정수리가 솟아서 저절로 상투 모양이 된 것을 말한다. 높이 솟아올라 있어 인간이나 천상에서 볼 수 없는 것이므로 무견정상이라고 한다.

무계(無戒) 처음부터 계를 받지 않은 것. 계를 받는 것을 수계受戒, 계를 범하는 것을 파계破戒라고 한다.

무계명자비구(無戒名字比丘) 아직 구족계를 받지 않은 비구. 명자비구名字比丘.

무공용(無功用) 일을 하기 전에 마음속으로 계획하고 분별함이 없이 자연스럽게 행하는 것. 조작을 더함이 없이 자연스러운 작용.

무공적(無孔笛) 구멍이 없는 피리. 정식情識을 떠나고 말에 걸리지 않는 설법을 비유한 말.

무괴(無愧) 무참無慚. 자기가 지은 죄에 대하여 부끄러움과 두려움을 모르는 것. 세간을 돌아보지 않고 멋대로 포악한 짓을 하면서 조금도 부끄러워함이 없는 것. 대불선大不善 가운데 하나. 수번뇌이십법隨煩惱二十法 가운데 하나. 십전十纏 가운데 하나.

무교색(無教色) 무표색無表色. 남에게 가르치거나 보여줄 수 없는 색이라는 뜻. 무작색無作色. 무작대계無作大戒.

무구(無垢) 무루無漏. 청정淸淨하여 번뇌나 더러움이 없는 것.

무구(無句) 유유有·무무無·역유역무亦有亦無·비유비무非有非無로서 공空을 논증하는 유무사구분별有無四句分別 가운데 하나. ①무상無常, 무아無我, 공空 등을 나타낸다. ②궁극적인 경지는 말로써 표현할 수 없음을 뜻한다. ③나와 오온五蘊의 몸을 헤아려 모두 공무空無하다고 여기는 외도의 견해. 곧 단견斷見.

무구륜(無垢輪) 청정한 법륜法輪. 설법을 말한다.

무구삼매(無垢三昧) 불보살의 청정삼매淸淨三昧를 말한다.

무구세계(無垢世界) 『법화경』에서 용녀龍女가 성불成佛한 세계 이름.

무구시(無垢施) 바사닉왕波斯匿王의 딸. 유마라달維摩羅達. 이구시離垢施.

무구식(無垢識) 구유식舊唯識에서는 제8식과는 별개로 어떤 때가 묻지 않은 청정한 식識이 있다고 하여, 이를 아말라식阿末羅識이라고 한다. 아뢰야식阿賴耶識의 다른 이름. 제9식 또는 제8식의 정분淨分이라고 한다.

무구의(無垢衣) 가사袈裟의 12가지 이름 가운데 하나. 번뇌의 오염이 없음을 뜻한다.

무구지(無垢地) 이구지離垢地의 다른 이름. 보살 십지十地 가운데 두 번째. 무구지보살無垢地菩薩 등각等覺의 보살.

무구지옥(無垢地獄) 구제할 수 없는 지옥. 무간지옥을 말한다.

무구진여(無垢眞如) 불과佛果가 드러나 진리의 본체로서 청정하여 더러움을 뒤덮지 않은 것을 말한다. 곧 출전진여出纏眞如.

무구칭(無垢稱) 유마힐維摩詰. 유마거사維摩居士의 번역. 정명淨名과 같으며 깨끗한 이름이라는 뜻.

무극(無極) 열반의 다른 이름.

무근(無根) ①기관과 능력이 결핍된 상태. 근거가 없는 허위. 신근信根이 없는 것. ②남근이나 여근이 없어 출가의 자격이 없는 것.

무기(無起) 무생無生의 다른 이름. 무인생과無因生果를 말한다.

무기(無記)📖 avyākṛta 끊어짐이 없다, 나누어지지 않는다, 발현되지 않았다, 설명할 수 없다 등의 뜻이 있다. ①선善도 악惡도 아닌 것을 무기無記라고 하며, 이를 삼성三性이라고 한다. 여러 가지 분류법이 있지만 보통은 선도 악도 아니므로 과보를 초래하지 않으나, 유부무기有覆無記의 이숙과를 얻을 때 전식득지轉識得智하여 해탈할 수 있다고 한다. ②부처가 대답에 모순이 있어 해탈과 열반을 얻는데 도움이 되지 않아 답하지 않은 10가지 또는 14가지의 질문을 무기법이라고 한다. 14무기법無記法.

무기공(無記空) 선善도 불선不善도 아니 것이 무기無記이며, 이를 공空이라고 한다는 뜻.

무기근(無記根) 모든 근根을 선도 아니고 악도 아닌 것으로 나누면, 안眼·이耳·비鼻·설舌·신身의 5근과 남근男根·여근女根·명근命根 등은 무기에 속한다고 하여 말한 것이다.

무기법(無記法) 무기無記. 무기성無記性의 사물. 곧 선도 아니고 악도 아니라는 것. ➡무기無記

무기법인(無記法忍) 무생법인無生法忍. 무생無生.

무기성(無記性) 선도 아니고 악도 아닌 성질.

무기업(無記業) 📖 삼성업三性業 가운데 하나. 선업과 악업에 속하지 아니하여 선·악의 결과를 받지 않는 업. 수행을 방해하는 아집我執의 근본인 제7식과 같은 유부무기有覆無記와 수행을 방해하지 않는 자연계나 제8 아뢰야식과 같은 무부무기無覆無記가 있다. ➡무기無記

무념(無念) ①사려 분별을 여의고, 집착을 버리며, 대상의 상相을 여읜 진여眞如의 본성을 살피는 것. 망령됨이 없는 생각. 정념正念의 다른 이름. ②북종선에서는 망념을 떠난 이념離念을 강조하고, 남종선에서는 염念이 없는 무념無念을 강조한다.

무도(無倒) 전도顚倒됨이 없는 견식見識. 인因과 연緣이 화합하여 무자성으로 존재하는 이치를 바르게 알지 못하고, 항상한다고 하여 이것을 낙樂으로 삼는 것을 전도顚倒라고 하는데, 모든 전도됨을 여읜 바른 견식을 무도라고 한다.

무도심(無道心) 부처의 과위果位를 구하는 마음이 없는 것.

무동불(無動佛) 묘희세계妙喜世界의 아축불阿閦佛을 말한다. 동쪽의 세계.

무동행(無動行) 부동행不動行, 부동업不動業. 세간의 선정禪定을 닦아서 색계色界·무색계천無色界天에 나는데 마음이 안정하여 움직임이 없으므로 무동행이라고 한다. 삼행三行 가운데 하나.

무두방(無頭牓) 이름을 숨기고 비방하는 글을 만든 사람.

무드라 mudrā 각인을 붙인 표지, 봉인封印, 활자, 인장印章, 기호 등의 뜻이 있다. 손·손가락·몸동작 등을 이용하여 정해진 모양으로 의미를 나타내는 상징적 표시.

무등(無等) 부처의 존호尊號. 아사마阿娑磨. 더불어 비교할 바가 없다는 뜻.

무등등(無等等) 무유등등無有等等. 불법 및 부처의 존호尊號. 부처가 세간의 중생들과 같지 않으므로 무등無等. 부처의 증득한 법신이 서로 평등하므로 등等. 또는 무등무등無等無等의 뜻. 가장 높아서 견줄 이가 없고, 세간에서 부처와 같은 이가 없음을 뜻한다.

무등등주(無等等咒) 반야바라밀다주의 4가지 이름 가운데 하나. 견줄 데가 없는 주어咒語라는 뜻.

무량각(無量覺) 무량수불無量壽佛. 아미타불阿彌陀佛의 번역. 아미타는 무량無量. 불은 각覺의 뜻.

무량겁(無量劫) 헤아릴 수 없이 기나긴 세월.

무량공덕(無量功德) 너무 광대해 헤아릴 수 없는 부처의 공덕.

무량광(無量光) 아미타불의 광명. 삼세를 비쳐 끝이 없다고 한다. 지혜를 상징하는 말. 아미타불로 말미암아 신광身光이 무량함을 뜻한다. 12광불光佛 가운데 하나.

무량광천(無量光天) 색계 십팔천十八天 가운데 하나. 이선천二禪天. 끝없는 광명이 있는 세계. 복생천福生天이라고도 한다.

무량보개(無量寶蓋) 당번幢幡. 보상개.

무량사제(無量四諦) 천태종에서 별교別教의 사제四諦. 진여眞如가 교의에 통달하지 않은 무명無明의 훈습에 의해 끝없는 미오迷悟와 인과因果의 모든 현상을 드러내는 것이므로 사제四諦에도 끝없는 모양이 있다고 한다.

무량수(無量壽)📖 Amita, amitāyus 무량의, 수를 셀 수 없는 등이
뜻으로, 아미타수사阿彌陀瘦斯, 아미타불阿彌陀佛로 음사한다. 수명壽
命이 무량無量함을 뜻한다. 또는 자비·자비심을 상징한다.

무량수여래(無量壽如來) amitāyus 극락정토에 머무는 부처를 말한
다. 아미타여래阿彌陀如來. 아미타불阿彌陀佛. 무량수불無量壽佛.

무량수전(無量壽殿) 극락보전極樂寶殿. 극락정토의 주재자인 아미
타불을 봉안한 법당. 극락전極樂殿, 미타전彌陀殿이라고도 한다.

무량수전(영주 부석사)

무량엄식천(無量嚴飾天) 복생천福生天. 무량광천無量光天.

무량의(無量義) 한량이 없고 헤아릴 수 없는 의리. 부처의 가르침
인 교법에 많은 진리가 담겨 있다는 것을 의미한다.

무량정천(無量淨天) 색계色界 십팔천十八天 가운데 하나. 삼선천三
禪天.

무량청정불(無量淸淨佛) 무량수불無量壽佛의 다른 이름.

무량혜(無量慧) ①부처의 덕호德號. 부처의 보신報身은 모두 끝없는
지혜를 갖추었다는 뜻. ②아미타불의 다른 이름.

무루(無漏)📖 anāsrava 누漏 또는 번뇌에서 이탈한다는 뜻이 있으

며, 무루無漏로 의역한다. 무구無垢. 청정하여 번뇌가 없다는 뜻. 혹 업惑業이 깨끗하게 다하여 삼계三界의 생사의 번뇌에 빠지거나 떨어지지 않는 것.

무루과(無漏果) 무루도無漏道가 얻은 과덕果德. 열반. 번뇌가 없는 청정한 지혜로 얻은 과보. 사제四諦 가운데 멸제滅諦의 열반.

무루도(無漏道) 번뇌의 오염을 여읜 계정혜戒定慧. 사제四諦 가운데 도제道諦. 출세간도出世間道.

무루로(無漏路) 번뇌가 없는 청정한 경계. 번뇌에 오염되지 않은 세계.

무루법(無漏法) 번뇌의 허물을 여읜 청정한 법. 삼승의 성인이 얻은 계정혜戒定慧 및 열반涅槃. 계정혜戒定慧의 법을 닦아서 생사에 떨어지지 않는 것을 말한다.

무루율의(無漏律儀) 삼율의三律儀 가운데 하나. 도공계道共戒라고도 한다. 무루심을 일으키면 스스로 신身·어語의 허물을 멀리하므로 계율의 계체戒體도 동시에 얻는 것을 말한다. 정심定心이 무루심과 함께 일어나므로 수심전隨心轉이라고 한다.

무루종자(無漏種子) 제8 아뢰야식 가운데 선천적으로 갖추고 있는 무루無漏의 종자. 보리의 인因이 되어 증과를 얻는다.

무루지(無漏智) 삼승三乘의 성인이 번뇌의 오염을 여읜 청정한 지혜. 사제四諦의 이치를 두루 다 알아 미혹이 없는 지혜. 미혹을 끊고 진리를 증득하는 것이 이 지혜의 작용이다.

무멸인(無滅忍) 사인四忍 가운데 하나. 무생과 함께 무멸無滅이라고 인가하는 것.

무명(無明) 📖 avidyā 무지無知를 말한다. ①어둡고 우둔한 마음으로 세상 모든 사물의 이치에 밝지 못한 것. 그릇된 의견이나 고집 때문에 불법의 진리에 어두운 것. 치癡의 다른 이름. ②12연기緣起 가운데 하나. ③번뇌육법煩惱六法 가운데 하나. 어리석은 마음. 컴컴한 마음. 불각不覺.

무명견(無明見) 십견十見 가운데 하나. 현상과 본체, 곧 사리事理를 밝게 알지 못하고 여러 가지 그릇된 소견에 집착하는 것.

무명망(無明網) 부처의 가르침인 교의에 통달하지 않은 무지無知로서, 무명無明이 사람을 가두는 것을 그물에 비유한 것.

무명번뇌(無明煩惱) 모든 세상 모든 사물에 밝지 못해 탐貪·진瞋·치癡 등의 번뇌를 일으키는 것.

무명병(無明病) 교의에 통달하지 않은 무지無知인 무명無明이 사람을 다치게 함을 비유한 것.

무명수(無明樹) 교의에 통달하지 않은 무지無知인 무명無明이 고과苦果를 내는 것을 나무에 비유한 것.

무명업상(無明業相) 삼세三細 가운데 하나. 진여가 교의에 통달하지 않은 무지無知인 무명에 의해 차별적 현상으로 나타는 첫걸음으로 아직 주관·객관이 갈라지기 전의 상태.

무명장(無明藏) 교의에 통달하지 않은 무지無知인 무명無明이 근본이 되어 끝없는 혹업의 고통을 만드는 것을 말한다.

무명주(無明酒) 교의에 통달하지 않은 무지無知인 무명無明이 사람의 본심을 혼미하게 하는 것을 술에 비유한 것.

무명주지(無明住地) 근본 교의에 통달하지 않은 무지無知인 무명無明은 모든 번뇌의 근본이 됨을 말한다.

무명초(無明草) 머리카락. 불가에서는 머리카락을 세속적 욕망의 상징으로 보고 교의에 통달하지 않은 무지無知인 무명초無明草라고 한다.

무명폭류(無明暴流) 사폭류四暴流 가운데 하나. 삼계三界의 사제四諦와 수도修道에 일어나는 우치愚癡의 번뇌.

무명혹(無明惑) 삼혹三惑 가운데 하나. 중도中道의 이치에 밝지 못한 것을 말한다.

무몰식(無沒識) 아뢰야식阿賴耶識의 다른 이름.

무문인(無文印) 심인心印. 문자 언어를 초월하여 진리의 본체를 깨닫는 것.

무문자설(無問自說) 무문자설경無問自說經. 우타나優陀那, 오타남鄔陀南. 묻는 이가 없이 부처가 스스로 묻고 스스로 답하는 형식을 취한 경. 십이부경十二部經 가운데 하나.

무방(無方) 부정不定, 즉 일정함이 없다는 뜻.

무방석의(無方釋義) 사종석의四種釋義 가운데 하나. 일정한 방식에 의지하지 않고 자유로 해석하는 것.

무번천(無繁天) 색계 18천 가운데 열네 번째. 욕계의 괴로움과 색계의 즐거움을 모두 여의고 몸과 마음을 번거롭게 하는 일이 없는 세계.

무법(無法) ①과거와 미래의 법을 말하며, 현재법은 유법有法이라고 한다. ②공무空無한 진공眞空의 이치.

무법공(無法空) ①모든 법이 이미 소멸한 그 멸滅까지도 공무空無한 것. ②현재법이 유법有法인 데 대해 과거·미래의 법을 무법이라고 한다.

무법상(無法相) 모든 법이 전부 인연으로 생겨서 진실한 본체가 없으며 진실한 실상도 없음을 말한다.

무법애(無法愛) 천태종 십승관十乘觀 가운데 하나. 이미 얻은 법에 애착하지 않고 더욱 나아가 법성法性에 들어가는 것을 말한다.

무변(無邊) ①광대무변廣大無邊. ②세간의 모든 사물이 인연으로 생겨서 본래 자기의 본성이 없고 모두 공무空無하여 있다고 말할 수 없는 것.

무변법계(無邊法界) 허공계虛空界를 말한다. 헤아릴 수 없이 끝없는 세계에 존재하는 것.

무변신(無邊身) 부처의 법신法身과 사량思量이 무한한 것.

무변신보살(無邊身菩薩) 여래의 다른 이름.

무변제(無邊際) 한계가 없는 것. 끝이 없는 것. 무한無限.

무보(無報) 사종업보四種業報 가운데 하나. 무기업無記業과 같이 선업·악업의 조력助力이 없어서 과보를 받지 못하는 것을 말한다.

무봉탑(無縫塔)　난탑卵塔. 한 덩어리의 돌로 묘표墓標를 만든 것. 부도.

무부무기(無覆無記)　무기법無記法 가운데 성도成道를 방해하고 심성心性을 가려서 바르지 못하게 하는 일이 없는 것을 말한다. ➡ 유부무기有覆無記

무분별(無分別)📖 nirvikalpa 교체를 허가하지 않는, 변화가 없는, 차별이 없는, 차이가 없는, 의심이 없는 등의 뜻이 있다. ①분별함이 없는 것. 분별에 의한 집착이 없다는 뜻으로 견분見分과 상분相分이 일어나기 이전의 상태. 번뇌 허망한 생각이 없는 것. ②전오식前五識의 작용에는 자성만을 분별하고, 계탁計度·수념隨念 등의 분별작용은 없는 것. ③인명학因明學에서 대상을 직접 지각하는 현량現量의 특징.

무분별심(無分別心)　①분별이 없는 마음으로 자성만을 분별하는 전오식前五識을 말한다. ②능能과 소所가 나누어지기 이전의 상태로 진리를 자세히 보는 평등지平等智. 무분별지無分別智. 무심無心.

무분별자재(無分別自在)　사종자재四種自在 가운데 하나. 제8지 보살은 억지로 생각하지 않더라도 무슨 일이든지 할 수 있는 것을 말한다.

무분별지(無分別智)　공혜空慧. 무소득無所得. 무분별심無分別心. 분별하는 마음을 떠나서 올바르게 진여를 체득하는 지혜. 주관적인 번뇌와 허망한 생각을 여읜 지혜.

무불세계(無佛世界)　부처가 열반한 후 미륵불彌勒佛이 아직 출현하지 않은 중간 시기를 말한다. 이때 지장보살地藏菩薩이 나와서 중생을 교화한다.

무비신(無比身)　부처의 법신. 곧 불신佛身이 미묘하여 세간에 견줄 것이 없음을 말한다.

무사(無事)　할 일을 모두 끝마친 것. ①장애가 없는 것. ②인위적인 조작이 없는 것. ③사람이 본래 불성을 갖추고 있으므로 부처를 구할 필요가 없다고 하는 것. ④무위법無爲法. 적정무위寂靜無爲. 본래의 불성을 체득하여 부족함이 없는 경지.

무사선(無事禪) 무사無事를 요체로 하는 선정. 무사회無事會.

무사인(無事人) 도인道人. 인위적인 조작 행위 없이 불법佛法을 깨우친 사람. 본래의 불성을 체득하여 부족함이 없는 경지에 도달한 사람.

무사지(無師智) 스승이 없이 혼자서 깨달아 얻은 지혜. 곧 부처의 지혜.

무삽성(無澀聲) 여래의 음성이 융통하고 화창하여 껄끄러움이 없는 것.

무상(無想) ①무상천無想天 또는 무상정無想定. 심왕心王과 심소心所가 일어나지 않는 법을 닦는다는 뜻. ②상상하는 마음이 혼미하여 깨달아 아는 것이 없다는 뜻.

무상(無常) 📖 anitya 일시적인 것, 불확실의 등의 뜻이 있다. ①상주常住함이 없는 것. 세간의 모든 법은 인因과 연緣이 조건으로 화합하여 존재하기 때문에, 생멸하고 변천하여 찰나도 머물지 않고 변함을 말한다. ②오음五陰의 몸이나 세상 모든 사물이 마침내 괴멸壞滅하는 것.

무상(無相) 📖 animitta 불확실不確實, 무근거無根據, 무원인無原因, 근거가 없는, 예언을 할 수 없다 등의 뜻이 있으며, 무상無相이나 무자성無自性으로 의역한다. ①진리가 모든 현상을 끊은 것. 모든 법에 모든 상을 여읜 것. ②열반의 다른 이름. 열반은 모든 허망한 상을 여의기 때문에 붙인 이름. ③생멸 변천하는 모양이 없는 무위법無爲法. ④모든 집착을 여읜 경계. ⑤번뇌 허망한 생각을 여읜 무루無漏의 마음. ⑥공관空觀.

무상(無上) 진리를 궁구하고 본성을 다하여 다시 이보다 더 위인 것이 없음을 말한다.

무상각(無上覺) 불佛의 과위果位를 말한다. 위가 없는 정각正覺. 부처가 모든 법의 참된 지혜임을 깨닫는 것.

무상계(無常偈) 📖 ①『열반경』에서 무상을 설한 '제행무상諸行無常 시생멸법是生滅法 생멸멸이生滅滅已 적멸위락寂滅爲樂'의 게송을 말한다. 『인왕경仁王經』에서 설한 사비상계四非常偈도 있다. ②다비식을 할 때도 12인연법을 설명하는 경전의 구절들을 모아 무상계계無常偈戒·무상계無常偈·무상계無常戒라고 하여 망자亡者에게 수계授戒하기도 한다.

무상계번(無常偈幡) 선가에서 승려들이 열반하여 다비식을 할 때, 무상계無常偈를 적어 단 깃발. 다비식에서는 이 깃발을 들고 다비하는 장소에 이르러서 무상계법사는 망자亡者에게 무상계無常戒로 수계를 하고 불을 붙이도록 하고 있다. ➡ 무상계無常偈

무상경(無常磬) 인경引磬. 사람의 목숨이 끝나려 할 때 치는 경쇠.

무상계(無相戒) ①모양이 없는 계戒로서 『육조단경』에 보이는 무상심지계無相心地戒. ②무상無相의 이치를 깨닫도록 법문을 일러 주는 것. ➡ 무상계無常偈

무상공교(無相空敎) 『반야경般若經』에서 설교한 삼론三論의 근본. 모든 세상, 모든 사물이 무상無相하고 공적空寂하여 실질적인 체體가 없다고 하는 가르침. 무상교無相敎.

무상과(無想果) 무상보無想報·무상사無想事. 현세에 무상정無想定을 닦은 과보로 죽은 뒤에 무상천無想天에 나는 것. 이숙과異熟果.

무상관(無相觀) 무상無常을 자세히 보는 수행.

무상당(無常堂) ①무상원無常院·연수당延壽堂·열반당涅槃堂의 다른 이름. 임종을 앞둔 병자가 있는 곳. ②다비소茶毘所·화장장火葬場을 말한다.

무상대승(無相大乘) 삼론종三論宗. 세상의 모든 존재가 공무空無한 것으로 무상無相하다고 말한 대승교.

무상대원(無相大願) 모든 부처가 실상實相 무상無相을 깨닫는 근본지根本智를 여의지 않고 중생 제도의 큰 서원을 일으키는 것을 말한다.

무상도(無上道) 지극히 높아 위가 없는 법法. 더 이상 위가 없는 보리菩提라는 뜻. 부처의 과위果位를 말한다.

무상랑(無常狼) 무상함을 두려워할 만한 것이라 하여 이리에 비유한 것.

무상륜(無上輪) 위가 없는 법륜法輪. 부처가 설한 법을 말한다.

무상법륜(無上法輪) 여래의 설법.

무상보리(無相菩提) 무상적멸보리無相寂滅菩提. 보살이 등각等覺·묘각위妙覺位에 이르러 온갖 번뇌를 끊고 불과원만佛果圓滿한 증오證悟를 이룬 것. 아뇩다라삼막삼보리阿耨多羅三藐三菩提를 부처가 증득한 것. 무상보리심無上菩提心.

무상복전의(無相福田衣) 가사의 이름.

무상사(無上士) 부처를 말한다. 지고至高하여 위 없는 선비. 유정 가운데 가장 높은 존재. 여래십호如來十號 가운데 하나.

무상삼매(無相三昧) 무상해탈문無相解脫門. 상相이 없음을 관觀하여 일어나는 선정.

무상상(無常想) 십상十想 가운데 하나. 만물이 항상하지 않음을 관觀하는 것.

무상상(無相相) 『지도론』의 삼종상三種相 가운데 하나. 가명상假名相과 법상法相이 없는 것을 미혹하고 집착하여 실제로 있다는 생각을 일으키는 것.

무상수(無常修) 삼수三修 가운데 하나. 성문聲聞의 사람이 법신이 상주한다는 이치를 알지 못하고 삼계의 모든 유위법有爲法을 보고 모든 생멸이 무상하다고 여기는 것.

무상승(無上乘) 지극하게 높아서 더 이상 위가 없는 교법. 대승의 다른 이름.

무상신(無常身) 부처의 응화신應化身. 이신二身 가운데 하나.

무상신(無常身) 응신應身·화신化身을 말한다.

무상심지계(無相心地戒) 선문禪門에서 전하는 계戒. 선종禪宗에서 말하는 보살승이 지켜야 할 계율. ➡ 무상계無相戒

무상양족존(無上兩足尊) 부처의 존호尊號.

무상열반(無上涅槃) ①대승의 열반. 더 이상 비교할 것이 없는 열반의 증과證果를 말한다. ②부처의 깨달음인 각오覺悟.

무상열반(無相涅槃) 열반의 법이 모든 색상色相을 여의는 것.

무상원(無常院) 무상당無常堂. 임종을 앞둔 승려가 있는 곳. 또는 다비소茶毘所를 말한다.

무상의(無常依) 여래의 덕호德號. 여래가 모든 중생이 귀의하기 때문에 붙은 이름.

무상인(無相忍) 삼계 인과의 법이 모두 공무空無함을 자세히 살펴 무상인을 얻는 것.

무상정(無想定) 외도가 무상천無想天에 나는 과보를 얻으려고 닦아서 모든 심상心想을 없애는 선정.

무상정등정각(無上正等正覺) 아뇩다라삼먁삼보리阿耨多羅三藐三菩提. 부처의 깨달음. 매우 높아 더 이상 위가 없는 진정眞正하고 평등平等하고 보편普遍의 깨달음. 끝까지 원만한 부처의 과위果位.

무상정진도의(無上正眞道意) 보리심菩提心. 위가 없는 바른 진리인 부처의 과위果位를 구하는 마음.

무상조(無常鳥) 명토冥土의 새 이름. 두견杜鵑을 말한다.

무상존(無上尊) ①모든 부처의 통칭. ②아미타불의 다른 이름.

무상종(無常鐘) 무상경無常磬. 사람이 임종하려고 할 때 치는 종.

무상참괴의(無上慚愧衣) 가사의 전체 호칭.

무상천(無想天) 색계 십팔천十八天 가운데 하나. 색계 사선천四禪天의 광과천廣果天 가운데 있는 하늘. 이 하늘에 태어나면 모든 생각이 없어진다고 한다. 곧 아무 생각이 없는 중생들이 사는 세계. 무상계無想界.

무상해탈문(無相解脫門) 삼해탈문三解脫門 가운데 하나. 상대적인 차별의 모양이 없다고 보는 것.

무상행(無相行) 사제四諦의 이치를 관하면서 절대 부정하는 것. 모든 차별의 상을 여읜 수행.

무상혜(無上慧) 부처의 지혜.

무상호(無常虎) 무상함의 두려움이 호랑이와 같다는 것을 비유한 말.

무색계(無色界) 삼계三界 가운데 하나. 물질인 육체를 여의고 정신적인 요소만 있는 세계. 다만 식심識心만 있어 심묘深妙한 선정禪定에 거주하는 것. 삼계三界 가운데 가장 높은 차원의 하늘이라고 해서 유정천有頂天이라고도 한다. 탐욕과 성냄을 끊어 물질의 영향은 받지 않지만 아직 나라는 생각을 버리지 못해 정신적으로 걸림이 남아 있는 깨끗한 중생들이 사는 세계.

무색계사천(無色界四天) 공무변처천空無邊處天·식무변처천識無邊處天·무소유처천無所有處天·비상비비상처천非想非非想處天.

무색유(無色有) 삼유三有 가운데 하나. 무색계의 과보가 실제로 있는 것.

무색정(無色定) 무색계의 선정禪定. 무색계정無色界定.

무색천(無色天) 무색계의 사처四處.

무생(無生)📖 anutpāda 생生이 없는 것, 출현이 없는 것, 효과가 없는 것 등의 뜻이 있다. 조건에 의해 인연 화합하여 존재하는 모든 것은 자성自性이 없으므로 공空이며 무상無常이며 무생無生이라고 한다. 따라서 멸滅도 없다. ①무생멸無生滅·무생무멸無生無滅. 모든 법의 실상은 자성으로 생멸이 없다는 것. ②아라한·열반의 뜻. 다시 미계迷界의 생을 받지 않는다는 뜻. ③무생법인無生法印. 모든 현상은 존재하는 체體가 없이 공하여 무無이므로 생멸의 변화가 없다는 가르침. ④무인생과無因生果의 준말. 어떠한 원인 없이 결과가 생기는 것. ⑤불생不生과 같다.

무생무멸(無生無滅) 조건에 의해 인연 화합하여 존재하는 모든 것은 자성自性이 없으므로 공空이며 무상無常이며 무생無生이라고 한다. 따라서 멸滅도 없다. 상주常住하는 것.

무생법(無生法) 불생불멸不生不滅의 진여眞如의 이치. 열반의 진리. 열반의 체體를 말한다. ➡ 무생無生

무생법인(無生法忍)📖 사인四忍 가운데 하나. 무기법인無記法忍의 다른 이름. 무생無生. 불생불멸不生不滅하는 진여眞如의 법성法性을 알고 주住하여 움직이지 않는 참된 지혜. 번뇌 망상이 없는 최고의 경지. 무생인無生忍. 보살이 십지十地 가운데 초지初地인 환희지歡喜地나 원행지遠行地·부동지不動地·선혜지善慧地에서 얻는 깨달음의 경지. ➡ 무생無生

무생신(無生身) ①부처의 법신. ②열반.

무생지(無生智) ①성문과聲聞果 십지十智 가운데 하나. 아라한의 최극지最極智. 아라한과에서 생기는 지혜. ②보살이 무생無生의 진리를 증오證悟한 지혜. ➡ 무생無生

무생참(無生懺) 삼종참법三種懺法 가운데 하나. 마음을 바르게 하고 단정히 앉아서 생멸이 없는 실상을 자세히 살펴 무명無明 번뇌를 끊음으로서 죄罪와 복福의 분별심을 일으키지 않는 것.

무성(無性)📖 niḥsvabhāvatva 다른 것에 의지하지 않고 스스로 존재하는 성질이 없는 것. agotra는 종자의 성질이 없는 것으로 비성非性, 비종非種의 뜻으로 무종성無種性이다. ①공空으로 자성自性이 없어 스스로 존재할 수 없는 것. 세상 모든 사물은 인연의 화합에 의해 생기고 자기의 본성이 아니라는 말. ②불성이 없는 것. 보살·성문·연각이 될 성품이 없는 것. 무루無漏의 종자가 없는 것. ③사대四大 내지 열반 등의 가명假名이 끝내 공무空無한 가운데 모두 실질적인 본체가 없는 것을 말한다.

무성천제(無性闡提)📖 icchantika 열망을 부수다는 뜻으로 음사는 일천제一闡提이며, 심욕甚欲, 대욕大欲으로 의역한다. 불성佛性이나 깨달음의 종자種子가 없는 것을 말한다.

무소관(無所觀) 세상 모든 사물의 무소득無所得의 이치를 자세히 보는 것. 색色과 상相이 없는 불생불멸인 부처의 다른 이름.

무소득(無所得)📖 aprāptitva 획득할 수 없는 것, 적합하지 않은 것 등의 뜻이 있다. 무상無相한 진리를 체득하여 마음으로 집착하고 분별함이 없는 것. 지각知覺하거나 주관과 객관의 구별이 없는 것. 공혜空慧. 무분별지無分別智.

무소외(無所畏) 두려움이 없는 것. 부처의 18불공법의 하나. 무외無畏.

무소유(無所有)📖 연기법을 바로 보는 것을 표현한 말. 무소득無所得. 공空의 다른 이름.

무소유공(無所有空) 불가득공不可得空.

무소유처(無所有處) 아무 것도 없는 경계. 무색계無色界의 세 번째 천상. 인연 화합한 모든 것은 공空으로서 있는 것이 없음을 보고 수행하여 태어나는 곳.

무소유처정(無所有處定) 무소유처無所有處에서 생기는 선정禪定. 식識인 상想을 버리고 심무소유心無所有라고 자세히 보는 선정.

무소유처천(無所有處天) 무색계無色界 사천四天 가운데 하나.

무수겁(無數劫) 아승기阿僧祇. 헤아릴 수 없는 무한한 시간.

무수무증(無修無證) 수행과 증득을 여읜 무위無爲의 진인眞人.

무수승(無羞僧) 사종승四種僧 가운데 하나. 부끄러워하는 마음이 없는 사문. 무괴無愧의 구역舊譯. 계율을 범犯하고도 부끄러움이 없는 이를 말한다.

무숙선(無宿善) 숙세宿世에 지은 선善 또는 선근善根이 없는 것을 말한다.

무승(無勝) 석가여래의 다른 이름.

무승국(無勝國) 석가여래의 정토淨土.

무시주의(無施主衣) 납의衲衣의 하나. 승려 자신이 주운 천 조각으로 꿰매어 만든 가사. 시주가 없는 옷.

무신칭명(無信稱名) 진실한 믿음이 없이 입으로만 염불하는 것.

무심(無心) 대상에 집착함이 없는 것. 참된 마음이 허망한 생각을 여읜 것을 말한다.

무심도인(無心道人) 모든 것을 구하지도 얻는 것도 없는 무념무상無念無想의 진인眞人.

무심삼매(無心三昧) 백팔삼매 가운데 하나. 멸진정滅盡定 및 무상정無想定의 무심無心한 선정禪定.

무심위(無心位) 심식心識의 작용이 없는 자리.

무심유사(無尋唯伺) 색계의 중간선中間禪으로 무심無尋한 심소心所에 오직 엿보는 심소가 있는 것.

무심정(無心定) 멸진정滅盡定.

무아(無我)📖 anātman 무아無我, 타他, 정신 또는 영靈과 다른 것, 정신 또는 감각을 빠뜨린, 정신적이지 않은 것, 물질적인 것의, 본체가 없는 등의 뜻이 있다. ①공空을 잘 아는 것으로, 고정되어 불변하는 실체인 자아自我가 없다는 뜻. 비아非我. ②오온五蘊이 임시로 합친 것으로 실아實我가 없음을 말한다. 또는 자아의 존재를 부정하거나 여의는 것.

무아관(無我觀) 모든 세상 모든 사물에 실제적인 아我가 없다고 관觀하는 법.

무아상(無我想) 십상十想 가운데 하나. 모든 세상 모든 사물이 공적空寂함을 알고 아상我想을 없애는 것.

무아수(無我修) 삼수三修 가운데 하나. 자재 무애한 진아眞我가 있는 줄 알지 못하고 오온五蘊이 임시로 화합한 가아假我를 대상으로 하여 무아無我를 관觀하는 수행.

무아인(無我印) 세상 모든 법에 변하지 않는 진리는 없다는 뜻.

무악성(無惡聲) 여래의 설법은 음성이 아름다워 추악하지 않음을 말한다.

무안(無安) 모든 세간에 안온한 법이 없어 모두 고苦로써 자기의 본성을 삼는 것.

무안인(無眼人) 바른 도를 모르는 사람. 무신자無信者를 낮추어 일 컫는 말.

무애(無礙) 📖 aprathata 경과經過할 수 없다, 적대하기 어려운, 막을 수 없는, 덜어 낼 수 없는 등의 뜻이 있으며, 무애無碍, 무애無閡로 의역한다. 장애나 걸림이 없다는 뜻. 어떤 장애나 어떤 조건에도 장애 받지 않고 자유로운 것을 말한다.

무애(無愛) 탐애와 탐욕을 여읜 것.

무애광여래(無礙光如來) 무애광불無礙光佛. 아미타불阿彌陀佛.

무애법계(無碍法界) 중도법문中道法門으로 양변을 떠나 서로 걸림 이 없이 통하는 세계. 시공時空 융합의 세계.

무애안(無礙眼) 십안十眼 가운데 하나. 보는 데 장애가 없는 눈.

무애인(無礙人) 부처의 덕호德號.

무애지(無碍智) 부처의 지혜.

무애해(無碍解) 무애변無碍辯.

무애해탈나한(無礙解脫羅漢) 삼종나한三種羅漢 가운데 하나. 정定·혜慧의 장애를 끊고 삼장三藏의 글과 뜻을 잘 아는 사무애변四無礙辯을 얻어 변설辯舌에 자재한 사람.

무언(無言) 말을 하지 않고 행하는 수행법. 묵언默言수행이라고도 한다.

무언보살(無言菩薩) 사자장자獅子長者의 아들은 말을 하지 않아 무언無言이라고 하였으며, 전생에 선근이 있었으므로 무언동자無言童子라 한다.

무여수(無餘修) 사수四修 가운데 하나. 복덕과 지혜의 2가지 자량資量을 닦아 남음이 없는 것을 말한다.

무여열반(無餘涅槃) 소승에서는 회신멸지灰身滅智의 상태로서 모든 것이 모두 없어진 상태. 대승에서는 상常·낙樂·아我·정淨의 사덕四德을 갖춘 열반.

무여회단(無餘灰斷) 회신멸지灰身滅智. 남음이 없는 열반에 들어 몸을 재처럼 하듯이 지혜를 끊어 없애는 것을 말한다. ➡ 회신멸지灰身滅智

무연(無緣) 기연機緣이 없는 것. 얽매이고 속박됨이 없는 것. 심식心識의 반연攀緣이 없는 것을 말한다.

무연대비(無緣大悲) 부처의 대자심大慈心은 중생과 인연이 없는데도 중생을 구제함을 말한다.

무연법계(無緣法界) 차별이 없는 평등한 경계.

무연불(無緣佛) 자기에게 인연이 없는 부처라는 뜻. 숙세에 자기와 인연을 맺은 적이 없는 부처.

무연사(無緣寺) 인연이 없는 사람이 회향回向하는 도량.

무연자비(無緣慈悲)📖 삼종자비三種慈悲 가운데 하나. 모든 법에는 실제의 자성自性이 없음을 알아 능소能所의 구별이 없이 중생을 불쌍히 여겨 구제하려고 자비심을 일으키는 인연因緣을 말한다. 온갖 차별된 견해를 여의고 모든 법의 실상을 아는 것으로 부처만이 지니고 있는 자비를 말한다. 무연대비無緣大悲와 같은 뜻.

무연중생(無緣衆生) 전생에 불보살과 인연을 맺은 일이 없는 중생. 인연이 없는 중생은 부처도 제도할 수 없다고 한다.

무연탑(無緣塔) 무연총無緣塚. 조문弔問할 사람이 없는 사람의 무덤.

무열뇌성(無熱惱聲) 여래의 법음이 듣는 이로 하여금 뜨거운 번뇌를 제거하여 청량하게 해 주는 것을 말한다.

무열천(無熱天) 색계의 오정천五淨天 가운데 제2천의 이름. 청량하여 열뇌熱惱가 없다.

무염식(無染識) 묘관찰지妙觀察智의 다른 이름.

무염족왕(無厭足王) 선재동자가 보살의 지혜와 수행을 묻기 위해 찾아간 18번째 선지식.

무염청정심(無染淸淨心) 삼청정심三淸淨心 가운데 하나. 자기를 위해 즐거움을 구하지 않는 마음.

무외(無畏)📖 무소외無所畏. 불보살이 법을 설할 때와 같이, 설법할 때 마음에 두려움이 없고 편한 것. 사무외四無畏. ➡ 보시布施

무외보시(無畏布施) 중생들의 두려움을 없애주고 편안하게 해 주는 보시. 무외시無畏施. 무재보시無財布施. ➡ 보시布施

무외사(無畏捨) 사사四捨 가운데 하나. 중생이 온갖 것에 두려워함을 없애 주는 것. ➡ 보시布施

무외시(無畏施) 중생들의 두려움을 없애 주고 편안하게 해 주는 보시. 무재보시無財布施. ➡ 보시布施

무우수(無憂樹) 보리수의 다른 이름. 아수가阿輸迦. 아술가阿述迦.

무우왕(無憂王) 아육왕阿育王. 아수가왕阿輸迦王.

무운천(無雲天) 색계 십팔천十八天 가운데 하나. 사선천四禪天.

무원삼매(無願三昧) 삼삼매三三昧 가운데 하나. 무작삼매無作三昧. 무원해탈無願解脫. 공무상무원空無相無願. 모든 법을 관하고 바랄 것이 없는 마음 상태에서 일어나는 선정.

무원해탈문(無願解脫門) 무작해탈문無作解脫門.

무위(無爲) 인연의 의한 조작造作이 없는 것. 진리의 다른 이름. 열반의 경계.

무위계(無爲戒) 밀교의 삼매야계三昧耶戒.

무위공(無爲空) 모든 무위법이 모두 공하여 얻을 수 없는 것을 말한다. 18공空 가운데 하나.

무위공사(無爲空死) 취생몽사醉生夢死라는 말과 같다.

무위법(無爲法) 대승오위大乘五位 가운데 하나. 인연으로 조작함이 없는 이법理法. 인과 관계를 여의어 상주 불변하는 것.

무위법신(無爲法身) 법신불法身佛. 법신은 인연에 의해 생멸하지 않는다는 뜻.

무위사(無爲舍) 생멸生滅이나 생사生死의 유위법을 여읜 원적열반圓寂涅槃의 경계를 비유한 말. 무위無爲가 사람의 가장 안락한 집이라는 뜻.

무위성(無爲城) 인위적인 조작을 여읜 도성都城. 무위상주無爲常住의 세계. 극락세계.

무위심(無爲心) 무심無心. 허망한 생각이나 헤아림이 없는 마음.

무위열반계(無爲涅槃界) 정토문에서 극락세계를 가리키는 말.

무위진인(無位眞人) 진해탈인眞解脫人이나 진리를 말한다. 본래면목本來面目.

무유등등(無有等等) 수량이 커서 이보다 위가 없는 것. 동등한 수가 없다는 뜻. 무등등無等等.

무유애(無有愛) 열반 진공眞空의 법에서 탐애貪愛를 일으키는 것.

무육식(無六識) 육식六識이 없는 사람. 분별할 줄 모르는 사람.

무의어(無義語) 의의意義나 이익이 없는 말.

무이상(無二相) 부처가 모든 중생을 평등하게 제도하여 모든 차별하는 마음을 없앤 것을 말한다.

무이인(無耳人) 무안인無眼人. 불교의 법을 믿지 않는 사람을 폄하한 말.

무인무과(無因無果) 선善과 악惡의 인과가 없다고 하는 그릇된 소견. 전생에는 현세의 결과가 될 원인이 없고, 또 미래세에는 현세의 원인에 의한 결과가 없다고 하는 외도의 학설.

무인외도(無因外道) 모든 세상 모든 사물은 원인이 없이 저절로 생긴다고 주장하는 외도. 무인논사無因論師.

무일물(無一物) 본래무일물本來無一物의 준말. 육조 혜능慧能이 깨달음을 얻은 말. 『육조단경六祖壇經』에서는 "菩提本無樹, 明鏡亦非台, 本來無一物, 何處惹塵埃."라고 한다.

무자성(無自性)　세상 모든 사물은 모두 인연의 화합으로 생긴 것이므로 일정한 자기의 본성이 없다고 하는 것. 무자연성無自然性.

무자인(無字印)　문자가 없는 법인法印. 말이나 글귀의 형식을 여읜 부처의 심인心印. 곧 진리를 말한다. 무문인無文印, 무문자인無文字印, 무장애인無障碍印.

무작(無作)　무위無爲. 인연에 의한 조작造作이 없는 것.

무작계(無作戒)　무교無敎. 무표無表. 무작색無作色. 무작대계無作大戒.

무작삼매(無作三昧)　무원삼매無願三昧. 무작해탈문無作解脫門.

무작해탈문(無作解脫門)　삼해탈문三解脫門 가운데 하나. 무원해탈문無願解脫門. 모든 것을 구할 것이 없다고 보는 것. 무작삼매無作三昧. 무원삼매無願三昧.

무재귀(無財鬼)　무재아귀無財餓鬼.

무재보시(無財布施)📖　무재칠시無財七施. 재물 없이 보시한다는 뜻. 남에게 베푸는 유순한 인사와 온화한 행동, 환한 얼굴, 편안한 웃음 등으로 보시하면 받는 과보果報가 있다고 한다. 부모 스승에게 항상 좋아하는 눈으로 대하는 안시眼施는 몸을 버리고 몸을 받을 때 청정안을 얻는다고 하며, 부모 스승에게 절박하고 찌그러지지 않은 단정한 얼굴로 대하는 화안열색시和顏悅色施는 몸을 버리고 몸을 받을 때 진금색 얼굴을 얻는다고 하며, 부모 스승에게 부드러운 말로 나쁘고 추한 말을 하지 않는 언사시言辭施는 몸을 버리고 몸을 받을 때 언변재를 얻는다고 하며, 부모와 스승에게 항상 예禮와 인사를 하는 신시身施는 몸을 버리고 몸을 받을 때 큰 몸과 공경 받을 몸을 얻는다고 하며, 비록 위로 공양하더라도 마음이 선하지 않으면 보시가 아닌데, 좋은 마음으로 선함에 잘 어울리도록 하는 심시心施는 몸을 버리고 몸을 받을 때 마음이 밝아 지심智心을 얻는다고 하며, 부모 스승에게 깔고 앉는 자리를 마련하여, 스스로 그 자리에 이르게 되는 상좌시床座施는 몸을 버리고 몸을 받을 때 칠보로 된 사자좌를 얻는다고 하며, 앞의 여러 부모 스승에게 방사에서 좌구를 얻을 수 있게 하는 방사시房舍施는 몸을 버리고 몸을 받을 때 궁전으로 된 선정을 얻는다고 한다.

무재아귀(無財餓鬼) 무재귀無財鬼.

무재칠시(無財七施) 📖 무재보시無財布施. 재물이 없어도 남에게 베풀 수 있는 7가지의 보시. 곧, 신시身施·심시心施·안시眼施·안시顏施·언시言施·좌시座施·방시房施. 즉, 얼굴은 항상 웃는 얼굴을 하며, 눈은 항상 청정하게 하는 것 등을 말한다. ➡ 무재보시無財布施

무쟁(無諍) 공空의 이치에 안주하여 남과 더불어 다투는 일이 없는 것.

무쟁념왕(無諍念王) 아미타불이 인위因位에서 국왕일 때의 이름.

무쟁삼매(無諍三昧) 공空의 이치에 안주하여 남과 더불어 다투는 일이 없는 선정. 무쟁정無諍定.

무쟁정(無諍定) 무쟁삼매無諍三昧.

무쟁제일(無諍第一) 수보리須菩提가 부처의 제자 가운데 무쟁삼매無諍三昧에 제일이라고 한다.

무쟁처(無諍處) 난야蘭若. 곧 절을 가리킨다.

무적(無賊) 성문사과聲聞四果 가운데 아라한과阿羅漢果. 삼계의 미혹을 끊고 존경과 공양을 받을 수 있는 계위를 뜻한다. 응공應供·불생不生이라고도 한다.

무제지(無際智) 끝이 없는 부처의 지혜를 말한다.

무종(無種) 무선종無善種. 끝내 성불하지 못하는 사람.

무종성(無種性) 무성유정無性有情.

무주(無住) 📖 aniketa 집이 없다는 뜻. 머무름이 없는 것. 부주不住와 같은 의미. 인因과 연緣이 화합한 모든 존재는 자기 자성自性이 없는 무자성이지만, 이 이치를 바로 보면 마음은 자유로우며 그 성질에 머물지 않는다는 것. 이 공의 체득은 능能과 소所 어느 쪽에도 머물지 않는다는 것으로 선禪의 전제가 되어 수행의 방식으로 발전한다.

무주삼매(無住三昧) 백팔삼매百八三昧 가운데 하나. 세상 모든 사물은 무상無相하여 주착함이 없음을 자세히 관觀하는 선정.

무주상보시(無住相布施) 남에게 베풀고도 베풀었다는 상相이 없는 최상의 보시. 주는 사람이나 받는 사람이나 주는 물건 어느 것에도 집착하지 않는 삼륜三輪이 청정한 보시.

무주심(無住心) 머물러 집착함이 없는 마음. 또는 마음이 모든 곳에 주착하지 않는 해탈.

무주인(無住忍) 사인四忍 가운데 하나. 세상 모든 사물은 본래 무주無住여서 마음에 집착이 없고 다른 생각이 섞이지 않은 것인데, 그것이 그대로 드러나는 것을 말한다.

무주처열반(無住處涅槃) 사종열반四種涅槃 가운데 하나. 무주열반無住涅槃. 번뇌장·소지장所知障을 끊은 열반. 지장智障을 끊었으므로 생사·열반이 차별 없는 깊은 지혜를 얻어 생사를 싫어하고 열반을 좋아하는 정情이 없고, 대비大悲가 있으므로 열반에 머무르지 아니하고 생사계의 중생을 교화하며, 대지大智가 있으므로 생사에 머무르지 않고 길이 미계迷界를 여의는 것을 말한다.

무지(無知) 지혜 또는 식견이 없다는 뜻. 어두운 마음이 사리를 비추어 알지 못하는 것.

무진(無瞋) 심소心所의 이름. 10대선지十大善地 가운데 하나. 유식에서는 선善의 하나. 항상 치욕을 참아서 어떠한 경계에 대해서도 성내지 않는 정신 작용.

무진근(無盡根) 약수藥樹의 이름.

무진금강(無盡金剛) 무진의보살無盡意菩薩. 정혜금강定慧金剛.

무진등(無盡燈) ①하나의 등불로 수많은 등불을 켤 수 있는 등. 한 사람의 법으로 많은 사람을 교화해도 다함이 없음을 비유한 말. ②장명등長明燈. 밤낮 꺼지지 않는 등불. ③법문法門의 이름.

무진법계(無盡法界) 존재가 서로 받아들이고 서로 즉하며 서로 원융하고 서로 환하게 비추어서 거듭 다함이 없는 법계를 연기로 설명하는 화엄교학의 용어. 사사무애법계事事無碍法界.

무진삼매(無盡三昧) 백팔삼매百八三昧 가운데 하나. 무진법無盡法을 아는 선정.

무진연기(無盡緣起) 법계연기法界緣起. 화엄 교학에서 설명하는 연기설. 낱낱의 법법法法들이 서로 나머지들을 받아들여 하나이면서도 하나가 아닌 세계가 서로 의지하여 연기하는 존재로 설명한다.

무진장(無盡藏) ①다함이 없는 재보를 가진 곳간. 한량이 없는 재물을 넣는 창고. ②다함이 없는 덕을 지니고 있는 것. 덕이 넓고 궁함이 없는 것.

무진해(無盡海) 무진한 법을 바다의 깊고 넓음에 비유한 말.

무진현종(無盡玄宗) 현묘한 무진연기無盡緣起의 교법을 말하는 종지. 곧 화엄종을 말한다.

무집수(無執受) 과거·미래의 오근五根과 현재에 있으면서 감각하지 못하는 머리털·손톱·땅·물 따위를 말한다. 감각이 없는 무기물無機物.

무차대회(無遮大會) 신분의 귀천이나 상하의 가림 없이 모든 사람들이 모여서 평등하게 재시財施와 법시法施를 하는 대법회. 대시회大施會.

무차승(無差僧) 사종승四種僧 가운데 하나.

무차회(無遮會) 무차대회無遮大會와 같은 말.

무착행(無著行) 십행十行 가운데 하나. 모든 행실이 원융하여 장애가 없으며, 모든 행行과 법法에 집착이 없는 것.

무참(無慚) 할 일을 하지 않고 악행惡行에도 부끄러워할 줄 모르는 것. 무참無慚. 무괴無愧. 무치無恥. 대불선大不善 가운데 하나. 수번뇌이십법隨煩惱二十法 가운데 하나. 십전十纏 가운데 하나.

무체(無體) 실질이 없는 체성體性.

무치(無癡) 심소心所의 이름. 무치無痴. 우치愚癡가 없는 것. 마음에 치혹癡惑이 없는 것. 모든 법의 이치와 일어나는 모습을 바르고 분명하게 알아 어리석음을 대치對治하는 것을 말한다. 삼선근三善根 가운데 하나.

무택지옥(無擇地獄) 무간지옥無間地獄.

무표색(無表色) 무표無表, 무작색無作色, 무교색無敎色. 색법 가운데 말과 몸으로 행하는 것과 같이 밖으로 드러나는 표색表色이 아닌 행위라는 뜻으로 부처가 행하는 공능功能과 같은 말이다.

무학(無學) 극과極果. 성문사과聲聞四果의 최후의 자리인 아라한과 阿羅漢果를 얻은 것을 말한다. 아라한과에 이르면 다시 더 배울 법이 없으므로 무학 또는 무학과無學果라고 한다. 무학정견無學正見·무학정정無學正定의 팔성도八聖道와 무학해탈無學解脫·무학정지無學正智의 10가지 무루법無漏法을 완성한 경지.

무학도(無學道) 삼도三道 가운데 하나. 삼계의 모든 미혹과 번뇌를 끊고 진제眞諦의 이치를 증득하여 다시 배우고 닦을 것이 없는 원만한 지혜. 곧 아라한의 무루지無漏智를 말한다.

무학위(無學位) 성문聲聞 4과인 아라한을 말한다.

무후생사(無後生死) 7가지 생사 가운데 하나. 등각等覺의 보살을 말한다. 이 몸이 묘각妙覺에 들어가 다시 후신을 받지 않는 것.

묵리(默理) 묵묵하게 말이 없는 묘한 이치.

묵불이(默不二) 유마거사維摩居士가 묵묵하게 말없이 불이법문不二法門에 들어간 것을 말한다.

묵빈(默擯) brahma-daṇḍa daṇḍa는 봉棒, 장杖, 곤봉棍棒, 경莖, 파수把手, 무력武力, 군력軍力, 군대軍隊, 완전한 제어制御 등의 뜻으로, 의역하여 범단梵壇이라 한다. 비구의 3가지 빈치擯治 가운데 하나. 대중들과 더불어 말하지 못하게 하는 것.

묵시(墨施) 먹으로 사경寫經하여 주는 것으로 사종보시四種布施 가운데 하나. ➡ 보시布施

묵의(墨衣) 먹물로 물들인 옷. 승의僧衣.

묵전심인(默傳心印) 이심전심以心傳心.

묵조선(默照禪) 말없이 염불하고 움직이지 않는 좌선의 방법. 묵연정좌하는 가운데 내심의 관조를 수행한다. 마음을 평온하게 하여 좌선하는 일에만 집중하고 마음의 사량 분별을 부정하는 선풍. 여래선如來禪.

문(門) ①부처의 세계로 들어가는 문. 불문佛門. ②차별의 뜻. ③삼보三寶의 진실과 청정함으로 세상을 구제하는 법문法門.

문견(聞見) 법문을 듣고 경전을 보아 뜻을 안다는 것.

문구(文句) 글의 구절. 경문을 해석하여 놓은 글.

문다라니(聞陀羅尼) 문지다라니聞持陀羅尼. 법다라니法陀羅尼. 불교에서 수행하는 과정을 문사수聞思修라고 하여 듣고 생각하고 닦는 것이라고 하듯이, 제일 먼저 법을 들어야 하며 들은 것을 잘 간직하고 기억하는 것을 말한다.

문도(門徒) 하나의 법문에 의해서 종지를 세운 일종일파一宗一派를 종문宗門이라고 하고, 종문에 속하는 것을 문하의 도제徒弟라는 의미로 문도 또는 문제門弟라고 한다. 또는 문엽門葉, 문말門末이라고도 한다. 문하의 제자나, 종문宗門의 신도나, 한 절에 속한 신도를 가리키는 말.

문두행자(門頭行者) 사찰에서 문을 지키는 행자.

문려(門侶) 문도門徒. 문제자門弟子. 문말門末 문도門徒.

문류(門流) 문파門派.

문명(聞名) 부처의 명호 부르는 소리를 듣는 것. 중생을 제도하는 소리는 듣는 것을 말한다.

문문부동(門門不同) 중생의 근기에 응하여 부처의 교법이 같지 않은 것을 뜻한다.

문법난(聞法難) 사난四難 가운데 하나. 바른 법을 듣기 어려운 것을 뜻하는 말.

문사수삼혜(聞思修三慧) 삼혜三慧. 문사수혜聞思修慧. 들어서 얻는 지혜, 생각해서 얻는 지혜, 실천 수행하여 얻는 지혜를 말한다.

문수(聞修) 교법을 듣고 다시 닦는 것.

문수반야(文殊般若) 보현삼매普賢三昧.

문수보살(文殊菩薩) 문수사리보살. 지혜를 상징하는 보살. 비로자나여래나 석가여래의 협시보살로 등장한다. 주로 왼손에 연꽃을 들고 사자를 탄 모습을 하고 있다. 문수사리文殊師利· 만수실리曼殊室利 또는 만수滿殊라고도 한다.

문수보살(남양주 흥국사 광배)

문수보살법인능소정업다라니(文殊菩薩法印能消定業陀羅尼) 『다라니집경』에 보이는 진언으로 정업定業을 소멸한다는 뜻으로 과거 전생으로부터의 숙업을 말한다. 불복장을 할 때 후령통을 만들어 황초폭자로 싸고 나서 이 진언으로 마무리한다.

문수삼매(文殊三昧) 문수보살이 보여주는 무상無相의 묘혜妙慧를 드러내는 삼매.

문수전(文殊殿) 문수보살을 봉안한 불전佛殿.

문수호신주(文殊護身咒) 한 글자로 된 문수법의 진언. 치림齒臨㗊 śrūm.

문신(文身) 심불상응행법心不相應行法의 삼종신三種身 가운데 하나. 글자의 자모字母를 말한다. 많은 글자가 연합聯合한 것.

문엽(門葉) 문도門徒.

문자반야(文字般若) 다섯 반야般若 가운데 하나. 문자가 지혜를 나타내는 방편이 된다는 것. 문자로 말미암아 생기는 반야. 방편반야方便般若. 권지權智.

문자법사(文字法師) 문자에 구애되어 이치를 잘못 아는 비구를 말한다. 또는 오로지 교상敎相만을 익히고 선행을 닦지 않는 비구를 일컫는다.

문자상철우(蚊子上鐵牛) 모기가 쇠로 만든 소 위에서 피를 빨려고 해도 물 곳이 없다는 말. 선지禪旨는 언어 문자를 쓸 방도가 없는데, 언어 문자를 통해서는 이해할 방도가 없다는 말.

문자선(文字禪) 공안公案의 언어 문자만 탐구 분석하는 선정의 방법.

문적(門迹) 문류門流·문파門派와 같은 말. 일문一門의 법적法迹.

문제(門弟) 문도門徒.

문즉신(聞卽信) 들은 그대로를 믿는다는 말.

문증(文證) 경문經文의 증거.

문지(聞持) 교법을 듣고 기억하여 잊지 않는 것, 곧 다라니陀羅尼를 말한다.

문지다라니(聞持陀羅尼) 삼다라니三陀羅尼 가운데 하나. 문다라니 聞陀羅尼. 부처의 교법을 듣고 잊지 않고 잘 지니는 것.

문파(門派) 문류門流. 일문一門의 법류法流.

문표(門標) 만다라曼茶羅 입구에 세우는 당표幢標.

문혜(聞慧) 삼혜三慧 가운데 하나. 교법을 듣고 지혜가 생기는 것.

문화(問話) 선림禪林의 학생이 화상和尙을 향해 질문하는 것.

문훈(聞熏) 성교聲敎의 훈습熏習.

물기(物機) 중생의 근기根機.

물목(物目) 불복장 의식에 쓰이는 여러 가지 물건들의 이름을 적어 넣은 목록.

물색(物色) 모양을 가진 물질로 사물의 형색을 말한다.

물아(物我) 주관인 사람과 객관인 경계를 가리키는 말.

물외가풍(物外家風) 불가佛家를 가리키는 말.

미(微) 색법色法의 극히 작은 것을 극미極微라 하고, 극미의 7배 되는 것을 미微라고 한다.

미경(迷境) 미혹한 경계. 허망한 경계. 미계迷界. 삼계三界 육도六道

의 안.

미계(迷界) 미경迷境. 난도해難度海. 생사해生死海.

미기라(迷企羅) 약사전藥師殿에서 일광보살日光菩薩과 월광보살月光菩薩 외에 약사여래의 큰 사업을 돕는 12나한羅漢을 말한다.

미납(未納) 납자衲子·납승衲僧의 겸칭.

미다라니(彌多羅尼) 선지식善知識으로 번역하며 붕우朋友라는 뜻이다.

미도(味道) 도를 완미玩味한다는 말.

미도(迷途) 미혹한 경계. 삼계의 육도六道.

미도(迷倒) 미혹한 마음이 사리를 뒤집는 것.

미두(米頭) 사찰에서 미곡米穀의 출납을 맡은 소임.

미려거(彌戾車) 미리거彌離車, 밀리거蜜利車, 악견惡見으로 번역.

미려마라(迷黎麻羅) 안목이 미혹되고 어지럽다는 뜻으로 사리를 잘 볼 수 없다는 말.

미로(迷盧) Sumeru 음사하여 소미로蘇迷盧, 수미루須彌婁라고 한다. 수미산須彌山, 묘고산妙高山으로 번역한다.

미료인(未了因) 전생이 아직 마치지 않은 인연.

미루(彌樓) 고산高山·광산光山으로 번역한다.

미륵보살(彌勒菩薩) 자씨보살慈氏菩薩. 보살의 성姓. 자씨慈氏로 번역. 이름은 아일다阿逸多. 무능승無能勝으로 번역. 미래의 부처. 도솔천에 살며 천인을 위해 설법한다. 56억 7천만 년 뒤에 사바세계의 용화수 아래에서 3번에 걸쳐 중생의 제도를 위한 법회를 연다고 하는 미래불. 수인은 시무외인施無畏印 또는 여원인與願印 등을 말한다. 미륵보살彌勒菩薩. 미제례彌帝隸·매저리梅低梨·미제례迷諦隸·매달려梅怛麗·매달리每怛哩·매달려약梅怛麗藥.

미륵삼존(彌勒三尊) 가운데 미륵불彌勒佛, 왼쪽에 법화림보살法花林菩薩, 오른쪽에 대묘상보살大妙相菩薩을 모신 것을 말한다.

미륵상생(彌勒上生) 미륵보살이 있는 도솔천에 왕생하려는 신앙.

미륵전(김제 금산사)

미륵전(彌勒殿) 미래의 부처인 미륵불을 봉안한 법당. 용화전龍華殿, 자씨전慈氏殿, 자씨보전慈氏寶殿이라고도 한다.

미륵출세(彌勒出世) 미륵불이 인간에 있으면서 세상에 나오는 것.

미륵하생(彌勒下生) 미륵보살이 석가모니가 입적한 56억 7천만 년 뒤에 사바세계의 용화수 아래서 중생을 제도할 것임을 말한다.

미륵회(彌勒會) 미륵보살을 기념하는 법회. 미륵강彌勒講

미리욕(未離欲) 이미 삼계의 견혹見惑을 끊었으나 아직 욕계의 수혹修惑을 끊지 못한 것.

미마려(微摩麗) 무구無垢로 번역.

미망(迷妄) 사리에 어두운 것이 미迷. 비어서 실속이 없는 것이 망妄.

미미심(微微心) 멸진정滅盡定에 들기 전의 극히 미세한 마음.

미밀(微密) 미묘한 비밀.

미발리치(微鉢哩哆) 12합장 가운데 하나. 반차합장反叉合掌.

미부(尾扶) 부처의 다른 이름.

미부련합장(未敷蓮合掌) 미개련합장未開蓮合掌·여래개련합장如來開蓮合掌이라고도 한다.

미부연화(未敷蓮華) 반쯤 피어서 장차 활짝 피려고 하는 연꽃.

미불견성(迷不見性) 사불견四不見 가운데 하나. 미혹한 사람이 사물의 진성을 보지 못하는 것을 말한다.

미사야(尾沙耶) 국國으로 번역. 비사야毘舍也.

미사혹(迷事惑) 구체적인 개개의 현상에 미혹당하는 인간성의 정의적인 번뇌.

미생(迷生) 미혹한 중생.

미생원(未生怨) 아도세왕阿闍世王의 번역된 이름.

미세생사(微細生死) 변역생사變易生死의 다른 이름.

미수구인(未受具人) 출가하여 아직 구족계를 받지 않은 사람.

미수타(微戌陀) 청정淸淨으로 번역.

미안(迷岸) 미혹한 길로 들어감.

미여작납(味如嚼蠟) 무미無味를 말한다.

미오인과(迷悟因果) 미迷와 오悟의 인과.

미욕(味欲) 식욕食欲. 맛있는 음식을 먹고 싶어 하는 욕심.

미음천(美音天) 살라살벌저薩囉薩筏底. 묘음천妙音天. 변재천辯才天의 다른 이름.

미이야(尾儞也) 명명으로 번역. 진언眞言의 다른 이름.

미인(味因) 미진味塵. 25원통圓通 가운데 하나.

미재(米齋) 식미재선인食米齋仙人. 승론외도勝論外道의 비조鼻祖.

미정(迷情) 미혹하여 전도된 마음과 생각.

미제례(彌帝隷) 미륵彌勒.

미중미(迷中迷) 빈중빈賓中賓.

미증유(未曾有) 아부타阿浮陀. 희유希有, 미증유未曾有로 번역하며 모두 의외의 일을 말한다.

미증유법(未曾有法) 아부타달마阿浮陀達磨. 부처의 위신력으로 불가사의한 일을 나타내 보인 것을 말하며 12부경部經 가운데 하나.

미지(味知) 설근舌根. 25원통圓通 가운데 하나.

미지가(彌遲伽) 탑 이름. 용왕이 세운 탑. 토탑土塔이라고 한다.

미지정(未至定) 미도정未到定. 사선정四禪定 가운데 초선初禪의 정定을 얻기 위한 전위의 방편정方便定을 말한다.

미진(迷律) 미혹한 도로. 삼계三界의 육도六道로 달려가는 도로.

미진(微塵) 매우 미세한 물질. 극미極微보다 7배나 작은 것.

미진수(微塵數) 수량이 매우 많아서 셀 수 없는 무한대의 수를 말한다. 아미타불의 약칭이기도 하다.

미집(迷執) 미혹과 고집.

미착(味著) 식미食味에 집착하는 것.

미처(味處) 십이처十二處 가운데 하나. 육외처六外處. 육경六境.

미취(微聚) 매우 작은 색취色聚.

미타(彌陀) amita 무량의, 수를 셀 수 없는 등의 뜻이 있다. 아미타불阿彌陀佛의 준말.

미타가라(弭陀訶羅) 야차夜叉 이름. 식뇌食腦로 번역.

미타공(彌陀供) 아미타호마阿彌陀護摩. 아미타여래의 공양법.

미타굴(彌陀窟) 아미타불阿彌陀佛이 거처하는 곳.

미타단작법(彌陀壇作法) 다비소에 설치한 미타단에서 다비가 시작되는 거화擧火 전에 거행한다. 이때 거불에는 아미타불과 오방불, 관음보살과 세지보살을 모신다.

미타두(彌陀頭) 사찰에서 미타불에 공양하는 일을 맡은 권화權化의 승려.

미타명원(彌陀名願) 아미타불이 그 명호로써 중생을 구제하는 본원本願.

미타명호(彌陀名號) 나무아미타불南無阿彌陀佛의 여섯 자.

미타보호(彌陀寶號) 미타명호彌陀名號. 나무아미타불南無阿彌陀佛의 여섯 자.

미타성도일(彌陀成道日) 매월 15일.

미타이검(彌陀利劍) 미타의 명호名號를 날카로운 칼에 비유한 것.

미타전(彌陀殿) 극락정토의 주재자인 아미타불을 봉안한 법당. 극락전極樂殿, 극락보전極樂寶殿, 무량수전無量壽殿이라고도 한다.

미타정인(彌陀定印) 아미타여래의 수인. 묘관찰지정인妙觀察智定印. 연화부정인蓮華部定印.

미혹(迷惑) 외계에 홀려서 정신을 잃는 것. 사事와 이理의 잘못됨을 미迷라 하고, 사리에 밝지 못한 것을 혹惑이라고 한다.

미후(彌猴) 마가라摩迦羅. 보통 사람의 허망한 마음을 비유한 말.

민권귀실(泯權歸實) 방편인 교법을 없애고 진실한 교법으로 돌아가게 하는 것.

민절무기종(泯絶無寄宗) 규봉 종밀宗密의 삼종선三種禪 가운데 하나. 미혹과 깨달음이 모두 망령된 것이고 범부와 성인이 모두 무소유로써 꿈과 같이 본래 공적空寂하므로 오직 전도顚倒되지 않고 해탈을 얻어야 한다는 종지.

밀가(密家) 밀교의 종가宗家.

밀관(密灌) 비밀관정秘密灌頂의 준말.

밀교(密教) 비밀불교의 약칭. 불교를 현교顯教라고 하는 것에 대한 상대어. 비교秘教. 7세기 경 인도에서 일어나 『대일경』과 『금강정경』에 의해서 실천 체계를 세웠다. 석가모니부처 또는 보신의 아미타불 등을 교주로 하는 현교에 비해 법신의 대일여래를 교주로 삼는다. 진언종眞言宗.

밀기(密機) 진언眞言의 비밀을 들을 수 있는 기근機根.

밀단(密壇) 밀교의 제단. 호마단護摩壇. 만다라의 도량. 관정단灌頂壇.

밀량(密場) 밀교의 도량.

밀리거(蜜利車) 미리거彌離車·미려거彌戾車.

밀법(密法) 진언秘密의 비밀스러운 수법修法.

밀부(密付) 스승이 은밀하게 전하는 법. 이심전심以心傳心.

밀실(密室) 은밀한 방. 밀실취풍密室吹風은 선정禪定을 비유한 것이다.

밀어(密語) ①비밀스러운 뜻으로 나누는 말. 방편의 말. ②비밀의 언어.

밀교의 다라니陀羅尼. 밀언密言. ③친밀한 말. 밀어密語.

밀의(密義) 심밀한 의리義理.

밀익(密益) 비밀의 이익.

밀인관정(密印灌頂) 『대일경』에서 말한 5가지 관정灌頂 가운데 하나. 오직 한 사람에게 비법秘法을 주는 것.

밀장(密藏) 진언眞言의 경전. 다라니법陀羅尼法. 비오실설秘奧實說.

밀적(密迹) 자취를 보이지 않는다는 말로 항상 부처를 모시고 부처의 비밀스러운 사적을 기억한다는 뜻이다.

밀적금강(密迹金剛) 금강역사金剛力士. 왼손에 금강저를 든 야차신의 우두머리.

밀종(密宗) 밀교密教. 진언종·비밀종·진언밀교라고도 한다. 비로자나毘盧遮那로 부처의 경전을 이루고 『금강정경』 등을 소의경으로 삼는다. 신身·어語·의意의 삼밀三密이 상응하여 손으로 결인結印하고 입으로 주문을 외우고 생각으로 관상觀想을 행하는 등 삼밀의 가지加持에 기대어 부처가 될 수 있다고 주장한다.

밀주(密呪) 비밀의 신주神呪. 곧 다라니陀羅尼. 진언다라니.

밀중(密衆) 밀교의 중도衆徒.

밀패(密唄) 밀교의 범패.

밀학(密學) 밀교의 학學.

밀행(密行) 지계持戒의 밀행密行. 미묘하고 은밀한 수행. 밀행 제일은 부처의 10대 제자 가운데 라훌라존자.

밀호(密號) ①문자 그대로 해석할 수 없는 은밀한 말. ②모든 불보살과 보살의 금강명金剛名. 관정호灌頂號. 대일여래大日如來를 변조금강遍照金剛이라 하고 아미타여래阿彌陀如來를 청정금강淸淨金剛이라고 하는 것과 같다.

알
기
쉬
운

불
교
용
어

산
책

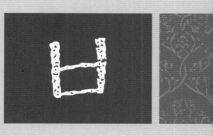

바가바(婆伽婆)📖 bhagavat 행운을 가진, 행운의, 은혜가 있다, 숭배해야 하는, 존경해야 하는, 신성神性하다, 존엄한 등의 뜻이 있다. 여러 부처의 일반적인 호칭 가운데 하나. 세존世尊, 중우衆祐, 파정지破淨地로 번역한다. 또는 ①유덕有德. 바가婆伽는 덕, 바婆는 유有의 뜻. ②바가婆伽는 분별, 바婆는 교巧의 뜻. 곧 모든 법의 총상總相과 별상別相을 잘 분별한다는 뜻. ③바가婆伽는 명성名聲, 바婆는 유有의 뜻. 명성을 얻은 것이 부처와 같은 이가 없다는 뜻.

바가범(婆伽梵) bhagavat 박가범薄伽梵. 덕이 있는 사람. 부처를 말한다.

바깥채비 사물적인 면을 강조하는 의식으로 전체 의식을 진행할 수 있도록 선도한다. 대중이 집중할 수 있도록 높은 소리나 굴곡이 있는 소리로 하고, 바라·착복·법고 등으로 분위기를 점차 고조시켜 나가는 것.

바단타(婆檀陀) 대덕大德. 부처를 말한다.

바라(鉢羅) 요발鐃鉢, 발자鈸子, 동발銅鈸, 발鈸이라고도 한다. 불전에 향을 올릴 때, 설법할 때, 다비 의식을 할 때 등 큰 의식에서 사용한다.

바라(수덕사 근역성보관)

바라(婆羅) 십대천자十大天子 가운데 하나. 역力으로 번역. 여신의 이름.

바라문(婆羅門) brâhmaṇa ~에 통한 사람, 신학자神學者, 제관祭官 등 뜻이 있다. 인도의 4성姓 가운데 하나. 정행淨行, 정지淨志, 정예淨裔, 범지梵志로 번역한다. 인도의 4성 가운데 최고 지위에 있는 종족으로 종교·문학·전례典禮를 주관하는 가장 높은 지위에 있는 계급으로 국왕보다 윗자리에 있다. 범행梵行·가주家住·임서林棲·유행遊行의 네 시기가 있다.

바라문교(婆羅門教) 고대 인도에서 브라만 계급을 중심으로 발달한 종교. 인도 최고의 종교인 베다교에 근원하여 베다 경전의 가송歌頌과 이치를 풀이하며 범천관지梵天觀知의 방법을 말한 이지명상理智冥想의 종교.

바라문국(婆羅門國) 범토梵土. 인도를 말한다.

바라밀(波羅蜜)📖 pāramitā 반대편 해안에 다다르는 것, 완전한 성, ~의 완성 등의 뜻으로 바라밀다波羅蜜多로 음사한다. 도피안到彼岸, 도무극度無極, 사구경事究竟 등으로 음사한다. 피안彼岸은 이상적인 경지에 이르고자 하는 보살의 수행. 깨달음의 길. 열반에 이른 상태. 사바라밀四波羅蜜, 육바라밀六波羅蜜, 십바라밀十波羅蜜이 있다.

바라사수(波羅奢樹) 바라사波羅奢. 적화수赤花樹로 번역.

바라이(波羅夷)📖 pārājikā

바라이죄(波羅夷罪) 기손棄損, 극악極惡, 무여無餘, 단두斷頭, 불공주不住로 번역한다. 육취계六聚戒 가운데 하나. 계율 가운데 가장 엄격한 것. 교단에서 추방되는 엄벌. 아비지옥에 떨어지는 극악한 죄. 살생殺生·투도偸盜·사음邪婬·망어妄語 등 사기四棄.

바라제목차(波羅提木叉)📖 prâtimokṣa 바라제목차婆羅提木叉로 음사하며, 별해탈別解脫 등으로 의역한다. ①계율 규정의 체계. 계율의 조문. 비구와 비구니가 지켜야 하는 계목戒目 하나하나를 적어 놓은 계본戒本. 별해탈계別解脫戒라고도 한다. ②별해탈別解脫. 각각의 해탈. 각기 번뇌에 대해 해탈을 얻는 것. 몸과 입으로 범한 허물을 따로따로 해탈하는 것.

바라제제사니(波羅提提舍尼)📖 pratideśanīya 육취계六聚戒 가운데 하나. 제사니提舍尼. 향피회向彼悔, 대타설對他說로 번역한다. 비구와 비구니가 지켜야 할 계율. 율장에서 규정하고 있는 조건을 갖추고 의식의 순서에 따라 승려 앞에서 참회하면 죄가 없어지는 것.

바라제제사니법(派羅提提舍尼法) pratideśanīya 회과법. 율장에서 정한 조건과 순서에 따라 일정한 승려 앞에서 고백하여 참회해야 할 죄.

바라지 ①옆에서 돕는다는 뜻. 재齋를 올릴 때 법주法主 승려를 도와 옆에서 경전을 독송하거나 가영歌詠을 부르는 것. 바라지승려. 바라지破羅之. ②죽은 사람을 위하여 시식施食할 때, 법주 스님을 도와 의식을 거들어 주는 스님.

바라춤 불교의 의식무용 가운데 하나. 법당의 불상 앞에서 제를 올릴 때 추는 춤. 바라를 양손에 들고 추는 춤. 모든 악귀를 물리치고 도량을 청정하게 하며 마음을 정화시킨다는 의미가 있다. 천수바라춤·명바라춤·사다라니바라춤·관욕계바라춤·먹바라춤·내림바라춤 등 6가지가 있다.

바라하마천(婆羅賀摩天) 범천梵天, 정천淨天, 조서천造書天 등으로 번역한다.

바람 ① 고요 속의 손님. ②바람이 불면 천변만화하여 바람은 욕심 번뇌를 비유한다. ③풍風. 외경外境을 비유한 말. 심식心識을 일으키는 대상을 비유한 말.

바랑 걸망. 비구들이 옷·경전·발우 따위를 넣어서 지고 다니는 큰 주머니. 배낭背囊이 변한 말.

바루 발우鉢盂. 승려들이 공양하기 위해 사용하는 밥그릇. 걸식할 때 사용하는 큰 그릇.

바루나(波樓那) 인도 신화의 천신天神. 모든 사물을 포괄한 천공
天空을 인격화한 존재.

바룻대 발우鉢盂.

바리때 발우鉢盂.

바리파사(波利婆沙) 계율을 범한 승려를 별거시키는 것.

바릿대 발우鉢盂.

바사(婆私) 바사타. 바라문의 이름.

바사(婆師) 범패梵唄의 다른 이름.

바사닉(波斯匿) Prasenajit 승군勝軍, 승광勝光, 월광月光으로 번역
함. 중인도 사위국의 왕. 부처와 생일이 같고 부처가 성도하던 해
에 왕위에 올랐다.

바사발제천(婆舍跋提天) 바라니밀천婆羅尼蜜天. 타화자재천他化自
在天으로 번역. 욕계의 제6천.

바사사대논사(婆沙四大論師) 바사사평가婆沙四評家. 부처가 열반
한 후에 나타난 법구法救·묘음妙音·세우世友·각천覺天의 네 논사.

바사파(婆師波) Vāṣpa 기기起氣·누출淚出·기식氣息으로 번역한다.
처가 처음에 제도한 제자 가운데 하나.

바수밀(婆須蜜) Vasumitra 바수밀다라婆須蜜多羅·벌소밀달라伐蘇蜜
呾. ①천우天友·세우世友로 번역. 북인도 건타라국 사람. 바사사대
논사婆沙四大論師 가운데 하나. ②바수밀다婆須蜜多. 『화엄경』에서
선재동자가 찾아가는 25번째 선지식.

바수반두(婆藪槃頭) Vasubandhu 세친世親, 천친天親으로 번역.

바아라📖 vajra 뇌전雷電, 신神의 뇌전雷電, 파괴적인 주문에 대응
하는 금강저金剛杵, 금강석金剛石 등의 뜻이 있다. 금강金剛으로 번역.

바유(婆由) 인도 신화에서 바람의 신. 공중의 신. 바타라고도 한다.

바이로차나 vairocana 물질의 집합체를 가리킨다. 비로자나불.

바일제(波逸提)📖 pāyattika 육취계六聚戒 가운데 하나. 타墮로 번

역. 비구 비구니가 수지해야 할 계율 가운데 조금 무거운 것으로, 범犯한 죄罪에 대하여 율장의 내용과 순서에 따라 참회하지 않으면 지옥에 떨어질 죄업이 되므로 타墮라고 한다. 니살기바일제尼薩耆波逸提와 바일제의 2가지가 있다. 앞에 것은 사타捨墮라 번역. 뒤에 것은 단제單提.

바자시라바라 승려. 목자.

바즈라 vajra 금강金剛.

바즈라다라 금강지.

바즈라유다 금강저金剛杵.

바척(婆陟) bhāṣā 음악音樂, 담화談話, 언어言語, 일상어日常語, 방언方言, 기술記述, 정의定義 등의 뜻이 있다. 원래 말 또는 소리라는 의미였지만, 부처의 공덕을 찬찬한다는 뜻으로 쓰인다. 범패梵唄의 다른 이름. 찬탄讚嘆.

박(縛) saṃyoga 속박束縛, 계박繫縛. 번뇌의 다른 이름.

박가범(薄伽梵) bhagavat 바가바. 박가는 덕德. 범은 성취의 뜻. 온갖 덕을 성취한다는 뜻으로 부처를 말한다. 세존.

박구라(薄拘羅) Vakkula 선용善容, 위형偉形으로 번역한다. 부처의 제자로서 얼굴과 몸매가 매우 단정하다. 160세까지 살아서 부처 제자 가운데 장수長壽 제일로 부른다. 박구라縛俱羅, 박구라薄矩羅, 바구려波鳩蠡, 박구로薄拘盧.

박복(薄福) 복덕이 적은 사람.

박왈라(縛曰羅) vajra 바아라. 금강金剛.

박자문(嚩字門) ✓va 모든 법은 언어도단語言道斷이기 때문임. 5자 진언인 ꣰a·✓va·✓ra·✓ha·✓kha에서는 수水을 의미한다. 실담자에 뜻을 부여한다. ➡ 실담悉曇

박정(縛定) 속박된 선정.

박증(薄證) 경박한 증오證悟.

박지(薄地) ①삼승공십지三乘共十地 가운데 하나. 사혹思惑이 공쏘임을 알고 무간도지無間道智를 일으켜 욕계의 미혹이 점점 줄어드는 것을 말한다. 장교藏教의 이과二果와 같다. ②통교 십지十地 가운데 하나. ③천박하고 비천한 처지. 십신十信 이하의 보통 사람을 가리킨다.

박흘추(博吃芻) 마군魔軍.

반가(半跏) 반가좌半跏坐.

반가부좌(半跏趺坐) 📖 반가좌半跏坐, 반가부半跏趺. 왼쪽 다리를 오른쪽 넓적다리 위에 올려놓고 앉거나 오른쪽 다리를 왼쪽 넓적다리 위에 올려놓고 앉는 자세. 가跏는 발을 안쪽으로 향하여 걸어 올린다는 뜻이고 부趺는 발의 등을 말하므로, 오른발의 등을 왼쪽 허벅지 위에 끌어당겨 놓고 왼발의 등을 오른쪽 허벅지 위에 얹어 두 발을 포개어 놓고 앉는 법. 부처의 좌법이므로 여래좌如來坐, 불좌佛坐라고도 한다. 결가부좌結跏趺坐의 줄임말. 왼발이나 오른발 중에 한 쪽 발을 다른 한 쪽 허벅지 위에 올려놓는 것을 반가좌半跏坐라고 한다.

반가사유상(국립중앙박물관)

반경(飯磬) 사찰에서 공양 때 경을 쳐서 시간을 알리는 신호로 사용하는 것.

반곡(反哭) 장례가 끝나면 상주 이하의 사람들이 신주와 혼백·영거·영정 등을 모시고 집으로 돌아오는 것을 말한다.

반나매(槃那寐) 📖 vandana 화남和南. 예배禮拜, 계수稽首. 경례敬禮하는 것. ➡ 예경禮敬

반니원(般泥洹) 반열반般涅槃. 입멸入滅.

반다가(般茶迦) vandana 반택가半澤迦, 반다미盤荼昧, 화남和南, 예배禮拜, 계수稽首, 경례敬禮하는 것. ➡ 예경敬

반담(伴談) vandana 예배禮拜의 범어. 화남和南의 다른 이름. 반담槃淡, 화남和南, 예배禮拜, 계수稽首, 경례敬禮하는 것. ➡ 예경禮敬

반두(飯頭) 사찰에서 대중이 먹을 밥이나 죽을 마련하는 소임. 공양주. 화두火頭.

반만권실(半滿權實) 부처의 일대 교설을 가르침의 내용이나 설법의 방법에 따라 판단하고 나누는 하나의 방법. 반자교半字敎·만자교滿字敎·권교權敎·실교實敎를 말한다.

반만이교(半滿二敎) 반자교半字敎와 만자교滿字敎. 부처의 가르침을 드러내는 정도에 따라 나눈 것으로, 반자교는 진리를 모두 드러내지 않았다고 하며, 만자교는 진리를 모두 드러냈다고 한다. 『열반경』에서는 반자로써 소승경에 비유하고 만자로써 대승경에 비유한 것을 참고하여 담무참이 부처의 일대 교설을 반자·만자의 2교로 판별하여 소승을 반자교, 대승을 만자교라 하였다.

반문기(反問記) 4가지 기답記答 가운데 하나. 반문답反問答, 반힐기反詰記. 물음에 곧바로 대답하지 않고 되물어서 물은 뜻을 분명하게 하거나 물은 사람을 깨닫게 하는 것을 말한다.

반문답(反問答) 사종론四種論 가운데 하나.

반배(半拜)📖 삼보에 대해 오체투지五體投地의 예경을 갖출 수 없는 경우에 행하는 예절. 반절·저두低頭라고 한다. 일주문·부도탑·금강문·천왕문·불이문·해탈문 등을 지날 때, 대웅전을 향할 때, 법당을 들어가고 나올 때, 경내에서 승려를 만났을 때 등에 행한다. 특히 저두低頭라고 할 때는 지극한 공경을 더욱 나타내고 싶지만, 여기에서 끝내려고 한다는 뜻이 함축되어 있다. 반배례半拜禮.

반본환원(返本還源) ①본래면목·천진면목으로 돌아가는 것. ②

제법의 있는 그대로의 면목을 깨닫는다는 뜻. 십우도十牛圖 가운데 아홉 번째.

반불남(半不男) 5가지 남자라고 할 수 없는 불남不男의 하나.

반석겁(盤石劫) 겁이 오랜 것을 비유한 것. 크기가 40리나 되는 큰 바위를 장수천의 사람이 백년마다 한 번씩 지나가면서 옷자락으로 스쳐

반본환원(십우도)

바위가 닳아서 없어질 때까지의 시간을 겁이라고 한다.

반선(伴禪) 승당僧堂에 들어가 대중들과 짝하여 좌선하는 것. 배선陪禪.

반선라마(班禪喇嘛) 판첸라마. 달라이라마 다음 가는 라마. 라마교의 둘째가는 법주.

반슬고좌(盤膝股坐) 반좌盤坐.

반승(飯僧) 고려 시대에 승려들에게 재식을 베풀던 일. 재승齋僧.

반승(伴僧) 도사導師를 짝하는 승려들.

반승가지(般僧伽胝) 부처의 승가리僧伽梨.

반야(般若)📖 prajñā 교훈, 보지報知, 판단判斷, 지능知能, 요해了解, 지혜智慧, 지지知知, 목적目的, 결심決心 등의 뜻이 있다. 진여에 도달하는 지혜. 반야班若, 혜명, 명명明明, 지혜智慧로 번역한다. 팔정도八正道와 바라밀을 행하여 모든 미혹을 끊고 진실한 깨달음을 얻은 것. 특히 육바라밀六波羅密 가운데 하나이며, 육바라밀의 행은 대승불교의 특징이며 범어에는 최상·완전의 의미가 있으나 중국에서는 저편 또는 건너다의 뜻으로 이해하였다. 모든 법에 통달하여 옳고 그름을 분별하는 마음의 작용. 모든 번뇌를 끊고 깨달음을 얻는데 가장 중요한 덕목. 부처의 일체지一切智.

반야경(般若經) 반야바라밀의 깊은 이치를 설법한 내용을 위주로 한 경전. 또한 모든 사물의 실상을 논의한 경전. 『반야바라밀다경般若波羅蜜多經』.

반야경전(般若經典) 『방등경전』·『대집경』·『대보적경』·『대방등여래장경』·『유마경』·『승만경』·『원각경』·『능엄경』 등을 말한다.

반야덕(般若德) 삼덕德 가운데 하나. 부처의 절대 평등한 지혜. 반야는 지혜智慧로 번역하며, 모든 사물의 실제의 모습을 아는 진실한 지혜.

반야등(般若燈) 등 공양. 육법공양 가운데 하나.

반야무지(般若無知) 정지正智. 모든 분별을 떠난 지혜. 대지무분별大智無分別. 무연無緣의 지혜로써 무상無相의 경계를 반연攀緣한다. 관조반야의 진실한 지혜. ➡ 반야般若

반야바라밀(般若波羅蜜) 반야바라밀다般若波羅蜜多. 지도智度, 도피안到彼岸. 육바라밀 가운데 하나. 혜장慧藏. ➡ 반야般若

반야봉(般若鋒) 반야의 공혜空慧로 번뇌를 끊을 수 있기 때문에 칼날에 비유한 것.

반야부(般若部) 여러 종류의 『반야경』 전체를 호칭하는 말. 『대반야경』 이하 21경經 736권.

반야삼매(般若三昧) 지혜를 얻은 바른 선정.

반야선(般若船) 진실한 이치에 잘 맞는 지혜를 배를 타고 건너는 것에 비유한 말.

반야수호십육신(般若守護十六神) 『대반야경』을 수호하는 16선신善神. 빈두라타·비로특차·최복독해·증익·환희·제일체장난·발죄구·능인·폐실라마나·비로박차·이일체포외·구호일체·섭복제마·능구제유·사자위맹·용맹심지.

반야시(般若時) 천태 지의가 부처의 가르침을 그 내용에 따라 분류한 것. 부처가 깨닫고 처음 화엄을 설했지만, 중생이 알아듣지 못하자 아함부터 차례로 근기에 맞추어 설했다는 것을 뜻하는 말.

방등시方等時 뒤에 22년 동안 『반야경』을 중심으로 설했다고 한다.

반야실(般若室)　조실 비구나 노장 및 대덕 비구의 처소.

반야탕(般若湯)　선가禪家에서 쓰는 술의 은어.

반야혜(般若慧)　실질적인 이치를 증득하는 지혜.

반야회(般若會)　『대반야경』을 독송하는 법회.

반연(攀緣)📖　①심식心識이 홀로 일어나지 않고 외경外境에 따라서 움직이고 변하는 생각. 외부의 사물을 인식하는 것. 마음이 대상에 의해 작용하는 것. ②인식의 대상. 소연. 마음의 대상. ③외경에 구애받는 것. 집착하는 것. 마음의 혼란. 번뇌. ④모든 상관관계를 말한다. 잡고 기어 올라가는 것. 권세 있는 사람에게 의지하여 출세하거나, 속된 인연에 끌리는 것.

반연심(返緣心)　움직임을 마치고 스스로 지은 것을 반성하는 마음. 구심륜九心輪 가운데 하나.

반연여선(攀緣如禪)　나도 법도 없다는 공무空無의 생각조차도 허망하여 없다고 깨닫는 선. 반연여실선攀緣如實禪.

반연진여선(攀緣眞如禪)　사종선四種禪 가운데 하나. 인무아·법무아는 허망한 생각이고 여실하게 알고 보면 이 생각이 일어나지 않는다는 선.

반열반(般涅槃)　열반涅槃, 입적入滅, 멸도滅度, 원적圓寂으로 번역한다. 번뇌의 속박에서 해탈하고 진리를 궁구하여 불생불멸의 법신의 경지로 들어가는 것. 완전한 열반. 완전한 깨달음. 부처가 입적하는 것을 말한다.

반열반나(般涅槃那)　반열반般涅槃. 입멸식入滅息으로 번역. 열반涅槃.

반월형상(半月形相)　5가지 결계상結界相 가운데 하나. 결계하는 지형을 물이나 돌, 또는 길에 의해 반달 모양으로 도량을 만드는 것을 말한다.

반자　보꾹이라고도 한다. 천장의 서까래 밑에 틈을 두고 서까래가 보이지 않도록 막은 것.

반자교(半字敎) 소승교를 말한다. 글자가 완전하지 못하듯이 의리가 원만하지 못한 것을 말한다. 대승교인 만자교滿字敎의 상대어.

반자포사니(半者蒲闍尼) 오담식五噉食으로 번역. 오정식五正食.

반장엄(伴莊嚴) 불국토의 장엄에 의보장엄依報莊嚴·정보장엄正報莊嚴이 있으니 정보장엄 가운데 불장엄佛莊嚴을 주장엄, 다른 보살의 장엄을 반장엄이라고 한다.

반재(半齋) 반 날 동안의 재계齋戒.

반제(伴題) vandana 화남和南. 예배禮拜·계수稽首. 경례敬禮하는 것.

반조(反照) 해가 서산에 걸려 반대로 동쪽을 비추는 것. 지난 일을 비추어 보거나 자기 마음의 본원을 밝혀 보는 것을 말한다.

반좌(半座) 분좌分座. 사장師匠이 문하의 제자에게 자기의 법좌法座를 나누어 주고 설법하여 중생을 제도하게 하는 것. 부처가 가섭에게 자리를 나누어 준 데서 유래한다.

반주삼매(般舟三昧) 불립삼매佛立三昧, 상행도삼매常行道三昧로 번역한다. 7일이나 90일 동안 몸·입·뜻의 삼업三業을 마음으로 가다듬고 수행 정진을 하여 모든 불佛이 눈앞에 나타나는 것을 말한다. 제불현전삼매諸佛現前三昧라고도 한다. 반주삼매를 얻는 조건은 신심을 깨뜨리지 않으며, 정진을 게을리 하지 않으며, 지혜가 수승해야 하며, 선지식을 가까이 하는 것이다.

반주삼매락(般舟三昧樂) 반주삼매를 닦아 눈앞에서 불佛을 보고 교화를 받아 몸과 마음이 모두 상쾌해지는 즐거움.

반진탕(伴眞湯) 법기法忌의 전날 저녁에 불보살의 존상을 대하고서 서로 짝하여 탕湯을 먹는 것.

반차(槃遮) 바사婆娑로도 쓴다. 설說로 번역.

반차(般遮) 반자半者로도 쓴다. 오五로 번역.

반차순(般遮旬) 오신통五神通으로 번역. 오순五旬이라고도 한다.

반차우슬(般遮于瑟)　신분의 귀천이나 상하의 가림 없이 모든 사람들이 모여서 평등하게 재시財施와 법시法施를 하는 대법회. 5년에 한 번씩 베푸는 큰 재회齋會. 무차회無遮會라고도 한다.

반차합장(反叉合掌)　12가지 합장 가운데 하나.

반초(反抄)　가사를 반만 입는 것.

반초(半超)　낙혜樂慧의 불환과不還果의 성자聖者로 색계 16천天 가운데 1천을 초월하거나 2천 내지 13천을 초월하는 것을 말한다.

반탄남(畔彈南)　화남和南. 예배禮拜, 계수稽首. 경례敬禮하는 것.

반택(半擇)　변變으로 번역. 반택가半擇迦.

반택가(半擇迦)　반다가般荼迦·반석가半釋迦·반타般咤. 황문黃門·불남不男으로 번역한다. 생식기가 불구인 남자.

반택가(半擇迦)　황문黃門. 내시.

반하(半夏)　한 여름의 중간. 경하結夏와 해하解夏의 중간. 여름 안거 90일 가운데 중간.

반행반좌삼매(半行半坐三昧)　4가지 삼매 가운데 하나. 걸으면서 경문을 외우거나 편안하게 앉아서 조용히 허망한 생각을 없애는 삼매.

반혼재(返魂齋)　장례를 치르고 나서 영가를 모시고 49재를 지내기 위해 절에 모시는 의식을 말한다.

반혼제(返魂祭)　장례식의 마지막인 성분成墳이 되면 평토제平土祭를 지내고, 영좌靈座을 철거하고 상주가 영여靈輿를 모시고 되돌아오는 것을 반혼返魂이라 한다. 혼백은 빈소에 모시고, 망자에게 반혼을 고하는 제를 지낸다.

반혼착어(返魂着語)　다비에서 기감起龕 다음의 절차. 감龕을 사유소로 이운하는 동안 장엄염불을 계속하며, 사유소인 다비장에 도착하면 죽은 이를 단에 모시고 안좌하는 의식. 반우返虞할 수 있도록 준비하는데, 이때 큰소리로 "○○스님! 불 들어갑니다. 어서 나오세요"라고 외치기도 한다.

반힐기(反詰記) 반문하여 대답하는 것.

발(鈸) 동발銅鈸. 동발자銅鈸子. 동반銅盤. 법회에 쓰는 금속제의 법구法具. 원래는 서융西戎과 남만南蠻의 악기였으나 사찰에서 법회를 할 때에 사용한다. 징의 일종인 요鐃와 발鈸이 다른 것이었으나 두 가지를 섞어서 요발鐃鈸이라 부르게 되었다.

발(鉢) 발다라鉢多羅. 발우鉢盂.

발(跋) 파라말타波羅末陀. 일체제법제일의제불가득一切諸法第一義諦不可得의 뜻. 또는 승의勝義의 소리.

발가사(潑家私) 물이 새는 동이. 쓸모없는 가재도구家財道具. 발潑은 물이 새는 것. 가사家私는 가재도구.

발가선(跋伽仙) 바가바가跋伽婆伽·발가바跋伽婆. 와사瓦師로 번역. 석가모니가 29세 때 출가하여 수도할 때 처음 스승으로 섬기던 신선. 고행 바라문. 석가모니부처는 이와 여러 가지 문답을 하여 결국 그 고행이 해탈하는 진도眞道가 아님을 알고는 물러나와 아라라 선인에게로 갔다고 한다.

발강(發講) 개강開講. 경전 강의의 시작.

발개(鉢蓋) 발우鉢盂의 뚜껑.

발거(跋渠) 부部·품品으로 번역. 경론經論 가운데의 편장篇章을 말한다.

발견(撥遣) 발견發遣. ①법식을 행한 뒤에 불佛을 본궁本宮으로 봉송한다. 자기 마음속으로 살피던 부처를 본토로 봉환奉還하는 것. ②석가모니부처가 중생들에게 아미타불의 정토로 왕생하라고 권하는 것. ③보낸다는 말. 급한 일이 있을 때 사람을 시켜서 보내는 일. 사람에게 권하여 다른 곳으로 가게 하는 것.

발계(發戒) 수계법授戒法에 의거하여 계율을 받는 사람의 몸 가운데서 계체戒體를 발하여 얻는 것.

발고여락(拔苦與樂) 부처나 보살이 중생들의 고통을 없애고 즐거움을 주는 것.

발광지(發光地) 대승보살의 십지十地 가운데 하나. 모든 미혹을 끊어 밝은 지혜를 갖춘 모습이 두루 드러나는 지위. 명지明地, 유광지有光地, 흥광지興光地.

발광지(發光地) 보살승菩薩乘 십지十地 가운데 하나.

발구(鉢具) 응량기. 각자의 식사량에 맞춘 공양 그릇.

발기(發起) ①마음이 일어나는 것. ②생각을 일으키는 것. ③신심을 결의하는 것. ④물체가 처음으로 생기는 것. 발처發處. ⑤발기서發起序. 경전 본문을 설교하기 시작하는 동기나 인연 등을 진술한 부분.

발기(鉢器) 발우鉢盂. 발다라鉢多羅. 응기應器, 응량기應量器.

발기서(發起序) 별서別序라고도 한다. 모든 경전의 서문 가운데 법문을 말한 동기나 인연 등을 말한 부분. 현대 글쓰기에서는 서문과 같다.

발기선근증장방편(發起善根增長方便) 사종방편四種方便 가운데 하나. 적극적으로 자리自利의 행으로 삼보三寶에 공양 예배하고 믿음을 증장하여 보리菩提를 구하는 것. 진여의 자기의 본성이 청정하여 우치愚癡한 장애를 여의는 뜻에 계합한다.

발기중(發起衆) 사중四衆 가운데 하나. 부처가 경전을 설법하려고 할 때 단초를 제공하여 법회가 열리도록 하는 사람. 보통은 경전 첫머리에 의심을 일으켜 질문하는 것으로 묘사한다.

발길제(鉢吉帝) 파기제波機提. 본성本性, 지성志性으로 번역한다. 마등가종伽摩登種의 음녀. 마등가는 부처의 제자 아난을 보고 음탕한 마음이 일어나자 그의 어머니에게 이루기를 청하자 어머니는 '사비가라선범천주娑毗迦羅先梵天呪'를 외워서 아난을 유혹하였다. 아난이 주문의 힘에 걸려 음녀에 의해 파계하려고 할 때 부처가 신통력으로 아난을 구하고, 음녀도 출가하였다.

발나타(鉢娜他) 말나가末喇誐. 도로道路로 번역.

발난타(跋難陀) 팔대용왕八大龍王 가운데 하나. 선희善喜, 현희賢喜

로 번역. 마갈타국摩竭陀國의 형제 용왕 가운데 하나. 난다難陀와 형제. 선환희善歡喜로 번역. 적당한 시기에 비를 내려 중생들을 기쁘게 했다고 한다.

발납마(鉢納摩)　발두마화鉢頭摩華. 연꽃의 일종.

발낭(鉢囊)　발대鉢袋. 발우를 담는 천으로 만든 주머니.

발다라(鉢多羅)　①응기應器, 응량기應量器로 번역. 발우鉢盂. ②발화라鉢和羅. 자자식自恣食으로 번역. 여름 안거를 마치는 날인 7월 15일. 곧 자자일自恣日에 삼보三寶에게 공양하는 음식.

발대(鉢袋)　발낭鉢囊.

발대비심(發大悲心)　3가지 발심發心 가운데 하나. 큰 자비를 일으켜 중생들을 구제하려는 마음을 내는 것.

발대원심(發大願心)　3가지 발심發心 가운데 하나. 사홍서원四弘誓願에 의해 보리심을 일으키는 것.

발대지심(發大智心)　3가지 발심發心 가운데 하나. 지혜로써 도를 구해 중생들에게 법희法喜를 주려고 마음을 일으키는 것. 보리심.

발두마화(鉢頭摩華) 📖　padma 연화蓮花, 연화색을 가지다 등의 뜻이 있다. 홍련화紅蓮華로 번역. 수련과에 속하는 식물. 연꽃의 일종.

발득(發得)　선정과 지혜 등을 자기 안에 발하게 하여 얻는 것.

발득견혹(發得見惑)　3가지 견혹 가운데 하나. 자기 안에서 일어나는 견혹.

발라마화라(鉢羅摩祸羅)　산호珊瑚.

발라신양(鉢羅腎穰)　지혜智慧로 번역.

발랄예가불타(鉢剌翳迦佛陀) 📖　pratyekabuddha 자기의 구제만을 생각하는 단독의 불타. 삼승三乘 가운데 하나. 벽지불辟支佛. 연각緣覺, 독각獨覺. 12인연의 이치를 잘 알아 번뇌를 끊고 깨달은 사람.

발리살라벌나(鉢里薩囉伐拏)　여수낭濾水囊. 비구 육물六物 가운데 하나.

발마종(跋摩宗)   성실종成實宗.

발목조(拔目鳥)   명토冥土의 새 이름. 까마귀를 말한다.

발무(撥無)   발拔은 제거함, 없애는 것이며, 무無는 없다고 여기는 것. 발무인과拔無因果의 줄임말로서 인과가 없다고 제쳐 놓고 수행하는 것을 말하므로 외도라고 한다.

발무상대원(發無相大願)   모든 집착을 여의고 중생을 구제하고자 큰 소원을 일으키는 것. 무상대원無相大願.

발무인과(撥無因果)   인과의 이치가 없다고 주장하는 그릇된 소견. 인과의 이치를 부정하는 것.

발보리심(發菩提心)   발심發心. 보리심을 내는 것. 바른 깨달음을 얻고 성불을 구하려는 마음을 드러내는 것. 위로는 무상無上의 보리심을 구하고 아래로는 중생을 교화하려는 큰 뜻을 내는 것을 말한다.

발비(撥非)   속기俗氣. 속된 기운.

발사(跋私)   벌차筏蹉. 소승 독자부犢子部의 시조.

발상(發喪)   고복皐復이 끝나면 상제의 모습을 갖추고 초상이 난 것을 밖에 알리는 것. 발상이면 상중喪中, 기제일 중이면 기중忌中, 또는 상가喪家라고 써서 문밖 또는 잘 보이는 곳에 붙인다. 그리고 예제禮制에 따라 중심이 되는 상주喪主, 상주를 도와 일을 처리할 호상護喪, 문서를 맡을 사서司書, 물품이나 금전의 출납을 기록할 사화司貨를 정한다.

발설지옥(拔舌地獄)   입으로 악업을 지은 중생이 떨어지는 지옥.

발심(發心)   ①구도의 마음을 일으키는 것. ②지혜를 얻으려고 하는 의지를 일으키는 것. 보리심을 일으키는 것. 발보리심發菩提心.

발심주(發心住)   보살의 십주十住 가운데 하나.

발업윤생(發業潤生)   미혹에 의해 행업을 짓고 미혹에 의해 삶을 윤택하게 하는 것.

발업혹(發業惑) 윤생혹
潤生惑의 반대말.

발우(鉢盂) 발다라鉢多羅.
응량기應量器로 번역. 승
려들이 공양할 때 쓰는
식기. 바리때·바루·바릇
대라고 한다.

발 우

발우공양(鉢盂供養) 공양 의식인 식당작법食堂作法에 따라 게송을
염송하고 관觀하며 정해진 의식의 순서에 따라 발우로 공양하는 것.

발원(發願)📖 자기가 맹세하여 원하는 내용을 마음에서 내는 것.
①종류는 내용에 따라 다양하다. 깨달음을 구하거나 정토를 완성
하고 중생들을 구제하려는 마음을 일으키는 것. ②발원發願은 서
원을 발하여 일으킨다는 뜻이며, 총總과 별別로 설명한다. 총總은
불과인 보리심을 발하는 것이며, 별別은 정토淨土를 완성하는 것.
정토는 더러움이 물들지 않은 깨끗한 땅 불국토를 말하며, 중생
심, 즉 서원을 구제하는 것. 불과 보살이 공통으로 바라는 원을
총원總願이라고 하고, 이에 대하여 불과 보살이 각각 바라는 원을
별원別願이라고 한다. 예를 들면 사홍서원은 총원이고, 아미타불
의 48원, 약사여래의 12원, 보현보살의 10대원 등은 별원이다. ③
『비화경悲華經』에 나오는 정토에서 성불하겠다는 원과 예토에서
성불하겠다는 원은 석가모니불과 아미타불의 본생사상本生思想을
말한다. 석가여래가 예토穢土에 출현하는 이유는 대비심으로 전생
의 서원, 즉 본원本願으로 오는 것이며 정토를 일으켜 성불하겠다
는 서원이고, 예토에서 성불은 화신化身이며 정토에서 성불하겠다
는 것은 보신報身이 된다.

발원패(發願牌) 맹세하고 서원하는 발원의 내용을 적은 패牌로 불전에 모시기도 하며 벽에 걸어 놓기도 한다.

발원회향(發願廻向) ①맹세하여 세운 원의 공덕을 모든 이들에게 되돌려 주는 것. ②정토에 태어나기를 원하며 모든 선근 공덕을 모든 이들에게 되돌리는 것.

발의(發意) 발심發心.

발인(發靷) 상여가 상가를 떠나 장지로 출발하는 것. 출상出喪이라고도 한다.

발자가라(鉢刺迦羅) 장章으로 번역.

발자달마(鉢刺闍摩) 제일第一로 번역. 보통 제일第一·제이第二의 제第의 뜻으로 쓰인다.

발저야(拔底耶) 오파타야鄔波馱耶. 친교사親敎師로 번역. 보통 화상和尙을 말한다.

발원패(통도사 성보박물관)

발적현본(發迹顯本) 자취를 드러내어 근본을 드러내는 것. 본문의 법화를 개현하는 것. 개적현본이란 뜻이다.

발절라(跋折羅) vajra 금강金剛.

발절라모슬지(跋折羅母瑟知) 금강권인金剛拳印.

발제(拔濟) 고난에서 구제한다.

발제(跋提) 소현小賢으로 번역. 부처의 가족. 초도오인初度五人 가운데 하나.

발제리가(跋提梨迦) 다섯 비구 가운데 하나. 바제리가婆帝利迦·발제리가跋提唎加. 바제婆提·발제跋提라고도 한다. 소현小賢·선현善賢·안상安詳·유현有賢·인현仁賢으로 번역한다. 곡반왕의 아들, 백반왕의 둘째 아들, 감로왕의 아들이라고 한다. 부처가 깨달은 후 녹야원에서 맨 처음으로 한 설법을 듣고 제자가 되었다.

발진(發眞) 자기가 본래 소유하고 있는 참된 본성을 발기發起하는 것.

발진정보리심(發眞正菩提心) 기자비심起慈悲心. 중도무차별보리심中道無差別菩提心을 내는 것.

발초참현(撥草參玄) 발초첨풍撥草瞻風.

발초첨풍(撥草瞻風) 교의에 통달하지 못한 무명無明의 잡된 풀을 뽑아버리고 빛나는 조사의 가풍家風을 우러러 본다는 뜻. 곧 판도수행辦道修行하는 것. 발초참현撥草參玄.

발타(鉢吒) 만의縵衣. 만조縵條라고도 한다.

발타(發吒) 파괴破壞의 뜻. 모든 악마와 장애를 파괴한다.

발타(勃陀) 불타佛陀. 발타馞陀·발타勃馱. 부처를 말한다. 각자覺者로 번역.

발타겁(馱陀劫) 파타겁波陀劫. 현겁賢劫으로 번역.

발타바라(跋陀婆羅) 현겁賢劫 천불千佛 가운데 하나. 선수善守·현호賢護로 번역. 사찰의 목욕실에 안치하는 존상尊像.

발통(發通) 신통함을 개발한다는 뜻.

발특마(鉢特摩) padma ①파두마波頭摩·발두마鉢頭摩·발담마鉢曇摩. 홍련화紅蓮華. 발두마화. ②팔한지옥八寒地獄 가운데 하나. 추운 고통으로 몸이 얼어 터지는 것이 붉은 연꽃 모양처럼 되는 것을 가리킨다.

발화라(鉢和羅) 발다라鉢多羅. 자자식自恣食.

밤(鑁) 밤vāṃ은 강과 하천의 여러 가지 흐르는 것으로서 이 글자를 따라 출생한다. 비밀실지秘密悉地·오륜종자五輪種子 가운데 하나.

밥쇠 절에서 공양 시간을 알리기 위해 다섯 번 치는 종.

방(坊) 승려가 거주하는 곳으로 분리된 사원.

방(榜) 여러 사람에게 알리기 위해 직책이나 소임을 써 놓은 판.

방광(放光) 부처의 신통력인 깨달음 등을 보이는 방법으로 빛을 드러내는 것.

방광(方廣) 방정方正과 광대廣大를 합친 말. 대승 경전을 말한다. 방등方等, 광대廣大, 광박廣博 등의 뜻이 있다. 부처의 설법을 내용이나 방법에 따라 분류하는 것으로, 12분류법 또는 9분류법 등이 있다. 십이부경十二部經, 십이분교十二分教, 십이분경十二分經 가운데 하나.

방광경(方廣經) 대승 경전을 말한다.

방광도인(方廣道人) 대승 가운데 불법에 아부하는 외도. 대승의 넓은 공空의 이치에 집착하여 공견空見에 떨어진 사람을 일컫는다.

방광삼매(放光三昧) 백팔삼매百八三昧 가운데 하나. 여러 가지 색깔의 빛을 내는 신통력이 있는 삼매.

방광설(方廣說) 대승의 넓고 너른 법을 설한다는 뜻이다. 방광方廣한 교설.

방구식(方口食) 사사명식四邪命食 가운데 하나. 권력 있는 사람에게 아부하여 사방으로 심부름을 다니며 교언영색으로 살아가는 것. 즉, 기어綺語를 겸하여 많은 재물을 얻어 생활하는 것.

방난(妨難) ①다른 사람의 말을 방해하여 비난하는 것. ②어려운 문제를 해석하는 것.

방단(方壇) 사각형의 만다라단曼茶羅壇.

방등(方等) 대승 경전을 말한다. 시방에 두루하는 방정하고 실다운 이치이며 모든 사람에게 평등한 가르침. 방은 광대의 뜻, 등은 균등의 뜻이 있다. 또는 대중의 근기에 두루 미치는 것이 방方, 사교四敎를 아울러 설교하는 것이 등等이다. ➡ 방광方廣

방등경(方等經) ①대승 경전을 말한다. ②12부경 가운데 하나.

방등계단(方等戒壇) 대승의 계단을 말한다. 대승의 법문에 의거하여 새워진 계단.

방등부(方等部) 대승 방등에 속하는 부류. 대승 경전 가운데 『화엄경』·『반야경』·『법화경』·『열반경』 등 4부의 여러 경전을 제외한 다른 모든 경전을 일컫는 말.

방등삼매(方等三昧) 참회해서 죄업을 소멸하기 위한 수법修法.

방등시(方等時) 석가모니부처가 『아함경』을 설교한 뒤 8년 동안 『유마경』·『승만경』·『사익경』·『금강명경』·『능가경』·『무량수경』 등 방등부에 속한 대승경전을 설교할 때를 말한다. 천태종의 오시 팔교五時八敎.

방등참(方等懺) 방등삼매의 참법懺法.

방라(防羅) 지옥 내의 순라巡邏.

방문(榜文) 여러 사람에게 알리는 글.

방발(放鉢) 장수의 비법. 높은 산이나 깊은 계곡, 복발覆鉢이나 앙발仰鉢과 같은 인적이 없는 훌륭한 경계에서 암자를 짓고 홀로 청정하게 생활하면서 말과 오곡을 끊고서 솔잎을 먹고 물을 마시고 공기를 들이쉬는 선정을 하며 팔대용왕八大龍王의 다라니 및 용왕의 명호를 염송하는 것을 말한다.

방법(謗法) 비방정법誹謗正法. 부처의 정당한 교법을 비방하는 것.

방법죄(謗法罪) 부처의 정당한 교법을 비방하는 죄로 오역죄五逆罪보다 더 큰 중죄.

방법천제(謗法闡提) 단선천제斷善闡提. 천제는 일천제一闡提의 준말. 부처가 될 인연이 없어 성불할 수 없는 사람. 대승을 비방하여 온갖 선근을 끊어 버린 중생.

방부 승려가 다른 절에 가서 머무는 것을 말한다. 또는 선방에 들어가 일정 기간 수행하기 위해 이름을 적는 것을 말한다. 괘석 掛錫. 괘단掛單.

방비지(芳菲地) 명리名利를 탐하는 속세를 뜻한다.

방비지악(防非止惡) 그릇된 행법을 막고 악한 일을 그치는 것. 방비지악력防非止惡力.

방사(房舍) 승려들이 머물면서 일상생활을 하는 곳.

방사건도(房舍揵度) 20건도 가운데 하나. 모든 자구資具 가운데 방사에 관한 여러 가지 규정을 진술한 편장篇章.

방사시(房舍施) 승려들이 머무를 수 있는 곳이나 필요한 것들을 보시하는 것. 방시房施.

방상(方相) 5가지 결계結界 가운데 하나. 법을 수행하는 데 장애가 없게 하기 위해 일정한 지역을 네모난 모양으로 결계하여 구분지어 놓은 것. ➡ 결계結界

방생(放生)📖 다른 사람에게 잡힌 물고기·새·짐승 등 살아 있는 생물들을 본래 사는 곳에 놓아 줌으로써 자비를 실천하는 법. ① 『금강명경』의 유수장자는 물고기에게 물과 먹을 것을 주고 후에 도리천忉利天에 태어났다는 이야기가 있다. 『법망경』에는 육도 중생의 모든 남자는 나의 아버지이고, 모든 여자는 나의 어머니란 이야기가 있다. 살생하고 육식을 한 것에 대한 참회의 한 방법으로 사용한다. 물고기를 방생하는 연못을 방생지放生池라고 한다. ②자식을 원할 때, 임신을 했을 때, 기도할 때, 예수재를 지낼 때, 재계齋戒에, 염불할 때 등은 반드시 방생하도록 『석문의범釋門儀範』에서 적석도인赤石道人은 말한다.

방생(傍生) 축생畜生을 말한다. 몸을 옆으로 하여 다니는 짐승.

방생계(放生契) 해마다 일정한 때를 정해 방생을 하기 위해 모인 단체.

방생회(放生會) 방생放生하는 법회.

방선(放禪) 좌선을 하는 선당禪堂이나 간경看經하는 강당講堂에서 대중에게 쉬는 시간이나 끝나는 시간을 알리는 것. 입선入禪의 반대말.

방승(謗僧) 불·법·승의 삼보를 비방하고 계율을 범하는 것.

방시(房施) 방사시房舍施. 무재칠시無財七施 가운데 하나. 자기의 집 안팎을 항상 깨끗하게 정돈하여 남이 와서 이용하거나 묵게 하는 것. ➡ 무재보시無財布施

방외(方外) ①자기의 본분. ②자기가 속한 부류의 반대쪽. ③역외域外라는 뜻으로 중국의 밖을 가리킨다. ④승도僧道의 다른 이름.

방일(放逸)📖 pramāda 추한, 광기狂氣, 오류誤謬, ~에 관한 부주의, 등한시하는, 태만怠慢, 불행不幸 등의 뜻이 있다. 심소心所의 이름. 대번뇌大煩惱 가운데 하나. 함부로 행동하여 선善에 어긋나고 이치에 어긋나는 것.

방자 남이 잘못되거나 재앙을 받도록 귀신에게 빌어 저주하거나, 그렇게 되도록 방술方術을 쓰는 것을 말한다.

방장(方丈) 사방의 길이가 1장丈 되는 작은 곳으로 수행하기 적당한 장소를 말한다. ①사원의 정침. 정당正堂·당두堂頭라고도 한다. ②주지를 일컫는 말. 또는 절의 주지가 거처하는 사방 1장丈인 방. 방장실方丈室. ③총림叢林의 최고 어른을 일컫는 말.

방장행자(方丈行者) 방행方行. 사찰에서 방장을 모시면서 여러 가지 일을 거들고 처리하는 소임.

방장화상(方丈和尙) 주지나 총림의 수장을 일컫는 말.

방전(方典) 방등方等 경전의 약칭. 대승 경전을 말한다.

방주(坊主) ①절의 주승, 주지를 말한다. ②일반 승려의 호칭.

방참(放參) 저녁 소참小參을 그만 둔다는 뜻. 만참晚參을 없애고 자유로운 시간을 부여하는 것.

방편(方便)📖 upāya 접근接近, 도착到着, 수단手段, 방책方策, 공부工夫, 책략策略, 기교技巧 등의 뜻이 있다. ①반야般若와 진실眞實의 상대어. 권도權道. ②법法과 용用. 곧 방법과 편용便用·편의便宜. 선교善巧. 모든 중생의 근기에 맞게 편리하게 사용하는 방법. ③여러 가지 근기에 대해 바른 이치와 교묘한 말을 사용하는 것. ④근기가 감당할 만한 크기에 응하여 바른 길로 인도하기 위해 사용하는 것. ⑤정직正直과 외기外己. 방方은 방법이며 편便은 편안하게 베푸는 것으로, 선교善巧와 비슷하다.

방편가문(方便假門) 진실한 도道로 이끌기 위해 가설한 가르침. 수단 방법으로 베풀어 놓은 교문敎門.

방편력(方便力) ①서방정토 보살의 십삼력十三力 가운데 하나. 불법에 의지하여 교묘하게 닦는 힘. ②방편의 힘. 방편의 작용. 중생에게 보리심을 내게 하는 훌륭한 설교 방법. ③사력四力 가운데 하나. 선우善友나 선지식에 친근親近하여 선교善巧한 설법을 듣고 발심하는 것.

방편바라밀(方便波羅蜜) 10바라밀 가운데 일곱 번째. 교묘한 방법이나 기술로 중생을 제도하는 것. 수단 방편의 완성. 회향방편선교廻向方便善巧와 발제방편선교拔濟方便善巧가 있다. ➡ 방편方便

방편반야(方便般若) ①방편지方便智와 반야혜般若慧. ②삼반야三般若 가운데 하나. 세상 모든 사물을 분별하는 권지權智. 문자반야文字般若. ➡ 방편方便

방편법신(方便法身) 2가지 법신 가운데 하나. 중생을 교화하여 이롭게 하기 위한 방편으로 법성 진여를 나타낸 불보살의 몸. 응신應身·화신化身의 총명.

방편보(方便普) 방편도方便道를 닦아서 두루 중생을 교화하는 것.

방편보리(方便菩提) 삼보리三菩提 가운데 하나. 방편이 곧 보리라는 뜻. 방법을 써서 중생들을 교화하여 이롭게 하는 것을 보리라고 여기는 것.

방편수연지(方便隨緣止) 삼지三止 가운데 하나. 공空하다는 것을 알면서도 가유假有의 존재를 긍정하여 기류機類에 응하여 설법하는 것.

방편심(方便心) 방편으로 보시布施·애어愛語·이행利行·동사同事 등의 사섭법四攝法의 마음을 실행하는 것.

방편유여토(方便有餘土) 사토四土 가운데 하나. 방편토方便土·유여토有餘土. 성문이나 연각이 거주하는 땅이나, 법신을 증득하지 못한 십지十地 이전의 보살들이 거주하는 국토.

방편유여토(方便有餘土) 천태종의 사토四土 가운데 하나. 방편토方便土·유여토有餘土. 방편도方便道인 공관空觀·가관假觀을 닦아서 견혹見惑·사혹思惑을 끊은 이가 나는 곳. 교의에 통달하지 않은 무명의 번뇌가 아직 남은 국토.

방편인입(方便引入) 방편을 써서 인연因緣이 없는 중생을 불도에 끌어들이는 것.

방편장(方便藏) 부처의 방편이 모든 공덕을 포함하고 있다는 뜻.

방편정열반(方便淨涅槃) 삼열반三涅槃 가운데 하나. ①중생의 근기에 맞춰서 나타난 응신불應身佛이 중생을 교화하는 일을 마치고 다시 멸도減度하는 것. ②지혜로써 진리를 깨달은 뒤에 중생을 제도하기 위하여 출현하고 연緣이 다하면 입멸함을 말한다.

방편지(方便智) 방편법方便法에 도달하는 지혜. 방편을 행하는 지혜. 권모술수權謀術數를 통한 지혜. 권지權智. 실지實智의 반대말.

방편천제(方便闡提) 모든 중생과 함께있으면서 제도하느라 성불할 기약이 없는 이. 지장보살과 같은 이. 이종천제二種闡提 가운데 하나.

방편화신(方便化身) 아미타불의 보신報身 가운데 화신을 가리키는 말. 응토應土.

방편화토(方便化土) 진실보토眞實報土의 상대어. 아미타불이 수행자들을 위해 방편으로 화현한 국토. 방편화신토方便化身土.

방포(方袍) 비구가 입는 3가지 가사. 모두 사각형의 가사.

방하(放下) 앉은 자리에서 내려놓아 집착이 없는 것. 손에서 놓아 아래에 두는 것. 손을 뗀다는 뜻. 방하착放下著.

방하교의(放下敎意) 사교입선捨敎入禪. 교법을 버리고 선禪을 익히는 수행에 들어가는 것. 경전에서 이치를 배우되 문자나 글에 집착하지 말고 배운 것을 부지런히 수행 정진해야 한다는 뜻이다.

방하착(放下著) 손에서 내려놓으라는 말. 곧 집착을 버리라는 말.

방할(棒喝) 선가에서 종장宗匠이 학인을 지도하는 방편으로 몽둥이로 치거나 고함치는 것.

배각합진(背覺合塵) 보리를 등지고 번뇌와 어울리는 것. 깨달음의 세계를 저버리고 속세와 어울리는 행위.

배경(焙經) 화로를 설치하여 장경藏經을 불에 쬐어 습기를 제거하는 것.

배기(坯器) 흙으로 만든 기물이란 뜻으로 사람의 마음이 쉽게 무너짐을 비유한 말.

배념(背念) 생사를 싫어하여 열반에 안주하려는 마음이나 생각.

배당(陪堂) 절에서 객승客僧이 승당의 밖에 있는 외당外堂에서 공양을 받는 것.

배리욕탐(倍離欲貪) 욕계의 견혹見惑·수혹修惑의 9품 가운데 앞의 6품을 끊은 것. 3품을 끊은 분리욕탐보다 두 배가 되므로 배리倍離라고 한다. 욕탐은 욕계 번뇌의 전체 호칭. 배리욕탐倍離欲.

배문(背文) 경문을 암송하는 것. 송誦의 뜻.

배사(背捨) 번뇌를 일으키는 모든 것을 등지고 버려서 해탈하는 것을 말한다. 팔배사八背捨 또는 팔해탈八解脫.

배선(陪禪) 주지가 대중과 함께 좌선에 참여하는 것. 반선伴禪.

배접지(褙接紙) 한지나 화선지 등 그림이나 글씨의 보존을 위한 목적으로 사용하는 종이.

배정(背正) 불법의 바른 이치를 등지는 것.

배참(拜懺) 경經에 의거하여 참회문을 만들어 읽고 절하며 자신과 남을 위해 참회하는 것. 예참禮懺이라고도 한다.

백강(百講) 백좌인왕강百座仁王講.

백개(白蓋) 금강계의 천개天蓋.

백겁(百劫) 1백 개의 대겁大劫.

백계(百界) 지옥地獄·아귀餓鬼·축생畜生·수라修羅·인간人間·천상天上·성문聲聞·연각緣覺·보살菩薩·불佛 등의 십계十界에 각각의 십계十界를 갖추고 있어 곱하여 백계百界가 된다.

백계천여(百界千如)　천태의 천여시. 천여千如. 불계에서 지옥계까지 10개의 세상이 각각 십계를 이루고 있고, 이 1백계에 각각 10개가 있어 천여가 된다.

백고(白牯)　망설이는 것. 흰 양이 이리 갈까 저리 갈까 망설이기 잘하는 것을 비유한 말.

백고좌(百高座)　100명의 승려를 모시고 설법하는 큰 법회.

백골관(白骨觀)　구상九想 가운데 하나. 골상骨想. 무상함을 깨닫고 집착한 생각을 없애기 위해 시체의 피부와 근육이 모두 없어진 백골을 보는 것. 곧 백골을 자세히 살피면서 존재의 무상無常을 바르게 보도록 하는 관법.

백광편조왕(百光徧照王)　대일여래大日如來. 대위덕자大威德者.

백납(百衲)　승복. 납納은 누더기 옷이라는 뜻. 백납의百衲衣. 분소의糞掃衣.

백납(白衲)　흰색의 승복.

백념(白拈)　백념적白拈賊. 소매치기.

백련교(白蓮敎)　불교를 위장한 사교邪敎. 송·원·명나라 시대에 성행한 신흥 종교.

백련사(白蓮社)　①백련화사白蓮華社. 연사蓮社. 중국 동진東晉 때 혜원慧遠은 여산廬山 동림사東林寺에서 염불 수행하기 위해 결사를 결행한다. ②고려시대 천책스님은 강진 백련사白蓮寺에서 염불결사인 백련결사를 결행한다.

백림(白林)　부처가 열반에 든 구시나가라성 옆에 있는 숲 이름. 백학림白鶴林. 사라림娑羅林.

백마사(白馬寺)　중국 낙양洛陽에 세워진 절. 중국 최초의 절.

백만변(百萬徧)　아미타불의 이름을 백만 번 부르는 것을 말하며, 이렇게 하면 극락세계에 왕생한다고 한다.

백목(百目)　흙으로 만든 등롱燈籠. 작은 구멍이 많이 뚫렸으므로 백목百目이라고 한다.

백반왕(白飯王) 사자협왕師子頰王의 둘째 아들. 정반왕淨飯王의 아우. 석가모니의 숙부. 아난타·제바달다의 두 아들을 두었다.

백발(白髮) 백발노인. 백발은 묘법륜妙法輪을 굴리는 노인. 이미 본체로 화현한 이. 소아小兒라는 현상계를 인정함으로써 백발이라는 본체계에 도달한다.

백발가(白髮歌) 『석문의범釋門儀範』과 『경세설警世說』에 보이며, 연대와 작가는 미상. 『석문의범』의 백발가는 '슬프고 슬프도다'로 시작하며 출가자가 수행하기를 바라는 마음을 나타나고 있다. 『경세설』은 『초당문답가草堂問答歌』라고도 불리는데, 경세警世와 훈민訓民을 위해 서민 사회의 풍습과 생활상 등을 담고 있다. 유가의 내용을 담아 오륜五倫, 백발白髮, 사군事君, 부부夫婦, 가족家族, 장유長幼, 붕우朋友, 개몽開蒙, 우부愚夫, 용부庸婦, 경신敬愼, 치산治産, 낙지樂只 등 13편으로 구성되어 있는 가사 중의 하나.

백백업(白白業) 색계의 선업善業을 말하는데, 그 업의 본성이 선善하고 과보도 청정함을 뜻하는 말.

백법(白法) 결백하고 청정한 법. 곧 선법善法을 말한다. 계·정·혜의 삼학三學과 보시·지계·인욕·정진·선정·지혜의 육도六度 등의 선근 공덕.

백법(百法) 유식에서 세간世間의 모든 현상을 100가지 요소로 분류한 것으로 오위백법五位百法을 말한다.

백법명문(百法明門) 무수히 많은 백법百法을 밝게 통달한 지혜문. 보살의 초지初地에서 얻는 것으로, 유식 백법을 설명하는 『대승백법명문론大乘百法明門論』이 있다.

백보(白報) 선업善業이 감동하는 청정한 과보果報.

백복(百福) 백복장엄百福莊嚴. 부처의 32상이 1백 가지의 복을 쌓은 공덕에 의해 갖추어진 것이라는 말.

백분월(白分月) 백분白分. 초하루부터 15일까지, 즉 초생달이 보름달이 되는 동안을 말한다. 흑월黑月의 반대말.

백불(白佛) ①부처에게 고백하는 것. ②소疏 또는 회향迴向할 때, 첫머리에 부처를 찬탄하는 말을 하는 것. ③흰 털로 만든 불자拂子.

백비(百非) 부정을 거듭하는 것. 부정 형식으로 사유하여 분별하는 것.

백사갈마(白四羯磨) karman 행위, 작업, 의식儀式, 결과 등의 뜻이 있으며, 업業, 행行 등으로 번역한다. 악惡을 막고 선善을 행하기 위한 것. 갈마는 중요한 일을 결정하기 위한 방법으로, 한 가지 안건에 대해 세 번을 묻는 것을 말한다. 예를 들면 구족계를 받아 비구나 비구니가 될 사람에게 그 승인을 묻는 것을 3번 반복하는 것으로 일백一白과 삼갈마三羯磨한다고 한다. ➡ 갈마羯磨

백사법(白四法) 백사갈마白四羯磨. 한 가지 내용에 대하여 세 번 가부를 묻는 것.

백사십불공법(百四十不共法) 오직 부처만이 가진 140가지 특별한 모습. 32상相·80종호種好·사정四淨·십력十力·사무외四無畏·삼념처三念處·삼불호三不護·대비大悲·상불망실常不忘失·단번뇌습斷煩惱習·일체지一切智.

백십이사(百十二使) 대승의 유식에서 견혹見惑을 분류한 것.

백업(白業) 흑업黑業의 반대말. 곧 선업善業.

백우(白牛) 흰 소로써 일승법一乘法에 비유한 말.

백우무각(白牛無角) 말馬을 가리킨다.

백운(白雲) ①본래 본체가 없는 것이므로 인생과 모든 존재가 허망하고 무상하다는 의미로 비유한 말. ②소요하고 자재하는 운수납자의 모습을 상징한 말. ③희고 깨끗하여 티 없이 청정한 자성을 상징한 말.

백운종(白雲宗) 송나라 백운암白雲庵의 청각淸覺이 선문禪門에서 세운 하나의 종파.

백운채(白雲菜) 백운종白雲宗을 따르는 무리.

백의(白衣) 속세의 사람을 말한다. 치의緇衣의 반대말.

백의관음(白衣觀音) 33관음 가운데 하나. 항상 흰옷을 입고 연좌 위에 앉아 있는 관세음보살.

백의관음(강진 무위사 극락보전)

백의대비주(白衣大悲咒) ·백의관음의 다라니.

백이법(白二法) 백이갈마白二羯磨. 대중에게 한 번 고지하고 한 번 가부可否를 묻는 것.

백이십팔근본번뇌(百二十八根本煩惱) 128사使. 대승에서 말하는 견혹見惑·사혹思惑의 번뇌 수.

백일공신(百一供身) 백일물百一物. 백일중구百一衆具. 삼의三衣와 육물六物 외에 승려의 자구資具.

백일중구(百一衆具) 백일공신百一供身. 백일물百一物.

백잡쇄(百雜碎) 물건을 아주 작게 부수는 것.

백정식(白淨識) 제8식의 다른 이름으로 아마라식阿摩羅識을 말한 다. 백지와 같은 순수한 의식.

백종(百種) 우란분회盂蘭盆會. 중원中元. 망혼일亡魂日. 음력 7월 15

일. 목건련이 지옥에 있는 어머니를 제도하기 위해 백 가지 음식을 차려 승려에게 공양한 날에서 유래하였다. ➡ 백중白中

백주처보살(白住處菩薩)　백처관음白處觀音. 또는 백의관음.

백중(白衆)　대중에게 알리는 것.

백중(百中)📖　백중白衆, 백종百種이라고도 한다. ①안거를 끝내고 그 동안의 수행을 사장에게 물어 깨달음을 얻고, 또 깨달은 것을 대중에게 알리기도 하는 것. ②우란분절盂蘭盆節. 음력 7월 15일. 하안거 해제일. 과일과 음식 등 백 가지를 공양한 데서 유래되었다.

백중학(百衆學)📖　śikṣā dharmāḥ śikṣā는 ~의 지식知識, 기술技術, 숙달熟達, 교수敎授, 교과敎課, 교훈敎訓, 음운音韻이나 발음을 가르치는 학문 등의 뜻이며, 학學, 학처學處, 습학習學, 계戒 등으로 의역한다. 계율의 편차 중 한 가지. 일상생활에 관련된 조목으로 비교적 가벼운 계戒이며, 범犯했다 하더라도 마음으로 참회하면 되며, 잘못하지 않도록 좋은 기술·교훈 등을 몸에 익히도록 노력하도록 하는 계戒. 율장에 따라 조목의 개수에 편차가 가장 많은 계법. 『마하승기율』은 66조, 『십송률』은 113조, 『사분율』은 100조. 『사분율』의 계戒를 백중학법이라고 부르고, 경전의 내용과 가장 밀접하게 연결되어 있는 특징이 있다.

백진(白眞)　탄진嘆眞. 조사의 기일에 회향하는 글머리에서 부르는 한 짝의 말이나 게문偈文. 곧 진영眞影에 대하여 고하고 알림을 나타내는 말인 표백表白.

백찬(白贊)　부처의 덕을 찬탄하는 말. 부처에게 고백하거나 부처를 찬탄하는 말.

백처관음(白處觀音)　백주처보살白住處菩薩. 백의관음白衣觀音의 다른 이름.

백척간두(百尺竿頭)　매우 높은 곳을 비유한 말.

백척간두진일보(百尺竿頭進一步)　백척간두에서 한걸음 나아간다는 뜻으로 깨달음을 얻었더라도 그것을 넘어서 절대적으로 살아 움직이는 경지에까지 나아가야 함을 비유하여 말한다.

백천(百千) 십만十萬.

백천만억겁(百千萬億劫) 헤아릴 수 없는 아득한 긴 시간. 무한하게 긴 시간을 나타낸 말.

백추(白椎) 백퇴白槌

백퇴(白槌) 백추白椎. 백은 일을 고백한다는 뜻. 선사에서 개당開堂할 때 퇴를 쳐서 대중에게 알리는 것.

백팔결(百八結) 백팔번뇌百八煩惱.

백팔결업(百八結業) 백팔번뇌百八煩惱.

백팔다라니(百八陀羅尼) 『화엄경』「입법계품」에서 11번째 선지식인 미다라녀彌多羅女가 닦는 108가지 다라니문을 말한다. 미다라녀는 자행慈行으로 번역한다.

백팔모니(百八牟尼) 염주念珠.

백팔번뇌(百八煩惱) 📖 백팔결百八結. 백팔결업百八結業. 육근六根·육진六塵이 각각 호好·오惡·평등平等의 3가지가 서로 같지 않아서 18번뇌를 일으키고, 또 고苦·낙樂·사捨의 삼수三受가 있어 18번뇌를 내니 모두 36가지가 되며, 이를 삼세三世에 곱하여 108번뇌가 된다.

백팔삼매(百八三昧) 반야 경전에서 설교하는 108가지의 삼매. 보살이 수행할 때 들어가는 삼매의 수.

백팔종(百八鐘) 새벽과 저녁에 범종을 108번씩 치는 것.

백하(白夏) 여름 안거安居 중에 날마다 대중에게 경고하여 정진을 권장하는 것.

백학(白鶴) 흰 사라수娑羅樹를 비유한말.

백학림(白鶴林) 부처가 열반에 든 구시나가라성 옆에 있는 숲 이름. 흰 사라수娑羅樹를 비유한 백학白鶴. 사라림娑羅林. 백림白林.

백호(白毫) 백호상白毫相. 부처의 32상相 가운데 하나. 부처의 양눈썹 사이에 난 희고 부드러운 털. 광호光毫. 백호광白毫光. 광명을 비유한 것.

백화(白和) 장차 승사僧事를 이루려 할 때 승려를 모아 놓고 그 일을 알려서 화합하게 하는 것.

백회(百會) ①사람의 정수리. 몸 가운데 가장 중요한 것이 들어있는 곳. ②석가모니의 다른 이름.

백흑이서(白黑二鼠) ①낮과 밤을 비유한 말. ②해와 달을 비유한 말. ③선업善業과 악업惡業을 비유한 말.

버력 하늘이나 신령이 사람의 죄악을 징계하려고 내린다는 벌.

백호(의성 고운사 석가여래좌상)

번(幡) 📖 dhvaja 기旗, 당幢, 족기族旗, 표식標識, 상징象徵, 신의 격이 있는 속성 등의 뜻이 있다. 번기幡旗. 부처나 보살의 위엄과 덕을 나타내고 도량을 장엄하기 위해 세우는 깃발. 두두頭·신신身·수수手·미미尾 네 부분으로 나누어진다. 두두頭는 가장 윗부분에 이등변삼각형의 모양을 하며 머리를 상징한다. 신身은 상하로 긴 직사각형의 형태를 한 가운데 부분으로 몸통을 상징한다. 수手는 몸통을 중심으로 좌우에 붙어있는 것을 가리킨다. 미尾는 맨 밑에 붙어있는 것을 말한다. 수와 미는 분리되지 않으며 몸통을 둘러싸고 있다. 종류에는 인로왕번引路王幡·오방불번五方佛幡·삼신번三身幡·보고번普告幡·오여래번五如來幡·칠여래번七如來幡·오방번五方幡·이십삼불번二十三佛幡·명부시왕번冥府十王幡·항마번降魔幡·시주번施主幡·축상번祝上幡 등이 있다.

번각(翻刻) 판화 제작 방법으로 이미 인쇄된 판본의 종이를 뒤집어 놓고 그대로 판각하는 방법을 말한다.

번경(翻經) 경전을 번역하는 것.

번기(幡旗) 번幡. ➡번幡

번뇌(煩惱)📖 kleśa 고통苦痛, 고뇌苦惱, 심통心痛, 병고病苦, 비탄悲歎, 신고辛苦 등의 뜻으로 학대하고 고통주고 괴로워하는 의미를 함축하고 있으며, 번뇌煩惱, 근본번뇌根本煩惱, 혹惑, 본혹本惑, 결結, 결사結使, 결박結縛, 뇌惱, 염染, 진노塵勞, 아만我慢, 만慢, 탐貪, 진瞋, 치癡, 무명無明 등과 같이 다양하고 넓은 범위로 의역하고 있다. 따라서 몸과 마음을 괴롭히고 번거롭게 하는 정신 작용의 전체 호칭이라고 할 수 있다. 즉, 무명無明에서 시작한 번뇌가 해탈로 가는 수행을 방해하여 고苦를 알지 못하게 하고 과果를 낳게 하는 것. 고苦는 생로병사의 네 가지 고통이 삶에서 피할 수 없는 것이기 때문에 고통의 진리라는 뜻이고, 성제聖諦는 고귀하다는 뜻을 포함하고 성인에 의해서만 진리로 알려지는 것이므로 고제苦諦라고도 한다. 번뇌는 고苦가 생기는 원인을 잘못 알도록 방해하고 집착하게 하여 과보를 내는 것이다. 수행은 고苦의 원인을 바르게 아는 것이며, 바르게 알면 학대하고 고통 받는 것이 없어지게 된다.

번뇌구(煩惱垢) 번뇌의 더러움.

번뇌마(煩惱魔) 사마四魔 가운데 하나. 탐貪·진瞋·치癡 등의 정신 작용이 수행을 방해하는 것.

번뇌무진서원단(煩惱無盡誓願斷) 사홍서원의 하나. 수없이 많은 번뇌를 반드시 끊어 버리겠다는 서원. ➡ 사홍서원四弘誓願

번뇌법(煩惱法) 중생을 괴롭히고 어지럽히는 6가지 정신 작용. 번뇌육법煩惱六法. 탐貪·진瞋·만慢·무명無明·견見·의疑를 말한다.

번뇌병(煩惱病) 번뇌가 마음을 괴롭히는 것이 몸에 병이 난 것과 같다는 말.

번뇌빙(煩惱冰) 보리菩提를 물에 비유하고 번뇌를 얼음으로 삼은 것. 번뇌가 보리로 나아가는 것이 얼음이 물로 변하는 것과 같다는 비유.

번뇌사(煩惱捨) 사사四捨 가운데 하나. 스스로 번뇌를 여의는 것.

번뇌습(煩惱習) 번뇌의 습기習氣.

번뇌신(煩惱薪) 번뇌를 지혜의 불에 태워지는 땔나무에 비유한 것.

번뇌잡염(煩惱雜染) 삼잡염三雜染 가운데 하나. 모든 번뇌와 수번뇌隨煩惱.

번뇌장(煩惱障) 이장二障 가운데 하나. 혹장惑障. 탐貪·진瞋·치癡 등의 번뇌가 중생으로 하여금 삼계의 생사에 유전하게 하여 열반의 업을 장애하는 것.

번뇌즉보리(煩惱卽菩提) 번뇌가 곧 보리라는 것. 깨달음의 눈으로 보면 생사가 곧 열반이듯이 둘이 차별 없는 하나라는 것.

번뇌진(煩惱陣) 번뇌가 사방에서 떼 지어 일어나서 몸과 마음을 공격하는 것이 적진敵陣의 공격과 같음을 말한다.

번뇌탁(煩惱濁) 오탁五濁 가운데 하나. 번뇌가 사람의 몸과 마음을 어지럽고 혼탁하게 하는 것.

번뇌하(煩惱河) 번뇌가 사람을 떠돌아 죽게 하는 것을 강물에 비유한 말.

번뇌해(煩惱海) 중생의 번뇌가 깊고 넓은 것을 바다에 비유한 말.

번담(煩淡) 화남和南. 예배禮拜·계수稽首. 경례敬禮하는 것. ➡ 예경禮敬

번롱(煩籠) 짐승을 가두는 우리로서 나무로 만든 것을 번樊이라 하고, 대나무로 만든 것을 롱籠이라고 한다. 번뇌에 매이고 묶이거나 삼계의 고역苦域에 나는 것을 비유한 말. 번뇌의 번롱樊籠.

번승(番僧) ①차례대로 당우堂宇를 지키는 승려. 당수堂守. ②서역西域의 승려.

번역(翻譯) ①글로 쓰여진 것을 특정한 다른 언어로 의미를 똑같이 바꾸어 옮기는 것. ②옛 고승에 대한 행장을 모은 고승전류에서는 행적의 내용을 열 가지로 나눈 십과十科 가운데 첫 번째. 범어를 중국말로 옮기는데 가장 뛰어난 승려를 모아 편을 구성하고 있다.

번찰(幡刹) 사문沙門이 하나의 법을 깨달으면 깃발을 세워 멀리까지 알린 것을 말한다. 찰간刹竿.

번화(幡畵) 깃발에 매단 번幡에 그림을 그린 것.

벌사라불다라(伐闍羅弗多羅) 16나한 가운데 하나. 금강金剛으로 번역.

벌유(筏喩) 뗏목의 비유. 보시布施·지계持戒·인욕忍辱·정진精進·선정禪定·지혜智慧 등의 많은 수행이 모두 고해라는 바다를 건너 저 언덕에 이르는 데 필요한 뗏목과 같다는 말.

벌절라(伐折羅) vajra 금강金剛. 금강석.

벌차(筏蹉) 발사跋私. 소승 독자부犢子部의 시조. 석가모니 때 외도로 귀의하여 승려가 되었다.

벌차경(筏蹉經) 소승 독자부犢子部의 경전.

범(梵) 범가이梵迦夷. ①인도 바라문교 사상의 최고 원리. ②불법의 수호신의 하나. 범천梵天. ③바라문. 성직자. ④청정淸淨. 정신淨身. ⑤범어梵語. 산스크리트어.

범가이(梵迦夷) 범梵.

범각(梵閣) 불각佛閣.

범경(梵境) 사찰의 경내.

범계(犯戒) ①계율을 어기는 것. 파계破戒. ②성죄成罪.

범계(梵界) 범천의 세계. 색계의 초선천初禪天.

범계(梵戒) 청정한 계율.

범계잡승(犯戒雜僧) 삼종승三種僧 가운데 하나. 계율을 지켜야 하는 비구가 이익을 구하고 몸을 안락하게 하기 위해서 파계한 승려와 행동을 같이하는 이.

범곡(梵曲) 범패梵唄. 불교 음악.

범궁(梵宮) 범천梵天의 궁전. 곧 사찰을 가리키는 말.

범녀(梵女) 범지梵志의 딸. 또는 지범도志梵道의 딸.

범단(梵壇) 계율을 범犯한 승려에게 함께 말하지 못하도록 하는 법. 범달梵怛. 묵빈默擯으로 번역. 범천법梵天法. 범장梵杖이나 범법梵法을 의미.

범덕(梵德) 범왕의 복덕福德.

범도(梵道) 깨끗한 선정을 닦고 음욕을 끊는 것.

범륜(梵輪) 법륜法輪의 다른 이름. 부처의 설법이 청정하다는 뜻.

범마(梵摩) 범마라梵摩羅. 범천梵天.

범마(梵魔) 욕계의 모든 하늘을 대표한 것. 범왕梵王과 타화자재천他化自在天.

범마니(梵摩尼) 보주寶珠 이름. 정주淨珠로 번역. 대범천왕의 여의보주如意寶珠.

범마라(梵摩羅) 범마梵摩. 범천梵天.

범마천(梵摩天) 범천梵天.

범망(梵網)📖 범梵은 범왕을, 망網은 그물을 가리키는 말로서, 그물의 코와 같이 헤아릴 수 없이 많은 중생을 하나도 빠뜨림 없이 부처는 모두 포섭하여 수많은 가르침으로 이끌어 간다는 비유.

범벌(梵罰) 범단梵壇에서 벌을 다스리는 것.

범법(梵法) 범단梵壇의 법. 범천법梵天法·범단梵壇이라고도 한다.

범보천(梵輔天) 색계 십팔천十八天 가운데 하나. 초선천初禪天.

범복(梵服) 가사袈裟의 다른 이름. 범행을 하는 승려들의 의복.

범복(梵福) 대범천왕이 지닌 복덕. 범보천梵輔天의 복이라고도 한다.

범본(梵本) 범어로 된 경전.

범부(凡夫)📖 prthagjana 낮은 계급의 사람, 민중 등의 뜻이며, 이생異生, 범凡, 범부凡夫, 범우凡愚, 우부愚夫 등으로 의역한다. 성자聖者의 상대적인 호칭. 머리털이 바람에 날리듯이 어리석어 미혹을 끊고 이치를 증득함이 없는 사람. 또는 사리에 미혹하여 생

범단 445

사에 유전하는 사람이라는 뜻. 곧 지혜가 없고 어리석은 중생을 가리키는 말.

범부선(凡夫禪) 인과의 도리를 알면서 이 세상을 싫어하고 하늘에 태어나기를 바라는 것. 법열法悅에만 탐닉하며 행복 추구를 목적으로 한다.

범사(凡師) 범부의 법사法師.

범상(犯狀) 계율을 범한 형편. 계율을 위반한 태도.

범상(凡象) 보통의 형상.

범서(梵書) ①바라문교의 베다 성전. ②고대 인도의 글자. ③범왕이 설교한 책. ④범자梵字로 쓰인 경전을 말한다.

범석(梵釋) 범천梵天과 제석천帝釋天.

범석사천(梵釋四天) 범천梵天·제석천帝釋天·사천왕四王天.

범성(凡聖) 범부와 성인. 범부와 부처.

범성(梵聲) 여래의 범음梵音.

범성동거토(凡聖同居土) 천태종의 사토四土 가운데 하나. 동거토同居土·염정국染淨國. 삼계三界 안에 있는 범부·성자聖者가 섞여 사는 국토. 사바세계와 같은 것이 동거잡토同居雜土. 극락세계와 같은 것이 동거정토同居淨土.

범성일여(凡聖一如) 범부나 부처나 근원적으로 공空으로 동일하다는 뜻.

범세계(梵世界) 범천의 세계. 청정한 세계란 뜻. 색계의 모든 하늘. 음욕을 여읜 범천이 있는 세계.

범세천(梵世天) 범세계梵世界.

범소(凡小) 범부와 소인. 범부와 소승의 사람.

범수(梵嫂) 승려의 아내.

범승(凡僧) 내범內凡·외범外凡의 승려. 곧 평범한 승려. 범부 승려. 불과佛果를 증득한 성승聖僧의 상대어.

범승(梵僧) 범토梵土의 승려.

범승(梵乘)　청정한 승물乘物. 보살승菩薩乘을 말한다.

범식(凡識)　범부의 심식心識.

범신(梵身)　부처의 청정한 법신法身.

범심(梵心)　범행梵行을 닦는 마음.

범어(梵語)　Sanskrit 산스크리트어. 완성된 언어라는 뜻.

범연(梵延)　범왕과 나라연천那邏延天.

범왕(梵王)　대범천왕大梵天王. 범천왕梵天王.

범왕궁(梵王宮)　대범천왕의 궁전.

범우(梵宇)　불사佛寺. 사찰.

범원(梵苑)　사원寺院. 사찰.

범음(梵音)　맑고 깨끗한 소리. ①대범천왕大梵天王의 음성. 부처의 목소리. ②경전 읽는 소리. 불법의 소리. ③범패梵唄의 다른 이름. 패닉唄匿. ④ 부처의 가르침. ⑤불·법·승을 공양하는 게송의 풍영諷詠.

범음구(梵音具)　범종·법고·목어·운판 등의 소리로 대중을 교화하고 집회하는 데 사용하는 의식구.

범음성(梵音聲)　범음梵音.

범의(梵儀)　청정하고 거룩한 승려의 모습으로, 사문沙門의 출가하는 풍의風儀.

범자(梵字)　인도의 고문자古文字. 범서梵書라고도 한다.

범장(梵杖)　범천법梵天法. 범단梵壇.

범쟁(犯諍)　사쟁四諍 가운데 하나. 비구 등이 죄를 범했을 때 율장의 어느 학처에 해당하고 어떻게 처리해야 옳은지 본인과 승단 사이에 의견 일치를 보지 못하는 경우를 말한다. 즉 범한 죄가 아직 분명히 드러나지 않고 그 죄상이 명백하지 아니하므로 이를 의논할 때 생기는 논쟁.

범전(梵典)　불교의 경전.

범정(凡情)　보통 사람의 심정.

범종(梵鐘)📖 불전사물佛殿四物 가운데 하나. 사찰에서 시각을 알리거나 대중을 모이게 하거나, 의식 행사 등에서 치는 종을 말한다. 경종鯨鐘·당종撞鐘·조종釣鐘이라고도 한다. 천상과 지옥의 중생들을 제도하기 위해서 치며 아침에 28번, 저녁에 33번 침.

범종각(梵鐘閣) 종각. 범종을 매달아 놓는 전각. 현재는 대부분 범종과 함께 법고法鼓·운판雲版·목어木魚의 사물을 함께 둔다.

범종(성덕대왕신종, 국립경주박물관)

범중(梵衆) ①범중천. ②범행을 닦는 대중.

범중천(梵衆天) 색계 십팔천十八天 가운데 하나. 초선천初禪天.

범지(梵志) 정예淨裔로 번역. ①바라문. 우주의 최고 이치인 범梵에 뜻을 두고 구하는 바라문. ②모든 외도 ③바라문의 학생. ④재가의 바라문.

범찰(梵刹) ①불찰佛刹·불국토. ②정찰淨刹·보찰寶刹·성찰聖刹. 찰은 번간旛竿의 뜻. 곧 부처를 모신 절을 말한다.

범천(梵天) 색계의 초선천初禪天. 욕계의 음욕을 여의고 고요하고 청정한 하늘.

범천공(梵天供) 대범천에게 공양하는 수법修法.

범천궁(梵天宮) 색계 초선천初禪天의 주인인 범천왕이 사는 궁전.

범천법(梵天法) 범천궁에서 행하는 벌을 다스리는 법. 범단梵壇.

범천왕(梵天王) 색계의 초선천初禪天에 있는 범중梵衆·범보梵輔·대범大梵의 세 개의 하늘 가운데 대범천을 범천왕이라고 한다. 이름은 시기尸棄. 사바세계의 주인.

범천제석(梵天帝釋) 대범천왕大梵天王과 제석천왕帝釋天王.

범천후(梵天后) 범천의 후비. 범천은 음욕을 여의어서 후비가 없으나 세간에서 숭배하는 범천에게는 후비가 있다.

범토(梵土) 바라문국婆羅門國. 인도를 말한다.

범패(梵唄) 📖 bhāṣā 음악音樂, 담화談話, 언어言語, 일상어日常語, 방언方言, 기술記述, 정의定義 등의 뜻이 있다. 성패聲唄, 찬패讚唄, 경패經唄, 범곡梵曲, 범방梵放, 성명聲明 등으로 의역한다. 불교 의식 음악. 범음梵音. 어산魚山. 가찬歌讚. 부처의 공덕을 찬양하는 노래. 법회의 소리. 인도 바라문교에서 유행하였던 것을 불교에 받아들여졌으며, 중국에서는 조식曹植이 지었다는 설도 있다. 우리나라에는 진감국사眞鑑國師에 의해 830년경에 전해졌다고 한다. 일본 승려 원인圓仁이 쓴 『입당구법순례행기入唐求法巡禮行記』에도 산동반도의 적산원赤山院에서 신라인이 행하는 범패를 기록하고 있다. 고려 시대의 문헌에 전하는 것은 없지만, 연등회나 큰 법회에 녹아들어 조선 시대로 전래되었을 것으로 추측된다.

범패사성(梵唄四聲) 범패를 할 때 소리의 특징을 네 가지로 구분하는 것을 말한다.

범학(梵學) 불학佛學.

범행(梵行) 정행淨行. 청정한 행위. 항상 번뇌와 욕망에 물들지 않고 깨끗한 자비심으로 중생을 제도하는 일. 또는 바라문이 행하는 깨끗한 수행. 승려가 계율을 지키고 수행하는 것.

범향(梵響) 여래의 범음梵音의 메아리. 맑고 깨끗한 음성의 메아리. 부처의 설법을 말한다.

범협(梵篋) 패다라엽貝多羅葉으로 만든 경권經卷으로 상자 모양. 경협經篋, 경협經筴, 범협梵夾, 패협貝篋, 경책經策, 서협筮策, 간서簡書 등도 같은 뜻이다.

범협인(梵篋印) 범협梵篋의 모양을 본뜬 인계印契.

범황(梵皇) 부처.

법(法)📖 dharma 확정한 질서, 관습적인 순서, 습관習慣, 풍습風習, 법칙法則, 규정規定, 의무義務, 미덕美德, 선행善行, 종교宗教, 교설教說, 성격性格, 본질本質, 특질特質 등의 뜻이 있으며, 법法, 정법正法, 교법教法, 선법善法 등으로 번역한다. ①모든 현상의 본질적인 법칙. 도리. 사리. 제법諸法. 만법萬法. ②행위의 규범. 의무. 관례. 풍습. 사회적 질서. ③선. 덕. ④진리. 진실. 이법. ⑤가르침. 교설. 교법. 계율. ⑥본질. 본성. 속성. 성질. ⑦삼보三寶 가운데 하나. ⑧육경六境 가운데 하나. 생각의 내용. 사고의 대상. 의식 대상. 법경法境. ⑨12부경. 9부경. ⑩본성. 마음의 작용. ⑪형形. 형체. 사물. 존재.

법가(法假) 삼가三假 가운데 하나. 모든 법은 인因과 연緣이 화합하여 만들어진 것이기 때문에, 이 인연이 화합한 조건이 변하면 모든 존재도 변하므로 법은 그 자체가 헛되고 거짓이어서 실답지 못하다는 것.

법간(法慳) 불법을 아껴서 다른 사람을 즐겨 가르쳐 인도하지 않는 것.

법거(法炬) 사물을 잘 비추는 법을 화거火炬, 횃불에 비유한 것.

법거량(法擧量) 스승에게 깨침을 점검 받는 것. 스승과 제자 간에 문답 형식으로 깨침을 얻었는지 아닌지를 파악하는 것.

법건도(法犍度) 율장에서 승려가 행동하는 일상의 위의威儀에 관한 규정을 밝힌 편장.

법검(法劍) 부처의 설법이 번뇌를 잘 끊기 때문에 칼에 비유한 것.

법견(法見) 하나의 법에 집착하여 하나는 옳고 다른 것은 그르다고 하는 것.

법경(法鏡) 거울은 모든 사물을 거짓 없이 그대로 비추기 때문에 불법이 만물을 비추는 것에 비유한 말.

법계(法界)📖 dharma-dhātu 이법理法 또는 존재의 요소라는 뜻에서 법계라고 한다. ①법경法境. 곧 의식의 대상. 법처法處로 18계의 구성 요소. ②법성法性. 만유 제법의 체성이 되는 것. 곧 진여. ③ 법신法身. 사물의 근원. 법의 근원. 진리 자체로서의 부처. ④실상實相. 실제實際. 현실 세계. ⑤모든 부처가 평등한 법신의 이치. ⑥ 종파에 따라 주장하는 내용이 매우 다양하다. 화엄종에서는 법法은 스스로의 성품을 유지하는 자성自性, 규칙인 궤칙軌則, 의식과 대한다는 대의對意의 세 가지 뜻이 있고, 계界에는 모든 것이 일어나는 원인으로 인因, 모든 법이 의지하는 근거로서 성性, 인연으로 일어나는 것은 서로 섞이지 않고 유지하는 분제分齊의 세 가지 뜻이 있다고 한다. 또 법계를 이리와 사事로 나누어 구별하는 방법을 사법계관四法界觀이라고 하여, 사법계事法界의 사事는 사물·현상이라고 하고 계界는 분分으로 개체와 개체에 공통성이 없는 차별의 세계라고 하며, 이법계理法界의 이理는 원리·본체·법칙이라고 하고 계界는 성性으로 공空의 여여如如로서 공통성을 말하며, 이사무애법계理事無碍法界는 현상계와 본체계가 떨어져 있지 않고 하나의 상호관계 속에 있다고 하며, 사사무애법계事事無碍法界는 개체와 개체가 자재하며 서로 융섭하는 상즉相卽·상입相入의 관계라고 한다. 천태종에서는 지옥에서부터 불계까지 10법계法界가 있으며, 이 10법계에 각각 10법계가 있어 1백계界이고, 이 1백계에 10여시如是가 있어 1천여如가 되고, 이 1천여에 삼세간이 있어 3천세계가 되는데, 이는 모두 일념一念에서 만들어진다고 한다. 밀교에서는 지·수·화·풍·공空·식識의 6대를 법계의 본질로 본다.

법계(法階) 승려들의 계위.
법계가지(法界加持) 모든 부처와 진언眞言과 중생의 실상實相이

서로 의지하여 들어가는 것을 말한다. ➡ 법계法界, 가지加持

법계관(法界觀) 『화엄경』에서 말하는 법계에 증입證入하는 관법. 진공관眞空觀·이사무애관理事無礙觀·주변함용관周徧含容觀을 말한다. 법계삼관法界三觀. 사법계관四法界觀. ➡ 법계法界

법계교(法界敎) 법계의 이치를 설명하는 교법.

법계궁(法界宮) 대일여래의 궁전. 광대금강법계궁廣大金剛法界宮.

법계도(法界圖)📖 ①의상의 『화엄일승법계도』의 약칭. 실재 『법계도』의 구성은 의상 자신이 법계도를 지은 저술의 목적을 적어 놓은 자서自敍, 법계도인法界圖印의 그림과 법성게法性偈라고 불리는 반시槃詩가 함께 있는 합시合詩, 해설을 적어 놓은 석문釋文, 그리고 발문跋文으로 구성되어 있다. 현재 사찰에서는 합시 부분의 도인과 7자 30구 210자로 된 법성게만을 독송용으로 사용하고 있다. ②비로자나불의 대선정인 해인삼매의 경계를 그림으로 나타낸 것.

법계등류(法界等流) 모든 사물의 본성인 진여로부터 중생의 근기에 대응하여 줄곧 흘러나온다는 뜻. 부처의 가르침에 의한 감화.

법계력(法界力) 삼력三力 가운데 하나. 자기 마음에 갖추어 있는 불성과 내외가 서로 응相하고 인연이 화합하여 자신이 바로 불佛이라는 경지에 이르는 것을 말한다.

법계불(法界佛) 『화엄경』에서 말하는 십불十佛 가운데 하나. 부처가 일진법계一眞法界의 큰 지혜를 증득하고 큰 광명을 모든 것에 두루 비추는 것을 말한다.

법계삼관(法界三觀) 법계관法界觀.

법계삼매(法界三昧) 법계를 잘 관觀하여 얻은 정定인 법계정法界定에 들어 일진법계一眞法界의 현묘한 이치에 투철한 것.

법계성(法界性) 법성法性. 법신法身. 법성신法性身. 진여불眞如佛. 진여의 이치와 일치한 부처의 참 모습을 지닌 근본 체성을 말한다. ➡ 법계法界

법계신(法界身) 법계의 중생을 인도하여 이로움을 주는 불신. 법계에 두루 미친 부처의 법신. ➡ 법계法界

법계실상(法界實相) 법계의 실상實相.

법계연기(法界緣起)📖 업감연기, 아뢰야연기, 여래장연기설에 이어 나타나는 연기설緣起說. 법계무진연기·무진연기·일승연기라고도 한다. 화엄종에서는 법계法界를 이理와 사事로 나누어 설명하고, 이를 바탕으로 연기緣起하여 세계가 존재한다고 설명하는 것을 법계연기설이라고 한다. 법계는 이理와 사事가 서로 떨어져 있는 것이 아니듯이, 각각의 개체 이사理事가 서로 떨어져 있지 않은 것이며, 개체인 사사事事도 서로 절대적 진리의 세계 속에서 원융무애圓融無碍하게 존재한다고 한다. 이사무애관은 금사자金獅子에 비유하는 여래장연기의 설명이며, 사사무애관은 서풍파와 동풍파가 서로 다르지 않은 비유로 설명한다. 즉, 우주의 모든 사물이 서로 인연하여 끝없이 교류하고 융합하고 의존하면서 상즉·상입의 관계로 일어나 개채의 현상과 본체가 서로 다르지 않고 하나라는 연기緣起 사상. ➡ 법계法界

법계유심(法界唯心) 모든 사물은 모두 자기의 마음에서 유래하고 시작한다는 뜻.

법계일상(法界一相) 4가지 법계 가운데 사사무애법계事事無礙法界. 일진법계一眞法界의 일상일미一相一味를 말한다. ➡ 법계法界

법계정인(法界定印) 대일여래의 정인. 양손을 겹쳐서 엄지손가락을 서로 향하게 한 모양.

법계지(法界智) 법계체성지法界體性智.

법계체성지(法界體性智) 법계의 본래 체體로서 있는 성품의 지혜.

법계해혜(法界海慧) 바다와 같이 넓고 깊은 법계의 지혜가 모든 상相을 잘 비추는 것. ➡ 법계法界

법고(法鼓) 불전사물佛殿四物 가운데 하나. 불법을 전하는 북. 짐승을 비롯한 중생의 어리석음을 깨우치기 위해서 친다.

법고춤 불법을 널리 알리는 의미를 담고 있으며, 법고 소리를 듣고 모이는 대중을 깨우치게 하기 위해 추는 춤.

법공(法公) 사미沙彌의 다른 이름.

법공(法空) 세상의 모든 사물은 조건에 의해 인因과 연緣이 화합하여 생긴 존재이므로, 조건이 변하면 인과 연도 변하므로 자성自性이 없다는 것을 공空이라고 한다. ① 공空이 곧 진리로서 부처의 가르침이란 뜻. ②보통 사물의 존재 근거가 된다. ③설일체유부에서 법유法有를 주장하며 논리의 정당성을 위하여 쓰는 용어.

법고(홍천 수타사)

법공관(法空觀) 모든 사물은 자성이 없이 임시로 존재하는 것으로 실질적인 본체가 없음을 관觀하는 것.

법공양(法供養) 재물을 공양하는 재공양財供養과 대칭되는 말로서, 불법을 설하여 중생이 이에 따르도록 하는 것을 말한다. 대표적으로는 경전을 공양하는 것이며, 보리심을 일으켜 보살행을 닦아서 불법을 지키고 중생을 이롭게 하는 것도 법공양의 하나이다.

법광명(法光明) 삼종광명三種光明 가운데 하나. 교법의 광명이라는 말. 교법대로 수행할 때 조금씩 마음속의 어둠이 소멸하는 것을 말한다.

법교(法橋) 큰 법이 중생을 생사의 큰 강을 건널 수 있게 하므로 다리에 비유한 말.

법구(法具) 불구佛具. 불법을 수행하는데 필요한 모든 도구. 불전을 장엄하는 여러 가지 사물 및 의식에 필요한 여러 가지 물건.

법굴(法窟) 법을 닦는 도량.

법귀(法歸) 온갖 선이 귀의하는 곳. 소승교를 말한다.

법근(法根) 법의 뿌리.

법기(法器) 불교의 법도를 배우고 수행할 수 있는 사람. 불법을 담을 그릇.

법난(法難) 불교 교단이 받은 박해를 말한다. 또는 불·법·승 삼보를 비난하는 것.

법념처(法念處) 사념처四念處 가운데 하나. 념念은 대상이 되는 법에 대하여 마음을 한군데 집중하여 있는 그대로 관찰하는 것으로, 법은 자성自性이 없으므로 무상無常·고苦·무아無我·공空임을 잘 살펴 아는 것. 즉, 만유에 대해 실로 자아인 실체가 없으며, 또 자기의 소유물도 모두 일정한 소유자가 없다고 보는 것.

법니(法尼) 법을 지키는 비구니 승려.

법다라니(法陀羅尼) 4가지 다라니 가운데 하나. 부처의 교법을 듣고 지니면서 잊지 않는 것. 문지다라니聞持陀羅尼. 문다라니聞陀羅尼.

법담(法談) 불법의 도리를 이야기하는 것. 설법담의說法談議.

법당(法堂) 📖 법을 설하는 곳을 말하며, 법보인 경전을 보관하는 곳. 선종에서 대중이 모여 상당법문上堂法門을 하는 곳을 말하였으나, 점차로 불상을 모신 곳을 가리키게 되었다. ①대법을 펼치고 종지를 연설하는 등 온갖 법식을 행하는 곳. 강당講堂. ②불상을 봉안한 곳.

법당(法幢) 불법佛法. 불법을 깃발에 비유한 것. 당幢은 전쟁에서 사용하는 깃발로써 승리하면 깃발을 달아 표시하듯이, 번뇌를 물리칠 수 있다는 것을 나타낸 것이다. 불보살의 설법이 훌륭하다는 것을 비유한 말.

법동분(法同分) 개개의 법을 성립시키는 공통성이란 뜻으로, 소나무는 소나무끼리, 돌은 돌끼리 서로 같은 것은 함께 공유하는 속성이 있다는 것을 비유한 말.

법동사(法同舍)　절을 나타내는 열 가지 종류의 이름 중에 한 가지.

법등(法燈)　정법正法. 곧 부처의 교법이 밝은 등불처럼 세간의 어두움을 잘 비춘다는 것을 비유한 말.

법등명(法燈明)　법의 등불이란 뜻으로, '법등명자등명法燈明自燈明'에서 유래한 말. 진리와 실천을 밝힌 명제로 해석에는 경전에 따라 여러 가지가 있으나, 일반적으로 법을 등불로 삼아 의지하고, 자신을 등불로 삼아 의지한다고 한다.

법라(法螺)📖　dharma-śaṅkha śaṅkha는 패具, 나패螺具, 불어서 연주하는 악기의 일종, 신의 상징, 코끼리의 앞다리나 귀에 붙이는 장식물의 일종 등의 뜻이며, 상구商佉, 가패珂具, 나패螺具로 의역한다. ①곧 소라 껍데기에 피리를 붙여서 만든 악기로, 소리가 멀리까지 들리는 것이 부처의 설법이 널리 대중에게 베풀어짐을 비유한 것. 천수관음이 상징으로 손에 가지는 지물持物로 모든 선신善神을 수호하는 것을 의미한다. ②또는 수도승이 지니는 법구 가운데 하나. ③법회나 의식에서 대중에게 알리는 신호로 사용한다.

법라

법락(法樂)　①법미法味로써 즐거움을 삼는 것. ②선을 행하고 덕을 쌓아서 스스로 즐기는 것. ③불법의 오묘하고 깊은 이치를 깨달아 얻은 즐거움. 열반의 참된 즐거움. ④법회를 마칠 때 아름다운 음악이나 게송을 지어서 부처에게 공양하는 것.

법락락(法樂樂)　삼종락三種樂 가운데 하나. 부처의 공덕을 좋아하는 지혜로 내는 즐거움.

법랍(法臘)📖　승려의 나이. 하랍夏臘·계랍戒臘. 구족계를 받고 하안거를 지내는 햇수를 말한다. 납臘은 본래 연말에 신에게 제사지내는 것을 말한다. 매년 여름에 시작한 안거가 연말이면 끝나기 때문에 승려의 연말을 법랍이라고 한다. 곧 계를 받은 햇수.

법량(法梁) 불법의 동량.

법량(法量) 불상을 조성할 때 불상의 크기를 정하는 것.

법량(法場) 도량道場. 불법을 행하는 장소.

법려(法侶) 승려僧侶. 존법尊法의 도반.

법력(法力) 불법의 역량力量이나 위력을 말한다. 정법의 위력이 재앙을 없애고 악마를 굴복시키는 것.

법령(法鈴) 경전을 독송하는 묘한 소리를 금방울에 비유한 말.

법론(法論) 부처의 교법에 관한 의론. 종론宗論.

법뢰(法雷) 불법을 우레에 비유한 말. 불법이 천둥처럼 중생의 미혹과 허망함을 없애고 진리를 깨닫게 하는 것을 말한다.

법류(法類) 같은 종파에 속하는 승려.

법류(法流) 정법이 강물처럼 서로 이어져서 끊어지지 않음을 말한다.

법륜(法輪)  범륜梵輪. 부처가 법을 설교하여 중생을 교화하는 것을 전법륜轉法輪이라고 한다. ①부처의 가르침. 부처의 가르침이 널리 퍼져 나가는 것을 수레바퀴에 비유한 것. ②부처의 교법이 중생의 번뇌와 망상을 없애는 것이 전륜성왕의 윤보

법륜(고창 선운사 도솔암)

輪寶가 산과 바위를 부수는 것과 같음을 말한다.

법륜보살(法輪菩薩) 미륵전의 협시보살.

법륜삼상(法輪三相) 수레바퀴에 바퀴살·바퀴통·바퀴대의 삼상三相이 있듯이 견도見道한 팔성도八聖道가 되는 법륜에도 삼상三相이 갖추어져 있다는 것을 말한다.

법륜승가(法輪僧伽) 법륜승法輪僧. 여래와 동행하며 정법에 의거

하여 화합하는 승려.

법리(法利) 불법의 공덕과 이익.

법마(法魔) 보살이 법에만 집착하여 법을 번거롭고 어지럽게 하는 것.

법만(法慢) 얻은 바의 법에서 오만한 마음을 일으키는 것을 말한다.

법만다라(法曼茶羅) 사만다라四曼茶羅 가운데 하나. 부처나 보살의 종자種字 만다라를 말한다. 넓은 의미에서 경전의 모든 문자와 그 밖에 여러 가지 언어·문자·명칭도 법만다라라고 할 수 있다.

법멸(法滅) 불법이 다 없어지는 것. 부처가 열반하고 오래되어 불법이 남아 있는 정도에 따라 정법正法·상법像法·말법末法의 차례를 따라서 증과證果·수행修行·교법敎法이 모두 없어지는 것을 말한다.

법명(法名) ①경전의 명칭. ②법호. 출가하여 수계한 뒤 스승으로부터 받는 이름.

법명(法命) ①법신의 혜명慧命. ②승려의 수명.

법무(法務) 불법에 관한 모든 사무.

법무아(法無我) 모든 사물은 인연에 의해 생기는 것으로 자성이 없으므로 실체가 없다고 하는 이치. 무자성無自性.

법무애(法無礙) 모든 법에 통달하여 분별함에 막힘이 없는 것.

법무애변(法無礙辨) 모든 교법에 통달하여 걸림이 없이 잘 변설辨說하는 것.

법무애지(法無礙智) 법무애해法無礙解. 보살이 모든 법과 명자名字에 통달하여 분별함에 막힘이 없는 지혜.

법무외(法無畏) 오온五蘊의 속박에서 벗어나서 편안한 마음을 얻는 것.

법문(法門) 부처의 가르침. 중생이 불법으로 들어가는 문. 진리에 이르는 문.

법문(法文) 불법의 문구. 교리를 담은 문장. 곧 경전 등의 글.

법문신(法門身) 천태종에서 불신佛身에 대해서 세운 색신色身·법문신法門身·실상신實相身의 삼신三身 가운데 하나.

법문해(法門海) 부처의 가르침인 법에 들어가는 문門이 헤아릴 수 없이 많음을 바다에 비유한 것.

법미(法味) 묘법의 자미滋味. 진리의 본질. 부처의 가르침.

법박(法縛) 법집法執. 법에 집착하여 속박되고 진실한 뜻을 깨닫지 못하는 것.

법변(法辯) 법무애변法無礙辯. 사무애변四無礙辯·사변思辯 가운데 하나.

법병(法甁) 포살布薩할 때 사용하는 병. 향탕香湯이나 향수香水·공덕수功德水를 담는 병.

법보(法寶) 📖 불·법·승 삼보三寶 가운데 하나. 부처가 깨달은 진리의 내용을 설명하는 방법에 따라 12부, 또는 9부로 나누어 문자로 담아 옮겨 놓은 경전을 말한다. 법은 법궤法軌로 모범이 된다는 뜻이다. ➡ 삼보三寶

법보(法報) 삼신三身 가운데 법신法身과 보신報身.

법보사찰(法寶寺刹) 📖 법보종찰. 부처가 깨달은 진리의 내용을 설명하는 방법에 따라 12부, 또는 9부로 나누어 문자로 담아 옮긴 경전이나, 또 이 경전에 대하여 해설이나 설명을 한 논서들을 모두 모아 대장경이라고 하는데, 이를 보관하고 관리하는 절을 말한다. 합천 가야산 해인사는 81,258장의 경판을 보관하고 있으며, 약 팔만 장이라고 하여 팔만대장경이라고 부르며 봉안하고 있다. 삼보사찰三寶寺刹 가운데 하나.

법보시(法布施) 3가지 보시 가운데 하나. 부처의 가르침으로 교화시키는 것. 보시 가운데 최고의 보시라고 한다.

법보응(法報應) 법신法身·보신報身·응신應身의 삼신三身.

법보응화(法報應化) 법보응法報應. 법신法身·보신報身·응화신應化身의 삼신三身을 말한다.

법보전(法寶殿) 대장전大藏殿을 말한다. 대장경을 봉안하고 있는 건물.

법보종찰(法寶宗刹) 법보사찰. 팔만대장경을 안치하고 있는 합천의 가야산 해인사. ➡ 법보사찰法寶寺刹

법복(法服) 법의法衣. 가사 삼의三衣의 전체 호칭.

법본(法本) 법성法性의 다른 이름. 법성은 모든 법의 근본.

법불(法佛) 법신불法身佛.

법비(法譬) 법유法喩. 법의法義를 드러내기 위해서 사용하는 비유.

법비량(法比量) 5가지 비량比量 가운데 하나. 하나의 법을 추리하여 다른 법을 아는 것. 무상無常을 알면 고苦를 알고, 생生을 알면 노老를 아는 것과 같이 하나를 알아 다른 것을 알 수 있는 것.

법빈(法貧) 이빈二貧 가운데 하나. 사견邪見 때문에 정법을 믿지 못하는 것. 불법을 믿지 않고 사견邪見에 떨어져서 깨달음을 위한 재물이 없는 것.

법사(法嗣) 법의 후계자. 법통을 잇는 제자.

법사(法師) 불법에 통달하고 청정하게 수행하면서 중생에게 지혜와 행복을 주는 스승. 설법자. 포교자. 또는 불법을 아는 사람.

법사(法事) 불사佛事.

법사(法捨) 사사四捨 가운데 하나. 사람들에게 교법을 말하거나 가르쳐주는 것.

법사(法社) 같은 뜻과 방법으로 수행하기 위해 모인 모임.

법사리(法舍利) 법신사리法身舍利.

법사인계(法事人界) 갈마를 행할 때 갖추어야 하는 4가지 법. 법法은 올바른 갈마법을 말하며, 사事는 행하는 내용으로 생명이 있는지 없는지에 관한 것이며, 인人은 갈마를 행할 때 필요로 하는 승려의 숫자이며, 계界는 갈마를 하는 장소가 승려들이 거주하는 곳인지 아닌지를 나누는 정하는 것을 말한다. ➡ 갈마羯磨

법산(法山) 불법의 높음을 산에 비유한 것.

법상(法相)📖 ①법의 모습으로 특성을 말한다. 모든 사물의 모양. 이법理法. 또는 법문의 분제. 즉 존재의 형태에 따라『구사론』에서는 법을 5위 75법으로 보고, 유식학에서는 5위 100법으로 분류하고 있다. ②오온五蘊·12처·18계는 진실한 지혜로 살피면 없는 것인데 미견迷見에 의해 실제로 있다는 집착을 일으키는 것을 말한다.

법상법(法相法) 승의법勝義法. 고집멸도의 사제법四諦法이 각각 모양을 지니고 있는 것을 말한다.

법상종(法相宗) 13종宗 가운데 하나. 현장玄奘이 전한『성유식론』의 유식설을 근거로 규기窺基가 체계를 세우며 시작하였으며, 모든 법의 성性과 상相을 밝히는 종파. 유식종·응리원실종·중도종이라고도 한다. 소의경전은『해심밀경』·『성유식론』·『유가사지론』. 세상의 모든 사물의 본체보다 현상을 세밀히 분류하여 설명했으며, 권대승이라고도 한다.

법선(法船) 불법이 중생들을 생사의 바다를 건너서 열반에 이르게 하는 것을 배나 뗏목에 비유한 말.

법설주(法說周) 삼주설법三周說法 가운데 하나. 부처가 지혜가 수승한 이에게 십여실상十如實相의 이치를 말하여 삼승三乘·일승一乘의 법을 말한 부분.

법성(法聲) 가르침의 소리. 묘한 법을 설법하는 목소리.

법성(法性)📖 모든 법의 본성인 성품을 말한다. 세상 모든 사물과 존재와 현상의 진실한 체성. 모든 사물의 본체. 또는 모든 존재의 현상적 차별을 초월한 진실로서 절대 평등한 본성. 부처의 교법. 불성佛性·진성眞性·실상實相·진여眞如·법계法界·법계성法界性·법본法本·열반涅槃의 다른 이름. 또는 본래면목本來面目.

법성게(法性偈)📖 신라시대 의상이 60권본『화엄경』의 내용과 사상을 7자 30구 총 210자로 만든 게송.『화엄일승법계도』는 자서自敍, 합시合詩, 석문釋文, 그리고 발문跋文으로 구성되어 있다.

이 가운데 합시는 법계도인法界圖印과 법성게를 합하여 부르는 말이며, 현재 사찰에서는 이 부분만을 독송용으로 사용하고 있다. ➡ 법계도法界圖

법성공(法性空) 모든 법은 자기 자성이 없으므로 본래부터 공空하다는 것.

법성산(法性山) 법성이 변하지도 않고 움직이지도 않는 것을 산에 비유한 말.

법성상락(法性常樂) 법성法性이 열반의 다른 이름이므로, 열반의 사덕四德인 상락아정常樂我淨을 취하여 붙인 이름. ➡ 법성法性

법성생신(法性生身) 2가지 보살신 가운데 하나. 법성으로부터 생긴 불신佛身을 말한다. 법성으로 생겨난 몸이란 뜻.

법성수(法性水) 청정한 법성을 물에 비유한 것.

법성수망(法性隨妄) 법성이 망妄을 따라 일어나 악업을 지어서 고과苦果를 만드는 것.

법성수연(法性隨緣) 진여수연眞如隨緣. 법성이 연緣을 따라 모두 일어난다는 연기의 설명. 의상의 화엄 교학은 법성이 일어난다는 것에 근거하여 성기사상性起思想을 구체화하였으며, 원효의 보법사상과 함께 한국 불교의 근저에 녹아 있다. ➡ 법성法性, 보법普法

법성신(法性身) 법신法身. 법계성法界性. 진여불眞如佛. 진여의 이치와 같은 불佛의 참 모습.

법성진여(法性眞如) 법성法性과 진여眞如.

법성토(法性土) 오토五土 가운데 하나. 맑고 깨끗한 법성신法性身이 거주하는 국토. 법역法域.

법세(法歲) 출가하여 구족계를 받은 후 하안거를 기준으로 세는 나이. 좌랍座臘·법랍法臘·계랍戒臘·하랍夏臘.

법송(法頌) 정법을 설명하는 게송.

법수(法數) 경전에서 법을 설명할 때, 여러 가지 기준으로 다양한 분류를 하는 것을 말한다. 법문法門의 수목數目. 삼계三界·오온五

蘊·오위五位·칠십오법七十五法·사제四諦·육도六度·십이인연十二因緣 등을 말하며 앞의 숫자가 법의 종류가 된다.

법수(法水) 불법이 번뇌를 깨끗이 씻으므로 물에 비유한 말.

법수(法樹) 불법이 열반의 과실을 잘 얻는 것을 비유한 말.

법숙(法叔) 승려의 사형師兄이나 사제師弟를 말한다. 사숙師叔이라고도 한다.

법승(法僧) 밀교에서 진언을 수행하는 승려.

법시(法施)📖 법보시法布施 또는 법공양法供養. ①법을 공양하는 것으로 법을 설하거나, 경전을 설하거나, 뜻을 담론하는 등이 모두 공양에 해당한다. 이 가운데서도 경전을 보시하여 불법의 인연을 맺도록 하는 것이 선근을 자라게 하는 가장 수승한 법이라고 한다. ②재가자는 승단을 유지하기 위해 필요한 물건을 보시하여 공양하는 재보시가 이루어지며, 승려는 이에 대한 보답으로 법을 설하여 가르쳐 주어야 한다.

법식(法式) ①규칙. 규율. 법규. ②작법. 의식. 법회.

법식(法食) 율에서 규정하는 법에 따른 음식. 법法으로 식食을 삼는 것을 혜명慧命이라고 하며, 지혜로 생명을 삼는 법신을 말한다. ①불법을 음식으로 삼아 오래도록 지혜와 신명을 기르는 것. ②법도나 규율에 맞게 행하는 음식. 혜명慧命. ③법法답게 음식을 먹는 것. 여래가 입은 것을 가사袈裟라고 하고 먹는 것을 법식이라고 한다. ④시간을 나누어, 모든 하늘은 맑은 새벽인 신시晨時가 먹을 때이며, 삼세제불은 정오에 법답게 먹을 때이며, 축생은 해가 저물면 먹을 때이며, 귀신은 캄캄한 밤이 먹을 때라고 한다. 해가 있고 정오가 되어 먹을 때 먹는 것을 법식이라고 하고, 이때가 지나면 먹을 때가 아니라고 하여 비시식非時食이라고 한다.

법식시(法食時) 사식시四食時 가운데 하나. 삼세의 모든 부처가 정한 밥 먹는 시간. 오시午時. 곧 낮 12시.

법신(法身)📖 법성신法性身·법계성法界性·진여불眞如佛·자성신自

性身·여여불如如佛. ①삼신三身 가운데 하나. 부처의 진리로서 신체. 생멸하지 않는 절대 진리를 깨달은 불佛의 몸. ②부처가 설한 바른 법. 모든 부처의 자성인 청정한 법계法界. 모든 부처가 깨달은 진실한 이치. ③불자구십신佛自具十身 가운데 하나. 법신불法身佛. 부처 그 자체. ④빛깔이나 형상 등으로 나타낼 수 없는 가장 근본적인 우주의 본체인 진여실상眞如實相을 의미한다.

법신(法臣) 법왕의 신하. 곧 보살을 말한다.

법신게(法身偈) 법신사리게法身舍利偈. 마성비구가 사리불에게 행한 게송으로 '약법인연생若法因緣生 법역인연멸法亦因緣滅 시생멸인연是生滅因緣 불대사문설佛大沙門說'이며, 경전에 따라 약간씩 다르기도 하다.

법신관(法身觀) 법신法身의 본질을 관觀하는 법法.

법신대사(法身大士) 법신보살.

법신덕(法身德) 삼덕비장三德秘藏 가운데 하나. 부처의 본체가 미계迷界의 고과苦果를 벗어나서 얻은 상주 불멸하는 과체果體.

법신보살(法身菩薩) 2가지 보살 가운데 하나. 법신대사法身大士. 무명無明을 끊고 법성을 드러내는 보살. 초지初地 이상의 보살.

법신본유(法身本有) 법신은 본래부터 그대로 존재한다는 것.

법신불(法身佛) 📖 삼신불三身佛 가운데 하나. 진리 본체. 진리와 불법을 몸으로 나타낸 불佛. 영원불변의 진리를 몸으로 나타낸 불佛. 청정법신인 비로자나불이나 아미타불 등을 말한다.

법신사리(法身舍利) 법사리法身舍利. 법신게法身偈. ①부처가 설교한 묘법. ②부처가 설교한 경전. ③부처가 설교한 실상중도實相中道의 이치.

법신사리게(法身舍利偈) 법신게法身偈. 법신사리法身舍利. ➡ 법신게 法身偈

법신여래(法身如來) ①법신불法身佛. ②밀교의 교주인 대일여래.

법신염불(法身念佛) 부처가 깨달은 진리를 마음속으로 생각하는 염불.

법신체성(法身體性) 법신의 체성.

법신탑(法身塔) 법신게法身偈를 써서 보관한 탑. 곧 법신사리를 안치한 탑. ➡ 법신게法身偈

법신화생(法身化生) 부처의 교화를 받고 새로 불가佛家의 몸으로 태어나는 것.

법심신(法深信) 2가지 심신深信 가운데 하나. 아미타불의 본원력을 깊이 믿는 것.

법아(法我) 법집法執. 세상 모든 존재는 자성이 없는데, 모든 법에 실질적인 체體나 자아自我가 있다고 하는 집착.

법아(法芽) 불법의 싹.

법아견(法我見) 법아法我에 대해 집착하는 견해.

법아구유종(法我俱有宗) 법과 아我, 곧 주관과 객관이 모두 실제로 있는 것이라고 주장하는 종파. 아법구유종我法俱有宗.

법안(法眼) ①오안五眼 가운데 하나. 모든 사물을 분명하게 살피는 눈. 진실한 이치를 보는 지혜의 눈. ②법안종法眼宗의 종조. 법안 문익文益. 법안종. ③모든 중생들을 각각의 방편으로 교화하는 법문法門을 아는 것. ④십안十眼 가운데 하나. 일체법의 실상實相을 보는 눈.

법안(法岸) 부처의 가르침에 바르게 들어가는 경계.

법안정(法眼淨) 교법을 듣고 분명하게 진리를 보는 것.

법안종(法眼宗) 선종의 선문오종禪門五宗 가운데 하나. 문익文益에 의해 당나라 말기에 성행한 종파.

법애(法愛) ①정법을 좋아하고, 중생을 제도하려는 여래의 큰 자비심. 더 높음이 없는 참된 사랑. ②법집法執을 끊지 못하고 최선의 법이라고 애착하는 것.

법어(法語) 📖 ①정법을 말한 언어. 정법을 나타낸 글귀. ②수행자를 바르게 이끌고자 하는 말. ③고승, 법사 등이 부처의 가르침에 의지하여 가르침을 펴려고 하는 말.

법업(法業) 법에 맞는 행업.

법역(法域) 법성토法性土. 열반의 경계.

법연(法筵) ①불법을 설하고 듣는 자리를, 돗자리를 펴놓은 것에 비유한 말. ②법사의 장소. 불상에 예배하는 곳.

법연(法然) 법이法爾. 자연自然. 천연天然. 모든 법의 자연 그대로 인 것.

법연(法緣) 불법을 듣고 믿게 되는 인연.

법연자비(法緣慈悲) 📖 삼연자비三緣慈悲 가운데 하나. ①모든 사물은 인연의 화합으로 생겨나서 본래부터 자기의 본성이 없는 걸 알고 집착이 없이 일으키는 자비를 말한다. ②모든 사물을 자세히 보지 않아도 널리 모든 사물을 비추어 보는 것. 부처의 대자비심 가운데 나타남.

법열(法悅) 부처의 법을 듣거나 생각하는 데서 생기는 기쁨.

법온(法蘊) ①법장法藏. 법취法聚. 법이 모이고 쌓인 것. ②오온五蘊 가운데 하나.

법왕(法王) 부처를 찬탄해서 일컫는 말.

법왕근(法王根) 적적寂寂. 적정寂靜. 적멸寂滅.

법왕신(法王身) 법왕의 몸. 불신佛身을 말한다.

법왕자(法王子) 대보살의 존칭으로 문수보살이나 미륵보살 등을 일컫는다. 보살은 왕이신 부처의 위치를 계승하므로 법왕의 아들 이라고 한다.

법요(法要) ①진리의 본질. 불법의 요체. ②불교의 의식儀式. ③법용法用. 송경誦經이나 범패梵唄 등의 작법.

법용(法用) 법요法要.

법우(法友) 부처의 바른 법을 함께 수행하는 진리의 친구. 선우善友. 도반道伴. 도우道友.

법우(法雨) 불법을 비에 비유한 말. 불법이 중생을 교화하여 이롭게 하는 것이 비가 내려 초목을 싹 틔우고 자라게 하는 것처럼 모든 산천초목에 평등한 것을 비유하여 말한 것이다.

법우(法宇) 사원. 사찰.

법우사(法雨寺) 선사禪寺. 사찰.

법운지(法雲地) 대승보살 십지十地 가운데 열 번째. 지혜로운 불법의 구름이 널리 감로의 비를 뿌리는 자리.

법위(法位) 진여眞如의 다른 이름.

법유(法喩) 법비法譬. 어려운 법을 비유하여 쉽게 드러내는 것.

법유(法乳) 불법을 젖에 비유한 말.

법유(法有) 삼종유三種有 가운데 하나. ①색色·심心의 세상 모든 사물은 인연화합으로 생기는 것이고 본래 자기의 자성이 없으나 거북의 털이나 토끼의 뿔과는 같지 않으므로 법유法有라고 한다. ②법이 실제로 있다고 고집하는 소승의 낮은 견해.

법유아무종(法有我無宗) 법 자체는 실제로 있으나 아我의 실질적인 체體는 없다고 주장하는 종파.

법음(法音) 설법하는 소리. 설식舌識.

법의(法衣) 가사袈裟의 12가지 이름 가운데 하나. 법복法服. 가사 삼의三衣.

법의(法依) 법에 의지하는 것.

법이(法爾) ①자연의 결정. 정해진 운명. ②자연적으로. 원래. 본래. 처음부터. ③법연法然. 자연. 천연 그대로의 것.

법이력(法爾力) 법인法印. 묘법의 인. 진리의 표시. 부처의 가르침의 표시.

법인(法印) 모든 법의 인신印信. 묘법의 표장標章. 불교를 외도와 구별하는 표지.

법인(法因) 법진法塵.

법인(法忍) 사제四諦를 비춰 보는 법지法智를 얻기 전에 일어나는 확실하게 인정하여 결정하는 마음. 참다운 깨달음을 얻은 편안함 또는 악법으로부터 오는 고난을 참아 내는 것.

법입(法入) 12입入 가운데 하나. 의식意識이 인연하는 경계. 법처法處라고도 쓴다.

법자(法子) 부처의 가르침을 따르고 수순하여 법의 도움으로 크는 사람.

법장(法藏) 📖 모든 법을 담고 있는 부처의 교법으로서의 경전. 불교의 교법. ①불법장佛法藏. 여래장如來藏. ②법성法性의 이치. 불법의 깊은 뜻. 진리의 묘리. ③교법을 실천하여 쌓인 공덕. 부처의 온갖 공덕. ④법의 모임. 법온法蘊. ⑤법장부法藏部. 소승 20부 가운데 하나.

법장(法將) ①다리가 있는 경사經笥. 경사는 경전을 담는 상자를 말한다. ②부처를 법왕이라고 하고, 보살을 대장이라고 한다.

법장(法匠) 법문法門의 장인匠人. 학덕을 갖춘 우두머리.

법장로(法長老) 삼종장로三種長老 가운데 하나. 교법에 통달하며 지혜와 덕이 원만하고 나이가 많아 존경 받는 승려.

법장보살(法藏菩薩) 법장비구法藏比丘.

법장비구(法藏比丘) 📖 법장보살. 아미타불이 성불하기 이전의 이름. 과거세에 세자재왕불世自在王佛이 출현하였을 때, 교시가라는 국왕이 법을 듣고 출가하여 법장보살이라 하였다. 이 보살은 5겁 동안 수행하여 48원을 세우고 원願을 이루어 무량수불이 되었다고 한다.

법재(法財) 불법이 중생을 이롭고 윤택하게 하는 것이 재물과 같다는 것을 비유한 말.

법재일(法齋日) 매달 보름이나 그믐 및 육재일六齋日에 팔재계八齋戒를 받아 지니며, 하루를 출가한 것과 같이 생활하는 날.

법적(法敵) 불법의 원한이 되는 적.

법전(法電) 불법을 설하여 두루 비추는 것이 번개와 같다는 것을 비유한 말.

법전(法典) 법을 설한 경전經典.

법전(法殿) 정법의 전당殿堂. 부처의 교법을 근거로 성현들은 정법에 의지하여 살며, 그 성현들을 모신 곳.

법정(法定) 법을 의미하는 12가지 이름 가운데 하나로 법성法性이 항상 머물러 있다는 것을 뜻하는 말.

법제(法弟) 불법을 수행하기 위해 스승에게 나아간 제자.

법제(法帝) 불법의 제왕. 여래. 부처.

법종(法宗) 법의 종지宗旨.

법좌(法座) 법을 설하는 높은 자리. 법연法筵. 법석法席.

법주(法主) 불법을 잘 알아서 불사의 높은 지위에 추대된 이. 대덕大德. 곧 부처를 높여 부르는 말.

법주(法舟) 중생을 제도하여 생사고해生死苦海에서 벗어나게 하는 것을 배에 비유한 말.

법중(法衆) 불법을 따르는 대중.

법지(法智) 사제四諦의 이치를 자세히 관觀하여, 사제에 미혹하여 일어난 번뇌를 끊는 지혜.

법지인(法智忍) 법만다라法曼荼羅.

법진(法塵) 법을 티끌에 비유하여 말한 것. 낙사진落謝塵.

법집(法集) ①모든 법을 분류하여 해석한 것. 선승의 어록. ②불회佛會. 대중을 모아 법을 설교하는 것.

법집(法執) 📖 법아집法我執. 법박法縛. 오온五蘊 등이 인연 화합하여 존재하는 것임을 알지 못하여 모든 법에 실재하는 본성과 체용이 있다고 집착하는 것.

법처(法處) 12처處 가운데 하나. 법입法入. 육외처六外處. 육경六境. 의근意根에 의지하여 의식意識으로 아는 모든 법을 총칭한다.

법체(法體) ①법 자체. 유위와 무위의 모든 법의 체성體性. ②일체만유의 본체. 실체. ③사물. 존재. ④정토종에서는 아미타불의 명호나 염불을 말한다. ⑤법화삼매法華三昧.

법체실유(法體實有) 법체항유法體恒有.

법체항유(法體恒有) 모든 법의 본체가 과거·현재·미래를 통해 실제로 존재한다고 주장하는 것. 사라진 과거의 법法이나 아직 일어나지 않은 미래의 법法이 항상 존재한다는 것.

법취(法聚) 법온法蘊. 여러 가지 법문을 모은 것.

법하(法夏) 법랍法臘.

법하(法河) 불법이 매우 깊음을 큰 강에 비유한 말.

법해(法海) 불법이 넓고 커서 예측하기 어려움을 바다에 비유한 말.

법험(法驗) 묘법妙法이나 비법秘法의 효험.

법형(法兄) 같은 승려의 문하에서 배우는 학인으로서 자기보다 먼저 제자가 된 사람. 사형師兄.

법호(法號) 법명法名·계명戒名. 불문에 들어오는 것을 득도得道라고 하며, 이 득도식을 통과한 이에게 주는 이름. 죽은 이의 시호諡號도 법호라고 한다.

법호부(法護部) 법장부法藏部.

법화(法華) ①『법화경』. ②법화종法華宗.

법화(法化) 정법의 교화.

법화경(法華經) ①최고의 법. ②경전 이름.『묘법연화경妙法蓮華經』을 말한다. 대승불교의 대표 경전.

법화경약찬게(法華經略讚偈) 용성 천오龍星 天旿의『화엄법화약찬총지』에 실려 있는 게송.『법화경』의 28품의 구조와 내용을 7자 구 144구 총 1,008자로 만들었다.

법화삼매(法華三昧) 『법화경』에 의거하여 천태 지의가 주장하는 사종삼매 가운데 하나. 지관止觀을 구체적으로 실천하는 방법으로 참법懺法의 성격이 강하다.

법화삼부(法華三部) 법화삼부경法華三部經.『불설무량의경佛說無量義經』·『묘법연화경妙法蓮華經』·『불설관보현보살행법경佛說觀普賢菩

薩行法經』.

법화열반시(法華涅槃時) 석가모니부처가 열반에 들기 전 5년 동안
『법화경』을 설교한 때와 열반에 들기 직전 하루 낮과 하루 밤 동안
에 『열반경』을 설교한 때를 말한다. 천태종의 오시팔교五時八敎.

법화이묘(法華二妙) 상대묘相對妙와 절대묘絶對妙.

법화일승(法華一乘) 『법화경』에서 설교하는 일승의 가르침. 『법
화경』에서 설교하는 일승은 성문·연각·보살의 실천법이 모두 하
나의 진실한 가르침을 구현하고 있다는 취지이다.

법화일실(法華一實) 『법화경』에서 설교하는 일승은 하나의 진실
한 법.

법화참법(法華懺法) 『법화경』을 독송하여 죄업을 참회하는 의식.
참법懺法.

법화칠유(法華七喩) 『법화경』에서 설교하는 7가지의 비유. 화택
유火宅喩·장자궁자유長者窮者喩·약초유藥草喩·화성유化城喩·의주유
衣珠喩·계주유髻珠喩·의자유醫者喩.

법회(法會) 설을 설하는 모임. 불법에 관한 집회.

법희(法喜) 불법을 믿고 따르면서 얻는 마음속의 기쁨. 법열法悅.

법희선열(法喜禪悅) 법희식法喜食과 선열식禪悅食. 법法을 듣고 그
가르침에 기쁘고 절실한 마음.

법희식(法喜食) 법의 가르침을 듣고 기뻐하며 선근을 자라게 하며
혜명慧命을 도와서 이익하게 하는 것. 구종식九種食 가운데 하나.

베다(吠陀)📖 Veda 지식知識, 제사의 지식知識, 신성한 지식 등의
뜻이 있다. 찬가讚歌로 번역. 고대 인도 바라문교의 근본 성전을
통틀어 일컫는 말이다. 보통 만트라의 종류에 따라 4가지로 분류
한다. 가장 오래된 리그베다(Ṛg-veda)는 기원전 1,200년부터 시작하
며, 주된 형식은 찬가讚歌, 가영歌詠, 제사祭祀, 주사呪詞 등을 모은
모음집으로 우파니샤드가 대표적이며 제사장인 호트리(hotṛ)가 주
관한다. 사마베다(Sāma-veda)는 노래를 가영歌詠하는 것으로 일정한

선율을 유지하며, 제사장인 우드가트리(udgāeātr)가 주관한다. 야주르베다(Yajur-veda)는 제사의 실질적인 사무와 행위를 담당하는 아드바류(adhvaryu)가 있다. 아타르바베다(Atharva-veda)는 제식을 전반적으로 이끌어 나가는 제관인 기도승 브라흐만(brahman)이 있다.

벽관(壁觀) 벽을 향하고 좌선하는 것. 선문禪門의 관법觀法. 면벽面壁.

벽라(薜蘿) 향료 이름. 영릉향零陵香.

벽려다(薜荔多) 팔부귀중八部鬼衆 가운데 하나. 폐려다閉黎多, 폐려다閉麗多, 폐려다閉戾多, 비례다觯禮多, 또는 미려다彌荔多, 비례다佛禮多라고도 한다. 조부祖父로 번역. 아귀餓鬼를 말한다.

벽사(僻事) 도리에 어긋나고 부당한 일.

벽사부(辟邪符) 신불의 가호로 악귀로부터 자신을 보호 받는다는 내용의 주술물.

벽운(碧雲) 달마의 선심을 비유한 말.

벽지(辟支) 벽지가라辟支迦羅. 연각緣覺. 독각獨覺.

벽지불(辟支佛) 홀로 수행하면서 깨달은 소승불교의 성자. 독각獨覺·연각緣覺.

벽지불지(辟支佛地) ①보살의 계위 가운데 하나. ②독각의 경지. 혼자서 깨달음에 이른 경지.

벽해(碧海) 해인삼매海印三昧를 비유한 말.

벽화(壁畵) 사찰 내에 있는 건물 벽에 직접 그려서 전각의 성격과 역할을 나타낸 것. 벽면의 재질에 따라서 석벽화石壁畵·토벽화土壁畵·판벽화板壁畵로 나눌 수 있으며, 위치에 따라서 후불벽화後佛壁畵·측벽화側壁畵·포벽화包壁畵·외벽화外壁畵 등으로 나눈다.

변견(邊見) 오악견五惡見 가운데 하나. 변집견邊執見. 극단적으로 치우쳐 주장하는 견해. 단견斷見과 상견常見이 있다. 곧 내 몸이 있다고 아견을 일으키고 죽은 뒤에도 내가 항상 있다고 주장하거나 존재 자체가 아주 없어진다고 주장하는 치우친 견해.

벽화(강진 무위사 극락보전)

변계(邊界) 아미타불 극락세계의 한 귀퉁이. 변지邊地 해만계懈慢界.

변계(遍計)📖 잘못된 견식이나 견해. 이리저리 마음대로 추측하고 억측한다는 뜻. 계탁計度이란 자기의 견해에 따라 시비와 선악의 차별적 집착을 일으키는 것. 길에 놓인 끈을 뱀인 줄 잘못 볼 때 노끈이 소변계所遍計, 뱀이라고 분별하는 마음이 능변계能遍計, 그때 눈앞에 떠오르는 뱀의 그림자가 변계소집성遍計所執性이다.

변계소기색(遍計所起色) 의식이 오근五根과 오경五境에 접촉으로부터 받아들여지는 것을 분별하여 마음속으로 변현하는 색법色法이 있다고 하는 것. 마치 공중화空中花, 수중월水中月, 경중상鏡中像과 같은 것을 말한다. ➡ 변계遍計

변계소집상(遍計所執相) 실제로 존재하지 않는 대상을 그것과

닮은 형상을 마음속에 그리고 집착하여 실제의 존재물로 간주하는 것을 말한다. ➡ 변계遍計

변계소집성(遍計所執性) 법상종의 삼성三性 가운데 하나. 이리저리 억측을 내어 집착하는 성性이란 뜻. 범부의 미망迷妄한 소견으로 실질적인 본체가 있는 것처럼 잘못 아는 성질. ➡ 변계遍計

변괴(邊壞) 변화하고 파괴하는 것.

변력(辯力) 보살의 십육대력十六大力 가운데 하나.

변리(便利) 대소변大小便을 말한다.

변몰(遍歿) 불환과不還果의 성자聖者로서 색계 여러 천을 두루 돌아다닌 뒤에 색구경천色究竟天에서 열반을 이룬 사람.

변무애해(辯無礙解) 사무애변四無礙解 가운데 하나. 변재가 있어 자유자재로 설법하는 지혜. 중생의 근기에 맞추어 자유자재하게 중생에게 법을 말하는 여래의 지혜를 말한다.

변발(辮髮) 변발범지辮髮梵志. 변辮은 편編과 같은 뜻. 교交·직織·열列을 말한다. 정수리의 머리를 엇갈려 배열하는 것을 상투 트는 것이라고 한다. 부동명왕不動明王의 정수리 상투머리. 정계頂髻.

변비장(邊匪匠) 나무나 대나무로 제사를 지낼 때 쓰는 용기나 상자를 만드는 장인.

변상(變相)📖 불경변상佛經變相을 줄인 말로서, 경전에 기술되어 있는 정경이나 내용을 비단이나 사찰의 벽에 그림으로 그리는 것을 말한다. 또는 불교와 관련되어 만들어진 설화의 내용을 회화나 부조 등의 조형물로 표현한 것. 변상도變相圖 또는 경변經變이라고도 한다.

변상도(變相圖)📖 경전이나 불교 설화 등의 내용을 비단이나 사찰의 벽에 그린 그림 또는 회화나 조형물로 만든 것을 가리킨다. 내용은 본생담, 정토장엄, 지옥 이야기, 관음, 미륵 등 다양한 종류가 있다. 경화經畵라고도 한다.

변성정각(便成正覺) 처음에 뜻을 일으킬 때, 이미 무상無常의 깨우침이 완성되어 있다는 뜻.

변식진언(變食眞言) 한량 없는 부처의 위신력으로 음식이 가지가지로 변하기를 기원하며 외우는 진언. 무량위덕자재광명승묘력변식진언無量威德自在光明勝妙力變食眞言. 또는 일체덕광무량위력주一切德光無量威力呪를 가리킨다. 밤에 남루한 모습으로 나타나 배고픔을 하소연하는 면연面然이라고 하는 아귀를 구하는 진언.

변애(變礙) 형체가 있어 서로 가로막게 되는 것.

변역(變易) 변화.

변역생사(變易生死) 미혹의 세계를 떠나 윤회를 벗어나 아라한과 같은 성자가 누리는 생사. 욕계·색계·무색계를 초월한 모든 성인의 생사.

변역신(變易身) 변역생사變易生死의 몸.

변원(偏圓) 소승의 법에서 말한 이치가 중도에 맞지 않는 것을 변偏이라 하고, 대승의 법에서 말한 이치가 구족하고 원만한 것을 원圓이라고 한다.

변일체처(遍一切處) 비로자나를 말한다. 비로자나법신은 허공과 같이 끝이 없어 어느 곳이나 두루 가득 찼음을 말한다. 변일체처여래遍一切處如來.

변재(辯才) ①변설辨說의 재능. 이치를 분명하게 판단하여 분별하는 재주. ②사무애변四無礙辯. 언어 표현 능력. 교묘한 변설이나 설교.

변재천(辯才天) 묘음천妙音天·미음천美音天·묘음악천, 또는 대변재천녀大辯才天女·대변천신大辯天神이라고도 한다. 걸림 없는 큰 변재를 가져 중생들이 무애변재無礙辯才를 구족하게 하며, 복과 덕을 보태고 오래 살게 하며 재보財寶를 얻게 한다.

변정천(遍淨天) 색계 제3선천의 제3천. 맑고 깨끗하며 즐거움이 가득 찼다는 뜻. 여기에 사는 천인의 키는 64유순由旬, 수명은 64겁이다. 변정천왕遍淨天王.

변제(邊際) 무월극無越極·최승最勝의 뜻. 또는 막다른 곳. 가장자리. 과거와 현재의 경계선과 같이 제際와 제際가 만나는 자리를 말한다.

변제정(邊際定) 색계의 제4정려靜慮를 말한다. 제4정려는 아래의 3정려와 같은 심尋·사伺·고苦·낙樂·우憂·희喜·입식入息·출식出息의 팔재환八災患이 없고, 지止·관觀이 균등하여 가장 훌륭한 정定이므로 변제정이라고 한다. 변제정려邊際靜慮라고도 한다.

변제지(邊際智) 등각보살의 지혜. 묘각위妙覺位의 가장자리에 살기 때문에 붙여진 이름이다.

변조(遍照) 두루 비추고 빛나는 것. 법신法身의 광명을 가리킨다.

변조광명(遍照光明) 두루 시방세계를 비추어 이르지 않는 곳이 없는 아미타불의 광명.

변조금강(偏照金剛) 대일여래大日如來의 밀호密號.

변조여래(遍照如來) 대일여래의 다른 이름.

변지(邊地) ①염부제주閻浮提洲의 변두리. ②아미타불 정토에 있는 구석 땅. 5백 년 동안 삼보三寶를 보고 듣지 못하므로 해만계懈慢界 또는 태궁胎宮이라고 한다. ③불지佛智에 의혹을 갖는 행자行者들이 태어나는 곳.

변지(遍知) 사제四諦의 이치에 대해 두루 아는 것. 대상을 완전하게 이해하여 아는 것. 무루지無漏知와 단변지斷遍知가 있다.

변지소연단(遍知所緣斷) 소연所緣의 경계를 두루 알아서 번뇌를 끊는 것. 견혹 가운데 고제·집제·도제 아래의 무루연無漏緣의 또는 이에 의해 끊기는 것. 번뇌의 소연경所緣境인 사제四諦의 이를 자세히 살펴 두루 다 알 때에 그 능연能緣의 번뇌가 저절로 단멸하는 것.

변집견(邊執見) 변견邊見. 극단적으로 치우쳐 집착하는 견해.

변처(遍處) 십변처. 관법의 이름. 십일체처十一切處와 같은 말.

변천(辯天) 대변재천大辯才天.

변취행(遍趣行) 유루와 무루를 포함한 일체의 행.

변취행지력(遍趣行智力) 부처의 십력 가운데 하나. 유루와 무루를 포함한 모든 행을 아는 부처의 지혜의 힘.

변행(遍行) 변행심소遍行心所. 모든 곳을 향해 움직이는 마음 작용, 또는 널리 작용하는 것을 말한다.

변행(邊行) 한편으로 치우친 것.

변행심소(遍行心所) 심소 가운데 촉觸·작의作意·수受·상想·사思의 다섯 가지는 마음에서 일어날 때 반드시 같이 일어나는 것을 말한다. 식識이 일어날 때 함께 일어나는 작용.

변행인(遍行因) 육인六因 가운데 하나. 변행은 두루 통행한다는 뜻으로 모든 것에 두루 작용하는 원인. 이미 발생한 변행혹遍行惑과 뒤를 이어 발생하는 자기 자신의 혹惑이 공통된 원인이라는 것.

변행혹(遍行惑) 모든 번뇌가 일어나는 원인이 되는 번뇌. 11종이 있어 11변행의 혹惑이라고도 한다.

변화(變化) 본래의 형체가 서서히 바뀌는 것을 변變, 갑자기 바뀌는 것 또는 없던 형체가 생기는 것을 화化라고 한다. 불보살이 중생을 교화하기 위해 여러 가지 모양으로 나타내는 것. 변화법신變化法身.

변화관음(變化觀音) 신통력으로 여러 모양으로 변화하여 나타나는 관음.

변화력(變化力) 역도삼행力度三行 가운데 하나. 신통력을 써서 중생을 교화하고 구제하는 것.

변화법신(變化法身) 밀교의 사종법신四種法身 가운데 하나. 10지地 이전의 보살과 이승二乘과 범부를 위해 설법하는 법신. 석가모니부처와 같이 근기를 따르고 국토에 응하여 나타나는 부처.

변화신(變化身) 삼신三身 가운데 하나. 성문聲聞·연각緣覺의 이승과 중생을 교화하기 위해 무루한 정력定力으로 시방세계에 화현한 불신. 곧 응신應身.

변화신(變化身) 지전보살地前菩薩·이승二乘·범부의 앞에 나타나는 여러 가지 몸.

변화인(變化人) 불보살이 변화하여 사람의 몸이 된 이.

변화토(變化土) 삼토三土 가운데 하나. 변화신이 머무는 땅. 정토 淨土와 예토穢土가 있다. 화토化土.

변화통력(變化通力) 삼통력三通力 가운데 하나. 부처에게 있는 통 력으로 여러 가지 몸과 여러 가지 국토를 변현하는 등 자재自在 무애한 통력.

별(別) ①구별. 차별. ②별상. 다양성. ③개箇와 동일. 따로따로 말하는 것. ④별교. 통교에 대한 특별한 가르침.

별게(別偈) 4언·5언·6언·7언 등이 모두 4구로 이루어진 게송. 이 종게二種偈 가운데 하나.

별견(別見) 별혹別惑.

별경(別境) ①각각 다른 경계. ②별경심소別境心所. 각각 다른 경 계에 대해 일어나는 심소. 곧 욕欲·승해勝解·염念·정定·혜慧를 말 한다.

별경법(別境法) 별경심소別境心所. 욕欲·승해勝解·염念·정定·혜慧 를 말한다.

별경심소(別境心所) 온갖 마음에 두루 통하여 일어나지 않고 각 각 다른 경계에 대해 일어나는 심소. 특수한 대상에 결정되어 있 는 심소를 말한다. 욕欲·승해勝解·염念·정定·혜慧의 5가지가 있다. 오별경五別境. 별경법別境法.

별교(別教) ①천태종에서 말하는 화법사교化法四教 가운데 하나. 미혹한 견해를 끊고 평등한 이치를 깨닫게 하고자 가르친 교법. 사교四教 가운데 장藏·통通·원교圓教의 삼교와 다른 가르침을 말 한다. ②별교일승別教一乘. 다른 것이 없이 오직 일승만이 존재한 다고 하는 것.

별교일승(別教一乘) 삼승교와는 다른 단지 일승의 가르침. 『화엄 경』의 가르침을 말한다.

별념불(別念佛) 다만 한 부처를 칭하는 명호. 통념불通念佛의 반대말.

별도(別途) 주장하는 뜻이 특별히 다른 것. 한 종파에서만 말하는 특별한 교리. 통도通途의 반대말.

별마다(別摩多) 실담자 12개의 모음 이외에 '**ॲ**紇里 **ॠ**紇梨 **ऌ**里 **ॡ**梨'의 4자를 말한다.

별보(別報) 각각 다른 과보果報. 인간계에 태어난 사람에게 남녀·귀천·현우賢愚·미추美醜·빈부貧富·수요壽夭 등의 차별이 있는 것.

별보업(別報業) 만업滿業. 인간계에 태어난 사람에게 개개의 개체를 완성시키는 업.

별상(別相) ①구별. 구분. ②부분. 개개. ③육상六相 가운데 하나로 총상總相에 대한 상대어. 사물에 존재하는 개별 개별의 모습. ④별상관別相觀.

별상관(別相觀) ①모습의 각각을 하나하나 관觀하는 것. ②사념처관四念處觀 가운데 별상념처別相念處. 보통 사람의 위에서 닦는 7방편의 두 번째.

별상념주(別相念住) 오정심위五淨心位로부터 나아가 얻는 자리. 신身은 부정不淨, 수受는 고苦, 심心은 무상無常, 법法은 무아無我라고 관하여 상락아정常樂我淨의 사전도四顚倒를 타파하는 자리.

별상념처(別相念處) 소승의 수행하는 사람이 사념처관四念處觀을 닦을 때 신수심법身受心法을 각각 나누어 보는 것.

별상삼관(別相三觀) 공제空諦·가제假諦·중제中諦의 삼제三諦를 따로따로 살펴보는 것.

별상삼보(別相三寶) 별체삼보別體三寶. 믿고 수행해야 할 대상으로 삼는 실제의 삼보三寶. 곧 불보佛寶·법보法寶·승보僧寶를 말한다.

별서(別序) 발기서發起序. 모든 경전의 맨 처음에 있는 서분序分 가운데 그 경전에만 국한하는 서문.

별서원(別誓願) 사홍서원을 총원이라고 하며, 나머지를 별원이라고 한다. 아미타불의 48원, 석가여래의 5백대원, 약사여래의 12대원 등을 말한다.

별시염불(別時念佛) 특별히 규정한 시간 내의 염불. 1일·2일·3일 내지 7일·14일·21일 또는 100일 동안 도량에 들어가 계를 지키며 염불하는 것.

별신론(別申論) 대승·소승의 모든 경전 가운데서 특별히 어느 한 경전만의 의리義理를 부연하여 기록한 의론議論.

별업(別業) 각각 다른 중생들의 업인業因.

별원(別院) 별당. 가람 이외의 별도 당사堂舍.

별원(別願) 부처나 보살이 독자적인 입장에서 내세우는 서원. 또는 개인적인 소원.

별전(別傳) 선종의 지극한 뜻은 가르침 밖에서 특별히 그 근기에 대해 이심전심以心傳心하는 것임을 말한다. 단전單傳. 교외별전敎外別傳. 불립문자不立文字.

별존법(別尊法) 하나의 존자尊者를 따로 청하는 수법.

별좌(別座) 전좌殿座. 불보살에 대한 공양 혹은 대중에게 공양할 반찬과 음식 등을 만드는 소임으로, 특히 밥을 제외한 모든 반찬을 만들고 관리하며, 좌구나 침구 등을 마련하고 준비한다.

별지화 머리초를 그린 중간 공백에 장식하는 그림을 말한다. 경전에 바탕을 둔 이야기가 소재가 되며, 용·봉황·기린·거북·사자·구름·학·매화·난초·국화·대나무 등이 자주 나타난다.

별지화(고흥 금탑사)

별처처해탈(別處處解脫) 바라제목차波羅提木叉. 별해탈別解脫.

별청(別請) 대중 가운데 특별히 몇몇 승려만 청하여 대접하는 공양.

별체삼보(別體三寶) 별상삼보別相三寶.

별해별행(別解別行) 견해를 달리하고 수행을 달리하는 것.

별해탈(別解脫)📖 바라제목차波羅提木叉. 각각 해탈을 방비한다는 뜻. 계율 하나하나가 해탈을 위한 수단 방편이 되는 것. 별해탈계別解脫戒를 말한다.

별해탈경(別解脫經) 계율에 관한 책. 계율에 관한 근본적 규정을 말한다. 별해탈율의別解脫律儀를 설교한 경전. 곧 계본戒本.

별해탈계(別解脫戒) 별해탈別解脫. 바라제목차波羅提木叉.

별해탈율의(別解脫律儀) 삼율의三律儀 가운데 하나. 별해탈계別解脫戒라고도 한다. 신身·구口·의意 악을 따로 방지하여 악을 짓지 않도록 노력한다. 불수심전不隨心轉이라고 한다.

별혹(別惑) 삼혹三惑 가운데 진사혹塵沙惑·무명혹無明惑을 말한다. 따로 보살만이 끊는 번뇌이자 미혹이므로 별혹이라고 하고 별견別見이라고도 한다.

별회심곡(別回心曲) 19세기에 나타난 작자 미상으로 307구의 가사로 이루어진 노래.

병거(秉炬) 하거下炬. 하화下火. 다비식茶毘式 때 횃불을 들고 법어法語를 하는 불사佛事 의식.

병기육연(病起六緣) 병이 생기는 6가지 원인. 사대불순四大不順·음식부절飮食不節·좌선부조坐禪不調·귀신득편鬼神得便·마신작수魔神作祟·업건소기業愆所起의 6가지를 말한다.

병납(病衲) 납자衲子·납승衲僧.

병로(炳爐) 손으로 들 수 있도록 자루가 달린 병 모양으로 된 향로.

병법(秉法) 수계受戒나 참회 등의 법을 집행하는 승려. 현재는 불전에서 예불·기도·재 등을 집행하는 소임을 말한다.

병불(秉拂) 손에 불자拂子를 잡았다는 뜻. 수좌首座가 주지를 대신하여 불자를 들고 법좌法座에 올라가 대중에게 설법하는 것.

병어(柄語) 산문山門이나 동문洞門 등의 논소論疏의 소서小序.

병정동자(丙丁童子) ①등불을 맡은 동자. ②병정은 불에 속하고, 동자는 사람에 비유한 것. 화신火神을 말한다.

병로를 든 천인(해남 대흥사)

병조(屛條) 그림의 폭이 좁아 모두 하나에 나타낼 수 없을 경우 짝수의 그림으로 표구하는 방법. 하나하나의 그림을 단조單條라 하고, 폭을 연결하여 이루는 경치나 내용을 통경通景이라고 한다.

병좌상(竝坐像) 상像이 둘로 되어 있고 나란히 앉아 있는 불상의 모습. 법화 사상의 영향으로 나타난 불상. 이불병좌상二佛竝坐像을 말한다.

병중무수(餠中無水) 삼론종三論宗에서 공관空觀을 비유한 말. 오온五蘊 가운데 인아人我가 없다는 뜻.

병좌상(중국 수도박물관)

병지(秉持) 계율을 지키는 것이 견고하다는 뜻.

병체무실(瓶體無實) 성실종에서 제법무아諸法無我를 비유한 말. 모든 사물은 오온의 임시 화합에 의한 것이고 실질적인 본체가 없다는 것.

병행(病行) 『열반경涅槃經』에서 말한 오행五行 가운데 하나. 병은 중생의 죄업을 비유한 것으로 보살이 큰 자비심으로 중생의 죄업을 다스리는 큰 행업을 말한다.

병향로(柄香爐) 수로手爐. 손으로 들 수 있도록 자루가 달린 향로香爐.

보(寶) 범어로 마니摩尼. ①보물. 보석 ②왕비. ③신라의 불교도가 형성한 작은 모임.

보개(寶蓋) ①보옥으로 장식한 천개天蓋. 상륜부의 보륜寶輪과 수연水煙 사이에 있는 닫집 모양의 부분. ②닫집. 당가唐家.

보거(寶車) 많은 보옥으로 장엄한 대백우거大白牛車. 일승一乘의 법을 비유한말.

보거(寶車) 보승寶乘.

보게(寶偈) 지극히 보배로운 게송.

보계(寶髻) 32상 가운데 하나. 부처의 머리에 상투처럼 튀어나온 부분.

보계(寶階) 칠보七寶로 만든 계단. 부처가 나아가는 도리천 아래의 계단.

보계(寶界) 칠보七寶의 세계. 곧 모든 부처의 정토淨土.

보계불(寶髻佛) 나달나시긴계불囉怛那尸緊雞佛. 제1무수겁의 수행이 끝났을 때 보는 부처.

보고번(普告幡) 삼보, 사부대중, 도량에 모인 모든 사람들을 나낸 깃발.

보공(普供) 보공양普供養.

보공양진언(普供養眞言) 원래 이름은 허공장보살보공양진언虛空藏菩薩普供養眞言. 다 같이 공양을 올린다는 뜻이며, '옴 아아나 삼바바 바아라 훔'이다.

보과(報果) 선이나 악의 업인業因에 의해 받는 고락苦樂의 결과. 무기無記의 과보報. 이숙과異熟果라고도 한다. 습과濕果의 반대말.

보관(普觀) 무량수불과 극락세계를 두루 살펴보고 생각하는 선정

禪定. 보관상普觀想이라고도 한다.

보관(寶冠) 보살상菩薩像의 머리에 씌워
진 관. 천관天冠이라고도 한다.

보관삼매(普觀三昧) 관자재보살의 삼
매. 보안삼매普眼三昧.

보관상(普觀想) 보관普觀.

보광명전(普光明殿) 많은 보옥寶玉으로
조성하여 광명이 비치는 불전.

보광법당(普光法堂) 보광명전普光明殿.

보광삼매(普光三昧) 널리 광명을 놓아

보관(고흥 능가사)

시방세계를 두루 비치는 삼매.

보광전(普光殿) 약사전藥師殿. 만월보전滿月寶殿. 유리광전琉璃光殿.

보광천자(寶光天子) 일천日天.

보국(寶國) 보옥으로 장엄한 나라. 극락정토.

보궐진언(補闕眞言) 보공양진언寶供養眞言 다음에 하는 진언으로
공양에 부족한 것이 있으면 더해 준다는 뜻. 일반적으로 쓰이는
보궐진언은 '옴 호로호로 사야목계 사바하唵 呼嚕呼嚕 佐野保計伊 娑
婆訶'이며, 또 법전法全이 모은 『대비로자나성불신변가지경연화태
장보리당표치보통진언장광대성취유가』에서는 성보리보궐진언成菩
提補闕眞言이라고 하여 '曩莫三滿多沒馱喃三冒馱喃唵聲喃南牟娑
嚩賀'를 염송한다. 또 『금강반야바라밀경주金剛般若波羅蜜經註』를
독송하고 마지막에 보궐진언인 '南無 喝羅怛那哆囉夜耶佉羅佉羅
摩囉摩囉虎囉吽賀囉蘇怛拏吽潑抹拏婆婆訶'를 염송하도록 하여
금강과 같은 진리를 얻고 또 부족한 것이 있으면 보충한다는 뜻으
로 되어 있다.

보길상(寶吉祥) 제석천왕의 내신인 월천月天의 이름.

보길상천(寶吉祥天) 제석천왕의 내신인 월천月天을 말한다. 대세
지보살大勢至菩薩의 응현.

보녀(寶女) 옥녀玉女. 전륜왕轉輪王의 칠보七寶 가운데 하나.

보다(普茶) 널리 일반 대중에게 차를 대접하는 것.

보당(寶幢) 보배 구슬로 장식한 당간. 짐대. 도량을 장엄하는 기구.

보덕정광주야신(普德淨光住夜神) 선재동자가 보살의 지혜와 행을 묻기 위해 방문한 33번째 선지식.

보도(普度) 두루 중생을 제도한다는 뜻.

보동문신(普同問訊) ①여러 대중을 향해 합장하고 머리를 숙여 경례하는 것. ②대중들이 일제히 예배하는 것. 또는 문신問訊하는 것.

보동탑(普同塔) 선림에서 여러 승려의 유골을 한곳에 묻고 세운 탑. 해회탑海會塔·보통탑普通塔이라고도 한다.

보득(報得) 사람의 과보果報에 의해 자연스럽게 얻는 것. 수득修得의 반대말.

보득통력(報得通力) 삼통력三通力 가운데 하나. 욕계·색계·무색계의 하늘들이 그 과보로써 저절로 얻는 통력.

보득해탈(保得解脫) 바라제목차波羅提木叉. 별해탈別解脫.

보등(普等) 모든 법에 있어 모두가 평등하다는 뜻.

보등삼매(普等三昧) 삼만다가다三曼多伽多. 한량없는 여러 부처를 한 때에 만나보는 선정禪定. 평등삼매平等三昧·보변삼매普遍三昧라고도 한다.

보디📖 bodhi 완전한 깨달음이라는 뜻이 있다. 넓은 의미로는 세간의 번뇌를 끊고 열반의 지혜를 성취하는 것. 각覺, 지智, 지知, 도道, 득도得道 등으로 번역하며 음사는 보리菩提이다.

보라(寶螺) 법라法螺. 나패螺貝 법구法具. ➡ 법라法螺

보례게(普禮偈)📖 삼보에게 공양을 올리는 법인 보례진언普禮眞言과 함께 사용하는 게송. 조석예불과 절에 들어갈 때 항상 진언과 게송을 함께 독송한다. 게송은 '아금일신중我今一身中 즉현무진신卽現無盡身 편재관음전遍在觀音前 일일무수례——無數禮'이다.

보례진언(普禮眞言) 공양불법승삼보법供養佛法僧三寶法에서 처음 독송하는 진언. 조석예불이나 절에 들어가 부처에게 예를 올릴 때 반드시 이 진언을 독송해야 한다. 진언은 '＄oṃ唵引 ₡va縛 ＄jra日囉 ℘:dhīḥ勿'이며, 현재는 대부분 '옴 바이라 믹'이라고 하고 있다.

보로사(補盧沙)📖 puruṣa 인人, 인간人間, 시자侍者, 관사官使, 생명력으로서 개인적인 원리, 영혼靈魂, 최고 정신, 개인의 본체本體, 한 종족의 구성원 등의 뜻이 있다. 장부丈夫·혹인或人으로 번역.

보루관(寶樓觀) 극락보루주각極樂寶樓珠閣의 모습을 보는 것.

보륜(普輪) 보는 보변普遍. 륜은 최년推碾의 작용. 모든 차별의 법을 꺾고 부수는 것을 말한다.

보륜(寶輪) 탑에서 상륜부의 중심이 되는 부분. 노반 위의 앙화仰花와 보개寶蓋 사이에 위치한 9개의 바퀴 모양으로 된 부분.

보리(菩提)📖 bodhi 완전한 깨달음이란 뜻. 넓은 의미로는 세간의 번뇌를 끊고 열반의 지혜를 성취하는 것을 말하며 각覺, 지智, 지知, 도道, 득도得道 등으로 번역한다. 음사는 보리菩提. 불교 최고의 이상인 부처의 바른 깨달음의 지혜. 곧 불과佛果. 불타 정각의 지혜를 얻기 위해 닦는 도를 가리킨다.

보리과(菩提果) 모든 수행에서 궁극적으로 얻는 지혜의 증득인 과果.

보리광대굴(菩提廣大屈) 삼종퇴굴三種退屈 가운데 하나. 부처의 지혜가 광대심원廣大深遠하다는 말을 듣고 나는 할 수 없고 못한다는 마음을 내어 물러나는 것.

보리달마(菩提達磨) 중국 선종의 시조. 남인도 향지국왕香至國王의 셋째 아들. 소림사小林寺에서 9년 동안 있다가 혜가慧可에게 깊고 은밀한 종지 및 『능가경楞伽經』 등을 전하고 우문禹門의 천성사千聖寺로 갔다가 영안永安 1년 10월 5일에 입적한다. 당나라 대종이 원각대사圓覺大師라는 시호를 내렸다.

보리도량(菩提道場) ①부처가 깨달음을 얻은 도량. 부다가야에 있어서의 보리수 밑의 금강좌를 말한다. ②깨달음의 뜰. 깨달음을 얻는 장소.

보리락(菩提樂) 오락五樂 가운데 하나. 최상의 불도를 닦아 얻는 즐거움.

보리분(菩提分)🕮 bodhyaṅga 보리의 주요한 지분支分. 넓은 뜻으로 지혜를 구하는 37가지의 수행 방편을 말한다. ➡ 각지覺支, 각분覺分, 지支, 분分

보리살타(菩提薩埵)🕮 bodhi-sattva 보리살타菩提薩陀. 보살菩薩의 원어. 깨달음을 구하는 중생. ➡ 보살菩薩

보리수(菩提樹) 부처가 정각正覺을 이루었다는 나무. 곧 도수道樹·각수覺樹라고 한다. 불교의 진리를 상징하는 의미로 사용한다. 무화과 비슷한 뽕나무과의 상록수. ➡ 각수覺樹

보리신(菩提身) 정각불正覺佛. 불자구십신佛自具十身 가운데 하나.

보리심(菩提心) 불과에 이르고 깨달음을 얻으며 널리 중생을 교화하려는 마음. 무상정각無上正覺. 무상도심無上道心. 아뇩다라삼먁삼보리심阿耨多羅三藐三菩提心의 준말.

보리심계(菩提心戒) 보리심의 청정한 자성自性으로 계로 삼은 것. 곧 삼매야계三昧耶戒의 다른 이름.

보리자량(菩提資糧) 깨달음을 증득하기 위한 밑천이 되며 다음의 수행으로 나아가는 힘이 되는 것.

보리장(菩提場) 부처가 마갈제국摩竭提國 아란야阿蘭若 보리도량에서 정각正覺을 이룬 것을 말한다. 곧 여래가 성도成道한 도량이라는 뜻. 『화엄경』이 설해지는 일곱 장소인 화엄칠처華嚴七處 가운데 하나.

보리지(菩提地) 지혜의 근본 바탕.

보리행(菩提行) 깨달음에 이르기 위한 실천. 곧 보살행.

보리회향(菩提廻向) 삼종회향三種廻向·회향삼처廻向三處 가운데 하나. 위없는 부처 과위果位의 지혜를 얻기 위해 자기가 닦은 모든 선근 공덕을 향하는 것.

보망(寶網) 제망帝網. 진기한 보물로 엮은 그물. 제석궁의 그물. 인타라망因陀羅網이라고도 한다.

보문(普門) 보편普遍. 문門이란 잘 통한다는 뜻으로 실상의 묘리가 서로 통하고 두루 관계하여 장애가 없음을 말한다. 차별 없이 모두에게 골고루 덕화가 미치는 문. 관음보살의 보문원통普門圓通한 덕을 말한다.

보문시현(普門示顯) 불보살이 여러 모습으로 나타나 중생의 근기에 맞게 보이며 제도한다는 뜻.

보문품(普門品) 「관세음보살보문품觀世音菩薩普門品」, 「관음품觀音品」이라고도 한다. 『법화경』 제25품. 관세음보살이 중생의 모든 재난을 구원하고 소원을 이루게 하며, 또 33응신을 나타내어 설법하는 내용.

보방(寶坊) 사찰의 미칭美稱.

보벌(寶筏) 부처의 묘법이 생사를 건너게 함을 비유한 말.

보법(普法) 『화엄경』에서 설한 내용을 말하는 것으로, 하나의 법에 모든 법이 갖추어져 있다는 것을 드러내는 가르침. 삼계교三階教의 보경인악법普敬認惡法과 통한다고 한다.

보변삼매(普遍三昧) 보등삼매普等三昧.

보보살인(寶菩薩印) 금강보보살金剛寶菩薩의 보인寶印.

보부(寶部) 밀교에서 금강계 5부 가운데 하나. 부처의 모든 덕이 원만하여 한량없는 복과 덕을 갖춘 방면을 말한다.

보불(報佛) 정진 노력하여 수행한 공으로 얻는 모든 덕이 원만한 불佛. 보신報身. 보신불報身佛.

보비관음(普悲觀音) 33관음 가운데 하나. 두 손으로 옷을 덮어 앞에 드리우고 언덕 위에 서 있는 모양.

보사(報謝) 보은報恩과 사덕謝德. ①부처나 조사의 은덕에 감사하여 보답하기 위해 정업淨業을 닦는 것. ②불사를 거행한 비구에게 보시물을 드리는 것.

보사하(普莎訶) 길상吉祥으로 번역.

보살(菩薩)📖 bodhi-sattva bodhi는 완전한 깨달음이란 뜻이 있으며 각覺, 도道, 득도得道 등으로 번역한다. sattva는 존재하는, 있는, 실재하는, 유有, 본질本質, 성분性分, 성격性格의 뜻이 있으며 유有, 유상有相, 력力, 희락喜樂, 정情, 사事 등으로 번역한다. bodhi-sattva는 불타가 되기 전 마지막 단계에 있는 성자, 앞으로 깨달을 수 있는 성품을 지닌 자, 깨달음을 구하는 사람을 말한다. 보리살타菩提薩埵. 각유정覺有情, 도중생道衆生, 대심중생大心衆生, 개사開士, 시사始士, 고사高士, 대사大士 등으로 번역한다. ①깨달음을 이룬 사람. 또는 깨달음을 이루려는 사람. 불교의 이상적인 인간상. 위로는 보리를 구하고 아래로 중생을 교화하는 상구보리上求菩提 하화중생下化衆生하는 사람. ②깨달음을 얻기 전의 부처. 싯다르타 태자. ③과거세의 석가모니부처. 부처의 전신. ④부처의 자. ⑤유덕한 승려에게 주는 칭호. ⑥고승의 존칭. ⑦청신녀. 우바이. 오계五戒 혹은 보살계를 받은 여자 신도를 말한다.

보살건(菩薩巾) 관음두觀音兜.

보살계(菩薩戒)📖 대승의 보살이 받아 지녀 보리심을 일으켜 불도를 닦아 수행하게 하는 계. 대승계大乘戒. 불성계佛性戒. 현재 우리나라에서는 출가자에게는 『사분율』에 따라 비구·비구니 구족계를 받고, 다시 『범망경』에 의한 보살계를 수지하도록 하고 있다. 재가자에게는 10중重 48경계輕戒인 보살계, 또는 십선계十善戒를 수지하도록 하고 있다. 특히 보살계는 경전에 따라 다양한 조목이 있으므로 상황과 법회의 성격에 따라 수계授戒의 내용이 달라질 수 있다. 보살계는 심지계心地戒로 마음으로 지니는 계戒이므로 행行으로 드러나는 것은 물론 밖으로 나타나지 않는 마음속의 변화까지도 대상으로 삼기 때문에, 보다 엄격한 계戒의 정신을 반영하고 적극적인 선업善業의 행을 요구한다. 만약 적극적인 선행을 하지 않을 경우에는 보살의 바라이죄에 적용을 받는다는 것을 명심해야 한다.

보살계위(菩薩階位) 보살이 보리심을 일으켜서 수행을 쌓고 그 공으로 불과에 이르기까지의 계위.

보살기(菩薩機) 사기四機 가운데 하나. 남을 먼저 하고 자기를 뒤에 하며 자비를 베풀고 어질고 양보하는 마음 자세.

보살대사(菩薩大士) 대사大士는 마하살타摩訶薩埵. 보살의 존칭. ➡ 보살菩薩

보살도(菩薩道)📖 부처의 과위果位를 구하여 보살菩薩이 닦는 수행. 보살의 수행. 육바라밀처럼 자리이타自利利他를 갖추어 깨달음에 이르는 도. 곧 대승불교를 말한다.

보살마하살(菩薩摩訶薩)📖 mahāsattva 위대한 인간이란 뜻. sattva는 유정의 뜻. 보리살타마하살타菩提薩埵摩訶薩埵의 준말. 곧 보살. 보살대사菩薩大士. 마하살타는 대사大士의 뜻. ➡ 보살菩薩

보살무(菩薩舞) 보살의 행이 사람의 마음을 파고들어 즐겁고 기쁘게 하므로 춤에 비유한 것.

보살상(菩薩像) 보살의 모습을 형상화한 것으로, 보관을 쓰고 머리카락과 천의를 늘어뜨리며 보석 등의 장신구를 두르고 있다. 관세음보살상·지장보살상·문수보살상·보현보살상 등이 있다.

보살상(국립부여박물관)

보살승(菩薩僧) ①출가한 모습이 아닌 머리 기르고 속세의 옷을 입어 재가在家의 형상으로 대승 삼학을 닦고 익히는 보살승과, 출가의 모습으로 소승 삼학을 배우고 닦는 보살승인 이종승二種僧이 있다. ②모든 보살을 일컫는 말.

보살승(菩薩乘) 삼승三乘 가운데 하나. 육바라밀의 법문에 의해 스스로 해탈하고 남을 해탈하여 성불하게 하는 것. 보살이 육도六度의 온갖 수행으로 수레를 삼아 모든 중생들이 똑같이 생사의 삼계三界에서 나오도록 하는 것을 말한다.

보살승십지(菩薩乘十地) 십지十地.

보살신(菩薩身) 십신十身 가운데 하나. 보살의 몸이 그대로 부처의 몸이라는 뜻.

보살십계(菩薩十戒) 보살이 받아 지니는 열 가지 계戒. 보요익계普饒益戒·불수계不受戒·부주계不住戒·무회한계無悔恨戒·무위쟁계無違諍戒·불뇌해계不惱害戒·부잡계不雜戒·불탐구계不貪求戒·무과실계無過失戒·무훼범계無毀犯戒.

보살원(菩薩願) 보살이 서원하여 세운 원願으로, 모든 원의 총總을 말한다. 중생을 모두 구제하리라는 중생무변서원도衆生無邊誓願度. 번뇌를 모두 끊으리라는 번뇌무진서원단煩惱無盡誓願斷. 법문을 모두 배우리라는 법문무량서원학法門無量誓願學. 불도를 모두 이루리라는 불도무상서원성佛道無上誓願成.

보살장(菩薩藏) 보살이 닦는 행법行法과 그 증과證果를 밝혀 설명한 대승 경전.

보살종성(菩薩種性) 결정성決定性인 보살. 처음부터 보살 무루의 종자를 갖추어 마침내 불과에 이르러 깨달을 수 있는 성품을 가진 이.

보살좌(菩薩坐) 반가부좌半跏趺坐.

보살지(菩薩地) ①보살이 삼계에 생을 받아 중생을 교화하고 이롭게 하는 자리. ②십지十地 가운데 하나. ③보살 수행의 단계.

보살지지(菩薩智地) 보살이 처음 보리심을 내서 조금씩 수행의 공을 쌓아 불과佛果로 나아가는 자리.

보살행(菩薩行) 보살이 행하는 수행. 보리를 구하고 모든 중생을 제도하여 모두 해탈하게 하고자 하는 수행, 곧 육바라밀 수행의 완성을 말한다.

보삽파(補澀波) 포슬파布瑟波라고도 한다. 꽃으로 번역.

보상(寶相) 불상을 장엄한 것.

보상(寶像) 진기한 보옥으로 조성한 불상.

보상개(寶相蓋) 당번幢幡. 무량보개無量寶蓋. 불보살의 머리 위에 장엄하는 기.

보상화(寶相花) 팔메트 잎으로 연속되어 꽃 모양을 이룬 상징적인 꽃 모양. 만다라화.

보상화

보새(報賽) 은혜를 갚기 위해 바치는 재물.

보생(報生) 생득生得·과보果報라고도 한다. 익히고 닦아서 되는 것이 아니고 선천적으로 과보果報에 의해 타고난 효용.

보생불(報生佛) 대일여래의 평등성지平等性智에서 나와서 금강보·금강광·금강당·금강소의 네 보살을 거느리고 모든 재물과 보배를 맡은 부처.

보설(普說) ①두루 완전한 교설. 화엄의 가르침. ②널리 정법을 설교하여 중생들을 바른 길로 인도하는 것을 말한다. ③향을 피우고 가르침을 청할 때 하는 법문.

보성(寶性) 여래장如來藏의 다른 이름.

보성(寶城) 진기한 보배가 가득 찬 성곽. 부처의 정법을 비유한 말.

보소(寶所) 진기한 보배의 장소. 대승 실상實相의 이치를 말한다.

보소청진언(普召請眞言) 널리 부처나 보살을 불러서 청하는 진언으로, '나무 보보제리 가리다리 다타 아다야'이다.

보수(普首) 문수사리文殊師利를 말한다. 부수溥首라고도 한다.

보수(寶手) 손으로부터 나온 재보財寶.

보수(寶樹) 진기하고 보배로운 나무숲. 정토의 초목을 말한다.

보승(寶乘) 보거寶車. 대백우거大白牛車. 『법화경』에서 설교한 일승의 법을 말한다.

보시(布施) 📖 dāna는 시집 보내다, 시물施物의 뜻으로 보시布施·단나檀那이며, dakṣiṇā는 제사의 희생물이란 뜻으로 보시布施이며, dnānpati는 단월檀越을 말한다. ①복리福利를 남에게 베풀어 주는 것. 재물을 베푸는 재시財施, 법法을 설하여 듣게 하는 법시法施, 공포를 제거하여 안심安心을 주는 무외시無畏施의 3가지 대행大行을 수행하는 것. ②보시는 주는 자, 받는 자, 주는 물건 이 모두 청정해야 한다고 하여 삼륜청정三輪淸淨이라고 한다. ③보시를 하는 대상은 멀리서 온 사람에게, 멀리 가는 사람에게, 병들고 피로한 사람에게, 굶주리고 배고픈 사람에게, 법을 아는 사람에게 하는 것이다. ④보시를 하는 이유는 지혜의 행行으로 하며 그 종류에는 가까이 있는 자에게 보시하는 수지시隨至施, 재난과 재앙을 두려워하여 고요한 마음을 위하고 재물이 눈앞에서 무너지는 것을 보고 잃지 않기 위해서 하는 포외시怖畏施, 옛날 다른 이의 보시를 받고 지금 은혜에 보답하기 위해서 하는 보은시報恩施, 지금 다른 이에게 보시하고 다른 날 되돌려 받기 위해서 하는 구보시求報施, 좋은 사람의 가법家法을 배워 잇기 위해서 하는 습선시習先施, 하늘에 나기를 희망하여서 하는 희천시希天施, 좋은 이름을 얻기를 위해 하는 요명시要名施, 선정을 돕고 열반을 얻기 위해서 하는 위장엄심爲莊嚴心이 있다. ⑤가장 좋은 보시는 필묵筆墨과 경전을 보시하는 것인데, 사경을 할 수 있는 발심을 돕도록 하는 필시筆施, 경전을 사경하도록 하여 좋은 인연을 돕는 묵시墨施, 경 판을 간행하고 경을 적어 독송을 권하는 경시經施, 법을 들려주어 인因을 닦아 과果를 증득하도록 하는 설법시說法施가 그것이다. ⑥ 보시는 보시하는 경우에 따라 복福의 크기가 달라진다. 보시는 많 지만 복은 적은 경우인 시다득복소施多得福少는 음주가무 등으로 보시할 때, 보시는 적지만 복은 많은 경우인 시소득복다施少得福多 는 자비의 마음으로 도가 있는 사람을 봉양하여 정진하여 도를 배우도록 할 때, 보시도 적고 복도 적은 경우인 시소득복소施少得 福少는 아기며 나쁜 마음으로 외도에게 보시할 때, 보시도 많고 복도 많은 경우인 시다득복다施多得福多는 무상함을 알아 발심하 여 재물을 버리고 탑사塔寺를 일으키고 삼보를 공양할 때이다.

보시바라밀(布施波羅蜜) 육바라밀六波羅蜜의 하나. 완전한 보시의 수행. 재물보시財物布施·법보시法布施·무외보시無畏布施 따위의 큰 수행.

보시섭(布施攝) 보살행의 4가지 수행 덕목인 사섭법四攝法 가운데 하나. 내 것을 남이나 이웃에게 나누어주어 부처의 가르침으로 이끌어 들이는 것.

보신(報身) 과보果報의 몸이라는 뜻. 인因에 따라 어려운 수행을 견디고 정진한 노력의 결과로 얻은 몸. 수행을 완성하여 모든 이 상적인 덕을 갖춘 부처의 모습. 아미타불과 같은 부처를 가리킨 다. 보신불報身佛. 보불報佛.

보안(普眼) ①관세음보살이 자비로운 눈으로 두루 모든 중생을 살피는 것을 말한다. ②보문普門의 법계를 보는 눈. 일체지안一切 智眼이라고도 한다.

보안삼매(普眼三昧) 대일여래가 널리 보여주는 대중을 보고 한 마음으로 관觀하는 것. 보관삼매普觀三昧.

보안장지(普眼長者) 선재동자가 지혜와 수행을 묻기 위해 방문한 선지식.

보연(報緣) 과보果報의 인연. 한번 기약한 수명을 말한다.

보왕(寶王) 부처의 존칭.

보왕삼매(寶王三昧) 염불삼매念佛三昧. 염불이 삼매 가운데 매우 보배로운 것이기 때문에 이르는 말.

보위승교(普爲乘敎) 보위일체승교普爲一切乘敎. 법상종法相宗의 다른 이름. 인간·천상·성문승·연각승·보살승을 널리 이롭게 하기 위해 설교한 교법이라는 뜻.

보은시(報恩施) 은혜에 보답하는 의미에서 베푸는 보시. 8가지 보시 가운데 하나.

보인(寶印) ①삼보三寶 가운데 법보法寶. ②삼법인三法印. ③모든 부처나 보살의 여러 가지 인계印契.

보인(報因) 고락苦樂의 과보果報를 받는 원인. 선악의 업인業因. 이숙인異熟因이라고도 한다. 습인習因의 반대말.

보장(報障) 사장四障 가운데 하나. 과거의 번뇌와 업에 의해 받는 과보果報로 바른 도道를 닦아 수행하는 것을 장애하는 것. 즉 악업으로 받은 지옥·아귀·축생 따위의 과보 때문에 불법을 들을 수 없는 장애.

보장(寶藏) 진기한 보물이 쌓여 있는 창고. 묘법이 중생의 고액苦厄을 제도함을 비유한 말.

보장천(寶藏天) 복덕福德의 하늘. 타라구吒羅㤲. 곧 보장천녀寶藏天女를 말한다.

보적불(寶積佛) 무루성도無漏聖道의 법보法寶로써 쌓고 장엄한 불佛.

보적삼매(寶積三昧) 마니보주가 모든 것을 비추는 것처럼, 모든 법의 본질을 꿰뚫어 볼 수 있는 삼매.

보전(寶典) 경전을 높여 부르는 말.

보좌(寶座) 부처가 앉는 자리.

보주(寶珠) ①마니주摩尼珠. 여의주如意珠. ②탑의 꼭대기를 장식하는 보배로운 구슬로 최고의 정점을 의미한다.

보주(寶洲) 불과佛果의 대묘지大妙地를 비유한 말.

보지(寶地) 불지佛地.

보찰(寶刹) 불토佛土. 범찰梵刹. 사찰을 높여 부르는 말.

보처(補處) 일생보처一生補處. 등각等覺이라고도 한다. 부처가 입멸한 뒤에 성불해서 그 자리를 보충하여 앞으로 부처가 될 것이라는 뜻. 곧 미륵彌勒은 석가여래의 보처보살.

보처(報處) 지옥地獄을 말한다.

보처보살(補處菩薩) 보처補處의 보살菩薩. 관음보살觀音菩薩과 대세지보살大勢至菩薩은 아미타여래阿彌陀如來의 보처보살이며, 일광보살日光菩薩과 월광보살月光菩薩은 약사여래藥師如來의 보처보살이며, 미륵보살彌勒菩薩은 석가여래의 보처보살. ➡ 보처補處

보처삼매(寶處三昧) 석가모니의 삼매. 석가모니가 이 삼매에 들어서 천용팔부天龍八部를 그리는 제3원에서 모든 중衆을 화현하게 하여 공덕의 재물을 모든 곳에 베풀기 때문에 보처삼매라고 한다.

보청(普請) 대중에게 청하여 모이게 하거나 함께 일하는 것. 널리 공덕이나 시주를 청하는 것을 말한다.

보촉례(普觸禮) 대중이 좌구坐具를 펴고 세 번 절하는 것으로 함께하는 예법.

보타(寶陀) 보타락가寶陀落迦. 인도 남쪽에 있는 산으로 관세음보살이 주거하는 곳이라고 한다.

보타산(寶陀山) 보타寶陀. 보타락가寶陀落迦.

보탁(寶鐸) 풍탁風鐸·첨탁簷鐸. 불당이나 불탑의 네 귀퉁이에 매다는 커다란 풍경.

보탑(寶塔) 보물로 장식한 탑.

보탁

보토(報土) 제불諸佛의 보신報身이 있는 국토. 온갖 수행의 보답으로 얻은 온갖 덕으로 장엄한 정토. 아미타불의 극락국토. 극락세계를 말한다. 이토二土 가운데 하나.

보특가라(補特伽羅) pudgala 아름다운, 신체, 물질, 아我, 영혼, 개인個人 등의 뜻이 있으며, 유정有情·인人·중생衆生으로 번역. 곧 태어나서 죽는 윤회의 주체. 불교에서는 무아無我를 주장하여 이 실존을 인정하지 않지만, 독자부犢子部, 정량부正量部, 경량부經量部 등에서는 인정하기도 한다.

보특가라(補特迦羅) 삭취취數取趣. 중생을 말한다.

보해범지(寶海梵志) 석가여래의 전신.

보향천자(普香天子) 명성천明星天.

보현(普賢)📖 덕德이 법계에 두루한 것을 보普라 하고, 수순하고 부드럽게 조화로운 것을 현賢이라 한다. ①부처의 지극한 자비. ②수행하는 사람. ③필수발타邲輸跋陀·삼만다발타라三曼多跋陀羅. 곧 보현보살普賢菩薩.

보현가(普賢跏) 반가半跏를 말한다.

보현경계(普賢境界) 보현보살의 경계를 말한다. 널리 원용한 교법을 믿고 닦는 이가 깨닫는 경지.➡보현普賢

보현대사(普賢大士) 보현보살普賢菩薩.

보현덕(普賢德) 보현보살의 대자비한 행덕. 보살이 자비심으로 모든 중생을 제도하는 덕. 곧 중생을 교화하여 이롭게 하는 행덕을 말한다.

보현법계(普賢法界) 『화엄경』에 등장하는 보살로서 신信·해解·행行·증證을 갖추고 중생의 근기에 응하는 중중무진重重無盡과 主半으로 이루어진 법계.

보현보살과 백상

보현백상(普賢白象) 보현보살이 여섯 개의 어금니를 가진 흰 코끼리를 타고 결가부좌하고 있는 모습을 말한다. 흰 코끼리는 보현보살의 상징.

보현병(普賢甁) 오보병五寶甁.

보현보살(普賢菩薩)📖 Samantabhadra, Viśvabhadra 불교의 진리와 자비를 두루 실천하는 순일묘선純一妙善한 보살로 이덕理德·행덕行德·정덕定德을 맡은 보살. 흰 코끼리를 탄 모습과 연화대 위에 앉은 모습이 있다. 문수보살과 함께 석가모니부처의 좌우협시 보살. 필수발타毖輸跋陀·삼만다발타라三曼多跋陀羅.

보현살타(普賢薩埵) 보현보살普賢菩薩.

보현삼매(普賢三昧) ①보현색신삼매普現色身三昧의 준말. 보현보살을 본존으로 하고 제법실상諸法實相의 이치를 살펴 육근六根의 죄장罪障을 참회하는 삼매. 법화삼매法華三昧라고도 한다. 이 삼매를 이루면 보현보살이 6개의 상아가 있는 흰 코끼리를 타고 도량에 나타난다고 한다. 이 삼매를 닦는 도량을 보현도량이라고 한다. ②밀교에서 보현금강살타普賢金剛薩埵가 의궤儀軌의 내용을 염송하면 몸·입·뜻의 삼밀三密이 상응하여 보현보살의 몸을 이루는 것을 말한다. ③보현보살과 문수보살은 한 쌍의 법문으로 보현보살은 모든 삼매를 주장하고, 문수보살은 모든 반야를 주장하여 부처의 교화를 도우므로 문수반야에 대해 보현삼매라고 한다.

보현십원(普賢十願)📖 40권본 『화엄경』 제일 마지막 권에 보이는 보현보살의 10가지 큰 서원誓願. 원願 가운데 가장 큰 원이라고 하여 원왕願王이라고 부른다. 경례제불敬禮諸佛·칭찬여래稱讚如來·광수공양廣修供養·참회업장懺悔業障·수희공덕隨喜功德·청전법륜請轉法輪·청불주세請佛住世·상수불학常隨佛學·항순중생恒順衆生·보개회향普皆迴向. 한국의 사찰에서는 제 40권을 만을 따로 떼어서 독송용으로 사용하고 있다.

보현십원가(普賢十願歌)📖 고려 광종 때 균여가 지은 향가. 불교가 널리 홍포되기를 바라는 마음으로 보현행원의 10원을 11수의 향가로 읊은 것. 예경제불가·칭찬여래가·광수공양가·참제업장가·수희공덕가·청전법륜가·청불주세가·상수불학가·항순중생가·보개회향가의 10수와 총결무진가를 합쳐 모두 11수.『균여전』에 실려 있는 이 향가의 본래 이름은 보현십종원왕가普賢十種願王歌이며, 중국인 최행귀는 이 향가를 한문으로 번역하기도 했다.

보현원해(普賢願海) 보현십원普賢十願이 모든 보살의 행원을 대표함을 의미한다.

보현행(普賢行) ①화엄의 수행. 한 가지 행을 닦으면 일체 행을 갖춘다는 화엄 원융의 묘행妙行. ②보현보살의 실천.

보현행원(普賢行願) 보현보살의 열 가지 원을 실천하는 행. 우리나라 사찰에서는 40권본『화엄경』의 제 40권만을 따로 떼어서 독송용으로 사용하고 있다.

보현행원가(普賢行願歌) 보현십원가普賢十願歌를 말한다.

보호(寶號) 불보살의 명자名字.

보화(報化) 보신불報身佛과 화신불化身佛.

보화(寶華) 지극히 보배로운 묘화妙華.

보화건(寶花巾) 일건一巾. 진성眞性을 비유한다.

보회향진언(普回向眞言)『백장총림청규증의기』에 의하면 불상을 조성하고 끝날 때 독송하는 진언. 회향주回向呪라고도 한다. 공양의식이 끝나면 공덕을 모든 중생에 돌리는 의미로 송하는 진언.

복(福)📖 uṇya 길흉의, 다행스럽고 좋은, 행운의, 좋은 상태, 가치가 있다, 순수한, 신성한 등의 뜻이 있다. 승勝, 복福, 선善, 덕德, 선행善行, 도덕적, 공덕功德 등으로 번역한다. ①복덕. 공덕. 선. 세간과 출세간의 가치 있는 모든 행위. ②수행에 따른 좋은 과보. 선행의 업보. ③보시. ④재물財物 등을 말한다. ➡ 공덕功德

복개(福蓋) 복덕이 몸을 덮는 것.

복경(卜經) 점복의 일을 설명한 경전.

복관(福觀) 복혜福慧. 복덕과 지혜를 얻는 관법觀法을 말한다. 복福은 이타利他에 속하고, 관觀은 진리를 관념하는 것이므로 자리自利에 속한다.

복기(覆器) 엎어진 그릇. 더 이상 물을 담을 수 없다는 것을 부끄러워할 줄 모르는 사람의 마음에 비유한 말.

복단(伏斷) 번뇌 망상을 제어하고 항복을 받아 단절斷絕하는 것.

복덕(福德) ①공덕. 선행에 의한 복리. ②선법. ③육도六度 가운데 앞의 5가지를 말한다. 지혜에 대응하는 것. ➡ 복福

복덕문(福德門) 보시布施·지계持戒·인욕忍辱 등을 말한다. 복덕문에 들면 모든 죄업이 소멸하고 원願을 얻는다. 지혜와 차별하여 문門이라고 한다.

복덕신(福德身) 복덕을 구족한 여래의 몸. 불佛의 몸에 갖추어진 열 가지 몸 가운데 하나.

복덕자량(福德資糧) ①2가지 자량資糧 가운데 하나. 보시를 수행하는 선행이 불과佛果의 자량이 된다. ②사종자량四種資糧 가운데 하나. 과거세에 복덕을 쌓았으므로 금세에 재물이 넉넉하여 불교의 법도를 수행할 수 있는 것.

복덕장엄(福德莊嚴) 선행을 닦아 앞으로 얻을 복덕으로 과果를 장엄하는 것.

복도(福道) 복덕福德을 쌓고 지혜를 닦는 바른 길. 복덕과 지혜의 2가지 장엄을 말한다.

복등삼업(福等三業) 복업福業·비복업非福業·부동업不動業.

복랑(複廊) 두 회랑이 겹친 불당. 불국사와 같은 것.

복련(伏蓮) 연꽃을 엎어 놓은 모양. 꽃부리가 아래로 향한 연꽃 모양의 무늬.

복례(復禮) 환례還禮.

복묘(覆墓) 성묘省墓.

복발(覆鉢) 복발伏鉢. 불탑 상륜부의 노반 위에 있는 바리때를 엎어 놓은 모양으로 된 부분.

복백(覆帛) 불상을 덮는 비단.

복보(福報) 복리福利의 과보果報.

복련(대구 동화사)

복사(複師) 화엄종의 승직僧職으로 강사講師가 강의한 것을 다시 강술하여 의리義理를 분명하게 하는 승려.

복상법신(福相法身) 교법을 지니면서 남을 위해 설교하는 것. 대천세계大千世界의 칠보七寶를 보시하는 것보다 4구의 게문偈文을 말해 주는 복덕이 더 크다고 한다. 지상법신智相法身의 반대말.

복성성(福生城) 복성福城. 선재동자가 문수보살을 만나는 장소.

복생천(福生天) 수승한 복덕으로 태어나는 하늘. 복덕을 지은 범부가 태어나는 곳이라고 한다. 색계 4선천의 제2천. 생복천生福天·무량엄식천無量嚴飾天·무량광천無量光天이라고도 한다.

복업(福業) 착한 행업. 복덕을 가져오는 선한 행위.

복인(伏忍) 번뇌 망상을 눌러서 일어나지 못하게 하고 지혜로운 마음으로 법에 편안히 머무는 것. 복인위伏忍位.

복장(伏藏) 땅속에 파묻는 보장寶藏.

복장(腹藏) 📖 매우 은밀한 곳에 깊이 간직한다는 뜻으로 불상의 뱃속에 후령통을 넣고 불화의 맨 위 중앙에 주머니를 달아서 사리나 경전을 봉안하는 것을 말한다. 인간 생활에 꼭 필요한 곡물, 칠보, 꽃, 향, 수정 등 100가지 물건을 일정한 법식에 따라 넣고, 종이, 섬유, 의복 등도 부장품으로 함께 넣기도 한다. 복장물을 넣는 순서와 물목의 종류는 『조상경造像經』의 복장소입제색腹藏所入諸色에 따라 정한다.

복장(양주 회암사 복장유물)

복전(福田)📖 복덕을 만들어 내고 생산하는 밭이라는 뜻. 삼보를 공양하고 선행을 베풀어 좋은 결과를 얻는 것을 밭에 비유한 말. 공덕을 심는 장소. 복을 생성하는 근원.

복전의(福田衣) 가사袈裟의 12가지 이름 가운데 하나. 가사의 무늬가 밭두둑 모양과 같고 공덕이 세상의 복을 심는 밭이 되어 공양을 받는 것을 의미한다.

복정(伏鉦) 법구의 하나. 징. 고정叩鉦.

복정(福庭) 절의 존칭. 절은 복을 생산하는 정원이라는 뜻.

복족(福足) 보시布施·지계持戒·인욕忍辱·정진精進·선정禪定의 다섯 가지를 수행하여 결국 응신應身을 성취하고 상호相好가 원만하며 만덕萬德이 장엄한 것을 말한다. 복福과 혜慧의 이족二足 가운데 하나.

복지(福智) 복덕과 지혜. 복은 공덕과 같다.

복지(福地) 사원의 덕호德號. 복덕을 생산하는 지역.

복행(福行) 삼행三行 가운데 하나. 십선十善 등의 복을 행하여 천상과 인간의 과果를 받는 복을 누리는 것.

복혜(福慧)📖 복덕과 지혜. 복덕은 보시·지계·정진·인욕·선정의 다섯 가지 선업善業. 지혜는 반야의 한 가지 선업. 불보살은 복福과 혜慧로 장엄한다.

복혹(伏惑) 번뇌 망상을 눌러서 한때 일어나지 못하게 하는 것.

본(本)📖 pūrva 앞에 존재하다, 앞에, 전면의, 선행한다, 이전의, 옛날의, 전통의, 처음으로 서술했던, 재료가 가장 낮은 등의 뜻이 있다. 전전前前, 선先, 재선在先, 선발先發, 선래先來, 종선래從先來, 선시先時, 선세先世, 석석昔, 왕석往昔, 숙세宿世, 과거過去, 초초初, 시始, 본본本, 향向, 전세前世 등으로 의역한다. ①근본이라는 의미를 내포하는 경우가 많다. 본원本願이란 과거에 세운 원으로 불보살의 근본이 되는 본래의 원을 말한다. 인연이 되어 있는 것. ②계율. ③근본. 근원. ④윤회의 시작. ⑤진여. ⑥본각本覺. ⑦본체. 법신의 부처. ⑧원인.

본각(本覺) ①일체의 중생은 본래부터 고유하여 물들지 않은 자성청정심自性淸淨心이라는 것. 『기신론起信論』의 삼각三覺. ②곧은 성품과 지혜. 여래의 법신. 부처의 본래의 깨달음. 궁극적인 깨달음. ③진여 본각에 내훈內熏·외연外緣의 2가지 작용이 있다.

본각지(本覺智) 모든 중생이 본래부터 지니고 있는 각성지혜覺性智慧.

본각진여(本覺眞如) 상상相으로 말하면 본각이며, 체體로 말하면 진여. 본각은 증득을 잘하는 지혜이며, 진여는 증득의 대상이 되는 이치.

본거(本據) 경론석經論釋에서 인용하는 경론석經論釋 안의 문장.

본과묘(本果妙) 본문本門 십묘十妙 가운데 하나. 본문 불과佛果의 진성眞性·관조觀照·자성資成의 3가지 덕이 묘하다는 뜻.

본교(本教) 근본의 교법. 일승교一乘敎. 말교末敎의 상대어.

본기(本紀) 부처의 전기를 정리한 것.

본래(本來) 사물의 시초가 없는 것. 시작이 없이 온 것.

본래공(本來空) 모든 만물은 인연으로 생긴 현상으로 임시로 있는 존재이기 때문에, 본래부터 실질적인 자성自性이 없다고 하는 것.

본래면목(本來面目) 본래의 면목. 있는 그대로의 참된 모습. 실상實相·불성佛性·법성法性·진여眞如·법신法身·진제眞諦. 천진면목天眞

面目·열반야제涅槃若提라고도 한다.

본래무일물(本來無一物)　우주의 모든 것은 본래부터 실질적인 체
體나 자성이 없는 공空이라는 뜻.『육조단경六祖壇經』에 나오는 말.

본래성불(本來成佛)　모든 중생이 본래 그대로 부처라는 것. 본래
시불本來是佛.

본래자성청정열반(本來自性淸淨涅槃)　사종열반四種涅槃 가운데
하나. 세상 모든 사물의 실질적인 본성인 진여. 그 성품이 청정하
여 한량없는 공덕을 갖추고 생멸함이 없어 잠연적정湛然寂靜한 것.

본명(本明)　원명元明. 본각本覺의 실체가 청정하여 큰 지혜의 광명
이 있다는 것을 말한다.

본모(本母)　mātṛkā 어머니, 부모, 대지大地, 물의 뜻이 있다. 논장
論藏의 다른 이름. 모든 도리를 낳는 모체라는 뜻.

본무(本無)　본래부터 공空하여 없다는 것.『열반경』에서는 금유今
有와 짝을 이루어 불성佛性의 존재를 논하는 말.

본문(本門)　①적문迹門의 상대어.『법화경』28품 가운데 앞의 14
품은 불신의 본지를 밝히고, 뒤의 14품은 본지법신의 덕을 밝힌
다고 하는데, 뒤의 14품을 가리킨다. ②본지. ③부처의 본지·근
원·본체를 나타내는 방편.

본문개현(本門開顯)　천태종에서 석가모니부처가『법화경』28품
가운데 뒤의 14품에서 보리수 아래에서 처음으로 성도한 신불이
아니고 근본은 과거 구원겁 전에 성불한 고불古佛이니 지금의 내
가 그대로 오랜 옛적에 성도한 본불本佛이라고 말한 것. 개근현본
開近顯本. 개적현본開迹顯本.

본문십묘(本門十妙)　천태 지의가『법화현의』에서『법화경』제목
가운데 묘妙 자를 해석하면서 본문本門·적문迹門에 각각 10가지의
묘妙를 세운 것. 본인本因·본과本果·국토國土·감응感應·신통神通·설
법說法·권속眷屬·열반涅槃·수명壽命·이익利益의 묘妙. 적문십묘迹門
十妙의 반대말.

본법신(本法身) 본지법신本地法身.

본분(本分) 본래의 모습. 분별과 방편을 허용하지 않는 것으로, 선종에서는 이상적인 수행의 모습을 표현하고 있다. 본각本覺.

본분종사(本分宗師) 인간이 나면서부터 부처라고 하는 본래의 모습을 철저하게 깨달은 선승.

본불(本佛) ①자기 마음속의 불성佛性을 가리킨다. ②분신한 부처에 대해 근본인 부처. 말불末佛의 반대말.

본사(本師)📖 본보기가 되는 스승. ①석가모니부처. ②한 종파의 조사. ③수업사. 지식 및 학문 등을 내려 주는 스승.

본사(本事) 근본적인 일. 본생이 아닌 과거 전생의 일. 제자들이나 전세의 일을 설명한 것.

본사(本寺) 머리를 깎고 출가한 절. 본래부터 거주한 절. 또는 중심 도량.

본사경(本事經) 이제목다가伊帝目多伽. 여시어如是語·여시설如是說로 번역. 12부경의 하나. 부처가 제자·보살·성문 등에게 과거세에 행한 업을 설교한 경문.

본산(本算) 문답의 논제. 어떤 주제를 가지고 문답하는 경우 처음의 물음을 본산本算이라고 하고, 그 다음부터의 물음을 말산末算이라고 한다.

본산(本山) 본사本寺. 한 종파에 속한 여러 절을 하나의 단위로하여, 총괄하는 종파의 중심 도량. 당산當山.

본상(本相) 생生·주住·이異·멸滅의 사상四相. 만유 제법을 생멸 변화하게 하는 근본 원리. 대상大相·사본상四本相·유위상有爲相이라고도 한다. 수상隨相의 반대말.

본색(本色) 자기본색. 본래면목.

본생(本生) ①본생담. 석가모니부처의 전생 이야기. 십이부경十二部經 가운데 하나. ②부처가 과거세에 보살로서 수행한 일. ③사유위상四有爲相의 하나인 생生을 말한다.

본생경(本生經)📖 jātaka 경전의 내용을 분류하는 하나의 내용으로, 본생을 기록한 경전. 곧 부처가 전생에 수행한 보살행을 담은 것. 십이부경十二部經 가운데 하나.

본생담(本生譚) 부처의 전생의 모습을 그린 이야기. ➡ 본생경本生經

본생설(本生說) 『본생경』에서 이야기한 것.

본생인연(本生因緣) 부처가 전생에 보살로서 수행하던 과거의 인연.

본서(本書) 각 종파가 개종開宗한 근본서.

본서(本誓) 본래의 서원. 부처가 과거 인행因行 시절에 세운 서원. 본원本願.

본성(本性) 본래 고유한 덕성性德. 타고난 그대로의 진실성. 천성天性, 자성自性. 반야의 공空으로 단상斷常과 유무有無 등의 분별을 떠난 그 자체가 그대로 드러난 성품.

본성(本成) 본지불本地佛의 성도成道.

본성공(本性空) 세상에 존재하는 모든 법은 자성이 없으므로 상주常住하지도 않고 생멸生滅하지도 않으며, 본래부터 청정하여 성性을 여의고 상相을 여의므로 본성공이라고 한다. 이십공二十空 가운데 하나.

본성불(本性佛) 화엄의 10가지 부처 가운데 하나. 부처가 큰 지혜를 갖추어 모든 법을 비추어 자기 본성이 본래 부처이므로 본성불이라고 한다.

본성상(本性常) 법신法身을 말한다. 법신에 본성이 상주하여 생멸이 없음을 말한다.

본식(本識) mūla-vijñāna 근본식根本識. 근본적으로 청정한 식심識心. 장식藏識·아뢰야식阿賴耶識의 다른 이름.

본신(本身) 선가禪家에서 말하는 본신本身은 곧 본심本心을 말한다.

본심(本心) 자기 본래의 마음.

본업연광(本業緣狂) 사종광혹四種狂惑 가운데 하나. 지난 세상에 범犯한 악업에 의해 발광發狂하는 것.

본연(本然) 본래부터 스스로 갖추고 있는 것.

본연(本緣) 어떤 일의 유래.

본원(本願)📖 ①본서本誓. 원래부터의 서원誓願. 부처나 보살이 과거에 세웠던 서원. 인위因位의 서원. ②근본적인 서원. 특히 아미타불이 중생을 구제하려고 나타낸 서원. ③불탑이나 불상 등을 조성하여 법회를 주최하려고 하는 발기인. ④중생이 본래 갖추고 있는 자성청정심自性淸淨心.

본원공덕취(本願功德聚) 인위因位의 본원으로 오랜 겁劫 동안 공덕을 쌓아 놓은 부처. 곧 아미타불.

본원력(本願力) 부처가 과거 인행因行 시절 보살 때 세운 서원의 힘. 또는 부처가 되기 위해 수행하는 기간에 세운 서원의 힘.

본원실기(本源實機) 아미타불의 서원인 본원에 의지하여 극락정토에 왕생하는 것. 곧 범부들은 아미타불의 본원에 의지하여 수행하므로 타력적인 성격이 강하여, 타력왕생他力往生이라고도 한다. 본원정기本願正機·본원왕생本願往生.

본원일승(本願一乘) 미타불의 본원이 일승一乘의 법이 됨을 말한다.

본유(本有)📖 본무本無·금유今有와 본유本有·금무今無는 『열반경』에서 불성佛性의 유무를 논증하는 정형 4구로 나타나는 논리로 삼세의三世義를 설명하는 게송으로 알려져 있다. ①본래부터 존재하는 것. 또는 중생의 깨달음은 본래부터 완성되어 있는 것으로, 『화엄경』「성기품」에서 미진권권과 대보리수의 비유와 같이 원래 있는 증거로 삼고 있다. 화엄 성기 사상의 근거. ②실재하는 것. ③본래의 고유한 덕성. ④태어나서 죽을 때까지의 몸. 사유四有 가운데 하나. ⑤닦아서 이루어지는 수생修生과는 반대되는 말.
➡ 성기性起

본유각체(本有覺體) 중생에게 본래 갖추어져 있는 이성理性. 본래부터 자연적으로 중생들이 갖추고 있는 진여법성眞如法性의 각체覺體.

본유수생(本有修生)📖 선천적으로 덕이 완성되어 있는 것이지만 수행에 의해 점차로 덕을 완성해 가는 것을 말한다. 깨달음의 본성을 갖추어 있으므로 본유이며, 연緣에 의해 새로운 선善을 발생하는 것은 망법妄法이지만 일어나는 지혜는 보현의 지혜라고 하는 것. ➡ 성기性起

본유종자(本有種子)📖 아뢰야식 가운데 선천적으로 갖추고 있다고 하는 종자. 후천적으로 현행現行하는 종자는 법의 훈습薰習으로 일어나는 것이므로 신훈종자新薰種子라고 한다.

본이(本二) 고이故二라고도 한다. 승려가 출가하기 전의 아내. 출가 이전 재가의 일이기 때문에 본本이라 하고, 배우配遇였기 때문에 이二라고 한다.

본자연(本自然) 본래공本來空.

본적(本迹) 부처나 보살의 진실한 실제의 몸과, 중생을 교화하기 위해 화현한 수적垂迹의 몸을 말한다.

본적석(本迹釋)📖 사석四釋 가운데 하나. 『법화경』에서 경전을 설명하는 방법. 일대사인연으로 이 세상에 오신 부처는 옛 인행因行으로 근원이 있어 자취를 드러내는 것이 가능하다고 하여, 경전을 불신佛身에 본지本地·수적垂迹이 있고, 부처의 가르침도 본문本門·적문迹門의 이문二門으로 나누어 해석하는 것.

본적십묘(本迹十妙) 본문本門의 십묘와 적문迹門의 십묘.

본적이문(本迹二門) 『법화경』의 이해를 위해서 경전의 내용을 설명하는 방법. 본문과 적문의 2가지 문. 실상實相 이치에 들어가는 문호. ➡ 본적석本迹釋

본전(本典) 근본적인 법전法典.

본정(本淨) 본래청정本來淸淨.

본정무루(本淨無漏) 본래부터 청정하여 번뇌를 여의었다는 뜻.

본제(本際) 궁극적인 수행. 진여·열반의 다른 이름.

본존(本尊) 본불本佛이라고도 한다. 공양하고 예배하는 근본적인 존상.

본지(本地) 부처나 보살의 진실한 실제의 몸. 수적垂迹의 반대말.

본지문(本地門) 대일여래의 자성법신自性法身. 과거·현재·미래에 걸쳐 상주하는 법신.

본지신(本地身) 절대의 진리를 증득하고 고요한 경지에 안주하여 언어·사량·분별을 떠난 자수용법신自受用法身.

본지풍광(本地風光) ①태어나면서부터 지니고 있는 진실한 모습. 본래면목本來面目. ②미혹이나 괴로움이 없는 부처의 경지.

본질(本質) 상분相分의 근본인 본체.

본체(本體) ①모든 사상의 근본을 이루는 것. 세상 모든 사물의 근본 자체. ②응신應身에 대해 진신眞身을 본체라고 한다. 본지本地.

본초불(本初佛) 네팔이나 티베트의 불교에서 신봉하는 우주의 근원으로서의 부처.

본행(本行) 본래 수행의 행법. 성불의 인因이 되는 근본 행법行法.

본형(本形) 본래 형상. 자신의 고유한 모양.

본혹(本惑) 혹惑은 번뇌의 다른 이름. 근본혹根本惑·근본번뇌根本煩惱라고도 한다. 모든 번뇌가 의지하여 일어나는 근본적인 번뇌. 탐貪·진瞋·치癡·만慢·의疑·악견惡見의 6가지 대번뇌 등을 말한다.

본홍서원(本弘誓願) 본원本源. 본서本誓. 부처가 본래 인위因位에서 중생을 구제하려고 세운 서원.

본회(本懷) 마음 가운데 근본이 되는 사념思念.

봉가(奉加) 봉납奉納. 공물을 신불神佛에게 바치는 것.

봉가장(奉加帳) 연부緣簿. 신불神佛에게 납부한 금전 재물을 기록한 책자.

봉갈(棒喝) 방할棒喝로 읽는다. 선가禪家의 종장宗匠이 학인을 대하는 방법.

봉납(奉納) 봉가奉加.

봉대(蜂台) 불탑을 말한다. 불탑을 멀리서 보면 벌집 모양과 같으므로 붙인 이름.

봉래(蓬萊) 봉래산蓬萊山. 전설상의 신령한 산으로 선경仙境을 가리킨다. 이상적인 경계.

봉물(捧物) 삼보에게 공양하는 물건.

봉사대사(奉事大師) 보살의 십금강심十金剛心 가운데 하나. 일체의 대사에게 널리 온갖 일을 받들고 공양하려는 마음.

봉송(奉送) 📖 ①49재齋의 의식. 영가를 환송하는 의식. ②다비에서 하화下火 다음의 절차로 영가를 떠나보내는 의식. 다비에서 하화下火 다음의 절차로, 오늘 다비하는 분을 전송하거나, 시련侍輦 의식으로 모셨던 불보살, 호법신중, 영가 등을 떠나 불보살부터 보내는 의식. 봉송문을 읽고 나면 의식에 참여했던 모든 대중이 함께 법성게法性偈를 독송하며 10바라밀의 방향을 따라 행렬을 지어 돈다. 보례게普禮偈로 시작해 불보살의 공덕으로 꽃이 내리는 산화락散華落으로 맺는데, 봉송 의식의 특징은 참여한 모든 대중이 함께하는 것이다.

봉찰(鳳刹) 사찰의 미칭美稱.

봉청(奉請) 사찰에서 법회를 봉행할 때 주지 스님이 불보살이 도량에 오기를 바라는 마음으로 청하는 것.

봉행(奉行) ①불교의 교법을 받들어 수행하는 것. 신수봉행信受奉行. ②귀인으로 받들어 모시는 것. ③뜻을 받들어 실행하는 것.

부고(訃告) 호상이 상주와 의논해 여러 사람에게 알리는 것. 상주의 아버지는 대인大人, 어머니는 대부인大夫人, 할아버지는 왕대인王大人 할머니는 왕대부인王大夫人, 부인은 망실亡室 또는 합부인閤夫人 등으로 쓴다.

부과(膚果) 배나무와 능금나무 등을 말한다.

부구(敷具) ①가사袈裟의 12가지 이름 가운데 하나. ②와구臥具와 같은 말. ③앉을 자리에 까는 물건으로 깔개. 좌구坐具.

부근(扶根) 부진근扶塵根. 눈·귀 등 오근五根의 겉모양으로, 안근眼根 등은 인식 작용에서 직접 작용하는 것이 아니라 떠받치고 있는 물질적인 기관을 말한다. 부근浮根이라고도 한다.

부기(赴機) 중생의 근기에 맞추어 법을 설하는 것.

부낭(浮囊) 바다를 건너는 사람이 빠지지 않도록 몸에 두르는 큰 주머니. 계율에 비유한 말.

부다(部多) bhūta ~이 되었다, 있다, 과거의, 현실에서 일어났다, ~과 합성해서, 존재한다, ~으로 변한다, 좋은 존재물, 괴물怪物, 정령精靈, 광물廣物 등의 뜻이 있다. ①이미 생긴 유정有情. ②취기臭鬼·취아귀臭餓鬼로 번역한다. 아귀餓鬼 가운데 뛰어난 자. 사천왕四天王이 거느리는 팔부족八部族 가운데 하나.

부단(不斷) 끊임없이 서로 계속해서 이어지는 것.

부단경(不斷經) 날마다 경전을 읽는 것.

부단공(不但空) 단공但空의 반대말. 공空 가운데 그 공空마저 공空하다는 절대 부정의 공을 말한다. 공空·가假 두 가지에 나아가서 중도를 말하는 것.

부단광(不斷光) 아미타불阿彌陀佛의 광명. 12광光 가운데 하나.

부단나(富單那) 부다部多.

부단상(不斷常) 삼종상三種常 가운데 하나. 보신報身은 항상 법신에 의지하여 사이가 끊어짐이 없음을 말한다.

부도(浮屠) 부두浮頭·부도浮圖·불도佛圖·휴도休屠라고도 한다. buddha의 음사에서 생긴 말이었으나 후에 다른 의미로 변했다. 승려의 사리나 유골을 넣은 석종石鐘 불타佛陀 또는 불탑을 일컫는

부도(양양 진전사지)

말로 쓰기도 한다.

부동(不動) ①동요하지 않는 것. 혼란하지 않은 것. 보살 선정의 이름. ②자기 몸속에 재앙과 우환이 없는 것. ③보살 계위의 하나. 부동지不動地와 같은 말. ④부동명왕不動明王을 말한다. ⑤부동성不動性. 소승 종성種性의 하나.

부동다라니(不動陀羅尼) 자구주慈救咒.

부동명왕(不動明王) 밀교의 대표적인 명왕. 오대명왕·팔대명왕의 주존. 대일여래가 모든 악마와 번뇌를 굴복시키기 위해 분노한 모습으로 화현하여 있는 것.

부동법(不動法) 부동명왕을 본존으로 하고 재앙을 없애고 이익을 얻으려고 하는 수법.

부동불(不動佛) 동방의 세존인 아촉여래阿閦如來를 말한다.

부동심해탈(不動心解脫) 불시해탈不時解脫.

부동아라한(不動阿羅漢) 아라한과를 얻은 이 가운데 근성이 예리하여 나쁜 인연을 만나더라도 물러서지 않는 이.

부동업(不動業) 복이나 재앙과 관계없는 행위. 번뇌에 의해 흔들리지 않는 업으로 선정을 말한다.

부동여래(不動如來) 부동불不動佛.

부동의(不動義) 진여의 체성體性이 상주하여 움직이지 않는 것.

부동존진언(不動尊眞言) 부동명왕의 진언을 말한다. 가지加持를 마치고 알가閼伽를 공양한 뒤에 불상의 뱃속에 넣을 때 외우는 진언.

부동주(不動咒) 자구주慈救咒.

부동지(不動地) 대승 보살의 십지十地 가운데 하나. 미혹을 끊고 진실한 이치를 깨달아 수행이 완성된 상태를 말한다. 노력 정진하는 일 없이 자연스럽게 보살행이 행해지는 상태.

부동지(不動智) 동요하지 않는 마음.

부동해탈(不動解脫) 번뇌의 속박을 해탈하는 경지. 부동아라한不動阿羅漢.

부동행(不動行) 삼행三行 가운데 하나. 무동행無動行. 유루有漏의 선정을 닦아서 색계와 무색계의 업과를 감수하는 것.

부두(浮頭) 부도浮屠.

부라(富羅) 토土·국토國土로 번역함.

부료(副寮) 사찰에서 요주寮主 아래 있는 승직.

부루나(富樓那) Pūrṇa-maitrāyṇṇiutra 줄여서 Pūrṇa라고 한다. 부처의 10대 제자 가운데 설법說法 제일. 본래 이름은 부루나미다라니富樓那彌多羅尼. 만자滿慈로 번역. 인도 교살라국 사람. 바라문족 출신.

부모미생전면목(父母未生前面目) 본래면목本來面目. 부모에게서 태어나기 전의 모습.

부모은중경(父母恩重經) 부모의 은혜가 넓고 깊음을 말한 경전. 수나라 말기에서 당나라 초기에 중국에서 나온 대승 경전.

부목(負木) 땔감을 준비하고 불을 지피는 소임.

부목(浮木) 행운을 만나기 어려움을 비유한 말로 바다 가운데에서 눈먼 거북이 떠 있는 나무를 만나는 경우를 말한다.

부법(付法) 스승이 제자에게 교법을 전하여 흥성하게 계승되도록 하는 것. 부법상승付法相承.

부법관(附法觀) 3가지 관법觀法 가운데 하나. 사제四諦·12인연 등의 법상法相을 마음에 두고 관觀하는 것.

부법장(付法藏) 스승이 제자에게 법을 부촉하여 전하게 하는 것.

부부(部部) 경교經敎의 부류.

부사(副寺) 사찰의 동서東序에 속한 승직僧職. 궤두櫃頭·고두庫頭. 사찰에서 돈·쌀·옷감·곡식 따위의 출납을 맡아보는 소임.

부사의(不思議) 불가사의不可思議. 불보살의 해탈·지혜·신통력 등이 불가사의하다는 것.

부살(扶薩) 보살菩薩.

부상(浮想) 허망하고 진실하지 못한 생각을 떠올리는 것.

부성(父城) 가비라성迦毘羅城. 부처의 부왕의 성.

부소(扶疏) ①본서本書를 이해하도록 도와 주는 주석서註釋書. ②『열반경涅槃經』의 다른 이름. 천태종에서는 『열반경』이 『법화경』을 부조하는 의소義疏가 된다고 한다.

부속제(覆俗諦) 세속제世俗諦를 말한다. 진리를 덮는 세속의 여러 가지 모습.

부수(溥首) 문수사리文殊師利. 보수普首라고도 한다.

부식(復飾) 환속還俗하는 것을 말한다.

부실공덕(不實功德) 세속적인 공덕.

부실수행(不實修行) 열반涅槃·불성佛性 등을 알지 못하면서 수행하는 것.

부업무명(覆業無明) 모든 번뇌가 온갖 행업을 덮고 가려서 사람으로 하여금 알지 못하게 하여, 명예·이양利養·공경恭敬 등을 잃을까 염려하는 것.

부연(附椽) 처마 서까래 끝 위에 씌운 네모진 짧은 서까래.

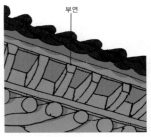

부연

부운(浮雲) 덧없는 사람의 인생을 비유한 말. 눈 깜짝할 사이에 변하고 사라지는 사람의 신체를 비유한 것.

부인타(部引陀) 수성水星.

부자석신명(不自惜身命) 신명身命을 아끼는 일 없이 불법을 구하고

처마 부분도 중 부연

불법을 넓혀 간다는 것을 말한 경문經文.

부재(付財) 부처가 『반야경』을 설할 때 수보리 등 소승 비구들에게 가피하여 대승 보살들에게 『반야경』의 대승을 말한 것을 전교轉教라 하고, 이 전교의 뜻이 소승 비구에게 대승의 법재法財를 맡겨준 것이므로 『법화경』에서 빈궁한 아들로 하여금 장자의 재물을 맡겨 관리하게 한 것과 같으므로 부재라고 한다.

부재정(不才淨) 언구言句의 갈등을 물리치는 것.

부전(副殿) 불전에서 시봉하는 소임. 지전知殿이라고도 한다. 불전佛典을 부전이라 부르게 되었다는 설이 있다. 대중이 모여 생활하는 큰방의 불전을 맡고 있으며, 대웅전인 큰 법당을 맡고 있는 노전爐殿과는 구분하여 사용한다.

부정(不淨) 깨끗하고 청정하지 못한 것. 진흙탕. 더러움. 오염. 유루有漏. 오예汚穢·비루鄙陋·추악醜惡·과죄過罪.

부정관(不淨觀) 육신의 부정한 모습을 보거나 떠올리면서 탐욕과 애욕을 다스리는 수행법. 몸의 부정을 자세히 살펴 탐욕을 버리는 관법.

부정교(不定敎) 화의사교化儀四敎 가운데 하나. ①듣는 이들이 그 지식의 정도에 따라 같은 설법을 가지가지로 알아듣는다는 교. 즉, 듣는 사람의 기근에 따라서 설법이 일정하지 않은 것으로 이해의 방법이 다른 교법을 말한다. ②점교漸敎나 돈교頓敎에 속하지 않는 것. 불성상주佛性常住를 말한 것으로『승만경勝鬘經』·『금광명경金光明經』 등을 말한다.

부정법(不定法) 선善·악惡·무기無記의 3가지 성질에 대해 정해 놓지 않고 일어나는 것. ①악작惡作·수면睡眠·심사尋思·사찰伺察. ②회회悔·수면睡眠·심심尋·사伺·탐식貪食·진瞋·만慢·의疑.

부정상(不淨相) 부정관不淨觀.

부정색(不淨色) 깨끗하지 못하고 추악한 색. 싫어하는 마음을 생기게 하여 깨달음을 수행하는 것을 가리므로 수도修道하는 사람이 멀리 해야 한다. 이종색二種色 가운데 하나.

부정성(不定性) 성문·연각·보살의 삼승三乘 종자를 구비하고 있어 어느 것도 결정되지 아니한 기류.

부정성취(不定性聚) 부정취不定聚.

부정수업(不定受業) 과보果報를 받는 시기가 정해지지 않은 업.

부정시(不淨施) 보시할 때는 주는 자, 받는 자, 주는 물건이 모두 청정해야 하는데, 무엇을 바라거나 아까운 마음 등이 있는 마음으로 보시를 하는 것. 명예나 복보福報를 구하는 것.

부정업(不定業) 부정수업不定受業.

부정종성(不定種性) 삼승三乘의 무루의 종자를 갖고 있어 무엇이 될지 정해지지 않은 것.

부정지(不正知) 허망함을 진실로 여기는 것. ①대상에 대해 잘못된 견해를 일으키는 마음 작용. 20가지 수번뇌隨煩惱 가운데 하나. ②불완전한 자각. 이루어야 할 것과 이루지 말아야 할 것을 모르는 것.

부정지관(不定止觀) 3가지 지관止觀 가운데 하나. 일정한 법칙을 이용하지 않고, 얕은 것에서 깊은 실상實相의 이치로 향하거나 깊은 것에서 얕은 이치로 향하는 등 일정한 법칙이나 순서 없이 지관을 행하는 것.

부정지법(不定地法) 심소心所의 6품品 가운데 하나. 선도 아니고 악도 아니며 널리 선·악·무기無記의 3성에 통하면서 또한 대지법大地法과 같이 일체 마음에 반드시 수반하여 일어나는 것이 아닌 모든 마음 작용. 곧 심尋·사伺·수면睡眠·악작惡作·탐貪·진瞋·만慢·의疑를 말한다.

부정취(不定聚) ①사邪가 될지 정正이 될지 정해짐이 없고 일정한 방향이 없는 것을 말한다. ②오무간업五無間業을 제외한 유루법有漏法과 무루법無漏法 을 일컫는다. ③정토종에서는 자기 힘으로 염불하여 왕생을 기원하는 사람들을 말한다. ④삼취三聚 가운데 하나. 연緣이 있으면 부처가 될 수 있고 연이 없으면 미혹할 일류一類로서 향상과 타락에 결정이 없는 기류.

부정행(不淨行) 비범행非梵行이라고도 한다. 음행하는 것.

부정행계(不淨行戒) 사바라이四波羅夷 가운데 대음계大婬戒를 말한다.

부정행학처(不淨行學處) 사바라이四波羅夷 가운데 대음계大婬戒를 말한다.

부제(覆諦) 부속제覆俗諦.

부좌(趺坐) 두 다리를 뒤틀어서 넓적다리에 얹고 앉는 자세. 전가부좌全跏趺坐·반가부좌半跏趺坐가 있다. 반좌盤坐라고도 한다.

부주(不住) 머물지 않는 것. 즉, 집착이 없는 것을 말한다.

부주배(不住拜) 예배하고 공경함을 멈추지 않고 백 배 천 배까지 이르는 것.

부주생사(不住生死) 생사에 집착하지 않는 상.

부주열반(不住涅槃) 부처가 중생을 구제하기 위해 열반에 안주하거나 정주하지 않는 것.

부즉불난(不卽不離) 달라붙지도 않고 떨어지지도 않는 것을 말한다.

부진근(扶塵根) 눈에 보이는 신체적인 기관. 부진근浮塵根, 부근扶根, 부근浮根이라고도 한다. 오근五根의 외형으로 인식 작용을 하는 것은 아니지만, 의지함을 도와주는 물질이라는 뜻으로, 전오식前五識으로 경계를 반연하기 위하여 승의근勝義根의 소의所依가 된다. 승의근勝義根의 반대말.

부진종(不眞宗) 파상종破相宗. 대승 가운데 제부반야諸部般若의 교설. 제나라 대연사의 담은曇隱이 나눈 사종四宗 가운데 하나.

부집(部執) 각 부파가 의지하는 견해. 소승 20부의 유형과 같다.

부참(副參) 절에서 참두參頭에 종속되어 맡은 일을 돕는 승려.

부처 ① 석가모니의 다른 이름. ②불교의 교주로서 깨달은 성인. ③불상佛像. ④불佛. 불타佛陀·부도浮圖·몰타沒駄라고도 한다. 깨친 어른이라는 뜻. 곧 우주의 큰 이치를 깨우친 성자聖者를 말한다.

부처꽃 밭둑이나 습지에서 자라는 부처꽃과의 여러해살이풀. 줄기는 높이가 80~100cm이며, 잎은 마주나고 피침 모양. 5~8월에 자주색 꽃이 줄기 끝에 피고, 열매는 삭과蒴果를 맺는다.

부처나비 애벌레가 볏과 식물의 해충이 되는 뱀눈나빗과의 하

나. 편 날개의 길이는 5cm 정도. 날개는 폭이 넓고 어두운 갈색이고 가장자리는 누런색으로 앞뒤 날개에 눈알 모양의 무늬가 있다.

부처님오신날📖 석가모니부처가 태어난 날. 음력 4월 8일. 우리나라에서는 1975년 공식 명칭을 부처님오신날로 하여 공휴일로 지정됐다. 북방 지역은 불탄일을 음력 4월 8일로 하며, 동남아 지역 등 남방에서는 인도 달력으로 둘째 달 보름, 즉 음력 4월 15일을 베사카(Vaiśākha)라고 하여 따르고 있다. 경전의 전래에 따라 약간 차이가 있다.

부처손 큰 산의 바위에 붙어서 나는 관상용의 부처손과의 여러해살이풀. 줄기는 높이가 30cm 정도이고 많은 가지가 뻗으며, 잎은 짙은 녹색으로 잔비늘 모양. 건조할 때에는 가지가 안으로 오그라지다가 습한 기운을 만나면 다시 벌어지는 성질이 있다.

부청(赴請) 부청計請·수청受請이라고도 한다. 승려들이 시주施主의 청에 의해 공양을 받아들이는 것.

부촉(付囑)📖 어떤 것을 맡겨서 잊지 않고 이어 나가게 하는 것. 다른 이에게 부탁하는 것. 부처가 법을 설한 후에 청중 가운데서 한 사람을 뽑아 그 법의 유통을 촉탁囑託하는 것이 상례였으며, 이것을 부촉·촉루囑累·누교累教라고 한다.

부파불교(部派佛教)📖 부처가 열반에 든 이후 약 1백 년 정도 지나자 교단에서 가르침에 대한 해석상 전통을 고수하려는 승려들과 약간 자유로운 해석을 시도하려는 승려들이 양분되어 나누어지게 된 것을 시작으로 약 20여 개의 독립적인 교단을 형성하였다. 각각의 교단은 교의教義를 나름대로 해석하며 교세를 확장하고, 다른 교단과 논쟁의 형식인 대론對論을 통하여 정당성을 주장하였다. 후에 이 논쟁의 내용을 정리한 것이 경·율·논 삼장으로 집대성된다.

부행(部行) ①많은 사람들이 모여서 잡담하는 것. ②동료를 만들어 수행하는 것. ③부행독각部行獨覺.

부행독각(部行獨覺) 독각獨覺 수행 가운데 홀로 수행하지 않고, 일정한 무리를 지어서 수행하는 것. 사슴처럼 달리다가 뒤따라오는 무리를 돌아보는 것처럼, 남을 위하는 마음이 있는 독각. 대중 속에서 대중을 위하며 깨달은 독각. 이종독각二種獨覺 가운데 하나.

부혹윤생(扶惑潤生) 번뇌를 가지고 생을 받는 것. 보살이 중생을 제도하기 위해 일부러 번뇌를 끊지 않고 삼계三界에서 생을 받는 것. 유혹도생留惑度生이라고도 한다.

부화외도(赴火外道) 6가지 고행외도苦行外道 가운데 하나.

북구로주(北俱盧洲) 수미산의 북쪽에 있는 대륙. 사대주四大洲 가운데 하나.

북두당(北斗堂) 북두칠성에 제사지내는 당.

북방천(北方天) 다문천多聞天.

북솟대 절에서 비구들이 대변을 하고 나서 뒷물할 때 촉지觸指 대신에 쓰는 기구.

북왕등 북 모양으로 만들어 만卍 자와 태극 문양을 넣어 밝히는 등.

북울단월(北鬱單越) 사주四洲 가운데 하나. 4주 가운데 국토가 가장 수승하므로 승처라고 한다.

북종선(北宗禪) 신수 계통의 선. 점오선漸悟禪.

북진(北辰) 북극성北極星. 북두칠성北斗七星.

북진보살(北辰菩薩) 묘현보살妙見菩薩의 화현.

분(分) 나누는 것, 분류하는 것. ①작은 부분. ②지분支分. ③십이인연의 지를 말한다. ④일부분. ⑤방편. ⑥결정. ⑦지위. 자리.

분결(忿結) 성나고 원망하는 마음이 맺혀서 풀지 못하는 것.

분골(分骨) 다비를 마치고 남은 뼈를 수습하여 가루로 만드는 것.

분교(分敎) 부처의 가르침을 여러 가지 기준으로 나누어 보는 것.

분노(忿怒) amarṣa 단기短氣, 불쾌不快, 분노忿怒의 뜻.

분노권인(忿怒拳印) 먼저 금강권인金剛拳印을 만들고 다시 식지食

指와 약지藥指를 펴는 수인.

분단(分段) ①단락을 나누는 것. 구별. ②차별의 상이라는 뜻. 외견으로 나타난 형태. ③분단생사 分段生死. 곧 분단신分段身.

분단동거(分段同居) 불보살이 중생을 교화하기 위해 분단생사하는 세계에 와서 보통 사람들과 함께 사는 것.

분노권인

분단생사(分段生死) 미혹의 세계에서 헤매는 보통 사람이 받는 생사. 한정된 수명·신체를 받고 윤회하는 것.

분단신(分段身) 분단생사分段生死의 몸. 육도六道의 중생이 업인業因으로 말미암아 받는 육신.

분반좌(分半座) 부처가 다자탑多子塔에서 설법할 때, 가섭존자迦葉尊者가 누더기를 걸치고 늦게 참석하여 여러 제자들이 못마땅하게 여겼으나 부처는 가섭존자를 돌아보고 자기 자리를 나누어 앉게 하였다는 고사.

분별(分別) 📖 vikalpa 둘 중의 하나를 선택하는 것. 선택選擇, 결합結合, 공부工夫, 변화變化, 구별區別, 불결정不決定, 의혹疑惑 등의 뜻이 있다. 분分, 사思, 염念, 상想, 사유思惟, 분별分別, 계착計着, 집착執着, 허분별虛分別, 차별差別, 망상妄想 등으로 의역한다. 대상을 사유하고 식별하는 마음의 작용. 심心·심소心所가 경계에 대해 작용을 일으켜 주관적인 상相을 취해서 생각하는 것을 말한다.

분별기(分別起) 사악한 스승이나 사악한 가르침 등으로 생기는 번뇌. 구생기俱生起의 반대말.

분별다라니(分別陀羅尼) 삼다라니三陀羅尼 가운데 하나. 객관적 대상물의 대·소, 호好·추醜를 구별하여 착오 없이 아는 것.

분별사식(分別事識) 육근六根에 의해 그 대경對境인 육진六塵을 상대하며, 과거·현재·미래에 걸쳐 여러 사상을 분별하고 사려함을 말한다. 사물을 분별하여 인식하는 것.

분별설(分別說) 잘 설명하여 밝히는 것.

분별설부(分別說部) 설가부說假部. 일부에서 주장하는 것이 옳은 것도 있고 잘못된 것도 있어 다시 분별할 필요가 있다는 것을 뜻한다.

분별식(分別識) 제6 의식. 대경對境에 대해 여러 가지로 생각하고 식별하는 작용이 있다. ➡ 분별사식分別事識

분별의답(分別義答) 사종론四種論 가운데 하나.

분별지(分別智) 유분별지有分別智. 생멸하고 변화하는 사물과 마음의 모든 현상을 분별하는 지혜.

분본(紛本) 벽화·불화·단청 등에서 그림을 그릴 때 쓰는 방법. 원래의 도안에 작은 구멍을 뚫어서 그림과 그림을 이을 때 쓴다. 구멍이 뚫어진 초본草本을 놓고 헝겊에 싼 흰 가루로 톡톡 두드려서 표시를 하고 흰 선을 따라 위를 점선으로 이어간다.

분상문(分相門) 상相을 구분하는 방면. 화엄종에서 별교일승別教一乘을 해석하는데 쓰이는 말. 해섭문該攝門의 반대말.

분세(分歲) 제야除夜·세야歲夜. 대회일大晦日 밤. 섣달 그믐날 밤.

분소의(糞掃衣) 세속 사람이 버린 헌 옷으로 지은 가사. 똥을 닦은 헝겊과 같다는 뜻. 못쓰게 된 헝겊 쪽을 기워서 만든 옷을 입는 것. 납의衲衣. 백납百衲.

분수(焚修) 향을 올리고 조석 예불을 하는 수행. 분향하고 수도하는 법당을 가리킨다.

분수승(焚修僧) 향을 올리고 조석 예불을 정성스럽게 하는 승려.

분신(分身) 불보살이 중생을 교화하기 위해 그 몸을 나누어서 나타내는 것. 또는 변화하여 나타난 몸.

분신회지(焚身灰智) 회신멸지灰身滅智. 몸을 재로 만들고 지혜를 멸한다는 뜻.

분위(分衛) 걸식乞食. 단타團墮. 탁발.

분유(分喩) 법의 전부를 나타내서 비유할 수 없고, 한 부분의 뜻만 비유함을 말한다.

분임(紛臨) 그림 위에 밑그림이 보이는 종이를 놓고서 모사하는 방법. 이를 뒤집어서 선을 따라 분필로 다시 그리고, 비단이나 종이에 다시 뒤집어 올려놓고, 모사한 종이와 비단이 서로 닿도록 한 후에 젖은 헝겊으로 가볍게 두드리면 분필이 헝겊에 묻어서 그림이 그대로 모사된다.

분자(鐼子) 발우 안에 들어가는 작은 발우.

분제(分齊) 한량限量. 분위차별分位差別. 차별한 범위.

분좌(分座) 반좌半座.

분증(分證) 보살이 진여의 이치에 대해서 조금씩 차례를 나누어 증명하는 것.

분증즉(分證卽) 분진즉·분성위. 교의에 통달하지 않은 무명無明을 끊고 본래 갖추고 있는 불성을 조금씩 증득하여 나타내는 자리.

분타리화(芬陀利華) 백련화白蓮華.

분향(焚香) 불가의 의식에서 향로에 향을 태워 공양을 올리는 것. 향을 사용하는 법에는 바르는 도향塗香과 소향燒香이 있다.

분회(盆會) 우란분회盂蘭盆會.

불(佛) 불타佛陀.

불가(佛家) ①불교. 불교의 교단. ②부처의 정토淨土. 깨달음의 세계. ③불자. 불교도. ④불법 수행의 도량.

불가견무대색(不可見無對色) 삼종색三種色 가운데 하나. 무표색無表色을 말한다.

불가견유대색(不可見有對色) 삼종색三種色 가운데 하나. 눈에 보이지 않으나 다른 것과 구별할 수 있는 것. 오관五官과 성聲·향香·미味·촉觸의 사경四境.

불가득(不可得) 공空의 다른 이름. 모든 법이 공무空無하여 얻을 실체가 없음을 말한다.

불가득공(不可得空) 무소유공無所有空. 사물은 인연화합으로 존재하므로 성性과 상相을 구할 수 없는 공空임을 가리키는 말. 과거·현재·미래의 모든 사물이 불가득이라고 하는 것. 말과 생각이 모두 끊어진 곳에 세우는 공空.

불가사의(不可思議) 말로 표현하거나 마음으로 헤아릴 수 없는 오묘한 이치나 가르침을 말한다. 불사의不思議라고도 한다. 말로 표현하거나 마음으로 추측할 수 없는 것. 부처의 깨달음의 경지나 지혜 및 신통력을 나타낼 때 쓰이는 말.

불가사의경(不可思議經) 불가사의해탈경.『화엄경』의 다른 이름.

불가사의광불(不可思議光佛) 아미타불을 말한다.

불가사의광여래(不可思議光如來) 불가사의광불不可思議光佛. 아미타불을 말한다. 아미타불의 광명은 수승하고 미묘하여 헤아릴 수 없기 때문에 이르는 말.

불가사의존(不可思議尊) 아미타불을 말한다.

불가사의해탈경(不可思議解脫經) 불가사의경不可思議經.『화엄경』의 다른 이름. 또는 『유마경維摩經』이라고도 한다.

불가설(不可說) 말로 이야기할 수 없다는 뜻. 또는 대수大數의 이름.

불가칭지(不可稱智) 부처의 지혜.

불각(不覺) 📖 모든 중생이 지니고 있는 진여眞如의 성품을 깨닫지 못하고 망념을 일으켜 미망에 떨어져 알지 못하는 것.『기신론』에서는 근본불각根本不覺과 지말불각枝末不覺으로 나누고 있다.

불각(佛閣) 불사佛寺·불당佛堂·가람伽藍.

불감(佛龕) 불상을 모시는 조그만 집. 또는 불사佛寺.

불격(佛格) 부처의 품격은 선善한 일을 한 공덕으로 보통 32상相이나 80종호種好와 같은 기본 형식으로 나타난다.

불견(佛見) 부처의 올바른 지견知見.

불감(교토 고려미술관)

불경(佛經)📖 buddha는 각覺의 뜻. vacana는 ~을 표현하는, ~을 의미하는, ~에 의해 발음 되어진, 말하는 것, 발음發音, 발언發言, 명백한 언급, ~라고 언급되어져 있다, 화話, 어語, 규칙, 명령命令 등의 뜻. 즉, 부처가 설한 내용을 모아 놓은 것. 또는 불상과 경전이라고도 한다.

불경계(佛境界) 불계佛界. 부처의 경계. 부처의 세계.

불계(佛界) 부처의 세계.

불계(佛戒) 불성계佛性戒·불승계佛乘戒. ①부처가 제정한 계율. ②대승계. ③밀교의 삼매야계.

불고주계(不酤酒戒) 술을 팔아서 사람들이 마시게 해서는 안 된다고 하는 계戒.

불골(佛骨) 부처의 사리.

불공(不共) ①다른 것과 공통하지 않은 것. ②이것도 아니고 저것도 아닌 것. ③불공부정不共不定의 약어.

불공(佛供)📖 부처에게 공양하는 물건. 특히 쌀로 올리는 것을 말한다. 부처에게 음식이나 향·등·꽃·차·과일 또는 마지 따위로 공양하는 것. 공양을 올리는 차례를 여법하게 순서와 법도에 알맞도록 진행하는 것을 공양 의식이라고 한다.

불공견삭비로자나불대관정광진언(不空羂索毘盧遮那佛大灌頂光眞言) 광명진언光明眞言이라고도 한다.

불공무명(不共無明) 다른 어떤 것과 상응하지 않고, 독립하여 혼자 일어나는 무명無明을 말한다. 독두무명獨頭無明이라고도 한다.

불공반야(不共般若) 보살만이 실천하고 깨닫는 가르침. 보살만을 위해 말한 것이고, 성문·연각에는 공통하지 않은 반야의 법문.

불공법(不共法) 여래의 공덕이 다른 이와 같지 않은 것. 또는 자기와 다른 이가 따로 따로 받는 법으로 다른 이와 공통하지 않는 독특한 법.

불공불법(不共佛法) 부처에게만 있는 법. 부처만이 갖추고 있는 뛰어난 성질. 십팔불공법十八不共法.

불공상(不共相) 다른 것과 공통하지 않고 자기만 지니고 있는 것. 곧 특성.

불공업(不共業) 다른 이와 공통하지 않는 사람마다의 과거에 행한 업.

불공여래장(不空如來藏) 불공진여不空眞如. 진여의 성품이 모든 덕을 구비하여 모자란 덕이 없으며 어떤 법이나 나타내지 못함이 없다는 뜻.

불공중공(不共中共) 불공법不共法 가운데 공법共法. 곧 인간의 몸이 사람마다의 업에 의하여 받은 것이 불공不共이며, 여러 사람이 공동으로 받는 것을 말한다.

불공진여(不空眞如) 불공여래장不空如來藏.

불과(佛果) 부처의 과위果位. 불교의 최고 이상인 부처가 깨달은 지혜를 말한다.

불광(佛光) 부처의 광명. 부처의 자비의 빛.

불광어자(不誑語者) 실수 없이 설법하는 사람. 진실을 말하고 허위를 말하지 않는 사람. 곧 부처를 말한다.

불교(佛敎) 부처의 교법. 부처의 가르침. 부처가 되기 위한 가르침.

불교기(佛敎旗) 1882년 스리랑카에서 영국인 불교도 올코트 대위가 창안한 불교를 상징하는 깃발. 1950년 스리랑카에서 열린 세계불교도우의회에서 정식으로 승인.

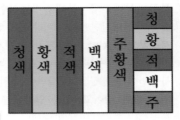
불교기

불교상장례(佛敎喪葬禮) 📖 불교의 상장 예식은 다비 의식을 기준으로 한다. 임종방결臨終方訣→ 열반涅槃→ 수시收屍→ 열반금涅槃金→ 통문通文→ 현왕불공現王佛供→ 사자단작법使者壇作法→ 사성례四聖禮→ 산신재山神齋→ 미타단작법彌陀壇作法→ 중단권공中壇勸供→ 수계작법受戒作法→ 재래식在來式→ 영결식永訣式→ 다비식茶毘式 또는 매장식埋葬式→ 49재齋의 순서로 진행한다. 별도로 명정식名旌式이 있다.

불구(佛具) 법구法具. 장엄으로 쓰이는 온갖 기구. 천개天蓋·당번幢幡·화만華鬘·향로·화병·다기·촛대·범종 따위.

불구(佛口) 부처의 가르침. 경전.

불구십신(佛具十身) 부처가 갖춘 열 가지 몸. 보리신菩提身·원신願身·화신化身·주지신住持身·상호장엄신相好莊嚴身·세력신勢力身·여의신如意身·복덕신福德身·지신智身·법신法身.

불국(佛國) 불찰佛刹·불토佛土. 부처가 거주하는 국토. 또는 교화하는 국토. 정토淨土가 불국이지만 예토穢土도 부처가 교화하는 곳이므로 불국이라고 한다.

불국토(佛國土) 부처가 교화하는 국토. 부처가 있는 국토.

불기(佛記) 부처가 미래의 일 또는 제자의 미래 과보에 대해 예언하는 것.

불기(佛器) 부처에게 공양할 공양물을 담는 그릇.

불기(佛機) 사기四機 가운데 하나. 모든 법에 있어 중도의 실상을 살펴서 모든 미혹을 단박에 끊고 생사에서 벗어나는 것.

불기어(不綺語) 장난이나 우스갯소리를 하지 않는 것. 십선十善 가운데 하나.

불납일(佛臘日) 7월 15일 하만일夏滿日.

불납차(不臘次) 선가에서 사용하는 말로 호란좌胡亂坐의 다른 이름.

불단(佛壇) 📖 ①불상을 봉안하기 위해 만든 단. 부처를 모셔 놓은 단. ②불상을 조성할 때 불신佛身, 광배光背, 불좌佛座의 3요소를 갖추는 것. 부처에게 공양을 올리는 불공佛供일 때는 불보살을 상단에, 신중을 중단에, 영가를 하단에 배치하는 삼단법三檀法으로 구성한다.

불당(佛堂) 불전佛殿. 법당法堂. 부처를 안치한 전당.

불도(佛圖) 부도浮屠.

불도(佛道) 부처의 도. 부처가 되기 위한 가르침. 깨달음에 이르러야 할 도. 불교의 수행. 부처가 설한 실천 방법. 불법.

불래(不來) 성문사과聲聞四果 가운데 아나함과阿那含果. 욕계에 다시 나지 않는 계위를 뜻한다.

불력(佛力) ①부처의 능력. 위신력. ②불보살이 수행자를 수호하는 힘.

불료불지(不了佛智) 부처의 지혜의 불가사의한 작용을 의심하고 여래의 위대함을 깨닫지 못하는 것.

불료의교(不了義敎) ①방편 수단인 말만 하고 법성法性의 진실한 뜻을 분명하게 나타내지 않은 교법. 법상종에서는 삼시교三時敎 가운데 초시初時의 유有와 2시의 공空을 불료의라고 한다. ②분명하고 진실하지 못한 교법. 외도의 교법.

불리(佛理) 불교의 이치.

불리무시자(不釐務侍者) 절에서 실질적인 일이 없는 시자. 명예
시자名譽侍者.

불립(佛立) 반주般舟로 번역. 선정 중에 시방세계의 부처가 수행
자 앞에 나타나서 섰음을 말한다.

불립문자(不立文字) 진리는 문자로 표현할 수 없다는 뜻. 불법은
마음으로 전하는 것이므로 따로 언어 문자를 세워서 말하지 않는
데 참뜻이 있다고 하는 것. 별전別傳·교외별전敎外別傳.

불립삼매(佛立三昧) 반주삼매般舟三昧. 상행삼매常行三昧의 다른
이름. 부처가 앞에 나타나는 삼매의 뜻.

불립정(佛立定) 불립삼매佛立三昧. 반주삼매般舟三昧.

불망어계(不妄語戒) 거짓말을 해서는 안 된다는 계. 오계五戒 또
는 십중대계十重大戒 가운데 하나.

불멸(佛滅) 부처의 열반. 석가모니부처의 세상 수명이 다하였다
는 것.

불명(佛名) 부처의 명호名號. 불법에 귀의한 신자에게 붙이는 이
름. 또는 범패의 한 종류.

불모(佛母) ①각모覺母. 부처가 될 원인. 깨달음의 모체. 수행하는
지혜. 불법의 진리에 부합되는 최상의 지혜. 반야般若. ②석가모니
부처의 어머니인 마야부인. ③불상을 조성하는 사람. ➡각모覺母

불문(佛門) 깨달음에 이르는 문. 불가佛家와 같은 말. 곧 불문제자
佛門弟子. 불자佛子라고도 한다.

불물(佛物) 삼보三寶의 공물供物 가운데 부처에게 속한 공양물.

불미착(不味著) 선인선善人禪 가운데 하나. 선정의 맛에 애착하지
않는 선禪.

불바제(弗婆提) 수미산을 중심으로 사방에 있는 네 개의 대륙 가
운데 동쪽을 말한다.

불방일(不放逸) 게으름을 피우지 않는 것. 방종하지 않는 선한 마음.

불범불이(佛凡不二) 부처와 범부가 둘이 아니고 근본이 같다는 뜻.

불법(佛法) ①부처가 깨달은 진리. 부처가 설한 법. ②부처의 훌륭한 미덕. 부처의 특성.

불법승(佛法僧) 삼보三寶. 불보佛寶·법보法寶·승보僧寶.

불변수연(不變隨緣)📖 진여는 변하지 않는 것이지만 자기 자리를 고수하지 않고 연緣 따라 일어나므로 불변과 수연의 2가지를 설정하여 원성실성圓成實性의 진여眞如를 설명하는 것. 수연불변隨緣不變의 반대말. 변화 없는 본체가 연을 따라서 나는 것. 모든 사물의 모든 현상을 말한다.

불보(佛寶) 삼보三寶 가운데 하나. 모든 불타佛陀. 석가모니부처나 아미타불과 같은 시방삼세의 모든 부처.

불보사찰(佛寶寺刹) 불보종찰. 양산 영축산 통도사. 오대적멸보궁의 하나로 부처의 진신 사리가 모셔져 있다. 삼보사찰三寶寺刹 가운데 하나.

불보살(佛菩薩) 부처와 보살.

불보종찰(佛寶宗刹) 양산 영축산의 통도사. 오대적멸보궁의 하나. 부처의 진신 사리를 모셨기 때문에 불보종찰이라고 한다.

불복장(佛腹藏)📖 복장腹藏. 불복장 의식과 점안 의식으로 불상은 경배의 대상으로 존재할 수 있다.

불부(佛部) 금강계 만다라 오부五部 가운데 하나. 태장계 만다라 삼부三部 가운데 하나. 오불五佛 가운데 중앙에 있는 대일여래에 해당. 이치와 지혜를 갖추고 수행을 완성한 원만함을 말한다.

불사(佛事) ①부처가 하는 일. 부처의 교화. 중생을 이롭게 하고 제도하는 일. ②불교의 모든 행사. 법회. ③점경배참點經拜懺.

불사(佛舍) 불당佛堂. 법당法堂

불사(不死) 열반涅槃.

불사리(佛舍利) 부처의 유골. 생신사리生身舍利와 법신사리法身舍利를 말한다.

불사문(佛事門) 부처의 가르침인 이치를 가르치는 방편. 장엄문莊嚴門이라고도 한다.

불사문(不死門) 열반의 도에 들어가는 것.

불사음계(不邪婬戒) 📖 부정하고 음란한 관계를 가져서는 안 된다는 계. 재가자와 출가자에게 적용하는 범위와 정도가 다르다. 재가자에게는 육체적인 음욕을 금하는 것이며, 출가자에게는 마음에서 일어나는 것이나 무의식 가운데 일어나는 모든 것을 금하고 있다.

불사의(不思議) 불가사의不可思議.

불사의겁(不思議劫) 생각할 수 없을 정도의 많은 시간.

불사의공(不思議空) ①불보살이 체득하고 한 공. ②대일여래의 대공삼매大空三昧.

불사의삼제(不思義三諦) 일경삼제一境三諦·원융삼제圓融三諦. 사물 모두 공空·가假·중中 삼제의 이치가 원융상즉圓融相卽하여 자재한 것.

불사의승(不思義乘) 중생들을 싣고 불과佛果에 이르게 하는 불가사의한 교법. 불승佛乘.

불살생계(不殺生戒) 살아 있는 생명을 죽이지 말라는 계.

불상(佛像) 📖 부처의 모습을 한 상. 재료는 나무, 돌, 철, 흙, 종이, 비단, 삼베 등을 사용한다. 상像을 만드는 소재에 따라 목조상木造像, 철조상鐵造像, 석조상石造像, 소조상塑造像 등으로 부른다. 불상은 광배光背, 대좌, 천개天蓋의 3요소를 갖추어야 한다. 광배는 부처의 위대한 광명과 덕을 찬탄하여 불두佛頭 뒤에 광륜光輪을 나타내며, 대좌는 처음에는 네모난 방형이었으나 후에 연화좌로 변화하였으며, 천개는 불전을 축소한 닷집으로 되었다. 형상에 따라 나발을 하고 있는 여래상如來像, 보관을 쓰고 천의를 입고 보석 등의 장신구를 두른 보살상菩薩像, 무장의 모습을 한 신장상神將像, 부처의 제자 모습인 나한상羅漢像, 승려의 모습으로 그려진 조사상祖師像 등이 있다. 또 형식에 따라 단독상單獨像, 병좌상並坐像, 삼존상三尊像으로 나누고, 자세에 따라 입상立像, 좌상坐像, 와상臥像, 유행상遊行像 등으로 나눈다.

불상응행(不相應行) 물질도 아니고 정신도 아니며 심왕心王과 상응하는 심소도 아니면서도 오히려 실재하는 것을 말한다.

불상응행법(不相應行法) 대승오위大乘五位 가운데 하나. 심법과 색법에 따르지 않는 물질도 아니고 마음도 아닌 것. 24가지가 있다.

불생(不生) 무생無生. ① 성문사과聲聞四果 가운데 아라한과阿羅漢果. 삼계의 미혹을 끊고 존경과 공양을 받을 수 있는 계위를 뜻한다. ②여래의 다른 이름. 응공應供·무적無賊이라고도 한다. ③영원한 열반의 깨달음에 들어 다시는 미혹의 세계에 나지 않는다는 뜻. 아라한阿羅漢의 삼의三義 가운데 하나.

불생국(佛生國) 인도印度를 말한다.

불생불멸(不生不滅) 상주常住의 다른 이름. 태어나지도 않고 없어지지도 않고 항상 그대로 변함이 없는 것.

불생회(佛生會) 4월 8일 석가모니부처가 탄생한 날을 봉축하는 관불의식灌佛儀式. 관불회.

불석겁(拂石劫) 불석拂石·반석겁磐石劫이라고도 한다. 천의天衣가 스쳐서 반석이 다할 때까지를 1겁劫이라고 한 데서 연유한다.

불선(不善) ①좋지 못한 것. 악. 악의. 부정한 것. ②악업. 나쁜 짓.

불선법(不善法) 살殺·도盜·음婬·망妄. 청정하지 못한 악惡의 행으로 가장 큰 죄를 범犯하는 것.

불선심(不善心) 좋지 않은 마음. 나쁜 마음.

불설(佛說) 오설五說 가운데 하나. 부처의 말. 부처의 가르침. 일체의 경법經法.

불설과계(不說過戒) 다른 사람의 과실이나 허물을 말하지 않는 것. 또는 남에게 전하지 않는 것.

불성(佛性)📖 buddha-gotra 또는 buddha-garbha garbha는 자궁子宮, 내부內部, 태아胎兒, 영아嬰兒, 소아小兒, 자손子孫, 수태受胎, 아芽 등의 뜻이 있다. gotra는 마굿간, 종족種族, 가족家族, 성姓, 씨氏, 명名, 성性을 있는 사람, 개인의 이름 등의 뜻이 있다. 본래 갖추고 있는 성불成佛의 가능성과 인因으로의 성性을 말한다. ①부처의 성품. 진리를 깨달은 불佛의 본성. ②모든 중생이 본래부터 지니고 있는 깨달음의 성품. 인성因性으로 종자種子를 의미한다. 여래성如來性 또는 여래장如來藏이라고도 한다. 각성覺性. ③종성種姓을 지닌 집안으로 부처의 가문에 태어나 앞으로 부처가 될 수 있다는 뜻으로 사용한다. 불종佛種

불성계(佛性戒) 보살계菩薩戒. 불성삼마야佛性三摩耶.

불성삼마야(佛性三摩耶) 밀교의 계법. 불성계佛性戒. 삼마야계三摩耶戒.

불성상주(佛性常住) 누구나 다 부처가 될 성품性品, 즉 족성族姓의 성질인 불성은 상주한다고 하는 것.

불성평등(佛性平等) 모든 중생은 평등하게 불성을 갖고 있다는 말.

불세(佛世) 부처가 직접 교화하고 전교하던 시대. 부처가 세상에 살아 있을 때.

불세계(佛世界) 불국토. 부처가 머무는 세계. 정토淨土와 예토穢土가 있다.

불세존(佛世尊) 불십존호佛十尊號·여래십호如來十號 가운데 하나. 일체의 세상 사람들이 함께 존중하는 세상에서 가장 높은 이.

불수(佛樹) 보리수菩提樹. 도수道樹. 부처가 이 나무 아래서 성불하였기 때문에 붙여진 이름.

불승(佛乘) 중생들을 싣고 불과佛果에 이르게 하는 교법. 부처가 가르친 교법. 부처가 될 목표로 닦는 도. 대승大乘.

불승계(佛乘戒) 불佛이 되기를 원하는 사람이 받아 지녀야 하는 계율.

불시해탈(不時解脫) 때를 기다리지 않고 어느 순간에 해탈하는 것.

불신(不信) 대번뇌大煩惱 6가지 가운데 하나. 부처의 지혜를 믿지 않는 것. 마음이 맑지 않은 것. 사특한 견해로 의심이 많은 것.

불신(佛身) 부처의 육신. 부처의 신체. 법신法身·보신報身·화신化身 등의 분별이 있다.

불신론(佛身論) 무상정각을 얻고 보리와 열반을 증득한 불佛의 과체果體를 논하는 것.

불심(佛心)📖 ①부처의 마음. 깨달은 마음. 자비로 가득한 부처의 마음. 부처의 지혜, 자성청정심自性淸淨心 등의 뜻이 있다. ②중생의 마음속에 본래 갖추어진 불성. ③불심종佛心宗. 선종을 가리킨다.

불심인(佛心印) 부처의 마음의 인印. 공부한 결과를 스승에게 인가 받는 것으로, 마음까지도 계합하여야 함을 말한다.

불심종(佛心宗) 선종禪宗의 다른 이름. 문자 경전에 의하여 종定을 세운 것이 아니고, 깨달은 부처의 마음으로 선禪의 본체로 삼아 규명하기 때문에 붙여진 이름. '직지인심直指人心 견성성불見性成佛'.

불십존호(佛十尊號) 여래십호如來十號. 여래如來·응공應供·정변지正遍知·명행족明行足·선서善逝·세간해世間解·무상사無上士·조어장부調御丈夫·천인사天人師·불세존佛世尊.

불악구(不惡口)📖 십선十善 가운데 하나. 거칠고 사나운 말을 하지 않고 남을 욕하지 않는 것. 부드럽고 온화한 말을 하는 것.

불안(佛眼) 십안十眼 가운데 하나. 부처의 눈. 여래의 십력十力을 보는 눈. 모든 사물의 참모습을 보는 눈.

불안법(佛眼法) 불안존佛眼尊을 모시고 재앙을 소멸하고 생명을 연장하고, 원수를 항복시키는 밀교의 수행법.

불안온법(不安穩業)📖 안온법安穩業의 반대말. 불선업不善業. 안온安穩은 평안하고 고요한 것이지만, 그렇지 않은 경우에는 원인의 행업으로 고통의 과보를 받게 된다.

불어(佛語) ①부처가 설한 말. ②불교어라고도 한다. 불교에서만 쓰는 전문적인 특별한 말.

불어심(佛語心) 부처가 말한 여래장如來藏의 마음.

불언량(佛言量) 부처라는 성인의 가르침인 말을 인식 판단의 근거로 삼는 것. 부처의 말이 정량定量이 되고 시비를 결정하는 것을 말한다. 성교량聖教量.

불여취(不與取) 다른 사람이 주지 않은 것을 취하는 것. 곧 도둑질을 말한다. 오계五戒 또는 십중대계十重大戒 가운데 하나.

불여취계(不與取戒) 사바라이四波羅夷 가운데 대도계大盜戒를 말한다.

불열(不悅) 오온으로 만들어진 중생을 의미하는 말 가운데 하나. 우주가 처음 만들어질 때에 사람들이 지미地味가 사라지는 것을 보고 기뻐하지 않은 마음이 생겨나서 생긴 이름. 정식情識이 있기 때문에 유정有情이라고도 한다.

불염오무지(不染污無知) ①염오染污가 없는 무지. 온갖 경계에 대해 그 진상을 잘 알지 못하는 하열한 지혜. ②세력이 뒤떨어지는 무지.

불오성(佛五姓) 석가모니부처가 출가하기 전에 가졌던 다섯 가지 속성. 구담瞿曇·감자甘蔗·일종日種·사이舍夷·석가釋迦.

불요의(不了義) 진실한 뜻을 감추고 법성法性의 뜻을 분명하게 나타내지 않는 것.

불우태(弗于逮) 사주四洲 가운데 하나로 수미산 동쪽에 있다. 승

勝·승신勝身으로 번역. 동불우체東弗于逮.

불원(佛願) 부처의 서원誓願.

불월(佛月) 모든 중생을 구제하는 부처의 광명을 달에 비유한 말.

불위(佛位) 부처의 지위. 불과佛果의 지위.

불유교경(佛遺敎經) 『불수반열반약설교계경佛垂般涅槃略說敎誡經』. 석가모니부처가 열반하기 전에 제자들에게 남긴 최후의 설법.

불은(佛恩) 부처에게 받은 은덕. 부처의 은혜.

불음계(不婬戒)🔖 음란한 행위를 하지 않도록 금하는 계.

불음주계(不飮酒戒)🔖 수행하는 이에게 술 마시는 것을 금하는 계戒. 술은 출가자와 재가자에게 모두 금하는 계목으로, 마음을 어지럽게 하여 수행을 방해하므로 금한다. 오계五戒 또는 십중대계十重大戒 가운데 하나.

불이(不二)🔖 일어나는 현상에 대하여 분별이 없이 둘이 아닌 경계. 절대 차별이 없는 이치. 근본 이치는 공空을 바탕으로 이루어진다. 승속불이僧俗不二.

불이문(不二門) 해탈문解脫門. 천왕문을 지나서 있는 문. 불이不二의 경지를 상징하는 문.

불이법문(不二法門) 불이不二의 이치를 나타내는 법문. 상대의 차별을 초월한 절대 평등의 경지를 나타내는 가르침. 『유마경』 유마거사의 법문.

불이문(고성 건봉사)

불인(佛印) ①모든 법의 실상이 모든 부처의 큰 가르침이 되어 결코 변하지 않음을 말한다. 인印은 결정불변決定不變의 뜻. ②불심인佛心印.

불인(佛因) 불과佛果를 얻는 원인. 모든 선근善根 공덕을 말한다.

불일(佛日) 모든 중생을 구제하는 부처의 광명을 해에 비유한 말. 또는 불법의 자비가 광대함을 비유한 것.

불자(拂子) 먼지떨이. 벌레를 쫓을 때 사용했으나, 선가에서 번뇌와 장애를 물리친다는 의미로 사용한다.

불자(佛者) 부처.

불자(佛子) 부처의 아들. 부처의 제자. 불문 제자佛門弟子. 일체 중생.

불자

불자구십신(佛自具十身) 부처가 스스로 갖춘 10가지의 몸을 말한다. 보리신菩提身·원신願身·화신化身·역지신力持身·상호장엄신相好莊嚴身·위세신威勢身·의생신意生身·복덕신福德身·법신法身·지신智身.

불장(佛葬) 불교의 장례葬禮.

불장(佛藏) 팔장八藏 가운데 하나. 대승 경전 가운데 모든 부처의 교법과 신통력으로 중생을 이롭게 인도하고 교화하던 일을 밝힌 것.

불적(佛跡) 불적佛迹. 부처의 옛 자취. 부처의 족적足迹.

불전(佛殿) ①불보살의 상像을 안치하는 건물. ②선종에서 근본 존상尊像을 안치해 두는 건물.

불전(佛田) 부처에게 선근善根을 심어 헤아릴 수 없는 복과福果를 낼 수 있게 하는 것. 부처가 중생에게 복을 내는 밭이라는 뜻.

불전(佛典) 불교의 경전.

불정(佛頂) 부처의 정수리. 가장 훌륭하고 뛰어나다는 뜻. 불정존佛頂尊.

불정단(佛頂壇) 가장 뛰어나고 지극한 단장壇場.

불정면(佛頂面) 부처의 이마와 얼굴. 애교가 없는 얼굴 모양. 부처의 얼굴 표정이 위엄스러워 두려워할 만하기 때문에 비유한 것.

불정인(佛頂印) 화불畵佛의 정수리 머리 모양.

불정주(佛頂呪) 능엄주楞嚴呪. 대불정만행수능엄다라니.

불제자(佛弟子) 불자佛子.

불조(佛祖) 불교를 창시한 석가모니부처. 또는 부처와 조사祖師.

불족석(佛足石) 불적佛迹. 부처가 열반에 들기 전에 남겼다고 하는 발자국을 새긴 돌.

불족석

불종(佛種) 불종성佛種姓. ①부처가 되기 위한 종자나 소질. 부처의 본질. 태어나서부터 본래 갖추고 있는 깨달음의 본성. 불성佛性. ②부처의 종족. 부처의 계통에 속하는 것. ③불과佛果를 내는 종자. 보살의 수행. ➡ 불성佛性

불지(佛地) 부처의 지위. 참된 깨달음의 지위. 불과佛果·불위佛位·부처의 경계라고도 한다. 보살의 궁극적인 계위.

불지(佛智) 부처의 지혜. 우주의 진리를 깨달은 성지聖智. 인위지因位地에 대해 부처의 과위果位를 불지라고 한다. 아뇩다라삼먁삼보리阿耨多羅三藐三菩提·살반야薩般若라고도 한다.

불지견(佛知見) 부처의 지견. 부처의 지혜에 의한 지각. 세상 모든 사물의 실상과 이치를 깨닫고 비춰 보는 부처의 지혜.

불지해(佛智海) 바다같이 넓은 부처의 지혜.

불찰(佛刹) 불국佛國. 극락세계·범찰梵刹이라고도 한다.

불찰미진수(佛刹微塵數) 티끌과 같이 헤아릴 수 없이 한없는 모든 부처의 국토.

불천(佛天) ①부처를 가리키는 말. 불제자들이 부처를 숭배하고 존중히 여기기를 마치 세간 사람이 하늘을 숭배하는 것처럼 함을 말한다. ②부처와 천신.

불타(佛陀) buddha 완전하게 스스로 깨달은 것, 현명한 것, 개오開悟한 것, 알 수 있는, 인식할 수 있는, 이해한다, 안다, 자각하고 있는 것, 의식意識, 꽃이 핀 것, 향기를 불러일으키는 것, 주문呪文에서 효력이 되는 처음의 것, 지식, 표현表現 등의 뜻이 있다. 부처. 각자. 깨달은 사람. 불타佛馱라고도 한다.

불타가야(佛陀伽耶) buddha-gayā 부처가 깨달음을 이루어 성도한 땅.

불탄일(佛誕日) 📖 부처님오신날. 음력 4월 8일.

불탑(佛塔) 여래의 탑塔.

불토(佛土) 불국佛國. 불국토. 정토. 극락세계.

불퇴(不退) 이미 도달한 수행의 지위에서 물러나지 않는 것. 이미 도달한 보살의 지위나 이미 깨달은 교법을 잃어버리지 않는 것.

불퇴금강(不退金剛) 대정진보살大精進菩薩의 밀호密號.

불퇴보살(不退菩薩) 불퇴의 지위에 도달한 보살.

불퇴전(不退轉) 물러섬이 없는 지위. 불교의 수행 과정에서 이미 얻은 공덕을 절대 잃음이 없는 경지.

불퇴전법륜(不退轉法輪) 불보살의 설법을 얻으면 점점 증진하여 물러섬이 없다는 뜻. 불퇴의 법을 깨달아 나아가게 하는 법륜.

불퇴전지(不退轉地) 다시 물러서는 일이 없는 지위.

불퇴지(不退地)　불퇴의 지위.

불투도계(不偸盜戒)📖　물건을 훔치지 말라는 계. 특히 주지 않는 물건을 취하지 말라는 계. 오계五戒 또는 십중대계十重大戒 가운데 하나.

불파제(弗婆提)　꽃 이름. 천화天華라고 한다.

불패(佛牌)📖　불보살의 명호를 적은 명찰名札. 불전 내에서 의식이나 장엄을 위해 사용하는 기단 모양을 한 패. 좌대座臺, 패신牌身, 머리 장식으로 구성되어 있으며, 좌대座臺는 기단 모양으로 만들어 세울 수 있도록 한 받침 부분이며, 패신牌身은 발원의 내용을 적는 몸체 부분.

불해(不害)　남에게 손해를 끼치거나 괴로움을 주지 않는 정신 작용. 불살생. 십대선지十大善地 가운데 하나.

불해(佛海)　부처의 세계가 가없는 바다처럼 광대함을 말한다.

불향(佛享)　부처에게 공양하는 쌀. 불공佛供.

불혜(佛慧)　모든 부처의 가장 수승하고 평등한 큰 지혜. 일체종지一切種智와 무상정각無上正覺.

불호(佛號)　불명佛名.

불화(佛畵)📖　①불보살을 신앙의 대상으로 예배와 경의를 나타낸 그림. 만드는 형태에 따라 불화佛畵, 경화經畵, 벽화壁畵 등으로 나누어진다. 불화는 그림을 그리고 복장의식腹藏儀式과 점안의식點眼儀式을 거쳐서 봉안하여야만 공경의 대상으로서 역할을 할 수 있다. ②용도나 기능에 따라 장엄용 불화, 교화용 불화, 예배용 불화가 있다. 넓은 의미로는 부처를 대상으로 예배와 경배를 나타내는 모든 그림. 부처의 전생 설화나 생애, 경전에 나오는 교훈적인 장면을 묘사하기도 하며, 법당이나 전각의 기능과 역할에 따라 건물의 안과 밖의 그림을 말한다. 부처의 설법을 그린 영산회상도, 서방정토의 아미타불을 그린 아미타불내영도, 관음보살을 그린 관음보살도 등 주제가 다양하다.

불화(佛化) 부처의 교화.

불화엄삼매(佛華嚴三昧) 화엄삼매華嚴三昧.

불화장(佛畵匠)🕮 불화를 그리는 승려를 불화장佛畵匠이라고도 하지만, 금어金魚, 화승畵僧, 화사畵師라고도 부르는 것은 예경禮敬의 대상으로서 신성함을 나타내는 것이다. 화승畵僧이란 말에서 예전에는 불화를 승려가 담당하였음을 알 수 있으나, 근래에는 일반인도 그리는 경우가 있다.

불화합성(不和合性) 색법·심법이 여러 연으로 화합하지 않은 것.

불환(不還) 성문聲聞 사과四果의 아나함을 말한다. 욕계의 모든 번뇌를 끊고 천상에 태어나 다시 욕계에 돌아오지 않음을 말한다. 후퇴하지 않고 깨달을 수 있는 경지. 불환향不還向·불환과不還果.

불환과(不還果) 불환不還. 사향사과四向四果 가운데 하나.

불환래(不還來) 선서善逝.

불환향(不還向) 불환不還. 사향四向의 하나.

불환희일(佛歡喜日) 음력 7월 15일. 하안거를 완전히 이룬 날이므로 부처가 기뻐하는 날이라고 하여 붙여진 이름.

불회(佛會) ①정토를 말한다. 불보살과 모든 대중이 모이는 곳. ②부처가 대중을 모아 놓고 법을 설하는 법회를 말한다. 예불하고 경문을 독송하는 모임.

불후(佛吼) 부처의 사자후師子吼. 곧 부처의 설법.

붓다 Buddha 불타佛陀. 부처. 석가모니부처. 깨달은 자.

비(悲)🕮 karuṇā 애련哀憐, 동정同情 등의 뜻이 있으며, 비심悲心. 자비심慈悲心 등으로 의역한다. 남의 괴로움을 가엾게 여겨 구제하려는 마음.

비갈라(毘羯羅) Vikāla 약사전藥師殿에서 일광보살日光菩薩과 월광보살月光菩薩 외에 약사여래를 돕는 열두 야차신상夜叉神像.

비경(秘經) 비밀스런 경전. 진언종의 경전을 말한다.

비교(秘敎) 비밀의 교법. 밀교. 대일여래의 교법.

비구(比丘)📖 bhikṣu 걸식자乞食者, 사기四期의 생활에 있어서 재가와 종족種族과 떨어져서, 시물施物만으로 생활하는 바라문, 불교도의 걸식승乞食僧 등의 뜻이 있다. 사중四衆·오중五衆·칠중七衆 가운데 하나. 구족계具足戒를 받은 남자 수도자. 청정한 방식으로 생활을 유지하는 수행자.

비구계(比丘戒) 비구가 지켜야 할 250계로 구족계具足戒라고 한다.

비구니(比丘尼)📖 bhikṣuṇī 여자 걸사. 20세 이상으로 사중四衆·오중五衆·칠중七衆 가운데 하나. 구족계具足戒를 받은 여자 수도자. 니승. 청정한 방식으로 생활을 유지하는 수행자.

비구니계(比丘尼戒) 비구니가 지켜야 할 348계로 구족계라고 한다.

비구니법(比丘尼法) 비구니가 비구니로서 갖추어야 할 덕목, 계율, 수행의 의무 등을 말한다.

비구법(比丘法) 비구가 비구로서 갖추어야 할 덕목, 계율, 수행의 의무 등을 말한다.

비구오덕(比丘五德) 비구가 갖추고 있는 5가지 덕. 마군을 두렵게 한다는 포마怖魔, 법과 밥을 걸식으로 삿된 방식을 여의었다는 걸사乞士, 청정한 계율을 지킨다는 정계淨戒, 청정한 방식으로 생활을 한다는 정명淨明, 계·정·혜 삼학三學을 닦아 번뇌를 끊는다는 파악破惡을 말한다.

비급마(毗及摩) 모든 병을 소멸한다는 약. 소멸消滅. 부재不在.

비나야(毘奈耶)📖 vinaya 제거한다, 의복을 벗는다, 제거除去, 지도指導, 훈련訓練, 교수教授, 단련鍛鍊, 좋은 태도, 예의를 바르게 하는, 사려思慮, 예의를 바르게 하는 작법, 사려 깊은 행위 등의 뜻이 있다. 선치善治·율律로 번역. 율장律藏. 삼장三藏 가운데 하나. 부처가 제정한 율律을 모아 놓은 것. 율장의 특징은 범犯하는 일이 있으면 그때의 인연因緣으로 만들어졌기 때문에 수범수제隨犯隨制라고 하며, 계목戒目의 앞에는 사건이 된 인연 이야기를 적고 있다. 부처가 제정한 교단의 규율. 비니毘尼·비니장毘尼藏이라고도 한다.

비남(韠嵐) vairambha 빠르고 맹렬한 바람이란 뜻으로 신맹풍迅猛風이라고 번역한다. 빠르고 사나운 바람, 폭풍으로도 번역되며, 해탈처解脫處를 뜻한다.

비니(毘尼) 비나야毘奈耶.

비니장(毘尼藏) 비나야毘奈耶. 율장律藏

비담(毗曇) 아비달마阿毘達磨. ➡ 대법對法

비담종(毘曇宗) 아비달마의 유부有部를 이르는 말. 경전을 해석하고 설명하는 논장論藏을 중시하는 종파.

비덕(悲德) 모든 불보살이 행하는 이타利他의 덕행. 이덕二德 가운데 하나.

비득(非得) aprāpti 획득할 수 없는 것, 적합하지 않은 것 등의 뜻이 있다. 아직 얻지 못하였거나 있었던 것이 없어진 것.

비락수(非樂修) 삼수三修 가운데 하나. 모든 법 중에 저절로 열반 적정의 낙樂이 있는 줄을 알지 못하고 다만 괴로운 한 편만을 보면서 수행하는 것.

비람강생상(『월인석보(月印釋譜)』)

비람강생상(毘藍降生相) 📖 석가모니부처의 일생 가운데 두 번

542 비남

째. 석가모니의 출생 장면. 마야부인이 무우수를 잡고 오른쪽 겨드랑이로 태자를 낳는 장면, 태자가 태어나자마자 한 손은 땅을, 다른 한 손으로는 하늘을 가리키며 탄생게를 외치는 장면, 제천이 공양을 올리는 장면, 아홉 마리의 용이 탄생한 부처를 씻어 주는 장면, 아자타선인의 예언하는 장면, 태자가 태어남을 온 백성이 찬탄하는 장면 등을 한 폭의 그림 안에 표현하고 있다.

비량(比量)🕮 anumāna 추리推理, 추론推論, 논증論證의 뜻. 인식하여 추론하는 현량現量·비량非量·비량比量을 삼량三量이라고 하며, 이 가운데 하나. 불교의 논리학인 인명론에서 하나의 근거에 의지하여 다른 것을 추론하는 방법. 추론. 추리. 이미 알고 있는 법으로써 아직 알지 못하는 법을 견주어 나타내는 것. 연기 나는 것을 보고 불이 있는 것을 아는 것과 같다. 자비량自比量·타비량他比量·공비량共比量이 있다. ➡ 현량現量

비량(非量)🕮 apramāṇa 행위의 표준이 되지 않는 규칙, 권위가 없는 것, 무가치 등의 뜻이 있다. 인명因明의 용어로 옳은 것처럼 보이는 잘못된 인식. 사량似量이라고도 한다. 인식하여 추론하는 현량現量·비량非量·비량比量을 삼량三量이라고 하며, 이 가운데 하나. ➡ 현량現量

비로(毘盧) 비로자나불毘盧遮那佛.

비로자나(毘盧遮那)🕮 vairocana 태양이란 뜻. 태양처럼 모든 법을 비추어 관觀하는 광대무변한 지혜를 지닌 부처. 법성法性이 항상 상주하는 법신法身. 대일변조大日遍照·광명변조光明遍照로 번역한다. 부처의 전신을 나타내는 칭호로서 부처의 몸에 나타나는 광명이나 지혜의 광명이 이사무애理事無礙의 법계에 두루 비추어 원만히 밝은 것을 의미한다. 비로자나불상毘盧遮那佛像은

비로자나불-지권인(대구 동화사 비로암)

지권인智拳印을 하고 있다. 비로자나불毘盧遮那佛

비로전(毘盧殿) 비로자나불毘盧慈那佛을 주불로 봉안한 법당. 대적광전大寂光殿. 대광명전大光明殿.

비리야(毗離耶) 정진精進. 육바라밀六波羅密 가운데 하나.

비리야바라밀 정진精進.

비리작의(非理作意) 올바르지 않은 의욕.

비만(卑慢) 칠만七慢 가운데 하나. 자신보다 많이 뛰어난 사람에 대해 자신은 조금 열등할 뿐이라고 하는 자만.

비무량(悲無量) 동정의 마음에 의한 이타利他의 수행.

비무량심(悲無量心) 사무량심四無量心 가운데 하나. 남의 고통을 함께 슬퍼하며 그 고통을 덜어 주고자 하는 마음. 동정의 마음에 의한 이타의 수행.

비밀관정(秘密灌頂) 밀교에서 행하는 관정. 마음으로써 마음에 전하는 관정. 고대 인도에서는 사해四海의 물로 태자에게 관정을 하는 의식이 있었으며, 고려 후기에는 왕의 즉위식을 관정식으로 했다는 기록이 있다.

비밀교(秘密敎) 화의사교化儀四敎 가운데 하나. 밀교의 가르침. 진언의 가르침. 또는 제각기의 능력에 따라 이해할 수 있도록 한 교묘한 교법. 상대의 성질·지식 등이 일정하지 않으므로 평등하게 호응하기 위해 듣는 사람들이 각자의 능력에 따라 이해할 수 있도록 한 교묘한 교.

비밀부정교(秘密不定敎) 천태종의 교학에서 말하는 화의化儀의 사교四敎 가운데 비밀교와 부정교를 말한다.

비밀삼매야계(秘密三昧耶戒) 밀교에서 신·어·의의 삼업이 모두 평등한 것을 계율의 근본으로 하기 때문에 삼매야계라고 한다.

비밀승(秘密乘) 진언眞言의 교법.

비밀실지(秘密悉地) 오륜종자五輪種子. 불복장佛腹藏을 할 때 최초의 다섯 법신을 나타내는 것. 암暗:aṃ·밤鑁:vāṃ·람囕:rāṃ·함

哈:hāṃ·캄坎:khāṃ을 말한다.

비밀어(秘密語)   진언. 신주神呪.

비밀주(秘密呪)   진언. 신주神呪.

비밀호(秘密號)   다라니陀羅尼의 다른 이름.

비바사(毘婆沙)📖   vibhāṣa 분배分配, 배분配分, 유산의 배분配分, 부분部分, 구성 부분, 분수分數의 분자, 차별差別, 분리分離 등의 뜻이 있다. 광해廣解·광설廣說·승설勝說 등으로 번역한다. 주로 율과 논에 대한 주해서를 말한다.

비바사나(毗婆舍那)📖   vipaśyanā 바른 지식이란 뜻으로 비발사나毘鉢舍那. 능견能見·정견正見·관찰觀察·관觀 등으로 번역한다. 자세히 관찰하여 잘못됨이 없게 하는 것. 관조하여 어두운 마음을 깨뜨리는 것. 미혹을 살펴서 진리의 본성을 알게 하는 것.

비바시(毘婆尸)   Vipaśyin 승관勝觀·정관正觀·승견勝見·종종견種種見 등으로 번역한다. 비바시불毘婆尸佛. 석가모니부처 이전에 출현한 과거 7불 가운데 첫 번째 부처.

비발사나(毘鉢舍那)   비바사나毗婆舍那.

비범행(非梵行)📖   음행淫行. 부정행不淨行. 깨끗하고 청정하지 못한 행동.

비범행계(非梵行戒)   사바라이四波羅夷 가운데 대음계大婬戒를 말한다.

비법(非法)   법에 어긋나는 규범. 도리에서 벗어난 것.

비법(秘法)   비밀 교법. 밀교에서 행하는 호마護摩 염송念誦 등의 법을 말한다.

비복업(非福業)   죄업. 욕계의 착하지 않은 행업으로 나쁜 과보를 받게 될 악업.

비복행(非福行)   죄행罪行.

비부라(毘富羅)   비불략毘佛略·미포라尾布羅. 광대廣大로 번역.

비불략(毘佛略)📖   vaipulya 넓은 것, 큰 것, 두꺼운 등의 뜻이 있

다. 십이분경十二分經 가운데 하나. 방광方廣·방등方等으로 번역. 대
승 경전 가운데 방정하고 광대한 뜻을 말한 것.

비사(毘舍) 경계境界. 인도의 사성 계급 가운데 목축과 농업을 주
로 하는 세 번째 계급. 비사야毘舍也·비사야毘沙耶.

비사문(毘沙門) 사천왕 가운데 북쪽을 수호하는 다문천왕多聞天王
의 다른 이름.

비사문천(毘沙門天) 다문천多聞天. 다문천을 다스리는 왕.

비사부불(毘沙浮佛) 석가모니부처 이전에 출현한 과거 7불 가운
데 세 번째 부처.

비사사(毘舍闍) 수미산 서쪽을 수호하는 광목천왕廣目天王의 부
하. 용신과 함께 서방을 수호하는 일종의 귀신.

비사야(毘舍也) 비사毘舍.

비상(非常) 📖 anitya 무상하다, 일시적인 것, 불확실 등의 뜻이
있다. 무상無常. 영원한 존재는 없다는 뜻.

비상(碑像) 불상과 불상에 대한 비문을 함께 조각한 조형물.

비상비비상처(非想非非想處) 표상表象이 있는 것도 아니고, 표상
이 없는 것도 아닌 삼매의 경지. 부처가 말한 수행자들의 이상적
인 경지.

비상비비상처정(非想非非想處定) 유상有想인 식무변처정識無邊處
定과 비상비정인 무소유처정無所有處定까지 버리는 선정. 비상비비
상처非想非非想處의 선정.

비상비비상처천(非想非非想處天) 무색계의 제4천. 삼계三界 가운
데 가장 높은 곳에 있으므로 유정천有頂天이라고도 한다. 비상비
비상처非想非非想處. 비유상비무상非有想非無想이라고도 한다.

비석(飛錫) 비구들이 여행하는 것을 말한다. 석은 석장錫杖이란 뜻.

비세사밀다라(毘世沙密多羅) 승우勝友. 십대논사十大論師 가운데
하나.

비소단(非所斷) 3가지 소단所斷 가운데 하나. 유위有爲와 무위無爲

의 무루법無漏法. 견도見道나 수도修道 위에서 끊을 것이 없는 무루법. 무루법은 끊을 법이 아니므로 비소단.

비소리사(比疏梨沙) 다라니陀羅尼 이름. 무염착無染著으로 번역.

비수(悲手) 자비심을 나타내는 수상手相.

비술(秘術) 밀교에서 말하는 초능력 또는 신비함을 말한다.

비시(非時) ①식사하지 않는 때. 정오가 지난 시간. 곧 정오부터 다음날 새벽까지를 말한다. ②비시식非時食. ③시간을 초월하여 있는 것. 무상하지 않은 것.

비시식(非時食) 비구가 때가 아닐 때 먹는 것. 오전이 지나 먹는 것. 때에 맞지 않은 식사.

비식(非食) 비시식非時食.

비식(鼻識) 코로 냄새를 맡고 판단하는 의식작용.

비신(碑身) 비석의 몸통 부분.

비심(悲心) 자비심. 불쌍히 여기는 마음. 다른 사람의 괴로움을 슬퍼하는 마음.

비심구(悲心俱) 중생을 불쌍하게 여기는 마음과 함께 일어나는 선禪. 선인선善人禪 가운데 하나.

비아(非我) 무아無我. 곧 모든 법을 말한다. ➡ 무아無我

비안립진여(非安立眞如) 비안립제非安立諦. 진여의 체성이 본래 말로 표현할 수 없고 마음으로 생각할 수 없는 적멸 무위하다는 것을 말한다.

비오(秘奧) 비밀하고 심오하여 함부로 일러주지 아니하는 중요한 법문法門.

비요(秘要) 함부로 보여 주지 않는 절실하게 중요한 법문法門.

비원(悲願) 불보살이 중생을 제도하려는 대자비심으로 세운 서원. 아미타불의 48원과 약사여래의 12원 따위.

비원금강(悲願金剛) 지장보살地藏菩薩의 밀호密號.

비원선(悲願船) 불보살의 비원悲願이 중생들을 생사의 바다를 건너가게 하는 배와 같다는 것을 말한다.

비유(譬喩)📖 avādāna 영웅적인 행위, 걸업傑業 등의 뜻이 있다. 이미 알고 있는 법으로 아직 알지 못하는 법을 드러내는 것. 비譬는 견주어 비교하는 것이며, 유喩는 밝혀 훈계하는 것. 이것을 불러 의지하여 저것을 견주며, 얕은 것에 기탁하여 깊은 뜻을 가르치는 것. 십이부경十二部經 가운데 하나.

비유(非喩) 팔종유八種喩 가운데 하나. 실제의 일이 아닌 것을 가설하여 비유하는 것.

비유논사(譬喩論師) 비유사譬喩師.

비유리(毘琉璃) 청색의 보석. 폐유리·유리라고도 한다. 청옥·청색보로 번역.

비유사(譬喩師) 사람 이름. 일출논자日出論者라고도 한다. 소승 18부 가운데 경량부經量部의 기원이 되는 부파.

비유설(譬喩說) 12부경部經 가운데 하나. 비유경譬喩經.

비유설주(譬喩說周) 삼주설법三周說法 가운데 하나. 부처가 그 다음 가는 이들에게 삼거三車·대거大車의 비유로써 삼승三乘·일승一乘의 법을 말한 부분.

비인(非人) 귀신이나 축생 따위. 인간이 아닌 천天·용·야차·귀신·축생 따위.

비인(悲引) 대비大悲의 인도引導.

비입(鼻入) 12입 가운데 하나. 비근鼻根.

비장(秘藏) 모든 부처의 묘법을 말한다. 숨기고 남에게 전하지 않는 것이 비秘. 안으로 쌓아 두는 것이 장藏.

비전(悲田) 삼복전三福田 가운데 하나. 빈궁한 이에게 보시하는 것. 빈궁복전貧窮福田. 또는 병자나 가난한 자와 같이 자비로운 구제가 필요한 대상.

비전원(卑田院) 비전원悲田院.

비전원(悲田院) 부모가 없는 고아거나 봉양 받을 이가 없이 혼자인 노인과 같은 궁핍한 백성을 돌보는 곳. 곧 양제원養濟院.

비정(非情)　정식情識이 없는 사물. 풀·나무·흙·돌 따위. 유정有情의 반대말.

비제(飛帝)　비행황제飛行皇帝. 곧 전륜성왕轉輪聖王.

비제(毘睇)📖 vidyā 지식知識, 학문學問, 학술學術, 주법呪法, 주술呪術, 명주明呪 등의 뜻이 있다. 진언의 다라니陀羅尼. 명주明呪로 번역. 다라니가 중생의 번뇌와 암장闇障을 깨뜨리므로 명明이라고 한다.

비제회(悲濟會)　망자를 위로하여 아귀에게 보시하는 법회. 수륙재, 시아귀회施餓鬼會 등.

비종(秘宗)　진언비밀종眞言秘密宗.

비좌(碑座)　비석의 몸통과 거북 모양의 비대석을 연결하는 부분.

비증보살(悲增菩薩)　자비로운 마음으로 오래도록 생사의 세계에 머물면서 중생들을 이롭게 하고 즐겁게 하기 위해 서둘러 성불하기를 원하지 않는 보살.

비지(悲智)　자비와 지혜.

비직길차(毘職吉蹉)　의疑로 번역.

비질다라(毘質多羅)　선善으로 번역.

비차라(毘遮羅)　사伺로 번역. 심사尋伺의 사伺.

비처(鼻處)　십이처十二處 가운데 하나. 육내처六內處. 육근六根.

비천(飛天)　비천상飛天像. 천상에 살며 날아다닌다는 상상의 선녀.

비천(非天)　아수라阿修羅.

비타라주(毘陀羅呪)　비타라는 시귀厂鬼를 일으키는 주문. 이 주문을 외우면 죽은 시귀를 일으켜 남을 죽일

비천상(평창 상원사 동종)

수 있다고 한다.

비하라(毘訶羅)📖 vihāra 배치配置, 사이의 공간, 걷기, 휴양의 장소 등의 뜻이 있다. 주처住處, 유행처, 정사精舍, 승방僧房 등으로 번역한다. 승려들이 사는 곳. 곧 절을 가리킨다.

비하만(卑下慢) 사만四慢 가운데 하나. 칠만七慢 가운데 하나. 비만卑慢. 비열만卑劣慢. 남보다 훨씬 못한데도 스스로 조금 못하다고 생각하는 것.

비행황제(飛行皇帝) 전륜성왕轉輪聖王. 비제飛帝.

빈가(頻伽) 가릉빈가迦陵頻伽. 묘성조妙聲鳥.

빈녀(貧女) 무명번뇌無明煩惱를 비유한 말.

빈녀일등(貧女一燈) 가난한 여인이 공양한 하나의 등불에 어떠한 공양보다도 공덕이 많다는 뜻. 빈자일등貧者一燈.

빈도(貧道) 핍도乏道라고도 한다. 사문나沙門那·사문沙門을 번역한 말. 바른 도를 닦아서 생사의 빈핍貧乏을 끊어야 한다는 뜻. 또는 수도가 아직 부족하다는 뜻에서 비구들 자신을 겸손하게 이르는 말.

빈도라(賓度羅) 움직이지 않는다는 뜻.

빈두(賓頭) ①지옥 이름. 빈타라賓吒羅. ②나한 이름. 빈두로賓頭盧.

빈사(頻婆) 수량數量 이름. 빈바라頻婆羅. 십조十兆.

빈자일등(貧者一燈) 빈녀일등貧女一燈.

빈중빈(賓中賓) 사빈주四賓主 가운데 하나. 손님 중의 손님이란 뜻으로, 학인이 어리석어 스승의 교화를 받으면서도 알지 못하는 것.

빈중주(賓中主) 사빈주四賓主 가운데 하나. 학인의 견식이 스승보다 우수하여 스승이 학인에게 마음속이 간파되는 것.

빈출(擯出) 구견驅遣. 구빈驅擯. 본처로부터 몰아내서 참회하기를 기다려 돌아옴을 허락하는 것. 비구의 세 가지 빈치擯治 가운데 하나.

빈치(擯治) 계율을 범한 비구를 다스리는 방법 가운데 가장 무거운 벌. 교단에서 추방하여 다른 승려들과 함께 있지 못하도록 하는 것. 빈출擯出·묵빈默擯·멸빈滅擯의 세 가지가 있다.

빈타라(賓吒羅) 지옥 이름. 빈타라賓跢羅·빈두賓頭. 집욕集欲으로 번역. 아사세왕阿闍世王이 들어간 지옥.

빙당(冰糖) 석밀石蜜.

알
기
쉬
운

불
교
용
어

산
책

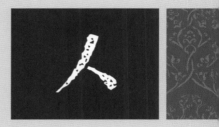

人

사(事)📖 artha 임사任事, 목적目的, 원인原因, 동기動機, 의미意味, 이익利益, 사용使用, 이용利用, 유용有用, 부富, 금전金錢, 물物, 사事, 사건事件, 경계境界 등의 뜻이 있다. ①모든 차별의 모양. 현상계. 즉, 사물의 형태로 나타나는 모든 모양. 이理의 반대말. ②화엄에서는 세계의 현상을 사事와 이理로 구별하여 법계法界를 설명한다. 사事는 분分으로 차별이 있는 사물·사건이고, 이理는 성性으로 원리·법칙으로 무진사법無盡事法의 동일성으로 공空이며 여여如如하다. 다시 사事와 이理가 조화하여 성性과 분分이 자재하고 융섭融攝하는 경계인 이사무애법계理事無礙法界, 낱낱의 개개가 서로 용납하고 받아들여 상즉相卽·상입相入하는 실천행의 경계인 사사무애법계事事無礙法界로 설명한다. ③교敎의 모양에 대해서 위의威儀 있는 행법行法. 곧 밀교에서 수행의 방법으로 땅을 고르는 택지擇地, 단을 만드는 조단造壇, 관정灌頂, 수행의 법인 수법修法, 손으로 결인을 하는 인계印契, 진언 따위의 모든 모양을 말한다.

사(捨)📖 upekṣā 간과看過, 무돈자無頓者, 태만怠慢 등의 뜻이 있다. ①삼수三受 가운데 하나. 고苦·낙樂·우憂·희喜와 같이 치우친 감각이 아니고, 그 중간인 괴롭지도 않고, 즐겁지도 않은 정신의 감각 작용을 말한다. ②선善의 심왕心王에 수반하여 일어나는 정신작용. 유식에서는 선善의 하나라 하여 마음이 흐릿하고 가라앉는 혼침惛浸에 빠지지도 않고, 슬퍼하고 두려워 떠는 도거掉擧에 잡혀서 움직이지 않아 마음이 오르내리지 않는 평정하고 평등한 정신작용을 말한다.

사(師) 모범이 되는 사람. 제자에게 법을 전해주는 이. 남을 가르쳐 이끌어 주는 자리에 있는 이. 율문律門 가운데 득계사得戒師·수업사受業師가 있고, 그 밖에 친교사親敎師·의지사依止師·사승사嗣承師·법당사法幢師·교수사敎授師·인청사引請師·선사禪師·강사講師 등이 있다.

사(使) 번뇌의 다른 이름. 결사結使. 몸과 마음을 핍박하고 괴롭게
하여 미혹의 세계인 생사로 굴러가게 하는 것을 말한다.

사(伺) 🕮 vicāra 행동行動, 처치處置, 수속手續, 사고思考, 반성反省,
숙려熟慮, 조사調査, 연구研究, 검토檢討 등의 뜻이 있다. 사찰伺察.
구역舊譯은 관觀. 마음 가운데 일어난 생각. 마음이 자세하고 가라
앉는 생각. 부정법不定法 가운데 하나.

사(寺) 승려가 거주하는 곳. 부처에게 예배하고 공경하며 가르침
을 듣는 도량. 절. 사원. 가람伽藍·정사精舍·난야蘭若라고도 한다.
원래는 중국의 관청 이름으로 외국인을 접대하는 홍로사鴻盧寺에
처음으로 온 사람이 서역의 비구였기에 그 뒤부터 비구가 머무는
곳을 '사寺'라고 부르게 되었다고 한다.

사(思) 🕮 cetanā 자각自覺, 지능知能,정신 등의 뜻이며, 지志, 사思,
소사所思, 사유思惟, 각覺, 작의作意, 학처學處, 서원誓願 등으로 의
역한다. 심소心所의 이름. ①사유思惟. ②탐애貪愛·탐염貪染. 안·
이·비·설·신의 오근五根이 색·성·향·미·촉의 오진五塵을 탐애하
여 생각과 집착을 일으키는 것. 사혹思惑. ③조작造作. 경계에 대
해 마음을 움직이게 하여 선·악·무기無記의 업業을 짓게 하는 정
신 작용.

사(死) 🕮 ①사상四相 가운데 하나. 죽음으로 수명壽命, 즉 목숨을
마치는 것. 불교적 죽음이란 『임종방결臨終方訣』에 따라 죽음에 이
르는 것으로 '받은 몸을 버리는 것'으로 명命과 연緣으로 나누어
진다. 명命은 천명이 다하는 경우와 명命과 복福이 다하는 경우,
연緣은 자살과 피살 등의 해를 입는 경우와 해를 입지 않는 경우,
해를 입지 않는 경우는 대승의 큰 반야바라밀을 비방하는 방일사
放逸死, 부처가 제정한 금계禁戒를 부수거나 범하는 파계사破戒死,
오음五陰의 몸을 버리는 괴명근사壞命根死가 있다. ②수행의 결과.
정식情識으로 분별하는 생각을 여의어 작은 번뇌조차 없는 경계.
③정지靜止·주착住着. 한쪽에만 집착하여 자재한 활로活路가 없음

을 말한다. 활活의 반대말.

사(嗄) 슬픔이 심하여 목이 말라 소리가 나오지 않는 것.

사가(四家) 가家는 성인이 의지하는 곳이란 뜻. 천태종에서는 반야가를 별교, 제가를 원교, 사번뇌가를 통교, 고청정가를 삼장교의 장통별원藏通別圓의 4교에 배치시킨다. 반야가般若家·제가諦家·사번뇌가捨煩惱家·고청정가苦淸淨家.

사가(師家) 사장師匠.

사가(思假) 사혹思惑. 사혹思惑의 체體는 허망하여 실다움이 없는 것을 말한다.

사가(寺家) 절에 속한 땅이나 재물 등의 잡사雜事를 처리하는 소임. 또는 절에 속한 노비奴婢를 말한다.

사가(社伽) sattva 유정의 뜻. 중생으로 번역한다.

사가(娑伽) 큰 바다라는 뜻.

사가기욕(捨家棄欲) 출가 사문沙門의 행법. 세속의 생활을 하는 가정을 떠나서 오욕五欲을 버리는 것.

사가대승(四家大乘) ①화엄종·천태종·삼론종·법상종. ②대승교에 속하는 화엄종·천태종·진언종·선종.

사가라용왕(娑伽羅龍王) 8대 용왕龍王 가운데 하나. 큰 바다의 용왕이라는 뜻. 불법을 수호하는 용왕.

사가행위(四加行位) 사선근위四善根位. 난煖·정頂·인忍·세제일世第一. 견도위에 들어가기 위해 닦는 수행의 위.

사각(四覺) 기신사각起信四覺. 시각始覺의 내용을 4가지 지위로 분류한 것. 불각不覺·상사각相似覺·수분각隨分覺·구경각究竟覺.

사각분(捨覺分) 37조도품 제6품의 행법 가운데 하나. 보리의 지혜를 얻수 있는 칠각분七覺分 가운데 하나.

사거(四車) 양거羊車·녹거鹿車·우거牛車·대백우거大白牛車. 대승을 수행하는 여러 모습을 양, 사슴, 소, 흰 소의 동물 성격에 비유하여 성문·연각·보살·불승佛乘을 설명한 것. 『법화경』「비유품」에 나오는 비유.

사거가(四車家)　사승가四乘家. 사거四車.

사겁(四劫)　불교에서 세계의 존재를 설명하는 방법. 세계의 시
작부터 소멸까지를 4기로 나눈 것. 곧 성겁成劫·주겁住劫·괴겁壞
劫·공겁空劫으로 성겁成劫은 세계가 처음 생기는 기간, 주겁住劫
은 생겨서 존재하고 있는 기간, 괴겁壞劫은 점차 파괴되는 기간
을 말한다. 이 각 기간을 20중겁中劫이라 하고, 80중겁을 1대겁
大劫이라고 한다. 또는 괴겁壞劫·성겁成劫·중겁中劫·대겁大劫이라
고도 한다.

사겁(沙劫)　항하의 모래 수만큼의 겁수劫數. 무수한 세월. ➡ 겁劫

사격(寺格)　사원의 자격. 각각의 사찰에 주어진 자격.

사견(四見)　①4가지 다른 견해. 물을 천인天人은 유리로 보고, 인
간은 물로 보고, 아귀는 불로 보고, 물고기는 자기의 집으로 보는
것과 같이 각각 다른 견해를 가지는 것. ②외도의 4가지 견해. 인
과因果의 성질에 대하여 사인사과邪因邪果·무인유과無因有果·유인
무과有因無果·무인무과無因無果로 판단하는 4가지는 잘못된 미집迷
執이라고 하는 것.

사견(邪見)　오견五見 가운데 하나. 십악十惡 가운데 하나. 인과의
도리를 바르지 않게 하는 그릇된 견해.

사결(四結)　해와 달을 가리는 구름·연기·풍진·아수라의 4가지
를 마음을 덮어 바르게 보지 못하는 요소에 비유한 것. 구름은
욕심에 비유한 욕결欲結, 바람 먼지는 성냄을 비유한 진결瞋結,
연기는 어리석음에 비유한 치결痴結, 자신만을 이롭게 하여 이
양利養에 비유한 아수륜阿須倫을 말한다. 사박四縛과 같은 말.

사경(寫經)　경전을 옮겨 적는 것. 경전의 글인 자자字字를 부처
의 진신인 사리라고 하여 사경을 하나의 수행으로 여기며, 부처
의 가르침을 전하는 공덕을 공덕 가운데 가장 수승한 공덕이라
고 한다. 특히『법화경』에서는 사경을 5종 법사法師의 하나라고

한다.

사경(四鏡)　진여의 청정함을 깨끗한 거울에 비유하고 그 내용을 4가지 뜻과 모양으로 말한 것. 여실공경如實空鏡·인훈습경因熏習鏡·법출리경法出離鏡·연훈습경緣熏習鏡.

사경화(寫經畵)　경화經畵.

사계(謝戒)　사미沙彌가 계戒를 받고 난 뒤에 스승에게 나아가 예를 올리는 것.

사계(娑界)　사바세계.

사계(捨戒)　자신이 수계 의식을 통하여 받아 지키던 계율을 버리는 것.

사계(四界)　지地·수水·화火·풍風. 계界는 본래의 성질이 있는 성性의 뜻으로 원소元素. 사대가 각각의 성품을 지녔으므로 계라고 한다.

사계(沙界)　항하恒河의 모래와 같이 수많은 세계라는 뜻.

사계(四戒)　①범한 죄 가운데 가장 무거운 음婬·망妄·살殺·도盜는 승단에서 승원으로서의 자격을 박탈하여 쫓겨나는 4바라이죄에 해당한다. ②음婬·망妄·살殺·도盜에 대하여 모든 악을 행하지 않는 해탈계解脫戒, 선정을 닦는 정공계定共戒, 무루율의無漏律儀를 짓는 도공계道共戒, 율의를 끊는 단계斷戒를 말한다. ➡ 계계戒

사계성도(四階成道)　사계성불四階成佛. 소승의 보살이 이치의 과果를 얻어 성불하는 순서를 4계단으로 분별한 것. 깨달음에 이르기 위해 자량을 기르는 기간인 삼지三祇, 깨끗한 상호를 얻기 위해 수행하는 백겁百劫, 8지까지의 혹을 끊는 후신단하팔지後身斷下八地, 34찰나에 34마음으로 번뇌를 끊고 성불成佛하는 것. ➡ 성불成佛

사고(師姑)　니고尼姑. 비구니의 별칭.

사고(死苦)　사고四苦 가운데 하나로 죽을 때 고통이 많은 것. 병사

病死와 외연外緣이 있다. 외연이란 악연을 만나거나 수재·화재를 만나서 죽는 것을 말한다.

사고(四苦) 사상四相의 고통. 나고 늙고 병들고 죽는 것. 즉 생生·노老·병病·사死.

사고팔고(四苦八苦) 생·노·병·사의 사고四苦와 애별리고愛別離苦·원증회고怨憎會苦·구부득고求不得苦·오음성고五陰盛苦.

사공(四空) ①사무색四無色. 무색계無色界의 네 공처空處. 공처空處·식처識處·무소유처無所有處·비비상처非非想處. ②인연화합으로 되어 자성이 없는 모든 존재에 대한 집착을 없애는 4가지 공空. 법법상공法法相空·무법무법상공無法無法相空·자법자법상공自法自法相空·타법타법상공他法他法相空.

사공(四供) 금강계만다라의 공양법으로 내內에서 공양하는 네 보살과 외外에서 공양하는 네 보살을 합하여 팔공양八供養이 된다.

사공정(四空定) 공空에서 일어나는 4종류의 선정으로 사무색정四無色定. 공무변처정空無邊處定·식무변처정識無邊處定·무소유처정無所有處定·비상비비상처정非想非非想處定.

사공처(四空處) 사무색四無色. 사공처정四空處定을 닦아서 나는 곳. 공무변처空無邊處·식무변처識無邊處·무소유처無所有處·비상비비상처非想非非想處.

사공천(四空天) 공처천空處天. 공무변空無邊·식무변識無邊·무소유無所有·비상비비상非想非非想 등의 4가지 천天.

사과(四果) 소승에서 말하는 수행하여 도달하는 깨달음의 네 경지. 또는 정각에 이르는 네 단계. 수다원須陀洹·사다함斯多含·아나함阿那含·아라한阿羅漢.

사관(死關) 사문死門. 죽음의 관문.

사관(寺官) 절에서 일하는 사람. 정인淨人이라고도 한다.

사관(事觀) 인연화합으로 자성이 없이 존재하는 모습을 살피는 관觀. 즉, 현상계의 사물에 대해 관찰하는 것을 말한다. 몸과 마음을 자세히 보는 것.

사교(事敎) 본체와 현상을 구별하는 교. 천태종 사교四敎 가운데 장교藏敎를 계내界內의 사교, 별교別敎를 계외界外의 사교라고 한다.

사교(四敎) 부처의 가르침인 일대의 교법을 4가지로 나눈 것. ① 천태 스님은 교화하는 방식에 따른 화법사교化法四敎는 삼장교三藏敎·통교通敎·별교別敎·원교圓敎, 뜻에 따른 화의사교化儀四敎는 돈교頓敎·점교漸敎·비밀교祕密敎·부정교不定敎라고 한다. ②원효 스님은 삼승별교·일승분교·삼승통교·일승만교라고 하였다. ③승려들의 교육 기관인 강원의 이력 과목 가운데 『능엄경』·『기신론』·『금강경』·『원각경』을 말한다.

사교(邪敎) 정당하지 못한 사악한 교법. 곧 외도의 교敎.

사교과(四敎科) 출가한 승려들이 경전을 배우는 강원에서는 과목에 따라 학년을 달리 부르고 있는데, 『기신론』·『능엄경』·『금강경』·『원각경』을 배우는 대학교 3학년에 해당하는 과정을 부르는 호칭으로 간경파看經派에 해당한다.

사교삼밀(四敎三密) 신신身·구口·의意의 삼업三業.

사교입선(捨敎入禪)📖 방하교의放下敎意. 일정하게 교학을 배우고 선정을 닦는 것을 말한다. 선문에 들어갈 때는 교학을 아주 버리는 것이 아니라, 선정을 닦을 때는 배운 교학을 바탕으로 닦는 것이며, 선정을 실수할 때 부족하거나 의심이 나는 것은 다시 경전을 통하여 확인하고 메우는 공부로, 경전에 의지한 교학과 실참을 반복하는 것을 사교입선이라고 한다.

사구(四句)📖 ①네 구로 된 게문偈文. 4~8자字를 1구句로 하고, 4구를 모아 1게송이라고 한다. 부처의 교설을 짧게 응축하고 찬탄하며 깨달음의 내용을 표현하고, 조사祖師의 공부 경계를 나타내며 제자를 가르치는 도구로 사용하기도 한다. ②사구분별四句分別을 말한다. 사물의 존재를 유무有無의 두 형태로 나누어 유유有·무무無·역유역무亦有亦無·비유비무非有非無로 해석하는 방법. 단단구비單單俱非라고도 한다. 사구백비四句百非. 『구사론』의 설명. ③사물의 존재 형태를 인과因果의 두 형태로 나누어 자인自因·타인他因·공인共因·무인無因으로 해석하는 방법. 4구의 어디에도 생기는 것이 아니라는 주장. 모든 법이 생기지도 않고 얻을 수도 없음을 증명하는 사구추검四句推撿이라고 한다. 『중론석中論釋』의 설명.

사구(四求) 4가지의 탐애. 욕애欲愛·색애色愛·무색애無色愛·무유애無有愛.

사구(死狗) 더러운 몸을 비유한 말.

사구(死句)📖 의미가 있어 뜻이 통하는 말. 곧 상식적인 말. 흔해빠진 말. 『임간록林間錄』에서 '어중유어語中有語 명위사구名爲死句 어중무어語中無語 명위활구名爲活句'라고 한 것. 즉, 말 가운데 말이 있는 것을 사구라고 하고, 말 가운데 말이 없음을 활구라고 한다. ➡ 활구活句

사구문(四句門) 사구분별四句分別·사구백비四句百非. 곧 정립定立·반정립反定立·긍정종합肯定綜合·부정종합否定綜合이라는 변증법의 형식. ➡ 사구四句

사구백비(四句百非) 사구분별四句分別. ➡ 사구四句

사궐(四橛) 금강궐金剛橛.

사귀법(四歸法) 삼보 및 계율에 귀의하여 4가지 무너지지 않는 믿음을 내는 것. 귀불歸佛·귀법歸法·귀승歸僧·귀계歸戒.

사근본번뇌(四根本煩惱) 탐貪·진瞋·치癡·만慢. 온갖 번뇌의 근본이라는 뜻.

사금장(絲金匠) 실에 금물을 입히는 장인.

사기(四棄) 4가지 바라이죄波羅夷罪. 이 죄를 범하면 영원히 승단에서 추방하여 불법佛法 밖으로 버림을 받으므로 기棄라고 한다.

사기(四記) 사기답四記答. ➡ 사기답四記答

사기(四機) 선근善根에 의해서 드러나는 기연機緣. 악행惡行을 하지 않고 여러 선행先行을 행하는 인천기人天機, 나고 죽는 생사生死를 싫어하여 열반을 구하는 이승기二乘機, 다른 사람을 먼저 생각하고 자기를 후에 생각하는 보살기菩薩機, 중도中道의 실상인 모든 법을 관觀하여 혹惑을 끊고 생사윤회를 벗어나는 불기佛機.

사기답(四記答)📖 여러 가지 질문에 대하여 대답하는 4가지 형식. ①묻는 것에 대하여 항상 그렇다고 대답하는 일향기一向記. 모든 생生은 반드시 멸滅하는가와 같은 질문. ②묻는 것에 대하여 하나하나 분석하고 분해하여 맞는지 안 맞는지를 분별하여 대답하는 분별기分別記. 모든 멸滅한 것은 반드시 생生하는가와 같은 질문. ③바로 대답하지 않고 도리어 반문反問하여 질문한 것에 대해 다시 생각하고 답하는 반문기反問記. 보살의 십지는 위인가 아래인가와 같은 질문. ④대답할 가치가 없다고 생각하거나 대답할 일이 아니라고 생각해 대답하지 않는 사치기捨置記. 묵치기默置記 또는 치기置記라고도 한다. 석녀가 아기를 배었을 때 흑黑인가 백白인가 하는 질문.

사나(舍那) 비로자나毘盧遮那.

사나대계(舍那大戒) 비로자나불이 설법한 계법戒法. 곧 『범망경』에서 말한 대승보살계.

사난(四難) 부처를 만나 바른 법法을 듣기 어려운 4가지 상황. 부처를 만나기 어려운 치불난値佛難, 기연機緣이 익지 않으면 법을 설하기가 어려운 설법난說法難, 부처의 설법을 듣기 어려운 문법난聞法難, 법을 들어도 받아 믿기가 어려운 신수난信受難.

사념주(四念住) 사념처四念處.

사념주(四念珠) 염주의 4가지 종류. 1,080개인 것을 상품 염주, 108개인 것을 최승 염주, 54개인 것을 중품 염주, 27개인 것을 하품 염주라고 한다.

사념처(四念處)📖 몸의 모습을 관觀하여 깨끗지 못하고 몸은 항상 하지 않고 공空하며 비아非我임을 관觀하는 신념처身念處, 즐겨 구하는 낙樂으로 받아들이는 것이 고苦의 원인을 만들어 내는 것으로서 고苦·공空이라고 관觀하는 수념처受念處, 마음의 생멸生滅·무상 등을 구할 수 있는 것이 공상空相임을 관觀하는 심념처心念處, 모든 법法이 인연에 의하여 생生하는 것으로 자성이 없음을 관觀하는 법념처法念處를 말한다. 신역新譯은 사념주四念住. 5가지 정심관停心觀 다음에 닦는 관觀.

사능립(似能立) 인명학因明學에서 삼지三支에 누락됨이나 허물이 있는 것. 곧 불완전한 논리를 세운 것을 말한다.

사능파(似能破) 인명학因明學에서 논자論者의 정확한 입론에 대해 공박하는 사람의 논법에 잘못이 있는 것. 곧 완전하지 못한 논리.

사다라니(四陀羅尼)📖 dhāraṇī 법을 마음에 머무르게 하여 잃어버리지 않는 능력 또는 수행자를 보호하는 능력 등이 있는 장구章句라는 뜻. ①명名·구句·문신文身에 포섭하고 있는 기록, 즉 경전經典을 차례로 잘 섞고 모으는 법다라니法陀羅尼, 법의 무량한 뜻과 취지를 잘 지녀서 잊지 않도록 하는 의다라니義陀羅尼, 똑같이 지니는 등지等持의 자재함으로 중생의 걱정과 재난을 제거할 수 있도록 하는 주다라니呪陀羅尼, 자연스럽고 견고함으로 지혜를 구족하게 하여 공한처에 있어도 더럽지 않도록 하는 인다라니忍陀羅尼. ②공양 의식에서 중요한 4가지 다라니를 말한다. 변식진언變食眞言·시감로수진언施甘露水眞言·일자수륜관진언一字水輪觀眞言·유해진언乳海眞言.

사다라니(四陀羅尼) 바라춤, 변식진언, 감로수진언, 일자수륜관진언, 유해진언의 염불에 맞추어 추는 춤.

사다함과(斯陀含果) 성문 사과四果 가운데 하나. 일래과一來果로 번역.

사단(四斷) 4가지 단혹斷惑의 법. 삼단三斷에 상응단相應斷을 보낸 것.

사단(師檀) 사승師僧과 단월檀越.

사단(寺檀) 사찰과 단월의 집. 곧 절과 신도.

사당(祠堂) 단월檀越들이 맡긴 위패位牌를 봉안한 집. 또는 전각.

사당(社堂) 참선하는 암자나 절. 또는 수행 정진하는 공부방.

사당두(四堂頭) 선방에서 중요한 소임 4가지. 청산靑山·백운白雲·입승立繩·지전知殿.

사당은(祠堂銀) 선망 부모의 영혼에 대해 경문을 읽고 공양할 재물로 자기의 단나사檀那寺에 바치는 금전. 또는 본당사本堂寺의 건물 수선비로 저축하는 금전.

사대(四大) 현상계를 구성하고 있는 지地·수水·화火·풍風의 4가지 기본 원소元素.

사대명산(四大名山) 중국의 4대 명산. 보타산普陀山·오대산五台山·아미산峨眉山·구화산九華山.

사대보살(四大菩薩) ①법화의 4대 보살. 미륵彌勒·문수文殊·관음觀音·보현普賢. ②문수文殊·보현普賢·관음觀音·지장地藏.

사대부경(四大部經) 대장경 가운데 부수가 많은 4개의 경전. 『화엄경』·『열반경』·『보적경』·『반야경』.

사대성문(四大聲聞) 수보리須菩提·마하가전연摩訶迦旃延·마하가섭摩訶迦葉·마하목건련摩訶目犍連.

사대성지(四大聖地) 석가모니 탄생지인 룸비니동산. 성도지인 부다가야. 초전법륜지인 사르나드, 곧 녹야원. 열반지인 쿠시나가라.

사대소조(四大所造) 현상계에 존재하는 모든 것은 지·수·화·풍의 4가지 원소가 모여서 만드는 것이라는 뜻.

사대제자(四大弟子) 부처의 제자 가운데 사리불·목건련·수보리·마하가섭. 또는 가섭·빈두로·라운·군도발탄.

룸비니

부다가야

녹야원

쿠시나가라

4대성지

사대종(四大種)　사대四大. 지·수·화·풍의 4원소.

사대주(四大呪)　새벽 예불이나 도량석에서 사용하는 진언. 나무대불정여래밀인수증요의제보살만행수능엄신주, 정본관자재보살여의륜주, 불정심관세음보살모다라니, 불설소재길상다라니를 말한다.

사대주(四大洲)　수미산의 사방에 있는 네 개의 대륙인 남섬부주南瞻部洲·동승신주東勝身洲·서우화주西牛貨洲·북구로주北俱盧洲를 말한다. 대주大洲라고도 한다.

사대천왕(四大天王)　사천왕四天王·사왕천四王天. ➡ 사천왕四天王

사대호(四大護)　사방의 호신護神.

사대호원(四大護院)　태장계 만다라 13대원大院의 하나로 만다라를 수호하는 4개 문門의 금강신. 동문의 무애결호無畏結護·남문의 금강무승결호金剛無勝結護·서문의 난항복결호難降伏結護·북문의 괴제포결호壞諸怖結護를 말한다.

사덕(四德) 대승의 대열반大涅槃에 갖추어 있는 4가지 덕. 상常·낙樂·아我·정淨. 곧 상주常住·안락安樂·진아眞我·청정淸淨을 뜻한다.

사덕처(四德處) 선지식을 만나 정법을 듣고서 얻어 가지는 4가지 공덕. ①정법을 듣고 큰 지혜를 내는 혜덕처慧德處. ②큰 지혜로써 모든 법의 실질적인 본체實諦를 보는 실덕처實德處. ③재물을 보시하고 교법을 보시하는 사덕처捨德處. ④번뇌를 멸하고 공적한 이치를 깨달아 고뇌 없는 정계淨界를 얻는 적멸덕처寂滅德處.

사도(事度) 5계戒·10선善 등, 세간유위법인 사事의 상相으로 삼도三塗의 고통에서 벗어날 수 있다는 뜻.

사도(四倒) 사전도四顛倒.

사도(四道) 번뇌를 끊고 진리인 열반을 깨닫는 과정을 4가지로 나눈 것. 가행도加行道·무간도無間道·해탈도解脫道·승진도勝進道.

사도가행(四度加行) 밀교에서 법을 전하는 관정灌頂을 받기 전에 방편으로 닦는 법. 18도법道法·금강계법金剛界法·태장계법胎藏界法·호마법護摩法으로 가행加行을 한 후에 관정을 받아 아사리가 된다.

사도사(四導師) 『법화경』「용출품湧出品」에서 말한 사대보살四大菩薩. 상행上行·무변행無邊行·정행淨行·안립행安立行.

사독사(四毒蛇) 독사로 사람 몸의 지·수·화·풍인 사대四大를 비유한 것.

사등(四等) 📖 ①사평등심四平等心. 곧 자慈·비悲·희喜·사捨의 사무량심四無量心. ②삼세의 모든 부처를 똑같이 불佛이라고 하는 자등字等, 삼세의 모든 부처가 똑같이 64종의 범음梵音으로 연설하는 어등語等, 삼세의 모든 부처를 똑같이 37조보리분법을 얻는 신등身等, 삼세의 모든 부처에 똑같이 법法·보報·화化 삼신이 있는 법등法等.

사라(娑羅) sāla 나무 이름. 견고堅固로 번역. 사라사娑羅娑.

사라림(娑羅林) 견고堅固로 번역. 부처가 열반에 든 구시나가라성 옆에 있는 숲 이름으로 백학림白鶴林·백림白林이라고 한다.

사라수(沙羅樹) sālavṛkṣa 견고堅固로 번역. 부처가 열반한 곳에 무성했던 나무 이름.

사라쌍수(沙羅雙樹) 📖 sālavṛkṣa 사라쌍수娑羅雙樹. 석가모니부처가 입적한 곳. 부처가 열반에 든 구시나가라성 옆에 있는 숲 이름. 백학림白鶴林·학수鶴樹라고도 한다.

사라화(沙羅華) 지화紙華. 종이로 만든 꽃으로 장례식 때 쓴다. 사라쌍수에서 모방한 것.

사랑당(死郎當) 낭랑郎當은 늙고 병들어 몸이 쇠약한 모양. 곧 생기가 없이 맥없는 것을 꾸짖는 말.

사량(四量) 세상의 사물을 살피는 4가지 기준. 현량現量·비량比量·성언량聖言量의 삼량에 비유량譬喩量을 더한 것.

사량능변식(思量能變識) 사량식思量識. 8식識 가운데 제7 말나식未那識으로 manas, 즉 말나는 의意로 번역한다. 견분見分·상분相分을 드러내어 제8식의 견분을 항상 사량하며 실제의 아我가 있다고 집착을 일으키는 것.

사량식(思量識) 유식의 이숙異熟·사량思量·요경了境 삼능변三能變 가운데 하나. 제7 말나식未那識은 끊임없이 견분見分이 있다고 사량하는 것. 전육식前六識은 사량하는 작용이 끊어짐이 있지만 제7식은 끊어짐이 없다. 사량능변식思量能變識.

사력(四力) ①보리심으로 구하려는 마음을 일으키는 4가지 방법. 자력自力·타력他力·인력因力·방편력方便力. ②번뇌를 끊는 4가지 정신적 활동. 신력信力·정진력·정력·혜력慧力.

사령(寺領) 절에 속한 토지. 사전寺田이라고도 한다.

사론(四論) 『중론中論』·『백론百論』·『십이문론十二門論』·『대지도론大智度論』.

사론종(四論宗) 중국 삼론종三論宗의 일파. 북지北地의 삼론三論은 『중론』·『백론』·『십이문론』을 근본으로 하고, 『대지도론』을 더하여 사론으로 한다. 담란曇鸞에서 시작하였으며 공空 사상을 바탕으로 한다.

사료(四寮) 사찰의 중요한 4가지 요사寮舍. 수좌료首座寮·유나료維那寮·지객료知客寮·시자료侍者寮.

사료간(四料簡) 임제 스님이 만든 4가지 규칙으로 수행의 주체인 자신 주관과 그 대상인 경계의 객관 관계를 설명하여 학인을 가르치는 방법. 탈인불탈경奪人不奪境은 주체인 나의 주관은 없애고 경계인 객관만을 남겨 놓아 인아견人我見의 집착을 파破하는 것, 탈경불탈인奪境不奪人은 객관인 경계는 없애고 수행의 주체인 주관만을 남겨 놓아 법法으로 실유實有를 파하는 것, 인경구탈人境俱奪은 주관과 객관을 부정하고 아집과 법집을 파하는 것, 인경구불탈人境俱不奪은 주관과 객관을 모두 제거하지 않고 개개 존재를 긍정하는 것을 말한다.

사루(四漏) āsrava 루漏는 번뇌의 다른 이름으로, 문水門, 유출流出하다, 나무나 꽃의 분비액으로 만들어진 술, 마음을 섭하는 특수한 생각, 고뇌苦惱의 뜻이 있다. 욕루欲漏·유루有漏·무명루無明漏·견루見漏.

사류(四流) ogha 류流, 분류奔流, 다수多數, 다량多量, 집단集團 등의 뜻이 있다. 4가지 폭류四暴流. 큰 홍수가 나서 물이 불어 나면 사람·집 등을 휩쓸고 지나가는 사나운 물을 번뇌와 미혹에 비유한 것. 견류見流·욕류欲流·유류有流·무명류無明流. 사액四軛이라고도 한다.

사륜보(四輪寶) 사륜왕四輪王이 출현할 때 땅 속에서 솟아 나는 윤보輪寶의 4가지. 금륜보金輪寶·은륜보銀輪寶·동륜보銅輪寶·철륜보鐵輪寶.

사륜왕(四輪王) 금륜왕金輪王·은륜왕銀輪王·동륜왕銅輪王·철륜왕鐵輪王.

사르나드 Sārnāth 옛 이름은 Mṛgadāva로 녹야원. 부처가 깨달음을 이루고 처음 법을 설한 곳.

사륵(舍勒)📖 śāṭaka 부인이 입는 하의로 속옷을 말한다. 내의內衣로 번역. 허리에 둘러매는 치마로 군裙의 일종.

사리(舍利)📖 śarīra 골조骨組, 골골, 육체肉體, 고체固體의 뜻이 있다. ①골신骨身·신골身骨·유신遺身으로 번역. 실리實利·실리라室利羅·설리라設利羅로도 번역한다. 시신을 화장하여 나오는 유골. 한량없는 육바라밀을 닦은 공덕으로 생기거나, 또는 계戒·정定·혜慧로써 익히고 닦아 생기는 것이므로 얻기가 매우 어려워 큰 복전으로 여긴다. 부처가 열반한 다음 다비 후에 나온 사리를 탑에 모시는 사리 신앙이 나왔다. 이 탑을 사리탑이라고 한다. 명칭은 돌아가신 죽음 자체인 사시死屍를 전신사리全身舍利라고 하고, 다비 후의 유골을 쇄신사리碎身舍利한다. 또는 불타의 유골遺骨을 생신사리生身舍利, 신골사리身骨舍利라고 하고, 남긴 사리를 법신사리法身舍利, 법송사리法頌舍利라고 한다. ②새 이름. ③사리불舍利弗 어머니의 이름.

사리(師利) 수首·덕德·길상吉祥의 뜻. 문수사리文殊師利.

사리강(舍利講) 사리회舍利會.

사리녀(舍利女) 사리불舍利弗 비구의 어머니.

사리병(舍利甁) 사리를 담는 병. 일반적으로 골호骨壺를 말하지만, 불교에서는 이를 달리 부르고 있다.

사리불(舍利弗) Śāriputra 부처의 제자 가운데 지혜 제일. 사리불다舍利弗多라고도 한다. 사리자舍利子·추로자鶖鷺子·추자鶖子·신자身子로 번역한다.

사리병(익산 왕궁리 오층석탑)

사리삼천(事理三千) 사조事造의 3천과 이구理具의 3천.

사리쌍수염불(事理雙修念佛) 사事와 이理를 모두 닦는 염불. 입으로 부처의 명호를 부르는 것은 사事를 닦는 것이며, 불신佛身을 관觀하는 것은 이理를 닦는 것. 구口와 의意, 즉 심心을 함께 염불하여 닦는 것을 말한다.

사리쌍행(事理雙行) 사事의 행行과 이理의 관觀을 함께 닦는 것. 사행事行은 칭명염불을 말하며 이관理觀은 관상觀想을 하는 것으로 이 두 가지를 함께 닦는 것. 또는 좌선坐禪 또는 계행戒行을 닦으면서 진여의 이치를 관한다.

사리오법(事理五法) 『구사론』에서는 마음 밖에 실재로 법法이 있다고 하고, 유식에서는 오직 식識만이 존재한다고 하여, 일체 모든 사事와 이利의 법은 오종이라는 주장. 심법心法·심소법心所法·색법色法·불상응법不相應法·무위법無爲法.

사리자(舍利子) 사리불舍利弗.

사리탑(舍利塔) 부처의 사리를 봉안한 탑으로 경배의 대상.

사리회(舍利會) 사리강舍利講. 부처의 사리에 공물供物을 공양하고 회향하며 그 공덕을 찬탄하는 법회.

사마(四摩) sīmā ①머리카락으로 나눈 하나, 경계, 촌락의 경계의 뜻. 계界, 강疆으로 의역한다. ②포살할 때의 경계, 또는 계율을 범했을 때 율장에 근거하여 일정한 지역으로 거주를 제한하는 것.

사마(四馬) 말의 근기根機에 비구가 계율을 지니고 수행하는 근기根機를 비유한 것. 채찍의 그림자를 보고 마부의 뜻을 알아서 빠르고 느리게 할 줄 아는 말은 제일第一 좋은 말이며, 채찍으로 털이나 꼬리를 건드리면 마부의 뜻을 알아서 따르는 말은 제이第二 좋은 말이며, 채찍이 몸이 닿으면 마부의 뜻을 알아서 따르는 말은 제삼第三 좋은 말이며, 쇠사슬로 된 채찍으로 몸을 상하고 뼈가 상한 뒤에야 마부의 뜻을 알아서 따르는 말은 제사第四 좋은 말이라고 한다.

사마(舍摩) śama 마음의 평정, 정려靜慮, 침착沈着, 평화平和, 냉담
冷淡, 평온平穩 등의 뜻이 있다. 분명하지는 않지만, 보리수菩提樹에
관계된 별명.

사마(死魔) 사마四魔 가운데 하나. ➡ 사마四魔

사마(邪魔) māra 죽이다, 파괴하다, 사死, 애愛, 유혹자, 살해, 장해
障害 등의 뜻이 있다. 사특하고 나쁜 것으로 몸과 마음을 괴롭히
며 수행을 방해하며 결국 파괴하는 데 이르도록 하는 것.

사마디 삼매三昧.

사마유(四馬喻)📖 세간의 바른 법法에서 율律을 배우는 마음을
4종류의 좋은 말에 비유한 것. 말은 수행자이며, 마부는 부처
가 제정한 율을 말한다. 채찍의 그림자만 보고도 마부의 마음
을 잘 알아서 좌우를 살피는 말이 제일第一 좋은 말로 마을에
남자와 여자가 질병에 걸려서 죽음이 이르렀다는 말을 듣고
두려워하여 바르게 사유하는 것이며, 채찍이 털에 닿으면 놀라
마부의 마음을 아는 말은 제이第二 좋은 말로 마을의 늙고 병
들고 죽는 이를 보고 두려워하여 바르게 사유하는 것이며, 채
찍이 몸에 닿으면 마부의 마음을 잘 알아서 마부의 마음을 아
는 말은 제삼第三 좋은 말로 친척이 병들고 늙어서 죽는 것을
보고 두려워하여 바르게 사유하는 것이며, 채찍이 자기 몸의
살과 뼈를 상하게 한 뒤에 마부의 마음을 알아 말은 제사第四
의 좋은 말로 자기 자신이 병들고 늙고 고통스러워야 바르게
사유하는 것을 말한다.

사마타(奢摩他)📖 śamatha 마음의 평정, 정려靜慮, 침착沈着, 평화
平和 등의 뜻이 있으며, 선정禪定·지止·지식止息·적정寂靜·능멸能滅
등으로 번역한다. 마음 가운데 일어나는 모든 망념을 그치고 고요
함을 이루는 것.

사만(四慢) 4가지 오만한 마음. 아직 얻지 못한 것을 얻었다고
하는 증상만增上慢, 많이 못한데도 조금 못하다고 생각하는 비하

만卑下慢, 아我가 있다고 집착하는 아만我慢, 덕이 없는데도 있다고 하는 사만邪慢.

사만(邪慢) 사만四慢 가운데 하나. 덕이 없는 사람이 덕이 있는 것처럼 생각하면서 스스로 높은 척하는 것.

사만(四曼) 사만다라四曼荼羅.

사만다라(四曼荼羅) 사만四曼. 사만상대四曼相大. 진언종에서는 체상용體相用의 삼대三大를 지수화풍공식地水火風空識 6대大는 체대體大, 대大·삼매야·법法·갈마의 4만다라는 상대相大, 신구의身口意 3밀은 용대用大에 배치하는 것을 말한다. 불보살의 상호가 좋은 것으로 모든 불상·그림 등의 상징으로 모든 세계의 모습인 대大, 사상思想으로 서원을 가리키며 보병·검 등의 지물持物과 수인手印으로 삼마야三摩耶, 불보살의 종자 만다라로 문자를 의미하는 경전의 모든 언어 문자인 법法, 불보살이 중생을 제도하는 생활인 행주좌와行住坐臥의 모든 활동과 위의威儀인 갈마羯磨를 말한다.

사만상대(四曼相大) 사만四曼. 사만다라四曼荼羅. 사종만다라四種曼荼羅. ➡ 사만다라四曼荼羅

사만성불(四滿成佛) 화엄에서 주장하는 성불론으로 신信·해解·행行·증證의 4단계 거쳐서 성불하는 것. 신만信滿·해만解滿·행만行滿·증만證滿의 성불을 말한다.

사만타바드라 Samantabhadra 보현보살普賢菩薩을 말한다. 자비로 깨달은 자, 또는 모든 방면에 현명한 자라는 뜻. 비로자나의 화현의 아들. 6개의 어금니를 가진 흰 코끼리 위에 앉은 젊은이로 묘사되며, 연꽃을 들고 있거나 합장하고 있다.

사면불(四面佛) 탑이나 돌기둥의 사면에 불보살을 조각한 것. 유리광세계의 주인인 약사여래를 동쪽, 극락세계의 주인인 아미타불을 서쪽에 조각하는 것이 일반적이다.

사면비로자나(四面毘盧遮那) 금강계의 지신불智法身.

사명(四溟) 사해四海. 온 세상.

사명(邪命) mithya-jīva mithyā는 부정하게, 허위로, 부정직하게, 속여서, 진실하지 않게, 외관만으로의 뜻이며, jīva는 존재하다, 생활하다, ~에 의해 생활하다, 활기가 있다, 생명의 본원 등의 뜻. 삼사행三邪行 가운데 하나. 부정직하게 생명을 유지하려고 하는 것. 언어·동작, 곧 자기 생존을 위해 행하는 나쁜 모든 언어·동작을 말한다.

사면불(충남 예산)

사명(四明) 천태종의 지례知禮. 일명 사명존자.

사명가(四明家) 중국 천태종 지례知禮의 유파.

사명기(司命旗) 원래 군대의 장수가 통솔의 의미로 사용하던 깃발이었으나, 영산재나 수륙재에서 장엄하는 깃발로 사용한다. '석가여래사명釋迦如來司命' 또는 사찰 이름 뒤에 '○○寺司命'이라고 쓴다.

사명일(四明日) 연중 행사로 시행되는 네 명절. 불탄일·성도일·열반일·백중일.

사몽(四夢) ①원인으로 분류한 4가지 꿈. 사대불화몽四大不和夢은 몸을 만들고 있는 지地·수水·화火·풍風 사대가 잘 조화되지 않아서 생기는 꿈으로 산이 무너지거나 날아다니거나 호랑이와 도적에게 피습을 당하는 꿈. 선견몽先見夢은 지난날에 보았던 것을 다시 보는 꿈. 천인몽天人夢은 천상 사람들이 현몽하는 꿈. 상몽想夢은 자기의 생각과 똑같이 꾸는 꿈. ②성질로 분류한 4가지 꿈. 무명습기몽無明習氣夢은 무명 번뇌가 쌓인 기분으로 마음이 착잡하여 꿈이 되는 것. 선악선징몽善惡先徵夢은 선악 길흉 등의 일이 먼저 착잡하여 꿈이 되는 것. 사대편증몽四大偏增夢은 지·수·화·풍의 4요소가 잘 조화되지 못하고 하나가 너무 많아서 생기는 꿈. 순유구식몽巡遊舊識夢은 전에 다니던 곳을 잊지 못해 꾸는 꿈.

사무기(四無記)📖 모든 사물의 도덕적 성질의 분류에 선善·악惡·무기無記의 3성性이 있는데, 선악이 결정되지 않아서 선악의 결과를 불러올 힘이 없는 무기성을 4가지로 나눈 것. ①유식의 사무기四無記. 능변무기能變無記는 무기의 심心·심소心所. 소변무기所變無記는 무기의 색법色法·종자種子. 분위무기分位無記는 무기의 불상응법不相應法. 승의무기勝義無記는 허공과 비택멸非擇滅. ② 일반의 사무기四無記. 이숙무기異熟無記는 선악의 업종자를 증상연增上緣으로 해서 얻는 과보. 위의무기威儀無記는 앉고 서고 사는 동작 등을 일으키는 마음의 성질이 선도 아니고 악도 아닌 것. 공교무기工巧無記는 글을 쓰고 그림을 그리고 물건을 만드는 신공교身工巧와 노래를 부르는 등의 어공교語工巧를 일으키는 마음의 성질이 선도 아니고 악도 아닌 것. 변화무기變化無記는 정력으로 사람과 궁전 등을 변작하는 마음이 선도 아니고 악도 아닌 것.

사무량심(四無量心) 관세음보살이 얻은 4가지의 무량한 마음. 자慈·비悲·희喜·사捨.

사무량심(捨無量心) 사무량심四無量心 가운데 하나. 사랑하고 증오하고 친근하고 멀리하는 마음이 없는 마음.

사무상계(四無常偈) 모든 존재는 인연이 화합하여 자성이 없으므로 항상함이 없음을 4구句로 표현한 사비상계四非常偈. 무상無常·고苦·공空·무아無我의 뜻을 말한 게문偈文.

사무색(四無色) 사공정四空定을 닦아서 도달하는 과보. 사공四空. 사공처四空處.

사무소외(四無所畏)📖 catur vaiśāradya vaiśāradya는 바르게 아는 것을 말한다. 설법할 때 두려움이 없는 네 가지. ①부처에게는 두려움이 없는 사무소외四無所畏가 있다. 모든 법이 평등한 일체지一切智를 깨달아 두려움이 없다고 하는 정등각무외正等覺無畏, 모든 번뇌를 다 끊어서 두려움이 없다고 하는 누영진무외漏永盡無畏, 수행에 장애되는 것은 모두 설했다고 하여 두려움이 없는 설장법무외說障法無畏. 고苦에서 벗어나는 출리出離의 길을 설하여서 두려움이 없는 설출도무외說出道無畏를 말한다. ②보살에게는 두려움이 없는 사무소외四無所畏가 있다. 가르침과 법을 잘 기억하여 잊지 않고 뜻을 설할 수 있어 두려움이 없는 능지무외能持無畏, 설법을 듣는 중생의 근기가 예리하고 우둔함을 알아서 그것에 맞추어 법을 설하므로 두려움이 없는 지근무외知根無畏, 중생이 의심하고 있는 것을 풀어 주는 데 두려움이 없는 결의무외決疑無畏, 여러 가지 어려운 질문에 자유자재로 알려 줄 수 있기 때문에 두려움이 없는 답보무외答報無畏를 말한다.

사무애변(辭無礙辯) 사무애변四無礙辯 가운데 하나. 여러 가지 말을 알아 통달하지 못함이 없는 것.

사무애변(四無礙辯) apratihata 경과經過할 수 없다, 적대하기 어려운, 막을 수 없는, 덜어 낼 수 없는 등의 뜻이며, 무애無礙로 장애가 없고 걸림이 없는 것을 말한다. 사무애지四無礙智·사무애해四無礙解라고도 한다. 법法과 뜻과 말과 연설함에 걸림이 없는 것으로 마음에서는 지智와 해解라고 하고 말의 입장에서는 변辯이라고 한다. 법무애변法無礙辯·의무애변義無礙辯·사무애변辭無礙辯·요설무애변樂說無礙辯.

사무애지(四無礙智) 사무애변四無礙辯.

사무애해(四無礙解) 사무애변四無礙辯·사무외四無畏·사무소외四無所畏.

사무위(四無爲)   사공처四空處.

사문(沙門)📖 śramaṇa 몸을 수고롭게 한다, 고행자, 유행승遊行僧, ~교도敎徒의 수행자 등의 뜻이 있다. 근식勤息·식심息心·정지靜志·정지淨志·핍도乏道·빈도貧道로 번역한다. 머리를 깎고 불문에 들어가 도를 닦는 사람, 곧 출가한 승려를 말한다. 상문桑門·상문喪門·사문나沙門那라고도 한다. 부지런히 많은 선을 닦고 모든 악행을 그치게 한다는 뜻.

사문(死門)   사관死關. 죽음의 관문. 죽음은 사바세계에서 다른 세계로 가는 누구나 반드시 지나가야 하는 관문關門이라는 뜻.

사문(四門)   천태종에서 진성眞性의 이리에 증득해 들어가는 문. 유有·공空·역유역공亦有亦空·비유비공非有非空.

사문나(沙門那)   사문沙門.

사문유관상(四門遊觀相)📖 석가모니부처가 싯다르타 태자 때 가비라성의 동남서북 4문을 나가서 동문 밖에서는 늙은이를 보고, 남문 밖에서는 병든 이를 보고, 서문 밖에서는 죽은 사람을 보고, 북문 밖에서는 승려를 보고 마침내 출가할 뜻을 가진 것을 말한다.

사문유관상(『월인석보(月印釋譜)』)

사물(四物)📖 불전사물佛殿四物. 사찰에서 사용하는 의식용 도구 4가지를 말한다. 큰 종인 범종梵鐘, 북인 법고法鼓, 나무를 고기 모양으로 만든 목어木魚, 운판雲板. 종鐘은 명부冥府를 청하고, 목어는 수부水府를 청하고, 운판은 공계空界의 대중을 청하고, 법고는 세간世間의 대중을 청한다고 한다. 법구의 종류와 법을 나타냄에 있어 문헌마다 많은 차이가 있다.

사미(四昧) 4가지 종류의 즐거움으로 사종락四種樂 또는 사무죄락四無罪樂이라고도 한다. 출가미出家味·이욕미離欲味·적멸미寂滅味·도미道味.

사미(沙彌)📖 śrāmaṇeraka 수행 생활의 제1단계에 입문한 제자, 신귀의자新歸依者를 말한다. śrāmaṇerikā는 사미니. 십계十戒를 받은 만 20세 이전의 나이 어린 출가자. 칠중七衆 가운데 하나. 또는 근책여勤策女로 번역. 13세까지는 식탁에 날아오는 까마귀를 쫓는다고 하여 구오사미驅烏沙彌, 14세부터 19세까지는 사미다운 생활을 할 수 있다고 하여 응법사미應法沙彌, 20세가 넘었지만 구족계를 받지 못하여 비구가 아닌 경우를 명자사미名字沙彌라고 한다.

사미계(沙彌戒)📖 사미니가 힘써서 익히고 꼭 지켜야 하는 근책율의勤策律儀를 말한다. 살아 있는 생명을 죽이지 말라는 불살계不殺戒. 훔치지 말라는 불도계不盜戒. 음행하지 말라는 불음계不婬戒. 거짓말하지 말라는 불망어계不妄語戒. 술 마시지 말라는 불음주계不飮酒戒. 꽃다발을 쓰거나, 향수를 바르지 말라는 이화만등계離花鬘等戒. 노래하고 춤추며 풍류놀이 하지 말고, 가서 구경하지도 말라는 이가무등계離歌舞等戒. 높고 넓은 큰 평상에 앉지 말라는 이고광대상계離高廣大床戒. 때 아닌 때 먹지 말라는 이비시식계離非時食戒. 금은보화를 가지지 말라는 이금보물계離金寶物戒. 사미니계도 이와 같다.

사미니(沙彌尼) 근책녀勤策女로 번역. 십계十戒를 지키는 나이 어린 여자 출가자. ➡ 사미沙彌

사미니계(沙彌尼戒) 사미니가 받아 지녀야 할 10가지의 계율. 사미십계沙彌十戒. ➡ 사미계沙彌戒

사미십계(沙彌十戒). ➡ 사미계沙彌戒

사바(娑婆)📖 sahā 대지大地의 뜻이며, 능인能忍·인토忍土·감인토堪忍土·인계忍界로 번역한다. 사바세계. 중생이 사는 세계. 중생들이 십악十惡과 삼독三毒에 빠져서 온갖 번뇌를 참아 내며 벗어나지 못하는 곳을 말한다.

사바라밀(四波羅蜜) ①상常·낙樂·아我·정淨. ②진언밀교에서 금강계 만다라의 주존主尊 대일여래를 중심으로 하여 동쪽인 앞의 금강바라밀, 남쪽인 왼쪽의 보바라밀, 서쪽인 뒤의 법바라밀, 북쪽인 오른쪽의 갈마바라밀의 4보살을 말한다.

사바라이(四波羅夷) 승니僧尼로서 지켜야 하는 계율 가운데 가장 중대한 것 4가지. 대음계大婬戒·대도계大盜戒·대살계大殺戒·대망어계大妄語戒.

사바세계(娑婆世界) sahā 감인토堪忍土·인계忍界·인토忍土로 번역한다. 석가모니부처가 태어난 중생이 사는 세계를 말한다.

사바즉적광(娑婆卽寂光) 더러운 것이 가득한 사바세계가 그대로 법신이 머무는 상적광토常寂光土라는 말. 부처가 보는 세계, 실상 진여의 이치를 말한 것.

사바하(娑婆訶)📖 svāhā 신神에 대하여 행복하기를, 축복하기를, 기도의 끝에 사용하는 등의 축원의 뜻. 실담자는 𑀲𑀸送扣svāhā. 구경究竟·원만圓滿·성취成就·산거散去의 뜻이 있다. 진언의 끝에 붙여 성취를 구하는 말. 또는 부처를 경각警覺시키는 말이라고도 한다. 원래는 신神에게 물건을 바칠 때 인사로 쓰던 말이라고 한다.

사박(四縛) bandha 묶는 것, 수축하는 것, 끼워 맞추는 것, 잡는 것, 가교架橋, 속박, 용기容器의 뜻이 있다. 자신을 속박하는 4가지

번뇌. 욕애신박欲愛身縛·진에신박瞋恚身縛·계도신박戒盜身縛·아견신
박我見身縛. 사결四結이라고도 한다.

사방(四方) 동쪽, 남쪽, 서쪽, 북쪽.

사방궐(四方橛) 금강궐金剛橛.

사방당(四方堂) 시방의 비구들이 머무는 객료客寮.

사방사불(四方四佛) 동방 향적세계香積世界의 아축불阿閦佛·남방
환희세계의 보상불寶相佛·서방 안락세계의 무량수불無量壽佛·북방
연화장엄세계의 미묘성불微妙聲佛.

사방승물(四方僧物) 사찰의 사방당四方堂에 갖춘 물건. 시방의 비
구들에게 공양하기 위해 예비해 두는 물건. 반미飯米와 같은 것.

사방신장(四方神將) 신병神兵을 거느리고 사방을 맡은 신장. 동쪽
의 청제장군靑帝將軍, 서쪽의 백제장군白帝將軍, 남쪽의 적제장군赤
帝將軍, 북쪽의 흑제장군黑帝將軍을 가리킨다.

사방주(四方呪) 아阿·마摩·라羅·하訶. 사방으로 쓰는 진언.

사방찬(四方讚) 사방에 물을 뿌려 청정하게 한다는 뜻의 게송으
로 '일쇄동방결도장一灑東方潔道場 이쇄남방득청량二灑南方得淸凉 삼
쇄서방구정토三灑西方俱淨土 사쇄북방영안강四灑北方永安康'이다.

사배(四輩) ①사중四衆. 사부四部 제자. 곧 비구比丘·비구니比丘尼·
우바새優婆塞·우바이優婆夷. ②사중승四衆僧. 부처가 설법할 때 그
자리에 있던 대중들의 4부류. 곧 발기중發起衆·당기중當機衆·영향
중影響衆·결연중結緣衆.

사백(師伯) 사승師僧의 법형. 사숙師叔이라고도 한다.

사백사병(四百四病) 사람의 몸에 생기는 병의 전부. 사대가 각각
101가지의 병을 지니고 있으므로 모두 404가지 병病이라고 한다.

사번뇌(四煩惱) 제7 말나식末那識과 항상 상응하는 4가지 번뇌.
사혹四惑이라고도 한다. 아치我痴·아견我見·아만我慢·아애我愛.

사범당(四梵堂) 자慈·비悲·희喜·호護 또는 사捨의 사무량심四無量
心을 말한다.

사범복(四梵福) 범복梵福. 범천에 태어나는 4가지 복행福行. 기탑起塔·보치고사補治故寺·화합성중和合聖衆·권전법륜勸轉法輪.

사범주(四梵住) 자자慈·비비悲·희희喜·사捨의 사무량심四無量心을 말한다.

사법(嗣法) ①법을 계승한다. ②법사法嗣라고도 한다. 선사先師의 법계法系를 이어 받는 것. 곧 법제자.

사법(四法) ①불·법·승 삼보三寶 가운데 법보法寶를 나누어 교법教法·이법理法·행법行法·과법果法으로 한 것. ②불사보리심不捨菩提心·불사선지식不捨善知識·불사감인애락不捨堪忍愛樂·불사아련야不捨阿練若. ③신信·해解·행行·증證.

사법계(事法界) 사법계四法界 가운데 하나. 세계 현상을 이리理와 사사로 나누어 존재를 증명하는 것. 사법계事法界의 사사는 사물·현상이라고 하고, 계界는 분分으로 개체와 개체에 공통성이 없는 차별의 세계라고 하는 것. 이법계理法界의 이리는 원리·본체·법칙이라고 하고, 계界는 성性으로 공空의 여여如如로서 공통성을 말한다.

사법계(四法界)📖 화엄의 우주관. 전 현상계의 존재를 4가지로 살핀 것. 즉 사事·이리理·이사理事·사사무애事事無碍 법계. ①사법계事法界의 사사는 사물·현상이라고 하고 계界는 분分으로 개체와 개체에 공통성이 없는 차별의 세계라고 하는 것. ②이법계理法界의 이리는 원리·본체·법칙이라고 하고 계界는 성性으로 공空의 여여如如로서 공통성을 말하는 것. ③이사무애법계理事無碍法界는 현상계와 본체계가 떨어져 있지 않고 하나의 상호관계 속에 있다고 하는 것. 여래장연기의 경계. ④사사무애법계事事無碍法界는 개체와 개체가 자재하며 서로 융섭하는 상즉相卽·상입相入의 관계라고 하는 것. 동풍파와 서풍파가 다르지 않음에 비유한 말.

사법계관(四法界觀) 사법계四法界를 자세히 살피는 관법.

사법불괴(四法不壞) 괴멸하지 않는 4가지 법. 정수심正受心·금강

金剛·불사리佛舍利·광음천궁전光音天宮殿.

사법아라한(思法阿羅漢) 6가지 아라한 가운데 하나. 자기가 이미 얻은 아라한의 과果에서 성품이 우둔한 근기는 증득한 과果에서 물러나 잃어버릴까 두려워한 나머지 항상 자살自殺하여 무여열반無餘涅槃에 들려고 생각하는 아라한.

사법요(四法要) 법회를 할 때 중요한 네 가지 법의 쓰임을 말한다. 범패로 여래의 묘한 색신을 찬탄하는 송범패誦梵唄, 꽃을 뿌리면서 불에게 공양하는 산화散花, 여래의 법음이 울리도록 하는 창범음唱梵音, 손에 석장을 들고 게송을 읊으며 석장을 흔드는 진석장振錫杖과 같은 방법으로 법을 보이는 것. 주로 일본 의식에서 불리고 있다.

사법인(四法印) 모든 법의 진리를 나타내는 표상. 일체행무상인一切行無常印·일체행고인一切行苦印·일체법무아인一切法無我印·열반적정인涅槃寂靜印. 제행무상諸行無常·제법무아諸法無我·열반적정涅槃寂定의 3가지에 일체개고一切皆苦를 더하여 사법인四法印이라고 한다.

사변(四辯) 의변義辯·법변法辯·사변辭辯·설변說辯. ➡ 사무애변四無礙辯

사변(四變) 유식에서는 세간의 내內와 외外는 모두 아뢰야식이 변하여 드러난 것으로 공중공共中共·공중불공共中不共·불공중불공不共中不共·불공중공不共中共의 4종으로 분류하는 것.

사변(辭辯) 사무애변辭無礙辯. 사무애변四無礙辯·사변思辯 가운데 하나. ➡ 사무애변四無礙辯

사병(四病) 원각圓覺을 잘못 구하는 병. 4가지의 병. 이것저것 여러 가지 수행으로 원각을 구하려는 작병作病, 생사를 끊지 않고 원각을 구하는 임병任病, 생각을 끊고 고요함으로 원각을 구하려는 지병止病, 모든 번뇌를 끊어 원각을 구하려는 멸병滅病을 말한다.

사병(寫瓶) 사병瀉瓶. 병의 물을 다른 병에 쏟아부을 때 한 방울의 물도 흘리지 않는 것을 스승과 제자가 법을 전하는 것에 비유한 말. 사장師匠이 제자에게 교법을 조금도 남김없이 모두 전해 주는 것을 말한다.

사병(四兵) 전륜왕이 다닐 때 지니는 4가지 병기. 상병象兵·마병馬兵·거병車兵·보병步兵.

사보살(四菩薩) ①『법화경』에 나오는 4보살. 상행보살·무변행보살·정행보살·안립행보살. ②태장계 만다라의 중앙 팔엽원八葉院의 4면에 있는 보현·문수·관자재·미륵의 네 보살.

사본상(四本相) 본상本相. 모든 사물을 생멸 변화하게 하는 근본 원리인 생生·주住·이異·멸滅의 사상四相. 사수상四隨相의 반대말.

사부대중(四部大衆) 사중四衆. 비구·비구니·우바세·우바이.

사부율(四部律) 율부의 4가지. 『십송률』 61권, 『사분율』 60권, 『승기율』 40권, 『오부율』 30권.

사부제자(四部弟子) 사중四衆. 비구·비구니·우바새·우바이.

사부첩(祠部牒) 도첩度牒.

사분(四分)📖 ①법상종에서 만법 유식唯識의 교의教義에 근거하여 인식 과정의 의식 작용을 4가지로 나눈 것. 즉, 객관의 대상을 보는 심心의 작용인 견분見分, 객관 대상의 모양이 떠오르는 상분相分, 견분과 증자증분을 증지證知하는 자증분自證分, 자증분을 다시 증지證知하는 증자증분의 사분四分을 세운 것. 견분·상분·자증분·증자증분證自證分. ②사분법四分法. 비구법比丘法·비구니법比丘尼法·수계법受戒法·멸쟁법滅諍法.

사분가(四分家) 법상종에서 인식 과정의 사분四分을 말하는 계파. 호법護法 논사의 계통을 가리킨다.

사분법(四分法) 비구법比丘法·비구니법比丘尼法·수계법受戒法·멸쟁법滅諍法.

사분율종(四分律宗) 담마국다가 만든 종파로서 『사분율』을 근본 성전으로 하고 세운 종지宗旨.

사분종(四分宗)　사분율종.

사불(四佛)　①현재 현겁賢劫의 4부처. 구류손불俱留孫佛·구나함불俱那含佛·가섭불迦葉佛·석가모니불釋迦牟尼佛은 이미 모두 입멸한 부처들이므로 과거 4불이라고 한다. ②천태종에서 장藏·통通·별別·원圓의 사교四敎를 말한 4부처. ③밀교 금강만다라의 대일여래의 동남서북에 있는 아촉불·보생불·아미타불·불공성취불을 말한다.

사불가득(四不可得)📖　세간에서 이루기 어려운 4가지. 상소불가득常少不可得은 항상 나이 어린 동자가 되고 싶지만 불가능한 것, 무병불가득無病不可得은 병 없이 건강하기를 원하지만 불가능한 것, 장수불가득長壽不可得은 오래 살기를 바라지만 탐욕과 번뇌에 시달려 도리어 목숨이 짧아지는 것, 불사불가득不死不可得은 영원히 죽지 않기를 바라지만 불가능한 것을 말한다.

사불가사의(四不可思議)📖　생각하기 어려운 4가지. 중생불가사의衆生不可思議는 중생이 나는 원인과 돌아가는 결과를 알기 어려움, 세계불가사의世界不可思議는 세계가 생성하고 변화 괴멸하는 시종을 헤아리기 어려움, 용경계불가사의龍境界不可思議는 용이 자유로이 비를 내리게 하여 온 천하를 적시는 것을 헤아리기 어려움, 불경계불가사의佛境界不可思議는 모든 부처의 경지를 보통 사람이 헤아리기 어려움을 말한다.

사불가설(四不可說)📖　『대반열반경』「덕왕품」에서 말한 불생생不生生·생생生生·생불생生不生·불생불생不生不生·생生·불생不生의 6가지 불가설不可說 가운데 앞의 4가지. 천태 지의는 화법사교化法四敎의 장藏·통通·별別·원圓에 배당시키기도 한다. 생생불가설生生不可說은 장교藏敎에서 세상 모든 사물이 생기는 인연과 생긴 물·심의 온갖 법을 모두 실유實有라고 하면서도 그 이치는 말하기 어려운 것, 생불생불가설生不生不可說은 통교通敎에서 세상 모든 사물이 생기는 인연과 생긴 물·심의 세상 모든 사물이 자체가 모두 공空하다고 하면서도 그 이치는 설명하기 어려운 것, 불생생불가설不生生不可說은 별교別教에서 불생인 진여가 연緣을 만나 모든 현상을 낸다고 하면서도 그 이치는 설명하기 어려운 것, 불생불생불가설不生不生不可說은 진여의 이체理體와 십계十界의 모든 현상이 아무런 차별이 없다고 하면서도 그 이치는 말과 글자로써 설명하기 어려운 것을 말한다.

사불견(四不見)📖 경계에 따라 다른 것은 보지 못하고 자기가 속한 경계만을 보는 4가지. 물고기가 자기가 사는 집만 보고 물은 못 보는 것을 어불견수魚不見水, 사람이 바람의 소리는 듣지만 형상은 볼 수 없는 인불견풍人不見風, 사람에게 영靈이 밝아 깨달아 아는 성품은 갖추어져 있지만 번뇌에 쌓인 혹惑으로 성품을 보지 못하는 미불견성迷不見性, 깨달아 아는 사람은 이미 영지靈知의 성품을 깨달아 본래 공적하여 공空에 집착하지 않아 공성空性을 얻을 수 없으므로 공空에 집착하지 않는 오불견공悟不見空을 말한다. 종밀은 앞의 2가지를 혜해탈慧解脫이라고 하고, 뒤의 2가지를 심해탈心解脫이라고 한다.

사불생(四不生)📖 생生은 어떤 논리로도 성립할 수 없으므로 공空이라는 주장. 용수가 지은 『중론』에 있는 불자생不自生·불타생不他生·불공생不共生·불무인생不無因生을 말한다.

사불성과(四不成過) 인명학因明學에서 논식論式을 세울 때, 인因에 생기는 종법성宗法性이 완전하지 못하여 생기는 열 가지 허물 가운데 앞의 네 가지. 양구불성兩俱不成·수일불성隨一不成·유예불성猶豫不成·소의불성所依不成.

사불지견(四佛知見) 『법화경』에서 부처가 일대사인연으로 출현하여 부처의 지견知見을 개시오입開示悟入하는 개불지견開佛知見·시불지견示佛知見·오불지견悟佛知見·입불지견入佛知見.

사불퇴(四不退) ①부처의 법을 수행하는 가운데 얻은 덕을 다시 잃지 않는 지위. 위불퇴位不退·행불퇴行不退·염불퇴念不退·처불퇴處

不退. ②신불퇴信不退·위불퇴位不退·증불퇴證不退·행불퇴行不退.

사비량(似比量) 비량比量과 비슷하나 판단이 그릇된 것. 안개를 연기인 줄 잘못 알고 불이 났다고 여기는 것이나, 담 너머 뿔을 보고 죽순으로 생각하는 것 따위. ➡ 사량似量

사비상계(四非常偈). ➡ 사무상계四無常偈

사빈주(四賓主) 임제종에서 학인을 제접하고 교화하여 가르치는 4가지 요간법料簡法. 빈중빈賓中賓·빈중주賓中主·주중빈主中賓·주중주主中主.

사사(四事) 공양하는 4가지 사물. ①의복·음식·와구臥具·탕약湯藥. ②의복·음식·산화散華·소향燒香. ③방사房舍·음식·의복·산화소향散華燒香.

사사(四蛇) 하나의 상자 안에 있는 발 4개의 뱀을 지·수·화·풍 사대四大에 비유하여 말한 것.

사사(四捨) 재물을 베푸는 재사財捨, 법을 베푸는 법사法捨, 무외를 베푸는 무외사無畏捨, 스스로 번뇌를 여의는 번뇌사煩惱捨.

사사(四師) 당대唐代에 새로이 『신화엄경론』을 지어 종宗을 크게 떨쳤다고 하는 이통현李通玄, 송대宋代에 다시 화엄종을 흥성시켰다고 하는 자선子璿, 종풍을 드날려서 주소注疏를 지은 정원淨源, 화엄의 염불 법문을 드날린 의화義和를 말한다.

사사공양(四事供養) 음식飮食·의복衣服·와구臥具·탕약湯藥. 와구 대신 방사房舍를 넣기도 한다.

사사무애법계(事事無碍法界) 사법계四法界 가운데 하나. 현상계의 모든 사물이 서로 장애되지 않고 사법계와 이법계가 서로 융통할 뿐 아니라 현상·차별계 사이에도 융통한다고 보는 것.

사사문(四沙門) 사문沙門으로 출가하여 수행하는 사람을 4가지로 분류한 것. ①승도사문勝道沙門·시도사문示道沙門·명도사문命道沙門·오도사문汚道沙門. ②사종승四種僧. 유수승有羞僧·무수승無羞僧·아양승啞羊僧·실승實僧.

사사유(邪思惟) 불교의 이치에 어긋나는 사고思考.

사산(死山) 사출산死出山. 죽은 후 첫 7일째에 진광대왕의 청廳에 나아가는 중간에 있는 삼도천三途川과 함께있는 산.

사산(四山) 사람 몸의 무상無常을 생·노·병·사 4가지 모습의 산에 비유한 것. 생산生山·노산老山·병산病山·사산死山. 생산生山을 쇠모산衰耗山이라고도 한다.

사상(事相) ①본래의 체體인 진여에 대하여 현상계에 하나하나 차별되게 나타나는 모양. ②밀교에서는 교상教相에 대하여 단壇을 만드는 조단造壇, 관정灌頂, 손으로 짓는 인印 등의 위의威儀의 행법行法을 말한다.

사상(四相) ①중생들이 몸과 마음에 대하여 잘못 아는 4가지 모습을 말한다. 곧, 아상我相·인상人相·중생상衆生相·수자상壽者相. ②모든 법法이 변하는 모양인 생生·주住·이異·멸滅. ③생生·노老·병病·사死.

사상(死相) ①사상四相 가운데 하나. ②9가지 무학無學 가운데 하나. ③사법아라한思法阿羅漢. 아라한이 얻은 법을 잃을까 두려워하여 죽으려고 생각하는 성품이 둔한 이.

사상도(四相圖) 부처의 생애를 출생·성도·전법륜·입열반의 4가지 형태, 또는 탁태托胎·출유出遊·출가·항마의 네 가지 형태로 묘사한 것.

사상위과(四相違過) 사상위四相違·사상위인四相違因. 신인명新因明에서 삼지작법三支作法의 인因에 14가지 허물을 세운 뒤의 4과過를 말한다. 법자상상위인과法自相相違因過·유법자상상위인과有法自相相違因過·법차별상위인과法差別相違因過·유법차별상위인과有法差別相違因過.

사생(四生) ①생물이 태어나는 4가지 형태. 태생胎生·난생卵生·습생濕生·화생化生. ②생生은 어떤 논리로도 성립할 수 없으므로 공空이라는 불생不生의 주장. 온갖 사물이 나는 4가지 유형. 자생自

生·타생他生·자타공생自他共生·무인생無因生.

사생백겁(四生百劫) 연각緣覺의 수행에 필요한 2가지 유형의 시간. 곧 빠르게 닦는 이는 사생四生을 거치고, 느리게 닦는 이는 백겁百劫을 거친다는 뜻.

사생지증명(死生智證明) 삼명三明 가운데 하나. 천안명天眼明이라고도 한다. 중생이 여기서 죽어 저기서 나는 과정을 아는 지혜.

사석(師釋) 불보살의 경·논에 대해서 조사祖師들이 해석한 것을 말한다.

사석(四釋) 천태 지의가 『법화경』을 해석할 때 쓴 네 가지 방법으로 사종석의四種釋義를 말한다. 곧, 만들어진 인연을 설명하는 인연석因緣釋, 부처의 평생 가르침을 4교教로 나누어 각각의 다른 점으로 설명하는 약교석約教釋, 경을 본문本門과 적문迹門으로 나누어 설명하는 본적석本迹釋, 앞의 3가지 석釋을 바탕으로 낱낱 사물의 진여를 마음으로 관觀하여 몸에 익히는 관심석觀心釋을 말한다.

사선(四禪) 색계色界 선정의 종류. 사선정四禪定, 사정려四靜慮, 사선천四禪天. 초선初禪·이선二禪·삼선三禪·사선四禪.

사선(邪扇) 사특한 도로써 사람들을 선동하는 것을 비유하는 말.

사선구천(四禪九天) 색계십팔천色界十八天의 하나. 무운천無雲天·복생천福生天·광과천廣果天·무상천無想天·무번천無煩天·무열천無熱天·선견천善見天·선현천善現天·색구경천色究竟天.

사선근(四善根) 사가행四加行, 사선근위四善根位, 사가행위四加行位. 난위暖位·정위頂位·인위忍位·세제일위世第一位. ➡ 사가행위四加行位

사선근천제(捨善根闡提) 모든 선근을 끊어 선천적으로 성불할 가능성이 없는 극악한 사람. 이종천제二種闡提 가운데 하나.

사선리(沙禪里) 열 손가락을 합치는 것. 곧 깍지 끼는 것을 말한다.

사선법(四善法) 네 가지 선행善行. 곧 선지식을 가까이 하는 근선지식近善知識, 교법을 잘 듣는 능청수법能聽受法, 교법의 의리를 잘 생각하는 능사유의能思惟義, 교설教說과 같이 수행하는 여설수행如

說修行을 말한다.

사선정(四禪定) 색계 사선천四禪天에 나는 선정. 사정려四靜慮.

사선제천(四禪諸天) 색계의 초선천初禪天·이선천二禪天·삼선천三禪天·사선천四禪天.

사선천(四禪天) 사선四禪. 사선정四禪定을 닦아서 나는 색계의 네 하늘. 초선初禪 3천·이선二禪 3천·삼선三禪 3천·사선四禪 9천. 모두 18천天.

사선팔정(四禪八定) 색계 사선四禪과 무색계의 사무색정四無色定.

사설(四說) 사종광설四種廣說·사종묵인四種墨印. ➡ 사종광설四種廣說

사섭(四攝) ①사섭법四攝法. ②사섭보살四攝菩薩.

사섭금강(四攝金剛) 사섭보살四攝菩薩.

사섭법(四攝法) 중생을 교화하기 위한 보살의 4가지 수행 덕목을 말한다. 보시布施·애어愛語·이행利行·동사同事.

사섭보살(四攝菩薩) 진언종의 금강계 만다라 37존尊 가운데 구鉤·삭索·쇄鎖·영鈴의 4보살.

사성(四聖) ①십계十界를 보통 사람凡夫과 성자聖者 두 종류로 나눈 것. 성문聲聞·연각緣覺·보살菩薩·불佛. ②극락사성極樂四聖. 아미타불·관세음보살·대세지보살·대해중보살. ③성문 증과證果의 4위位. 예류과預流果·일래과一來果·불환과不還果·아라한과阿羅漢果. ④구마라집 문하 4명의 뛰어난 승려. 도생道生·승조僧肇·도융道融·승예僧叡.

사성(四姓) 고대 인도의 4가지 계급. 바라문婆羅門, brāhmaṇa·찰제리刹帝利, kṣatriya·폐사吠舍, vaiśya·수타라首陀羅, śūdra.

사성례(四聖禮) 극락사성極樂四聖인 아미타불·관세음보살·대세지보살·대해중보살을 모시는 것. 현왕불공이 끝나고 빈소가 마련되면 빈소에 모신 금강탑다리니와 천수다라니를 향해서 거행한다.

사성정취(邪性定聚) 사정취邪定聚.

사성제(四聖諦) 📖 사제四諦·사진제四眞諦. 네 가지 성스러운 진리. 곧 고성제苦聖諦·집성제集聖諦·멸성제滅聖諦·도성제道聖諦. 초전법륜初轉法輪이라고도 한다. 성제聖諦는 고귀하다는 뜻을 포함하고 성인에 의해서만 진리로 알려지는 것을 말한다. 고성제는 생로병사의 네 가지 고통이 삶에서 피할 수 없는 것이기 때문에 고통의 진리라는 뜻이며, 고제苦諦라고도 한다. 집성제는 자기에게 생존이 고苦가 되는 것은 마음 깊은 곳에 갈애渴愛, 즉 욕망이 있기 때문이며, 이 무명無明으로 여러 가지 번뇌가 생기고 마음을 더럽히므로 고통의 원인이 되기 때문이다. 멸성제는 갈애를 남김없이 멸한 상태를 말하며, 고통의 멸의 진리로 갈애의 속박에서 벗어나는 열반이며 해탈을 말한다. 도성제는 갈애를 멸하는 길, 즉 팔정도의 실천이다.

사성종(四聖種) 성자聖者가 되는 4가지 종류의 행위. ①사성행四聖行. 분소의糞掃衣·걸식乞食·수하좌樹下坐·신심적정身心寂靜. ②수소득식희족성종隨所得食喜足聖種·수소득의희족성종隨所得衣喜足聖種·수소득와구희족성종隨所得臥具喜足聖種·요단요수성종樂斷樂修聖種. 앞의 네 가지는 의식주를 해결하는 최소의 것으로 만족하며 나머지 하나는 탐애를 끊어 도를 닦는 즐거움.

사성행(四聖行) 분소의糞掃衣·걸식乞食·수하좌樹下坐·신심적정身心寂靜. 네 번째가 양약良藥이 되기도 한다. 행사의行四依·사성종四聖種과 같다.

사손(師孫) 제자의 제자.

사수(捨受) 3수受·5수受의 하나. 불고불락수不苦不樂受라고도 한다. 몸과 마음에 고통도 즐거움도 느끼지 않는 감각 작용.

사수(四修) 4가지 수행의 유형. ①성도문聖道門의 사수四修. 무여수無餘修·장시수長時修·무간수無間修·존중수尊重修. ②정토문淨土門의 사수四修. 공경수恭敬修·무여수·무간수·장시수.

사수(四樹) 성문聲聞·연각緣覺·보살菩薩·불佛의 사승四乘을 비유한 말.

사수상(四隨相) 생生·주住·이異·멸滅의 네 가지 모양이 생生하고 멸滅하며 변천하는 원리原理. 곧, 생生의 상相을 낳게 하는 생생生生, 주住의 상相을 머무르게 하는 주주住住, 이異의 상相을 다르게 하는 이이異異, 멸滅의 상相을 멸하게 하는 멸멸滅滅을 말한다. 사상四相을 내며 그 상相을 유지하게 한다는 뜻.

사숙(師叔) 사백師伯. 사승師僧의 사형師兄·사제師弟를 말한다. 법숙法叔.

사순(邪旬) 다비茶毘의 와전된 말.

사슴괘 사슴이 그려져 있는 걸개그림.

사승(師僧) 자기의 스승 및 존경하는 승려.

사승(四乘) 중생을 태워서 깨달음인 해탈로 이끄는 가르침을 수레에 비유한 것. 승乘은 타고 싣는다는 뜻. 성문승·연각승·보살승·일승一乘. 광택사光宅寺의 법운法雲이 『법화경』「비유품」의 비유인 양거羊車·녹거鹿車·우거牛車와 문외門外에 있다는 대백우거大白牛車에 의해 4승교를 세웠다.

사승가(四乘家) 천태종에서 성문·연각·보살의 삼승三乘을 양거羊車·녹거鹿車·우거牛車와 문 밖의 대백우거大白牛車인 1불승佛乘을 세워 이를 합하여 부르는 말.

사승관지(四乘觀智) 성문·연각·보살·불이 12인연을 관觀하는 지혜에 하관지下觀祉·중관지中觀祉·상관지上觀祉·상상관지上上觀祉의 구별을 두는 것.

사승마유(蛇繩麻喩) 법상종에서 체體와 상相의 성질을 3가지로 나누어 변계소집성遍計所執性·의타기성依他起性·원성실성圓成實性으로 하고 이 3성性의 관계를 나타내는 비유. 한밤중에 새끼줄을 밟고 뱀으로 잘못 알 때, 뱀은 변계소집성, 새끼줄은 의타기성, 볏짚은 원성실성에 비유한 것.

사시(四施) 4가지 보시. 필시筆施·묵시墨施·경시經施·설법시說法施.

사시(四時) 부처의 일대를 5시時로 나눈 것 가운데, 법화 이전의 화엄시華嚴時·녹원시鹿苑時·방등시方等時·반야시般若時.

사시공양(巳時供養) 점심 공양. 부처가 오전 11시경인 사시巳時에 하루 한 끼만 식사를 한 것에서 유래. 하루에 한 번 먹는다고 하여 일종식一種食이라고도 한다.

사시좌선(四時坐禪) 하루 동안 때를 정해 네 번 좌선하는 것. 황혼黃昏·밤중[後夜]·새벽[早辰]·신시晨時를 말한다.

사식(四食) āhāra 공경하다, 얻을 수 있다, 공경하는 것, 가지고 오는 것, 식물食物, 양糧, 자량資糧 등의 뜻이 있다. 몸을 기르고 유지하는 데 필요한 음식을 먹는 방법 또는 먹는 물건을 구하는 법의 네 종류. ①단식段食·촉식觸食·사식思食·식식識食. ②농사를 짓는 하구식下口食, 천문 등을 보는 앙구식仰口食, 벼슬이나 권력에 아부하는 방구식方口食, 주술이나 점술로 연명하는 유구식維口食.

사식(事識) 분별사식分別事識의 준말. 의식意識의 다른 이름. 몸 안에 있는 근根과 밖의 진塵, 즉 경境의 여러 가지 모양인 사상事象에 대하여 분별하고 사려思慮하는 식識.

사식(思食) 사식四食 또는 구종식九種食 가운데 하나. 생각과 희망으로 몸을 유지하는 것.

사식주(四識住) 사식처四識處라고도 한다. 식식이 머무는 곳의 4가지. 색식주色識住·수식주受識住·상식주想識住·행식주行識住.

사신(四信) 📖 ①『기신론』에서는 진여와 불법승 삼보를 믿는 신. 근본신根本·신불信佛·신법信法·신승信僧. ②천태종에서는 『법화경』「분별공덕품」을 근거로 부처가 세상에 있을 때 제자가 믿고 앎이 같지 않음을 4가지 계위로 나타낸 것. 들은 것을 깨달아 알기는 하지만 혼자만 아는 데 그치고 남에게 교를 설할 수는 없는 염신해念信解, 법을 설하는 능력이 조금은 있지만 다른 사람을 향해서는 간략하게 설하는 약해언취略解言趣, 널리 듣고 널리 알아서 다른 사람을 위해서 널리 설하는 광위인설廣爲人說, 믿고 알고 법을 설하고 관행觀行이 구족하여 스스로 관觀의 체體를 얻은 심심관성深信觀成.

사신(四身) 4가지 불신. ①법신法身·보신報身·응신應身·화신化身. ②법신法身·보신報身·법응신·보응신. ③자성신自性身·자수용신自受用身·타수용신他受用身·변화신變化身. ④응화불·공덕불·지혜불·여여불如如佛. ⑤진신불·응신불·화신불·화신비불.

사신(捨身) 보시의 행으로 육신인 목숨을 버려서 공양하는 것.

사신족(四神足) 사여의족四如意足.

사실(四實) saindhava 바다에 관계한다, 바다의, 해상海上의, 지방에 속하는, 지방의 주민, 지방의 왕자, 낮은 말 등의 뜻이 있으며, 원래는 인도 강가에서 생산하는 소금이란 뜻. 명名과 실實로서 사물 하나의 체體에 대하여 양면을 삼는 것으로 떨어질 수 없는 요소를 말한다. 수水·염鹽·기器·마馬.

사실단(四悉壇) 📖 siddhānta 확립된 결론, 실증된 진리, 확실한 설, 진실한 결론, 천문학상의 저작 등의 뜻이 있다. 부처가 법을 설하여 중생을 교화하는 방법을 넷으로 나눈 것. 세계실단世界悉壇·각각위인실단各各爲人悉壇·대치실단對治悉壇·제일의실단第一義悉壇.

사심(四心) ①육단심肉團心·연려심緣慮心·집기심集起心·견실심堅實心. ②지혜심智慧心·방편심方便心·무장심無障心·승진심勝眞心. ③직심直心·발행심發行心·심심深心·보리심菩提心. ④사무량심四無量心. 자慈·비悲·희喜·사捨.

사심구(捨心俱) 선인선善人禪 가운데 하나. 미워하거나 사랑함이 없이 평등한 마음과 함께 일어나는 선禪.

사심사관(四尋伺觀) 유식에서 가행위加行位에서 닦는 관법. 심사는 심구사찰尋求伺察한다는 뜻으로 유식 3성性에 대해 명名·의義·자성·차별差別의 4법에 있어 가유실무假有實無라고 관하나, 아직 확실한 지혜가 생기지 못하여 추구推求하고 사찰思察하는 관법.

사십구재(四十九齋)📖　공양供養의 한 형태로 상주권공재常住勸共齋라고도 한다. 사람이 죽으면, 7일째 되는 날마다 일곱 번 법식을 베풀고, 또는 죽은 지 49일째에 베푸는 재회齋會를 말한다. 이 49일 동안을 중유中有·중음中陰이라고 한다. 재齋를 지내는 이유는 살아 있는 이와 죽은 이 모두에게 부처의 법을 알게 하여 해탈하게 하려는 자비의 실천으로 행한다. 부처가 가르침을 실천한 공덕으로 목숨이 막 마치려고 할 때, 부처나 보살의 이름을 부르면 죄가 있거나 없거나 해탈할 수 있다고 한다. 착한 인연을 닦지 못하고 많은 죄가 있는 삶을 살고 죽은 자라 할지라도, 이웃 사람 모두가 죽은 자를 위해 복덕을 지어 주면 그 공덕으로 해탈할 수 있다고 하는 이타행의 한 실천 형태. 죽은 이를 위해 부처 앞에서 법식法食을 베풀면, 법식의 공덕 7분分 중에 1분은 영가에게 좋은 인因이 되고, 6분은 산자에게 좋은 인因이 되며, 돌아가신 부모와 권속을 위해 부처의 법식을 베풀면 공덕을 받는 죽은 자나 공덕을 베푸는 산 자에게 모두에게 좋은 인연이 된다고 한다.

사십이위(四十二位)　보살이 수행하는 계위階位의 41위位 가운데 10지와 묘각의 사이에 등각等覺을 두어 42위로 하는 것. 십주十住·십행十行·십회향十回向·십지十地·등각等覺·묘각妙覺.

사십이자문(四十二字門)　『반야경』·『화엄경』에서는 실담자悉曇字 42자의 모母에 대해서 각각 자체에 뜻이 있다는 것을 논하는데, 이를 42자다라니문, 42자문 등이라고 한다.

사십이품무명(四十二品無明)　천태의 원교圓敎에서 10주住·10행行·10향向·10지地·등각等覺·묘각妙覺까지의 보살 계위階位의 품마다 끊어 제거해야 할 무명無明을 말한다.

사십일위(四十一位)　보살이 수행하여 불佛의 과위果位에 이르는 동안의 계위階位. 10주住·10행行·10회향廻向·10지地·묘각妙覺.

사십종이명(寺十種異名)　절의 10가지 다른 이름. 사寺·정주淨住·법동사法同舍·출세사出世舍·정사精舍·청정원淸淨園·금강찰金剛刹·적멸도량寂滅道場·원리처遠離處·친근처親近處. 다음의 6가지 의미를 함유하고 있다. 굴굴窟窟·원원院院·임림·묘묘廟廟·난야蘭若·보통普通.

사십팔경계(四十八輕戒) 대승의 계율에 대한 48가지의 가벼운 계율. 10중금계重禁戒와 함께 대승 보살이 지니는 계율.

사십팔원(四十八願) 아미타불이 과거세에 법장비구法藏比丘로 수행할 때 세자재왕世自在王 부처의 처소에서 세운 서원으로 모두 48가지.

사아함경(四阿含經) 『장아함경』·『중아함경』·『잡아함경』·『증일아함경』.

사악(四惡) 망언妄言·기어綺語·양설兩舌·악구惡口.

사악도(四惡道) 사악취四惡趣.

사악취(四惡趣) 사악도四惡道. 지옥地獄·아귀餓鬼·축생畜生·수라修羅.

사안락행(四安樂行) ①『법화경』「안락행품」의 설법 내용으로 오탁악세에 『법화경』을 널리 펴는 천행淺行보살에게 스스로 행하고 남을 교회시키는 네 가지 법. 신안락행身安樂行·구안락행口安樂行·의안락행意安樂行·서원안락행誓願安樂行. ②『화엄경소』에서는 필경공행畢竟空行·신구무과행身口無過行·심무질투행心無嫉妬行·대자비행大慈悲行.

사암(寺庵) 큰 절과 작은 암자를 아울러 일컫는 말.

사액(四軛) 멍에를 씌우면 꼼짝 못함을 번뇌에 비유한 4가지. 욕액欲軛·유액有軛·견액見軛·무명액無明軛. 사폭류四瀑流와 같은 말. 액軛은 멍에.

사야지제바다(娑也地提婆多) 본존本尊.

사어(邪語) ①바르지 못하여 삿된 말. 망어妄語·양설兩說·추악어麤惡語·기어綺語 등. ②삼사행三邪行 가운데 하나. 진에瞋恚와 우치愚癡가 만들어 내는 언어.

사업(邪業) ①부정한 행위. 탐·진·치로 부터 일어나는 살殺·도盜·음淫·망妄. 곧, 살아 있는 생명을 죽이는 것, 주지 않는 것을 훔치

는 것, 사음邪淫하는 것, 거짓말하는 것. 부정한 행위를 업業이라
한다. ②삼사행三邪行 가운데 하나. 진에瞋恚와 우치愚癡로부터 일
어나는 행동.

사업(思業)📖 이업二業 가운데 하나. 신身·구口·의意 삼업 가운데
의업意業은 생각의 활동으로 이루어져 있다. 이때 생각 의지의 활
동이 시작하는 것을 사업思業이라고 하고, 생각 의지의 활동은 신
업身業과 어업語業으로 표현되어 끝이 나는데 이를 사이업思已業이
라고 한다.

사여래(四如來) 아귀를 구제하려는 공양의식. 다보多寶·묘색신妙
色身·광박신廣博身·이포외여래離怖畏如來의 네 여래의 명호를 부르
고 공양을 베풀면 마가다국에 모인 아귀는 배가 불러서 천상에
난다고 한다.

사여실지관(四如實智觀) 유식에서 모든 법法을 명名·의義·자성自
性·차별差別의 4종류로 관觀하여, 법이 지智로써 식識을 떠나서 존
재하지 않는다는 것을 아는 수행법. ➡ 사심사관四尋伺觀

사여의족(四如意足) anuruddha 원래는 나무, 각角, 골骨 등으로
손 모양을 만들어, 손이 닿지 않는 곳을 긁는 데 사용하는 물건이
었으며, 이를 여의如意라고 하였다. 후에 법회에서 법사法師·강사
講師 등의 지물指物로 사용하며 사신족四神足이라고도 한다. 욕여
의족欲如意足·정진여의족精進如意足·심여의족心如意足·사유여의족思
惟如意足.

사연(四緣) 물物·심心의 온갖 현상이 생기는 것에 대해 그 연緣을
넷으로 나눈 것. 인연因緣·등무간연等無間緣·소연연所緣緣·증상연增
上緣.

사연(四衍) 사승四乘.

사영사고(四榮四枯) 부처가 구시나가라성 사라쌍수 아래서 입멸
할 때, 네 그루의 나무는 무성하고 네 그루의 나무는 시들었다고
하는 말.

사예(四翳) 해·달의 빛을 장애하여 빛을 보지 못하게 하는 4가지. 구름雲·풍진風塵·연기烟氣·아수라阿修羅이며, 탐貪·진瞋·치癡·만慢의 4번뇌에 비유한 것.

사왕(四王) 사천왕四王天.

사왕(死王) 지옥의 주신主神으로, 죽은 사람의 왕이며 명계冥界를 총괄하는 왕. 즉 염마법왕焰摩法王.

사왕천(四王天) 욕계 6천天의 하나. 수미산 중턱, 해발 4만 유순에 있는 네 하늘. 지국천持國天·증장천增長天·광목천廣目天·다문천多聞天.

사외(死畏) vibhīṣaṇa 놀라다, 두려워하다 등의 뜻이 있다. 5가지 포외怖畏인 불활외不活畏, 악명외惡名畏, 사외死畏, 악도외惡道畏, 대중위덕외大衆威德畏 가운데 하나. 목숨을 사랑하고 아껴 죽는 것을 두려워하는 것.

사욕(四欲) 4가지 애욕. 정욕情欲·색욕色欲·식욕食欲·음욕婬欲.

사용과(士用果) 오과五果 가운데 하나. 6인因에 의해서 생기고 증득한 모든 과과를 5종으로 나눈 것 가운데 하나. 등류과等流果, 이숙과異熟果, 이계과離繫果, 사용과士用果, 증상과增上果. 사부士夫는 구유인俱有因과 상응인相應因의 2인因으로 생기는 과과를 말한다.

사원(寺院) 사寺는 승원僧園의 총명. 원院은 절 안의 다른 방들을 가리킨다.

사월파일(四月八日) 불생일佛生日·불탄절佛誕節. 부처님오신날. 부처가 기원전 623년 4월 8일 해 뜰 무렵에 중인도 가비라국의 룸비니 동산에서 마야부인의 오른쪽 옆구리로 태어난 날. ➡ 부처님오신날

사위(舍衛) Śrāvastī 사위성舍衛城. 중인도中印度 가비라위국迦毘羅衛國 서북쪽에 위치. 석가모니부처가 25년간 설법하고 교화하였다는 곳. 기원정사祈園精舍가 그 남쪽에 있었다고 한다. 문자聞者·문물聞物·풍덕豊德·호도好道 등으로 번역한다.

사위의(四威儀) 행行·주住·좌坐·와臥. 곧, 앉고 눕고 가고 오는 모든 거동을 말한다.

사위타(四韋陀) 폐다吠陀. ➡ 베다

사위피접(似位被接) 안위접按位接과 같은 말. 통교通教의 보살이 별교別教 또는 원교圓教의 가르침을 듣고 중도中道의 이치는 알았으나, 무명無明 번뇌를 모두 끊지 못하고 별교의 10회향위 또는 원교의 10신위에 머물러서 앞으로 더 나아가지 않는 것을 말한다.

사유(闍維) 다비茶毘와 같은 말.

사유(四維) 네 모퉁이. 네 구석. 사우四隅. 동서남북 사방의 사이인 동남·동북·서남·서북을 말한다.

사유(思惟) 불법을 생각하고 기억하여 잊지 않는 것. 정사유正思惟는 팔정도의 하나. 십법행十法行 가운데 하나.

사유(四有) 중생들이 윤회전생輪廻轉生하는 1기期를 넷으로 나눈 것. 중유中有·생유生有·본유本有·사유死有.

사유소(闍維所) 다비소茶毘所에서 산신단·미타단·영단 등이 차려진 곳. 다비와 같은 어원이지만, 다비장이라는 말보다 넓은 의미로 사용한다.

사유수(思惟修)📖 dhyāna 음사는 선禪, 선나禪那이며, 정려靜慮·기악棄惡·공덕림功德林·정정으로 번역한다. 마음을 한곳에 모아 움직이지 않고 자세히 사유思惟하며 수행한다는 뜻.

사유십과(似喩十過) 인명학因明學에서 삼지작법三支作法 가운데 비유인 유喩에 허물을, 동유同喩에 5가지와 이유異喩에 속한 5가지를 세운 것. 능립불성能立不成·소립불성所立不成·구불성俱不成·무합無合·도합倒合·소립불견所立不遣·능립불견能立不遣·구불견俱不遣·불리不離·도리倒離.

사율오론(四律五論) 율종의 전적典籍 가운데 중요한 네 가지 율장과 다섯 가지 논서. 율律은 살바다부薩婆多部에 속한 『십송률』 61권·담무덕부에 속한 『사분률』 60권·대중부에 속한 『마하승기율』

40권·미사색부에 속한 『오분율』 20권이며, 논論은 『비니모론』 8권·『마득록가론』 10권·『선견론』 18권·『살바다론』 9권·『명요론』 1권을 말한다.

사은(四恩) 4가지 은혜. ①부모·국왕·중생·삼보의 은혜. ②부모·사장師長·국왕·시주施主의 은혜.

사음(邪婬) 열 가지 악행인 십악十惡과 오계五戒 가운데 하나. 출가자에게는 행行은 물론 마음의 음행까지도 금지한다. 정상적인 음행이 아닌 삿되고 부정한 음행으로, 가정생활을 영유하기 위해 허락한 행위 이외에 다른 여성을 탐하는 것을 말한다. 그러나 자기의 아내라도 적당한 때, 장소, 방법 등이 아니면 행을 금한다.

사의(四依) 꼭 의지해야만 하는 4가지를 말한다. ①행사의行四依. 출가한 이가 닦아야 할 4가지 법. 분소의糞掃衣 등. ②법사의法四依. 불교의 법도를 이룰 수 있는 정법에만 의지하는 것. ③인사의人四依. 도를 구하는 이가 몸을 의탁할 수 있는 4사람. 수다원·사다함·아나함·아라한. ④설사의說四依.

사의단(四意端) 사정근四正勤.

사의대사(四依大士) 사의보살四依菩薩. 중생이 믿고 의지할 만한 네 종류의 사람. 출세범부出世凡夫, 예류과預流果와 일래과一來果의 사람. 불환과不還果의 사람, 아라한과의 사람. 수다원·사다함·아나함·아라한 등을 가리킨다.

사의법(四依法) 의법불의인依法不依人·의의불의어依義不依語·의지불의식依智不依識·의료의경불의불료의경依了義經不依不了義經.

사의보살(四依菩薩) 사의대사四依大士. ➡ 사의대사四依大士

사의사불의(四依四不依) 법사의法四依를 말한다. ➡ 사의四依

사의지(四意止) 사정단四正斷·사정근四正勤. 이미 생긴 악을 영원히 끊으려 하고, 아직 생기지 않은 악을 생기지 않도록 하며, 이미 생긴 선을 더욱 생기게 하고, 아직 생기지 않은 선을 생기도록 부지런히 수행하는 것.

사의취(四意趣) 부처가 설법할 때 대하는 4가지 마음의 방향. 평등의취平等意趣·별시의취別時意趣·별의의취別義意趣·중생낙욕의취衆生樂欲意趣.

사의평등(四義平等) 심왕心王과 심소心所가 상응하는 조건으로 4가지 평등한 뜻. 시간평등時間平等·소의평등所依平等·소연평등所緣平等·체사평등體事平等.

사이(四夷) 사바라이四波羅夷.

사이(㜷夷) 부처가 출가하기 전에 가졌던 다섯 가지 속성俗姓 가운데 하나.

사이업(思已業)📖 신身·어語·의意 삼업三業 가운데 의업은 생각과 의지의 작용으로 시작하여 신업身業과 어업語業으로 끝을 맺는다. 이때 생각과 의지의 작용이 시작하는 의업을 사업思業이라고 하고, 행으로 나타나 끝나는 신업과 어업을 사이업이라고 한다.

사인(四印) 사지인四智印·사종지인四種智印. 금강권대인金剛拳大印·삼매야인三昧耶印·법입法印·갈마인羯磨印. 『즉신성불의』에서는 4종 만다라를 4인印으로 해석한다. ①금강권대인은 대지인大智印이라고도 한다. 여러 존상尊像의 상호 구족한 몸. ②삼매야인은 제존이 가지고 있는 기장器仗·도검刀劍·윤보輪寶 등의 표치. ③법인은 제존의 종자 진언. ④갈마인은 제존의 위의威儀·사업事業.

사인(四忍)📖 인忍은 인가忍可·안인安忍의 뜻. 보살이 이치에 잘 머물러서 마음이 움직이지 않는 것. 무생법인無生法忍·무멸인無滅忍·인연인因緣忍·무주인無住忍.

사인사과(邪因邪果) 외도 4집執의 하나. 우주 모든 사물이 생기는 원인을 대자재천大自在天이라 하고 중생의 고통과 즐거움이 이 하늘의 기뻐함과 성냄에서 온다고 하는 것처럼 바르지 못한 인과를 주장하는 것.

사인십사과(似因十四過) 인명학因明學의 삼지작법三支作法 가운데 인因에 관한 14종의 허물. 양구불성兩俱不成·수일불성隨一不成·유예

불성유상不成·소의불성所依不成·공부정共不定·불공부정不共不定·동
분이전부정同分異全不定·이분동전부정異分同全不定·구분부정俱分不
定·상위결정相違決定·법자상상위인法自相相違因·법차별상위인法差別
相違因·유법자상상위인有法自相相違因·유법차별상위인有法差別相違因.

사인회(四印會) 진언종의 금강계 만다라 9회會 가운데 다섯 번째.
만다라의 오른쪽 상부에 있고 서남쪽에 있으므로 서남회西南會라
고도 한다.

사일(四一)🕮 ①실지實智로 드러나는 경계를 넷으로 나눈 것. 교
일教一·이일理一·기일機一·인일人一. 교일은 모두 성불하는 길의
가르침인 교教는 하나이며, 이일은 하나의 실다운 상相의 이치인
이리理는 하나이며, 기일은 혹惑을 가지런히 하는 하나의 과果로서
근기根機가 하나이며, 인일은 옛날의 성문이 마음을 고쳐 지금의
보살이 된 것을 말한다. ②불승佛乘을 개현開顯함에 교教·행行·인
人·이리理의 4가지에 나아가 그 뜻을 밝힌 것. 교일은 온갖 수행하
는 이에 통하여 교법은 하나뿐인 것. 행일은 수행은 모두 동일한
것. 인일은 수행하는 이는 그 근본이 똑 같은 것. 이일은 깨달은
진리는 하나인 것.

사자(師資) 사장師匠과 제자.

사자국(師子國) 스리랑카의 옛 이름.

사자단(使者壇) 병풍을 치고 단을 준비하여 사직사자四直使者의
위목位目을 모시는 것. 승려인 경우에는 밥·짚신·종이의 공양물을
준비하고, 재가 불자인 경우에는 술·돈·명태를 더 준비한다.

사자단작법(使者壇作法) 사자단使者壇과 사자반使者飯을 준비하여
연월일시를 주관하는 사직사자四直使者에게 돌아가신 분의 혼을
잘 안내해 줄 것을 부탁하며 올리는 공양. 열반쇠를 치며 수시收屍
와 동시에 시작한다.

사자문(捨字門) ष𝑎 모든 법의 본래 성性은 고요하기 때문. 실담
자에 뜻을 부여한다. ➡ 실담悉曇

사자문(娑字門) **I**(sa 모든 법과 모든 제諸는 얻을 수 없기 때문. 실담자에 뜻을 부여한다. ➡ 실담悉曇

사자분신삼매(師子奮迅三昧) 사자빈신삼매師子嚬伸三昧·사자위삼매師子威三昧. 사자가 한번 떨치며 달리는 모습인 분신奮迅의 동작은 민첩하고 순간인 것처럼 여래가 큰 위력威力을 나타내는 선정을 비유로 나타낸 것.

사자상승(師資相承) 스승이 제자에게 학해學解 법문을 전하여 이를 받아 지녀 끊이지 않게 한다.

사자소(使者疏) 죽은 사람에게 법회의 뜻을 알리는 소疏.

사자신중충(獅子身中蟲) 사자 몸에 붙어 있으면서 그 살을 뜯어먹는 벌레. 불법을 해치는 나쁜 비구를 비유한다.

사자위삼매(師子威三昧) 사자분신삼매師子奮迅三昧.

사자유(獅子乳) 보살의 보리심菩提心을 비유한다.

사자재(四自在) 계戒·신통神通·지智·혜慧.

사자좌(獅子座) 부처가 앉는 대좌臺座. 부처가 가장 높은 지위에 있으므로 사자에 비유한 말. 연화좌蓮華坐라고도 한다.

사자후(師子吼) siṃhanāda 사자의 울음소리, 따오기의 소리, 전쟁할 때 싸우는 용감한 소리, 강한 자신 등의 뜻이 있다. 사자의 포효하는 소리에 부처가 설법하는 소리를 비유한 것. 동물 중에 왕인 사자가 한번 울음소리를 내면 모든 짐승이 두려워하고 굴복하듯이, 부처가 대중을 위해 법을 설하면 대중에게 두려워할 것이 없다는 것을 비유한 말.

사잣밥 고복皐復을 하고 밥상에 밥 세 그릇과 술 석 잔과 백지 한 권, 북어 세 마리, 짚신 세 켤레, 약간의 동전을 얹어 놓고 촛불을 켜서 뜰아래나 대문 밖에 차려 놓아 저승사자를 대접해 편안히 모셔 가게 해 달라는 의미가 있다.

사장(四障) 수행에 장애가 되는 네 가지. ①중생이 법法을 닦는 데 장애하는 4가지. 혹장惑障·업장業障·보장報障·견장見障. ②사혹장**사혹장**四惑障. 일천제一闡提·외도外道·성문聲聞·연각緣覺의 4사람에게 일어나는 4가지 장애. 천제불신장闡提不信障·외도착아장外道著我障·성문외고장聲聞畏苦障·연각사심장緣覺捨心障.

사장(四藏) 불교 경전의 4가지 분류. 경·율·논 삼장三藏에 잡장雜藏 또는 주장呪藏을 더한 것.

사장(師匠) 스승이 되는 승려. 사옹師翁. 공장工匠이 기구를 만들듯이 제자의 삼학三學을 성취시키는 것.

사장(事障) 이장二障 가운데 하나. 탐貪·진瞋·치癡 등의 번뇌가 생사에 상속하게 하여 열반 또는 해탈을 얻는 데 장애하는 것.

사장(四葬) 인도 고대부터 행해진 장례식의 4가지. 수장水葬·화장火葬·토장土葬·임장林葬.

사재일(四齋日) 매달 1일·8일·15일·23일. 몸과 마음을 청정하게 하여 악행惡行하지 않도록 정한 날.

사쟁(事諍) 사쟁四諍 가운데 하나. 수계 또는 참회하는 작법作法에 대해 논할 때 의견이 일치되지 않는 논쟁.

사쟁(四諍) 율律에 대해 비구들이 일으키는 4가지 논쟁. 교리에 대해 다른 이견을 논하는 언쟁言諍, 허물을 드러내 없애려고 할 때 생기는 다른 의견으로 생기는 논쟁인 멱쟁覓諍, 죄를 범하고 아직 드러나지 않았을 때, 즉 명백하지 않았을 때 일어나는 논쟁인 범쟁犯諍, 수계 또는 참회의 작법에 대해 일치하지 못해 생기는 논쟁인 사쟁事諍.

사전(四田) 4가지 복전福田.

사전도(四顚倒)📖 viparyāsa 마차의 전복, 운송運送, 호기呼氣, 교환交換, 변화變化, 전도顚倒 등의 뜻이 있다. 범부 또는 외도 등이 갖고 있는 4가지 어긋난 이치나 견해. 상전도常顚倒·낙전도樂顚倒·아전도我顚倒·정전도淨顚倒. ①생사가 무상無常·무락無樂·무아無我·무정無淨한 것인데도 상常·낙樂·아我·정淨한 것이라고 잘못된 견해에 집착하는 것. ②열반이 상·낙·아·정한 것인데도 무상·무락·

무아·무정한 것이라고 잘못된 견해에 집착하는 것.

사절(四節) 선종에서 기념하는 4절기. 결하結夏·해하解夏·동지冬至·연조年朝. 곧, 여름 안거하는 날·여름 해제하는 날·동짓날·설날. 줄여서 결結·해解·동冬·연年이라고도 한다.

사정(四淨) 보살사정菩薩四淨. 신정身淨·연정緣淨·심정心淨·지정智淨.

사정(四定) 유식에서 가행위加行位의 4선근善根을 닦을 때 그 체體인 명득정明得定·명증정明增定·인순정印順定·무간정無間定을 말한다.

사정견(四正見) 삼계三界의 진상에 대한 올바른 4가지의 견해. 고苦·공空·무상無常·무아無我.

사정근(四正勤) 선법善法을 더욱 자라게 하고 악법惡法을 멀리 여의려고 부지런히 수행하는 4가지 덕목. 사정단四正斷·사정승四正勝·사의단四意端·사의단四意斷이라고도 한다. 아직 생기지 않은 나쁜 악惡을 생기지 않도록 힘쓰는 율의단律儀斷, 이미 생긴 나쁜 악惡을 없애려고 힘쓰는 단단斷斷, 아직 생기지 않은 좋은 선善이 자라도록 힘쓰는 수호단隨護斷, 이미 생긴 좋은 선이 더욱 자라도록 힘쓰는 수단修斷을 말한다.

사정단(四正斷) 사정근四正勤.

사정려(四靜慮) 사선四禪·사선정四禪定·색계정色界定. 이 정은 고요함과 함께 지혜가 있어 자세하게 생각할 수 있다는 뜻으로 정려라고 한다. 초선初禪은 유심유사정有尋有伺定·2선은 무심유사정無心唯伺定·3선은 무심무사정無尋無伺定·4선은 사녀법사정捨念法事定.

사정승(四正勝) 사정근四正勤.

사정취(邪定聚) 삼정취三定聚 가운데 하나. 삼취三聚.

사정취(邪定聚) 삼취三聚 가운데 하나. 성불할 만한 소질이 없어 더욱 타락해가는 종류.

사제(師弟) 법계法系에 있어 아우가 되는 이. 나중에 입산한 사승師僧의 도제徒弟. 법제法弟라고도 한다.

사제(四諦) 불교의 성자가 알아야 할 진리의 내용을 고제苦諦·집

제集諦·멸제滅諦·도제道諦의 네 가지로 정의한 것. ➡ 사성제四聖諦

사제사니(四提舍尼) pratideśaniya 대설對說, 회과법悔過法, 회과悔過, 향피회向彼悔을 말한다. 죄를 범했을 때 다른 청정한 승려를 향하여 지은 죄를 드러내 말하고 참회하는 것. 비구의 4가지 제사니提舍尼로 음식에 관한 내용. 종비친니취식계從非親尼取食戒·식니지수계食尼指授戒·학가수식계學家受食戒·난야수식계蘭若受食戒.

사제일게(四第一偈) 무병無病·지족知足·선우善友·열반涅槃을 최고의 행복이라고 노래한 게송. 무병제일리無病第一利·지족제일부知足第一富·선우제일친善友第一親·열반제일락涅槃第一樂.

사조(事造) 본래의 체體에 갖춰 있는 것이 연緣을 따라 각각 변조變造되는 것. 이구理具의 반대말.

사족(蛇足) 화사첨족畵蛇添足. 쓸데없는 일. 군더더기. 정유이무情有理無한 망령된 견해를 비유한다.

사종(四宗) 부처의 가르침인 교敎를 근본 주장이라고 하여 4가지로 나누는 것. ①제나라 대연사의 담은曇隱이 부처 일대의 교敎를 4가지로 판별한 것. 인연종因緣宗·가명종假名宗·부진종不眞宗·진종眞宗. ②화엄종의 현수 법장法藏이 세운 수상법상종隨相法相宗·진공무상종眞空無相宗·유식법상종唯識法相宗·여래장연기종如來藏緣起宗. ③삼론종에서 사종邪宗을 파하기 위해 세운 외도·비담毘曇·성실成實·대승의 사종四宗. ④인명논리에서는 종지宗旨에 논증해야 할 네 가지를 말한다. 상대방과 같이 허락하고 있는 것이어야 하는 변소허종遍所許宗, 교권敎權으로 주어져 있어야 하는 선승품종先承稟宗, 명제命題 뒤에 간접적으로 나타나야 하는 방빙의종傍憑義宗, 세 가지를 빼고 논증해야 하는 불고논종不顧論宗.

사종(四種) 사중四衆. 사부대중四部大衆.

사종공양(四種供養) 공양의 네 가지 종류. 합장合掌·알가閼迦·진언인계眞言印契·운심運心.

사종관행(四種觀行) 참회하여 죄를 소멸하려는 준비로 닦는 4가지 관행. 첫째 자기가 교의를 잘 알지 못하는 무명 번뇌에 미혹하여 생사 세계에 유전하는 인연을 관觀하는 것, 둘째 과거 업인業因의 과보인 육체의 부정不淨을 자세히 관觀하는 것, 셋째 교의를 잘 알지 못하는 무명 번뇌를 없애고 수승한 마음을 일으켜 불성을 개현開顯하여 부처가 되려는 자신을 관觀하는 것, 넷째 여래의 진성眞性과 중생을 섭하여 보호하는 대용大用인 여래신如來身을 자세히 관觀하는 것을 말한다.

사종광설(四種廣說) 사설四說·사종묵인四種墨印. 부처의 교법을 전하는 모양. 부처의 설법을 듣고 지녀 잊지 않으려고 노력하는 제일광설, 대중의 상좌上座에게서 듣는 제이광설, 교법을 잘 아는 많은 비구대중에게 듣는 제삼광설, 교법을 잘 아는 한 비구에게서 듣는 제사광설이 있다.

사종광혹(四種狂惑) 인因의 입장에서 사람이 미쳐 발광發狂하는 것을 넷으로 나눈 것. 탐광貪狂·약광藥狂·주광呪狂·본업연광本業緣狂.

사종구과(似宗九過) 인명학因明學의 삼지三支 작법作法 가운데 종宗에 대한 허물의 9가지. 현량상위現量相違·비량상위比量相違·세간상위世間相違·자교상위自教相違·자어상위自語相違·능별불극성能別不極成·소별불극성所別不極成·구불극성俱不極成·상부극성相符極成.

사종기론(四種記論) 사기답四記答과 같은 말. 온갖 질문에 대해 해답하는 형식의 4가지. ➡ 사기답四記答

사종단법(四種壇法) 밀교에서 자신과 다른 사람을 위해 내용에 따라 달리 행하는 네 가지 호마법. 병과 어려움에 대처하여 여러 가지 악한 것을 소멸하고자 하는 식재법息災法, 수명·복덕·지혜 등을 증익하기 위한 증익법增益法, 불보살의 애호나 왕과 대중의 경애를 얻고자 하는 경애법敬愛法, 원수·적·악인들을 조복시키고자 하는 조복법調伏法을 말한다. ➡ 호마護摩

사종대치(四種對治) 무루無漏의 지혜로 번뇌를 세워서 없애 버리는 대치의 방법으로 지위의 전후에 따라 나눈 4가지. 번뇌를 싫어하는 염환대치厭患對治, 번뇌를 끊는 단대치斷對治, 번뇌를 끊은 상태를 유지하는 지대치持對治, 번뇌에서 더욱 멀어지는 원분대치遠分對治를 말한다. ➡ 대치對治

사종도(四種道) 번뇌를 끊고 진리를 얻는 4가지 과정을 말한다. 가행도加行道·무간도無間道·해탈도解脫道·승진도勝進道.

사종론(四種論) 부처가 보인 4가지 종류의 답. 정답定答·분별의답分別義答·반문답反問答·치답置答.

사종만다라(四種曼茶羅) 밀교 만다라의 4가지. 대만다라大曼茶羅·삼매야만다라三昧耶曼茶羅·법만다라法曼茶羅·갈마만다라羯磨曼茶羅. 사만상대四曼相大.

사종묵인(四種墨印) 사종광설四種廣說·사설四說. ➡ 사종광설四種廣說

사종방편(四種方便) 『기신론』에서 신성취발심信成就發心 보살이 진여를 현현顯現하기 위해 닦는 4가지 수행. 행근본방편行根本方便·능지방편能止方便·발기선근증장방편發起善根增長方便·대원평등방편大願平等方便.

사종법(四種法) 밀교의 수법修法에 대한 4가지. 식재법息災法·증익법增益法·경애법敬愛法·조복법調伏法. ➡ 사종단법四宗壇法

사종법계(四種法界) 화엄종의 사법계四法界. ➡ 사법계四法界

사종법미락(四種法味樂) 정토교에서 말하는 아미타불의 정토에 가서 나는 5가지 공덕 가운데 옥문屋門에서 받는 4가지 법락法樂. 관불국토청정미觀佛國土淸淨味·섭수중생대승미攝受衆生大承味·필경주지불허작미畢竟住持不虛作味·유사기행원취불토미類事起行願取佛土味.

사종법신(四種法身) 밀교에서 대일여래에 대해 말하는 4가지 법신. 자성법신自性法身·수용법신受用法身·변화법신變化法身·등류법신等流法身.

사종보시(四種布施) 경전을 사경할 수 있도록 붓을 보시하는 필시筆施, 경전을 사경할 수 있도록 묵墨을 보시하는 묵시墨施, 경판을 만들어 경전을 보시하여 독송할 수 있도록 하는 경시經施, 법을 설하여 인因을 닦아 과果를 증득하도록 보시하는 설법시說法施를 말한다.

사종불토(四種佛土) 부처의 일대의 교설을 4종으로 나눈 장藏·통通·별別·원圓에 불토를 대비시킨 것으로, 동거토同居土·방편유여토方便有餘土·실보토實報土·적광토寂光土를 말한다.

사종비밀(四種秘密) 부처가 법을 설할 때 있는 4가지 비밀. 영입비밀令入秘密·상비밀相秘密·대치비밀對治秘密·전변비밀轉變秘密를 말한다.

사종사(四種死) 지난 세상에 지은 업의 차별에 의해 현세現世에 받는 4가지 죽음. 수진재부진사壽盡財不盡死는 재산가들의 죽음, 재진수부진사財盡壽不盡死는 빈궁한 이들의 죽음, 수진재진사壽盡財盡死는 목숨과 재산이 다 없어져 죽음, 수부진재부진사壽不盡財不盡死는 뜻하지 않은 재해災害로 횡사하는 것을 말한다.

사종사문(四種沙門) 출가 수행자의 종류를 나누는 것. 부처와 같이 스스로 도道의 이치를 깨달은 사문을 승도사문勝道沙門, 사리불과 같이 법法을 설하는 데 조금도 잘못이 없는 시도사문示道沙門, 아난과 같이 계정혜戒定慧 삼학을 철저히 실천하는 명도사문命道沙門, 성인의 도道를 어지럽히는 오도사문汚道沙門을 말한다.

사종사제(四種四諦) 천태종에서 말하는 4가지 사제四諦. 생멸사제生滅四諦·무생사제無生四諦·무량사제無量四諦·무작사제無作四諦.

사종삼매(四種三昧) 천태종에서 세운 4가지 삼매. 상좌삼매常坐三昧·상행삼매常行三昧·반행반좌삼매伴行半坐三昧·비행비좌삼매非行非坐三昧.

사종상승(四種相承) 인도에서 범자梵字의 상승에 법이法爾와 수연隨緣을 나누고, 다시 수연에 범왕상승梵王相承·용궁상승龍宮相承·서가상승釋迦相承·대일상승大日相承으로 나눈 것.

사종석의(四種釋義) 사종석四種釋. 삼론종에서 어구語句를 해석하는 방법. 글자의 뜻으로 해석하는 의명석의依名釋義, 견도見道의 이치로 해석하는 이교석의理敎釋義, 상호간 서로 해석하는 호상석의 互相釋義, 부정不定의 뜻으로 방식이나 방법이 정해져 있지 않은 무방석의無方釋義를 말한다.

사종선(四種禪) 선정禪定의 4가지. 우부소행선愚夫所行禪·관찰의선觀察義禪·반연진 여선攀緣眞如禪·제여래선諸如來禪.

사종성문(四種聲聞) 성문을 4가지로 나눈 것. 결정성문決定聲聞·퇴보리성문退菩提聲聞·응화성문應化聲聞·증상만성문增上慢聲聞.

사종세속제(四種世俗諦) 법상종에서 진眞·속俗을 각각 4가지로 나눈 이중사제二重四諦 가운데 속俗의 사제四諦. 세간世間·도리道理·증득證得·승의勝義의 세속제를 말한다.

사종수기(四種授記) 부처가 미래의 일을 미리 예언한 4가지.

사종승(四種僧) 사문의 종류를 네 가지로 분류한 것. 사사문四沙門 또는 사종사문四種沙門. 유수승有羞僧·무수승無羞僧·아양승啞羊僧·실승實僧.

사종승물(四種僧物)📖 승려들이 소유하는 집물什物을 4가지로 나눈 것. 첫째, 상주常住의 상주常住로 절에 속한 물건으로 승려들이 사용하는 것. 논밭·기구 따위. 둘째, 시방十方의 상주常住로 길가에 나아가 시방十方에서 오고 가는 승려에게 공양하는 죽과 밥. 셋째, 현전現前의 현전現前으로 시주가 절에 가서 그 절의 승려에게 보시하는 공물供物. 넷째, 시방十方의 현전現前으로 시주施主가 절에 가서 시방의 승려들을 청하여 오는 승려들에게 보시하는 공물供物.

사종승의제(四種勝義諦) 법상종에서 진眞·속俗을 각각 4가지로 나눈 이중사제二重四諦 가운데 진眞의 사제四諦. 세간승의제世間勝義諦·도리승의제道理勝義諦·증득승의제證得勝義諦·승의승의제勝義勝義諦.

사종식(四種食) 사식四食. ➡사식四食

사종신심(四種信心) 신근본信根本·신불信佛·신법信法·신승信僧. ➡ 사신四信

사종실단(四種悉壇) 사실단四悉壇. ➡ 사실단四悉壇

사종아(四種我) 범부가 자기의 육신을 실재한 것처럼 생각하는 아我. 외도가 말하는 신아神我. 삼승三乘의 가아假我. 법신의 대아大我.

사종업보(四種業報) 업보를 받는 때를 4가지로 나눈 것. 현생의 선善과 악惡의 행行을 생전에 받는 현보現報, 현생의 선善과 악惡의 행行을 내생에 받는 생보生報, 현생의 선善과 악惡의 행行을 내생에 받지 않고 그 내생에 받는 후보後報, 선善도 악惡도 아닌 무기업無記業은 선악의 도움이 없으므로 과보를 받지 않는 무보無報.

사종열반(四種涅槃) 법상종에서 세우는 4가지 열반. 본래자성청정열반本來自性淸淨涅槃·유여의열반有餘依涅槃·무여의열반無餘依涅槃·무주처열반無住處涅槃.

사종염불(四種念佛) 4가지 염불 방법. 부처의 명호를 부르는 칭명염불稱名念佛, 불상과 같은 부처의 모습을 관觀하는 관상염불觀像念佛, 부처의 모습을 떠올리며 구체적인 호상互相을 관觀하는 관상염불觀想念佛, 자성自性인 법신을 관觀하는 실상염불實相念佛.

사종왕생(四種往生) 아미타불의 정토인 극락세계에 가서 날 때의 모습을 4가지로 나눈 것. 『아미타경』에서와 같이 일념의 마음으로 왕생하는 정념왕생正念往生, 『관경』에서와 같이 악업으로 불길에 싸이지만 한 소리로 염불하여 왕생하는 광란왕생狂亂往生, 일생 지극한 신심이었지만 임종 때 염불은 못하나 이전의 염불로 무기無記가 되어 왕생하는 무기왕생無記往生, 임종 때 염불소리는 내지 못하지만 오직 뜻으로 아미타불을 염念하여 왕생하는 의념왕생意念往生.

사종요익(四種饒益) 부처나 보살이 중생을 교화하여 이롭게 하는 4가지. 상호相好를 나타내어 보는 이로 하여금 발심發心하게 하는 것, 법을 말하여 듣는 이로 하여금 오입悟入하게 하는 것, 신변불사의神變不思議한 일을 보여 보고 듣는 이로 하여금 교익敎益을 얻게 하는 것, 명성名聲을 시방十方에 유포하여 듣는 이들로 하여금 인연을 맺고 드디어 해탈하게 하는 것.

사종의식(四種意識) 법상종의 교리敎理에서 제6의식意識을 4가지로 나눈 것. 전오식前五識과 함께 일어나 외경계를 취하는 명료의 식明了意識, 정정定에서 일어나는 정중의식定中意識, 전오식과 함께하지 않고 산란심에서 일어나는 독산의식獨散意識, 꿈속에서 일어나는 몽중의식夢中意識.

사종인(四種人) ①범부와 성자에게 있는 4종의 차별. 열반의 법을 익히지 못하고 생사의 바다에 침몰하는 상몰인常沒人, 세간에 태어나 신신信・정진精進・염念・정정定・혜慧의 5선근은 익혔으나 견고하지 못하여 생사에 유전하는 잠출환몰인暫出還沒人, 생사의 대해에는 빠졌으나 출리出離하는 출관인出觀人, 열반의 덕을 수행하고 익혀서 열반의 언덕에 이르는 득도인得度人. ②성문聲聞 사과四果의 성자盛者를 말한다. 수다원・사다함・아나함・아라한. ③죽은 다음 세상에 태어나는 네 종류. 첫째 현세에 빈궁하고 비천한 집에 태어나 모양이 추하거나 불구자로서 하층 생활을 하며, 악업을 지어 죽어서 지옥에 떨어지는 종명입명從冥入冥하는 사람. 둘째 현세에는 비참한 경우에 빠져 있으나 선업을 힘써 닦아 죽은 뒤에 천상에 나는 종명입명從冥入明하는 사람. 셋째 현세에는 부귀하고 호화로운 집에 나서 용모가 아름답고 향락한 생활을 하나 평소의 말과 행동이 나쁜 탓으로 죽은 뒤에 악취에 들어가 고통을 받을 종명입명從明入冥하는 사람. 넷째 현세에 부귀한 경우에 있으면서 항상 말과 행동을 조심하고 좋은 일을 부지런히 하여 죽은 뒤에 천상天上에 가서 나는 종명입명從明入明하는 사람.

사종자량(四種資糧) 불법을 익히는 데 필요한 4가지 자량. 복덕자량福德資糧・지혜자량智慧資糧・선세자량先世資糧・현법자량現法資糧.

사종자재(四種自在) 보살의 52계위 가운데 10지地의 제8 부동지

不動地 이상에 이르러 얻는 4가지 자유 자재한 것. 무분별자재無分別自在·찰토자재刹土自在·지자재智自在·업자재業自在.

사종중은(四種重恩)　4가지 큰 은혜. 아버지·어머니·부처·설법사說法師의 은혜.

사종증정(四種證淨)　무루無漏 지혜로써 여실히 사제四諦의 이치를 증득하여 불·법·승 삼보三寶에 믿음과 앎을 내는 동시에 무루의 청정한 계를 얻는 것. 어불증정於佛證淨·어법증정於法證淨·어승증정於僧證淨·성계증정聖戒證淨.

사종천(四種天)　국왕·성문·보살 등을 천天에 비유하여 넷으로 나눈 것. 세간천世間天은 임금. 생천生天은 삼계三界 제천. 정천淨天은 이승二乘. 의천義天은 10주住보살.

사종탐(四種貪)　4가지 탐욕. 현색탐顯色貪·형색탐形色貪·묘촉탐妙觸貪·공봉탐供奉貪.

사주(寺主)　사찰 3강綱 가운데 하나. 감사監寺. 사찰에서 주지를 대신하여 절의 온갖 사무를 감독하는 소임을 맡은 승려.

사주(寺主)　삼강三綱 가운데 하나. 당탑堂塔을 건조建造·관리하는 사무를 맡은 이.

사주(四洲)　수미산의 사방에 있는 4개의 대주大洲. 동불우체東弗于逮·남염부제南閻浮提·서구야니西瞿耶尼·북울단월北鬱單越. 곧 남쪽의 섬부주瞻部洲, 동쪽의 승신주勝身洲, 서쪽의 우화주牛貨洲, 북쪽의 구로주瞿盧洲.

사주(師主)　스승이 되는 승려.

사주(四主)　전륜왕이 없을 때 남섬부주를 넷으로 나누어 각각 1주主를 세운 것. 동은 인주人主·남은 상주象主·서는 보주寶主·북은 마주馬主.

사주문(四柱文)　사출게四出偈. 『열반경』에서 네 번 나온다고 하여 붙여진 이름. ➡ 사출게四出偈

사주지(四住地)　사주四住. 삼계三界의 견혹見惑과 사혹思惑을 4가지로 나눈 것. 5주지 가운데 앞의 4주지. 삼계三界의 모든 견혹을 견일체주지見一切住地. 사혹思惑을 욕계·색계·무색계의 순서로 나누어 욕애주지欲愛住地, 색애주지色愛住地, 유애주지有愛住地라고 한다.

사주지옥(四洲地獄) 수미 4주洲에 지옥을 배대한 것. 동승신주·서우화주에는 변지옥邊地獄만 있고 정지옥正地獄은 없으며, 남섬부주에는 정지옥·변지옥이 다 있고, 북구로주에는 두 지옥이 모두 없다고 한다.

사중(四衆)📖 ①승가를 구성하는 사람을 네 종류로 나눈 것. 구역舊譯으로는 비구比丘·비구니比丘尼·우바새優婆塞·우바이優婆夷이며, 신역新譯으로는 필추苾芻·필추니苾芻尼·오파소가鄔波素迦·오파사가鄔波斯迦. ②인人·천天·용龍·귀鬼. ③사중승四衆僧. 법을 설하는 집회에 모여 있는 대중을 4종류로 나누어 본 것. 대중의 종류에는 법회를 소집하여 좋은 모양을 만들어가도록 인연을 일으키는 사람인 연기중緣起衆, 설법의 내용을 바르게 알아서 이치를 바로 깨닫는 사람인 당기중當機衆, 불보살이 여래의 교화를 보좌해 주는 것으로 법을 듣는 청중 속에서 모습이나 소리 등으로 드러내 보이는 영향중影響衆, 부처의 법을 설하는 자리에서 법은 듣지만 근기가 하열하여 깨달음을 세울 수 없어 불을 보고 법을 들었으므로 장래에 도道를 이룰 수 있다고 하는 결연중結緣衆이 있다. 곧 발기중發起衆·당기중當機衆·영향중影響衆·결연중結緣衆. ④아육왕시대에 불법 대중을 나누어 본 것. 용상중龍象衆·변비중邊鄙衆·다문중多聞衆·대덕중大德衆.

사중(社中) 대중들과 결연하고 도학을 강마하는 것.
사중(四重) 지키고 지녀야할 가장 중요한 네 가지 계율로서 어떤 형태로도 참회가 되지 않는 것. 살殺·도盜·음婬·망妄. 사바라이四

波羅夷.

사중(四中) 삼론종에서 중도中道를 설명하는 데 4가지를 세우는 것. 대편중對偏中은 단견斷見·상견常見의 견해가 있는 이에 대해 말하는 중도, 진편중盡偏中은 단견·상견의 견해를 여읜 곳에 나타나는 중도, 절대중絶對中은 단견·상견의 잘못된 소견을 없앤 곳에 이를 소탕하기 위해 말하는 중도, 성가중成假中은 가假를 성립하기 위한 중도.

사중(寺中) ①절 안. ②절 안의 모든 사람. ③절 안의 지방支坊. 탑두塔頭라고도 한다.

사중금(四重禁) 사중금계四重禁戒. 사중四重. 사바라이四波羅夷를 말한다. 이 계를 범하면 다시 비구 되는 것을 엄금한 계율이므로 중금重禁이라고 한다. 이것을 범하면 사중죄四重罪라 하고 중죄이기 때문에 성중계性重戒라고 한다.

사중승(四衆僧) 사배四輩. ➡ 사중四衆

사중이체(四重二諦) 법상종에서 진제眞諦·속제俗諦에 각각 세간·도리·증득·승의의 4중重을 세운 것. ➡ 사종세속제四種世俗諦, 사종승의제四種僧義諦

사중죄(四重罪) 사중금四重禁.

사증(事證) 계·정·혜 삼학 가운데, 계戒만을 닦는 것을 사증事證, 정定·혜慧만을 닦는 것을 이증理證이라고 한다.

사증성(四增盛) 겁劫이 늘어나면 늘어나 성하게 되는 4가지. 사람의 목숨이 10에서 백년마다 1세씩 늘어 8만 세에 이르는 수량증성壽量增盛, 1만 인까지 줄어들었던 수가 한량없는 수로 늘어가는 유정증성有情增盛, 곡식·과일 등이 점점 넉넉해지는 자구증성資具增盛, 10선善과 다른 선행善行을 더욱 정밀히 힘쓰는 선품증성善品增盛.

사지(四智) 범부의 8식識이 수행에 따라 변하여 여래의 네 가지 지智가 되는 것. 곧 전5식은 성소작지成所作智로, 제6식은 묘관찰지묘관찰지妙觀察智로, 제7식은 평등성지平等性智로, 제8식은 대원경지大圓鏡智로 전환함을 말한다.

사지(四持) 보살이 잘 지니는 법法·의義·인忍·주呪의 네 가지 덕德을 말한다. 사총지四總持.

사지(四知) 천지天知·지지地知·방인지傍人知·자지自知. 선악을 행할 때 그것을 아는 천신天神·지신地神·옆 사람·자기라는 뜻.

사지경(四紙經) 정토 3부경의 하나인 『아미타경』의 별칭. 종이 4장에 들어가는 짧은 경전이어서 붙은 이름.

사지사(四知事) 감원監院·유나維那·전좌典座·직세直歲.

사진(四塵) 색色·향香·미味·촉觸. 물질계를 이루는 4가지 원소.

사진사속(四眞四俗) 법상종에서 승의제勝義諦와 세속제世俗諦에 각각 세간世間·도리道理·증득證得·승의勝義의 4가지를 세운 것.

사진제(四眞諦) 사성제四聖諦·사제四諦.

사집(邪執) 사악하고 잘못된 견해를 고집하는 것.

사집(四執) 외도들의 4가지 말. 모든 사물은 모두 대자재천大自在天에서 생기는 것이니 세상의 고락은 대자재천의 희노喜怒에 의한 것이라고 하는 사인사과邪因邪果, 만물이 생기는 근원을 알기 어려우니 현재의 사상事象만이 역연歷然히 명백하다고 하는 무인유과無因有果, 현재의 사상만이 진실하고 내세來世는 알기 어렵다는 유인무과有因無果, 선업·악업 등은 현재 1세世에만 국한한 것이고 과거·미래와는 아무 관계가 없다고 하는 무인무과無因無果의 단견斷見.

사집(四集) 출가한 승려들이 경전을 배우는 강원에서는 과목에 따라 학년을 달리 부르고 있는데, 『서장書狀』·『도서都序』·『선요禪要』·『절요節要』를 배우는 2학년에 해당하는 과정으로 독서파讀書派에 해당.

사집장귀(使執杖鬼) 염마왕閻魔王.

사찰(伺察) vicāra 행동行動, 처치處置, 수속手續, 사고思考, 반성反省, 숙려熟慮, 조사調査, 연구研究, 검토檢討 등의 뜻이 있다. ➡ 사사伺

사찰(寺刹)📖 절. 승가람마僧家藍摩. 법당 앞에 세우는 당간幢竿을 찰刹이라고 하는 데서 유래한다. 사찰의 구성은 경배의 대상으로 주존을 모시는 본당과 그 외의 성격에 따라 여러 종류의 불상을 모시는 전각, 그리고 승려들의 수행 공간으로 되어 있는 선당禪堂, 경전을 익히는 공간인 강당講堂, 염불을 배우는 염불당念佛堂, 율을 익히는 율원律院 등을 갖추고 있으며, 이곳을 총림叢林이라고 한다. 적은 규모의 사찰에서는 특징적인 최소한의 것만을 갖추기도 하지만, 수행과 일상생활에 필요한 공간이 분리되어 있는 특징이 있으며, 수행과 의식에 필요한 공간에는 전殿이나 각閣이란 용어를 사용하여 하나의 공간을 확보하고, 의식주인 일상생활에 필요한 건물을 요사寮舍라고 하여 분리한다. 전각殿閣에는 각각의 이름에 맞는 불상을 모시고, 주변에는 탑을 만들기도 한다.

사참(事懺) 여러 가지 참회 가운데 이理와 사事에 대하여 참회하는 법이 있다. 이 가운데 예불禮佛·송경誦經 등의 작법으로 허물을 고백하여 참회하는 일.

사천(四天) 공무변처천空無邊處天·식무변처천識無邊處天·무소유처천無所有處天·비비상처천非非想處天.

사천산(死天山) 사출산死出山.

사천상하(四天上下) 위는 사천왕四王天을 말하고, 아래는 사주인四洲人을 말한다.

사천왕(四天王) 욕계 6천天의 제1인 사왕천四王天을 다스리며 수미須彌의 4주洲를 수호하는 신神. 호세천護世天이라 하며 수미산 중턱 4층급層級을 주처住處로 하며 불법을 수호하는 신神. 세상과 나라를 수호한다고 한다. 지국천왕持國天王

사천왕(구례 화엄사)

은 동쪽, 중장천왕增長天王은 남쪽, 광목천왕廣目天王은 서쪽, 다문천왕多聞天王은 북쪽. 모두 제석천帝釋天의 명을 받아 천하를 돌아다니면서 사람들의 행동을 살펴 보고한다고 한다.

사천왕도(四天王圖) 사방을 수호하는 호법신 사천왕을 그린 것. 『불설중허마하제경』에서 지국천왕持國天王은 낙신樂神을 둘러싸고, 중장천왕增長天王은 구반다귀鳩盤茶鬼를 둘러싸고, 광목천왕廣目天王은 용의 무리를 둘러싸고, 다문천왕多聞天王은 야차夜叉를 둘러싸고 있으며, 『불설여래불사의비밀대승경』에서는 동방에 지국천왕, 남방에 중장천왕, 서방에 광목천왕, 북방에 비사문천왕이 사대주四大洲와 사대천四大天 등을 싸고 있다고 한다.

사천왕문(四天王門) 일주문과 불이문 사이에 놓인 사천왕이 지키는 문. 절을 수호한다는 뜻으로 사방에 세운다. 천왕문의 좌우를 금강역사가 지킨다고 하여 대문에 금강역사를 그리기도 하고 별도의 금강문金剛門을 두기도 한다. 사천왕은 동쪽을 지키는 지국천왕持國天王, 남쪽을 지키는 중장천왕增長天王, 서쪽을 지키는 광목천왕廣目天王, 북쪽을 지키는 다문천왕多聞天王이며, 일주문과 불이문 사이에 있다. 지국천왕은 온몸이 푸른색이며 오른손에는 칼

천왕문(김제 금산사)

을 왼손에는 주먹을 하여 허리에 대고 있거나 보석을 손바닥에 올려놓고 있다. 증장천왕은 몸은 붉은 색이며 노한 모습을 하고 있으며, 오른손에는 용을 쥐고 왼손은 위로 하여 엄지손가락과 중지손가락으로 여의주를 들고 있다. 광목천왕은 몸은 흰색이며 웅변으로 나쁜 이야기를 물리치려고 눈과 입을 부릅뜨고, 손에는 삼지창과 보탑을 들고 있다. 다문천왕은 몸은 흑색이며 비파를 들고 켜는 모습을 하고 있다.

사천왕청(四天王請) 각각의 청請은 의식 순서가 동일하지만 거불擧佛에서 법회의 주인이 되는 주존을 모시고 이에 따라 유치由致·청사請詞·가영歌詠·예참禮懺은 주인공인 사천왕에 맞춰서 하는 것을 말한다.

사천하(四天下) 사대주四大洲. 수미산 주위에 있는 사주四洲. 금륜성왕이 거느리는 대주大洲.

사출게(四出偈) '본유금무本有今無 본무금유本無今有 삼세유법三世有法 무유시처無有是處.' 이 게송은 『열반경』의 9권·15권·25권·26권의 네 곳에서 말하였다고 하여 사출게라고 한다. 주계柱偈·사주문四柱文이라고도 한다.

사출산(死出山) 사산死山·사천산死天山. 사람이 죽은 뒤 첫 7일에 진광대왕秦廣大王의 청廳에 이르는 중간에 있는 험한 산. 진광왕에게서 초광왕初江王에게로 가는 중간에 있는 3도천途川과 함께 알려진 산.

사취(四趣) gati 행하는 것, 전진前進, 동작動作, 행동行動, 비행飛行, 퇴거退去, 출발出發, 성공成功, ~에 대한 복종, 근원根源, 수단手段, 상태狀態, 조건條件, 위치位置, 행복幸福, 윤회輪廻 등의 뜻이 있다. 사악취四惡趣. 수라취修羅趣·아귀취餓鬼趣·축생취畜生趣·지옥취地獄趣.

사취(四取) upādāna 취득取得, 포획捕獲, 전용專用, 이해理解, 회득會得, 허용許容, 요인料因, 설명說明, 인용引用, 원인原因, 동기動機 등의 뜻이 있다. 취해서 유지한다고 하여 번뇌의 다른 이름으로 쓰인다. 욕취欲取·견취見取·계금취戒禁取·아어취我語取.

사치기(捨置記)   사기답四記答 가운데 하나. 물음에 대해 해답할 것이 없다고 생각될 때 상대하지 않고 대답하지 않는 것. ➡ 사기답四記答

사타(四墮)   살殺·도盜·음婬·망妄. 사바라이四波羅夷. 이를 범하면 중죄이기 때문에 승단僧團에서 쫓겨나게 된다.

사타(捨墮)   승려들이 지니는 계율의 하나. 니살기바일제尼薩耆波逸提. 재보財寶를 내놓아 탐욕의 마음을 버리며 승려가 되어 지옥에 떨어지는 죄를 참회하는 계율.

사타가(闍陀伽)   본생本生으로 번역.

사타법(捨墮法)   사타捨墮.

사탑(四塔📖)   부처의 일생 중에 중요한 지역으로 천상天上과 인간세계의 영지靈地가 있다. ①부처의 일대에 성인의 흔적이 있는 네 곳. 부처가 태어난 가비라국 룸비니 동산의 강생처降生處, 처음으로 깨달은 마갈타국 가야성의 성정각처成正覺處, 깨달은 후에 처음 설법을 한 바라나국 녹야원의 초전법륜처初轉法輪處, 열반에 드는 구시나국 발제하변跋提河邊의 입열반처入涅槃處에 있는 4탑. ②도리천에 있는 탑으로 제석탑이라고도 한다. 불발탑佛髮塔·불의탑佛衣塔·불발탑佛鉢塔·불아탑佛牙塔. ③『본생담』에 나오는 영지로 보살행을 할 때 고행처. 할육무합처割肉貿鴿處·이안시인처以眼施人處·이두시인처以頭施人處·투신아호처投身餓虎處.

사택력(思擇力)   역도삼행力度三行 가운데 하나. 모든 바른 이치인 선법善法을 사유하여 장애를 대치하는 힘.

사토(四土)   ①천태종의 사토四土. 범성동거토凡聖同居土·방편유여토方便有餘土·실보무장애토實報無障礙土·상적광토常寂光土. ②법성토·자수용토·타수용토·변화토. ③법신토·보신토·응신토·화신토.

사통행(四通行)   사제四諦를 깨달아 열반에 나아가는데 4가지 행하는 길이 있으며, 우둔한 성격의 둔근鈍根은 더디고, 예리한 이근

利根은 빠르다고 하여 표현한 말. 고지통행苦遲通行·고속통행苦速通行·낙지통행樂遲通行·낙속통행樂速通行.

사트바 sattva 존재하는, 있는, 실재하는, 유유有, 본질本質, 성분性分, 성격性格 등의 뜻으로 유정으로 번역한다. 무명. 중생.

사판승(事判僧) 사판事判. 사찰의 모든 사무와 재산관리 등 살림을 도맡아 하는 승려. 산림승山林僧이라고도 한다.

사폭류(四暴流) 사류四流. 폭류暴流는 홍수가 나무·가옥 따위를 떠내려 보내는 것처럼 선善을 떠내려 보내는 뜻으로 번뇌를 말한다. 욕폭류欲暴流·유폭류有暴流·견폭류見暴流·무명폭류無明暴流.

사폭류(四爆流) 사액四軛.

사풍(死風) 풍재風災를 죽음에 비유한 것.

사풍륜(四風輪) 수미산을 둘러싼 물을 잘 받치고 있다고 하는 풍륜風輪을 네 가지로 구분한 것. 주풍主風·지풍持風·부동풍不動風·견고풍堅固風. 또는 안주풍安住風·상주풍常住風·구경풍究竟風·견고풍.

사하(娑訶) 📖 svāhā 신神에 대하여 행복하기를, 축복하기를, 기도의 끝에 사용하는 등의 뜻. 실담자는 送扣svāhā. 구경究竟·원만圓滿·성취成就·산거散去의 뜻이 있다. 사하莎訶·사하沙訶·사바하娑婆訶. 진언의 끝에 붙이는 구절.

사하(四河) 남섬부주의 북부에 있는 아뇩달지Anavatapta에서 흘러나오는 큰 강. 항하恒河, Gaṅgā는 동쪽, 신도하信度河, Sindh는 남쪽, 박추하縛芻河, Vakṣu는 서쪽, 사다하徙多河, Śītā는 북쪽.

사하국(斯訶國) 부정한 것이 가득한 하품의 예토穢土.

사할(沙喝) 대중이 공양을 할 때, 식당의 한쪽에서 자리를 안내하고 음식의 이름을 알려주고 심부름을 하는 소임을 할식喝食이라고 하는데, 이보다 조금 손윗사람으로서 할식의 옷을 입은 사람.

사해(死海) 나고 죽는 일이 끝없음을 바다에 비유한 말.

사행(四行) 보리菩提·복덕福德·지혜智慧·갈마羯磨.

사행(邪行) ①욕사행欲邪行. 사음邪婬과 같은 말. ②삼사행三邪行.

사행진여(邪行眞如) 7가지 진여 가운데 하나. 번뇌·사행 등.

사향(四向) 소승들이 닦는 4가지 계위階位인 수다원·사다함·아나함·아라한에서는 각 계위마다 향向에 들어 과果를 증득하는 것을 사쌍팔배四雙八輩라고 하는데, 향向에는 들었지만 과果에 이르지 못한 것을 말한다. 수다원향·사다함향·아나함향·아라한향. 사과四果의 반대말.

사현관(事現觀) 견見·연연緣·사事의 3현관 가운데 하나. 무루無漏의 지智로 앞에 나타나는 사성제의 이치를 잘 관觀하는 것을 현관이라고 한다. 생주이멸에 불상응하는 법으로 동일한 사事의 업業으로 관하는 것.

사현관(思現觀) 6현관의 하나. 유루有漏·무루無漏의 지혜로 앞에 나타나는 경계를 관찰하는 방법을 현관現觀이라고 한다. 이루어진 지혜로 욕계의 산란함을 법法에서 잘 관찰하는 것을 말한다.

사현량(似現量) 인명학因明學에서 안眼·이耳·비鼻·설舌·신身 오관五官의 힘으로 외계外界의 상相을 인식하여 얻을 때, 그와 동시에 작용하는 의식意識은 오관五官이 접촉하는 사물의 모습에 있는 성품을 바르게 보지 못하고 그릇된 판단을 하는 경우. 소를 보고 말인 줄로 생각하는 것. 사량似量. 진현량眞現量의 반대말.

사형(師兄) 법형法兄. 법계로 볼 때 형이 되는 사람. 자기보다 먼저 입산한 사람에 대한 호칭.

사혜(思慧) 문聞·사思·수修 삼혜三慧 가운데 하나. 생각하고 고찰함에 의해 얻은 지혜.

사혜(四慧) 문聞·사思·수修 삼혜三慧에 태어나면서 갖추고 있는 지혜인 생득혜生得慧를 더한 것.

사호(師號) 덕이 높은 승려에게 조정 또는 종단에서 주는 칭호. 대사·국사·선사 따위.

사혹(四惑) 사번뇌四煩惱. 아치我癡·아견我見·아만我慢·아애我愛

사혹(思惑) 수혹修惑 또는 견수見修. 안眼·이耳·비鼻·설舌·신身의 오근五根이 색色·성聲·향香·미味·촉觸의 오진五塵을 탐애하여 생각과 집착을 일으키는 것. 사물의 진실한 모양을 알지 못하여 일어나는 번뇌.

사혹(事惑) 이혹二惑 가운데 하나. 세상 모든 사물의 모양에 대하여 미혹하여 일어나는 번뇌. 사혹思惑과 같은 말.

사혹장(四惑障) 사장四障.

사홍(四弘) 사홍서원四弘誓願. 중생무변서원도衆生無邊誓願度·번뇌무진서원단煩惱無盡誓願斷·법문무량서원학法門無量誓願學·불도무상서원성佛道無上誓願成.

사홍서원(四弘誓願) 📖 ①모든 보살이 지니는 4가지 서원으로 총원總願이라고 하고, 12원, 48원과 같이 보살 각각이 지니는 원을 별원別願이라고 한다. 중생무변서원도衆生無邊誓願度·번뇌무진서원단煩惱無盡誓願斷·법문무량서원학法門無量誓願學·불도무상서원성佛道無上誓願成. 우리나라에 유통된 『시식의문施食儀文』에 의하면 다음과 같이 해석한다. 중생무변서원도는 부처의 배움을 좇아 원을 발하여 널리 아는 것이며, 모든 법계 중에 모든 중생은 무상보리를 깨달아 시방의 공덕을 모아서 일찍이 정등 정각을 이룬다는 것. 번뇌무진서원단은 모든 법계에 모든 중생에게 무명 번뇌가 있으니, 나의 공덕 힘으로 평등하게 묘한 도道를 깨달아 밝혀 무명을 다하며 각각 영원히 번뇌를 끊는다는 것. 법문무량서원학은 세간과 출세간의 법문이 한이 없고 가없어 내가 진심으로 모두 배우고, 이와 같은 법으로 가르침을 이끌어 모든 법계의 모든 불자들이 시방 최고의 지혜의 보리에 똑같이 원만해지는 것. 불도무상서원성은 과거 현재 시방의 모든 부처와 네 가지의 보리와 네 가지의 진실한 열반 이것이 무상의 묘과妙果라고 한다. ②『육조단경』의 자성사홍서원自性四弘誓願.

사화(四華) 사색四色의 꽃. ①분다리화백련화·우발라화청련화·파두마화홍련화·구물두화황련화. ②만다라화백화·마하만다라화대백화·만수사화적화·마하만수사화대적화.

사화(事和)🕮 승가에서 이理와 사事의 화합을 이화二和라고 한다. 사화事和는 승가의 일원이 화합해야 할 덕목인 육화六和를 말한다. 곧 신화身和·구화口和·의화意和·계화戒和·견화見和·이화利和.

사훈습(四熏習) 『기신론』의 용어. 진眞과 망妄이 서로 훈습하여 염법훈습染法熏習·정법훈습淨法熏習이 된다. 염법훈습은 무명훈습無明熏習·망심훈습妄心熏習·망경계훈습妄境界熏習을 말한다.

삭발(削髮)🕮 ①처음 출가하려고 할 때, 재가자의 상징인 긴 머리를 자르는 것. ②출가자는 율장에서 정한 날짜에 목욕과 머리를 깎도록 하는 것. ③다비 절차에서 무명을 끊어 없애는 상징으로 수염이나 머리카락을 깎는 의식.

삭취취(數取趣) pudgala 윤회의 주체. 보특가라補特迦羅. 중생을 말한다. 번뇌에 미혹하여 미계迷界를 윤회하며 자주 생사를 거듭한다는 뜻.

삭하(索訶) sahā 대지大地의 뜻. 감인堪忍. 석가모니부처의 교화를 받는 국토. 사바세계娑婆世界. 수미세계須彌世界를 말한다.

산가산외(山家山外) 중국 천태종 2파의 이름. 천태종의 제11조인 고론高論의 문하 의적義賊·지인志因이 산가파와 산외파로 갈라진 것을 말한다. 산가파가 실상론적 주장인데 반해 산외파는 유심론적 교의를 주장한다.

산감(山監) 절에서 소유하고 있는 모든 산을 관리하고 감독하는 것.

산강(山羌) 산지기. 산림에서 사냥이나 목축을 하던 사람.

산개(傘蓋) 해를 가리는 일산日傘. ①국왕이나 귀한 분에게 해를 가릴 때 사용하는 우산. ②탑 꼭대기에 있는 우산 모양으로 된 부분.

산개행도(傘蓋行道) 밀교에서 관정灌頂할 때, 관정을 받는 이에게 일산을 가리고 만다라 중의 여러 존상尊像과 법등法燈을 전하는 조사들에게 돌이켜 절한다.

산경(散經) 만산滿散. 대장경을 독경하거나 경전을 위한 법회를 마칠 때 풍송諷誦을 행하는 것.

산골(散骨) 가루가 된 뼈를 산이나 강에 뿌리는 것.

산군(山君) 산신山神.

산기(散機) 정정定에 들어 법法을 관觀하기 어려운 근기의 류類. 어지럽고 거친 마음을 가지고서 악惡을 그치고 선善을 지으려는 사람.

산도사다(珊覩史多) saṃtuṣita 도솔兜率·도솔천兜率天을 말한다.

산란(散亂) vikṣepa 던져 흩트려 버리는 것, 던지는 것, 동요動搖, 파동波動, 부주의, 산심散心 등의 뜻이 있다. 심란心亂.

산령(山靈) 산신山神.

산령각(山靈閣) 산왕단山王壇.

산림승(山林僧) 절의 살림을 도맡아 하는 승려.

산무표(散無表) 산란散亂의 뜻. 마음이 육진의 경계를 반연하여 법法이 없이 하나의 경계에 빼앗긴 상태를 말한다. 선善의 무표無表와 악惡의 무표無表를 모두 칭하여 말한다. 정무표定無表의 반대말.

산문(山門) ①절. ②절의 입구에 있는 바깥문인 누문樓門, 즉 누각樓閣. 곧 삼문三門을 말한다. ③문중門衆. 같은 수행법을 따르는 하나의 일파.

산문삼대시자(山門三大侍者) 선종에서 주지를 항상 따르며 모시고 여러 가지 일을 맡아보는 방장方丈의 시자侍者에는 소향燒香·서장書狀·청객請客·탕약湯藥·의발衣鉢 시자가 있는데, 그 가운데 앞의 셋을 가리킨다. 상당上堂·보설법문普說法門이나 염송을 할 때 법어法語를 기록하는 소향시자燒香侍者, 주지의 문서·책·서간 등에 관한 일을 맡은 서장시자書狀侍者, 주지의 사사로운 손님을 맞이하고 접대하는 청객시자請客侍者를 말한다.

산문출송(山門黜送) 승려가 큰 죄를 범犯하여 승려로서의 자격과 권한을 빼앗고 사찰에서 내쫓는 것.

산반(散飯) 생반生飯.

산부처 이치를 깨달아 부처처럼 된 승려.

산선(散善) 안정되지 못한 마음으로 행하는 선善.

산세(山世) 비구가 생활하며 주거하는 곳. 산중과 마을.

산승(山僧) 승려들이 겸손하게 이르는 말.

산신(山神) 산군山君·산령山靈·산신령山神靈. 산을 수호하는 신령.

산신각(山神閣) 우리나라 토속신인 산신령을 모신 전각. 호법신으로 인격화한 화신인 호랑이를 모신 전각.

산신도(山神圖) 산왕山王으로 신앙하던 호랑이를 의인화하여 그린 그림. 천태산天台山 국청사國清寺에서 절의 수호신으로 산왕각을 세운 것에서 유래.

산신재(山神齋) 불교 장례 절차에서 다비소가 마련된 곳에서 산신에게 공양을 올리는 의식.

산신청(山神請) 각각의 청請은 의식 순서가 동일하지만 거불擧佛에서 법회의 주인이 되는 이를 모시고 이에 따라 유치由致·청사請詞·가영歌詠·예참禮懺은 주인공인 산신에 맞춰서 한다.

산신도(강진 무위사)

산심(散心) 산란한 마음. 방일放逸한 마음.

산야신 속세를 완전히 떠난 고행승.

산왕단(山王壇) 산신각山神閣·산령각山靈閣·산제단山祭壇. 산신을 모시는 전각. 또는 산신에게 올리는 예경.

산외(山外) 천태종에서 다른 유파를 낮추어 부르는 말.

산일(散日) 만산滿散. 법회가 결원結願하는 날. 즉 법회가 끝나는 날.

산장(散杖) 진언종에서 쇄수가지灑水加持에 쓰는 기구. 매화나무·측백나무·버드나무로 만든 한두 자 정도의 작대기로서 한 끝에 8엽葉의 연꽃을 조각한다.

산저(訕底) 식재息災. 선저가법扇底迦法.

산전(散錢) 새전賽錢.

산제단(山祭壇) 산왕단山王壇.

산좌송(散座頌) 산골散骨을 하고 마치는 게송. 소석회송燒席灰頌이라고도 한다.

산주(山主) 한 절의 주지.

산화(散華)📖 ①법회 의식 가운데 부처 앞에서 꽃을 뿌려서 공양하는 것. 향·꽃과 함께 종이로 만든 연꽃을 소쿠리에 담아서 한쪽에서는 가타伽陀를 노래하고, 한쪽에서 또는 불상을 돌며 꽃을 뿌리는 것을 말한다. 정토교에서 시작되었다. ②경전에서 산화하는 문구. 법회 때에 도량을 장엄하기 위해 부처에게 공양하는 송문頌文을 적은 것. 즉 산화문散華文.

산화락(散花落) 긴 종이에 꽃이 떨어지는 모습을 그려서 여러 부처와 보살의 강림과 꽃을 뿌리는 공덕의 의미로 도량 주위에 걸어 놓는 것. 산화문散華文을 말한다.

산화사(散華師) 큰 법회 때 꽃을 흩뿌리는 일을 맡은 승려.

살가야견(薩迦耶見) satkāya-dṛṣṭi satkāya는 존재하고 있는 신체, 개체個體, 개성個性 등의 뜻으로 유신有身으로 번역한다. dṛṣṭi는 ~을 보는 것, ~을 주시하는 것, 쳐다보는 것, 시각視覺, 지능知能, 안眼, 동瞳, 별견瞥見 등이 의미가 있으며 견見으로 번역한다. 오견五見 가운데 하나. 두 의미를 합하여 신견身見으로 번역. 살가야달리슬치薩迦耶達利瑟致. 오온으로 임시로 화합한 자아를 실제로 있다고 집착하며 내 몸에 부속한 모든 물건은 일정한 소유주가 없는 것인데 아我의 소유물이라고 집착하는 견해.

살다야(薩跢也) satya 실제의, 현실의, 순정純正의, 실현되어지는, 신뢰하기에 족하다, 충실한, 확실한 근거가 있다, 성취한다, 확실하게, 현실, 진실 등의 뜻이 있다. 음사는 살저야薩底也이며, 제諦로 번역한다. 진실眞實이라는 뜻.

살바야(薩婆若) sarvajña 일체를 알고 있다, 전지全知 등의 뜻이 있다. ➡ 일체지一切智

살바야해(薩婆若海) sarvajña 일체지一切智의 넓음을 바다에 비유한 것.

살불육조(殺佛戮祖) 공안公案. 부처나 조사의 권위를 부정하여 자재한 불법을 체득하게 하는 화두話頭. 모든 현상은 허망한 것이니 경전이나 불상 등도 마찬가지임을 뜻한다. 가불매조呵佛罵祖.

살생(殺生) 십악十惡 가운데 하나. 살아 있는 생물을 죽이는 것. 살생을 하면 지옥·아귀·축생의 삼악도에 태어나며, 인간으로 태어나도 병이 많으며 명이 짧다고 한다.

살생계(殺生戒) 오계五戒 또는 십계十戒 가운데 하나. 생물을 죽이는 것을 금하는 계율. 직접 죽이는 것은 물론 남에게 시켜서 죽이는 것도 금한다. 살생을 하면 지옥·아귀·축생의 삼악도三惡道에 태어나며, 인간으로 태어나도 병이 많으며 명이 짧다고 한다. ➡ 계戒

살생금단(殺生禁斷) 살아 있는 생물의 목숨을 죽이지 못하게 금지한 것.

살인계(殺人戒) 사람을 죽였을 때 대살생계大殺生戒, 축생을 죽였을 때는 소살생계小殺生戒라고 한다.

살자(殺者) māra 죽이다, 파괴하다, 사死, 애愛, 애의 신神, 유혹자, 살해, 장해障害 등의 뜻이 있으며, 음사하면 마라魔羅. 장애자障碍者·살자殺者·악자惡者로 번역한다. 몸과 마음을 맑지 못하게 하여 선법을 방해하고 수행에 장애가 되는 것을 말한다.

살적(殺賊) 번뇌를 도적에 비유하여 아주 없앴다는 뜻. 아라한阿羅漢에는 살적殺賊·불생不生·응공應供의 세 가지 뜻이 있다.

살축생계(殺畜生戒) 축생을 죽였을 때는 소살생계小殺生戒, 사람을 죽였을 때 대살생계大殺生戒.

살타(薩埵)🕮 sattva 존재하는, 있는, 실재하는, 유有, 본질本質, 성분性分, 성격性格 등의 뜻이 있다. ①유정有情의 뜻. 용맹勇猛의 뜻. 곧 용맹한 대사大士를 말한다. ②보리살타菩提薩埵. 보살을 말한다. ③수론數論 외도가 말하는 삼덕三德 가운데 하나. ④진언종의 금강살타金剛薩埵의 준말.

삼가(三假) prajñapti 교훈教訓, 알 수 있는 것, 말에 의한 표시, 진술陳述, 배치配置 등의 뜻이며, 가假로 번역한다. ①수가受假·법가法假·명가名假. 중생들이 실아實我 실법實法이라고 믿는 미혹된 생각을 없애고 모든 법이 모두 공空하다는 이치를 깨닫게 하는 것. ②인성가因成假·상속가相續假·상대가相待假.『지관보행止觀輔行』의 삼가三假.

삼가섭(三迦葉) 석가세존의 제자 가운데 우루빈라가섭優樓頻羅迦葉·나제가섭那提迦葉·가야가섭伽耶迦葉 3형제.

삼각(三覺) ①buddha를 번역한 각覺에 갖추어진 3가지의 뜻. 자각自覺·각타覺他·각행궁만覺行窮滿 또는 각행원만覺行圓滿. ②『기신론起信論』의 삼각三覺. 본각本覺·시각始覺·구경각究竟覺.

삼갈마(三羯磨) 수계受戒할 때 갈마사羯磨師가 읽는 갈마문羯磨文을 계 받는 사람이 그대로 3번 따라 부르는 것.

삼강(三綱) 사원에서 대중을 보살피고 여러 가지 사무를 보면서 사찰을 유지하는 임무를 맡은 세 소임. 사주寺主·상좌上座·유나維那. 또는 상좌上座·유나維那·전좌典座라고도 한다. 우리나라에서는 주지·수승首僧·서기를 말한다.

삼거(三擧) 부처가 제정한 계율 가운데 죄명. 죄를 범하고 죄를 인정하지 못하는 이. 죄를 범하고 참회하지 않는 이. 음욕이 불법

수행에 방해되지 않는다고 하는 이.

삼거(三車)📖 양거羊車·녹거鹿車·우거牛車로 『법화경』에 나오는 비유. 양이 끄는 수레인 양거羊車, 사슴이 끄는 수레인 녹거鹿車, 소가 끄는 수레인 우거牛車를 삼거三車라고 한다. 수레를 동물에 비유한 것은 양은 혼자 달리고, 사슴은 달려가며 뒤를 돌아보고, 소는 무거운 짐을 묵묵히 나르는 성질에 비유한 것으로 삼승의 수행 방법을 뜻한다. 양거는 성문승聲聞乘이고, 녹거는 연각승緣覺乘이며, 우거는 삼승보살승을 말한다.

삼겁(三劫) ①삼대아승기겁三大阿僧祇劫. 삼아승기겁三阿僧祇劫. 삼무수겁三無數劫이라고도 한다. 보살이 수행하여 성불하는 데 걸리는 기간. ②과거·현재·미래의 삼겁三劫. 과거겁過去劫은 장엄겁莊嚴劫. 현재겁現在劫은 현겁賢劫. 미래겁未來劫은 성수겁星宿劫.

삼결(三結) 삼계三界의 견혹見惑. 초과삼결初果三結이라고도 한다. 신견결身見結·계취결戒取結·의결疑結. 결結은 견혹見惑의 뜻.

삼경(三更) 해시·자시·축시를 말한다. 곧 밤 9시에서 새벽 3시까지.

삼경(三境) 유식에서 식識이 경계境界에 대해 일어나는 성질을 세 가지로 나눈 것. 성경性境·독영경獨影境·대질경帶質境.

삼계(三界) ①중생들이 살고 있는 생사의 윤회가 계속되는 미혹한 세계. 욕계欲界·색계色界·무색계無色界. ②불계佛界·중생계衆生界·심계心界.

삼계(三契) 게송을 3번 송頌하는 것.

삼계(三戒) 재가계在家戒·출가계出家戒·도속공계道俗共戒.

삼계경(三啓經) 『불설무상경佛說無常經』의 다른 이름.

삼계교(三階敎) 삼계불법三階佛法·제삼계불법第三階佛法. 중국 수나라 때 신행信行에게서 비롯한 유파. 송나라까지 약 400여 년간 지속되었으며, 보법普法·보불普佛·보경普敬 사상을 세웠다.

삼계구지(三界九地) 욕계·색계·무색계를 구지九地로 나눈 것. 오취잡거지五趣雜居地·이생희락지離生喜樂地·정생희락지定生喜樂地·이 희묘락지離喜妙樂地·사념청정지捨念淸淨地·공무변처지空無邊處地·식 무변처지識無邊處地·무소유처지無所有處地·비상비비상처지非想非非 想處地.

삼계만령패(三界萬靈牌) 선종의 사원에서 안치하는 위패. 명복冥 福을 빌어 줄 이가 없는 심령心靈에게 복을 얻게 하기 위해 불상 앞에 안치한다.

삼계불법(三階佛法) 삼계교三階敎에서 세운 불법.

삼계유일심(三界唯一心) 삼계三界가 오직 마음이 변하여 이루어진 것이라는 말. 곧 외계의 모든 현상에 실재성을 인정하지 않는 것.

삼계제천(三界諸天) 삼계三界의 여러 하늘. 욕계 6천天, 색계 4선 18천, 무색계 4천으로 모두 28천.

삼고(三苦) ①고고苦苦·괴고壞苦·행고行苦. ②인도의 외도인 수론 파數論派가 세우는 내고內苦·외고外苦·천고天苦.

삼고(三鈷) 삼고저三鈷杵. 세 갈퀴로 된 금강저金剛杵.

삼고저(三鈷杵) 법구法具 이름. 삼고三鈷. 세 가락의 금강저. 밀교 에서 여래의 작업을 표시하는 윤보輪寶. 갈마금강羯磨金剛 또는 갈 마저羯磨杵라고도 한다.

삼공(三空) ①법상종에서는 삼성三性을 공空이라고 한다. ②아공 我空·법공法空·구공俱空. 삼해탈문三解脫門. ③삼삼매三三昧. 공삼매 空三昧·무상삼매無相三昧·무원삼매無願三昧.

삼공관문(三空觀門) 삼해탈문三解脫門. 삼공마지三空摩地.

삼과(三過) 몸·입·뜻의 허물. 즉 신·구·의 삼업의 허물.

삼과(三果) 소승의 교법을 수행하는 성문聲聞 깨달음의 사과四果 가운데 앞의 2과를 지난 불환과不還果.

삼과(三科) 오온五蘊·십이처十二處·십팔계十八界. 모든 법을 온蘊· 처處·계界 3가지로 분류한 것.

삼관(三觀) 관법觀法의 내용을 3가지로 나눈 것. ①천태종에서

세운 삼제三諦를 자세히 보는 공관空觀·가관假觀·중관中觀. 천태삼
관天台三觀. ②화엄종에서 세운 진공관·이사무애관·주변함용관.
법계삼관. ③율종에서 세우는 성공관·상공관·유식관. 남산삼관.
④『종경록』에 있는 별상삼관·통상삼관·일심삼관. 삼종삼관. ⑤
법상종의 자은慈恩이 세운 유관·공관·중관. 자은삼관慈恩三觀.

삼관소(三官素) 승려들의 소식素食의 일종.

삼광(三光) 해·달·별. 또는 색계의 제2선천禪天인 소광천少光天·
무량광천無量光天·광음천光音天을 가리킨다.

삼광천(三光天) 일日·월月·성星.

삼교(三教) 📖 부처의 일대의 교설을 내용에 따라 3가지로 나눈
것. ①남중南中의 삼교三教. 중국 제나라 이후 강남 제가의 주장.
점교漸教·돈교頓教·부정교不定教. ②중국 남북조시대 광통光統 율
사의 삼교. 미숙한 기류機類에 대해 먼저 모든 법의 무상을 말하
고 다음에 상常, 다시 공空을 말하고 뒤에 불공不空을 말한 점교漸
教. 원숙한 기류에 대해 상常·무상無常·공空·불공不空의 교教를 동
시에 말한 돈교頓教.『화엄경』과 같이 상달자를 위해 사사무애事事
無碍의 법문을 말한 원교圓教. ③남산南山의 삼교三教. 율종에서 일
컫는 말. 성공교性空教·상공교相空教·유식원교唯識圓教. ④삼시교三
時教.

삼구(三垢) 번뇌의 다른 이름. 탐욕·진에瞋恚·우치愚癡.

삼구(三句) 진언종에서 행자가 인因에서 과果에 이르는 계단을
보리심위인菩提心爲因·대비위근大悲爲根·방편위구경方便爲究竟으로
표시한 것.

삼구족(三具足) 향·꽃·등불을 불상 앞에 공양하는 데 쓰는 도구.
향로·꽃병·촛대.

삼궤(三軌) 천태종의 교의教義. 적문迹門의 10묘妙 가운데 제5의
3묘법妙法을 말한다. 세상 모든 사물의 체體로서 거짓되지 않고
변하지 않는 진성궤眞性軌. 보통 사람의 미혹을 없애고 진리를 나

타내는 지혜의 작용인 관조궤觀照軌. 지혜로써 진리를 개현開顯하는 데 도움이 되는 수행인 자성궤資成軌.

삼귀(三歸) 불문에 처음 귀의할 때 하는 의식. 곧 삼귀의三歸依·삼자귀三自歸·삼귀계三歸戒·삼귀례三歸禮. 또는 불·법·승에 귀경歸敬함을 말한다. 곧 귀의불歸依佛·귀의법歸依法·귀의승歸依僧.

삼귀계(三歸戒) 대승계大乘戒를 말한다. 곧 삼취정계三聚淨戒·십중금계十重禁戒·사십팔경계四十八輕戒.

삼귀례(三歸禮) 삼보에 귀의하여 예경하는 것. 귀의불양족존歸依佛兩足尊·귀의법이욕존歸依法離欲尊·귀의승중중존歸依僧衆中尊.

삼귀승(三歸僧) 삼보三寶 가운데 승보僧寶로서 귀의할 만한 이.

삼귀오계(三歸五戒) 📖 재가자는 처음에 3귀를 받고 다음에 5계를 받는데, 계를 받은 이 가운데 남자는 우바새優婆塞, 여자는 우바이優婆夷라고 한다.

삼귀의(三歸依) 📖 삼귀三歸. 귀의라 함은 목숨을 바치며 의지하는 것을 말한다. 곧 불·법·승을 믿고 따르며 의지하는 것. 귀의불歸依佛·귀의법歸依法·귀의승歸依僧.

삼근(三根) ①탐·진·치 3가지는 악업을 생기게 하므로 근根이라고 한다. ②근기에 따라 상·중·하로 나누는 것. ③미지당지근未知當知根·이지근已知根·구지근具知根의 삼무루근三無漏根.

삼금(三金) 밀교의 삼밀三密의 다른 이름. 6대를 신구의 삼업으로 나누어 지地·수水·화火를 신밀身密, 풍風·공空을 구밀口密, 식識을 의밀意密이라고 하며, 견고하기 때문에 삼금강三金剛이라고도 한다.

삼기(三機) ①삼취三聚. 정정취正定聚·사정취邪定聚·부정취不定聚. ②난치삼병三難治病. 방대승謗大乘·오역죄五逆罪·일천제一闡提.

삼기(三祇) 삼아승기의 준말. 불교에서 숫자로 표시할 수 없는 긴 세월을 아승기라고 한다. 그 3배를 3기라고 한다.

삼기백겁(三祇百劫) 삼승기백대겁三僧祇百大劫.

삼난(三難) 삼악도三惡道의 고난.

삼념주(三念住) 삼념처三念處.

삼념처(三念處) 부처는 항상 남의 기롱과 칭찬에도 불구하고 조금도 마음을 흔들리지 않음을 3가지로 나눈 것. 초념처初念處·제이념처第二念處·제삼념처第三念處. 삼념주三念住.

삼능(三能) 부처가 능한 3가지. 모든 상相을 공空하게 여겨 모든 만법을 아는 지혜를 이룬 것, 군생群生의 성품을 알고 억겁億劫의 일을 다 아는 것, 끝없는 중생을 제도하는 것을 말한다.

삼능변(三能變) 유식唯識에서 모든 물物과 심心의 현상은 식識이 변해서 나타난 것이라고 보고 변현變現하는 식을 3가지로 나눈 것. 이숙능변異熟能變·사량능변思量能變·요경능변了境能變. 또는 이숙식異熟識·사량식思量識·요별식了別識이라고도 한다.

삼다(三多) 세 가지 많은 행. ①많은 선우善友들과 친근하고, 많은 법문을 듣고, 신체의 부정不淨을 자세히 보는 것. ②또는 많은 부처에게 공양하고, 많은 선우를 섬기고, 많은 부처 처소에서 교법을 듣는 것.

삼다라니(三陀羅尼) ①문지다라니聞持陀羅尼·분별다라니分別陀羅尼·입음성다라니入音聲陀羅尼. ②선다라니旋陀羅尼·백천만억선다라니百千萬億旋陀羅尼·법음방편다라니法音方便陀羅尼. ③천태종에서는 공지空持·가지假持·중지中持라고 하여 공空·가假·중中의 3관에 배치하여 말한다.

삼단(三斷) ①번뇌를 끊는 것을 수행의 계위에서 나누는 3가지. 견소단見所斷은 견도見道에서 끊는 것이니 소승에서는 88사使의 수면번뇌와 이 혹에 부수하여 또는 이 혹惑으로부터 일어나는 유루법有漏法이고, 대승에서는 사사邪師·사교邪教·사사유邪思惟로 일어나는 후천적인 번뇌장煩惱障·소지장所知障을 말한다. 수소단修所

斷은 수도修道에서 끊는 것이니 소승에서는 81종의 번뇌와 이 혹에 부수하여 또한 이 혹에 의해 일어나는 유루법이고, 대승에서는 본능적으로 저절로 일어나는 번뇌장·소지장을 말한다. 비소단非所斷은 견도·수도에서 모두 끊어지지 않은 유위·무위에 통한 무루법無漏法을 말한다. ②끊는 성질에 의해 3가지로 나눈 것. 자성단自性斷은 무루의 진지眞智가 일어날 때 번뇌의 자성을 끊어 다시 일어나지 못하게 하는 것. 연박단緣縛斷은 이박단離縛斷이라고도 하니 번뇌의 속박을 벗어나는 것으로 5근根·5경境과 그 밖에 다른 무기법無記法의 체를 끊는 것이 아니고 깨달은 이도 5근·5경은 그대로 있는 것. 불생단不生斷. 나는 연緣을 끊어서 나지 못하게 하는 것을 단斷이라고 한다.

삼단(三段) 경론經論을 강의할 때의 세 단계. 첫째는 대의大意, 둘째는 제호題號, 셋째는 입문해석入文解釋을 말한다.

삼단(三檀) 삼시三施. 단檀은 단나檀那의 준말로 보시布施라는 뜻. 곧 재시財施·법시法施·무외시無畏施를 말한다.

삼달(三達) ①과거·현재·미래의 삼세三世를 통달한 것. 숙주지증명宿住智證明으로 과거의 일을 통달한다. 사생지증명死生智證明으로 미래의 일을 통달한다. 누진지증명漏盡智證明으로 현재의 일을 통달한다. ②삼명三明. 숙명宿命·천안天眼·누진漏盡.

삼달(三達) 삼통력三通力.

삼대(三大) ①『기신론』의 체대體大·상대相大·용대用大. 본래의 체體와 속성과 작용이 절대적인 것. ②신밀身密의 지地·수水·화火 삼대三大.

삼대사(三大師) 삼종대사三種大師.

삼대아승기겁(三大阿僧祇劫) 삼겁三劫. 보살이 수행하여 성불하는 데 걸리는 기간.

삼덕(三德) ①부처의 과위果位의 공덕을 나눈 것. 지덕智德·단덕斷德·은덕恩德. ②열반을 얻은 이가 갖춘 3가지 덕. 법신덕法身德·반

야덕般若德·해탈덕解脫德. 『열반경』에서 삼덕비장三德秘藏이라고
한다. ③수론학파에서 주장하는 모든 사물이 갖추어야 할 세 가지
성질. 살타薩埵, sattva는 유정으로 용감하고 건강한 덕. 랄사刺闍,
rajas는 먼지와 티끌의 덕. 답마答摩, tamas는 암둔闇鈍한 덕. ④제불
삼덕諸佛三德. 대정지비大定智悲. 곧 대정大定·대지大智·대비大悲를
말한다.

삼도(三途)   삼도三塗라고도 쓴다. 사람이 죽어서 생전에 지은 업
에 따라 7일 만에 이르게 되는 곳. 삼도천. 화도火途·도도刀途·혈
도血途. 곧 지옥地獄·아귀餓鬼·축생畜生의 삼악도三惡道를 말한다.

삼도(三道)   ①성문이나 보살이 수행
하는 3가지 과정. 견도見道·수도修道·
무학도無學道. ②생사에 유전하는 인과
의 모양을 3가지로 나눈 것. 혹도惑道·
업도業道·고도苦道. ③불상의 목에 있
는 세 갈래의 줄.

삼도천(三途川)   삼도三途. 사람이 죽
어서 7일 만에 도달하는 길에 있는 강.
빠르고 느린 세 여울이 있어 생전에
지은 업에 따라 건너가는 데 3갈래가
있다고 한다.

삼도(보은 법주사 마애여래좌상)

삼독(三毒)   탐貪·진瞋·치癡. 성불에 장애가 되는 3가지의 해독을
말한다.

삼독심(三毒心)   삼독三毒. 탐貪·진瞋·치癡.

삼등류(三等流)   진등류眞等流·가등류假等流·분위등류分位等流.

삼락(三樂)   천락天樂·선락禪樂·열반락涅槃樂.

삼량(三量)   ①불교의 3가지 인식 방법. 현량現量·비량比量·비량非
量. ②법상종에서 심心·심소心所가 자기의 앞에 나타난 대상을 아
는 모양을 셋으로 나눈 것. 능량能量·소량所量·양과量果. ③현량現

量·비량比量·성교량聖敎量.

삼력(三力) ①진언종에서 중생의 즉신성불即身成佛하는 힘. 아공덕력我功德力·여래가지력如來加持力·법계력력法界力. ②수행하는 이가 삼매에 들어 불佛을 보는 힘. 위신력威神力·삼매력三昧力·본원공덕력本願功德力. ③혜안력慧眼力·법안력法眼力·화도력化導力.

삼례(三禮)📖 ①몸·입·뜻의 3업으로 경의를 표하여 세 번 예배하는 것. ②예를 중요도에 따라 상중하로 나누는 것. 상례上禮는 나의 머리를 상대방의 발에 대는 계수稽首, 중례中禮는 무릎을 꿇는 궤례跪禮, 하례下禮는 두 손을 모으는 읍례揖禮라고 한다.

삼론(三論) 『중론中論』·『십이문론十二門論』·『백론百論』.

삼론종(三論宗) 『중론中論』·『십이문론十二門論』·『백론百論』에 의거하여 세운 종. 성종性宗·공종空宗·파상종破相宗이라고도 한다.

삼루(三漏) 삼계三界의 번뇌를 셋으로 나눈 것. 욕루欲漏·유루有漏·무명루無明漏.

삼류경(三類境) 법상종에서 인식 대상을 그 성질상 셋으로 나눈 것. 성경性境·독영경獨影境·대질경帶質境.

삼륜(三輪) ①3가지 법륜法輪. ②3가지 전법륜轉法輪. ③풍륜風輪·수륜水輪·금륜金輪. ④신통륜神通輪·기심륜記心輪·교계륜敎誡輪. ⑤무상륜無常輪·부정륜不淨輪·고륜苦輪. ⑥혹惑·업業·고苦.

삼륜공적(三輪空寂)📖 보시를 했으나 준 것이 없이 청정하고, 물건을 받았으나 받은 것이 없이 청정하며, 준 물건이 청정한 무위의 공적을 말한다. 삼륜청정三輪淸淨. 삼륜체공三輪體空.

삼륜상(三輪相) 보시하는 데 있어서 보시하는 이, 보시 받는 이, 보시하는 물건을 말한다.

삼륜청정(三輪淸淨) 삼륜체공三輪體空. 삼륜공적三輪空寂.

삼륜청정게(三輪淸淨偈) 보시할 때에 보시하는 이, 보시 받는 이, 보시하는 물품의 3가지가 모두 청정해야 할 것을 보인 게송. '능시소시급시물能施所施及施物　어삼계중불가득於三界中不可得　아등안

주최승심我等安住最勝心 공양시방제여래供養十方諸如來.

삼륜체공(三輪體空) 시공施空·수공受空·시물공施物空. 보시를 행함에 베푸는 이, 받는 이, 베푸는 물건이 공空함을 자세히 살펴 집착심을 여의는 것.

삼마(三魔) 사마四魔 가운데 사마死魔를 제외한 것. ➡ 사마四魔

삼마(三摩) 삼마지三摩地.

삼마발저(三摩鉢底) samāpatti 조우遭遇하는 것, 만나는 것, 우연하게 된 것, 불의不意, 우연偶然 등의 뜻이 있다. 정定의 다른 이름이며, 등지等至로 번역한다.

삼마야(三摩耶) samaya 함께 가는 것, 회합의 장소, 일치, 동의同意, 계약契約 등의 뜻이 있으며, 시時, 중회衆會, 일치一致, 규칙規則, 교리敎理, 종宗, 본문本文 등으로 의역한다. 시간의 의미로 사용될 때는 가시假時의 뜻. ➡ 삼매야三昧耶

삼마야계(三摩耶戒) 불성삼마야佛性三摩耶.

삼마야만다라(三摩耶曼荼羅) 사만다라四曼荼羅 가운데 하나. 삼마야는 본서本誓, 곧 이상理想을 말한다. 보살 내심內心의 서원을 상징한 존상尊像이 지니고 있는 도검刀劍·윤보輪寶·연화·보주寶珠와 손으로 나타낸 인계印契. 넓은 의미에서 산천·초목·국토 등이 모두 삼마야만다라라고 할 수 있다.

삼마야회(三摩耶會) 진언종의 금강계 만다라 9회會 가운데 하나. 금강계의 근본인 37존尊·현겁賢劫 16존·외금강부外金剛部의 20존을 각존各尊의 본서本誓를 표시하는 검劍·연꽃·인계印契 등으로 배열한다.

삼마지(三摩地) samādhi 짜여진 것, 결합된 것, 연합連合, 실행實行, 조정調整, 경정, 해경, 논증論證, 정당화正當化 등의 뜻이 있다. 정定으로 번역. 곧 선정禪定·삼매三昧.

삼마지인(三摩地印) 선정인禪定印.

삼마혜다(三摩呬多) 정定의 다른 이름. 등인等引으로 번역.

삼매(三昧)📖 samādhi 짜여진 것, 결합된 것, 연합連合, 실행實行, 조정調整, 경정, 해경, 논증論證, 정당화正當化 등의 뜻이 있다. 삼마제三摩提·삼마제三摩帝·삼마지三摩地라고도 한다. 정정·등지等持·정수正受로 번역하며 선정禪定을 말한다. 어지러운 마음을 집중하여 허망한 생각에서 벗어나 바르게 하는 것. 이러한 경지에서만 최상의 지혜인 무분별지를 얻게 된다.

삼매당(三昧堂) 법화삼매당法華三昧堂·법화당法華堂이라고도 한다. 4가지 삼매 가운데 반행반좌삼매半行半坐三昧에 속하는 법화삼매를 수행하는 당堂.

삼매승(三昧僧) 법화당에서 법화삼매를 닦으며 상행당常行堂에서 염불삼매를 닦는 승려.

삼매야(三昧耶) samaya ①삼매三昧. 본서本誓의 뜻. ②평등의 뜻이 있다. 내덕과 외상外相이 평등한 뜻. ③때의 뜻. 일정하지 않은 때. ➡ 삼마야三摩耶

삼매야계(三昧耶戒) 진언종에서 보살승이 지켜야 할 계율. 전법관정傳法灌頂을 주기 전에 먼저 주는 작법. 3가지 보리심으로 계戒를 삼는 것.

삼매야계단(三昧耶戒壇) 삼매야계를 주는 도량.

삼매야만다라(三昧耶曼荼羅) 4가지 만다라 가운데 하나. 여러 존상尊像의 형상에 대신하여 그 본서本誓를 표시하는 탑·연화·검·윤륜, 또는 인계印契로써 나타내어 조립한 만다라를 말한다.

삼매야신(三昧耶身) 모든 불佛의 본서本誓를 표시하는 탑·검·보주寶珠 등을 말한다.

삼매야형(三昧耶形) 삼형三形. 불보살이 가지고 있는 기장器仗이나, 손으로 결結한 인계印契. 곧 각존各尊의 본서本誓를 구상화한 것을 말한다. 예를 들면 부동존不動尊이 가지고 있는 검劍은 제도하기 어려운 중생을 구제하려는 서원을 표시하는 것. 대일여래의 보탑寶塔. 보생불의 보주寶珠. 약사여래의 약병.

삼매인(三昧印) 입정인入定印. 마음에 산란과 혼침昏沈을 여의고 뚜렷하게 자심自心의 순수가 현전하여 이때 자심이라는 생각마저 없는 것을 삼매三昧라 하고, 이러한 수행이 깊은 경지에 이르는 것을 말한다.

삼먁삼보리(三藐三菩提) 정변지正遍知·정변도正遍道·정등정각正等正覺으로 번역한다. 부처가 깨달은 지혜.

삼먁삼불타(三藐三佛陀) 부처의 열 가지 이름 가운데 하나. 삼야삼불三耶三佛·삼야삼불단三耶三佛檀. 정변지正遍知·등정각等正覺·정등각正等覺으로 번역한다.

삼명(三明) ①삼달三達. 아라한의 지혜에 갖추어 있는 자재하고 묘한 작용. 지혜가 경계境界를 대하여 분명히 아는 것을 명明이라고 한다. 육신통六神通 가운데 숙명통宿命明·천안통天眼明·누진통漏盡明은 각각 과거세의 인연을 아는 지혜, 미래의 과보를 알 수 있는 지혜, 모든 번뇌를 끊어 얻게 되는 지혜이다. 삼통력三通力. ②정념正念·정관正觀·육통六通을 말한다.

삼모니(三牟尼) 모니는 적묵寂默으로 번역. 번뇌를 여읜 적정한 모양. 삼모니는 무학無學 성자의 신身·어語·의意를 말한다.

삼묘(三妙) 천태종에서 심心·불佛·중생衆生의 3가지가 서로 융섭하여 그 묘한 것이 끝없는 것.

삼묘행(三妙行) 삼모니三牟尼.

삼무루근(三無漏根) 삼근三根. 미지당지근未知當知根·이지근已知根·구지근具知根.

삼무루학(三無漏學) 계戒·정定·혜慧의 삼학을 닦아 무루無漏의 도과道果를 얻는 것을 말한다.

삼무성(三無性) 법상종에서 미迷·오悟의 모든 법을 유有의 관점으로 변계遍計·의타依他·원성圓成으로 나눔에 대해 공空의 관점으로 삼무성三無性을 세우는 것. 상무성相無性·생무성生無性·승의무성勝

義無性.

삼무수겁(三無數劫) 삼겁三劫. 보살이 수행하여 성불하는 데 걸리는 시간.

삼무애(三無礙) 보살이 가지고 있는 무애 자재한 3가지 작용. 총지무소괘애總持無所罣礙·변재무소괘애辯才無所罣礙·도법무소괘애道法無所罣礙.

삼무위(三無爲) 소승의 설일체유부說一切有部에서 무위에 허공무위虛空無爲·택멸무위擇滅無爲·비택멸무위非擇滅無爲를 세우는 것.

삼무차별(三無差別) 삼법무차三法無差. 심무차별心無差別·불무차별佛無差別·중생무차별衆生無差別.

삼묵당(三默堂) 절에서 말을 하지 않는 곳으로 목욕하는 욕실浴室, 참선을 주로 하는 승당僧堂, 법당을 중심으로 동서쪽에 마련되어 있는 측간의 세 장소를 말한다. 동쪽에 있는 칙厠을 동정東淨 또는 동사東司라고 하고 서쪽에는 있는 칙厠을 서정西淨 또는 서사西司라고 말한다.

삼문(三門) 절에서 누각의 역할을 하는 문으로 누문樓門 또는 산문山門이라고도 한다. 일주문·천왕문·불이문을 가리킨다. 하나의 문이 있더라도 삼문이라 하는 것은 절은 법당이나 대웅전을 본당으로 하며 열반을 상징하고, 이 열반인 해탈에 이르기 위해서는 공空·무상無相·무작無作의 삼해탈문三解脫門을 닦아야 하므로 이를 비유하여 말한 것이다.

삼미(三味) 3가지 특별한 의미. 출가미出家味·독송미讀誦味·좌선미坐禪味.

삼밀(三密)📖 밀교에서 몸과 말과 마음으로 행하는 수행법으로, 불타의 삼업은 중생이 미칠 수 없는 불가사의한 작용이라는 뜻에서 신밀身密·어밀語密·의밀意密이라고 한다. 중생의 몸으로는 수인手印을 맺고 입으로는 진언을 송頌하고 뜻으로는 본존을 관觀하는 것을 유상삼밀有相三密이라고 하고, 중생의 모든 몸과 말을 하는 모든 행위와 생각하는 모든 것이 그대로 삼밀이라고 하는 것을 무상삼밀無相三密이라고 한다.

삼밀가지(三密加持) 부처의 구제하는 힘과 중생의 믿는 마음이 일치 명합冥合하는 경지를 말한다. 중생이 손으로 인印을 결結하고 입으로 진언을 외우고 뜻으로 중생과 부처가 하나임을 관하면 부처의 삼밀三密과 상응하여 하나가 되는 것을 말한다.

삼밀상응(三密相應) 삼밀유가三密瑜伽.

삼밀용대(三密用大) 진언 밀교에서 몸·입·뜻의 삼업三業을 말한다. 우주 모든 사물에 잘 통하는 절대 작용이므로 용대用大라고 한다.

삼밀유가(三密瑜伽)📖 진언의 행법으로서 몸·입·뜻의 삼업三業이 본래 부처의 삼밀三密과 동등하여 차별이 없음을 알고, 손으로 인印을 결結하고 입으로 주문을 외우며 뜻으로 자기가 본래 부처나 보살임을 알아서 중생과 부처가 본성이 같고, 범부와 부처의 체體가 동일하다고 살펴 삼업三業과 부처의 삼밀三密이 상응하다는 데 이르는 것.

삼박(三縛) 탐貪·진瞋·치癡.

삼반(三飯) 생반生飯. 삼파三把. 삼보三寶·부동명왕不動明王·귀자모신鬼子母神에게 공양하는 것.

삼반야(三般若) 문자반야文字般若·관조반야觀照般若·실상반야實相般若를 세우는 것.

삼발심(三發心) 발대지심發大智心·발대비심發大悲心·발대원심發大願心.

삼방편(三方便) 밀교에서 말하는 삼밀三密. ➡ 삼밀三密

삼배(三輩) 정토에 극락왕생하는 행업行業의 종류를 깊고 옅음에 따라 3가지로 나눈 것.

삼배(三拜) 존경하는 뜻을 나타낼 때 세 번 절하는 것.

삼백법(三白法) 삼백식三白食의 제규制規를 엄수하는 것.

삼백사십팔계(三百四十八戒) 비구니가 지켜야 할 계율. 율장에 따라 조목의 수가 다르다. 보통 5백계戒라 함은 가장 큰 조목의 율장을 들어서 말하는 것.

삼백식(三白食) 삼정식三淨食. 비밀한 법을 닦을 때 행자行者가 쓰는 유乳·낙酪·반飯을 말한다.

삼번뇌(三煩惱) 3가지 미혹. 견사見思·진사塵沙·무명無明. 삼혹三惑이라고도 한다.

삼벌업(三罰業) 몸·입·뜻으로 범한 악업은 반드시 지옥에서 벌을 받을 업이라는 뜻.

삼법(三法) 교법敎法·행법行法·증법証法.

삼법륜(三法輪) 진제삼장眞諦三藏이 석가모니부처 일대의 불교를 셋으로 분류한 것. 전법륜轉法輪·조법륜照法輪·지법륜持法輪.

삼법묘(三法妙) 천태종의 적문迹門 10묘妙의 하나. 3법法은 3궤軌. 진성궤眞性軌·관조궤觀照軌·자성궤資成軌. ➡ 삼궤三軌

삼법무차(三法無差) 마음·불·중생의 셋이 조금도 차별이 없는 것.

삼법무차(三法無差) 삼무차별三無差別.

삼법의(三法衣) 가사袈裟의 3종류. 탁발할 때 입는 승가리대의僧伽梨大衣. 예불이나 법을 설할 때 입는 울다라승상의鬱多羅僧上衣. 일상생활을 하거나 잠을 잘 때 입는 안타회중의安陀會中衣.

삼법인(三法印) 불교의 3가지 근본 교의敎義 및 핵심 사상. 부처의 설법 내용을 3가지로 압축하여 표현한 것. 제행무상諸行無常·제법무아諸法無我·열반적정涅槃寂定. 열반적정 대신에 일체개고一切皆苦를 넣기도 한다.

삼변정토(三變淨土)📖 석가여래가 『법화경』을 설법하려고 할 때 다보여래의 보탑이 땅에서 솟아오르고 부처는 다보여래의 오랜 원으로 제일 먼저 사바세계를 정토로 변화시키고, 두 번째로 수승한 곳을 자재하게 변화시키고, 셋째로 일체 모든 곳을 경계에 빠짐이 없게 변화시키는 것을 말한다.

삼변토전(三變土田) 삼변정토三變淨土.

삼병(三病) ①탐병貪病·진병瞋病·치병痴病. ②방대승誇大乘·오역죄五逆罪·일천제一闡提.

삼보(三報) 과보果報를 받는 3시기. 현보現報·생보生報·후보後報.

삼보(三寶) 불교의 귀한 3가지 보배. 불보佛寶·법보法寶·승보僧寶.

삼보(三輔) 사찰에 오는 손님을 맞고 보내고 시중하는 소임.

삼보례(三寶禮) 불·법·승 삼보에게 예를 올리는 것.

삼보리(三菩提) 불과佛果에 이르는 3가지 도道. 성문보리聲聞菩提·연각보리緣覺菩提·제불보리諸佛菩提. 모든 보리와 모든 진리를 깨달은 부처의 마음자리인 정각正覺을 뜻하는 것으로 부처의 무상승지無上勝地를 말한다. 또는 진성보리眞性菩提·실지보리實智菩提·방편보리方便菩提라고도 한다.

삼보물(三寶物) 불물佛物·법물法物·승물僧物.

삼보사찰(三寶寺刹) 조계종단의 삼보사찰三寶寺刹. 양산 영축산 통도사·합천 가야산 해인사·순천 조계산 송광사.

삼보소(三寶疏) 영산사소靈山四疏 가운데 하나. 영산재 대회소大會疏에서 관세음보살을 모신 뒤에 올리는 소. 부처에게 우요삼잡右繞三匝하고 올리는 소疏.

삼보인(三寶印) 선종에서 쓰는 인장印章. 불법승보佛法僧寶가 새겨진 도장.

삼보장(三寶藏) ①불·법·승 삼보에 말미암아 일체의 공덕을 함장含藏하는 것. ②경·율·논의 삼장三藏.

삼보통청(三寶通請) 제불통청諸佛通請. 각각의 청請은 의식 순서가 동일하지만 거불擧佛에서 법회의 주인이 되는 주체인 삼보를 모시고, 이에 따라 유치由致, 청사請詞, 가영歌詠, 예참禮懺은 주인공에 맞춰서 한다.

삼보패(三寶牌) 삼보三寶라고 적은 명찰의 패牌.

삼복(三福) 삼종정업三種淨業. 세복世福·계복戒福·행복行福. 또는 세선世善·계선戒善·행선行善이라고도 한다.

삼복업사(三福業事) 3가지 좋은 일. 시류복업사施類福業事·계류복업사戒類福業事·수류복업사修類福業事. 곧 보시·지계持戒·좌선.

삼복전(三福田) 좋은 일을 행하는 3가지 대상. 보시하는 이는 경작자, 보시

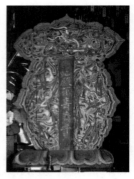

삼보패(완주 송광사)

하는 물품은 종자, 보시 받는 이는 밭이 된다. 비전悲田·경전敬田·은전恩田. 또는 보은복전報恩福田·공덕복전功德福田·빈궁복전貧窮福田이라고도 한다.

삼부경(三部經) 경전 가운데 특별히 3부를 뽑은 것. ①진호鎭護의 3부경. 『법화경』·『인왕경』·『금광명경』. ②미륵보살의 3부경. 『상생경』·『하생경』·『성불경』. ③대일여래의 3부경. 『대일경』·『금강정경』·『소실지경』. ④법화의 3부경. 『법화경』·『무량의경』·『관보현경』. ⑤정토의 3부경. 『무량수경』·『관무량수경』·『아미타경』.

삼부정육(三不淨肉) 탁발을 하여 공양을 하는 경우에는 주는 대로 먹는 것이 원칙이기 때문에 남방 불교에서는 음식을 가리지 않는다. 그러나 이때에도 승려들이 먹지 못하는 3가지 고기가 있다. 자기를 위해 죽이는 것을 본 것, 자기를 위해 죽였다는 말을 들은 것, 자기를 위해 죽인 것이 아닌가 의심되는 것이다.

삼분(三分)📖 경전의 일부를 3부분으로 나눈 것. ①서분序分은 그 경전을 설하는 이유와 인연을 말한 부분, 정종분正宗分은 경전의 중심되는 내용으로 종요宗要를 말한 부분, 유통분流通分은 경전의 이익을 말하고 후대까지 오래도록 유통하기를 바라는 내용을

담은 부분을 말한다. ②또는 교기인연분敎起因緣分을 서분, 성교소설분聖敎所說分을 정종분, 의교봉행분依敎奉行分을 유통분이라고도 한다.

삼분가(三分家) 법상종에서 인식 과정의 작용을 상분相分·견분見分·자증분自證分으로 나누어 설명하는데, 이를 근거로 교리를 설명하는 일파.

삼분별(三分別) 심식心識으로 인식하는 3가지 작용. ①자성분별自性分別. 앞에 있는 대경을 그대로 깨닫고 추측하여 사고하지 않는 단순한 정신 작용. ②수념분별隨念分別. 지나간 일을 추억하여 여러 가지 생각을 돌리는 정신 작용. ③계탁분별計度分別. 널리 삼세三世에 걸쳐 아직 현실로 나타나지 않은 일들을 미루어 상상하는 정신 작용.

삼불(三佛)📖 ①삼신三身. 법신·보신·응신(또는 화신). ②아미타불·석가모니불·제불諸佛. 서방정토의 주불과 사바세계의 교주敎主와 염불하는 중생의 왕생이 확실함을 알도록 하여 행자行者를 보호하는 여러 부처들을 말한다. ③과거장엄겁過去莊嚴劫의 세 부처. 비바시불毗婆尸佛·시기불尸棄佛·비사부불毗舍浮佛.

삼불능(三不能) 부처도 할 수 없는 3가지 불가능한 것. 결정된 업業을 멸하지 못한다·인연 없는 중생은 제도하지 못한다·중생계를 모두 제도하지 못한다.

삼불성(三不成) 일질불성一質不成·이질불성異質不成·무질불성無質不成.

삼불성(三佛性) 자성주불성自性住佛性·인출불성引出佛性·지득과불성至得果佛性.

삼불자(三佛子) 외자外子·서자庶子·진자眞子.

삼비량(三比量) 인명학因明學에서 말하는 3가지 비량. 자비량自比量·타비량他比量·공비량共比量.

삼비밀신(三秘密身) 진언종에서 말하는 종자種子·삼매야형三昧耶

形·형상形像.

삼사(三事) 근근·경境·식識. 곧, 육근六根·육진六塵·육식六識이 만나 일어나는 작용. 삼사생촉三事生觸.

삼사(三思) 사유思惟하는 정신 작용을 셋으로 나눈 것. 심려사審慮思·결정사決定思·동발승사動發勝思.

삼사(三使) 생生·병병·사死. 삼천사三天使.

삼사계(三事戒) 행위·언어·의식에 걸쳐 지켜야 하는 3가지 정계淨戒.

삼사납(三事衲) 5조條·7조·9조의 가사를 말한다.

삼사라 윤회. 만물이 끝없이 태어나고 죽는 운명.

삼사미(三沙彌) 나이에 따라 사미를 3가지로 구별한 것. 구오사미驅烏沙彌·응법사미應法沙彌·명자사미名字沙彌. ➡ 사미沙彌

삼사생촉(三事生觸) 육근·육경·육식이 서로 만나서 일어나는 작용으로, 『불소행찬』의 '삼사회생촉三事會生觸 심념업수전心念業隨轉'에서 온 말.

삼사연마(三事練磨) 보살이 자량위資糧位에서 3가지 퇴굴退屈을 내므로 이를 대치하기 위해 연마하는 3가지. 다른 사람이 증득한 것을 생각하여 자기의 마음을 연마한다. 자기의 서원을 돌아보아 자심을 잘 갖추어 연마한다. 자기의 수행을 5계·10선 등에 비하여 수승함을 느끼고 묘과妙果를 증득하기 어렵지 않음을 생각하여 연마한다.

삼사칠증(三師七證) 출가하여 정식으로 승려가 되는 구족계具足戒를 수계할 때는 세 사람의 스승과 일곱 사람의 증인이 필요하다. 즉, 계화상戒和尙·갈마사羯磨師·교수사教授師와 덕이 높은 승려 7인을 뽑아 증인證人으로 하고 계를 주는 것을 말한다.

삼사행(三邪行) 세 가지 삿된 행동. ①사어邪語·사업邪業·사명邪命. ②신사행身邪行·구사행口邪行·의사행意邪行.

삼삼매(三三昧) samādhi 짜여진 것, 결합되어진 것, 연합連合, 실행

實行, 조정調整, 경정, 해경, 논증論證, 정당화正當化 등의 뜻이 있다. 삼공三空, 삼해탈문三解脫門, 삼삼마지三三摩地. ①공삼매空三昧·무상삼매無相三昧·무원사매無願三昧. ②유각유관삼매有覺有觀三昧·무각유관삼매無覺有觀三昧·무각무관삼매無覺無觀三昧. ③분수삼매分修三昧·공수삼매共修三昧·성정삼매聖正三昧.

삼상(三相) ①유식에서 아뢰야식을 3가지 상相, 즉 인상因相·과상果相·자상自相으로 세운 것. ②사事에 갖추어 있는 3가지 모양. 표상標相·형상形相·체상體相. ③물적 현상 위에 있는 3가지 모양. 가명상假名相·법상法相·무상상無相相. ④인명因明에서 세운 인因의 3상相. 변시종법성遍是宗法性·동품정유성同品定有性·이품변무성異品遍無性.

삼상(三想) 세 가지 생각을 일으키는 모습으로, 악惡 또는 선善을 일으키는 것. ①탐욕을 일으키는 욕상欲想, 진에瞋恚를 일으키는 진에상瞋恚想, 번뇌나 사람을 해치려고 하는 생각을 일으키는 살해상殺害想. ②평등심으로 대하는 것. 나와 부모를 해치려는 사람에게 친애親愛를 일으키는 원상怨想, 부모·형제·붕우·친척에게 친애親愛을 일으키는 친상親想, 원수가 아니고 친척이 아닌 사람에게 친애親愛를 일으키는 인중상人中想.

삼상속(三相續) 상속의 모습. ①세계상속世界相續. 중생의 업으로 국토·세계를 안립安立하는 것. ②중생상속衆生相續. 오온五蘊의 화합으로 중생이 존재하여 세우는 것. ③업과상속業果相續. 선과 악의 업인業因에 의해 고락苦樂의 과보가 성립하는 것.

삼색(三色) 3가지 색법. 오근五根·오경五境·무표색無表色.

삼생(三生) ①전생·금생·후생. 곧 과거세·현재세·미래세. ②화엄에서 말하는 성불의 종류. 견문생見聞生·해행생解行生·증입생證入生.

삼생가가(三生家家) 수행의 결과에 따라 태어나는 여러 계위를 말한다. 가가성자家家聖者. ➡ 가가성자家家聖者

삼생과수(三生果遂) 아미타불의 48원 중의 제12원. 내 명호를 듣고 내 나라에 뜻을 두어 덕의 근본을 심어 결과를 이루지 못하면 정각正覺을 취하지 않겠다고 서원한 것.

삼생육십겁(三生六十劫) 소승 성문이 깨닫기까지 필요한 수행의 기간. 매우 빠른 이는 삼생, 매우 느린 이는 60겁을 지나서 아라한 과에 이른다고 한다.

삼서육연(三序六緣) 중국 선도善導가 『관무량수경』을 해석하는 방법. 『관무량수경서분의』에서 서분序分을 증신서證信序·화전서化前序·발기서發起序로 나누고, 발기서에 다시 육인六因을 세운 것.

삼선(三善) 수행에 중요한 체體가 되는 3근기. 삼선근三善根. ①무탐無貪·무진無瞋·무치無癡. 온갖 선善의 근원이라는 뜻. ②삼독三毒의 반대인 시施·자慈·혜慧를 꼽기도 한다. ③초선初善·중선中善·후선後善.

삼선근(三善根) 무탐無貪·무진無瞋·무치無癡. 세 가지 선善한 뿌리라고 하여, 탐심이 없는 무탐無貪, 성냄이 없는 무진無瞋, 이리석음이 없는 무치無癡를 말한다. ➡ 삼선三善

삼선도(三善道) 삼선취三善趣. 천상天上·인간人間·수라修羅.

삼선삼천(三禪三天) 색계십팔천色界十八天의 하나. 소정천少淨天·무량정천無量淨天·변정천遍淨天.

삼선지식(三善知識) 3종류의 선지식. 남을 가르치는 교수教授 선지식, 서로 북돋우며 같이 수행하는 동행同行 선지식, 간접적으로 도와 주며 수행을 돕는 외호外護 선지식을 말한다.

삼선취(三善趣) 인취人趣·아수라취阿修羅趣·천취天趣. 삼악취三惡趣의 반대말.

삼성(三性)📖 ①존재의 성性이나 상태인 성상性相의 입장에서 나누는 세 가지. 유·무·가실假實. ②법상종에서 과果로 나타난 상相의 입장에서 공空을 보이기 위해 세 가지로 나누는 것. 여러 가지 연緣으로 일어났으나 체體가 없는 변계소집성遍計所執性, 여러 가지 연緣으로 일어나 생긴 의타기성依他起性, 의타기성의 진실한 체體인 원성실성圓成實性. 이에 대하여 상무성相無性·생무성生無性·승의무성勝義無性의 삼무성설三無性說을 세워 중도中道를 설명하는 것. ③화엄종에서는 인因의 입장에서 원성실성에 불변不變과 수연隨緣, 의타기성에 무성無性과 사유似有, 변계소집성에 정유情有와 이무理無가 있다고 하여, 불변·무성·이무는 본삼성本三性이고 수연·사유·정유는 말삼성末三性이라고 하여 삼성이 다르지 않다고 주장한다. ④모든 법의 성질을 선악의 입장에서 나누는 것. 선성善性·악성惡性·무기성無記性.

삼성(三聖) ①화엄 3성. 비로자나불·문수보살·보현보살. ②미타 3성. 아미타불·관세음보살·대세지보살. ③진단震旦 3성. 공자·노자·안회.

삼성각(三聖閣) 고유의 토속신을 모신 전각. 산신山神·독성獨聖·칠성七星을 모신 집. 전래의 토속신인 산신령이 호법신으로 인격화한 화신은 호랑이로 나타난다. 천태산에서 선정을 닦는 독성이라고 불리는 나반존자가 소나무, 구름

삼성각(곡성 대안사)

등을 배경으로 나타난다. 칠성은 북두칠성으로 나타나며, 중국 도교의 영향으로 수명장수의 신이며, 금륜을 들고 있는 치성광여래熾盛光如來는 일광보살과 월광보살이 좌우에서 협시한다.

삼성분별(三性分別) 자기와 상대한 사물의 성질을 선善·악惡·무기無記로 나누는 것.

삼성설(三性說) 유식에서 모든 법을 변계소집성·의타기성·원성실성의 세가지 성질로 분류하여, 인연화합으로 연기하는 현상이 공空임을 설명하는 방법. ➡ 삼성三性

삼성업(三性業) 선업善業·악업惡業·무기업無記業.

삼세(三世) 과거·현재·미래. 또는 전생·금생·내생. 전세前世·현세

現世·내세來世. 전제前際·중제中際·후제後際.

삼세(三細)📖 근본 무명無明이 진여를 움직여서 생멸하며 흘러가는 망법亡法을 드러내는데, 심왕心王과 심소心所가 나누어지지 않아 그 상태를 헤아리기 어려운 것을 세細라고 하고, 심왕과 심소가 서로 응하여 그 작용의 모습이 드러나는 상태를 추麤라고 한다. 이때 세細는 망妄이 일어나는 처음 움직임을 업상業相이라 하는데, 처음 움직임의 모습을 볼 수 있다고 하여 견상見相이라 하고, 앞의 2가지로 망妄이 경계로 드러나는 모습을 경계상 또는 현식現識이라고 한다. ①무명업상無明業相·능견상能見相·경계상境界相. ②업상業相·전상轉相·현상現相.

삼세각모(三世覺母) 문수보살文殊菩薩의 다른 이름.

삼세간(三世間) 삼종세간三種世間.

삼세불(三世佛) 석가모니부처·미륵보살·갈라보살.

삼세불화(三世佛畵) 석가모니불·약사여래불·아미타불과 권속들을 그린 그림.

삼세불화(포항 보경사)

삼세삼천불(三世三千佛) 과거의 장엄겁莊嚴劫 가운데 출현한 화광불에서 비사부불까지의 1천불, 현재의 현겁賢劫 가운데 출현하는 구류손불拘留孫佛에서 누지불까지의 1천불, 미래의 성수겁星宿劫 가운데 출현할 일광불에서 수미상불까지의 1천불을 말한다.

삼세인과(三世因果) 과거·현재·미래에 걸쳐 인과의 업을 말하는 것. 곧, 과거의 인因에 의해 현재의 과果를 받고, 현재의 인에 의해 미래의 과보를 받는 것을 말한다.

삼세제불(三世諸佛) 과거·현재·미래에 출현하는 모든 부처. 석가모니가 현재불이고, 석가모니 이전의 모든 부처가 과거불이며, 석가모니 이후에 성불하는 것이 미래불이다.

삼소단(三所斷) 견소단見所斷·수소단修所斷·비소단非所斷.

삼수(三修) ①무상수無常修·비락수非樂修·무아수無我修. ②상수常修·낙수樂修·아수我修.

삼수(三受) 3가지 감각. 고수苦受·낙수樂受·사수捨受.

삼수(三獸) 토끼·말·코끼리. 삼수도하三獸渡河.

삼수도하(三獸渡河) 토끼·말·코끼리가 항하를 건너가는 것. 토끼는 수면水面으로 헤엄쳐 건너가고, 말은 물에 잠겨 발이 밑에 닿지 않고 떠서 건너가며, 코끼리는 물속 바닥을 디디고 건너가는 것을 의미한다. 성문·연각·보살이 번뇌를 끊는 차이를 비유한 것.

삼수문계(三受門戒) 삼취정계三聚淨戒. 곧 대승 보살의 계율.

삼수업(三受業) 삼수三受의 과보를 부르는 업. 순락수업順樂受業·순고수업順苦受業·순불고불락수업順不苦不樂受業.

삼승(三乘) 성문聲聞·연각緣覺·보살에 대한 3가지 교법.

삼승가(三乘家) 성문·연각·보살의 기류機類를 따로따로 세우는 종가宗家라는 뜻. 법상종 등을 말한다.

삼승공십지(三乘共十地) 천태종에서 화법化法 사교四教 가운데 통교通教에서 수행위 계위階位에 10지를 세운 것. 건혜지乾慧地·성지性地·팔인지八人地·견지見地·박지薄地·이구지離垢地·이판지已辦地·

지불지支佛地·보살지菩薩地·불지佛地.

삼승교(三乘敎) 성문·연각·보살의 근기마다 교법이 다름을 인정하고 그 수행·증과證果에 차이가 있다고 하는 교법.

삼승기(三僧祇) 3아승기를 말한다. 보살이 성불하려고 수행하는 연수年數.

삼승기백대겁(三僧祇百大劫) 보살이 중생들을 제도하기 위해 3아승기의 수행을 마치고, 다시 자기의 성불하는 몸에 32상 등 상호를 갖추기 위해 백대겁의 수행을 한다고 한다.

삼승도과(三乘道果) 삼승법에 의해 각기 수행을 마치고 얻은 성문과·연각과·보살과.

삼승무루종자(三乘無漏種子) 성문·연각·보살의 기류機類가 본연적으로 가지고 있는 청정한 종자.

삼승법(三乘法) 삼승교. 성문·연각·보살의 근기에 따라 교법을 달리 하여 수행과 증과證果에 차이를 두는 것.

삼시(三施) 삼단三檀. 남에게 베풀어 주는 3가지. ①재시財施·법시法施·무외시無畏施. ②음식시飮食施·진보시珍寶施·신명시身命施.

삼시(三時) 석가모니부처가 입적한 뒤의 정법正法·상법像法·말법末法의 3가지 시대. 또는 신조晨朝·일중日中·황혼黃昏.

삼시(三匙) 처음 공양을 시작할 때 세 번 수저를 뜨는 것.

삼시교(三時敎) 석가모니부처 일생의 설교를 3시기로 나눈 것. ①유교有敎·공교空敎·중도교中道敎. ②초시初時 심경구유心境俱有·이시二時 경고심유境空心有·삼시三時 심경구공心境俱工.

삼시교판(三時敎判) 삼시교三時敎.

삼시업(三時業) 선과 악의 행위를 장차 받을 결과의 빠르고 느림에 의해 셋으로 나눈 것. 순현수업順現受業은 현세에 지어 현세에 그 과보를 받는 것, 순차수업順次受業은 현세에 지어 다음 생에 그 과보를 받는 것, 순후수업順後受業은 현세에 지어 제2세 이후에 그 과보를 받는 것을 말한다.

삼시염불(三時念佛) 새벽·낮·저녁에 염불하는 것.

삼시전(三時殿) 인도에서 열제熱際·우제雨際·한제寒際의 3시에 맞추기 위해 알맞은 시설을 꾸민 궁전.

삼시현(三示現) 삼종시도三種示導.

삼시화궁(三時花宮) 봄·여름·가을의 세 철에 항상 경치가 좋은 장소를 골라 지은 궁전. 석가모니부처가 출가하기 전에 살던 궁전.

삼식(三識) 심식心識의 더럽고 청정함에 따라서 세우는 3가지. ① 말나식末那識·아뢰야식阿賴耶識·암마라식菴摩羅識. ②진식眞識·현식現識·분별사식分別事識.

삼신(三身) ①부처의 세 가지 몸. 법신法身·보신報身·응신應身(또는 화신). ②자성自性·수용受用·변화變化의 세 가지 몸. ③법法·응應·화化의 세 가지 몸. ④법法·보報·화化의 세 가지 몸. ⑤천태종에서 세운 불신佛身의 색신色身·법문신法門身·실상신實相身.

삼신(三神) 아기를 점지해 주고 산모와 산아産兒를 돌보아 주는 세 신령.

삼신번(三身幡) 법신·보신·화신의 삼신을 나타내는 깃발.

삼신불(三身佛) 비로자나불·노사나불·석가모니불.

삼신불성(三身佛性) 정인불성正因佛性·요인불성了因佛性·연인불성緣因佛性. 삼인불성.

삼신불화(三身佛畵) 법신인 비로자나불, 화신인 석가모니불, 보신인 노사나불.

삼신업(三身業) 10업도業道 가운데 살생殺生·투도偸盜·사음邪婬.

삼신여래(三身如來) 삼신三身. 법신法身·보신報身·응신應身.

삼신족(三神足) 삼종시도三種示導.

삼신즉일불(三身卽一佛) 하나의 불신佛身에 삼신三身의 공덕과 성능을 갖춘 것.

삼심(三心) ①『무량수경』에 나오는 지심至心·신락信樂·욕생欲生. ②『관무량수경』에 나오는 지성심至誠心·심심深心·회향발원심廻向

發願心. ③『기신론』에 나오는 신성취발심信成就發心의 내용을 나눈 것. 직심直心·심심深心·대비심大悲心. ④근본심根本心·의본심依本心·기사심起事心. ⑤삼승三乘의 수행하는 지위마다 입심入心·주심住心·출심出心으로 나눈 것. ⑥순심淳心·일심一心·상속심相續心.

삼심상견도(三心相見道) 내견유정가연지內遣有情假緣智는 내신內身을 반연하여 실재의 중생이 없다고 물리치는 지혜. 내견제법가연지內遣諸法假緣智는 내신을 구성한 요소를 반연하여 실재의 법이 없다고 물리치는 지혜. 변견일체유정제법가연지邊見一切有情諸法假緣智는 인人·법法이 함께 공무空無한 것을 합관合觀하는 지혜.

삼십방(三十棒) 선종의 종장宗匠이 선禪을 배우는 이들을 깨우치는 방법. 포褒하고 폄貶하는 두 뜻이 포함된다.

삼십사타(三十捨墮) 비구가 지닐 구족계 중에 삼악도三惡道에 떨어질 죄로서 버려야 할 30가지. 이에 대한 제계制戒를 30사타라고 한다.

삼십삼과(三十三過) 인명학因明學에서 삼지三支 작법에 대해 종宗·인因·유喩의 33가지의 허물을 말한다. ①종宗의 9과過. 현량상위現量相違·비량상위比量相違·자교상위自教相違·세간상위世間相違·자어상위自語相違·능별불극성能別不極成·소별불극성별所不極成別·구불극성俱不極成·상부극성相符極成. ②인因의 14과過. 양구불성兩俱不成·수일불성隨一不成·유예불성猶豫不成·소의불성所依不成·공부정共不定·불공부정不共不定·동품일분전이품변전부정同品一分轉異品遍轉不定·이품일분전동품변전부정異品一分轉同品遍轉不定. ③유喩의 10과過.

삼십삼관음(三十三觀音) 양류관음楊柳觀音·용두관음龍頭觀音·지경관음持經觀音·원광관음圓光觀音·유희관음遊戲觀音·백의관음白衣觀音·연와관음蓮臥觀音·농견관음瀧見觀音·시약관음施藥觀音·어람관음魚籃觀音·덕왕관음德王觀音·수월관음水月觀音·일엽관음一葉觀音·청경관음青頸觀音·위덕관음威德觀音·연명관음延命觀音·중보관음衆寶觀音·암호관음岩戶觀音·능정관음能靜觀音·아뇩관음阿耨觀音·아마제관음阿麼提觀音·엽의관음葉衣觀音·유리관음瑠璃觀音·다라존관음多羅尊觀音·합리관음蛤蜊觀音·육시관음六時觀音·보자관음普慈觀音·마랑부관음馬郎婦觀音·합장관음合掌觀音·일여관음一如觀音·불이관음不二觀音·지련관음持蓮觀音·쇄수관음灑水觀音.

삼십삼세조사(三十三世祖師) 석가모니부처 이후 부처의 법을 계승한 교단의 지도자. 마하가섭摩詞迦葉·아난존자阿難尊者·상나화수商那和修·우파구다優婆毱多·제다가提多迦·미차가彌遮迦·파수밀다婆須密多·불타난제佛陀難提·복타밀다伏陀密多·협존자脇尊者·부나야사富那夜奢·마오馬鳴·가비마라迦毘摩羅·용수龍樹·가나제바迦那提婆·나후라다羅候羅多·승가난제僧迦難提·가나사다迦那舍多·구마라다鳩摩羅多·도야다茶夜多·세친世親·마나라摩拏羅·학륵나鶴勒那·사자師子·파사사다婆舍斯多·불여밀다不如蜜多·반야다라般若多羅·보리달마菩提達磨·혜가慧可·승찬僧璨·도신道信·홍인弘忍·혜능慧能.

삼십삼신(三十三身) 관세음보살이 변화신으로 중생을 제도하기 위해 여러 가지로 나타내는 몸. 불신佛身·벽지불신辟支佛身·성문신聲聞身·대범왕신大梵王身·제석신帝釋身·자재천신自在天身·대자재천신大自在天身·천대장군신天大將軍身·비사문신毘沙門身·소왕신小王身·장자신長者身·거사신居士身·재관신宰官身·바라문신婆羅門身·비구신比丘身·비구니신比丘尼身·우바새신優婆塞身·우바이신優婆夷身·장자부녀신長者婦女身·거사부녀신居士婦女身·재관부녀신宰官婦女身·바라문부녀신婆羅門婦女身·동남신童男身·동녀신童女身·천신天身·용신龍身·야차신夜叉身·건달바신乾闥婆身·아수라신阿修羅身·가루라신迦樓羅身·긴나라신緊那羅身·마후라가신摩睺羅伽身·집금강신신執金剛神身.

삼십삼천(三十三天) 욕계육천欲界六天의 둘째 하늘. 도리천忉利天을 말한다.

삼십오불(三十五佛) 5역죄逆罪를 지은 이가 나아가 참회하는 불佛의 수數. 석가모니불·금강불괴불·보광불·용존왕불 등.

삼십유식론(三十唯識論) 유가瑜伽 10지론支論 가운데 하나. 30게송으로 유식의 교의教義를 서술.

삼십육귀(三十六鬼) 확신아귀鑊身餓鬼·침구아귀針口餓鬼·식토귀食吐鬼·식분귀食糞鬼·무식귀無食鬼·식기귀食氣鬼·식법귀食法鬼·식수귀食水鬼·희망귀希望鬼·식수귀食唾鬼·식발귀食髮鬼·식혈기食血鬼·식육귀食肉鬼·식향귀食香鬼·질행귀疾行鬼·사변귀伺便鬼·지하귀地下鬼·신통귀神通鬼·치연귀熾燃鬼·사영아변귀伺嬰兒便鬼·욕색귀欲色鬼·주해저귀住海渚鬼·사집장귀使執杖鬼·식소아귀食小兒鬼·식인정기귀食人精氣鬼·나찰귀羅刹鬼·화로소식귀火爐燒食鬼·주부정항맥귀住不淨巷陌鬼·식풍귀食風鬼·식화탄귀食火炭鬼·식독귀食毒鬼·광야귀曠野鬼·주총간식열회토귀住塚間食熱灰土鬼·수중주귀樹中住鬼·주사교도귀住四交道鬼·살신아귀殺身餓鬼.

삼십육물(三十六物) 우리 몸을 구성한 물체를 외상外相·신기身器·내함內含의 셋으로 나누고 다시 각각 12가지로 나눈 것. 외상外相의 발발髮·모毛·조爪·치齒·치膸·누淚·연涎·타唾·시屎·요尿·구垢·한汗. 신기身器의 피皮·부膚·혈血·육肉·근筋·맥脈·골骨·수髓·방肪·고膏·뇌腦·막膜. 내함內含의 간肝·담膽·장腸·위胃·비脾·신腎·심心·폐肺·생장生臟·숙장熟臟·적담赤痰·백담白痰.

삼십육부신(三十六部神) 귀의계歸依戒를 받은 이에게 권속을 거느리고 와서 수호하는 신장들. 질병疾病·두통頭痛·한열寒熱·복만腹滿·옹종癰腫·전광癲狂·우치愚癡·진에瞋恚 등의 손뇌損惱에서 벗어나게 한다고 한다.

삼십이상(三十二相) 부처의 몸에 갖춘 32표상標相. 삼십이대인상三十二大人相·삼십이대장부상三十二大丈夫相. 부처의 몸이나 전륜성왕이 가지는 뛰어난 32가지의 상相을 말한다.

삼십이응(三十二應) 삼십이응신三十二應身. 관세음보살이 중생을 구제하기 위해 32가지 모습으로 나타나는 것. 불신·독각신·연각신·성문신·범왕신·제석신·자재천신 등.

삼십일본산(三十一本山) 삼십일본사三十一本寺. 1911년 조선총독

부에서 사찰령寺刹令 시행 규칙을 반포하여 전국 사찰을 31지역으로 나누고 매 지역마다 본산 1사寺를 둔 것. 경기도 광주 봉은사·양주 봉선사·수원 용주사·강화 전등사·보은 법주사·공주 마곡사·달성 동화사·영천 은해사·의성 고운사·문경 김룡사·경주 기림사·합천 해인사·양산 통도사·동래 범어사·전주 위봉사·금산 보석사·전남 해남 대흥사 등.

삼십칠도품(三十七道品) 삼십칠조도품三十七助道品. 삼십칠보리분법三十七菩提分法. 깨달음의 경지인 열반을 실현하기 위해 지혜로 실천하는 수행의 모든 종류. 4념처念處·4정근正勤·4여의족如意足·5근根·5력力·7각분覺分·8정도분正道分.

삼십칠보리분법(三十七菩提分法) 삼십칠도품.

삼십칠존(三十七尊) 만다라에는 태장계와 금장계의 2가지가 있다. 금강계 만다라의 9회會 가운데 갈마회羯磨會에 있는 여러 존상尊像. 중앙에 대일大日·동방 아촉阿閦·서방 아미타阿彌陀·남방 보생寶生·북방 불공성취不空成就의 5불, 금강金剛·보寶·법法·갈마羯磨의 4바라밀보살, 살타薩埵·애愛·왕王·희喜·광光·소笑·당幢·보寶·법法·이利·어語·인因·아牙·업業·호護·권拳의 16보살, 사섭보살四攝菩薩, 내사공양內四供養·외사공양外四供養의 각각 4보살.

삼십행게(三十行偈) 『무량수경』 하권 처음에 '동방제불국東方諸佛國' 등의 5언言 30행行 120구句의 게송을 말한다. 왕근게往覲偈라고도 한다.

삼아승기겁(三阿僧祇劫) 보살이 불佛의 지위에 이르기까지 수행하는 기간. 또는 삼겁三劫·삼기三祇라고도 한다.

삼악(三惡) 삼악도三惡道. 삼악취三惡趣. 지옥·아귀·축생. 죄업을 지은 결과로 태어나서 고통을 받는 악한 곳을 말한다.

삼악각(三惡覺) 욕각欲覺·진각瞋覺·해각害覺. 각覺은 심소心所의 이름. 신역新譯으로는 심尋이라 번역하니, 거친 분별심. 5진塵의 대경에 대해 만족할 줄 모르고 탐하는 것은 욕각. 5진의 경계에 대해 자기의 뜻에 거슬릴 때에 분노심을 일으키는 것은 진각. 미워하고 질투하는 생각으로 남을 때리고 꾸짖으며, 목숨까지 뺏으려 함을 해각이라 한다. 이 3각은 남의 번뇌를 일으키는 근원으로 가장 무거운 허물.

삼악도(三惡道) 삼악취三惡趣. 상악上惡인 지옥地獄·중악中惡인 아귀餓鬼·하악下惡인 축생畜生. 죄악의 결과로 태어나서 고통을 받는 곳. 중생이 머무는 육도六道·육취六趣에 속한다.

삼악취(三惡趣) 삼악도三惡道.

삼악행(三惡行) 몸·입·뜻으로 범하는 악행업惡行業. 신악행身惡行·구악행口惡行·의악행意惡行이라고 한다.

삼안거(三安居) 결하結夏하는 시기를 전前·중中·후後의 3기로 나누어 4월 16일에 시작함은 전안거, 5월 16일에 시작함은 후안거, 그 중간에 시작함은 중안거라고 한다.

삼애(三愛) ①죽으려고 할 때 일어나는 3가지 애착심. 자기 몸에 대해 가지는 자체애自體愛, 처자·재물 등에 대해 애착을 가지는 경계애境界愛, 내생에 받을 생에 애착하는 당생애當生愛. ②애욕愛慾을 세 가지로 나눈 성욕性慾, 생존욕生存慾, 생존을 부정하는 비생존욕非生存慾.

삼어(三語) 수자의어隨自意語·수타의어隨他意語·수자타의어隨自他意語.

삼엄(三嚴) 삼종장엄三種莊嚴.

삼업(三業) 📖 ①신업身業·구업口業·의업意業. ②복업福業·비복업非福業·부동업不動業. ③순현업順現業·순생업順生業·순후업順後業. 삼시업三時業이라고도 한다. ④선업善業·악업惡業·무기업無記業. ⑤곡업曲業·예업穢業·탁업濁業.

삼업공양(三業供養) 신업공양身業供養·구업공양口業供養·의업공양意業供養의 3가지 공양.

삼업사위의(三業四威儀) 신신身身·구구口口·의의意意 3업과 행행行·주주住·좌좌坐·와

臥의 4위의. 행위의 전체.

삼여(三餘) 이승二乘이 무여열반을 얻었으나 남은 3가지가 있는 것. ①번뇌여煩惱餘. 삼계三界 안의 이사理事에 대한 미迷는 없지만, 계외界外에는 무명無明 번뇌가 남아 있는 것. ②업여業餘. 삼계三界 안의 유루업有漏業은 없지만, 계외의 무루업無漏業은 남아 있는 것. ③과여果餘. 삼계三界 안의 분단생사分段生死는 없지만, 계외의 변역생사變易生死는 있는 것.

삼역(三逆) 산 채로 지옥에 떨어진다고 하는 대역죄. 승가의 화합을 깨뜨리는 파화합승破和合僧, 부처의 몸에 피를 흘리게 한 출불신혈出佛身血, 아라한을 죽인 살아라한殺阿羅漢의 3가지.

삼연(三衍) 연衍은 범어 연나衍那의 준말. 승乘으로 번역. 성문·연각·보살을 말한다.

삼연(三緣)📖 염불하는 사람이 아미타불의 광명에 포섭되는 세 가지 연緣. 중생이 입으로 염불을 하고 부처에게 예경하며 마음으로 생각하면 칭명을 듣고 보아서 부처와 중생과의 신身·구口·의意가 하나로 계합하는 친연親緣. 부처를 보고 싶다고 하면 가까이 나타나는 근연近緣. 부처의 명호를 부르고 죄를 소멸하기 위해 염송하면 성중과 함께 나타나는 증상연增上緣.

삼연자비(三緣慈悲) 자비의 세 가지 종류. 누구에게나 평등한 마음으로 베푸는 중생연자비衆生緣慈悲. 모든 법法이 오온의 화합으로 된 것임을 알아 번뇌가 없는 법연자비法緣慈悲. 차별이 없고 법의 실상을 아는 부처만이 가지는 무연자비無緣慈悲.

삼열반(三涅槃) 천태종에서 세운 세 가지 열반의 종류. 성정열반性淨涅槃·원정열반圓淨涅槃·방편정열반方便淨涅槃.

삼열반문(三涅槃門) 삼해탈문三解脫門.

삼온(三蘊) 세간에 존재하는 물물物·심심心의 모든 현상을 3가지로 나눈 것. 화지부化地部의 주장. 염온念蘊은 찰나에 생멸하는 법. 일기생온一期生蘊은 목숨이 있는 동안 상속하는 법. 궁생사온窮生死蘊

은 중생이 금강유정金剛喩定을 얻어 생사가 없는 경계에 도달하기까지 상속하는 법. 소승에서 말하는 제6식 이상에 있는 심식心識을 말한다.

삼욕(三欲) ①형모욕形貌欲·자태욕姿態欲·세촉욕細觸欲. ②음욕·수면욕·음식욕.

삼우재三虞齋 유교식의 제례법祭禮法으로 발인發靷을 한 후에 묘를 만들고 집에 돌아와서 처음 지내는 제사를 초우初虞라고 하고, 다음날 지내는 제사를 재우再虞, 세 번째 지내는 제사를 삼우三虞라고 한다. 삼우가 지나야 상주는 돌아가신 분의 묘역에 갈 수 있다.

삼원(三願) ①아미타불의 48원 가운데 원願의 성질에 의해 셋으로 나눈 것. 섭법신원攝法身願은 부처 자신에 대한 원. 섭정토원攝淨土願은 정토에 대한 원. 섭중생원攝衆生願은 중생 구제에 대한 원. ②보살이 일으키는 3원. 모든 중생에게 바른 법을 알게 하려고 원을 세우는 것. 게으르지 않게 중생에게 법을 설하려고 원을 세우는 것. 몸과 목숨을 버려 불법을 옹호하려고 원을 세우는 것.

삼위일진(三僞一眞) 삼승三乘 방편과 일승一乘 진실.

삼유(三有) ①유有는 존재한다는 뜻. 삼계三界와 같은 말. 욕유欲有·색유色有·무색유無色有. ②생유生有·본유本有·사유死有. ③유루有漏의 다른 이름. ④수론數論 외도가 세우는 선성유善成有·성득유性得有·변이유變異有.

삼유대(三有對) 대對는 애礙와 같은 말로 장애障礙·구애拘礙의 뜻이 있다. 장애유대障礙有對는 한 물체가 있으면 다른 물체는 같은 장소에 존재할 수 없는 것, 경계유대境界有對는 대경의 물체에 구속됨을 말하니 감각과 감수感受하는 기관器官과는 각기 동작하는 대상 이외에는 힘이 없음과 같다. 소연유대所緣有對는 6식識과 그를 짝지어 일어나는 마음 작용과는 각각 대상되는 것에 구속되어 자유를 얻지 못함을 말한다.

삼유위법(三有爲法) 유위有爲.

삼유위상(三有爲相) 인因과 연緣이 화합하여 생긴 과果를 유위有爲라고 하며, 이 유위법은 모든 것이 생상生相·이상異相·멸상滅相이 있다는 것을 말한다.

삼율의(三律儀) 계율의 3가지. 별해탈율의別解脫律儀·정려율의靜慮律衣·무루율의無漏律儀.

삼응공양(三應供養) 공양을 받을 만한 존귀한 세 분. 여래如來·아라한阿羅漢·국왕國王.

삼의(三醫) 목소리를 듣고 진단하는 상의上醫·얼굴빛을 보고 진단하는 중의中醫·진맥診脈을 하는 하의下醫.

삼의(三衣) 비구가 입는 3가지 가사袈裟. 승가리僧伽梨·울다라승鬱多羅僧·안타회安陀會.

삼의(三疑) 정定에 들지 못하게 하는 3가지 장애. 의자疑自·의사疑師·의법疑法.

삼의일발(三衣一鉢) 삼의三衣와 응량기應量器. 승려가 갖추어야 할 물건.

삼인(三忍) ①인욕忍辱 바라밀의 3가지. 내원해인耐怨害忍·안수고인安受苦忍·제찰법인諦察法忍. ②희인喜忍·오인悟忍·신인信忍. ③음향인音響忍·유순인柔順忍·무생법인無生法忍. ④인위忍位 가운데 상인上忍·중인中忍·하인下忍.

삼인(三因) ①정토에 나는 삼인三因. 지성심至誠心·심심深心·회향발원심廻向發願心. ②『성불론』의 말. 응득인應得因·가행인加行因·원만인圓滿因. 또는 생인生因·습인習因·의인依因. ③보살 수행의 과정에 있는 3가지 인因. 이숙인異熟因·복인福因·지인智因. ④정인正因·요인了因·연인緣因.

삼인(三印) 법인法印. 삼법인三法印.

삼인불성(三因佛性) 불성이 있는 3가지 인因. 본래 진여로서의 정인불성正因佛性. 진여의 이치를 잘 아는 요인불성了因佛性. 지혜를 도와 바른 인因을 개발하는 연인불성緣因佛性.

삼인삼과(三因三果) 보살 수행 가운데 3가지 인因과 3가지 과보果報. 이숙인異熟因·이숙과異熟果. 복인福因·복과福果. 지인智因·지과智果.

삼자(三自) ①8정도正道를 자조自調·자정自淨·자도自度로 분류한 것. 이승二乘의 성자聖者가 닦을 계학戒學·정학定學·혜학慧學. ②삼자일심마하연법三自一心摩訶衍法. 자체自體·자상自相·자용自用.

삼자(三慈) 3가지 자비. 중생연자衆生緣慈·법연자法緣慈·무연자無緣慈.

삼자(三字) 아미타阿彌陀의 3글자. 무량수無量壽로 번역.

삼자귀(三自歸) 삼귀三歸.

삼자량(三資糧) 정토문을 닦는 사람이 갖추어야 할 3가지 자량. 신信·원願·행行.

삼자성(三自性) 삼성三性. ➡ 삼성三性

삼잡염(三雜染) 번뇌잡염煩惱雜染·업잡염業雜染·생잡염生雜染. 혹惑·업業·고苦.

삼장(三藏) ①경장經藏·율장律藏·논장論藏. ②성문장聲聞藏·연각장緣覺藏·보살장菩薩藏.

삼장(三障) 수행을 장애하여 선심善心이 일어나지 못하도록 하는 것. ①번뇌장煩惱障·업장業障·보장報障. ②피번뇌장皮煩惱障·육번뇌장肉煩惱障·심번뇌장心煩惱障.

삼장경(三藏經) 대장경大藏經을 말한다.

삼장교(三藏教) 천태종에서 불교를 분류하여 화의化儀 4교·화법化法 4교를 세운 가운데 화법 4교의 하나. 수다라장修多羅藏·비니장毘尼藏·아비담장阿毘曇藏.

삼장물(三長物) 부처가 제정한 것 이외에 저축할 수 있는 3가지. 의장물衣長物은 부처가 허가한 삼의三衣 외에 다른 옷을 마련해 두는 것. 발장물鉢長物은 부처가 허가한 하나의 발우 외에 다른 발우

를 마련해 두는 것. 약장물藥長物은 부처가 병이 났을 때 한해서
허락한 약을 병이 다 나은 뒤에도 다시 먹는 것.

삼장법사(三藏法師) 경장經藏·율장律藏·논장論藏에 통달한 고승.

삼장보살도(三藏菩薩圖) 천장보살天藏菩薩·지지보살持地菩薩·지장
보살地藏菩薩을 그린 그림. 우리나라에만 있는 독특한 도상으로,
천장보살을 중앙에 두고 왼쪽에는 지장보살, 오른쪽에는 지지보
살을 놓고 각각의 권속들을 그린 그림.

삼장보살도(화성 용주사)

삼장엄(三莊嚴) 국토를 화려하게 장식하는 3가지. 사장엄事莊嚴은
색色·성聲·향香·미味 등을 갖춘 사물. 법장엄法莊嚴은 여러 가지 수
승한 교법. 인장엄人莊嚴은 성문·보살 등.

삼장재월(三長齋月) 1년 가운데 1월·5월·9월의 세 달. 1일로부터
15일까지 몸·입·뜻에 걸쳐 악을 재계하고 선을 행하는 달이라고
한다.

삼재(三災) ①대삼재大三災. 풍재風災·수재水災·화재火災. ②소삼재
小三災. 도병刀兵·질역疾疫·기근飢饉.

삼재소멸부(三災消滅符) 12년마다 한 번씩 삼재가 들어오고 3년

이 되면 나간다고 하여 삼재소멸부를 지닌다.

삼재월(三齋月) 삼장재월三長齋月.

삼전법륜(三轉法輪) ①시전示轉·권전勸轉·증전證轉. 부처가 세 번 사제四諦의 교教를 설한 것. ②근본根本·지말枝末·섭말귀본攝末歸本의 3법륜.

삼전십이행상(三轉十二行相) 삼전법륜. 부처가 녹야원에서 성문승에 대해 사제四諦의 법문을 설교할 때의 시전示轉·권전勸轉·증전證轉을 말한다. 상근上根은 시전, 중근中根은 권전, 하근下根은 증전으로 각각 깨닫게 한다.

삼점(三漸) 천태종에서 화의교化儀教 가운데 점점 순서를 밟아 깨달음에 나아갈 수 있도록 하는 점교漸教로 초初·중中·후後인 녹원시鹿苑時·방등시方等時·반야시般若時를 말한다.

삼정(三正) 삼론종에서 말하는 대편정對偏正·진편정盡偏正·절대정絶對正. 삼중三中.

삼정육(三淨肉) 부처가 병이 든 비구에게만 먹을 것을 허락한 3가지 고기. 자기를 위해 죽임을 보지 않은 것. 자기를 위해 죽인 것이란 말을 듣지 않은 것. 자기를 위해 죽인 것이 아닌가 의심되지 않는 것.

삼정례(三頂禮) 몸을 굽혔다가 펴는 예법禮法 가운데 머리를 부처의 발에 대는 예경법禮敬法을 말한다.

삼정식(三淨食) 삼백식三白食.

삼정취(三定聚) 삼취.

삼제(三際) 과거過去·현재現在·미래未來의 삼세. 또는 전제前際·중제中際·후제後際라고도 한다.

삼제(三諦) 공제空諦·가제假諦·중제中諦. 삼제원융三諦圓融.

삼제시(三際時) 1년의 3기. 열제熱際는 1월 16일~5월 15일. 우제雨際는 5월 16일~9월 15일. 한제寒際는 9월 16일~1월 15일.

삼제원융(三諦圓融) 천태종에서 공제空諦·가제假諦·중제中諦를 세우고 삼제三諦가 서로 떨어진 것이 아니며 공제이면서 가제·중제이고, 가제이면서 공제·중제이며, 중제이면서 공제·가제이기 때문에 무애자재하다는 것.

삼조(三照) 📖 『화엄경』에 나오는 비유로, 해가 하늘에 떠서 비출 적에 비치는 차례. 먼저 높은 산, 다음에 골짜기, 나중에 평지의 순서로 비추는 것을 부처의 법을 듣는 이의 지혜가 깊고 얕음에 의해 깨달음에 앞뒤가 있다는 것을 비유한 말.

삼조연하(三條椽下) 승당僧堂 단위의 별칭. 승당에서 앉는 자리가 한 사람마다 길이 6척, 넓이 3척으로 지정된 것.

삼존(三尊) 근본 존상尊像과 양편에 모신 존상으로 삼존불이라고 한다. ①미타 3존. 아미타불과 관세음보살·대세지보살. ②약사 3존. 약사여래와 일광보살·월광보살. ③석가 3존. 석가여래와 문수보살·보현보살.

삼존내영(三尊來迎) 서방정토의 삼존으로, 임종을 맞아 아미타불을 염불하면 아미타불이 관세음보살·대세지보살을 데리고 그의 앞에 나타나 극락세계로 맞아 가는 것. 내영來迎.

삼종견혹(三種見惑) 견혹의 3가지. 나면서부터 본래 갖추고 있는 번뇌인 구생견혹俱生見惑. 어떤 일을 만날 때마다 추리하여 일어나는 번뇌인 추리견혹推理見惑. 지혜가 생김에 따라 점점 얻게 되는 번뇌인 발득견혹發得見惑.

삼종계(三種戒) 삼종율의三種律儀. 꼭 지켜야 할 계목을 세 가지로 나눈 것. 곧 계본戒本인 별해탈계別解脫戒. 수행자가 색계의 사선정을 닦으면 방비지악防非止惡의 계체戒體가 생겨 저절로 율의에 합치되는 정공계定共戒. 무루정無漏定에 들어 방비지악防非止惡의 계체戒體가 생겨 무루심을 일으키는 도공계道共戒.

삼종공덕(三種功德) 극락세계 29종 장엄 가운데 국토에 속한 3가지 공덕. 극락세계의 유천流泉·지소池沼 등의 수공덕水功德. 지상의 궁전·누각 등의 지공덕地功德. 정토의 허공에 보배 그물이 뒤얽혀

허공을 덮었고, 드리운 풍경이 자연의 덕풍德風에 흔들려 미묘한 설법 소리를 낸다고 하는 허공공덕虛空功德.

삼종공양(三種供養) ①재財·보寶·향香·화花 등의 재공양財供養, 보리심을 발하여 자리이타自利利他를 행하는 법공양法供養, 사사무애 관사事無碍觀을 닦는 관행공양觀行供養을 말한다. ②이양공양利養供養·공경공양恭敬供養·행공양行供養. ③공경공양恭敬供養·존중공양尊重供養·봉시공양奉施供養.

삼종관법(三種觀法) 마음을 관관觀하는 3가지 방법. 탁사관托事觀·부법관附法觀·약행관約行觀.

삼종광명(三種光明) 외광명外光明·법광명法光明·신광명身光明.

삼종나한(三種羅漢) 나한羅漢을 그 근성에 따라 3가지로 나눈 것. 혜해탈나한慧解脫羅漢·구해탈나한俱解脫羅漢·무애해탈나한無礙解脫羅漢.

삼종대사(三種大師) 삼대사三大師. 여래如來·아라한阿羅漢·유학有學의 성자聖者.

삼종득(三種得) 3가지 득得. 법전득法前得은 득得할 법이 미래에 있어 아직 현전하지 않았는데 득得만이 먼저 생긴 것. 곧 선·악의 세상 모든 사물은 그 힘이 강대하므로 아직 나타나기 전에 이미 이 법을 얻는 것. 법후득法後得은 법이 과거로 돌아갔는데 오히려 득得만 지금 남아 있는 것. 법구득法俱得은 법이 현재에 있을 때에 득得도 동시에 있는 것.

삼종락(三種樂) ①3가지 즐거움. 천락天樂·선락禪樂·열반락涅槃樂. ②외락外樂·내락內樂·법락락法樂樂.

삼종바라밀(三種波羅蜜) 육바라밀六波羅蜜을 셋으로 나눈 것. 세간바라밀世間波羅蜜·출세간바라밀出世間波羅蜜·출세간상상바라밀出世間上上波羅蜜.

삼종사리(三種舍利) 부처의 사리에 대해 골사리骨舍利·발사리髮舍利·육사리肉舍利로 나눈 것.

삼종삼관(三種三觀)   삼제三諦의 이치를 자세히 보는 관심觀心의 3가지. 별상삼관別相三觀·통상삼관通相三觀·일심삼관一心三觀.

삼종삼보(三種三寶)   3가지 삼보三寶. 동체삼보同體三寶·별상삼보別相三寶·주지삼보住持三寶.

삼종삼세(三種三世)   법상종에서 과거·현재·미래의 삼세三世에 3가지를 세우는 것. 도리삼세道理三世·신통삼세神通三世·유식삼세唯識三世.

삼종상(三種相)   ①표상標相·형상形相·체상體相. ②가명상假名相·법상法相·무상상無相相. ③발상發相·제상制相·사상捨相.

삼종상(三種常)   본성상本性常·부단상不斷常·상속상相續常.

삼종색(三種色)   ①가견유대색可見有對色·불가견유대색不可見有對色·불가견무대색不可見無對色. ②현색顯色·형색形色·표색表色. ③현색顯色·형색形色·무표색無表色.

삼종생(三種生)   상생想生·상생相生·유주생流注生.

삼종서(三種序)   증신서證信序·화전서化前序·발기서發起序.

삼종선(三種禪)   ①천태 지의智顗가 나눈 3가지 선. 세간선世間禪·출세간선出世間禪·출세간상상선出世間上上禪. ②규봉 종밀宗密이 나눈 3가지 선. 식망수심종息忘修心宗·민절무기종泯絶無寄宗·직현심성종直顯心性宗.

삼종선근(三種善根)   보시布施·자비慈悲·지혜智慧.

삼종선지식(三種善知識)   외호선지식外護善知識·동행선지식同行善知識·교수선지식教授善知識.

삼종성문(三種聲聞)   우법성문愚法聲聞·칭실성문稱實聲聞·가립성문假立聲聞.

삼종성불(三種成佛)   진언종에서 나눈 3가지 성불成佛. 이구성불理具成佛·가지성불加持成佛·현득성불顯得成佛.

삼종세간(三種世間)   ①중생이 살고 있는 국토인 기세간器世間. 부처를 제외한 중생 모두를 중생세간衆生世間. 모든 부처가 사는 지정각세간智正覺世間. ②중생세간·국토세간國土世間·오음세간五陰世間. ③천상·인간·수도獸道.

삼종수면(三種睡眠) 수면이 일어나는 원인으로 종류를 나눈 것. 곧 음식으로 일어나는 것, 시절로 일어나는 것, 마음으로 일어나는 것을 말한다.

삼종수순보리문법(三種隨順菩提門法) 삼청정심三淸淨心.

삼종승(三種僧)📖 승려가 수행하는 종류를 셋으로 나눈 것. 계戒를 지니지 않고 속인俗人과 같이 행동하는 범계잡승犯戒雜僧. 어리석은 승려로 참회할 때나 계戒를 줄 때 지도자가 되지 못하는 우치승愚癡僧. 계戒를 잘 지니며 앞의 2승僧을 이끄는 청정승淸淨僧.

삼종시(三種施) 삼시三施. 재시財施·법시法施·무외시無畏施.

삼종시도(三種示導) 삼시현三示現, 삼신족三神足, 삼종신변三種神變이라고도 한다. 부처가 중생을 제도할 때 베푸는 미묘한 3가지 작용. 신변시도神變示導·기심시도記心示導·교계시도敎誡示導. ➡ 삼종신변三種神變

삼종신(三種身) ①심불상응행법心不相應行法 가운데 3가지. 명신名身은 음성에서 그 뜻을 나타내는 명의名義. 구신句身은 문장으로 완결된 뜻을 나타내는 것. 문신文身은 글자의 자모字母. ②색신色身·법문신法門身·실상신實相身.

삼종신고(三種身苦) 보통 사람의 몸에 있는 3가지 고통. 노고老苦·병고病苦·사고死苦.

삼종신변(三種神變) 신神은 신통神通. 변變은 변화變化. 설법신변說法神變·교계신변敎誡神變·신통신변神通神變. 삼종시도三種示導라고도 한다.

삼종심고(三種心苦) 중생의 마음에 본연적으로 있는 3가지 고통. 탐욕貪欲·진에瞋恚·우치愚癡.

삼종애(三種愛) 경계애境界愛·자체애自體愛·당생애當生愛. ➡ 삼애三愛

삼종야차(三種夜叉) 3가지 야차 . 땅에 있는 야차·허공에 있는 야차·하늘에 있는 야차.

삼종업(三種業) 복행福行·죄행罪行·부동행不動行의 삼행三行을 말한다.

삼종연자(三種緣慈) 삼연자三緣慈·삼연자비三緣慈悲. 유정연자有情緣慈·법연자法緣慈·무연자無緣慈.

삼종욕(三種欲) 중생에게 있는 3가지 욕심. 음식욕飮食欲·수면욕睡眠欲·음욕婬欲. ➡ 삼욕三欲

삼종유(三種有) 이름과 실질적인 본체가 있는 것을 유有라고 한다. 상대유相待有·가명유假名有·법유法有.

삼종이보리장(三種離菩提障) 보리에 장애되는 것을 여의는 3가지 법문法門. 원리아심遠離我心·원리무안중생심遠離無安衆生心·원리자공양심遠離自供養心.

삼종자비(三種慈悲) 중생연자비衆生緣慈悲·법연자비法緣慈悲·무연자비無緣慈悲.

삼종작의(三種作意) 작의作意가 따라 일어나 상응하는 관지觀智의 3가지 분류. 자상작의自相作意·공상작의共相作意·승해작의勝解作意.

삼종장로(三種長老) 기년장로耆年長老·법장로法長老·작장로作長老.

삼종장엄(三種莊嚴) ①삼엄三嚴이라고도 한다. 아미타불의 정토인 극락세계에 대한 3가지 장식. 불장엄佛莊嚴·보살장엄菩薩莊嚴·국토장엄國土莊嚴. ②극락국토의 3가지 장엄. 지하장엄地下莊嚴·지상장엄地上莊嚴·허공장엄虛空莊嚴.

삼종장자(三種長者) 세장자世長者·출세장자出世長者·관심장자觀心長者.

삼종전(三種田) 보살·성문·일천제一闡提를 말한다.

삼종정업(三種淨業) 삼복三福. 부모에게 효양孝養하고 사장師長을 받들어 섬기며 자비로운 마음으로 살생하지 않고 십선업十善業을 닦는 것. 여러 계행戒行을 갖추는 것. 보리심을 내어 깊이 인과因果을 믿으며 대승경전을 독송하는 것.

삼종정육(三宗淨肉) 삼정육三淨肉. ➡ 삼정육三淨肉

삼종정진(三種精進) 피갑정진被甲精進·섭선정진攝善精進·이락정진 利樂精進.

삼종즉신성불(三種卽身成佛) 삼종성불. 이구성불理具成佛·가지성 불加持成佛·현득성불顯得成佛.

삼종지(三種智) 세간지世間智·출세간지出世間智·출세간상상지出世 間上上智.

삼종지관(三種止觀) 천태종에서 관법觀法에 대해 세운 점차지관 漸次止觀·부정지관不定止觀·원돈지관圓頓止觀의 3가지.

삼종지옥(三種地獄) 열지옥熱地獄·한지옥寒地獄·고독지옥孤獨地獄.

삼종참법(三種懺法) 죄악을 참회하는 3가지 방법. 작법참作法懺· 취상참取相懺·무생참無生懺.

삼종천(三種天) 세간천世間天·생천生天·정천淨天.

삼종청정(三種淸淨) śuddha 청정한 뜻. 모든 법法의 실제의 이치 에 맞는 지혜를 얻기 위해 수행하는 보살에게 갖추어져 있는 3가 지 청정. 심청정心淸淨·신청정身淸淨·상청정相淸淨.

삼종퇴굴(三種退屈) 보살 수행의 제1계階인 자량위資糧位에서 일 으켜 수행에서 물러나는 퇴굴심의 3가지. 보리광대굴菩提廣大屈· 만행난수굴萬行難修屈·전의난증굴轉依難證屈.

삼종향(三種香) 다가라多伽羅 나무의 뿌리·가지·꽃으로 만든 향 香. 근향根香·지향枝香·화향華香.

삼종회향(三種廻向) 📖 3가지 회향. 자기가 수행한 선근 공덕을 다른 이에게 돌려주는 것. 회향삼처廻向三處라고도 한다. ①자기가 닦은 모든 선근 공덕을 다른 이의 보리를 위해 취향趣向하는 보리 회향菩提廻向. ②모든 중생을 불쌍히 여기는 중생애衆生愛를 위해 자기가 닦은 온갖 선근 공덕을 취향하는 중생회향衆生廻向. ③자기 가 닦은 선근 공덕을 평등한 법성을 위해 취향하는 실제회향實際 廻向.

삼종훈습(三種薰習)　이름과 말로 훈습하는 명언훈습名言薰習, 안식으로 훈습하는 색식훈습色識薰習, 탐·진·치 등의 번뇌로 일어나는 육식六識의 활동인 번뇌훈습煩惱薰習의 3가지.

삼주(三株)　탐貪·진瞋·치癡. 3가지가 마음속에 깊이 박혀 뺄 수 없는 것을 비유한 말.

삼주(三咒)　대주大咒·중주中咒·심주心咒.

삼주설법(三周說法)　천태종에서 『법화경』에 본문本門·적문迹門을 나눈 가운데 적문 설법은 상·중·하근기를 위해 세 번 법을 설했다고 하여 3가지로 구분한 것. 법설주法說周·비유설주譬喩說周·인연설주因緣說周.

삼중(三中)　삼정三正.

삼중삼매(三重三昧)　대공삼매大空三昧. 공공삼매空空三昧·무상무상삼매無相無相三昧·무원무원삼매無願無願三昧.

삼즉일(三卽一)　삼승교三乘敎가 곧 일승교一乘敎라는 뜻.

삼지(三智)　①도종지道種智·일체지一切智·일체종지一切種智. ②세간지世間智·출세간지出世間智·출세간상상지出世間上上智. ③외지外智·내지內智·진지眞智.

삼지(三支)　①십이지十二支 가운데 애愛·취取·유有를 말한다. 미래의 과果인 생生·노老·사死를 내기 때문에 능생지能生支라고도 한다. ②인명因明의 종宗·인因·유喩.

삼지(三地)　발광지發光地. 십지十地 가운데 세 번째.

삼지(三止)　천태종의 삼관三觀에 대해 지의가 세운 것. 체진지體眞止·방편수연지方便隨緣止·식이변분별지息二邊分別止.

삼지백겁(三祇百劫)　삼승기백대겁.

삼지작법(三支作法)　인도의 논리학인 인명학因明學의 논식論式에 종宗·인因·유喩의 셋을 세우는 법.

삼직(三職)　①계화상戒和上·갈마사羯磨師·교수사敎授師. ②감무監務·감사監事·법무法務. ③총무總務·교무敎務·재무財務.

삼차로구(三叉路口) 세 곳으로 갈리는 분기점分岐點.

삼처목차(三處木叉) 계를 지키는 세 곳. 신계身戒·구계口戒·의계意戒.

삼처아란야(三處阿蘭若) 3가지 공한처空閑處. 비구가 거처할 세 곳을 말한다. 모든 법法이 본래 공적한 달마아란야達磨阿蘭若. 무덤·공동묘지가 많은 마등가아란야摩登伽阿蘭若. 모래·자갈이 쌓인 단타가아란야檀陀迦阿蘭若.

삼처전심(三處傳心)📖 부처가 가섭에게 마음을 전하였다고 하는 3곳. 영산회상에서의 염화미소拈花微笑, 다자탑多子塔 앞에서 자리를 내준 반분좌分半座, 쌍림雙林의 관棺 속에서 두 발을 내밀어 보인 곽시쌍부槨示雙趺.

삼천(三千) ①대천大千·중천中千·소천小千. ②천태종에서 모든 사물을 통틀어 3천이라고 한다. 지옥·아귀·축생·아수라·인간·천상·성문·연각·보살·불을 10계界라 하고, 원융圓融 호구互具의 이치에 의해 10계가 10계를 갖추었으므로 1백 계가 되고, 1백 계마다 성성·상相·체體·역力·작作·인因·연緣·과果·보報·본말구경本末究竟의 10여시如是의 뜻이 있으므로 천여千如가 되고, 다시 3종 세간을 곱하여 3천이 된다고 한다.

삼천(三天) 마리지천摩利支天·변재천辯才天·대흑천大黑天.

삼천대천세계(三千大千世界) 대천세계大千世界. 우리가 살고 있는 세계를 한 세계라 하고 이 세계의 천을 합하여 소천세계라고 하며, 소천세계의 천을 합하여 중천세계, 중천세계의 천을 합하여 대천세계라고 하여 모두 삼천대천세계라고 한다.

삼천사(三天使) 삼사三使. 노老·병病·사死.

삼천세계(三千世界) 소천세계小千世界를 천 개 합한 것을 중천세계中千世界, 중천세계를 천 개 합한 것을 대천세계大千世界. 일대천세계一大千世界를 삼천대천세계三千大天世界라고 하며, 삼천세계三千世界라고도 한다.

삼천위의(三千威儀)📖 비구의 일상 행동에서 지켜야 할 250계를 행行·주住·좌坐·와臥의 4위의威儀에 곱하여 천이 되고, 또 삼세三世에 곱한 것.

삼천진점겁(三千塵點劫) 대통지승여래가 출현한 뒤 극히 오랜 세월을 지낸 것을 나타내는 말. 『법화경』「화성유품」처음에 있다. 삼천대천세계三千大天世界의 온갖 땅을 부수어 갈아서 먹물을 만들고, 동방으로 1천 국토를 지내서 크기가 미진微塵만한 한 점을 떨어뜨리고, 이렇게 하여 그 먹물이 다 없어진 뒤에 지내 온 국토를 죄다 가루로 만들어서 한 티끌을 1겁으로 헤아리는 것. 이를 모두 계산하여 3천 진점겁이라 한다.

삼첨(三甛) 낙락酪·밀밀蜜·소소酥. 곧 타락駝酪·꿀·연유煉乳

삼청(三請) 신앙의 주체나 법회의 주체를 세 번 청하는 것. 보통 유치由致에서 삼청을 한다.

삼청정(三淸淨) 삼모니三牟尼.

삼청정심(三淸淨心) 성불하는 도道에 알맞은 3가지 청정심. 무염청정심無染淸淨心·안청정심安淸淨心·낙청정심樂淸淨心.

삼초이목(三草二木) 『법화경』「약초유품」에 있는 비유. 오승五乘 7방편의 사람에 비유한 것으로 삼초三草는 소초小草·중초中草·상초上草, 이목二木은 소수小樹·대수大樹.

삼취(三聚) 삼기三機·삼정취三定聚. 사람의 성질을 셋으로 나눈 것으로 마침내 성불하는 정정취正定聚, 성불할 설질이 없는 사정취邪定聚, 성불이 정해져 있지 않으므로 연緣에 따라 정해지는 부정취不定聚를 말한다.

삼취(三趣) 삼악취·삼악·삼악도. 지옥·아귀·축생을 말한다.

삼취경(三聚經) 『장아함경』에 속한 경. 부처가 비구에게 악취惡趣에 이르는 법과 선취善趣에 이르는 법과 열반에 이르는 법을 설교한 경.

삼취계(三聚戒) 삼취정계三聚淨戒.

삼취정계(三聚淨戒)📖 대승 보살의 계戒. 삼수문계三受門戒. 모든 율위律儀인 계조목戒條目을 섭하여 악惡을 그치게 하는 섭율의계攝律儀戒, 모든 선법善法을 익히고 닦아서 신身·구口·의意의 모든 선법을 무상보리에게 회향하는 섭선법계攝善法戒, 자비의 마음으로 모든 중생을 이익하게 하는 섭중생계攝衆生戒. 대승과 소승의 모든 계에 모두 속하므로 섭攝이라 하고, 본래 청정하므로 정淨이라고 한다.

삼치(三治) 삼삼매三三昧의 다른 이름.

삼칠일(三七日) 21일을 말한다.

삼칠일사유(三七日思惟) 부처가 처음 깨달아 성도한 후 21일 동안 법으로 중생을 제도할 것을 생각하여 정定에 들어 있던 기간을 말한다.

삼탈문(三脫門) 공空·무상無相·무원無願.

삼통력(三通力) 삼명三明·삼달三達이라고도 한다. 보득통력報得通力·수득통력修得通力·변화통력變化通力.

삼파(三把) 생반生飯. 삼반三飯. 삼보三寶·부동명왕不動明王·귀자모신鬼子母神에게 공양하는 것.

삼팔일(三八日) 선찰禪刹에서 옛날부터 한 달에 6일 염송하는 것. 곧 3일·13일·23일·8일·18일·28일을 말한다.

삼평등(三平等) 밀교에서 불·법·승과 신·구·의가 하나로 평등하다고 하는 것. 이 세 가지가 자自·타他·공空이 평등하다고 삼삼평등三三平等이라고 한다. 삼삼매三三昧라고도 한다.

삼평등관(三平等觀) 삼삼매관三三昧觀. 삼평등을 관하는 것. ➡ 삼평등三平等

삼평등지(三平等地) 공空·무상無相·무원無願의 삼삼마지三三摩地.

삼품(三品) 『화엄경』 제1회 「삼매품」에서 보현보살이 말로 두 번 청하는 이청二請, 「세계성취품世界成就品」·「화장세계품華藏世界品」·「비로자나품毗盧遮那品」 3품을 언청言請이라고 한다. 이에 대하여 제2회설 「여래명호품」에서 세존이 보살의 마음을 알고 설법하는 것을 염청念請이라고 한다.

삼품무명(三品無明) 보살 수행의 계위階位 가운데 10지地의 초지에 들어갈 때 끊는 무명번뇌의 3품류品類.

삼품실지(三品悉地) 삼밀三密의 행업行業이 결과를 맺어 묘과妙果를 얻는 3가지 유형. 상품실지上品悉地·중품실지中品悉地·하품실지下品悉地.

삼품진사(三品塵沙) 천태종에서 화법化法 사교四教 가운데 별교보살이 10주·10행·10회향 지위에서 끊는 진사혹塵沙惑에 상·중·하의 3품류가 있다는 것을 말한다.

삼품참회(三品懺悔) 죄를 참회하는 3가지. 온몸의 털구멍과 눈으로 피를 흘리는 상품참회上品懺悔., 온몸에서 땀이 나고, 눈에서 피가 흐르는 중품참회中品懺悔, 온몸에 열이 나고, 눈으로 눈물을 흘리는 하품참회下品懺悔.

삼품청법(三品聽法) 교법을 듣는 3가지. 상품의 근기는 정신으로, 중품의 근기는 마음으로, 하품의 근기는 귀로 듣는다고 한다.

삼하(三下) 하下는 수를 세는 단위. 세 번. 삼도三度와 같은 말.

삼학(三學) 불교 수행의 기본 덕목인 계율戒律·선정禪定·지혜智慧. 계학戒學·정학定學·혜학慧學이라고도 한다. 삼무루학三無漏學.

삼해탈문(三解脫門) 삼공문三空門·삼삼매三三昧. 해탈을 얻는 3가지 방법. 공空해탈문·무상無相해탈문·무작無作해탈문.

삼행(三行) ①복행福行·죄행罪行·부동행不動行. 삼종업三種業이라고도 한다. ②상相·수행修行·관觀.

삼현(三賢) ①대승에서 십주十住·십행十行·십회향十回向을 수행하는 모든 보살. ②소승에서 오정심위五停心位·별상념주위別相念住位·총상념주위總相念住位를 말한다. 성위聖位에 들어가기 위한 방편方便.

삼현관(三現觀) 견현관見現觀·연현관緣現觀·사현관事現觀.

삼혜(三慧) 보고 들어 생기는 지혜인 문혜聞慧, 생각하여 생기는 지혜인 사혜思慧, 닦아 익혀 생기는 지혜인 수혜修慧.

삼혹(三惑) ①견사혹見思惑·진사혹塵沙惑·무명혹無明惑. 삼번뇌三煩惱·삼장三障이라고도 한다. ②신견身見·변견邊見·사견邪見의 미혹.

삼화(三和) 근根·경境·식識 삼사三事가 화합하는 것.

삼화(三火) 삼독三毒의 불. 곧 탐貪·진瞋·치癡.

삼회(三會) 용화龍華 회상의 세 모임. 미륵보살이 용화나무 아래서 성불하고 화림원華林園에 모인 대중을 위해 3회의 큰 법회를 열고 설법한 모임.

삼회법(三悔法) 3가지 참회법. 곧 참회懺悔·권청勸請·회향回向.

삼훈습(三熏習) 명언훈습名言熏習·아집훈습我執熏習·유지훈습有支熏習. 삼종습기三種習氣.

삽삼조사(卅三祖師) 선종의 33조사. 인도의 28조祖와 중국의 2조 혜가·3조 승찬·4조 도신·5조 홍인·6조 혜능을 말한다.

상(相)📖 lakṣaṇa 지시하다, 간접적으로 표현하다, 특색이 붙여졌다, ~으로서 나타났다, 기호記號, 특징特徵, 속성屬性, 명칭名稱, 종류種類, 목표目標, 범위範圍, 원인原因, 결과結果 등의 뜻이 있다. 상相, 능상能相, 체상體相, 색상色相, 상호相好 등으로 의역한다. ①색상色相. 모든 법法의 형상과 상태의 뜻으로 성질에 대하여 말한 것. 자체만이 가지고 있는 특성으로 체體와 같은 의미로 자상自相이라고 하고, 다른 것과 공통되는 상相을 공상共相이라고 한다. ②유위법有爲法에서는 상相을 생生·주住·이異·멸滅의 사상四相으로 한다. ③화엄에서는 총상總相과 별상別相, 동상同相과 이상異相, 성상成相과 괴상壞相 여섯 가지로 나눈다. ④인명에서는 인因의 삼상三相이 있다. 변시종법성遍是宗法性·동품정유성同品定有性·이품편무성異品遍無性.

상(想) 📖 saṃjñā saṃ은 모든 것이란 뜻이고, jñā는 안다는 지知의 뜻을 연결하여 모든 것을 안다는 의미를 가진다.. jñā는 ~의 지식이 있는, 안다, ~을 관찰하여 안다, 경험하다, ~이라고 가정하는, ~을 추정하는, 확실하게 아는 등의 뜻이 있다. 대지법大地法의 하나. 5변행遍行의 하나. 심소心所의 이름. 오온五蘊 가운데 하나. 대상을 인식하는 표상 작용.

상(床) 일상생활에 앉고 눕는 상. 끈으로 만든 것은 승상繩床, 나무로 만든 것은 목상木床이라 한다.

상간(相看) 손님과 주인이 만나는 것.

상갈라금강(商羯羅金剛) 금강역사金剛力士의 이름.

상감(象嵌) 상안象眼이라고도 하며 공예물의 표면을 장식하는 기법. 금속, 도자, 나무 등을 파고 파인 곳에 땜질을 하지 않고 다른 재료나 색을 넣어 장식 효과를 높이는 방식. 이때 공예품의 표면에 다양한 다른 재료를 넣는 것을 감입嵌入이라고 한다.

상강(上綱) 승직僧職 삼강三綱 가운데 상좌上座.

상견(常見) 사람의 몸과 마음은 물론 존재하는 모든 것이 모두 항상 머물러 없어지지 않는다고 믿는 그릇된 소견. 단견斷見의 반대말.

상견(上肩) 자기보다 자리가 높은 이.

상견도(相見道) 후득지後得智로써 진여의 모양을 분별하고 사량思量하는 견도. 3위位가 있다. 진견도眞見道의 반대말.

상경(像經) 불상과 경전.

상계(上界) 삼계제천三界諸天을 가리킨다. 욕계천欲界天·색계천色界天·무색계천無色界天.

상계(像季) 부처가 입멸한 후 1,000년이 지나 불법이 쇠퇴한 말기로 불상佛像 등의 상像으로 교화하는 시기의 상법像法. 또는 상법像法과 계법季法시대라고도 한다.

상계상(相繼常) 상속상相續常. 삼종상三種常 가운데 하나.

상공관(相空觀) 삼관三觀 가운데 하나. 존재하는 모든 사물의 현상은 공空으로 마음의 그림자에 지나지 않는다고 보는 것.

상공교(相空敎) 삼교三敎의 하나. 범부가 미집迷執하는 인人·법法의 모양은 중생 미혹한 정情으로 잘못되어 실제는 환幻과 같아서 실재성이 없는 것을 가르치는 교敎.

상관(想觀) 어떤 사물의 모양을 마음 속에 떠오르도록 관觀하는 것. 사관事觀·이관理觀 가운데 사관에 해당한다.

상광(常光) 화신불이 항상 지니고 있는 광명.

상교(像敎) ①불상佛像 등의 형상으로 교화하는 상법像法의 가르침. ②불상과 경교經敎.

상구보리하화중생(上求菩提下化衆生) 보살의 마음. 위로는 자기 수행을 통하여 보리를 구하고, 아래로는 보리의 힘으로 중생을 교화하는 것.

상근(上根) 수승한 지혜가 있어 수행을 감당할 만한 기류機類.

상근기(上根機) 법을 듣고 아는 정도에 차이가 있다는 것을 나타내는 말로서, 부처의 법을 듣고 바로 깨달아 아는 이를 말한다.

상낙아정(常樂我淨)📖 ①사덕四德. 대승의 열반과 여래의 법신에 갖추어져 구족한 네 가지 덕德. 열반의 경계인 깨달음에 이르면 영원히 불변하는 깨달음이 되는데 이를 상常이라고 한다. 그 경계에 고苦가 없으면 편안하고 즐거운데 이를 낙樂이라고 한다. 자유자재하여 조금도 구속함이 없는 것을 아我라고 한다. 번뇌에 물든 것이 없는 것을 정淨이라고 한다. ②세계의 진실한 모습의 근본을 알지 못하는 무상無常·고苦·무아無我·부정不淨 4종의 잘못된 견해. 사람은 영원히 존재한다고 하는 것을 상常이라고 하며, 사람은 이것에서 쾌락을 낸다고 하는 것을 낙樂이라고 하며, 자유자재하고 주체가 아我라고 하는 것을 아我라고 하며, 몸과 마음이 청정하다고 하는 것을 정淨이라고 한다. 사전도四顚倒.

상단(上壇) 불·법·승 삼보를 모시는 단. 불보살에게 공양을 올리는 단.

상단권공(上壇勸供) 영산작법靈山作法에서 중심이 되는 의식. 쾌불이운이 끝나면 불보살과 옹호신중 및 고혼들이 청정한 도량인 영산회상에서 지심으로 마련한 법공양의 가피력으로 고통에서 벗어나기를 발원하는 것. 향·등·꽃 등을 올리고 영산이 열림을 알린 뒤 관음보살을 청하는 관음청觀音請으로부터 공양을 올리는 의식이 진행된다.

상단소(上壇疏) 각배各拜 또는 대예왕공재문大禮王供齋文이라고도 한다. 올리는 공양이 누구인가를 결정하는 소疏 가운데 하나. 상단에 공양을 올리는 것으로 각배各拜로 이어진다.

상단축원(上壇祝願) 부처를 모신 상단에서 단월 등을 위하여 발원하는 것.

상단탱화(上壇撑畵) 『화엄경』과 『법화경』의 내용을 중심으로 그려진 탱화. 주로 대웅전의 석가모니부처 배경 그림이나 극락전·약사전의 배경 그림에서 보인다.

상단탱화(화성 용주사)

상당(上堂) ①선원에서 정기적으로 정해진 1일 또는 15일에 법당法堂이나 강당講堂에서 하는 설법. 대참大參. ②설법하기 위해 주지가 법당에 올라가는 것.

상대(相大) 체體·상相·용用의 삼대三大 가운데 하나. 상相은 자체의 모양, 대大는 보변普遍하다는 뜻으로 이르지 않는 데가 없다는 의미.

상대가(相待假) 삼가三假 가운데 하나. 모든 존재하는 유위법은 인연화합으로 이루어졌기 때문에 가假라는 인성가因成假, 중생의 심식心識이 생각 생각 상속하기 때문에 가假라는 상속가相續假, 모든 법法은 대소大小·장단長短·강약强弱 등과 같이 각각 대對함이 있어 긴 것이 없으면 짧은 것이 없고, 짧은 것이 없으면 긴 것이 없는 것처럼 서로 상대해서 임시로 존재한다는 상대가相待假.

상대묘(相待妙) 다른 것과 비교하여, 추麤에 대하여 묘妙한 뜻이 있다고 판별하는 것. 천태 지의가 추麤와 묘妙로 『법화경』을 해석하는 방법.

상락회(常樂會) 열반회.

상랍(上臘) 법랍法臘이 높은 이. 출가하여 계를 받은 뒤 연수年數를 세는 것을 법랍이라고 한다.

상량호호지(商量浩浩地) 상商과 량量은 모두 헤아린다는 뜻. 지地는 어조사. 호호浩浩는 물이 넘치는 모양. 즉, 서로 법法에 대하여 묻고 답하는 것이 매우 기운이 있고 성한 것을 말하였으나, 후에 외형外形만 추구하는 구두선口頭禪이란 뜻으로 바뀌었다.

상력(常力) 서방정토 보살의 십삼력十三力 가운데 하나. 항상 불법에 의지하여 닦는 힘.

상론(尙論) 『유가사지론瑜伽師地論』에서 제시한 육종론六種論 가운데 하나. 숭상하는 것을 따르고 응당 들어야 할 것을 따르며 시비를 결택하고 득실을 변론하여 사리를 논의하는 것.

상류반(上流般) 불환과不還果 가운데 하나. 색계에 난 불환과不還果의 성자가 다시 하늘에 나서 열반에 들어감을 말한다.

상륜(相輪) 윤상輪相·구륜九輪. 탑의 맨 꼭대기에 장식한 부분. 노반露盤·복발覆鉢·앙화仰花·보륜寶輪·보개寶蓋·수연水煙·용차龍車·보주寶

상륜(구례 연곡사 동부도)

珠·심주心柱 등 9개의 윤輪으로 된 것으로 이를 상륜부 또는 탑두부塔頭部라고도 한다.

상만(上慢) 칠만七慢 가운데 하나. 증상만增上慢과 같은 말.

상몰인(常沒人) 사종인四種人 가운데 하나. 생사계에 유전流轉하는 고苦을 벗어나지 못한 이.

상몽(想夢) 사몽四夢 가운데 하나. 지난 세상의 업보에 의해 선악의 일을 생각하며, 선악의 일을 꿈꾸는 것.

상무성(相無性) 삼무성三無性 가운데 하나. 상무자성相無自性이라고도 한다. 변계소집성遍計所執性은 주관인 정情으로 볼 때 실實이라고 하나, 객관인 이리로 볼 때는 그 상相이 실제로 있는 것이 아님을 말한다. ➡ 삼성三性

상무자성(相無自性) 상무성相無性. ➡ 삼성三性

상문(喪門) 사문沙門.

상문(桑門) 사문沙門.

상바라밀(常波羅蜜) 4바라밀의 하나. 상常은 상주常住의 뜻. 열반에 갖춰있는 덕. 보살의 수행은 항상 열반에 이르는 길이라는 뜻으로 말한다.

상박(相縛) 연緣으로 일어난 경계인 상분相分이 보는 연능의 견분見分을 속박하여, 경계의 상相이 환幻과 같음을 알지 못하게 하는 것.

상반(相伴) 죽이나 밥 등을 먹는 공양에 다른 이를 따라서 가는 것.

상방(上方) 선종에서 주지를 가리킨다. 본래는 산 위의 절을 의미하였으나, 절에서 가장 높은 곳에 주지가 거처함으로 뜻이 변하여 주지를 가리키게 되었다.

상배관(上輩觀) 16관법 가운데 제14관법. 대승을 배우는 범부가 극락세계에 왕생하는 것을 관상觀想하는 것을 말한다.

상번(相翻) 즉卽의 3가지 종류 가운데 하나.

상번뇌(上煩惱) 10가지 근본번뇌가 강성한 것. 또는 현재 일어난 번뇌를 말한다.

상법(像法) 삼시三時 가운데 하나. 상법시像法時. 정법正法 이후 1천년을 말한다. 교·행만 있다고 한다.

상부종(相部宗) 사분율종四分律宗 3파 가운데 하나. 당나라 법려法礪의 법맥을 계승하고 그의 『사분율소四分律疏』까지 의용依用하는 종파.

상분(相分)📖 유식에서 심식心識의 작용을 설명하기 위해 객관의 대상을 보는 심心의 작용인 견분見分, 객관 대상의 모양이 떠오르는 상분相分, 견분見分과 증자증분證自證分을 증지證知하는 자증분自證分, 자증분을 다시 증지證知하는 증자증분의 사분四分을 세운 것 가운데 하나. 객관 사물을 인식하는 대상을 마음에 그려서 인식하는 것. ➡ 견분見分, 자증분自證分, 증자증분證自證分

상분훈(相分熏) 유식唯識에서 7전식轉識이 바깥 경계를 반연할 때, 식識 자체의 힘에 의해 경계인 상분相分을 종자인 제8식에 훈습熏習하는 것.

상비(象鼻) 가사袈裟를 제대로 입지 못하여 흐트러져서 법에 어긋난 것을 꾸짖는 말.

상비량(相比量) 5가지 비량 가운데 하나. 어떤 사물의 모양에 의해 다른 사실을 추측하는 것. 곧 연기를 보고 불이 있는 줄 아는 것과 같다.

상비밀(相秘密) 사종비밀四種秘密 가운데 하나. 모든 법은 자기의 본성이 없으며, 따라서 생멸이 없다고 말하여 자기의 본성이 있는 줄로 집착함을 없애는 것.

상사(上土) 삼사三土 가운데 하나. 자기와 남이 함께 해탈하려고 생각하는 이. 곧 보살.

상사각(相似覺) 사각四覺 가운데 하나. 아집我執을 여의고 아공我空의 이치를 깨달은 지위. 아직 참된 깨달음을 얻지 못한 지위.

상사리(尙闍梨) 나계범지螺髻梵志.

상사선(相似善) 상선上善.

상사즉(相似卽) 상사즉불相似卽佛. 천태종에서 수행하는 지위인 육즉위六卽位 가운데 네 번째. 진정한 오悟와 비슷하고 또 성자聖者의 지위와 비슷함을 말한다.

상상관(像想觀) 『관무량수경』에 말한 16관법 가운데 하나. 아미타불의 형상을 관觀하는 것.

상상구절종(相想俱絶宗) 현수賢首가 세운 십종十宗 가운데 하나.

상상인(上上人) 염불念佛하는 사람을 말한다.

상생(相生) 삼종생三種生 가운데 하나. 식정識情이 생각하는 모든 경계의 형상을 말한다.

상생(想生) 삼종생三種生 가운데 하나. 진경塵境에 대해 망상妄想이 생각을 내는 마음을 말한다.

상선(上善) ①유상선有上善. 법성무상法性無相의 이치에 계합하지 않고 나와 남이나 이것과 저것 따위의 차별상을 취하면서 닦는 선근善根. 십신十信 보살이 닦는 육바라밀六波羅蜜과 같은 것. ②상사선相似善. 선과 비슷하면서도 참된 선이 아닌 것. 곧 외도의 육행관六行觀과 같은 것.

상속(相續) ①스승에 의해 제자에게 전법傳法의 계맥系脈을 잇는 것. 또는 인과가 차례로 계속하여 끊어지지 않는 것. ②인因과 과果가 서로서로 끊어지지 않고 이어지는 것.

상속무상(相續無常) 생생·주住·이異·멸滅의 사상四相이 상속하는 것으로 항상하지 않음을 말한다.

상속상(相續常) 불신佛身의 삼신三身이 상주한다는 본성상本性常·부단상不斷常·상속상相續常의 삼종상三種常 가운데 하나. 변화신變化身이 상주한다고 한다.

상속식(相續識) 의식意識에 의지하여 일어나며 제7식과 관련되어 있는 업식業識·전식轉識·현식現識·지식智識·상속식相續識의 오식五識 가운데 하나. 객관 대상에 대해 망妄으로 염染·정淨이라 하는 집착이 끊어지지 않고 항상 이어지는 식識.

상속심(相續心) 삼심三心 가운데 하나. 아미타불만 생각하는 것.

상쇄(相殺) 둘씩 상대하여 서로 칼을 겨루는 것이니 맞서서 싸운다는 뜻. 승僧과 승僧이 마주보고 서로를 헤아리는 것.

상수(常修) 성문이 닦는 것은 보살이 닦는 것에 비하여 열劣하다는 것으로, 성문에게는 열삼수劣三修가 보살에게는 승삼수勝三修가 있다. 승삼수는 보살은 법신法身의 체體가 본래 상주함을 잘 알아 성문이 무상無常에 집착함을 깨는 상수常修, 보살은 모든 법法에 열반적정의 낙樂이 있어 성문의 일체가 고苦임에 집착함을 깨는 낙수樂修, 보살은 무아無我의 법法 중에 진아眞我가 있다는 것을 잘 알아서 성문이 무아에 집착함을 깨는 아수我修가 있다.

상수(上手) 상방上方.

상수(上首) 한 좌석 가운데 맨 첫 자리에 앉는 이. 또는 한 대중 가운데 가장 우두머리.

상수멸무위(想受滅無爲) 6가지 무위無爲 가운데 하나. 성자가 멸진정滅盡定에 들어가 상수想受, 곧 외계의 사물을 마음에 받아들이고 그 위에 상상像想을 더하는 정신 작용과 고락을 느끼는 정신 작용을 멸할 때 나타나는 진여를 말한다.

상승(相承) 사장師匠으로부터 제자에게 교법을 전하여 그대로 이어가는 것.

상승(上乘) 상연上衍. 대승大乘의 다른 이름.

상승혈맥(相承血脈) 혈맥상승이 달라진 말. 원래 스승이 제자에게 교법을 전해 주어 이어 가는 것을 말하는데, 이것이 세간의 부모 혈육이 아들·손자에게 전하여 상속하는 데 비유한 말.

상시(像始) 상법像法의 시초. 불상 등 모양이 있는 상像으로 불법이 존재하는 시기.

상시교(相始敎) 오교五敎 가운데 하나. 대승시교大乘始敎의 하나. 『해심밀경』·『유식론』에 말한 것으로 모든 중생은 본래 선천적으

로 가지고 난 성품이 있어 변하지 않는다고 주장하여, '일체중생
실유불성一切衆生悉有佛性' 곧 모든 중생은 부처의 성품이 있다는
주장을 반대하고 현상 차별을 고집하여 그 성품과 모양을 말하
는 교.

상아문뢰생화(象牙聞雷生花) 중생의 불성을 번뇌가 덮고 있다는
것을 비유한 말. 『열반경』에서 허공에 우레가 있으면 온갖 코끼
리의 어금니에 꽃이 생기고 우레가 없으면 꽃이 생기지 않는다고
함은, 코끼리는 비록 풀을 먹으나 상아象牙가 있으며 여기에 꽃
을 새겨 넣어야만 상아가 보물임을 아는 것을 부처의 설법을 듣
고 불성이 있다는 것을 깨닫는 것과 같다는 비유.

상야등(常夜燈) 밤마다 부처 앞에 켜는 등. 장등명長燈明.

상여(喪輿) 📖 장례 행렬에서 중요한 의미를 갖는 것은 영여靈輿
와 상여다. 영여는 영혼이 타는 것을 상징하며, 오늘날에는 죽은
이의 사진을 어깨에 걸고 상여 앞에 서는 일이 많다. 상여는 가마
와 비슷한 모양으로 길이가 더 길며, 시신을 태우며, 상여 몸체
좌우에는 앞뒤로 밀채가 뻗어 있고, 양쪽 끝에 채막대를 대고, 중
간에는 일정한 간격으로 멜방망이를 좌우로 끼워 사람이 들어가
어깨에 메도록 한다. 상여의 몸체는 단청 모양으로 채색을 하고,
네 귀에 기둥을 세워서 포장을 하고 햇빛을 가리며, 뚜껑은 연꽃·
봉황 등으로 장식한다.

상연(上衍) 상승上乘과 같은 말. 대승을 말한다.

상오분(上五分) 색계色界·무색계無色界의 미혹됨. 색애色愛·무색애
無色愛·도掉·만慢·무명無明.

상온(想蘊) 오온五蘊 가운데 하나. 사람에게는 사물의 모양을 생
각하여 그려 내는 상상想像으로 선·악과 사邪·정正 등의 온갖 정
상情想이 있다는 것을 일컫는 말.

상왕(象王) 코끼리 가운데 왕. 부처를 비유한 말.

상용영반(常用靈飯) 일반인들을 위한 시식施食이기 때문에 헌식

䂁獻食規라고 하여 베풀어진 음식을 먹는 의식으로 진행된다. 반면 종사영반宗師靈飯은 선교禪敎와 발우 공양의 내용으로 진행한다.

상월(祥月) 소상小祥과 대상大祥에 돌아오는 죽은 달.

상위석(相違釋) 육합석六合釋 가운데 하나. 서로 다른 두 개 이상의 명사가 모여 하나의 말이 된 것을 하나하나 분리하여 해석하는 것.

상위인(相違因) 십인十因 가운데 하나. 사물이 생기려는 것을 장애하여 나지 못하게 하는 인.

상유식(相唯識) 유식의 모양을 밝힌 부문이라는 뜻. 실성實性인 이체理體에 의지하여 성립된 의타기성依他起性의 물物·심心의 모든 법을 밝힌 유식의 부문部門을 말한다.

상융(相融) 하나가 되어 서로 융화되는 것.

상응(相應) 법法과 법상法相 등이 서로 화합하여 떨어지지 않는 관계에 있다는 뜻. 곧 계합契合.

상응단(相應斷) 사단四斷 가운데 하나. 유루有漏의 8식識과 5변행심소遍行心所 등은 그 성품이 물들고 더러운 것이 혹惑과 함께 일어나 염染과 오汚의 성질이 함께있어, 상응하는 혹을 끊을 때 염오의 속박에서 벗어나게 되는 것.

상응무명(相應無明) 구사에서는 10수면睡眠과 상응하여 일어나는 무명無明이며, 유식에서는 6근본번뇌와 상응하여 일어나는 무명無明.

상응박(相應縛) 이박二縛 가운데 하나. 마음이 자기 자신의 심心과 상응하여 일어나는 견혹見惑·수혹修惑에게 속박되는 것.

상응법(相應法) 심心·심소心所의 다른 이름. 동시에 일어나는 심·심소에 소의평등所依平等·소연평등所緣平等·행상평등行相平等·시평등時平等·사평등事平等의 5가지 뜻이 있으므로 상응법이라고 한다.

상응불선(相應不善) 무참無慚·무괴無愧·탐貪·진瞋·치癡와 상응하는 심心·심소心所.

상응선(相應善) 사선四善 가운데 하나. 자성선自性善에 상응하는 신信·근근勤 따위의 심心·심소心所. 이들은 선善이나 악惡은 아니지만 자성선과 상응하여 선善이 된다.

상응인(相應因) 육인六因 가운데 하나. 심왕心王·심소心所가 오의 평등五義平等에 의해 상응하여 화합하는 것을 뜻한다.

상응종(相應宗) 진언종眞言宗의 다른 이름.

상의(上衣) 대의大衣. 25조條의 울다라승의鬱多羅僧衣. 즉 25조의 가사.

상의(相依) 서로 의지하고 있는 것으로, 연기법을 상호의존의 관계로 해석.

상이계(上二界) 삼계三界 가운데 색계·무색계.

상인(上人) 지혜와 덕을 겸비한 승려.

상입(相入) 📖 상즉相卽과 함께 쓰이는 화엄 교학의 용어. 상相은 서로 용납한다는 뜻. 서로 걸림이 없이 역용力用의 입장에서 하나라는 의미.

상자(上資) 상좌上佐.

상적광토(常寂光土) 천태종의 사토四土 가운데 하나. 진리가 있는 우주 전체를 말한다. 적광토寂光土·적광국寂光國. 법신여래와 아울러 자수용보신自受用報身의 국토.

상전(相傳) 상승相承과 같은 말.

상전도(常顚倒) 무상無常한 것을 유상有常하다고 아는 것. 곧 바르게 알지 못하는 것.

상전도(想顚倒) 삼전도三顚倒 가운데 하나. 바깥 경계의 실재實在에 어두워 먼저 미상微想을 일으켜 무상無常인 것을 상주常住인 것처럼 생각하는 것.

상정(上定) 무색계정無色界定.

상제(上祭) 상단上壇에 공양물을 올리는 것.

상제보살(常啼菩薩) Sadāprarudita 살타파륜薩陀波崙.『지도론智度論』제96권에 있다. 중생들이 고통 세계에 있는 것을 보고 운다고 하는 보살.

상족(上足) 상좌上佐. 고족高足. 수제자. 고제高弟. 가장 뛰어난 제자를 스승의 발에 비유하여 일컫는 말.

상족제자(上足弟子) 고족제자高足弟子. 상족上足. 수제자. 고제高弟.

상종(相宗) 구사俱舍·법상法相과 같이 모든 법法의 현상인 상相을 대상으로 하는 종지宗旨. 성종性宗의 반대말.

상좌(上座) ①삼강三綱 가운데 하나. 모든 승려 가운데 덕이 높은 이로 높은 곳에 앉는 사람을 말한다. ②승려에 대한 경칭.

상좌(上佐) 상자上資. 사승師僧을 이을 도제徒弟·제자弟子를 말한다. 상족上足이라고도 한다. 은상좌恩上佐·법상좌法上佐·수계상좌受戒上佐·참회상좌懺悔上佐가 있다.

상좌부(上座部) 부처가 입멸한 후 약 100여 년이 지나자 율장에 대한 이해의 문제로 의견을 달리하여 나누어지게 되는데, 전통에 따르며 엄격하게 해석하는 상좌부와 새로운 이해를 용인하는 대중부로 나누어진다. 이를 근본 분열이라고 하며, 다시 약 300여 년이 지나자 18부로 나뉘어져 약 20부가 되어 여러 분파가 생기게 된다.

상좌삼매(常坐三昧) 4가지 삼매 가운데 하나. 일행삼매一行三昧라고도 한다. 90일을 기한하고 좌선 입정入定하여 피로할 때는 불명佛名을 외워 악각惡覺·난상亂想을 없애고 마음을 법계에 머물러 사념思念함을 말한다.

상좌시(床座施) 보시의 종류로서, 승려들이 거주하고 생활하는 곳의 물건을 시주하는 것을 말한다.

상주(常住) 불생불멸不生不滅. 항상 머물러 있다는 뜻.

상주교(常住教) 『열반경』에서는 모든 중생에게 보편적으로 불성의 상주를 말한다.

상주권공재(常住勸供齋) 죽은 영혼의 극락왕생을 기원하는 뜻을 가지고 영가를 천도하는 의식의 하나. 일반적으로 임종한 지 49

일째에 봉행하므로 사십구재라고도 한다. 살아 있을 때 좋은 인因을 닦지 않았더라도 영가를 맞이하여 불전에 공양을 올리고 법식法食을 베풀면, 그 공덕으로 영가는 극락왕생한다. 법식의 공덕 7분分 중에 1분은 영가에게 좋은 인因이 되고, 6분은 산자에게 좋은 인因이 된다. 부처의 법식은 공덕을 받는 죽은 자나 공덕을 베푸는 산 자에게 모두에게 좋은 인연이 된다.

상주승물(常住僧物) 4가지 승물僧物 가운데 하나. 주고廚庫·사사寺舍·중구衆具·화과華果·수림樹林·전원田園·복축僕畜 따위. 오래도록 한곳에 있어 나누는 것이 아닌 재물.

상즉(相卽) 공空과 유有의 입장에서 서로 용납함을 말한다.

상지(橡紙) 도토리나무로 물들인 종이로 금·은니를 이용하여 사경을 한다.

상지옥(想地獄) 팔대지옥八大地獄 가운데 하나. 등활等活지옥의 다른 이름. 살생죄를 지은 이가 떨어진다는 지옥.

상청정(相淸淨) 삼종청정三種淸淨 가운데 하나. 마음과 몸이 청정해서 완전한 상호相好를 갖추는 것.

상초(上草) 삼초이목三草二木 가운데 하나. 장교藏敎의 보살을 비유한 것.

상탄(上歎) 재덕을 겸비하고 언행이 모범적이어서 윗사람이 감탄하는 것.

상토(相土) 중생의 심량心量에 따라 나타나는 넓고 좁고 깨끗하고 더러운 차별이 있는 세계.

상판(上板) 절에서 큰 방의 윗목.

상품상생(上品上生) 극락세계에 왕생하는 이의 9품 가운데 하나. 지성심至誠心·심심深心·회향발원심廻向發願心을 일으키고 자비심이 커서 살생하지 않고 5계戒·8계·10계 등의 계율을 지키는 이. 진여의 이치를 말한 여러 대승 경전을 독송하는 이. 육념六念을 하는 이들을 말한다.

상품실지(上品悉地) 삼품실지三品悉地 가운데 하나. 밀엄국密嚴國에 나는 것.

상품참회(上品懺悔) 삼품참회三品懺悔 가운데 하나. 온몸의 털구멍과 눈으로 피를 흘리는 참회. ➡ 삼품참회三品懺悔

상합(相合) 즉卽의 3가지 종류 가운데 하나.

상행당(常行堂) 천태종에서 말하는 4가지 삼매三昧 가운데 하나인 상행삼매를 닦는 집. 근본 존상尊像은 아미타불.

상행대비익(常行大悲益) 현생現生 10가지 익益 가운데 하나. 염불하는 이가 현세에 얻는 이익으로, 항상 염불하고 아미타불을 찬탄하면 스스로 남을 교화하고 대비大悲의 행을 닦게 됨을 말한다.

상행보살(上行菩薩) 부처가 『법화경』을 설할 때, 5탁濁 악세惡世에 나서 이 경전을 널리 유포하기를 부촉한 보살 가운데 상수上手 보살.

상행삼매(常行三昧) 천태종에서 세운 4가지 삼매 가운데 하나. 불립삼매佛立三昧. 반주삼매般舟三昧. 90일 동안 쉬지 않고 아미타불의 이름을 부르며 마음으로 아미타불을 관觀하는 것.

상현좌(裳懸座) 결가부좌한 불상이 입고 있는 옷자락이 밑으로 내려와 대좌를 덮고 있는 모습.

상호(相好) 외형상의 용모와 형상을 말한다. 32상 80종호. 범음梵音.

상호장엄신(相好莊嚴身) 불구십신佛具十身 가운데 하나.

상화(常華) 불상 앞에 공양하는 놋쇠나 나무로 만든 연꽃.

상현좌(국립중앙박물관)

상화(像化) 상법像法의 교화.

새전(賽錢) 삼보三寶 또는 신불神佛에게 올리는 돈. 산전散錢·참전參錢이라고 한다.

색(色)📖 rūpa 외관外觀, 색色, 형태形態, 형형, 초상肖像, 상像, 영상映像, 아름다운 형형, 미美, 현상現象, 기호記號, 지시指示, 특징特徵, 성질性質 등의 뜻이 있다. 형태가 만들어진의 뜻. ①형체가 있는 사물의 물질적인 총칭. 색온色蘊·색법色法. ②안근眼根이 취하는 대상으로서 경계. 색경色境·색처色處·색계色界. 유식에서는 현색現色·형색形色·무표색無表色으로 나눈다.

색경(色境) 오경五境 가운데 하나. 눈으로 볼 수 있는 객관 대상을 말한다.

색계(色界) 중생들이 살고 있는 삼계三界 가운데 하나. 욕심은 적지만 성내는 버릇이 남아 있어 물질의 지배에서 아주 벗어나지 못한 중생들이 사는 비교적 밝은 세계.

색계계(色界繫) 색계의 번뇌에 속박되는 것.

색계십팔천(色界十八天) 초선삼천初禪三天 범중천梵衆天·범보천梵輔天·대범천大梵天, 이선삼천二禪三天 소광천少光天·무량광천無量光天·광음천光音天, 삼선삼천三禪三天 소정천少淨天·무량정천無量淨天·변정천遍淨天, 사선구천四禪九天 무운천無雲天·복생천福生天·광과천廣果天·무상천無想天·무번천無煩天·무열천無熱天·선견천善見天·선현천善現天·색구경천色究竟天.

색계정(色界定) 사선정四禪定. 사정려四靜慮.

색광(色光) 불보살의 몸에서 나는 광명.

색구경천(色究竟天) 색계 십팔천十八天 가운데 하나. 사선천四禪天.

색력(色力) 보살의 십육대력十六大力 가운데 하나.

색법(色法) 대승오위大乘五位 가운데 하나. 질애窒碍하는 성품이 있는 물질. 11가지가 있다.

색법계체(色法戒體) 계체삼종戒體三種.

색신(色身) ①사대四大 및 오진五塵 등의 색법으로 이루어진 빛깔과 형체가 있는 육신. ② 불보살의 장륙丈六 응신應身.

색심(色心) 색色과 심心. 물질과 정신.

색심이광(色心二光) 불보살에게 있는 2가지 광명. 색광色光·심광心光.

색애(色愛) 색계色界의 갈애渴愛. 색탐色貪.

색애결(色愛結) 색탐色貪.

색염(色焰) 색의 실체가 없음을 비유한 말.

색온(色蘊) 오온五蘊 가운데 하나. 안眼·이耳·비鼻·설舌·신身의 오근五根이 화합하고 적취積聚하는 것.

색욕(色欲) 오욕五欲 가운데 하나. ①청·황·적·백 따위의 색깔에 대한 애착. ②남녀 간의 정욕을 말한다.

색유(色有) 삼유三有 가운데 하나. 색계 사선천四禪天의 과보果報.

색자재지(色自在地) 십지十地 가운데 제8지의 이름. 색성色性이 자재하여 걸림이 없다는 뜻.

색정(色頂) 색계의 정상. 곧 색구경천色究竟天.

색즉시공(色卽是空) 물질 현상인 색色은 그 자체로서 독립하여 상주하는 실체가 없는 까닭으로 본질적으로 무상無常이고 무아無我이며 공空이 곧 물질 현상의 본질이라는 것.

색진(色塵) 육진六塵 가운데 하나. 안근眼根·안식眼識의 대경인 물질 세계가 진성眞性을 더럽히고 번뇌를 일으키는 것.

색처(色處) 십이처十二處 가운데 하나. 색경色境. 안식眼識을 내는 소의所依가 되는 것.

색탐(色貪) 색애결色愛結.

색포(色泡) 색이 실체가 없음을 비유한 말.

생공(生空) 사람의 몸은 오온五蘊이 임시로 화합한 것으로 그 가운데 진실한 자아의 실체가 없다는 말. 인무아人無我·중생무아衆生無我·인공人空·아공我空이라고도 한다.

생공(生空) 이공二空 가운데 하나. 아공我空 또는 인공人空이라고도 한다. 중생은 오온五蘊이 임시로 화합한 것으로 실체가 없어

공空하다고 말하는 것.

생공삼매(生空三昧) 생공生空의 이치를 살피는 선정.

생공지(生空智) 모든 중생이 모두 실재함이 없는 아我의 체體임을 살피는 지혜.

생기(生器) 새·짐승·곤충 등이 먹을 것을 담는 그릇.

생기인(生起因) 이인二因 가운데 하나. 현세 선악의 업인業因에 의거하여 미래의 고락과苦樂果를 일으키는 것.

생대(生臺) 새·짐승·곤충에게 먹을 것을 놓는 대. 생반生盤·생반대生盤臺.

생도(生途) 생사의 도도道途.

생득(生得) 보생報生. 성득性得.

생득선(生得善) 생각이나 분별을 더하지 않고 저절로 일어나는 착한 마음.

생득혜(生得慧) 수행이나 교법을 듣고 얻은 지혜가 아니라, 나면서부터 갖고 있는 지혜.

생령좌(生靈座) 천인에서 아귀·축생에 이르기까지 모든 생물을 대좌로 사용한 형식. 착하지 못한 생령生靈을 굴복시킨다는 의미로 사천왕·팔부 중의 대좌에서 볼 수 있다.

생령좌(경주 사천왕사지 출토 녹유전)

생로병사(生老病死) 사고四苦.

생멸관(生滅觀) 유위법有爲法이 나고 멸하는 이치를 살펴 상견常見을 깨뜨리는 것.

생무자성(生無自性) 삼무성三無性 가운데 하나. 생무자성生無自性. 인연의 화합으로 생긴 것은 가유假有의 존재이므로 실성實性이 없음을 말한다.

생반(生飯)📖 ①중생생반衆生生飯. 출반出飯·산반散飯·삼반三飯·삼

파三把. 언제나 밥 먹을 때 먹기 전에 밥을 조금 떼어서 먼저 들판의 구신이나 짐승에게 공양하는 것. 짐승, 곤충에게 먹을 것을 놓는 대를 생대生臺 또는 생반生盤, 생반대라고 하고, 먹을 것을 담는 그릇을 생기生器라고 한다. 비록 7쌀알이지만 귀신은 이를 변화시켜 배를 부르게 하며, 삼보三寶, 부동명왕不動明王, 귀자모신鬼子母神에게 공양하는 것은 삼반三飯 또는 삼파三把라고 한다. 불복장佛腹藏을 할 때도 생반을 하는데, 이때 생生은 오분법신五分法身의 법희선열法喜禪悅을 내고 이루어지는 것을 반飯이라고 한다. ②십팔학인十八學人 가운데 하나. 불환과不還果의 성자聖者가 욕계欲界로부터 색계色界에 나서 곧 열반에 드는 것을 말한다.

생반대(生盤臺)　생대生臺. ➡ 생반生飯

생법이신(生法二身)　생신生身과 법신法身.

생법이인(生法二忍)　중생인衆生忍과 무생법인無生法忍.

생보(生報)　내세來世에 받을 과보. 이생에 지은 선善과 악惡의 업이 내세의 몸 가운데 선善과 악惡의 보報로 받는 것.

생복천(生福天)　복생천福生天.

생불(生佛)　①살아 있는 부처. 대덕大德을 존경하고 찬讚하는 말. ②중생과 부처.

생불불이(生佛不二)　미혹한 세계의 중생과 깨달은 세계의 부처가 다르지 않다는 말. 생불일여生佛一如.

생사(生死)📖　saṃsāra 윤회輪廻, 부단不斷의 연속, 생존의 순환, 현세의 존재 등의 뜻이 있다. 생로병사生老病死. 업인業因에 의해서 깨달음의 세계가 아닌 미혹의 세계에서 생生과 사死를 계속하는 것. ①이종생사二種生死가 있다. 선악의 인因과 번뇌의 연緣으로 수명壽命을 가지고 살면서 윤회하는 것을 분단생사分段生死라도 한다. 아라한과 보살과 같이 수행하여 불과佛果에 이르러 변역의 몸으로 윤회하는 변역생사變易生死가 있다. ②변역생사를 삼계에 놓고 변역생사를 합하여 사종생사四種生死라고 한다.

생사류(生死流) 생사生死가 중생으로 하여금 오악취五惡趣에 돌아다니며 표류하게 함을 비유한 말.

생사륜(生死輪) 생사生死가 중생으로 하여금 오악취五惡趣에 끝없이 유전流轉하게 하는 것을 수레바퀴가 굴러가는 데 비유한 것.

생사안(生死岸) 생사生死의 바다는 이쪽으로 차안此岸이고, 열반涅槃의 바다는 건너의 피안彼岸.

생사장야(生死長夜) 생사生死의 윤회가 긴 것을 밤에 잠을 자며 꾸는 꿈과 같음에 비유한 말. 깨달음을 얻는 것은 꿈을 깨는 것과 같음을 말한다.

생사즉열반(生死卽涅槃) 📖 번뇌煩惱는 보리菩提이고, 생사生死는 열반涅槃이다. 범부는 생사와 열반이 다르지만, 깨달은 불佛의 입장에서 보면 생사는 체體가 없고 상常·낙樂·아我·정淨의 4덕을 갖춘 열반은 항상 안온하며 즐거운 것으로 생사와 열반이 다르지 않은 하나가 된다.

생사해(生死海) 생사의 윤회를 바다에 비유한 말. 난도해難度海. 미계迷界.

생상(生相) 존재하는 모든 유위법의 생生·주住·이離·멸滅하는 4상 가운데 처음 형상이 일어나는 모습.

생색(生色) 금金의 다른 이름.

생생(生生) 생生·주住·이離·멸滅하는 4상이 일어나는 것을 사수상四隨相이라고 하며, 이 가운데 생상生相을 낸다는 뜻.

생신사리(生身舍利) 부처의 유골.

생유(生有) 사유四有 가운데 하나. 다시 태어나는 순간. 윤회의 세 번째 과정.

생인(生因) 삼인三因 또는 오인五因 가운데 하나. 업혹業惑. 모든 중생은 업혹에서 몸이 생기니 모든 초목의 씨앗이 땅에 의거하여 나는 것과 같음을 말한다.

생전예수재(生前豫修齋) 살아 있을 때 죽은 뒤에 베풀어야 할 법식을 미리 하는 재齋 의식.

생주멸(生住滅) 일체 만물은 모두 생生함이 있고 세간에 살며 마침내 멸滅한다.

생주이멸(生住異滅) 존재하는 모든 법은 나고 머물고 다르게 되어 멸하는 변화의 과정을 거치는 것을 말한다. 성주괴공成住壞空.

생즉무생(生卽無生) ①생生은 인연이 화합하여 일어나는 것으로 가假의 존재이므로 곧 무생無生임을 말한다. ②염불을 하는 이가 극락세계에 왕생하면 그대로가 생멸을 여읜 대열반을 증득하는 것임을 말한다.

생취(生趣) 사생四生과 육취六趣.

서건(西乾) 인도의 다른 이름.

서광(西光) 서방 극락정토의 광명.

서광(棲光) 여래의 열반. 광명에 서식棲息한다는 뜻.

서구야니(西瞿耶尼) 수미산에 있는 사주四洲 가운데 서쪽에 있는 대주大洲. 소로써 물건을 사고팔기 때문에 우화牛貨라고 한다.

서급(書笈) 여행할 때 등에 지는 책 상자.

서기(書記) 서서西序의 수장인 두수頭首 및 수좌首座 아래에 있는 승직僧職. 서사승書寫僧.

서류(庶類) 육도六道의 범부.

서반(西班) 총림에서 서쪽에 놓이는 직제는 선방에 드는 선객이나 객客의 자리를 의미하는 경우가 많아 서서西序라고 한다. 동쪽에 놓이는 직제는 주인의 자리로서 본방의 대중인 경우가 많아 동서東序라 하고 하며, 이때 동서를 동반東班이라고도 한다.

서방정토(西方淨土) 서쪽에 있는 아미타불의 극락정토를 말한다.

서번(西番) 서역西域.

서분(序分) 경전의 삼분三分 가운데 하나. 경전을 교설하게 되는 인연을 말한 부분. 곧 경문 가운데 본론에 들어가기 전에 말한 서론. 통서通序·별서別序가 있다. 교기인연분敎起因緣分.

서사(書寫) 부처가 법을 설한 내용인 경經·율律·논論의 글을 베껴서 유통시켜 단절되지 않도록 하는 것을 말한다. 십법행十法行 가운데 하나.

서상(瑞相) 상서로운 징조. 곧 길조吉兆.

서수(誓水) 금강수金剛水. 진언眞言을 행하는 이가 삼매야계三昧耶戒를 할 때 서약을 하고 마시는 물을 말한다.

서암(西庵) 서당西堂.

서역(西域) 지나支那의 서쪽 여러 나라를 가리킨다. 따로 인도를 가리킨다.

서역전(西域傳) 대당서역기大唐西域記의 다른 이름.

서우화주(西牛貨洲) 서구타니西瞿陀尼. 수미산 서쪽의 대주大洲.

서원(誓願) 원願을 내어서 부처 앞에서 맹세하는 것. ➡ 발원發願

서원력(誓願力) 부처가 인위因位에 있을 때 대원大願을 일으켜 서약한 것을 말한다.

서원화(誓願畵) 부처가 과거에 성불하는 서원을 내고 미래에 성불의 수기를 받았다는 내용을 그린 그림.

서응화(瑞應華) 우담화優曇華·우담발화優曇鉢華·우담발라화優曇鉢羅華. 영서화靈瑞華라고도 한다. 이 꽃은 움이 나서 1천 년, 꽃봉오리가 맺어서 1천 년, 꽃이 피어서 1천 년, 모두 3천 년 만에 한번 핀다고 한다.

서자(庶子) 삼불자三佛子 가운데 하나. 성문聲聞·연각緣覺을 말한다.

서장(書狀) ①6두수頭首 가운데 하나의 직책. 산문의 문서를 관리하는 서기書記. 산문삼대시자山門三大侍者 가운데 하나. ②출가한 승려들의 교육 기관인 강원에서 배우는 사집四集 과목의 하나. 사집은 서장書狀·도서都序·절요節要·선요禪要를 말한다.

서장(西藏) 티베트 지역.

서장시자(書狀侍者) 내기內記. 주지의 모든 문서에 관계되는 일을 맡은 소임. 다섯 시자侍者 가운데 하나.

서정(西淨) 서서西序의 사람이 볼 일을 보는 뒷간. 서쪽의 측처厠處를 말한다.

서주(西土) 서방 극락정토의 주인. 곧 아미타불阿彌陀佛을 말한다.

서천(西天) ①서인도를 말한다. ②천축天竺. 인도.

서행(西行) 서방정토로 왕생하는 행업.

서협(筮策) 경협經筴. 경협經夾. 범협梵篋. 범협梵夾.

석(釋) 📖 낮에 3번 밤에 3번 하는 예불에서 새벽 3시~5시인 인시寅時는 항상 전날 밤의 저녁에 속하므로, 오늘이 열린다 또는 풀린다는 뜻으로 '釋'이라고 한다. 또는 지옥 중생이 종소리를 들으면 잠시 석방釋妨한다고 하여 '釋'이라고 한다. 『일체경음의』에서는 목탁의 소리는 경전에서 가르치는 법음法音이라고 하는 설명도 있다. 목탁석木鐸釋, 도량석道場釋, 사물四物 등이 이에 속한다.

석가(釋家) ①경·논의 문장을 해석하여 뜻을 밝히는 이. ②불도佛道를 수행하는 이. 불가佛家.

석가(釋迦) ①석가모니釋迦牟尼. ②석가모니부처가 출가하기 전에 가졌던 다섯 가지 속성俗姓 가운데 하나.

석가다보(釋迦多寶) 석가여래釋迦如來와 다보여래多寶如來.

석가모니(釋迦牟尼) 능적能寂. 능인적묵能仁寂默. 석가는 능인能仁. 모니는 적묵寂默. 또는 석가는 종족 이름이고 모니는 성자의 존칭. 곧 석가 종족의 거룩한 어른이라는 뜻. 기원전 565년 중인도 가비라迦毘羅 정반왕淨飯王의 태자로 태어났다.

석가모니불상(釋迦牟尼佛像) 가사는 오른쪽 어깨를 드러낸 우견편단을 하고, 수인은 항마촉지인降魔觸地印, 전법륜인轉法輪印, 선정인禪定印 등을 하고 있으며, 우리에게 보이며 수행한 실제의 석가모니를 상징한다. 때로는 문수보살과 보현보살이 협시로 나타나기도 한다.

석가법(釋迦法) 석가모니를 공양하는 단법壇法.

석가불화(釋迦佛畵) 석가모니부처와 권속들을 그린 그림. 석가여래의 일생을 그린 불전도佛傳圖·팔상도八相圖·본생도本生圖·삼세불화·삼신불화 등이 있다.

석가십성(釋迦十聖) 석가모니부처의 십대제자十大弟子.

석가여래(釋迦如來) 석가모니부처의 다른 이름.

석가여래패(釋迦如來牌) 불상을 모시는 단壇에 '석가여래釋迦如來'라고 쓴 명찰.

석가탄신일(釋迦誕辰日) 석가모니부처가 태어나신 날. 음력 4월 8일. ➡ 부처님오신날.

석궁(釋宮) 석가씨釋迦氏의 궁전.

석녀(石女) 자식이 없는 여자. 또는 음행을 할 수 없는 여자를 말한다.

석녀아(石女兒) 석녀의 아이. 있을 수 없는 일을 비유한다. 귀모토각龜毛兔角과 같은 말.

석등(石燈) 등불을 밝히는 시설. 연등의 의미를 상징한 것. 후대에 이르러 불전 앞이나 탑 등에 설치하는 기본 건축물로 변천한다.

석라(釋羅) 33천天의 제왕의 이름. 곧 도리천의 제왕의 이름.

석려(釋侶) 석문釋門의 도려徒侶. 불제자를 말한다.

석륜(釋輪) 인다라륜因陀羅輪이라고도 한다. 금강륜金剛輪. 지륜地輪. 황색黃色에 방형方形.

석등(합천 영암사지)

석륜(錫崙) 인도반도 동남쪽 끝의 한 섬.

석륜도(錫崙島) 스리랑카.

석문(釋文) 경론經論의 문구를 해석하는 것.

석문(釋門) 석교釋敎의 문호. 석가모니불의 교문敎門이라는 뜻. 석가의 교법과 그 교법에 의해 밝힌 종지.

석문의범(釋門儀範)📖 1931년 권상노와 김태흡이 함께 교열하고 안진호가 편찬한 승가의 의례집. 18세기 이후 불교의 의례집인 의례요집儀禮要集의 정비가 여러 차례 이루어져 『범음집梵音集』, 『작법귀감作法龜鑑』, 『동음집同音集』, 『일판집一判集』 등이 만들어졌으며, 근대에 들어와서 안진호安震湖 스님이 1931년 『석문의범釋門儀範』을 편찬하였으며, 이 의식은 현재 한국 불교에서 행하고 있는 '의식儀式'으로 정착되었다. 상하 2편으로 나누어져 있으며, 상편은 예경禮敬, 축원祝願, 송주誦呪, 재공齋供, 각소各疏 등 5장이며, 하편은 각청各請, 시식施食, 배송拜送, 점안點眼, 이운移運, 수계受戒, 다비茶毘, 제반諸般, 방생放生, 지송持誦, 간례簡禮, 가곡歌曲, 신비神秘 등 13장으로 구성되어 있다. 전통적인 범패梵唄보다는 의식문을 교리에 맞도록 개편하여 재편성한 것이 특징이다.

석밀(石蜜) 빙당冰糖. 사탕수수의 단 물로 만든 사탕 덩어리. 각설탕과 비슷하다고 한다.

석발(石鉢) 부처가 사용하던 발우. 부처가 도를 이룰 때 사천왕이 와서 각각 바친 푸른 돌의 발우.

석범(釋梵) 제석천帝釋天과 범천梵天.

석불(石佛) 돌로 만든 불상佛像.

석사(釋師) 부처가 인천人天의 스승이 되는데 석가가 시초가 되므로 석사釋師라고 한다.

석사자(釋師子) 석가세존의 다른 이름. 짐승 가운데 사자왕과 같음을 말한다.

석수(析水) 발우 안에 남은 나머지 물을 버리는 것을 말한다. 반은 마시고 반은 버리기 때문에 석석析이라고 한다.

석씨(釋氏) 석가세존의 성씨.

석안(石眼)   바위틈에서 솟아나는 샘물.

석어(石魚)   돌로 만든 어고魚鼓.

석웅(釋雄)   석가세존의 존호尊號. 세간에서 제일 용맹한 영웅이라는 뜻.

석자(釋子)   석가세존의 제자. 승려를 말한다. 불자佛子.

석장(錫杖)   비구의 십팔물十八物 가운데 하나. 지팡이를 말한다. 구조석장九條錫杖. 범어로 끽기라喫棄羅라고 한다.

석장(釋藏)   불교의 삼장三藏.

석전(釋典)   석교釋教의 경전. 곧 불전佛典.

석제(釋帝)   33천天의 제왕을 석라釋羅라고 하므로 석제釋帝라고 한다. 제석천帝釋天이라고 존칭한다. 곧 도리천의 제왕.

석조(石槽)   큰 돌을 파서 물을 부어 쓰도록 만들어진 돌그릇.

석조(경주 보문리)

석존(釋尊)   석가모니불세존釋迦牟尼佛世尊.

석존강탄회(釋尊降誕會)   부처님오신날 하는 의식인 관불의식灌佛儀式을 말한다.

석종(釋種)   석가釋迦의 종족.

석좌(夕座)   저녁 강좌講座. 경전을 강독하는 하루에 조좌朝座와 석좌夕座가 있다.

석지(析智) 소승의 여러 법을 분석하여 공성空性을 보는 지혜를 말한다.

석지장(石地藏) 돌로 만든 지장상地藏像.

석탑(石塔) 돌로 만든 탑파塔婆. 묘표墓標의 모든 이름.

석풍(釋風) 석교釋敎의 풍규風規.

석화(石火) 부싯돌에서 나온 불빛. 기멸起滅의 신속함을 비유한 말.

선(仙) 범어로 리시哩始. 장수불사長壽不死하는 것을 말한다.

선(禪)🕮 dhyāna 정려靜慮, 종교적인 명상 등의 뜻이 있다. 선나禪那. 정려靜慮·사유수思惟修·공덕림功德林·정定으로 의역한다. 마음을 하나의 대상에 집중하여 온전하게 사유하여 정定과 혜慧가 고르게 균등한 것을 말한다.

선(善)🕮 kuśala 선하게, 바르게, 적당하다, 유리의, 유익하다, 건강하다, ~에 숙련되다, 경험 있다 등의 뜻이 있다. 익益, 평안平安, 락樂, 방편方便, 여선如善, 행복幸福, 건강健康 등으로 의역한다. 소승에서는 편안하고 즐거운 낙보樂報를 받을 만한 것. 대승에서는 현재·미래에 걸쳐 자기는 물론 남도 이익되게 하는 것을 말한다.

선가(禪家) ①선종禪宗을 말한다. ②선종의 사원. ③선종의 승려. ④사가대승四家大乘 가운데 하나.

선각(線刻) 끝이 삼각형으로 된 정을 사용하여 음각이나 투각으로 물건의 면에 가는 선이나 점선의 모양을 파 넣는 기법.

선강(善綱) 선근을 얻는 벼리라는 뜻. 공양할 때 불상의 손에 걸어 매는 줄. 불당 밖으로 내보내 사람들에게 잡게 하여 불연佛緣을 맺게 하는 것. 보통 5색실을 사용한다. 또는 장례식 때 관에 묶는 끈으로 붉은 색과 흰색을 사용한다.

선개(禪鎧) 선정禪定을 갑옷으로 삼아 호신[鎧甲護身]하는 것.

선객(禪客) 문선問禪이라고도 한다. 선종에서 법문할 때 법문하는 이와 문답하는 비구. 곧 참선하는 비구를 말한다.

선거(禪居) 참선하는 이의 주거지.

선겁(善劫) 현겁賢劫의 다른 이름.

선게(禪偈) 선문禪門 종장宗匠의 게송.

선견성(善見城) 희견성喜見城. 제석천帝釋天의 궁성. 수미산 꼭대기에 있다.

선견약(善見藥) 선견善見이라는 약. 중생 가운데 보는 이의 독을 전부 없앤다고 한다.

선견천(善見天) 오정거천五淨居天 가운데 하나. 색계 제사선第四禪에 있다. 장애함이 없어 시방十方을 보는 것이 자유자재한 하늘.

선경(仙經) 도교의 경전.

선계(禪戒) ①선정禪定과 계법戒法. ②선종禪宗과 율종律宗.

선과(善果) 선업에 의해 받은 좋은 과보.

선관(禪觀) 좌선하면서 여러 가지 관법을 닦는 것.

선교(禪敎) ①선종과 교종. ②선종의 교법敎法.

선교(善巧) 선교방편善巧方便. 선량하고 교묘한 방편.

선교방편(善巧方便) 선량하고 교묘하게 중생의 근기에 맞도록 여러 가지 수단 방법을 쓰는 것.

선교섭화(善巧攝化) 불보살이 공교한 수단으로 중생을 이끌어 교화하여 이롭게 하는 것.

선구(禪毬) 털로써 공을 만들어 던져서 참선하는 이 가운데 잠자는 이를 깨우는 물건.

선굴(禪窟) 참선을 수행하는 이가 머무는 암굴.

선권(善權) 선량하고 교묘한 권모. 방편과 같은 말.

선권(禪拳) 왼쪽 주먹을 말한다. 지혜는 오른쪽으로 문수보살이며, 선정禪定은 왼쪽으로 보현보살이다.

선규(禪規) 선원에서 대중을 가르기 위한 규칙.

선근(善根) 선본善本·덕본德本. 좋은 과보를 받을 수 있는 좋은 요인. 무탐無貪·무진無瞋·무치無癡를 삼선근三善根이라고 한다.

선근마(善根魔) 십마十魔 가운데 하나. 닦고 있는 선법에 탐착하는 마음을 내어 더욱 좋은 일이 자라지 못하고 도리어 수행에 방해가 되는 것을 말한다.

선근회향(善根回向) 보살의 십금강심十金剛心 가운데 하나. 자기가 수행한 선근善根을 불과佛果 보리를 위해, 또는 일체 중생을 위하여 회향하려는 마음.

선금(禪襟) 참선하는 승려. 선의禪衣를 입었다는 뜻.

선길(善吉) 수보리비구須菩提比丘를 번역한 이름.

선나(禪那) 선禪. 선정禪定. ➡ 선禪

선나바라밀(禪那波羅蜜) 선정禪定. 육바라밀六波羅蜜 가운데 하나.

선념(禪念) 선정을 즐거워하는 마음이나 생각. 세상의 번뇌를 싫어하는 생각.

선니(禪尼) 출가한 여자. 비구니.

선달(先達) 선배. 먼저 깨달은 이. 높은 덕을 지닌 이의 존칭.

선당(禪堂) 선정을 닦는 곳. 보통 대웅전의 좌측에 배치한다.

선대(禪帶) 8척의 부드러운 띠. 좌선할 때 띠로 허리를 묶어서 정지靜止함에 편하도록 하는 것.

선덕(善德) 선달先達 가운데 덕이 있는 이. 선을 닦고 뛰어난 승려를 말한다.

선덕(禪德) 선종대덕禪宗大德의 준말. 선사禪師를 존칭하는 말.

선도(禪道) 달마達磨가 전한 선종의 도. 선의 방법. 창랑엄우는 선도禪道는 오직 묘오妙悟에 있다고 한다.

선도(禪徒) 선가禪家의 승도僧徒. 불도佛徒를 말한다.

선도(繕都) 선두禪頭·선두禪豆·선두禪兜. 중생衆生을 말한다.

선도삼행(禪度三行) 십도삼행十度三行 가운데 하나. 안주정려安住靜慮·인발정려引發靜慮·판사정려辦事靜慮.

선두(禪頭) ①선도繕都. ②선림禪林을 말한다. 수좌首座의 다른 이름.

선두(禪兜) 선도繕都.

선두(禪豆) 선도繕都.

선락(禪樂) 삼락三樂 가운데 하나. 수행하는 사람이 선정에 들어 자연스럽게 얻는 선열禪悅의 뜻.

선람(旋嵐) 선람旋藍. 대맹풍大猛風으로 번역.

선래(善來) 오는 손님을 맞으면서 하는 말. 부처가 제자들에게 하던 말씀으로 수계라는 뜻.

선래자(善來者) 스승이 그 제자들을 칭하는 말.

선려(禪侶) 선정을 닦는 승려. 승가僧家를 말한다.

선력(善力) ①선을 닦는 역량. ②선에 말미암아 얻는 역량.

선력(善力) 서방정토 보살의 십삼력十三力 가운데 하나. 바르게 닦는 선근력善根力.

선례(禪禮) 좌선坐禪과 예배禮拜.

선록(禪錄) 선종의 어록.

선류(宣流) 널리 정법正法을 펼치는 것.

선리(善利) 이익 가운데 선묘善妙한 것. 보리菩提의 이익을 말한다.

선림(禪林) ①선종의 사원. 여러 선객들이 모여서 수행하는 것을 나무가 빽빽한 숲에 비유한 것. ②승려들이 화락한 원림園林.

선묘(善苗) 선근善根과 같은 말. 선을 심는 싹. 복을 얻는 실질.

선문(禪門) ①선종禪宗. ②선정의 법문法門. 삼학三學 가운데 정학定學이나 육바라밀六波羅蜜 가운데 선바라밀禪波羅蜜. ③선정의 문에 들어간 이. 선도禪徒. 불제자를 말한다.

선문계(禪門戒) 선종禪宗에서 전하는 계법戒法.

선문오종(禪門五宗) 육조六祖 이후에 이루어진 종파. 임제종臨濟宗·위앙종潙仰宗·운문종雲門宗·법안종法眼宗·조동종曹洞宗.

선미(禪味) 선정의 미묘한 자미滋味. 선정에 들어 경안輕安하고 적정寂靜한 묘미가 있어 몸과 마음이 기쁜 것을 말한다. 선열식禪悅食.

선바라밀 선정禪定.

선방(禪房) 시끄러운 속세를 떠나 조용히 불도를 닦는 선실禪室.

참선하는 방. 승려의 거실을 말한다.

선배(先輩) 선진先進. 선달先達.

선벌(船筏) 부처의 교법이 사람을 제도함을 비유한 말.

선법(善法)📖 ①선량한 교법. 이치에 맞고 자신을 이롭게 하는 가르침. 곧 계율·선정·지혜의 삼학三學이나 불살생不殺生·불투도 不偸盜·불사음不邪婬·불망어不妄語·불음주不飮酒의 오계五戒나 보시 布施·지계持戒·인욕忍辱·정진精進·선정禪定·지혜智慧의 육도六度 등 을 말한다. ②이치에 맞고 세상을 이롭게 하는 법. 오계五戒·십선 十善은 세간의 선법. 삼학三學·육도六度는 출세간의 선법. ③대선 지大善地. 십일법十一法. 신信·참참懺·괴참愧·무탐無貪·무진無瞋·무애無 癡·정진精進·경안輕安·불방일不放逸·사捨·불해不害.

선법(禪法)📖 ①선을 닦는 방법. 여래선如來禪과 조사선祖師禪이 있다. ②말이나 글을 떠나 바로 마음을 가르쳐 단박에 부처가 되 게 하는 선법禪法. 의리선義理禪·여래선如來禪·조사선祖師禪의 3가 지 선법이 있다.

선법당(善法堂) 제석천帝釋天의 강당講堂 이름. 수미산 정상 희견 성喜見城 밖 서남쪽 모서리에 있다. 이곳에서 사람들의 선악을 논 한다.

선병(禪病) ①좌선할 때 끊이지 않고 일어나는 망념妄念. ②좌선 함에 그 방법을 얻지 못해 앉아서 나쁜 버릇이 생기는 것.

선병(善瓶) 덕병德瓶. 여의병如意瓶.

선복(善福) 선본善本. 좋은 결과를 얻을 원인. 곧 선근 공덕을 말 한다.

선본(善本) 좋은 결과를 얻을 원인. 곧 선근공덕善根功德.

선불장(禪佛場) ①계율을 일러주는 곳. ②선법禪法·교법을 닦는 곳.

선불장(選佛場) 부처를 선출하는 장소라는 뜻. 승당僧堂.

선사(禪師) ①오직 선정을 닦는 출가인. 선정을 닦는 스승. 수선 사修禪師. 참회 비구라고도 한다. ②선정禪定에 통달한 비구. 오

랫동안 선을 수행하여 선의 이치에 통달한 비구. 이는 천자天子
가 덕이 높은 비구를 포상褒賞하여 주는 것과 선승禪僧이 선대
의 조사에게 또는 당대의 석덕碩德에 대한 덕호德號로 쓰는 것
이 있다.

선사(船師) 부처의 다른 이름.

선사(禪史) 선종의 역사.

선사(禪思) 정려靜慮·적정寂靜의 뜻. 고요히 생각을 가라앉혀 마
음을 한곳에 모아 어지럽지 않게 하는 것. 선정禪定.

선사녀(善士女) 우비아優婆夷. 삼보三寶에 귀의하여 오계五戒를 지
키는 재가在家의 신녀信女.

선삼매(禪三昧) 선나禪那와 삼매三昧.

선상감(線象嵌) 금속이나 도자의 바탕에 연속된 선으로 문양을
파고, 판 곳에 다른 물질인 은선銀線이나 금선金線을 넣어 장식하
는 기법.

선색(線索) 단상壇上에 베풀어 놓은 끈.

선생(先生) 전생前生. 전세前世. 곧 과거의 생애.

선서(善逝) 불십존호佛十尊號·여래십호如來十號 가운데 하나. 불환
래不還來·묘왕妙往·호거好去. 다시는 생사의 윤회에 빠지지 않고
자재하게 잘 가서 열반에 들어간 이.

선서자(善逝子) 대일여래大日如來를 말한다.

선설(宣說) 교법을 연설하는 것.

선성(仙城) 부처가 출생한 가비라성迦毗羅城.

선세(先世) 전세前世. 과거세過去世.

선세자량(先世資糧) 사종자량四種資糧 가운데 하나. 과거세에 쌓은
선근善根에 의해 몸과 마음이 완전하고 재물이 부족하지 않은 것.

선수(禪髓) 선도禪道의 골수骨髓.

선숙(善宿) 포살布薩. 장양長養.

선숙남(善宿男) 팔계八戒를 잘 지키는 우바새優婆塞. 근주남近住男.

장양남長養男.

선숙녀(善宿女) 팔계八戒를 잘 지키는 우바이優婆夷.

선승(禪僧) 선가의 승려. 좌선하는 승려.

선시(禪試) 비구의 자격을 얻기 위해 치르던 과거 제도.

선시(善施) 소달다蘇達多. 착하게 보시하여 남에게 준다는 뜻.

선신(善神) 팔부중八部衆 가운데 불법과 불법을 믿는 이를 수호하는 좋은 신장.

선실(禪室) ①선정을 수행하는 사람이 거처하는 방. 좌선하는 집. ②속가와 멀리 떨어진 고요한 곳에서 수도하는 암자.

선심(善心) 매우 선량한 마음.

선심(禪心) 적정寂定한 마음.

선악(善惡) 순리順理와 위리違理. 합리合理와 괴리乖理.

선업(善業) 삼성업三性業 가운데 하나. 안온安穩하게 자기의 뜻에 알맞은 결과와 열반을 얻어 잠시 또는 영원히 중생을 구제하는 업.

선업(先業) 전세前世의 업인業因.

선업(善業) 좋은 결과를 받을 수 있는 몸·입·뜻의 동작·언어·생각. 오계五戒·십선十善 등의 착한 행위.

선연(善緣) 선법善法이 불도佛道의 인연이 되는 것.

선열(禪悅) 선정에 들어 마음과 정신이 쾌락한 것. 선리禪理를 좋아하여 몸과 마음이 만족스럽고 기쁜 것.

선열미(禪悅米) 쌀 공양을 말한다. 육법공양 가운데 하나.

선열식(禪悅食) 선미禪味. 구종식九種食 가운데 하나. 선정에 의해 몸을 지탱하는 것. 선정禪定의 한적閑寂한 즐거움으로 몸과 마음을 가르는 것.

선오(禪悟) 선정을 통한 깨달음. 선정의 돈오頓悟. 추상적 사변으로 도달할 수 있는 것이 아니며, 비이성적 색체의 직접적인 깨달음과 감수와 체험을 지니는 것. 선禪의 실질은 직각 체험과 자유 연상과 순간적 돈오에 있다.

선옥(禪屋) 좌선하는 사람이 머무는 작은 집.

선요(禪要) 선정을 닦는 중요한 방법. 선법의 중요한 뜻.

선우(善友) 부처의 바른 법을 함께 배우고 깨달음으로 가는 길에서 슬픔과 기쁨을 함께하고 서로의 수행을 도와주는 진리의 친구. 법우法友. 도반道伴. 선지식善知識.

선원(仙園) 녹야원鹿野園.

선원(仙苑) 녹야원鹿野苑의 다른 이름.

선원(禪苑) 선림禪林과 같은 말.

선원(禪院) 선종의 사원. 또는 승려들이 참선 수행을 하는 곳.

선월(善月) 1월·5월·9월의 장재월長齋月. 세 달 동안 소식素食하고 수선修善하여 계율을 지켜야 하므로 선善이라고 한다.

선유(先喩) 여래가 중생들에게 개시開示할 때 먼저 비유를 베푼 이후에 법으로써 합치시키는 것.

선율(禪律) 선종과 율종律宗.

선음(仙音) 범상하지 않은 부처의 음성을 가리킨다.

선의(禪衣) 선승禪僧이 입는 옷.

선인(仙人) 부처. 석가모니부처를 말한다.

선인(善因) 선과善果를 가져오는 업인業因.

선인(禪人) 선종의 사람.

선인녹야원(仙人鹿野苑) 녹야원鹿野園. 가시국迦尸國에 있다.

선인론처(仙人論處) 녹야원鹿野園.

선인선(善人禪) 9가지 대선大禪 가운데 하나. 온갖 선법善法을 포섭한 선정. 대선근大善根이 있는 이가 닦는 선.

선인원(仙人園) 녹야원鹿野園.

선인조(仙人鳥) 청작靑雀의 일종. 부처가 장차 도를 이루었을 때 세상 사람들이 선인조仙人鳥의 상서를 감지했다고 한다.

선인주처(仙人住處) 녹야원鹿野園.

선인타처(仙人墮處) 녹야원鹿野園.

선자(禪者) 선법禪法을 익히는 이.

선자(仙子) 선인仙人. 범어로 리시哩始라고 한다. 또는 외도 가운데 덕이 높은 이를 말한다.

선장(禪杖) 좌선할 때 졸음을 깨우는 도구. 대나 갈대로 만든 것으로서 한 끝을 싸서 좌선할 때 조는 이를 부드러운 머리로 때려서 깨움.

선재(善財) 부처의 제자. 선재동자善財童子. 일명 남순동자南巡童子.

선재(禪齋) 선실禪室.

선재동자(일본 서복사西福寺)

선저가(扇底迦) 산저訕底. 4가지 실지悉地 가운데 하나. 식재법息災法으로 번역.

선적(禪寂) 정려靜慮. 적정사려寂靜思慮의 뜻.

선정(禪定) 📖 ①육바라밀六波羅蜜 가운데 하나. 선禪은 마음으로 사물을 생각하는 것. 정定은 한 곳에 생각을 가라앉히는 것. 마음을 한곳에 정하고 마음의 동요가 없이 진리를 사유하는 것. 사유수思惟修. 정려靜慮. ②밀교에서는 식공識功, 곧 식識의 질량을 강화하는 것을 말한다.

선정견고(禪定堅固) 5가지 견고堅固 가운데 하나. 5가지 5백 년 가운데 하나. 선정을 닦은 많은 시기를 말한다.

선정문(禪定門) 선정의 문호.

선정바라밀(禪定波羅蜜) 정려바라밀靜慮波羅蜜.

선정인(禪定印) 근본오인根本五印 가운데 하나. 손바닥을 편 채로 왼손은 배꼽 아래에 두고, 그 위에 오른

선정인

손을 포개서 두 엄지손가락을 맞대고 있는 모양. 가부좌한 상태에서 취하는 수인으로 부처가 선정에 든 것을 상징하는 것. 삼마지인三摩地印. 삼매인三昧印.

선정장(禪定藏) 선정의 고장庫藏.

선종(禪宗) 불심종佛心宗이라고도 한다. 달마대사가 중국에 전한 종지宗旨. 교외별전教外別傳을 종지의 벼리로 하고 좌선으로 내관 자성內觀自省하여 자기의 심성을 철견徹見하고 자증삼매自證三昧의 묘한 경지를 체달함을 종요宗要로 하는 종파.

선종칠조(禪宗七祖) 초조 달마達磨부터 육조 혜능慧能까지 법法·의衣가 서로 전해졌으나 칠조七祖 이후로부터 전하지 않는다. 남능돈종南能頓宗과 북수점종北秀漸宗의 육조六祖까지 이어져 선종에서 미루어 칠조七祖라고 한다.

선좌(禪坐) 결가부좌結跏趺坐. 선禪을 닦는 이의 앉는 방법.

선지(禪枝) 선당禪堂의 나뭇가지.

선지식(善知識)📖 중생에게 악법을 멀리 하고 선법을 수행하도록 가르치는 사람, 또는 바른 도리를 가르치는 사람. 선우善友·친우親友·승우勝友·선친우善親友라고도 한다. 남녀·노소·귀천을 가리지 않고 부처의 교법을 가르쳐서 고통과 번뇌에서 벗어나 이상적인 경계에 이르게 하는 사람을 말한다.

선지식마(善知識魔) 십마十魔 가운데 하나. 자기가 얻은 법에 집착하고 아끼는 생각을 내서 남을 깨우치거나 인도하지 않는 이.

선진(先陳) 인명因明의 말. 종법宗法 가운데 법도가 있는 말.

선진(禪鎭) 좌선할 때 졸음을 깨우는 도구. 나무 조각에 구멍을 뚫어 끈으로 꿰어 만든 홀笏 모양의 도구.

선찰삼종(禪刹三鐘) 대종大鐘·전종殿鐘·당종堂鐘.

선취(善趣) 좋은 업인業因에 대한 과보로 중생이 태어나는 곳. 육취六趣 가운데 인人·천天 이취二趣. 또는 삼선도三善道인 천상天上·인간人間·수라修羅를 윤회하는 것.

선친우(善親友) 선지식善知識. 불법을 듣고 믿어 받는 이.

선타객(先陀客) 지혜가 총명한 사람. 선타바先陀婆의 밀어密語를 잘 아는 사람. 선타바는 소금·그릇·물·말이라는 뜻. 영리한 신하가 선타바의 뜻을 잘 알아서 임금이 낯을 씻으려고 선타바를 찾으면 물을 바치고, 밥 먹을 때 찾으면 소금을 바치고, 식사를 마치고 물을 마시려고 할 때 찾으면 그릇을 바치고, 출입할 때 찾으면 말을 가져왔다고 한다. ➡ 사실四實

선타바(先陀婆)📖 saindhava 바다에 관계한다, 바다의, 해상海上의, 지방에 속하는, 지방의 주민, 지방의 왕자, 낳은 말 등의 뜻이 있다. 소금·그릇·물·말이라는 뜻.

선탑(禪榻) 좌선을 수행할 때 앉는 등상橙床.

선파(禪波) 선정은 맑은 물에 비유하고, 망념과 어지러운 생각은 물결에 비유한 것.

선판(禪版) 좌선할 때 손을 놓거나 몸을 기대는 기구.

선하(禪河) ①선정의 물이 마음의 불을 끈다는 비유. ②땅이름. 니련선하尼連禪河의 준말.

선학(禪學) 선가禪家의 학문. 견성성도見性成道의 방법.

선행(禪行) 좌선을 행하는 방법. 선가禪家의 행의行儀.

선향(線香)📖 현재 사용하는 실선 모양의 향. 옛날에는 향냄새가 나는 향목香木을 칼로 잘라 조각편으로 사용하던 것이 후에 사용하기 편하도록 만든 것. 『조선왕조실록』 연산군 연간 자료에 보이는 것으로 보아 15세기에는 사용하였을 것으로 추정한다.

선현(善現) 수보리須菩提의 번역.

선현약왕(善現藥王) 묘약妙藥의 이름.

선현천(善現天) 색계 십팔천十八天 가운데 하나. 사선천四禪天.

선현천(善現天) 오정거천五淨居天 가운데 하나. 색계의 사선四禪.

선묘善妙한 과보果報가 나타나므로 붙인 이름.

선형후광(船形後光)　광염光焰으로 광상을 나타내는 것. 신광身光과 두광頭光의 가에 있는 광염을 더욱 크게 하여 배 모양으로 한 것.

선혜(禪慧)　선정禪定과 지혜智慧.

선혜(善慧)　이미 진여의 본체를 얻어서 진여를 드러내는 묘한 지혜를 말한다.

선혜지(善慧地)　대승보살의 십지十地 가운데 하나. 미혹을 끊어 부처의 위신력을 얻고 중생의 근기를 살펴 교화할 줄 알아 공교하게 설법하는 지위. 선근지善根地.

선화(禪化)　선법禪法으로 교화하고 인도引導하는 것.

선화(禪和)　선화자禪和子. 참선하는 사람.

선화륜(旋火輪)　화륜火輪.

선화자(禪和子)　선화禪和.

선회(禪會)　참선하는 모임 자리.

선후광(船後光)　불상의 뒤에 있는 후광後光 가운데 배를 세운 것과 같은 모양으로 된 것.

설가부(說假部)　다문분별부多聞分別部.

설경(說經)　경문의 의리를 강설하는 것. 불법을 설교說敎하는 일.

설경사(說經師)　경전의 법을 설하는 사람.

설계(說戒)　①계를 받을 이에게 계율을 일러주는 것. ②반달마다 마지막 날에 대중을 모아 계경戒經을 읽어 주며 반 달 동안에 범한 죄를 돌이켜 말하여 참회하게 하는 일. 포살布薩. ③계법을 해설하는 것.

설계(舌界)　맛을 보는 근根. 십팔계十八界 가운데 하나.

설계건도(說戒犍度)　반달마다 대중을 모아 놓고 계를 말하여 그 동안 범한 죄를 참회하는 법을 밝힌 편장.

설계일(說戒日)　설계說戒를 행하는 의식. 매월 15일과 30일. 포살布薩.

설교(說教) 부처의 교법을 말하여 사람들을 인도하는 것. 창도唱導·설법說法·법담法談·찬탄讚嘆·담의談義·권화勸化·설경說經이라고도 한다.

설동(雪童) 설산雪山의 동자.

설무구칭경(說無垢稱經) 현장玄奘이 번역한 『유마경維摩經』을 말한다.

설법(說法) 삼보 가운데 법보法寶인 경전에 의지하여 승려나 법사가 부처를 대신하여 불교의 진리를 중생에게 일깨워 주는 것. 즉, 불법을 설교說敎하는 일.

설법난(說法難) 사난四難 가운데 하나. 기연機緣이 익숙하지 못할 때 설법하기 어려움을 말한다.

설법시(說法施) 불경을 설법하여 주는 것. 사종보시四種布施 가운데 하나.

설법인(說法印) 설법의 인계印契. 전법륜인轉法輪印이라고도 한다. 두 손 등을 맞대어 새끼손가락과 약지손가락은 서로 얽고, 왼손의 엄지손가락을 돌려다가 오른손의 손바닥에 오른손 엄지손가락과 맞댄 인상.

설변(說辯) 요설무애변樂說無礙辯. 사무애변四無礙辯·사변思辯 가운데 하나.

설산(雪山) ①히말라야산. ②우리나라의 태백산. ③고행을 상징한다. 석가모니가 6년간 설산수도雪山修道한 것에서 연유한 말.

설산수도상(雪山修道相) 📖 팔상八相 가운데 하나. 석가모니의 일생 가운데 설산에서 6년간 수도하며 도를 구하는 것. 설산에서 수도하며 스승을 구하는 장면, 고행림에서 머리카락을 자르고 정거천인淨居天人과 옷을 바꾸어 입는 장면, 마부와 태자가 이별하는 장면, 정반왕이 먹을 것을 보내자 다시 돌려보내는 장면, 니련선하가 부처에게 우유죽을 공양을 올리는 장면 등이 묘사되어 있다.

설산수도상(『월인석보(月印釋譜)』)

설산조(雪山鳥) 한고조寒苦鳥.

설색(設色) 그림에 색을 칠하는 것으로, 채색彩色과 차색의 동일한 의미로 사용.

설식(舌識) ①육식六識 가운데 하나. 혀에 의해 온갖 맛을 분별하는 심식心識. 곧 미각味覺. ②법음法音.

설처(舌處) 십이처十二處 가운데 하나. 육내처六內處. 육근六根.

설청(說聽) 설자說者와 청자聽者.

설판재자(設辦齋者)📖 크고 작은 법회를 하고자 할 때 법회에 필요한 모든 물품과 비용을 마련하고 준비하여 법회를 열 수 있도록 하는 승려 또는 재가 불자를 말한다.

설화(雪花) 번뇌 망상을 말한다.

섬부주(瞻部洲) 사주四洲 가운데 하나. 남염부제南閻浮提.

섭념산림(攝念山林) 산림에서 좌선하는 것을 말한다.

섭선법계(攝善法戒) 삼취정계三聚淨戒 가운데 하나. ➡ 삼취정계三聚淨戒

섭선정진(攝善精進) 삼종정진三種精進 가운데 하나. 부지런히 선법善法을 닦고 게을리하지 않는 것.

섭수(攝受) 섭취攝取. ①중생의 사정을 받아들여 진실교에 들어가게 하는 것. 곧 중생 교화의 순리적 방법. ②부처의 자심慈心으로 중생을 섭수 용납하여 교화하고 기르는 것을 말한다.

섭승계(攝僧界) 대계大界.

섭심(攝心) 산란한 마음을 거두어들이는 것. 마음을 한곳에 걸어 두어 어지럽지 않게 하는 것.

섭율의계(攝律儀戒) 대승계의 삼취정계三聚淨戒 가운데 하나. ➡ 삼취정계三聚淨戒

섭자(鑷子) 족집게. 대승 비구의 십팔물十八物 가운데 하나.

섭절(攝折) 섭수攝受와 절복折伏의 이문二門.

섭제(攝提) 가시설假施設로 번역.

섭중생계(攝衆生戒) 대승계의 삼취정계三聚淨戒 가운데 하나. 접생계接生戒·요익유정계饒益有情戒라고도 한다. 대승 보살이 대자비심으로 중생을 교화하는 것. ➡ 삼취정계三聚淨戒

섭취(攝取) ①사물을 선택하여 거두어들이는 것. ②섭수攝受. 부처의 자비 광명으로 고뇌하는 중생들을 포섭해서 제도하는 것.

섭취광익(攝取光益) 아미타불에게 구제받을 것을 믿고 염불하는 중생들을 광명 속에 섭취하여 버리지 않는 것.

섭취불사(攝取不捨) 부처의 자비 광명으로 고통 받는 중생들을 모두 받아들여 구제하는 공덕.

섭호(攝護) 섭취호념攝取護念. 부처가 중생들을 광명 속에 받아들여 호념護念하는 것.

섭화(攝化) 섭화이생攝化利生. 섭화攝化하여 중생들을 이롭게 한다는 뜻.

섭화수연(攝化隨緣) 부처가 중생의 기연機緣에 따라 여러 가지 수단으로 중생을 섭수하여 교화하는 것.

성각(性覺) 진여의 체體가 다른 것에 말미암지 않고 본체 스스로

각覺하고, 본체 스스로 밝으므로 이르는 말.

성겁(成劫) 사겁四劫 가운데 하나. 세계가 처음 생기는 기간.

성경(性境) 삼류경三類境 가운데 하나. 성性은 체體로 주관적인 존재가 아닌 존재성 그 자체의 경계를 말한다.

성계(性戒)📖 살생·도盜·사음邪淫·망어妄語의 4가지 계와 같은 계율. 부처가 제정한 계율에 의지하여도 죄가 되며, 그 자체로서 죄가 되는 것을 말한다.

성공(性空) 모든 법은 인연 화합에 의해 임시로 존재하는 것이므로 그 실성은 공무空無하다는 말.

성과(聖果) 보리열반菩提涅槃. 성자聖者가 되는 수행을 쌓아서 얻은 진정한 과果.

성관세음(聖觀世音) 성관음聖觀音.

성관음(聖觀音) 육관음六觀音 가운데 하나. 정관음正觀音·성관자재聖觀自在·성관세음聖觀世音이라고도 한다. 일반적인 관음보살을 말한다.

성관자재(聖觀自在) 성관음聖觀音.

성관자재보살감로진언(聖觀自在菩薩甘露眞言) 시감로수진언.

성괴(成壞) 성주괴공成住壞空의 준말.

성괴공(成壞空) 성주괴공成住壞空의 준말.

성교(聲敎) 교법이 음성으로 나타나는 것을 말한다.

성교(聖敎) 올바른 이치에 계합하는 교법. 성인이 말한 언교言敎와 교를 말하여 책으로 남긴 가르침.

성교량(聖敎量) 지교량至敎量·정교량正敎量이라고도 한다. 성인이 말한 현량現量·비량比量의 언교言敎가 모두 서로 어긋나지 않아 믿고 정법正法으로 받아들일 수 있는 것.

성구(性具) 체구體具. 이구理具. 우주의 삼라만상이 사물 하나하나에 3천의 모든 법을 갖추었다는 뜻.

성근(性根) 근성根性. 마음의 본원.

성기(性起) 📖 화엄에서 법계연기를 설명하는 연기緣起·성기의 2가지 사상 가운데 하나. 법계는 항상 불변하는 성性으로부터 일어난다는 주장. 화엄 교학에서는 법계연기를 십현연기무애문과 육상원융의 설명으로 성기의 극치로 나타내며, 성기의 입장에서 연기설緣起說을 포함하려는 특징이 있다. 중생에게 청정한 성품이 있다고 하는 정문연기淨門緣起로 청정성을 자각하는 과정을 4가지 측면에서 살피는 것. 즉, 본유本有·본유수생本有修生·수생修生·수생본유修生本有로 법계法界를 파악하는 것을 성기라고 한다. 수생修生은 가르침을 따라 수행하여 깨달음의 싹을 틔우는 연기緣起 측면의 설명이며, 본유本有는 중생의 깨달음은 본래 완성된 것으로 있으며, 수생본유는 실천으로 여래장의 본래 청정성이 나타나는 것이며, 본유수생은 본유로서 실천에 의해 새로이 선善과 지혜를 발생하는 것을 말한다. 성기는 본유를 기본 입장으로 하지만, 항상 본유수생의 보리심에서 성기를 설명하며, 일어나지 않았지만 일어난다는 불기이기不起而起라는 표현으로 말한다.

성덕(性德) 만유는 각각 본성에 선악과 미오迷悟 등 여러 가지 성능을 갖추었다는 뜻. 본성本性의 덕을 말한다. 자성自性. 본래부터 갖추고 있는 덕. 수덕修德의 반대말.

성도(聖道) ①성자聖者의 도. 삼승三乘이 행하는 도를 모두 말한다. 곧 성인의 지위에 이르는 수행을 말한다. ②번뇌의 더러움이 없는 무루無漏의 지혜를 말한다. 모든 번뇌를 깨뜨리는 지혜. ③부처의 가르침. 곧 불도를 말한다. ④정토교에서 아미타불 타력의 본원력에 의해 왕생을 말하는 정토교에 대해 사바세계에서 수행하여 증득하려는 자력교를 말한다.

성도(成道) 화불팔상化佛八相 가운데 여섯 번째. 성불成佛·성등정각成等正覺이라고도 한다. 불과佛果에 이르는 도를 수행하여 이루는 것.

성도재일(成道齋日) 성도회成道會. 성도절成道節. 음력 12월 8일.

석가세존이 우주의 진리를 깨달은 날. 성도회成道會.

성도중(聖道衆) 법상法相·삼론三論·천태天台·진언眞言 등 벼슬에 오른 승도僧徒.

성도회(成道會) 납팔臘八이라고도 한다. 음력 12월 8일에 거행하는 법회. 석가세존이 보리수 밑에서 도를 깨달은 날을 기념하여 베푸는 법회. 성도절成道節.

성독(聲獨) 성문聲聞과 독각獨覺.

성득(性得) 생득生得. 수득修得의 반대말. 학문이나 수행 등의 후천적 수단에 의하지 않고 선천적으로 날 때부터 지니고 있는 것.

성량(聲量) 성교량聖敎量의 다른 이름.

성령(聖靈) 신성한 정령. 죽은 이의 신식神識을 존경하여 이르는 말.

성망(聖網) 성인의 교망敎網. 부처의 교법을 말한다.

성명(聲明) ①오명五明 가운데 하나. 5가지 학술 가운데 언어·문자의 학문. 어법語法·훈고訓詁를 연구하는 것. ②범패梵唄. 미묘한 음성으로 부처의 덕을 찬탄하는 소리.

성묵(聖默) 성스러운 침묵. 거룩한 침묵. 묵언수행默言修行.

성문(聲聞)📖 śrāvaka 귀를 기울여서 듣는, 먼 곳에서 듣는, 제자 등의 뜻으로, 부처의 가르침을 음성으로 직접 듣고 수행하는 사람을 뜻한다. 성문·연각·보살의 삼승三乘 가운데 하나. 부처의 가르침을 듣고 고苦·집集·멸滅·도道의 이치를 자세히 살펴 아라한의 지위에 도달하는 이.

성문사과(聲聞四果) 성문승이 증득한 것에 따른 사과四果. 수다원과須陀洹果·사다함과斯陀含果·아나함과阿那含果·아라한과阿羅漢果를 말한다.

성문승(聲聞乘) 삼승三乘 가운데 하나. 소승小乘으로서 부처의 가르침을 듣고 고苦·집集·멸滅·도道 사제四諦의 법을 관하여 진공眞空과 열반의 이치를 깨달으며 성문 사과四果를 증득하여 열반에 이르는 것을 교리로 하는 것.

성문승(聲聞僧) 소승의 삼학三學을 닦으며 머리 깎고 염의를 입어 출가한 사문沙門의 형상. 이종승二種僧 가운데 하나.

성문외고장(聲聞畏苦障) 사혹장四惑障 가운데 하나. 성문이 생사의 고통을 두려워하여 회신멸지灰身滅智의 열반에 나아가기를 원하는 장애.

성문장(聲聞藏) 소승교小乘敎. 성문聲聞·연가緣覺 이승二乘의 교리를 설명한 경전. 『아함경阿含經』 등.

성방(聖方) 인도의 존칭.

성범(聖凡) 성자와 범부凡夫.

성복成服 대렴大殮 다음 날, 날이 밝으면 각각 복을 입고, 제 자리에 나가서 하는 곡.

성부동(聖不動) 부동명왕不動明王.

성분(性分) 모든 법의 차별적인 자성自性.

성불(性佛) 법성법불性佛. 삼신三身 가운데 법신法身.

성불(成佛)📖 부처가 되는 것. 참된 자기의 심성을 알고 모든 법의 실상과 일치하는 정각을 이루어 부처가 되는 것. 견성성불見性成佛.

성불득도(成佛得道) 성불成佛이 곧 득도得道라는 말.

성불득탈(成佛得脫) 탈脫은 열반삼덕涅槃三德 가운데 하나이니 해탈解脫의 덕. 해탈의 덕을 얻으면 곧 성불成佛이라는 말.

성불상(成佛相) 부처가 32상相을 갖춘 것을 말한다.

성상(性相)📖 ①모든 사물의 영원히 불변하는 본성과, 밖으로 나타난 모든 사물의 분별되는 형상形相. ②무위법無爲法과 유위법有爲法.

성성(聖性) ①유식에서는 무루지無漏智의 종자가 성성聖性의 본체가 된다고 말한다. ②구사俱舍에서는 정성正性이라고 하여 온갖 번뇌를 여의는 것을 말한다.

성성적적(惺惺寂寂) 깨끗하고 깨끗하며 고요하고 고요할 뿐이라는 말.

성소작지(成所作智) 사지四智 가운데 하나. 전오식이 변하여 이루어진 지智.

성숙겁(星宿劫) 미래겁未來劫. 현재의 대겁大劫인 현겁現劫 다음에 올 미래의 대겁.

성승(聖僧) ①불과佛果를 증득한 훌륭한 승려. ②선림禪林 승당 중앙에 안치한 존상.

성식(性識) 중생의 근성과 심식.

성신회(成身會) 근본회根本會. 갈마회羯磨會. 금강계 구회만다라九會曼茶羅 가운데 첫 번째.

성심(聖心) 불심佛心.

성아(性我) 본성의 대아大我.

성언(聖言) 정직한 말. 성인의 말씀.

성언량(聖言量) 📖 사량四量 가운데 하나. 모두 현상계를 관찰할 때 부처의 말이나 다른 성인들의 말에 의해 그대로 믿는 것. 즉 보지 않은 것을 보지 않았다고 하며, 듣지 않은 것을 듣지 않았다고 하며, 깨닫지 못한 것을 깨닫지 못했다고 하며, 알지 못하는 것을 알지 못한다고 하는 것.

성욕(聲欲) 오욕五欲 가운데 하나. 기악器樂 또는 성악聲樂을 듣고자 하는 욕망.

성위소(聖位疏) 성인을 불러서 법회의 취지를 알리는 소疏.

성응(聖應) 부처의 감응.

성의(聖儀) 존의尊儀. 불상佛像을 말한다.

성인(聖人) 부처나 보살. 또는 중생 제도를 위해 나타난 성자聖者.

성장(筬匠) 베를 짜는 베틀의 몸체를 만드는 장인.

성장(聲杖) 석장錫杖의 다른 이름.

성재(聖財) 성인의 재산. 신信·계戒·문聞·참慚·괴愧·사捨·혜慧를 말한다.

성전(聖典) 불법승 삼장三藏의 총명總名. 곧 불경佛經을 말한다.

성정열반(性淨涅槃) 3가지 열반 가운데 하나. 염染·정淨을 초월하여 불생불멸하는 제법 실상의 이치. 만법의 실질적인 본성인 진여眞如를 말한다. 본래 불생불멸하여 물들일 수도 없고 깨끗이 할 수도 없는 것.

성정이교(聖淨二敎) 성도聖道와 정토淨土의 이교二敎.

성정해탈(性淨解脫) 중생의 본성이 본래 청정하여 자유자재한 경지에 이르는 것. 육외처六外處. 육경六境.

성제(聖諦) 고귀하다는 뜻을 포함하고 성인에 의해서만 진리로 알려지는 것임을 말한다.

성존(聖尊) 부처의 존호.

성종(聖種) ①성자의 종성種性. 불도에 들어가 계·정·혜 삼학三學을 닦는 이. ②성자의 행법. 현재의 의복·음식·와구臥具에 만족하며 악을 끊고 선을 닦기를 좋아하는 이.

성종(性宗) 현상의 차별적인 세계가 아닌 만유 제법의 진실한 체성을 논하는 종지. 삼론종·화엄종 등을 말한다. 상종相宗의 반대말.

성죄(性罪) 부처가 계율로써 금하지 않더라도 그 일 자체가 도에 어긋나서 저절로 죄악이 되는 것. 곧 살殺·도盜·음婬·망妄의 중계重戒와 같은 것.

성주괴공(成住壞空) 📖 사겁四劫. 세상의 모든 변화 과정. 형성·지속·쇠퇴·멸망의 과정을 말한다. 생로병사生老病死. 생주이멸生住異滅.

성중계(性重戒) 살殺·도盜·음婬·망妄과 같은 성업性業. 성품 자체가 죄가 되는 것.

성진(聲塵) 유정有情·무정無情의 모든 소리. 정식情識을 물들게 하므로 진塵이라고 한다.

성차(性遮) ①성죄性罪와 차죄遮罪. ②성계性戒와 차계遮戒.

성찰(聖刹) 범찰梵刹. 사찰.

성처(聲處) 십이처十二處 가운데 하나. 육외처六外處. 육경六境.

성천(聖天) 대성환희천大聖歡喜天의 준말.

성천강(聖天講) 대성환희천大聖歡喜天의 법회.

성천공(聖天供) 대성환희천大聖歡喜天의 공양법供養法.

성토(性土) 법성토法性土의 준말.

성해(性海) 진여의 이성理性이 넓고 깊은 것이 바다와 같으므로 비유해서 붙인 말. 여래 법신의 경계.

성해과분(性海果分) 과분果分. 화엄종의 이상불인 비로자나불이 깨달은 법도는 무한한 시간과 공간 속에 뻗어 있어 깊고 넓기가 바다와 같으므로 성해性海라고 한다.

성행(聖行) 보살이 계戒·정定·혜慧 삼학에 의거하여 수행하는 행실. 성인의 지위에 들어가는 행위.

성황재 절 입구의 서낭이나 장승 앞에서 연말에 원앙재, 연초에 성황재를 지내 질병을 막고 절의 융성을 기원한다.

세(世) ①세계世界. ②시時의 다른 이름. ③세속世俗. ④세간世間. 격별隔別·천류遷流의 뜻.

세간(世間)📖 loka 공간空間, 여지餘地, 장소場所, 지방地方, 국國, 세계世界, 우주의 구분區分, 천天, 지地, 관례慣例, 세사世事 등의 뜻이 있다. 세간世間, 세계世界, 백성百姓, 중생衆生, 현세現世, 세속世俗 등으로 의역한다. ①인간·천상. ②시간과 공간. ③세계世界. ④세속世俗.

세간경(世間經) 고苦·집集·멸滅·도道의 법을 설명하는 것. 세간과 출세간의 인과를 설명하는 것.

세간등(世間燈) 번뇌와 미혹으로 어두운 세간을 밝히는 등불. 부처를 말한다.

세간바라밀(世間波羅蜜) 삼종바라밀三種波羅蜜 가운데 하나. 신통을 얻어 천상에 나기 위해 닦는 6도행度行.

세간법(世間法) 삼계三界 가운데 있는 법. 오계五戒·십선十善 등 세간을 다스리는 법. 곧 범부와 중생들의 일체 생멸과 유루有漏의 법을 가리킨다.

세간선(世間禪) 삼종선三種禪 가운데 하나. 소승선小乘禪이라고도 한다. 외도 및 범부의 유루선有漏禪을 말한다. 근본미선根本味禪과 근본정선根本淨禪이 있다.

세간승(世間乘) 인승人乘·천승天乘. 인승·천승이 세간의 선과善果를 얻는 교.

세간승의제(世間勝義諦) 사종승의제四種勝義諦 가운데 하나. 체용현현제體用顯現諦. 오온五蘊·12처處·18계界 등.

세간안(世間眼) 불보살의 존칭.

세간지(世間智) 삼종지三種智 가운데 하나. 범부 및 외도의 사악한 소승小乘의 지혜. 세간 일반의 보통 지혜. 세속지世俗智·세지世智·속지俗智·유루지有漏智라고도 한다.

세간해(世間解) 불십존호佛十尊號·여래십호如來十號 가운데 하나. 세간의 모든 것을 잘 알아서 중생을 구제하는 이. 노가비路迦憊.

세계(世界)📖 loka-dhātu loka는 공간空間, 여지餘地, 장소場所 등의 뜻이며, dhātu는 층層, 성분, 요소, 신체의 성분 요소, 공덕을 가리키기도 한다. 세간世間. 세世는 천류遷流의 뜻으로 과거·현재·미래의 천행遷行을 말한다. 계界는 동서남북의 계반界畔이니 유정有情이 의지하는 국토 혹은 계반분제界畔分齊의 뜻으로 각각 다른 종류가 차별되어 서로 나누어져 같지 않음을 말한다. 곧 시간적인 과거·현재·미래 삼세三世에 흘러가는 것. 공간적인 사방과 상하와 시방十方의 정해진 위치와 장소라는 뜻. 대승 불교에서는 연화장세계蓮華藏世界·미타정토彌陀淨土 등을 가리키는데 상대 세계를 초월한 절대 세계나 무위 세계까지 포함한다.

세계실단(世界悉檀) 사실단四悉檀 가운데 하나. 부처가 중생의 뜻에 맞추어 통속적으로 말한 교법. 세간적인 설법으로 믿음을 일으키게 하는 것.

세계해(世界海) 화엄종에서 세운 불토佛土를 구별하는 이름.

세라(世羅) śaila 돌에 의해 만들어졌다, 돌이 많은, 암岩, 산山 등의 뜻이 있다. 음사는 세라勢羅·시라施羅 등. 돌이나 돌산을 말한다.

세라오파(世羅鄔波) 소석小石. 또는 소산小山.

세력신(勢力身) 불구십신佛十身 가운데 하나.

세로(世路) 삼계三界 가운데 유위법有爲法의 다른 이름.

세론(世論) 악론惡論이라고도 한다. 순세외도順世外道의 언론을 말한다.

세발(洗鉢) 발우 씻기. 먼저 김치 쪽을 숭늉에 적셔 한 번 닦은 다음 다시 천수물을 부어 깨끗이 씻는다.

세법(世法) 세간의 법. 또는 세제世諦의 법. 세간의 온갖 일을 말한다. 인연으로 생긴 법으로, 허물 수 있는 법을 말한다.

세복(世福) 삼복三福 가운데 하나. 세선世善이라고도 한다. 충忠·효孝·인仁·의義의 도덕을 행하여 인간·천상을 감동시켜 받는 복과福果.

세봉(勢峰) 음경陰莖.

세사상(細四相) 생生·주住·이異·멸滅의 사상四相.

세상(世相) 세간의 모든 일의 모습. 사상事相.

세색(細色) ①미세한 색법. ②남녀의 예쁘고 묘한 용모나 얼굴빛.

세선(世仙) 세간의 선인仙人.

세선(世善) 세복世福.

세속제(世俗諦) 세제世諦·속제俗諦·부속제覆俗諦라고도 한다. 세속의 도리를 말한다. 승의제勝義諦의 반대말.

세속지(世俗智) 십지十智 가운데 하나. 세속 범부의 지혜. 세간 일반의 사물을 대상으로 하여 분별 인식하는 슬기. 유루지有漏智. 세간지世間智.

세수(洗手) 다비에서 목욕沐浴 다음의 절차. 향탕수에 사자死者의 손을 씻는 일.

세시경(世時經) 『고래세시경古來世時經』의 준말.

세심(細心) 세의식細意識.

세안(世眼) 부처의 다른 이름. 세상 사람의 눈이 되어 정도正道와 진리를 보여 주고 인도함을 말한다.

세알(歲謁)📖 통알通謁. 새해에 부처를 비롯하여 삼보와 호법신 중 및 인연 있는 일체 대중에게 세배를 드리는 의식. 세알은 특히 새해에 스승이나 어른에게 세배하는 것.

세영(世英) 부처의 다른 이름. 부처가 일체 세간의 최상의 영웅이 됨을 말한다.

세요왕(世饒王) 세자재왕世自在王.

세용심(勢用心) 시비를 결정하고 다시 경계에 대해 움직임을 일으키는 마음. 구심륜九心輪 가운데 하나.

세웅(世雄) 부처의 존호尊號. 일체 세간에서 제일 용맹한 영웅이라는 뜻.

세위(世位) 사가행위四加行位.

세의(世依) 부처의 존칭尊稱. 부처가 일체 세간의 의지와 믿음이 됨을 말한다.

세의식(細意識) 세미한 의식. 세심細心. 미계迷界에 유전流轉하는 주체로서 끝없는 옛날부터 단멸하지 않고 동일류를 상속하는 미세한 심식을 말한다.

세자재왕(世自在王) 부처의 이름. 세요왕世饒王.

세전(世典) 세간의 전적典籍.

세정(洗淨) 씻어서 깨끗이 한다. 법계를 씻거나 국토를 씻거나 몸과 마음을 씻거나 대소변에서 손을 씻는 법.

세제(世諦) 세속제世俗諦.

세족(洗足) 다비에서 세수洗手 다음의 절차. 향탕수로 사자의 발을 씻는 일.

세존(世尊)📖 loka-nātha loka는 공간空間, 여지餘地, 장소場所, 지방地方, 국국國國, 세계世界 등의 뜻이며, nātha는 원조援助, 조력助力 등의 뜻이 있다. 노가나타路迦那他·바가바婆迦婆·박가범薄伽梵. 부처의 존호尊號. 부처는 만덕을 갖추어 세간에서 존중하고 또 세간에서 가장 높기 때문에 일컫는 말.

세지(勢至) 대세지大勢至. 대세지보살大勢至菩薩. 세지보살勢至菩薩. 득대세得大勢.

세지(世智) 세속의 보통의 지혜. 세속지世俗智·세간지世間智라고도 한다.

소(疏)📖 ①경론經論의 문구를 소통하여 의리를 결택決擇하는 것. ②법회의 취지를 대중에게 알리는 내용으로 화려한 문장으로 쓰여진 표백문表白文. 영산재와 각배各拜가 있다. 영산재에서는 건회建會, 개계開啓, 대회大會, 삼보三寶를 영산사소靈山四疏라고 하여 가장 중심이 된다. 각배各拜 또는 대예왕공재문大禮王供齋文이라고도 하여 법회의 성격에 따라 여러 가지로 나누어진다. 각배各拜는 상단上壇, 시왕十王, 사자使者, 행첩行牒, 성위聖位, 명위冥位 등이 있으며, 수륙재에 쓰이는 함합緘合, 오로五路, 중위中位, 하위下位, 회향回向, 백풍사우風伯師雨, 고혼孤魂 등으로 불리는 소疏가 있다.

소경(小徑) 작고 좁은 길. 소승이나 외도의 교법을 비유한 말.

소경(小經) 정토문淨土門 삼부경三部經 가운데 『아미타경阿彌陀經』을 말한다. 사지경四紙經이라고도 한다.

소계(小界) 계율을 받는 장소. 계량戒場.

소공(小空) 무성자성공無性自性空. 수다원須陀洹·사다함斯陀含·아나함阿那含·아라한阿羅漢의 사과四果의 모습이 모두 공무空無함을 말한다. 이십공二十空 가운데 하나. 소승에서 말하는 공空의 이치.

소광천(少光天) 색계 십팔천十八天 가운데 하나. 이선천二禪天.

소교보살(小敎菩薩) 장藏·통通 이교二敎의 보살.

소귀(所歸) 귀의하는 대상. 의뢰받는 객체. 그 주체는 능귀能歸라고 한다.

소근(小根) 소승교小乘敎의 말을 받아들이기 알맞은 근성.

소기(小機) 소승의 교화를 받아들일 만한 하열한 근기根機인 성문·연각.

소길시라(蘇吉施羅) 낙樂으로 번역.

소념(小念) 작은 소리로 염불하는 것.

소단소(小壇所) 내고內庫. 내도량內道場.

소달다(蘇達多) 급고給孤. 급고독給孤獨. 급고독장자給孤獨長者. 선시善施.

소대렴(小大殮)📖 돌아가신 다음날 아침 날이 밝으면 몸을 쌀 옷과 이불, 머리를 묶을 삼끈과 베끈, 소렴상, 시신을 묶을 베를 준비한다. 제를 올리고, 소렴상에 올려놓고 옷을 왼편으로부터 여미며, 고름은 매지 않고, 손은 악수로 싸매고, 면으로 눈을 가리고 폭건과 두건을 씌운다. 속포 한쪽 끝을 세 갈래로 찢어 아래부터 묶어 올라가는데, 이를 소렴이라고 한다. 소렴을 끝낸 다음날 제를 먼저 올리고, 관을 서쪽에 놓고 시신을 관에 넣는데, 이를 대렴이라고 한다.

소대의식(燒臺儀式) 시련侍輦에서부터 모신 여러 영가들에게 법식과 절차에 따라 권공의 공양을 마치면 봉송 의식에 따라 마지막으로 인로왕보살의 인도로 소대燒臺에 이르는 것. 소대에서는 의식에서 사용했던 여러 상징물들과 장엄구들을 태운다.

소등(酥燈) 불등佛燈.

소량(所量) 삼량三量 가운데 하나. 마음으로 헤아리고 분별할 바가 되는 대경對境을 말한다.

소례(所禮) 예배를 받는 대상. 곧 불보살.

소림문하(少林門下) 보리달마가 수행하던 중국의 하남성 숭산 소림사에서 선법을 전해 받은 전통적인 선종을 말한다.

소립(所立) 인명因明의 삼지작법三支作法인 종宗·인因·유喩 가운데 종宗을 말한다. 능립能立의 상대가 된다.

소마(蘇摩) soma 월月, 월신月神, 월요일月曜日 등의 뜻이 있다. 월月로 번역. ①희생제를 수호하는 브라만들의 왕. ②하늘나라 신들이 먹는 불사不死의 음료. ③달의 신.

소마나화(蘇摩那華) 꽃의 이름. 구소마俱蘇摩.

소미로(蘇迷盧) 미로迷盧. 수미산을 말한다.

소번뇌지법(小煩惱地法) 악과 상응하여 특수한 성질이 있는 마음 작용. 분忿·부복覆·간린慳·질투嫉·뇌惱·해害·한恨·첨諂·광誑·교憍.

소법(小法) 소승의 법.

소법신(素法身) 법신의 현체現體만 있고 공덕을 갖추지 못한 몸. 삼악도三惡道의 중생.

소변계(小遍計) 능변계能遍計의 반대말.

소보살(小菩薩) 처음으로 믿음을 내는 보살을 말한다. 대보살大菩薩의 반대말.

소비(小悲) 각각의 중생에 대해 인연에 따라 일으키는 자비慈悲. 곧 보통 사람의 자비慈悲.

소사(小師) 구족계具足戒를 받은 지 십하十夏 미만인 사람. 또는 제자를 칭하는 말.

소사(蕭寺) 절의 다른 이름.

소삼재(小三災) 도병刀兵·질병疾病·기근饑饉.

소상감消象嵌 소입상감消入象嵌.

소상기(小祥忌) 1주기周忌를 말한다.

소선근(少善根) 작은 선근 공덕. 염불 이외의 온갖 선행을 말한다.

소성(小聖) 소승의 성문 사과四果와 대승의 여러 보살을 말한다.

소성립(所成立) 인명因明의 종宗·인因·유喩 삼지三支 가운데 종법宗法을 말한다.

소송법(燒送法)📖 불구佛具인 불상·경전·가사 등을 사용할 수 없게 되었을 때 태워서 상相을 파하는 작법.

소수(小樹) 삼초이목三草二木 가운데 하나. 작은 행실의 보살. 통교通教의 보살을 비유한 것.

소수복(瘠瘦服) 소수의瘠瘦衣. 가사袈裟의 12가지 이름 가운데 하나. 옷에 번뇌를 덜어 내는 덕이 있다는 의미.

소수의(瘠瘦衣) 소수복瘠瘦服.

소승(小僧) 소년의 법사法師.

소승(小乘) 승乘은 싣고 운반한다는 뜻. 사람을 태워서 이상경理想境에 이르게 하는 교법. 아라한과阿羅漢果나 벽지불과辟支佛果를 구하는 것. 인천승人天乘이라고도 한다. 성문승·연각승이 있다.

소승계(小乘戒) 소승의 계율. 오계五戒·팔계八戒·십계十戒 등의 재가계在家戒와 비구의 250계, 비구니의 348계 등이 있다.

소승법(小乘法) 성문聲聞·연각緣覺이 닦는 도법.

소승선(小乘禪) 모든 것은 마음이 지어내는 것이고, 마음 밖에는 하나의 법도 없고 허망하다는 도리를 모르고 모든 법이 객관적으로 실재한다고 보는 것. 세간선世間禪을 말한다.

소승외도(小乘外道) 소승과 외도.

소승종(小乘宗) 부처가 입적한 뒤에 생긴 종파 가운데 아라한의 깨달음을 구하려고 한 종파를 말한다.

소식(小食) 선가의 조식早食. 새벽 식사를 말한다. 점심點心이라고도 한다.

소식(素食) 어육魚肉의 맛이 섞이지 않은 음식물.

소식처(蘇息處) 소승에서 말하는 회신멸지灰身滅智의 열반.

소실지(蘇悉地) 묘한 성취成就.

소야나(蘇若那) 묘지妙智.

소연(所緣) 심식心識이 반연攀緣하는 경계. 육식六識의 대상으로 인식되는 육경六境과 같은 것. 육진六塵. 소리나 빛 등의 외경外境을 말한다. 객관 대상. 능연能緣의 반대말.

소연단(所緣斷) 단혹斷惑 사인四因 가운데 하나. 반연하는 대상의 미혹을 끊어서 자연히 반연하는 번뇌가 끊어짐을 말한다.

소연박(所緣縛) 이박二縛 가운데 하나. 소연의 경계에 속박되는 것. 심식이 객관 대상 때문에 그 작용이 속박됨을 말한다. 안식眼識은 색만 인식하고 그 외의 성聲·향香 등을 대경大境으로 하지 못함과 같다.

소연연(所緣緣) 사연四緣 가운데 하나. 인연因緣이라고도 한다. 마음이 작용하는 대경大境을 소연이라 하고, 소연은 마음에 대해 연緣이 되어서 활동을 일으키는 것. 심식 대상인 소연이 우리의 마음 작용을 일으키는 연緣이 되는 것을 말한다.

소예참례(小禮懺禮) 특별한 법회나 의식에서 상단의 부처에게 공양을 올리는 예불문.

소오조(小五條) 오조五條 가사袈裟의 작은 것. 선가의 괘락掛絡을 말한다.

소왕(小王) 전륜성왕轉輪聖王 외에 모든 작은 나라의 왕인 속산왕粟散王을 가리킨다.

소요자재(逍遙自在) 구속됨이 없는 것.

소원(小院) 소법사小法師.

소의(所依) 능의能依의 반대말. 의지할 대상.

소의(素意) 소회素懷. 평소의 희망. 평생의 소망.

소의경전(所依經典) 소의본경所依本經. 각 종파에서 근본 경전으로서 의지하는 경전. 정토종의 『무량수경』이나 화엄종의 『화엄경』과 같은 것.

소의능의상(所依能依相) 색신色身을 말한다.

소의본경(所依本經) 소의경전所依經典.

소작인(小作因) 능작인能作因.

소재귀(少財鬼)　아귀餓鬼 가운데 음식물을 적게 얻은 자.

소재길상주　사대주의 소재길상다라니.

소전(所詮)　말하여 나타내고자 하는 의리나 이치를 이해하는 것. 경전에 쓰인 의리나 내용은 능전能詮.

소정천(少淨天)　색계 십팔천十八天 가운데 하나. 삼선천三禪天.

소주(小咒)　주어咒語가 많지 않은 것. 대주大咒보다 적고 심주心咒보다 많은 것.

소지의(所知依)　아뢰야식阿賴耶識의 다른 이름.

소지장(所知障)　이장二障 가운데 하나. 지장智障. 중생이 무명한 사견邪見이 있어 혜해慧解를 덮어 버려 총명하고 날카롭게 못하게 하므로 보리의 업을 장애하는 것. 증명한 법에 집착하여 지혜의 성품을 막고 가리는 것.

소집(所執)　📖 grāhya　이해되어야 할, 감지感知되어야 할, 지각知覺되어야 할, 주장되어야 할, 간파되어야 할 등의 뜻이 있다. 득得, 취取, 소취所取, 소집所執 등으로 의역한다.

소찬(素饌)　소식素食.

소참(小參)　선림禪林의 설법에 참여하는 것. 때가 아닌 설법을 말한다. 또는 선문의 가교家敎를 말한다.

소천(小千)　소천세계小千世界.

소청(召請)　부처나 보살을 권청勸請하는 것 또는 대중을 소치召致하는 것.

소초(小草)　삼초이목三草二木 가운데 하나. 인승人乘·천승天乘을 비유한 것.

소통(疏桶)　의식에서 발원문이나 소문疏文을 읽고 넣어 두는 사각형의 통.

소품(小品)　석가모니부처가 공空을 분변한

소통(화성 용주사)

경經. 자세한 것은 대품大品. 소략한 것은 소품小品. 또는 단편문자를 소품小品이라고도 한다.

소피기(所被機) 부처의 교법을 받을 이. 곧 교화를 받을 중생의 근기根機. 능피법能被法의 반대말.

소향(燒香)🕮 ①공양供養 가운데 하나. 분향焚香. 향을 태우는 것은 연기가 법계에 두루한다는 뜻으로 해탈을 의미한다. 도리천에 있는 나무 가운데 왕인 파리자타라는 나무는 꽃이 활짝 피면 바람을 따라 자연스럽게 향기가 퍼진다고 하여, 이를 비유하여 낱낱의 공덕을 따라 지혜의 불을 태우게 되면, 해탈의 바람도 불게 되어 자비의 원력을 따라 자재하게 굴러서 일체를 향에 물든다고 한다. 이때 자비의 종자가 싹이 트게 된다. ②소향존燒香尊. 산문삼대시자山門三大侍者 가운데 하나.

소향존(燒香尊) 향을 피워 부처에게 공양을 올리는 일이나, 그런 일을 하는 사람을 가리키는 말.

소호(素毫) 여래의 백호白毫. 소호素毫와 같은 말.

소화(所化) 교화를 받는 이. 곧 중생이나 속인俗人. 능화能化의 반대말.

소회(素懷) 소의素意.

소훈(所薰) 훈습되어지는 것. 능훈能薰의 반대말.

속계(俗戒) ①유루有漏의 계. ②오계五戒와 팔계八戒 등 재가계在家戒.

속산(粟散) 흩어진 좁쌀. 소왕小王의 많음을 비유한 것.

속산국(粟散國) 좁쌀처럼 흩어진 작은 나라들을 비유한 말.

속아(俗我) 가아假我라고도 한다. 세속에서 범부가 집착하는 망아妄我를 말한다.

속제(俗諦) 세간에서 인정하고 통하는 도리를 말한다. 또는 일체의 법을 세우는 것을 말한다. 세속제世俗諦. 세제世諦.

속중(俗衆) 속세에 있으면서 불법에 귀의한 이. 오계五戒나 팔계

八戒를 받은 이. 이중二衆 가운데 하나.

속지(俗智) 세간지世間智. 후득지後得智. ①속인俗人의 지혜. ②속제俗諦에 명백한 지혜. ③유루有漏가 뒤섞인 지혜.

속진(俗塵) 범속凡俗의 진구塵垢. 일체 세간의 모든 일을 일컫는 말.

송경(誦經) 경문을 암송하는 것.

송계본(誦戒本) 『보살계본경菩薩戒本經』.

송고(頌古) 선종에서 불조佛祖들이 문답 상량商量한 고칙古則을 운문韻文의 게송으로 그 뜻을 발명한 것.

송독(誦讀) 번역飜譯 십과十科 가운데 일곱 번째. 장교藏教에서 불조佛祖의 지극한 말을 송독하여 받아 지니는 이는 죄를 없애고 복을 얻으며, 심지心地가 밝게 열리고 지혜가 밝게 드러난다.

송문(頌文) 게송偈頌. 운문韻文으로 부처의 덕을 찬탄하거나 교법의 이치를 노래한 글.

쇄골(碎骨)📖 다비에서 습골拾骨이 끝나면 산골散骨을 위해 남은 유골을 부수어 가루로 만드는 작업. 이때는 유골을 수습할 수 있는 약 5~8척 정도의 깨끗한 상포常布를 준비하고, 버드나무 젓가락, 참숯, 향탕수, 버드나무 절구와 공이, 참기름, 돗자리, 참쌀가루 등을 준비하여, 쇄골이 끝나면 물고기가 먹을 수 있는 콩 정도의 크기로 환을 만들거나, 또는 가루를 산이나 강에 뿌릴 수도 있다.

쇄신(碎身) 여래화신如來化身이 죽은 뒤의 사리舍利. 쇄신사리碎身舍利.

쇄자문(灑字門) ᢎṣa 모든 법의 성性은 둔하기 때문. 실담자에 뜻을 부여한다. ➡ 실담悉曇

수(受) veda 지식知識, 제사의 지식知識, 신성한 지식 등의 뜻이 있다. 바깥 경계를 받아들인다는 뜻. 또는 감수感受·감각感覺하는 것.

수가(受假) 삼가三假 가운데 하나. 중생의 자체가 사온四蘊이 뭉친 것이고, 초목이 사대四大로 이루어진 것처럼 적취積聚된 것.

수결(受決) 수기受記. 받아서 결정하는 기별記別.

수경(隨境) 색色·성聲·향香·미味·촉觸·법法의 육진六塵의 경계를 따르는 것.

수경(壽經) 『무량수경無量壽經』.

수계(受戒)📖 부처가 만든 경계해야 하는 항목으로 된 계법戒法을 받는 것으로, 승단을 지키기 위해서 승단이 정하고 있는 계戒와 벌칙 등을 준수하도록 하는 것을 말한다. 승단의 구성원은 사미沙彌·사미니沙彌尼·식차마나式叉摩那·비구比丘·비구니比丘尼·우바새優婆塞·우바이優婆夷 등 7종류로 나누어져 있으며, 속해 있는 신분의 구성에 따라서 적용하는 내용을 달리하고 갈마羯磨의 절차에 차이가 있다. 수계 의식에서 계戒를 받는 이는 계체戒體가 만들어져 악惡을 막고 선善을 지을 수 있는 근거가 되고, 교단을 형성하는 근거가 되는 의식. ➡ 갈마羯磨, 사미沙彌, 사미니沙彌尼, 식차마나式叉摩那, 비구比丘, 비구니比丘尼, 우바새優婆塞, 우바이優婆夷

수계법(受戒法) 사분법四分法 가운데 하나.

수계작법(受戒作法) 불교에서는 신분에 따라 지켜야 할 여러 형태의 계戒가 있다. 계를 줄 수 있는 자격이 있는 아사리를 청하여 법식 및 의식에 따라 정해진 절차에 의해 수계受戒하게 되는데 이를 수계작법이라고 한다.

수공(受空) 삼륜체공三輪體空 가운데 하나. 시물施物을 받은 이가 모든 것이 본래 공하다는 것을 관한다.

수관(受灌) 관정灌頂을 받는 것.

수관(水冠) 선가禪家에서 사용하는 모자의 다른 이름.

수구(受具) 구족계具足戒를 받는 것.

수기(授記) 기記. 기별記別. 부처의 예언. 부처가 제자들의 성불成佛에 관한 일을 미리 기록하여 예언한 것. 십이부경十二部經·십이분교十二分教·십이분경十二分經 가운데 하나.

수기법(水器法) 다비를 할 때 오방에 작은 항아리에 물을 담아 놓아 오방번五方幡을 세우도록 하는 법.

수념분별(隨念分別) 삼분별三分別 가운데 하나. 지나간 일을 추억하여 여러 가지 생각을 돌리는 정신 작용.

수념처(受念處) 사념처四念處 가운데 하나. 낙樂이라고 하는 음행·자녀·재물 등을 참된 낙이 아니고 모두 고통이라고 자세히 보는 것.

수능엄(首楞嚴) 건상분별健相分別로 번역. 모든 마군을 항복시키는 것을 말한다.

수다라(修多羅) 📖 계경契經. ①12부경의 하나. ②삼장三藏의 하나. 12부경의 총칭. ③삼장三藏 외의 대승의 여러 경전.

수다원과(須陀洹果) 대승사과大乘四果 가운데 첫 번째. 처음으로 성인聖人의 위치에 들어간 지위.

수단(水壇) 자유롭게 움직일 수 있어 흐르는 물과 같은 단.

수달(成達) 수타首陁. 수달라成達羅

수달라(成達羅) 수타首陁.

수대(水大) 사대四大 가운데 하나. 습윤濕潤을 성질로 하고, 모든 물物을 포용包容하는 바탕.

수덕(修德) 공을 들이고 부지런히 닦아온 덕. 성덕性德의 반대말. 이덕二德 가운데 하나.

수도(修道) ①삼도三道 가운데 하나. 온갖 정의情意적 방면의 번뇌 속박에서 벗어나려고 수행하는 지위. 이과二果 사다함斯陀含·삼과三果 아나함阿那含. ②정도正道를 수행한다.

수도위(修道位) 사제四諦의 도법道法을 닦고 욕계의 사혹思惑을 끊어 제이과第二果인 사다함斯陀含과 제삼과第三果인 아나함阿那含을 증득하는 지위.

수두(水頭) 물을 관리하는 소임.

수득(修得) 성득性得의 반대말. 보득報得의 반대말.

수득통력(修得通力) 삼통력三通力 가운데 하나. 성문·연각·보살이 수행을 완성하여 얻는 통력.

수라(水羅) 녹수낭漉水囊.

수라(修羅) Asura 아수라阿修羅의 준말. 항상 제석천과 전투하는 귀신.

수라(首羅) 야차夜叉 가운데 하나. 주라발周羅髮이라고도 한다.

수라(輪羅) 용맹勇猛의 뜻. 수라야輪羅野.

수라야(輪羅野) 수라輪羅. 용맹勇猛으로 번역. 대정진보살大精進菩薩. 불퇴금강不退金剛.

수라야보살(輪羅野菩薩) 대정진보살大精進菩薩. 불퇴금강不退金剛.

수라인(輪羅印) 창의 형상을 한 인상印相

수라장(修羅場) 아수라阿修羅와 제석帝釋의 전장戰場. 아수라장阿修羅場.

수라취(修羅趣) 사취四趣·사악취四惡趣 가운데 하나.

수라항(修羅巷) 수라장修羅場.

수로(手爐) 병향로柄香爐. 야외에서 의식을 할 수 있도록 손잡이가 달린 향로香爐.

수로게(首盧偈) 통게通偈.

수류응동(隨類應同) 부처가 중생의 근기에 따라 그 근성에 알맞은 교화를 베푸는 것.

수륙법(水陸法) 아귀餓鬼에게 베푸는 법.

수로(국립중앙박물관)

수륙재(水陸齋) 물이나 육지에 있는 고혼이나 아귀에게 법식法食을 베풀어 공양하는 의식. 수륙회水陸會라고도 한다.

수륙회(水陸會) 수륙재水陸齋.

수륜단(水輪壇) 둥근 모양의 단.

수마(須摩) 수마제須摩提의 준말.

수마제(須摩提) Sukhāmatī 수마須摩. 안락국安樂國·극락極樂으로 번역. 서방 극락極樂의 다른 이름. 아미타불이 있는 청정한 국토.

수면(睡眠) 번뇌의 다른 이름. 번뇌의 종자. 사람이 잠들면 의식과 정신이 혼미하여 꿈속에서 경계를 보고 착하게 하거나 악하게 하는 것을 말한다. 부정법不定法 가운데 하나.

수명(壽命)📖 태어나서 죽을 때까지 생명을 지속하는 것. 또는 명근命根이라고 한다. 생명을 지속하는 과정은 몸에 따뜻함과 의식이 있으므로 수명이 있는 것이다. 수壽는 āyus, 명命은 jīvita를 의역한 것으로 모두 생명·활동·생활이라는 뜻이 있다. 수壽는 따뜻함과 식을 유지하고, 따뜻함과 식은 수壽를 유지시킨다. 둘은 의존하는 관계이며, 수壽·난煖·식識이 육체를 떠나는 과정이 임종이다. 수壽·난煖·식識이 육체를 떠날 때, 수壽와 명命을 가지고 해탈을 분별한다. 이때 수壽는 한정된 양이 있다고 하여 이를 수량壽量이라고 하며, 수량이 무한정한 부처를 아미타불, 즉 무량수無量壽 amitāyus라고 부른다.

수미단(須彌壇) 불보살이 안치된 사각 형태의 대좌. 수미좌須彌座.

수미산(須彌山) Sumeru 묘산妙山. 불교의 우주관에서 세계의 중심이 되는 거대한 산. 제석천이 있는 금강산金剛山. 정상에는 제석천帝釋天이 살고 있으며, 중턱에는 사천왕四天王이 살고 있다고 한다.

수미산왕(須彌山王) 수미루修迷樓·소미로蘇迷盧. 묘고妙高·묘광妙光으로 번역.

수미좌(須彌座) 수미단須彌壇. 불좌佛座를 말한다.

수번뇌(隨煩惱) 심왕心王에 붙어 다니는 번뇌. 수혹隨惑이라고도 한다. ①온갖 번뇌. 일체 번뇌는 모두 몸과 마음에 따라 어지럽게 하므로 수번뇌라고 한다. ②근본 번뇌에 수반하여 일어나는 번뇌.

수범수참(隨犯隨懺) 어리석고 악한 범부가 죄를 범할 때마다 참회하여 그 죄를 없애는 것.

수법(修法) 밀교에서 행하는 기도법祈禱法.

수보리(須菩提) 부처의 십대 제자 가운데 하나. 공생空生·선길善吉·선현善現 등으로 번역한다. 해공解空 제일. 불교의 핵심 사상인 공空의 이치를 가장 잘 이행한 제자.

수분(隨分) 역량의 크고 작음에 따라 나누는 것.

수분각(隨分覺) 사각四覺 가운데 하나. 초지初地인 정심지淨心地에 들어가 세상의 모든 사물이 모두 유식唯識의 소현所現임을 깨닫고 법집法執을 끊고 진여법신을 하나씩 깨달아 가는 지위.

수사(數事) 오온五蘊·십이입十二入·십팔계十八界 등의 법.

수사화(水梭花) 물고기의 은어.

수상(隨相) 본상本相의 반대말.

수상행식(受想行識) 오온五蘊 가운데 사온四蘊. 심법心法에 속한다.

수생(修生) 수행한 공덕으로 생기는 것.

수생전(壽生錢) 생전에 설판재자가 자신을 위하여 명부에서 사용할 수 있는 돈을 만드는 것.

수석(隨釋) 본문에 따라서 어려운 뜻을 해석하는 것.

수선(修善) ①악을 끊고 선을 행한다. ②수행에 말미암아 이루어진 선.

수선당(修禪堂) 참선하는 장소라는 의미의 승당.

수성(水星) 부인타部引陀.

수성(水性) 수대水大.

수소단(修所斷) 3가지 소단所斷 가운데 하나. 수혹修惑의 유루법有漏法.

수순교방편(隨順巧方便) 6가지 교방편 가운데 하나. 중생의 근기에 맞추어 교계教誡하여 신심을 일어나게 하고 그 다음에 깊은 법문을 말하여 알도록 하는 것.

수습(修習) 십법행十法行 가운데 하나. 부처가 말한 법을 몸소 수행하여 잃지 않는 것.

수습력(修習力) 역도삼행力度三行 가운데 하나. 수승殊勝한 묘행妙行을 수행하고 자주 익혀서 그 힘을 얻는 것.

수습위(修習位) 진리를 본 뒤에 다시 닦아서 장애를 없애는 자리. 유식唯識에서 세운 수행 대승오위大乘五位 가운데 하나.

수승전(殊勝殿) 제석帝釋의 궁전.

수승지(殊勝池) 제석의 수승전 앞에 있는 연못.

수시(垂示) 수어시중垂語示衆. 수어垂語. 제자들에게 교훈하는 것.

수시(收屍) 📖 임종 후 시신이 굳기 전에 반듯하게 놓는 것. 불교에서 출가자의 수시는 두 가지가 있다. 앉아서 돌아가신 좌망坐忘인 경우에는 얼굴을 남쪽으로 향하게 하고, 누워서 돌아가신 와망臥忘인 경우에는 오른쪽 겨드랑이를 아래로 하여 눕히고 머리는 북쪽을 향하게 얼굴은 서쪽을 향하게 한다. 장삼 등으로 시신을 덮는다. 재가 불자인 경우에는 임종하면, 눈을 감기고 준비한 햇솜으로 입·코·귀를 막은 후에 머리를 높여 반듯하게 한다. 시신이 굳기 전에 손과 발을 주물러서 펴게 하고, 문을 닫고 시체를 안치한 곳에 불기운을 없애며, 바닥에 짚을 까는데, 여기까지를 수시收屍라고 한다. 다음 고복皐復에 들어가기 전에 문상객을 맞을 준비를 끝내야 하며, 하얀 종이로 시신의 얼굴을 덮고, 하얀 종이나 베로 양쪽 어깨를 반듯이 묶는다. 턱을 고이고, 남자는 왼손을, 여자는 오른손을 위로 하여 배 위에 올려놓고, 시신을 시상屍床 위에 옮기고 얇은 홑이불로 덮은 후에 병풍 또는 가리개로 가린다. 병풍 앞에 고인의 영정을 모시고 가운데 향을 피우고 양쪽에 촛불을 밝히고, 곡을 한다. 수시를 할 때, 시신을 정성스럽게 잘 주물러서 펴지 않으면, 손발과 몸이 뒤틀리고 오그라드는 경우가 생기므로 정성을 다해야 한다.

수식관(數息觀) 참선의 방법. 숨을 들이쉬면서 들숨을 자세히 살피고, 숨을 내쉬면서 나간 숨을 자세히 살피는 수행법. 숨쉬기는 긴장 이완 효과뿐만 아니라 분별심을 없애 주는 수행법이다.

수어(垂語) 제자나 학인에게 보이는 말. 수시垂示.

수연(水煙) 탑의 상륜부에서 보개와 용차 사이에 있는 불꽃 모양으로 만들어진 장식.

수연화물(隨緣化物) 인연에 따라 중생을 교화하는 것.

수예경(手藝經) 바늘로 수를 놓아 쓴 경전.

수용법신(受用法身) 밀교의 사종법신四種法身 가운데 하나. 온갖 법의 자기의 본성인 절대계絶對界로부터 상대계에 나타난 4불佛의 세계. 첫째 자수용법신은 스스로 증득한 경지를 스스로 맛보는 불신. 둘째 타수용법신은 10지 보살을 위해 법을 말하는 불신.

수용토(受用土) 삼불토三佛土 가운데 하나. 자수용토自受用土·타수용토他受用土가 있다.

수월(水月) 수중월水中月. 물에 비친 달. 임시로 있는 가유假有를 말한다. 모든 법이 실체가 없음을 비유한 것.

수월관음도(水月觀音圖) 관음보살도의 하나. 『화엄경』 「입법계품」에서 선재동자가 관음보살을 만나는 장면을 묘사한 것으로, 고려시대의 수월관음도는 버들가지가 들어 있는 정병과 보살의 발아래에는 선재동자가 등장한다. 『법화경』은 「관세음보살보문품」에서 어려움을 구제하는 내용을 주제로 하고 있다. 두 계통 모두 중국과 일본과는 달리 독자적으로 발전하였으며, 불화 중에서 가장 아름다운 것

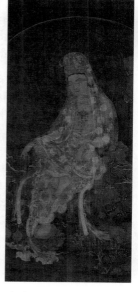

수월관음도(삼성미술관 Leeum)

으로 알려져 있다.

수월보살(水月菩薩) 32관음 가운데 하나.

수유(須臾) 매우 짧은 시간.

수유(水乳) 사물의 화합을 비유한 말.

수의(受衣) 선가에서 제자들이 스승이 준 옷을 입는 것.

수의과(隨意科) 출가한 승려들이 경전을 배우는 강원에서는 과목에 따라 학년을 달리 부르고 있는데,『전등록』,『선문염송』 등을 배우는 대학원 과정을 부르는 호칭으로 간경파看經派에 해당한다.

수인(手印) 📖 불보살의 공덕을 상징적으로 표현한 손 모양. 석가모니부처의 경우 선정인禪定印·항마촉지인降魔觸地印·전법륜인轉法輪印·시무외인施無畏印·여원인與願印의 5가지 수인을 주로 취한다. 오른손과 왼손의 열 손가락을 이용하여 여러 가지 모양을 만들어 불상의 의미를 나타낸다. 불상은 경전을 바탕으로 만들어지기 때문에, 수인을 변화시키거나 임의로 정할 수 없다. 경전에 수인의 모습이나 의미를 설명할 때, 일반적으로 사용하는 엄지, 장지, 중지 등이란 표현을 쓰지 않으며 오른손을 혜慧로 왼손을 정定이라고 한다. 자연스럽게 두 손바닥을 펼친 상태에서 오른손 새끼손가락을 단檀, 엄지손가락을 선禪이라고 하며, 왼손 새끼손가락을 혜慧, 엄지손가락을 지智라고 하여 십바라밀의 명칭을 손가락마다 정하며, 정해진 십바라밀의 각각 이름으로 수인을 설명하므로 십바라밀과 정혜가 자연스럽게 하나가 되어 나타난다. 따라서 수인은 불상을 결정하는 기준이 되며, 대표적인 수인으로 석가모니불은 대부분 근본 5인印을, 아미타불은 구품인九品印을, 비로자나불은 지권인智拳印을 한다.

수재(修齋) 재회齋會를 집행한다.

수적(垂跡) 수적垂迹. 중생을 교화하기 위해 화현한 분신分身. 부처가 본체를 숨기고 신身으로서 모습을 나타내는 것. 본지本地의 반대말.

수전(隨轉) 수전문隨轉門·수전이문隨轉理門의 준말. 시기에 좇아 다른 이의 뜻을 따라 말한 법문의 부류.

수전의(水田衣) 가사袈裟. 도전의稻田衣.

수정(水定) 물에서 얻은 자재한 선정禪定.

수정(水精) 수정水晶을 말한다.

수정(隨情) 수타의隨他意. 남의 뜻을 따르는 것.

수제(首題) 모든 경전의 제목.

수제공덕원(修諸功德願) 아미타불 48원 가운데 제19원. 모든 중생 보리심을 일으켜 계·정·혜의 삼학三學 또는 6바라밀을 닦으며 지극한 정성으로 극락에 가서 나기를 원하는 이가 죽을 때에는 반드시 여러 대중과 함께 그 앞에 나타나 맞아들이겠다고 맹세한 것.

수조인(隨造因) 능작인能作因.

수좌(首座) ①승당에서 삼업三業과 사의四儀를 갖추어서 다른 이들에게 모범이 되며, 대중을 통솔하는 소임. 선원에서 참선을 주로 수행하며, 공부가 되어 참선을 지도할 수 있는 능력이 있는 승려. ②서서西序의 수장인 두수頭首 바로 아래에 있는 승직僧職.

수주(數珠) 염주念珠.

수중월(水中月) 수월水月. ①제법이 공성空性임을 나타내기 위해 베푼 대승십유大乘十喩 가운데 하나. 물 가운데 달은 달그림자로서 달이라는 실체가 없는 것으로 모든 사물에 자성自性이 없음을 비유한다. ②부처의 진실한 법신은 허공과 같아서 사물에 응하여 모습을 나타냄이 물 가운데 달처럼 장애가 없음을 말한다. ③의식이 오근五根과 오경五境에 연유하여 두루 그릇된 생각과 허망한 분별 작용을 내서 마음속으로 변현하는 영상 색법이 있다고 하는 것이니 마치 공중화空中花·수중월水中月·경중상鏡中像과 같다.

수증(修證) 수행하고 이치를 증명한다.

수증불이(修證不二) 선종에서 좌선의 깊은 뜻을 나타낸 말. 수행과 증證이 둘이 아니라는 뜻.

수지(受持) 십법행十法行 가운데 하나. 부처의 교법을 받아 지니는 것. 가르침이나 경전 내용을 잊지 않고 몸과 마음에 새겨 함께 행行함을 말한다.

수지시(隨至施) 8가지 보시布施 가운데 하나로 자기를 따라서 가까이 오는 사람에게 보시하는 것을 말한다.

수직관정(受職灌頂) 보살의 십지十地 가운데 제9지에서 제10지인 법운지法雲地에 들 때에도 제불이 지혜의 물을 정수리에 부어 법왕의 직을 받은 것을 증명하는 것을 말한다. 수직관정受職灌頂을 받은 보살 10지를 관정지灌頂地라고 한다.

수진(水塵) 물속을 자유롭게 통행할 수 있을 정도의 작은 티끌.

수참(修懺) 참회를 수행하는 방법.

수천(水天) 물에 대해 자유자재한 힘이 있는 신. 서방에 속하여 서방을 수호하는 천.

수철장(水鐵匠) 조선 시대 공조工曹에 속하여 풀무에 들어가지 않는 무쇠로 가마솥이나 제기祭器 등의 쇠그릇을 만드는 장인.

수청(守請) 내보內報.

수청(受請) 부청赴請.

수초(收鈔) 돈이나 재물 따위를 수납收納하는 것.

수축(隨逐) 가까이하여 이별하지 않는 것.

수타(首陁) śūdra 노예 계급을 말한다. 농인農人으로 번역. 수타首陁·수타라首陁羅·술타成陁·술타라成陁羅·술달成達·술달라成達羅.

수타(隨他) 수타의어隨他意語의 준말.

수타라(首陁羅) śūdra 수타首陁. 고대 인도의 4가지 계급 가운데 맨 아래 계층. 농업·도살屠殺 등 천직에 종사하는 사람들.

수타파(首陁婆) 오정천五淨天.

수투로(修妬路) sūtra 수다라修多羅의 다름 이름. 계경契經.

수하항마상(樹下降魔相)📖 석가모니의 일생 중에서 여섯 번째 그림에 해당한다. 보리수 아래서 마구니에게 항복받는 장면, 정각에 들어가려고 하는 부처에게 마왕이 32가지 꿈을 꾸게 하는 장면, 마왕이 코끼리를 타고 와 위협하는 장면, 마왕이 물병을 끌려고 하나 요동하지 않아 마군이 무너지는 장면, 마왕이 항복하고 군중이 찬탄하는 장면 등이 그려져 있다.

수하항마상(『월인석보(月印釋譜)』)

수행(修行)   부처의 교법에 있는 대로 몸소 행하고 실천하는 일.

수행점(修行點)   실담자悉曇字에서 긴 소리를 나타내는 기호.

수형(樹形)   세계의 모양이 나무와 같음을 말한다.

수혜(修慧)   삼혜三慧 가운데 하나. 수습修習으로 말미암아 지혜가 생기는 것. 입정入定한 뒤에 수득修得하는 지혜. 곧 선정을 닦아 얻는 지혜.

수혹(修惑)   사혹思惑. 수도하면서 끊은 탐貪·진瞋·치癡 등의 미혹한 일.

수혹(隨惑)   수번뇌隨煩惱. 본혹本惑의 반대말.

수회(首悔)   스스로 죄를 진술하여 참회하는 일.

수희(隨喜)   ①남이 착한 일을 하거나 고통을 여의고 즐거움을 얻는 것을 보고 기뻐하는 마음을 내는 것. ② 자기의 환희를 따르고 집착하는 것.

수희품(隨喜品) 관행오품위觀行五品位 가운데 하나. 삼제三諦의 묘한 이치를 듣고 따라 기뻐하고, 이 묘리를 알아 지혜를 얻고 스스로 기뻐하는 것. 또는 자비를 베풀어 남을 기쁘게 하는 것.

숙근(宿根) 숙세宿世의 근성.

숙덕(宿德) 노숙老宿하고 도덕이 있는 이.

숙명명(宿命明) 삼명三明 가운데 하나. 숙주수념지작증명宿住隨念智作證明. 자기와 다른 사람이 지난 세상에 생활하던 상태를 아는 것.

숙명통(宿命通) 부처의 위신력威神力인 육신통六神通 가운데 하나. 숙명통은 자신뿐 아니라 육도六途에 윤회하는 모든 중생들의 전생·금생·후생의 일을 다 아는 것을 말한다.

숙보(宿報) 과거에 지은 업인業因에 의해 금세今世에 받은 과보.

숙복(宿福) 지난 세상에 쌓은 복덕과 선근.

숙선(宿善) 지난 세상에 지은 착한 일.

숙세(宿世) 전세前世. 과거세過去世. 전생의 세상. 또는 숙세인연宿世因緣의 준말.

숙습(宿習) 과거습過去習. 과거세로부터 훈습해 온 번뇌의 습기習氣.

숙식(宿植) 과거세에 심어 놓은 선근善根.

숙야(宿夜) 대야大夜. 태야迨夜. 다비茶毘를 행하기 전날 밤.

숙업(宿業) 지난 세상에 지은 선·악의 행업行業.

숙연(宿緣) 지난 세상에 맺은 인연.

숙원(宿願) 지난 세상에 세운 본원本願이나 서원誓願.

숙원력(宿願力) 숙원宿願의 역량 작용.

숙의(宿意) 지난 세상의 의원意願이나 원한의 뜻.

숙인(宿因) 지난 세상에 지은 업인業因. 선업·악업에 통한다.

숙작(宿作) 과거세의 작업.

숙작외도(宿作外道) 현재에 받는 고락苦樂은 모두 전세에 이미 결정된 것이라고 주장하는 외도.

숙장(宿障)   숙세宿世 과거의 업.

숙조(叔祖)   스승의 형제를 말한다.

숙주(宿住)   지난 세상.

숙채(宿債)   지난 세상에 진 빚. 지난 세상에 지은 악업에 갚지 못한 고과苦果를 말한다.

순결택분(順決擇分)   삼순분三順分 가운데 하나. 사선근위四善根位. 결택분인 견도見道의 무루지無漏智에 순응하여 무루지를 내게 하는 지위.

순경(巡更)   총림叢林의 야간 순찰.

순경(順境)   자기 뜻에 맞는 경계라는 뜻으로 여기에서 탐욕의 번뇌가 생기게 된다. 몸과 마음에 맞는 대경對境.

순고수업(順苦受業)   삼수업三受業 가운데 하나. 욕계의 악업惡業.

순교(巡敎)   여러 곳을 다니며 포교하는 일. 순석巡錫.

순당(巡堂)   소임을 맡아 승당의 여러 곳을 돌아보며 일을 살피는 것을 말한다.

순락수업(順樂受業)   3가지 수업受業 가운데 하나. 즐거운 감각을 받을 업. 욕계로부터 색계 제3선천까지의 과보를 받는 좋은 행위.

순류(順流)   생사의 인과因果에 유전하는 것. 이류二流 가운데 하나.

순류(順流)   생사의 흐름을 따라 더욱 흘러가서 열반의 깨달음으로부터 점점 멀어지는 것.

순류십심(順流十心)   이런 마음으로 말미암아 번뇌를 좇아 생사에서 유전한다. 무명혼암無明昏闇·외가악우外加惡友·선불수희善不隨喜·삼업조죄三業造罪·악심편포惡心遍布·악심상속惡心相續·복휘과실覆諱過失·불외악도不畏惡道·무참무괴無慚無愧·발무인과撥無因果.

순부정업(順不定業)   현세에 지은 행위 가운데 그 과보를 받을 생生이 아직 정해지지 않은 것.

순불고불락수업(順不苦不樂受業)   삼수업三受業 가운데 하나. 제4

선천 이상의 과果를 받는 업을 말한다. 곧 중간천中間天의 과를 받는 중간정中間定의 업과 같은 것.

순생(順生) 순생수업順生受業.

순생보(順生報) 인과의 법칙으로 받는 보응의 3가지 과보果報 가운데 행하는 즉시 받지 않고 그 다음 생에 받는 것을 말한다.

순생업(順生業) 삼시업三時業 가운데 하나. 현생에서 지은 업의 과보를 다음 생에서 받는 업. 순생수업順生受業.

순석(巡錫) 순교巡教. 석장錫杖을 가지고 다니면서 교화한다는 뜻.

순성행(順性行) 보살이 육바라밀六波羅蜜을 따르며 수행하는 것. 보살순성행菩薩順性行.

순세(順世) 생멸 변화하는 현 세계를 벗어나 진적眞寂한 본원本元에 돌아간다는 뜻으로 죽음을 말한다. 승려의 죽음, 곧 열반涅槃을 말한다. 귀본歸本·귀원歸元·귀적歸寂·귀진歸眞·귀화歸化·멸도滅度·순화順化·원적圓寂·입적入寂·천화遷化라고도 한다.

순시기(巡視旗) 시련侍輦 의식에서 맨 앞에 등장하며 성중聖衆이 나아가는 길을 가리키는 기旗.

순신관(循身觀) 사념처관四念處觀 가운데 신념처관身念處觀. 몸의 부정不淨을 관찰할 때 머리에서 발끝까지 차례로 따라 살펴서 36물物이 모두 깨끗하지 못하다고 하는 것.

순심(淳心) 삼심三心 가운데 하나. 신심信心이 깊고 두터움.

순안(巡案) 선림의 주지가 여러 요사寮舍를 돌면서 승려들의 행위를 살피는 것.

순야다(舜若多) śūnyatā 허공, 고독孤獨, 황폐荒廢, 방심放心, 활심活心, 공空, 무無 등의 뜻이 있다. 공성空性으로 번역. ➡ 공성空性

순역(順逆) 순연順緣과 역연逆緣. 또는 순화順化와 역화逆化.

순연(順緣) 부처에게 공양하고 교법을 찬탄하는 등의 좋은 일이 인연이 되어 불교 신자가 되는 것. 또는 선우善友·지식知識이 자기의 수도에 대해 경책하고 지도함과 같은 것.

순정론(順正論) 『유가사지론瑜伽師地論』에서 제시한 육종론六種論 가운데 하나. 순정한 방법에 따라서 의리義理를 연구하고 시비를 결택決擇하며 의혹을 끊는 것.

순지옥수업(順地獄受業) 지옥의 과보를 초래하는 업.

순현보(順現報) 인과의 법칙으로 받는 보응의 3가지 과보 가운데 하나로 행하는 즉시 받게 되는 것을 말한다.

순화(順化) 생멸 변화하는 현 세계를 벗어나 진적眞寂한 본원本元에 돌아간다는 뜻으로 죽음을 말한다. 승려의 죽음. 열반涅槃. 귀본歸本·귀원歸元·귀적歸寂·귀진歸眞·귀화歸化·멸도滅度·순세順世·원적圓寂·입적入寂·천화遷化라고도 한다.

순후보(順後報) 인과의 법칙으로 받는 보응의 3가지 과보 가운데 하나로 받기는 받는데 언제 받게 되는지 일정하지 않는 것을 말한다.

순후업(順後業) 삼시업三時業 가운데 하나. 순후수업順後受業. 현생에 지은 업의 과보를 차후생에 받는 업.

술타전달라(戌陀戰達羅) 정월淨月. 십대논사十大論師 가운데 하나.

스님 스승님이란 뜻으로 출가한 승려를 일컫는 말.

스와르가 천국.

습(襲) 📖 염습殮襲. 시체를 닦고 수의를 입히고 염포로 묶는 절차. 향나무나 쑥을 삶은 물로 시신을 깨끗하게 씻고, 수건으로 닦고, 머리에 빗질하고, 손톱과 발톱을 깎아서 주머니에 넣고, 시신을 침상에 눕히고 수의를 입히고 옷은 모두 오른쪽으로 여민다. 제물을 마련하여 습전襲奠을 올리고 곡을 하고, 시신의 입 속에 구슬과 쌀을 물리는 것을 반함飯含이라 한다. 이불로 시신을 덮고, 화톳불을 피우고 영좌靈座·명정銘旌 등을 만든다.

습골(拾骨) 다비가 끝난 다음 남은 유골을 잘 수습하는 것. 먼저 손을 대는 방위가 정해져 있는데 이를 선파법先破法이라고 한다.

습과(濕果) 보과報果의 반대말.

습기(習氣) ①여습餘習. 번뇌의 습관이 기분으로 남은 것. 본체가 소멸되고 남아 있는 습관의 기운. 등류습기同類習氣와 이숙습기異熟習氣가 있다. ②종자種子의 다른 이름. ③현행現行을 말한다.

습기과(習氣果) 이과二果 가운데 하나. 과거세에 선·악의 업을 닦아 익힌 기분이 발현하는 현세의 빈부·귀천과 같은 과보.

습멸(習滅) 습선멸악習善滅惡.

습생(濕生) 사생四生 가운데 하나. 구더기처럼 습기에서 태어나는 것.

습선(習禪) 번역飜譯 십과十科 가운데 세 번째. 선정을 수습修習하고 혜광慧光이 발생하여 미망迷妄이 다하고 진리가 나타나 본원本源으로 돌아가는 것.

습인(習因) 삼인三因 가운데 하나. 닦아 익혀 더욱 결과를 크게 하는 인因. 보인報因의 반대말.

습종성(習種性) 육종성六種性 가운데 하나. 보살 수행의 계위 가운데 열 번째. 공관空觀을 닦아 견혹見惑·사혹思惑을 끊고서 증과證果에 이르는 종자로 삼는 것.

승(乘)📖 yāna ~에 통하다, 걷는 것, 행하는 것, 진행하는 것, 타고 걷는 것, ~에 향해서 걷는 것, 도道, 행로行路 등의 뜻이 있다. 승승乘乘, 거승車乘, 거여車輿, 여輿 등으로 의역한다. 물건을 실어 옮기는 것. 곧 부처의 교법이 중생을 실어 열반의 언덕에 이르게 하는 것을 비유한 말.

승가(僧可) 선종의 제2조인 혜가慧可의 본래 이름.

승가(僧伽)📖 saṃgha 승구僧佉·승가僧加·승기야僧企耶. 화합중和合衆·중화회衆和會로 번역. 줄여서 승僧이라고도 한다. 곧 비구들이 많이 화합하는 것을 말한다. ➡ 가람伽藍

승가(僧家) saṃgha 승문僧門과 같은 말.

승가람(僧伽藍) saṃghārāma 승가람마僧伽藍摩의 준말. 곧 가람伽

藍. 중원衆園으로 번역. 승려들이 거주하는 원림園林을 말한다. ➡ 가람伽藍

승가리(僧伽梨) saṃghāṭī 삼의三衣 가운데 하나. 비구 육물六物 가운데 하나. 중의重衣·대의大衣·잡쇄의雜碎衣로 번역. 9조條부터 25조까지. 마을이나 궁중에 들어갈 때 입는 옷.

승가리대의(僧伽梨大衣) saṃghāṭī 삼법의三法衣 가운데 하나. 탁발할 때 입는 가사.

승계(僧戒) 승려가 지켜야 할 계율. 사미沙彌의 십계十戒. 비구의 구족계具足戒.

승공(僧供) 승려의 공양물供物.

승과(僧科) 고려 시대부터 승려에게 행하던 고시 제도.

승과(勝果) 수승한 과보. 불과佛果를 말한다.

승구(僧佉) 승가僧伽.

승구(僧具) 승려의 수행 생활에 필요한 도구. 석장錫杖과 발우 등.

승급(乘急) 오로지 성불成佛하는 도道에만 급하게 지혜를 연마하는 이.

승기(僧祇) asaṃkhya ①대중大衆. ②아승기阿僧祇의 준말. 무수無數·무량無量으로 번역.

승기물(僧祇物) 승가僧伽에 딸린 재물. 승가물僧伽物.

승기야(僧企耶) 승가僧伽.

승나(僧那)📖 승나승녈僧那僧涅. 승나僧那는 홍서弘誓·대서大誓. 승녈僧涅은 자서自誓. 보살의 사홍서원四弘誓願. ➡ 사홍서원四弘誓願

승녈(僧涅) 자서自誓.

승니(僧尼) 남자 비구와 여자 비구니를 말한다.

승당(僧堂) 선종의 사원. 승려들이 좌선을 하는 곳. 선당禪堂·운당雲堂이라고도 한다. 또는 선불장選佛場이라고도 한다. 여기서 부처가 되는 사람이 선택되기 때문이다. 또는 승당에서 좌선과 재식齋食을 아울러 했기 때문에 재당식당齋堂食堂이라고도 한다.

승도(僧徒) 승려의 무리. 제자들.

승도사문(勝道沙門) 4가지 사문沙門 가운데 하나. 수승한 도법道法을 얻은 사문. 부처·성문·연각·보살 등의 성자聖者.

승동(僧童) 동행童行. 행자行者. 동자승童子僧을 말한다.

승려(僧侶) 승도僧徒.

승로반(承露盤) 노반露盤.

승만(僧鬘) 대면시對面施로 번역.

승물(僧物) 승가물僧伽物. 여러 승려들의 공유물.

승방(僧房) ①승방僧坊으로도 쓴다. 승려가 거주하는 방사坊舍. ②우리나라에서는 비구니가 거주하는 절을 일컫는다.

승보(僧寶) 삼보三寶 가운데 하나. 부처의 교법을 따라 수행하는 이. 불법을 옹호하고 수호하는 대중. 승은 화합이라는 뜻. 곧 비구比丘·비구니比丘尼·우바새優婆塞·우바이優婆夷를 말한다.

승보과(僧寶果) 번뇌를 끊어 없앤 아라한阿羅漢을 가리킨다.

승보사찰(僧寶寺刹) 승보종찰. 순천 조계산 송광사. 16국사가 배출한 승려들의 대표적 도량. 삼보사찰三寶寺刹 가운데 하나.

승보사찰(승주 송광사)

승사(勝士) 계율을 지키는 사람에 대한 존칭.

승속(僧俗) 출가出家와 재가在家.

승승(勝乘) 대승大乘의 다른 이름.

승신주(勝身洲) 사주四洲 가운데 하나. 동불우체東弗于逮·동비제하東毘提河·동불바제東弗婆提. 몸의 형상이 수승하므로 승신勝身이라고 한다.

승업(勝業) 수승한 행업.

승용(勝用) 뛰어나게 강한 작용. 강성한 세용勢用.

승우(勝友) ①비세사밀다라毘世沙密多羅. 십대논사十大論師 가운데 하나. ②양우良友.

승응신(勝應身) 삼신三身. 존시신尊時身. 초지初地 이상의 보살에 대해 응현하는 불신을 말한다. 곧 뛰어난 응신여래.

승의(勝義) ①세속의世俗義보다 뛰어난 심묘한 이치. ②열반涅槃의 다른 이름.

승의근(勝義根) 마음을 일으켜 바깥 대경對境을 감각하며 내계內界에 식識을 일으키는 것.

승의무성(勝義無性) 승의무자성勝義無自性. 아집我執·법집法執을 여윈 자성의 경지를 말한다.

승의법(勝義法) 열반涅槃을 가리킨다.

승의선(勝義善) 열반을 가리킨다. 온갖 고통이 소멸하여 안온하다는 뜻으로 선善이라고 한다.

승의승의제(勝義勝義諦) 사종승의제四種勝義諦 가운데 하나. 폐전담지제廢詮談旨諦. 말과 생각으로 표시하기 어려운 진여 자체.

승의제(勝義諦) 진제眞諦·제일의제第一義諦. 변하지 않는 최고의 진실한 이치. 세속제世俗諦의 반대말.

승인(勝因) 수승殊勝한 선인善因.

승자(勝子) 야나불다라若那弗多羅. 십대논사十大論師 가운데 하나.

승종(乘種) 불승佛乘의 싹을 내는 종자.

승종(勝宗) 승론종勝論宗.

승좌(陞座) 고좌高座에 올라 설법하는 것.

승주(僧主) 모든 승려를 통할하는 승직僧職.

승직위(勝職位) 부처의 지위를 말한다.

승진도(勝進道) 사종도四種道 가운데 하나. 더욱 향상하여 열반에 나아가는 동안.

승차(僧次) ①승려들의 차례. 하랍夏臘에 의해 정한다. ②공양하는 방법의 하나. 공양함에 승차僧次·별청別請이 있다. 승차僧次는 시주施主가 차례대로 청하는 공양.

승친(僧嚫) 승려의 보시물布施物.

승하(僧下) 설법 집회에 참여하여 가르침을 받은 이. 문하門下.

승해(勝解) 이체에 대해 분명하게 이해하여 막힘이 없는 것. 별경심소別境心所 가운데 하나.

승해(勝解) 이치를 수승하게 이해하여 막힘이 없는 것.

승해작의(勝解作意) 삼종작의三種作意 가운데 하나. 가상관假想觀과 상응하여 일어나는 작의.

승행(勝行) 바라밀다波羅蜜多의 행법.

시각(始覺) 본각의 내훈內薰과 교법의 외훈外薰에 의거하여 망령된 마음이 점점 사라지며 본각과 다르지 않게 되는 것. 『기신론起信論』의 삼각三覺 가운데 하나.

시감로수진언(施甘露水眞言) 성관자재보살감로진언聖觀自在菩薩甘露眞言. 진리를 얻고자 하는 마음으로 모든 유정을 이익하게 하는 이익일체유정법利益一切有情法으로 공양하여 감로수로서 서방정토에 태어나게 하는 것을 말한다.

시개폐(施開廢) 천태종에서 석가모니의 교화에서 방편으로 말한 권교權敎를 나타낸 말. 위실시권爲實施權·개권현실開權現實·폐권입실廢權立實.

시경(試經) 독경讀經의 시험.

시공(施空) 삼륜체공三輪體空 가운데 하나. 시물施物을 베풀어 주는 이는 물건이나 보시한다는 생각에 집착이 없으며 공空의 이치를 아는 것.

시교(示教) 선악을 보여주어 악惡을 제거하고 선善으로 나아가게 하는 것.

시기(尸棄) 범천왕梵天王의 이름. 정계頂髻로 번역. 또는 화정火定을 닦아서 도를 깨우치기 때문에 화火라고도 한다.

시녹원(施鹿園) 녹야원鹿野園.

시다림(屍茶林) 차가운 숲이라는 뜻이 있어 한림寒林으로 번역한다. 시다림尸陀林. ①죽은 사람을 위해 설법하는 것. 시다림尸茶林은 죽은 이를 위해 장례 전에 행하는 의식. ②인도 장례법인 조장鳥葬에 따라 시신을 버리는 곳으로 무섭고 질병이 많은 곳. 수행자들은 이곳에서 육체가 부패하여 사라지는 과정을 바라보며 탐욕과 애욕을 버리는 부정관不淨觀을 닦는다.

시도사문(示道沙門) 사종사문四種沙門 가운데 하나. 여러 사람에게 법을 말하여 증과證果에 이르는 길을 보이는 사문. 사리불과 같이 법을 말하여 도道를 보이는 이.

시두(柴頭) 절에서 땔나무를 맡은 이. 곧 부목. 또는 불목지기.

시라(尸羅) śila 관습, 습관, 풍습, 품성, 고상한 품성, 강직 등의 뜻이 있다. ①시라지尸羅地. ②신라新羅를 말한다. 실바라제實波羅提가 법을 일으킨 곳이라는 뜻. ③육바라밀六波羅密 가운데 하나. 지계持戒. 계율戒律로 번역. 부처가 정한 법을 지켜 허물이 없도록 하고 악을 멀리 여의는 것.

시라당(尸羅幢) 청량한 보옥寶玉으로 만든 기.

시라바라밀(尸羅波羅密) 지계持戒.

시라사의(尸羅四義) 청량淸凉·안은安隱·안정安靜·적멸寂滅.

시련(侍輦) 사십구재四十九齋의 의식. ①사찰의 일주문 밖에서 영가를 맞이하여 절 안으로 맞아들이는 의식. ②불보살을 맞이하는 상단시련, 호법신중을 맞이하는 중단시련, 천도 받을 영가를 맞이하는 하단시련이 있으며, 위패를 달리하여 구분한다. 보통 가마라고 부르는 연輦을 준비하고 모셔진 영가를 태우고 의식을 주관하는 인례引禮법사는 대성인로왕보살번으로 영가를 인도하며, 다게茶偈나비춤과 요잡繞匝바라춤을 춘다.

시무외인(施無畏印) 근본오인根本五印 가운데 하나. 오른손이나 왼손을 어깨 높이까지 올리고 다섯 손가락을 세운 채로 손바닥을 밖으로 향한 모양. 중생의 모든 두려움을 없애주고 위안을 주는 수인手印.

시무외자(施無畏者) 관세음觀世音. 관세음보살觀世音菩薩.

시물(施物) 보시하는 물건.

시물공(施物空) 삼륜체공三輪體空 가운데 하나. 남에게 보시할 때 주는 이·받는 이·주는 물건이 모두 공空함을 아는 것.

시바라밀(施波羅蜜) 보시布施. 재시財施·법시法施·무외시無畏施가 있다. 육바라밀·십바라밀 가운데 하나.

시방(十方) 동서남북의 사방四方·사유四維·상하上下.

시방삼세(十方三世) 분별없이 무수한 세계를 모두 표현하는 것.

시방정토(十方淨土) 시방에 있는 무수한 여러 부처들의 정토.

시봉(侍奉) 제자가 스승을 받들어 섬기는 것.

시사(始士) 보살의 의역義譯. 시발심始發心하는 이.

시사(施捨) 재물을 보시하고 교법을 보시하는 것.

시선(廝禪) 선법禪法을 서로 겨루는 것. 스승과 학인이 서로 의논하고 문답하는 것.

시수법(施水法) 기도祈道라고 하여 공양하는 법으로 진리를 구하는 방법 가운데 하나. 물로써 죄업을 씻는 것을 말한다. 물을 한 손에 떠서 감로로 이용하여 주를 7번을 외우면서 공중에 뿌리면 물방울 하나하나가 열 말의 감로로 변하고 모든 아귀가 이것을 먹으면 배가 부르게 된다고 한다.

시승(施僧) 재물을 승려에게 주는 것.

시식(施食)📖 ①사자死者에게 재齋를 베푸는 재공齋供의 절차는 재대령齋對靈→시식施食→영반靈飯의 순서로 진행된다. 대령은 혼령을 청하여 자리하게 하는 것이며, 시식은 모든 영가를 대상으로 재의 반飯을 베푸는 것은 물론 법식과 불법을 베푸는 것이며, 영반은 청한 특정한 혼령이 반飯을 먹는다는 뜻이 있다. 전시식奠施食·관음시식觀音施食·구병시식救病施食·화엄시식華嚴施食이 있다. ②보시한 음식물을 아귀에게 주는 것.

시식회(施食會) 귀신이나 아귀에게 시식施食하는 법회.

시오(示悟) 교법을 개시開示하여 각오覺悟하게 하는 것.

시왕(十王)📖 죽은 후에 머무르는 어두운 세상의 명토冥土에서 죽은 이의 죄업을 판단하여 마름질하고 쪼개 내는 열 명의 판관判官을 말한다. 지옥에서 죄의 경중을 접하고 다스리는 10대왕. 사후 7일째 되는 날부터 49일째 되는 날까지는 진광秦廣, 초강初江, 송제宋帝, 오관五官, 염라閻羅, 변성變成, 태산大山 대왕에게 심판을 받고, 100일째 되는 날에는 평등平等 대왕, 1년째 되는 날에는 도시都市 대왕에게, 3년째 되는 날에는 오도전륜五道轉輪 대왕에게 심판을 받는다고 하며, 이때 비로소 태어날 곳이 확정된다. 모두 열 종류의 왕이 있으므로 시왕이라고 하지만, 원래는 십왕十王이나 불교에서는 한 자음의 읽는 소리를 부드럽게 하기 위해 '시왕'이라고 한다.

시왕도-제5염라대왕(고성 옥천사)

시왕도(十王圖)📖 사람이 죽으면 생전에 지은 죄업의 가볍고 무거운 정도를 심판하여 갈 곳인 육도六道를 결정하여 윤회하는 내용을 소재로 하여 그린 그림.

시왕소(十王疏)　상단에 공양을 올리고, 『불설예수시왕생칠경佛說
預修十王生七經』의 시방十方의 시왕十王에게 알리는 소疏.

시왕전(十王殿)　죽은 후에 생전에 지은 죄의 가볍고 무거운 정
도를 심판하는 심판관인 시왕十王을 봉안한 법당. ➡ 명부전冥府
殿.

명부전(여주 신륵사)

시원인(施願印)　여원인與願印.

시이라(翅夷羅)　새털로 만든 옷.

시자(侍者)　어른 승려의 시중을 드는 소임.

시재(施齋)　승려에게 재식齋食을 주는 것. 오전 식사를 재齋라고
한다.

시저(匙箸)　공양할 때 사용하는 수저.

시적(示寂)　열반을 말한다. 비구·비구니가 죽는 것을 부처의 입
멸入滅에 비겨서 한 말.

시전(示轉)　삼전법륜三轉法輪 가운데 하나. 고苦·집集·멸滅·도道라
고 그 모양을 보인 것.

시제선법(施諸仙法)📖　기도祈禱라고 하여 공양하는 법으로 진리

를 구하는 방법 중의 하나로 선신에게 베푸는 것을 말한다. 깨끗한 음식이 그릇에 하나가 되면 무량위덕자재광명승묘력변식진언無量威德自在光明勝妙力變食眞言을 14번 송하고, 흐르는 물 가운데 던져서 하늘과 신선에게 아름답고 맛있는 음식을 변하게 하여 공양하는 것. 원하는 좋은 공덕을 성취한다고 하며, 수명과 복덕을 연장하여 안락하며, 범천의 위덕을 성취하고, 원수가 침입할 수 없다고 한다.

시주(施主) 보시布施하는 사람.

시주번(施主幡) 베풀어지는 법회나 의식을 두루 알리는 번. 오늘 베풀어지는 법회나 의식을 누가 누구에게 한다는 내용을 적어 주최자를 알리는 번.

시중(時衆) ①승속僧俗의 오중五衆을 말한다. ②밤낮 6시에 집에 모여 아미타불에게 예배하며 서방 정토에 왕생하기를 서원하는 대중.

시중(示衆) 여러 사람에게 훈시訓示하는 것.

시진(侍眞) 조사祖師나 불탑의 진영眞影에 받들어 모시는 소임. 탑주塔主.

시타(施他) 십법행十法行 가운데 하나. 남을 위해 정법을 말하거나 경전을 남에게 주어 널리 교화하는 것.

시타바나 인도 왕사성 옆에 있던 추운 숲으로 사람이 죽으면 이곳에 시체를 버려 독수리 떼가 날아와 먹게 하는 조장鳥葬의 풍습이 행해지던 곳. ➡ 시다림屍茶林

시행(施行) 보시의 행법. 남에게 물건을 보시하는 것.

시현(示現) 부처나 보살이 기연機緣에 응하여 여러 가지 몸을 보이는 것. 관음 33신과 같은 것.

시혜(施惠) 물건을 남에게 주는 것.

시화(施化) 교화를 베푸는 것.

식(息) 사문沙門을 말한다.

식(識)📖 vijñāna 식별識別, ~에 의한 지식, 상달上達, 기술技術, 교의敎義, 책략策略, 의식의 기관, 판단력, 세속적인 지식, 지력知力 등의 뜻이 있다. ①인식 작용. 육근六根이 육경六境을 인식하는 작용. ②법상종에서는 식識을 육식六識에 제7식·제8식을 더하고 전오식을 포함하여 모두 8가지로 분류한다. 육식까지의 여섯 가지 식識은 경계인 대상을 식별하는 작용이 많이 일어나므로 요별의식了別意識이라고 하고, 제7식은 아我가 있다고 집착하여 사랑하므로 말라식·사량식이라고도 하며, 제8식은 아뢰야식·이숙식이라고도 한다. ③섭론종에서는 제8식에 제9 암마라식을 세워 모두 아홉 종류의 식을 말한다. 청정식이라고 불리는 정식淨識의 제9식은 제8식이 정화되어 나타나므로 제8식은 망식妄識 또는 진망화합식眞妄和合識이라고 할 수 있다.

식(食)📖 āhāra 가져온다, 얻어야 한다, 가지고 오는 것, 얻는 것 등의 뜻이 있다. 중생은 생사를 벗어나지 못하는 색신色身을 잘 기르고 보존하기 위해, 성자는 법신을 존재하도록 하기 위해 먹는 것을 말한다. 신체와 외계가 접촉하여 지각이 일어날 때 괴로움과 즐거움을 느끼는 촉감으로 먹는 것. 세간의 식食에는 끊어서 먹어 모든 근根을 기르는 단식段食, 정신의 주체를 기르는 촉식觸食, 의지의 작용인 생존을 상속시키는 사식思食, 앞의 세 가지의 식에 의해서 미래의 주체를 기르는 식식識食의 4가지가 있으며, 출세간의 식食은 수행자의 즐거움으로 법을 선禪으로 닦아 마음을 더욱 증장시키는 선열식禪悅食, 법을 듣는 환희심으로 선근을 증장시키는 법희식法喜食, 사홍서원을 일으켜서 중생을 구하고자 하는 원식願食, 얻은 출세간의 좋은 법을 마음에 가지고자 하는 염식念食, 성인의 도를 닦아서 생사의 고를 받지 않는 해탈식解脫食의 5가지가 있어 모두 합하여 구종식九種食이라고 한다. 또는 경락식更樂食·염식念食·식식識食을 3식食이라 하고, 여기에 전식摶食을 더해

4식食이라고도 한다. 경락식更樂食은 갱락식으로도 읽는다.

식계(識界) 18계界 가운데 하나. 육식六識의 심왕心王 및 팔식八識의 심왕이 스스로 체體를 가지고 다른 것과 차별하는 것.

식계(食戒) 식사에 관한 계법戒法.

식계취(識界聚) 낙식樂識·고식苦識·희식喜識·우식憂識.

식고(息苦) 생사의 고통이 멎는 것.

식공(息空) 비근鼻根.

식공(識功) 선정禪定과 같은 말.

식당(食堂) 재당齋堂.

식당방(食堂榜) 식당작법을 할 때 소임을 써 놓은 판. 하발下鉢·당종堂鐘·정수淨水·정건淨巾·운판雲板·타주打柱·목어木魚·당상堂象·오관五觀·판수判首·당좌堂佐·작법을 모두 지휘하는 중수衆首 등을 적는다.

식당작법(食堂作法) 상단권공으로 올린 공양물로 재당에 모여 실제 행하는 의식. 일정한 의궤儀軌에 따른 의례 행위를 행하면서 식사하는 법을 말한다. 공양물을 시주한 시자施者, 공양물을 받는 수자受者, 공양하는 물건인 시물施物의 세 가지가 모두 청정하여, 공양의 공덕으로 시물이 감로수로 변하여 아귀중생까지도 부처의 가르침으로 해탈한다는 내용이므로 여법하게 하여야 한다.

식대(識大) 지地·수水·화火·풍風·공空·견見·식識의 칠대七大 가운데 하나.

식망수심종(息忘修心宗) 규봉 종밀宗密의 삼종선三種禪 가운데 하나. 마음의 때인 망념을 멸하고 생각을 그치고 없애 본래의 모습을 내기 위해 마음을 닦아야 한다는 종지.

식무변처정(識無邊處定) 무한한 식識을 광대무변하다고 자세히 살피는 선정.

식무변처천(識無邊處天) 무색계無色界 사천四天 가운데 하나.

식미재선인(食米齋仙人) 승론외도勝論外道의 비조鼻祖. 미재米齋.

식밀(食蜜) 불도를 배우는 것을 비유한말.

식성(識性) 식대識大를 말한다.

식순(食巡) 식후순당食後巡堂. 공양한 뒤에 공양의 의미를 마음에 새기는 의식.

식시(食時) 정식正食. 하루에서 오시午時.

식식(識食) 마음 또는 정신의 힘으로 몸을 부지하는 것. 구종식 九種食 가운데 하나.

식신(識身) 신심身心.

식심(息心) 모든 악을 영원히 다한다는 뜻. 사문沙門을 말한다.

식심(識心) 식정識情·망념妄念.

식악(息惡) 사미沙彌를 말한다.

식이변분별지(息二邊分別止) 삼지三止 가운데 하나. 제1지止는 공 空에 치우치고, 제2지는 가假에 치우치므로 제3지에서는 공空·유 有 2변에 치우치지 않는 중도中道의 이치를 체달하여 마음을 움직 이지 않는 것.

식자(息慈) 사미沙彌를 말한다.

식장(識藏) 📖 여래장如來藏. 여래장如來藏과 무명無明과 화합하여 아리야식阿梨耶識이 되어 일체의 만법을 내므로 여래장如來藏을 가 리켜 식장識藏이라고 한다.

식재(息災) 온갖 재해 및 고난을 없애는 법.

식재법(息災法) 산저訕底. 선저가법扇底迦法. 밀교의 4종 호마단법 가운데 하나.

식정(識情) 식심識心··망념妄念.

식정(識精) 중생의 진심眞心이 정명精明을 인식하여 아는 것.

식주(識主) 식심識心 가운데 주재가 되는 것. 곧 제8 아뢰야식阿賴 耶識을 말한다.

식주(識住) 심식이 안주하고 애착하는 경계. 욕계·색계에서는 오 온五蘊을 본체로 하고, 무색계에서는 색·수·상·행의 사온四蘊을 본체로 한다.

식차마나(式叉摩那)📖 śikṣamāṇā śikṣ는 ~하고 얻을 수 있는 것, 시험하다, ~에서 학습한다, 연구한다, 배우다 등의 뜻. 학學, 정학正學, 수학修學, 수행修行, 근수학勤修學 등으로 의역한다. 비구니가 되기 위한 구족계를 받기 전 2년 동안 사근본계四根本戒와 화육법和六法인 생활 습관을 익히는 것을 말한다. 학계녀學戒女·정학녀正學女·학법녀學法女라고 한다.

식필상념게(食畢想念偈) 이웃들에게 공양의 은혜에 보답할 것을 다짐하는 게송.

식화(息化) 부처가 교화를 쉬고 열반에 드는 것. 곧 중생 교화를 쉬는 것. 또는 열반의 징조라고도 한다.

신(信)📖 śraddhā 충실한, 믿을 수 있다 등의 뜻이 있다. 부처의 가르침을 믿는 것을 말한다. 신信은 모든 수행에 가장 근본이 된다.

신(身)📖 kāya 신체身體, 유형체有形體, 집단集團, 다수多數, 집합集合 등의 뜻이 있다. 신身, 체體, 신체身體, 구區, 중衆, 취趣 등으로 의역한다. 육근六根의 감각 기관으로 유체의 모든 것을 말한다.

신각(身覺) 신근身根.

신견(身見) 오견五見 가운데 하나. 몸에 집착하여 실제로 있다고 여기는 사견邪見.

신계(身界) 능히 각覺·촉觸할 수 있는 근根을 말한다. 십팔계十八界 가운데 하나. 불사리佛舍利.

신계(身戒) 몸을 계율로 지키는 것을 말한다. 심혜心慧의 상대어.

신계(新戒) 사미沙彌가 처음으로 수계受戒하는 것.

신고(晨鼓) 새벽에 북을 치는 것을 말한다.

신공(神供) 불신 앞의 공양물.

신광(身光) 거신광擧身光. 불보살을 드러내는 광명.

신광(神光) 모든 부처의 광명이 신변神變하여 예측할 수 없으며 분별의 형상을 여의는 것.

신광명(身光明) 삼종광명三種光明 가운데 하나. 여러 부처나 보살의 광명을 말한다.

신금강(身金剛) 모든 진언의 어머니로서 옴ॐoṃ唵 자를 말한다.

신녀(信女) 우바이優婆夷. 청신녀淸信女. 불도를 믿고 삼귀오계三歸五戒를 받은 여자.

신녀(神女) 천녀天女나 여무女巫를 말한다.

신념처(身念處) 사념처四念處 가운데 하나. 부모에게 받은 육신이 부정하다고 자세히 관찰하여 관觀하는 것.

신덕(信德) 신심信心의 공덕. 불법의 덕을 믿는 것.

신도(信度) 신두하新頭河.

신독(申毒) 신독身毒·현두賢豆라고도 한다. 인도의 옛 이름. 곧 천축국天竺國을 말한다.

신두(辛頭) 신두하新頭河.

신두하(新頭河) Sindh 인도의 옛날 4대 강 이름. 힌두강. 신두辛頭·신도信度라고도 썼다.

신력(信力) 37도품道品의 오력五力 가운데 하나. 신근信根을 키워서 모든 사악한 믿음을 깨뜨리는 것.

신력(身力) 보살의 십육대력十六大力 가운데 하나.

신만성불(信滿成佛) 사만성불四滿成佛 가운데 하나. 10신信의 만위滿位. 곧 최상위에서 만법이 불생불멸하고 청정하고 평등함을 믿어 구할 것이 없는 것.

신묘장구대다라니(神妙章句大陀羅尼) 신통하고 오묘한 말씀이 담긴 깊은 진리의 큰 다라니. 대비주大悲呪·신묘장구神妙章句라고도 한다.

신밀(身密) 삼밀三密 가운데 하나. 지地·수水·화火의 삼대三大.

신발의(新發意) 처음 보리를 구하며 중생을 교화하려는 뜻을 내는 것.

신변월(神變月) 신족월神足月.

신사(信士) 우바새優婆塞. 불교를 믿고 배우는 재가在家의 남자.

신남信男. 청신사清信士.

신세(新歲) 하안거를 완료하는 두 번째 날. 곧 7월 16일. 비구의 새해 원단元旦에 해당한다.

신소(辛素) 비구들의 소식素食의 일종.

신수난(信受難) 사난四難 가운데 하나. 부처의 교법을 믿어 지니기 어렵다는 것을 뜻한다 .

신순(信順) 귀명歸命.

신시(身施) 자기 몸으로 남에게 봉사하는 것. 무재칠시無財七施 가운데 하나. ➡ 무재칠시無財七施

신식(身識) 몸으로 감촉을 느끼고 판단하는 기초 의식.

신식(神識) 유정有情의 심식이 영묘靈妙하여 불가사의함을 말한다. 영혼靈魂과 같은 말.

신심명(信心銘) 3조 승찬僧璨이 지은 글.

신악작(身惡作) 신업身業. 몸으로 저지르는 악업.

신애(信愛) 이종애二種愛 가운데 하나. 더러운 마음이 없는 사랑. 스승이나 어른을 사랑하는 것과 같은 것.

신업(身業) 몸으로 짓는 업. 살생·도둑질·사음邪淫.

신의(信衣) 불가에서 전수한 옷.

신자(身子) 사리불舍利弗.

신장(神將) 귀신 가운데 무력을 맡은 장수 같은 신. 사방의 잡귀나 악신을 몰아내는 화엄신장. 신장은 주로 축귀逐鬼나 도액度厄, 무병장수를 기원하기 위한 용도로 쓰인다.

신장거리 무당의 굿거리 가운데 하나. 무당이 구군복具軍服 차림으로 신장神將을 대접하는 굿거리.

신장굿 장군놀이.

신장단(神將壇) 신중단.

신장대 무당이 신장神將을 내릴 때 쓰는 막대기나 나뭇가지를 말한다.

신장도(神將圖) 조선 시대의 민화로 좌우 대장군이 그려진 그림.

신장상(神將像) 무장의 모습을 한 형상으로 불교를 보호해 주는 호법신중護法神衆. 천부신장天部神將이라고도 한다. 인왕상仁王像·제석천상帝釋天像·사천왕상四天王像 등이 있다.

신장도(통도사 성보박물관)

신정(身淨) 보살사정菩薩四淨 가운데 하나. 영원히 습기習氣를 끊고 청정한 근기를 얻어 무상한 보리를 이루어 몸이 자재하여 생멸에 자유로운 것을 말한다.

신족력(神足力) 보살의 십육대력十六大力 가운데 하나.

신족월(神足月) 신변월神變月. 정월·5월·9월의 장재월長齋月의 다른 이름.

신족통(神足通) 육신통六神通 가운데 하나. 공간에 걸림이 없이 왕래하며 그 몸을 마음대로 변화할 수 있는 것.

신주(神呪) 다라니陀羅尼. 신험神驗을 나타내기 위하여 외우는 주문. 진언眞言·비밀어秘密語.

신중(神衆)📖 『화엄경』 첫 품인 「세주묘엄품」 혹은 「세간정안품」에서 부처가 깨달은 후 방광하는 빛을 보고 법을 듣기 위해 시방에서 모이는 보살들의 총칭. 불법을 수호하는 보살들로 불린다.

신중단(神衆壇)📖 각각의 전당에 모시지 않은 여러 신중을 단壇을 마련하여 모시는 것. 법당의 삼단 가운데 중단. 104위位 신중을 모실 때와 39위 신중을 모시는 경우가 있다. 39위 신중은 『화엄경』에 나오는 신중의 이름이며, 104위 신중은 한국 토착 신앙이 결합하여 이루어진 형태.

신중도(神衆圖) 부처의 정법을 수호하는 무리들을 그림으로 표현한 것. 가장 대표적인 것이 『화엄경』의 신중을 담고 있는 39위 신중과 토속 신앙과 융합으로 나타나는 104위 신중이 있다.

신중작법(神衆作法) 도량을 잘 보호하도록 화엄신중을 청하는 것. 『화엄경』을 기준으로 만들어진 39위 신중과 우

신중도(안성 법계사)

리나라 토착적인 신중과 도교 등의 신중으로 구성된 104위 신중이 있다. 신중들을 하나하나 명호를 부르며 봉청한다. 요잡바라를 함께한다.

신중절 비구니가 거처하는 절. 니사尼寺.

신중청(神衆請) 각각의 청請은 의식순서가 같지만 거불擧佛에서 법회의 주체를 모시고 유치由致·청사請詞·가영歌詠·예참禮懺은 주인공인 여러 신중에 맞춰서 한다.

신중퇴공(神衆退供) 운수중단권공雲水中壇勸供이 끝나면 신중단에 공양을 올리는 의식.

신중헌공(神衆獻供) 사십구재四十九齋의 의식. 천지신명에게 공양을 올리고 보살핌을 바라는 의식.

신처(身處) 십이처十二處 가운데 하나. 육내처六內處. 육근六根.

신청정(身淸淨) 삼종청정三種淸淨 가운데 하나. 마음이 이미 청정하므로 몸도 청정하여 후신後身을 받지 않고 항상 화생하는 것.

신출가(身出家) 몸으로 출가한 것을 말한다. 소승의 비구 및 대승의 보살승菩薩僧과 같은 것. 이종출가二種出家 가운데 하나.

신통(神通)📖 abhijñā 기억, 사출思出 등의 뜻이 있다. 통通, 신통

神通, 명명明明, 통명通明, 통혜通慧, 지지智, 선지善知, 신력神力 등으로 의역한다. 천심天心을 신神이라 하고, 혜성慧性을 통通이라고 하며 있는 그대로의 지혜 성품이 두루 비추어 장애가 없는 것을 말한다. 또는 신神은 헤아릴 수 없다는 뜻이며, 통通은 장애가 없다는 뜻으로 헤아릴 수도 없고 장애가 없는 용력力用을 신통 또는 통력通力이라고 한다. 걸림이 없이 자유자재한 것.

신화(身和) 같이 승방에 거주하는 것. 범승凡僧의 사화事和 가운데 하나.

신화(身火) 인욕人慾을 비유한 말.

실(實) 실학實學. 밀교의 수행법 가운데 하나.

실경(實境) 수단手段이 아니고 가설假說이 아닌 불변의 진실인 실을 말한다. 실지實智.

실교(實教) 진실한 교 곧 여래가 세상에 나온 본뜻을 말한 대승 실교

실단(悉壇) 성취·완성의 뜻. 또는 일정한 교설教說을 가리킨다. ➡ 실담悉曇

실달다(悉達多) 부처가 출가하기 전 왕자로 있었을 때의 이름. 싯다르타.

실담(悉曇)📖 Siddham 글자의 이름. 성취成就·길상吉祥으로 번역. 성취하게 하는 것. 마다摩多 12자와 체문體文 35자의 47자에 별마다 ﬀ紇里 ﬀ紇梨 ₹里 ₹梨의 4자를 더한 51를 실담이라고 한다. 총 51자에서 ₪llam濫을 제외하면 실담오십자문이라고 한다. siddhānta 참조

실대승교(實大乘教) 대승교 가운데 방편을 겸하지 아니한 교의를 말한 교. 천태종天台宗·화엄종華嚴宗·선종禪宗 등이 이에 속한다.

실대승교(實大乘教) 대승교 가운데 방편을 겸하지 않은 진실한 교법을 말한 교. 천태天台·화엄華嚴·진언眞言·선禪 등을 말한다.

실덕처(實德處) 지혜로써 진제眞諦인 공空을 보는 것을 말한다.

실도(實道) 진실한 정도正道.

실두(實頭) 진면목眞面目·착실의 뜻. 두頭는 어조사.

실라말니라(室羅末尼羅) 사미沙彌. 구적求寂으로 번역.

실법(實法) 항상 변하지 않는 법. 십계十界의 오음五陰이 모두 실제로 있는 것을 말한다. 가법假法의 반대말. 곧 오음을 실유實有, 오음의 집합체인 중생을 가유假有의 존재라고 한다.

실보무장애토(實報無障礙土) 천태종의 사토四土 가운데 하나. 실보토實報土·과보토果報土. 진실한 법인 중도관中道觀으로 교의에 통달하지 않은 무명을 끊고서 얻는 국토. 별교別敎의 10지地 이상과 원교圓敎의 10주住·10행行·10회향廻向·10지地·등각等覺 보살의 국토로 타수용보신他受用報身을 교주敎主로 한다.

실보토(實報土) 실보무장애토實報無障礙土.

실본(實本) 이전의 삼승三乘을 권적權迹이라 하고, 법화法華의 일승一乘을 실본實本이라고 한다.

실상(實相) 있는 그대로의 참 모습. 불변의 이치, 진리를 말한다. 불성佛性·법성法性·진여眞如·법신法身·진제眞諦·본래면목本來面目·천진면목天眞面目·부모미생전면목父母未生前面目·열반야제涅槃若提라고도 한다.

실상경전(實相經典) 실상의 묘리妙理를 설명하는 경전.

실상관(實相觀) 이관理觀.

실상반야(實相般若) 5가지 반야般若 가운데 하나. 반야의 지혜로 바라보는 모든 존재의 진실하고 절대적인 본체를 말한다. 모든 법의 실상·무상無相·공적空寂은 반야가 아니지만 반야의 지혜를 내는 것이므로 이렇게 말한다.

실상법계(實相法界) 법계실상法界實相. 법화法華에서는 실상實相이라 하고, 화엄華嚴에서는 법계法界라고 하는데 같은 뜻이다.

실상염불(實相念佛) 자신과 모든 사물의 진실한 자기의 본성인 법신을 관하는 것. 사종염불四種念佛 가운데 하나.

실상진여(實相眞如) 아집我執·법집法執을 여읜 곳에 나타나는 온갖 법의 실상인 잠연적정湛然寂靜한 진여.

실상풍(實相風) 실상의 묘리妙理가 범부의 미망迷妄한 티끌을 떨어 주는 것을 바람에 비유한 것.

실성(實性) 진여眞如의 다른 이름.

실승(實僧) 사종승四種僧 가운데 하나. 진실한 승려. 학學·무학無學의 성자聖者.

실아(實我) 실제로 존재하는 아我. 아我는 본래 오온五蘊의 가합假合으로 있는 것인데, 실다운 존재로 인정하여 주재력主宰力이 있다고 여기는 것. 가아假我의 반대말.

실안(實眼) 오안五眼 가운데 불안佛眼을 가리킨다.

실업(實業) 진실한 업. 선악의 업인業因에 진실하게 고락苦樂의 과보果報를 얻는 것을 말한다.

실유불성(實有佛性) 모든 중생에게 다 부처가 될 수 있는 본성이 있다는 말.

실의좌(室衣座) 법화法華의 삼궤홍경三軌弘經을 말한다.

실자(實者) 악귀나 악령이 몸을 나타내서 사람을 괴롭히는 것.

실제(實際) 진여의 실리實理를 증득하여 궁극에 이르는 것. 곧 진여법성眞如法性. 공제空際. 열반涅槃의 다른 이름.

실제(實諦) 성자聖者가 보는 바의 이진실성理眞實誠의 제諦. 가제假諦의 밖에 진제眞諦가 있고, 이제理諦의 밖에 실제實諦가 있다.

실제리지(實際理地) 진여무상眞如無相의 경계.

실제회향(實際廻向)📖 삼종회향三種廻向·회향삼처廻向三處 가운데 하나. 열반의 이상경에 도달하기 위해 자기가 닦은 선근 공덕을 향하는 것.

실증제법(實證諸法) 보살의 십금강심十金剛心 가운데 하나. 일체의 제법을 모두 진실하게 증득하려는 마음.

실지(悉地) siddhi 목숨 중에 있는 것, 완성, 완전한 달성, 성공, 치료하는 것, 행운, 효과 등의 뜻이 있다. 성취成就. 묘과妙果를 성취한다.

실지(實智) 진리를 달관達觀하는 진실한 지혜. 수단이 아니고 가설이 아닌 불변의 진실인 지혜를 말한다. 권지權智의 반대말.

실창(實唱) 부처의 진실한 법을 설교하는 것.

실치살말저(悉恥薩末底) sthiramati 안혜安慧. 십대논사十大論師 가운데 하나.

실화이신(實化二身) 실색신實色身과 화색신化色身.

심(尋)📖 vitarka 추측, 상상, 의심하는, 고려考慮, 깊이 생각하는, 찾아 구하여 추측하고 재는 등의 뜻이 있다. 심사尋思. 자기 앞에 나타난 사상事象에 대해 의리를 탐구하는 정신 작용. 마음 가운데 일어난 생각이 착하거나 악한 것을 말한다. 부정법不定法 가운데 하나.

심검당(尋劍堂) 지혜의 칼을 찾아 무명의 풀을 베는 곳. 곧 공부하는 곳이라는 의미.

심견(心見) 안식眼識을 말한다.

심경(深經) 제법의 실상實相과 깊은 이치를 설명하는 대승경大乘經을 말한다.

심경(心經) 『반야바라밀다심경般若波羅蜜多心經』. 『반야심경般若心經』이라고도 한다.

심계(心戒) 심념心念의 사악邪惡함을 제지하는 계.

심공(心空) ①심성心性이 광대하여 삼라만상을 다 포함한 것을 대허공大虛空에 비유하는 말. ②온갖 장애가 다 없어진 공공적적空空寂寂한 심경心境.

심광(心光) 지혜광智慧光·내광內光. 불보살의 심지心地가 밝음을 광명에 비유한 것.

심구(心垢) 마음을 더럽히는 진구塵垢. 곧 번뇌를 말한다.

심금강(心金剛) 진심종자眞心種子로서 훔훙hūṃ吽 자를 말한다.

심기(心器) 마음을 말한다. 마음이 만법을 수용하는 그릇이라는 뜻.

심기(心機) 마음이 발동하는 것.

심념법(心念法) 갈마羯磨의 방법 가운데 하나. 자신이 범한 일을 마음속으로 생각하며 혼자 소리 내어 밝히는 것. 사소한 죄를 참회할 때 행한다.

심념처(心念處) 사념처四念處 가운데 하나. 우리의 마음은 항상 그대로 있는 것이 아니고 항상 변화 생멸하는 무상한 것이라고 자세히 보는 것.

심달(心達) 의식意識을 말한다.

심대(心大) 마음이 곧 모든 부처의 광대한 마음임을 말한다. 또는 보살이 능히 아뇩다라삼먁삼보리심阿耨多羅三藐三菩提心을 내는 것을 말한다.

심등(心燈) 심령心靈 고요한 가운데 영명靈明하여 어둡지 않다는 뜻.

심력(心力) 보살의 십육대력十六大力 가운데 하나.

심련(心蓮) 자성심自性心의 청정淸淨함을 비유한 말. 심련화心蓮華라고도 한다.

심령(心靈) 심식心識이 영묘靈妙함을 말한다. 심등心燈.

심로(心路) 마음이 불지佛地에 도달하는 길이 되는 것을 말한다.

심마(心馬) 마음이 움직이고 어지러운 것이 광마狂馬와 같음을 비유한 말. 심원의마心猿意馬라고도 한다.

심마(心魔) 번뇌마煩惱魔. 번뇌의 악마가 세간과 출세간의 좋은 법을 해치는 것을 말한다. 심마적心魔賊이라고도 한다.

심마적(心魔賊) 심마心魔. 번뇌마煩惱魔.

심명(心命) 법신法身이 지혜로써 수명壽命을 삼는 것. 혜명慧命이라고도 한다.

심목(心目) 마음과 눈. 곧 의식意識과 안식眼識.

심문(心聞) 이식耳識을 말한다.

심박(心縛) 망상妄想이 마음을 묶는 것.

심번뇌장(心煩惱障) 삼장三障 가운데 하나. 온갖 번뇌의 근본인 교의에 통달하지 않은 무명無明 번뇌. 진심眞心이 미迷하여 일어나므로 심장心臟에 비유한다.

심법(心法) ①경전 이외에 전수하는 불법. ②일체의 모든 법이 나누어져 색법과 심법 2가지가 되는데, 색법色法은 일체 유형有形의 물질을 가리키고, 심법心法은 일체 무형無形의 정신을 가리킨다. 대승오위大乘五位 가운데 하나. 사물을 인식하는 마음. 8가지가 있다. 곧 안眼·이耳·비鼻·설舌·신身·의식意識과 제칠식第七識 말나식末那識과 아뢰야식阿賴耶識을 말한다.

심법계체(心法戒體) 계체삼종戒體三種 가운데 하나.

심법위(心法位) 심법의 8가지가 모두 심왕心王에서 나옴을 말한다.

심보(心寶) 마음 가운데 무량無量한 보재寶財를 갖추었다는 뜻.

심불(心佛) ①마음에 의지하여 성불成佛하는 것. ②마음이 곧 부처라는 말. ③마음 가운데 나타난 부처라는 뜻.

심빙(心冰) 마음 가운데 의심이 있어 풀리지 않는 것을 비유한 말.

심사(尋思) 심심尋尋.

심사(尋伺) 📖 vitarka 추측, 상상, 의심하는, 고려考慮, 깊이 생각하는, 찾아 구하여 추측하고 재는 등의 뜻이 있다. 심구尋求하고 사찰伺察하는 심리 작용. 심尋은 대상에 대해 뜻과 이치를 대강 심구하는 것. 사伺는 보다 세밀하게 분별하고 사찰하는 정신 작용.

심상(心相) ①마음이 행하는 모양. ②심장心臟의 모양.

심성(心性) 변하지 않는 심체心體. 여래장심如來藏心·자성청정심自性淸淨心을 말한다.

심성(心城) 선정禪定으로 마음을 방어하여 망령된 행동을 억제하는 것을 비유한 말. 제당堤塘.

심소(心所) 심소유법心所有法. 의식작용의 본체를 심왕心王이라 하고, 객관 대상을 인식할 때 모든 일반상을 말한다. 곧 수受·상想·행行을 가리킨다.

심소법(心所法) 대승오위大乘五位 가운데 하나. 심법에 따라 일어나는 정신 작용. 51가지가 있다.

심수(心數) 심법의 수가 많음을 뜻한다. 심소心所.

심수(心水) 마음이 만상을 비추어 나타내거나 움직이고 흔드는 것을 비유한 말. 또는 물들거나 깨끗함을 말한다.

심수(心受) 심소心所를 말한다.

심수법(心數法) 심소心所. 심소유법. 전체적으로 대상을 인식하는 것이 아니라 부분적으로 대상을 인식하는 감관 작용을 말한다. 수受·상想· 등의 행법行法. 인식 작용의 주체인 심왕心王의 상대어.

심승(心乘) 불교를 가리킨다. 심관心觀으로 주장을 삼는 것. 수심修心의 교법을 말한다.

심시(心施) 남에게 동정심 등 따뜻한 마음을 베푸는 것. 무재칠시無財七施 가운데 하나. ➡ 무재칠시無財七施

심신(心神) 중생의 심성이 영묘靈妙함을 말한다.

심심(心心) ①전심前心과 후심後心. ②심왕心王과 심소心所.

심심(深心) 극락정토에 왕생하는 삼인三因 가운데 하나. ①법을 구하는 마음이 매우 심중深重한 것. ②높고 깊은 불과佛果를 지향하고 구하는 마음. ③부처의 본원本願을 깊이 믿어 조금도 의심하지 않는 것.

심왕(心王) 의식 작용의 본체. 객관 대상의 전체적인 형상을 인식하는 정신 작용. 심소心所의 상대어. 제팔식第八識를 가리킨다.

심우(尋牛) 소를 찾아 나선다는 뜻으로 십우도十牛圖의 첫 번째 그림. 인간이 불법을 구하고 자신의 본성이 무엇인가를 찾기 위해 원심願心을 일으키는 단계를 뜻한다.

심우도(尋牛圖) 수행을 통해 본성을 깨닫는 과정을 잃어버린 소를 찾는 일에 비유해서 그린 선화禪畵. 십우도十牛圖·목우도牧牛圖·심우가尋牛歌 라고도 한다.

심우(십우도)

심원(心源) 마음이 만법의 근원이 되므로 심원이라고 한다.

심원(心猿) 마음이 흩어져 움직이는 것을 원숭이에 비유한 것.

심원의마(心猿意馬) 심마心馬.

심월(心月) 심성心性의 밝고 맑은 것을 달에 비유한 말.

심인(心印) 불심인佛心印. 무문인無文印. 불성佛性의 다른 표현. 언어·문자로써 표현할 수 없는 부처 자내증自內證의 심지心地.

심입(深入) 니근저尼近底·니연저尼延底. 탐貪의 다른 이름. 심입욕경深入欲境. 심입자심深入自心. 집취執取.

심장(心臟) 마음속. 감정이 우러나는 속 자리를 말한다.

심전(心田) 마음이 능히 선악의 싹을 내는 것이 마치 밭이 온갖 식물을 내는 것과 같다는 비유.

심정(心亭) 마음이 몸으로써 정자를 삼는다는 말. 심성心城.

심정(心淨) 보살사정菩薩四淨 가운데 하나. 선법을 닦으며 마음으로 번뇌를 여의는 것.

심제(心諦) 제팔식심왕第八識心王.

심종(心宗) 불심종佛心宗의 준말. 선종禪宗을 말한다.

심주(心珠) 중생의 심성이 본래 청정한 불성佛性이므로 밝은 보배에 비유한 말.

심주(心柱) 찰주刹柱. 찰주擦柱. 탑의 중심 기둥.

심주(心呪) 주어呪語가 매우 적은 것.

심증(心證) 마음과 부처가 서로 인증印證하는 것.

심지(心地) ①마음이 만법萬法의 근본이 되어 일체의 제법을 낼 수 있다는 것을 말한다. ②수행하는 사람이 마음에 의지하여 행법을 일으키는 것을 말한다. ③삼업三業 가운데 심업心業이 가장 수승함을 말한다.

심진(心塵) 번뇌煩惱.

심진(心眞) 사람들이 본래 자성청정심自性淸淨心의 진성眞性을 갖추었다는 말.

심청정(心淸淨) 3가지 청정淸淨 가운데 하나. 염심染心·진심瞋心·

교만심憍慢心·간탐심慳貪心·사견심邪見心을 일으키지 않는 것.

심출가(心出家) 대승의 보살이나 거사居士와 같은 것. 마음에 출가하는 진실한 출가를 말한다. 이종출가二種出家 가운데 하나.

심통(心通) 종통宗通. 일체의 언설言說·문자文字·망상妄想을 멀리 여의고 자기 본성을 깨달아 증득하는 것.

심파(心波) 연속하여 끊어지지 않는 생각을 비유한 말.

심평등근(心平等根) ①심근心根. ②육단심肉團心. 의근意根. 오대五大가 합성된 것이라는 뜻으로 평등이라고 한다.

심해(心海) 중생의 심체心體가 바다와 같다는 비유. 바깥 경계는 바람과 같고, 생기는 8가지 심식心識은 파랑波浪과 같다고 비유한다.

심해탈(心解脫) 심식으로 일체의 정장定障을 여의고 멸진정滅盡定으로 들어가는 것. 이해탈二解脫 가운데 하나. 구해탈俱解脫이라고도 한다.

심행(心行) 사람의 심리 활동을 가리킨다.

심행처멸(心行處滅) 마음의 작용이 미치지 못하는 것. 사량思量하고 분별하는 자리가 끊어진 것을 말한다.

심향(心香) 마음속으로 경건하게 향을 피워 부처에게 공양하는 것.

심향성(尋香城) 건달바성乾闥婆城을 말한다. 또는 신기루蜃氣樓.

심향행(尋香行) 건달바왕乾闥婆王.

심현(深玄) 흑색黑色을 말한다.

심혜(心慧) 마음을 지혜로 연마하는 것을 말한다. 신계身戒의 상대어.

심화(心華) 본심本心의 청정淸淨함을 꽃에 비유한 말.

십가(十家) 석가모니의 일대 교상敎相을 판석判釋한 10가家.

십견(十見) 신견身見·변견邊見·사견邪見·견취견見取見·계금취견戒禁取見·탐견貪見·에견恚見·만견慢見·무명견無明見·의견疑見.

십경(十境) 십승관법十乘觀法에서 보는 바의 10가지 대경對境. 음경陰境·번뇌경煩惱境·병환경病患境·업상경業相境·마사경魔事境·선정경선定境·제견경諸見境·만경慢境·이승경二乘境·보살경菩薩境.

십계(十戒) ①보살십계菩薩十戒. ②사미십계沙彌十戒. ③십선十善.

십계(十界) 불계佛界·보살계菩薩界·연각계緣覺界·성문계聲聞界·천계天界·인계人界·아수라계阿修羅界·아귀계餓鬼界·축생계畜生界·지옥계地獄界.

십고(十苦) 생고生苦·노고老苦·병고病苦·사고死苦·수고愁苦·원고怨苦·고수고苦受苦·우고憂苦·병뇌고病惱苦·생사유전고生死流轉苦.

십과(十科) 번역飜譯의 10과. 십조十條라고도 한다. 번역翻譯·해의解義·습선習禪·명률明律·감통感通·유신遺身·송독誦讀·호법護法·흥복興福·잡과雜科.

십구응신(十九應身) 보광대사寶光大士가 관음보살의 응화應化가 됨을 말한다. 십구十九는 『법화경』 「보문품普門品」의 33신身 19설법說法 가운데 19설법說法을 가리켜서 말한 것.

십군(十軍) 번뇌라는 10가지 마군魔軍.

십금강심(十金剛心) 금강석처럼 빛나고 예리한 보살의 열 가지 마음. 각료법성覺了法性·화도중생化度衆生·장엄세계莊嚴世界·선근회향善根回向·봉사대사奉事大師·실증제법實證諸法·광행인욕廣行忍辱·장시수행長時修行·자행만족自行滿足·영타원만令他願滿.

십기(十機) 교피십기教被十機. 비로자나여래毗盧遮那如來가 『화엄경』을 연설하여 대중들을 교화하여 통하게 한 10가지. 무신기無信機·위진기違眞機·대실기大實機·협열기狹劣機·수권기守權機·정위기正爲機·겸위기兼爲機·인위기引爲機·권위기權爲機·원위기遠爲機.

십념(十念) 10번 염불한다는 말. 몸과 말과 생각의 삼업을 다 기울여 지성으로 염불한다는 뜻. ①염불念佛·염법念法·염승念僧·염계念戒·염시念施·염천念天·염휴식念休息·염안반念安般·염신念身·염사念死. ②'나무아미타불'을 10번 암송한다. ③식당작법에서 청정법신비로자나불, 원만보신노사나불, 천백억화신노사나불, 구품도사아미타불, 당래하생미륵존불, 시방삼세일체존법, 대성문수사리보살, 대행보현보살, 대비관세음보살, 대원본존지장보살의 보상 명호를 외우는 것.

십대논사(十大論師) 『유식삼십송唯識三十頌』을 해석한 인도의 논사 10명. 호법護法·덕혜德慧·안혜安慧·친승親勝·환희歡喜·정월淨月·화변火辯·승우勝友·승자勝子·지월智月.

십대수(十大數) 아승기阿僧祇·무량無量·무변無邊·무등無等·불가수不可數·불가칭不可稱·불가사不可思·불가량不可量·불가설不可說·불가설불가설不可說不可說.

십대제자(十大弟子) 석가십성釋迦十聖. 사리불舍利弗·목건련目犍連·수보리須菩提·아난타阿難陀·우바이優波離·아나율阿那律·대가섭大迦葉·부루나富樓那·가전연迦旃延·나후라羅睺羅.

십덕(十德) ①법사法師의 십덕十德. 선지법의善知法義·능광선설能廣宣說·처중무외處衆無畏·무단변재無斷辯才·교방편설巧方便說·법수법행法隨法行·위의구족威儀具足·용맹정진勇猛精進·신심무권身心無倦·성취인력成就忍力. ②제자弟子의 십덕十德. 신심信心·종성청정種姓淸淨·공경삼보恭敬三寶·심혜엄신深慧嚴身·감인무해태堪忍無懈怠·시라정무결尸羅淨無缺·인욕忍辱·불간인不慳吝·용건勇健·견원행堅願行. ③장자長者의 십덕十德. 성귀姓貴·위고位高·대부大富·위맹威猛·지심智深·연기年耆·행정行淨·예비禮備·상탄上嘆·하귀下歸.

십도(十度) 십바라밀十波羅蜜.

십도(十道) 십선十善·십계十戒·해탈도解脫道라고도 한다. 불살생不殺生·불투도不偸盜·불사음不邪婬·불망어不妄語·불양설不兩舌·불악구不惡口·불기어不綺語·불탐욕不貪欲·불진에不瞋恚·불사견不邪見.

십랍(十臘) 법랍法臘이 10년 된 것. 계사오덕戒師五德 가운데 하나.

십력(十力) 여래의 십력十力. 지시처비처지력知是處非處智力·지과현미래업보지력知過現未來業報智力·지제선해탈삼매지력知諸禪解脫三昧智力·지제근승열지력知諸根勝劣智力·지종종해지력知種種解智力·지종종계지력知種種界智力·지일체지처도지력知一切至處道智力·지천안무

애지력知天眼無礙智力·지숙명무애지력知宿命無礙智力·지영단습기지
력知永斷習氣智力.

십력교(十力敎) 십력+力이 있는 부처의 가르침.

십력명(十力明) 부처의 십력+力과 십명+明.

십류경(十類經) 약본경略本經·하본경下本經·중본경中本經·상본경上
本經·보안경普眼經·동설경同說經·이설경異說經·주반경主伴經·권속경
眷屬經·원만경圓滿經.

십리(十利) 10가지 이로움을 말하는 것으로 걸식십리乞食十利, 다
문십리多聞十利, 문경십리聞經十利, 반야십리般若十利, 선정십리禪定
十利, 정진십리精進十利, 죽십리粥十利 등 여러 가지가 있다.

십마(十魔) 10가지 번뇌를 마군魔軍에 비유한 것. 온마蘊魔·번뇌
마煩惱魔·업業魔·심마心魔·사마死魔·천마天魔·선근마善根魔·삼매마
三昧魔·선지식마善知識魔·보리법지마菩提法智魔.

십묘(十妙) 10가지 뛰어난 불가사의한 것. 본문의 십묘+妙와 적
문의 십묘+妙가 있다.

십무진장(十無盡藏) 보살의 10가지 무진
장한 것. 신장信藏·계장戒藏·참장慚藏·괴
장愧藏·문장聞藏·시장施藏·혜장慧藏·염장
念藏·지장持藏·변장辨藏. 신장信藏 대신 행
장行藏을 쓰기도 한다.

십무학지(十無學支) 무학정정無學正定의
팔성도八聖道와 무학해탈無學解脫·무학정
지無學正智의 10가지 무루법無漏法.

십바라밀(十波羅蜜) 보살이 열반에 도달
하기 위해 반드시 갖추어야 할 승행勝行.
십도+度. 십승행+勝行. 보시·지계·인욕·
정진·선정·지혜·방편方便·원願·력力·지
志. 모두 보리심菩提心이 근본이 된다.

십바라밀(고성 건봉사 석주)

십바라이(十波羅夷)   십중계+重戒.

십번뇌(十煩惱)   십혹+惑. 탐욕貪欲·진에瞋恚·치치癡·만만慢·의疑·신견身見·변견邊見·사견邪見·견취견取見·계금취견戒禁取見.

십법행(十法行)   경전을 잘 받아 지키고 행하는 10가지 방법. 또는 불도에 계합하는 10가지 행위. 서사書寫·공양供養·시타施他·체청諦聽·피독披讀·수지受持·개연開演·풍송諷誦·사유思惟·수습修習.

십사(十師)   비구가 구족계를 받을 때 삼사칠증三師七證의 스승.

십사(十使)   신견身見·변견邊見·사견邪見·견취見取·계취戒取·탐욕貪欲·진에瞋·치치癡·만만慢·의疑.

십사무외력(十四無畏力)   관세음보살이 얻은 14가지의 두려움이 없는 힘. 중생을 고통에서 벗어나게 하는 힘 등.

십삼력(十三力)   서방정토의 보살이 지니고 있는 13가지 힘. 이 힘으로 능히 자리이타自利利他 한다. 인력因力·연력緣力·의력意力·원력願力·방편력方便力·상력常力·선력善力·정력定力·혜력慧力·다문력多聞力·지계인욕정진선정력持戒忍辱精進禪定力·정념정관제통명력正念正觀諸通明力·여법조복제중생력如法調伏諸衆生力.

십삼종(十三宗)   ①중국의 13종파. 비담종毘曇宗·성실종成實宗·율종律宗·삼론종三論宗·열반종涅槃宗·지론종地論宗·정토종淨土宗·선종禪宗·섭론종攝論宗·천태종天台宗·화엄종華嚴宗·법상종法相宗·진언종眞言宗. ②일본의 13종파. 화엄종華嚴宗·천태종天台宗·진언종眞言宗·법상종法相宗·율종律宗·정토종淨土宗·임제종臨濟宗·조등종·황벽종·진종·일련종日蓮宗·융통염불종·시종.

십선(十善)   불살생不殺生·불투도不偸盜·불사음不邪婬·불망어不妄語·불양설不兩舌·불악구不惡口·불기어不綺語·불탐욕不貪欲·불진에不瞋恚·불사견不邪見. 십계十戒·십도十道·해탈도解脫道라고도 한다.

십성(十聖)   십지十地의 보살을 말한다.

십습(十習)   십습인+習因. 미래에 지옥에 떨어져서 여러 가지 고과苦果를 받을 10가지 습인.

십승행(十勝行)　십바라밀十波羅蜜.

십시(十施)　10가지 보시. 분감시分減施·갈진시竭盡施·내시內施·외시外施·내외시內外施·일체시一切施·과거시過去施·미래시未來施·현재시現在施·구경시究竟施.

십신(十身)　①여래의 십신十身. 보리신菩提身·원신願身·화신化身·역지신力持身·상호장엄신相好莊嚴身·위세신威勢身·의생신意生身·복덕신福德身·법신法身·지신智身. ②격삼세간融三世間의 십신十身. 중생신衆生身·국토신國土身·업보신業報身·일문신一聞身·독각신獨覺身·보살신菩薩身·여래신如來身·지신智身·법신法身·허공신虛空身.

십심(十心)　신심信心·염심念心·정진심精進心·혜심慧心·정심定心·불퇴심不退心·호법심護法心·회향심迴向心·계심戒心·원심願心.

십악(十惡)　살생殺生·투도偸盗·사음邪婬·망어妄語·양설兩舌·악구惡口·기어綺語·탐욕貪欲·진에瞋恚·우치愚癡.

십악업(十惡業)　십악十惡.

십악참회(十惡懺悔)📖　10중대계重大戒와 48경계輕戒로 되어 있는 보살계 가운데 10중대계에 대한 참회. 『천수경』에 큰 죄를 참회하는 형태로 열 가지의 계목이 있다. 살생중죄금일참회殺生重罪今日懺悔　투도중죄금일참회偸盗重罪今日懺悔　사음중죄금일참회邪淫重罪今日懺悔　망어중죄금일참회妄語重罪今日懺悔　기어중죄금일참회綺語重罪今日懺悔　양설중죄금일참회兩舌重罪今日懺悔　악구중죄금일참회惡口重罪今日懺悔　탐애중죄금일참회貪愛重罪今日懺悔　진에중죄금일참회瞋恚重罪今日懺悔　치암중죄금일참회痴暗重罪今日懺悔.

십안(十眼)　육안肉眼·천안天眼·혜안慧眼·법안法眼·불안佛眼·지안智眼·광명안光明眼·출생사안出生死眼·무애안無礙眼·일체지안一切智眼.

십업(十業)　십악업十惡業과 십선업十善業이 있다.

십여(十如)　십여시十如是.

십여시(十如是)　여시상如是相·여시성如是性·여시체如是體·여시력如是力·여시작如是作·여시인如是因·여시연如是緣·여시과如是果·여시보

如是報·여시본미구경如是本未究竟.

십우도(十牛圖) 수행을 통해 본성을 깨닫는 과정을 잃어버린 소를 찾는 일에 비유해서 그린 선화禪畵. 인간이 원래 가지고 있는 진리인 불성을 사람과 가장 친근하고 근기가 센 동물인 소에 비유하여 불성을 구하여 도를 이루는 득도의 수행 과정을 10가지 그림과 게송으로 표현한 것으로 심우도尋牛圖·목우도牧牛圖·심우가尋牛歌라고도 한다. 심우尋牛·견적見跡·견우見牛·득우得牛·목우牧牛·기우귀가騎牛歸家·망우존인忘牛存人·인우구망人牛俱忘·반본환원返本還源·입전수수入塵垂手. 송나라 곽암廓庵 사원師遠의 심우도尋牛圖가 유명하다.

십원(十願)📖 관세음보살에 귀의하여 서원한 10가지 원. 십원문은 '원아속지일체법願我速知一切法 원아조득지혜안願我早得智慧眼 원아속도일체중願我速度一切衆 원아조득선방편願我早得善方便 원아속승반야선願我速乘般若船 원아조득월고해願我早得越苦海 원아속득계정도願我速得戒定道 원아속등원적산願我早登圓寂山 원아속회무위사願我速會無爲舍 원아조동법성신願我早同法性身'이다. 『천수경』은 가범달마伽梵達摩와 불공不空이 각각 번역한 『천수천안관세음보살광대원만무애대비심다라니경』에 근거하고 있다. '계수관음대비주稽首觀音大悲呪'로 시작하는 계청문啓請文은 불공이 번역한 경전에 있으며, '나무대비관세음南無大悲觀世音'으로 시작하는 십원十願과 '아약향도산我若向刀山'으로 시작하는 육향六向은 두 가지 번역이 모두 동일하다. 의상義湘 스님은 『백화도량발원문』에서 십원을 언급하고, 체원體元이 발원문을 주석한 『백화도량발원문약해』에서는 구하는 다섯 종류의 원은 바로 사홍서원이라고 하며, 오쌍십원五雙十願으로 설명한다. 앞의 원은 인因이며 뒤의 원은 과果이기 때문에 5쌍이 되며, 온전하게 이타利他 속에 자리自利가 있는 관세음보살의 서원이다.

십유(十喩) 대승십유大乘十喩. 반야경십유般若經十喩라고도 한다. 제법이 공성空性임을 나타내기 위해 베푼 10가지 비유. 환幻·염염·수중월水中月·허공화虛空華·향향響·건달바성乾闥婆城·몽몽夢·영영影·경중상鏡中像·화화化.

십육공(十六空) 내공內空·외공外空·내외공內外空·공공空空·대공大空·승의공勝義空·유위공有爲空·무위공無爲空·필경공畢竟空·무제공無際空·산공散空·본성공本性空·자성공自性空·일체법공一切法空·무성공無性空·무성자성공無性自性空.

십육관(十六觀) 극락세계에 왕생하는 문이 되는 관법. 일상관日想觀·수상관水想觀·지상관地想觀·수상관樹想觀·팔공덕수상관八功德水想觀·총관상관總觀想觀·화좌상관花座想觀·상상관像想觀·변관일체색신상관遍觀一切色身想觀·관관세음보살진실색신상관觀觀世音菩薩眞實色身相觀·관대세지보살색신상관觀大勢至菩薩色身相·보관상관普觀想觀·잡관상관雜觀想觀·상배생상관上輩生想觀·중배생상관中輩生想觀·하배생상관下輩生想觀.

십육나한도(남양주 불암사)

십육나한도(十六羅漢圖)　부처의 제자 가운데 16명의 아라한을 그린 것. 아라한들은 부처가 열반한 후에 미륵불이 나타날 때까지 열반에 들지 않고 세상에서 불법을 수호한다고 한다.

십육대력(十六大力)　보살에게 있는 16가지 대력大力·지력志力·의력意力·행력行力·참력慚力·강력强力·지력持力·혜력慧力·덕력德力·변력辯力·색력色力·신력身力·재력財力·심력心力·신족력神足力·홍법력弘法力·항마력降魔力.

십이공(十二空)　십이진여十二眞如. 십이무위十二無爲.

십이광불(十二光佛)　아미타불의 12가지 광명의 존호尊號. 무량광불無量光佛·부변광불無邊光佛·무애광불無礙光佛·무대광불無對光佛·염왕광불燄王光佛·청정광불淸淨光佛·환희광불歡喜光佛·지혜광불智慧光佛·부단광불不斷光佛·난사광불難思光佛·무칭광불無稱光佛·초일월광불超日月光佛.

십이무위(十二無爲)　십이진여十二眞如·십이공十二空.

십이문(十二門)　인연문因緣門·유무과문有無果門·연문緣門·상문相門·유무상문有無相門·이문異門·유무문有無門·성문性門·인과문因果門·작문作門·삼시문三時門·생문生門.

십이문선(十二門禪)　사선四禪·사무량四無量·사공정四空定.

십이법인(十二法人)　두타십이행頭陀十二行.

십이부경(十二部經)　십이분교十二分敎. 십이분경十二分經. 계경契經·중송重頌·풍송諷頌·인연因緣·본사本事·본생本生·희유希有·비유譬喩·논의論議·무문자설無問自說·방광方廣·수기授記.

십이분교(十二分敎)　십이부경十二部經.

십이연기(十二緣起)　십이인연十二因緣. 십이연생十二緣生. 삼계三界의 미혹의 인과. 중생이 과거·현재·미래의 삼세三世를 유전流轉하며 인연으로 생기는 것을 12부분으로 나누어 설명한 것. 곧 무명無明·행行·식識·명색名色·육처六處·촉觸·수受·애愛·취取·유有·생生·노사老死의 윤회를 말한다.

십이입(十二入) 십이처十二處.

십이지도(十二支圖) 영산재에서 도량에 거는 그림으로 12간지가 그려져 있는 걸개그림.

십이진여(十二眞如) 십이무위十二無爲·십이공十二空.

십이처(十二處) 육내처六內處와 육외처六外處. 십이입十二入. 안眼·이耳·비鼻·설舌·신身·의意·색色·성聲·향香·미味·촉觸·법法.

십이천(十二天) 세계를 수호하는 12신을 합쳐서 부르는 말.

십인(十因) 보살이 성취해야 할 10가지 행법行法. 열반의 경계를 얻을 수 있으므로 열반십인涅槃十因이라고 한다. 신信·계戒·근선우近善友·적정寂靜·정진精進·정념구족正念具足·유어濡語·호법護法·보시布施·정의正意.

십일면보살(十一面菩薩) 대광보조관음 大光普照觀音. 아수라에 빠진 중생을 구제하시는 보살로 머리 위에 얼굴이 11개가 있다.

십일선(十一善) 현세를 이롭게 하는 모든 유위有爲의 선업인 11가지 마음 작용. 신信·정진精進·참慚·괴愧·무탐無貪·무진無瞋·무치無癡·경안輕安·불방일不放逸·행사行捨·불해不害.

십일면보살

십장양심(十長養心) 자심慈心·비심悲心·희심喜心·사심捨心·시심施心·호어심好語心·익심益心·동심同心·정심定心·혜심慧心.

십재(十齋) 십재일十齋日. 매월 10개의 날을 정하여 재계하며 재앙과 죄벌을 피한다. 초1일·초8일·14일·15일·18일·23일·24일·28일·29일·30일을 가리킨다.

십전(十纏) 중생을 얽매는 10가지 번뇌. 무참無慚·무괴無愧·질嫉·간慳·회悔·수면睡眠·도거掉擧·혼침昏沉·진분瞋忿·부覆.

십제(十諦) 세제世諦·제일의제第一義諦·상제相諦·차별제差別諦·관제觀諦·사제事諦·생제生諦·진무생지제盡無生智諦·입도지제入道智諦·집여래지제集如來智諦.

십종공양(十種供養) 삼보에 공양하는 10가지. 꽃·향香·영락瓔珞·말향抹香·도향塗香·소향燒香·증개당번繒蓋幢幡·의복·기악妓樂·합장合掌.

십종부정(十種不淨) 어리석은 이의 10가지 깨끗하지 못한 것. 신부정身不淨·구부정口不淨·의부정意不淨·행부정行不淨·주부정住不淨·좌부정坐不淨·와부정臥不淨·자행부정自行不淨·화타부정化他不淨·소기부정所期不淨.

십종자재(十種自在) 보살이 중생을 제도할 때 쓰는 10가지 자재한 힘. 곧 명命·심心·자구資具·업業·수생受生·해해·원願·신력神力·법法·지智의 자재.

십종중생(十種衆生) 십법계十法界의 중생.

십주(十住) 진리를 이해하는 마음이 움직이지 않고 안주安住한 것. 발심주發心住·치지주治地住·수행주修行住·생귀주生貴住·방편구족주方便具足住·정심주正心住·불퇴주不退住·동진주童眞住·법왕자주法王子住·관정주灌頂住.

십중계(十重戒) 십중대계十重大戒. 십바라이十波羅夷. 살계殺戒·도계盜戒·음계淫戒·망어계妄語戒·고주계酤酒戒·설사중과계說四衆過戒·자찬훼타계自讚毁他戒·간석가훼계慳惜加毁戒·진심불수회계瞋心不受悔戒·방삼보계謗三寶戒. 율장에 따라 내용에 약간의 차이가 있다.

십중죄(十重罪) 십악十惡.

십지(十地) 보살승菩薩乘 십지十地. 보살이 증득한 지위로서 모든 불법이 발생하며 지위에 깊고 얕음이 있다. 곧 환희지歡喜地·이구지離垢地·발광지發光地·염혜지焰慧地·난승지難勝地·현전지現前地·원행지遠行地·부동지不動地·선혜지善慧地·법운지法雲地.

십지(十智) 세속지世俗智·법지法智·류지類智·고지苦智·집지集智·멸지멸지滅智·도지道智·타심지他心智·진지盡智·무생지無生智.

십지심(十地心) 십지十地의 다른 이름. 사무량심四無量心·십선심十善心·명광심明光心·염혜심焰慧心·대승심大勝心·현전심現前心·무생심無生心·불사의심不思議心·혜광심慧光心·수위심受位心.

십팔계(十八界) 안안眼·이이耳·비비鼻·설설舌·신신身·의의意·색색色·성성聲·향향香·미미味·촉촉觸·법법法·안식眼識·이식耳識·비식鼻識·설식舌識·신식身識·의식意識. 인식 대상인 색色·성聲·향香·미味·촉觸·법法의 6경境, 인식 기관인 안안眼·이이耳·비비鼻·설설舌·신신身·의意의 6근根의 12처處와, 인식 활동인 안식眼識·이식耳識·비식鼻識·설식舌識·신식身識·의식意識의 전5식前五識과 6식識이 모두 고정된 실체가 없다는 것.

십팔공(十八空) 내공內空·외공外空·내외공內外空·공공空空·대공大空·제일의공第一義空·유위공有爲空·무위공無爲空·필경공畢竟空·무시공無始空·산공散空·성공性空·자성공自性空·제법공諸法空·불가득공不可得空·무법공無法空·유법공有法空·무법유법공無法有法空.

십팔물(十八物) 대승 비구가 항상 몸을 지녀야 할 18가지 도구. 삼의三衣·발발鉢·석장錫杖·불상·보살상·경·율·화수火燧·향로香爐·승상繩床·좌구坐具·녹수낭漉水囊·병병瓶·수건手巾·양지楊枝·조두澡豆·도자刀子·섭자鑷子.

십팔불공법(十八不共法) 부처의 위신력威神力. 부처의 뛰어난 지혜와 능력. 십력十力·사무소외四無所畏·삼념주三念住·대비大悲의 18가지를 말한다.

십팔응진(十八應眞) 십팔나한十八羅漢.

십팔일(十八日) 관음觀音의 연일緣日.

십팔천(十八天) 색계의 18천. 범중천梵衆天·범보천梵輔天·대범천大梵天·소광천少光天·무량광천無量光天·광음천光音天·소정천少淨天·무량정천無量淨天·변정천遍淨天·무운천無雲天·복생천福生天·광과천廣果天·무상천無想天·무번천無煩天·무열천無熱天·선견천善見天·선현천善現天·색구경천色究竟天.

십행(十行) 환희행歡喜行·요익행饒益行·무진한행無瞋恨行·무진행無盡行·이치란행離癡亂行·선현행善現行·무착행無著行·존중행尊重行·선법행善法行·진실행眞實行.

십현(十玄) 심오하고 미묘한 연기緣起 및 여러 사상事象이 서로 관련되어 있는 실상을 10가지 방향에서 설명한 것.

십호(十號) 불십존호佛十尊號·여래십호如來十號. 여래如來·응공應供·정변지正遍知·명행족明行足·선서善逝·세간해世間解·무상사無上士·조어장부調御丈夫·천인사天人師·불세존佛世尊.

십호(十護) 십대명왕十大明王의 호법신護法神. 비수갈마毘首羯摩·겁비라劫毘羅·법호法護·미목眉目·광목廣目·호군護軍·주현珠賢·만현滿賢·지명持明·아타박구阿吒縛俱.

십혹(十惑) 십번뇌十煩惱. 십사十使. 탐食·진瞋·치癡·만慢·의疑·신견身見·변견邊見·사견邪見·견취견見取見·계급취견戒禁取見.

싯다르타 실달다悉達多. 부처가 출가하기 전 왕자로 있었을 때의 이름.

싯디 siddhi 초능력을 말한다.

쌍가(雙假) 견가見假·사가思假. 곧 견혹見惑·사혹思惑.

쌍공(雙空) 견혹見惑·사혹思惑이 함께 공空임을 뜻한다.

쌍류(雙流) 화도化道와 관심觀心의 2가지 일이 병행되는 것.

쌍림(雙林) 부처가 열반에 든 곳. 쌍수림雙樹林.

쌍림열반상(雙林涅槃相)📖 석가모니의 일생 가운데 여덟 번째 그림. 사라쌍수 아래서 열반에 드는 모습을 그린 것. 열반 소식을 듣고 달려온 제자들이 슬퍼하는 장면, 마야부인이 내려와 부처를 만나는 장면, 금관이 스스로 솟아올라서 구시나가라성을 돌아 다비처소에 내리는 장면, 가섭이 도착하자 금관 밖으로 발을 내미는 장면, 관에 붙이는 불이 붙지 않고 저절로 불이 붙는 장면, 사리를 수습하는 장면 등을 담고 있다.

쌍수(雙樹) 사라쌍수娑羅雙樹.

쌍림열반상(『월인석보(月印釋譜)』)

쌍수림(雙樹林) 부처가 열반에 든 곳. 쌍림雙林.

쌍왕(雙王) 염마라閻摩羅.

쌍운(雙運) 병행並行과 같은 말. 해행병중解行並重이나 복혜쌍수福
慧雙修의 뜻.

쌍원(雙圓) 둥글고 둥근 바다. 지극히 원만함을 뜻하는 말.

쌍중(雙中) 견혹見惑·사혹思惑을 깨뜨리고 함께 중도中道에 들어
가는 것.

알
기
쉬
운

불
교
용
어

산
책

아(我) 📖 ātman 기식氣息, 영혼靈魂, 생명生命, 자신自身, 본질本質, 본성本性, 특질特質, 신체身體, 지성知性, 오성悟性, 아我, 최고아最高我 등의 뜻이 있다. 주재主宰·자아自我·자재自在의 뜻. 아我는 무상無常이 아니고 상주常住하는 자기의 주체로서 실재한다고 외도가 주장하는 실아實我. 나라는 존재는 실재하는 것이 아니라 오온이 임시로 화합하여 인과가 상속한다는 가아假我. 부처의 법신과 불성과 열반에 갖추고 있는 상常·낙樂·아我·정淨의 열반사덕涅槃四德 가운데 하나인 진아眞我.

아가(阿迦) 아라가화阿羅歌華. 백화白花.

아가니타(阿迦尼吒) akaniṣṭha 색구경천色究竟天. 색계 십팔천十八天 가운데 가장 위에 있는 하늘.

아가마(阿伽摩) 📖 āgama 도착到着, 유래由來, 기원起源, 수로水路, 소득, 재산, 획득, 학문, 지식, 학學, 교훈敎訓, 전통傳統, 교본敎本, 규칙規則, 중자重字 등의 뜻이 있다. 아함阿含. 생기生起, 자교自敎, 성언聖言, 기器, 법귀法歸, 법본法本, 법장法藏, 교법敎法, 교분敎分 등으로 의역한다.

아가색(阿迦色) agha 재해災害, 죄罪, 비행非行, 사악邪惡, 부정不淨, 고통苦痛 등의 뜻이 있다. 유형有形의 물질과 무형無形의 공계空界라는 2가지 뜻이 있다.

아가타(阿伽陀) 📖 agada 건강, 죽지 않는, 오래 사는, 병이 없는 등의 뜻을 가지고 있었으나, 후에는 모든 독을 해독하는 것을 가리키게 되었으며 먹으면 모든 병을 없애 죽지 않는 불사不死의 약이라고 부르게 되었다. 모든 독을 소멸시키는 효능이 있다고 한다. 보거普去·무병無病·무가無價로 번역한다. 불사약不死藥·환약丸藥.

아갈라(阿羯羅) 경계. 인식의 대상인 육경六境.

아견(我見) 사혹四惑·사번뇌四煩惱 가운데 하나. 모든 법은 오온五蘊의 인연으로 임시로 화합한 것인데 실제로 존재하는 아我가 있다고 고집하는 사견邪見을 말한다. 신견身見. 인견人見.

아공(我空) 사람의 몸은 오온五蘊이 임시로 화합하여 존재하므로 그 안에는 진실한 자아의 실체가 없다는 말. 인무아人舞我·중생무아衆生無我·생공生空·인공人空이라고도 한다.

아공덕력(我功德力) 삼력三力 가운데 하나. 자신의 수행을 말한다.

아귀(餓鬼)📖 preta 앞에서 가 버렸다, 주었다, 악령惡靈, 사체死體, 사인死人, 망령亡靈 등의 뜻이 있다. 중생이 머무는 육도六道 가운데 하나. 굶주린 귀신으로 아무것도 먹을 수 없는 귀신을 말한다.

아귀(파주 보광사)

아귀다툼 굶주린 아귀餓鬼처럼 걸신들린 참혹慘酷한 지경. 아수라장阿修羅場.

아귀취(餓鬼趣) 아귀의 업인業因을 조작한 사람이 아귀의 쪽으로 향하여 나아가는 것. 오취五趣 또는 육취六趣 가운데 하나.

아기니(阿耆尼) Agni 화천火天.

아나(阿拏)📖 aṇu 극소하다, 극세하다 등의 뜻이 있다. 극미極微. 색계의 색법 가운데 가장 작은 것.

아나기부로(阿那耆富盧) 다라니陀羅尼의 이름. 법인法忍으로 번역.

아나기부지구리지나(阿那耆不智究梨知那) 다라니陀羅尼 이름. 대극제大極濟로 번역.

아나기지라(阿那耆智羅) 다라니陀羅尼 이름. 구제병고救諸病苦로 번역.

아나기진녕(阿那耆盡寧) 다라니陀羅尼 이름. 발중생고拔衆生苦로 번역.

아나기치로(阿那耆置盧) 다라니陀羅尼 이름. 도탈중생度脫衆生으로 번역.

아나발저(俄那鉢底) Gaṇapati 가나발저伽那鉢底라고도 한다. 환희로 번역. 또는 비나야가毘那夜迦라고 하여 상비象鼻로 번역한다. 밀교의 비신秘神 대성환희천大聖歡喜天을 말한다.

아나율(阿那律) Aniruddha 부처의 10대 제자 가운데 하나. 천안天眼 제일. 무멸無滅로 번역. 부처의 사촌 동생으로 천안통天眼通을 얻었기 때문에 천안제일이라고 한다.

아나타빈다타(阿那他擯茶陀) Anāthapiṇḍada 음식이나 과자를 가난한 자에게 준다는 뜻이 있으며 급고독給孤獨으로 번역한다. 인도 사위성의 수달장자須達長子의 이름.

아나함(阿那含) 📖 anāgāmin 성문聲聞 사과四果 가운데 세 번째. 나함那含이라고도 한다. 불환不還·불래不來로 번역. 욕계欲界에서 죽어 색계色界·무색계無色界에 태어나 번뇌가 없어져서 다시 돌아오지 않는다는 뜻. 아나함과阿那含果.

아난(阿難) Ānanda 부처의 10대 제자 가운데 하나. 다문多聞 제일. 아난타阿難陀의 준말. 무염無染·환희歡喜·경희慶喜로 번역한다.

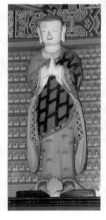

아난(화순 쌍봉사)

아눅다라(阿耨多羅) anuttara 무상無上의 뜻.

아눅다라삼먁삼보리(阿耨多羅三藐三菩提)📖 anuttara-samyak-sambodhi 무상정등각無上正等覺으로 번역. 미계迷界를 여의고 깨달음의 지혜가 원만하여 모든 진리의 모습을 아는 부처의 더없이 높은 수승한 지혜. 불지佛智의 다른 이름.

아도(我倒) 실아實我가 있다고 생각하는 전도顚倒된 망견妄見.

아라가화(阿羅歌華) 아가阿迦. 백화白花로 번역.

아라하(阿羅訶) 응공應供의 뜻.

아라한(阿羅漢)📖 arhat 상당하다, 값어치가 있다, 가치 있는 사람 등을 말한다. ①소승 불교의 수행자 가운데 가장 높은 지위에 오른 사람. ②온갖 번뇌를 여의고 세상 이치를 밝혀 모든 사람들의 공양을 받을 만큼 공덕을 갖춘 성자. 부처. 여래십호如來十號 가운데 하나. ③삼계三界의 사事·이理에 미혹한 번뇌를 끊고 위없는 지혜를 얻은 이. ④나한羅漢. 우리나라에서는 나한전羅漢殿이라고 하여 깨달음을 이룬 성인들을 모시기도 한다.

아라한과(阿羅漢果) 대승사과大乘四果 가운데 네 번째. 견혹見惑·사혹思惑의 습기習氣를 모두 끊고 성불하는 것. 극과極果·무학과無學果·무학無學.

아라한과(阿羅漢果) 소승의 극과極果. 제사과第四果. 무학無學으로 번역. 색계·무색계의 사혹思惑을 끊어 버리고 이미 삼계三界를 나와서 열반을 증득하여 배울 만한 법이 없는 것.

아란야(阿蘭若)📖 araṇya 원방遠方, 외국, 황야荒野, 임림 등의 뜻이 있다. 난야蘭若. 사원이라는 뜻. 적정처寂靜處·무쟁처無諍處로 번역. 시끄러움이 없는 한적한 곳으로 수행하기에 적당한 삼림森林·넓은 들·모래사장 등을 가리키는 말. ①종류로는 깨달음을 얻기 위한 도량으로 달마아란야達磨阿蘭若, 흙으로 총塚, 즉 무덤 모양으로 조그만 하게 만든 마등가아란야摩登伽阿蘭惹, 모래사장과 같이 인적이 드문 곳에 마련한 단타가아란야檀陀伽阿蘭若가 있다. ②율장에서는 걸식을 위해서 사람이 거주하는 곳에서 약 1~2km 떨어진 조용한 곳에서 수행하도록 하고 있다.

아려야(阿黎耶)   아뢰야식阿賴耶識.

아로나(阿盧那)📖 aruṇa 붉은, 염갈색이 되다, 금색의, 태양신으로서 인격화한 새벽, 태양 등의 뜻이 있다. 일日, 장효將曉, 명상明相, 명성明星 등으로 의역한다. 아침 햇살.

아로나화(阿盧那花)   홍련화紅蓮花.

아론(我論)   인아견人我見·법아견法我見의 2종을 말한다.

아뢰야(阿賴耶)   장식藏識으로 번역. 제8식第八識. 아뢰야식阿賴耶識.

아뢰야식(阿賴耶識)📖 ālaya 주거住居, 가택家宅, 좌座 등의 뜻이 있다. 택宅, 사舍, 실室, 궁宮, 궁전宮殿, 소巢, 굴택窟宅, 의依, 처處, 소所, 처서處所, 장藏, 섭장攝藏, 집장執藏, 착着으로 의역한다. 구역舊譯으로는 무몰식無沒識이라고 하며, 신역新譯으로는 장藏, 제8식·본식本識·택식宅識이라고 한다. 무몰식無沒識에는 집지執持라는 뜻이 있다. 일체 선악善惡의 종자를 함장含藏하여 선과 악을 구별하는 근본 의식. 장식藏識. 곧 제팔함장식第八含藏識을 말한다.

아리야(阿梨耶)   ālaya 아뢰야식阿賴耶識. 미계迷界에 있으면서도 빠지지 않는다는 뜻으로 무몰無沒이라고 한다.

아리야(阿梨耶)   ārya 신의가 두터운, 자기의 종족에 관계하다, 존경받는, 고귀하다는 뜻이 있다. 존자尊者·성자聖者로 번역.

아마(阿摩)   ambā 모마의 뜻. 어머니. 또는 선녀善女.

아마라식(阿摩羅識)   amala 무구無垢하다, 순수하다, 청정하다 등의 뜻이 있다. 무구無垢, 백정白淨, 청정淸淨으로 번역. 제9식.

아만(我慢)   사만四慢·사혹四惑·사번뇌四煩惱 가운데 하나. 아我와 아소我所가 있다고 집착하는 마음. 자기를 내세우고 남을 업신여기는 것. 아집我執의 미망迷妄을 이루는 4가지 근본적인 번뇌 가운데 하나. 말나식末那識의 원인.

아말라식(阿末羅識) amala 무구無垢하다, 순수하다, 청정하다 등의 뜻이 있다. 무구식無垢識.

아미도단나(阿彌都檀那) Amṛtodana 감로반왕. 가비라국 정반왕의 동생. 석가모니부처의 숙부.

아미리다(阿弭哩多) 📖 amṛta 죽지 않는, 멸하지 않는, 아름다움, 신神 등의 뜻이 있다. 감로, 불사不死, 불사자不死者, 모든 신의 음료, 치료治療, 약, 물, 우유, 광선, 공양물의 나머지 물건, 천상의 술, 천상의 영약 등으로 의역한다. 아몰률도阿沒栗覩. 감로甘露. 신약神藥의 이름. 이를 마시면 몸과 마음의 번뇌를 없애고 늙지도 죽지도 않는다고 한다.

아미타(阿彌陀) 📖 amita 또는 amitāyus 무량의, 수를 셀 수 없는 등이 뜻. 무량無量·무량수無量壽·무량광無量光로 번역.

아미타구존도(阿彌陀九尊圖) 아미타불과『팔대보살만다라경』의 아미타팔대보살을 함께 그린 아미타불화의 한 형식.

아미타내영도(阿彌陀來迎圖) 선행과 염불에 의해 임종할 때, 아미타불이 극락정토로 맞이하여 간다는『관무량수경』의 내용을 그린 그림. 일반적으로 오른손을 앞으로 내어 정토에 가서 태어나고자 하는 사람을 잡으려는 모습을 하고 있다.

아미타바(阿彌陀婆) amitāyus 무량광無量光·무량수無量壽로 번역. 아미타불과 같은 말.

아미타불(阿彌陀佛) amita 무량수불

아미타구존도 불보살 배치도

無量壽佛. 극락국토의 교주. 대승불교의 중요한 부처. 미타.

아미타불삼존(阿彌陀三尊) 아미타불과 협시보살인 대세지보살大
勢至菩薩과 관세음보살觀音菩薩을 말한다.

아미타불상(阿彌陀佛像) 가사는
양 어깨에 걸친 통견을 하고, 수인은
구품인九品印 중에 하나를 하고 있으
며, 서방정토의 주불인 아미타불을 상
징한다. 협시로는 관세음보살과 대세
지보살, 때로는 관세음보살과 지장보
살을 모시기도 한다.

아미타수사(阿彌陀瘦斯) amitāyus 아
미타阿彌陀.

아미타여래(阿彌陀如來) 무량광여래
無量光如來. 무량수여래無量壽如來.

아미타유사(阿彌陀庾斯) amitāyus 무
량수無量壽로 번역.

아바라밀(我波羅蜜) 상常·낙樂·아我·
정淨의 열반涅槃 사덕四德 가운데 하

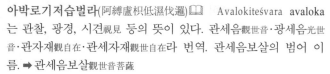

아미타불상(국립중앙박물관)

나. 대아大我·진아眞我의 경지에 도달하는 바라밀행.

아박로기저습벌라(阿縛盧枳低濕伐邏) Avalokiteśvara avaloka
는 관찰, 광경, 시견視見 등의 뜻이 있다. 관세음觀世音·광세음光世
音·관자재觀自在·관세자재觀世自在라 번역. 관세음보살의 범어 이
름. ➡ 관세음보살觀世音菩薩

아반(阿潘) 중국에서 처음 출가하여 비구니가 된 여자.

아발리구타니(阿鉢唎瞿陀尼) 수미사주須彌四洲의 하나. 서방에 있
는 서우화주西牛貨洲.

아법(我法) 아我와 법法. 곧 나라는 존재와 세계라는 대상이 실재
한다는 망집妄執을 여의고 아공我空·법공法空에 이르러야 한다는

대승의 진리.

아법구유종(我法俱有宗) 법아구유종法我俱有宗. 아我와 법法. 곧 주관과 객관이 모두 실재하다고 말하는 인천승人天乘과 소승교의 독자부와 같은 종파.

아법이공(我法二空) 아공我空과 법공法空.

아본불생즉반야(阿本不生即般若)📖 『진언집眞言集』의 실담장悉曇章에서 모음 12자 중에서 가장 먼저 오는 모음을 설명하는 방법. 지광智廣 스님의 『실담자기悉曇字記』의 모음, 즉 마다摩多의 제일 처음 소리인 𑖀a를 한글의 소리와 글자를 표시할 때 쓰인다. 아𑖀阿자는 본래 생하는 것이 없으므로 바로 반야라는 뜻.

아부달마(阿浮達磨)📖 adbhuta-dharma 미증유未曾有·희유希有로 번역. 십이부경十二部經·십이분경十二分經 가운데 하나. 불보살의 신이한 변신으로 드물게 있는 불가사의한 사적을 말한 경명經名.

아비(阿鼻) Avici 아비지阿鼻旨. 무간無間으로 번역. 곧 무간지옥無間地獄을 말한다. 팔열지옥八熱地獄 가운데 하나.

아비규환(阿鼻叫喚) avici 아비지옥과 규환지옥이 합친 말로서 계속적인 심한 고통으로 갈피를 잡지 못하고 울부짖는 참상을 형용하는 말.

아비달마(阿毗達磨)📖 abhidharma 불교 교리에 관한 논리, 삼장에 관한 논리 등의 뜻이 있다. 아비담阿毗曇·비담毗曇. 경·율·논 삼장三藏 가운데 논부論部의 총칭. 대법大法·무비법無比法으로 번역. 대법大法·무비법無比法은 진지眞智의 존칭. 대법對法은 지혜의 다른 이름으로 지혜로써 제법의 참된 이치와 의미를 살펴본다는 뜻이다.

아비담(阿毗曇) 아비달마阿毗達磨.

아비삼불타(阿毗三佛陀) 아유삼불阿惟三佛. 현등각現等覺으로 번역. 부처가 깨달은 지혜.

아비지옥(阿鼻地獄) avici 아비阿鼻. 무간지옥無間地獄. 지옥 가운데 가장 고통이 심한 지옥.

아사(我事) 자신自身을 말한다.

아사리(阿闍梨) 📖 ācārya 행해야 하는, 아는, 가르친다, 사師 등의 뜻이 있다. 교수敎授·궤범軌範·정행正行으로 번역. 제자들을 바르게 가르치고 지도하는 큰 승려. 5종의 아사리가 있다. 수계할 때 10사람의 계사戒師가 계계戒를 주는데 이를 출가아사리出家阿闍梨, 구족계를 받을 때 갈마를 하는 갈마아사리羯磨阿闍梨, 구족계를 받을 때 위의威儀를 가르치는 교수아사리敎授阿闍梨, 경전을 읽는 법과 뜻을 가르치는 수경아사리受經阿闍梨, 비구가 배우고 기거하며 거주를 함께하는 의지아사리依止阿闍梨.

아사마(阿娑摩) asama 평등하지 않은, 불평등의, 동배同輩가 없는, 평탄하지 않은, 쪼개지지 않는 등의 뜻이 있다. 무등無等으로 번역. 부처의 덕호德號.

아상(我相) ①실아實我의 상相. 오온五蘊의 인연으로 화합하여 임시로 있는 것인데도 실아實我가 있다고 여기는 것. ②사상四相 가운데 하나. 열반의 이치에서 증득한 마음에 집착하여 다시 내가 된다고 인식하고 여기는 것.

아상(我想) 실아實我가 있다고 사유하는 망상妄想.

아소(我所) 나에게 속한 것으로 나에게 집착되는 사물. 곧 내 몸과 소유물 등.

아소견(我所見) 나에게 속한 온갖 물건은 원래 일정한 소유주가 없는 것인데도 나의 소유물이라고 고집하는 소견所見.

아손(兒孫) 중생.

아수(我修) 진아眞我의 자재 무애함을 알고 성문의 무아집無我執을 깨뜨리는 것. 승수勝修와 열수劣修에 각각 삼수三修가 있는데, 이중 열삼수劣三修 가운데 하나. 성문이 닦은 것은 보살이 닦은 것보다 열등하다고 하는 것.

아수가수(阿輸伽樹) 무우수無憂樹. 석가모니부처는 이 나무 아래에서 탄생한다.

아수라(阿修羅)📖 Asura 살아 있다, 영靈적인, 신神의, 심령心靈, 천제天帝, 악마惡魔 등의 뜻이 있다. 무단無端·무주無酒·비천非天으로 번역. 용모가 추악하고 항상 제석천과 싸우는 귀신. 십계十界 가운데 하나. 육도六道 가운데 하나. 팔부중八部衆 가운데 하나.

아수라(경주 담엄사터)

아수라금(阿修羅琴) 아수라의 거문고 듣고자 하면 연주하지 않아도 아수라의 복덕福德에 의해 저절로 소리가 난다 한다.

아수라장(阿修羅場) 아수라판. 서로 싸워 엉망진창이 되어 있는 것.

아수라취(阿修羅趣) 삼선취三善趣.

아술가(阿述迦) 아수가阿輸迦. 무우수無憂樹.

아승기(阿僧祇) 무수無數. 곧 엄청나게 큰 수數. 오랜 시간을 말한다.

아승기겁(阿僧祇劫) 겁劫의 수가 무수하다는 말. 계산할 수 없는 무한히 긴 시간.

아신(亞身) 허리를 꺾어 몸을 구부림.

아실(我室) 아집我執이 일체의 번뇌를 간직하고 있는 것을 집에 비유한 말.

아심(我心) 아만我慢. 곧 아집我執.

아아소(我我所) 아我와 아소我所라는 뜻. 아는 자신. 아소는 나에게 속한 사물.

아애(我愛) 사혹四惑·사번뇌四煩惱 가운데 하나. 스스로 자신에게 애착하는 것. 말나식末那識의 원인.

아양(啞羊) 벙어리 양. 선善과 악惡의 계戒를 분별하지 못하여 범犯하고도 참회할 줄 모르기 때문에, 매우 어리석은 사람을 비유한 말.

아양승(啞羊僧) 사종승四種僧 가운데 하나. 삼장三藏에 통달하지 못해 마치 벙어리 양처럼 분별하고 해답하지 못하는 승려를 비유한 말.

아어취(我語取) 사취四取 가운데 하나. 여러 가지 아견我見의 언어에 집착하는 것.

아왕(鵞王) 부처를 비유한 말. 부처의 32상相 가운데 손과 발이 만망상縵網相인 것을 거위의 발 모양에 견주어 말한 것.

아유(我有) 실아實我의 체體가 있다고 망령되게 집착하는 것.

아유다(阿由多) 아유다阿諛多·아유타阿由陀. 많은 수를 나타내는 말. 10억.

아이달야(阿儞怛也) 무상無常.

아자관(阿字觀) 밀교의 교리에 중요한 관법觀法의 하나. 우주 인생을 아자阿字로 관하는 것.

아자문(阿字門) **𑖀**a 모든 법은 본래 불생不生이기 때문. 5자 진언인 **𑖀**a·**𑖪**va·**𑖨**ra·**𑖮**ha·**𑖏**kha에서는 지地를 말한다. 실담자에 뜻을 부여한다. ➡ 실담悉曇

아자문(誐字門) **𑖐**ga 모든 법의 행行은 얻을 수 없기 때문. 실담자에 뜻을 부여한다. ➡ 실담悉曇

아자본불생(阿字本不生) 밀교 교리의 근본적인 뜻. 아阿 자는 모든 말과 소리의 근본으로서 어떠한 소리나 말이라도 아阿 자를 포함하지 않는 것이 없다. 곧, 아阿 자가 본초적本初的인 것으로 어떤 원인에 의해 생긴 것이 아니므로 이를 통해 세상의 모든 사물·본초불생本初不生의 뜻을 알게 하는 것이다.

아자칠의(阿字七義) 보리심菩提心·법문法門·무이無二·법계法界·법성法性·자재自在·법신法身.

아전도(我顚倒) 나라는 것이 없는데 나라는 것이 있다고 인식하는 것. 사전도四顚倒 가운데 하나.

아전저가(阿顚底迦) 삼종천제三種闡提 가운데 하나. 무성천제無性

闡提. 결정적으로 부처가 될 성품이 없는 사람.

아제(羯諦) 고려대장경 및 대부분의 판본에서 '아제揭諦'로 표기했는데, 『심경송』에서는 '아제羯諦'로 표기했다.

아제(揭諦) 인아人我가 없는 것, 곧 인공人空과 법공法空을 가리키는 말로서 두 가지를 모두 잊어 버린다는 뜻. 행복과 길한 모습을 기도하여 구하는 것을 노래하고 생각함을 찬찬하는 말로, 인도에서 신에게 공양을 올릴 때 찬탄하는 풍습.

아집(我執) ①인아집人我執·생집生執. 몸과 마음 가운데 사물을 주재하는 상주불멸常住不滅의 실체가 있다고 믿는 집착. 아我를 실재한 것으로 집착하는 소견. 법집法執의 반대말. ②이치의 시비곡직是非曲直에 표준이 없어 자기의 의견에만 집착하여 아我를 고집하는 것.

아집(我執) 인아집人我執. 오온五蘊이 임시로 화합하여 견문見聞·각지覺知의 작용이 있는 것인데도 하나의 실재하는 자아의 본체가 있다고 집착하는 것.

아집습기(我執習氣) 실아實我를 고집하는 소견所見에 의해 익혀진 종자種子.

아천저가(阿闡底迦) icchantika 열망을 부수다는 뜻. 삼종천제三種闡提 가운데 하나. 보살이 중생을 제도하기 위해 일부러 성불하지 않는 이.

아촉불(阿閦佛) Akṣobhya-buddha 묘희세계妙喜世界의 부처 이름. 무동불無動佛.

아촉여래(阿閦如來) 동방의 세존. 부동불不動佛.

아치(我癡) 사혹四惑·사번뇌四煩惱 가운데 하나. 아我의 진상을 알지 못해 무아無我의 이치에 미혹한 것. 아집我執의 미망迷妄을 이루는 4가지 근본적인 번뇌 가운데 하나. 말나식末那識의 원인.

아타나(阿陀那) 아뢰야식阿賴耶識의 다른 이름. 아타나식阿陀那識.

아타타(阿吒吒) 팔한지옥八寒地獄 가운데 세 번째. 한기寒氣가 심해 입을 벌리지 못하고 혀만 움직여 '아타타' 한다고 한다.

아파야가저(阿波耶伽底) 악취惡趣로 번역. 악업惡業을 지은 이가 가는 곳.

아파타나(阿波陀那) 십이부경十二部經 가운데 하나. 비유·우화寓話로써 교리를 알기 쉽게 한 부분.

아파파(阿波波) 팔한지옥八寒地獄 가운데 하나. 추운 데 핍박되어 내는 소리로 지은 지옥 이름.

아하하(阿呵呵) 선가에서 스승과 제자가 문답 토론을 하다가 이치가 다하고 말이 끝날 때 스승이 입을 벌리고 웃을 때 나는 소리. 아阿는 어조사. 하하呵呵는 웃는 소리. 혹은 조소하는 뜻.

아함(阿含)📖 āgama 도착到着, 유래由來, 기원起源, 수로水路, 소득, 재산, 획득, 학문, 지식, 학學, 교훈教訓, 전통傳統, 교본教本, 규칙規則, 중자重字 등의 뜻이 있다. 전傳·교教·법귀法歸로 번역. ①전傳은 차례차례 이어받는 의미로 삼세三世 여러 부처의 전설傳說하는 것. ②교教는 법이란 뜻. ③법귀法歸는 만선萬善이 귀의하여 취하는 곳이란 뜻. 소승교의 총명總名. ④아한다. 아함시阿含時를 가리킨다.

아함시(阿含時) 부처가 『화엄경』을 설하고 난 뒤 12년 동안 『아함경』을 설교한 때. 천태종의 오시팔교五時八教에서는 녹원시鹿苑時라고도 한다.

아행만행즉삼매(阿行萬行卽三昧) 『진언집』의 실담장에서 모음 12자 중에서 가장 먼저 오는 모음 아阿 자의 행에 있는 12자 모두를 가리킨다. 𑖀a 아阿 행으로 만 가지 행을 하면 바로 삼매라는 뜻. 무주행無住行으로 만행을 널리 닦아 항상 진여의 경지에 머무르는 삼매·삼마지·등지等持·평등지라고 하여 하나의 경계에 머무르는 것을 말한다. 곧 일행삼매一行三昧.

아훔(阿吽)📖 아𑖀阿는 입을 벌리고 내는 소리로 자음字音의 최초. 훔𑖮hūm吽은 입을 다물고 내는 소리로 자음의 끝. 밀교에서는 이 두 글자를 모든 사물의 최초와 최종最終에 배대해서 아자는 모든 사물 발생의 이체理體, 홈 자는 모든 사물이 돌아가는 귀착歸着의 지덕智德이라 한다. 절에 들어가는 문 가운데, 중문中門 양쪽에 마주 서 있는 인왕仁王과 향배向拜의 두 기둥에 조각한 사자가 하나는 입을 벌리고 하나는 입을 다문 것도 이러한 뜻을 가지고 있다.

아훔(경주 장항리사지 오층석탑)

악(惡) 삼성三性 가운데 하나. 불선不善이라고도 한다. 현세나 내세에 자기나 남에 대해 좋지 아니한 결과를 가져올 성질을 가진 바탕. 양심을 좇지 않고 도덕률을 어기는 일.

악(惡) 악आah惡은 아आa阿 자의 전성이며, 열반점인 점의 획을 더한 글자. 모든 법法을 여의어서 불가득不可得의 뜻이 있다.

악견(惡見) 육번뇌六煩惱 가운데 하나. 모든 법의 진리에 대해 가지는 잘못된 견해.

악과(惡果) 나쁜 원인으로 자연히 받게 되는 나쁜 결과.

악구(惡口) 십악의 하나로 남에게 욕을 하고 험담하여 성내게 하고 괴롭게 하는 것. 구업口業 가운데 하나.

악귀신(惡鬼神) 야차夜叉·나찰羅刹 등의 귀신.

악기식(惡氣息) 입으로 방귀 뀐다는 뜻. 기식氣息은 말. 악취가

나는 숨을 쉬는 것. 쓸데없는 말을 벌려 놓는 것. 학인이 마음에 얻은 것이 없으면서 혀끝으로만 지껄이는 것을 스승이 꾸중하는 것을 뜻한다.

악도(惡道) 악취惡趣. 악업을 지어서 죽은 뒤에 가는 고통의 세계.

악도외(惡道畏) 나쁜 짓을 하고 삼악도三惡道에 떨어질 것을 두려워하는 것.

악론(惡論) 세론世論. 순세외도順世外道의 언론.

악률의(惡律儀) 악계惡戒. 불률의不律義. 도살屠殺하는 것으로 직업을 삼는 것과 같다.

악마(惡魔) 불법을 방해하는 악신. 사람을 악으로 유혹하고 망하게 하는 일에만 힘쓰는 사악한 귀신.

악명외(惡名畏) 항상 나쁜 일을 하고 숨기면서 발각되어 나쁜 소문이 세상에 퍼지는 것을 두려워한다.

악목(惡目) 악안惡眼. 광목천廣目天·광목천왕廣目天王.

악무과(惡無過) 악무애惡無礙와 같은 말. 인과를 믿지 않으며 죄의 두려움을 깨닫지 못하고 악을 범하면서도 부끄러움이 없는 것.

악상(惡象) 성질이 광폭狂暴하여 인간과 축생을 해치는 흉악한 모습.

악성(惡性) 악한 짓 하기를 좋아하는 성질. 진리를 비방하고 거짓을 행한다. 바른 것을 비방하고 삿된 것을 행한다. 옳은 것을 비방하고 그른 것을 행한다. 실다움을 비방하고 헛됨을 행한다. 선을 비방하고 악을 행한다.

악세(惡世) 나쁜 일이 성대한 세상.

악수각(惡手脚) 험한 수단. 학인을 험하게 대접한다.

악업(惡業) 삼성업三性業 가운데 하나. 안온하지 못하여 나쁜 결과를 받게 되는 행동. 오역五逆이나 십악十惡 따위.

악인(惡因) 나쁜 결과를 받게 될 원인.

악자문(惡字門) ﬤḥ 모든 법의 원리遠離는 얻을 수 없기 때문이

라는 의미. 실담자에 뜻을 부여한다. ➡ 실담悉曇

악자정제즉열반(惡字淨除卽涅槃) 『진언집』의 실담장에서 모음 12자 중에서 12번째 악**ℵah**惡 자는 깨끗하게 제거해 버리면 바로 열반이라는 뜻. 금강유정金剛喩定으로 업상業相을 깨끗하게 제거하는 열반.

악작(惡作) 과거에 행한 선善과 악惡이나, 또는 하지 않은 선과 악에 대해 후회하는 정신 작용. 회悔라고도 한다. 부정법不定法 가운데 하나.

악지식(惡知識) 나쁜 법을 말하여 사람으로 하여금 마도魔道에 들게 하는 이. 악우惡友·악사惡師.

악취(惡趣) 아파가야저阿波伽耶底. 삼악도三惡道. 악업을 지어서 죽은 뒤에 태어나는 고통의 세계. 수라修羅·아귀餓鬼·축생畜生·지옥地獄.

안(眼) cakṣu 동사 cakṣ는 본다, 주목한다, 고지告知하다, 말하다, 응시하다 등의 뜻이 있다. 시각을 담당하는 감각 기관으로 요별了別하기 이전의 감각을 말한다. 육안肉眼·천안天眼·혜안慧眼을 삼안三眼이라고 한다. 삼안三眼에 법안法眼·불안佛眼을 더하여 오안五眼이라고 한다.

안거(安居) 📖 vārṣika-varṣa 비, 비가 오는 기간에 속하는, 1년 등의 뜻이며, varṣa는 우기雨期에 속한다는 뜻이 있다. 인도의 여름은 비 오는 기간이 3개월 정도가 되기 때문에, 출가자들이 외출을 금지하고 한곳에 모여 생활하며 수행하는 것을 안거安居라고 한다. 승려들의 수행 제도. 좌하坐夏·좌랍坐臘이라고도 한다. 하안거夏安居는 음력 4월 15일부터 7월 15일까지. 동안거冬安居는 음력 10월 15일부터 다음해 1월 15일까지.

안계(眼界) 경境을 대하여 볼 수 있는 안근眼根과 안식眼識.

안근(眼根) 육근六根 가운데 하나. 안식眼識으로 형形·색色 등을 감각하는 시각 기관. 곧 눈을 말한다.

안나반나(安那般那) 📖 ānāpāna āna는 원래 온다는 견래遺來의 뜻이나 전하여 입식入息이라 하였으며, apāna는 원래 가 버린다는 견거遺去의 뜻이나 전하여 출식出息이라고 한다. 관법觀法의 하나. 수식관數息觀. 안반安般. 입출식入出息.

안당(雁堂) 안우雁宇. 불당佛堂의 다른 이름.

안락(安樂) ①몸이 편안하고 마음이 즐거운 것. ②안락국安樂國. 서방 극락세계.

안립심(安立心) 선과 악을 잘 알아서 마음이 편안한 것. 구심륜九心輪 가운데 하나.

안립제(安立諦) 생각과 말로 미치지 못하는 진여를 명자名字와 심연心緣의 입장에서 가설로 차별과 명목을 세워 나타냄을 말한다. 진여의 체상에서는 비안립제非安立諦라고 한다.

안명(安名) 새로 수계受戒한 이에게 처음으로 법명을 부여하는 것.

안명산(安明山) 안명유산安明由山. 수미산須彌山을 말한다. 묘고妙高라고도 한다. 바다 속에 가장 깊이 들어가서 안安, 다른 산보다 높이 솟아서 명明이라고 한다.

안목(眼目) 사물을 보아서 알고 분별하는 견식.

안문(鴈門) 불문佛門을 말한다.

안반(安般) 오정심관五停心觀의 하나. 안나반나安那般那의 준말. 수식관數息觀. 안나는 내쉬는 숨, 반나는 들이쉬는 숨.

안배(安排) 안安은 놓을 만한 곳에 물건을 놓는 것, 배排는 순서 있게 벌여 놓는 것을 말하며 자유롭게 다룬다는 뜻이다.

안상(眼象) 돌을 조각하여 만든 탑이나 석등 등의 좌대 각 면에 새김질하여 파낸 조각 형상.

안서(雁書) 부처의 전생담前生譚을 말한다.

안선(安禪) 좌선坐禪·입정入定과 같은 말. 좌선하면 몸과 마

안상(안성 칠장사)

음이 편안해진다는 뜻.

안수고인(安受苦忍) 삼인三忍 가운데 하나. 질병·수재·화재·도장刀杖의 고통을 달게 받는 것.

안시(眼施) 무재칠시無財七施 가운데 하나. 편안하고 맑은 눈으로 사람을 대하는 것. ➡ 무재칠시無財七施

안식(眼識) 육식六識 가운데 하나. 눈으로 사물을 보고 판단하는 기초 의식. 모양이나 빛깔 등을 분별하고 아는 작용. 시각視覺.

안식국(安息國) 페르시아 지방에 있던 나라.

안양(安養) 📖 서방 극락세계. 아미타불의 정토. 안양국安養國·안양정토安養淨土·안양세계安養世界. 극락세계에서 마음을 편안히 하고 몸을 기른다는 뜻.

안양세계(安養世界) 서방 극락세계를 말한다.

안온(安穩) 극락極樂·극락세계.

안온법(安穩業) 불안온법不安穩業의 반대말.

안왕(鴈王) 부처를 가리키는 말.

안우(雁宇) 안당雁堂. 불당佛堂의 다른 이름.

안위접(按位接) 안按은 그친다는 지止의 뜻으로, 옛 위位를 그치고 후의 가르침으로 위位로 들어간다는 뜻. 사위피접似位被接.

안은(安隱) 계戒가 가지는 네 가지 뜻인 청량淸凉·안은安隱·안정安靜·적멸寂滅 가운데 하나.

안정(安靜) 계戒가 가지는 네 가지 뜻인 청량淸凉·안은安隱·안정安靜·적멸寂滅 가운데 하나.

안채비소리 범패의 하나. 이치적인 면을 강조하는 의식으로, 의식을 주관하는 절에서 학식이 높은 승려가 거행하는 것을 원칙으로 한다. 산문 형태로 많은 어구를 반복하고 부연하며 수식하고 설명하여 내용을 전달하도록 하고, 소리의 길이가 짧고 굴곡이 심하지 않아 의미에 주의를 집중하도록 한다. 유치성由致聲·착어성着語聲·편계성遍偈聲·게탁석偈鐸聲의 네 가지 소리로 구성.

안처(眼處) 시각의 감각기관인 육체를 말한다. 십이처十二處 가운데 하나. 육내처六內處. 육근六根.

안청정심(安淸淨心) 삼청정심三淸淨心 가운데 하나. 자비문에 의지하여 모든 중생이 고뇌를 여의고 안락한 경계를 얻게 하는 마음. 삼청정심은 지혜智慧·자비慈悲·방편方便에 의지하여 청정심을 발하여 일어나게 하는 것.

안타회(安陀會) antarvâsa ~의 중간에 주하는 것 등의 뜻임. 삼의三衣 가운데 하나. 내의內衣·중숙의中宿衣로 번역. 5조五條. 절 안에서 작업할 때나 침상에 누울 때 입는 옷. 내의內衣.

안타회중의(安陀會中衣) 삼법의三法衣 가운데 하나. 일상생활을 하거나 잠을 잘 때 입는 가사.

안탑(雁塔) 기러기를 위해 세운 탑. 중인도 마갈타국 인다라세라 구하산의 동쪽 봉에 있는 탑. 보살이 정육淨肉을 먹는 승려를 대승교로 인도하기 위해 기러기가 되어 공중에서 떨어져 죽은 유적.

안하처(安下處) 안심하고 행리行李를 내려놓는 처소라는 뜻. 숙박하는 곳.

안혜(安慧) ①뜻을 지혜에 안치하고 움직이지 않는 것. ②실치살말저悉恥薩末底. 십대논사十大論師 가운데 하나.

알가(閼迦) 📖 argha 가치價值, 대가代價, 경애를 표시하는 선물, 초목이나 꽃에 물을 주는 것 등의 뜻이 있다. 사종공양四種供養 가운데 하나. 공덕수功德水·향화수香花水라고 한다. 본래 가치 있는 것이란 뜻으로 불상 앞에 받드는 공물供物을 말한다.

알음알이 지해知解. 분별지分別智.

암(暗) 📖 암ām暗은 산하대지로서 아ʔa阿 자를 따라 출생한다. 비밀실지秘密悉地·오륜종자五輪種子 가운데 하나.

암(庵) 암자. 작은 초가. 출가 또는 은사隱士가 있는 집. 초암草庵·모암茅庵·봉암蓬庵 등.

암마라식(庵摩羅識) amala 무구식無垢識. 진여의 본체를 식으로 인정하여 모든 사물의 근원이라고 하는 것.

암사(庵寺) 본래 승니僧尼를 통용하여 절이라는 뜻으로 쓰였으나, 뒤에 니사尼寺만을 일컫는 칭호가 되었다.

암실(庵室) 암사庵寺의 방.

암심(闇心) 의심疑心.

암자문(暗字門) **ảaṃ** 모든 법의 변제邊際는 얻을 수 없기 때문이라는 의미. 실담자에 뜻을 부여한다. ➡ 실담悉曇

암좌(岩座) 자연 그대로의 바위 형태를 표현한 대좌.

암주(庵主) 작은 암자의 책임을 맡은 소임. 뒤에 니주尼主의 호칭이 되었다. 사찰의 규모가 큰 총림에서는 산내에 가장 큰 절인 본 절을 책임을 지고 있는 소임을 주지住持라고 하고, 부속되어 있는 작은 암자의 책임을 맡은 소임을 부르는 말.

암좌(해남 대흥사 나한상)

암증(暗證) 오로지 좌선공부坐禪工夫만 하여 교문敎文의 의리에 어두운 것. 경전을 무시하고 자기 소견을 과장하여 부처나 조사를 나무라는 선객을 말한다.

암증대공즉보리(暗證大空卽菩提) 『진언집』의 실담장에서 모음 12자 중에서 11번째 암暗 자를 증득한 큰 공空은 바로 보리라는 뜻. 여여한 지智로서 여여한 공空을 증득한 이치로서 바로 보리라는 뜻.

암증선사(暗證禪師) 선정禪定을 좋아하여 법문은 연구하지 않고 증상만增上慢이 되어 보통 사람과 성인을 무시하는 선객. 교상敎相의 문리文理를 알지 못하여 선종 이외의 종파를 만드는 이. 암증선暗證禪·암증비구暗證比丘·암증법사暗證法師·맹선盲禪·암선자暗禪子.

암효득(暗曉得) 아는 척하면서도 실제는 알지 못하는 이를 멸시하는 말.

앙구식(仰口食) 사식四食 가운데 하나. 얼굴을 상방上方으로 향하는 직업에 의해 밥을 얻는 것. 천문天文 따위.

앙련(仰蓮) 연꽃을 바로 놓은 모양. 꽃부리가 아래로 향하는 형태로 조각된 연꽃 모양의 조각이나 무늬.

앙신(仰信) 경전이나 불·보살·선덕 등이 가르친 말씀을 지혜로 분별하지 않고 신앙하여 그대로 믿는 것.

앙련(영주 부석사 자인당)

앙월점(仰月點) 원점圓點 아래에 반월형을 더한 것. ◡에 •을 올려놓은 모양을 말한다. 마다摩多는 아니며, 단독으로 글자를 장식한다. 음을 따라 소리를 낸다.

앙자문(仰字門) ऒna 모든 법의 지분支分은 얻을 수 없기 때문이라는 의미. 실담자에 뜻을 부여한다. ➡ 실담悉曇

앙화(仰花) 탑 꼭대기의 보륜 밑에 꽃이 피어나듯이 조각된 부분.

애(愛) ①애착愛着. 보통 사람의 애착. ②법애法愛. 보살 이상이 선법을 사랑하고 즐거워하는 것. 법열法悅.

애가(愛假) 사혹思惑의 다른 이름.

애견(愛見) ①탐애貪愛하는 견해. ②애愛와 견見의 2가지 번뇌. 곧 사혹思惑과 견혹見惑을 가리킨다.

애결(愛結) 구결九結 가운데 하나. 탐애貪愛의 번뇌.

애계(愛界) 애욕愛欲의 경계. 애욕愛欲의 종족.

애근(愛根) 애욕愛欲의 번뇌가 근본이 되어 다른 번뇌를 생기게 하는 것.

애론(愛論) 사물에 집착하는 미혹한 마음으로 주장하는 여러 가

지 옳지 못한 의론. 둔근인鈍根人·재가인在家人·천마天魔·범부가
주장하는 의론.

애별리고(愛別離苦) 사랑하는 것과 헤어지는 괴로움. 팔고八苦 가
운데 하나.

애상(愛想) 자기가 좋아하는 이에게 대하여 일어나는 애착심.

애안(愛眼) 부처의 자애로운 눈.

애어(愛語) 사섭법四攝法의 하나. 온화하고 사랑스런 말로 대하는
것. 애어섭愛語攝.

애어섭(愛語攝) 보살행의 4가지 수행 덕목인 사섭법四攝法 가운데
하나. 남이나 이웃에게 부드럽고 온화한 말로 마음을 편안하게
하여 이끌어 들이는 것.

애에(愛恚) 탐애貪愛와 진에瞋恚의 2가지 번뇌·미혹.

애자문(愛字門) ai 모든 법의 자재自在는 얻을 수 없기 때문이라
는 의미. 실담자에 뜻을 부여한다. ➡ 실담悉曇

애장사(哀莊寺) 가야산 해인사의 다른 이름.

애행(愛行) 사혹思惑. 탐욕貪欲·진에瞋恚 등을 해서 일에 헤매는
수혹修惑. 이행二行 가운데 하나.

애행(愛行) 견애이행見愛二行 가운데 하나. 사혹思惑, 특히 탐애貪愛
를 말하기도 한다. 또는 다른 이의 가르침을 유순하게 따르는 것.

야나불다라(若那弗多羅) 승자勝子. 십대논사十大論師 가운데 하나.

야나전달라(若那戰達羅) 지월智月. 십대논사十大論師 가운데 하나.

야납(野衲) 납자衲子·납승衲僧의 겸칭.

야단법석(野壇法席) 법당이 아닌 숲 속이나 광장 등에 임시로
단을 마련하여 야외 법회를 여는 것을 말한다. 사람들이 모여서
시끄럽게 떠들어 대는 것.

야록(野鹿) 착한 마음은 매어 두기가 어려움을 비유한 말.

야마천(夜摩天) 욕계 육천六天의 세 번째. 밤낮의 구분이 없고 시
기를 잘 알아 이상한 오욕의 환락歡樂을 누린다고 한다. 염라대왕

이 이 하늘을 관장한다.

야마천(夜摩天) 욕계欲界 육천六天 가운데 하나.

야보시(野布施) 화전花錢. 초상집에서 나누어주는 보시물.

야승이혹(夜繩易惑) 한밤중에 끈을 진짜 뱀으로 잘못 알았다는 뜻.

야자문(惹字門) ᒼja 모든 법의 생生은 얻을 수 없기 때문이라는 의미. 실담자에 뜻을 부여한다. ➡ 실담悉曇

야자문(野字門) ᑕya 모든 법의 진실眞實은 얻을 수 없기 때문이라는 의미. 실담자에 뜻을 부여한다. ➡ 실담悉曇

야장(冶匠) 대장장이. 건축물에 쓰이는 여러 연장이나 철기를 만든 장인.

야차(夜叉) 팔부중八部衆의 하나. 하늘을 날아다니며 사람을 잡아먹고 상해를 입힌다는 추악하고 사나운 귀신의 하나.

야호선(野狐禪) 선종에서 깨달음을 얻지 못한 자가 깨달은 체하며 사람들을 속이는 것을 말한다. 혹은 참선하는 데 길을 잘못 든 사람을 이르기도 한다.

약광(藥狂) 사종광四種狂惑 가운데 하나. 약을 먹다가 발광發狂하는 것.

약교석(約敎釋) 사석四釋 가운데 하나. 부처의 교법을 사교四敎로 나눈 것 가운데 상충되는 견해에 대해 해석하는 것.

약사여래(藥師如來) 약사유리광여래의 준말. 중생의 병을 치료하고 수명을 연장하고 재화를 소멸하고 의복·음식 등을 만족하게 한다. 동방유리광세계東方瑠璃光世界의 교주. 대의왕불大醫王佛. 약사여래는 12대

약사여래불상(경주 굴불사지)

원을 발원한다.

약사여래불상(藥師如來佛像) 수명 연장과 질병을 퇴치하고 의식
주를 넉넉하게 하는 뜻이 있으며, 오른손은 시무외인施無畏印을 하
고 왼손에는 약함藥函을 들고 있는 특징이 있다.

약사재일(藥師齋日) 음력 매월 8일.

약사전(藥師殿) 보광전普光殿·만월보전滿月寶殿·유리광전琉璃光殿.

약사칠불(藥師七佛) 선칭명길상왕여래善稱名吉祥王如來·보월지엄
광음자재왕여래寶月智嚴光陰自在王如來·금색보광묘행성취여래金色寶
光妙行成就如來·무우최승길상여래無憂最勝吉祥如來·법해뇌음여래法海
賴音如來·법해승해유희신통여래法解勝慧遊戲神通如來·약사유리광여
래藥師琉璃光如來.

약삼보(略三寶) 선가禪家에서 게송을 노래한 후에 끝에 반드시 '시
방삼세十方三世' 등의 말을 두는 것을 말한다.

약석(藥石) 율장에서는 정오가 지나면 음식을 먹는 것을 금하고
있기 때문에, 선종 사원에서 오후에 하는 식사를 이르는 말. 약식
藥食이라고도 한다. 병이 있는 사람을 치료하기 위해 음식 먹는
것을 허락하는 데서 유래.

약식(藥食) 약석藥石.

약찬게(略讚偈)📖 간략하게 찬송하는 게송이라는 뜻으로 경전
의 전체 구성이나 대의를 나타낸다. 화엄경약찬게華嚴經略讚偈와
법화경약찬게法華經略讚偈가 있다. 약찬게라는 쓰임은 다른 나라에
서는 찾아보기 어려우며, 우리나라에만 있는 형식이다.

약초유(藥草喩) 약초는 삼승三乘의 근성을 비유한다. 소초小草는
천인天人을, 중초中草는 성문聲聞·연각緣覺을, 대초大草는 장교보살
藏敎菩薩을 비유한다.

약행관(約行觀) 삼종관법三種觀法 가운데 하나. 『마하지관摩訶止觀』
에 말한 관법觀法의 방법에 의해 일념삼천一念三千의 묘한 이치를
관함과 같은 것.

약허두한(掠虛頭漢) 민머리인 허두虛頭를 노략질하여 취한 어리석은 사내. 즉, 알지도 못하면서 말과 행동을 흉내를 내는 조급한 사람을 가리킨다.

양(量)📖 pramāṇa 양量, 척도, 표준, 넓은, 대단히 큰, 긴, 거리距離, 무거움, 체력의 한도, 바른 양, 규준規準, 권위權威, 행동의 법칙, 바른 인식의 수단, 증처證處, 진실의 개념, 바른 관념 등의 뜻이 있다. 양量, 광량廣量, 정량定量, 한량限量, 형량形量 등으로 의역한다.

양(量)📖 마음에 나아가는 것으로, 심소心所가 경계를 대하여 연緣한 것을 알아 크기를 재는 것. 현량現量은 경계를 대하여 자체를 그대로 아는 것, 비량比量은 경계를 아는 것이 아직 나타나지 않은 알지 못하는 것을 추량해서 아는 것, 비량非量은 현량과 비량比量을 사似 즉 잘못 아는 세 가지의 삼량三量이 있다.

양가(兩迦) 진두가鎭頭迦와 가라가迦羅迦 두 나무의 열매. 서로 비슷하여 구별하기 매우 어려움을 말한다.

양거(羊車) 삼거三車 가운데 하나. 성문승聲聞乘의 교教를 비유한다.

양계(兩界) 양부兩部. 밀교의 두 법문法門인 금강계金剛界와 태장계胎藏界의 만다라曼陀羅.

양과(量果) 삼량三量 가운데 하나. 결과를 아는 것으로 몇 자 몇 치와 같다.

양구(兩垢) 유구진여有垢眞如와 무구진여無垢眞如의 두 진여眞如를 말한다.

양구여여(兩垢如如) 유구여有垢如와 무구여無垢如. 진여眞如의 다른 이름.

양권(兩權) 성문聲聞·연각緣覺의 이승二乘이 보살승菩薩乘의 일실一實을 상대하는 것을 말한다.

양등(量等) 양등신량等身.

양등신(量等身) 여래의 법신이 모든 유위有爲·무위無爲의 여러 법을 서로 가지런하게 하는 사량.

양면원경(兩面圓鏡) 둥근 거울 형태로 되어 있는 것으로 불복장을 할 때, 후령통의 바닥과 위에 놓는 물목物目 중에 하나. 두 개의 둥근 형태로, 한 개는 후령통의 안 오보병 바닥에 안치하고, 하나는 오보병 입구에 덮는다. 오방에 놓는 원경과는 쓰임과 뜻이 다르다.

양반(兩班)📖 양서兩序. 동서東序와 서서西序. 총림에서 동쪽에 놓이는 직제는 주인의 자리로서 본방의 대중인 경우가 많아 동서東序이며 지사知事라고 하고, 서쪽에 놓이는 직제는 선방의 드는 선객이나 객의 자리를 의미하는 경우가 많아 서서西序이며 두수頭首라고 한다. 이를 모두 부를 때 양반이라고 한다. 일반적으로 선원청규에서는 4지사, 6두수를 두고, 그 아래에는 주지를 돕고 대중을 통솔하기 위해 임청任請하는 직책이 생겼다.

양복전(良福田) 선량한 복전福田. 삼보三寶를 말한다. 삼보에게 공양하면 무한한 복리福利가 생기기 때문에 이르는 말.

양부(兩部) 양계兩界. 밀교의 두 법문法門인 금강계金剛界와 태장계胎藏界

양서(兩序) 선림禪林의 양반兩班. 한 절의 주지 아래에 둔 동서東西 양반을 말한다. 학덕學德이 많은 승려가 서서西序에 자리함으로 두수頭首라 하고, 세법世法에 통달한 승려가 동서東序에 자리함을 지사知事라고 한다. 동서東序에는 도사都寺·감사監寺·부사副寺·유나維那·전좌典座·직세直歲로써 차례를 삼는다. 서서西序에서는 수좌首座·서기書記·지장知藏·지객知客·지욕知浴·지전知殿으로써 차례를 삼는다. ➡ 양반兩班

양서(兩鼠) 흑백의 두 마리 쥐란 뜻으로 밤과 낮을 비유한 말.

양설(兩舌) 십악업十惡業 중 구업口業 가운데 하나. 말을 뒤집거나 시비를 뒤바꾸거나 이간질하는 것. 앞뒤가 서로 어긋나서 맞지 않는 말.

양승(羊僧) 아양승啞羊僧.

양승(羊乘) 양거羊車.

양시(兩翅) 선정禪定과 지혜智慧를 새의 두 날개에 비유한 말.

양일(良日) 길일양진吉日良辰. 좋은 날과 좋은 시.

양자문(穰字門) ḟña 법의 지智를 나타냄. 실담자에 뜻을 부여한다. ➡ 실담悉曇

양재(兩財) 내외의 양재兩財. 몸과 팔다리 등 중생의 정보正報가 내재內財. 금·은·보화 및 집 등 중생의 의보依報가 외재外財.

양족존(兩足尊) 부처의 존호尊號. 부처의 두 발이 복과 지혜를 가리킨다고 한다. 석가여래가 오랜 세월 동안 고행하면서 복福과 혜慧를 아울러 닦은 것을 이르는 말. 이족존二足尊.

양지(楊枝) 이쑤시개.

양협사(兩脅士) 이협사二脅士.

어간(御間) 전각 중앙에 자리한 불상이 밖을 보고 앉아서 보이는 앞쪽의 기둥과 기둥 사이의 문.

어금강(語金剛) 모든 글자의 어머니로서 아ʀa阿 자를 말한다. ➡ 옴아훔자론唵阿吽字論

어밀(語密) 삼밀三密 가운데 하나. 공空·풍風의 이대二大.

어불견수(魚不見水) 사불견四不見 가운데 하나. 물고기들은 물속에 살아 특별히 물을 보지 못하는 것. ➡ 사불견四不見

어산(魚山) 범패梵唄의 다른 이름. 인도는 이민달라산, 중국은 어산이 범패의 발상지라고 한다. 조식曺植이 산에서 놀다가 범천의 소리를 듣고 만들었다고도 한다. 경전의 게송에 곡을 붙인 노래를 범패라고 한다.

어토(於菟) 호랑이를 이르던 초나라의 고어.

억겁(億劫) 일억一億의 겁수劫數. 매우 긴 시간. 무한히 오랜 세월.

억념(憶念) 마음에 잘 새겨서 잊지 않고 항상 기억하고 생각하는 것.

억념륜(憶念輪) 기심륜記心輪. 삼륜三輪 가운데 하나.

억지(憶持) ①기억記憶과 수지受持. ②기억하여 지니면서 잊어 버리지 않는 것.

언교(言敎) 부처가 말로써 나타내 보인 가르침.

언단(言斷) 언어도단言語道斷.

언론(言論) 『유가사지론瑜伽師地論』에서 제시한 육종론六種論 가운데 하나. 일체의 언설로써 시비를 결택決擇하고 득실得失을 변론하는 것.

언망번(蔫亡旛) 명과번命過旛.

언시(言施) 다정하고 진정한 말로 대응하는 것. ➡ 무재칠시無財七施

언아(言阿) 실담悉曇에서 최초로 아𑖀a자阿字를 말하는 것. 또는 범어梵語를 가리킨다.

언어도단(言語道斷)📖 언어도단言語道斷 심행처멸心行處滅. 말의 길이 끊어지고 마음과 상상력으로도 미치지 못한다는 뜻. 선禪에서 체험한 깨침의 세계는 언어로 표현하는 데 한계가 있다는 말. 또는 너무 엄청나거나 기가 막혀서 말로 나타낼 수가 없음을 말한다. 『화엄경』에서는 '언어도단행처멸言語道斷行處滅'이며, 『대지도론』에서는 '심행처멸心行處滅 언어도단言語道斷'이라고 한다.

언쟁(言諍) 율律의 해석에서 일어나는 사쟁四諍 가운데 하나. 교리에 대해 옳고 그름을 논쟁論諍하는 것. ➡ 사쟁四諍

언청(言請) 말로써 물음을 청하는 것.

얼금단청 금단청과 모로단청을 서로 엮어서 그리는 방법.

엄색(掩色) 백호白毫의 빛을 가려 버렸다는 뜻으로 부처의 입멸을 말한다. 또는 고승高僧의 죽음을 말한다.

엄식(嚴飾) 장엄莊嚴.

엄정(嚴淨) 불국토의 장엄莊嚴이 청정한 것.

엄정계(嚴淨偈) 도량게道場偈의 다른 이름.

엄토(掩土) 전신全身 매장을 말한다.

업(業)📖 karman 행위行爲, 작업作業, 작용作用, 직업職業, 의식儀式, 결과結果, 행위의 직접적인 목적, 운명運命 등의 뜻이 있다. 음사는 갈마羯磨. 업業, 작作, 행行, 작업作業, 업용業用, 행업行業, 소작所作, 인업因業, 업인業因, 작법作法, 사事, 판사辦事, 상相 등으로 의역한다. 행위行爲·행동行動·작용作用·의지意志 등 마음과 몸의 활동을 의미한다. ①몸과 마음과 입으로 일어나는 세 가지 업으로 나눈다. 미래에 선악의 결과를 가져오는 원인이 되는 몸과 입과 뜻으로 행하는 선악의 소행. ②물질을 체體로 하여 드러나는 신업身業과 어업語業을 색업色業인 표업表業, 의업意業으로 드러나지 않는 무표색無表色인 무표업無表業으로 나누기도 한다. ③과보果報와 이숙異熟을 가능하게 하는 업인業因인 선업善業과 악업惡業, 선善도 아니고 악惡도 아닌 무기無記인 무기업無記業으로 나누기도 한다. ④시간을 기준으로 나누기도 한다. 현생에 행하고 현생에 받는 순현업順現業, 현생에 행하고 다음 생에 받는 순생업順生業, 현생에 행하고 다음 다음 생에 받는 순후업順後業. ⑤업業이 작용하는 길이 된다고 하여 십선업도十善業道라고 한다. ⑥보시布施·지계持戒·행行을 정토에 왕생하기 위한 바른 청정한 정인正因으로 정업正業이라고 한다.

업감(業感) 업행業行에 의해 그 과보를 받는 것을 일컫는 말. 곧 선악의 업인에 의해 고락의 과보를 받는 일.

업감연기(業感緣起)📖 중생이 행行하는 업인業因에 따라 연기하여 일어나는 세계관. 혹惑은 마음이 전도된 악惡으로, 업業은 몸의 병인 악惡으로, 고苦는 생사의 과果로 인因과 과果가 상속함을 말한다. 혹과 업과 고가 서로 연緣이 되어 과보果報를 낳으므로 붙여진 이름.

업결(業結) 악업과 번뇌.

업경(業鏡) 명계冥界에 있는 중생들의 선업과 악업을 비추는 거울. 업경대業鏡臺.

업과(業果) ①선악이 행위에 의해 받게 되는 과보果報. ②업인業因과 과보果報.

업도(業道) 망령된 마음에서 일어나는 몸·입·뜻으로 행하는 업. 업業이 작용하는 힘으로 육취六趣에 가게 하므로 도道라고 한다.

업력(業力) 과보를 가져오는 업의 큰 힘. 선업에는 낙과樂果를 일으키는 힘이 있고, 악업에는 고과苦果를 일으키는 힘이 있다.

업병(業病) 전세에 지은 악업에 의해 받는 병으로 반드시 면하지 못한다.

업경대(강화 전등사)

업보(業報) 선과 악의 업에 의해서 받는 고苦나 낙樂의 과보.

업성(業性) 업체業體. 업의 자체를 말한다. 즉, 업의 성질.

업수(業壽) 지난 과거의 업인業因에 의해서 정해지는 수명.

업연(業緣) 선악과보善惡果報의 인연.

업영(業影) 업業이 몸을 쫓음이 그림자와 같다는 말.

업유(業有) 칠유七有 가운데 하나. 행유行有라고도 한다. 업의 근본인 체體와 쓰임과 활동인 용用이 없어지지 않음을 말한다.

업인(業因) 선과 악의 과보를 일으키는 원인이 되는 것.

업자재(業自在) 사종자재四種自在 가운데 하나. 제10지 보살은 번뇌와 악업에 얽매임이 없는 것.

업잡염(業雜染) 삼잡염三雜染 가운데 하나. 번뇌로부터 생기며 또는 번뇌가 도와서 행하는 몸·입·뜻의 업.

업장(業障) 사장四障 가운데 하나. 악업惡業이니 신身·구口·의意의 삼업이 바른 이치를 장애하는 것. 악업의 장애. 전생에 지은 업으로 이 세상에서 받는 장애障碍. 언어·동작 또는 마음으로 악업을 지어 정도를 방해하는 장애. 업력業力이라고도 한다.

업적(業賊) 악업이 몸에 해가 되는 것을 도적에 비유한 것.

업전(業田) 업이 고락苦樂의 과보를 내는 것을 밭에 비유한 말.

업종(業種) ①몸과 입과 뜻으로 지은 선악의 업이 고락苦樂의 과보를 내는 것. 마치 종자가 열매를 맺는 것과 같음을 말한다. ②업종자業種子의 준말.

업진(業塵) 악업이 몸을 더럽히기 때문에 일컫는 말.

업처(業處) 마음 작용이 머무는 곳으로 선정이 의지하고 머무르는 곳. 선정에 들어 마음이 첫 번째 경계에 머무는 것을 말한다.

업풍(業風) ①업인業因의 힘을 바람에 비유한 말. 중생이 자기가 지은 업력業力에 의해 삼계三界에 윤회하는 것과 같다는 말. ②악업에 의해 일어난 대풍재大風災 및 지옥에서 부는 바람.

업해(業海) 여러 가지 나쁜 결과를 가져올 원인이 끝없이 일어남을 바다에 비유한 것.

업화(業火) 중생의 악업의 힘이 맹렬함을 불에 비유한 말.

에견(恚見) 십견十見 가운데 하나.

에자문(曀字門) ꝺe 법의 득得을 나타냄. 실담자에 뜻을 부여한다. ➡ 실담悉曇

여거(勵擧) 목소리에 무게를 실어 법어法語를 장중하고 엄숙하게 하는 것.

여거(如去) 여래如來의 다른 이름. 과거의 모든 부처가 생사로부터 열반 속으로 갔다는 뜻.

여기(餘氣) 여습餘習.

여년(驢年) 때가 없음을 말한다. 12지지 가운데 여驢의 이름이 있는 해가 없다는 것을 비유한 말.

여라(濾羅) 물을 거르는 비단. 곧 녹수낭漉水囊.

여래(如來) 📖 tathāgata 그와 같은 모습에 떨친다, 그와 같은 상태에 있다, 그와 같은 성질, 그와 같은 본성, 그와 같이 등의 뜻이 있다. tathā-gata는 여거如去이며 tathā-āgata는 여래如來의 뜻. 불십존호佛十尊號·여래십호如來十號 가운데 하나. 부처를 말한다. 보다 위없이 높은 이. 무상상無上上. 곧 최고의 진리에 도달한 사람이라는 뜻. 여실如實한 도를 타고 와서 정각正覺을 이룬 이. 스스로 진리를 증득하고 또 다른 이를 제도하는 이.

여래가지력(如來加持力) 삼력三力 가운데 하나. 부처의 설법을 말한다.

여래권인(如來拳印) 오른손을 위에 두어 금강권金剛拳을 하고, 왼손을 아래에 두어 연화권蓮華拳을 하며 엄지손가락을 오른손 속으로 넣어 늘어뜨리도록 하는 인印.

여래상(如來像) 나발을 하고 있는 부처를 나타내는 상像으로, 사찰의 중심인 법당의 이름이 된다. 상像은 원만한 32상 80종호를 갖추고 정수리에는 육계肉髻가 있으며 눈썹 사이에는 백호가 있고, 법의를 입고 있으나 장식이 없는 특징이 있다. 종류로는 석가모니불상, 아미타불상, 비로자나불상, 미륵불상, 약사여래불상 등이 있다.

여래선(如來禪) 불과佛果를 이루고 법락法樂을 받아 모든 중생을 위해 불가사의한 오묘한 작용을 하는 선. 최상승선最上乘禪. 경론經論에서 말한 사선四禪·팔정八定과 같은 것.

여래십대발원문(如來十大發願文) 📖 원래는 종효宗曉 스님의 『낙방문류樂邦文類』에 있는 동강법사택영桐江法師擇瑛이 지은 왕생정토발원문往生淨土十願文. 원아속견아미타願我速見阿彌陀와 원아결정생안양願我決定生安養가 서로 바뀌며 여래십대발원문으로 사용하고 있다. 이외에도 1776년 명행明行 스님이 모은 『염불보권문』에서는 '원아상문불법승願我常聞佛法僧 원아근수계정혜願我勤修戒定慧'

도 바꾸고 있어 정토에 왕생한다는 정토 사상이 의미의 변화를 꾀하고 있는 것을 알 수 있다. 종효의 발원문은 '원아영리삼악도願我永離三惡道 원아속단탐진치願我速斷貪瞋癡 원아상문불법승願我常聞佛法僧 원아근수계정혜願我勤修戒定慧 원아항수제불학願我恒隨諸佛學 원아불퇴보제심願我不退菩提心 원아속견아미타願我速見阿彌陀 원아결정생안양願我決定生安養 원아분신변진찰願我分身遍塵刹 원아광도제중생願我廣度諸衆生'이다.

여래십호(如來十號) 불십존호佛十尊號. 여래如來·응공應供·정변지正遍知·명행족明行足·선서善逝·세간해世間解·무상사無上士·조어장부調御丈夫·천인사天人師·불세존佛世尊.

여래의(如來衣) 인욕의忍辱衣.

여래일(如來日) 실상일實相日.

여래장(如來藏) 📖 tathāgata-garbha tathāgata는 여래로 의역한다. garbha는 자궁子宮, 내부內部, 태아胎兒, 영아嬰兒, 소아小兒, 자손子孫, 수태受胎, 아芽 등의 뜻이 있다. 태장胎藏이라 번역. 모든 중생이 본래부터 여래의 진성眞性 및 진여의 이치를 갖추어 함장含藏하고 있다는 것. 식장識藏. ①여래장은 번뇌와 함께해도 더러워지지 않는 자성청정심自性淸淨心. ②여래가 법을 설한 교법으로 법장法藏이라고 한다.

여래장심(如來藏心) 진여심眞如心의 다른 이름. 사람마다 본래부터 갖추고 있는 진실한 마음.

여래좌(如來坐) 전가부좌全跏趺坐.

여래타도(如來馱都) 사리舍利를 말한다.

여래혜(如來慧) 여래의 지혜. 일체지一切智를 말한다.

여래회(如來會) 무량수여래회無量壽如來會의 준말.

여량지(如量智) 후득지後得智.

여리(如理) 여실如實. 진리에 계합契合한다.

여마(與麼) 속어俗語로 물건을 가리키는 말.

여몽(如夢) 세상의 모든 법이 실체가 없는 것이 꿈과 같다는 말.

여범(女犯) 승려가 여자에 대해 사음邪婬하지 않아야 한다는 계율을 범하는 것.

여법(如法) ①불법의 바른 이치와 같은 것. 법에 맞고 이치에 맞는 것. ②부처의 가르침대로 수행하는 것. ③법답다는 말. 여실如實.

여법수행(如法修行) 부처의 교법대로 수행한다. 여실수행如實修行.

여법조복제중생력(如法調伏諸衆生力) 불법과 같이 중생들을 조복시키는 힘.

여병(女病) 여색女色이 사람을 해치는 것을 비유한 말.

여산의(廬山衣) 정토종에서 사용하는 법의法衣. 원래는 선가의 법의라고 한다.

여성(女聲) 삼매성三昧聲을 말한다.

여수낭(濾水囊) 비구의 육물六物 가운데 하나. 율律에서는 녹수낭漉水囊이라고 한다. 물속의 벌레의 생명을 보호하기 위해 걸러내는 주머니처럼 생긴 도구.

여습(餘習) 잔습殘習·여기餘氣·습기習氣. 이미 번뇌를 끊었으나 여전히 습기가 남아 있다는 것을 말한다.

여시아문(如是我聞) '나는 이와 같이 들었다'는 뜻. 여시如是는 경전 가운데 부처의 말. 아문我聞은 아난阿難 자신을 가리켜 일컫는 말. 모든 경전이 '여시아문'으로 시작하여 부처가 설한 경전임을 증명한다.

여식금강(如食金剛) 금강석을 먹으면 소화되어 없어지지 않고 그대로 몸 밖으로 나온다는 것. 불교에 어떤 작은 인연이라도 맺어 놓으면 마침내 번뇌와 고통의 무명無明을 여의고 해탈 경계에 이르게 된다는 말.

여신구(女身區) 시련侍輦으로 모신 영가를 목욕시키는 관욕灌浴 의식에서 여자의 목욕탕을 가리킨다. 병풍 안에 여자의 위패를 모셨으면 구역을 표시하는 곳에 여신구女身區라고 쓴다.

여실(如實) ①진실한 이치에 계합하는 것. ②진여의 다른 이름. ③진여실상眞如實相의 준말. ④실답다는 말. 여법如法.

여실공(如實空) 진여의 자체 내용을 표현하는 말. 진여의 체성은 온갖 것으로 설명할 수 없는 것으로 모든 것을 초월하여 절대적이므로 일체의 언설이나 사려思慮를 부정하여 버렸다는 뜻으로 공空이라고 한다. 공이란 뜻이 진여의 진실한 내용을 표시하므로 여실한 공이라고 한다.

여실지(如實知) 제법의 실상을 제대로 아는 것.

여실지(如實智) 진여실상眞如實相의 지혜. 부처가 얻은 지혜. 제법의 실상을 아는 지혜. 실상에 契合하는 지혜.

여어(如語) 여실如實한 말. 여법如法한 말. 진실하여 허망하지 않은 말을 말한다.

여여(如如) 진여眞如. 법성法性의 이체理體가 둘이 아니고 평등하므로 여如라 하고, 피차의 제법이 모두 같으므로 여여如如라고 한다. 정지正智에 계합하는 이체理體를 말한다. 변하지도 않고 다르지도 않는 진여眞如의 이치.

여우이유(驢牛二乳) 사이비似而非. 옳은 것 같으면서 옳지 않은 물건. 진짜인 것 같으면서 가짜인 물건. 당나귀와 소의 젖이 같지 않음을 말한다. 우려이유牛驢二乳.

여원인(與願印) 근본오인根本五印 가운데 하나. 중생에게 자비를 베풀고 중생이 원하는 것을 들어주는 덕을 나타낸 수인. 손바닥을 밖으로 향하고 손가락을 편 채 손 전체를 아래로 늘어뜨리는 모습. 시원인施願印·만원인滿願印이라고도 한다.

여원인

여유(驢乳) 사이비似而非. 여우이유驢牛二乳. 우려이유牛驢二乳.

여의(如意) 📖 anuruddha 원래는 나무, 각角, 골骨 등으로 손 모양 또는 구름 모양을 만들어, 손이 닿지 않는 곳을 긁는 데 사용하는 물건이었으며, 이를 여의如意라고 하였다. 후에 법사法師와 강사講師 등의 지물로 사용한다. 승구僧 具 가운데 하나. 조장爪杖이라고 한다. 손으로 미치지 못하는 곳을 이것으로 써 마음대로 긁을 수 있기 때문에 여의 라고 한다. 효자손이라고도 한다.

여의

여의관음(如意觀音) 여의륜관음如意輪觀音. 육관음六觀音 가운데 하나. 중생의 고통을 덜어 주고 온 세상에 이익을 주는 보살.

여의마니(如意摩尼) 여의주如意珠. 여의보주如意寶珠.

여의병(如意瓶) 덕병德瓶.

여의보주(如意寶珠) 여의주如意珠. 여의마니如意摩尼.

여의불(如意佛) 자재한 신통력을 지니고 있는 여래.

여의신(如意身) 불구십신佛具十身 가운데 하나.

여의족(如意足) 의지로 자유로이 할 수 있는 신통력과도 같은 힘.

여의주(如意珠) 여의보주如意寶珠.

여장(麗藏) 고려대장경을 말한다.

여정(餘定) 세간의 선정禪定을 말한다.

역(力) 마라磨攞. 역용力用.

역겁수행(歷劫修行) 보살이 성불하기까지 오랜 세월 동안 보살 만행을 닦아야 함을 일컫는 말.

역도삼행(力度三行) ①사택력思擇力. ②수습력修習力. ③변화력變 化力.

역류(逆流) ①생사의 흐름을 거슬러 오직 깨닫는 길을 향해 나가 는 것. ②수다원須陀洹을 말한다. 예류預流. 생사의 흐름을 거슬러 성자의 지위, 열반의 도에 들어간 이.

역류(逆流) 적멸寂滅한 인과로 돌아가는 것. 이류二流 가운데 하나.

역무소외(力無所畏) 십력十力과 사무소외四無所畏.

역바라밀(力波羅蜜) 착한 행실을 실천하여 진실과 거짓을 판별하는 능력을 배양하는 것. 십바라밀 가운데 하나.

역생(力生) 화상和尚의 번역.

역연(歷然) 구별이 분명한 모양.

역예보천(力銳補天) 여와씨女媧氏가 오색의 돌로써 하늘을 떠받쳐야 한다고 한 말로써 가공架空의 설법說法을 뜻한다.

역죄(逆罪) 오역죄五逆罪. 바로 무간지옥無間地獄에 떨어지므로 무간업無間業이라고도 한다.

역지신(力持身) 불자구십신佛自具十身 가운데 하나.

연(蓮) 미타彌陀의 정토淨土.

연(輦) 임금의 행차나 혼례에 사용하는 가마. 재의식齋儀式에서 일주문 밖까지 나가 재를 올리는 영가와 재를 받는 대상을 의식이 펼쳐지는 도량으로 모시는 데 사용한다.

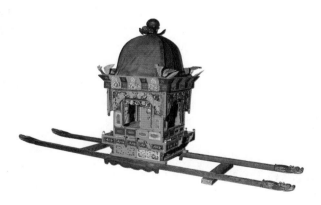

연(통도사 성보박물관)

연(緣) 📖 pratitya ~에 연緣해서, ~의 이유에 의해서, ~에 관해서, ~의 이유 때문에 등의 뜻이 있다. 인因, 의인依因, 탁託, 연緣, 연기緣起, 연생緣生, 인연因緣 등으로 의역한다. ①직접 과果를 일으키는 것을 인因이라고 하여 내인內因으로 부르며, 이를 밖에서 돕는 연緣을 외연外緣이라고 한다. ②인연因緣·무등간연無等間緣·소연연所緣緣·증상연增上緣으로 나누어 4연緣이라고 한다. 인연은 내인을 바로 연緣하는 것으로 인因에 과果가 있는 경우. 무등간연은 앞의 마음 작용의 찰나가 뒤의 마음 작용의 찰나를 일으킬 때 사이에 떨어짐이 없는 경우. 소연연은 밖의 경계인 외경外境의 소연所緣은 상분相分이 되고, 마음에서 생하는 연緣은 견분見分이 되는 경우. 증상연은 모든 법法이 과果로 된 하나의 법에 대하여 연이 되는 경우.

연각(緣覺) 소승小乘 가운데 하나. 십이인연十二因緣에 말미암아 진공眞空의 이치를 깨닫는 것. 꽃이 피고 잎이 지는 따위의 외연外緣에 의해 혼자 모든 사물의 생멸을 깨달았다는 뜻. 독각獨覺. 벽지불.

연각사심장(緣覺捨心障) 사혹장四惑障 가운데 하나. 연각이 이타利他의 마음을 버리고 자기만 깨닫기를 목적으로 하여 몸과 마음이 함께 없어지는 소승 열반에 들어가는 장애.

연각승(緣覺乘) 소승小乘 가운데 하나. 십이인연十二因緣에 말미암아 진공眞空의 이치를 깨달으며, 십이인연을 수레로 삼아서 삼계三界를 벗어나 열반에 도달하는 것. 스스로 잎이 피고 꽃이 지는 따위의 이치를 관찰하여 깨달음. 독각승.

연감(蓮龕) 불감佛龕.

연계(蓮偈) 『묘법연화경』의 게송.

연경(蓮經) 『법화경』을 가리킨다.

연궁(蓮宮) 연화장세계蓮華藏世界. 보신불報身佛의 정토를 가리키는 말. 또 가슴속 팔엽八葉의 심연화心蓮華를 말한다.

연근(練根) 근기의 단련.

연기(緣起)📖 존재하는 모든 존재는 인因과 연緣이 화합하는 조건에 의해 이루어졌기 때문에, 조건이 변하면 모든 것이 변하므로 자성自性도 없으며, 상相은 항상하는 것도 아닌 무상無常이며, 독립적인 존재가 없으므로 무아無我로서 공空한 것이다. 인과 연이 화합하여 과果를 생기게 하는 것을 연기緣起라고 하며, 상의상관相依相關 속에서 존재한다. 연緣은 타자他者에 의해 자기가 성립하므로 '이것이 있을 때 저것이 있고, 이것이 생길 때 저것이 생긴다. 이것이 멸할 때 저것은 없고, 이것이 멸하면 저것도 멸한다'고 하는 조건이 생기므로 자타불이自他不二의 세계가 가능하게 된다. 세계를 유지시키는 이 상의성相依性은 여래가 출현하든 안하든 법法으로 존재하며, 과거 시간의 확대로 법계法界가 설정된다. 이 법계의 영원성과 보편성이 법성法性이 된다. ①연기緣起의 입장에서 법法의 본연의 모습이 12연기설. ②화엄에서는 불과佛果인 인因의 입장에서 연기를 인연에 의해서 생기는 것을 성기性起라고 한다. ③유식에서는 과果의 입장에서 삼성설三性說을 세운 것. ④태어나서 죽는 생로병사生老病死 자체가 고苦임을 모르고 고통 속에서 생사윤회하는 것을 유전流轉 연기라고 하며, 수행하여 고통의 원인을 바르게 알아서 해탈로 향하는 것을 환멸還滅 연기라고 한다.

연념(憐念) 육폐六蔽 가운데 하나.
연등불(燃燈佛) 석가모니부처의 전생의 부처에게 공양하고 미래에 성불할 것이라고 수기를 받은 정광불淨光佛을 말한다.
연려심(緣慮心) 외계의 사물을 보고 생각하는 마음.
연력(緣力) 서방정토 보살의 십삼력十三力 가운데 하나. 선지식의 교회력敎誨力. 인연의 화합.

연력(緣力) 인연을 도와주는 힘. 염불하는 행자가 선지식에게 불법을 듣는 것 따위.

연루(蓮漏) 연화루蓮華漏.

연리(蓮理) 심련心蓮의 묘리妙理.

연마(練磨) 보살에게 있는 3가지 연마練磨.

연명법(延命法) 연명보살을 근본 존상尊像으로 하여 금강수명다라니를 외어 수명을 연장하고 복덕을 기원하는 수도법.

연문(蓮門) 연종蓮宗의 문파. 연방蓮邦을 구하는 정토문淨土門의 다른 이름.

연방(蓮邦) 절의 다른 이름. 극락極樂의 다른 이름.

연법(演法) 불법을 알기 쉽게 설명하는 것. 불법을 연역演繹하는 것.

연법(緣法) 인연因緣을 말하는 것.

연부(緣簿) 봉가장奉加帳.

연비게(然臂偈) 참회멸죄인게懺悔滅罪印라고도 한다.

연사(蓮社) 동진東晉의 혜원慧遠이 여산廬山에 살면서 유유민劉遺民 등과 더불어 정토를 닦았는데, 그 가운데 백련지白蓮池가 있어서 연사蓮社라고 불렀다. 백련사白蓮社.

연사(蓮社) 백련사白蓮社.

연사(輦寺) 수레가 왕래하는 절. 왕공王公이 세운 큰 절을 말한다.

연사(緣事) 어떤 사정이나 관련이 있는 일. 인연이 있는 일.

연생(緣生) 인연으로 말미암아 생기는 것. 일체의 유위법有爲法을 가리켜서 말한다. 연기緣起.

연섭천자(蓮葉千子) 현겁賢劫 천불千佛의 전인前因.

연수당(延壽堂) 무상당無常堂. 또는 다비소茶毘所를 말한다. ➡ 다비소茶毘所

연안(蓮眼) 청련화靑蓮華의 눈. 곧 불안佛眼. 부처의 눈이 아름답고 오묘함이 청련靑蓮과 같다는 뜻.

연야(練若) 아련야阿練若. 아란야阿蘭若. ➡ 아란야阿蘭若

연우(蓮宇) 절의 다른 이름. 극락세계에 왕생하기를 발원하는 정토염불의 사원. 연방蓮邦.

연인(緣因) 삼인三因 가운데 하나. 여러 가지 진실한 공덕을 닦는 것.

연인불성(緣因佛性) 삼인불성三因佛性 가운데 하나. 여러 가지 진실한 공덕을 닦는다는 뜻. 지혜를 도와 정인正因을 개발하는 육바라밀六波羅蜜의 수행.

연장(蓮藏) 연화장세계蓮華藏世界.

연적(宴寂) 편안하게 입적入寂하는 것.

연정(緣淨) 보살사정菩薩四淨 가운데 하나. 신통하고 자재한 것.

연종(蓮宗) 연사蓮社의 취지를 받들어 연방蓮邦을 구하는 종파. 정토종淨土宗.

연좌(蓮座) 연화대좌蓮華台座. 불좌佛座.

연좌(宴坐) 아무 말 없이 고요하게 앉아 있는 것. 좌선을 말한다.

연착(戀著) 연모하여 집착한다.

연찰(蓮刹) 서방의 정토. 극락세계의 다른 이름. 찰利은 토土의 범어.

연하(煙霞) 고요하고 아름다운 산수의 경치.

연현관(緣現觀) 삼현관三賢觀 가운데 하나. 무루지無漏智와 함께 일어난 심心·심소心所가 사제四諦를 관찰하는 것.

연화(蓮華) 번뇌를 여읜 청정무구한 불성佛性과 법성法性을 상징한다. 인도에는 4가지의 연꽃이 있다. 우발라화優鉢羅華·구물두화拘物頭華·파두마화波頭摩華·분타리화芬陀利華. 여기에 니로발라泥盧鉢羅를 더하기도 한다.

연화게(蓮華偈) 『묘법연화경』의 게문.

연화국(蓮華國) 연화장세계蓮華藏世界. 불국토의 이름.

연화권(蓮華拳) 4가지 주먹 가운데 하나. 새끼손가락, 약지, 중지, 식지의 네 손가락을 구부리고, 엄지손가락으로 식지의 바깥쪽을 눌러서 볼록하게 만드는 것.

연화대(蓮華臺) 연화蓮華의 대좌. 연꽃 모양으로 불보살을 모시는 자리.

연화루(蓮華漏) 혜원慧遠의 제자 혜요慧要가 연꽃으로 만든 물시계를 말한다.

연화문(蓮華門) 금강계 만다라 도량에 설치한 문호門戶.

연화복(蓮華服) 가사袈裟의 다른 이름. 연화의蓮華衣. 가사의 청정함을 연꽃에 비유한 말.

연화부정인(蓮華部定印) 미타정인彌陀定印. 묘관찰지정인妙觀察智定印.

연화삼매(蓮華三昧) 부처가 법화法華인 오묘한 연꽃에 앉아 있는 이치.

연화수문(蓮華手門) 태장계 만다라의 북쪽 문.

연화승회(蓮華勝會) 염불을 행하는 집회. 연사蓮社의 한 유형.

연화심(蓮華心) 밀교의 삼부三部 가운데 연화부蓮華部의 중심 부분. 자성청정심自性淸淨心. 물들지 않는 청정한 마음을 연꽃에 비유한 말.

연화안(蓮華眼) 관세음의 밀호密號.

연화어(蓮華語) 연화염송蓮華念誦.

연화어음(蓮華語音) 연화염송蓮華念誦.

연화염송(蓮華念誦) 5가지 염송 가운데 하나.

연화의(蓮華衣) 가사의 다른 이름. 연화복蓮華服. 가사의 청정함을 연꽃에 비유한 말.

연화자(蓮華子) 연화부蓮華部의 제자.

연화장세계(蓮華藏世界)📖 불교의 가장 이상적인 세계. 모든 불보신佛報身의 정토. 보련화寶蓮華가 이루어지는 땅이기 때문에 붙인 이름. 화장세계華藏世界라고도 한다. ①『화엄경』「화장세계품」에서 설명하는 세계로 연화세계해蓮華世界海 또는 10연화장세계라고 한다. 비로자나여래가 과거에 원願과 행行으로 깨끗하게 장엄한 세계로서, 맨 아래에 풍륜風輪이 있고, 그 위에 향수해香水海가 있으며, 한가운데 하나의 큰 연화가 있고, 이 속에 함장含藏되어 있다. 이 속에서 여래가 출현한다고 한다. ②『섭대승론』에서는 법계진여를 비유한 것으로 실다운 세계는 아니라고 한다. ③정토에서는 아미타불의 극락세계를 말한다.

화장찰해도(안성 법계사)

연화존(蓮華尊)　연화부蓮華部의 여러 존상尊像.

연화좌(蓮華坐)　①결가부좌結跏趺坐를 말한다. ②연꽃의 대좌臺座. 부처나 보살이 앉는 자리.

연화좌(蓮花座)　연화대蓮華臺. 부처나 보살이 앉는 자리.

연화지(蓮華智)　오지五智 가운데 묘관찰지妙觀察智의 다른 이름.

연화탁(蓮華鐸) 연꽃 모양으로 손잡이를 만든 목탁.

연회(戀懷) 세속에 그리움을 품는 것. 또는 심회心懷하는 것으로 근심 걱정하고 분별하는 것이라고도 한다.

열두신장 점을 치는 소경이나 무당이 경문을 외울 때 부르는 신장.

열반(涅槃) 📖 nirvāṇa 소멸消滅, 완전한 만족, 지복至福, 생生의 불꽃이 소멸한 것, 해소解消, 구극究極의 해방, 절대와 일치, ~에 전념하는 것 등의 뜻이 있어 열반涅槃으로 음사하며 적정寂靜으로 번역한다. 모든 번뇌에서 벗어나 안온한 상태를 말한다. 이원泥洹·적멸寂滅·적정寂靜으로도 번역한다.

열반(원각사지 십층석탑)

열반금(涅槃金) 승려가 돌아가신 것을 대중에게 알리기 위해 종을 울리는 것. 종의 망치를 거꾸로 들고서 마감쇠가 없이 한 번 또는 세 번 내린다.

열반나(涅槃那) 열반涅槃.

열반당(涅槃堂) 무상당無常堂. 또는 다비소茶毘所를 말한다.

열반락(涅槃樂) 삼락三樂 가운데 하나. 모든 미혹을 끊고 열반을 증득하여 생멸과 고락苦樂이 모두 없는 것. 구경락究竟樂.

열반락(涅槃樂)　오락五樂 가운데 하나.

열반상(涅槃像)　석가세존이 입적하는 상.

열반성(涅槃城)　이원성泥垣城. 열반으로 인해 불생불멸不生不滅을 증득하고 안락해탈安樂解脫의 성자聖者가 사는 곳. 극락세계極樂世界를 의미한다.

열반적정(涅槃寂靜)　열반의 경지는 모든 모순을 초월하여 고요하고 청정한 경지라는 뜻.

열반적정인(涅槃寂靜印)　삼법인三法印 가운데 하나. 생사에 윤회하는 고통을 벗어난 이상경理想境인 열반적정의 진상을 말한 것.

열반절(涅槃節)　부처가 열반에 든 날. 음력 2월 15일.

열반점(涅槃點)　아ฅﾟaḥ阿 자를 가리킨다.

열사지(烈士池)　녹야원鹿野苑 옆에 있는 연못.

열응신(劣應身)　천태종 통교通教의 응신불應身佛 가운데 열등함을 보이는 불신.

열지(劣智)　열등하고 나쁜 지혜.

염(焰)　제법이 공성空性임을 나타내기 위해 베푼 대승십유大乘十喩 가운데 하나.

염(念)📖　smṛti ~의 기억, 상기想起, 염기念起, 권위 있다, 성전문학, 전통적인 법전法典 등의 뜻으로, 기기, 지智, 염念, 억념憶念 등으로 의역한다. ①마음이 작용하는 심소心所의 이름으로 경험한 것을 밝게 기억하는 것. 힘이 있기 때문에 염근念根 또는 염력念力이라고 한다. ②불·법·승·계戒·시施·천天의 육념六念은 부처가 생천生天하려는 사람을 위하여 설한 내용으로 천天은 청정계淸淨戒를 지니고 지켜 선업을 쌓아 낙보樂報를 받는 것을 말한다. ③육념六念에 휴식休息·안반安般·신비상非常·사死, 다른 말로는 멸滅·출입식出入息·신신·사死의 4가지를 더하여 십념十念이라고 하며, 마지막에는 몸의 무상함과 죽음을 잘 기억하여 그 모습을 떠올리는 것을 말한다. ④육념과 십념을 따라가면서 수행하는 뜻으로 육수념六隨念 또는 십수념十隨念이라고도 한다. ⑤아주 짧은 시간.

염각분(念覺分) 칠각분七覺分 가운데 하나. 수행자는 항상 잘 생각하여 마음을 한곳에 머물게 함과 바라보는 것을 고르게 하는 일.

염경(炎經) 『열반경涅槃經』의 다른 이름.

염계(染界) 사바세계娑婆世界.

염력(念力) 37도품道品의 오력五力 가운데 하나. 염근念根을 키워서 모든 사념邪念을 깨뜨리는 것.

염로(閻老) 염마왕閻魔王.

염마졸(閻魔卒) 저승사자. 명사冥使.

염마졸(남해 화방사)

염부제(閻浮提) 사주四洲 가운데 하나. 남주南洲. 승금주勝金洲로 번역. 남염부제南閻浮提. 염부지閻浮地라고도 한다.

염불(念佛)📖 buddhānusmṛti 불타를 항상 억념憶念하는 것을 말한다. anusmṛti는 추억, 회상, 상상, 의향 등의 의미가 있으며, 념念, 심心, 정념, 억념憶念, 수념隨念 등으로 의역한다. ①삼념三念·육념六念·십념十念 가운데 하나. 십념은 염불念佛·염법念法·염승念僧·염계念戒·염시念施·염천念天·염휴식念休息·염안반念安般·염신念身·염사念死. 부처에게 귀경歸敬하고 경배하고 불·법·승 삼보를 염念하고 계戒를 지니고 보시하면 하늘에 태어난다고 한다. ②4종염불은 '명이 끊어지려고 할 때'에 부르는 불佛이 몸을 드러내어 극락세계에 왕생하는 것. 칭념염불稱念念佛은 아미타불의 명호를 큰소리로 부르는 것, 관상염불觀像念佛은 아미타불상의 상호를 관하며 입으로는 불佛의 이름을 부르며 마음은 산란하지 않게 하는 것, 관상염불觀想念佛은 단정하게 앉아 바르게 생각하는 것으로 얼굴을 서방으로 향하고 아미타불의 미간 백호상 광명으로부터 발아래의 천폭상륜까지를 관상하는 것, 실상염불實相念佛은 아미타불의 법성신을 염하는 것을 말한다. ③5종염불은 원생願生으로 왕생하는 것. 아미타불에게 예불하는 신업예배문身業禮拜門, 몸의 모습과 광명, 모든 성중의 몸의 모습과 광명 등을 찬탄하는 구업찬탄문身業讚歎門, 성중의 몸의 모습 광명 국토장엄 등을 염念하고 관觀하는 의업억념관찰문意業憶念觀察門, 신·구·의 삼업과 4위의威儀로 지은 공덕의 원願을 발하는 작원문作願門, 지은 선근으로 깊은 수희隨喜를 내어 회향하는 회향문廻向門. ④임종염불이 있다. 청량 스님의 『화엄경소』에서는 목숨을 마치려고 할 때, 불佛을 볼 수 있는 자는 목숨 버리는 것을 두려워하지 않으며 악도를 두려워하지 않는다고 하였다. 명命을 버리려고 할 때, 얼굴을 서쪽으로 향하고, 앞에 상像을 놓고 깃대를 세워 상像의 손과 손가락을 걸어 아픈 사람의 손으로 깃대의 다리를 잡도록 하고, 불佛의 이름을 부르게 하는 것은 불佛을 따라 정토에 왕생하는 뜻을 짓는 것이므로, 함께 향을 피우고 소리를 내어 불佛의 이름을 불러야 한다고 한다.

염불삼매(念佛三昧) 보왕삼매寶王三昧.

염식(念食) 수행하는 사람이 자기가 닦는 착한 일을 생각하여 잊지 않고 지혜를 증익增益하는 것. 구종식九種食 가운데 하나.

염오(染汚) 번뇌煩惱. 또는 번뇌로 마음이 더러워지는 것.

염왕(閻王) 염마왕閻魔王.

염의(染衣) 출가자의 옷. 출가하여 속세의 옷을 벗고 법의를 입는 것. 승니僧尼가 되는 것을 낙발염의落髮染衣·체발염의剃髮染衣라고 한다.

염장(簾匠) 발을 만드는 장인.

염정(念定) 정념正念과 정정正定.

염정국(染淨國) 범성동거토凡聖同居土.

염주(念珠) 수주數珠. 염불하는 수를 헤아리는 구슬.

염청(念請) 말을 하지 않고 오직 염상念想으로 물음을 청하는 것.

염향(拈香) 불상이나 보살상 앞에 향을 올리는 것. 선원에서 주지가 새로 부임하면 자리에 올라서 향을 태워서 국왕을 축수祝壽하고 신도들을 축원하는 의식.

염향문(拈香文) 염향拈香하며 올리는 글.

염향법어(拈香法語) 새로 부임한 주지가 염향拈香하고 나서 하는 법어.

염혜지(燄慧地) 대승보살의 십지十地 가운데 하나.

염화미소(拈華微笑) 석가모니가 영산회에서 연꽃 한 송이를 대중에게 보이자 가섭이 그 뜻을 깨닫고 미소 지은 것을 말한다. 마음에서 마음으로 전하는 일을 뜻하는 말. 이심전심以心傳心. ➡ 삼처전신三處傳心

염화실(拈華室) 반야실般若室. 조실 비구나 대덕 비구의 처소.

염환대치(厭患對治) 4가지 대치對治 가운데 하나. 가행도加行道를 말한다. 견도見道 이전에 고苦·집集 이제二諦에 인연하여 깊이 아픔을 싫어하는 생각을 내는 것.

염환대치(厭患對治) 사종대치四種對治 가운데 하나. 번뇌를 싫어하는 것.

엽사(獵師) 파계승破戒僧을 비유한 말.

영(鈴) 방울. 불상 앞에서 경을 외울 때 흔들어 울리는 기구.

영(影) 그림자. 제법이 공성空性임을 나타내기 위해 베푼 대승십유大乘十喩 가운데 하나.

영가(靈駕) 사자死者를 일컫는 말.

영감(靈龕) 사자死者의 시신을 넣는 감실. 곧 관곽棺槨.

영결식(永訣式) 임시로 단을 설치하고, 재물을 준비하며, 손님은 좌우로 정렬한다. 개식開式→법주착어法主着語→독경讀經→제문낭독→소향燒香의 순서로 진행하며 독경은 반야심경 등으로 한다.

영계(靈界) 죽은 사람의 혼령이 머무는 세계.

영골(靈骨) 불사리佛舍利.

영공(靈供) 죽은 사람의 영혼에 공양하는 재식齋食.

영광(靈光) 사람마다 본래부터 지니고 있는 불성을 가리킨다.

영기(令旗) 시련侍輦 의식에서 맨 앞에서 여러 무리가 나아가는 길을 가리키는 깃발. 2개의 깃발에 '令'이라고 씀.

영단(靈壇) 영가靈駕의 위패가 모셔진 단상.

영반(靈飯) 혼령이 베풀어 준 공양인 반飯을 먹는다는 뜻. 종사영반宗師靈飯과 상용영반常用靈飯이 있다.

영백(靈魄) 불가사의한 정신.

영복(靈福) 영혼의 안락.

영사(靈祠) 인사仁祠. 불사佛寺의 다른 이름. 영靈은 영험靈驗의 뜻.

영산(靈山) 영취산靈鷲山.

영산사소(靈山四疏) 4·6병려체의 화려한 문체로 법회의 취지를 대중에게 알리는 내용인 소疏 중에서, 영산재의 건회소建會疏, 개개소開啓疏, 대회소大會疏, 삼보소三寶疏를 말한다.

영산재(靈山齋)📖 부처의 영산회상을 재현하여 영가에게 장엄한 법식을 베풀어 극락왕생하도록 하는 것. 49재 가운데 장엄하게 치러지는 영가 천도 의식. 영산재의 순서는 시련侍輦→재대령齋對靈→관욕灌浴→조전점안造錢點眼→신중작법神衆作法→괘불이운掛佛移運→상단권공上壇勸供→식당작법食堂作法→운수상단권공雲水上壇勸供→운수중단권공雲水中壇勸供→신중퇴공神衆退供→관음시식觀音施食→봉송奉送→소대의식燒臺儀式→회향설법廻向說法으로 진행된다. 필요한 법구는 천개天蓋, 당번幢幡, 화만華鬘, 연화대좌蓮華大坐, 향로香爐, 다기茶器, 다관茶灌, 다반茶盤, 범종梵鍾, 법고法鼓, 목어木魚, 운판雲版, 동라銅鑼, 동발銅鈸, 요발搖鉢, 요령搖鈴, 죽비竹篦, 법라法螺, 취타악吹打樂 등이 필요하다. 준비해야 할 번幡은 삼신번三身幡, 보고번普告幡, 오여래와 칠여래번七如來幡, 오방번五方幡, 이십삼불번二十三佛幡, 명부시왕冥府十王을 표시한 시왕번十王幡, 항마번降魔幡, 시주번施主幡, 축상번祝上幡, 인로번引路幡 등의 각종 번과 기旗, 연輦, 일산日傘 등이다. 그리고 좌우의 청황등룡靑黃燈龍, 북모양의 왕등王燈, 제불보살의 강림과 꽃을 뿌려 공덕을 나타내는 산화락散花落, 진언집眞言集 등을 준비하고, 걸어 놓는 사슴·인물·화패, 사보살四菩薩, 금은전궤, 십이지도, 팔금강, 청황목 등을 준비해야 한다.

영산전(靈山殿) 팔상전八相殿. 나한전羅漢殿.

영산정토(靈山淨土) 영취산이 석가여래 보신報身의 정토임을 말한다. 부처가 사는 청정淸淨한 국토. 적광토寂光土라는 뜻.

영산회상(靈山會上) 영취산에서 석가여래가 『법화경』을 설법하

영산회상(진천 영수사 영산회괘불도)

던 모임 자리.

영서화(靈瑞華) 서응화瑞應華. 우담발화優曇鉢華. 우담화優曇華·우담바라화優曇波羅華.

영악(靈嶽) 영취산靈鷲山.

영야(永夜) 장야長夜. 생사生死의 윤회가 길다는 뜻.

영여(靈輿) 혼백과 신주를 태우는 가마. 상여.

영염(零染) 낙발落髮과 치의緇衣를 말한다.

영입비밀(令入秘密) 사종비밀四種秘密 가운데 하나. 성문들에게 색色·심心 등의 모든 법이 자기의 본성이 있다고 말하여 실망치 않게 하고 점점 교법에 이끌어 들이는 것.

영자(纓子) 착법무에서 가사에 바탕가사를 포함하여 엷은 가사가 앞에 세 가닥과 뒤에 세 가닥을 늘어뜨려 장삼 위에 고정시키는 끈.

영저(鈴杵) 자루를 금강저金剛杵로 만든 요령鐃鈴.

영취(靈鷲) 영취산靈鷲山.

영취산(靈鷲山) 📖 gṛdhrakūṭa 기사굴산耆闍崛山, 영취靈鷲, 취두鷲頭, 취봉鷲峰, 영산靈山, 영악靈嶽, 취악鷲嶽 등으로 말한다. 산의 모양이 독수리와 비슷하고, 산 위에 독수리가 많기 때문에 붙인 이름이라고 한다.

영타원만(令他願滿) 보살의 십금강심十金剛心 가운데 하나. 다른 이의 온갖 소원을 들어주어 만족시키려는 마음.

영혼(靈魂) 육체 외에 따로 존재한다고 생각되는 모든 정신활동의 본원이 되는 실질적인 본체. 신식神識을 말한다.

예경(禮敬) 📖 불보살에게 예를 갖춰 공경하는 법. 일반적으로 예불禮佛과 같은 의미로 사용하지만 엄밀하게는 의미가 다르다. 예불은 부처에게 정해진 예법을 말하지만, 예경은 공경하는 지극한 마음이 있는 것을 말한다.

예류(預流) 역류逆流.

예문(預聞) 성문聲聞 사과四果의 수다원須陀洹을 말한다.

예반(禮盤) 고좌高座를 가리킨다. 부처에게 예배하기 위해 올라가는 높은 대.

예배(禮拜) 반담伴談·화남和南. 나모실갈라那謨悉羯羅라고 한다. 공경하는 예절을 갖춰서 절하는 모습.

예불(禮佛)📖 불보살에게 예를 올리는 것. 대웅전, 전각殿閣, 단壇의 예불문으로 나누어진다. 대웅전의 예불문은 오분향례五分香禮, 향수해례香水海禮, 소예참례小禮懺禮, 대예참례大禮懺禮, 칠처구회례七處九會禮, 관음예문예觀音禮文禮, 사성례四聖禮, 강원상강례講院上講禮 등이다. 전각은 대웅전을 제외한 나머지 관음전, 극락전, 미타전, 약사전, 대장전, 나한전, 명부전, 용화전, 팔상전 등이며, 단壇은 신중단, 산왕단, 조왕단, 칠성단, 독성단, 현왕단 등을 들 수 있다. 모두 예경의 예불문은 각각 다르게 행한다.

예수재(豫修齋) 예수시왕생칠재豫修十王生七齋의 준말. 명부의 십대왕에게 가기 전에 미리 스스로 공덕을 닦는다는 뜻.

예시(例時) 수행자가 정한 시간에 올리는 근행勤行.

예언(豫言) 앞으로 다가올 일을 미리 알거나 짐작하여 말하는 것.

예업(穢業) 진심瞋心에서 일어나는 몸·입·뜻의 삼업三業.

예전(瘞錢) 장례식 때 땅속에 돈을 묻는 일. 기고전寄庫錢.

예찬(禮讚) 부처나 보살 앞에 예배하고 공덕을 찬탄한다. 삼보에게 예배하고 공덕을 찬탄하는 것.

예참(禮懺)📖 삼보에게 예배하고 지은 죄를 참회한다. 예배禮拜와 참회懺悔를 줄인 말. 예배는 불보살에게 예로써 절을 올리는 것이며, 참회는 지은 모든 악업을 부처에게 예를 올리고 경전을 독송함으로써 드러내는 것.

예토(穢土) 모순과 갈등과 번뇌로 더럽혀진 중생들이 사는 국토. 이승을 말한다.

예하(猊下) 부처가 앉는 자리. 고승대덕을 높이는 말. 승려에게 보내는 편지에 받는 이의 이름 밑에 써서 경의를 나타내는 말.

오가(五家) ①혼자 쓸 수 없는 세상의 재물. 수水·화火·도적盜賊·악자惡子·관가官家. ②중국 남종선에서 분파한 임제臨濟·위앙潙仰·조동曹洞·운문雲門·법안法眼의 오종五宗.

오각(五覺) 『기신론起信論』에서 말하는 본각本覺·시각始覺·상사각相似覺·수분각隨分覺·구경각究竟覺을 말한다.

오간(五慳) 5가지 아까워하고 인색한 것. 주처간住處慳·가간家慳·시간施慳·여찬간餘讚慳·법간法慳.

오개(五蓋) 5가지 번뇌. 심성을 덮고 있는 것. 탐개貪蓋·진개瞋蓋·수면개睡眠蓋·도회개掉悔蓋·의개疑蓋.

오개자(五芥子) 불복장을 할 때 십대명왕진언十代明王眞言으로 가지加持하여 오력五力을 얻는다는 뜻. 시나개자蒔蘿芥子·자개자紫芥子·백개자白芥子·만청개자蔓菁介子·황개자黃芥子를 말한다.

오견(五見) 신견身見·변집견邊執見·사견邪見·견취견見取見·계금취견戒禁取見.

오결(五結) 삼계를 유전하게 하는 5가지 번뇌. 탐결貪結·에결恚結·만결慢結·질결嫉結·간결慳結.

오경(五鏡) 오방경五方鏡으로 네모난 방경方鏡, 세모의 삼각경三角鏡, 동그란 원경圓鏡, 반달 모양의 반월경半月鏡, 공과 같은 원경圓鏡을 말한다. 금이나 은이 없을 때는 종이로 만들 수 있다. 다섯 가지 지혜를 나타내며, 동쪽의 대원경지大圓鏡智, 남쪽의 평등성지平等性智, 서쪽의 묘관찰지妙觀察智, 북쪽의 성소작지成所作智, 중방의 방편구경지.

오경(화순 운주사 복장유물)

오계(五戒) 불살생不殺生·부투도不偸盜·불사음不邪淫·불망어不妄語·불음주不飮酒.

오곡(五穀) ①한나라의 정현鄭玄은 마麻·서黍·직稷·맥麥·두豆, 조기趙歧는 도稻·서黍·직稷·맥麥·숙菽, 왕일王逸은 도稻·직稷·맥麥·두豆·마麻라고 했다. ②불복장에서는 대맥大麥·직稷·도稻·녹두菉豆·마자麻子를 말한다. 기르고 성장하여 마침내 보리菩提의 싹을 내며, 상주불멸의 뜻이 있다. 또는 오지五智의 싹, 또는 십신·십주·십행·십회향·십지의 싹이 나서 기르고 성장하는 것을 말한다. 불종자佛種子·법종자法種子·지종자智種子·보종자寶種子·금강종자金剛種子라고 한다.

오공(午供) 오시午時 공양. 오재午齋.

오과(五果) 6인因에 의해서 생기고 증득한 모든 과果를 5종으로 나눈 것. 등류等流·이숙異熟·사용士用·증상增上·이계離繫.

오교십종(五敎十宗) 화엄종의 교판상석敎判相釋.

오근(五根) ①5가지 감각 기관. 안眼·이耳·비鼻·설舌·신身. ②수행과 정진의 5가지 근력. 신근信根·근근勤根·염근念根·정근定根·혜근慧根.

오근본(五根本) 오근본번뇌五根本煩惱. 탐貪·진瞋·치癡·만慢·의疑.

오길상초(五吉祥草) 구사초矩舍草·마가구사초摩訶矩舍草·실리구사초室利矩舍草·필추구사초苾芻矩舍草·실당구사초悉黨矩舍草

오념문(五念門) 📖 5가지 염불로 수행하는 문. 예배문禮拜門·찬탄문讚歎門·작원문作願門·관찰문觀察門·회향문迴向門. 예배문禮拜門은 청정한 신업으로 한마음으로 아미타여래를 공경하고 예배하는 것. 찬탄문讚歎門은 청정한 구업으로 여래의 명호와 공덕광명의 지혜상과 같이 칭찬하고 찬탄하는 것. 작원문作願門은 마음에 항상 원을 내며 발하여 여실하게 사마타를 수행하는 것. 관찰문觀察門은 지혜로 바르게 생각하며 불국토의 공덕장엄과 아미타불의 공덕 장엄과 모든 보살의 공덕장엄을 관찰하는 것. 회향문迴向門은 자기에게 있는 공덕 선근을 모든 중생을 위해 널리 회향하여 원願과 같이 모두 함께 불도佛道를 증득하는 것.

오대명왕(五大明王) 오대존五大尊. 부동不動·항삼세降三世·군다리軍茶利·대위덕大威德·금강야차金剛夜叉.

오대적멸보궁(五大寂滅寶宮) 양산 통도사·오대산 월정사·설악산 봉정암·태백산 정암사·사자산 법흥사. 신라시대 자장법사가 중국에서 부처의 사리를 모신 곳.

오대존(五大尊) 오대명왕五大明王.

오도(烏道) 오작교烏鵲橋의 길.

오도(五度) 육도六度 가운데 보시布施·지계持戒·인욕忍辱·정진精進·선정禪定을 말한다.

오도사문(汚道沙門) 사종사문四種沙門 가운데 하나. 계율을 깨뜨리고도 부끄러움이 없어 성도聖道를 더럽혀 파괴하는 사문. 율종에서는 마하라摩訶羅라고 한다. 늙은 비구가 남의 물건을 즐겨 훔치는 것이나 일부러 계율을 범하여 남의 신시信施를 받는 것 따위.

오둔사(五鈍使) 십사十使 가운데 탐貪·진瞋·치癡·만慢·의疑의 오혹五惑을 말한다.

오락(五樂) 5가지의 즐거움. 출가락出家樂·원리락遠離樂·적정락寂靜樂·보리락菩提樂·열반락涅槃樂.

오력(五力) 수행 방법인 37도품道品 가운데 오근五根을 키우는 능력. 신력信力·정진력精進力·염력念力·정력定力·혜력慧力.

오로소(五路疏) 수륙재에서 오방五方에 법회의 내용을 알리는 소疏.

오륜종자(五輪種子) 비밀실지秘密悉地.

오리사(五利使) 십사十使 가운데 신견身見·변견邊見·사견邪見·견취견見取見·계금취견戒禁取見의 오혹五惑을 말한다.

오명(五明) 오명처五明處.

오륜종자

오명처(五明處) 배우고 익혀서 지혜를 내는 곳. 명처明處. 곧 내명처內明處·인명처因明處·성명처聲明處·의방명처醫方明處·공업명처工業明處.

오무간(五無間) 아비지옥阿鼻地獄의 5가지 고통. 취과무간取果無間·수고무간受苦無間·시무간時無間·명무간命無間·형무간形無間.

오방(五方) 동서남북 사방과 중앙.

오방내외안위제신진언(五方內外安慰諸神眞言)📖 『관자재보살여의륜염송의궤』에서 보이지만, 『대승금강반야바라밀경음석직해大乘金剛般若波羅蜜經音釋直解』에서 정구업진언과 함께 독송하는 방법으로 소개된다. 또는 안토지진언安土地眞言이라고도 한다. 오방의 내오방과 외오방에 있는 모든 신들을 편안하게 하는 것. 즉, 경전을 독송할 때 안으로는 독송하는 자의 구업口業을 깨끗이 하고 밖으로는 모든 법계를 깨끗이 한다는 뜻이 있다.

오방례(五方禮) 동·서·남·북·중앙에 있는 부처에게 예배하며 영가를 청하는 것.

오방번(五方幡) 동·서·남·북·중앙에 세우는 깃발. 각각 약사불·아미타불·보생여래불·불공성취여래불·비로자나불을 나타낸다.

오방법사(五方法師) 동·서·남·북·중앙의 다섯 방위에 각각 한 사람씩 의식을 주관하는 승려.

오방색(五方色) 정색正色이라고 한다. 동·서·남·북·중앙에 청·백·적·흑·황색을 배치한 것. 오색은 순서를 다르게 할 수 있으며 방향과 뜻을 달리하는 오색렬차五色列次로 사용한다. 가사袈裟의 색으로 사용하지 못한다. 정색正色은 일반적인 오방색이며, 불교에서는 다른 형태의 오방색이 다양하게 있다. 예를 들면 불상佛像의 불복장佛腹藏에서는 청·황·홍·녹·백을 사용한다.

오방신장(五方神將) 다섯 방위를 지키는 신. 동쪽의 청제靑帝, 서쪽의 백제白帝, 남쪽의 적제赤帝, 북쪽의 흑제黑帝, 중앙의 황제黃帝를 가리킨다.

오백전(五百殿) 나한전羅漢殿.

오별경(五別境) 각기 대상에 따라 따로따로 일어나는 5가지 심리 작용. 욕欲·승해勝解·염念·정정定·혜慧.

오별경(五別境) 욕欲·승해勝解·염念·정定·혜慧를 말한다. 별경심 소別境心所.

오보(五寶) 금강의 몸을 얻는다는 5가지 보배. 생금生金·진주眞 珠·생은生銀·유리琉璃·호박琥珀.

오보리엽(五菩提葉) 정각을 이루는 5가지 보리수의 잎. 향수엽香 樹葉·추수엽楸樹葉·야합수엽夜合 樹葉·오동수엽梧桐樹葉·정수엽檉 樹葉.

오보병(五寶瓶) 보현병普賢瓶. 오 방병五方瓶. 청색의 유리보병瑪瑙 寶瓶·노란색의 마니보병摩尼寶瓶· 붉은색의 산호보병珊瑚寶瓶·녹색 의 유리보병琉璃寶瓶·하얀색의 수 정보병水晶寶瓶.

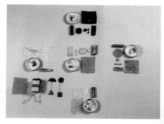

오보병(동화사 성보박물관)

오분법신(五分法身)📖 불佛과 아라한이 지닌 5가지 공덕. 번뇌가 없는 무루의 무루오온無漏五蘊·무등등오온無等等五蘊으로 무학위無 學位를 말한다. 곧 불佛과 아라한의 위치에 갖추어져 있는 공덕. 계신戒身은 계온戒蘊으로 무루의 신업身業·어업語業이며, 정신定身 은 정온定蘊으로 무루의 공空·무원無願·무상등삼삼매無相等三三昧 이며, 혜신慧身은 혜온慧蘊으로 무학의 정견正見·정지正知이며, 해 탈신解脫身은 해탈온解脫蘊으로 정견에 상응하는 승해勝解이며, 해 탈지견신解脫知見身은 해탈지견온解脫知見蘊으로 무학無學의 진지盡 智·무생지無生智를 말한다. 계戒·정定·혜慧·해탈解脫·해탈지견解脫 知見. 오분작법五分作法.

오분향(五分香) 불佛과 아라한이 자체에 지니고 있는 5가지 공덕을 향香에 비유한 것. 계향戒香·정향定香·혜향慧香·해탈향解脫香·해탈지견향解脫知見香.

오분향례(五分香禮) 오분법신五分法身을 향香에 비유하여 예경禮敬하는 내용.

오불견공(悟不見空) 사불견四不見 가운데 하나. 깨달은 사람이 공리空理를 살펴 영지靈知의 성품이 본래 공적한 것이라고 체험하면서도 공성空性의 불가득不可得을 알아 공을 보지 못하는 것.

오비(五備) 비구가 갖추어야 할 5가지 덕목. 복福·계戒·박문博聞·변재辯才·심지深智.

오산개(五傘蓋) 청개青蓋, 황개黃蓋, 홍개紅蓋, 녹개綠蓋, 백개白蓋를 말한다. 육도에서 고통 받는 중생을 덮어 보호하여 해탈할 수 있게 한다는 뜻이 있다.

오상(五常) 인仁·의義·예禮·지智·신信.

오색사(五色絲) 청색선青色線, 홍색선紅色線, 백색선白色線, 흑색선黑色線, 황색선黃色線을 말한다. 총명한 지혜가 나타나고 결계結界를 나타내어 모든 천마天魔가 들어갈 수 없다는 뜻이 있다.

오색채번(五色綵幡) 청채번青綵幡, 홍채번紅綵幡, 백채번白綵幡, 흑채번黑綵幡, 황채번黃綵幡를 말한다. 명성과 칭찬의 소문을 얻으며 중생이 모두 따라와서 기뻐하며, 번뇌가 소멸한다는 뜻이 있다.

오선(五禪) 당나라 종밀이 나눈 외도선·범부선·소승선·대승선·최상승선의 5가지의 선정.

오선(悟禪) 선의 이치를 참오參悟하는 것.

오선(五善) 오계五戒.

오설(五說) 불교 경전에 있는 5가지의 말. 불설佛說·제자설弟子說·선인설仙人說·제천설諸天說·화인설化人說.

오수근(五受根) 희喜·고苦·낙樂·우憂·사捨.

오순(五旬) 오신통五神通.

오승(五乘) 해탈解脫의 경지를 얻게 하는 부처의 5가지 교법을 수레를 타는 것에 비유. 인승人乘·천승天乘·성문승聲聞乘·연각승緣覺乘·보살승菩薩乘.

오시(五時) 화엄시華嚴時·녹원시鹿苑時·방등시方等時·반야시般若時·법화열반시法華涅槃時.

오시팔교(五時八教) 천태종의 교판상석敎判相釋.

오시화(五時花) 청시화靑時花, 홍시화紅時花, 백시화白時花, 흑시화黑時花, 황시화黃時花를 말한다. 오불五佛의 몸을 나타내며, 장엄을 뜻한다.

오식(五識) ①육식六識 가운데 의식意識을 제외한 안식眼識·이식耳識·비식鼻識·설식舌識·신식身識을 말한다. 전오식轉五識이라고도 한다. 감각 기관인 오근五根에 의지해서 외부 대상을 직관적으로 인식하는 것. ②『기신론소』에서는 업식業識·전식轉識·현식現識·지식智識·상속식相續識을 말한다.

오신(五辛) 성품은 열이 나고, 기운은 매우며 비린 냄새가 나고, 맛은 매워서, 수행하는 사람이 먹으면 수행하는 몸, 즉 법신을 죽일 수 있어서 독과 같다고 하여 불자佛子가 먹지 않는 다섯 가지 매운 채소. 익혀서 먹으면 음심이 생기고, 먹는 탐심이 생기고, 성냄이 점점 많아져서 이 세계에서 매운 맛 있는 채소를 먹은 사람이 경전을 설할 수 있어 설하더라도 천신天神은 냄새를 싫어하여 도망가므로 복덕이 없게 되며, 먹은 사람이 삼매를 닦으면 천신이 보호해주지 않는다고 한다. 오훈五葷 또는 오신채五辛菜라고도 한다. 대산大蒜은 마늘, 각총茖葱은 부추, 자총慈葱은 파, 난총蘭葱은 달래, 흥거興渠는 생강이다.

오신통(五神通) 여래의 경지에 이른 이가 갖춘 5가지 신통. 천안통天眼通·천이통天耳通·타심통他心通·숙명통宿命通·신족통神足通.

오십삼불(五十三佛) 과거 부처 53인을 말한다.

오십삼선지식(五十三善知識) 『화엄경』「입법계품入法界品」에서 선재동자가 문수보살의 말을 따라 차례차례로 방문하는 53인의 선지식을 말한다. 덕운德雲비구부터 보현普賢보살까지 53인.

오십오위(五十五位) 처음 건혜지乾慧地를 지나 십신十信·십주十住·십행十行·십회향十廻向·사가행四加行·십지十地를 하나하나 거쳐서 올라가야 성불하게 된다는 말.

오악견(五惡見) 신견身見·변견邊見·사견邪見·견취견見取見·계금취견戒禁取見.

오악도(五惡道) 지옥·축생·아귀·아수라·인간의 다섯 갈래 길을 말한다.

오안(五眼) 여래의 경지에 이른 이가 갖춘 5가지 눈. 육안肉眼·천안天眼·혜안慧眼·법안法眼·불안佛眼.

오약(五藥) ①불복장을 할 때 쓰는 5가지 약. 인삼人蔘·감초甘草·주심桂心·아리阿利·부자附子. 다섯 가지의 병을 다스릴 수 있으며, 법왕의 몸을 얻는다는 뜻이 있다. ②『비나야잡사毘奈耶雜事』에서는 여감자餘甘子·하리륵訶梨勒·비혜륵毘醯勒·필발리畢鉢梨·호초胡椒라고 했다. ③복령伏苓·주사朱砂·웅황雄黃·인삼人蔘·적전赤箭.

오여래(五如來) 불공不空이 찬한 『염라왕공행법차제焰羅王供行法次第』에 보인다. 보승여래寶勝如來는 '제간탐업복덕원만除慳貪業福德圓滿'하며, 묘색신여래妙色身如來는 '파추루형상호원만破醜陋形相好圓滿'하며, 감로왕여래甘露王如來는 '관법신심령수쾌악灌法身心令受快樂'하며, 광박신여래廣博身如來는 '인후관대수묘미咽喉寬大受妙味'하며, 이포외여래離怖畏如來는 '공포실제리아귀취恐怖悉除離餓鬼趣'라고 한다. 감로단에 오여래가 나타난다.

오역(五逆) 무간지옥無間地獄에 떨어지는 5가지의 큰 죄를 말한다. 오역죄五逆罪·오무간五無間·오무간업五無間業이라고도 한다. 출불신혈出佛身血·살부殺父·살모殺母·살아라한殺阿羅漢·파화합승破和合僧을 말한다.

오역죄(五逆罪) 오역五逆.

오열(五熱) 외도의 고행苦行을 말한다. 오체五體를 불에 태우는 것.
오엽(五葉) 일화오엽─花五葉

오온(五蘊)🕮 pañca-skandha 불교에서는 인간의 몸과 마음이 존재할 수 있는 것을 다섯 가지 측면, 즉 색色·수受·상想·행行·식識이 쌓여 모인 온蘊으로 이루어졌으므로 형태가 있을 수 있다고 한다. 색色 rūpa은 물질을 총칭하는 이름으로 형태를 만든다는 뜻을 가지고 있고 변화한다는 의미까지도 포함한다. 수受(vedanā)는 지각하며 느껴서 받아들이며, ~을 알아 나타내는 것으로 감각 기관의 근根과 대상인 경境과 의식의 주체인 식識이 화합한 접촉으로 일어난다. 상想(saṃjñā)은 일치, 이해, 의식, 이름 등의 뜻으로 경계를 대하여 형상을 가리키는 것으로 마음속에서 정신의 작용이 떠올라 드러나는 개념에 해당하며 드러난 모습을 아는 것. 행行(saṃskāra)은 준비, 음식을 끝손질을 하는 것, 금속이나 보석을 정밀하게 다듬는 것, 화장 또는 장식, 동식물을 잘 기르는 것, 훈련 또는 교육하는 것, 가정에서 정화하는 의식, 말을 바르게 하여 사용하는 것, 잠재적인 인상, 남아 있는 작용, 마음에서 만들어 내는 것 등의 뜻이 있으며 제행諸行 또는 업業과 같은 뜻으로도 쓰인다. 식識(vijñāna)은 분석 또는 분별과 안다는 뜻의 합성어로서 대상을 분석하고 인식하여 안다는 뜻으로 쓰였으며, 불교 초기에는 심·의·식의 세 어휘가 혼용되었지만, 시간이 지나면서 셋으로 나누어서 사용되었다. 6개의 창을 가진 원숭이에 비유하기도 하며, 6식설에서 8식설로 발전하기도 한다. 오음五陰·오중五衆·오제五諦·오취五聚라고도 한다.

오욕(五欲) ①모든 탐욕의 근원이 되는 색色·성聲·향香·미味·촉觸의 오경五境. ②재물욕·색욕·식욕·명예욕·수면욕을 말하기도 한다.
오위(五位) ①일체법을 5가지로 나눈 것. 색법心法·심소법心所法·

색법色法·불상응행법不相應行法·무위법無爲法. ②불도 수행의 5가지 계위. 자량위資糧位·가행위加行位·통달위通達位·수습위修習位·구경위究竟位.

오음(五陰) 몸과 마음을 이루고 있는 5가지 감관 작용. 색色·수受·상想·행行·식識. 오온五蘊·오중五衆·오제五諦·오취五聚라고도 한다.

오음세간(五陰世間) 오온세간五蘊世間. 색色·수受·상想·행行·식識을 말한다. ➡ 오온五蘊

오의평등(五義平等) 소의평등所依平等·소연평등所然平等·행상평등行相平等·시평등時平等·사평등事平等·

오자문(塢字門) ऊu 법의 비유譬喩의 뜻. 실담자에 뜻을 부여한다. ➡ 실담悉曇

오자문(奧字門) औau 법의 화생化生의 뜻. 실담자에 뜻을 부여한다. ➡ 실담悉曇

오자문(汚字門) ऋṛ 법의 손감損減의 뜻. 실담자에 뜻을 부여한다. ➡ 실담悉曇

오자문(汚字門) ओo 법의 폭류瀑流의 뜻. 실담자에 뜻을 부여한다. ➡ 실담悉曇

오장(嗚杖) 석장錫杖의 다른 이름.

오재(午齋) 오공午供.

오정(五情) 안眼·이耳·비鼻·설舌·신身의 오근五根.

오정심(五停心) 5가지의 법을 닦아서 5가지의 과실을 그치게 하는 마음. 다탐중생부정관多貪衆生不淨觀·다진중생자비관多瞋衆生慈悲觀·다산중생수식관多散衆生數息觀·우치중생인연관愚癡衆生因緣觀·다장중생염불관多障衆生念佛觀.

오정심관(五停心觀) 마음의 다섯 허물을 정지시키는 5가지의 관법. 곧 부정관·자비관·인연관·계분별관界分別觀·수식관數息觀, 또는 관불관觀佛觀을 포함시키기도 한다.

오정육(五淨肉) 5가지의 깨끗한 고기. 오종정육五種淨肉. 불견살不

見殺·불문살성不聞殺聲·불위아살不爲我殺·자사自死·조잔鳥殘.

오조(五條) 안타회安陀會. 오조가사五條袈裟.

오종반야(五種般若) 경계반야境界般若·실상반야實相般若·관조반야觀照般若·권속반야眷屬般若·문자반야文字般若.

오종부정(五種不淨) 종자부정種子不淨·주처부정住處不淨·자체부정自體不淨·외상부정外相不淨·구경부정究竟不淨.

오종유식(五種唯識) 경유식境唯識·교유식教唯識·이유식理唯識·행유식行唯識·과유식果唯識.

오주번뇌(五住煩惱) 견혹見惑의 일주一住. 사혹思惑의 삼주三住. 진사塵沙·교명혹無明惑이 일주一住.

오중(五衆) 몸과 마음을 이루고 있는 5가지 감관 작용. 색色·수受·상想·행行·식識. 오온五蘊·오음五陰·오제五諦·오취五聚라고도 한다. ➡ 오온五蘊

오중마(五衆魔) 음마陰魔.

오진(五塵) 색진色塵·성진聲塵·향진香塵·미진味塵·촉진觸塵.

오채(五采) 단청丹青을 말한다.

오처공양(五處供養) 항상 공양해야 할 대상. 아버지·어머니·스승·부처·병자.

오체투지(五體投地) 두 손과 두 무릎과 이마를 땅에 대고 예배하는 것.

오취(五聚) 몸과 마음을 이루고 있는 5가지 감관 작용. 색色·수受·상想·행行·식識. 오온五蘊·오중五衆·오제五諦·오음五陰이라고도 한다.

오체투지

오타남(鄔陀南) 무문자설경無問自說經.

오탁(五濁) 말세에 발생하는 피하기 어려운 5가지 병폐. 겁탁劫濁·견탁見濁·번뇌탁煩惱濁·중생탁衆生濁·명탁命濁.

오통(五通) 오신통五神通.

오통선(五通仙) 선과仙果가 이미 지극하여 5가지 통력을 얻은 선인仙人.

오포외(五怖畏) vibhīṣaṇa 놀라다, 두려워하다 등의 뜻이 있다. 불활외不活畏, 악명외惡名畏, 사외死畏, 악도외惡道畏, 대중위덕외大衆威德畏.

오품제자(五品弟子) 5종류의 불제자佛弟子. 부처 열반 후 부처의 법을 듣고 기꺼이 믿음을 내는 수희품隨喜品. 부처의 법을 즐겨 독송하는 독송품讀誦品. 불법을 남에게 이야기해 주는 설법품說法品. 마음으로 진실한 법을 관찰하면서 육바라밀의 법을 두루 실천하는 겸행육도품兼行六度品. 나와 남 모두 진실의 경지에 이르도록 육바라밀의 행을 닦는 정행육도품正行六度品.

오행(五行) ①『기신론起信論』에 나오는 오행. 보시행布施行·지계행持戒行·인욕행忍辱行·정진행精進行·지관행止觀行. ②『열반경涅槃經』에 나오는 오행. 성행聖行·범행梵行·천행天行·영아행嬰兒行·병행病行.

오향(五香) ①불복장에서 쓰는 다섯 가지 향. 청목향靑木香·정향丁香·곽향藿香·침향沈香·유향乳香. ②불향佛香·법향法香·보향寶香·갈마향羯摩香·지향智香. ③오분향五分香·오분법향五分法香. 오분법신을 향에 비유한 것. 계향戒香·정향定香·혜향慧香·해탈향解脫香·해탈지견향解脫智見香이 두루한다는 뜻.

오혹(五惑) 신견身見·변견邊見·사견邪見·견취견見取見·계금취견戒禁取見. 오리사五利使라고도 한다.

오황(五黃) 대황大黃·웅황雄黃·소황小黃·자황雌黃·우황牛黃. 윤회를 벗어나 청정함을 얻는다는 뜻이 있다.

오후불식(午後不食)📖 인도에서는 일종식一種食이라고 하여 오전에만 걸식으로 공양하도록 하고, 정해진 시간이 지나면 씹을 수 있는 음식은 먹을 수 없도록 한 것에서 유래한다. 오후에는 씹는 음식은 먹을 수 없다.

오훈(五葷) 오신五辛. 대산大蒜·각총茖蔥·자총慈蔥·난총蘭蔥·흥거興渠.

옥개석(屋蓋石) 탑의 옥신석屋身石 위에 덮은 지붕 모양의 돌.

옥녀(玉女) 보녀寶女.

옥문(屋門) 극락세계에 태어나서 정토의 29가지 장엄을 보는 것이 마치 옥내屋內에 들어가서 길이 행복을 누리는 것과 같이 여러 가지 법미락法味樂을 주는 것을 말한다.

옥병(玉柄) 옥홀玉笏. 승정僧正 등이 지니는 상징적인 물건.

옥첩(玉牒) 불전佛典.

옥호(玉毫) 32상相 가운데 하나. 부처의 두 눈썹 사이에 있는 희고 빛나는 가는 터럭.

옥황소(玉皇素) 비구들의 소식素食의 일종.

온처계(蘊處界) 오온五蘊·십이처十二處·십팔계十八界.

옴마니반메훔(唵嘛呢叭彌吽) 'oṃ maṇi padme ūṃ'으로 '오! 연화의 마니주여!'라는 기원의 뜻. oṃ은 a-u-m의 합성으로 비슈누·시바·브라만의 3신神을 의미하기도 하며, 불교에서는 죽은 후에 천계에 유전하는 것을 끊고, ma는 악취惡趣인 아수라에 윤회하는 것을 끊고, ṇi는 인간 세계의 액을 받아 생하는 것을 끊고, pad는 축생의 재난에 윤회하는 것을 끊고, me는 아귀도의 고苦에 빠지는 것을 끊고, ūṃ는 지옥도의 고苦에 떨어지는 것을 끊을 수 있다고 한다.

옴아훔자론(唵啊吽字論) 옴ᢀoṃ唵자는 모든 진언의 어머니로서 신금강身金剛이며, 아ᢀa啊자는 모든 글자의 어머니로서 어금강語金剛이며, 훔ᢀhūṃ吽자는 진심종자眞心種子로 의금강意金剛에 해당한다. 신·구·의 삼업三業 또는 경전의 뜻을 쓴다는 의미가 있으며, 모든 인印은 금강장金剛掌과 금강권金剛拳과 금강박金剛縛으로부터 나온다고 한다.

옹호(擁護) 안으로 끌어안아 보호한다는 뜻.

옹호게(擁護偈) 안으로 끌어안아 보호한다는 뜻을 나타내는 게송. 게송은 '봉청시방제현성奉請十方諸賢聖 범왕제석사천왕梵王帝釋四天王 가람팔부신기중伽藍八部神祇衆 불사자비원강림不捨慈悲願降臨'이다.

와경(瓦經) 경와經瓦. 경문을 새겨 넣은 기와. 오래도록 후세에 전하기 위해 땅속에 묻어 둔다.

와구(臥具) 가사袈裟의 12가지 이름 가운데 하나. 부구敷具.

와사(瓦師) 발가선跋伽仙. 석가모니가 29세 때 출가하여 수도할 때 처음 스승으로 섬기던 신선.

완세(浣洗) 두타頭陀.

완악(頑惡) 성질이 억세고 고집스러운 것.

왕생가(往生歌) 개화기의 선사인 학명鶴鳴 스님이 지은 것으로, 1929년 『불교』 66호에 실려 있다. 『석문의범釋文儀範』에는 내장사內藏寺 『백농유고白農遺稿』에서 나왔다고 한다.

왕익(往益) 정토 왕생의 이익.

외광명(外光明) 삼종광명三種光明 가운데 하나. 해·달·등불 따위의 광명을 말한다.

외교(外敎) 불교 외의 종교.

외도(外道) 불법 이외의 다른 교법이나 사악한 설법의 이단. 이교도를 말한다.

외도소계(外道所計) 이 몸이 범천梵天으로부터 나고, 미진微塵으로부터 난다고 헤아리는 것.

외도착아장(外道著我障) 사혹장四惑障 가운데 하나. 외도인 범부가 사도邪道를 전해 받아 아我는 실질적인 본체적 존재라고 집착하는 장애.

외락(外樂) 삼종락三種樂 가운데 하나. 오식五識으로 내는 즐거움.

외박권인(外縛拳印) 손으로 깍지를 낀 모양. 외박인外縛印이라고도 한다. 열 손가락을 손바닥 밖으로 깍지를 끼고 오른손 엄지손가락을 왼손 엄지손가락 위에 놓는다.

외범(外凡) 이범二凡 가운데 하나. 성위聖位에 오르지 못해 마음이 이치 밖에 있는 이. 힘써 가르침을 듣고 믿음을 일으키는 이. 성위와 거리가 멀기 때문에 붙인 이름. 오정심五停心을 닦아야 하는 모자란 범부를 말한다.

외법(外法) 불법 이외의 교법. 외술外術이라고도 한다. 다길니荼吉尼의 법이나 아미사阿尾捨의 법 따위.

외벽화(外壁畵) 전각의 외벽에 그려진 그림.

외색(外色) 오경五境. 또는 오진五塵. 모두 외경外境에 속하기 때문에 붙여진 이름. 이종색二種色 가운데 하나.

외속(外俗) 사찰 외부의 사람. 세상 사람. 속인. 내중內衆의 반대말.

외연(外緣) 진여眞如 본각本覺에 내훈內熏·외연外緣의 2가지 작용이 있다.

외자(外子) 삼불자三佛子 가운데 하나. 범부를 말한다.

외재(外財) 금은보화 및 집 등 중생의 의보依報를 말한다.

외전(外典) 불교의 경전을 내전內典이라 하고, 그 밖에 다른 글을 외전外典이라고 한다.

외지(外智) 삼지三智 가운데 하나. 외부의 물질적 현상계를 대상으로 하여 자세히 살피는 지혜.

외처(外處) 육외처六外處. 육경六境.

외호선지식(外護善知識) 삼선지식三善知識 가운데 하나. 외부에서 옹호하며 간접적으로 원조하는 이.

외훈(外薰) 교법敎法에 의한 것.

요가(寮暇) 휴가를 얻어 요사채 안에서 휴식하는 것.

요간(料簡) 해석. 의리를 분별하여 간택하는 것.

요게(要偈) 주요한 게송偈頌.

요달(尿闥) 소변보는 곳.

요달(了達) 사리를 깨달아 통달하다.

요령(搖鈴) 손잡이가 달린 작은 종 모양의 불구.

요발(鐃鈸) 동발銅鈸. 바라.

요별식(了別識) 유식론에서 교의를 설명하는 삼능변三能變 가운데 하나.

요불(遶佛) 부처의 둘레를 도는 것.

요생(了生) 생사를 깨달아 해탈하는 것.

요설무애변(樂說無礙辯) 사무애변四無礙辯 가운데 하나. 온갖 교법을 알아 기류機類가 듣기 좋아하는 것을 말함에 자재한 것.

요수좌(寮首座) 요원寮元. 좌원坐元.

요원(寮元) 좌원坐元. 요수좌寮首座. 모든 요사채의 일을 맡아 하는 소임.

요의(了義) 불법의 이치를 끝까지 규명하여 분명하게 설명해서 나타내는 것.

요의경(了義教) 진실이 드러난 교법. 설명한 이치가 비상하게 투철하고 끝까지 다한 경전.

요익유정계(饒益有情戒) 섭중생계攝衆生戒.

요인(了因) 삼인三因 가운데 하나. 일체의 진정眞正한 도리를 명백하게 하는 것. 지혜로써 사물의 원리를 투시한다. 등불이 사물을 비추듯이 밝아서 볼 수 있는 것. 모든 법을 이해하고 깨달은 것.

요인불성(了因佛性) 삼인불성三因佛性 가운데 하나. 일체의 진정眞正한 도리를 명백하게 하는 것. 진여眞如의 이치를 비추는 지혜.

요잡(繞匝) 부처나 불탑의 둘레를 도는 것. 오른쪽으로 세 번 도는 우요삼잡右繞三匝에서 시작한다. 요탑遶塔. 요불遶佛.

요잡(繞匝)**바라춤** 번개바라, 막바라, 평바라라고도 한다. 성중을 모시는 것을 마치고, 강림을 감사하고 환영하는 뜻을 표현하고 있다. 요잡은 우요삼잡右繞三匝에서 유래하였으며, 북, 호적, 태징으로 반주한다.

요잡(繞匝)**쇠** 요잡繞匝에서 바라춤을 출 때 박자를 맞추기 위해 치는 태징.

요주(寮主) 요사채의 보수를 맡은 소임.

요탑(遶塔) 오른쪽으로 불탑을 도는 것. 귀경歸敬의 뜻. 탑돌이. 요불遶佛과 같은 말.

요해(了解) 깨달아 아는 것. 알음알이. 요득了得.

욕각(欲覺) 삼악각三惡覺 가운데 하나. 오진五塵의 대경對境에 대해 만족할 줄 모르고 탐하는 것.

욕계(欲界) 삼계三界 가운데 하나. 음욕·식욕·재욕 같은 탐욕이 많아 정신이 흐리고 거칠며 물질에 속박되어 가장 어리석은 중생이 사는 세계.

욕계계(欲界繫) 욕계의 번뇌에 속박되는 것.

욕계육천(欲界六天) 사왕천四王天·도리천忉利天·야마천夜摩天·도솔천兜率天·화락천化樂天·타화자재천他化自在天.

욕두(浴頭) 대중의 욕장浴場에 목욕물을 준비하고 정리하며 관리하는 일을 맡아보는 소임. 욕주浴主.

욕루(欲漏) 삼루三漏 가운데 하나. 오욕五欲이 극성한 세계의 번뇌.

욕안(欲岸) 욕망의 언덕. 곧 중생들이 사는 세계를 말한다.

욕주(浴主) 욕두浴頭. 욕주浴主 6두수頭首 가운데 하나. 선원의 욕실을 개방하고 입욕을 조정하고 관리하는 소임.

욕진(欲塵) ①오욕五欲이 심신을 더럽히는 것이 티끌 먼지와 같다는 뜻. ②육욕六欲과 오진五塵.

욕탐(欲貪) 욕계 번뇌의 전체 호칭.

욕폭류(欲暴流) 사폭류四暴流 가운데 하나. 욕폭계에서 일으키는 번뇌. 중생은 이것 때문에 생사계에 윤회한다.

용(龍) nāga 나가那伽. 팔부중八部衆 가운데 하나. 신통력이 있다.

용공(用工) 의도적으로 일을 꾸미는 것.

용당(龍堂) 절. 사원.

용대(用大) 삼대三大 가운데 하나. 성능 공덕이 현실에 나타나는 것. 비유하면 금으로 만든 사자에서 금은 체體, 금이 여러 가지 형상을 나타낼 수 있는 성능이 있는 것은 상相, 사자가 되는 것은 용用이다.

용맹(龍猛)　용수龍樹의 다른 이름. 진언종眞言宗에서 사용한다. 용수龍樹의 번역된 이름 3가지 가운데 하나. 곧 용수龍樹·용승龍勝·용맹龍猛.

용상(龍象)　nāga ①나가那伽. 용룡龍. ②높은 덕과 지행을 지닌 승려를 용이나 코끼리의 위력에 비유한 것.

용수(龍樹)　Nāgārjuna 보살 이름. 아주타나阿周陀那에서 태어난다. 마명馬鳴의 제자인 가비마라迦毘摩羅존자의 제자. 제바보살提婆菩薩의 스승. 중관학파를 창시.

용승(龍勝)　용수龍樹의 다른 이름.

용왕청(龍王請)　각각의 청請은 의식 순서가 동일하지만, 거불擧佛에서 법회의 주인이 되는 분을 모시고, 이에 따라 유치由致, 청사請詞, 가영歌詠, 예참禮懺은 주인공인 위태천신韋太天神에 맞추어서 한다.

용장(龍章)　경권經卷의 다른 이름. 범문梵文의 모양이 용과 뱀이 서린 것과 같기 때문에 붙여진 이름.

용존왕(龍尊王)　문수보살文殊菩薩의 본지. 용종상존왕불龍種上尊王佛의 약칭.

용종존(龍種尊)　문수文殊의 본지本地.

용좌(龍座)　무릎을 굽히고 앉는 것.

용중(龍衆)　팔부중八部衆의 하나. 용의 신으로서 용왕.

용천(龍天)　①팔부중八部衆의 용중龍衆과 천중天衆. ②용수보살과 천친보살天親菩薩을 가리킨다.

용탕(龍湯)　황룡탕黃龍湯.

용호(龍戶)　용궁龍宮.

용화수(龍華樹)　미륵불이 도를 이룬 때의 도수道樹. 분나가奔那伽.

용화전(龍華殿)　미륵전彌勒殿. 미륵불을 모시는 전각.

우거(牛車)　『법화경』「비유품」에서 말한 삼거三車 가운데 하나.

보살승菩薩乘을 말한다. 대백우거大白牛車.

우구외도(牛狗外道) 육고행외도六苦行外道 가운데 하나.

우단나(優檀那) 법인法印으로 번역.

우담(優曇) 우담발라優曇鉢羅.

우담발라화(優曇鉢羅華) 서응화瑞應華. 우담발화優曇鉢華.우담화優曇華.

우두마두(牛頭馬頭) 쇠머리 사람과 말머리 사람인 지옥의 옥졸獄卒.

우두천왕(牛頭天王) 기원정사祇園精舍의 수호신으로 약사여래樂師如來의 화신.

우란분(盂蘭盆) 납불臘佛.

우란분절(盂蘭盆節) 백중白衆. 음력 7월 15일. 하안거 해제일.

우란분회(盂蘭盆會) 백종百種. 백중百衆.

우려이유(牛驢二乳) 사이비似而非. 여우이유驢牛二乳 소의 젖과 당나귀의 젖이 같지 않음을 말한다.

우바리(優婆離) Upāli 부처의 10대 제자 가운데 하나. 계바리戒婆離. 지계持戒 제일. 화생化生·상수上首로 번역. 석가모니가 입멸한 뒤 5백 명의 성인聖人과 더불어 필발라굴畢鉢羅窟 안에서 결집한다.

우바새(優婆塞)▣ upāsaka ~에 봉사한다, 종자從者, 숭배자, 신자信者 등의 뜻으로 근사남近事男으로 번역한다. 사부대중四部大衆 가운데 하나. 재가在家의 남자. 남자 거사居士. 청신사淸信士. 오계五戒를 지키는 남자 중衆.

우바이(優婆夷)▣ upāsikā ~에 봉사한다, 종자從者, 숭배자, 신자信者 등의 뜻으로 근사녀近事女로 번역. 사부대중四部大衆 가운데 하나. 재가在家의 여자. 여자 거사居士. 청신녀淸信女. 오계五戒를 지키는 여자 중衆.

우발라화(優鉢羅華) 인도의 연꽃. 청련화靑蓮華. 불안佛眼에 비유한다.

우법성문(愚法聲聞) 삼종성문三種聲聞 가운데 하나. 소승교小乘教

우구외도 863

의 성문.

우보(雨寶) 묘법妙法의 덕이 보배와 같음을 비유한 것.

우보경(雨寶經) 『불설지세다라니경佛說持世陀羅尼經』을 말한다.

우부소행선(愚夫所行禪) 사종선四種禪 가운데 하나. 이승二乘이나 외도가 인무아人無我를 알고 고苦·무상無常·부정不淨의 상相을 자세히 살펴 무상멸정無相滅定에 이르는 선.

우치(愚癡) 삼독三毒 가운데 하나. 매우 어리석고 미혹한 것. 마음이 어두워서 모든 도리를 분별할 지혜가 없는 것.

우치승(愚癡僧) 삼종승三種僧 가운데 하나. 어리석고 미련한 승려로 계율을 받는 날이나 각자가 마음대로 참회할 때, 지도자가 되지 못하여 함께 계율을 설하고 죄를 참회하는 이.

우치중생인연관(愚癡衆生因緣觀) 오정심五停心 가운데 하나. 어리석은 이는 인연관因緣觀으로 마음을 다스려야 한다는 것.

우타나(優陀那) 『무문자설경無問自說經』.

우화(藕花) 연꽃.

우화주(牛貨洲) 소로써 팔고 사고하므로 우화牛貨라고 한다. 사주四洲 가운데 하나. 서구야니西瞿耶尼·서구타니西瞿陀尼.

운구(運柩) 발인發靷 후 상여를 장지로 이동하는 것. 운상運喪이라고 하여 '행상 나간다'고 한다. 운구를 하는 사람을 '상두꾼'이라하며, 상여 노래를 할 때 앞소리를 하는 사람을 '선소리꾼'이라고 부른다. 순서는 명정銘旌→영여靈輿→만장輓章→운아삽雲亞翣→상여喪輿→상주喪主→백관百官→조문객으로 한다. 운구 중에 노제路祭를 지낸다.

운근(雲根) 바위. 암석巖石.

운당(雲堂) 승당僧堂. 대중이 구름처럼 많이 모이는 것을 말한다.

운문종(雲門宗) 선문오종禪門五宗 가운데 하나.

운수(雲水) 출가하여 아직 거처가 정해져 있지 않음을 구름과 물에 비유한 것. 운수승雲水僧·운중수중雲衆水衆·행각승行脚僧.

운수납자(雲水衲子) 승려를 말한다.

운수상단권공(雲水上壇勸供) 📖 운수雲水는 출가하여 거처가 정해져 있지 않음을 구름과 물에 비유한 것. 영산재에서 상단에 불보살을 청하여 천수바라춤을 중심으로 공양을 올리는 의식. 상단권공과 같이 관음청으로 진행하는 것이 아니라 상위上位를 청한다고 하여 소청상위召請上位를 하고 대비주大悲呪가 중심이 되며, 염불도 듣는 이가 쉽게 알아들을 수 있도록 하는 특징이 있다.

운수승(雲水僧) 강호江湖의 선객禪客. 안거 법회에 참가하기 위해 몰려든 승려.

운수중단권공(雲水中壇勸供) 운수雲水는 출가하여 거처가 정해져 있지 않음을 구름과 물에 비유한 것. 운수상단권공雲水上壇勸供이 끝나면, 소청중위召請中位라고 하는 중위中位인 시왕을 청하여 명부시왕冥府十王에게 공양을 올리는 권공 의식.

운심(運心) ①범부는 즐거운 마음이 있으면 항상 음란하고 어두운 마음에 빠지게 되므로, 하나의 마음을 비 오듯이 생각하고 염念하여 대치對治하는 것. ②사종공양四種供養 가운데 하나.

운아삽(雲亞翣) 운삽雲翣은 발인發靷할 때에 구름무늬를 그린 부채모양의 널판으로 영구靈柩 앞뒤에 세우고 가는 것이고, 불삽黻翣은 발인發靷할 때 아亞 자 형상을 그린 널판에 긴 자루를 달아서 상여喪輿의 앞뒤에 들고 가는 것.

운액(雲液) 술을 가리키는 말.

운정(雲井) 산허리에 구름이 길게 끼어 있는 곳.

운좌(雲座) 구름 모양의 대좌.

운판(雲板) 불전사물佛殿四物 가운데 하나. 청동으로 제작된 구름 모양의 조각. 운판은 날아다니는 새들의 영혼을 제도하기 위해 친다.

운판(문수사)

울다라(鬱多羅) ①가사 가운데 중간 것. 평상시에 입는다. 칠조의 七條衣. 울다라승鬱多羅僧. ②구경究竟. 마침내. 필경. 곧 지극히 높은 깨달음을 뜻한다.

울다라승(鬱多羅僧) uttarāsaṅga 상의上衣, 외의外衣, 피복被覆 등의 뜻이 있다. 비구 육물六物 가운데 하나. 가사의 일종. 삼의三衣 가운데 하나. 상의上衣·중가의中價衣·입중의入衆衣로 번역. 7조條. 예불·독경·청강聽講·포살布薩 등을 할 때 입는 옷.

울력(運力) 함께 힘을 모아 일하는 것. 여러 사람이 힘을 합해 하는 일이라는 순우리말.

움푹정 날의 모양이 반월형으로 되어 있어 굽어진 면으로 나타내는 효과가 있다.

원(願)📖 praṇidhāna 적용適用, 사용使用, 노력勞力, 근면勤勉, ~에 대하여 공손한 행위, 의지에 따르고 있는 것, 심오한 명상, 열망, 기원, 서원 등의 뜻이 있다. 원願, 소원所願, 지원志願, 사원思願, 서원誓願, 본원本願, 정원正願, 작원作願, 발원發願 등으로 의역한다. 성취하고자 하는 것을 얻고자 하는 결의. ➡ 사홍서원四弘誓願

원각(圓覺) ①여래의 원만한 각성覺性. ②사람마다 본래 갖추고 있는 진심眞心. ③세간 일체의 사리事理에 대해 철저하게 그 진상을 알지 못함이 없는 것.

원과(圓果) 원만하고 구족한 부처의 과위果位.

원광(圓光) 두광頭光. 불상의 목뒤에 둥글게 나타나는 빛. 광배光背·후광後光의 하나.

원교(圓敎) 화법사교化法四敎 가운데 하나. 원만한 교법敎法. 온갖 것이 서로 걸림이 없고 모든 법이 본래 다 불성佛性이라는 이치를 밝힌 법문. 『화엄경』·『법화경』 등.

원돈(圓頓) 모든 사물을 원만하며 신속하게 일체를 깨닫는 일.

원돈계(圓頓戒) 금강보계金剛寶戒. 천태종에서 말하는 보살승이 지켜야 할 계율.

원돈지관(圓頓止觀) 삼종지관三種止觀 가운데 하나. 원돈관圓頓觀. 처음부터 바로 실상을 반연攀緣하여 행行·해解가 모두 돈속頓速함을 말한다.

원두(園頭) 절에서 채소나 과일을 기르는 채원菜園을 관리하는 소임.

원력(願力) 서방정토 보살의 십삼력十三力 가운데 하나. 서원의 힘. 부처에게 빌어 원하는 바를 이루려는 힘. 본원本願, 즉 숙세宿世의 원願에서 생기는 작용과 힘.

원리락(遠離樂) 오락五樂 가운데 하나. 욕계의 번뇌를 멀리 여의는 선정의 기쁨.

원리무안중생심(遠離無安衆生心) 삼종이보리장三種離菩提障 가운데 하나. 자비문에 의해 모든 중생의 고통을 없애고 안온하게 함이 없는 마음을 멀리 여의는 것.

원리아심(遠離我心) 삼종이보리장三種離菩提障 가운데 하나. 지혜문에 의해 자락自樂을 구하지 않고 자기에 집착하는 아심我心을 멀리 여의는 것.

원리자공양심(遠離自供養心) 삼종이보리장三種離菩提障 가운데 하나. 방편문方便門에 의해 모든 중생을 어여삐 여겨 자기를 공양하고 공경하는 마음을 멀리 여의는 것.

원리처(遠離處) 절의 다른 이름. 사십종이명寺十種異名 가운데 하나.

원만인(圓滿因) 삼인三因 가운데 하나. 가행加行을 말한다. 가행加行으로 말미암아 인과를 원만하게 한다는 뜻.

원명(元明) 본명本明. 진여의 각체覺體가 본래 밝게 비춘다는 것.

원문(願文) ①발원문發願文. 원하는 뜻을 기록한 글. ②부처나 보살이 세운 본원本願을 적어 놓은 글.

원법(圓法) 원만한 법.

원분대치(遠分對治) 사종대치四種對治 가운데 하나. 승진도勝進道를 말한다. 해탈도 뒤에 승진도에 들어가는 것. 다시 사제四諦에 인연하여 끊어야 할 미혹을 다시 멀리 하는 것. 번뇌에서 더욱 멀어지는 것.

원상(圓相) 중생의 마음이 평등하고 원만하여 그 모양을 동그라미로 나타낸 형상.

원생게(願生偈) 논게論偈. 왕생론往生論의 본게本偈.

원선장(圓扇匠) 둥근 부체를 만드는 장인.

원성실성(圓成實性) 법상종의 삼성三性 가운데 하나. 현상의 본체. 곧 원만·성취·진실한 진여를 말한다.

원성취진언(願成就眞言) 원이 성취되기를 바라는 마음이 담겨져 있다. 진언은 '옴 아모카 살바다라 사다야 시베 훔'임.

원신(願身) 불구십신佛十身 가운데 하나. 소원에 의해 목숨을 이어가는 것. 구종식九種食 가운데 하나.

원융문(圓融門) 원융상섭문圓融相攝門. 화엄종에서는 수행으로 불佛에 이르는 길을, 하나하나 단계를 밟아 오르는 항포문行布門과 하나를 수행하여 모두를 이루는 원융문으로 나누고 있다.

원융삼제(圓融三諦) 불사의삼제不思義三諦.

원작불심(願作佛心) 부처가 되기를 원하는 마음.

원재(院宰) 감원監院·권관權管·원주院主·감사監寺·주수主首라고도 한다. 사찰에서 주지를 대신하여 온갖 일을 감독하는 소임.

원적(圓寂) 생멸 변화하는 현 세계를 벗어나 진적眞寂한 본원本元에 돌아간다는 뜻으로 죽음을 말한다. 승려의 죽음. 열반涅槃. 귀본歸本·귀원歸元·귀적歸寂·귀진歸眞·귀화歸化·멸도滅度·순세順世·순화順化·입적入寂·천화遷化라고도 한다.

원적가(圓寂歌) 개화기의 선사인 학명鶴鳴 스님이 지었으며, 92구로 죽음을 노래한 것. 열반가라고도 한다. 이외에도 왕생가, 신년가, 참선곡, 해탈곡, 망월가 등을 지었다. 『석문의범』에서는 『백농유고白農遺稿』에서 나왔다고 한다.

원점(圓點) 범어 문법에서 anusvāraṃ을 표시하는 것으로 비음화한 콧소리이며 의미는 공호. 실제 글자로 표현할 때는 동그란 점으로 나타나기 때문에 붙여진 이름. 글자에 ●이 있는 것을 말한다.

원정(圓頂) 머리를 삭발하였다는 뜻.

원정열반(圓淨涅槃) 삼열반三涅槃 가운데 하나. 지혜로써 번뇌를 끊고 얻은 것.

원종(圓宗) 천태종天台宗의 다른 이름. 원돈일실圓頓一實로 종지를 삼았기 때문에 붙여진 이름.

원주(院主) 감원監院·권관權管·원재院宰·감사監寺·주수主首라고도 한다. 사찰에서 주지를 대신하여 온갖 일을 감독하는 소임.

원탑(圓塔) 금강계의 법신탑法身塔.

원통(圓通) 이르지 아니한 데 없이 널리 두루 통달한다. 또는 진여의 이치를 널리 깨닫는 수행을 말한다.

원통대사(圓通大士) 관세음보살의 다른 이름.

원통보전(圓通寶殿) 원통-전圓通殿. 관음전觀音殿.

원통전(圓通殿) 관세음보살을 봉안한 전각殿閣. 원통보전圓通寶殿. 관음전觀音殿.

원패(願牌) 국왕의 장수를 기원하며 종묘사직이 오래 번성하기를 발원하는 패牌를 말한다.

원품무명(元品無明) 근본무명根本無明·무시무명無始無明이라고도 한다. 인간 존재의 진상에 대한 바른 지혜가 없는 것.

원행지(遠行地) 보살승菩薩乘 십지十地 가운데 하나. 순수하게 허망한 형상을 여읜 경계에 머물러 세간과 이승을 벗어난 모습과 행업이 있는 것을 말한다.

원패(해남 대흥사)

월(月) 심월心月. 곧 마음을 말한다.

월광마니(月光摩尼) 명월마니明月摩尼. 천수관음 오른손에 있는 보주. 월정마니月精摩尼라고도 한다.

월광보살(月光菩薩) 동방유리광세계東方瑠璃光世界의 주존인 약사여래의 협시보살. 일광보살은 해를 상징하는 적홍색. 월광보살은 달을 상징하는 백홍색.

월굴(月窟) 벼루의 연지硯池를 말한다.

월정마니(月精摩尼) 명월마니明月摩尼. 천수관음 오른손에 있는 보주. 월광마니月光摩尼라고도 한다.

월천(月天) 보길상寶吉祥을 가리킨다.

월천자(月天子) 월궁月宮의 천자. 보길상寶吉祥. 세지보살勢至菩薩의 화현.

위낭(韋囊) 피낭皮囊. 주머니는 본래 공허하여 바람을 채우면 가득 부풀어 오르는데 죽은 시신이 부풀어 오른 모양을 비유한 말. 선문禪門 구상九想 가운데 하나.

위목(位木) 위패를 세우는 나무.

위빠사나 vipaśyanā 지관법止觀法. 정혜쌍수定慧雙修의 수행법.

위세신(威勢身) 불자구십신佛自具十身 가운데 하나.

위앙종(潙仰宗) 선문오종禪門五宗 가운데 하나.

위패(位牌) 제사를 지내기 위해 신주로 모시는 패.

유(喩) 인명因明의 삼지작법三支作法 가운데 하나. 유법喩法. 정당한 비유인 동유同喩와 그 반대의 이유異喩가 있다. 즉, 비유로 종宗과 인因이 잘못됨이 없음을 입증立證하는 것.

유가(瑜伽)📖 yoga 멍에를 얻다, 적용, 주술, 노력, 결합, 이득, 명상冥想, 열중, 성취, 통하다, 수행, 익히다, 취득取得, 소득, 근면, 정려, 정신의 집중, 정진, 요가 등의 뜻이 있다. 수습修習, 정신 수습, 수행, 배움, 사유, 방편方便, 상응相應 등으로 번역한다. 주관적 객관적 모든 사물이 서로 응하여 융합함을 이르는 말. 고대 인도에서는 해탈을 위해 방편으로 사용하는 수행법이었다. 조식調息 등의 방법으로 한마음으로 한곳에 집중하여 지관止觀을 닦아 주로 관행觀行을 위한 것.

유견(有見) 세상의 모든 사물이 인연으로 화합하여 생기는 것인데도 실제로 있다고 집착하는 바르지 못한 견해를 말한다.

유관정(流灌頂) 물에 빠져 죽은 이의 영혼을 위로하고, 또한 어류魚類 등에게 불연佛緣을 맺게 하기 위해 행하는 불사.

유교(有敎) 삼시교三時敎 가운데 하나. 실재한 아我가 있다는 외도의 망집妄執을 깨뜨리기 위해 아공법유我空法有를 말한 교.

유교상장례(儒敎喪葬禮) 절차 임종臨終→수시收屍→고복皐復→발상發喪→전奠→습襲→소·대렴小·大殮→성복成服→치장治葬→천구遷柩→발인發靷→운구運柩→하관下棺→성분成墳→반곡反哭→초우初虞→재우再虞→삼우三虞→졸곡卒哭→부제→소상小祥→대상大祥→담제→길제吉祭.

유구식(維口食) 사식四食 가운데 하나. 주술呪術·복서卜筮 등을 배워 생활하는 것.

유구진여(有垢眞如) 자기의 본성이 청정한 본체이지만 번뇌의 더러움을 품고 있는 것을 말한다. 곧 재전진여在纏眞如.

유나(維那)📖 삼강三綱 가운데 하나. 4지사知事 가운데 하나. 도유나都維那. 절의 규칙에 따라 일상생활의 모든 일을 지도하는 이. 대중의 수행을 독려하고 나아가고 물러남과 위의威儀를 관장하는 직책. 선원의 법열法悅을 유발시킨다고 하여 열승悅僧이라고도 한다. 죽粥과 반飯이 있을 때는 추椎를 내리거나, 큰 행사가 있을 때 소疏를 읽는다.

유나료(維那寮) 유나維那가 거주하는 방. 기강료紀綱寮.

유나소(維那所) 각 사찰을 대표하는 승려들로 구성하여, 재齋의식을 원만하고 뜻있게 진행하기 위한 기구.

유두(油頭) 화두火頭. 등두燈頭. 절에서 등불을 켜고 끄고 하는 일을 맡은 소임.

유루(有漏) 삼루三漏 가운데 하나. 색계·무색계의 번뇌. 번뇌가 남아 있는 것.

유루선(有漏禪) 세간선世間禪을 말한다.

유루지(有漏智) 세간지世間智. 세속지世俗智.

유리(琉璃) 청색보青色寶로 번역. 하나의 청색 보물.

유리경(琉璃境) 유리瑠璃. 티끌 없이 맑고 깨끗한 유리관음의 경계.

유리광전(琉璃光殿) 보광전普光殿. 약사전藥師殿. 만월보전滿月寶殿.

유마(維摩) 유마힐維摩詰.

유마라달(維摩羅達) 무구시無垢施·이구시離垢施로 번역. 바사닉왕波斯匿王의 딸.

유마힐(維摩詰) 유마라힐維摩羅詰·비마라힐毘摩羅詰. 정명淨名·무구칭無垢稱으로 번역.

유명(幽冥) 삼악도三惡道로 진리의 빛이 없는 곳. 곧, 저승을 뜻한다.

유발(遺髮) 고인의 머리털.

유법(有法) 현재의 법. 과거와 미래의 법은 무법無法이라고 한다.

유분별지(有分別智) 분별지分別智. 생멸하고 변화하는 사물과 마음의 모든 현상을 분별하는 지혜.

유분심(有分心) 분별이 일어나지 않은 처음의 마음. 구심륜九心輪 가운데 하나.

유사(流沙) 몽고의 큰 사막.

유사나(流舍那) 노사나盧舍那.

유상선(有上善) 상선上善.

유선나(踰繕那) 유순由旬.

유성출가상(遊城出家相) 📖 석가모니의 일생 중에 네 번째 그림에 해당. 왕비인 야수다라가 잠깐 잠이 든 틈에 흉몽을 꾸는 장면, 정반왕에게 출가하고자 하는 뜻을 고하는 장면, 태자가 한밤에 성을 넘어 출가하는 장면 등이 묘사돼 있다.

유성출가상(『월인석보(月印釋譜)』)

유수(濡首) 문수사리文殊師利.

유수승(有羞僧) 사종승四種僧 가운데 하나. 수치羞恥·참괴慙愧하는 마음이 있는 사문. 계율을 잘 지녀 깨뜨리지 않으나 아직 불교의 법도를 깨닫지 못한 이.

유순(由旬) 한량限量의 뜻으로 군대가 하루 동안 가는 거리. 80리, 60리, 40리라는 설이 있다. 1유순은 대략 15킬로미터라고 한다.

유식(唯識) vijñapti-mātra vijñapti은 식별識別, ~에 의한 지식, 상달上達, 기술技術, 교의敎義, 책략策略, 의식의 기관, 판단력, 세속적인 지식, 지력知力 등의 뜻이 있다. mātra는 요소만의 분량, 큰, 높은, 깊은, 분량, 총액, 시간이 지속하는 간격, 전량全量, 전체全體, 합계合計, 단지 간단하게, 거리 등의 뜻이 있다. 세상 모든 사물은 다만 마음속에 있다는 것. 즉, 모든 현상은 심심心이 전변轉變한 것이고, 주관의 견분見分과 객관의 상분相分으로 인식하는 것이므로 실재가 없다고 하는 것. 유식무경唯識無境을 주장. 법상종의 근본 교의.

유식종(唯識宗) 모든 사물은 오직 심식心識이 변해서 이루어진

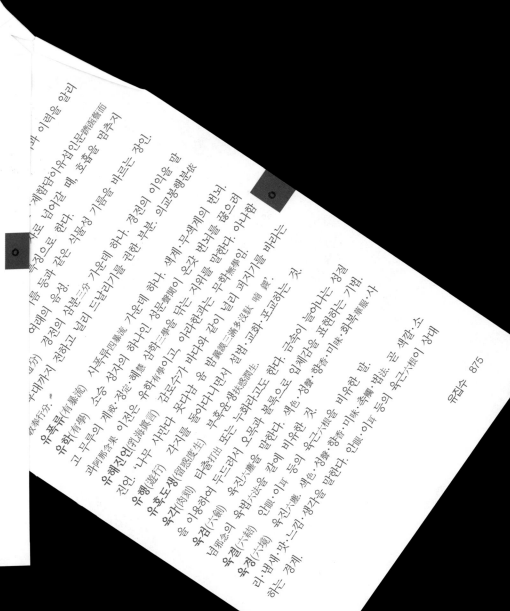

...고 주장하는 종파.

(遺身) 번역翻譯 십과十科 가운데 여섯 번째. 자기 몸을 버리... 용맹한 마음을 내고 정진精進하는 힘을 떨쳐서 불도를 힘써 구... 것.

심론(唯心論) 우주의 본체를 정신적인 것으로 보며 물질적인... 도 정신적인 것의 발현이라고 하는 설. 마음이 궁극적인 참된... 고 하는 존재론.

(有耶無耶) 있는지 없는지 명백하지 않는 것.

...여의餘意가 있다, 아직 끝까지 궁구하지 못하였다는 뜻.

(涅槃) 사종열반四種涅槃 가운데 하나. 소승에서는... 을 끊었으나 아직 몸에 색이 사라지지 않은 것.... ·아我·정淨의 사덕四德을 갖추지 못한 열반.

...土方便有餘土.

...叩頭禮. 고두배叩頭拜.

...조건에 의해 만들어진 모든 현상.

...유기장鍮器匠이라고도 한다.

...하여 그치지 않는 것. 생사... 道를 계속해서 윤회하는 것.

...流轉門과 환멸문還滅門. 미혹迷惑과 각...

...情識이 있는 것. 중생衆生.

(天) 무색계의 가장 높은 곳에 있는 하늘. 고도의 정신... 계. 물질을 싫어하고 여의어 사무색정四無色定을 닦은 사람... 이 태어나는 곳.

유주생(流注生) 삼종생三種生 가운데 하나. 식정識情과 진경塵境이 화합하여 생각마다 서로 이어지는 일체의 번뇌를 말한다.

육체(六諦)

육대(六大) 지地·수水·화火·풍風·공空·식識의 육대六大.

육고행(六苦行) 유행六行

육고행외도(六苦行外道) 외도의 6가지
① 자무외도自無外道 ② 투연외도投淵外道 ③ 부화외도赴火外道 ④ 자좌외도自坐外道 ⑤ 적묵외도寂默外道 ⑥ 우구외도牛狗外道

육공(六供) 향화香花·도향塗香·과菓·다茶 등의 6가지 공양의 물건.

육도(六道) 지옥·아귀·축생·아수라·인간·천상의 여섯 종류의 중생이 윤회하는 세계.

육관(六觀) 지관止觀·환관幻觀·적관寂觀·
① 진관眞觀 ② 청정관淸淨觀
대비관大悲觀·대자관大慈觀·비관悲觀·자관慈觀·광관廣觀·
대관大觀·해관解觀·정관淨觀·묘관妙觀

육구(六垢) 6가지 번뇌. 교憍·해害·한恨·뇌惱·광誑·첨諂.

육군(六軍)

육근공덕(六根功德) 육근六根의 6가지 청정清淨을 얻은 지위의 공덕.

육기(六機)

육내처(六內處) 내처內處. 육처六處. 안眼·이耳·비鼻·설舌·신身·의意의 여섯 가지 감각기관.

육념(六念) ① 염불念佛·염법念法·염승念僧·염계念戒·염시念施·염천念天 ② 십념十念

육대(六大) ① 육계六界 육대六大 지地·수水·화火·풍風·공空·식識 ② 지地·수水·화火·풍風·공空의 오대五大

육대혹(六大惑) 탐탐貪瞋·진에瞋·치癡·만만慢·의의疑·악견惡見.

육도(六度) 육바라밀六波羅蜜. 보시布施·지계持戒·인욕忍辱·정진精進·선정禪定·지혜智慧.

육도(六道) 중생이 지은 선과 악의 업인業因에 의해 윤회하는 6가지의 세계. 육취六趣. 지옥地獄·아귀餓鬼·축생畜生·아수라阿修羅·인간人間·천상天上.

육도사생(六道四生) 육도六道 가운데서 태태胎·난란卵·습습濕·화화化하여 태어남이 있는 네 종류의 중생.

육도사성(六道四聖) 십계十界 가운데 제1의 지옥에서 제6의 천계天界까지가 육도六道. 제7 성문계聲聞界·제8 연각계緣覺界·제9 보살계菩薩界·제10 불계佛界가 사성四聖.

육도전(六道錢) 혼우전昏寓錢. 죽기 전에 돈을 땅속에 묻어 두었다가 죽은 뒤에 사용하는 것.

육도행(六度行) 육도六度. 곧 보시布施·지계持戒·인욕忍辱·정진精進·선정禪定·지혜智慧. 육바라밀六波羅蜜.

육력(六力) 6가지의 기가 다른 힘. 아이의 울음·여인의 성냄·국왕의 교호憍豪·나한의 정진·모든 부처의 대자大慈·비구의 인욕忍辱.

육망(六妄) 육진六塵.

육문(六門) 육근六根. 안眼·이耳·비鼻·설舌·신身·의意.

육물(六物) 비구가 갖추어야 하는 6가지 기물. 승가리僧伽梨·울다라승鬱多羅僧·안타회安陀會·철다라鐵多羅·니사단尼師壇·녹수낭漉水囊.

육바라밀(六波羅蜜)📖 대승보살의 실천 수행. 육도六度. 단나檀那 보시布施·시라尸羅 지계持戒·찬제屬提 인욕忍辱·비리야毗離耶 정진精進·선나禪那 선정禪定·반야般若 지혜智慧. 또는 계바라밀戒波羅蜜·지바라밀持戒波羅蜜·보시바라밀布施波羅蜜·인욕바라밀忍辱波羅蜜·정진바라밀精進波羅蜜·지혜바라밀智慧波羅蜜·선정바라밀禪定波羅蜜이라고도 표현한다.

육바라이(六波羅夷) 6가지 엄중한 계율. 육이六夷. ➡ 바라이波羅夷

육방(六方) 동東·서西·남南·북北·상上·하下.

육번뇌장(肉煩惱障) 삼장三障 가운데 하나. 모든 법의 무상無常·무아無我인 진실한 도리를 알지 못하고 항상 아我가 있다고 여기는 망견妄見.

육범(六凡) 십계十界를 범부凡夫와 성자聖者 두 종류로 나눈 것. 육도六度에 윤회하는 범부라는 뜻. 사성四聖의 반대말. 곧 천天·인人·수라修羅·축생畜生·아귀餓鬼·지옥地獄.

육법(六法) 염불 등의 육념六念을 말한다. ➡ 육념六念

육법니(六法尼) 육법六法을 지키는 여자 중衆. 식차마나.

육분(六分) 머리·몸·손·발.

육사(六事) 육성취六成就.

육상(六相) 화엄에서 과果의 입장에서 현상계의 존재를 파악하여 성기性起임을 논증하는 것. 총상總相·별상別相·동상同相·이상異相·성상成相·괴상壞相.

육성취(六成就) 모든 경전의 처음에 붙어 있는 여시아문如是我聞·일시一時 등의 6가지 일을 말한다. 6가지가 합하여 부처의 설법이 성립되므로 육성취六成就라고 한다. 곧, 여시如是는 신성취信成就·아문我聞은 문성취聞成就·일시一時는 시성취時成就·불佛은 주성취主成就·재모처在某處는 처성취處成就·여대비구중與大比丘衆은 중성취衆成就.

육쇠(六衰) 육진六塵. 육적六賊. 진성眞性을 없애기 때문에 붙여진 이름.

육수(六受) 육근六根이 받아들인 육진六塵을 말한다. 육근의 작업.

육수면(六隨眠) 탐貪·진瞋·만慢·무명無明·견見·의疑.

육식(六識) 육근六根에 의해 대상을 인식하는 6가지의 작용. 안식眼識·이식耳識·비식鼻識·설식舌識·신식身識·의식意識.

육신통(六神通) 불보살이 가지고 있는 수승한 능력. 천이통天耳

通·천안통天眼通·숙명통宿命通·타심통他心通·신족통神足通·누진통漏
盡通.

육안(肉眼) 십안十眼 가운데 하나. 일체의 색을 보는 눈. 중생의
육신에 갖추어져 있는 눈.

육업(六業) 지옥업地獄業·축생업畜生業·아귀업餓鬼業·인업人業·천
업天業·부정업不定業.

육여(六如) 육유六喩. 몽夢·환幻·포泡·영影·노露·전電 등으로 세간
의 모든 법이 모두 무상함을 비유한 것.

육외처(六外處) 외처外處. 육경六境.

육욕(六欲) 색욕色欲·형모욕形貌欲·위의자태욕威儀姿態欲·어언음성
욕語言音聲欲·세활욕細滑欲·인상욕人相欲.

육욕천(六欲天) 욕계의 육천六天. 사천왕천四天王天·도리천忉利
天·야마천夜摩天·도솔천兜率天·화락천化樂天·타화자재천他化自
在天.

육이(六夷) 육바라이六波羅夷. 엄중한 계율. ➡ 바라이波羅夷

육인(六因) hetu 능작인能作因·구유인俱有因·동류인同類因·상응인相
應因·변행인遍行因·이숙인異熟因.

육입(六入) 육근六根. 안眼·이耳·비鼻·설舌·신身·의意의 6가지 감
각기관.

육입(六入) 육처六處.

육자대명주(六字大明呪) 관세음보살 본심미묘진언을 말하며, '옴
마니반메훔'의 6자를 뜻한다. ➡ 옴마니반메훔唵嘛呢叭彌吽

육자명호(字名號) 미타의 명호. '나무아미타불' 6자를 말한다.

육작(六作) 육수六受.

육작(六作) 행行·주住·좌坐·와臥·어語·묵默.

육재(六栽) 육촉六觸.

육재일(六齋日) 재계하는 날. 8·14·15·23·29·30일을 말한다.

육적(六賊) 육진六塵. 색色·성聲·향香·미味·촉觸·법法의 육경六境을

말한다. 중생이 이루는 공덕을 빼앗고 번뇌를 일으키는 도적과
같다는 뜻.

육정(六精) 안안眼·이이耳·비비鼻·설설舌·신신身·의의意.

육정(六情) 육근六根. 안안眼·이이耳·비비鼻·설설舌·신신身·의의意.

육조(六祖) 중국 선종의 6조祖인 혜능慧能을 말한다.

육종(六宗) 삼론三論·법상法相·화엄華嚴·율律·성실成實·구사俱舍를
말한다.

육종공양(六種供養) 알가閼迦·도향塗香·화華·소향燒香·음식飲食·등
병燈明. 이는 보시布施·지계持戒·인욕忍辱·정진精進·선정禪定·지혜
智慧의 육도六度를 의미한다.

육종론(六種論) 『유가사지론瑜伽師地論』에서 제시한 6가지 의론.
언론言論·상론尙論·쟁론諍論·훼방론毁謗論·순정론順正論·교도론敎
導論.

육종진동(六種震動) 경전에서 불가사의한 힘을 보이는 방법. 동
動·기기起·누루漏·진진震·후吼·격擊.

육주(六舟) 육바라밀을 비유한 말.

육즉(六卽) 상즉相卽·이즉理卽·관행즉 觀行卽·명자즉名字卽·상사즉
相似卽·구경즉究竟卽.

육진(六塵) 중생의 참된 마음을 더럽히는 육경六境. 색진色塵·성
진聲塵·향진香塵·미진味塵·촉진觸塵·법진法塵.

육착심(六著心) 6가지 집착의 마음. 탐착심貪著心·애착심愛著心·
진착심瞋著心·의착심疑著心·욕착심欲著心·만착심慢著心.

육처(六處) 육근六根의 다른 이름.

육천(六天) 욕계육천欲界六天.

육추(六麤)📖 근본 무명無明이 진여를 움직여서 생멸하며 흘러가
는 망법亡法을 드러내는데, 심왕心王과 심소心所가 나누어지지 않
아 그 상태를 헤아리기 어려운 것을 세細라고 하고, 심왕과 심소
가 서로 응하여 그 작용의 모습이 드러나는 상태를 추麤라고 한

다. 세細는 진眞을 따라 망妄이 일어나는 처음 움직임의 모습을 업상業相이라 하고, 견상見相·현상現相이 있다. 추廳에는 삼세三細 가운데 경계상의 망妄이 깨끗하고 더러운 염정染淨을 분별함을 일으키는데, 정淨에 집착하고 염染에 집착하지 않는 지智의 모습인 지상智相에서 상속상相續相·집취상執取相·계명자상計名字相·기업상起業相·업계고상業繫苦相을 육추六廳라고 한다.

육취(六趣) 중생이 선악의 업에 의해 윤회하는 6가지 세계. 육도六道. 지옥地獄·아귀餓鬼·축생畜生·수라修羅·인人·천天. 수라修羅·인人·천天의 삼선취三善趣와 지옥地獄·아귀餓鬼·축생畜生의 삼악취三惡趣.

육친(六親) 부모·처자·형제.

육통(六通) 천이통天耳通·천안통天眼通·숙명통宿命通·타심통他心通·신족통神足通·누진통漏盡通.

육폐(六蔽) 간탐慳貪·파계破戒·진에瞋恚·해태懈怠·산란散亂·우치愚癡.

육폐(六蔽) 육폐심六蔽心.『대지도론大智度論』에서 말한 바른 마음을 가리는 6가지 그릇된 마음. 간심慳心·파계심破戒心·진에심瞋恚心·해태심懈怠心·난심亂心·치심癡心.

육향(六向)📖 6구로 된 게송에 첫 글자가 '향向'으로 시작하여 육향이라고 한다. 가범달마伽梵達摩와 불공不空이 번역한『천수천안관세음보살광대원만무애대비심다라니경』에 실려 있는 게송. '계수관음대자주稽首觀音大悲呪'로 시작하는 계청문啓請文은 관세음보살을 청하는 의식이며, '南無大悲觀世音'으로 시작하는 십원十願은 자리이타自利利他가 하나인 관세음보살의 서원이다.

육혜(六慧) 문혜聞慧·사혜思慧·수혜修慧·무상혜無相慧·조적혜照寂慧·적조혜寂照慧.

육화경(六和敬)📖 승가가 서로 화합하고 공경하라는 6가지 실천 내용. 화和는 밖으로는 다른 사람의 선善을 같이하고, 경敬은 안으로는 스스로 겸손하고 낮추는 것을 말한다. 화는 이치를 함께 증득하고자 하는 이화理和와 일상의 생활에서 같이하는 사화事化가 있으며, 일상생활에서 화합하는 것이란, 계戒의 화합은 같이 받는 것이며, 견見의 화합은 같이 이해를 하는 것이며, 신身의 화합은 같이 머무르는 것이며, 이利의 화합은 분배를 고르게 하는 것이며, 구口의 화합은 다툼이 없는 것이며, 의意의 화합은 같이 기뻐하는 것으로, 대중이 화합하는 여섯 가지 가운데 하나. 즉, 계화경戒和敬·견화경見和敬·신화경身和敬·구화경口和敬·이화경利和敬·의화경意和敬이다.

윤(輪) 📖 cakra 달리는 자, 수레바퀴, 많은 수, 큰 세력, 군대, 영역 등의 뜻이 있으며, 이를 번역하여 윤輪이라 한다.

윤번(輪番) 돌아가면서 절을 지키는 소임.

윤보(輪寶) 전륜왕이 가지고 있다는 칠보七寶 가운데 하나인 금륜보金輪寶.

윤상(輪相) 상륜相輪.

윤왕(輪王) 전륜왕轉輪王. 윤보輪寶를 굴리면서 세계를 통치하는 전륜성왕轉輪聖王.

윤왕칠보(輪王七寶) 금륜보金輪寶·백상보白象寶·감마보紺馬寶·신주보神珠寶·옥녀보玉女寶·전재보典財寶·주병보主兵寶.

윤장대(輪藏臺) 경전을 봉안한 책장에 축을 달아 회전하도록 만든 것

윤전(輪轉) 윤회輪廻. 삼계三界 육도六道를 돌고 돌아 벗어나는 때가 없음을 말한다.

윤탱(輪橕) 탑 위의 구륜九輪을 꿰뚫는 기둥.

윤장대(예천 용문사)

윤회(輪廻)📖 saṃsāra 윤회輪廻, 부단不斷의 연속, 생존의 순환, 현세의 존재 등의 뜻이 있다. 유有, 해해海, 생사生死, 윤회輪廻, 윤전輪轉, 유행遊行, 세간世間, 윤회輪廻, 생사유전, 무시생사無始生死 등으로 의역한다. 중생이 수레바퀴처럼 삼계三界 육도六道의 미혹한 세계에서 자기가 행한 업業에 의해 끊임없이 생사를 반복하는 것. 유전流轉·전생轉生. ➡ 업業

윤후광(輪後光) 두광頭光과 신광身光을 이중의 원륜圓輪으로 광상光相을 나타낸 것.

율(律)📖 vinaya śikṣā는 학學, śikṣāpada는 학처學處, prātimokṣa는 바라제목차波羅提木叉, upasaṃpadā는 구족계具足戒, śīla는 계戒, vinaya는 율律의 뜻으로 모두 몸에 좋은 습관을 익히는 것을 목적으로 하는 계戒와 율律에 관계있는 단어들이다. ①공통적으로 좋은 습관을 몸에 익힌다는 뜻을 포함하고 있다. vinaya는 제거한다, 의복을 벗는다, 제거除去, 지도指導, 훈련訓練, 교수敎授, 단련鍛鍊, 좋은 태도, 예의를 바르게 하는, 사려思慮, 예의를 바르게 하는 작법, 사려 깊은 행위 등의 뜻이 있으며, 조복調伏으로 번역한다. 율은 부처가 생활하는 가운데 일어난 일에 대하여 일어날 때마다 금하는 법을 하나의 항목으로 제정한 수범수제隨犯隨制라는 특징이 있다. 항상 타율적인 것으로 자율적인 계戒와는 구별하였으나, 후에 율과 계를 통용하게 된다. 금지 항목을 바라제목차라고 하고, 이를 모아 놓은 책을 율장이라고 한다. 부처가 정한 출가한 대중이 지켜야 할 생활 규범으로 금계禁戒라고도 한다.

율당(律幢) 계율의 법당法幢.

율사(律師) 계율을 잘 아는 승려. 계율에 정통한 고승. 또는 승려들의 그릇된 일을 바로잡도록 하는 승직.

율선(律禪) 율종과 선종. 또는 율사律師와 선사禪師.

율승(律乘) 계율의 교법.

율의(律衣) 소승의 계율을 지키는 사람이 입는 법의.

율의(律儀)📖 saṃvara 호호護護, 계호戒, 수호守, 율의律儀, 방호防護, 안승安勝, 자호自護, 금계禁戒, 견지구족堅持具足 등으로 의역한다. 악행 또는 과실에 빠지는 것을 방지하기 위해 세운 규율. 바라제목차를 말한다.

율장(律藏)📖 삼장三藏 가운데 하나. 불자들이 지켜야 할 생활의 규칙과 처리하는 방법을 적어 놓은 것을 하나로 묶은 것을 말한다. 조문과 그 조문이 만들어진 인연, 범犯한 내용의 가볍고 무거움의 정도, 처리하는 절차와 방법을 적고 있다.

율지사명(律之四名) ①비니毘尼. 멸멸滅로 번역. 비나야毘奈耶라고도 하며 조목調伏으로 번역. ②목차木叉. 해탈解脫로 번역. 바라제목차波羅提木叉라고도 하며, 별해탈別解脫로 번역. ③시라尸羅. 계戒로 번역. ④우파라차優婆羅叉. 율律로 번역.

율참(律懺) 계율에서 말한 참회법.

율해(律海) 계율이 광대함을 바다에 비유한 것.

율행(律行) 계율의 실행.

율호(律虎) 계율이 우수하고 뛰어남을 호랑이에 비유한 것.

은구(銀鉤) 은으로 만든 갈고리. 매우 잘 쓴 초서草書. 또는 글씨.

은덕(恩德) 삼덕三德 가운데 하나. 부처가 중생을 구제하려는 서원으로 말미암아 중생을 구하여 해탈하게 하는 덕.

은전(恩田) 삼복전三福田 가운데 하나. 부모에게 효도하는 것. 보은복전報恩福田.

음마(陰魔) 사마四魔 가운데 하나. 오음五陰이 짓는 고통과 번뇌. 오음마五陰魔·오온마五蘊魔·오중마五衆魔.

음욕(淫欲) 음탕한 욕심. 십악十惡 가운데 하나.

음입처계(陰入處界) 오음五陰·십이입十二入·십팔계十八界의 삼과三科를 말한다.

응공(應供)📖 ①불십존호佛十尊號·여래십호如來十號 가운데 하나.

인천人天에 응하여 공양을 받는 이. ②성문사과聲聞四果 가운데 아라한과阿羅漢果. 삼계의 미혹을 끊고 온갖 번뇌를 끊어서 인간 천상의 모든 중생으로부터 존경과 공양을 받을 수 있는 계위를 뜻한다. 아라한阿羅漢의 삼의三義 가운데 하나.

응공승(應供僧) 단월檀越에 있으면서 공양할 만한 이. 이종승二種僧 가운데 하나.

응기(應器) 응량기應量器. 자신의 양에 따라 상응하는 그릇이라는 뜻. 곧 발우鉢盂를 말한다.

응득인(應得因) 삼인三因 가운데 하나. 진여眞如를 말한다. 진여는 보리심을 일으켜 부처가 됨을 얻게 하는 인因이란 뜻.

응무소주이생기심(應無所住而生其心) 『금강반야경』에 나오는 경구. 응당 머무는 곳이 없게 하여 그 마음을 일으키게 하라는 뜻. 주착하지 말고 무심無心하게 마음을 일으키라는 뜻.

응법사미(應法沙彌) 14세~19세 사이의 사미.

응보(應報) 📖 선과 악의 행위에 응해서 화와 복의 갚음을 받게 되는 것.

응신(應身) 중생의 기연機緣에 응하여 화현化現한 불신. 석가모니 부처와 같이 근기에 맞추어 나타난 것. 수행이 높은 사람에게 나타나는 것.

응신여래(應身如來) 진여의 도를 따라 삼계三界에 와서 중생들에게 교화를 베푸는 사람.

응진(應眞) 성문사과聲聞四果 가운데 아라한阿羅漢 성자聖者를 말한다.

응진전(應眞殿) 나한전羅漢殿. 16나한을 모신 전각殿閣.

응토(應土) 응불應佛이 사는 곳. 방편화신토方便化身土. 이종불토二種佛土 가운데 하나.

응토(應土) 화토化土.

응화(應化) 응신應身과 화신化身.

응화성문(應化聲聞) 불보살의 시현으로 된 사람.

응화토(應化土) 화토化土.

의(疑) 머뭇거리면서 결정하지 못하는 것. 부정법不定法 가운데 하나.

의견(疑見) 십견+見 가운데 하나. 바른 도리를 그대로 받아들이지 못하고 의심하는 잘못된 견해.

의고(依靠) 귀명歸命. 귀의歸依.

의근(意根) 육근六根의 하나. 의식을 내어 대상을 인식하는 근원.

의다라니(義陀羅尼) 사다라니四陀羅尼 가운데 하나. 온갖 법에 있는 뜻을 취하고 총지總持하여 잊지 않는 것.

의단(疑團) 간화선에서 수행을 철저하게 실천하기 위해 의식 활동에서 강한 부정을 던지는 것. 수행 중에 일어나는 의문. 마음속에 늘 풀리지 않고 있는 의심.

의단(意斷) 바른 노력을 하기 위해 사악한 생각을 끊는 것.

의력(意力) 보살의 십육대력+六大力 가운데 하나. 진리와 같이 뜻을 만드는 힘.

의리선(義理禪) 말이나 글로 해석하고 설명을 하는 선.

의명석의(依名釋義) 사종석의四種釋義 가운데 하나. 보통의 자의字義로 해석하는 것.

의무애변(義無礙辯) 사무애변四無礙辯 가운데 하나. 온갖 교법의 요의要義를 아는 것.

의문현실제(依門顯實諦) 증득승의제證得勝義諦.

의밀(意密) 신구의 삼밀三密 가운데 하나. 식대識大.

의발(衣鉢) 법통法統의 전수를 의미한다. 스승이 제자 가운데 법을 전하고 자신의 가사와 발우를 전하는 것.

의법(疑法) 삼의三疑 가운데 하나. 받는 법에 대해 진실 여부를 의심하는 것.

의변(義辯) 의무애변義無礙辯. 사무애변四無礙辯·사변思辯 가운데 하나.

의사(疑師) 삼의三疑 가운데 하나. 사장師匠의 지혜를 의심하는 것.

의생신(意生身) 불자구십신佛自具十身 가운데 하나.

의성태궁(疑城胎宮) 태궁胎宮. 곧 변지邊地를 말한다.

의식(意識) 의근意根에 의지하여 일어나 사물의 경계를 깨닫고 분별하는 심왕心王.

의식계(意識界) 의근意根에 의지하여 모든 사물의 형상을 분별하는 것.

의식구(儀式具) 의식에 쓰이는 기구. 금강령金剛鈴·금강저金剛杵·목탁·죽비·금고金鼓 등.

의업(意業) 생각이나 의지로 행하는 악업을 말한다. 탐貪·진瞋·치癡의 3가지 악업.

의인(依因) 삼인三因 가운데 하나. 의지해서 일어나는 원인이 되는 것. 곧 눈과 색은 시각을 내는 의인依因.

의자(疑自) 삼의三疑 가운데 하나. 자기가 수도受道하기에 적당하지 못한 사람이라고 의심하는 것.

의정(義淨) 부속제覆俗諦가 된다.

의처(意處) 십이처十二處 가운데 하나. 육내처六內處. 육근六根.

의타기성(依他起性) 법상종의 삼성三性 가운데 하나. 다른 인연에 의해 생긴 모든 것. ➡ 삼성三性

의화(意和) 같이 기뻐하는 것. 범승凡僧의 사화事和 가운데 하나.

이(理) 진리. 본체적 의미를 지니고 있다. 경험적 인식을 뛰어넘은 본성의 경지.

이(理) ①사事의 상대어. 평등한 방면을 가리키는 말. ②이성. 모든 사물의 영원불변의 본체.

이(履) 치治. 조입造入.

이검(利劍) ①미타불의 이름을 비유한 말. ②문수보살의 지혜를 나타내는 말.

이견(二見) 2가지 상반된 견해. 곧 양변의 변견을 말한다.

이공양(理供養) 물건인 사事로 공양하는 것이 아니라, 이치로 공양하는 것. 깨달음을 구하거나 부처의 은혜를 생각하거나 모든 중생을 구제하려는 마음.

이관(理觀) ①대승 불교에서 진여·실상·불성 등의 추상적인 진리를 관찰하는 일. 문자나 차별상을 뛰어넘어 본래의 모습을 관하는 것다. ②사事와 이理의 두 관觀 가운데 하나. 실상관實相觀.

이교석의(理教釋義) 사종석의四種釋義 가운데 하나. 견도석의見道釋義. 견도에서 깨달은 견지로 온갖 것을 해석하는 것.

이구(離垢) 번뇌의 더러움을 여의는 것.

이구(理具) 성구性具.

이구(二求) 중생이 가지고 있는 2가지의 욕구. 곧 즐거움을 얻으려는 것과 오래 살기를 바라는 것.

이구지(離垢地) 대승보살의 십지十地 가운데 하나. 무구시無垢施. 청정한 계율을 갖추고 번뇌의 더러움을 여읜 지위.

이귀계(二歸戒) 불보佛寶와 승보僧寶에게 귀의하는 계법.

이근(利根) 매우 날카로운 근기根器.

이금당(已今當) 이왕已往·현금現今·당래當來. 과거·현재·미래.

이노(狸奴) 고양이가 의심이 많은 것을 견주어 한 말.

이단(異端) 불교 이외의 외도外道·외교外教를 가리키는 말.

이대(二大) 어밀語密. 공空·풍風의 이대二大.

이덕(二德) ①지덕智德과 단덕斷德. ②비덕悲德과 지덕智德. ③성덕性德과 수덕修德.

이도(二道) 인간과 천상을 말한다.

이락일체사생등유정법(利樂一切四生等有情法) 기도祈道하여 공양하는 법으로 진리를 구하는 방법 중에 하나. 지옥에 있는 죄까지도 말한다고 한다. 대보광박누각선주비밀다라니大寶廣博樓閣善住祕密陀羅尼를 당, 누각, 비단, 종이, 경전, 담장 위에 써서 미물의 눈으로도 볼 수 있게 하여 무상보리를 얻게 하고자 하는 것. 높은 산에서 이 진언을 외우면 눈에 보이는 모든 중생의 조업造業은 물론 지옥의 업까지도 여의게 한다고 한다.

이락정진(利樂精進) 삼종정진三種精進 가운데 하나. 부지런히 중생을 교화하고 게을리 하지 않는 것.

이량(二量) 현량現量과 비량比量.

이력(二力) ①사택력思擇力과 수습력修習力. ②자력自力과 타력他力.

이력종장(履歷宗匠) 강원에서 규정에 정해진 대로 경전을 모두 배운 종사.

이루(二漏) 유루有漏와 무루無漏. 번뇌가 있는 것과 번뇌가 없는 것.

이류(二流) 순류順流와 역류逆流.

이륙시(二六時) 12시를 말한다. 곧 하루 24시간을 말한다.

이륙지연(二六之緣) 십이인연十二因緣.

이륙지원(二六之願) 약사여래藥師如來의 십이원十二願.

이륜(二輪) 수레의 두 바퀴를 정정·혜혜에 비유한 것.

이륜신(二輪身) 정법윤신正法輪身과 교령윤신教令輪身.

이리(二利) 자리自利와 이타利他.

이명(二明) 오명五明 가운데 2가지. 내명內明과 인명因明.

이문(二門) ①유전문流轉門과 환멸문還滅門. ②성도문聖道門과 정토문淨土門. ③복덕문福德門과 지혜문智慧門. ④비문悲門과 지문智門. ⑤행포문行布門과 원융문圓融門.

이미(二美) 정정과 혜혜의 두 장엄莊嚴.

이방편(二方便) 부처가 중생을 이끌기 위해 베푼 특수한 수단. 세작방편細作方便과 불념방편不念方便.

이백오십계(二百五十戒) 비구가 지켜야 할 250가지의 구족계.

이범(二凡) 내범內凡과 외범外凡.

이법(理法) 법보法寶의 사법四法 가운데 하나. 교법 중에 포함된 중요한 도리.

이법계(理法界) 사법계四法界 가운데 하나. 우주 모든 사물의 근본

에 일관한 본체. 곧 평등한 세계. ➡ 사법계四法界

이법신(理法身)   경법신境法身.

이변(二邊)   중도를 잃은 두 극단. 주관적인 이견二見. ①유변有邊
과 무변無邊. ②단변斷邊과 상변常邊.

이불(理佛)   ①법신의 다른 이름. ②천태종의 육즉불六卽佛 가운데
이즉불理卽佛.

이불성(理佛性)   이불성二佛性 가운데 하나. 불생불멸不生不滅하는
법성法性의 묘한 이치를 말한다.

이불성(二佛性)   이불성理佛性과 행불성行佛性.

이빈(二貧)   재빈財貧과 법빈法貧.

이사(理事)   도리道理와 사상事相. 이理는 절대 평등의 본체이고,
사事는 모든 사물의 차별 현상을 말한다. 즉, 사事는 현상계에 차
별상으로 보이는 존재이고, 이理는 사事에 보편성으로 존재하는
이치를 말한다.

이사무애관(理事無礙觀)   법계삼관法界三觀 가운데 하나. 차별 있
는 사법事法과 평등한 이법理法이 분명히 존재하는 동시에 서로
융합하는 관계임을 보는 것. 평등한 이법과 차별 있는 사법은 보
기에는 서로 다르면서도 그 근본은 하나인 것을 자세히 보는 것.

이사무애법계(理事無碍法界)   사법계四法界 가운데 하나. 이理와
사事는 하나하나가 독립된 것이 아니고, 사상事象이 본체이고 본
체가 사상이라고 보는 것. ➡ 사법계四法界

이삼(二三)   육사六師의 외도外道.

이상(異相)   삼유위상三有爲相 가운데 하나. 법을 쇠퇴하게 하는 것.

이색신(二色身)   여래의 두 가지 색신. 보신報身인 실색신實色身과
응신應身인 화색신化色身.

이생(異生)   보통 사람의 다른 이름.

이생(利生)   이익중생利益衆生의 준말. 불보살이 중생을 제도하는 것.

이생득익(利生得益)   부처가 중생을 이롭게 하고 성불시키는 것.

이생성(異生性) 사람을 미혹하게 하여 범부가 되게 하는 본성本性. 번뇌의 종자를 말한다.

이생심(利生心) 중생을 이롭게 하는 마음.

이선(二善) 정선定善과 산선散善.

이선삼천(二禪三天) 색계色界 십팔천十八天에 속한다. 소광천少光天·무량광천無量光天·광음천光音天.

이선유시(以禪喩詩) 선승은 시로써 선을 밝히고, 시인은 선으로써 시를 깨우치고 들어간다는 말.

이선의시(以禪擬詩) 선법·선리禪理·선어를 사용하여 학시學詩와 작시作詩의 구체적인 방법을 비교하는 것. 선법과 시법의 내재결구가 서로 유사하다는 데 기초하여 비교하는 것.

이선취(二善趣) 인간·천상.

이성(理性) 삼라만상의 체성體性. 법성의 이치. 진여眞如. 본래 갖추어 있는 이체理體로서 시종 변하지 않는 본성.

이성(二聖) 석가여래釋迦如來와 다보여래多寶如來. 법화法華의 이성二聖.

이세간(離世間) 세간을 떠나는 영원한 해탈.

이숙(異熟) 선악의 업인業因으로 얻은 무기성無記性의 결과. 과보果報.

이숙과(異熟果) 오종과五種果 가운데 하나. 이숙인異熟因에서 불러일으키는 작용인 초감招感하는 과보. 선善 또는 악惡의 업인業因이 선도 아니고 악도 아닌 무기無記인 결과를 낳는 것.

이숙식(異熟識) 유식론에서 설교하는 삼능변三能變 가운데 하나.

이숙인(異熟因) 선善 또는 악惡의 업인業因이 선도 아니고 악도 아닌 무기無記인 결과를 낳는 것. 보인報因.

이숙인력(二熟因力) 부처가 중생들을 교화할 때 대원력大願力과 석행력昔行力의 숙인宿因으로 한 것을 말한다.

이승(二乘) 성문승聲聞乘·연각승緣覺乘. 소승법을 말한다.

이승기(二乘機) 사기四機 가운데 하나. 생사를 싫어하고 열반을 기꺼이 구하는 것.

이시(二始) 2가지 시작. 부처가 성도하고 정정에 들어 『화엄경』을 설함이 대승의 시작이고, 녹야원에서 『아함경』을 설함이 소승의 시작이라는 뜻.

이시(爾時) 그때.

이시죽반(二時粥飯) 승려들이 옛날에 아침에는 죽, 낮에는 밥으로 하루 두 끼만 먹은 것을 말한다.

이식(耳識) 귀로 소리를 듣고 판단하는 기초 의식.

이식(二食) 법희식法喜食·선열식禪悅食.

이신(二身) ①생신生身과 화신化身. ②생신生身과 법신法身. ③진신眞身과 화신化身. ④상신常身과 무상신無常身.

이실(理實) 실리實理.

이심(異心) 이심二心. 다른 데로 옮겨 가는 마음.

이심(二心) ①진심眞心과 망심妄心. ②정심定心과 산심散心. ③상응심相應心과 불상응심不相應心.

이심전심(以心傳心) 스승과 제자의 사이에 언어 문자를 여의고 마음으로써 마음을 전하는 것. '이심전심以心傳心 불립문자不立文字'. ➡ 삼처전심三處傳心

이십팔수(二十八宿) 동쪽의 각角·항亢·저底·방房·심心·미尾·기箕. 서쪽의 규奎·누婁·위胃·묘昴·필畢·자觜·삼參. 남쪽의 정井·귀鬼·유柳·성星·장張·익翼·진軫. 북쪽의 두斗·우牛·여女·허虛·위危·실室·벽壁.

이십팔천(二十八天) 욕계欲界 육천六天·색계色界 십팔천十八天·무색계無色界 사천四天.

이아견(二我見) 인아견人我見·법아견法我見.

이악(二惡) ①견사번뇌見思煩惱와 무명번뇌無明煩惱. ②이생악已生惡과 미생악未生惡.

이악(離惡) 모든 악을 영원히 여의겠다는 뜻. 아라한阿羅漢을 뜻하는 말.

이애(二礙) 이장二障.

이양(利養) 이익으로써 몸을 보양保養한다.

이양공양(利養供養) 의복이나 음식 등을 공양하는 것.

이어(二語) 양설兩舌. 앞뒤가 서로 어긋나는 말.

이어계(耳語戒) 삼송삼매야三誦三昧耶.

이염복(離染服) 가사袈裟의 12가지 이름 가운데 하나. 염오染汚를 여의는 옷.

이욕미(離欲味) 사미四味 가운데 하나. 출가한 사람이 욕악불선법欲惡不善法을 여의고 초선初禪의 이생희락離生喜樂을 얻는 곳에 있는 법미락을 말한다.

이욕존(離欲尊) 삼보 가운데 법보를 말한다. 탐욕을 여읜 존귀한 존재임을 뜻한다.

이원(泥洹) 📖 nirvāṇa 소멸消滅, 완전한 만족, 지복至福, 생生의 불꽃이 소멸한 것, 해소解消, 구극究極의 해방, 절대와 일치, ~에 전념하는 것 등의 뜻이 있다. 열반涅槃. 궁극의 깨달음. 깨달음의 경지. 진리를 깨닫는 마지막 경지. 절대적 무소유. 최고의 이상. 부처의 경지. 모든 번뇌의 속박에서 해탈하고 진리를 궁구하여 미혹된 생사를 초월하여 불생불멸不生不滅의 법을 터득한 경지. 곧 무한한 안락의 세계를 말한다. 열반涅槃. 해탈解脫. 원래는 불어서 끈다는 뜻. 멸滅·멸도滅度·입적入寂·입멸入滅·원적圓寂·적멸寂滅·안온安穩으로도 번역한다.

이원쌍수(泥洹雙樹) 부처가 열반한 사라쌍수림娑羅雙樹林을 말한다.

이유(異喩) 정당하지 않은 비유. 인명因明의 삼지작법三支作法 가운데 유법喩法에 속한다.

이이(爾儞) 인자仁者로 번역. 사람을 부르는 호칭.

이익일체유정법(利益一切有情法) 기도祈禱라고 하여 공양하는 법으로 진리를 구하는 방법 중의 하나로 감로수로써 서방정토에 태어나게 하는 것을 말한다. 비가 올 때, 대비심으로 하늘을 바라보고 성관자재보살감로진언聖自在菩薩甘露眞言을 21번 송訟하면 빗방울이 중생을 적시듯이 모든 악업과 중죄는 물론 사중오역죄四重五逆까지도 멸한다고 한다. 옴ॐom 자 위는 귀경의 뜻이고, 아래가 중中에 해당한다. 이 다라니를 써서 종, 북, 요령, 목탁 등 모든 소리가 나는 기물器物에 붙이면 이 소리를 듣는 모든 중생은 임종할 때 서방정토에 태어난다고 한다.

이입(理入) 이입二入 가운데 하나. 이성理性의 판단으로 진본眞本을 구하여 불지견佛知見에 들어가는 것.

이입(耳入) 십이입十二入 가운데 하나. 이근耳根. 이근耳根이 소리에 대해 잘 듣는 것. 이처耳處라고도 한다.

이입(二入) 이입理入과 행입行入.

이자문(伊字門) ॐ 모든 법의 화복禍福을 나타냄. 실담자에 뜻을 부여한다. ➡ 실담悉曇

이자문(伊字門) ॐ 모든 법의 근根을 나타냄. 실담자에 뜻을 부여한다. ➡ 실담悉曇

이장(理障) 이장二障 가운데 하나. 사견邪見이 바른 지견知見을 막아서 대보리大菩提를 장애하는 것.

이장(二藏) ①경장經藏과 율장律藏. ②성문장聲聞藏과 보살장菩薩藏.

이장(二障) ①번뇌장煩惱障과 소지장所知障. ②사장事障과 이장理障.

이전(二詮) 사물의 의리를 표현하는 2가지 방법. 표전表詮과 차전遮詮.

이제(二際) 열반제涅槃際와 생사제生死際.

이제(二諦) 진제眞諦·속제俗諦.

이제관(二諦觀) 천태종에서 삼관三觀 가운데 공관空觀의 다른 이름. 공관은 미혹의 경계가 허망한 것을 알고 공제空諦의 진리에 들어가는 관법.

이조(二鳥) ①가제迦提와 원앙鴛鴦. ②사라娑羅와 가린제迦鄰提. 암수 두 마리 새가 항상 같이 놀면서 떨어지지 않으므로 상常과 무상無常을 비유한 것. 또는 보살菩薩의 일행一行과 일체행一切行의 공행共行을 비유한 것.

이조(二祖) 선종의 제2조 혜가慧可.

이족(二足) 복족福足과 혜족慧足. 반야般若는 혜족慧足이고, 보시布施·지계持戒·인욕忍辱·정진精進·선정禪定은 복족福足이다.

이족존(二足尊)📖 양족존兩足尊. 부처를 높이는 호칭. 두 발을 가진 생류 가운데 가장 높다는 뜻. 두 발은 복족福足과 혜족慧足. 복도 원만하게 만족하고, 지혜도 원만하게 만족하다는 뜻이기도 하다.

이존(二尊) 아미타부처와 석가모니부처.

이종게(二種偈) 통게通偈와 별게別偈.

이종공양(二種供養) ①재공양財供養과 법공양法供養. ②사공양事供養과 이공양理供養. ③출전공양出纏供養과 재전공양在纏供養.

이종독각(二種獨覺) 인유독각麟喩獨覺과 부행독각部行獨覺.

이종병(二種病) 신병身病과 심병心病.

이종보시(二種布施) 이종시二種施. ①재시財施와 법시法施. ②정시淨施와 부정시不淨施.

이종불경(二種佛境) 증경證境과 화경化境.

이종불토(二種佛土) ①진토眞土와 응토應土. ②일진불토一眞佛土와 방편화신토方便化身土.

이종색(二種色) ①내색內色과 외색外色. ②현색顯色과 형색形色. ③정색淨色과 부정색不淨色.

이종승(二種僧) ①성문승聲聞僧과 보살승菩薩僧. ②응공승應供僧과 삼귀승三歸僧.

이종시(二種施) 재시財施와 법시法施.

이종식(二種識) 현식顯識과 분별식分別識.

이종애(二種愛) 탐애貪愛와 신애信愛.

이종천제(二種闡提) 사선근천제捨善根闡提와 방편천제方便闡提.

이종청정(二種淸淨) 자성청정自性淸淨과 이구청정離垢淸淨.

이종출가(二種出家) 신출가身出家와 심출가心出家.

이종훈(二種薰) 훈습薰習과 자훈資薰.

이주(二柱) 불법을 호지護持하는 두 기둥. 좌선坐禪과 학문.

이중(二衆) 도중道衆과 속중俗衆.

이지원만(二智圓滿) 여래의 실지實智와 권지權智 2가지 지혜가 원만圓滿하다는 뜻.

이진금강(離塵金剛) 무구광보살無垢光菩薩.

이진복(離塵服) 가사袈裟의 12가지 이름 가운데 하나. 멀리 육진六塵을 여읜 옷.

이집(二執) 아집我執과 법집法執.

이참(理懺) 실상實相의 도리를 살펴서 여러 가지 죄를 뉘우치는 것. 곧 이치를 깨달아 잘못을 뉘우치는 것.

이처(耳處) 이입耳入. 십이처十二處 가운데 하나. 육내처六內處 가운데 하나.

이청(二請) 언청言請과 염청念請.

이친(二親) 부모父母를 말한다.

이타(利他) 아래로 중생을 교화하는 것. 이리二利 가운데 하나.

이타행(利他行) 남에게 공덕과 이익을 베풀어 주며 중생을 구제하기 위해 노력하는 것.

이토(二土) ①정토淨土와 예토穢土. ②보토報土와 화토化土.

이판(理判) 이판승理判僧.

이판사판(理判事判) 이판승理判僧과 사판승事判僧.

이판승(理判僧) 참선하고 경전을 강론하며 수행하고 포교하는 승려. 구도와 수행에 전념하는 승려. 공부승工夫僧이라고도 한다.

이포외여래(離怖畏如來) 오여래五如來 가운데 하나.

이포외인(離怖畏印) 시무외인施無畏印.

이포찬(伊蒲饌) 절의 소석素席.

이학(二學) ①혜학慧學과 정학定學. ②해학解學과 행학行學. ③독송讀誦과 선사禪思.

이해탈(二解脫) ①혜해탈慧解脫과 심해탈心解脫. ②성정해탈性淨解脫과 장진해탈障盡解脫. ③유위해탈有爲解脫과 무위해탈無爲解脫.

이행(二行) ①견행見行과 애행愛行. ②돈성제행頓成諸行과 편성제행遍成諸行. ③차별행差別行과 보현행普賢行.

이행도(易行道) 난이이도難易二道 가운데 하나. 다른 사람의 공력에 의해 극락정토에 왕생하기를 기약하는 법문.

이행섭(利行攝) 보살행의 4가지 수행 덕목인 사섭법四攝法 가운데 하나. 신身·구口·의意에 의해 선업을 짓고 중생을 이롭게 하여 이끌어 들이는 것.

이협(二脅) 이협사二脅士·이협시二挾侍.

이협사(二脅士) 본존불을 곁에서 모시고 있는 보살. 이협시二挾侍. 양협사兩脅士. 미타여래彌陀如來는 관음觀音·세지勢至. 약사여래藥師如來는 일광日光·월광月光. 석가여래釋迦如來는 문수文殊·보현普賢.

이협시(二挾侍) 이협사二脅士.

이혹(二惑) ①견혹見惑과 사혹思惑. ②이혹理惑과 사혹事惑. ③현행혹現行惑과 종자혹種子惑.

이화(利和) 같이 공양물을 고르게 하는 것. 범승凡僧의 사화事和 가운데 하나.

이화(理和) 이화二和 가운데 하나. 이승二乘의 성자聖者들이 같이 견혹見惑과 사혹思惑을 끊고 같이 무위無爲의 이치를 증득하는 것.

이화(二和) 이화理和와 사화事和. 이화二和가 있기 때문에 승가僧伽라고 했으니, 승가란 화합중和合衆의 뜻.

인(印) ①인신印信·표장標章. 일정불변一定不變하는 진리라는 뜻을 나타낸다. ②결인結印. 여래가 안으로 증득한 서원을 손가락의 모습으로 나타낸 것.

인(忍) 모든 좋고 나쁜 대경對境에 향하여 마음이 움직이지 않는 것.

인(因) 📖 ①과果를 가지고 오는 직접적인 원인. 보통은 내인內因을 말한다. ②인명因明의 삼지작법三支作法 가운데 하나. 인법因法. 일종의 소전제와 같다. 이유理由라는 뜻으로 종宗으로 나타내는 도리를 논론하는 것. 사물을 성립시키는 근원根源. 즉, 어떤 사물이 생기게 되는 계기가 이루어지는 것.

인가(印可) 스승이 제자의 득법得法 또는 설법 등을 증명하고 인정함을 일컫는다.

인간(人間) 인계人界에 사는 이. 인류人類. 중생이 머무는 육도六道 가운데 하나.

인경(引磬) 법당에서 사용하는 불구. ①불사에 사용하는 악기. 대중의 주의를 끌기 위해 울린다. ②무상경無常磬. 사람의 목숨이 끝나려 할 때 치는 경쇠.

인계(印契) 모든 부처가 내심의 깨달음을 나타내기 위해 손가락으로 여러 가지 모양을 만드는 표상.

인계(忍界) 사바세계娑婆世界를 말한다. 중생이 온갖 고통을 참고 수행을 하며, 성자도 온갖 고난을 이기고 교화하기 때문에 붙인 이름.

인공(人空) 인공人空과 아공我空. 사람의 몸은 오온五蘊이 임시로 화합하여 그 가운데 진실한 자아의 실체가 없다는 말. 인무아人無我·중생무아衆生無我·생공生空·아공我空라고도 한다.

인공관(人空觀) 인공人空의 도리를 관찰하는 행법.

인과(因果) 인과응보. 원인이 있으면 반드시 그에 따르는 결과가 있다는 뜻.

인과차별제(因果差別諦) 도리승의제道理勝義諦.

인관(印觀) 손으로 인상印相을 맺으면서 본존本尊을 보고 생각한다는 뜻.

인광(印光) 부처의 심인心印으로부터 나오는 광명.

인능변(因能變)📖 phalapariṇāma 과실이 숙성되었다, 최후의 결과, 변화 발전 등의 뜻이 있다. 유식唯識에서는 식識이 변화한다고 주장하는데 이 식識의 변화를 인因의 성질과 과果의 성질 두 입장에서 설명한다. 인因의 입장에서는 인因에는 등류等流와 이숙異熟 등의 습기習氣가 있어 점점 증장되어 종자種子에서 종자種子를 만들어내는 인因과 과果가 다른 때로 변화하는 것을 인능변因能變이라 하고, 과果의 입장에서는 식識의 종자種子가 이숙異熟의 습기習氣로 인능변因能變을 통해 완전하게 성숙하면 동분同分의 식識을 만들어 내어 현행現行하는 식識이 되는 것을 과능변果能變이라고 하며, 모두를 식전변識轉變이라고 한다. 아뢰야식과 현행식現行識의 호위인과互爲因果를 설명하는 방식으로 식識이 찰나생멸하며 상속相續하여 끊이지 않는다는 설명.

인다라니(忍陀羅尼) 사다라니四陀羅尼 가운데 하나. 온갖 법의 실상을 깨닫고 인지忍持하여 잊지 않는 것.

인도(人道) 인간 세계. 육계六界 가운데 하나인 인간계를 말한다.

인두당(人頭幢) 단나인檀拏印, 단다인檀茶印, 단다인怛茶印, 단다당檀茶幢.

인드라(因陀羅) 제석천帝釋天. 인도에서는 하늘의 신이자 번개의 신.

인등(引燈) 불전에 등불을 켜는 것. 장등張燈.

인력(因力) 서방정토 보살의 십삼력十三力 가운데 하나. 지난 세상의 선근력善根力. 지난 세상에 쌓은 선근 공덕에 의해 현세에 부처나 보살을 만나 발심하는 것.

인례(引禮) 선종의 의식에서는 먼저 유나維那와 인례사引禮師가 선창先唱을 보이고 대중들이 이를 따르는 의례의 모범을 보여 주는 것을 말한다.

인로왕도(引路王圖) 사람이 죽었을 때 영혼이 극락세계로 가는 길을 인도하는 인로왕보살을 그린 그림.

인로왕번(引路王幡) 대성인로왕보살번大聖引路王菩薩幡. 죽은 사람을 극락세계로 인도하기 위해 의식의 도량으로 오는 인로왕보살을 말한다.

인륜(因輪) 근본법륜根本法輪.

인명(因明) 옛날 부처가 설교한 종인宗因을 삼지三支의 논리법으로 비유한 것. 사정邪正을 상고하여 정하고 진위眞僞를 깨끗하게 분별하는 이법理法.

인무아(人舞我) 사람의 몸은 오온五蘊이 임시로 화합하여 그 가운데 진실한 자아의 실체가 없다는 말. 중생무아衆生無我·생공生空·인공人空·아공我空이라고도 한다.

인물괘(人物掛) 영산재에서 도량에 거는 것으로 사람이 그려져 있는 걸개그림.

인법(人法) ①가르침을 받는 중생과 부처의 교법. ②자아와 사물. ③관세음觀世音과 보문普門.

인법(忍法) ①칠현위七賢位 가운데 하나. ②사선근四善根 가운데 하나.

인불견풍(人不見風) 사불견四不見 가운데 하나. 바람 소리를 들으면서도 그 모양을 보지 못하는 것.

인비인(人非人) 사람이라 할 수도 없고 축생이라 할 수도 없으며, 신이라고 할 수도 없는 팔부중八部衆이 거느린 종속. 긴나라緊拏羅의 다른 이름이기도 하다.

인사(仁祠) 불사佛寺. 절의 다른 이름.

인사자(人師子) 부처를 말한다.

인상(人相) 사람은 고귀하므로 축생들과 다르다고 생각하는 견해.

인상(因相) 아뢰야식의 삼상三相 가운데 하나.

인상(印相) 인계印契.

인선(人仙) 부처를 말한다.

인선(仁仙) 부처를 말한다.

인선(忍仙) 인욕忍辱하는 선인仙人. 곧 부처를 말한다.

인성가(因成假) 물物·심心의 모든 법은 인연에 의하여 생긴 것이므로 그것이 가假임을 말하는 것. 『지관보행止觀輔行』의 삼가三假 가운데 하나.

인승(人乘) 오승五乘 가운데 하나. 수행하는 사람을 실어서 인간 세상에 태어나게 하는 교법.

인아(人我) 오온五蘊이 화합하여 이루어진 신체에 집착하여 항상 주재하는 자아의 실체가 있다고 생각하는 것. 아견我見.

인아견(人我見) 색色·수受·상想·행行·식識에 집착하여 오온五蘊으로 가합假合한 신심身心을 실아實我라고 여기는 견해.

인아집(人我執) 아집我執.

인업(因業) 업이 만물을 내는 원인이 되는 것.

인업(引業) 인인引因. 중생의 오취五趣·사생四生의 과보를 이끌어 내는 업. 인생引生에 과보를 받아 인간으로 태어나게 된 업.

인역(印域) 인도印度를 가리킨다.

인연(因緣) ①결과를 내는 직접적인 인因과 그 보조가 되는 연緣을 말한다. 쌀과 보리는 그 종자를 인으로 하고 노력·우로雨露·비료 등을 연으로 해서 결실을 이룬다. 세상의 모든 사물은 자기를 직접 내는 인과 이것을 돕는 연에 의해서 생긴다는 것. ②십이부경十二部經·십이분교十二分教·십이분경十二分經 가운데 하나. 교법이 일어나는 연기와 인연을 밝힌 것.

인연관(因緣觀) 십이인연十二因緣을 관觀하는 것. 12인연이 생기는 원인을 관하여 무자성無自性과 무상無常과 무생無生과 무아無我인 공空을 바르게 아는 것.

인연석(因緣釋) 사석四釋 가운데 하나. 외도의 교와 구별하기 위해 불교가 생긴 인연을 밝혀서 해석하는 것.

인연설주(因緣說周) 삼주설법三周說法 가운데 하나. 가장 저열한 지혜를 가진 이들에게 3천 진점겁塵點劫 전에 대통지승불大通智勝佛 회상에서 16왕자가 『법화경』을 복강覆講할 때 이미 씨를 심어서 연緣을 맺었던 인연에 의한 묘법妙法을 말한 부분.

인연인(因緣忍) 사인四忍 가운데 하나. 모든 사물은 인연이 화합하여 임시로 존재하는 것이어서 본래 자기의 본성이 없다고 하는 것.

인연종(因緣宗) 입성종立性宗. 소승 가운데 유부종의 교설.

인엽림(刃葉林) 검엽림劍葉林. 지옥에 있는 칼날 잎의 숲.

인왕(仁王) ①금강역사金剛力士. 금강신金剛神. ②부처의 존칭. 법왕

인왕강(仁王講) 『인왕경仁王經』을 강찬講讚하는 법회.

인왕공(仁王供) 『인왕경仁王經』을 공양하는 법회.

인왕문(仁王門) 금강문金剛門. 가람과 불법을 수호하는 금강역사가 있는 문.

인욕(忍辱) 육바라밀六波羅蜜 가운데 하나. 고통이나 박해 또는 재해 등을 인내하는 것. 인욕바라밀忍辱波羅蜜.

인욕개(忍辱鎧) 가사袈裟의 12가지 이름 가운데 하나.

인욕선(忍辱仙) 석가여래를 말한다.

인욕의(忍辱衣) 가사袈裟를 말한다.

인우구망(人牛具忘) 사람도 소도 모두 본래 공空임을 깨닫는다는 뜻으로 십우도十牛圖의 여덟 번째 그림. 깨달음도 깨달은 법도 깨달은 사람도 없는 공무空無한 것. 원으로 그려져 있다.

인우구망(십우도)

인웅사자(人雄師子) 부처를 말한다.

인위(因位) 불인佛因을 수행하는 지위. 발심發心으로부터 성불成佛에 이르는 사이. 곧 부처가 되려고 수행하는 기간.

인유(人有) 칠유七有 가운데 하나. 중생이 과거에 인간계에 태어날 인因을 닦아서 현재의 과果를 얻은 것처럼 생사가 상속하여 인과가 없어지지 않고 존재하는 것. 인간계를 말한다.

인유독각(麟喩獨覺) 기린이 오직 하나의 뿔만 가진 것처럼 남을 위하는 마음이 없이 스스로 해탈하려는 독각. 고요히 홀로 정진하여 깨닫는 독각. 이종독각二種獨覺 가운데 하나.

인인(引因) 인업引業.

인정(人定) 해시亥時. 오후 10시로부터 11시까지. 사람의 통행을 금지하여 인정을 알리는 종을 인정이라고 한다. 인경人更.

인조(忍調) 인욕忍辱으로 진에瞋恚를 조복한다.

인존(人尊) 부처를 말한다.

인존(仁尊) 부처를 말한다.

인중수(人中樹) 모든 부처의 신업身業이 세상 사람의 뜨거운 번뇌를 없애 주는 것을 비유한 말.

인중우왕(人中牛王) 부처를 말한다. 부처가 큰 힘을 가진 것이 우왕牛王과 같다는 말.

인지(忍地) 무생법인無生法忍을 각오하는 지위.

인지(因地) 불도를 수행하는 지위. 인행시因行時라고도 한다. 공부를 하여 정각을 완성하는 경지를 과지果地라 하고, 부처의 씨를 심고 그 싹을 기르는 수행 기간을 인지因地라고 한다.

인집(人執) 아집我執. 인아집人我執. 자기 신체에 집착하는 가운데 하나의 자아가 있다고 하는 사견邪見.

인천(人天) 인취人趣와 천취天趣. 곧 인간계와 천상계의 중생을 말한다.

인천기(人天機) 사기四機 가운데 하나. 모든 악을 짓지 말고 많은 선행을 받들어 행하는 것.

인천승(人天乘) 소승小乘을 말한다.

인출장(引出匠) 책을 만들기 위해 목판을 만들어서 종이를 놓고 찍어 내는 일을 하는 사람.

인취(人趣) 육취六趣 가운데 하나. 인류人類의 업인이 있는 이가 향하는 곳. 인간 세계.

인타라(因陀羅)📖 indra 신神, 제석신帝釋神, 최고의 지위, 주主, 왕王 등의 뜻이 있다. 왕王, 주主, 제帝, 천주天主, 제주帝主 등으로 의역한다. ①인도 신화에서는 가장 뛰어난 신을 말한다. ②약사전藥師殿에서 일광보살日光菩薩과 월광보살月光菩薩. 두 보살 외에 약사여래의 방대한 사업을 돕는 12나한羅漢.

인타라망(因陀羅網) 보망寶網. 제망帝網.

인탑(印塔) 보협인탑寶篋印塔의 준말.

인탑(仁塔) 불탑佛塔.

인토(忍土) 사바세계娑婆世界를 말한다. 중생이 온갖 고통을 참고 수행을 하며, 성자도 온갖 고난을 이기고 교화하기 때문에 붙인 이름.

인행(忍行) 인욕忍辱의 수행.

인행시(因行時) 공부를 하여 정각을 완성하는 경지를 위해 부처의 씨를 심고 싹을 길러 가는 수행 기간.

인화(引化) 인접引接하여 화도化度한다.

인후(咽喉) 목구멍을 말한다.

일가(一家) 일종一宗·일파一派·일문一門의 이름.

일각(一覺) 한 번의 깨달음. 일오一悟.

일간(一間) 일종자一種子.

일개(一蓋) 불가사의한 신통변화.

일개반개(一箇半箇) 매우 작은 수를 말한다.

일개자겁(一芥子劫) 둘레가 40리가 되는 성안에 겨자씨를 가득 채워 놓고 장수천인長壽天人이 3년마다 한 알씩 가지고 가서 전부 없어질 때까지의 시간을 말한다.

일거(一車) 큰 흰 소가 끄는 수레.

일건(一巾) 진성眞性의 비유. 보화건寶花巾.

일겁(一劫) 일개자겁一芥子劫. 일반석겁一磐石劫. 겁은 도저히 헤아릴 수 없는 무한히 긴 시간을 말한다.

일경삼제(一境三諦) 불사의삼제不思義三諦.

일계(一界) 하나의 세계라는 뜻. 동계同界.

일공(一空) 아무것도 없이 텅 비어 있는 것. 모든 법의 자성自性은 텅 비어 있는 상태라는 것을 뜻하는 말.

일과(一顆) 한 알. 진주나 구슬 따위를 세는 단위.

일광보살(日光菩薩) 약사여래의 협시보살인 일광보살과 월광보살.

일구(一九) 미타彌陀를 가리킨다.

일구(一句) 상대적 언어를 넘어선 한마디의 말이나 글. 이것을 깨달은 사람이 견성오도見性悟道한다.

일극(一極) 하나의 진실하고 지극한 도리.

일근(一根) 이근耳根. 깨달음의 경지에 이르기 위해서는 듣는 기관이 가장 중요한 구실을 한다고 하여 귀를 일컫는 말.

일기(一期) 사람의 일생. 사람이 태어나서 죽음에 이르기까지를 말한다.

일기(一機) 이근耳根을 비유한 말.

일기(一氣) 일심一心. 자성청정심自性淸淨心을 비유한 말.

일기사상(一期四相) 모든 생명체의 한 생애. 곧 생·노·병·사를 말한다.

일기일경(一機一境) 기機는 안에 속하여 마음을 움직이는 것이며, 경境은 밖을 살피는 경계를 말한다. 부처가 연꽃을 든 것이 경이 되고, 가섭이 웃는 것이 기가 된다.

일납(一衲) 남이 버린 천으로 꿰매 만든 옷 하나.

일념(一念) 시간의 단위로 아주 짧은 순간. 또는 한결같은 마음. 오직 한가지 생각.

일념력(一念力) 한가지 생각에 집중하는 힘.

일념만년(一念萬年) 무량겁과 일념은 하나이므로 일념을 만년이라고 한다.

일념발기(一念發起) 모든 미혹을 여의고 부처의 가르침인 법에 전념하는 것.

일념불생(一念不生) 하나의 생각에 몰입하여 망상과 사악한 마음이 생기지 않는 것. 불교의 법도를 생각하는 일념에 허망한 마음이 생기지 않는 경계.

일념삼천(一念三千) 범부의 전도된 망념의 한 생각에 우주의 모든 세계가 갖추어져 있다는 것. 일념에 지옥地獄에서 불佛까지 십계十界가 갖추어져 있고, 십계에 각각 십계가 갖추어져 백계百界가 되고, 백계에 십여시十如是가 갖추어져 천계千界가 갖추어져 있고, 천계에 삼세간三世間이 갖추어져 삼천세계가 된다.

일념왕생(一念往生) 한 번 부처의 명호를 부르는 것으로 극락왕생 할 수 있다고 믿는 것.

일대사(一大事) 가장 중요한 일. 부처가 이 세상에 출현하는 일대목적.

일대장교(一大藏敎) 방대한 경전. 불교 경전을 모은 것.

일도(一度) 육도六度 가운데 지혜를 말한다. 반야般若.

일도(一道) 일실一實의 도. 진여의 도.

일도양단(一刀兩段) 한 칼로 단번에 두 쪽을 내듯이 일을 과단성 있게 처리한다는 뜻.

일도일례(一刀三禮) 불상을 조각하는 데 칼을 한 번 댈 때마다 세 번 삼보에게 예배하는 것.

일등(一燈) 일등명一燈明. 지혜가 미혹과 어둠을 깨뜨림을 비유한 말.

일래(一來) 성문사과聲聞四果의 사다함斯陀含을 말한다.

일로(一路) 열반으로 통하는 하나의 길.

일륜(日輪) 중생의 업력으로 일어나는 바람에 의지하여 공중에 떠서 수미산의 허리를 돌면서 사대주四大洲를 비추는 해.

일리(一理)　하나의 이치. 진여. 제법의 본체.

일멸(一滅)　사제四諦 가운데 멸제滅諦.

일명(一明)　하나의 주어呪語. 한 개의 다라니陀羅尼.

일명(一名)　『열반경涅槃經』을 말한다.

일모단(一毛端)　매우 적음을 말한다.

일문(一門)　같은 법문의 사람. 한집안을 말한다.

일물(一物)　우리의 주인공인 마음.

일물일상(一物一相)　한 물건의 한 모양. 진여眞如의 본체를 일컫는 말.

일미(一味)　부처의 교설은 참 뜻이 하나라는 말. 불법은 절대 평등하여 차별이 없다는 가르침.

일미진(一微塵)　지극히 미세한 분자로 물질의 가장 작은 알맹이.

일반석겁(一磐石劫)　일겁一劫. 둘레가 40리나 되는 바위를 천의天衣로 3년마다 한 번씩 스쳐 그 바위가 다 닳아 없어질 때까지의 시간을 말한다.

일백(一白)　출가자가 구족계를 받고 삼사칠증三師七證에게 찬성을 구하는 것. ➡ 삼사칠증三師七證

일법(一法)　①근본법을 말한다. 세상의 모든 존재를 낳게 하는 근본 묘법을 말한다. ②하나의 일이나 하나의 물건을 가리킨다.

일법인(一法印)　일실상인一實相印. 제법諸法 실상實相의 이치.

일보(一普)　일중一中.

일불(一佛)　하나의 부처. 아미타불을 말한다.

일불성도(一佛成道)　한 부처가 세상에 출현하면 모두 그 부처의 덕을 입는다는 뜻.

일불세계(一佛世界)　하나의 부처가 중생을 교화하는 세계로 3천대천세계라고 한다.

일불승(一佛乘)　일승一乘. 모든 중생을 구제하여 성불하게 하는 유일한 가르침이라는 뜻. 부처의 교법을 일컫는 말.

일불정토(一佛淨土)   한 부처의 청정한 불국토. 아미타불의 정토를 말한다. 일불체一佛體

일사수미(一蛇首尾)   머리와 꼬리가 각각 따로 움직이는 뱀을 말한다. 중생의 어리석음을 비유한 말.

일산(日傘)   산개傘蓋. 불보살의 위덕을 나타내는 상징. 천개天蓋·보개寶蓋·화개華蓋 등이 있다. 천개天蓋는 인도에서 햇빛 가리개와 같은 양산으로 사용하였으나, 후에는 부처나 보살의 머리 위를 상징하는 천장의 장식으로 변하였다.

일산(一山)   일사一寺. 하나의 절을 가리킨다.

일삼매(一三昧)   일행삼매一行三昧의 준말. 생각을 하나의 일에 두고 다른 것을 돌아보지 않는 삼매.

일상(一相)   차별도 대립도 없는 절대 평등. 진여와 같이 평등무차별한 모양.

일상삼매(一相三昧)   일행삼매一行三昧. 진여의 세계는 평등하여 한결같이 차별이 없는 한 모양이라고 보는 삼매.

일생보처(一生補處)   보처補處. 일생보처보살一生補處菩薩. 일생소계보살一生所繫菩薩.

일생보처(一生補處)   일생소계一生所繫. 일생 동안만 미혹의 세계에 계박되어 있는 성자로 다음 생에는 부처의 지위에 오르는 보살의 최고위인 등각等覺을 말한다.

일생소계(一生所繫)   일생보처一生補處.

일성(一城)   소승의 열반을 비유한 말.

일소겁(一小劫)   사람의 나이가 8만 4,000세부터 백년마다 한 살씩 줄어서 10세에 이르고, 다시 백 년마다 한 살씩 늘어서 나이가 8만 4천 세에 이르는데, 한 번 줄고 한 번 느는 동안을 말한다.

일승(一乘)   깨달음에 나아가게 하는 부처의 가르침은 하나라는 뜻으로, 어느 누구나 불이 될 수 있다는 것을 말한다. 일불승一佛乘. 불승佛乘. 원묘圓妙한 실체.

일승경(一乘經) 『법화경法華經』을 말한다.

일승묘문(一乘妙文) 법화경문法華經文.

일승법(一乘法) 모든 것을 다 깨달아 부처가 되는 참다운 법은 하나라는 것. 시방세계는 항상 있는 상주법계常住法界이고 걸림이 없는 무애법계無碍法界이고 하나의 진리의 일진법계一眞法界라는 것.

일승보살(一乘菩薩) 수행이 많이 쌓여 팔지八地 이상의 경지에 이른 보살.

일시(一時) 한때. 어느 때. 가시假時. 곧 경전 서두에 그 시기를 구체적으로 지적하지 않고 일반적으로 가리키는 시기를 말한다.

일식경(一食頃) 밥 한 그릇 먹을 시간.

일식외도(一識外道) 사람의 몸에는 신식神識 하나가 있어서 육근六根을 통해 외계와 접촉하는 것이 마치 방안의 원숭이가 여섯 창문을 통해 나타나는 것과 같다고 주장하는 외도.

일실(一實) 일진一眞. ①진여眞如 ②일승법一乘法.

일실관(一實觀) 일실一實한 관법觀法.

일심(一心) ①삼심三心 가운데 하나. 신심信心이 순일하다. 모든 사물은 마음이 모인 덩어리라는 뜻. ②만유의 실체인 진여眞如가 유일한다. ③전심專心.

일심귀명(一心歸命) 한마음으로 부처에 귀순歸順하는 것.

일심삼관(一心三觀) 삼종삼관三種三觀 가운데 하나. 일념의 마음 가운데 삼제三諦의 이치를 자세히 보는 것.

일심전념(一心專念) 오로지 한마음으로 염불하는 것.

일심정념(一心正念) 한마음으로 바르게 염불하며 부처에 귀의한다는 뜻. 일심으로 아미타불의 제도를 믿고 다른 생각을 하지 않고 나무아미타불을 부르는 것.

일심정례(一心頂禮) 한마음으로 머리를 부처의 발에 닿도록 절한다.

일심칭명(一心稱名) 오직 한마음으로 염불하는 것.

일심합장(一心合掌) 한마음으로 합장하는 것.

일여(一如) 일진→眞. 진여의 이치가 평등하고 차별이 없어 둘이 아니고 하나라는 것.

일여관음(一如觀音) 33관음상 가운데 하나. 구름을 타고 허공을 날아다니는 모습을 한 관세음보살.

일엽관음(一葉觀音) 33관음상 가운데 하나. 물 위에서 하나의 연꽃잎을 타고 있는 관세음보살.

일왕래(一往來) 성문사과聲聞四果 가운데 사다함과斯陀含果. 인간과 천상을 한 번 왕래하면서 생을 받아야 하는 계위임을 뜻한다.

일우(一雨) 부처가 설교한 일승→乘의 법을 비유한 말.

일원론(一元論) 우주의 본체는 하나이며 오직 하나의 원리가 모든 사물의 기초라는 이론.

일원상(一圓相) 불도의 진리를 원圓으로 표현한 것. 둥근 원은 우주 모든 사물의 본원. 또는 원융무애한 법을 상징한다. 중생의 마음이 평등하고 원만하여 동그라미로 나타낸 형상.

일일경(一日經) 돈경頓經. 돈사頓寫.

일일경(一日經) 하루 동안에 쓴 경. 일체경→切經을 여러 사람이 분담하여 쓸 때 하는 말.

일일삼시(一日三時) 아침·점심·저녁의 낮 3시와 밤 3시로 나눈다.

일자불설(一字不說) 부처의 경지는 문자로 표현할 수 없다는 말.

일자선(一字禪) 선가에서 문답할 때 다만 한 글자로 답하여 선禪의 깊은 뜻을 나타내는 것.

일자수륜관진언(一字水輪觀眞言) 유정이 비로자나여래毗盧遮那如來에 들어가서 한 글자로 되어 있는 수륜水輪을 관하여, 모든 유정이 많은 양의 감로법문의 물을 마음대로 먹게 한다는 뜻이 있다. 진언은 '옴 밤밤밤밤唵 鑁鑁鑁鑁'.

일점어(一點語) 한마디로 종지宗旨를 말하는 것.

일점혈육(一點血肉) 하나밖에 없는 자기가 낳은 자식.

일제(一諦) 오직 하나의 진리眞理.

일종(日種) 부처가 출가하기 전에 가졌던 다섯 가지 속성俗姓 가운데 하나.

일종(一種) 일종자一種子.

일종(一宗) 하나의 종지宗旨.

일종자(一鐘子) 번뇌를 말한다. 일생 동안 끌어갈 만큼 큰 번뇌의 종자.

일주문(一柱門)📖 산문山門. 절 입구에 세우는 문. 하나의 기둥으로 된 문. 일심으로 불법에 귀의하겠다는 마음을 다지는 문. 승僧과 속俗, 세간世間과 출세간出世間, 생사윤회의 중생계衆生界와 열반적정의 불국토佛國土가 하나로 만나는 문. ○○山○○寺라는 현판을 걸어 위치는 물론 주련과 함께 사찰의 기능과 역할을 나타낸다.

일주문(고창 선운사)

일중(日中) 육시六時 가운데 하나. 오전 10시부터 12시까지.

일중(一中) 일보一普. 재식齋識을 마련하여 승당 안에 보급하는 것.

일즉삼(一卽三) 일승교一乘敎는 곧 삼승교三乘敎임을 말한다.

일즉일체(一卽一切) 만물은 각각 모양이 다른 차별이 있는 것 같지만 실질적인 본체는 하나라는 것.

일지(一持) 부처의 명호名號나 경문經文을 한결같이 잘 지니는 것.

일지(一地) 십지十地 가운데 첫 번째. 환희지歡喜地. 또는 중생의 불성佛性을 비유한 말.

일지(一智) 일체지一切智. 일체종지一切種智.

일진(一眞) 일여一如. 일실一實. 절대의 진리眞理.

일진법계(一眞法界) 하나의 진실한 이치를 말한다. 진리. 진여.

일진불염(一塵不染) 육근六根이 청정淸淨함을 비유한다.

일진불토(一眞佛土) 진토眞土.

일진여(一眞如) 일진법계一眞法界에는 차별이 없다는 뜻.

일차원(一次元) 한 개의 정수로 나타내는 차원. 곧 거리를 나타내는 차원.

일찰나(一刹那) 아주 짧은 시간.

일참(日參) 매일 부처 앞에 참배하는 것.

일천제(一闡提) 단선근斷善根.

일천제가(一闡提迦) 삼종천제三種闡提 가운데 하나. 천저가闡底迦. 낙욕樂欲으로 번역. 나고 죽는 세계에 있기를 좋아하는 이.

일체개고(一切皆苦) 세상 모든 법은 괴로움이라는 뜻. 사법인四法印 가운데 하나.

일체개공(一切皆空) 모든 현상은 실질적인 본체가 없는 것.

일체경(一切經) 대장경大藏經을 말한다.

일체덕광무량위력주(一切德光無量威力呪) 『불설구면연아귀다라니신주경佛說救面然餓鬼陀羅尼神呪經』에 실려 있는 다라니. 밤에 남루한 모습으로 나타나 배고픔을 하소연하는 면연面然이라고 하는 아귀를 구하는 진언.

일체도(一切道) 일체 모든 부처의 도법道法.

일체락(一切樂) 극락極樂·극락세계.

일체법계(一切法界) 모든 진리의 세계. 온 우주.

일체불(一切佛) 모든 부처.

일체삼보(一切三寶) 불·법·승 삼보가 하나라는 뜻.

일체시(一切時) 과거·현재·미래가 항상 이어져 있다는 것.

일체여래(一切如來) ①여러 종의 여래. ②일체를 소유한 부처. 여래시불如來是佛의 십호十號 가운데 하나.

일체유심조(一切唯心造) 모든 것은 마음에 의해 만들어진다는 유심설唯心說.

일체유정(一切有情) 일체 정식情識이 있는 동물. 일체중생.

일체제불(一切諸佛) 과거·현재·미래의 모든 부처.

일체종(一切種) 일체 중생의 인종因種.

일체종지(一切種智) 일체지一切智.

일체중생(一切衆生) 세상에 살아 있는 모든 것들. 일체유정一切有情.

일체지(一切智) 📖 sarvajña 일체를 알고 있다, 전지全知 등의 뜻이 있다. 삼지三智 가운데 하나. 부처가 지니는 지혜로 모든 법의 총체적 모양을 아는 지혜. 곧, 모든 존재를 자세히 살펴서 두루 통달하는 지혜. 일체종지一切種智·여래혜如來慧·살반야薩般若.

일체지안(一切智眼) 십안十眼 가운데 하나. 보문普門의 법계를 보는 눈. 보안普眼이라고도 한다.

일체지자(一切智者) 일체지자一切智者. 모든 것을 아는 이. 부처를 말한다.

일체지장(一切智藏) 일체의 것을 안다는 뜻. 부처의 존칭.

일체지존자(一切智尊者) 일체지자一切智者.

일체지지(一切智智) 일체지一切智 가운데 지智. 곧 불지佛智.

일체지지(一切智地) 일체지를 증득하는 지위. 곧 불위佛位.

일체행(一切行) 모든 행위. 모든 것.

일초직입(一超直入) 여러 단계를 거치지 않고 단번에 미혹의 세계를 뛰어넘어 깨달음에 들어가는 것.

일초직입여래지(一超直入如來地) 사람은 태어나기 전부터 본래 부처임을 스스로 깨달아 절대의 경지에 들어가는 것.

일탄지(一彈指) 매우 짧은 시간을 비유한 말.

일탈(一脫) 삼덕三德 가운데 해탈의 일덕一德.

일품(一品) 경전의 편장篇章.

일할(一喝) 선종에서 말이나 글로 나타낼 수 없는 도리를 보일 때 큰소리를 질러서 법을 나타내는 것.

일합상(一合相) 여러 가지 법이 합쳐 한 개의 상이 만들어지는 것. 세상 모든 사물은 모두 일합상이다.

일항(一恒) 일항하사一恒河沙의 준말.

일행삼매(一行三昧) 한 가지 방법으로 마음을 닦는 삼매. 진여법계의 평등한 모습을 진실 그대로 관상觀想하는 삼매. 일상삼매一相三昧·진여삼매眞如三昧·상좌삼매常坐三昧.

일향전념(一向專念) 오직 한마음으로 부처를 생각하는 데 몰두하는 것. 한결같이 경전 읽는 데 몰두하다.

일향칭명(一向稱名) 오로지 한마음으로 아미타불의 명호를 부르는 것.

일화(一化) 석가모니부처의 일대 교화.

일화오엽(一花五葉) 오엽五葉. 한 개의 심화心花가 피고 다섯 개의 잎이 달린다는 뜻. 달마대사가 선종禪宗이 다섯 분파로 나눠질 것을 예언한 것. 곧 육조인 혜능慧能에 와서 정법이 발양되고 그 뒤에 조동曹洞·임제臨濟·운문雲門·위앙潙仰·법안法眼의 5파로 나누어질 것을 예언한 것.

임변(林變) 부처가 열반에 들 때 사라쌍수娑羅雙樹의 색이 변하여 흰색이 되었다.

임병(任病) 사병四病 가운데 하나. 인연에 따라 자기의 본성에 맡긴다는 것. 생사를 끊지 않고 열반을 구하지도 않으며 일체에 맡겨 원각圓覺을 구하려는 것.

임제종(臨濟宗)　선문오종禪門五宗 가운데 하나.

임종방결(臨終方訣)　임종을 맞는 이가 있는 때 주위 사람들이 해야 하는 의식. 의정義靜의 『무상경無常經』 부록에 수록.

임종정념(臨終正念)　목숨이 끝날 때 임하여 미혹의 마음을 버리고 편안한 마음을 갖는 것.

임지(任持)　가지加持. 가피加被.

입감(入龕)　다비의 절차에서 법상法床에서 의식을 주관하는 다비법사의 입감을 알리는 소리가 나면 병풍 뒤에 있던 입감하는 사람이 대답하고 의식을 시작한다.

입골(入骨)　납골納骨. 입탑入塔.

입관(入棺)　입감入龕의 속어.

입도(入道)　출가出家. 불문에 들어가 수행하는 것.

입류(入流)　성문사과聲聞四果 가운데 수다함과須陀洹果. 성인의 반열에 처음 들어간 계위임을 뜻한다.

입멸(入滅)　여래의 열반. 입적入寂.

입사장(入絲匠)　유기, 철기 그릇 등에 조각을 새기고, 그곳에 은 등을 입사하여 장식하는 기술을 가진 사람을 말한다.

입선(入禪)　참선하러 염불방에 들어가거나 참선의 경지에 들어가는 것.

입성종(立性宗)　인연종因緣宗.

입세(入世)　세간에 들어가 중생을 두루 제도하는 것.

입승(入繩)　사찰의 선원에서 대중이 나아가야 할 것과 그만두어야 할 것 등을 지시하는 소임.

입실지(入悉地)　불복장을 할 때 후령통에 넣는 진언. 아阿:ā 바縛:va 라羅:ra 하訶:ha 카佉:kha. 이 5자에 각각 곁에 획을 더하면 만행萬行의 보현법계普賢法界가 되어 불법계佛法界에 들어갈 수 있으며 보신報身을 성취한다는 뜻.

입심(入心) 삼심三心 가운데 하나. 삼승三乘의 수행하는 처음 그 지위에 머물러 있는 동안.

입아아인(入我我入) 부처와 내가 일체가 되는 것. 근본 존상 부처의 자비로운 힘에 의해 여래와 자기가 일체의 경지가 되는 것.

입언(立言) 후세에 남길 말을 잘 정리하여 기술한 것.

입음성다라니(入音聲陀羅尼) 삼다라니三陀羅尼 가운데 하나. 다른 이가 욕을 하거나 칭찬하는 것에 대해 마음이 평정平靜함을 말한다.

입적(入寂) 생멸 변화하는 현 세계를 벗어나 진적眞寂한 본원本元에 돌아간다는 뜻으로 죽음을 말한다. 승려의 죽음. 열반涅槃. 귀본歸本·귀원歸元·귀적歸寂·귀진歸眞·귀화歸化·멸도滅度·순세順世·순화順化·원적圓寂·천화遷化라고도 한다.

입전수수(入廛垂手) 중생을 구제하기 위해 속세의 저자 거리로 나선다는 뜻으로 십우도十牛圖의 열 번째 그림. 속세로 돌아가서 손을 내밀어 중생을 제도하는 경지. 화광동진和光同塵의 경지.

입전수수(십우도)

입정(入定) 참선參禪. 선정禪定에 드는 것. 마음을 한 경계에 정하고, 신신身·구口·의의意의 삼업三業을 그치는 것.

입정인(入定印) 삼매인三昧印.

입중(入衆) 대중과 함께 기거하는 것. 득도得道한 뒤 처음으로 총림에 들어가는 것.

입중의(入衆衣) 울다라승鬱多羅僧.

입탑(入塔) 죽은 승려의 유골이나 전신全身을 탑 안에 넣는 의식.

입파(立破) 능립能立과 능파能破.

잉어채 식당작법食堂作法 등에서 목어와 법고를 칠 때, 목어가

준비되어 있지 않으면 흰 종이에 잉어나 커다란 물고기를 그려
걸어 놓고 치는 흉내를 내는 것.

자각(自覺) 부처의 삼각三覺 가운데 하나. 부처의 자리自利의 덕. 스스로 깨달아 증득하여 모든 것을 환히 아는 것. 또 중생이 자신의 어리석음을 돌이켜서 깨닫는 것.

자각성지(自覺聖智) 대일여래大日如來의 법계체성지法界體性智. 스승 없이 스스로 깨쳐 얻은 지혜.

자과(子果) 자子는 종자. 종자에서 생겨난 과보를 말한다. 오온五蘊의 과보果報는 과거의 번뇌가 낳은 과이므로 자과라고 한다.

자구주(慈救咒) 부동주不動咒.

자귀의(自歸依) 자신에게 귀의하는 것.

자나(遮那) vairocana 태양이란 뜻. 비로자나毘盧遮那.

자나과덕(遮那果德) 비로자나불이 지닌 절대적인 덕용德用·동작動作.

자나과만(遮那果滿) 비로자나불이 깨친 경계에 여러 가지 많은 공덕을 원만히 구족한 것.

자나교주(遮那敎主) 진언종에서 비로자나여래는 금강계·태장계 양부兩部의 교주가 된다는 뜻.

자내증(自內證) 자기 내심內心의 깨달음.

자단(字壇) 4만다라曼茶羅 가운데 하나인 법만다라를 말한다. 모든 불·보살이 안으로 증득한 공덕을 나타내는 종자인 범자梵字를 형상 대신으로 써 놓은 것.

자단(子斷) 결과의 원인이 되는 업을 끊는 것. 해탈에는 감업感業을 끊는 자단子斷이 있고 고과苦果를 끊는 과단果斷이 있다.

자도(自度) 삼자三自 가운데 하나. 이승二乘의 성자聖者가 닦을 혜학慧學. 지혜智慧. 정견正見·정사유正思惟·정정진正精進.

자독(自督) 스스로를 책려하고 올바르게 한다는 뜻. 자기가 깨우친 것 또는 자신의 안심安心을 말한다.

자등명(自燈明) 자신 스스로 마음의 등불을 밝히는 것.

자등명법등명(自燈明法燈明) 석가가 제자들에게 남긴 마지막 가르침을 이르는 말. 자기 스스로 마음의 등불을 밝히고, 부처의 설법을 등불로 삼아 사바세계를 밝히며 살라는 가르침.

자량(資糧)📖 saṃbhāra 함께 가지고 오는 것, 인因인 것, ~에 대한 용의, 가재도구家財道具, 부富, 소유물所有物, 다수多數, 양量, 과도過度 등의 뜻이 있다. 자재資財와 식량食糧. 자資는 자조資助이며 량糧은 양식糧食을 말한다. 불도를 닦는 데 필요한 방편.

자량위(資糧位) 불도를 닦기 위해 양식을 필요한 자량이 되는 육바라밀六波羅蜜 가운데 복행福行인 앞의 다섯 바라밀과 지행智行인 육바라밀六波羅蜜을 닦아 쌓는 지위. 대승의 유식종唯識宗에서 세운 수행 오위五位 가운데 하나.

자력(自力) 사력四力 가운데 하나. 자기의 공력功力으로 보리심을 내고 성불의 길로 들어서는 것을 말한다.

자력교(自力敎) 자기의 노력으로 수행하여 공덕을 쌓아 번뇌를 끊고 깨달음의 경지에 이르는 가르침.

자력문(自力門) 자기 스스로 수행하는 공력으로 깨달음에 이르는 법문.

자력염불(自力念佛) 자기 노력으로 지혜를 닦으며 부처의 특징을 관념觀念하는 것. 또 공덕을 쌓아 성불하기를 바라며 꾸준히 부처의 명호를 부르는 것.

자력회향(自力廻向) 자기 자신을 경책하고 노력 정진해서 얻은 수행 공덕을 자기가 구하는 과보에 회향하여 과果 얻기를 바라는 것.

자령출거(自領出去) 자기가 행한 일을 자백하는 것. 본래 중국의 법정에서 쓰던 말로 자진하여 법정에 나아가서 죄를 말하는 것을 말한다.

자류(自流) 자기의 문류門流. 곧 자기가 믿고 따르는 종파.

자류인과(自類因果) 동류인同類因과 등류과等流果. 곧 후념後念의 선심善心·선업善業을 일으키게 하는 전념前念의 선심 등과 같이 성류性類가 같은 과를 일으키게 하는 원인과 이 원인과 동등한 성류의 과.

자륜관(字輪觀) 밀교에서 심장心臟인 심월륜心月輪 위에 글자를 자재하게 자세히 보는 관법. 근본 존상尊像의 의밀意密과 중생의 의밀이 일체무이一體無二라고 자세히 보는 것.

자리(自利) 스스로 수행하여 불과佛果를 구하는 것과 같은 자기 이익을 얻는 것.

자리(這裏) 이곳이라는 뜻.

자리이타(自利利他) 자기 이익을 구하는 자기 위주의 수행이 자리自利. 다른 사람의 이익을 위해 행하는 것이 이타利他.

자만다라(字曼茶羅) 여러 존상尊像의 종자를 배열하여 만든 만다라. 곧 법만다라法曼茶羅를 말한다.

자무량심(慈無量心) 사무량심四無量心 가운데 하나. 중생을 자식처럼 사랑하는 마음.

자박(子縛) 번뇌에 몸이 속박되어 자유롭지 못한 것을 말한다. 괴로움의 과보를 내기 때문에 견사見思의 번뇌를 종자라고 한다.

자부(慈父) 자비를 베푸는 아버지. 부처나 보살을 말한다.

ㅈ

자비(慈悲)📖 maitri ~에 대한 호의, 우정友情, 친교親交, ~과 밀접한 접촉, ~과 밀접한 결합, 호의好意 등의 뜻이 있다. 자慈는 중생을 사랑하여 즐거움을 베풀어 주는 것. 비悲는 중생을 불쌍히 여기고 마음 아파하여 그의 괴로움을 덜어 주는 것. 자비에는 3가지가 있다. ①중생연衆生緣의 자비慈悲. 각각의 중생에 대해 인연에 따라 일으키는 자비慈悲. 보통 사람의 자비慈悲. 소비小悲라고 한다. ②법연法緣의 자비慈悲. 세상 모든 사물은 아아我가 없다는 진리를 깨달아 일으킨 자비慈悲. 아라한阿羅漢이나 초지初地 이상의 보살의 자비慈悲. 중비中悲. ③무연無緣의 자비慈悲. 모든 차별의 견해를 떠나 모든 반연攀緣에서 오는 생각조차 없는 때에 일어나는 절대 평등의 자비慈悲. 부처의 대비大悲.

자비관(慈悲觀) 오정심관五停心觀 가운데 하나. 모든 중생을 자비의 마음으로 자세히 살펴 수행하는 관법.

자비량(自比量) 다른 사람의 생각과 관계없이 자기가 정확하다고 보는 사실로써 구성 전개하는 논법.

자비실(慈悲室) 자비를 베푸는 사원. 곧 절을 말한다.

자상(自相) 📖 모든 법이 다른 법과 공통하지 않고 그 자체만이 가지고 있는 체상體相. 공상共相의 반대말.

자상공(自相空) 📖 18공 가운데 하나. 모든 법에는 생멸과 같은 모든 법에 공통하는 일반상一般相이든, 지地·수水·화火·풍風 등의 각각의 법이 각기 지니고 있는 특수상特殊相이든 모두 공空이라는 것.

자상자의(字相字義) 보통 글자를 보고 해석하는 것이 자상字相. 그 글자나 소리에 깊은 뜻이 있다는 것을 깨닫는 것은 자의字義.

자상작의(自相作意) 3가지 작의作意 가운데 하나. 사물의 자상自相을 자세히 보는 지혜와 상응하여 일어나는 작의의 심소心所. 곧 물질은 변천하고 질애質礙함을 자상自相으로 보고, 의식은 대경對境을 요별了別함을 자상으로 자세히 보는 지혜와 함께 일어나는 작의.

자서득(自誓得) 10가지 득계연得戒緣 가운데 하나. 계戒를 받을 때 삼사칠증三師七證을 청해 모시지 않고 자기 서원에 의해 구족계를 받는 것.

자성(自性) 📖 svabhāva 유有의 존재 방식, 태어날 때 가지고 난 성질, 소질素質, 본성本性 등의 뜻이 있다. 모든 사물의 본질. 모든 존재가 지니고 있는 변하지 않는 존재성. 법상종·구사종俱舍宗에서는 자상自相이라고도 한다. 모든 사물의 체성體性 또는 체상體相을 말한다.

자성(資成) 본과묘本果妙. 본문本門 불과佛果의 3가지 덕 가운데 하나.

자성궤(資成軌) 삼법묘三法妙 가운데 하나. 진리를 바라보는 지혜를 돕는 모든 수행을 말한다.

자성단(自性斷) 번뇌의 자성을 끊어 영원히 번뇌가 일어나지 못하게 하는 것.

자성미타유심정토(自性彌陀唯心淨土) 자기 마음에 본래 갖추어 있는 성품이 부처와 다르지 않아서 어리석으면 범부가 되고 깨달으면 부처가 된다는 뜻. 아미타불이나 극락정토도 먼 곳에 있는 것이 아니라 자기 마음속에 있다는 의미.

자성법신(自性法身) 밀교의 4가지 법신法身 가운데 하나. 온갖 법의 본체로서 삼세三世에 상주常住하는 불신이며, 이를 이理·지智의 두 방면으로 보아 이법신과 지법신으로 나눈다. 이법신은 6대大 가운데 앞의 5대를 내용으로 하는 불로서 태장계 만다라의 대일여래大日如來이고, 지법신은 제6의 식대識大를 내용으로 하는 불로서 금강계의 대일여래이다.

자성분별(自性分別) 삼분별三分別 가운데 하나. 앞에 있는 대경對境을 그대로 깨닫고 추측하여 사고하지 않는 단순한 정신 작용.

자성불선(自性不善) 본질적으로 성질이 착하지 않은 것. 무참無慚·무괴無愧와 탐貪·진瞋·치癡가 이에 속한다.

자성사홍서원(自性四弘誓願) 자성중생서원도自性衆生誓願度·자성번뇌서원단自性煩惱誓願斷·자성법문서원학自性法門誓願學·자성불도서원성自性佛道誓願成.

자성선(自性善) 본질적으로 성질이 착한 것. 참慚·괴愧와 무탐無貪·무진無瞋·무치無癡를 말한다.

자성신(自性身) 법신法身. 여래의 내증內證인 진여의 이체異體. 모든 세상 모든 사물의 본체인 동시에 모든 부처의 본불本佛인 대일여래大日如來를 가리킨다.

자성유심(自性唯心) 삼계는 모두 자기 마음이 변화하여 만들어 낸 것이라는 뜻. ➡ 유식唯識

자성주불성(自性住佛性) 중생이 본래부터 갖추고 있는 불성.

자성청정(自性淸淨) 중생들이 갖추고 있는 진여의 체성은 본래 청정하여 물들거나 거리낌이 없음을 말한다.

자수(自修) 스스로 수행하고 공덕을 닦는 것.

자수법락(自受法樂) 부처의 광대한 깨달음의 경지에서 스스로 법의 즐거움을 누린다는 것.

자수용(自受用) 수행하여 얻은 공덕이나 불법의 즐거움을 스스로 받는 일.

자수용삼매(自受用三昧) 삼매왕삼매三昧王三昧·자증삼매自證三昧라고도 한다. 선가에서 부처와 조사들이 곧바로 전하는 불조佛祖의 안목眼目이라 하고, 또 보리를 증득하는 묘한 방법이라고 하여 좌선坐禪의 묘한 방법을 말한다.

자수용신(自受用身) 수행이 완성되어 복덕과 지혜가 함께 원만하며 진지眞智가 밝아서 항상 진리를 밝게 비추어 보며 스스로 법도法道의 즐거움을 누리는 불신佛身.

자수용토(自受用土) 부처의 인위수행因位修行에 따라 나타나는 주변무여周遍無餘의 정토. 스스로 법의 즐거움을 받는 국토.

자수장(刺繡匠) 바늘과 실을 이용하여 직물 위에 채색하는 모양으로 무늬를 놓는 장인.

자심구(慈心俱) 선인선善人禪 가운데 하나. 중생을 사랑하는 마음과 함께 일어나는 선禪.

자씨(慈氏) 미륵보살의 성. 곧 미륵보살을 말한다.

자씨보살(慈氏菩薩) 미륵보살을 말한다.

자씨보전(慈氏寶殿) 미륵전彌勒殿.

자씨전(慈氏殿) 미륵전彌勒殿.

자아외도(自餓外道) 육고행외도六苦行外道 가운데 하나.

자안(慈眼) 불보살이 대자비심으로 중생을 바라보는 눈.

자업자득(自業自得) 자기가 행한 선업과 악업에 따라서 스스로 고락苦樂의 과보를 받는 것. 곧 자인자과自因自果의 업도業道를 말한다.

자연(自然) 📖 ①무인자연無因自然. 세상 모든 사물은 원인이 없이 생겨난다는 뜻. ②업도자연業道自然. 선악의 업을 지으면 고락苦樂의 과보가 따름을 말한다. ③원력자연願力自然. 타력교에서 중생이 스스로 수행하지 않고 아미타불의 본원을 믿으면 아미타불의 본원력에 의해 자연히 정토에 왕생한다는 것. ④무위자연無爲自然. 생멸 변화가 없는 진여법성眞如法性의 이치를 말한다.

자연득(自然得) 구족계를 얻게 되는 10가지 연緣 가운데 하나. 부처와 연각緣覺들은 가르치는 스승이 없이 자연히 무루진지無漏眞智를 일으켜 혼자서 깨우치는 동시에 구족계를 얻는다.

자연법이(自然法爾) 다른 힘을 빌리지 않고 스스로 그렇게 되는 것.

자연외도(自然外道) 모든 현상은 어떠한 원인이 있어 그렇게 되는 것이 아니고, 자연적으로 생긴 것이라고 주장하는 외도外道.

자연지(自然智) 무사지無師智. 공용功用을 빌리지 않고 자연히 생긴 부처의 일체종지一切種智.

자운(慈雲) 구름이 온 하늘을 덮듯이 부처의 은혜가 널리 미침을 말한다.

자은(慈恩) 세속제世俗諦가 됨.

자은삼관(慈恩三觀) 법상종에서 사事·이理·미迷·오悟 등 모든 법은 3가지 성질에서 벗어나지 않는다 하여 변계소집성遍計所執性·의타기성依他起性·원성실성圓成實性을 세우고, 그 위에 유有·공空·중中의 3가지를 관찰하는 것을 말한다. 곧, 의타기성과 원성실성은 유有라 관하고, 변계소집성은 공空이라 관하며, 또 모든 법은 변계소집성이므로 실유實有가 아니고, 의타기성·원성실성이므로 공이 아니며, 곧 비공非空·비유非有의 중도中道의 이치가 있다고 관한다.

자의(紫衣) 자줏빛의 가사袈裟. 중국에서 당나라 측천무후가 법랑

法朗에게 경의를 표하기 위해 하사한 것에서 비롯되었다.

자자(自恣) 📖 pavāraṇā 다른 승려의 허물을 지적해 주고 스스로 고백하여 잘못 됨을 그대로 드러내는 의식. 안거安居가 끝난 뒤에 승려들이 모여 안거 기간 동안의 허물을 스스로 드러내는 의식. 청청, 광자廣恣·자자청自恣請·만족滿足·수의隨意라고도 한다.

자자건도(自恣犍度) 해마다 우기雨期에 행하는 여름 안거의 마지막 날 대중 앞에서 안거 동안에 지은 죄를 고백하고 참회하여 대중의 꾸지람을 구하는 일을 밝힌 장章.

자자일(自恣日) 여름 안거의 마지막 날. 『사분률』·『오분률』등의 구율舊律에서는 7월 16일. 『십송률』·『근본설모든유부율』등의 신률新律에서는 8월 16일.

자장장타(自障障他) 자손손타自損損他. 스스로에게도 해를 입히고 남에게까지지도 피해를 입히는 것. 잘못된 이치를 믿어 자신을 해롭게 하는 동시에 남까지도 잘못되게 하는 일.

자재(自在) 신통무애神通無礙. 자유자재. 마음대로 모두 통달하여 마음의 번뇌를 벗어난 것을 말한다.

자재등인종(自在等因宗) 외도 십육종十六宗 가운데 하나. 자재등작자론自在等作者論이라고도 한다. 세상의 불평등이나 고락苦樂 등은 모두 대자재천大自在天의 하는 일이며, 또는 대범大梵·시時·방方·공空·아我 등의 변화라고 주장하는 일파.

자재왕(自在王) 대일여래大日如來의 존칭.

자재주보살(資財主菩薩) 풍재보살豊材菩薩.

자재천(自在天) 대자재천의 준말. 색계의 정상에 있다고 하는 천신. 큰 위험과 덕망을 지녔다고 한다. 마혜수라摩醯首羅.

자재천마(自在天魔) 천마天魔·천자마天子魔.

자재천외도(自在天外道) 대자재천외도·마혜수라론사摩醯首羅論師. 대자재천을 세계 성립의 원인이라 여기고, 온갖 것은 모두 대자재천이 만든 것이라고 믿는 인도 종교의 일파.

자정(恣情) 종정縱情. 마음 내키는 대로. 마음껏. 제멋대로. 생각대로.

자정(自淨) 삼자三自 가운데 하나. 이승二乘의 성자聖者가 닦을 정학定學. 수선修禪. 정념正念·정정正定.

자조(自調) 삼자三自 가운데 하나. 이승二乘의 성자聖者가 닦을 계학戒學. 지계持戒. 정어正語·정업正業·정명正命.

자존(慈尊) 대자대비大慈大悲한 석가세존. 부처를 말한다.

자증(自證) 기증己證. 남에게 의지하지 않고 스스로 깨닫는 것. 자기 혼자 증득하여 깨닫는 것. 제불의 증오證悟를 말한다. 남에게 의해 얻는 것이 아니고, 자기가 깨달아 아는 것.

자증분(自證分) 📖 유식에서 심식의 작용을 설명하기 위해 객관의 대상을 보는 심의 작용인 견분見分, 객관 대상의 모양이 떠오르는 상분相分, 견분과 증자증분證自證分을 증지證知하는 자증분, 자증분을 다시 증지證知하는 증자증분의 사분四分을 세운 것 가운데 하나. 거울에 그림자를 나타내는 것과 같은 견분에 작용하는 증지證知를 말한다. ➡ 견분見分, 상분相分

자증수(自證壽) 서방정토 무량수불의 수명이 무량한 것은 자증한 법신의 상주 불변한 덕을 지녔기 때문이라고 하는 것.

자체분(自體分) 자증분自證分.

자체애(自體愛) 임종하려고 할 때 깊고 무거운 것과 자신의 몸과 내생에 처할 곳에 대해서 일어나는 세 가지 애愛 가운데 하나. 죽으려고 할 때 자기의 몸에 애착을 내는 것.

자총(慈蔥) 📖 파. 성품은 열이 나고, 기운은 매우며 비린 냄새가 나고, 맛은 매워서, 수행하는 사람이 먹으면 수행하는 몸, 즉 법신을 죽일 수 있어서 독과 같다고 하여 불자佛子가 먹지 않는 다섯 가지 매운 채소 중에 한 가지. 먹은 냄새가 나면 천신이 도망가서 복덕이 없게 되며, 먹은 사람이 삼매를 닦으면 천신이 보호해 주지 않는다고 한다. 불가에서 먹지 않는 오신五辛·오훈五葷 가운데

하나. ➡ 오신五辛

자타불이문(自他不二門) 천태종 관심觀心 십불이문十不二門 가운데 하나. 염정불이문染淨不二門·의정불이문依正不二門과 함께 십묘十妙 가운데 감응묘感應妙·신통묘神通妙를 해석한 부문. 자自는 중생 앞에 나타나는 부처, 타他는 부처의 교화를 받는 중생을 말한다. 중생들의 어리석은 생각 속에 3천 가지의 모든 법이 다 갖추어져 있어 자기의 생각에서 자타의 당체當體가 불이융묘不二融妙함을 자세히 보는 것.

자타카📖 jātaka 본생담本生譚. 부처의 경전의 하나. 석가모니부처의 전생前生 이야기를 모은 책. 본기本起, 본연本緣 등의 뜻이 있다.

자항(慈航) 자비를 베푸는 배. 부처가 자비심으로 중생을 구제하는 것을 항해航海에 비유한 말. 사원을 말한다.

자행(自行) 스스로 불도를 수행함.

자행만족(自行滿足) 보살의 십금강심十金剛心 가운데 하나. 자기의 수행을 완성하여 만족하려는 마음.

자행화타(自行化他) 자기가 먼저 수행하고 다른 사람을 교화하는 일. 자리이타自利利他.

자훈(資薰) 도움을 주어 격발擊發하게 하는 것. 마음속에 나타나 행하거나 여러 가지 미혹이 서로 도와주는 것. 이종훈二種薰 가운데 하나.

자훈석(字訓釋) 문자 해석법의 하나. 글자에 새김과 풀이를 붙여 깊은 뜻을 해석하는 것.

작가(作家) 선문禪門에서 활기 있고 기략機略 있는 학인이나 사장師匠을 가리키는 말.

작계(作戒) 작색作色·표색表色의 다른 이름. 계를 받을 때 신身·구口·의意에 나타내는 동작을 말한다. 계체戒體에는 작계作戒와 무작계無作戒의 2가지가 있다.

작략(作略) 작전책략作戰策略. 선승禪僧이 사람들을 위해 애쓰는 것을 말한다.

작례(作禮) 예배 또는 예경을 드리는 것.

작례위요(作禮圍繞) 불상이나 불탑의 주위를 빙빙 돌면서 합장하고 예배하는 행위.

작범사리(作梵闍梨) 사미沙彌가 계를 받고 승려가 될 때 범패를 부르는 아사리阿闍梨.

작법(作法) 정해진 순서와 예법에 따라 의식을 진행하고 춤을 추는 것.

작법무(作法舞) 부처에게 예배와 경례를 올리는 형식으로 찬탄·발원·법회에서 얻는 법열法悅을 나타내어 열반의 세계로 인도하는 춤. 바라춤·나비춤·법고춤·타주춤 등이 있다.

작법참(作法懺) 죄악을 참회하는 3가지 방법 가운데 하나. 규정된 작법에 따라 부처 앞에서 참회하는 것.

작병(作病) 사병四病 가운데 하나. 마음으로 조작하는 것. 마음으로 여러 가지 행업을 지어 원각圓覺을 구하려는 것.

작색(作色) 표색表色. 작계作戒.

작선(作善) 작지作持.

작업(作業) ①업을 지음. 선업·악업을 행하는 것. ②극락왕생을 위해 정토문에서 안심安心을 얻은 뒤에 몸·입·뜻으로 오념문五念門이나 오정행五正行을 행할 때 조심하면서 수행하는 모양을 말한다.

작용(作用) 역용力用. ①부처나 보살이 중생을 제도하는 일. ②대상을 요별了別하는 심식心識의 역용.

작원문(作願門) 오념문五念門 가운데 하나. 스스로 성불하고 중생을 제도하려는 서원을 세워 부처의 가르침대로 수행하여 극락정토에 왕생하기를 염원하는 것. ➡ 오념문五念門

작의(作意)📖 manaskāra manas는 넓은 의미로는 지적인 작용으로부터 늘어놓은 본성의 모든 것으로부터의 마음, 이해력, 아는 힘,

정신, 심정, 양심, 사상, 개념, 상상, 의향, 욕망, 기분, 성향 등의 뜻이 있다. kāra는 만들다, ~한다, 생한다, 일어난다, 뒤따라서 행한다, 예경禮敬, 찬가, 예배, 동작, 군가 등의 뜻이 있다. 심心의 작용으로, 의意, 작의作意, 사思, 사유思惟, 염念, 정념正念으로 번역한다. 불교에서는 윤리적인 면에서 현상계를 파악할 때 선善·불선不善·무기無記의 세 가지 성품으로 모두 심왕心王에 따라서 일어나는 마음 작용으로 관찰하는 것. 마음을 일으켜 대상을 향해 움직이게 하는 마음 작용. 마음이 있는 곳의 이름으로, 갑자기 깨달아 마음이 어떠한 곳에 기울어져서 일어남을 일으켜 움직이게 하는 정신의 작용.

작장로(作長老)　삼종장로三種長老 가운데 하나. 스스로 장로라고 부르는 승려.

작지(作持)📖　작선作善. 살아 있는 것을 죽이지 말고 남이 주지 않는 것을 갖지 말라는 등의 소극적인 지계持戒가 아니라 적극적인 보시布施·방생放生 등의 선행을 통해 계율을 지켜 나가는 것을 말한다.

잔과(殘果)　원과遠果. 죽은 시체나 마른 나무와 같이 죽은 뒤에 남는 과체果體.

잔습(殘習)　여습餘習.

잠쇄(賺殺)　쇄는 어조사이며, 남을 미혹하게 한다는 말. 남을 속여서 물건을 파는 것으로, 곧 남이 잘못되게 한다는 뜻.

잠출환몰인(暫出還沒人)　잠시 생사계에서 나왔으나 도심道心이 굳지 못하여 다시 생사계로 들어가는 이.

잠팔　문수보살의 티베트어. 부드러운 덕德이라는 뜻.

잡각(雜覺)　각지覺知의 생각이 어지러운 것.

잡건도(雜犍度)　①8건도의 하나. 성문들을 위해 말한 사선근四善根·사성과四聖果·유여열반有餘涅槃·무여열반無餘涅槃 등의 여러 가지 법문을 모은 편장篇章. ②『사분율』에서 수도하는 자구資具에 대한 규정을 말한 장단章段.

잡과(雜科) 번역飜譯 십과十科 가운데 10번째.

잡독선(雜毒善) 고뇌苦惱하는 독이 섞인 행업을 말한다. 보통 사람이 행하는 좋은 일에는 반드시 탐貪·진瞋·치癡 등의 고뇌의 독이 섞여서 깨끗하지 못하므로 잡독의 선이라고 한다.

잡류세계해(雜類世界海) 수미산형須彌山形·수형樹形·운형雲形 등 여러 가지 모양의 모든 세계를 부르는 말. 견문생見聞生의 모든 사람들이 사는 세계.

잡보경(雜寶經) 121가지의 설화를 통해 복덕을 쌓고 계율을 지킬 것을 강조한 불경의 하나.

잡상관(雜相觀) 잡관상雜觀相이라고도 한다. 아미타불·관음보살·대세지보살의 삼존三尊이 여러 가지 모습으로 변하여 나타나는 것을 자세히 보는 관법.

잡쇄의(雜碎衣) 승가리僧伽梨.

잡수(雜修) ①여러 가지 행업을 닦는 것. ②정행正行 이외의 여러 가지 선한 잡행雜行을 닦는 것.

잡심(雜心) ①안정되지 못한 마음으로 선을 닦는 산선심散善心과 안정된 일념으로 극락정토를 생각하고 닦는 정선심定善心을 섞은 마음. ②정업과 조업을 섞은 마음.

잡어(雜語) 광목천廣目天. 광목천왕廣目天王. 여러 가지 웅변으로 사악한 이야기를 굴복시킨다는 뜻.

잡연(雜緣) 불도 수행을 방해하는 여러 가지 일. 곧 바른 생각이 상속하는 가운데 일어나는 탐·진·치 등의 마음이나 신심信心을 어지럽히는 연.

잡염(雜染) 진심眞心을 물들여 더럽게 하는 것.

잡예어(雜穢語) 진실하지 못한 내용을 교묘하게 꾸며서 하는 말. 기어綺語. 구업口業 가운데 하나.

잡잡(咂咂) 말을 많이 하는 모양.

잡잡지(咂咂地)　이렇고 저렇고 쓸데없는 잔소리를 하는 것.

잡장(雜藏)　팔장八藏 가운데 하나. 이승二乘·삼승三乘·인천人天 등의 인행을 닦아서 불과佛果를 증득하는 것.

잡주계(雜住界)　욕계欲界를 말한다. 지옥·아귀·축생·인·천의 오취五趣가 섞여서 사는 세계.

잡행(雜行)　5가지 정행正行을 제외하고 다른 여러 가지 선행을 닦아 정토로 회향하는 수행. 이행二行 가운데 하나. 정행正行의 반대말.

잡행잡수(雜行雜修)　승려가 계율을 지키지 않는 행위와 염불 이외의 잡다한 수행을 하는 것.

잡화경(雜華經)　『화엄경』의 다른 이름. 아름다운 꽃으로 훌륭한 집을 장엄한 것에 비유하여 꽃과 같은 만행萬行이 부처의 과위果位를 장엄한 것을 화엄이라고 하고, 이 만행이 서로 섞인 것을 잡화라고 한다.

장(藏)　많은 글과 뜻을 함장含藏·저축貯蓄한 경전을 말한다. 경經과 율律과 논論을 모아 삼장三藏이라고 한다.

장(障)　세간·출세간의 수행과 수도를 장애하는 번뇌.

장경(藏經)　대장경大藏經을 말한다.

장경각(藏經閣)　불경이나 불경을 새긴 목판을 봉안하고 있는 전각. 곧 대장전大藏殿을 말한다.

장경지(藏經紙)　경전을 만들 때 사용하는 한지.

장과(掌果)　손바닥 안의 과일.

장교(藏敎)　화법사교化法四敎의 하나. 삼장교三藏敎를 말한다. 경·율·논 삼장三藏으로 말한 소승교. 좁은 세계관에 의지하여 얕은 교리를 말하고 분석한 뒤에 모든 것이 공인 줄 아는 석공析空을 근본 사상으로 하는 가르침.

장교칠계(藏敎七階)　소승 보살이 닦는 7단계의 수행 계위.

장군죽비(將軍竹篦)　사찰의 큰방 문설주에 걸어 두는 커다란 죽비로 대중의 행좌行坐와 위열位列을 바르게 하는 것.

장궤(長跪) 무릎을 땅에 대고 정강이는 세우고 발끝으로 땅을 디디고 몸을 세우는 자세.

장도장(粧刀匠) 몸을 보호하고 장신구를 겸하는 칼을 만드는 장인.

장두하(葬頭河) 저승길의 삼도하三途河를 말한다.

장두하파(葬頭河婆) 저승길의 삼도하 가에서 죽은 이의 옷을 빼앗는다고 하는 귀녀鬼女. 탈의파奪衣婆·현의구懸衣嫗라고도 한다.

장두하파(葬頭河婆) 탈의파奪衣婆.

장등(張燈) 인등引燈.

장로(長老) ⬜ āyuṣmat 장수長壽의, 건강의, 생애의 등의 뜻이 있다. 존자尊者·구수具壽로도 번역한다. 지혜와 학덕이 높고 법랍이 많은 승려를 칭하는 말. 아라한阿羅漢의 존칭. 지혜와 덕행德行이 구족하여 존경받을 만한 사람. 기년장로耆年長老·법장로法長老·작장로作長老가 있다.

장로게(長老偈) 부처의 제자들이 읊조린 게송을 모은 시집.

장로니게(長老尼偈) 부처의 제자들 가운데 비구니들이 읊조린 시를 모은 시집. 『장로게』와 함께 인도 서정시의 백미로 평가된다.

장륙상(丈六像) 1장丈 6척尺의 불상.

장리(藏理) 여래장如來藏의 실리實理.

장명등(長明燈) 사원이나 묘지에 밤새도록 켜 두는 등불.

장미승(長眉僧) 빈두로존자賓頭盧尊者. 수명이 길어 오래도록 세상에 머무는 눈썹이 긴 존자를 말한다.

장법(葬法) 장사를 지내는 방법. 화장火葬·수장水葬·토장土葬·임장林葬 등이 있다.

장부(丈夫) 키가 1장丈이 되며 육근六根을 갖춘 남자를 가리킨다. 불성佛性의 이치를 깨달은 사람을 가리킨다. 부처를 가장 훌륭한 사람이라는 뜻에서 대장부大丈夫라고도 한다.

장사(藏司) 대장경을 봉안한 경장經藏을 관리하는 장주藏主가 사는 집. 장주藏主를 장사藏司라고도 한다.

장삼(長衫) 법의法衣의 하나. 길이가 길고 소매를 넓게 만든 승려의 옷. 중국에서는 직철直綴이라고 한다.

장삼의(藏三義) 📖 제8 아뢰야식인 장식藏識에 있는 3가지 뜻. ①능장能藏. 제8식이 물物·심心 만법의 종자를 안에 지니고 있다는 것을 말한다. ②소장所藏. 제8식이 전7식을 위해 각각의 종자를 훈熏하여 장치하는 바가 됨을 말한다. ③집장執藏. 제8식이 항상 상속相續하여 한결같이 주재하는 실아實我와 비슷하다.

장생고(長生庫) 고려 시대 사원의 금융 기구. 사원전寺院田에서 수확한 소득을 가지고 민간의 경제를 융통하고 사원의 살림을 꾀했던 기구.

장생전(長生錢) 고질전庫質錢·무진재無盡財. 저당물을 잡고 이자를 정해 빌려 주는 사원의 금전.

장생표(張生標) 신라와 고려 시대에 사령寺領을 표시하기 위해 사찰 주변에 세웠던 표지물. 장생표탑長生標塔·장생표주長生標柱라고도 한다.

장소(章疏) 편篇·장章으로 나누어 법문을 의논한 것이 장章. 문구文句를 해석한 것이 소疏.

장수천(長壽天) 색계 제4선의 무상천無想天을 말한다. 천인들의 수명은 5백 대겁大劫이기에 장수천이라고 한다.

장시수(長時修) 사수四修 가운데 하나. ①3대 아승기겁阿僧祇劫 동안 부지런히 수행하는 것. ②일생 동안 아미타불에게 예배하고 염불하여 죽을 때까지 그치지 아니하는 것.

장시수행(長時修行) 보살의 10금강심金剛心 가운데 하나. 오랫동안 성실하게 수행하고 중생을 교화하는 마음.

장식(藏識) 본식本識. 아뢰야식阿賴耶識. 일체 선악善惡의 종자를 함장含藏하기 때문에 제8 함장식含藏識이라고 한다.

장심(藏心) 모든 불법을 담고 있는 마음.

장애유대(障礙有對) 3유대有對 가운데 하나. 유대는 장애되는 것이 있다는 말. 한 물체가 한 장소를 차지하면 다른 물체는 같은 장소에 있을 수 없는 것처럼 다른 것을 장애하는 것이 유대라는 뜻. 극미極微로 성립된 오근五根·오경五境도 이에 속한다.

장애자(障碍者)📖 범어 māra 마라魔羅로서 마魔라고 한다. 살자殺者·악자惡者로 번역. 몸과 마음을 흔들고 어지럽게 하여 선법善法을 방해하고 수도에 장애가 되는 것을 말한다.

장양(長養) 포살布薩. 선숙善宿.

장양남(長養男) 선숙남善宿男.

장엄(莊嚴) 불국토를 아름답게 꾸미는 것. 또는 공덕을 쌓아 자신을 가다듬는 것, 향이나 꽃 등을 불전에 올려 장식하는 일, 불보살의 몸을 치장하는 것 등을 말한다.

장엄겁(莊嚴劫) 과거겁過去劫. 과거·현재·미래의 3대겁 가운데 현재를 현겁賢劫, 미래를 성수겁星宿劫, 과거를 장엄겁이라고 한다.

장엄문(莊嚴門) 불사문佛事門.

장엄세계(莊嚴世界) 보살의 10금강심金剛心 가운데 하나. 한없는 세계를 모두 불국토의 최상구最上具로 장엄하려는 마음.

장엄점(莊嚴點) 공점空點 밑에 있는 반월형의 모양을 가리킨다. 소리가 없고 장식하는 의미로만 쓰인다.

장육(藏六) 거북이를 가리키는 말. 머리와 꼬리 및 4개의 다리를 잘 감춘다는 뜻.

장의(葬儀) 장사지내는 의식.

장인(匠人)📖 조선 시대에는 왕실과 관수官需를 담당하는 경공장京工匠과 지방에 외공장外工匠을 두고, 공예의 재료에 따라 세분화하고 전문화하였다. 공예의 재료에 따라 다양한 장匠과 장인匠人을 두었으며, 은장銀匠, 금박장金箔匠, 입사장入絲匠, 사금장絲金匠, 두석장豆錫匠, 주장鑄匠, 유장鍮匠, 침장針匠, 경장鏡匠, 동장銅匠, 도

자장刀子匠, 야장冶匠, 연장練匠, 재금장裁金匠, 환도장還刀匠, 쟁장錚
匠, 수철장水鐵匠, 균자장均字匠, 인출장引出匠, 각자장刻字匠, 지장紙
匠, 목장木匠, 칠장漆匠, 유칠장油漆匠, 나전장螺鈿匠, 조각장彫刻匠,
풍물장風物匠, 고장鼓匠, 목루장木樓匠, 목소장木梳匠, 죽장竹匠, 성장筬
匠, 염장簾匠, 첩선장貼扇匠, 원선장圓扇匠, 변비장邊匪匠, 표통장表
筒匠 등이 있다.

장자(長者) 좋은 집안에 태어나서 많은 재산을 가지고 덕을 갖춘
사람을 가리키는 말.

장재(長齋) 오랜 세월을 두고 계율을 굳게 지키며 하루에 한 끼
만 먹는 등의 수행을 하는 것.

장정(樁定) 장은 말뚝. 말뚝처럼 움직이지 않는다는 뜻으로 활용
할 만한 것이 없는 선객禪客을 꾸짖는 말.

장주(藏主) 6두수頭首 가운데 하나. 지장知藏. 사찰에서 대장경을
봉안한 창고를 관리하는 소임. 동장주東藏主와 서장주西藏主가 있다.

장주(莊主) 과일나무나 채소밭 등을 관리하며 대중들이 자급자족
하는 농사일을 맡은 소임.

장진해탈(障盡解脫) 수행을 장애하는 번뇌를 모두 끊고 해탈을
얻어 자유로운 경지에 이르는 것.

장통별원(藏通別圓) 천태종에서 부처가 설한 교리의 내용을 넷으
로 나눈 것. 화법사교化法四敎라고 한다. 장교藏敎·통교通敎·별교別
敎·원교圓敎.

장판(長板) 사찰에서 운판雲板을 오래 치는 것. 치는 방법은 36회
回 치는 것을 1회會라 하고, 이것을 세 번 거듭한 것을 장판이라
한다.

장항(長行) 운문체의 게송이 아니라 산문체로 이루어진 경문經文
을 말한다.

장해(藏海) 대장경大藏經을 말한다. 바다와 같이 넓고 깊은 장경藏
經을 비유한 말. 교해敎海라고도 한다.

재(齋)⃰ uposadha 넓은 뜻으로는 청정한 몸과 마음이며, 몸과 마음이 해태懈怠함을 삼가고 방어하는 것을 의미하며, 좁은 뜻으로는 팔재계八齋戒, 혹은 정오를 지나면 먹지 않는 비시非時를 가리킨다. 청정이라는 처음의 뜻은 점차로 정오가 지나면 먹지 않는다는 계戒를 지키는 비시非時의 지계持戒로 사용되었다. 깨끗한 행을 닦는 것, 적게 먹고 수행하는 것 등의 뜻이 있다. 설계說戒의 뜻. 계戒를 지킨다는 청정한 뜻이 포함되어 있어, 재반齋飯이나 재식齋食은 법식法食으로 공덕에 의해 해탈하는 것. 청정의 뜻인 재공齋供은 불전에 재반齋飯을 올리는 것으로, 유교에서 신령에게 음식을 바쳐 정성을 표하는 제祭와는 성격이 다르다. ➡ 팔재계八齋戒.

재가(在家) 출가하지 않은 불교 신자. 남자는 우바새優婆塞, 여자는 우바이優婆夷라고 한다.

재가계(在家戒) 팔계八戒, 삼계三戒 가운데 하나.

재계(齋戒)⃰ uposadha 마음과 몸을 깨끗이 하고 몸과 마음의 게으르고 나타함을 삼가고 방어하는 것. 해태懈怠하며 깨끗하지 못한 것을 멀리하는 일. ➡ 팔재계八齋戒

재공(齋供)⃰ 재齋를 베푸는 것. 곧 불전에 반飯을 올리는 것을 말한다. 법회나 의식의 성격에 따라 여러 대중이 모이는데, 이때 베풀어진 청정한 반飯은 보시와 공덕으로 발원하고 회향하여 모인 대중이 모두 해탈할 수 있다고 한다. 매일 정해진 시간인 사시巳時에 부처에게 올리는 일상적인 불공과 특별한 성격을 가지는 경우가 있다. 종류에는 상주권공常住勸供, 각배各拜, 영산재靈山齋, 생전예수재生前豫修齋, 수륙재水陸齋, 천도재薦度齋 등이 있다.

재공양(財供養) 3가지 공양供養 가운데 하나. 세간의 재물·향·꽃 등으로 공양하는 것.

재금장(裁金匠) 천을 짤 때 색의 모양을 교묘하게 하는 기술을 가진 사람.

ス

재대령(齋對靈) 당일 재식齋式에서 밥을 베풀어 먹는 주인공의 혼령을 청하여 자리에 모시는 것.

재력(財力) 보살의 16대력大力 가운데 하나.

재보시(財布施) 재시財施. 가난한 사람에게 재물을 베풀어 주는 보시.

재보자래부(財寶自來符) 금은보화가 스스로 굴러 들어온다는 부적으로 출입문 위에 붙인다.

재빈(財貧) 육신의 생명을 이어주는 재물이 없는 것을 말한다.

재사(財捨) 사사四捨 가운데 하나. 아무 조건 없이 재물을 남에게 아낌없이 주는 것.

재생(再生) 거의 죽게 되었다가 다시 살아나는 것.

재승(齋僧) 반승飯僧.

재시(財施) 재보시財布施.

재식(齋食) 계율에 따라 신·구·의의 3업을 삼가며 오전에 먹는 식사. 사시巳時 공양.

재액소멸부(災厄消滅符) 온갖 재앙과 액운을 피하고 물리치게 하는 염력을 가진 부적.

재왕(再往) 이주二往. 다시 사물을 논구論究하는 것.

재욕(財欲) 오욕五欲 가운데 하나. 재보財寶를 탐내는 것.

재월(齋月) 1월·5월·9월의 3달. 부처의 계율을 지켜 재식하는 법을 행하고, 나쁜 일을 조심하는 달. 삼장재월三長齋月이라고도 한다.

재일(齋日) ①재가 불자가 행동·언어·생각 등에 부처의 계율을 지켜서 나쁜 일을 조심하고 착한 일을 행하는 날. ②선조의 기일에 재계齋戒하고 공양하는 날. 육재일六齋日·십재일十齋日 등이 있다.

재장(齋場) 재계齋戒하고 공양을 하는 장소.

재재처처(在在處處) 곳곳마다.

재전진여(在纏眞如) 유구진여有垢眞如.

재주(齋主) 재식齋食을 보시하는 시주施主.

재청(再請) 음식을 다 먹은 뒤 다시 발우에 음식을 받는 것.

재청선(再請禪) 선종에서 정한 좌선을 마치고 다시 좌선을 계속하는 것.

재칠(齋七) 사람이 죽은 뒤 49일 되는 날에 지내는 재회齋會. 누칠재累七齋. 사십구재四十九齋.

재회(齋會) 승려들이 모여서 음식을 차려 놓고 공양하는 법회.

쟁근(諍根) 말다툼의 근본. 번뇌.

쟁론(諍論) 『유가사지론瑜伽師地論』에서 제시한 육종론六種論 가운데 하나. 서로 성을 내면서 논쟁을 일으키고 갖가지 논의를 일으키는 것.

쟁장(錚匠) 징이나 꽹과리를 만드는 일을 하는 장인.

저두(低頭) 반배半拜.

저리(底理) 궁극적인 도리.

저승 사람이 죽어서 그 영혼이 간다는 세상. 이승의 반대말.

저하(底下) 사람 가운데 가장 하천下賤한 사람.

적개(赤蓋) 태장계胎藏界의 천개天蓋.

적공(積功) 공덕을 쌓는 것.

적광(寂光) 모든 번뇌를 끊고 적정寂靜한 자리에서 발하는 진지眞智의 광명.

적광토(寂光土) 상적광토常寂光土. 지혜가 있고 깨달음을 이룬 사람들이 사는 세상.

적귀(赤鬼) 지옥의 옥졸獄卒로 소머리나 말머리 형상에 붉은색을 하고 있어서 붙여진 이름.

적념(寂念) 적정寂靜한 생각. 곧 선정禪定.

적량(寂場) 적멸도량寂滅道場.

적량수(寂場樹) 적멸도량寂滅道場의 보리수菩提樹.

적멸(寂滅) 📖 nirvāṇa 소멸消滅, 완전한 만족, 지복至福, 생生의 불꽃이 소멸한 것, 해소解消, 구극究極의 해방, 절대와 일치, ~에 전념하는 것 등의 뜻이 있다. 멸도滅度·원적圓寂·안락安樂·해탈解脫로 번역한다. 적정무위寂靜無爲하고 생사生死의 큰 근심을 영원히 소멸했다는 뜻. 번뇌와 미혹을 모두 벗어난 고요한 경지. 시라사의 尸羅四義 가운데 하나.

적멸궁(寂滅宮) 적멸도량寂滅道場. 열반의 궁전. 석가모니부처가 깨달음을 얻고 법을 설한 보리도량菩提道場.

적멸도량(寂滅道場) 적멸궁寂滅宮. 또는 절의 다른 이름.

적멸락(寂滅樂) 미혹迷惑의 세계를 영원히 벗어나 열반에 드는 즐거움.

적멸량(寂滅場) 적멸도량寂滅道場.

적멸미(寂滅昧) 사미四昧 가운데 하나. 이선二禪 이상으로 멸진정滅盡定까지에서 각관覺觀·희락喜樂·색상色相 등을 멸하는 곳에 있는 법미락法昧樂을 말한다.

적멸보궁(寂滅寶宮) 📖 부처의 진신사리를 모신 전각. 깨달음을 얻었거나 니르바나인 열반을 번역하여 적멸寂滅이라고 한 의미에서 유래. 불단에 불상을 봉안하지 않고 사리를 모심으로서 부처의 법이 항상하고 있다는 것을 상징한다.

적멸보궁(정선 정암사)

적멸상(寂滅相) 열반상涅槃相.

적멸식(寂滅識) 제8식인 아뢰야식阿賴耶識의 다른 이름.

적묵외도(寂默外道) 육고행외도六苦行外道 가운데 하나.

적문(迹門) 중생을 제도하기 위해 나타낸 본불本佛의 응현應現·수적垂迹을 보이는 면을 말한다.

적상(寂常) 번뇌가 없는 것이 적寂. 생멸이 없는 것이 상常. 곧 열반의 이치를 말한다.

적색(赤色) 범어로 건타색乾陀色. 옛날의 가사색袈裟色.

적선(積善) 착한 일을 많이 하는 것.

적신대(積薪臺) 다비를 할 때 시신을 태우기 위해 쌓아 놓은 장작더미.

적신명왕(赤身明王) 마두명왕馬頭明王.

적안(赤眼) 거북이의 다른 이름.

적안(寂岸) 적멸寂滅의 피안彼岸. 곧 열반을 말한다.

적연(寂然) 고요하고 아무 일이 없는 상태.

적연계(寂然界) 이승二乘의 사람이 증득한 열반의 경계.

적인(寂忍) 적정寂靜과 인욕忍辱.

적적(寂寂) 아주 고요한 상태. 열반涅槃의 다른 이름.

적정(寂定) 망령된 마음과 생각을 여의는 것.

적정(寂靜) 모든 번뇌를 여의고 모든 고통과 근심을 끊은 열반의 상태.

적정각(寂靜覺) 원리각遠離覺.

적정락(寂靜樂) 오락五樂 가운데 하나.

적정처(寂靜處) 난야蘭若. 곧 절을 가리킨다.

적조(寂照) 진리의 본체가 적寂. 진지眞智의 쓰임이 조照.

적주(賊住) 아직 구족계를 받지 못한 이가 대중 가운데 있으면서 승사僧事를 같이하는 것.

적증(敵證) 적론자敵論者와 증의자證義者.

전(錢) 종이로 돈 모양을 만든 것. 시왕十王이 거주하는 명부冥府에서 사용할 수 있다는 의미. 이것을 사용하기 위해 점안하는 것을 조전점안造錢點眼이라고 하고, 의식에서는 돈을 넣을 수 있는 주머니인 전대錢臺를 만들어야 한다. 걸어 놓은 것을 괘전掛錢, 생전에 자신을 위해 시식을 베풀 때는 단을 전막錢幕이라 하며, 이때는 수생전壽生錢이라고 한다.

전가(全跏) 전가좌全跏坐. 결가부좌結跏趺坐라고도 한다.

전각(殿閣) 📖 사찰 경내에 있는 모든 건축물. 전殿은 큰 집. 각閣은 문짝을 끼우도록 양쪽에 세운 기둥인 문설주. 당우堂宇라고 하여 큰 집과 작은 집을 모두 통칭한다. 각각의 건물에 이름을 적은 현판을 달아 기능과 성격을 나타내거나 사찰의 규모에 따라 전각과 당우의 배치를 적절히 하여 성격을 나타내기도 한다.

전각(轉角) 지붕돌의 추녀 부분. 곧 옥개석屋蓋石의 아랫부분.

전객(典客) 지객知客. 절에서 손님 접대를 맡은 소임.

전경회(轉經會) 『대반야경』을 전독轉讀하는 법회.

전계(傳戒) 계법戒法을 전수하는 것.

전공(傳供) 불단에 공양물을 전송하는 의식.

전교(轉教) 부처가 『반야경』을 설교할 때 수보리 등 소승 비구들에게 가피하도록 대승 보살들에게 『반야경』의 대승을 말하게 한 것.

전근(轉根) 성문·연각緣覺의 근성이 바뀌어 보살의 근성이 되는 것.

전다(奠茶) 불전佛前·조전祖前·영전靈前에 차를 공양하는 것.

전단(栴檀) 인도 원산原産의 향목香木. 불교 경전에 나오는 전단은 백단白檀을 말한다.

전단연(栴檀煙) 부처의 다비茶毘를 말한다. 전단栴檀을 땔나무로 삼아서 부처를 다비한다.

전대(錢臺) 조전造錢. 곧 종이로 만든 전錢을 점안點眼하고 넣을 주머니.

전도(顚倒)📖 viparīta 반대로 된, 전도한, 반대로 하는, 반대로 행동하는, 교차하는 등의 뜻이 있으며, 이이異, 번번翻, 범범犯, 전도顚倒, 상위相違 등으로 번역한다. 법이나 이치를 어기고 등지는 것. 즉 고苦를 낙樂이라고 하고 또는 무상無常을 상常이라고 하여 진실한 이사理事의 이치를 반대로 생각하는 망견. 분류 방법은 다양하여 이전도, 삼전도, 사전도, 육전도, 십전도 등이 있다.

전독(轉讀) 경전을 독송讀誦하는 것.

전등(傳燈) 법의 등불을 전한다는 말. 법맥을 받아 전하는 것을 이르는 말.

전람(典攬) 경전의 중요한 뜻을 간추려서 설명하는 것.

전륜(轉輪) ①전륜왕轉輪王. ②전법륜轉法輪.

전륜성왕(轉輪聖王) 금·은·동·철의 4가지 윤보輪寶를 굴리면서 사방을 위엄으로 굴복시켜 천하를 다스리는 왕. 전륜성제轉輪聖帝. 전륜왕·윤왕輪王이라고도 한다.

전막(錢幕) 수생전壽生錢을 조성하기 위하여 시왕단十王壇 근처에 별로도 설치하는 장소.

전미개오(轉迷開悟) 미혹한 것을 돌이켜서 깨달음을 얻는 것. 삼계에서 생사에 윤회하는 미혹을 버리고 전향하여 열반의 깨달음을 여는 것.

전박(纏縛) 번뇌. 중생의 몸과 마음을 얽어 묶어서 자유롭지 못하게 하는 것.

전법(傳法) 교법을 전하여 주는 것. 불법을 널리 전하는 것.

전법관정(傳法灌頂) 비밀교秘密敎의 학습을 성취하였을 때 대아사리의 직계를 받고 밀법을 다른 이에게 전해 주는 지위에 오르는 관정灌頂.

전법륜(轉法輪) 삼법륜三法輪 가운데 하나. 부처가 법을 설하여 중생을 교화하는 것. 부처의 교법을 법륜이라 하고, 교법을 설하는 것을 전轉이라고 한다.

전법륜인(轉法輪印) 양손을 가슴 앞에 올리고 왼쪽 손바닥은 안으로, 오른쪽 손바닥은 밖으로 향하게 하여 각각 엄지손가락과 집게손가락을 맞붙여 마치 불교의 법륜法輪을 상징하는 것 같은 모양. 부처가 깨달은 후 녹야원鹿野苑에서 최초로 설법할 때의 취한 수인手印. 설법인說法印이라고도 한다.

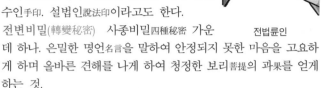

전법륜인

전변비밀(轉變秘密) 사종비밀四種秘密 가운데 하나. 은밀한 명언名言을 말하여 안정되지 못한 마음을 고요하게 하며 올바른 견해를 나게 하여 청정한 보리菩提의 과果를 얻게 하는 것.

전빈(典賓) 지객知客의 다른 이름.

전사(殿司) 전주殿主.

전상의(田相衣) 가사袈裟의 12가지 이름 가운데 하나. 밭두둑 모양으로 보는 사람이 악한 마음을 내지 않는 가사. 전의田衣.

전생(前生) ①삼생三生의 하나. 이 세상에 태어나기 전의 세상. ②과거세의 몸.

전세(前世) 전생前生. 과거세過去世. 현세에 태어나기 이전의 세상.

전시식(奠施食) 시식施食 의식에서 제일 먼저 '나무명양구고지장왕보살南無冥陽救苦地藏王菩薩'을 부르고 『대방광불화엄경』의 위력인 제불보살의 가피력으로 청정한 법식에 의해 귀신들이 고통에서 벗어나기를 바라는 일. 명계冥界에 있는 중생들을 위한 것으로 하단시식下壇施食이다.

전식득지(轉識得智) 식識을 굴려서 지智를 얻는 것. 유식唯識에서 오염되었던 식識이 청정함으로 정화된 후에 지혜로 전환되어 불佛이 되는 마지막 과정을 말한다.

전신(全身) 여래진신如來眞身.

전신(前身) 전생前生.

전신사리(全身舍利) 다보불多寶佛과 같이 전신이 그대로 사리인 것.

전심(專心) 다른 생각을 섞지 않고 한 경계에만 마음을 쏟는 것.

전심(傳心) 이심전심以心傳心.

전업(前業) 전세前世의 업인業因.

전오식(轉五識) 오식五識. 안식眼識·이식耳識·비식鼻識·설식舌識·신식身識.

전왕(塡王) 우전왕優塡王. 불상을 처음 만들었다는 인연이 있는 왕.

전의(田衣) 가사袈裟의 다른 이름. 전상의田相衣.

전의(傳衣) 제자에게 교법을 전하는 것을 이르는 말. 스승이 제자에게 교법을 전할 때 그의 가사와 바리때를 신표로 하여 전한 것에서 나온 말. 중생이 미혹에서 벗어나 깨달음의 세계로 나가는 것. 번뇌와 잡념을 없애고 열반을 얻는다는 뜻이기도 한다.

전의난증굴(轉依難證屈) 삼종퇴굴三種退屈 가운데 하나. 번뇌장煩惱障·소지장所池障을 버리고 대열반大涅槃·대보리大菩提의 깨달음이 얻기 어려움을 생각하여 퇴굴退屈의 마음을 내는 것.

전장(轉藏) 『대장경』을 전독轉讀하는 것.

전점(煎點) 차茶로 점심을 대신한다는 뜻.

전제(前際) 삼세三世의 과거.

전제라(旃提羅) 엄인奄人. 남근이 없는 이.

전종(轉宗) 개종改宗.

전종(殿鐘) 선종의 사찰에 있는 3가지 종 가운데 하나. 불전의 종.

전좌(典座) 4지사知事 가운데 하나. 사찰의 동서東序에 속한 승직僧職. 대중의 식사 관한 모든 것은 물론 의자나 침구 등을 총괄하는 소임. 별좌別座라고도 한다.

전주(殿主) 지전知殿의 다른 이름. 전사殿司.

전지육자전단후장(前之六字前短後長) 『진언집眞言集』의 실담장悉曇章에서 모음 12자 중에서 앞의 6자 가운데 앞은 단음이고 뒤는 장음으로 이루어져 있다는 설명. 후지육자전장후단後之六字前長後

短의 설명을 합하면 모두 12자가 된다.

전진(前塵) 과거의 사정事情.

전타라(旃陀羅) caṇḍāla 인도의 카스트 가운데 가장 낮은 계급에 속한 종족. 도살屠殺·양계養鷄·수렵 등의 비천한 직업에 종사하는 천민.

전탑(塼塔) 흙벽돌로 쌓아 올린 탑.

전회(轉回) 윤회輪廻.

절 배拜. 자신을 낮추는 하심下心의 수행 방법 가운데 하나. 삼보三寶에 대한 예경과 상대에 대한 존경을 의미한다.

절 사寺. 승려들이 불상을 모시고 불도佛道를 닦으며 불법을 베푸는 집.

절대정(絕對正) 삼정三正 가운데 하나. 병이 다 나으면 약의 필요를 느끼지 않는 것처럼 단견斷見·상견常見이 없어지면

전탑(여주 신륵사)

나타날 정리正理도 그림자마저 인정하지 않는 것.

절로(折蘆) 달마대사가 갈대를 꺾어서 강을 건넌 것을 말한다.

절복(折伏) 나쁜 사람이나 나쁜 교법을 꺾어 굴복시키는 것. 중생 교화의 역리적인 방법. 섭수攝受의 반대말.

절분(節分) 절기가 나눠지는 날. 입춘·입하·입추·입동의 전날.

절상감(切象嵌) 절감상감切嵌象嵌. 투각透刻으로 오려 낸 부분에 같은 문양을 채워서 나타내는 효과. 앞뒤 어느 쪽에서나 감상이 가능.

절석(折石) 깨진 돌은 다시 합칠 수 없다는 의미. 파석破石. 바라이죄波羅夷罪의 사유四喩 가운데 하나.

절식(絕食) 단식斷食.

절우주(截雨咒) 비가 그치기를 기원하는 신주神咒.

점교(漸敎) 화의사교化儀四敎 가운데 하나. 점점 차례를 밟아서 설한 교법. 『아함경』·『방등경』·『반야경』의 차례로 『법화경』·『열반경』에 이르는 교설. 곧 오랜 수행의 기간을 거쳐서 생사의 이치를 내는 교법. 돈교頓敎의 반대말.

점단(漸斷) 오랜 시간을 두고 조금씩 번뇌를 끊는 것. 돈단頓斷의 반대말.

점대 점을 치는 데 쓰는 가늘게 쪼갠 대나무 가지. 점괘의 글이 적혀 있어 이를 뽑아 길흉을 판단한다.

점대(漸大) 점漸은 점교漸敎. 대大는 『대승경』. 곧, 대승의 깊고 묘한 가르침을 알지 못하는 이에게 점차적으로 가르침을 설한 『아함경』·『방등경』·『반야경』 등을 말한다.

점돈(漸頓) 점교漸敎와 돈교頓敎.

점두(點頭) 고개를 끄덕거리는 것. 허락한다는 뜻.

점사(漸寫) 점서漸書.

점서(漸書) 법시法施를 위해 『법화경』을 조금씩 베껴 쓰는 것. 점사漸寫.

점수(漸修) 점진적으로 수행하는 것.

점수돈오(漸修頓悟) 불법을 점차적으로 닦아서 바로 깨닫는 것.

점수점오(漸修漸悟) 불법을 점차적으로 닦아서 점진적으로 깨닫는 것.

점심(點心) 마음에 점을 찍듯이 조금 먹는 음식을 가리키는 말. 곧 소식小食.

점안(點眼) 불상이나 불화·불탑·불단 등을 새로 마련하여 봉안하는 의식. 개안開眼·개광開光.

점오(漸悟) 차례대로 수행 단계를 밟아서 점차적으로 깨닫는 것. 돈오頓悟의 반대말.

점오보살(漸悟菩薩)　돈오보살頓悟菩薩의 반대말.

점오선(漸悟禪)　북종선北宗禪.

점차관(漸次觀)　점차지관漸次止觀.

점차지관(漸次止觀)　3가지 지관止觀 가운데 하나. 점차관漸次觀. 사다리에 올라가는 것처럼 낮은 데로부터 높은 데에 이르러 실상의 관법에 도달하는 것.

점필법(點筆法)　붓으로 불상이나 불화에 인간의 모습과 같이 그려 넣는 것을 말한다. 불상에 점안하는 것이 가장 대표적이다.

접생계(接生戒)　섭중생계攝衆生戒.

접심(接心)　선종에서 수행승이 선법의 교의를 보이는 일.

정(定) 📖　선정禪定. 마음을 일정한 곳에 집중하고 잡념을 없애고 안정된 경지에 서는 것. 선禪·선나禪那. 정려靜慮·사유수思惟修·기악棄惡·공덕림功德林. 삼마지三摩地·삼마야三摩耶·삼매三昧라고 한다.

정각(正覺) 📖　①참되고 올바른 깨달음. ②모든 진상을 깨달은 무상의 지혜. ③성불成佛에 이르는 정각正覺.

정각(淨覺)　청정한 각오覺悟.

정각분(定覺分)　칠각분七覺分 가운데 하나. 선정에 들어 번뇌와 허망한 생각을 일으키지 않는 일.

정각불(正覺佛)　불구십신佛具十身 가운데 하나인 보리신菩提身을 말한다.

정각지(定覺支)　칠각지七覺支 가운데 하나. 정지定支. 마음을 집중하여 흔들리지 않는 것. 바른 선정으로 마음을 통일하는 것.

정거(淨居)　정거천淨居天.

정거천(淨居天)　색계의 제4선천禪天. 불환과不還果를 증득한 성인이 나는 하늘. 외도外道가 섞여 살지 않는다는 뜻.

정건(淨巾)　수건手巾.

정견(正見)　①편견 없는 바른 견해. ②부처의 가르침에 어긋남이 없는 인생관을 말한다.

정견(情見)　감정에 의거하여 분별하는 견해.

정계(頂髻)　부동명왕不動明王의 정수리 상투머리. 변발辮髮.

정계(定戒)　부처가 제정한 계행. 정공계定共戒.

정계(淨戒)　비구오덕比丘五德 가운데 하나. 평생 동안 청정한 계율을 지키는 것.

정공계(定共戒)　정계定戒.

정과(正果)　정보正報.

정관(淨觀)　청정한 관법.

정관음(正觀音)　성관음聖觀音.

정광(頂光)　부처나 보살의 정수리 위의 원광圓光.

정광(定光)　정광불定光佛.

정광무애(淨光無碍)　청정淸淨과 광명光明이 서로서로 거리낌이 없다는 뜻.

정광불(定光佛)　연등불燃燈佛.

정교량(正敎量)　성교량聖敎量.

정구업진언(淨口業眞言)　입으로 지은 업을 깨끗이 하는 진언.

정근(正勤)　선법善法을 더욱 자라게 하고 악법惡法을 멀리 여의려고 부지런히 수행하는 법을 말한다.

정근(精勤)📖　힘써 노력하는 것을 말한다. 불교 의식에서 관세음보살을 정근할 때는 '나무 보문시현 원력홍심 대자대비 구고구난 南無 普聞示現 願力弘深 大慈大悲 救苦救難'을 암송한 뒤에 '관세음보살'을 계속하여 큰소리로 부른다.

정기(正機)　바로 교법의 이익을 입을 만한 기류.

정념(正念)　팔정도八正道 가운데 하나. 바른 의식.

정념각(正念覺)　팔대인각八大人覺 가운데 하나. 바른 이치를 한 마음으로 생각하고 다른 생각을 하지 않는 것.

정념정관제통명력(正念正觀諸通明力) 서방정토 보살의 십삼력+三力 가운데 하나. 정념正念·정관正觀·육통六通의 삼명三明을 성취하는 힘.

정답(定答) 사종론四種論 가운데 하나.

정당(正堂) 방장실方丈室. 또는 주지가 있는 방.

정도(正道) ①바르고 참된 사도師道. ②삼승三乘이 행하는 도.

정도(淨道) 청정한 불도佛道.

정두(淨頭) 해우소를 청소하고 관리하는 소임.

정등각(正等覺) 부처의 근본 깨달음. 위없이 뛰어나고 바르며 평등 원만한 깨달음을 말한다.

정려(靜慮) 고요히 앉아서 생각한다. 고요히 생각하는 마음. 곧 선정.

정려(淨侶) 먼지 없이 맑고 깨끗한 승려.

정려(定侶) 선정을 닦고 익히는 승려들. 선중禪衆.

정려(精廬) 정사精舍.

정려바라밀(靜慮波羅蜜) 선정바라밀禪定波羅蜜.

정려율의(靜慮律衣)📖 삼율의三律儀 가운데 하나. 정공계定共戒라고도 한다. 색계정色界定에 든 이가 스스로 신身·어語의 허물을 멀리하므로 정定과 함께 계율의 체계를 얻는 것. 정심定心이 무루無漏의 마음과 함께 일어나므로 수심전隨心轉이라고 한다.

정력(定力) 선정禪定을 수행하고 성취하는 힘. 어지러운 생각을 없애고 마음을 한곳에 쏟는 힘. 관력觀力. 혜력慧力.

정령(精靈) 죽은 사람의 영혼. 만물의 근원을 이룬다는 신령스러운 기운. 신식神識.

정령신앙(精靈神仰) 만물의 개체에 영혼이 깃들어 있다는 생각으로 만물의 영혼을 숭배하는 신앙. 화신·수신·풍신·지신·산신·나무신 등.

정례(頂禮)📖 오체五體를 땅에 대고 존자尊者의 발에 이마가 닿도록 몸을 구부려 하는 절. 가장 높은 머리를 가장 낮은 땅에 조아려서 정성스럽게 예배하는 것.

정명(淨命) ①청정한 생활. ②청정한 마음으로 생명을 삼는 것.

정명(定命) 사람의 수명에 일정한 수량壽量이 있다는 것. 곧 전세前世의 인연에 의해 정해진 목숨.

정명(淨明) 신도의 공양에 의해 깨끗한 생활을 하는 것. 비구오덕比丘五德 가운데 하나.

정명(淨名) 정명거사淨名居士. 유마거사維摩居士의 번역으로 깨끗한 이름이라는 뜻이다. 무구칭無垢稱. 유마힐維摩詰. 본래 유마라힐維摩羅詰·비마라힐毘摩羅詰이라고도 한다.

정명(正命) 팔정도八正道 가운데 하나. 바른 생활. 일상생활을 바르게 하는 것.

정명거사(淨名居士) 유마거사維摩居士.

정반왕(淨飯王) 중인도 가비라국迦毘羅國의 왕. 부처의 아버지.

정발(淨髮) 삭발削髮. 머리를 깎는 것.

정방(淨邦) 정토淨土.

정법(正法) ①참되고 바른 교법. 불법佛法. ②삼시三時 가운데 하나. 정법시正法時. 부처가 입멸한 뒤 5백 년을 말한다. 교敎·행行·증證이 갖추어져 있다.

정법계(淨法界) 청정법계淸淨法界. 진여眞如의 경계.

정법계진언(淨法界眞言)📖 공양불법승삼보법供養佛法僧三寶法에서 두 번째로 송誦하는 진언. 이 진언을 외우면 가지加持 및 수인手印의 힘으로 음식과 기물器物들이 자연히 청정하여 법계에 두루 한다는 뜻이 있다.

정법률(正法律) 진언율종眞言律宗.

정법명여래(正法明如來)📖 관세음보살이 과거에 이미 이루었던 부처 이름.

정법수(正法壽) 정법正法의 수명.

정법시(正法時) 삼시三時 가운데 하나. 부처의 불법이 올바르게 전달되어 이것을 수행하는 민중이 왕성하게 깨달음을 득하는 시대.

정법안장(正法眼藏) 진리를 볼 수 있는 지혜의 눈으로 바르게 깨달은 비밀의 법.

정법의(正法依) 부처의 존호尊號.

정변각(正遍覺) 등정각等正覺.

정변지(正遍智) 등정각等正覺. 부처가 온갖 지혜를 갖추어서 우주 간의 모든 정신적·물질적 현상을 두루 안다는 뜻. 불십존호佛十尊號·여래십호如來十號 가운데 하나.

정병(淨瓶) 맑은 물을 담아 두는 병. 관세음보살이 손에 들고 있는 지물持物. 군지軍遲·군치가招稚迦.

정보(正報) 정과正果. 과거에 지은 업인업인業因에 의해 받는 과보果報. 오음五陰의 몸. 곧 불佛이나 중생들의 몸.

정분(情分) 사람의 정욕情欲에 여러 가지 차별이 있는 것. 신분身分.

정불(淨佛) 구경究竟의 진불眞佛.

정비(定妃) 만다라 가운데 천녀天女를 가리킨다.

정사(正使) 번뇌의 정체. 번뇌의 여습餘習을 습기습기라고 한다.

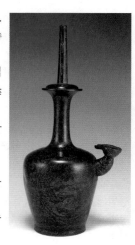

정병(통도사 성보박물관)

정사(正士) mahāsattva 위대한 인간이란 뜻. sattva는 유정有情의 뜻. 범어로 보살菩薩. 바른 도를 구하는 대사大士.

정사(正使) 사使. 번뇌.

정사(精舍) 사찰의 다른 이름. 수행하는 사람이 거주하는 집.

정사(淨捨) 희사喜捨의 다른 이름.

정사유(正思惟) 바른 마음. 마음을 바르게 하고 사물에 대해 바른 판단을 해야 함을 뜻한다.

정삼매(定三昧) 금강유정金剛喩定·금강삼매金剛三昧·금강심金剛心.

정상(定相) ①상주불변常住不變의 형상. ②선정에 들어간 모양.

정상말(正像末) 불교의 역사관에 따른 시대 구분. 정법正法·상법像法·말법末法을 말한다.

정색(正色) 청·황·적·백·흑의 다섯 가지 색을 말한다. ➡ 오방색五方色

정색(淨色) 청정하고 미묘美妙한 색. 탐욕을 생기게 하여 도업道業을 무너뜨리므로 수도修道하는 사람이 멀리해야 한다. 이종색二種色 가운데 하나.

정성(正性) 성성聖性.

정소(頂巢) 좌선하면서 몸을 움직이지 않아 새가 날아와서 정수리 위에 집을 짓는 것을 말한다.

정수(正受) 삼매를 말한다. 대경對境을 관하는 마음과 관하는 바의 대경이 일치되어 바른 마음으로 대경을 섭입攝入하는 마음 상태.

정수(定水) 선정에 든 마음이 맑기가 고요한 물과 같음을 말한다.

정순해탈(正順解脫) 바라제목차波羅提木叉. 별해탈別解脫.

정습(正習) 정사正使와 습기習氣.

정시(淨施) 청정한 마음으로 보시를 하는 것. 은혜를 베풀고 보답을 바라지 않는 것. 희사喜捨의 다른 이름.

정신(正信) 올바른 믿음. 정법을 믿는 마음.

정실(精室) 법을 닦는 도량. 정묘한 단장壇場. 정련精練하는 이의 집.

정심(停心) 오정심관五停心觀.

정심(淨心) 자성청정심自性淸淨心.

정심지(淨心地) 묘각불위妙覺佛位.

정안(淨眼) 청정한 법안法眼.

정어(正語) 팔정도八正道 가운데 하나. 바른 언어 행위. 거짓말이나 이간질 등을 하지 않는 것.

정업(淨業) ①청정한 선업善業. ②정토왕생을 닦는 일.

정업(定業) 과거에 지은 업에 따라 현세에서 받는 과보.

정업(正業) 팔정도八正道 가운데 하나. 바른 행동. 악행을 하지 않는 바른 행동.

정역(淨域) 모든 부처의 정토.

정염(正念) 정법正法을 마음으로 생각하는 것.

정옥(淨屋) 승려가 머무는 죄악이 없는 집.

정욕(正欲) 정사유正思惟.

정월(淨月) Śuddhacandra 십대논사十大論師 가운데 하나. 술타전달라戌陀戰達羅.

정위(頂位) 사가행위四加行位 가운데 하나. 정법頂法. 산 정상에 올라 사방을 바라보는 것과 같이 모두 분명함을 말한다.

정위(正位) 열반을 증득하는 지위. 소승의 열반.

정유(正喩) 정당한 비유. 동유同喩. 인명因明의 삼지작법三支作法 가운데 유법喩法에 속한다.

정유리세계(淨瑠璃世界) 유리와 같은 칠보로 이루어진 청정한 세계. 곧 약사여래의 정토.

정의(正意) 사악한 생각이 없는 뜻.

정의(定意) 정심定心.

정인(正因) ①삼인三因 가운데 하나. 정당한 이유나 원인. 타당한 소전제. 인명因明의 삼지작법三支作法 가운데 인법因法에 속한다. ②중생들이 본래 지니고 있는 진성眞性을 말한다. 정인불성正因佛性.

정인(淨人) 절에서 일하는 사람을 일컫는 말. 승려를 모시는 세속의 사람.

정인불성(正因佛性) 삼인불성三因佛性 가운데 하나. 중생들이 본래 가지고 있는 진성眞性. 본연의 진여.

정전도(淨顚倒) 사전도四顚倒 가운데 하나. 깨끗하지 않은 것으로 깨끗하다고 여기는 것. 열반의 청정함에서 청정하지 않음을 헤아리는 것.

정정(正定) 올바른 선정. 팔정도八正道의 하나. 번뇌로 인한 어지러운 생각을 버리고 마음을 안정하는 일.

정정각(正定覺) 팔대인각八大人覺 가운데 하나. 선정을 닦아 모든 어지러운 생각을 그치고 몸과 마음이 고요함을 얻어 삼매에 드는 것.

정정업(正精業) 미타彌陀를 부르는 이름.

정정진(正精進) 팔정도八正道 가운데 하나. 바른 정진.

정정취(正定聚) 삼취三聚 가운데 하나. 항상 진전하여 결정적으로 부처가 될 종류.

정종(淨宗) 정토종淨土宗.

정종분(正宗分) 📖 경론經論의 내용을 셋으로 분류한 것 가운데 하나. 경론의 서분序分 다음에 바로 연기緣起에 응하여 법문法門을 설파한 부분을 말한다. 경전 일부의 종요宗要를 말한 부분. 성교소설분聖敎所說分.

정좌(正坐) 다비에서 착관着冠 다음의 절차.

정주(靜主) 생각을 고요히 하고 좌선하는 선승禪僧들의 장로.

정주(淨住) 절의 다른 이름. 사십종이명寺十種異名 가운데 하나.

정중(靜衆) 선승禪僧들이 생각을 고요히 하고 좌선하는 것.

정중(正中) 정오正午.

정중의식(定中意識) 사종의식四種意識 가운데 하나. 선정에 든 가운데 작용하는 의식.

정지(淨志) 모든 어두운 생각을 깨끗이 한다는 뜻. 사문沙門을 말한다.

정지(靜志) 모든 어지러운 생각을 제거한다는 뜻. 사문沙門을 말한다.

정지(正智) 반야무지般若無知. 대지무분별大智無分別. 성지聖智.

정지(定智) 선정과 지혜.

정지(淨地) 승려들이 머무는 죄악이 없는 땅.

정지(定支) 정각지定覺支.

정지(靜智) 정적靜寂하여 번거롭고 어지러움을 끊는 지혜.

정진(情塵) 마음의 티끌. 마음속에 들어 있는 번뇌를 말한다. 육근六根과 육진六塵.

정진(精進) 🕮 virya 용감한, 용기勇氣, 역력能力, 능력能力, 영웅적인 행위, 남성의 정력精力, 정액精液 등의 뜻이 있다. 역력, 근근, 진進, 정진精進, 정근正勤, 용맹勇猛 등으로 의역한다. 보살이 수행하는 육바라밀 가운데 하나. 부지런히 수행하여 번뇌를 여의고 불법을 듣고 꾸준히 계율을 지켜 나아가는 것.

정진(精眞) 정명精明한 진여眞如의 성품.

정진각(精進覺) 팔대인각八大人覺 가운데 하나. 선법을 닦는 데 용맹하게 정진하여 그치지 않는 생각.

정진각지(精進覺支) 칠각지七覺支 가운데 하나. 정진지精進支. 한마음으로 바른 수행을 하는 것.

정진궁(精進弓) 지혜는 화살에 비유하고, 정진은 활에 비유한다.

정진력(精進力) 37도품道品의 오력五力 가운데 하나. 정진근精進根을 키워서 몸의 게으름을 물리치는 것.

정진심(精進心) 잡스럽지 않은 것을 정精이라 하고, 끊어져 사이가 없는 것을 진進이라 한다. 일념의 마음으로 참되고 깨끗한 경지에 정명精明하게 나아가는 것.

정진지(精進支) 정진각지精進覺支.

정찰(淨刹) 청정淸淨한 사찰. 범찰梵刹.

정천(淨天) 범천梵天.

정천안(淨天眼) 청정한 천안天眼.

정철(正轍) 진정眞正한 궤철. 이철異轍의 반대말.

정취보살(正趣菩薩) 관세음보살의 화신. 정취관음이라고도 한다. 해탈법문을 설하여 극락 또는 해탈의 길로 빨리 들어서게 하는 보살.

정토(淨土)📖 보살이 수행으로 청정함을 이루는 곳, 부처가 거주하는 국토. 오탁五濁의 더러움이 없어서 정토라고 한다. 불지佛地·불계佛界·불국佛國·불토佛土·정찰淨刹·정수淨首·정국淨國이라고도 한다.

정토문(淨土門) 타력신앙他力信仰에 의존하여 성불成佛에 이르는 것. 정토종淨土宗에서 말법未法 사상에 근거하여 불교를 분류한 것.

정토삼부경(淨土三部經) 정토교의 근본 경전. 『무량수경』·『관무량수경』·『아미타경』.

정토신앙(淨土信仰) 아미타불의 정토에 왕생하려는 신앙. 아미타불의 서방정토에 다시 태어나려는 극락왕생極樂往生 신앙.

정토종(淨土宗) 아미타불阿彌陀佛 및 서방정토에 태어나기를 바라는 대승 불교의 종파. 연종蓮宗. 염불종念佛宗.

정토진종(淨土眞宗) 진종眞宗. 일본 불교의 종파.

정통(淨桶) 대변한 뒤에 부정한 곳을 씻는 곳. 목욕탕을 말한다.

정학(定學) 삼학三學 가운데 하나. 마음과 의식의 흔들림을 그치고 고요하고 편안한 경지를 나타내는 법. 선정禪定을 말한다.

정학녀(正學女) 식차마나式叉摩那.

정해(正解) 올바른 지혜로 불법을 바르게 이해하는 것. 정각正覺.

정행(淨行) 범행梵行.

정행(正行)📖 불법을 믿는 사람이 닦는 바른 행업. 극락세계로 가려는 마음을 닦는 바른 행업. 곧, 독송정행讀誦正行·관찰정행觀察正行·예배정행禮拜正行·칭명정행稱名正行·찬탄공양정행讚嘆供養正行이 있다. 서사書寫·공양供養·유전流傳·청수聽受·전독轉讀·교타敎他·습선習禪·해탈解脫·사택思擇·수습修習 등을 말한다.

정향(定香)📖 오분법신五分法身 가운데 하나. 선정을 닦아 마음이 안정되면 온화한 향기가 그 몸에서 풍겨 나온다는 말.

정혜(定慧)   선정과 지혜. 정定은 동요가 없는 마음. 혜慧는 마음의 밝은 작용.

정혜(靜慧)   안정安靜하는 지혜. 곧 공혜空慧.

정혜(正慧)   참되고 바른 지혜심.

정혜각(正慧覺)   팔대인각八大人覺 가운데 하나. 문혜聞慧·사혜思慧·수혜修慧를 닦아 참되고 바른 지혜가 생기는 것.

정혜금강(定慧金剛)   무진금강無盡金剛. 무진의보살無盡意菩薩.

정혜쌍수(定慧雙修)   지눌知訥이 주장한 수행 방법으로 선정禪定의 상태인 정定과 사물의 본질을 파악하는 지혜인 혜慧를 함께 닦아 수행해야 함을 주장한다.

정화(正化)   正道로써 중생을 교화하는 것.

정화(精華)   정수精髓가 되는 뛰어난 부분.

정화(井華)   정화수井華水. 이른 새벽의 우물물.

정화대(淨華台)   청정한 연화대蓮華台.

제(祭) 📖 사람의 일로써 신神에 이르게 하는 것. 제사祭祀는 신령에게 음식을 바쳐 정성을 표하는 것이므로, 불교에서 해탈을 목적으로 하는 재齋와는 성격이 다르다.

제(諦)   진실한 도리. 진여眞如. 불변여실不變如實한 진상眞相이라는 뜻.

제가(濟家)   임제종臨濟宗의 일가一家를 말한다.

제각분(除覺分)   칠각분七覺分 가운데 하나. 잘못된 견해나 허망한 생각을 끊을 때 잘 살펴서 선근善根을 키우는 일.

제견(諸見)   일체의 사견邪見.

제계(齊戒)   몸과 마음을 깨끗이 유지하고 행동을 조심하라는 뜻.

제계(制戒)   부처가 제자에 대해 금지하도록 만든 계율.

제교(制教)   행교行教. 죄악을 제지하는 교법. 곧 계율.

제궁(帝弓)   천제天帝의 활. 무지개를 말한다. 천궁天弓.

제당(堤塘)   심성心城과 같은 말.

제대(諸大)   지대地大·수대水大·화대火大·풍대風大·공대空大·근대根大·식대識大.

제도(濟度)   미혹의 경계에서 헤매는 중생을 극락세계로 인도하는 것.

제로(提爐)   끌어서 위치를 옮길 수 있는 향로.

제루(諸漏)   모든 번뇌. 일체의 번뇌.

제리(諦理)   고苦·집集·멸滅·도道 사제四諦의 이치.

제망(帝網)   제석궁帝釋宮의 그물. 보망寶網. 인타라망因陀羅網.

제문(祭文)   재문齋文.

제문(制門)   죄악을 제지하는 문. 여래가 드러내는 지덕智德.

제바(提婆)   용수龍樹의 제자로 용지龍智와 함께 가장 유명하다.

제바달다(提婆達多)   Devadatta 곡반왕斛飯王의 아들로 아난의 형이며 부처의 사촌 동생.

제법(諸法)   만법萬法. 삼라만상의 모든 사물을 가리킨다.

제법무아(諸法無我)📖   세상의 모든 사물은 인因과 연緣의 화합으로 생긴 것이어서 실질적인 자아의 본체가 없다는 것.

제법무아인(諸法無我印)   삼법인三法印 가운데 하나. 만유의 모든 법은 인因과 연緣이 화합하여 생긴 것이어서 실제로 자아自我인 실체가 없는데도 사람들은 아我에 집착하는 그릇된 견해를 일으키므로 이를 없애기 위해 무아無我라고 말하는 것.

제법실상(諸法實相)📖   우주 사이의 모든 존재와 사물이 있는 그대로 진실한 모습이라는 것. 진여眞如·법성法性·실제實際 등을 이름을 지어 일체 사물의 진상眞相 또는 진리眞理라고 한다.

제법연기(諸法緣起)   일체의 법이 모두 육근六根이 인因이 되고 육진六塵이 연緣이 되어 생긴다는 것.

제불가(諸佛家)   정토淨土.

제불통청(諸佛通請)   부처나 보살 및 호법신 모두를 받들어 한꺼번에 공양을 청하는 것. 삼보통청三寶通請.

제사(除捨)   번뇌 망상을 여의는 것.

제사니(提舍尼) pratideśanīya 바라제제사니波羅提提舍尼.

제삼과(第三果) 아나함阿那含.

제상(諸相) 모든 사물의 형상.

제색(諸色) 여러 가지의 사물.

제석(帝釋) 인간의 수명·자손·농업 등을 관장하는 신. 석제환인釋提桓因. 능천주能天主로 번역. 도리천주忉利天主를 말한다.

제석도帝釋圖 제석신을 그린 그림. 벼락을 주제로 주악천인과 천부의 여러 선신들을 배열.

제석도량(帝釋道場) 제석천을 신앙의 대상으로 하는 의식 행사.

제석천(帝釋天) 수미산의 꼭대기에 있는 제석천왕. 도리천忉利天의 왕.

제석천룡도(帝釋天龍圖) 제석신과 천룡팔부중天龍八部衆을 함께 그린 그림.

제선(諸仙) 바라문婆羅門 가운데 청정한 수행자를 말한다.

제선(諸禪) 색계 가운데 초선初禪·이선二禪·삼선三禪·사선四禪의 선禪을 말한다.

제세(濟世) 세상 사람들을 구제하는 일.

제심(齊心) 재계심齋戒心. 더러운 것을 버리고 몸과 마음을 깨끗이 하는 것.

제액(題額) 비석의 이수螭首 부분에 액자 모양으로 만들어 글을 써놓은 곳.

제여래선(諸如來禪) 사종선四種禪 가운데 하나. 불지佛地에 들어가 법락法樂을 받으며 모든 중생을 위해 불가사의한 작용을 하는 선.

제온(諸蘊) 오온五蘊.

제욕(諸欲) 오욕五欲.

제위(諸位) 십주十住·십행十行·십회향十

제액(화순 쌍봉사 철감선사비)

回向·십지十地 등의 여러 지위를 말한다.

제육식(第六識) 의식意識.

제육천(第六天) 욕계의 육천六天 가운데 여섯 번째로 욕계의 가장 높은 곳. 타화자재천이라고도 한다.

제이월(第二月) 눈병이나 착시 현상으로 인해 보이는 또 다른 둘째의 달.

제일선락(第一禪樂) 뛰어나고 묘한 선정의 즐거움.

제일승(第一乘) 대승大乘을 말한다.

제일식(第一識) 아뢰야식阿賴耶識을 말한다.

제일의(第一義) 가장 뛰어난 진실한 도리. 모든 것이 모두 공空이라는 원리를 말한다.

제일의실단(第一義悉壇) 사실단四悉壇 가운데 하나. 중생의 기연機緣이 익숙함을 보고 제1의義의 이치를 말하여 진증眞證에 들어가게 하는 것.

제일의제(第一義諦) 승의제勝義諦. 진제眞諦.

제진(諸塵) 색色·성聲·향香·미味·촉觸의 오진五塵.

제찰법인(諦察法忍) 삼인三忍 가운데 하나. 찰법인察法忍이라고도 한다. 사물이 인과 연의 화합으로 되어 있는 진리를 자세히 관찰하여 불생불멸하는 이치에 마음을 안주하는 것.

제천(諸天) 모든 하늘. 천상계의 모든 부처. 제천선신諸天善神. 삼계三界의 28천天.

제취(諸趣) 중생들이 윤회하는 육도六道. 육취六趣.

제칠식(第七識) manas 말나식末那識.

제팔식(第八識) ālaya 아뢰야식阿賴耶識.

제팔함장식(第八含藏識) ālaya 아뢰야식阿賴耶識. 일체 선善과 악惡과 무기無記의 종자를 함장含藏하기 때문에 붙여진 이름. ➡ 아뢰야식阿賴耶識

제하(濟下) 임제臨濟의 문하.

제행(諸行) ①생멸 변화하는 일체의 현상. ②여러 가지 행업. 신身·구口·의意 3업으로 나타는 여러 가지 동작. ③입으로 부르는 염불 이외에 이상경에 도달하기 위해 힘써 수행하는 온갖 행업.

제행무상(諸行無常) 인因과 연緣의 화합으로 존재하는 우주 만물은 무자성無自性이며 무상無常이며 무생無生으로 항상 유전하여 일정한 모양으로 머물러 있지 않는다.

제행무상인(諸行無常印) 삼법인三法印 가운데 하나. 온갖 물物·심心의 현상은 모두 생멸 변화하여 항상 불변하는 것이 아닌데도 사람들은 이를 항상 존재하는 것으로 생각하므로 이 그릇된 견해를 없애기 위해 무상하다고 말하는 것.

제호(醍醐) 옛날 인도에서 우유를 가지고 만든 것. 부처의 가르침의 최고 경지나 지극한 불법의 진미를 비유하는 말. 제호상미醍醐上味.

조각장(彫刻匠) '조이장'이라고도 하며, 물건의 표면에 무늬를 조각하는 장인.

조각정 가장 기본적인 정으로 평각도 할 수 있는 정.

조강(糟糠) 술지게미와 쌀겨. 교만한 비구와 추악한 법을 비유한 말.

조계(曹溪) 육조六祖 혜능慧能의 별호別號.

조계산(曹溪山) ①중국 선종의 6조인 혜능慧能이 선법禪法을 크게 일으킨 소양韶陽의 조계산. 조계선풍曹溪禪風. ②전라남도 승주군에 있는 산으로 본래 송광산이었으나 고려 희종 1년1205에 당시 그 산에서 선풍을 드날리던 보조국사普照國師를 위해 조계산이라 개명했다.

조계종(曹溪宗) ①고려 시대 신라의 구산선문九山禪門을 합친 종파. 천태종의 상대어. ②태고국사太古國師를 종조宗祖로 하기도 한다. ③대한불교조계종은 한국 선문의 초조初祖인 도의원적국사道義元寂國師를 종조로 한다. 스님의 생몰연대生沒年代는 확실하지 않으며 784년(선덕5)에 입당하여 821년(헌강왕13) 귀국하기까지의 구법기로 국사의 생존기를 추정한다. 속성은 왕씨王氏, 법명法名은 원적元寂 또는 명적明寂이라고도 한다. 출가할 때는 화엄종에 소속 하였으나, 입당 후에는 오대산에서 화엄종에 대한 교양을 습득하고, 장안과 낙양을 중심으로 전개하고 있던 정토종, 법상종, 구사종, 삼론종, 밀종 등 당시의 대표적인 교종에 대한 연구와 동시에 장안長安의 지상사至相寺를 중심으로 꽃피우고 있던 화엄종에 대해 폭넓은 연구를 병행. 남종선법南宗禪法을 처음 접하게 된다. 중국에서 서당지장선사西堂智藏禪師로부터 선법禪法과 함께 도의道義라는 법호를 받았다.

조관(祖關) 조사祖師의 경지에 들어가는 관문. 조사가 던진 공안을 참구하여 견성見性하는 투조관透祖關.

조기(調氣) 밀교의 정공精功. 기氣를 다스리고 원기를 충실하게 하는 것.

조당(照堂) 선림에서 승당僧堂 뒤에 있는 건물. 또는 법당 뒤에 짓기도 한다.

조도(鳥道) 매우 어려운 선도禪道를 비유한 말.

조도(祖道) 조사의 도.

조동(曹洞) ①조동종曹洞宗의 준말. ②조동종曹洞宗의 제1조인 동산洞山과 제2조인 조산曹山을 말한다.

조동종(曹洞宗) ①선문오종禪門五宗 가운데 하나. 중국의 육조六祖 혜능慧能이 조계曹溪에게 법을 전하여 그의 법손인 양개良价가 동산洞山에서 이를 널리 펴서 일어난 종파. 말과 행동이 일치하고 이리理와 사사事事가 부합하여 본래면목本來面目으로써 종지를 삼았다. ②1989년 5월 27일 창시된 한국 불교 27개 종단 가운데 하나. 서울 종로구 평창동 청련사가 총본산.

조두(澡豆) 두분豆粉. 일종의 비누. 대승 비구의 십팔물十八物 가운데 하나.

조등(祖燈) 열조列祖의 법등法燈.

ㅈ

조람(照覽) 부처나 보살이 광명으로써 중생들의 근기를 비추어 보는 것.

조림(稠林) 번뇌가 치성한 것을 무성한 삼림에 비유한 것.

조복(調伏) ① 몸·입·마음의 3업을 조절하여 모든 악행을 굴복시키는 것. ② 사악함을 떨쳐 버리는 것. 또는 사악한 이를 교화하여 나쁜 마음을 버리게 하는 것. 조유調柔. ③ 악마나 원수 등을 항복시키는 것.

조불(照拂) 유나維那의 점검.

조사(祖師) 하나의 종파를 세웠거나 종파의 법맥을 이은 선승禪僧을 말한다.

조사관(祖師關) 조사의 지위에 들어가는 관문. 종문宗門의 일관一關. 화두. 공안.

조사당(祖師堂) 사찰 내에 있는 전각殿閣 중의 하나. 종파를 개창한 승려나 사찰의 역대 승려의 영정 등을 모시는 건물. 국사를 배출한 인연으로 국사전國師殿을 두기도 한다.

조사서래의(祖師西來意) 불법의 이치가 무엇인가를 묻는 말. 조사는 달마대사를 말한다.

조사선(祖師禪) 조사祖師 달마達磨가 전한 선禪이라는 의미. 불립문자不立文字·교외별전敎外別傳·직지인심直指人心·이심인심以心印心의 선법을 말한다. 글자의 뜻풀이에 매이지 않고 달마達磨의 이심전심으로 전하는 선법. 간화선看話禪. 불법의 수행과 깨달음의 세계를 체득하여 자아의 구명을 추구함과 동시에 자기의 무한한 가능성과 인간성을 탐구하며, 스스로의 인격 형성을 위한 끊임없는 정진을 공의 이치에 걸림 없이 전개하는 것.

조사전(祖師殿) 조사당祖師堂.

조상(弔喪) 돌아가신 분의 명복을 빌고 유가족을 위로하기 위하여 상가를 찾아가는 것. 유교식의 상례에서는 성복成服 후에 하도록 되어 있다.

조상(造像) 부처나 보살의 형상을 조성하는 것.

조상경(造像經) 『대장일람집』의 「조상품」・『묘길상대교왕경』・『삼실지단석』・『대명관상의』의 4가지 경전으로 구성되어 있는 불상을 조상하는 인연과 공덕, 불복장佛腹藏과 점안點眼 의식에 관한 경전.

조색(造色) 안眼・이耳・비鼻・설舌・신身의 여러 근根을 말한다.

조서승(鳥鼠僧) 파계승. 박쥐가 새도 아니고 쥐도 아니듯이 승려도 아니고 속인도 아니라는 뜻.

조소(灶素) 비구들의 소식素食의 일종.

조수좌(鳥獸座) 동물의 형상을 대좌로 사용한 형식.

조식(調息) 참선을 행할 때 호흡을 가다듬는 일.

조신(調身) 참선할 때 몸자세.

조실(祖室) 사찰의 최고 어른. 총림叢林에서는 방장方丈, 총림 아래의 사찰에서는 조실이라고 칭한다. 또는 조사祖師가 거처하는 방을 말한다.

조심(調心) 화두話頭를 참구參究하는 방법.

조어(調御) 조복제어調伏制御. 중생의 3업을 조화하여 여러 가지 악한 행위를 정복멸제征服滅制하고 바르게 다스리는 것.

조어사(調御師) 부처의 다른 이름.

조어장부(調御丈夫) 조어사調御師. 잘 조절하고 제어하여 정도를 닦은 대장부. 말을 잘 조련하듯이 중생들을 잘 다스린다는 뜻. 불십존호佛十尊號・여래십호如來十號 가운데 하나.

조옹(祖翁) 범천梵天. 만물의 조상.

조왕단(竈王壇) 부엌의 신장인 조왕竈王을 모신 단.

조왕대신(竈王大神) 호법신장護法神將 가운데 하나. 부엌을 관장하고 불을 다루는 신장. 황신荒神이라고도 한다.

조유(調柔) 조복調伏.

조음(助音) 불경을 읽을 때 인도하는 이의 소리를 따라서 읽거나 화응하는 것.

ㅈ

조의(祖意) 조사의 마음이나 뜻. 교외별전教外別傳의 선禪.

조의(條衣) 출가한 이의 대의大衣. 9조條부터 25조條까지의 구별이 있다.

조이 주조鑄造나 단금鍛金으로 모양이 만들어지면 형태를 돋보이기 위해서 표면 장식으로 음각이나 양각의 기법을 사용하는 것. 음각은 우리말로는 파새김이며, 양각은 돋을새김이라고 하며, 타출打出 또는 누화누라고 한다. 전통적인 조이의 기법에는 조각 기법과 상감 기법이 있다. 조각 기법은 선각線刻, 화각花刻, 고각高刻, 투각透刻, 육각肉刻 등이 있으며, 상감 기법에는 선상감線象嵌, 면상감面象嵌, 절상감切象嵌, 고육상감高肉象嵌, 소상감消象嵌, 눈금상감 등이 있다.

조잔(鳥殘) 독수리나 매가 먹다가 남긴 짐승의 고기를 말한다. 5가지 정육淨肉 가운데 하나.

조장(鳥葬) 인도의 장례 의식. 죽은 시신을 왕사성 옆에 있는 시다림尸茶林에 버리면 독수리들이 날아와 먹어 치우는 장례 의식.

조전점안(造錢點眼) 죽은 뒤에 명부冥府의 세계에서 사용할 수 있는 금은전金銀錢을 점안하는 의식. 시왕十王이 거주하는 명부에서 사용 가능한 돈을 만들어 점안으로 가치를 부여하는 것.

조종(釣鍾) 범종梵鍾의 다른 이름.

조좌(朝座) 아침 강좌講座. 경전을 강독하는 하루에 조좌朝座와 석좌夕座가 있다.

조주고불(趙州古佛) 조주趙州의 교화가 크게 떨쳐 조주고불趙州古佛이라고 한다.

조주록(趙州錄) 당나라 때 조주趙州의 어록. 『조주진제선사어록趙州眞際禪師語錄』이라고도 한다.

조참(早參) 이른 아침에 강당에 올라서 묻는 것. 아침에 하는 법문. 조참朝參.

조참(朝參) 이른 아침의 참선參禪.

조참(朝參) 조참早參.

조태(洮汰) 두타頭陀.

조패(照牌) 승려가 앉은 자리를 표시하는 패.

조훈(祖訓) 불조佛祖의 교훈.

족성각(族姓覺) 팔각八覺 가운데 하나. 문벌이 훌륭한 것을 생각하는 마음.

존견(存見) 악견惡見이 있는 이.

존기(尊記) 부처가 제자들의 성불成佛의 말을 기록한 기별記別을 공경하여 이른 말.

존령(尊靈) 존귀한 영혼. 귀한 사람 가운데 죽은 이를 말한다.

존상(尊像) 숭배와 존경의 대상이 되는 부처나 보살 등의 형상.

존숙(尊宿) 학문과 덕행이 훌륭하고 나이가 많은 승려 가운데 사표가 될 만한 이.

존승법(尊勝法) 존승불정존尊勝佛頂尊을 본존으로 하고 존승다라니尊勝陀羅尼를 외우면서 기원하는 수법.

존안(尊顏) 부처의 얼굴을 말한다. 곧 불상이나 보살상을 가리킨다.

존용(尊容) 부처나 보살의 존귀하고 장엄한 용모.

존오(尊悟) 존귀한 사람의 증오證悟.

존의(尊儀) 존귀한 의용. 성의聖儀. 불보살의 모양.

존자(尊者) ①지혜와 학덕을 갖춘 존귀한 사람. ②학문과 덕행이 높은 부처의 제자를 높이는 말. 현자賢者라고도 한다. ③아라한阿羅漢의 존칭.

존중수(尊重修) 사수四修 가운데 하나. 배우는 대상인 삼보三寶를 공경하고 존중하는 것.

존특신(尊特身) 존귀하고 특별한 몸. 부처의 보신報身을 가리킨다.

존형(尊形) 존의尊儀.

존혜음(尊慧音) 부처의 팔음八音 가운데 하나. 듣는 대중을 존중하며 지혜를 얻게 하는 것.

존호(尊號) 존귀한 명호. 곧 부처의 명호.

졸곡제(卒哭祭) 삼우제三虞祭를 지내고 3개월이 지나면 날을 잡아 졸곡제를 지낸다.

종(宗) 인명因明의 삼지작법三支作法 가운데 하나. 종법宗法. 단안斷案이니 입론立論하는 이의 주장을 말한다. 일종의 대전제와 같다.

종(種) 종자. 어떤 것을 낳는 가능성. 아뢰야식에서 모든 현상을 낳는 능력이 있다는 것을 식물의 씨앗에 비유한 것. 현재 존재하고 있는 사물의 세력을 남겨 다시 사물이 존재할 수 있게 하는 원인을 말한다.

종경록(宗鏡錄) 북송北宋의 법안종法眼宗에 속하는 영명永明 연수延壽의 저서.

종규(宗規) 한 종파에서 제정하여 쓰는 규칙.

종도(宗途) 조사의 종파. 임제종臨濟宗·조동종曹洞宗·운문종雲門宗·위앙종潙仰宗·법안종法眼宗을 말한다.

종두(鐘頭) 종鐘을 치는 소임.

종루(鐘樓) 종을 걸어 두는 누각.

종문(宗門) 불교의 정통인 선종을 일컫는 말.

종문선(宗門禪) 선종에서 전하는 선법禪法.

종문지일관(宗門之一關) 화두. 공안. 화두를 통과해야 견성성불見性成佛을 이루게 되므로 종문의 관문이라고 하며, 조사관祖師關이라고도 한다.

종법사(宗法師) 원불교圓佛教 교단의 최고 지도자.

종사(宗師) ①종문에서 학덕이 높은 승려. ②선종을 전하는 사장師匠.

종사영반(宗師靈飯) 출가하여 수행하는 종사에게 법식을 베푸는 의식. 향화청香花請과 발우공양을 올리는 다게茶偈로 진행된다.

종성(種性)📖 gotra 마굿간, 종족種族, 가족家族, 성姓, 씨氏, 명名,

970 존호

성性을 잇는 사람, 개인의 이름 등의 뜻이 있다. 여러 가지 근성. 종種은 종자種子이니 발생發生의 뜻이 있고, 성性은 성분性分이니 불개不改의 뜻. 불과 성문·연각·보살 등의 삼승 사람이 보리의 본성을 증득할 수 있는 가능성을 갖추고 있는 것. 선천적인 것으로 변하지 않는 성종성性種性과 후천적으로 수행하여 얻는 습종성習種性이 있다.

종송(鐘頌) 범어 건구犍口 또는 부처의 설법인 금구金口에서 유래되었다. 종을 칠 때 읊는 게. 조례종송朝禮鐘頌과 석례종송夕禮鐘頌이 있다.

종승(宗乘) 각 종파에서 크게 선양하는 종의宗義와 교전敎典.

종승(從僧) 반승伴僧. 주지를 따르는 승려.

종식(種識) 종자식種子識. 제8식. 곧 아뢰야식阿賴耶識.

종자(種字) 각각의 존상에서 본서本誓나 명칭의 첫 글자를 범자梵字로 표시한 것.

종자(種子) 모든 존재와 현상을 낳게 하는 원인. 선악의 씨앗.

종자식(種子識) 장식藏識. 아뢰야식阿賴耶識.

종자혹(種子惑) 종자는 근본무명根本無明이니 종자로 말미암아 일체의 번뇌를 일으켜 선법에 장애가 생기는 것. 이혹二惑 가운데 하나.

종장(宗匠) 종사宗師가 설법을 잘하여 제자들을 인도하는 것이 훌륭한 장인이 제자들에게 설명하는 것과 같다는 말.

종정(宗正) 불교 종단의 정신적 최고 지도자.

종조(宗祖) 종파를 창립한 사람. 교조敎祖.

종지(種智) 일체종지一切種智. 부처가 만법을 다 아는 지혜. 모든 만물의 각각 다른 상을 모두 정밀하게 아는 부처의 지혜.

종지(宗旨) 한 종파의 핵심적인 교의. 여러 경전에서 말하는 주요한 뜻. 종취宗趣.

종취(宗趣) 종지宗旨.

종통(宗通)　심통心通.

종학(宗學)　각 종파 자신이 수학修學하는 것.

좌(座)📖 āsana 앉는 것, 단정하게 앉아 있는 자세, 휴지休止하는 것, 거주하는 것, 좌座, 석席, 위치位置, 위위位 등의 뜻이 있다. 불보살 등이 앉거나 서는 자리. 금강좌金剛座·연화좌蓮花座·사자좌獅子座·암좌岩座·운좌雲座·조수좌鳥獸座·생령좌生靈座·상현좌裳懸座 등이 있다.

좌광(座光)　광좌光座. 대좌台座와 후광後光.

좌구(坐具)📖 niṣīdana 니사단尼師壇. 앉을 때 바닥에 까는 방석.

좌단(坐斷)　그대로 끊어 버림.

좌당(坐堂)　①좌참坐參. ②승당僧堂.

좌랍(坐臘)　①안거安居. ②법랍法臘.

좌선(坐禪)📖 가부좌跏趺坐를 하고 사려분별을 여의고 고요히 참선하는 것. 정신을 집중하여 무념무상無念無想의 경지에 들어가는 수행 방법. 선禪은 dhyāna의 번역으로 정려靜慮, 종교적인 명상 등의 뜻이 있다.

좌선삼매경(坐禪三昧經)　소승과 대승의 선관禪觀을 종합한 불교 경전.

좌선패(坐禪牌)　좌선할 때 좌선당 앞에 걸어 두는 패.

좌시(座施)　남에게 자리를 찾아 주거나 양보하여 편안하게 해 주는 것. ➡ 무재보시無財布施

좌원(座元)　수좌首座. 승당의 좌위座位 가운데 으뜸이 된다는 뜻.

좌원(坐元)　좌원座元. 요원寮元. 요수좌寮首座.

좌자문(左字門)　𑀘ca 모든 법은 모든 천변遷變을 여읜 뜻. 실담자에 뜻을 부여한다. ➡ 실담悉曇

좌주(座主)　경·논을 강의하는 승려. 상좌수좌上座首座. 선가禪家의 주지를 말한다.

좌증(坐證)　좌선坐禪.

좌참(坐參) 좌당坐堂. 법사의 설법을 기다리는 동안 대중이 승당에 모여 좌선하면서 마음을 밝히는 일.

좌탈입망(坐脫立亡) 앉거나 선 자세로 열반하는 것. 선정의 힘이 충실하면 육신의 생사를 자유로이 할 수 있다고 한다.

좌하(坐夏) 하안거夏安居를 말한다. 좌하안거坐夏安居.

죄근(罪根) 죄악의 근본. 무명無明을 말한다.

죄보(罪報) 죄악의 보응報應. 고과苦果.

죄업(罪業) 죄악을 행하는 행위. 미래에 고과苦果를 가져올 인이 되는 것.

죄장(罪障) 죄악이 선한 과果를 얻는 데 장애가 된다는 말.

죄행(罪行) 삼행三行 가운데 하나. 비복행非福行. 십악十惡 등의 죄를 행하여 삼악도三惡道의 고통을 감수하는 것.

주겁(住劫) 사겁四劫 가운데 하나. 세계가 생겨서 존재하고 있는 기간. 세계에 안주하는 것.

주계(柱偈) 사출게四出偈.

주계금신(珠髻金身) 불상佛像을 가리킨다.

주공신(主空神) 허공신虛空神. 허공은 아무 것도 없는 것이 아니고 모든 것을 포용하고 모양·색·근종도 달 수 없고 크기도 정할 수 없어 사람의 마음에 비유된다.

주과(住果) 증득한 바의 과위位位에 안주하는 것.

주광(呪狂) 사종광혹四種狂惑 가운데 하나. 주술呪術 때문에 발광發狂하는 것.

주나(周那) 순타純陀. 석가모니가 입멸하기 바로 전에 마지막 공양을 올린 사람.

주다라니(呪陀羅尼) 4가지 다라니陀羅尼 가운데 하나. 진언교眞言教의 다라니. 선정에 들어 불가사의한 주呪를 일으켜 남을 구제하며 주문을 총지總持하여 잊지 않는 것.

주라발(周羅髮) 야차夜叉 이름. 수라首羅.

주량(酒兩)　주미酒味.

주력(呪力)　주呪를 익힌 힘. 주呪를 잘 익히고 몸에 익혀 잃어버리지 않는 힘. 곧 주문을 통한 수행법.

주무상(住無上)　부처의 칠종무상七種無上 가운데 하나. 대적멸정에 머무는 것.

주반(主伴)　주체와 객체.

주방신(主方神)　①팔방천신八方天神. 각 방위를 수호하는 신. ②공간에 대해 분별할 수 있는 자각을 비유한다.

주법인(主法人)　법회를 주관하는 이. 법문하는 종사宗師.

주변함용관(周徧含容觀)　법계삼관法界三觀 가운데 하나. 법계法界의 존재 모습인 사사가 그대로 진여의 수연隨緣임을 관관觀觀하여, 존재하는 모든 것이 서로 서로 받아들이고 용납하는 함용의 관계임을 보는 것.

주사(呪師)　다라니陀羅尼를 말한다.

주산신(主山神)　팔주八住·팔행八行·팔향八向·팔지八地가 모두 공 없는 지혜로서 동요함이 없기 때문에 움직이지 않는 산에 비유한 것.

주성신(主城神)　선재동자가 도를 구할 때 6번째 만난 선지식. 해당 비구가 정행을 하다가 길에서 삼매에 들어 호흡이 정지되자 장자·거사·바라문 등과 내지 이마에서 여러 부처들이 나와 광대한 기운으로 온갖 중생들을 교화하여 보살들이 불법을 듣고 바른 마음에 안주하여 마음의 성을 수호하기 때문에 성을 지키는 반야바라밀을 상징한다.

주수(主首)　감사監寺·감원監院·권관權管·원재院宰·원주院主라고도 한다. 사찰에서 주지를 대신하여 온갖 일을 감독하는 소임.

주수신(主水神)　물은 생명력과 풍요의 근원으로 이에 관념화 된 수신.

주승(住僧)　절 안에 주거하는 승려.

주심(住心)　불도에 안주하는 마음. 삼승三乘의 수행하는 그 지위에 머물러 있는 시기.

주심(呪心) 주어呪語의 정요精要. 마음속의 정요精要한 뜻의 말.

주야신(主夜神) 밤을 창조하는 신으로 십바라밀 가운데 일곱 번째 선법행을 상징한다.

주약신(主藥神) 약을 주제하는 신으로 지혜바라밀을 상징한다.

주인(呪印) 다라니陀羅尼와 인계印契.

주인공(主人公) 본래의 자기를 말한다. 자기가 본래 지니고 있는 진여인 불성.

주장(鑄匠) 놋갓장이라 하여 주로 주물 활자를 만들었던 장인.

주장(柱杖) 승려들이 외출할 때 사용하는 지팡이.

주장(呪藏) ①능엄주楞嚴呪·대비주大悲呪 등. ②여래가 설한 일체 비밀 심주心呪. ③일체 질병을 제거하는 다라니陀羅尼.

주저(洲渚) 열반을 비유한 말.

주조(鑄造) 완성되는 모양을 미리 틀로 만들어 놓고, 만드는 재료를 액체로 만들어 틀에 부어 원하는 형을 만드는 방법. 틀로는 주로 모래, 점토, 금속, 돌 등을 사용한다. 형태가 만들어지면 조이라는 기법으로 표면을 돋보이게 장식한다. ➡ 조이

주주(住住) 사수상四隨相 가운데 하나.

주주신(主晝神) 낮을 자세히 보는 신.

주중빈(主中賓) 사빈주四賓主 가운데 하나. 스승에게 학인을 교화할 만한 역량이 없는 것.

주중주(主中主) 사빈주四賓主 가운데 하나. 스승이 갖추어야 할 역량을 제대로 갖추지 못한 것.

주지(主持) ①사찰에서 모든 일을 관장하고 결정하고 시행하며 책임을 가지는 소임. 화상和尙·방장方丈·당두堂頭라고도 한다. ②세계에 안주하여 불법을 보호하고 지키는 것.

주지(住地) 모든 번뇌를 내는 근본 의처依處라는 뜻.

주지삼보(住持三寶) 3가지 삼보三寶 가운데 하나. 등상불等像佛·

탱화는 불보佛寶, 경·율·논 삼장三藏은 법보法寶, 출가한 5중衆은
승보僧寶.

주지신(主地神) 땅을 지키는 토지·대지신. 방편바라밀을 상징한다.

주지신(住持身) 불구십신佛具十身 가운데 하나.

죽림정사(竹林精舍) 인도 최초의 절. 중인도 마가타국 왕사성에
있던 절. 부처와 제자들이 수행과 설법으로 중생을 교화했던 곳.

죽비(竹篦) 선가에서 사용하는 법구로 두 개의 대쪽을 합하여 만
든 물건. 불사 때 손바닥 위를 쳐서 소리를 내어 그 일의 시작과
끝남을 알리는 데 사용한다. 방선放禪과 입선入禪을 알리며 대중들
의 앉고 일어섬을 알린다.

죽비(직지성보박물관)

죽원(竹園) 죽림정사竹林精舍. 인도 마갈타국의 부처가 자주 왕래
하며 설법하던 곳.

죽원가람(竹園伽藍) 죽림정사竹林精舍.

죽위(竹葦) 수량이 많음을 비유한 것.

죽음 미혹迷惑과 집착執着을 끊고 일체의 속박에서 해탈解脫한 최
고의 경지를 열반涅槃이라고 한다.

죽장(竹匠) 죽제품을 만드는 장인.

준제(准提) 준지准胝 또는 존제尊提라고도 한다. 『칠구지불모준제
경』에 등장하는 준제보살. 불모佛母로 불리우며, 청정을 나타낸다.

준제소(準提素) 비구들의 소식素食의 일종.

준제진언(準提眞言) 준제정업准提淨業의 지송편람持誦便覽에 나온
다. 일반적으로 독송하는 『천수경』에서는 대륜일자주大輪一字呪인
부림部林과 함께 송하도록 되어 있다. 진언은 '나무 사다남 삼먁샴
못다 구치남 다냐타 옴 자례주례 준제 사바하 부림'이라고 한다.

준제찬(准提讚) 준제정업准提淨業의 지송편람持誦便覽에 나온다.
준제불모準提佛母를 찬하는 내용의 게송.

중 승僧. 출가하여 계戒를 수지하며 절에서 살면서 부처의 가르
침으로 수행하며 실천하고 포교하는 사람. 중승衆僧의 중衆에서
유래한 말이라고 한다.

중(衆) 대중大衆. 화합중和合衆. 곧 중승衆僧을 말한다.

중가의(中價衣) 울다라승의鬱多羅僧衣.

중간존경(中間存境) 당정현상當情現相. 전도된 미혹의 마음으로
인하여 나타나지만 실아實我가 없는 것을 말한다.

중강(中講) 강원에서 학인이 스승에게 묻기 전에 토론하는 과정
에서 질문에 대답하는 사람을 말한다.

중계(重戒) 성중계性重戒. 살殺·도盜·음婬·망妄과 같은 성업性業. 본
성本性 자체가 죄가 되는 것이기 때문에 금지하는 가장 무거운 계.

중관(中觀)📖 ①중도中道의 진리를 자세히 살피는 것. 존재의 실
상을 표현하는 불생不生·불멸不滅, 불거不去·불래不來, 불일不一·불
이不異, 부단不斷·불상不常이라는 서로 대립되는 8가지를 부정의
표현으로 얻을 수 없음을 나타내는 이치. 팔불중도八不中道라고 하
며, 이 이치를 알면 존재의 참뜻을 알 수 있다고 하는 논리. ②삼
관三觀의 하나.

중관(重關) 오도悟道의 난관難關. 도를 깨우치기가 어려움을 말한다.

중관파(中觀派) 중도中道를 지향하는 인도 대승 불교의 중요한 학
파. 용수龍樹의 『중론中論』을 근거로 하여 반야공관般若空觀을 선양
한 학파.

중구(重垢) 악업惡業을 말한다.

중단(中壇) 호법을 발원한 선신들을 봉안한 신장단神將壇. 신중단神中壇이라고도 한다. 화엄신중에는 39위 신중과 104위 신중이 있으며, 법화신중에는 49위 신중이 있다.

중대(中台) 연꽃의 중심이 부처의 대좌台座가 됨을 말한다.

중대사(重大師) 고려시대 승려의 법계法階.

중도(中道)📖 madhyamā-pratipad ①madhyamā는 중中의, 중앙中央의, 보통의, 평범한, 적도適度의, 중간의, 중성의, 중위中位의 등의 뜻이 있다. 중中, 요腰, 내측內側 등으로 의역한다. pratipad는 들어가는 것, 접근, 처음으로, 서시序詩의 절節, 반월이 시작하는 최초의 일日의 뜻이 있다. 행行, 현행現行, 행적行迹 등으로 의역한다. ②단멸斷滅·상주常住, 유유·무무, 고苦·낙락 등에서 어느 쪽으로도 치우치지 않는 절대 진실의 도리. 곧, 중도가 실상實相임을 말한다.

중도(衆道) 삼승三乘의 행법行法.

중도교(中道敎) 삼시교三時敎 가운데 하나. 유有나 공空의 한쪽만 믿는 이를 위해 우주의 진성眞性을 깨닫게 하려고 유에도 치우치지 않고 공에도 치우치지 않는 중도의 묘한 이치를 말한 교. 『해심밀경』·『화엄경』 등을 말한다.

중도법문(中道法門) 불생불멸·색즉시공·공즉시색·무애법계 등등. 중도를 깨우쳤다는 부처의 이야기.

중론(中論) 삼론三論 가운데 하나. 인도의 승려 용수龍樹가 지은 대승 불교의 중심이 되는 저서.

중류(中流) 생사의 중류. 번뇌를 비유한말.

중병각(重病閣) 중병당重病堂·중병각重病閣. 연수당延壽堂을 말한다.

중복의(重複衣) 승가리僧伽梨.

중비(中悲) 법연法緣의 자비慈悲. 세상 모든 사물은 아我가 없다는 진리를 깨달아 일으킨 자비慈悲. 아라한阿羅漢이나 초지初地 이상보살의 자비慈悲.

중사(中士) 삼사三士 가운데 하나. 자기만 해탈하려 하고 남의 해탈을 생각하지 않는 이. 성문·연각을 말한다.

중산(重山) 번뇌의 후중厚重함을 산에 비유한 것.

중생(衆生) 📖 sattva 존재하는, 있는, 실재하는, 유有, 본질本質, 성분性分, 성격性格 등의 뜻이 있다. 사트바·살타薩埵라고 한다. 윤회의 굴레를 벗어나지 못하는 생명. 진성眞性을 잃고 미혹되어 육도六途를 윤회하면서 생멸하는 무리. 또는 정식情識이 있는 것. 곧 유정有情·중생衆生·함령含靈·함식含識·군생群生·군맹群萌·군품群品이라고 한다.

중생견(衆生見) 팔부정견八不正見 가운데 하나. 오온五蘊이 화합하여 이루어진 것이 중생이라고 여기는 어리석은 소견.

중생계(衆生界) 중생들의 삶의 모습을 구분한 것으로 욕계·색계·무색계를 말한다.

중생무아(衆生無我) 사람의 몸은 오온五蘊이 임시로 화합하여 그 가운데 진실한 자아의 실체가 없다는 말. 인무아人無我·생공生空·인공人空·아공我空이라고도 한다.

중생상(衆生相) 중생들이 자기 몸이 오온五蘊이 화합되어 생긴 것이라고 집착하는 일.

중생생반(衆生生飯) 생반生飯.

중생식(衆生食) 중생생반衆生生飯. 생반生飯. 음식을 조금씩 덜어서 귀신이나 아귀들에게 베풀어 주는 밥.

중생연자비(衆生緣慈悲) 삼연자비三緣慈悲 가운데 하나. 친한 사람이나 친하지 않은 사람을 똑같이 보아 베푸는 자비. 보통 사람이나 도에 뜻을 두면서도 아직 번뇌를 끊어 버리지 못한 사람이 일으키는 것.

ㅈ

중생탁(衆生濁) 오탁五濁 가운데 하나. 중생은 죄악을 많이 지어 의리에 밝지 못하다.

중생회향(衆生廻向) 삼종회향三種廻向·회향삼처廻向三處 가운데 하나. 모든 중생을 불쌍히 여기는 중생의 자애를 위해 자기가 닦은 온갖 선근 공덕을 회향하는 것.

중송(重頌) 십이부경十二部經·십이분교十二分敎·십이분경十二分經 가운데 하나.

중숙의(中宿衣) 중착의中著衣. 안타회安陀會. 내의안타회內衣安陀會. 5조 가사를 말한다.

중승(衆僧) 대중승大衆僧. 많은 승려.

중승(中乘) 연각승緣覺乘.

중승법(衆僧法) 4명 이상의 대중 앞에서 진술하는 것. 포살이나 수계 등의 행사 때 행한다. 단백법單白法·백이법白二法·백사법白四法 등이 있다.

중식(中食) 재식齋食.

중여(重如) 여여如如.

중온(中蘊) 중유中有.

중원(中元) 7월 15일.

중위소(中位疏) 오로소五路疏에 팔자八字를 더한 일체의 대중을 부르는 소疏.

중유(中有) 사람이 죽어서 다음 생을 받기까지의 중간 시기. 10일에서 49일 정도. 윤회의 두 번째 과정. 중음中陰·중온中蘊.

중음(中陰) 중유中有.

중음장(中陰藏) 팔장八藏 가운데 하나. 죽은 뒤에 새로 태어나지 못한 중유中有 때의 일을 말한 『중음경中陰經』 등.

중의(重衣) 승가리僧伽梨.

중일분(中日分) 하루 가운데 자는 시간을 뺀 새벽부터 초저녁까지를 셋으로 나누는데, 오전 9시부터 오후 3시까지를 말한다. 곧 사시巳時부터 미시未時까지.

중장(重障) 불도를 깨우치는 데 대단한 장애. 혹장惑障·업장業障·보장報障.

중제(中際) 삼세三世 가운데 현재를 말한다. 과거와 미래의 중간.

중제(中諦) 중도中道. ➡ 중도中道

중좌(中座) 법랍法臘의 많고 적음에 따라 하좌下座·중좌中座·상좌上座·기구장숙耆舊長宿을 세우는데, 법랍 10년부터 19년까지를 중좌中座라고 한다.

중주(中珠) 중간 염주. 염주알이 54개.

중중무진(重重無盡) 우주의 모든 사물이 서로 무한한 관계 속에 얽혀서 일체가 되어 있다는 것을 가리키는 말.

중착의(中著衣) 중숙의中宿衣.

중천(中天) 중천축中天竺.

중천축(中天竺) 인도 전역을 다섯으로 나누고 그 중의 가운데를 말한다. 인도를 의미한다.

중초(中草) 삼초이목三草二木 가운데 하나. 성문승·연각승을 비유한 것.

중촉(重觸) 팔촉八觸 가운데 하나. 몸이 무거워 조금도 움직일 수 없는 것.

중품(中品) 구품정토九品淨土의 중간 자리에 있는 삼품三品. 곧 상의 중품·중의 중품·하의 중품. 선업을 행한 이후에 조금 뉘우치는 마음을 일으키는 이.

중품실지(中品悉地) 삼품실지三品悉地 가운데 하나. 시방정토十方淨土에 나는 것.

중품참회(中品懺悔) 삼품참회三品懺悔 가운데 하나. 온몸에서 땀이 나고 눈에서 피가 흐르는 참회.

중학(衆學) 비구나 비구니의 복장 등을 규정한 계율. 위의·식사 등에 관한 세칙을 규정한 것.

ㅈ

중학법(衆學法)📖 비구나 비구니의 복장 등을 규정한 계율. 100 가지라고 하여 『사분율』에서는 백중학법이라고 한다. 일상생활에서 익히고 지녀야 할 위의·식사·행동·말 등 필요한 모든 세칙을 규정한 것. 율장에 따라 가장 조목 수에 변화가 많은 법.

중함(中含) 중아함경中阿含經.

중합지옥(衆合地獄) 팔대지옥八大地獄 가운데 하나. 여러 가지 고통을 주는 형틀이 한꺼번에 몸을 괴롭히며 고통을 주는 지옥.

즉(即)📖 ①하나의 사물로 존재하는 사事에서 보는 측면에 따라 나타나는 현상이 하나도 아니며 다르지도 않은 것으로 서로 떨어질 수 없는 관계를 설명하는 것. 예를 들면 『반야경』에서 주장하는 색즉시공色卽是空·공즉시색空卽是色과 같은 것. 번뇌즉보리煩惱卽菩提·생사즉열반生死卽涅槃·사바즉적광娑婆卽寂光. ②두 개의 물物이 하나의 체體가 되어 앞과 뒤의 표리 관계가 성립하여 차별이 없는 것. 사사무애관. 화엄에서는 체體로서 하나인 상즉相卽, 용用으로 하나인 상입相入의 원리로 법계의 존재를 관한다.

즉사이진(即事而眞) 법계의 차별된 현상과 절대 평등한 본체는 본래 둘이 아니고 차별된 현상이 그대로 깊고 묘한 진리를 갖추고 있다는 것. 곧 어떠한 사물이든지 그 자체가 진리임을 말한다.

즉신성불(即身成佛) 현세에 있는 몸이 그대로 부처인 것. 하나의 생각 사이에 큰 깨달음을 얻는 일을 뜻하기도 한다.

즉심시불(即心是佛) 마음이 곧 부처라는 말. 즉심즉불卽心卽佛.

즉심염불(即心念佛) 오직 마음이 아미타불이고 내 몸이 정토라고 관하며 자기 마음속의 부처를 염송하는 것. 즉심시불卽心是佛. 즉심즉불卽心卽佛.

즐률(櫛栗) 지팡이. 낭률榔栗.

증각(證覺) 묘한 도를 증득함과 진리를 각오覺悟하는 것.

증겁(增劫) 사람의 수명이 10세부터 더하여 8만 4천 세에 이르는 것. 감겁減劫의 반대말.

증경(證境) 모든 부처가 증득하는 경계. 진여眞如 법성法性의 이치. 2가지 불경佛境 가운데 하나.

증공관(證空觀) 체공관體空觀.

증도(證道) 증득한 도리. 허망한 의혹을 끊고 진실한 이치를 증명하여 깨닫는 것.

증득(證得) 올바른 지혜로 실답게 진리를 증명하여 깨닫는 것.

증득승의제(證得勝義諦) 사종승의제四種勝義諦 가운데 하나. 의문현실제依門顯實諦. 아공我空·법공法空을 얻은 뒤에 나타나는 진여眞如.

증리(證理) 참된 지혜로써 허망한 의혹을 끊어 나타난 진리를 말한다. 곧 단혹斷惑의 결과.

증만성불(證滿成佛) 사만성불四滿成佛 가운데 하나. 묘각위妙覺位에서 불가사의한 부처의 과위果位를 증득하는 것.

증번(繪幡) 당번幢幡. 번기幡旗.

증상(增上) 증강향상增强向上. 증진增進. 증승增勝.

증상만(增上慢) 사만四慢 가운데 하나. 최상의 불법이나 깨달음을 얻지 못했는데 스스로 얻었다고 내세우는 것.

증상만성문(增上慢聲聞) 성문의 증證을 얻고 거만한 마음이 더욱 커진 사람.

증상심(增上心) ①강성한 마음. ②정심定心. 정심의 세력으로 더욱 강성해짐.

증상연(增上緣)📖 adhipati-pratyay adhipati는 머리의 급소란 의미이며, 주主, 왕王, 군君, 가왕家王, 증상增上으로 번역한다. pratyaya는 ~에 가다, ~으로 향하는 것, ~에 대한 신뢰, 신념信念, 확정確定, 해결解決, 설명 등의 뜻이 있다. 강하고 수승한 세력의 쓰임이 있어 다른 법法을 생기生起하여 결과에 조력하는 것을 증상增上이라고 한다. 모든 유위법有爲法을 생하여 일으키거나 결과의 간접적인 원인이 되는 것. 여력증상연與力增上緣은 다른 법이 생기는 데 힘을 주는 연緣이며, 무력증상연無力增上緣은 다른 법이 생기는 것을 장애하지 않는 연緣.

증신서(證信序) 발기서發起序의 반대말. 3가지 서序 가운데 하나. 여시如是와 같은 말. 경전을 분과分科하는 방법은 서문의 서분序分, 전체 내용을 설명하는 정종분正宗分, 오래 유통되기를 바라는 결론의 의미로 유통분流通分으로 한다. 이 가운데 서분에서 믿음을 일으키는 마음을 보이는 것.

증오(證悟) 올바른 지혜로 진리를 증득하여 깨닫는 것.

증입(證入) 참다운 지혜로 여실하게 진리를 증득하는 것.

증자증분(證自證分) 📖 유식唯識에서 심식心識의 작용을 설명하기 위해 객관의 대상을 보는 심心의 작용인 견분見分, 객관 대상의 모양이 떠오르는 상분相分, 견분과 증자증분證自證分을 증지證知하는 자증분, 자증분을 다시 증지證知하는 증자증분의 사분四分을 세운 것 가운데 하나. 자증분을 증지하는 작용. ➡ 견분見分, 상분相分, 자증분自證分

증장천(增長天) 자타의 선근을 증진시킨다는 뜻에서 생긴 이름. 증장천왕이 다스린다는 수미산 남쪽의 남염부주南閻浮洲.

증장천왕(增長天王) 사천왕四天王의 하나. 수미산 남방을 지키며 사람을 자세히 살피고 중생을 더욱 이롭게 해 주는 천왕. 구반다鳩盤茶·폐려다를 지배하여 남염부주를 수호한다.

증전(證轉) 삼전법륜三轉法輪 가운데 하나. 부처가 스스로 고苦를 알아 집集을 끊고 멸滅을 증득하려고 도道를 닦은 것을 보여 다른 이들로 하여금 증득하게 하는 것.

증지(證智) 내심의 깨달음. 보살이 초지初地에서 중도中道의 이치를 깨달은 무루의 올바른 지혜를 말한다.

증험(證驗) 실지로 사실을 경험하여 증거로 시험한다.

지(智) 불교 최고의 이상인 부처의 깨친 지혜.

지(止) 선정禪定의 다른 이름. 마음을 고요히 하는 것. 마음을 집중하여 악을 짓지 않는 것.

지객(知客) 사찰의 서서西序에 속한 승직僧職. 사찰에서 손님을 안내하는 소임을 맡은 이. 전객典客.

지검(智劍) 번뇌를 끊는 지혜를 칼에 비유한 말. 혜검慧劍.

지견(知見) ①지식과 견해. ②진지眞知의 밝은 견해.

지계(持戒) 계를 마음속에 잘 지니어 어기지 않는 것. 6바라밀波羅蜜 가운데 하나. 지계바라밀持戒波羅蜜.

지계수복(持戒修福) 계율을 지키고 복을 닦는 것.

지계인욕정진선정력(持戒忍辱精進禪定力) 서방정토 보살의 13력力 가운데 하나. 오도五度를 성취하는 힘.

지고(知庫) 사찰의 창고나 주로 금전의 출납을 맡은 소임.

지관(止觀) 📖 śamatha-vipaśyanā śamatha의 śama는 마음의 평정, 정려靜慮, 침착沈着, 평화平和, 냉담冷淡, 평온平穩 등의 뜻이며, vipaśyanā는 바른 지식의 뜻. 망령된 생각을 그치고 고요하고 청정한 지혜로 만법을 비추어 보는 일. 곧 사물을 객관적으로 관찰하여 고요하게 하고 바르게 알아 정확히 판단하고 잘 대처하는 것.

지관타좌(只管打坐) 온갖 잡념을 여의고 오직 고요한 마음으로 좌선하는 것.

지교량(至敎量) 성교량聖敎量.

지국천(持國天) 수미산須彌山 중턱에서 동쪽 하늘을 수호하는 신.

지국천왕(持國天王) 사천왕四天王의 하나. 수미산의 동방을 지키며 백성을 편안하게 하고 나라를 잘 다스리는 천왕. 건달바乾達婆·부단나富單那를 이끌고 동주東洲를 수호한다.

지권인

지권인(智拳印) 일체의 무명과 번뇌를 없애고 부처의 지혜를 얻는다는 수인手印. 근본오인根本五印 가운데 하나. 비로자나불毘盧遮那佛이 결하는 수인. 양손을 가슴 앞에 올려 집게손가락만 똑바로 세운 왼손을 오른손으로 감싸고, 오른손 엄지가 왼손 집게손가락 끝에 맞닿은 모양.

지금강(持金剛) 금강역사金剛力士.

지다(指多) citta 주의注意, 사고思考, 사상思想, 목적目的, 의지意志, 정신精神, 심心, 지성知性, 이성理性 등의 뜻이 있다.

지단(地壇) 흙으로 쌓아 만든 단.

지대 승려가 행장을 넣어 가지고 다니는 자루. 마음.

지대(地大) 사대四大 가운데 하나. 대지大地를 말한다.

지대방 절의 큰방 머리에 있는 작은 방.

지대치(持對治) 4가지 대치對治 가운데 하나. 해탈도解脫道를 말한다. 무간도無間道 뒤에 해탈도를 일으키는 것. 다시 사제四諦에 인연하여 무간도를 가지고 끊어야 할 번뇌를 다시 일으키지 않는 것.

지덕(智德) ①부처가 평등한 지혜로 모든 사리를 다 아는 덕을 말한다. ②지혜와 덕행.

지랑(支郎) 승려의 아명雅名.

지력(志力) 보살의 16대력大力 가운데 하나.

지료(知寮) 요주寮主의 다른 이름.

지룡(地龍) 마후라가摩睺羅伽를 말한다.

지륜단(地輪壇) 사각형 모양의 단.

지리(智理) 지혜로써 이치를 비추어 이해한다는 뜻.

지말번뇌(枝末煩惱) 근본 번뇌에 수반하여 일어나는 종속적인 번뇌. 수혹隨惑·지말혹枝末惑·수번뇌隨煩惱.

지명(持明) ①다라니陀羅尼. 진언眞言. ②진언을 받아 지니는 뜻의 말.

지무상(智無上) 부처의 칠종무상七種無上 가운데 하나. 모든 사리에 통달하는 것.

지물(持物) 수인手印에 상대되는 말로 계인契印이라고도 한다. 부처나 보살 등이 권능이나 자비의 상징으로 손에 지니고 있는 물건.

지발(持鉢) 탁발托鉢. 승려의 걸식乞食.

지법(知法) 칠묘법七妙法 가운데 하나. 경론 및 설법을 아는 것.

지변(智辯) 지혜와 변재辯才.

지변지(智遍知) 사제四諦의 이치를 두루 아는 무루지無漏智.

지병(止病) 사병四病 가운데 하나. 모든 생각을 그치고 고요하고 평등하게 하여 원각圓覺을 구하려는 것.

지부(智斧) 지혜의 도끼. 지혜를 도끼에 비유한 것.

지분(支分) 인명因明의 삼지작법 가운데 하나. 방법의 갈래.

지불(支佛) 벽지불辟支佛. 독각獨覺. 꽃이 피고 잎이 떨어지는 자연현상을 보고 다른 가르침 없이 스스로 깨우치는 이. 연각緣覺이라고도 한다.

지사(知事) 한 절의 주지 아래에 둔 동서東西의 양서兩序 가운데 동서東序의 수장. 세법世法에 통달한 승려가 맡으며, 동서東序 또는 주사主事라고도 한다.

지성심(至誠心) 극락정토에 가서 나는 삼인三因 가운데 하나.

지송(持誦)📖 지持는 마음속에 잘 보존한다는 뜻. 송誦은 의미를 생각하며 노래하듯이 곡조에 맞추어 하는 것. 진언을 외울 때나 예불 의식문을 읽을 때 취하는 방법.

지수(智水) 관정灌頂하는 물.

지수(智手) 정수正手. 오른손을 말한다.

지수화풍(地水火風) 사대四大. 사대종四大種.

지수화풍공(地水火風空) 오대五大.

지수화풍공식(地水火風空識) 육대六大.

지시(知時) 칠묘법七妙法 가운데 하나. 수행의 시기를 잘 아는 것.

지식(知識) ①지각하고 인식하는 것. ②친구. 아는 사람이라는 뜻. 착한 사람으로서 올바르게 인도하면 선우善友·선지식善知識. 나쁜 사람이면 악우惡友·악지식惡知識.

지신(地神) 땅 밑에 있는 신. 견뢰堅牢라는 여신.

지신(智身) 불구십신佛具十身 가운데 하나.

지신(地神)　호법신의 하나. 인도 신화에 나오는 프리티비.

지안(智眼)　십안十眼 가운데 하나. 제법諸法을 보는 눈.

지옥(地獄) 📖 naraka 명계冥界, 지계地界, 지옥地獄 등의 뜻이 있다. 불락不樂·가염可厭·고구苦具·무유無有로 의역한다. 나락가那落迦·나락奈落이라고도 한다. 현세에 악업을 지은 사람이 죽은 뒤에 떨어져서 고통을 받는 지하 세계. 지옥 가운데 팔대지옥八大地獄은 무간無間·대초열大焦熱·초열焦熱·대규환大叫喚·규환叫喚·중합衆合·흑승黑繩·등활지옥等活地獄이다.

지옥도(地獄道)　삼도三道 가운데 하나. 지옥. 명도冥道. 명계冥界.

지옥변상도(地獄變相圖)　지옥에서 고통 받는 모습을 그린 불화.

지옥취(地獄趣)　사취四趣·사악취四惡趣 가운데 하나.

지욕(知浴)　사찰의 서서西序에 속한 승직僧職.

지월(智月)　①지혜의 광명을 달에 비유한 것. ②야나전달라若那戰達羅. 유식의 십대논사十大論師 가운데 하나.

지월(指月)　달을 가리키는 손가락. 달은 마음의 추요樞要.

지옥변상도(남양주 흥국사)

지율(持律)　계율을 받아 지님.

지의(知義)　칠묘법七妙法 가운데 하나. 설법의 내용을 제대로 아는 것.

지자(知自)　칠묘법七妙法 가운데 하나. 자기 분수를 아는 것.

지자재(智自在)　사종자재四種自在 가운데 하나. 제9지 보살은 온갖 것을 아는 지혜를 얻어 마음대로 교화하는 것.

지장(知藏)　사찰의 서서西序에 속한 승직僧職. 장주藏主.

지장(智杖) 석장錫杖의 다른 이름.

지장(智障) 소지장所知障.

지장(紙匠) 종이를 만드는 장인.

지장보살(地藏菩薩) 📖 명부전冥府殿의 주존. 대비원력大悲願力으로 남염부제南閣浮提의 중생들을 교화하는 보살. 고해苦海에 빠져 있는 중생을 고통에서 벗어나게 하고, 삼악도三惡途를 멸하여 청정안락을 얻게 한다.

지장보살도(地藏菩薩圖) 지옥에서 고통받고 있는 중생을 구제하리라는 서원을 세운 지장보살을 그린 그림.

지장보살본원경(地藏菩薩本願經) 지장 신앙의 기본 경전. 『지장경』이라고 한다. 죄를 짓고 지옥에서 고통받는 중생들을 구제하기 위해 지은 불경.

지장보살삼존도(地藏菩薩三尊圖) 지장보살을 중심으로 좌우협시 보살인 도명존자道明尊者와 무독귀왕無毒鬼王을 배치한 그림.

지장보살상(地藏菩薩像) 지장보살의 대비원력을 상징. 여래상의 나발이 아닌 삭발한 모습으로 두건을 하였으며 육환장을 들고 있는 특징이 있다.

지장재일(地藏齋日) 음력 매월 18일. 명부전의 주존主尊인 지장보살에게 기도하는 날.

지장전(地藏殿) 사찰 내에 있는 전각殿閣 중의 하나로 지장보살을 봉안하였으며, 응진전應眞殿 또는 명부전이라고도 한다. 명부전冥府殿의 상단을 말한다.

지장보살상(서울 화계사)

지전(知殿) 사찰의 서서西序에 속한 승직僧職. 부전副殿. 불전을 청소하고 향·등·다기 등을 관리하는 소임.

지정(智淨) 보살사정菩薩四淨 가운데 하나. 모든 법을 알아 걸림이 없으며 자재한 지혜를 얻어서 모든 법을 행할 줄 아는 것.

지정(持淨) 정두淨頭의 다른 이름.

지제(支提) 난제難提. 탑파塔婆를 말한다.

지제전(止啼錢) 황엽黃葉. 노란 나뭇잎. 우는 아기를 달래는 데 사용한 일시적인 방편.

지족(知足) 칠묘법七妙法 가운데 하나. 수행 생활에 만족하는 것.

지족각(知足覺) 팔대인각八大人覺 가운데 하나. 이미 얻은 것으로 만족하는 것.

지족천(知足天) 도솔천兜率天을 말한다. 희족천喜足天이라고도 한다.

지존비(知尊卑) 칠묘법七妙法 가운데 하나. 다른 사람의 덕행의 훌륭하고 못함을 아는 것.

지중(知衆) 칠묘법七妙法 가운데 하나. 함께 지내는 이를 이해하는 것.

지증(智證) 지혜로써 열반을 증오證悟한다.

지피다 사람에게 신이 내려서 모든 것을 알아맞히는 신통하고 오묘한 힘이 생기는 것을 말한다.

지해(知解) 알음알이. 깨달아 앎.

지혜(智慧) 반야般若. 모든 사물이나 이치를 밝게 통찰하는 깊은 슬기. 불법에 밝아 잃고 얻음과 옳고 그름을 가려내는 마음 작용. 보리菩提를 성취하는 힘. 지혜바라밀智慧波羅蜜.

지혜자량(智慧資糧) 4가지 자량資糧 가운데 하나. 과거세에 지혜를 닦은 탓으로 금세에 아무리 어려운 법문이라도 이해할 수 있는 것.

지화(紙華) 사라화沙羅華.

직세(直歲) 사지사四知事 가운데 하나. 대중이 1년 동안 쓰는 물건과 건물·전원·산림 등을 관리하는 소임. 사찰의 동서東序에 속한 승직僧職.

직심(直心) 곧바로 미루어 헤아리는 마음. 바로 불교의 법도를 향한 마음.

직왕보살(直往菩薩) 돈오보살頓悟菩薩.

직지(直指) 곧바로 가리킨다, 곧장 지적한다는 뜻.

직지인심(直指人心) 선종의 4대 종지宗旨 가운데 하나. 교외별전敎外別傳·불립문자不立文字·견성성불見性成佛과 함께 선종의 주요 교리.

직지인심견성성불(直指人心見性成佛) 좌선에 의해 곧바로 사람의 마음을 직관하며 부처의 깨달음에 도달하는 것.

직현심성종(直顯心性宗) 규봉圭峯 종밀宗密의 3가지 선禪 가운데 하나. 모든 것을 자연에 맡겨 일체의 법은 유有와 공空 모두가 진성眞性이어서 여러 가지 작용을 일으킨다는 종지.

진(瞋) 분노함이 그치지 않는 것. 부정법不定法 가운데 하나.

진각(眞覺) 진정眞正한 각오覺悟. 곧 부처의 각오覺悟.

진각(瞋覺) 삼악각三惡覺 가운데 하나. 오진五塵의 경계에 대해 자기의 뜻에 거슬릴 때에 분노심을 일으키는 것.

진각종(眞覺宗) 1947년에 밀교 종단으로 개종. 초기 명칭은 심인불교心印佛敎.

진견도(眞見道) 근본지根本智로써 유식唯識 진여眞如의 이치를 깨닫는 견도.

진계(眞界) 진리가 실현되는 진실세계.

진공(眞空) ①모든 색色과 상相에 대한 의식의 경계를 초월하는 것으로 소승의 열반을 말한다. ②비공非空의 공空. 공空까지도 등지는 공空을 진공眞空이라고 하며 대승의 지극한 진공眞空을 말한다.

진공관(眞空觀) 법계삼관法界三觀 가운데 하나. 세상의 모든 사물이 실제의 본성이 없는 진공眞空임을 보는 것.

진공묘유(眞空妙有) 생겨나지도 않고 소멸하지도 않는 절대 진리. 공空에도 유有에도 치우치지 않는 것.

진구(塵垢) 번뇌. 마음을 어지럽히는 티끌과 때라는 뜻.

진기(振起) 가사袈裟의 12가지 이름 가운데 하나.

진능립(眞能立) 능립能立.

진능파(眞能破) 능파能破.

진단(震旦) 중국을 가리킨다.

진달라(眞達羅) 약사전藥師殿의 일광보살日光菩薩과 월광보살月光菩薩 외에 약사여래의 방대한 사업을 돕는 12나한羅漢.

진당(眞堂) 조사의 진영眞影을 안치한 청당廳堂.

진독(眞讀) 경전의 문구를 따라서 차례차례 모두 읽는 것.

진동(震動) 부처의 감응을 땅의 움직임으로 보이는 하나의 형식. 육종진동六種震動. 동動·기起·용涌·진震·후吼·격擊.

진두가(鎭頭迦) tinduka 나무의 학명으로, 감柿·시柿·시목柿木으로 번역. 감나무 종류. 인도 서해안이나 동인도 등에서 생산된다. 나무는 건축이나 조선造船에 쓰이고, 과즙은 점제粘劑 원료나 배 밑바닥의 도료塗料로 쓰인다.

진등류(眞等流) 삼등류三等流 가운데 하나. 과果의 성질이 인因의 성질과 같은 것.

진로(塵勞) 번뇌의 다른 이름. 마음을 더럽히고 피로하게 하는 속세의 고생.

진리(眞理) 참된 이치. 참된 도리. 불법을 말한다. 어디서나 누구나 승인할 수 있는 보편타당한 이치.

진묵겁(塵墨劫) 진점겁塵點劫.

진미래제(盡未來際) 미래가 끝이 없이 영원하다는 뜻. 영원무궁한 미래.

진법(眞法) 진여 실상實相의 법.

진불(眞佛) 부처의 보신報身과 법신法身.

진사(塵沙) 진사혹塵沙惑. 삼혹三惑·삼번뇌三煩惱 가운데 하나. 티끌이나 모래처럼 많은 법문을 다 알지 못해 중생을 교화하여 구제하지 못함을 비유한다.

진사혹(塵沙惑) 진사塵沙.

진상(眞相) 본래면목本來面目.

진성(眞性) 진여법성眞如法性. 만물의 본체. 본래부터 가지고 있는 성품. 진여眞如. 불성. 법성.

진성궤(眞性軌) 삼법묘三法妙 가운데 하나. 모든 법의 체體. 거짓되지도 않고 고쳐지지도 않는 실질적인 본성.

진식(眞識) 삼식三識 가운데 하나.

진신(眞身) 법신法身.

진신사리(眞身舍利) 석가모니부처의 사리.

진신설화(眞身說話) 불보살 등이 사람의 모습으로 현세에 출현하여 중생을 제도하는 내용의 설화.

진신여래(眞身如來) 참되게 진여眞如의 도를 따르고 인과의 이치를 좇아서 정각正覺을 이룬 사람.

진실공덕(眞實功德) 세속적이지 않은 순수한 공덕을 말한다.

진실승(眞實僧) 사종승四種僧 가운데 하나.

진심(瞋心) 근본번뇌 가운데 하나. 진에瞋恚라고도 한다. 자기 마음에 맞지 않는 경계에 대해 미워하거나 분하게 여겨 몸과 마음이 편안하지 않은 심리 작용. 탐심貪心·치심痴心과 함께 삼독三毒이라고 한다.

진심종자(眞心種子) 훔吽hūṃ·드라怛洛ṭraḥ·흐리訖里ṣhrīḥ·아惡aḥ·밤鑁vaṃ의 5가지 진언. 진심종자는 지智의 뜻이 있다.

진심종자

진언(眞言)📖 주주(呪呪)·신주(神呪)·밀주(密呪)·밀언(密言)·비밀어(秘密語)라고
도 한다. 진실하여 허망하지 않다는 뜻이 있고, 진여의 법을 가르
치는 말씀이라는 뜻도 있다. 진언은 제불보살의 입으로부터 유전
하는 진여의 음성인 진언과 만트라(Mantra)·다라니(Dhāraṇī)의 세 종
류로 나눌 수 있다. 만트라, 즉 ॐom의 실제적 가치와 종교적 중요
성은 두 가지 사실에 근거한다. 첫째 응념을 위한 의탁물로써 이
용되는 음소(音素)들의 기능, 둘째 특히 탄트라적 공헌으로 신비 음
향과 관련한 태고적 전통의 재정착을 통한 하나의 직관적인 체계
및 내면화된 의식의 고양. 다라니는 '지탱하여 철저히 둘러싸는
것'으로 베다 시대에 집중(dhāraṇa)을 위한 의탁물이나 보호물로
이용되었으며, kavaca(보호), rakṣa(가슴막이 흉갑)라는 명칭이 더해졌
다. 일반인에게 다라니는 악귀나 질병으로부터 보호해 주는 부적
인데 반하여 수행자들에게는 의식을 집중시키는 도구로 사용된
다. 진언은 진실한 말이며 진실한 마음으로, 진여 본래의 음성으
로 생각하고 있었으며, 변하지 않는 우주의 참된 본체로부터 나온
다고 한다. 인간의 입이 아니라 제불보살의 입으로부터 유전되었
기 때문에 그 뜻과 의미를 상세하게 알 수 없다고 하였던 것이다.

진언권공(眞言勸供) 공양을 올려 가지력(加持力)을 갖기를 바라는
마음을 담은 진언. 공양물이 변하여 감로수가 되고 우유 같은 바
다가 되기를 바란다는 4가지의 다라니, 곧 사다라니(四陀羅尼)를 가
리킨다.

진언승(眞言乘) 밀교의 한 종파인 진언종(眞言宗)을 말한다. 금강승
(金剛乘).

진언인계(眞言印契) 사종공양(四種供養) 가운데 하나.

진언종(眞言宗) 밀교를 말한다. 『대일경』·『금강정경』 등에 의거
하여 대일여래(大日如來)의 자내증(自內證)을 개현(開顯)하며 성불을 염
원하는 종파.

진에(瞋恚) 성내는 것. 자기 뜻에 맞지 않는다고 성내는 일.

진에심(瞋恚心) 성내고 화내는 마음에 가려서 남을 괴롭히고 해칠 것을 생각하고 인욕忍辱의 행실이 없는 것. 『대지도론大智度論』에서 말한 육폐심六蔽心 가운데 하나.

진여(眞如)📖 bhūta-tathatā ~이 일어나서, 진실하게 되어, 그렇게 있는 것을 뜻한다. 사물의 있는 그대로의 모습. 모든 사물의 본체인 평등하고 차별이 없는 절대의 진리를 이르는 말. 모든 사물의 체성이 허망함을 여의어 진실하며, 항상 머물고 변거나 바뀌지 않음을 말한다. 불성佛性·법신法身·여래장如來藏·실상實相·법계法界·법성法性·원성실성圓成實性 등으로도 불린다.

진여법성(眞如法性) 본체가 모든 중생의 색심色心을 여의지 않고 원만하게 갖추어 제법을 물들이거나 깨끗하게 하는 것.

진여불(眞如佛) 진여의 이치와 일치한 부처의 참모습. 법신法身·법신불法身佛·법성신法性身·법계성法界性이라고도 한다.

진여삼매(眞如三昧) 일행삼매一行三昧.

진여수연(眞如隨緣) 법성수연法性隨緣.

진여실상(眞如實相) 진여의 여실한 모양. 그대로의 모양.

진여심(眞如心) 본래부터 갖추고 있는 진실한 마음. 여래장심如來藏心.

진여연기(眞如緣起) 여래장연기설을 말한다. 세계의 존재가 식識의 전변轉變으로 인한 상분相分과 견분見分의 관계로 존재한다는 아뢰야연기설 다음에 일어난다. 진여의 체體인 여래장如來藏이 연기하여 일어난다는 주장.

진응(眞應) 진신眞身과 응신應身.

진인(眞人) 진리를 깨달은 사람. 보통 아라한阿羅漢을 말하나 부처를 가리킨다.

진인(眞因) 진실의 바른 원인.

진자(眞子) 여래의 진자眞子. 대승보살大乘菩薩을 말한다.

진적(眞寂) 진정眞正한 열반. 곧 부처의 열반.

진전(眞詮) 진리를 현시하는 문구.

진점겁(塵點劫) 진묵겁塵墨劫. 매우 오랜 시간을 표현하는 말. 삼천진점겁三千塵點劫과 오백진점겁五百塵點劫이 있다.

진제(眞諦) 승의제勝義諦. 제일의제第一義諦. 절대적인 진리. 진공眞空의 이치. 곧 열반의 경지.

진종(眞宗) 현실종顯實宗. 『열반경』·『화엄경』의 교설. 제나라 담은曇隱이 나눈 사종四宗 가운데 하나.

진증(眞證) 진실하여 망령되지 않는 증거. 진실한 증득 각오. 명증明證.

진지(進止) 발우공양을 할 때 밥과 반찬을 나누는 것.

진지(眞智) 삼지三智 가운데 하나. 열반적정涅槃寂靜의 경지에 이르러 나타나는 지혜. 성지聖智.

진찰(塵刹) 티끌 같은 세계. 곧 무수한 세계.

진토(眞土) 진정한 부처가 사는 곳. 진불토眞佛土.

진편정(盡偏正) 삼정三正 가운데 하나. 약을 써서 병이 없어지는 것처럼 단견·상견을 없애고 바른 이치를 나타내는 것.

진표(塵表) 속진俗塵의 밖. 곧 불도佛道.

진해탈(眞解脫) 모든 번뇌장煩惱障을 끊고 부처의 열반을 증득하는 것. 진정한 해탈.

진현량(眞現量) 인명학因明學에서 직접 눈앞의 사상事象을 감각하여 아는 것. 사현량似現量의 반대말.

진호(眞胡) 불골佛骨. 부처의 사리舍利.

진호국가도량(鎭護國家道場) 국가의 모든 재난을 물리치고 나라를 보호하겠다는 목적에서 열렸던 호국법회.

진호종자(眞胡種子) 석가모니를 가리키는 말.

질저라파나(質咀羅婆拏) 화변火辯. 십대논사十大論師 가운데 하나.

짐대 당幢을 달아 세우는 대. 곧 당간幢竿.

집금강(執金剛) 금강역사金剛力士.

집금강신(執金剛神) 금강역사金剛力士. 손에 금강저金剛杵를 들고 제석천帝釋天의 궁문을 수호하는 야차신.

집법지(集法智) 팔지八智 가운데 사법지四法智의 하나. 욕계의 집제集諦를 자세히 살펴서 생기는 무루지無漏智.

집수(執受) 외부 경계를 접촉할 때 받아들여 잃어버리지 않고 고락苦樂 등의 감각을 내는 것.

집정(執情) 집착하는 망령된 뜻.

집제(集諦) 사제四諦 가운데 하나. 고苦가 되는 이유와 근거 또는 원인으로 특히 애욕과 업業을 말한다.

집지식(執持識) 제8식은 수행에 있어서는 유루有漏·무루無漏의 종자를, 불佛의 지위에 있어서는 무루의 종자를 집지하는 지위니 이 지위의 제8식을 아타나阿陀那, 곧 집지식執持識이라고 한다.

집착(執着) 사물이나 도리를 고집하여 버리지 못하는 것. 마음이 한곳에 집착하여 잊지 못하는 것.

집취(執取) 니근저尼近底·니연저尼延底. 탐貪의 다른 이름. 심입深入.

짓소리 모든 대중이 함께 제창한다. 무리를 지어 소리 지르기 때문에 겹성裌聲이라고 한다.

차(遮) ①이의異義를 내세우는 것. ②자체는 죄가 아니지만 죄가 될 우려가 있기 때문에 금지하는 것. 음주와 같은 것. ③부정하는 것. ④꺼리는 것.

차(次) 차례. 순서.

차건도(遮犍度) 20건도의 하나. 죄를 범한 비구를 대중과 함께 두어서는 안 된다고 하는 것이나, 다른 사람의 죄를 지적하는 수행승은 법에 맞는 덕이 있는 사람이 아니면 안 된다고 하는 것 등을 말한 편장篇章.

차계(遮戒) 불음주계不飮酒戒 등과 같은 것. 술을 마시는 것이 죄악은 아니나 술을 마심으로써 여러 가지 죄악을 저지르게 되므로 금지한다는 것.

차과(蹉過) 착과錯過. 차蹉는 미끄러짐. 과過는 어조사. 곧 어긋났다는 뜻.

차난(遮難) 소승에서 구족계를 받을 자격에 제한을 두는 2가지 규정. 차遮는 구족계를 받는 데 적합하지 못한 16가지, 난難은 자성악自性惡으로 구족계를 받을 그릇이 아니라고 하는 13가지 어려움.

차담(茶啖) 불가에서 손님을 대접하기 위해 차리는 다과 등을 말한다.

차문다(遮文茶) 기시귀起尸鬼. 주문呪文으로 사람을 해롭게 하는 야차.

차별(差別) 구별하는 마음작용. 여러 가지 다른 모습으로 나타나는 모든 사물의 현상. 각각의 사물이 다른 독자의 모습을 가지고 존재하는 모습.

차별행(差別行) 두루 제위諸位의 각별함에 의거하여 수행하는 것. 이행二行 가운데 하나.

차성(遮性) 범하지는 않았지만 그 일로 인하여 범할 가능성이 많은 것을 막고자 금하는 차계遮戒와 자체가 범하는 것이 되는 성계性戒.

차수(叉手) 두 손을 자연스럽고 공손하게 마주 잡은 자세. 공수拱手와 같은 말. 합장에 뒤따르는 가벼운 예법.

차수

차십(叉十) 합장하면서 열 손가락을 교차하는 것.

차악(遮惡) 부처가 계율로 정했기 때문에 비로소 죄악이라고 인정되는 것. 술 마시는 것 따위.

차안(此岸) 이 언덕. 생사에 윤회하는 세계. 미혹의 세계. 피안彼岸의 반대말.

차자문(磋字門) ❖cha 법의 영상影像을 의미함. 실담자에 뜻을 부여한다. ➡ 실담悉曇

차전(遮詮) ①불교 논리학에서는 부정적 판단. 부정적 판단의 형태를 취한 주장이나 명제. 진여의 뜻을 설명할 때 말이나 글로 표현할 수 없다고 하는 것. ②아니라고 부인하는 것. 부정적인 표현. 표전表詮의 반대말. 여러 경전에서 진여의 성품을 불생불멸不生不滅·부증불감不增不減·무인무과無因無果·비범비성非凡非聖이라고 한 것이 바로 차전이다.

차정(差定) ①법회 때 의식 순서를 써 놓은 것. ②선종에서 사람을 가려서 소임을 정하는 것.

차정(遮情) 보통 사람의 잘못된 생각을 없애 버리는 것.

차제걸식(次第乞食) 빈부를 가리지 않고 순서대로 7집을 탁발하여 돌아오는 걸식 방법. 12두타행 가운데 하나.

차제삼관(次第三觀) 천태종에서 시간적 순서를 정해 공空·가假·중中의 삼관을 행하는 것을 말한다.

차제연(次第緣) 사연四緣 가운데 하나. 등무간연等無間緣과 같은 말. 하나의 의식 상태가 소실되고 다음의 의식 상태가 일어나기 위해 장소를 만들어 주는 경우에 전자는 후자의 차제연이라고 한다.

차제증(次第證) 소승의 성문이 아라한과를 증득하기 위해서는 사향사과四向四果를 경과하지 않으면 안 되는데 그것을 차례대로 통과하는 것을 말한다. 초과初果 또는 제2과果까지 뛰어오르는 것을 초월증超越證·약해초증이라고 한다.

차제문(次第門) 보살 수행의 계위를 십신十信·십주十住·십행十行·십회향十廻向·십지十地·등각等覺·묘각妙覺으로 차례차례 단계별로 벌려 놓은 부문.

차죄(遮罪)📖 행위 자체는 죄가 아니지만 결과로 죄를 범할 우려가 있기 때문에 금지된 것. 성죄性罪의 반대말.

차호(搽胡) 분명하지 아니한 것. 호도糊塗·모호模糊와 같은 말.

착관(着冠) 다비에서 착의着衣 다음의 절차. 정수리에 관을 씌우는 일.

착군(着裙) 다비에서 세족洗足 다음의 절차. 장삼을 입히는 일.

착복무(着服舞) 나비춤.

착상(著想) 사물에 집착하는 망상.

착심(著心) 사리에 집착하는 마음.

착심(着心) 바깥 경계의 물건이나 일에 집착하는 것.

착아(著我) 오온五蘊이 가합假合한 몸에 하나의 실아實我가 있다고 집착하는 것.

착안(着眼) 눈을 주의한다는 것. 곧 마음을 쓰고 주의하라는 뜻.

착어(着語) ①고칙古則이나 게송 아래 간단하게 붙이는 짤막한 평評. ②재齋를 지낼 때 영가에게 하는 법어法語를 말한다.

착어성(着語聲) 소리에 무게를 실어 듣는 사람이 장중하고 엄숙함을 느낄 수 있도록 하는 발성법.

착의(着衣) ①옷을 입는 것. ②다비에서 착군着裙 다음의 절차. 가사를 입히는 일.

착정채(着精彩) 다시 더욱 정진하여 광채를 낸다는 뜻.

찬(讚) ①게송偈頌. 행업·공덕 등을 찬탄하는 글. ②초상화 위에 쓰는 찬탄하는 글.

찬가(讚歌) 부처·보살·조사 등의 가르침을 찬탄하는 시가.

찬귀타와(鑽龜打瓦) 거북의 등을 불로 지져서 길흉을 점치고, 옹기를 깨뜨려 그 조각으로 점치는 일.

찬리채(鑽籬菜) 중국 총림에서 닭고기를 말하는 은어.

찬불(讚佛) 부처를 찬송하는 것.

찬불가(讚佛歌) 부처의 덕을 찬탄하는 노래.

찬불게(讚佛偈) 부처의 덕을 찬탄하는 게송.

찬불승(讚佛乘) ①부처가 성취한 가르침을 그대로 직접 설교하는 것. ②모든 중생이 부처가 될 수 있다는 가르침을 찬탄하여 교화시키는 것. ③부처의 가르침을 찬탄하는 것.

찬자문(鄼字門) jha 법의 전쟁의 적敵이라는 의미. 실담자에 뜻을 부여한다. ➡ 실담悉曇

찬제(羼提) 인욕忍辱·안인安忍으로 번역. 육바라밀六波羅密 가운데 하나.

찬탄(讚嘆) 찬은 찬양. 탄은 가탄歌嘆. 부처를 찬송하거나 불법을 설교하는 것을 말한다.

찬탄문(讚歎門) 오념문五念門의 하나. 광찬廣讚과 약찬略讚이 있다. 광찬은 게송이나 강설講說로 부처의 높은 덕을 칭찬하는 것. 약찬은 입으로 나무아미타불을 염송하는 것.

찬패(讚唄) 찬불讚佛. 부처의 공덕을 찬양하는 것.

찬호(撰號) 논석論釋 등의 첫머리에 지은이의 이름을 쓰는 것.

찰(刹) kṣetra 영지領地, 토지土地, 지방, 활동의 소재, 본원本源, 성지聖地, 자궁子宮, 처妻, 정신이 머무르는 장소, 육체, 근본 정신 등의 뜻이 있다. ①차다라差多羅·찰다라刹多羅의 준말. 토전土田·국國·처處로 번역. 곧 국토. 불국토를 불찰이라도 하는 것과 같다. ②탑의 꼭대기에 있는 장대. 찰간刹竿. 절을 금찰金刹·범찰梵刹·사찰寺刹이라고 하는 것과 같다.

찰(擦) 탑의 기둥. 목탑의 중심주.

찰간(刹竿) 번찰幡刹.

찰나(刹那) 순간瞬間. 시간의 가장 적은 단위. 75분의 1초에 해당하는 매우 짧은 시간.

찰나등기(刹那等起) 여러 가지 업과 꼭 같은 찰나에 함께 일어난다는 뜻.

찰나멸(刹那滅) 찰나생멸과 같은 말.

찰나삼세(刹那三世) 찰나 위에 세운 삼세三世.

찰나생멸(刹那生滅) 순간마다 생멸을 반복하고 있는 것. 일찰나의 단시간 속에 생멸이 있는 것. 곧 만물은 찰나에 생기고 멸하는 것을 연속하고 있는 것을 말한다. 찰나연기刹那緣起.

찰도(抄倒) 밀쳐 넘어뜨림.

찰리(刹利) 찰제리刹帝利. 고대 인도의 4가지 계급 가운데 하나. 왕이나 대신의 종족을 가리킨다.

찰법인(察法忍) 제찰법인諦察法忍.

찰제리(刹帝利) 찰리刹利. 크샤트리아Ksatriya. 고대 인도의 신분 계급 가운데 둘째에 해당하는 귀족과 무사 계급.

찰주(刹柱) 찰주擦柱. 심주心柱. 탑의 중심 기둥.

찰중(察衆) 사찰의 선원에서 대중들을 살피고 돌보는 일을 담당하는 소임.

찰진겁(刹塵劫) 기나긴 세월을 말한다. 한없이 넓어 생각조차 할 수 없는 넓은 세계를 부수어 갈아 놓은 먼지의 수만큼 긴 세월.

찰주(경주 감은사지 삼층석탑)

찰착(拶著)   핍박하는 것. 착著은 어조사.

찰토(刹土)   국토國土.

찰토자재(刹土自在)   4가지 자재自在 가운데 하나. 제8지 보살은 여러 세계에 마음대로 가서 태어나는 것.

참(慚)   심왕心王에 따라 일어나는 정신 작용의 하나. 대선지법大善地法의 하나. 스스로 반성한 결과 자신이 범한 죄를 부끄러워하는 마음.

참(懺)   참법懺法.

참가(參暇)   선종에서 볼 일이 있어 15일 정도의 휴가를 청하는 것.

참괴(慚愧)   허물을 부끄러워하는 것. 참은 자기 자신이 지은 죄를 스스로 부끄러워하는 것. 괴는 스스로 지은 죄를 남에게 고백하고 부끄럽게 생각하는 것.

참구(參究)   참선하여 참된 이치를 궁구하는 것.

참당(參堂)   새로 계율을 받은 사미沙彌가 처음으로 승당에 들어가 참여하는 것.

참두(參頭)   사찰에서 새로 온 승려 가운데 구참 납자를 선출하여 서로 만나게 하는 예식에서 또는 다른 법식 때에 새로 온 이의 대표로 말을 하는 것.

참력(懺力)   보살의 16대력大力 가운데 하나.

참마(懺摩)   인서忍恕로 번역. 다른 사람에게 용서를 비는 것.

참법(懺法)   ①지나간 일을 뉘우치고 새롭게 착한 일을 수행하는 도리. 특별한 가행정진加行精進으로서 죄업을 없애기 위해 참회를 닦는 법. 지은 허물을 뉘우치고 다시는 범하지 않기를 맹세하는 것. ②경전을 읽고 죄장罪障을 참회하는 법회. 『법화경』으로 하는 것은 법화참법. 『아미타경』으로 하는 것은 미타참법.

참선(參禪)   좌선坐禪 수행을 하는 것. 선禪을 참구參究한다는 뜻으로 묵묵히 공안公案을 참구하여 참된 이치를 깨닫는 것을 말한다.

참선행법(參禪行法)   참선하는 방법. 행선行禪·주선住禪·좌선坐禪·

와선臥禪이 있다.

참예(參詣) 예불을 하고 불佛 앞에 이르는 것.

참인(讒人) 사실을 왜곡하거나 속이며 남을 나쁘게 말하는 사람.

참잡(參雜) 참착간잡參錯間雜. 여러 가지가 뒤섞여서 순일하지 못한 것.

참전(參錢) 새전賽錢.

참전(參前) 만참晩參하기 이전을 말한다.

참청(參請) 참학청익參學請益.

참퇴(參退) 참후參後. 만참晩參 또는 방참放參한 뒤를 말한다.

참학(參學) ①불교의 법도를 닦는 것을 말한다. 한 스승 아래 모여 가르침을 듣고 불법을 공부하는 것. 가르침을 배우고 수행을 하는 것. ②참학자·수행자.

참회(懺悔)📖 스스로 저지른 죄를 뉘우쳐 용서를 구하여 죄를 사하고자 하는 일. 포살布薩·자자自恣 등을 통하여 대중 앞에서 있는 그대로 드러내어 발로참회發露懺悔하는 방법과 형식과 의식을 통하여 이루어지는 삼종회법三種悔法·삼품참회三品懺悔 등이 있다. 형식을 갖추어서 지은 잘못을 소멸하고자 할 때는 갈마법羯磨法에 의해서 법사인계事人界의 4가지를 갖추어야 한다. 법法은 죄를 지은 사람이 죄의 가볍고 무거운 정도에 따라 마음속으로 또는 여러 대중 앞에서 자기의 잘못을 말하고 모인 대중에게 죄를 물어 사赦하게 하는 것이며, 사事는 갈마를 하게 된 동기에 대한 것으로 생명이 있는 것에 관한 것인지 아니면 무생물에 관한 것인지를 말하며, 인人은 죄의 경중 또는 내용에 따라 갈마에 관계하는 사람의 숫자를 말하며, 계界는 갈마를 하는 장소로서 이 네 가지가 갖추어져야 갈마를 할 수 있다.

참회멸죄(懺悔滅罪) 참회의 공덕에 따라 모든 죄업을 버리고 깨꼿해지는 것을 말한다.

참회멸죄인게(懺悔滅罪印偈) 참회하여 죄의 소멸을 나타내는 게송. 대부분 참회하는 의식에서 연비燃臂와 함께하기 때문에 연비게라고도 한다.

참회문(懺悔文) 참회하고 죄를 없애기 위해 읽는 글. 보통『화엄경』「보현행원품」에 있는 내용을 읽는다. 참회게라고도 한다.

참회상자(懺悔上資) 선자禪資. 인연을 맺기 위해 선을 전해 준 제자.

참회오법(懺悔五法) 비구가 죄를 참회할 때 행하는 5가지 작법. ①오른쪽 어깨를 벗어 드러낸다. ②오른쪽 무릎을 땅에 댄다. ③합장한다. ④범한 죄명을 말한다. ⑤대비구의 발에 절한다.

참회진언(懺悔眞言) 참회의 내용이 담겨져 있는 진언. 참회하는 표식으로 연비然臂를 하고, 연비하는 동안 '옴 살바못자모지 사다야 사바하'를 염송한다.

참후(參後) 만참晚參이나 방참放參의 이후를 말한다.

창(窓) 우리말로는 바라지라고 한다.

창도(唱導) 불법을 설說하여 앞으로 나아갈 수 있도록 인도하는 일.

창생(蒼生) 세상 모든 사람.

창식(唱食) 공양할 때 수좌首座가 주원문呪願文을 읽는 것.

창의(唱衣) 죽은 승려의 의발과 쓰던 물건들을 값을 정해 놓고 경매하는 것. 다비에서 봉송奉送 다음의 절차.

창제(唱題) 경전의 제목을 소리 내어 읽는 것.

창화(唱和)📖 시나 노래를 한쪽에서 부르고 다른 한쪽에서 답하는 것을 말한다. 불교의 의례에 이러한 구성으로 되어 있는 곳은 법주와 바라지가 하나의 게송을 한 구절씩 번갈아 하는 경우라고 할 수 있다.

채공(菜供) 반찬을 만드는 소임.

채두(菜頭) 반찬의 조리를 맡는 소임.

채로(菜露) 갱두羹頭.

채롱부처 껍질을 벗긴 싸릿개비나 버들가지 따위의 오리를 결어서 만든 부처의 모습.

채삭벽병부 병귀病鬼를 쫓고 무병장수하기를 바라는 부적. 불상이나 탱화에 쓰이는 복장주머니 속에는 칠보七寶를 비롯해 씨앗·종이 부적 등과 함께 오색실과 오색 헝겊 조각이 들어가는데 5월 5일 단오절에도 채삭이라 하여 주머니 속에 오색 비단실이나 오색 비단 조각을 넣어서 지닌다. 벽병부辟病符·장명루長命縷·오색루五色縷라고도 하며, 어린이의 노리개나 괴불주머니도 이에 속한다.

채상장(彩箱匠) 대나무·버들·갈대·왕골 등을 이용하여 상자 모양의 기물을 만드는 장인.

채필(彩筆) 채색하는 데 쓰이는 붓. 영혼을 장식하는 붓.

채화(彩畵) 초칠草漆로 윤곽선이 생기면 모양대로 채색을 하는 것.

책심(策心) 마음을 굳게 잡아 이끄는 것. 마음을 굳건하게 갖는 것.

처(處)📖 āyatana 처處, 주처住處, 영역領域, 좌座, 성역聖域, 신전神殿, 노력勞力, 감각의 영역, 감관感官 등의 뜻이 있다. ①거처. 장소. 욕계·색계 등의 장소를 말한다. ②마음 작용이 일어나기 위한 장소. 인식의 장. 12처. 인식 기관과 대상이 합해지는 12가지의 마당. ③입장. ④행업行業이 일어나게 되는 근거. ⑤사리. 도리. 이치.

처비처(處非處) 이치에 맞는 것과 이치에 맞지 않는 것. 악업에 의해 악취惡趣에 떨어지는 것이 이理이니 곧 처處이고, 선취善趣에 태어난다고 하는 것이 무리無理이니 곧 비처非處.

처비처지력(處非處智力) 십력十力 가운데 하나. 처處와 비처非處를 분명하게 아는 부처의 지혜력을 말한다.

처중(處中) ①중간에 있는 것. 선도 악도 아닌 것. ②중도를 말한다.

처처해탈(處處解脫) 바라제목차波羅提木叉. 별해탈別解脫.

천개(天蓋) 닫집. 불상을 덮어서 비나 이슬 등에 맞지 않도록 한 것. 처음에는 햇빛 가리개로 사용했으나 점차 부처나 보살의 머리 위를 장엄하는 장식이 되었다.

천개(강화 전등사)

천고뇌음여래(天鼓雷音如來) 밀교의 만다라에서 북쪽을 관장하는 불佛. 천둥 같은 소리로 불법을 전하는 부처.

천관(天冠) 보관寶冠을 말한다.

천구(遷柩) 방 안에서 관을 들고 나와 상여로 옮기는 것.

천궁(天弓) 천제天帝의 활. 무지개를 말한다. 제궁帝弓.

천극(天極) 하늘의 남극南極과 북극北極.

천기(天機) ①선천적으로 타고난 성질이나 기지機智. ②모든 조화를 꾸미는 하늘의 자연적인 기밀.

천녀(天女) ①욕계 6천의 여성. 색계 이상의 세계에서는 남녀의 상이 없다. ②여신을 말한다. ③천신天神의 동녀童女.

천당(天堂) 극락정토. 하늘에 있는 극락세계.

천도(天道) ①하늘의 도. 천지자연의 도. ②욕계·색계·무색계의 삼계三界에 사는 천天의 이름. 천신들의 생존. ③인과응보의 법칙. ④태양. 일륜日輪.

천도(薦度) 천혼薦魂. 천영薦靈. 죽은 사람의 명복을 빌기 위한 의식. 49재를 비롯하여 기제사忌祭祀에 이르기까지의 모든 의식이 천도의薦度儀에 포함된다.

천도재(薦度齋) 죽은 사람의 영혼을 극락으로 보내기 위해 치르는 의식. 49재가 가장 일반적이다.

천락(天樂) 삼락三樂 가운데 하나. 10선업을 닦는 사람이 천상에 나서 여러 가지 즐거움을 받는 것.

천룡팔부(天龍八部) 불법을 수호하는 8종류의 신화적인 존재. 천·용·야차·건달바·가루라·신나라·마후라가.

천마(天魔) 사마四魔의 하나. 불법을 수행하거나 착한 일을 하려는 사람을 방해하는 욕계 제6천에 사는 마왕魔王과 그 일속. 천자마天子魔. 파순波旬이라고도 한다.

천부신장상(天部神將像) 인도 재래의 신 가운데 불교에 귀의하여 불법을 지켜 주는 호법신장護法神將. 인왕상仁王像·사천왕상·제석천상 등.

천불(千佛) 과거·현재·미래의 3겁劫에 각각 일천의 부처가 나타난다고 한다.

천불도(千佛圖) 과거·현재·미래에 각각 나타나는 천불을 그린 그림.

천불탱화(千佛幀畵) 다불사상多佛思想에 근거하여 천불 또는 삼천불을 묘사한 불화. 보통 사찰 안의 천불전千佛殿에 봉안한다.

천불도(순천 선암사)

천상천하유아독존(天上天下唯我獨尊) 석가모니부처가 태어나자마자 일곱 걸음을 걸은 뒤 오른손으로 하늘을 가리키고 왼손으로 땅을 가리키면서 한 말. 우주 가운데 자기보다 더 존귀한 사람이 없다는 뜻으로 모든 중생에게 자기 인격의 존엄함을 일깨워 준 말.

천성(天性) 타고난 본성.

천성불전(千聖不傳) 절대의 경지는 체험에 의해서만 알 수 있는 것이며 다른 사람에게 전수할 수 없음을 말한다.

천수(千手) **바라춤** 권공의 의식을 거행하기 위해 부처를 모시고 도량을 깨끗이 하는 정토淨土 의식을 한 다음 이 정토의 범위를 결계하는 의식으로 대비주를 염송하며 추는 춤.

천수경(千手經) 관세음보살이 부처에게 청하여 허락을 받고 설법한 경전.

천수관음(千手觀音) 6관음 또는 7관음 가운데 하나. 천수천안관세음보살千手千眼觀世音菩薩 또는 천비천안관음千臂千眼觀音이라고 한다. 천은 무량·원만, 천수는 자비의 뜻.

천수다라니(千手陀羅尼) 천수관음의 공덕을 찬탄하고 천수관음의 삼매를 표시하는 경문. 대비심다라니·대비다라니·대비주라고도 한다.

천수관음상(프랑스 국립기메동양박물관)

천수보살(千手菩薩) 천 개의 손과 천 개의 눈으로 중생을 구제해 주는 보살. 관세음보살의 6화신化身 가운데 하나.

천승(天乘) 오승五乘 가운데 하나. 수행하는 사람을 태워서 천상에 나게 하는 교법.

천신(天神) 범천이나 제석천 등 하늘에 주거하는 신을 말한다.

천안(天眼) 십안十眼 가운데 하나. 미세한 사물을 살필 수 있고 모든 중생의 마음까지 들여다보는 눈. 수득修得 천안과 생득生得 천안이 있다.

천안명(天眼明) 삼명三明 가운데 하나. 천안지작증명天眼智作證明·사생지작증명死生智作證明. 자기나 다른 사람의 다음 세상의 생활

상태를 아는 것.

천안지증통(天眼智證通) 천안통天眼通.

천안통(天眼通) 육신통六神通 가운데 하나. 천계와 지옥 등 멀고 가까움에 상관없이 모든 중생들을 살펴보는 지혜.

천애(天愛) 신들에게 사랑받는 자. 어리석어서 갖는 것 없이 단지 신들에게 사랑받아 스스로 존재할 수 있는 까닭에 붙인 이름.

천왕문(天王門) 불법을 수호하는 사천왕四天王이 있는 전각. 사천왕은 33천 가운데 욕계 6천의 첫 번째인 사천왕천四天王天의 지배자로 수미須彌의 4주洲를 수호한다. 곧 지국천왕持國天王·광목천왕廣目天王·증장천왕增長天王·다문천왕多聞天王.

천의(天衣) 보살상菩薩像의 의상. 천상계의 사람이 입는 옷. 선녀가 입는 옷.

천이(天耳) 초인적인 귀. 세상의 모든 소리를 들을 수 있는 귀. 천이통天耳通.

천이지증통(天耳智證通) 천이지통天耳智通. 천이통天耳通.

천이통(天耳通) 육신통六神通 가운데 하나. 세상의 모든 소리를 들을 수 있는 능력.

천인(天人) 천중天衆. 천상계에 사는 사람. 욕계·색계의 천상계에 살고 있는 모든 하늘의 유정을 말한다.

천인사(天人師) 불십존호佛十尊號·여래십호如來十號 가운데 하나. 일체의 천인天人을 인도하는 스승.

천인오쇠(天人五衰) 천상계의 중생이 수명이 다해 죽을 때가 되어 나타나는 5가지 징후.

천자마(天子魔) 사마四魔 가운데 하나. 천마天魔·자재천마自在天魔. 욕계의 제6천 타화자재천왕他化自在天王이 좋은 일을 방해하는 것을 말한다.

천저가(闡底迦) 일천제가一闡提迦.

천제(闡提) 일천제一闡提. 부처가 될 가능성이 전혀 없는 사람. 수

행해도 불법을 깨달을 수 없는 사람. 단선천제斷善闡提와 대비천제
大悲闡提가 있다.

천제불신장(闡提不信障) 사혹장四惑障 가운데 하나. 일천제인—闡
提人이 사제四諦와 삼보三寶를 비방하고 선악의 인과를 믿지 않는
장애.

천제석(天帝釋) 제석천帝釋天을 말한다.

천중(天衆) 팔부중 가운데 하나. 범천·제석천 따위의 하늘에 속
한 모든 신. 천인天人.

천중천(天中天) 모든 하늘 가운데 더할 나위 없이 훌륭한 하늘.
부처의 명호. 부처. 석가모니부처.

천지인(天地印) 한 손은 위로 향하고 다른 한 손은 아래로 향한
모습의 탄생불이 취하는 수인手印.

천진면목(天眞面目) 천진한 면목. 있는 그대로의 참된 모습. 본래
면목本來面目.

천축(天竺) 인도.

천취(天趣) 삼선취三善趣 육취六趣 가운데 하나. 천도天道와 같은 말.

천태각(天台閣) 독성단獨聖壇.

천태삼관(天台三觀) 공관空觀·가관假觀·중관中觀.

천태삼교(天台三敎) ①돈교·점교·부정교. ②권문의 삼교. 삼장
교·통교·별교. ③석가모니부처의 평생 설교를 점교·돈교·원교의
3가지로 나눈 것.

천태종(天台宗) 중국 수나라 천태대사天台大師 지의를 개조開祖로
하는 종파. 천태법화종·태종·태가台家라고도 한다.

천태팔교(天台八敎) 천태종의 교학에서 설교하는 부처가 설법한
형식에 따라 분류한 화의사교와 교리의 내용에 따라 분류한 화법
사교를 말한다.

천화(遷化) 생멸 변화하는 현 세계를 벗어나 진적眞寂한 본원本元
에 돌아간다는 뜻으로 죽음을 말한다. 승려의 죽음. 열반涅槃. 귀

본귀本·귀원歸元·귀적歸寂·귀진歸眞·귀화歸化·멸도滅度·순세順世·
순화順化·원적圓寂·입적入寂이라고도 한다.

천화(天花)　천화天華. 하늘에서 내리는 꽃.

철다라(鐵多羅)　비구 육물六物 가운데 하나. 철발鐵鉢.

철륜왕(鐵輪王)　남염부제南閻浮提의 한 주를 통치하는 왕.

철륜위산(鐵輪圍山)　철위산鐵圍山.

철발(鐵鉢)　쇠로 만든 발우鉢盂.

철사(鐵蛇)　쇠로 만든 뱀. 우둔愚鈍한 근기根機의 중생을 말한다.

철산(鐵山)　철륜산鐵輪山.

철우(鐵牛)　움직이거나 뚫을 수 없는 경지를 뜻하는 말.

철위산(鐵圍山)　불교의 세계관에서 우주의 가장 끝에 있는 산.
철륜위산鐵輪圍山. 금강산金剛山·금강위산金剛圍山이라고도 한다.

첨(諂)　심소心所의 이름. 다른 사람에게 속마음을 숨기고 겉으로
친한 듯이 아양 떠는 거짓된 정신 작용.

첨곡(諂曲)　타인에게 아부하고 자신의 마음을 왜곡하는 것. 타인
에게 아부하고 자신의 마음을 굽히는 것. 아첨.

첨마(檐馬)　풍경風磬을 말한다.

첨탁(簷鐸)　보탁寶鐸.

첩선장(貼扇匠)　접는 부채를 만드는 장인.

첩질변(捷疾辯)　부처의 칠변七辯 가운데 하나. 모든 법에 걸림이
없고 말을 더듬지 않는 것.

청(請)　법회나 의식을 시작할 때 제일 먼저 설법하는 주체를 모
실 때 불보살의 이름을 불러서 모시는 것.

청객(請客)　산문삼대시자山門三大侍者 가운데 하나.

청경관음(青頸觀音)　관세음보살이 변하여 나타난 모습 가운데 하나.

청규(清規)　청정한 규칙이라는 뜻으로 사찰에서 승려들이 지켜야
하는 일상의 생활 규칙.

청도(清道)　청도기清道旗.

청도기(清道旗) 시련侍輦 의식에서 맨 앞에 등장하며 성중이 나아가는 길을 가리키는 2개의 깃발.

청량(清凉) 시라사의 尸羅四義 가운데 하나. 모든 번뇌를 없앤 맑고 시원한 상태.

청문(請文) 불교 의식에서 불보살을 모실 때 특정한 이름을 부르는 의식을 적은 책.

청사(請詞) 법회나 의식에서 공경의 대상에게 청하는 글.

청사(清祀) 중국 은나라에서 한 해를 마치면서 신에게 제사지내던 의식.

청신녀(清信女) 여자 재가在家 불자. 우바이.

청신사(清信士) 남자 재가在家 불자. 우바새優婆塞.

청연(清緣) 맑고 숭고한 인연 관계.

청익(請益) 수행자가 자신을 유익하게 하기 위해 스승에게 교시敎示를 청하는 것.

청전법륜(請轉法輪) ①석가모니부처의 깨달음을 열었을 때 범천梵天이 설법을 권청했던 것. ②보현십원普賢十願 가운데 하나.

청정(清淨) 악업으로 인한 허물이나 번뇌의 더러움에서 벗어난 깨끗한 상태. 자성청정自性清淨과 이구청정離垢清淨이 있다.

청정계(清淨戒) 무루계無漏戒. 번뇌의 티끌을 여의는 것.

청정관(清淨觀) ①깨끗한 눈. ②천태종에서는 진사의 염오를 떠나는 가관을 말한다.

청정법(清淨法) 더러움이 없는 청정한 법.

청정법계(清淨法界) 부처가 깨달은 지혜의 경계. 모든 공덕의 기반이 되는 청정한 이법理法의 세계.

청정법신(清淨法身) 더러움을 여읜 청정한 법신.

청정법안(清淨法眼) 법을 보는 깨끗한 눈. 더러움을 여읜 깨끗한 진리의 눈.

청정비구(清淨比丘) 행동이 깨끗한 수행자.

청정상(淸淨相) 깨끗한 상.

청정선(淸淨禪) 여래청정선如來淸淨禪.

청정승(淸淨僧) 삼종승三種僧 가운데 하나. 계율을 굳게 지녀 범계잡승犯戒雜僧·우치승愚癡僧을 거느리며 청정한 생활을 계속할 능력이 있는 이.

청정업(淸淨業) ①깨끗한 행업. ②마음을 깨끗이 하는 참회의 법.

청정업처(淸淨業處) 선업의 인으로써 나타나는 청정한 불국토를 말한다. 깨끗한 행함이 있는 세계. 곧 정토淨土를 말한다.

청정원(淸淨園) 사찰의 다른 이름.

청중(淸衆) 대중大衆.

청중(聽衆) 설법을 듣는 대중.

청황등용(靑黃燈龍) 도량 왼쪽에는 청룡의 등을 달고, 도량 오른쪽에는 황룡의 등을 다는 것.

체(體) ①몸. 신체. ②사물 자체. 작용의 반대말. ③본체. 근본적인 사물. ④주체. 사물의 중심. ⑤본질. 사물의 근본 바탕. ⑥체득. 체험. 이해하는 일.

체공(體空) 석공析空의 반대말. 모든 사물의 존재가 모두 공이라는 것을 체득하는 것.

체공관(體空觀) 인연에 의해서 생긴 모든 사물의 본체가 실재하는 것이 아니라 모두 공이라는 것을 체득하는 것.

체구(體具) 성구性具.

체대(體大) ①삼대三大 가운데 하나. 진여가 절대 평등한 본체로서 모든 법을 포섭하는 불변하고 상주하는 실질적인 본체. ②밀교에서 지·수·화·풍·공·식의 육대六大를 체대라고 한다.

체무성(體無性) ①변계소집성의 실질적인 본체가 공무空無한 것. ②한 마음의 본체는 본성이 없어서 처음부터 깨달음의 구별이 없다고 하는 것.

체문(體文) 실담자에서 자운子韻을 나타내는 글자로 35자.

체비리(體毘履) 타비라他鞞羅.

체상(體相) ①본체의 모습. ②겉으로 드러난 외관.

체색입공관(體色入空觀) 체공관體空觀. 모든 사물이 본래 공이라고 보는 것.

체식(體識) 제8식인 아뢰야식阿賴耶識의 다른 이름.

체용현현제(體用顯現諦) 세간승의제世間勝義諦.

체진지(體眞止) 삼지三止 가운데 하나. 모든 만상은 인연에 의해 생기는 것이므로 그 체體가 공空함을 체달하여 마음을 움직이지 않는 것.

체청(諦聽) 십법행十法行 가운데 하나. 남이 경을 읽거나 강의하는 것을 한마음으로 자세히 듣는 것.

체탈도첩(體奪度牒) 승려의 자격을 박탈하고 교단에서 내쫓는 것.

초계비구(草繫比丘) 풀에 연결된 비구. 옛날 인도에서 도적에게 의복을 빼앗기고 온몸을 풀에 묶인 비구가 풀의 생명을 끊는 것을 걱정하여 뜨거운 더위 속에서도 움직이지 않았던 승려.

초과(初果) 예류과. 성문승의 사과四果 가운데 첫 번째. 욕계·색계·무색계의 견혹을 끊고 처음으로 성인의 무리에 참여하는 자리.

초과향(初果向) 예류향.

초발심(初發心) 처음으로 깨달음을 구하는 마음을 일으킨다는 뜻.

초발심시변성정각(初發心時便成正覺) 보리심을 처음으로 일으켜 깨달음을 구하여 정각을 이루는 것.

초발심자경문(初發心自警文) 출가한 사미沙彌가 지켜야 할 규율 및 덕목에 관해 적혀 있는 기본 입문서. 고려시대 보조국사普照國師 지눌知訥의 「계초심학인문誡初心學人文」과 신라 시대 원효元曉의 「발심수행장發心修行章」과 고려 시대 야운野雲의 「야운자경서野雲自警序」로 된 책.

초본(草本) 불화를 그릴 때 밑바탕을 그리는 그림. 초상草像·분본粉本이라고도 한다.

초상(初喪) 운명부터 졸곡卒哭까지를 말한다. 보통은 운명부터 전奠까지를 말한다. 예문禮文에서는 초종初終이라고 한다.

초상(草像) 뜨기 가칠로 초지를 마련하는 작업이 끝나면, 모본의 그림으로 가칠한 바탕에 대고 바늘로 구멍을 뚫는 것.

초선삼천(初禪三天) 색계십팔천色界十八天의 하나. 욕계 위에 있는 색계 4선천禪天 가운데 첫 번째 선천. 범중천梵衆天·범보천梵輔天·대범천大梵天이 있다.

초선천(初禪天) 초선삼천初禪三天.

초심(初心) 처음 깨달음을 구하는 마음. 초발심初發心.

초야(初夜) 초저녁. 저녁 6시부터 9시까지. 또는 밤 8시부터 12시까지를 말한다.

초열지옥(焦熱地獄) 팔열지옥의 하나. 살생·투도偸盜 등의 죄를 범해 떨어지는 뜨거운 불길로 고통을 받는 지옥.

초일분(初日分) 인시寅時부터 진시辰時까지. 새벽 3시부터 아침 9시까지.

초전법륜(初轉法輪) 부처가 성도한 뒤에 최초로 5명의 비구에게 설법한 것.

초정려(初靜慮) 초선初禪.

초제(招提) ①사방의 사람이라는 뜻. 한곳에 머무르지 않는 수행승을 말한다. ②사원의 다른 이름.

초조(初祖) ①마하가섭이 부처의 10대 제자 가운데 부처의 의발衣鉢을 받은 상수제자上首第子로서 부처가 입적한 뒤 5백 아라한을 데리고 제1 결집結集을 하여 부처 이후의 법통法統을 말할 때 초조初祖라고 한다. ②중국에서는 인도에서 28대가 되는 달마達磨를 초조初祖로 삼는다.

초증(超證) 뛰어나게 증득하는 것.

초지(初地) 보살 수행의 52위 가운데 십지十地의 제1위인 환희지歡喜地를 말한다.

초칠(草漆) 초상草像뜨기로 생긴 구멍을 이용하여 윤곽선을 그리는 것.

초파일(初八日) 음력 4월 8일. 석가탄신일. ➡ 부처님오신날

초팔제호(超八醍醐) 천태종에서 『법화경』·『열반경』 등의 가르침은 팔교八敎를 뛰어넘은 뛰어난 제호미醍醐味의 가르침이라고 한 것.

촉례(觸禮) 좌구坐具를 땅에 펴고 3번 절하는 것.

촉루(囑累) 부촉付囑. 위임·위촉의 뜻. 가르침을 위임하는 것. 법의 위임 또는 사명의 부여를 뜻하기도 한다.

촉사이진(觸事而眞) 어느 사물을 만나더라도 진리를 보는 것.

촉승(囑僧) 많은 사람을 한방에 같이 지내게 하는 것.

촉식(觸食) 기쁘고 즐거운 감정을 일으키는 감촉感觸에 의해서 몸과 마음을 기르는 것. 구종식九種食 가운데 하나.

촉여인계(觸女人戒) 의식적으로 여성의 신체에 접촉하는 것을 금지하는 계.

촉지인(觸地印) 왼손을 배꼽 위에 두고 오른손을 펴서 땅을 향한 수인. 파마인破魔印이라고도 한다.

촉처(觸處) 십이처十二處 가운데 하나. 육외처六外處. 육경六境. 접촉되어질 곳. 감촉되는 영역.

총관상(總觀想) 『무량수경』에서 말하는 16관 가운데 여섯 번째. 보루관樓觀이라고도 한다. 정토의 누각을 관상觀想하여 정토의 전체를 자세히 보는 관법.

총귀진언(總歸眞言) 비로자나총귀진언毘盧蔗那總歸眞言.

총령(蔥嶺) 서역의 산 이름.

총령대래(蔥嶺帶來) 선학禪學의 기미를 띠고 있는 것을 말한다.

총림(叢林) 📖 경배의 대상인 존상을 모시는 본당과 여러 불상을 모시는 전각, 승려들이 참선을 수행하는 선원禪院, 경전을 교육하는 강원講院, 염불을 배우는 염불당, 계율을 익히는 율원律院 등을 갖추고 있는 사찰을 말한다. 승속이 한곳에 모여 화합하는 것이

수목이 우거진 숲과 같다고 하여 총림이라고 한다.

총보(總報) 이업二業 가운데 하나. 사람으로 태어나는 것. 인간이라는 총보의 위에 차별된 남녀·귀천·빈부 등의 별보別報에 대해 총보라고 칭한다.

총본산(總本山) 한 종파의 본산을 총괄하는 사원.

총상(總相) 화엄종의 육상六相 가운데 하나. 만유의 모든 법을 하나의 모양으로 보는 것.

총서원(總誓願) 사홍서원四弘誓願으로 모든 부처나 보살들에게 공통된 서원.

총설(總說) 종합적으로 정리하여 설명하는 것.

총섭(摠攝) 고려 말과 조선 시대의 승직僧職. 도총섭都摠攝에서 오늘날 주지主持에 해당하는 직책.

총섭(摠攝) 팔도총섭八道摠攝.

총지(總持) 📖 mantra 기도, 찬가, 제사祭詞, 주사呪詞, 성전의 문구, 비밀의 구句, 주문呪文, 상담相談, 결정決定, 조언助言, 비밀의 기도企圖 등의 뜻이 있다. 진언眞言·신주神呪·비밀어秘密語라고도 한다. 모든 이치가 다 갖추어 있다는 뜻. 또는 선을 지켜 잃지 않도록 하고 악은 발생하지 않도록 한다는 뜻. 여러 부처가 말하는 것을 잘 지켜 잃지 않는 것. ➡ 진언眞言

총지문(總持門) ①총지의 법문. 다라니. ②밀교의 주구呪句를 말한다. ③밀교의 다른 이름.

총지종(總指宗) ①신라의 혜통惠通이 당나라에 가서 불법을 배우고 문무왕 5년(655)에 돌아와서 세운 종파. ②1972년 12월 24일 원정苑淨이 창종한 비로자나불을 교주로 하고 관세음보살을 본존으로 하는 우리나라 27개 불교 종단 가운데 진언 밀교의 일파.

최상승(最上乘) 더할 나위 없는 뛰어난 교법. 최상의 가르침.

최상승선(最上乘禪) 당나라의 규봉圭峯 종밀宗密이 선을 외도선·범부선·소승선·대승선·최상승선의 5종류로 나눈 가운데 최고의 것. 사람은 본래 불성을 갖추고 있어 자신의 마음이 곧 부처임을 깨닫고 수행하면서 구체적으로 표현해 가는 선을 말한다. 달마 계통의 선.

추로자(鶖鷺子) 사리불舍利弗.

추선(追善) 죽은 사람의 명복을 기원하는 불교 의식. 추천의 전이라고 한다.

추악원(麤惡苑) 제석천의 성 밖에 있는 정원의 하나. 제석이 싸우려고 이 정원에 들어가면 필요한 투구나 칼 등이 저절로 나타남.

추요(樞要) 가장 요긴하고 중요하다는 뜻.

추자(鶖子) 사리불舍利弗.

추현지경(麤顯之境) 색色 등의 오진五塵의 경계.

축법란(竺法蘭) 사십이장경四十二章經을 번역하여 중국 역경의 시초가 된 중인도의 승려.

축상번(祝上幡) 국왕이나 나라의 안녕을 위해 글을 적어 매다는 깃발.

축생(畜生) ①짐승을 이르는 말. ②삼악도三惡道의 하나. 중생이 죄를 지어 죽은 뒤에 짐승이 되어 괴로움을 받음을 말한다.

축생계(畜生界) 축생의 세계.

축생도(畜生道) 축생의 세계. 삼악도三惡道의 하나. 축생취畜生趣라고도 한다.

축생취(畜生趣) 사취四趣·사악취四惡趣 가운데 하나. 축생의 세계. 축생도畜生道라고도 한다.

출가(出家)📖 pravrajyā 출가하는 것, 걸식을 행하는 것, 고행기苦行期, 유행遊行 시기에 들어가는 것 등의 뜻이 있다. 속세의 생활을 버리고 떠나 성자聖者의 생활을 하는 것.

출가계(出家戒) 구족계具足戒. 출가한 승려가 지켜야 하는 계법.

출가락(出家樂) 오락五樂 가운데 하나.

출가미(出家味) 사미四味 가운데 하나. 출가한 사람이 재가在家의 여러 가지 고난을 벗어나 이욕계離欲戒를 받을 때 얻는 법미락法味樂을 말한다.

출가절(出家節)　음력 2월 8일. 부처가 출가한 날.

출관인(出觀人)　사종인四種人 가운데 하나. 생사에 있으면서 도법道法을 닦아 벗어나기를 구하는 이.

출로(出路)　출신활로出身活路. 삼계三界의 고통으로부터 해탈하는 것이 출신, 해탈하는 길이 활로.

출리(出離)　삼계三界의 생사를 반복하는 미혹의 세계를 떠나는 것. 번뇌의 속박을 벗어나 해탈의 경지에 이르는 것.

출반(出飯)　생반生飯.

출불신혈(出佛身血)　삼역三逆 가운데 하나. 승려들이 다시 본래의 승단에 돌아감을 노여워하여 돌을 던져 부처의 몸에서 피를 낸 것.

출생공양진언(出生供養眞言)　공양불법승삼보법供養佛法僧三寶法에서 마지막에 송송誦하는 진언.

출생사안(出生死眼)　십안十眼 가운데 하나. 열반을 보는 눈.

출생식(出生識)　제8식인 아뢰야식阿賴耶識의 다른 이름.

출세(出世)　①부처가 세상에 나타나는 것. ②태어나는 것. 법을 체득한 사람이 중생 교화를 위해서 세상에 나오는 것. ③세간을 초월하는 것. 출세간.

출세간(出世間)　①삼계의 번뇌를 떠나 깨달음의 경지에 드는 것. 보살·연각緣覺·성문聲聞의 경지. 세속을 벗어난 깨끗한 세계. ②진실을 구하는 깨달음의 수행. 해탈을 위한 가르침. ③불법의 영역.

출세간도(出世間道)　미혹의 세계를 떠나는 깨달음의 길.

출세간무루지선(出世間無漏智禪)　출세간상상선出世間上上禪.

출세간바라밀(出世間波羅蜜)　삼종바라밀三種波羅蜜 가운데 하나. 이승二乘이 열반에 들기 위해 닦는 6도행度行.

출세간법(出世間法)　삼승三乘이 닦는 사제四諦·육도六度 등의 법. 곧 여러 부처와 성현聖賢의 법.

출세간상상바라밀(出世間上上波羅蜜) 삼종바라밀三種波羅蜜 가운데 하나. 보살이 중생을 제도하기 위해 닦는 6도행度行.

출세간상상선(出世間上上禪) 삼종선三種禪 가운데 하나. 최고 단계인 출세간무루지선出世間無漏智禪을 말한다.

출세간상상지(出世間上上智) 삼종지三種智 가운데 하나. 모든 부처 및 보살의 대승大乘의 지혜.

출세간선(出世間禪) 삼종선三種禪 가운데 하나. 무루지無漏智를 발현하는 성현들의 선을 말한다.

출세간지(出世間智) 삼종지三種智 가운데 하나. 초세간적인 지혜. 성문·연각 등 삼승三乘의 지혜.

출세사(出世舍) 사찰의 다른 이름. 사십종이명寺十種異名 가운데 하나.

출수(出手) 스승이 내미는 손을 제자가 잡으며 인도를 받는 것.

출신(出身) 삼계三界의 고통으로부터 해탈하는 것.

출신활로(出身活路) 번뇌의 화택火宅과 망상의 고해苦海에서 뛰쳐나와 자유와 해탈을 얻는 길. 곧 조사선祖師禪의 바른 길.

출실지(出悉地) 불복장을 할 때 후령통에 넣는 진언. 차례로 일체의 지혜를 냈으므로 출出이라고 한다.

출심(出心) 삼심三心 가운데 하나. 삼승三乘의 수행하는 지위에서 나와 다음 지위로 가려는 때를 말한다.

출요(出要) 생사의 윤회에서 벗어나는 것. 고통으로부터 벗어나는 것. 출리出離의 중요한 길.

출입식(出入息) 호흡하는 것.

출전진여(出纏眞如) 무구진여無垢眞如.

출정(出定) 개정開定. 선정禪定을 마치고 나오는 것.

출진(出塵) 속세의 티끌을 벗어남. 번뇌를 벗어나는 것을 말한다.

출체(出體) 현상계의 사事를 존재하게 하는 본래를 바르게 보이는 것. 경전 등을 해석할 때, 주제主題를 드러내는 것. 이름을 해석하는 석명釋名, 모습인 상相을 설명하는 변상辨相 등과 함께 경전 해석의 한 형식.

출태(出胎) 태어나는 것.

출현(出現) 불보살이 중생의 구제를 위해 화신化身으로 세상에 나타나는 것.

취(取) 집취執取·집지執持의 뜻. 애욕 때문에 생기는 집착. 삼계三 界의 허망한 상相에 집착하여 육취六趣의 생生을 취하므로 번뇌를 취取라고 한다.

취(趣) 중생이 번뇌에 의해 악업을 짓고 그 악업에 말미암아 가 서 사는 곳. 육취六趣.

취결(取結) 번뇌의 다른 이름.

취과(取果) 결과를 낳는 것은 정해져 있으나 아직 그 결과가 나 타나지 않은 때를 말한다.

취대(鷲台) 영취산靈鷲山.

취두(鷲頭) 영취산靈鷲山.

취라도(嘴羅都) 근심 고통 때문에 입이 뾰로통하게 튀어나온 것. 취로도嘴盧都·고도孤都라고도 한다. 곧 궤착취撅著嘴·고착취鼓著嘴 를 말한다.

취락(聚落) 마을.

취법(聚法) ① 집착해야 할 일. ② 대상을 있다고 망상하는 것.

취봉(鷲峰) 영취산靈鷲山.

취사(取舍) 취사取捨. 취取하는 것과 버리는 것.

취상참(取相懺) 3가지 참법懺法 가운데 하나. 선정에 들어 참회의 생각을 하면서 불보살이 와서 정수리를 만져 줌과 같은 서상瑞相 을 얻고자 바라는 것. 성죄性罪·차죄遮罪 등을 멸한다.

취심(聚心) 선심禪心.

취악(鷲嶽) 영취산靈鷲山.

취온(取蘊) 번뇌에서 생긴 집. 번뇌를 낳는 집. 곧 집착을 일으키는 것.

취적(趣寂) 입적入寂. 적멸寂滅의 열반涅槃으로 향하는 것.

취집(聚集) 모임. 집적集積. 집합集合.

취타(吹打) 군대에서 나발, 소라, 대각, 호적號笛 등을 불고, 징, 북, 바라를 치는 일을 말한다. 만파정식지곡萬波停息之曲은 고려 때부터 전해 오는 대취타곡大吹打曲을 관현악管絃樂으로 편곡한 것이며, 궁중 예악으로 임금 행차나 군대 행진 및 개선 때 연주하던 곡.

취타악(吹打樂) 소라, 북, 좌발, 호적으로 이루어진 악단.

취학처(取學處) 사바라이四波羅夷 가운데 대도계大盜戒를 말한다.

측벽화(側壁畵) 전각 기둥 사이의 벽면에 그려진 그림.

치(癡) 대번뇌大煩惱 6가지 가운데 하나. 사리에 미혹되고 이해하지 못하는 것. 우미愚迷. 미혹迷惑. 무명無明.

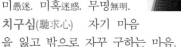

측벽화(김천 직지사)

치구심(馳求心) 자기 마음을 잃고 밖으로 자꾸 구하는 마음. 사물에 집착하는 마음 작용.

치답(置答) 사종론四種論 가운데 하나.

치류(緇流) 치도緇徒. 치의緇衣를 입는 무리. 곧 승려를 말한다.

치림(緇林) 사원. 절.

치목(齒木) 씹어서 치아를 깨끗하게 하는 버드나무가지.

치미(국립경주박물관)

치미(鴟尾) 건물의 장식용 기왓장. 망새. 용두龍頭.

치미(痴迷) 치심痴心이 이치에 미혹되는 것.

치박(癡縛) 우치愚癡의 번뇌가 사람을 속박한다는 뜻.

치백(緇白) 치의緇衣와 백의白衣. 곧 승려와 속인이라는 뜻. 치소緇素.

치복(緇服) 검은 색의 옥. 승복僧服. 승려. 치의緇衣.

치불난(值佛難) 사난四難 가운데 하나. 부처가 살아 있을 때 만나기 어려움을 말한다.

치선(痴禪) 묵묵히 앉아 행하는 무의식의 좌선. 치실痴室. 치정痴定.

치성광(熾盛光) 대치성광大熾盛光. 치성광불정존熾盛光佛頂尊·치성위덕광명불熾盛威德光明佛이라고도 한다.

치성광불정존(熾盛光佛頂尊) 대치성광大熾盛光. 치성광熾盛光·치성위덕광명불熾盛威德光明佛이라고도 한다.

치성광여래(熾盛光如來) 북극성을 부처로 바꾸어 부르는 이름. 칠성七星 신앙에서 유래한다.

치성위덕광명불(熾盛威德光明佛) 대치성광大熾盛光. 치성광熾盛光·치성광불정존熾盛光佛頂尊이라고도 한다.

치소(緇素) 치백緇白. 검은 옷과 흰 옷. 승려 행세도 하고 속인 행세도 하는 것.

치실(痴室) 치선痴禪.

치심(癡心) 육폐심六蔽心 가운데 하나. 어리석은 마음에 가려서 사악한 법에 집착하여 바른 견해를 내지 못하는 것.

치암(癡闇) 무명無明. 우치愚癡의 어두움.

치의(緇衣) 치복緇服. 또는 승려 행세도 하고 속인 행세도 하는 것을 말한다.

치정(痴定) 치선痴禪.

치탈도첩(褫奪度牒) 승려의 신분증인 도첩度牒을 빼앗아 승적을 박탈하는 것.

치향로(置香爐) 자루가 없는 향로香爐.

치황(緇黃) 승려와 도사. 승려의 치복緇服과 도사의 황관黃冠.

치효(鴟梟) 올빼미. 간악한 사람을 비유한 말.

친교사(親教師) 새로운 비구에게 수계하고 직접 가르침을 주는 스승. 법랍 10세 이상의 지혜를 구족한 승려.

친근(親近) ① 친하게 되는 것. 친밀히 가까워지는 것. ② 신뢰할 만한 벗.

친근처(親近處) 사찰의 다른 이름.

친금(嚫金) 친재嚫財. 재식齋式 뒤에 보시한 물건. 곧 보시한 금은 金銀·의복 등을 말한다.

친리각(親里覺) 팔각八覺 가운데 하나. 고향이나 친척 등을 기억하는 마음.

친물(嚫物) 재식齋式 뒤의 공양한 물건.

친소연연(親所緣緣) 주관의 심식 작용을 일으키는 객관 대상 가운데 친한 것.

친승(親勝) 반도실리畔徒室利. 십대논사十大論師 가운데 하나.

친시(嚫施) 재시財施로 공양하는 것.

친연(親緣) 삼연三緣 가운데 하나. 중생이 항상 부처를 염원하고 경배하면 부처는 이를 알아 떠나지 않는 것을 말한다.

친우(親友) 선지식善知識.

친자(嚫資) 보시한 자구資具의 물건.

친재(嚫財) 재식齋式 뒤에 보시한 물건을 말한다. 속인의 재시財施.

친전(嚫錢) 친재嚫財.

칠가(七家) 임제臨濟·위앙潙仰·조동曹洞·운문雲門·법안法眼의 오종 五宗에 황룡종黃龍宗과 양기종揚岐宗을 합친 것.

칠각(七覺) 염각念覺·택법각擇法覺·정진각精進覺·희각喜覺·경안각 輕安覺·정각定覺·사각捨覺.

칠각분(七覺分) 칠보리분七菩提分·칠각지七覺支·칠각의七覺意라고 도 한다. 불교의 법도 수행에서 진위眞僞 및 선악을 살펴서 올바로 취사선택하는 7가지 지혜. 택법각분擇法覺分·정진각분精進覺分·희 각분喜覺分·제각분除覺分·사각분捨覺分·정각분定覺分·염각분念覺分.

칠각의(七覺意) 칠각분七覺分.

칠각지(七覺支) 칠각분七覺分. 깨달음을 얻기 위해 필요한 7가지

사항. 깨달음으로 이끄는 7가지 수행. 택법각지擇法覺支·정진각지
精進覺支·희각지喜覺支·경안각지輕安覺支·사각지捨覺支·정각지定覺
支·염각지念覺支.

칠견(七見) 7가지 그릇된 견해. 사견邪見·아견我見·상견常見·단견
斷見·계도견戒盜見·과도견果盜見·의견疑見.

칠공(七空) 7가지의 공空을 말한 것. 상공相空·성자성공性自性空·
행공行空·무행공無行空·일체법이언설공一切法離言說空·제일의성지
대공第一義聖智大空·피피공彼彼空.

칠구(七垢) 7가지 번뇌. 욕구欲垢·견구見垢·의구疑垢·만구慢垢·교
구憍垢·수면구隨眠垢·간구慳垢.

칠구지불모(七仇胝佛母) 관음보살의 광대한 덕을 일컫는 말. 관
음보살의 자비 공덕이 7억 부처를 길러 낸다는 뜻.

칠금산(七金山) 수미산을 중심으로 그 주위를 7겹으로 둘러 있는
높은 산. 모두 진금眞金으로 되었다고 한다.

칠난(七難) 전쟁·내란·천재 등의 7가지 재난.

칠난팔고(七難八苦) 7가지 재난과 8가지 고통.

칠당가람(七堂伽藍) 사찰이 갖추어야 하는 7가지 건물. 부처를
모신 불전佛殿, 법회 의식을 열 수 있는 법당法堂, 승려들이 기거하
며 참선이나 공양을 할 수 있는 승당僧堂, 후원이나 창고로 사용
하는 고방庫房, 산문山門, 요사寮舍, 욕실浴室 등을 말한다.

칠대(七大) 모든 법계의 체성體性을 7가지로 나눈 것. 지地·수水·
화火·풍風·공空·견見·식識의 7가지 원리.

칠등각지(七等覺支) 칠각지七覺支.

칠루(七漏) 번뇌의 다른 이름. 견루見漏·수루水漏·근루根漏·악루惡
漏·친근루親根漏·수루受漏·염루念漏.

칠만(七慢) 자신을 내세우며 남을 업신여기는 7가지 어리석음.
자신보다 못한 사람에게 우월감을 갖는 것 등. 만慢·과만過慢·만
과만慢過慢·아만我慢·증상만增上慢·비만卑慢·사만邪慢.

칠멸쟁법(七滅諍法) 쟁론爭論이 생겼을 때 그치게 하는 7가지 규칙.

칠묘법(七妙法) 칠법七法·칠지七知·칠선七善·칠선법七善法이라고도 한다. 지법知法·지의知義·지족知足·지자知自·지중知衆·지시知時·지존비知尊卑.

칠미(七微) 욕계의 유형질 가운데 가장 간단한 것을 말한다.

칠법불가피(七法不可避) 피할 수 없는 7가지 법. 생불가피生不可避·노불가피老不可避·병불가피病不可避·사불가피死不可避·죄불가피罪不可避·복불가피福不可避·인연불가피因緣不可避.

칠변(七辯) 부처의 7가지 말솜씨. 첩질변捷疾辯·이변利辯·부진변不盡辯·불가단변不可斷辯·수응변隨應辯·의변義辯·일체세간최상변一切世間最上辯을 말한다.

칠변(七變) 중생의 여러 가지 다른 근기根機.

칠보(七寶) 7가지 보배. 금金·은銀·유리琉璃·파리玻璃·차거硨磲·마노碼瑙·적진주赤眞珠.

칠보리분(七菩提分) 칠각분七覺分·칠각의七覺意. 또는 각지覺支라고도 한다.

칠보지(七寶池) 칠보七寶가 가득 차있는 연못.

칠불(七佛) 과거의 일곱 부처. 곧 비바시불毗婆尸佛·시기불尸棄佛·비사부불毗舍浮佛·구류손불拘留孫佛·구나함모니불拘那含牟尼佛·가섭불迦葉佛·석가모니불.

칠불통계(七佛通戒) 보편타당한 진리를 이르는 말.

칠불통계게(七佛通戒偈) 과거 7불이 공통으로 수지했다고 일컬어지는 부처의 훈계가 담긴 게송. 모든 악을 저지르지 말고 모든 선을 행하여 스스로 그 마음을 깨끗하게 하라는 가르침.

칠사(七使) 7가지의 번뇌. 견취見取·사견邪見·탐貪·진瞋·치癡·만慢·의疑.

칠사부취(七士夫趣) 칠성七聖을 말한다.

칠석(七夕) 음력 7월 7일 칠석날.

칠선(七善)   칠처선七處善.

칠선사취(七善士趣)   불환과不還果의 성자에게 생반生般·중반中般·상류반上流般의 3가지가 있는 것 가운데 생반과 중반에 각각 3가지로 나눈 것. 착한 일만을 행하는 사람을 말한다.

칠성(七星)   북두칠성. 인간의 길흉화복을 관장하는 도교의 신을 불교에서 수용하여 칠성여래·칠성성군으로 승화시킨 것.

칠성각(七星閣)   수명장수신壽命長壽神인 북두칠성을 봉안한 불전. 삼성각三聖閣 가운데 하나.

칠성단(七星壇)   치성광여래를 중심으로 일광월광보살과 북두칠성을 예경하는 예불문.

칠성도(七星圖)   북두칠성을 의인화하여 그린 그림. 삼성각에 산신도 및 독성도와 함께 봉안.

칠성여래(七星如來)   칠성七星.

칠성재(七聖財)   칠재七財. 불교의 법도를 이루는 성스러운 법을 7가지 재물에 비유한 것. 신信·계戒·참慚·괴愧·문聞·시施·혜慧를 의미.

칠성도(가평 현등사)

칠수면(七隨眠)   욕탐欲貪·진瞋·유탐有貪·만慢·무명無明·견見·의疑.

칠식(七識)   제7식. 말나식末那識.

칠식주(七識住)   심식을 손괴하는 일이 없는 삼계구지의 여러 곳을 가리킨다.

칠심계(七心界)   안眼·이耳·비鼻·설舌·신身의 6식識에 의근意根을 더한 것.

칠십오법(七十五法)   유부有部나 구사俱舍에서 일체법을 구분하는 방법. 색법色法·심법心法·심소유법心所有法·심불상응행법心不相應行法·무위법無爲法으로 나누고 각각의 법을 모두 합하면 75가지가 됨.

칠여래(七如來)   일곱 여래. 아귀에게 베푸는 시식施食으로 쓰이는 경우와 황제나 왕을 세간광대위덕자재광명신世間廣大威德自在光明神에게 베푸는 경우가 있다. 아귀에게 쓰이는 경우에는 다보多寶·묘색신妙色身·광박신廣博身·이포외離怖畏·보승寶勝·아미타阿彌陀·감로왕여래甘露王如來가 쓰인다.

칠역죄(七逆罪) 바른 이치를 배반한 죄.

칠엽굴(七葉窟) 부처가 입적한 뒤에 많은 제자들이 왕사성 영취산 칠엽굴七葉窟에서 경전을 결집했다고 한다.

칠요(七曜) 7가지 빛나는 별 등의 물체. 일요日曜는 태양, 월요月曜는 태음太陰, 화요火曜는 형혹熒惑, 수요水曜는 진성辰星, 목요木曜는 세성歲星, 금요金曜는 태백太白, 토요土曜는 진성鎭星.

칠유(七有) 유는 생존이라는 뜻. 지옥에서의 생존, 축생의 생존, 아귀의 생존, 천상의 생존, 인간의 생존, 업유業有와 중유中有를 말한다. 칠생七生.

칠유(七喩) 『법화경』에 나오는 7가지 비유. 화택유火宅喩·궁자유窮子喩·약초유藥草喩·화성유化城喩·의주유衣珠喩·계주유髻珠喩·의자유醫子喩.

칠인명(七因明) 논의에 있어서 7가지 요건.

칠장(漆匠) 옻칠을 하는 장인.

칠장부(七丈夫) 칠성七聖을 말한다.

칠재(七財) 칠성재七聖財.

칠정(七情) 희喜·노怒·애哀·낙樂·애愛·오惡·욕慾.

칠정례(七頂禮) 📖 삼보에게 예경하는 오분향례五分香禮가 끝나면 머리를 땅에 대고 올리는 7번의 절을 말한다. 첫 번째는 석가모니 부처이고, 둘째는 모든 부처이고, 세 번째는 법이고, 네 번째는 보살중菩薩衆이고, 다섯 번째는 부처의 제자이고, 여섯 번째는 법을 이어온 승보僧寶며, 일곱 번째는 승가에 대하여 지심귀명례至心歸命禮하는 것.

칠조(七條)　칠조가사七條袈裟. 울다라승鬱多羅僧.

칠조(七祖)　화엄칠조華嚴七祖를 말한다. 인도의 마명보살과 용수보살, 중국의 두순, 운화 지엄, 현수 법장, 청량 증관, 규봉 종밀을 말한다.

칠조가사(七條袈裟)　울다라승鬱多羅僧.

칠조상승(七祖相承)　정토진종에서 서로 계승하는 것.

칠종(七宗)　①율종·법사종·삼론종·화엄종·천태종·진언종·선종. ②중국 선종의 분파. 조동종·운문종·법안종·임제종·위앙종의 5종에 양기파·황룡파를 더한 것. 오가칠종. ③우리나라 고려 말부터 조선 초에 있었던 종파. 조계종曹溪宗·천태종·총남종摠南宗·화엄종·중신종中神宗·시흥종始興宗·자은종慈恩宗의 7종을 말한다. 7종은 세종 6년(1424)에 7종은 선종禪宗과 교종敎宗으로 혁파되었는데 조계·천태·총남종은 선종, 화엄·자은·중신·시흥종은 교종에 통합되었다.

칠종무상(七種無上)　부처가 갖추고 있는 7가지의 무상. 신무상身無上·도무상道無上·견무상見無上·지무상智無上·신력무상神力無上·단장무상斷障無上·주무상住無上을 말한다.

칠종예불(七種禮佛)　『법화주림』 20권에 전하는 예불법. 아만례我慢禮·구명례求名禮·신심례身心禮·발지청정례發智淸淨禮·변입법계례遍入法界禮·정관수성례正觀修誠禮·실상평등례實相平等禮. 앞에서 두 가지 예법은 진정한 예법이 아니라고 한다.

칠중(七衆)　수계칠중受戒七衆. 비구比丘·비구니比丘尼·식차마나式叉摩那·사미沙彌·사미니沙彌尼·우바새優婆塞·우바이優婆夷.

칠증(七證)　학덕이 높은 7명의 승려로서 수계를 증명해 주는 법사.

칠지(七知)　지법知法·지의知義·지시知時·지족知足·지자知自·지중知衆·지인존비知人尊卑.

칠지계(七支戒)　불살생不殺生·불투도不偸盜·불사음不邪婬·불망어不妄語·불기어不綺語·불악구不惡口·불양설不兩舌.

칠직(七職) 사찰에서 중요한 일을 7가지인 포교, 기획, 호법, 총무, 재무, 교무, 사회 등으로 나누어 관리하는 소임.

칠처(七處) 보리량菩提場·보광명전普光明殿·도리천忉利天·야마천夜摩天·도솔천兜率天·타화천他化天·서다림逝多林.

칠처구회례(七處九會禮) 『화엄경』을 강설하는 화엄산림華嚴山林에서 행해진 예법.

칠처선(七處善) 칠선七善. 『아함경』이나 유부에서 설교하는 관법의 하나. 오온五蘊의 하나하나에 관해 일곱 측면에서 자세히 살피는 것.

칠취(七趣) 중생이 죽어서 가게 되는 7가지의 경계. 지옥地獄·아귀餓鬼·축생畜生·인간人間·신선神仙·천상天上·아수라阿修羅.

칠취(七聚)📖 율律을 적용하는 모습을 일곱 가지로 분류한 것. 범犯한 죄罪가 중하여 머리를 자른다는 뜻으로 승단에서 추방시키는 바라이波羅夷, pārājika, 범한 죄가 중하기는 하지만 승단에 남을 수 있도록 허락하는 승가바시사僧伽婆尸沙(saṃghāvaśeṣa), 선善을 행함을 방해하는 투란차偸蘭遮(sthūlātyaya), 범한 죄로 인하여 삼도에 떨어진다는 바일제波逸提(pāyattika 또는 prāyaścittika), 다른 사람 앞에서 참회해야 한다는 바라제제사니波羅提提舍尼(pratideśanīya), 악惡을 짓는 것이라는 돌길라突吉羅(duṣkṛta), 나쁜 말이라는 악설惡說(durbhāṣita)의 7가지. 범犯한 내용에 따라 의식을 위한 구성 인원과 순서가 정해져 있으므로, 이를 따라야 한다.

칠칠일(七七日) 사십구재四十九齋.

칠칠재(七七齋) 사십구재四十九齋.

칠통(漆桶) 중생衆生의 마음이 무명無明에 덮여 검고 어둡기가 옻을 담은 통 속과 같다는 뜻.

칠팔행(七八行) 칠각지七覺支와 팔정도八正道의 행법.

침기부(砧基簿) 절에서 모든 기구들을 기록한 장부.

침향(沈香) 침수향沈水香. 침향목沈香木. 향목의 이름. 향재 가운데 최상의 것으로 견고하고 무거워 물에 가라앉으므로 붙여진 이름.

칭념(稱念) 입으로 나무아미타불을 부르고 마음으로 아미타불을 생각하는 것.

칭량성호(稱揚聖號) 여래의 덕을 불러서 높이 드날린다는 뜻. 특히 시식에서 여래를 칭양稱揚할 때, 사여래四如來, 오여래五如來, 칠여래七如來 등이 있다.

칭명(稱名) ①부처와 보살의 이름을 부르는 것. ②나무아미타불을 입으로 외우는 것. ③칭송하는 것.

칭명염불(稱名念佛) 구칭염불口稱念佛. 입으로 부처의 명호를 외우거나 부르는 것. 4가지 염불念佛 가운데 하나.

칭명잡행(稱名雜行) 아미타불의 명호를 외우는 동시에 다른 여러 부처나 보살·천신의 명호도 함께 부르는 것.

칭법(稱法) 칭법계稱法界.

칭법계(稱法界) 칭법稱法.『화엄경』에서 말하는 법계의 진리에 따르는 것.

칭법행(稱法行) 법성의 본체에 맞는 행법. 공의 진리 그 자체에 입각한 행동.

칭실성문(稱實聲聞) 삼종성문三種聲聞 가운데 하나. 대승시교大乘始教의 성문.

칭양성호(稱揚聖號) 여래의 덕을 불러서 높이 드날린다는 뜻. 시식施食에서 여래를 칭양稱揚할 때 사여래四如來·오여래五如來·칠여래七如來 등이 있다.

칭호(稱號) 불보살의 명호를 일컫는 말.

카르마 karman 행위, 작업, 의식儀式, 결과 등의 뜻이 있다. 업業.

카마 Kama 사랑. 사랑의 여신.

카마데바 Kamadeva 카마. 사랑의 신.

카마마라 Kamamara 사랑과 죽음의 신.

카하라바아(佉訶囉嚩阿) 오대五大. 카는 공대空大, 하는 풍대風大, 라는 화대火大, 바는 수대水大, 아는 지대地大.

칸주르 Bkah-hgyur 티베트어로 번역된 석가모니의 친구親口·수허隨許·가지加持의 여러 경전을 집대성한 것.

쿠시나가라 구시나갈라拘尸那揭羅. 석가모니부처의 열반지.

크샤나 찰나刹那. 순간瞬間.

큰방 대방大房. 승려들이 함께 일상생활을 하는 중료衆寮나 승당僧堂을 말한다. 함께 거처하며, 공양하는 절 안에서 가장 큰 방.

큰절 말사末寺에 대하여 본산本山을 이르는 말.

ㅌ

타가(他家) 타문他門·타종他宗. 자기가 속한 종파 이외의 다른 종파를 말한다.

타각정 문양을 파내는 것이 아니라, 정을 세워서 잡고 망치로 쳐서 정의 끝에 있는 모양이 나타날 수 있도록 하는 정.

타계(他界) ①사람이 죽어서 저 세상으로 감. 저승. ②전혀 다른 세계. 자기가 속하지 않은 다른 경계.

타공(打供) 공양供養을 하는 것.

타근(墮根) 한곳에 머물러 있는 것.

타급(打給) 공급하여 주는 것. 선문에서 대중들에게 죽이나 밥을 공급하는 것을 말한다.

타나(陀那)📖 dāna 준다, 시집보내는 것, 주는 것, 공물을 바치는 것, 시물施物, 증재贈財, 봉물捧物 등의 뜻이 있다. dnānpati는 지극히 자선적인 사람, 자선가慈善家의 뜻이 있으며, 단월檀越이라고 의역한다. ①단나檀那. 보시布施. 물건을 남에게 베풀어 주는 것. ②인도의 양목量目 이름.

타남(馱南)📖 dhyāna 정려靜慮, 종교적인 명상 등의 뜻이 있다. 음사는 선禪·선나禪那이며, 정정正定·정려靜慮·사유수思惟修로 번역. 생각을 고요하게 하고 마음을 밝혀서 진리를 생각하는 일.

타니대수(拖泥帶水) 화니합수和泥合水. 흙탕물을 뒤집어쓴다는 뜻. 선문禪門에서 구두선口頭禪을 경시하여 가리키는 말.

타도(馱都) dhātu 층層, 성분, 요소, 신체의 성분 요소, 공덕을 가리키기도 한다. ①법계法界·세계世界 등의 계界. ②사리舍利. 부처의 유골.

타두(打頭) 타저打底. 벽두제일劈頭第一·최초·도저到底 등의 뜻이 있다. 끝까지와 처음이라는 뜻.

타라 Tara 티베트에서 말하는 관세음보살의 아내.

타라구(吒羅佉) 보장천寶藏天.

타력(他力)📖 ①자기의 능력이 아닌 다른 사람의 능력이나 작용.

②부처나 보살의 힘. 부처나 보살의 원력願力을 가피加被하는 것. 이력二力 가운데 하나. 자력自力의 반대말. ③사력四力 가운데 하나. 다른 사람의 가르침이나 다른 일에 감동되어 보리심을 내는 것. ④미타의 본원. 정토교에서는 중생을 극락에 왕생시키는 아미타불의 원력을 말한다.

타력교(他力敎) 타력에 의해 구제되고 성불하는 불교 종파. 타력종他力宗.

타력문(他力門) 타력교他力敎·타력종他力宗. 정토문.

타력염불(他力念佛) 자기 스스로 힘써 닦는 공보다 아미타불의 본원에 의지하여 염불만 하는 것. 자력염불의 반대말.

타력왕생(他力往生) 아미타불의 원력에 힘입어 정토에 왕생하는 것.

타력종(他力宗) 타력교他力敎. 아미타불阿彌陀佛을 믿고 염불함으로써 극락정토에 태어날 수 있다는 정토교를 가리킨다.

타마(馱摩) dharma 확정한 질서, 관습적인 순서, 습관習慣, 풍습風習, 법칙法則, 규정規定, 의무義務 등의 뜻이 있다. 달마達磨.

타면(打眠) 잠자는 것.

타면의(打眠衣) 선승禪僧의 잠옷. 침의寢衣.

타문(他門) 타류他流·타가他家.

타박야(馱縛若) dhvaja 기旗, 당幢, 족기族旗, 표식標識, 상징象徵, 신의 격이 있는 속성, 술집이나 술을 만드는 사람의 간판 등의 뜻이 있다. 간두竿頭에 용머리 모양과 보주寶珠를 두고 여러 가지 채색 비단으로 장엄한 깃발.

타반(打飯) 밥을 먹음.

타반금(打飯金) 양식을 마련하는 돈. 공양할 밥값.

타병(打倂) 타병打屛. 제거.

타불(陀佛) 아미타불. 무량수불無量壽佛이라고도 한다.

타비량(他比量) 인명因明에서 자기의 주장에 관계없이 상대편이 인정하는 사건만으로 이루어진 비량.

타생(他生) ①자생自生의 반대말. 그 물건 밖의 다른 원인으로 생기는 것. ②금생今生에서 과거나 미래의 생을 말하는 것.

타성일편(打成一片) 중생이 부질없이 헤아리는 편협한 판단과 차별을 여의고 모든 사물이 하나로 융합되는 것.

타수용(他受用) 부처가 깨달음의 기쁨을 중생과 함께 즐기는 것.

타수용신(他受用身) 중생을 교화하기 위해 이타利他의 입장에서 인도하는 불신佛身. 부처의 삼신三身 가운데 보신報身을 자수용신·타수용신으로 나눈 것. 스스로 증득한 법의 즐거움을 중생들과 함께 즐거움을 누리는 불신.

타수용토(他受用土) 보토報土. 타수용신이 있는 정토. 초지 이상의 보살이 법의 즐거움을 누리고 수승한 행을 닦게 하기 위해 여러 가지로 장엄한 이타利他의 국토. 또는 응토應土라고도 한다.

타승(他勝) pārājikā 바라이波羅夷.

타승죄(他勝罪) pārājikā 바라이波羅夷·파라희가波羅希迦. 무여無餘·극악極惡·불공주不共住로도 번역. 살생殺生·투도偸盜·사음邪婬·망어妄語의 4가지 죄를 말한다. 악법이 선법을 이겼다는 뜻.

타심지(他心智) 다른 사람이 마음속으로 생각하는 것을 아는 지혜. 타인지他人智·타인통他人通이라고도 한다.

타심지증통(他心智證通) 타심통他心通. 다른 사람이 마음속으로 생각하고 있는 것을 아는 지혜나 능력.

타심지통(他心智通) 타심통他心通. 다른 사람이 마음속으로 생각하고 있는 것을 아는 지혜나 능력.

타심통(他心通) 육신통六神通 가운데 하나. 다른 사람이 마음속으로 생각하고 있는 것을 아는 지혜나 능력. 타심지통他心智通.

타연각심(他緣覺心) 타연대승심他緣大乘心과 각심불생심覺心不生心.

타연대승심(他緣大乘心) 십주심十住心 가운데 하나. 이타利他를 목적으로 하는 대승심.

타인(他因) 존재의 현상 세계를 성립시키는 원인.

타자문(吒字門) ƈta 모든 법의 만慢을 뜻함. 실담자에 뜻을 부여한다. ➡ 실담悉曇

타자문(咤字門) Otha 모든 법의 장양長養을 뜻함. 실담자에 뜻을 부여한다. ➡ 실담悉曇

타자문(他字門) Otha 모든 법의 주처住處를 뜻함. 실담자에 뜻을 부여한다. ➡ 실담悉曇

타자문(馱字門) ddha 모든 법의 법계法界를 뜻함. 실담자에 뜻을 부여한다. ➡ 실담悉曇

타작(他作) 다른 사람에 의해서 만들어진 의미.

타저(打底) ①끝까지. ②처음.

타종(打鐘) 종을 쳐서 승려들을 소집하거나 때를 알리는 것.

타종식(打鐘式) 종을 만들어 매단 기념으로 사부대중을 모시고 기념 행사와 아울러 종을 치는 의식.

타좌(打坐) 타는 어세語勢를 강하게 하는 어조사. 앉는 것. 곧 좌선坐禪.

타주춤 부처의 가르침인 팔정도의 교리를 구체적으로 표현하는 의미가 있는 춤.

타첩(打疊) ①하나로 묶어 놓는 것. ②이치를 알아차리는 것. ③일의 끝을 맺는 것. ④물건을 잘 정돈하는 것.

타출정 재질의 표면을 두드려서 문양을 도드라지게 할 수 있는 정.

타타(吒吒) 성난 말소리를 형용하는 말.

타포(打包) 삼의대三衣袋·두타대頭陀袋. 삼의三衣를 넣는 자루. 걸망과 같은 말.

타하지(吒呀地) 사나운 짐승이 성난 소리를 지르는 모양. 선승禪僧이 크게 할喝하는 모양을 말한다.

타혜(拖鞋) 나막신. 목욕간에서나 뒷간에서 신는 신.

타화자재천(他化自在天) 욕계欲界 육천六天 가운데 하나. 파라유마바사波羅維摩婆奢. 타화천他化天·제육천第六天이라고도 한다. 욕계의 가장 높은 곳에 있는 하늘. 곧 욕계천의 임금인 마왕이 있는 곳.

타화자재천왕(他化自在天王) 욕계천의 왕. 자기의 경계뿐 아니라 남의 경계까지도 즐겁게 만들어 주는 천왕.

탁(卓) 불상 앞에 놓고 향이나 꽃 등을 올리는 데 쓰는 상.

탁겁(濁劫) 겁탁劫濁. 오탁五濁 가운데 하나. 더러움에 가득한 말세.

탁란(濁亂) 악惡이 성대하여 사람을 혼탁하게 하고 세상을 어지럽게 하는 것.

탁발(托鉢) 📖 piṇḍapātika 발우 가운데 주는 음식만을 먹는다는 뜻. 두타행 가운데 하나. 걸식乞食·행걸行乞. 발우를 들고 다니면서 먹을 것을 얻는 것. 아집我執·아만我慢을 없애고, 보시하는 이의 복덕을 길러 주는 공덕.

탁사관(托事觀) 3가지 관법觀法 가운데 하나. 어떤 사물이나 대상을 통해 고요하고 자세하게 관하는 것.

탁사현법생해문(託事顯法生解門) 화엄교의華嚴敎義 10현문玄門 가운데 하나. 차별의 현상계에 의지하여 진리를 나타내어 사람으로 하여금 깨우침의 지혜를 갖게 하는 것.

탁삭(卓朔) 탁卓은 곧추세움. 삭朔은 생기 있는 모양. 개가 귀를 쫑긋하게 세운 모양. 곧 뛰어나고 영리함을 나타내는 말.

탁생(託生) ①생을 의탁하는 것. 모태에 의탁하는 것. ②극락세계에서 연화에 태어남을 의탁하는 것. 극락에 왕생하는 것.

탁세(濁世) 혼탁하고 부정한 세상.

탁악세(濁惡世) 오탁악세五濁惡世.

탁업(濁業) 탐욕에서 생기는 몸·입·뜻의 삼업三業.

탁의(卓衣) 법당에서 탁자를 장엄하기 위해 그 위를 덮거나 늘여 놓는 직물.

탁태(託胎) 📖 ①모태에 머무는 것. ②팔상성도의 첫 번째. 석가모니부처가 여섯 개의 상아를 가진 흰 코끼리를 타고 도솔천에서 내려와 마야부인의 겨드랑이에 머문 것을 말한다.

E

탄가(彈呵) 소승에 머물고 있는 이승二乘을 질책하는 것.

탄두(炭頭) 땔나무와 숯을 관리하는 소임.

탄백(嘆白) 공양과 정근에 대해 크게 찬탄하는 4구의 게송.

탄불(歎佛) 부처의 덕을 찬탄하는 것.

탄생게(誕生偈) 📖 석가모니부처가 룸비니동산에서 탄생한 뒤 사방으로 일곱 걸음을 걸으면서 오른손으로 하늘을, 왼손으로 땅을 가리키면서 읊조린 "천상천하 유아독존 삼계개고 아당안지天上天下 唯我獨尊 三界皆苦 我當安之"라는 게송.

탄생불(誕生佛) 석가모니부처가 탄생할 때 오른손으로 하늘을, 왼손으로 땅을 가리키면서 탄생게를 읊조리는 모양의 불상.

탄생회(誕生會) 강탄회降誕會. ① 석가모니부처가 탄생한 4월 8일. ②각 종파의 종조宗祖가 탄생한 날에 행하는 법회. ➡ 부처님오신날

탄지경(彈指頃) 손가락 한 번 튕기는 동안. 아주 짧은 시간.

탄진(嘆眞) 백진白眞.

탄트라 Tantra. 힌두교·불교·자이나교 등의 종파에서 행하는 밀교 수행법. 또는 그 수행법을 담은 경전. 산스크리트어로 지식을 넓힌다는 뜻이다.

탄생불(동국대학교 박물관)

탈각(脫殼) 번뇌·망상의 속박에서 해탈하는 것. 매미가 껍질에서 빠져 나오는 것에 비유한 말.

탈락(脫落) 해탈解脫. 탈脫은 나무통의 밑이 빠지는 모양. 락落은 손에 쥐었던 것을 떨어뜨리는 것.

탈략(脫略) 하나의 사물에도 장애가 없다는 뜻. 탈락脫落과 같은 말. 탈脫은 해탈. 략略은 생략.

탈사(脫闍) 당당幢幢. 부처나 보살이나 도량을 꾸미던 깃대.

탈의파(奪衣婆) 장두하파葬頭河婆·현의구懸衣嫗. 명부冥府의 삼도하三途河 가에 있으면서 강을 건너오는 죽은 이의 옷을 벗겨서 현의옹懸衣翁과 함께 의령수衣領樹에 건 다음 그 나뭇가지가 내려오는 모양을 보고 죽은 이의 죄가 무겁고 가벼움을 알았다는 늙은 귀녀鬼女.

탈체현성(脫體現成) 전체현로全體現露·전체현전全體現前. 모든 것이 다 드러난다는 뜻.

탐(貪) ①탐욕. 욕심. 격렬한 욕망. ②탐애貪愛. 좋아하는 대상에 대한 애착. 자기의 감정에 적합한 사물을 애착하게 하는 심리 작용. 부정법不定法 가운데 하나. ③삼독三毒 가운데 하나. 진瞋과 함께 감정적인 번뇌.

탐간영초(探竿影草) ①어부가 고기를 잡을 때 먼저 물의 깊고 얕음을 알아보기 위해 막대기를 사용하고, 도둑이 남의 집에 들어가기 전에 먼저 불 켜진 방안에 주인이 잠들었는지 알아보기 위해 풀 묶음을 달빛에 흔들어서 창문에 비추어 보는 것을 말한다. 스승이 법을 문답할 때 상대편에게 여러 가지 방법으로 시험하는 것. ②또는 새의 깃털을 물속에 넣어 물고기가 한곳에 모인 뒤에 그물로 잡는 것이 탐간. 풀을 물에 띄워 물고기가 풀 그림자 아래에 모여들게 하는 것을 영초라고 한다. 선종에서 종사가 학인을 다루는 기지와 재략에 비유한 말.

탐견(貪見) 십견十見 가운데 하나. 자신의 마음에 드는 사물에 탐착하여 일으키는 여러 가지 망견妄見.

탐결(貪結) 오결五結 가운데 하나. 탐욕의 번뇌. 사물에 대해 애착하고 욕심내는 마음이 생사고해生死苦海에 얽매어 벗어나지 못하게 함을 말한다.

탐광(貪狂) 4가지 광혹狂惑 가운데 하나. 탐욕의 마음이 많아서 미친 짓을 하는 것.

탐기(耽嗜) 탐하는 것.

탐박(貪縛) 삼박三縛 가운데 하나. 탐욕의 번뇌. 몸과 마음을 속박하여 벗어나지 못하는 것.

탐번뇌(貪煩惱) 몸과 마음을 뇌란하게 하는 탐욕의 정. 6대 번뇌 가운데 하나.

탐병(貪病) 탐애貪愛하는 마음이 일체의 경계에 집착하여 싫어함이 없는 것.

탐석(貪惜) 재물을 탐내고 아까워하여 남에게 베풀 줄 모르는 마음.

탐수(貪水) 탐애貪愛의 감정이 물건에 끌려가서 악법이 물처럼 불어나는 것을 비유한 말.

탐습(貪習) 탐욕貪欲이 습성習性이 되는 것.

탐애(貪愛) ①색色·성聲·향香·미味·촉觸의 오경五境에 집착하여 좋아하는 것. ②탐욕의 다른 이름. 욕심·욕망·애착·열애 등을 말한다.

탐에치(貪恚痴) 탐진치貪瞋癡와 같은 말. 음노치婬怒痴라고도 한다. 삼독三毒의 번뇌.

탐염(貪染) 오욕五欲의 경계에 탐착하여 물드는 것.

탐욕(貪欲) 사물에 대해 욕심내고 집착하는 것.

탐욕(貪欲) 탐貪·탐애貪愛·탐착貪着. 삼독三毒 가운데 하나. 사물에 대해 애착하여 탐내는 것. 곧 색욕·재물욕 등의 그칠 줄 모르는 욕심.

탐욕개(貪欲蓋) 오개五蓋 가운데 하나. 탐욕의 번뇌. 심식을 덮어 선이 생기지 못하게 하는 것을 말한다.

탐진치(貪瞋癡) 탐욕과 분노와 무지. 탐욕과 진에와 우치. 삼독三毒.

탐착(貪着) ① 탐내고 집착하는 것. 탐욕. ② 깊이 마음에 두는 것.

탐초(探草) 탐간영초探竿影草.

탑(塔) 📖 stūpa 머리를 묶음, 두정頭頂, 집의 주요한 대들보, 불탑佛塔 등의 뜻이 있다. 탑塔·방분方墳·원총圓塚·귀종歸宗·고현처高顯處·취상聚相으로 번역. 부처 사리를 넣고 돌이나 흙을 쌓은 무덤이나 묘廟의 모양을 한 것을 말한다. 재질에 따라 전탑塼塔·석조탑石造塔·목조탑木造塔 등이 있으며, 모양에 따라 복발탑伏鉢塔·옥탑屋塔·노탑露塔·주탑柱塔·상륜탑相輪塔·무봉탑無縫塔·안탑雁塔·삼중탑三重塔·칠중탑七重塔·오륜탑五輪塔·감탑龕塔 등이 있다.

탑다라니(塔陀羅尼) 불탑 속에 봉안하는 다라니. 법사리法舍利라고도 한다.

탑돌이 탑을 돌면서 염불하고 부처의 공덕을 찬양하면서 자신의 소원을 빌고 극락왕생을 기원하는 의식.

탑두(塔頭) 사중寺中. 큰 절에 딸려 있는 작은 암자를 말한다. 또는 조사祖師들의 탑이 있는 곳을 말한다.

탑묘(塔廟) stūpa 탑파塔婆. 탑. 부처나 성자의 유골 등을 안치하고 공양하기 위해 흙·돌·기와·나무 등으로 높게 만든 축조물. ➡ 탑塔

탑비(塔碑) 승려의 생애를 적은 비석.

탑사(塔司) ①탑주塔主. 탑에 대한 모든 사무를 맡아보는 소임. ②탑사가 거처하는 방.

탑사(塔寺) 탑묘塔廟.

탑상(塔像) 탑과 불상佛像.

탑원(塔院) 부처의 사리舍利를 안치한 탑이 있는 탑원塔院.

탑인(塔印) 무소부지인無所不至印. 탑 모양을 나타낸 수인手印.

탑주(塔主) 시진侍眞.

탕기청(湯起請) 서원을 세워 불·보살이 살펴보기를 청하면서 뜨거운 물을 더듬는 것을 말한다.

탕두(湯頭) 사찰에서 물을 끓이는 소임.

탕탕지(蕩蕩地)   탕탕은 방종放縱. 아는 체 하지 않고 내버려 두는 것.

태고종(太古宗)   태고 보우의 사상과 정신을 종지로 삼는 종단. 한국 불교 종단의 하나.

태교(台教)   천태종天台宗의 교문教門.

태궁(胎宮)   태옥胎獄.

태금(胎金)   태장계胎藏界와 금강계金剛界의 양부 만다라를 말한다.

태내오위(胎內五位)   부모의 정자와 난자가 수태하고 모태에 있는 266일 동안을, 처음부터 완전한 인간의 모습을 갖추어 가는 성장 과정을 5가지 모양 단계로 나누어 말하는 것. 갈라람羯羅藍·아부타阿浮陀·비시卑屍·가나伽那·바라사婆羅奢.

태대일(胎大日)   태장계胎藏界의 대일여래大日如來.

태도(台徒)   천태종天台宗의 승려.

태도(台道)   천태종의 도법.

태란습화(胎卵濕化)   사생四生.

태밀(台密)   일본 천태종에서 전하는 밀교.

태백성(太白星)   금요성金曜星.

태생(胎生)   사생四生 가운데 하나. 사람이나 짐승처럼 모태에서 태어나는 것.

태악(台岳)   천태산天台山.

태야(迨夜)   대야大夜·숙야宿夜. 다비茶毘를 행하기 전날 밤.

태옥(胎獄)   태궁胎宮. 모태 속에 있는 괴로움을 감옥에 비유한 것.

태외오위(胎外五位)   사람의 일생을 5가지 상태로 나눈 것. 영해嬰孩·동자·소년·성년·노년.

태장(胎藏)   모태. 자궁.

태장계(胎藏界)   중생의 본래 지니고 있는 성덕性德이 일체 여래의 공덕을 지니고 있는 것이 어머니 태내에서 아기가 자라는 것과 같다는 것. 곧 부처의 품안에서 중생이 산다는 뜻.

태장계만다라(胎藏界曼茶羅) 여래의 대비심大悲心을 태아를 양육하는 모태에 비유하여 세계가 현현顯現되며 진리를 증득하는 과정을 표현한 그림.

태종(台宗) 천태종天台宗.

태좌(台座) 불상을 안치하는 높은 좌상座床.

태주 마마를 앓다가 죽은 계집아이 귀신. 다른 여자에게 신이 내려서 길흉화복吉凶禍福을 잘 맞힌다고 한다.

태장계 만다라(일본 동사東寺)

태징 의식 때 사용하는 징.

태추생(太麤生) 공부가 익지 못하고 행위가 조심스럽지 못한 사람을 꾸짖는 말.

태현(太賢) 대현大賢.

태화장(胎化藏) 팔장八藏 가운데 하나. 부처가 모태 안에서 화현化現한 일 등을 말한 『처태경處胎經』등.

택력(擇力) 지혜로 모든 법을 가려 분별하는 힘.

택멸(擇滅) 지혜에 의한 번뇌의 소멸. 통찰력에 의한 번뇌의 소멸. 또는 열반涅槃의 다른 이름. 곧 지혜의 간택하고 판정하는 힘으로 번뇌를 끊은 자리에 나타나는 것.

택멸무위(擇滅無爲) 택멸이라고 하는 무위. 간택簡擇의 힘에 의해 여러 잡념을 없애고 마침내 분명하게 증득하는 것.

택문(宅門) 다섯 공덕문功德門 가운데 하나.

택법(擇法) ①사물을 구별해서 생각하는 것. 법을 간택簡擇하고 관찰하고 연구하는 것. ②『구사론』에서는 번뇌를 없애기 위한 뛰어난 방법이라고 한다.

택법각분(擇法覺分) 칠각분七覺分 가운데 하나. 지혜로 모든 법을 살펴서 선과 악을 가려내는 것.

택법각지(擇法覺支) 칠각지七覺支 가운데 하나. 택법지擇法支. 가르침 가운데 진실한 것을 선택하고 거짓된 것을 버리는 것.

택법지(擇法支) 택법각지擇法覺支.

택식(宅識) 아뢰야식阿賴耶識의 다른 이름. ➡ 아뢰야식阿賴耶識

택지(擇地) 진언법眞言法에 의거하여 단壇을 조성할 때 좋은 곳을 가리는 것.

탱주(撑柱) 탑의 기단부 가운데에 있는 버팀목 기둥.

탱탱(撑撑) 네 발을 땅에 붙이고 버티는 모양.

탱화(幀畵) 불교의 내용을 그린 그림. 존상尊像을 그리는 존상화와 경전 내용을 그린 변상도變相圖 등이 있다.

탱화장(幀畵匠) 탱화를 그리는 사람.

토각(兎角) ①어리석은 사람이 토끼 귀를 뿔이라고 여겼으나 실제는 토끼의 뿔이 없는 것처럼 반드시 없는 것을 비유한 말. ②이것저것. 여러 가지로. 이러니저러니. ③여하튼. 어떻든.

토만두(土饅頭) 흙을 높이 쌓아 올린 무덤. 분묘墳墓의 다른 이름.

토모진(兎毛塵) 토끼털의 끝과 같은 정도의 먼지. 극미極微의 하나.

토본(土本) 사찰에서 벽화를 그릴 때 바탕이 되는 흙.

토지당(土地堂) 사찰에서 토지신 및 호법신을 모신 불당. 불전의 동쪽에 있다.

토지신(土地神) 사찰의 경계를 수호하는 신.

토지풍경(土地諷經) 토지당에서 토지신을 위해 매월 2일과 16일마다 불경을 읽는 것.

톳실 명실.

통(通) 작용하는 것이 자유자재하여 조금도 장애가 없는 것. 통력通力·신통神通을 말한다.

통게(通偈) 수로게首盧偈. 장행長行과 게송偈頌을 가리지 않고 경전의 산문과 게송을 고르게 하여 32자를 하나의 게송으로 헤아리는 것. 별게別偈는 4·5·6·7언言 등으로 사구四句로 구성. 이종게二種偈 가운데 하나.

통견(通肩) 양쪽 어깨를 모두 덮은 가사를 말한다.

통교(通敎) 앞뒤에 서로 통하는 가르침. 성문·연각·보살이 함께 하는 가르침. 가르침을 받는 사람의 근기에 따라서 알게 하는 가르침. 특히 반야사상을 가리켜 말한다. 화법사교化法四敎 가운데 하나.

통념불(通念佛) 삼세 모든 부처의 명호를 통틀어서 부르는 것을 말한다. 별념불別念佛의 반대말.

통달(通達) 막힘이 없이 사물의 이치에 깊이 통하는 것. 조예造詣가 깊은 것.

통견(양산 미타암
석조아미타불입상)

통달보리심(通達菩提心) 오상성신五相成身의 첫 번째. 미망에 덮인 자기의 마음을 반성하여 본래부터 갖추고 있는 보리심을 알아서 통달하는 지위.

통달심(通達心) 통달보리심通達菩提心.

통달위(通達位) 모든 것이 공무空無하여 나라는 존재도 없다는 진리에 통달한 자리. 유식종唯識宗에서 세운 수행의 대승오위大乘五位 가운데 하나.

통도(通途) 별도別途의 반대말. 통상의 법도. 일반에 두루 통하는 교리.

통두(桶頭) 통桶 따위를 관장하는 선종에서의 소임.

통력(通力) 모든 것에 통달하고 자유자재한 힘을 말한다. 여래의 신통력.

통리(通利) 일에 능통하여 장애가 없는 것이 예리한 칼과 같다는 말.

통마다(通摩多) 마다摩多 중에서 단아短阿ㆍa, 장아長阿ㆍā, 단이短伊ㆍi, 장이長伊ㆍī, 단구短颱ㆍu, 장구長颱ㆍū를 말한다.

통명선(通明禪) 사선四禪ㆍ사무색四無色ㆍ멸진정滅盡定에서 신身ㆍ식識ㆍ심心의 3가지를 관하는 법. 반드시 신ㆍ식ㆍ심의 셋을 통관하므로 통명이라고 한다. 능히 육통六通ㆍ삼명三明을 드러내는 선법禪法.

통명혜(通明慧) 육통六通ㆍ삼명三明ㆍ삼혜三慧.

통문(通文) 여러 사찰에 승려의 부고訃告를 알리는 글.

통상삼관(通相三觀) 3가지 삼관三觀 가운데 하나. 일관一觀 가운데 삼관三觀을 원관圓觀하는 것.

통서(通序) 별서別序의 반대말. 모든 경전에 통하는 공통의 서설.

통소로(通霄路) 하늘로 통하는 길.

통알(通謁) 세알歲謁. 새해에 부처를 비롯하여 삼보와 호법신중 및 대중에게 세배를 드리는 의식. 통알通謁은 특히 새해에 부처나 보살의 전당에 예배하는 것.

통야(通夜) 밤부터 날이 밝을 때까지 염송하는 것.

통염불(通念佛) 삼세三世의 모든 부처의 명호를 널리 외치는 것. 별염불의 반대말.

통인(通印) 선정인禪定印과 시무외인施無畏印을 합하여 일명 통인通印이라고 한다.

통행(通行) ①도道의 다른 이름. 통달하여 열반으로 향한다는 뜻. ②통과하여 가는 것.

통혜(通慧) ①신통神通과 지혜智慧. ②일체의 신통이 모두 지혜로써 본체로 삼기 때문에 통혜通慧라고 한다.

통혹(通惑) 별혹別惑의 반대말. 우주의 진리를 알지 못해 미망한 견혹見惑과 하나하나 사물의 진상을 알지 못해 미망한 사혹思惑을 말한다. 성문ㆍ연각ㆍ보살의 삼승三乘에 공통적으로 끊어야 하는 것이므로 통혹이라고 한다.

통화(通化)　널리 통하는 교화.

통회(通會)　법문法門에서 서로 어긋나는 것을 융통하고 화회和會
한다.

퇴굴(退屈)　보살 수행을 할 때 어려움에 봉착하여 수행하려는 마
음이 쇠퇴하는 것.

퇴법(退法)　퇴법아라한.

퇴병부(退病腑)　병을 일으키는 병귀病鬼를 쫓는 부적.

퇴보리성문(退菩提聲聞)　타락한 보살을 말한다.

퇴속(退俗)　귀속歸俗·환속還俗.

퇴전(退轉)　되돌아감. 수행을 통해 도달한 지위를 잃고 원래의
하위로 전락하는 것.

퇴척귀(堆惕鬼)　부장귀埠場鬼. 좌선할 때 방해하는 귀신.

투각(透刻)　바탕의 일부를 오려 내어 문양을 하는 기법.

투기(投機)　①철저하게 크게 깨달아 불조佛祖의 심기心機에 서로
합한다. ②스승의 심기와 제자의 심기가 서로 맞는 것.

투도(偷盜)　십악十惡 가운데 하나. 남이 주지 않는 물건을 가지는
것. 몰래 훔치는 것.

투도계(偷盜戒)　사바라이四波羅夷 가운데 대도계大盜戒를 말한다.
도둑질을 하지 말라는 계율.

투라면(妬羅綿)　일종의 솜.

투연외도(投淵外道)　6가지 고행외도苦行外道 가운데 하나.

투조관(透祖關)　조사祖師가 던진 공안公案을 참구하여 견성見性하
는 것.

투지(投地)　몸을 내던져 정례頂禮하는 것. 오체투지.

투침(投針)　입문한 제자가 스승의 마음에 드는 것.

통부처　품질이 낮은 놋쇠로 만든 부처.

특살(忒殺)　매우. 무척. 특히.

티베트불교　TibetanBuddhism 라마교.

파가라(波伽羅) 파리가라波利迦羅. 조신의 助身衣.

파갈마승(破羯磨僧) 승려들이 동일한 결계結界 안에 모여서 법을 지키고 도를 닦는 것을 방해하여 화합을 깨뜨리는 것.

파강(罷講) 경문의 강의를 마침.

파견(破見) 올바른 견해를 깨뜨리고 잘못된 견해에 빠지는 것. 옳지 못한 견해를 고집하여 불법의 바른 이치를 어기는 것.

파계(破戒) 계율을 깨뜨리는 것. 계율을 받은 사람이 계법을 위배하는 행동을 하는 것.

파계심(破戒心) 『대지도론大智度論』에서 말한 6가지 폐심蔽心 가운데 하나. 탐貪·진瞋·치癡 등의 번뇌가 마음을 가려서 악행을 하며 금지하는 계율을 굳게 지키지 못하는 것.

파계오과(破戒五過) 계율을 깨뜨린 사람이 받는 5가지 허물. 자기를 해롭게 하고, 나쁜 이름이 나고, 지혜 있는 이에게 꾸중 듣고, 죽을 때에 뉘우쳐지고, 죽어서 악도에 떨어지는 것.

파기순(簸箕脣) 키 같이 큰 입술. 자신 있게 큰소리 치는 것.

파남(婆南) vandana 타동사 vand에서 파생되었으며, 찬탄하다, 공경하여 인사하는, 공경하는 인사, 경례敬禮, 예禮, 공양供養, 계수稽首 등의 뜻이 있다. 화남和南·예배禮拜하는 것.

파도(波濤) 허망한 상태로 전개되는 현상 세계를 파도에 비유한 것.

파두마화(波頭摩華) 발두마화鉢頭摩華. 인도의 연꽃. 적연화赤蓮華.

파라가(波羅伽) 피안에 도달함을 말한다.

파라나국(波羅奈國) 고대 인도의 왕국. 갠지스강 중류의 바라나시를 중심으로 한 나라.

파라내(波羅奈) 녹원鹿苑.

파라말타(波羅末陀) 발跋. 일체제법제일의제불가득一切諸法第一義諦不可得의 뜻. 또는 승의勝義의 소리.

파락호(破落戶) 무뢰한·부랑자. 패가망신敗家亡身한 사람. 일정한

직업 없이 돌아다니는 사람. 계율을 파破하여 추락했다는 뜻.

파랑(波浪) 물결. 파도. 8가지 심식心識에 비유한 것.

파루사니야(波樓闍尼耶) 인도 신화에 나오는 공중신空中神·우신雨神.

파리(玻璃) sphaṭika 수옥水玉·수정水精.

파리어(巴里語) Pāli-bhāsā 남방 불교의 경전에 쓰인 언어.

파마(婆磨) 예의禮儀·점복占卜·병법군진兵法軍陣에 관련된 책.

파마인(破魔印) 촉지인觸地印.

파모제타(波車提陀) 환희歡喜.

파문(破門) 교단이나 종단으로부터 추방되는 일.

파바(波婆) 파파波波라고도 한다. 부처가 입적하기 전에 순타純陀의 공양을 받은 지역 이름. 지금의 파드라마Padrama.

파범부(破凡夫) 근성根性을 파괴한 범부.

파법(破法) 부처의 바른 법을 깨뜨리고 다른 사람에게 그릇된 자기 견해를 따르고 찬성하게 하는 것.

파법륜승(破法輪僧) 스스로 사악한 법을 세우고 부처의 교법에 대립하여 불법을 듣는 대중들을 분리시키는 것.

파법변(破法徧) 일심삼관一心三觀의 지혜로써 모든 사악한 고집을 깨뜨려 없애는 것.

파불(破佛) ①불교가 심하게 핍박받은 사건을 이르는 말. ②불상이 불상으로서 역할을 하지 못할 때, 태우는 소송법燒送法을 따라 상像을 부수는 법. 경전이나 가사도 이 소송법에 따라 상을 파할 수 있다.

파비(巴鼻) 소의 콧구멍. 소의 콧구멍을 뚫어 멍에를 매어 끌어당긴다는 뜻.

파사(破邪) 잘못된 집착을 타파하는 것.

파사(波斯) Pārasya 파시波嘶·파랄사波剌私·파랄사波剌斯·파라실波囉悉. 페르시아. 곧 지금의 이란.

파사파제(波闍派提) Mahābrajātatī 석가모니부처의 이모.

파사파타(婆娑婆陀) 밤을 주관하는 신.

파사현정(破邪顯正) 사악한 견해를 타파하고 올바른 진리를 나타내는 것. 삼론종三論宗에서 사도邪道·사견邪見·사집邪執을 깨뜨리는 것이 중도실상中道實相의 진리를 나타내는 것이라고 한다.

파상(破像) 파불破佛.

파상법(破像法) 파불破佛한다는 뜻이며, 의식은 소송법燒送法에 따른다.

파상종(破相宗) 부진종不眞宗. 유상有相과 공상空相을 함께 깨뜨리는 것.

파색심론(破色心論) 유식론唯識論의 다른 이름.

파석(破石) 절석折石.

파성종(破性宗) 세상 모든 사물은 인연으로 생긴 것으로 허망한 존재이고 자기의 본성이 없다고 하면서도 오히려 모든 법의 가유상假有相을 인정하는 것. 가명종假名宗.

파수(擺手) 손을 터는 것. 손을 젓는 것.

파순(波旬) Pāpīyas 마파순魔波旬. 욕계欲界 제6천의 임금. 수도修道를 방해하는 마왕.

파승(破僧) 승려의 화합을 파괴하는 것. 파화합승.

파승건도(破僧犍度) 파화합승에 대한 일을 밝힌 편장. 『사분율四分律』 제46권에 있다.

파신(破申) 파사현정破邪顯正.

파악(破惡) 계·정·혜 삼학三學을 닦아 번뇌를 끊는 것. 비구오덕比丘五德 가운데 하나.

파안미소(破顏微笑) 부처가 하루는 천화天華를 집어 대중에게 보여 주었는데 많은 대중들이 그 뜻을 알지 못하고 오직 가섭이 파안미소破顏微笑를 보이자 석가모니가 "내가 정법안장正法眼藏과 열반묘심涅槃妙心을 너에게 주리라"고 한 일화. 염화미소拈華微笑.

파유법왕(破有法王) 부처. 부처는 모든 사물이 실제로 있다고 하는[有法] 잘못된 소견을 깨뜨리므로 파유왕이라고 한다.

파자문(娑字門) ✝bha 모든 법의 유有는 얻을 수 없기 때문.

파재(破齋) 팔관재계八關齋戒는 하루 밤낮 동안 지니는 계법으로 중식 이후에는 먹을 수 없는 재법齋法을 지켜야 하며, 이 계를 범하고 음식을 먹는 것을 파재라고 한다. 지옥이나 축생에 떨어지는 죄.

파정(破情) 무릇 사리의 본성을 알고자 할 때 먼저 사리에 대한 미혹한 생각을 깨뜨려야 한다는 것. 입법立法의 반대말.

파주(把住) 스승이 학인學人을 대하여 향상시키는 수단. 파정把定.

파지옥게(破地獄偈) 지옥을 파한다는 진언에 쓰이는 게송. 80권본 『화엄경』 「야마천궁게찬품」에서 학림보살學林菩薩이 말한 내용.

파지옥문(破地獄文) 지옥의 고통을 면하게 하는 법력法力이 있는 글.

파초(芭蕉) 바나나와 비슷한 파초 나무. 나무와 비슷하지만 속이 텅 비고 물만 있는 것을 사물의 실질적인 본체가 없는 것에 비유한 말.

파침가(把針架) 총림叢林에서 수행자가 바느질하는 곳. 중료衆寮 뒤에 있다.

파타가(波吒迦) patākā 기旗, 올라감, 극중의 중간에 일어난 일, 삽화揷花 등의 뜻이 있다. 번幡. 긴 비단을 아래로 드리운 깃발. 또는 용머리에 당기幢旗를 매단 것을 번幡이라고 한다.

파하(破夏) 여름 안거 동안에 금족禁足하는 규칙을 깨고 밖에 다니는 것.

파현(破顯) 파사현정破邪顯正.

파화합승(破和合僧) 5역죄逆罪 가운데 하나. 파승破僧이라고도 한다. 승단의 화합을 방해한 승려. ①파법륜승破法輪僧. 스스로 사악한 법을 세워 부처의 교법에 대립하고 불법을 듣는 대중을 분리시키는 것. ②파갈마승破羯磨僧. 비구들이 동일한 결계도량結界道場

에 모여서 법을 지키고 도를 닦는 것을 방해하며 화합을 깨뜨리는 것. 파법륜승은 부처가 계실 때에만 해당되고, 파갈마승은 후세에까지 통한다.

판(版) 판板. 절의 대중을 모으거나 시간을 알리기 위해 치는 판. 모양에 따라 운판雲板·어판魚板 등의 구별이 있다.

판교(判教) 교판教判·교상판석教相判釋. 부처 일대의 교법에 대해 그 내용에 따라 분류하고 구별하여 체계를 세우는 것. 천태종의 5시 8교, 화엄종의 5교 10종, 유식종의 3시교, 정토교의 성정聖淨 2문門 등.

판도(辦道) 도업道業을 성판한다는 뜻. 좌선 등의 수행에 의해 마음이 열림.

판두방(辦道房) 절에 있는 딴방 이름.

판불(板佛) 금동의 판면板面에 부처나 보살 등을 표현한 불상.

판사(辦事) 사찰에서 잡무를 맡아보는 소임.

판사(判事) 종파의 일을 총판하는 우두머리. 판선종사判禪宗事·판교종사判教宗寺.

판석(判釋) 부처의 가르침 내용을 판단하고 해석하여 대승과 소승으로 나누며 깊고 얕음을 따져서 체계를 세우는 것. 천태종에서 쓰는 말로 교상판석教相判釋이라고 한다.

판불(국립중앙박물관)

판전(板殿) 대장전大藏殿을 말한다.

판차탄트라 Pancatantra 산스크리트 설화집. 다섯 편의 이야기라는 뜻의 설화집.

판첸라마 티베트의 전생활불轉生活佛로서 달라이라마 다음 지위에 있는 이를 칭한다.

팔각(八覺) 온갖 번뇌를 일으키는 8가지 나쁜 생각. 욕각欲覺·진각瞋覺·뇌각惱覺·친리각親里覺·국토각國土覺·불사각不死覺·족성각族姓覺·경모각輕侮覺.

팔각원당형부도(八角圓堂形浮屠) 전체 평면이 팔각을 이루는 부도.

팔건도(八犍度) 여러 가지 법문을 분류하여 모아놓은 논과 율의 편장. 『아비담팔건도론阿毘曇八犍度論』에 나온다. 곧 잡건도雜犍度·결사건도結使犍度·지건도智犍度·행건도行犍度·대건도大犍度·근건도根犍度·정건도定犍度·견건도見犍度.

팔게(八偈) 『인왕경仁王經』에서 말한 사무상게四無常偈.

팔경계(八敬戒) 비구니가 지켜야 하는 8가지 삼가야 하는 법도. 팔경

팔각원당형부도(화순 쌍봉사)

법八敬法·팔존사법八尊師法·팔불가월법八不可越法·팔불가과법八不可過法이라고도 한다.

팔계(八戒) 팔계재八戒齋. 재가 신자가 육재일六齋日에 지켜야 하는 8가지 계율.

팔고(八苦) 중생의 세계에서 중생들이 받는 8가지 고통. 사고四苦인 생生·노老·병病·사死에 사랑하는 사람과 이별하는 고통인 애별리고愛別離苦, 미워하는 사람과 만나는 고통인 원증회고怨憎會苦, 구하는 것을 얻지 못하는 고통인 구부득고求不得苦, 온갖 욕망이 쉬지 않는 성대한 고통인 오음성고五陰盛苦를 합친 것.

팔공덕수(八功德水) 📖 8가지 수승한 공덕을 갖추고 있는 물. 팔

공덕은 맑고 깨끗한 징정澄淨, 청량하고 시원한 청랭淸冷, 달고 맛있는 감미甘美, 가볍고 부드러운 경연輕軟, 촉촉하고 윤이 나는 윤택潤澤, 편안하고 서로 화합하는 안화安和, 배고프고 목마름이 없는 제기갈除饑渴, 모든 근根을 길러 주는 장양제근長養諸根.

팔공양(八供養)　팔공八供. 금강계金剛界 37존尊 가운데 내사공양內四供養과 외사공양外四供養을 합한 것. 안에서 공양하는 4명의 보살과 밖에서 공양하는 4명의 보살을 말한다.

팔관재계(八關齋戒) 📖 aṣṭāṅga-upoṣadha 부처가 재가 제자들에게 제정한 것으로 잠시 출가하여 배워야 할 것을 말한다. 하루 낮 하루 밤 동안 가정을 떠나 승단에 거주하며 출가한 사람의 습관을 익히고 증장하도록 하여, 신·구·의 삼업으로 짓는 악행을 방지하도록 하는 것. 팔八은 여덟 가지의 죄가 무거운 계戒의 종류를 말하며, 관關은 닫는다는 폐閉의 뜻이며, 재齋는 청정하다는 의미가 있으며 후에는 때가 아닌 때에 먹지 않는다는 음식 공양물에 대한 비시非時를 나타낸다. 즉, 여덟 가지 금지하는 계戒를 마음에 잘 지녀서 밖으로부터 일어나는 더러움을 막아 청정함을 유지하는 것을 말한다. 살아 있는 생물을 죽이지 않는 불살생계不殺生戒, 남의 것을 훔치지 않는 불투도계不偸盜戒, 음행을 하지 않는 불음계不婬戒, 거짓말을 하지 않는 불망어계不妄語戒, 술을 먹지 않는 불음주계不飮酒戒, 꽃다발로 자기 몸을 장식하지 않는 불이화만장식자신계不以華鬘裝飾自身戒, 높고 넓고 화려한 평상에 앉거나 눕지 않는 부좌와고광화려상좌계不坐臥高廣華麗床座戒, 때가 아닌 때에 먹지 않는 불비시식不非時食戒. 제8번째는 정오가 지나면 먹을 수 없으므로 '비식非食'이라고 하며, 이 전에 베푸는 음식은 청정하다고 하여 시식施食, 재회齋會 등이라는 말이 생겼으며, 재齋가 일반적으로 청정한 감로의 의미로 전성되었다. 팔재계八齋戒·팔계재八戒齋·팔계八戒·팔지재법八支齋法·팔소응리八所應離라고도 한다.

팔관회(八關會) 고려 때 불교 의식.

팔교(八憍) 자기가 남보다 잘났다고 믿는 8가지 교만한 마음. 『법화문구法華文句』에서는 『문수문경文殊問經』의 내용을 인용하여 팔교八憍를 8가지 새에 비유한다. 성장교盛壯憍는 솔개, 성교姓憍는 올빼미, 부교富憍는 보라매, 자재교自在憍는 독수리, 수명교壽命憍는 까마귀, 총명교聰明憍는 까치, 행선교行善憍는 비둘기, 색교色憍는 집비둘기.

팔교(八敎) 천태종에서 말하는 화의사교化儀四敎와 화법사교化法四敎.

팔구의(八句義) 4언 8구로 적절하게 선종의 중요한 뜻을 나타낸 글귀. 곧 '정법안장正法眼藏 열반묘심涅槃妙心 실상무상實相無相 미묘법문微妙法門 불립문자不立文字 교외별전敎外別傳 직지인심直指人心 견성성불見性成佛.'

팔국왕분사리(八國王分舍利) 부처의 사리를 8국의 왕에게 평등하게 나누어 주어 사리를 서로 구하려는 분쟁을 그치게 한 것.

팔기(八棄) 팔바라이八波羅夷. 8가지 죄를 범하여 불법 밖에 버리는 것.

팔난(八難) 부처를 만나지 못하고 정법을 듣지 못하는 8가지 어려움. 곧 재지옥난在地獄難·재축생난在畜生難·재아귀난在餓鬼難·재장수천난在長壽天難·재북울단월주난在北鬱單越洲難·농맹음아聾盲瘖瘂·세지변총世智辯聰·생재불전불후生在佛前佛後.

팔념(八念) 마음의 공포와 시끄러움을 없애 주는 8가지 염법念法. 염불念佛·염법念法·염승念僧·염계念戒·염사念捨·염천念天·염출입식念出入息·염사念死.

팔단(八段) 율종에서 비구·비구니의 구족계具足戒를 8종으로 나눈 것. 비구의 250계를 바라이波羅夷·승잔僧殘·부정不定·사타捨墮·단제單提·제사니提舍尼·중학衆學·멸쟁滅諍의 8단으로 나눈 것.

팔달(八達) 총명하여 여러 가지 학문에 통달한다.

팔대명왕(八大明王) 팔방八方을 수호하는 명왕. 마두명왕馬頭明王은 관세음보살, 대륜명왕大輪明王은 미륵보살, 군다리명왕軍茶利明王은 허공장보살, 보척명왕步擲明王은 보현보살, 항삼세명왕降三世明王은 금강수보살, 대위덕명왕大威德明王은 문수보살, 부동명왕不動明王은 제개장보살, 무능승명왕無能勝明王은 지장보살.

팔대신장(八大神將) 경장經藏을 봉안한 곳을 지키는 신장. 범천梵天·제석帝釋·사천왕·밀적密迹·금강金剛.

팔대야차(八大夜叉) 보현야차寶賢夜叉·만덕야차滿賢夜叉·산지야차散支夜叉·중덕야차衆德夜叉·응염야차應念夜叉·대만야차大滿夜叉·무비야차無比夜叉·밀엄야차密嚴夜叉.

팔대용왕(八大龍王) 불법을 수호하는 용왕들. 난타難陀·발난타跋難陀·사가라沙伽羅·화수길和修吉·덕차가德叉迦·아나바달다阿那婆達多·마나사摩那斯·우발라優鉢羅.

팔대인각(八大人覺) 대인팔념大人八念. 보살·연각·성문 등의 역량이 큰 사람들이 일으키는 8가지 생각. 소욕각少欲覺·지족각知足覺·원리각遠離覺·정진각精進覺·정념각正念覺·정정각正定覺·정혜각正慧覺·무희론각無戲論覺.

팔대인각경(八大人覺經) 부처와 보살 같은 대인大人이 깨닫는 8가지 법을 설명한 불경.

팔대자재아(八大自在我) 팔자재八自在. 열반 사덕의 아덕我德에 8가지 대자재한 뜻이 있는 것.

팔대지옥(八大地獄) 팔열지옥八熱地獄이라고도 한다. 무간無間·대초열大焦熱·초열焦熱·대규환大叫喚·규환叫喚·중합衆合·흑승黑繩·등활지옥等活地獄.

팔도(八倒) 팔전도八顚倒. 보통 사람과 소승 등이 어리석은 고집으로 바른 이치를 뒤바꿔게 아는 8가지 그릇된 견해.

팔도(八道) 팔정도八正道.

팔도선(八道船) 팔정도가 중생으로 하여금 생사의 바다를 건너

열반의 언덕에 이르게 하므로 배에 비유한 것.

팔도총섭(八道摠攝)　총섭摠攝. 조선 시대에 있던 승직僧職. 전국의 승려를 통솔하는 지위.

팔등지(八等至)　팔정八定.

팔론(八論)　①외도外道 18명처明處 가운데 팔론八論. 모든 법의 시비是非를 간략히 해석한 견망파론肩亡婆論. 모든 법의 도리를 밝힌 나사비살다론邪邪毘薩多論, 전기傳記와 과거세의 일을 밝힌 이저하파론伊低呵婆論, 25제諦를 밝힌 승가론僧伽論, 마음을 섭攝하는 법을 밝힌 과가론課伽論, 무기 쓰는 법을 말한 타도론陀菟論, 음악의 법을 밝힌 건달바론乾達婆論, 의술을 밝힌 아수론阿輸論. ②팔지론八支論.

팔룡(八龍)　팔대용왕八大龍王.

팔륜(八輪)　팔정도八正道.

팔릉(八楞)　팔각八角을 말한다.

팔리어　Pali 인도 남방 불교를 기록한 언어. 산스크리트어와 함께 고대 불교 경전을 기록한 언어.

팔마(八魔)　중생을 해롭게 하는 8가지 악마. 번뇌마煩惱魔·온마蘊魔·사마死魔·천자마天子魔·무상마無常魔·무락마無樂魔·무아마無我魔·부정마不淨魔.

팔만(八慢)　자신을 믿고 남을 업신여기는 8가지 마음. 만慢·만만慢慢·불여만不如慢·증상만增上慢·아만我慢·사만邪慢·교만憍慢·대만大慢.

팔만법문(八萬法門)　팔만법온八萬法蘊·팔만법장八萬法藏이라고도 한다. 팔만사천법문八萬四千法門·팔만사천법온八萬四千法蘊·팔만사천법장八萬四千法藏.

팔만사천(八萬四千)　많은 수를 나타내는 말.

팔만사천번뇌(八萬四千煩惱)　팔만사천 진로塵勞·팔만사천 병病. 중생이 지니고 있는 8만 4천 가지의 번뇌.

팔만사천법문(八萬四千法門) 팔만사천 교문敎門·팔만사천 법장法藏. 부처의 일대 교법을 통틀어 일컫는 말.

팔만지옥(八萬地獄) 아비지옥阿鼻地獄을 말한다.

팔망상(八妄想) 8가지 망령된 생각. 자성망상自性妄想·차별망상差別妄想·섭수적집망상攝受積集妄想·아견망상我見妄想·아소망상我所妄想·염망상念妄想·불념망상不念妄想·염불념구상위망상念不念俱相違妄想.

팔미(八味) ①8가지의 맛. 단맛·매운맛·짠맛·쓴맛·신맛·떫은맛·싱거운 맛·알 수 없는 맛. ②부처가 얻은 대열반의 8가지 법미法味. 상주常住·적멸寂滅·불로不老·불사不死·청정淸淨·허통虛通·부동不動·쾌락快樂.

팔미(八迷) 팔계八計·팔류八謬·팔사八事·팔사八邪. 모든 법의 진상眞相에 어긋나게 일어나는 생生·멸滅·거去·내來·일一·이異·단斷·상常 등 8가지 미혹한 집착.

팔바라이(八波羅夷) 비구니의 8가지 중죄重罪.

팔방상하(八方上下) 동방·남방·서방·북방·동남방·서남방·서북방·동북방·상방·하방. 시방十方

팔방천(八方天) 사방四方 사유四維의 팔방을 지키는 천신.

팔배(八輩) 사향四向과 사과四果의 성자.

팔배사(八背捨) 팔해탈八解脫.

팔벌(八筏) 팔정도八正道. 팔정도가 수행하는 이를 이상의 경지인 열반의 언덕으로 가게 하기 때문에 뗏목에 비유한 것.

팔법(八法) ①세간팔법世間八法을 말한다. 이利·예譽·칭稱·낙樂의 사순四順과 쇠衰·훼毁·기譏·고苦의 사위四違. 팔풍八風이라고도 한다. ②지地·수水·화火·풍風의 사대四大와 색色·향香·미味·촉觸의 사미四微. ③모든 법을 8가지로 나눈 것. 교敎·이理·지智·단斷·행行·위位·인因·과果.

팔변(八辯) 부처의 훌륭하고 미묘한 8가지 말솜씨.

팔복생처(八福生處) 지은 복의 많고 적음에 따라 태어나는 8가지의 길한 곳. 곧 사왕천四王天·도리천忉利天·야마천夜摩天·도솔천兜率天·화락천化樂天·타화자재천他化自在天·범천梵天.

팔복전(八福田) 복을 받을 원인이 될 8가지의 좋은 일. 우물 파기, 다리 놓기, 길 닦기, 효도하기, 공양하기, 간호하기, 구휼하기, 천도薦度하기.

팔부(八部) 팔부귀중八部鬼衆. 사천왕四天王에 속한 여덟 부류의 귀중鬼衆. 『번역명의집飜譯名義集』에 의하면, 천天·용龍·야차夜叉·건달바乾闥婆·아수라阿修羅·가루라迦樓羅·긴나라緊那羅·마후라가摩睺羅伽를 말한다.

팔부반야(八部般若) 『반야경』의 8가지 종류. 『대품반야경大品般若經』·『소품반야경小品般若經』·『방광반야경放光般若經』·『광찬반야경光讚般若經』·『도행반야경道行般若經』·『금강반야경金剛般若經』·『승천왕반야경勝天王般若經』·『문수문반야경文殊問般若經』.

팔부신장(八部神將) 팔부중八部衆.

팔부신중(八部神衆) 불법佛法을 수호하는 천天·용龍 등 8가지 신장神將. 팔부중八部衆.

팔부정견(八不正見) 8가지의 잘못 보는 견해. 아견我見·중생견衆生見·수명견壽命見·사부견士夫見·상견常見·단견斷見·유견有見·무견無見.

팔부정관(八不正觀) 팔부중도八不中道의 관법. 모든 법의 진상眞相은 생도 아니고 멸도 아니며, 과거도 아니고 미래도 아니며, 일一도 아니고 이異도 아니며, 단斷도 아니고 상常도 아니어서 유有를 여의지 않고 무無에 떨어지지 않는 불가득의 중도인데 중생들은 잘못 알고서 생生·멸滅·거去·내來·일一·이異·단斷·상常이 있다고 미혹한 고집을 일으키므로 이것을 깨뜨리기 위해 불생·불멸·불거·불래·불일·불이·부단·불상의 팔불八不의 정관正觀을 닦는 것을 말한다.

팔부정물(八不淨物) 비구가 쌓아 두어서는 안 되는 8가지 깨끗하지 못한 것. 전원田園·종식종植·곡백穀帛·노비奴婢·가축家畜·전보錢寶·욕부褥釜·상금식상象金飾床 및 귀중물.

팔부중(八部衆) 팔부신장八部神將. 천룡팔부天龍八部·용신팔부龍神八部·명중팔부冥中八部라고도 한다. 불법을 수호하는 신장들. 천天·용龍·야차夜叉·아수라阿修羅·가루라迦樓羅·건달바乾闥婆·긴나라緊那羅·마후라가摩睺羅伽.

팔부중도(八不中道) 팔부정관八不正觀.

팔부중상(八部衆像) 팔부중八部衆. 팔부신장八部神將.

팔불(八不) 삼론종三論宗에서 모든 법의 실상을 표현하는 데 쓰는 말. 불생不生·불멸不滅·불거不去·불래不來·불일不一·불이不異·부단不斷·불상不常.

팔불가사의(八不可思議) 팔불사의八不思議. 큰 바다의 8가지 불가사의한 것을 부처의 열반에 비유한 것. 또는 부처의 제자 아난에게 있는 8가지 훌륭한 일.

팔불현실(八不顯實) 세상 모든 사물의 실상 및 본체는 불생·불멸·불거·불래·불일·불이·부단·불상의 팔불八不에 의해 나타난다는 것.

팔사(八師) 살殺·도盜·사음邪婬·망어妄語·음주飲酒·노老·병病·사死의 8가지 법을 스승으로 삼아서 수도修道하기 때문에 붙여진 이름.

팔사(八邪) 팔미八迷·팔계八計·팔류八謬·팔사八事라고도 한다. 팔정도八正道와 반대되는 것으로 팔사행八邪行·팔사지八邪支라고도 한다. 사견邪見·사사유邪思惟·사어邪語·사업邪業·사명邪命·사방편邪方便·사념邪念·사정邪定.

팔상(八相) 석가모니부처 생애의 8가지 주요 내용. 도솔래의상兜率來儀相·비람강생상毘藍降生相·사문유관상四門遊觀相·유성출가상踰城出家相·설산수도상雪山修道相·수하항마상樹下降魔相·녹원전법상鹿苑轉法相·쌍림열반상雙林涅槃相.

팔상도(八相圖) 석가모니부처의 일생을 8가지 주요 내용으로 그린 불화. 사찰의 팔상전八相殿·팔상전捌相殿이나 영산전靈山殿에 봉안한다.

팔상록(八相錄) 석가모니부처의 일생을 8가지 주요 내용으로 나누어 기록한 것.

팔상성도(八相成道) 팔상八相.

팔상전(八相殿) 팔상도八相圖를 봉안한 불당. 팔상전捌相殿.

팔상전(捌相殿) 팔상전八相殿.

팔생(八生) 팔유八有.

팔선정(八禪定) 색계色界·무색계無色界의 각각 사선정四禪定을 말한다.

팔성(八聖) ①성문승聲聞乘의 사향사과四向四果. ②팔성도八聖道. 곧 팔정도八正道. 정견正見·정사유正思惟·정어正語·정업正業·정명正命·정정진正精進·정념正念·정정正定.

팔상전(보은 법주사)

팔성도(八聖道) 팔성八聖. 팔정도八正道.

팔성도분(八聖道分) 팔정도지八聖道支.

팔성도지(八聖道支) 팔성도분八聖道分.

팔성립인(八成立因) 하나의 명제를 성립시킴에 8가지 인因을 말한 것. 곧 입종立宗·입인立因·입유立喩·합合·결結·현량現量·비량比量·성교량聖教量

팔세법(八世法) 세팔법世八法이라고도 한다. 세간의 득得·부득不得·훼毁·예譽·칭稱·기·고·낙의 8가지를 말한다.

팔세풍(八世風) 팔풍八風.

팔승처(八勝處) 8가지 해탈解脫을 얻은 뒤에 자세히 보는 마음이

성숙하여 자유롭게 정부정淨不淨의 경계를 자세히 보는 것. 승지승견勝地勝見을 일으키는 의처依處이므로 승처라고 한다. 내유색상관외색소승처內有色想觀外色少勝處·내유색상관외색다승처內有色想觀外色多勝處·내무색상관외색소승처內無色想觀外色少勝處·내무색상관외색다승처內無色想觀外色多勝處·내무색상관외색청승처內無色想觀外色靑勝處·내무색상관외색황승처內無色想觀外色黃勝處·내무색상관외색적승처內無色想觀外色赤勝處·내무색상관외색백승처內無色想觀外色白勝處.

팔시(八時) 인도의 세속에서 하루를 8시로 나눈 것.

팔시(八施) 팔종시八種施.

팔식(八識) ①유식종에서 나누는 8가지 인식 작용. 안식眼識·이식耳識·비식鼻識·설식舌識·신식身識·의식意識·말나식末那識·아뢰야식阿賴耶識. ②능변能變. ➡ 식識

팔식론(八識論) 유식론唯識論에서 복잡한 인간의 심식 상태를 8가지로 설명한 이론.

팔식십명(八識十名) 제8식인 아뢰야식阿賴耶識의 10가지 다른 이름. 팔식八識·화합식和合識·장식藏識·훈변식熏變識·출생식出生識·금강지식金剛智識·적멸식寂滅識·체식體識·본각식本覺識·일체종지식一切種智識.

팔식체별(八識體別) 8식이 각각 체성體性이 다르다고 하는 주장. 팔식체일八識體一의 반대말.

팔식체일(八識體一) 8식이 체성體性이 하나라고 주장. 팔식체별八識體別의 반대말.

팔심(八心) 마음이 점점 착해져 가는 8가지 단계.

팔십사법(八十四法) 성실종成實宗에서 모든 법을 총 84법으로 분류한 것.

팔십수형호(八十隨形好) 팔십종호八十種好. 부처의 몸에 갖추어진 미묘한 표지로서 32상相에 따른 훌륭한 모양이라는 뜻. 32상을 세

밀하게 나누어 놓은 것.

팔십일품혹(八十一品惑) 팔십일품사혹八十一品思惑. 삼계三界 구지九地의 사혹思惑에 각각 상상·상중·상하·중상·중중·중하·하상·하중·하하의 구품九品의 차별이 있어 모두 81품.

팔십종호(八十種好) 부처나 보살의 몸에 갖추고 있는 특수한 형상 가운데 보통 사람과 다른 80가지의 신체적 특징을 말한다. 80가지의 길상吉相이라는 뜻. 팔십수형호八十隨形好라고도 한다.

팔십팔사(八十八使) 삼계에서 일어나는 견혹見惑을 자세하게 구별한 것. 욕계의 고제苦諦 아래 신견身見·변견邊見·계금취견戒禁取見·견취견見取見·사견邪見·탐貪·진瞋·치癡·만慢·의疑의 10사使가 있고, 집제集諦·멸제滅諦의 아래에는 각각 신견·변견·계금취견의 셋을 제한 나머지 칠사七使와, 도제道諦에는 신견·변견을 제외한 팔사八使사가 있어 합하면 32사使가 되고, 또 색계와 무색계의 사제四諦에는 욕계 사제四諦에서 진사瞋使를 제한 나머지 28사使가 있으므로 모두 88사使가 된다.

팔십호종(八十好種) 팔십종호八十種好.

팔십화엄(八十華嚴) 695년에 당나라의 실차난타實叉難陀가 번역한 80권의 『화엄경』을 말한다. 당화엄唐華嚴이라고도 한다.

팔양경(八陽經) 천지 음양의 8가지 이치와 혼인·해산·장례의 방법을 설교한 경. 『천지팔양신주경天地八陽神呪經』의 준말.

팔열지옥(八熱地獄) 팔대지옥八大地獄. 뜨거운 불길로 인해 고통받는 8가지 지옥. 등활지옥等活地獄·흑승지옥黑繩地獄·중합지옥衆合地獄·규환지옥叫喚地獄·대규환지옥大叫喚地獄·초열지옥焦熱地獄·대초열지옥大焦熱地獄·무간지옥無間地獄.

팔엽연화(八葉蓮花) 밀교에서 칭하는 수미산須彌山을 말한다.

팔엽원(八葉院) 태장계 만다라 가운데 있는 원院. 8개 잎의 연꽃 가운데 대일여래大日如來가 있고 여덟 잎에 보당여래寶幢如來·개부화여래開敷華如來·아미타여래阿彌陀如來·천고뢰음여래天鼓雷音如來

와 보현보살·문수보살·관음보살·미륵보살이 있다.

팔엽육단(八葉肉團)　사람의 심장을 말한다. 8개의 잎이 있는 연꽃과 같은 살덩어리라는 뜻.

팔엽인(八葉印)　8개 잎의 연꽃이 핀 인상印相. 또는 아미타불의 도인圖印을 말한다.

팔예(八穢)　팔부정물八不淨物.

팔왕성(八王城)　경상북도 경주를 말한다.

팔왕일(八王日)　팔절일八節日. 입춘·춘분·입하·하지·입추·추분·입동·동지를 말한다. 천지의 모든 신과 음양이 교대하거나, 또는 제석천왕帝釋天王의 신하가 사방 천하를 순찰하여 살피는 날이므로 조심해야 하는 날이라고 한다.

팔유(八喩)　①8가지 비유. 곧 순유順喩·역유逆喩·현유現喩·비유非喩·선유先喩·후유後喩·선후유先後喩·변유遍喩. ②모든 법이 임시로 있다는 것을 비유로 나타낸 것. 환사유幻事喩·양염유陽焰喩·몽경유夢境喩·경상유鏡像喩·광영유光影喩·곡향유谷響喩·수월유水月喩·변화유變化喩.

팔유(八有)　팔생八生. 욕계의 제8유有.

팔음(八音)　부처의 8가지 음성. 극호음極好音·유연음柔軟音·화적음和適音·존혜음尊慧音·불녀음不女音·불오음不誤音·심원음深遠音·불갈음不竭音.

팔인(八忍)　견도위見道位에서 삼계三界 사제四諦의 이치를 관하고 이것을 인가인증忍可印證한 무루심無漏心을 말한다. 고법인苦法忍·고류인苦類忍·집법인集法忍·집류인集類忍·멸법인滅法忍·멸류인滅類忍·도법인道法忍·도류인道類忍.

팔인지(八人地)　보살의 계위의 하나. 삼계三界의 견혹見惑은 본래 공하다고 깨달아 팔인八忍을 구족하는 지위.

팔인팔지(八忍八智)　견도見道에 들어가 사성제四聖諦를 자세히 살펴 이룬 무루의 법인법진法忍法智. 십육심十六心. 고법인苦法忍·고법

지苦法智·고류인苦類忍·고류지苦類智·집법인集法忍·집법지集法智·집
류인集類忍·집류지集類智·멸법인滅法忍·멸법지滅法智·멸류인滅類忍·
멸류지滅類智·도법인道法忍·도법지道法智·도류인道類忍·도류지道類智.

팔자(八字) 사주팔자四柱八字. 한 사람의 평생의 운수. 사람이 태
어난 해와 달과 날과 시간을 간지干支로 나타낸 여덟 글자.

팔작지붕 팔작옥개八作屋盖. 기와지붕 가운데 가장 아름다운 구
성미를 지닌 8자형의 지붕.

팔장(八藏) 부처가 말한 8가지의 법문. ①『보살처태경菩薩處胎經』
에 나오는 태화장胎化藏·중음장中陰藏·마하연방등장摩訶衍方等藏·
계율장戒律藏·십주보살장十住菩薩藏·잡장雜藏·금강장金剛藏·불장佛
藏을 말한다. ②대중부大衆部 등에서 대승의 경經·율律·논論·잡雜
의 4장과 소승의 경·율·논·잡의 4장으로 나눈 것.

팔재계(八齋戒) 📖 부처가 재가 제자들에게 제정한 것으로 잠시
출가하여 배워야 할 것을 말한다. 하루 낮 하루 밤 동안 가정을
떠나 승단에 거주하며 출가한 사람의 습관을 익히고 증장하도록
하여, 신·구·의 삼업으로 짓는 악행을 방지하도록 하는 것. 팔八은
여덟 가지의 죄가 무거운 계戒의 종류를 말하며, 재齋는 청정하다
는 의미가 있으며 후에는 때가 아닌 때에 먹지 않는다는 음식 공
양물에 대한 비시非時를 나타낸다. 즉, 여덟 가지 금지하는 계戒를
마음에 잘 지녀서 밖으로부터 일어나는 더러움을 막아 청정함을
유지하는 것을 말한다. 살아 있는 생물을 죽이지 않는 불살생계不
殺生戒, 남의 것을 훔치지 않는 불투도계不偸盜戒, 음행을 하지 않는
불음계不婬戒, 거짓말을 하지 않는 불망어계不妄語戒, 술을 먹지 않
는 불음주계不飮酒戒, 꽃다발로 자기 몸을 장식하지 않는 불이화만
장식자신계不以華鬘裝飾自身戒, 높고 넓고 화려한 평상에 앉거나 눕
지 않는 부좌와고광화려상좌계不坐臥高廣華麗床座戒, 때가 아닌 때에
먹지 않는 불비시식계不非時食戒임. 제8번째는 정오가 지나면 먹을 수
없으므로 '비식非食'이라고 하며, 이전에 베푸는 음식은 청정하다

고 하여 시식施食, 재회齋會 등이라는 말이 생겼으며, 재齋가 일반적으로 청정한 감로의 의미로 전성하였다. 또는 불살생不殺生·불투도不偸盜·불사음不邪淫·불망어不妄語·불음주不飮酒·부좌고광대상不坐高廣大牀·불착화만영락不着華蔓瓔珞·불습가무기악不習歌舞妓樂이라고 하는 경우도 있다.

팔재환(八災患) 색계 삼정려三靜慮의 재난과 우환. 곧 심尋·사伺·고苦·낙樂·우憂·희喜·입식入息·출식出息.

팔전(八纏) 전纏은 얽어맨다는 뜻. 곧 중생을 얽어매는 번뇌의 다른 이름. 무참無慚·무괴無愧·질嫉·간慳·회悔·면眠·도거掉擧·혼침昏沈의 8가지 근본 번뇌를 말한다.

팔전성(八囀聲) 범어의 명사·형용사·대명사·분사 등의 어미에 8종이 있는 것.

팔절일(八節日) 팔왕일八王日.

팔정(八定) 색계의 사선정四禪定과 무색계의 사공정四空定을 말한다. 사선정四禪定은 초선정初禪定·이선정二禪定·삼선정三禪定·사선정四禪定. 사공정四空定은 공무변처정空無邊處定·식무변처정識無邊處定·무소유처정無所有處定·비상비비상처정非想非非想處定. 팔등지八等至라고도 한다.

팔정도(八正道) 불교 수행에 있어서 8가지 실천 덕목. 정견正見·정사유正思惟·정어正語·정업正業·정명正命·정정진正精進·정념正念·정정正定.

팔정도지(八正道支) 팔정도八正道를 말한다. 팔성도지八聖道支·팔정도분八正道分이라고도 한다.

팔제(八諦) 욕계사제欲界四諦·색계무색계사제色界無色界四諦.

팔제사니(八提舍尼) 비구니의 8가지 제사니提舍尼. 무병걸소식계無病乞素食戒·무병걸유식계無病乞油食戒·무병걸밀식계無病乞蜜食戒·

무병걸흑석밀식계無病乞黑石蜜食戒·무병걸유식계無病乞乳食戒·무병걸락식계無病乞酪食戒·무병걸어식계無病乞魚食戒·무병걸육식계無病乞肉食戒.

팔종(八宗) 대승과 소승을 통틀어 8가지 종파로 나눈 것. 율종律宗·화엄종華嚴宗·천태종天台宗·삼론종三論宗·법상종法相宗·진언종眞言宗·선종禪宗·정토종淨土宗.

팔종류(八種謬) 성류性謬·분별류分別謬·취류聚謬·아류我謬·아아소류我所謬·애류愛謬·불애류不愛謬·비애비불애류非愛非不愛謬.

팔종법(八種法) 삼삼매三三昧·사선정四禪定·사무량심四無量心·오무색정五無色定·팔배사八背捨·팔승처八勝處·구차제정九次第定·십일체처十一切處. 합하여 50번이 된다.

팔종별해탈계(八種別解脫戒) 별해탈계의 8가지 종류. 비구계比丘戒·비구니계比丘尼戒·정학계正學戒·사미계沙彌戒·사미니계沙彌尼戒·우바새계優婆塞戒·우바이계優婆夷戒·근주계近住戒.

팔종시(八種施) 팔시八施. 보시의 8가지 종류. 수지시隨至施·포외시怖畏施·보은시報恩施·구보시求報施·습선시習先施·희천시希天施·요명시要名施·위장엄심등시爲莊嚴心等施.

팔종식(八種識) 안식眼識·이식耳識·비식鼻識·설식舌識·신식身識·의식意識·제칠식第七識·제팔식第八識.

팔종탑(八種塔) 여래탑·보살탑·연각탑·아라한탑·아나함탑·사다함탑·수다원탑·전륜왕탑.

팔중(八衆) 비구니의 여덟 바라이波羅夷.

팔중법(八重法) 비구니가 지켜야 할 8가지 중한 계법戒法.

팔중진보(八重眞寶) 무상無上의 복전福田이 되는 8가지 금속을 값이 정해지지 않은 진보眞寶로 보는 것.

팔지(八智) 견도위見道位에서 삼계三界 사제四諦의 이치를 관하고 생기는 8가지 무루진지無漏眞智. 곧 욕계의 사제四諦를 관하고 생기는 무루지無漏智인 사법지四法智와 색계·무색계의 사제四諦를 관

하고 생기는 무루지無漏智인 사류지四類智를 말한다. 고법지苦法智·고류지苦類智·집법지集法智·집류지集類智·멸법지滅法智·멸류지滅類智·도법지道法智·도류지道類智.

팔지어(八支語) 부처의 8가지 말씀. 상수어上首語·미묘어微妙語·현료어顯了語·이해어易解語·요문어樂聞語·무의어無依語·불역어不逆語·무변어無邊語.

팔지재(八支齋) 팔계八戒의 다른 이름.

팔직행(八直行) 팔정도八正道.

팔차(八遮) 삼론종三論宗에서 말하는 팔불중도八不中道.

팔천(八天) 색계의 사선천四禪天과 무색계의 사공처四空處.

팔촉(八觸) 선정禪定을 닦으려 할 때 발생하는 8가지 감촉. 동촉動觸·양촉痒觸·경촉輕觸·중촉重觸·냉촉冷觸·난촉暖觸·삽촉澁觸·활촉滑觸.

팔타(八墮) 비구니의 8바라이波羅夷.

팔풍(八風) 팔법八法. 마음을 흔들어 움직이는 8가지 현상. 곧 이利·쇠衰·훼毁·예譽·칭稱·기譏고苦·낙樂.

팔한지옥(八寒地獄) 모진 추위로 고통을 받게 하는 8가지 큰 지옥.

팔한팔열(八寒八熱) 팔한지옥八寒地獄과 팔열지옥八熱地獄을 말한다.

팔해(八解) 팔해탈八解脫.

팔해탈(八解脫) 팔배사八背捨. 삼계三界의 번뇌를 끊고 아라한과를 증득하는 8가지 선정禪定. 멸진정滅盡定의 해탈. 내유색상관외색해탈內有色想觀外色解脫·내무색상관오색해탈內無色想觀外色解脫·정해탈신작증구족주淨解脫身作證具足住·공무변처해탈空無邊處解脫·식무변처해탈識無邊處解脫·무소유처해탈無所有處解脫·비상비비상처해탈非想非非想處解脫·멸수상정해탈신작증구족주滅受想定解脫身作證具足住.

패(牌) 불보살의 명호나 발원의 내용을 적어 놓아두는 비석 모양의 나무. 성격과 내용에 따라 발원패發願牌·불패佛牌·원패願牌·거불패擧佛牌·석가여래패釋迦如來牌·삼보패三寶牌·경패經牌 등이 있

다. 묵언패默言牌·위패位牌 등도 있다.

패(唄) 부처를 찬탄하는 염불 소리. 찬패讚唄·범패梵唄라고도 한다.

패괴이승(敗壞二乘) 근패이승根敗二乘.

패근(敗根) 패종敗種이라고도 한다. 성문·연각의 이승二乘을 말한다. 성불할 뿌리가 썩어서 불과佛果를 얻을 종자가 없으므로 초목의 썩은 뿌리와 종자에 비유한 것.

패닉(唄匿) 범패梵唄의 다른 이름.

패사(唄師) 패사唄士.

패사(唄士) 패사唄師. 법회 때 범패梵唄를 부르는 사람.

패엽(貝葉) pattra 익익翼翼, 우모羽毛, 시우矢羽, 승물乘物, 엽葉, 장식한 꽃, 향기가 있는 잎을 가진 특수한 식물 등의 뜻이 있다. 패다라엽貝多羅葉. 다라수多羅樹라는 활엽수 잎. 불교 경전을 말한다.

패엽

패엽경(貝葉經) 패다라貝多羅에 송곳이나 칼끝으로 글자를 새긴 뒤 먹물을 먹인 초기의 불교 경전.

패종(敗種) 패근敗根.

패종이승(敗種二乘) 근패이승根敗二乘.

패찬(唄讚) 부처의 덕을 노래하고 찬탄하는 것.

패책(唄策) 범패梵唄를 기록한 책.

패협(貝筴) 경협經筴·경협經夾·범협梵篋·범협梵夾.

편각(偏覺) 두루 원만한 각오覺悟.

편게성(編偈聲) 일정한 법식에 따른 조직적인 소리로 음악과 같은 소절小節이 분명하게 있다. '고高' 자에서 끝을 드는 듯이 처리하며, 착어성着語聲보다 약간은 경쾌하게 한다. 편게성片偈聲이라

고도 한다.

편공(偏空) 소승에서 말하는 공空의 이치. 공이라고 하는 하나의 극단에 치우치는 것.

편교(偏敎) 한쪽으로 치우친 가르침. 곧 방편 수단으로 말한 권교權敎.

편구성(遍口聲) 한글의 유성음에 해당하는 야也ảya, 라囉ịra, 라羅ịla, 박嚩ịva, 사奢ịśa, 사沙ịṣa, 사娑ịsa, 하訶ịha, 람濫ịllaṃ, 차叉ịkṣa의 10자를 말한다.

편길(徧吉) 보현보살을 말한다.

편단(偏袒) 편단우견偏袒右肩.

편단우견(偏袒右肩) 오른쪽 어깨를 드러내어 옷을 입는 것. 인도의 예법으로 공경의 뜻을 나타내는 모습.

편목천(片目天) 용수龍樹 보살의 제자 가나제바迦那提婆를 가리킨다.

편문(偏門) 정문이 아닌 곁의 출입

편단우견

구. 쪽문. 계율을 어긴 승려를 내쫓는 문.

편삼(褊衫) 법의法衣 가운데 하나. 승기지僧祇支와 부견의覆肩衣를 한데 붙이고 옷섶을 단 의복.

편선(便旋) 재빠르고 용이한 것.

편성제행(遍成諸行) 법문法門을 차례대로 펼치면서 수행하는 것. 이행二行 가운데 하나.

편원(偏圓) 교리의 깊고 얕은 것을 판단하는 명목. 편교偏敎와 원교圓敎.

편유(偏有) 만법萬法이 있다고 하는 유有의 한쪽에 치우치는 것.

편유집(偏有執) 만법萬法이 있다고 하는 유有의 한쪽에 치우쳐서 집착하는 견해.

편지(偏智) 일체의 법을 두루 아는 지혜. 변지遍知.

편진(偏眞) 편공偏空·단공單空. 공하다는 이치에만 치우치는 것. 편진공리偏眞空理.

편집(偏執) 한쪽으로 치우친 견해만 고집하고 다른 것은 돌아보지 않는 것.

편참(遍參) 여러 선학을 전면 참구하는 것.

편취(篇聚) 비구·비구니들이 지켜야 하는 율장의 내용을 무거움과 가벼운 정도를 기준으로 장章을 구분한 것. 편문과 취문을 말한다. 율장은 5편篇과 7취聚로 구성되어 있다.

평거(平擧) 선림禪林에서 독경할 때 경문의 제목을 들지 않고 곧바로 경문을 말하는 것.

평교(平交) 동배同輩. 지위가 같은 것.

평등(平等) 차별이 없이 고르고 한결같은 것. 고하高下·귀천貴賤·심천深淺 등의 차별이 없는 것.

평등각(平等覺) ①부처의 정각. 절대 평등한 깨달음의 지혜. ②부처를 가리킨다. ③아미타불의 다른 이름.

평등대비(平等大悲) 모든 중생을 두루 평등하게 여기는 불보살의 자비.

평등대혜(平等大慧) 모든 부처의 지혜.

평등력(平等力) 여래의 존칭. 부처가 모든 법의 평등한 이치를 깨달아 알고, 또 평등하게 온갖 중생을 제도하는 힘을 갖추었음을 말한다.

평등법(平等法) 모든 중생을 평등하게 성불하게 하는 교법.

평등법신(平等法身) 평등적멸의 도리를 깨달은 팔지八地 이상의 보살.

평등삼매(平等三昧) 보등삼매普等三昧.

평등성지(平等性智) 사지四智 가운데 하나. 평등의 모습을 아는 지혜. 자타의 평등을 실천하는 지혜.

평등심(平等心) 모든 중생에 대해 사랑하는 마음이 서로 같아서 조금도 원망하거나 친애하는 분별이 없는 것.

평등연(平等緣) 모든 부처와 보살이 중생에 대해 평등하게 부처의 형상을 가지고 나타나는 곳의 외연 작용.

평상심(平常心) 평상의 마음. 보통의 마음가짐.

평상심시도(平常心是道) 보통의 기분 그대로가 도라는 뜻.

평정 다질정이라고도 한다.

평출(平出) 손님과 주인이 우열 없이 동등하게 언행을 하는 것. 또는 질문에 따르는 대답을 하는 것.

폐관(閉關) 문을 닫고 도업道業을 수양하는 것.

폐려다(閉黎多) preta 앞에서 가 버렸다, 주었다, 악령惡靈, 사체死體, 사인死人, 망령亡靈 등의 뜻이 있다. 요귀妖鬼·야차夜次·나찰羅刹·아귀餓鬼를 말한다.

폐립(廢立) 두 가지를 비교하여 하나를 치우고 다른 것을 존립시키는 것.

폐사(吠舍) vaiśya 서민, 제3계급의 남자 등의 뜻이 있다. 좌坐, 상길商佶, 공사工師, 거사居士 등으로 의역한다. 고대 인도의 4가지 계급 가운데 상공업에 종사하는 계층.

폐사자립(廢師自立) 스승의 주장을 어기고 자기의 주장을 내세우는 것.

폐시(閉尸) peśī 육괴肉塊, 절육節肉 등의 뜻이 있다. 혈육·육단肉團으로 번역. 수태한 뒤 21일간의 상태를 말하며 혈육이 응결되어 육단肉團이 되었으나 아직 굳어지지 않은 기간을 말한다.

폐양자(蔽陽子) 패랭이. 천한 사람이 쓰는 흰 대로 만든 모자.

폐전담지제(廢詮談旨諦) 승의승의제勝義勝義諦.

폐침(廢寢) 잠을 자지 않는 것. 침식을 잊고 일에 골몰한다. 폐침망식廢寢忘食이라고 한다.

폐타교(吠陀教) Veda 베다교. 인도 최고의 종교.

포곡(布穀)   뻐꾸기.

포교(布教)   교법敎法을 널리 세상에 알리는 일. 홍교弘教·선교宣
教·전교傳教라고도 한다.

포교당(布教堂)   포교원布教院. 포교를 전문적으로 하는 곳.

포교사(布教士)   불교 교리를 전하는 불교 신자.

포교원(布教院)   포교당布教堂.

포납(布納)   납자納子·납승納僧의 겸칭.

포단(蒲團)   좌구坐具. 좌선이나 절을 할 때 사용하는 방석이나 깔개.

포마(怖魔)   출가하여 비구계를 받은 이는 반드시 열반에 들어갈
것이므로 마군을 두렵게 한다는 것. 비구오덕比丘五德 가운데 하나.

포벽화(包壁畵)   공포栱包와 공포 사이의 공간 벽에 그린 그림.

포사(布史)   Pauṣa 10월을 가리킨다.

포사(逋沙)   puruṣa 인人, 인간人間, 시자侍者, 관사官使, 생명력으로서
개인적인 원리, 영혼靈魂, 최고 정신, 개인의 본체本體, 한 종족의 구
성원 등의 뜻이 있다. 부로사富盧沙라고도 한다. 장부丈夫·사부士夫.

포사타(逋沙他)   upoṣadha 재일齋日을 뜻한다.

포살(布薩)📖 upoṣadha 넓은 뜻으로는 청정한 몸과 마음이며, 몸
과 마음이 해태懈怠함을 삼가고 방어하는 것을 의미하며, 좁은 뜻
으로는 팔재계八齋戒, 혹은 정오를 지나면 먹지 않는 비시非時를
가리킨다. 청정이라는 처음의 뜻은 점차로 정오가 지나면 먹지
않는다는 계戒를 지키는 비시非時의 지계持戒로 사용되었다. 계율
을 범한 승려가 다른 승려들에게 고백·참회하는 의식. 선을 증장
하고 악을 없애도록 하는 의식. 설계說戒. 선숙善宿. 장양長養.

포살건도(布薩犍度)   포살의 의식 방법을 설명한 편장의 이름.

포살일(布薩日)   포살의 법을 행하는 날. 매월 15일과 29일이나
30일 가운데 양일.

포슬파(布瑟波)📖 puṣpa 월경月經, 꽃다운, 부인에 대한 은근慇懃, 사랑의 고백 등이 있다. 꽃을 말한다.

포영(泡影) 거품과 그림자. 세간법이 실제로 없으며 공허하고 임시로 있는 것임을 비유한 것.

포외계(怖畏戒) 나쁜 이름이 전해져 사후 지옥에 떨어지는 것을 두려워하여 지키는 계.

포외시(怖畏施) 팔종시八種施 가운데 하나. 재물이 없어지거나 못쓰게 될 것을 염려해서 보시하여 잃어버리지 않으려고 하는 것.

포자(布字) 실담자로 되어 있는 진언을 진언 단어의 의미가 있는 한 글자 또는 그 이상의 글자를 정해진 위치에 특정한 의미를 부여하여 놓는 방법.

포참(飽參) 두루 참선의 이치를 참구하여 마음에 익숙하게 하라는 뜻.

포태(胞胎) ①모태. 태내에 있을 때 쓰고 있는 막. ②태생. 태내에 있는 것. 인간의 태로부터 태어나오는 미혹의 상. ③생존. 윤회의 세계에 태어나는 것.

포행(布行) 앉은 자리에서 일어나 방 가장자리를 걸어서 몸을 이완시키는 것.

폭류(瀑流)📖 ogha 류流, 분류奔流, 다수多數, 다량多量, 집단集團 등의 뜻이 있다. ①큰 홍수가 나서 물이 불어나 사람과 집 등이 휩쓸어 떠내려가게 하는 것과 같음을 번뇌에 비유한 것. 모든 선善을 떠내려 보내고 표류시킨다는 뜻에서 번뇌 또는 미혹迷惑을 말한다. 번뇌의 다른 이름. 삼계에 걸친 견혹을 말한다. ②유식에서는 아뢰야식이 윤회할 때, 지속하여 끊이지 않음을 비유한다.

표덕(表德) 적극적으로 모든 법의 진리나 본래 갖추고 있는 공덕을 나타내는 것. 표전表詮.

표백(表白) 의식이나 법회의 취지를 대중에게 알리는 것. ➡ 계백啓白

표백문(表白文) 법회할 때 시주施主의 소원을 적은 글. 발원문發願文.

표상(標相) 삼종상三種相 가운데 하나. 사물의 표치가 되는 모양.

표색(表色) 겉으로 나타내어 보일 수 있는 모든 동작이나 행동. 작색作色. 취取·사捨·굴屈·신伸·행行·주住·좌坐·와臥.

표업(表業) 몸과 입으로 행동하고 말하는 것.

표월지(標月指) 외면에 나타나는 행위. 겉으로 나타낸 행동.

표전(表詮) 갖추어진 덕을 표시하는 것. 표덕表德. 차전遮詮의 반대말.

표찰(表刹) 당간幢竿. 곧 탑의 꼭대기에 솟아 있는 당간. 찰은 찰다라刹多羅의 준말.

표통장(表筒匠) 문서, 편지 등을 넣는 통을 만드는 장인.

품교(稟教) 부처의 교법을 받들어 계승하는 것.

품구(稟具) 구족계를 받아 지니는 것.

품구(品具) 삼의三衣와 육물六物 등 수도하는 데 필요한 도구.

품류(品類) 종류.

풍경(風磬) 처마 끝에 다는 경쇠. 풍령風鈴·풍탁風鐸·첨마簷馬라고도 한다.

풍계(風界) ①바람의 요소. 사대四大 가운데 하나인 풍대風大와 같은 말. ②모든 사물의 동일한 성품의 근원이 되는 요소. 육계六界의 하나. ③바람이 지배하는 영역이란 뜻.

풍공(諷供) 불경을 염송하여 모든 승려에게 이바지한다.

풍구(風口) 풍경風磬의 일종. 흙으로 만든 작은 방울. 보통 탑의 네 귀에 단다.

풍단(風壇) 어디서나 근본 존상尊像이 되는 단.

풍대(風大) 사대四大 가운데 하나. 물질을 조작造作하는 4가지 원소 가운데 하나. 움직임이 본성이고 만물을 기르는 것이 본업임.

풍도(風刀) 사람이 숨을 거둘 때의 고통을 비유한 말. 풍도고風刀苦.

풍등(風燈) 바람 앞의 등잔불. 세상 만상의 무상함을 비유한 말. 풍촉風燭.

풍령(風鈴) 풍경風磬. 처마 끝에 다는 경쇠.

풍륜(風輪) 대지 밑에 있는 공기층. 수미산 세계의 맨 밑에 있으면서 온 세계를 떠받치고 있는 4가지 대륜大輪 가운데 하나.

풍륜단(風輪壇) 반달 모양의 단장壇場을 말한다.

풍륜제(風輪際) 세계를 떠받치고 있는 삼륜三輪의 맨 밑에 있는 풍륜의 최하부를 말한다.

풍물장(風物匠) 가야금, 거문고와 같은 현악기를 만드는 장인.

풍백사우소(風伯師雨疏) 풍백사우청風伯師雨請에서 알리는 소疏. 바람과 비에게 음식을 베풀 때 올리는 의식.

풍색(風色) 사물의 공무空無함이 색깔이 없는 바람과 같다는 말.

풍성(風性) 풍대風大.

풍송(諷頌) ①십이부경十二部經·십이분교十二分教·십이분경十二分經 가운데 하나. 가타伽陀. ②풍송諷誦. 십법행十法行 가운데 하나. 소리 내어 경문을 읽는 것.

풍송(諷誦) 십법행十法行 가운데 하나. 소리 내어 경문을 읽는 것.

풍재(風災) 바람에 의한 재해. 삼재三災 가운데 하나.

풍재보살(豊材菩薩) 지혜와 복덕을 베풀어 주는 보살. 보가바티 Bhogavati. 자재주보살資財主菩薩이라고도 한다.

풍제(風際) 풍륜제風輪際.

풍중등(風中燈) 세월과 사람 수명의 무상함을 바람 가운데 등불에 비유한 것.

풍촉(風燭) 풍등風燈. 사물의 무상함을 비유한 말.

풍탁(風鐸) 보탁寶鐸. 풍경風磬.

풍항(風航) 순풍을 탄 배. 정토문의 쉬운 수행을 비유한 말.

프람 pram 진언이 최종적으로 형이상학적인 음소로 만들어지는 것을 말한다. 즉, 종자진언이며, 뜻을 설명할 수 없으며 오직 음소

音素의 소리만으로 표현할 수 있다. 공쑈의 체험이라고 한다. 종자 진언은 hāṃ, hrīṃ, hrāṃ, hrūṃ, phaṭ, rāṃ 등이 있다.

피각루자(皮殼漏子)   피가루자皮可漏子. 각殼은 껍질이니 사람의 몸을 비유한다. 루漏는 똥과 오줌을 누는 것. 움직임이 자유자재한 것을 의미한다.

피각루자선(皮殼漏子禪)   어느 때나 어느 곳에서나 자유자재로 운용할 수 있는 선.

피갑정진(被甲精進)   삼종정진三種精進 가운데 하나. 보살이 큰 마음의 갑옷을 입어서 여러 가지 난행難行을 두려워하지 않는 것.

피국(彼國)   서방의 안양정토安養淨土.

피낭(皮囊)   위낭韋囊.

피대(皮袋)   가죽주머니. 사람의 몸을 가리키는 말.

피독(披讀)   십법행十法行 가운데 하나. 경전을 입으로 읽으며 외우는 것.

피번뇌장(皮煩惱障)   삼장三障 가운데 하나. 모든 법의 현상에 미혹하여 일어나는 탐貪·진瞋 등으로 현상계에 대해 일어나기 때문에 피부에 비유한다.

피안(彼岸)   ①건너편. 저쪽 언덕. ②이상 세계. 이상적인 경지. 깨달음의 세계. 생사의 바다를 건넌 깨달음의 언덕. 열반의 경지. ③구극적 견지. ④절대 완전. 바라밀. ⑤육경六境. ⑥피안회彼岸會. 일상의 괴로운 생활을 벗어나 즐거운 정신 생활을 보내기 위해 불법을 듣고 행동을 바르게 하는 날. 3월과 9월에 각각 7일간씩 행해진다.

피안교(彼岸橋)   피안으로 건너가는 다리. 고통과 근심이 없는 부처의 세계로 건너는 다리.

피위(被位)   승당僧堂 가운데 좌선하는 좌석.

피의(皮衣) 승의僧衣의 다른 이름.

피지(皮紙) 살갗을 종이로 삼아서 경문을 쓰는 것.

필경각(畢竟覺) 부처의 각오覺悟. 무상각無上覺과 같은 뜻.

필경공(畢竟空) 궁극 절대의 공. 모든 것이 공이라고 보는 궁극적인 공. 18공 가운데 하나.

필경무상주(畢竟無常住) 우주의 만유는 그 형체가 공무空無하여 필경에는 상주불변常住不變하는 법이 없다는 것.

필경의(畢竟依) 부처의 덕호德號. 부처에 말미암아 모든 중생들이 끝내 귀의하는 자리라는 뜻.

필경지(畢竟智) 법계法界의 이성理性을 연구하는 지혜.

필늑지저가불(畢勒支底迦佛) 벽지불辟支佛. 독각獨覺으로 번역. 발라저가불鉢攞底迦佛이라고도 한다. 연각緣覺으로 번역.

필수(筆受) 불경 번역을 필기하는 사람.

필시(筆施) 사경寫經하도록 붓을 주는 것. 사종보시四種布施 가운데 하나.

필추(苾芻) bhikṣu 필추苾芻. 비구比丘를 말한다. 남자로 출가하여 구족계를 지니고 있는 사람.

필추니(苾芻尼) bhikṣuṇī 비구니比丘尼. 여자로 출가하여 구족계를 지니고 있는 사람.

필추니율의(苾芻尼律儀) 비구니가 지켜야 할 계율. 곧 348조목의 구족계.

필추율의(苾芻律儀) 비구가 지켜야 하는 250조목의 구족계.

핍도(乏道) 도로써 가난과 궁핍함을 끊는다는 뜻. 사문沙門을 말한다. 빈도貧道.

알 기 쉬 운 불 교 용 어 산 책

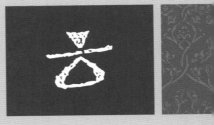

하간(下間) 건물의 왼편. 법당法堂이나 방장方丈의 서쪽. 승당僧堂의 남쪽. 고리庫裡의 북쪽.

하거(下炬) 병거秉炬. 하화下火. 화장할 때 송장을 태우는 소산燒山에 불을 붙이는 것.

하견(下肩) 선가禪家에서 자기보다 아랫자리에 있는 사람. 또는 자기 몸의 오른쪽을 말한다.

하결제(夏結制) 하안거夏安居를 말한다.

하경(夏經) ①여름 안거 동안에 쓴 경전. ②여름 안거 동안에 경전을 읽는 것. ③하안거를 행하는 것.

하경(夏竟) 결하안거結夏安居의 일정을 모두 마치는 것.

하계(下界) 인계人界. 천상계天上界의 반대말.

하구식(下口食) 사식四食 가운데 하나. 얼굴이 아래쪽으로 향하는 일을 하여 의식을 마련하여 사는 것. 논밭을 갈거나 약을 조제하는 따위를 말한다.

하근(下根) 근성根性이 낮은 사람. 불도 수행을 완수할 수 없는 사람.

하늘마군(魔軍) 사마四魔 가운데 하나. 타화자재천他化自在天의 천주天主. 바른 법을 방해하여 지혜와 선근善根을 잃게 하는 마왕.

하단(下壇) 죽은 이를 안치할 때 부르는 소천영가所薦靈駕, 안치하는 모든 영가인 추천제영追薦諸靈, 머묾이 없이 떠도는 무주고혼無主孤魂을 모시는 단.

하당(荷堂) ˹상행삼매를 닦는 상행당常行堂과 반행반좌삼매半行半坐三昧를 닦는 법화당法華堂의 양당兩堂을 말한다.

하대(下帶) 범종의 아래 부분에 두른 띠.

하대갑석(下臺甲石) 탑의 기단부에서 중석 받침과 하대중석 사이에 있는 받침.

하대석(下臺石) 석등이나 탑의 간석竿石, 또는 상대석 밑에 받친 대석.

하대중석(下臺中石) 탑의 기단부에서 하대갑석下臺甲石을 받치고 있는 대석.

하랍(夏臘) 승려의 나이. 납臘. 계랍戒臘·법랍法臘·좌랍坐臘이라고도 한다.

하롱(夏籠) 하안거夏安居.

하마선(蝦蟆禪) 두꺼비가 뛰는 것만을 알고 다른 활동이 활발하지 못한 것을 좌선하는 이가 하나만 고집하여 자유롭지 못한 것에 비유한 말.

하말(夏末) 하안거夏安居의 말기.

하발(下鉢) 아침·점심 공양 때 신호로 판을 울리면 승당의 수행승이 정해진 장소에서 식기를 꺼내어 식사할 준비를 하는 것.

하방(下方) 삼도三塗. 곧 지옥·아귀餓鬼·축생畜生의 삼악도三惡道.

하방(下棒) 선종에서 문답할 때 스승이 주장拄杖으로 학인을 때리는 것.

하배(下輩) 지혜가 얕고 공덕이 적은 범부.

하배관(下輩觀) 악업을 지은 나쁜 사람이 염불하여 정토에 왕생하는 모양을 자세히 보는 관법觀法.

하배생상(下輩生想) 하배관下輩觀.

하복(下服) 버선이나 걸레처럼 깨끗하지 못한 옷.

하사(下士) 삼사三士 가운데 하나. 해탈에 대한 뜻이나 생각이 없는 사람. 범부를 말한다.

하사(河沙) 항하사恒河沙. 인도 갠지스강의 모래. 곧 무척 많은 수를 비유하는 말.

하생(下生) 부처나 보살이 천상계로부터 하계에 태어나는 것.

하서(夏書) 하안거 동안에 경문을 쓰는 것.

하수(夏首) 하안거의 첫째 날.

하승(下乘) 소승小乘.

하심(下心) 자신을 낮추는 마음.

하안거(夏安居) 여름의 90일 동안 정해진 곳에 있으면서 수행하는 것. 보통 음력 4월 15일에서 7월 15일까지 3개월 동안 수행하는 것을 말한다. 우안거雨安居·좌하坐夏·하좌夏坐·하행夏行·하롱夏籠이라고도 한다. 또는 일하구순一夏九旬·하결제夏結制라고도 한다.

하야게리바(何耶揭唎婆) Hayagriva 마두관음馬頭觀音.

하어(下語) 선종에서 고측古則·공안公案·수시垂示·상당上堂 등의 법어法語에 대해 자기 견해를 드러낼 때 하는 말. 또는 사장이 학인에게 가르치며 드러내 보이는 말.

하열(下劣) 뒤떨어지다. 하등下等.

하엽동자(荷葉童子) 난간두겁돌을 받치는 연잎 모양으로 조각된 장식물을 쓴 동자기둥.

하엽문(荷葉紋) 연꽃의 잎을 나타낸 문양.

하엽좌(荷葉座) 천왕상이나 나한상을 표현할 때 앉거나 선 자리를 연잎으로 표현한 것.

하오분(下五分) 욕계의 오욕五欲. 탐食·진瞋·신견身見·계취戒取·의疑.

하원(下元) 10월 보름.

하재(夏齋) 선종에서 여름 안거 첫날 결하結夏할 때 마련하는 재식齋食.

하제(下祭) 불조佛祖의 형상이나 대사의 진영 등을 봉안하고 공양을 베푸는 예식.

하조(呵鵰) 우바새優婆塞의 이름.

하종(下種) 종자를 뿌리는 것. 삼익三益 가운데 하나. 부처가 중생의 마음 밭에 부처가 될 종자를 심는 것. 곧 중생으로 하여금 불교에 연緣을 맺게 하는 것을 말한다.

하좌(下座) 법랍法臘의 많고 적음에 따라 하좌下座·중좌中座·상좌上座·기구장숙耆舊長宿을 세우는 데, 법랍 9년까지를 하좌下座라고 한다.

하좌(夏坐)   하안거夏安居를 말한다.

하중(夏衆)   하안거를 하는 승중僧衆.

하책건도(訶責犍度)   가책건도呵責犍度. 비구에게 벌주는 법을 말한 편장篇章.

하판(下板)   사찰 큰방의 부엌 쪽에 있는 자리. 벽에 삼함三緘이라고 써 붙였으며, 주인이 되는 이들이 앉는다.

하팔지(下八地)   비상비비상처지非想非非想處地를 뺀 나머지 무소유처지無所有處地·식무변처지識無邊處地·공무변처지·사념청정지·이희묘락지離喜妙樂地·정생희락지·이생희락지離生喜樂地·욕계오취지.

하품상생(下品上生)   하상품下上品. 구품왕생九品往生의 하나. 대승 경전을 비방하지는 않았으나 악업을 지어 죽을 때 염불하여 50억 겁億劫 동안 생사에 윤회할 죄를 덜고 화불化佛·화보살의 내용을 받아 정토에 왕생하여 7일 동안 지내고 연꽃이 피어 법문을 듣고 발심하는 부류의 중생.

하품실지(下品悉地)   삼품실지三品悉地 가운데 하나. 모든 하늘과 아수라 궁전에 나는 것.

하품참회(下品懺悔)   삼품참회三品懺悔 가운데 하나. 온몸에 열이 나며 눈으로 눈물을 흘리는 참회.

하품하생(下品下生)   하하품下下品. 중한 죄를 범하여 온갖 악한 짓을 하다가 죽을 때 염불하여 80억겁 동안 생사에 윤회할 죄를 덜고 정토의 연꽃 안에 나서 12대겁大劫을 지내고 연꽃이 피어 법문을 듣고 발심하는 부류의 중생.

하하품(下下品)   하품하생下品下生. 능력이나 소질이 가장 떨어지는 사람.

하해(夏解)   해하解夏·파하破夏·해제解制. 음력 7월 15일이나 8월 15에 여름 안거를 마치는 것.

하행(夏行)   하안거夏安居.

하행(下行) 하위의 열이라는 뜻, 또는 염불행念佛行을 말한다.

하화(下火) 다비에서 거화擧火 다음의 절차. 홰에 불을 붙여 들고 있던 오방법사가 장작더미인 적신대積薪臺에 불을 붙이는 점화의 식. 병거秉炬. 하거下炬.

학가(學家) 배워야 할 점이 있다고 인정되는 집.

학계(學戒) 학인이 실천해야 할 계율.

학도(學徒) 제자. 수행승. 수행자. 학인.

학도(學道) 출가하여 불도를 배우는 것, 또는 불법을 수행하는 것.

학려(學侶) 학문을 연구하는 승려. 주로 강원의 학인들을 말한다.

학료(學寮) 불교를 강의하고 연구하는 요사寮舍.

학림(學林) 승려들이 공부하는 산림山林. 담림談林.

학무학(學無學) 진리를 탐구하여 번뇌를 끊어버리는 것을 학學, 또는 유학有學이라 하고, 배움이 지극하여 번뇌가 완전히 없어져 다시 더 수학修學할 것 없는 경지를 무학無學이라고 한다.

학법녀(學法女) 식차마나니式叉摩那尼.

학수(鶴樹) 학림鶴林. 사라쌍수의 숲.

학승(學僧) 불교나 학문에 조예가 깊은 승려. 또는 수학 중인 승려를 말한다.

학인(學人) ①수행하는 사람. ②선을 수행하는 자. 운수雲水. ③강원에서 학습하는 승려.

학장(學匠) 학도學徒. 학생學生.

학중(學衆) 학문을 연구하는 대중.

학지(學地) ①아직 학습해야만 하는 단계. ②실천 수행의 계제階梯. ③불법의 수행을 땅에 비유한 말.

학처(學處)📖 śikṣāpada 도덕의, 교훈의 뜻. śikṣā는 ~의 지식, 기술技術, 숙달熟達, 교수敎授, 교과敎課, 교훈敎訓, 음운音韻, 발음을 가르치는 학문 등의 뜻이 있으며 법法, 교敎, 학學, 정계淨戒, 학처學處, 수학修學, 학습學習 등으로 의역한다. ①배워야 할 것. 계율. 비

구·비구니 등이 수학할 근본. ②과목. 불법을 수학하는 과목. ③
방법. 불법을 수학하는 방법.

학회(學悔)   살살殺·도盗盗·음음婬·망망妄 가운데 하나라도 범범犯하고 참회
하는 것. 중대한 죄를 저지르고 참회하는 것. 중죄를 범한 승려
가 참회를 하게 되면 종신토록 가장 말석에 있게 되는 것을 말
한다.

한가구(閑家具)   쓸데없는 집안의 물건들. 곧 안심결택安心決擇을
얻는 데 도움이 안 된다는 뜻.

한갈등(閑葛藤)   문자언구文字言句. 문자언구가 마음을 속박하여
수행을 방해한다는 뜻. 쓸데없는 이야기. 속절없는 말.

한고조(寒苦鳥)   설산조雪山鳥.

한공부(閑工夫)   무의미한 궁리. 쓸데없는 일. 쓸데없이 애를 쓴다
는 뜻.

한률타(閑栗馱)   hṛdaya 마음의 움직임이 있는 장소로서의 심장心
臟, 신체의 내부, 중심中心, 가장 좋은 것, 최고 비밀스러운 것 등의
뜻이 있다. 진실한 마음.

한림(寒林)   시다바나尸多婆那. 시다림屍陀林으로 번역. 중인도 마갈
타국 왕사성의 근처에 있던 송장을 장사지내던 곳을 의미했으나,
뒤에 시체를 가져다 두는 곳을 가리키게 말로 바뀌었다.

한맛   부처의 설법은 근기根機에 따라 각각 다르나 그 본래의 뜻
은 모두 같다는 말.

한불한(閑不閑)   유가무가有暇無暇라고도 한다. 한閑은 불교의 법
도를 수행할 여유가 있는 경계, 곧 부처의 세상을 말하며, 불한不
閑은 불교의 법도를 수행할 여유가 없는 곳, 곧 팔난처八難處를 가
리킨다.

한사(閑士)   한가한 사람. 속세를 떠나 불교의 법도를 닦는 도인
道人.

한산시(寒山詩)   중국 당나라 때 한산寒山과 습득習得의 시집.

한언어(閑言語) 쓸데없는 이야기.

할(喝) 속음은 갈喝. 수행자를 책려하기 위해서 내는 소리. ①말로 표현할 수 없는 마음의 작용을 나타낼 때 하는 말. ②수행자를 심하게 꾸짖고 책망할 때 고함치는 말. 대갈大喝·일갈一喝·갈파喝破라고도 한다.

할려(瞎驢) 눈먼 나귀. 법안法眼을 갖추지 못한 사람을 비유하는 말.

할루생(瞎屢生) 할은 앞을 보지 못한다는 뜻이니 이치에 밝지 않음을 비유하고, 루는 누屢라는 말로 어리석다는 뜻이다. 할한瞎漢·누생자屢生子와 같은 말.

할산(喝散) 대중들이 흩어지기를 알리는 것.

할식(喝食) 대중이 식사할 때 식당의 한쪽에 서서 큰 소리로 안내하고 음식의 이름을 알리며 잔심부름까지 하는 소임. 선종에서는 동행童行이라 하여 아직 승려가 되지 않은 아이들이 이 일을 맡는다. 할식행자.

할참(喝參) ①자기가 온 것을 알리는 것. ②대중이 모이도록 알리는 것.

할한(瞎漢) 할루생瞎屢生.

할화(喝火) 밤에 잠자기 전에 사찰 안을 돌아다니면서 불조심하라고 소리 질러 일깨우는 소임.

함개건곤(函蓋乾坤) 평등일색平等一色의 이체理體.

함개상응(函蓋相應) 함개상칭函蓋相稱. 함과 뚜껑이 꼭 맞는 것. 부처의 설법이 중생의 근기에 꼭 맞는 경우를 비유하는 말.

함개상칭(函蓋相稱) 함개상응函蓋相應.

함령(含靈) 함정含情·함생含生. 중생을 말한다.

함생(含生) 함령含靈·함정含情. 중생을 말한다.

함식(含識) 심식心識을 함유하는 것. 중생을 말한다. 함령含靈·함정含情·함생含生이라고도 한다.

함장(函丈) 방장方丈·장실·물실. 주지의 거실을 말한다.

함장식(含藏識)　제8 함장식含藏識. 장식藏識. 아뢰야식阿賴耶識.

함중(含中)　표면으로 나타난 공空·유有의 2가지 속에 포함되어 있는 중도中道의 이치.

함중교(含中敎)　천태 4교 가운데 통교通敎. 통교는 공한 이치를 말하는 가운데 중도의 이치를 포함하고 있으므로 함중교라고 한다.

함탁(啗啄)　새끼가 알을 깨고 나올 때 어미가 밖에서 쪼아 주는 것. 종사宗師가 학인을 망상의 껍데기에서 벗어나 철저하게 깨닫게 하려고 여러 가지 수단을 쓰는 것을 말한다.

함합소(緘合疏)　장육암藏六庵의 육화六和가 지은 예수천왕통의預修薦王通儀를 가리킨다.

함화(含華)　화태華胎.

합동선(合同船)　한 배 안에 여러 사람이 함께 탄 것. 동창同窓·동참同參과 같은 말.

합벽(闔闢)　우주 변화의 순환 법칙.

합쇄(合殺)　천태종에서 아미타불의 명호를 부르는 곡조. 입성入聲으로 높이 칭양稱揚하는 것. 또는 두 개를 아울러 없애 버리는 것.

합십(合十)　불가의 경례. 곧 합장合掌.

합장(合掌)📖　사종공양四種供養 가운데 하나. 손바닥을 합쳐서 하는 예법禮法. 두 손바닥을 합쳐서 마음의 한결같음을 나타내는 불교의 경례법敬禮法. 양 손바닥을 나란히 합하여 마음과 생각을 집중하여 공경하고 예배하는 뜻을 나타낸다. 범어로는 añjali라고 하며, 본래 인도에서 오래 전부터 행하던 예법이다. 5대인 지수화풍공地水火風空을 양손에 새끼손가락부터 차례로 배치하고, 10바라밀인 단계인진선혜방원력지檀戒忍進禪慧方願力智를 오른손 새끼

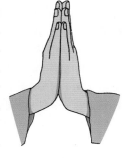

합장

ㅎ

손가락부터 또 왼쪽 새끼손가락부터 열손가락에 배치하고 결인을 설명할 때는 이 배치된 이름으로 사용한다. 합장법에는 견실심합장堅實心合掌, 허심합장虛心合掌 또는 공심합장, 귀명합장歸命合掌 또는 금강합장金剛合掌, 미부련합장未敷蓮合掌, 초할련합장, 현로합장, 지수합장, 반차합장反叉合掌, 반척호상저합장 또는 반배호상저합장, 횡주지합장, 복수향하합장, 복수합장 등 모두 12가지 종류가 있다. 앞의 4가지를 가장 많이 사용한다.

합조(合爪) 합장合掌과 같은 말.

합중지(合中知) 근根이 중간에 사이를 두지 않고 직접 대경對境에 접촉하여 지각知覺이 생기는 것.

합지옥(合地獄) 팔대 지옥 가운데 하나. 살생과 도둑질, 음행을 저지른 죄인이 떨어진다는 지옥.

합하(合下) 직하直下·당하當下. 머뭇거리거나 망설이지 않고 곧바로. 즉시라는 뜻.

합행(合行) 종사從事·집행執行. 모든 사무에 종사한다는 말.

항가(恒架) Gaṅgā 긍가兢伽·긍가하兢伽河. 항하恒河·항수恒水라고도 한다. 히말라야산맥에서 발원하여 동으로 흐르는 갠지스강.

항마(降魔) 악마를 퇴치하거나 항복시키는 것.

항마력(降魔力) 보살의 16대력大力 가운데 하나.

항마번(降魔幡) 항마降魔의 진언이 쓰여 있는 걸개.

항마인(降魔印) 악마를 항복시키는 표시. 오른손을 펴서 무릎 위로 늘어뜨리고 왼손으로 옷을 잡은 모습.

항마좌(降魔坐) 반가부좌半跏趺坐에서 오른쪽 다리를 왼쪽 넓적다리 위에 올려놓고 앉는 것. 항복좌降伏坐.

항마촉지인(降魔觸地印) 근본오인根本五印 가운데 하나. 왼 손바닥을 위로 향해 결가부좌한 다리 가운데 놓고 오른손은 무릎 밑으로 늘어뜨리면서 다섯 손가락을 편 모양. 부처가 깨달음에 이르는 순간을 상징하는 수인手印. 항마인降魔印·촉지인觸地印이라고

도 한다.

항복(降伏) ①위력을 가지고 악마를 눌러 진압하는 것. ②적군을 무찔러 이기는 것.

항마촉지인

항복법(降伏法) 조복법調伏法·절복법折伏法. 원적怨敵이나 악마 등을 항복시키고 퇴치하기 위해 행하는 비밀법.

항복좌(降伏坐) 항마좌降魔坐. 먼저 오른발로 왼쪽 다리를 누르고, 왼발로 오른쪽 다리를 누르는 것. 반대되는 것을 길상좌吉祥坐라고 한다.

항사진수(恒沙塵數) 항하사수恒河沙數.

항삼세명왕(降三世明王) 밀교의 오대명왕五大明王 가운데 아축여래阿閦如來의 화신.

항삼세법(降三世法) 밀교에서 항삼세명왕降三世明王을 근본 존상尊像으로 하고 숙세宿世의 죄장罪障을 없애거나, 악인에게 항복을 받거나, 싸움에 승리하기 위해 행하는 수법修法.

항수(恒水) Gaṅgā 항하恒河.

항염마존(降焰魔尊) 대위덕명왕大威德明王.

항포문(行布門) 차제항포문次第行布門. 이문二門 가운데 하나.

항포법문(行布法門) 여러 법문法門을 차례대로 배포排布하는 것.

항하(恒河) Gaṅgā 인도에 있는 강 이름. 갠지스강.

항하사(恒河沙) 긍가사殑伽沙·항수사恒水沙·항수변류사恒水邊流沙·항변사恒邊沙·항사恒沙라고도 한다. 항하의 모래라는 뜻으로 무수한 수량을 나타내는 말.

항하사수(恒河沙數) 항사진수恒沙塵數. 항하의 모래처럼 많은 수량.

해각(害覺) 삼악각三惡覺 가운데 하나. 미워하고 질투하는 생각으로 남을 때리고 꾸짖으며 목숨까지 빼앗으려 하는 것. 뇌각惱覺·

해상害想이라고도 한다.

해강(解講) 강의를 마치는 것. 강의 듣던 대중을 해산하는 것.

해경십불(解境十佛) 해경십신解境十身·융세간십신融世間十身. 화엄종에서 진실한 지해智解로써 법계를 볼 때 모든 사물이 모두 불신佛身이라 하여 중생신衆生身·국토신國土身·업보신業報身·성문신聲聞身·연각신緣覺身·보살신菩薩身·여래신如來身·지신智身·법신法身·허공신虛空身의 10가지로 나눈 것.

해경십신(解境十身) 해경십불解境十佛.

해계(解界) 계율 또는 진언眞言으로써 결계結界했던 것을 해제한다.

해공(解空) ①지혜로써 세상의 모든 사물이 공하다는 이치를 깨닫는 것. ②부처의 제자 가운데 해공제일解空第一은 수보리須菩提.

해동(海東) 발해의 동쪽이라는 뜻으로 우리나라를 가리킨다.

해료(解了) 이치를 깨달아 아는 것.

해만계(懈慢界) 해만懈慢·해만국懈慢國. 변지邊地. 쾌락에 탐착하여 게으르고 교만한 마음을 일으킨 사람이 태어나는 곳. 극락세계에 이르는 중도에 있는 세계.

해만변지(懈慢邊地) 해만계懈慢界.

해만성불(解滿成佛) 사만성불四滿成佛 가운데 하나. 10주住의 만위滿位에서 모든 법의 체성인 진여를 깨달아 생사·열반의 생각이 일어나지 않고 두려운 마음과 구하는 마음이 없는 것.

해상(害想) 남을 해치려는 생각. 해각害覺.

해섭(該攝) 차별을 초월해서 모든 것을 하나로 통섭統攝하는 것. 분상分相의 반대말.

해섭문(該攝門) 차별적인 형형색색의 모든 것들을 절대 유일한 것으로 통섭通攝하는 것. 일승一乘 안에 삼승三乘을 포섭하는 법문. 분상문分相門의 반대말.

해쇄부(解鎖符) 열쇠를 푸는 부적. 어려운 난제를 해결하고자 할 때나, 염병불입부 혹은 지킴의 수단으로 자물통을 사용하였다. 지

광국사 현묘탑의 정면 부분의 자물통 돋을새김 등이 그것이다.

해신(解信) 교법을 배우고 도리를 연구하여 비로소 믿게 되는 것.

해심밀경(海深密經) 대승 경전의 하나로 유가학파瑜伽學派의 근본 경전. 유가학파의 유식 사상은 아뢰야식阿賴耶識과 종자식種子識을 설명하는 이 경전에 의지하여 철학 체계를 정립하였다.

해안산(海岸山) 보타락산補陀落山. 관음보살이 머무는 곳.

해오(解悟) 요해각오了解覺悟. 이치를 깨달아 아는 것.

해우소(解憂所) 사찰에서 화장실을 이르는 말. 근심을 푸는 곳이라는 뜻. 동사同事. 동정東淨.

해원주(廨院主) 사찰에서 회계·접대·공무 등을 맡은 소임.

해의(解義) 번역飜譯 십과十科 가운데 두 번째. 부처가 말한 경전의 깊은 법의法義를 잘 풀이하는 것.

해인(海印) 부처가 증득한 삼매의 이름. 불지佛智를 비유한 말. 큰 바다가 모든 사물을 인상印相하는 것처럼 심연한 부처의 지혜로 모든 법을 나타내는 것을 말한다.

해인삼매(海印三昧) 대해인大海印·해인정海印定이라고도 한다. 부처가 『화엄경』을 설할 때에 들었던 삼매. 잔잔한 바닷물 속에 비치는 것처럼 과거·현재·미래의 모든 법이 마음속에 나타나는 것.

해인정(海印定) 해인삼매를 말한다.

해정(楷定) 올바르게 결정한다는 뜻.

해조음(海潮音) 부처의 대자비한 말소리가 때에 맞고 근기에 맞추어 설법함을 말한 것. 또는 중생이 나무관세음보살을 염불하면 관세음보살이 때를 가리지 않고 이익을 주는 것을 바다 물결 소리에 비유한 말.

해주(海珠) 바다 밑의 보주寶珠. 얻기 어려움을 비유한 말.

해중(海衆) 부처를 믿고 따르는 수행자의 무리. 여러 강물이 바다에 들어가면 한결같은 짠맛이 되는 것과 같다는 것을 비유한 말.

해집(解執) 견해의 집착.

해탈(解脫)📖 vimokṣa 느슨해지는 것, 녹는 것, ~에서 해방되는 것, 구조救助, 석방하는 것, 방기放棄, 흐르는 것, 주는 것, 놓는 것 등의 뜻이 있다. 삼덕三德 가운데 하나. ①번뇌 망상에서 벗어나 자유자재한 경계에 도달하는 것. ②열반의 다른 이름. 모든 번뇌와 고통에서 벗어난 도탈度脫. ③선정의 다른 이름.

해탈견고(解脫堅固) 학혜견고學慧堅固.『대방등대집경大方等大集經』에서 말하는 5가지 견고 가운데 첫 번째. 부처가 입적한 뒤 첫 5백 년을 말한다. 부처의 정법이 매우 성대하여 해탈을 얻는 사람이 많은 시기.

해탈당상의(解脫幢相衣) 가사袈裟의 다른 이름. 해탈을 구하는 사람이 입는 옷. 불탑佛塔의 당번幢幡과 같은 모습이라는 뜻.

해탈덕(解脫德) 삼덕비장三德秘藏 가운데 하나. 지혜에 의해 참다운 자유를 얻은 것.

해탈도(解脫道) 십선十善·십계十戒·십도十道. ①번뇌의 속박에서 벗어난 길. 깨달음의 길. ②번뇌를 없애는 수행의 사종도四種道 가운데 하나. ③무간도無間道에서 번뇌를 끊어 버린 뒤에 생기는 무루도. 번뇌를 끊은 뒤에 곧바로 택멸무위擇滅無爲를 얻게 되는 찰나. 이미 미혹을 끊고 바르게 진리를 증득하는 지혜. 무간도無間道는 전념前念의 인도因道. 해탈도解脫道는 후념後念의 과도果道. ④불교의 법도. 곧 속박을 벗고 궁극적 이상의 경지인 열반의 경지에 이르는 길.

해탈문(解脫門) ①해탈의 경계에 드는 것을 문에 비유한 것. ②공空·무상無想·무언無言의 3가지 선정은 열반의 문이기 때문에 붙여진 이름.

해탈미(解脫味) ①깨달음을 얻어 고뇌로부터 벗어난 맛. 깨달음의 오묘한 맛. ②세속을 초월한 상태에서 느끼는 3가지 맛 가운데 하나. 열반의 묘미.

해

해탈복(解脫服) 가사袈裟의 다른 이름. 세속을 떠나 모든 번뇌를 해탈한 사람이 입는 옷.

해탈생사(解脫生死) 바라제목차波羅提木叉. 별해탈別解脫.

해탈식(解脫食) 증득한 이가 몸과 마음의 속박을 벗고 열반의 즐거움을 얻어 몸과 마음을 기르는 것. 구종식九種食 가운데 하나.

해탈신(解脫身) 오분법신五分法身의 하나. 번뇌의 속박에서 벗어난 자유자재한 부처의 몸.

해탈심(解脫心) 더러운 것으로부터 해탈한 마음.

해탈온(解脫蘊) 해탈 요소의 집합.

해탈장(解脫障) 정장定障. 해탈의 멸진정滅盡定에 드는 것을 방해하는 번뇌. 불염오무지不染汚無知의 일종.

해탈지(解脫智) 모든 속박에서 벗어난 사람의 지혜.

해탈지견(解脫知見) 진지眞智와 무생지無生智를 얻어 해탈의 지견을 얻은 것.

해탈지견신(解脫知見身) 오분법신五分法身의 하나. 부처가 모든 번뇌의 속박에서 벗어난 자유자재한 몸인 것을 아는 것.

해탈지견온(解脫知見蘊) 해탈지견解脫知見의 집적.

해탈지견향(解脫知見香) 오분법신五分法身.

해탈해(解脫海) 해탈의 덕이 바다처럼 깊고 넓음을 비유한 말.

해탈향(解脫香) 오분법신五分法身.

해태(懈怠) 태怠. 태만. 게으름을 피우고 부지런히 불교의 법도를 수행하지 않는 것.

해태심(懈怠心) 육폐심六蔽心 가운데 하나.

해태심(懈怠心) 『대지도론大智度論』에서 말한 육폐심六蔽心 가운데 하나. 게으른 마음에 가려서 정진하여 부지런히 성인의 도를 수행하지 못하는 것.

해하(解夏) 파하破夏·하해夏解·해제解制. 음력 7월 15일 또는 8월 15일에 하안거를 마치는 것.

해학(解學) 지해智解를 넓히기 위해 학문적으로 여러 가지 교법을 연구하는 것. 행학行學의 반대말.

해행(解行) ①지해知解와 수행修行. 이해와 실행. 이해와 실천. ②『화엄경』이나 화엄종에서 말하는 무진의 법문을 이해하고 행하는 것. ③안심安心과 기행起行.

해행발심(解行發心) 보살이 십행十行의 행을 완성하여 십회향十廻向·십지十地의 삼현위三賢位와 보살 수행의 끝에서 일으키는 마음을 말한다. 진여 법성의 이치에 대한 깊은 지해智解와 이에 상응하는 수행을 한다.

해행상응(解行相應) 해解와 행行이 서로 순응하여 어긋나지 않는 것. 교의와 이론을 밝게 이해하고 깨달은 교의를 반드시 실행하는 것을 말한다.

해행생(解行生) 견문생見聞生·해행생解行生·증입생證入生의 삼생三生 가운데 해행위解行位.『화엄경』을 믿고 원해圓解를 내어 원행圓行을 닦는 지위.

해행지(解行地) 보살 수행의 계위에서 10주住·10행行·10회향廻向의 지위를 말한다. 아직 진여의 이치에 통달하지 못하고 해지解知에 의지하여 수행하는 것.

해혹(解惑) 지해知解와 미혹. 지혜와 번뇌를 말한다.

해회탑(海會塔) 보동탑普同塔.

행(行) 내심內心과 외경外境이 만나 신身·구口·의意 삼업으로 일어나는 일체의 심행心行을 말한다. ①수행修行. ②행업行業. 조작造作. 모든 유위법有爲法을 말한다. 행온行蘊. ③육도범행六度梵行. 보시布施·지계持戒·인욕忍辱·정진精進·선정禪定·지혜智慧.

행각(行脚) 승려가 수행을 하기 위해 여러 곳을 돌아다니는 것. 행각승行脚僧·운수납자雲水衲子의 의미.

행각승(行脚僧) 운수납자雲水衲子.

행걸(行乞) 탁발托鉢·행발行鉢·걸식乞食. 발우를 가지고 돌아다니

면서 먹을 것을 얻는 것.

행경십불(行境十佛) 화엄종에서 수행한 결과로 깨달아 얻는 불신佛身의 경계를 10가지로 나눈 것. 정각불正覺佛·원불願佛·업보불業報佛·주지불住持佛·화불化佛·법계불法界佛·심불心佛·삼매불三昧佛·성불性佛·여의불如意佛.

행고(行苦) 삼고三苦 가운데 하나. 세간 모든 현상의 변화가 끝이 없다는 뜻. 인因과 연緣의 화합으로 존재하는 모든 것은 공空한 것이라는 깨달음.

행공양(行供養) 선법을 수행하여 여러 부처에게 공양하는 것. 교법을 믿어 수행하는 것.

행과(行果) 행업行業과 과보果報. 수행과 그것으로 인하여 불러오는 과보.

행교(行敎) 수행에 편중한 교법. 불제자가 지켜야 할 계율을 밝힌 것. 제교制敎.

행근본방편(行根本方便) 사종방편四種方便 가운데 하나. 보살은 큰 지혜가 있으므로 생사해生死海에 있으면서 열반의 증證에 주住하고 열반에 주하면서 생사해에 와서 중생을 섭화攝化한다. 이것은 진여의 불변不變과 수연隨緣의 두 뜻에 계합한다.

행당(行堂) 행자行者의 요실寮室. 선승당選僧堂.

행덕(行德) 불교의 법도를 수행한 공으로 인하여 몸에 갖추어지는 덕.

행도(行道) ①불교의 법도를 수행하는 것. ②덕행과 수도修道. ③행렬을 지어 길을 걷는 것.

행동(行童) 승복僧僕.

행력(行力) 보살의 16대력大力 가운데 하나.

행만(行滿) 실천 또는 수행이 완성되는 것.

행만성불(行滿成佛) 사만성불四滿成佛 가운데 하나. 등각위等覺位에서 무명無明 번뇌가 모두 끊어져서 자기가 바라고 원하던 것과

수행을 완성하는 것.

행모(行母) mātṛkā 또는 mātā 어머니, 부모, 대지大地, 물의 뜻을 가진 말. 논장論藏의 다른 이름. 수행의 법도를 낳는 모체라는 뜻.

행무색(行無色) 불환과不還果의 성인聖人이 욕계欲界에서 바로 무색계無色界에 나서 반열반般涅槃하는 것.

행문(行門) 수행의 문. 수행하는 문.

행법(行法) 법보法寶의 사법四法 가운데 하나. 수행 방법. 닦아서 증득할 행법行法. 곧 계·정·혜 삼학三學 등을 말한다.

행복(行福) 삼복三福 가운데 하나. 불교의 법도를 수행하면서 다른 이를 가르쳐 불교에 들어오게 하여 생기는 복.

행불성(行佛性) 이불성二佛性 가운데 하나. 대원경지大圓鏡智 등 사지四智의 종자를 말한다. 갖추고 있는 이도 있고 갖추지 못한 이도 있는데, 갖추지 못한 이는 영원히 성불成佛하지 못한다.

행불퇴(行不退) 보살의 수행에서 물러나지 않는 위位. 다른 중생을 교화하는 수행을 잃어버리지 않는 위位. 항상 수승한 행을 닦아서 번뇌를 일으킴이 없는 위.

행사(行捨) 평정. 마음의 평등.

행사의(行四依) 사성행四聖行·사성종四聖種과 같다. 출가 수행자가 반드시 지녀야 할 4가지 법. 분소의糞掃衣를 입고 걸식하고, 나무 밑에 앉고 똥·오줌을 약으로 쓰는 것을 말한다.

행상(行狀) 행업行業의 모양.

행상(行像) 서역 지방에서 해마다 부처의 탄신일에 불상을 잘 장식하여 수레에 싣고 성안을 돌아다니는 것.

행상(行相) 주관의 인식 대상이나 인지 작용. 마음에 비친 객관 영상을 인식하는 주관 작용.

행선(行善) 적극적으로 자진하여 선한 일을 행하는 것.

행선(行禪) 참선을 행하는 방법 가운데 하나. 걸으면서 행하는 참선법으로 경행經行·포행布行·만행萬行이 있다.

ㅎ

행성(行性) 보살의 대행大行과 불성佛性.

행실(行實) 행업의 사실事實.

행업(行業) ①고락의 과보를 받을 선과 악의 행위. 몸·입·뜻으로 나타내는 동작·언어·생각. 수행. 왕생의 원인이 되는 수행. 곧 불도를 닦는 것. ②덕행의 위업偉業.

행온(行蘊) 📖 오온五蘊의 하나. 사대四大로 이루어진 색온色蘊이 수·상의 이온二蘊을 거치면서 더욱 단단하게 집착이 가해진 상태. 유위법. 마음 속에서 이루어진 행위의 집합. 잠재적 형성력의 집합. 인과적 존재의 모임.

행요(行要) 수행의 주요 내용.

행원(行願) ①실행과 심원心願. ②자기의 소원을 실천하는 것. ③ 칭명염불과 정토왕생을 원하는 마음.

행유(行有) 업유業有.

행유식(行唯識) 보살의 수행에서 모든 사물은 오직 식識이 변해 나타난 것에 불과하다고 하는 것과 같이 수행에서도 유식의 뜻이 나타나는 것을 말한다.

행의(行儀) 행사의 의칙儀則.

행익(行益) 대중에게 밥을 담아서 드린다는 말로 진지한다는 말. 공양하는 것. 행은 차례로 내려간다는 뜻이고, 익은 담아주는 것, 혹은 법공양할 때나 어떤 의식을 행할 때라는 뜻이다.

행인(行人) 행자行者.

행입(行入) 이입二入 가운데 하나. 실천 수행으로 마음을 닦고 의지를 연마하는 것.

행자(行者) ①불도를 수행하는 사람. 수도하는 사람. ②염불하는 사람. ③아직 승려가 되지 않고 사원에 있으면서 여러 소임 밑에서 일을 돕고 있는 사람. 아직 계를 받지 못한 불교 수행자. ④승동僧童. 동자승童子僧.

행자(行慈) 사미沙彌를 말한다.

행주좌와(行住坐臥) 다니고 머물고 앉고 눕고 하는 사람의 일상적인 움직임을 가리킨다.

행취(行趣) 불교의 법도를 단지 문자로만 이해하지 않고 직접 행하면서 구체화하는 것.

행치(行厠) 행측行厠의 속말. 몸을 깨끗하지 못한 뒷간에 비유한 말. 걸어 다니는 뒷간·변소라는 뜻.

행학(行學) 실제적으로 여러 가지 불교의 법도를 수행한다.

행해(行解) ①심식心識이 대상을 이해하는 것. ②수행修行과 학해學解.

행해상응(行解相應) 수행과 이해가 함께 갖춰지는 것. 실천과 이해가 일치하는 것.

행향(行香) 향을 나누어 준다는 뜻으로 시주자가 승가에게 음식을 공양할 때 먼저 승려에게 향을 나누어 드리는 의식을 말한다.

행화(行化) 교화를 행한다.

향(香) ①향물. 불에 태워서 향기를 피우는 물건. ②비근鼻根이 인식하는 후각의 대상. 오경五境 가운데 하나.

향(響) 메아리. 제법이 공성空性임을 나타내기 위해 베푼 대승십유大乘十喩 가운데 하나.

향각(香閣) 향실香室.

향거(向去) 모든 수행자가 외치면서 정위를 향하는 것. 종가입공從假入空.

향고원(香庫院) 향실香室.

향광장엄(香光莊嚴) 염불삼매念佛三昧. 향에 쪼이면 항상 향기가 남아 있는 것과 같이 염불하면 항상 부처를 볼 수 있으므로 염불을 향에 비유한 말.

향국(香國) 불국佛國의 이름.

향궤(香几) 향안香案. 향로香爐의 대.

향당(享堂) 향당饗堂. 조당祖堂. 선가禪家에서 조사祖師의 초상이나 위패를 봉안한 집.

향대(香臺)　향로를 놓아 두는 밑받침. 향실香室이라고도 한다.

향대(香台)　불전佛殿의 다른 이름.

향로(香爐) 📖　화로火爐·훈로薰爐라고 도 한다. 향을 피우는 그릇. 악취를 제 거하고 더러움을 없애기 위해 향을 피 우는 의식이 행해진다. 손으로 들 수 있는 자루가 달린 병향로柄香爐, 야외 에서 의식을 할 수 있도록 손잡이가 달린 수로手爐, 끌 수 있도록 되어 있 는 제로提爐 등이 있다.

향로(직지성보박물관)

향료(香料)　향전香典.

향방(香房)　향실香室.

향사(香司)　사찰에서 시간을 알리는 소임.

향상(向上)　끝에서 시작하여 위로 올라가는 것. 평등의 뜻.

향상일구(向上一句)　깨달음의 경계에 도달시키기 위한 한마디 의 말.

향상일로(向上一路)　절대 진리에 이르는 외길을 뜻하는 말.

향수(香水)　화수華水. 공덕수功德水.

향수해(香水海)　향해香海.

향수해례(香水海禮)　매년 정월 초하룻날 상단의 부처에게 올리는 예불문.

향신(香神)　건달바乾闥婆를 말한다. 향음신香音神. 향을 먹고 몸에 서 향기를 내는 신.

향실(香室)　gandha-kuṭi gandha는 향香, 방향芳香, 향기香氣, 훈향薰 香, ~의 기미, ~의 흔적, ~과 비슷함 등의 뜻이 있다. kuṭī는 가가家, 당堂, 점점店 등의 뜻이 있다. 향방香房·향대香臺·향전香殿·향적香積·

향고원香庫院. 본래 부처가 기거하던 방이었는데 불전佛殿의 다른 이름이 되었다. 노전爐殿·향각香閣과 같은 말.

향안(香案) 향로의 받침틀. 향연대香煙台.

향어(香語) 향을 뽑아 올리면서 하는 말.

향연(香煙) 부처에게 공양하는 향의 연기.

향연청(香煙請) 불상을 조성하여 장엄할 때 부처의 모습이 길상초에 나타나는 것을 향香으로 표시한 것. '향연청'이라는 유나維那의 선창에 대중이 모두 따라한다.

향염(香染) 목란색木蘭色으로 물들인 것. 곧 다갈색茶褐色. 가사는 본래 건타라乾陀羅라는 향나무의 즙으로 물들였다고 한다.

향완(香垸) 고려시대에 유행한 받침대가 높고 은입사銀入絲넣어 만든 향로香爐.

향왕보살(香王菩薩) 관세음보살의 부속 보살.

향유진(向遊塵) 극유진隙遊塵과 같은 뜻.

향음신(香音神) 향신香神.

향의(香衣) 향염香染·향포상香袍裳·향복香服. 향나무의 즙으로 물들인 법의法衣. 향색香色의 옷.

향완(통도사 성보박물관)

향의(香儀) 향전香典.

향자(香資) 향전香典.

향적(香積) 향실香室. 불국토의 이름.

향전(香篆) 절에서 시간을 측정하기 위해 사용하던 향香. 향시계라고도 한다.

향전(香殿) 향실香室.

향전(香典) 향전香奠·향전香錢·향전香田·향자香資·향의香儀·향료香

料라고도 한다. 향을 대신하는 물건이란 뜻. 곧 불사할 때 불상 앞이나 사자의 영전靈前에 향 대신에 놓는 돈.

향진(香塵) 육경六境·육진六塵의 하나. 비근鼻根으로 인식하는 대상. 향기롭거나 구린 냄새로 정식情識을 어지럽게 하므로 진塵이라고 한다.

향집(香集) 불국토의 이름. 허공장보살虛空藏菩薩의 본토.

향찰(香刹) 불사佛寺. 절을 말한다.

향처(香處) 십이처十二處 가운데 하나. 육외처六外處. 육경六境. 향기라고 하는 장소, 향기라고 하는 영역. 향기라고 하는 근거, 향기라고 하는 식별이 생기는 거점.

향추(香芻) 비구가 수행할 때에 까는 초석 자리. 부처가 성도할 때 풀로 자리를 삼은 데서 기원한 말.

향취산(香醉山) 향상보살의 주처.

향탕(香湯) 맑은 탕.

향합(香盒) 향합香盒·향함香函. 향을 담는 그릇. 흔히 나무로 만들어 옻을 칠한다.

향해(香海) 향수의 바다. 수미산을 둘러싸고 있는 내해內海.

향화(香華) 6가지 공양 가운데 하나. 향이나 꽃을 부처에게 공양하는 것.

향화(向火) 화롯가에서 불을 쪼이는 것을 말한다.

허가(虛假) 진실하지 못한 것. 실질적인 본체가 없다는 뜻.

허가잡독선(虛假雜毒善) 보통 사람이 닦은 선근은 모두 아집 번뇌의 더러움이 섞여서 허망하고 참되지 못함을 뜻하는 말.

허가행(虛假行) 마음과 동작이 일치하지 않는 행동. 번뇌가 쌓인 마음으로 닦는 수행.

허공(虛空) 📖 ākāśa 허공虛空, 창궁蒼穹, 가장 미묘한 요소로서의 공空, 장면의 어두움에서 등의 뜻이 있다. ①허虛와 공空. 무無의 다른 이름. 허虛는 형질이 없는 것. 공空은 장애가 없는 것. ②부처의 참된 법신. 혜심慧心은 사자갑봉서사상당師子岬鳳栖寺上堂에서 "불진법신佛眞法身, 유약허공猶若虛空. 응물현형應物現形, 여수중월如水中月"이라고 하였다. ③허공무위虛空無爲. 삼무위三無爲의 하나. 인연에 의해 만들어진 것이 아니라 원래 장애를 여의고 있는 것은 허공과 같기 때문에 허공무위라고 한다.

허공계(虛空界) ①허공. 공간. 너른 하늘. ②진여眞如. 빛도 없고 모양도 없으며 허공처럼 모든 사물을 온통 휩싸고 있는 것.

허공무구보살(虛空無垢菩薩) 무구서보살無垢逝菩薩. 명철금강明徹金剛.

허공무위(虛空無爲) 허공은 온갖 곳에 두루 가득하여 다른 것을 장애하지 않고, 또 다른 것에 장애되지도 않으므로 무위라고 한다.

허공신(虛空身) 하늘을 관장하는 신.

허공유(虛空喩) 허공을 비유로 한 것.

허공장(虛空藏) 허공장보살虛空藏菩薩.

허공장보살(虛空藏菩薩) 허공과 같이 무한한 자비를 가진 보살. 복福과 지혜智慧가 무량함이 큰 허공과 같이 광대무변한다. 태장계胎藏界 허공장원虛空藏院의 주존主尊. 오른손에 검, 왼손에는 여의주를 지니고 있다.

허공장보살보공양진언(虛空藏菩薩普供養眞言) 보공양진언普供養眞言.

허공처정(虛空處定) 공무변처정空無邊處定. 색법色法에 얽매임을 싫어하여 마음에 색상色想을 버리고 무한한 허공을 관찰의 대상으로 하는 선정.

허공천(虛空天) 욕계 6천 가운데 야마천夜摩天 이상의 4천. 수미산을 떠나 허공 가운데 있다고 한다.

허공화(虛空華) 허공의 꽃. 제법이 공성空性임을 나타내기 위해 베푼 대승십유大乘十喩 가운데 하나.

허광어(虛誑語) 거짓말하는 것. 마음에 성실함이 없어서 발하는 허위의 망언. 악한 마음을 가지고 고의로 다른 사람을 속이는 언어.

허두(虛頭) 허공虛空을 말한다.

허망(虛妄) 거짓. 진실이 아니고 공허한 것. 미혹으로 인해 일어나는 현상.

허망륜(虛妄輪) 생사에 윤회하는 것.

허망분별(虛妄分別) 현상인 사事와 본체인 이理의 진상眞相을 잘못 알고 허망하게 생각하여 계교하는 것.

허심합장(虛心合掌) 두 손바닥을 견실하게 합하지만 두 손바닥 사이에 조금 공간이 있도록 하는 것.

허현(虛玄) 진여眞如나 심성心性을 형용하는 말.

헌식(獻食) 대중이 식사할 때 미리 음식을 조금씩 떠서 한데 모아 아귀에게 주는 일. 생반生飯. 고수레.

허심합장

헌식규(獻食規) 베풀어진 음식을 먹는 의식으로 진행되는 상용영반常用靈飯.

헌식진언(獻食眞言) 신이나 존상에게 음식을 드릴 때 외치는 진언.

헌좌진언(獻座眞言) 공양을 올릴 때나 시식施食을 할 때 법회의 주인공을 청하고 청한 주인공이 자리에 앉기를 권하는 진언. '옴 바아라 미나야 사바하.'

험(驗) 영험靈驗·영표靈表·위험威驗. 신앙이나 기도 등에 의해 나타나는 공덕·이익.

험래과(驗來果) 죽는 모양에 의해 그 사람이 내세에 받을 과보를 미리 경험하는 것.

험주문(驗主問) 탐발문探拔問. 문제를 내서 남을 시험하는 것. 선가에서 학인이 스승의 근기가 어느 정도인지를 탐구하기 위해 질문을 내는 것을 말한다.

ㅎ

혁총(革蔥) 마늘의 일종. 일설에는 부추라고도 한다.

현가(顯加) 부처가 중생에게 주는 눈으로 보고 귀로 들을 수 있는 가호加護.

현강(玄綱) 매우 깊고 그윽한 교의의 대강大綱. 심묘한 교의의 강요綱要.

현겁(賢劫) 현재겁現在劫. 현시분賢時分·선시분善時分으로 번역. 현재의 일대겁. 현재세. 현재의 겁. 현재의 주겁住劫.

현겁경(賢劫經) 현겁賢劫에 출현하는 천불을 소개한 불경.

현겁십육존(賢劫十六尊) 현겁십육보살. 현겁에 출현하는 16존.

현겁천불(賢劫千佛) 현재의 대겁인 현겁의 주겁住劫에 이 세계에 출현하는 구류손불·구나함모니불·가섭불·석가모니불·미륵불 등의 천불.

현경(顯經) 현교顯敎의 경전. 진언종 이외의 모든 종파가 의지하는 경전.

현공양(現供養) 4가지 공양 가운데 운심공양運心供養을 제외한 나머지 합장공양合掌供養·알가공양閼伽供養·진언인계공양眞言印契供養.

현과파(顯過破) 인명因明에서 입론자立論者의 입론에 대해 상대방이 따로 논법을 조성하지 않고 다만 입론자의 논법에 허물이 있는 것만 꼬집어서 반박하는 것.

현관(玄關) 깊고 묘한 이치로 통하는 관문. 집으로 들어가는 입구.

현관(現觀) 바로 눈앞에서 직접 명료하게 경계를 자세히 보는 것. 무루지無漏智로써 사제四諦의 이치를 자세히 보는 것.

현관위(現觀位) 현관을 이루는 경지.

현광(懸曠) 불도의 유원幽遠함을 뜻하는 말.

현교(祆教) 말니교末尼教·마니교摩尼教. 배화교拜火教.

현교(顯敎) 중생의 근기에 따라 자세하고 분명하게 가르치기 위해 여러 가지 방편으로 이치를 드러내 보이는 것. 밀교의 반대말.

현구천(賢鉤天) 태장계 만다라의 외금강부 북방 제6위에 있는 천

ㅎ

의 이름.

현근(玄根) 현묘한 근성.

현기(懸記) 부처가 미래의 일에 대해 미리 수기하는 일. 곧 부처의 예언.

현기광(現起光) 부처가 중생을 교화하기 위해 특별히 밝혀 놓은 광명.

현담(玄談) ①불교의 현묘한 이치를 논하는 것. ②현담懸談·현담懸譚. 경이나 논에서 글을 차례대로 해석하기 전에 먼저 제목이나 대의를 미리 논술한 부분.

현당이세(現當二世) 현재와 미래의 두 세상.

현덕(玄德) 현묘한 공덕.

현도(玄道) 깊고 묘한 도. 불교의 법도를 말한다.

현도(玄導) 깊고 묘한 지도指導나 교도敎導.

현도(賢度) 인도·천축과 같은 말.

현도석의(顯道釋義) 이교석의理敎釋義. 명상名相인 교로써 무명상無明相의 이치를 해석하는 것.

현두(賢豆) 신독申毒·신독身毒이라고도 한다. 인도의 옛 이름. 곧 천축국天竺國을 말한다.

현등각(現等覺) 현관現觀. 사물을 있는 그대로 보는 깨달음. 바르고 완전한 깨달음.

현람(玄覽) 깊이 이치를 살펴보는 것.

현량(現量) 마음이 현재의 현상을 그대로 양량을 아는 것이니 안식眼識이 색色을 대하는 것과 같다. 안식眼識으로 색을 보고 이식耳識으로 소리를 듣는 것과 같은 것.

현로(玄路) 현묘한 길. 열반의 길. 진리를 말한다.

현로정교(顯露定敎) 천태종에서 화의사교化儀四敎의 돈교頓敎와 점교漸敎를 말한다.

현료(現了) 명확한 것. 말이 명료한 것.

ㅎ

현묘(玄妙) 이치나 기예의 경지가 헤아릴 수 없이 깊고 미묘한 것.

현문(玄門) 현묘한 법문. 심오하고 묘한 이치. 곧 불교를 말한다.

현밀(顯密) 현교顯教와 밀교密教.

현밀이교(顯密二教) 현교顯教와 밀교密教.

현반(現般) 불환과不還果의 성인聖人으로 색계·무색계에 나지 않고 욕계의 몸을 가지고 모든 번뇌를 바로 끊어 열반에 드는 이.

현법(現法) 현세. 현재. 이 세상. 직접 지각하는 것.

현법락주(現法樂住) 선정禪定을 말한다. 이것을 닦으면 모든 허망한 생각을 여의고 현재에 있어 법락을 느끼며 안주安住함을 얻는다. 현법락現法樂·현법희락주現法喜樂住·현주법락現住法樂.

현법열반(現法涅槃) 이 세상에서 열반을 체득하는 것.

현법자량(現法資糧) 사종자량四種資糧 가운데 하나. 금세에 선법善法을 닦는 탓으로 선근善根이 익숙하여 계戒를 갖추는 것.

현병(賢瓶) 덕병德瓶. 여의병如意瓶.

현보(現報) 현세에 지은 선악 행위의 과보果報가 현재의 육신에 갚아지는 것.

현본(顯本) 개근현원開近顯遠·개적현본開迹顯本·개권현실開權現實.

현불(懸佛) 원판의 거울에 불상 등을 표시하여 법당 안에 걸어 둔 것.

현상(現相) 경계상境界相. 주관의 견조見照하는 작용인 능견상能見相이 일어나면 이에 대해 반드시 나타나는 객관의 경계상.

현상(現想) 과거 경험한 일을 생각하는 것.

현색(顯色) 청青·황黃·적赤·백白·장長·단短 등의 색으로서의 물질 본연의 상태.

현색탐(顯色貪) 사종탐四種貪 가운데 하나. 사람의 몸에 청·황·적·백 등의 색채를 보고 일으키는 탐욕.

현생(現生) 현세現世. 현재의 생명.

현생불퇴(現生不退) 성불하기로 결정되어 다시는 미혹한 세계에 윤회하는 운명에 떨어지지 않는 것.

현생정정취(現生正定聚) 지금 이 세상에서 바로 부처가 될 것으로 결정된 기류機類.

현성(賢聖) 성현聖賢.

현성(現聖) 현명한 사람. 존귀하고 성스러운 사람. 성인.

현성(現成) 현전성취現前成就. 사실이 현재 이루어져 있는 것. 지금 있는 그대로를 말한다.

현성공안(現成公案) 조작造作이나 안배安排를 빌리지 않고 현재에 성취한 공안.

현세(現世) 지금 세상. 현재 생을 누리는 세상. 현재의 생존.

현세기도(現世祈禱) 현생에 재난을 없애고 행복을 얻고자 부처나 신에게 비는 기도.

현세이익(現世利益) 현생에 재난 없이 오래 살고 부유하고 귀하게 되는 등의 행복을 얻는 이익.

현수(賢首) ①온화한 얼굴의 사람. ②인사할 때 외치는 말.

현수종(賢首宗) 화엄종華嚴宗을 말한다. 화엄 제3조 법장法藏에 의해 이루어진 종파.

현시(顯示) 밝게 나타내 보이는 것.

현시인(顯示因) 생겨나는 일념의 망상. 마치 등불이 물건을 비쳐 환하게 보이게 하듯이 선악의 업상業相을 나타내어 보이는 것.

현식(顯識) 현식現識. 제8 아뢰야식. 아뢰야식은 전변轉變으로 우주를 드러내는 심식心識으로 물物·심心의 모든 현상을 발생하여 나타내므로 현식이라고 한다. 또는 장식藏識. 일체 선악의 종자를 함장含藏하여 모든 경계를 나타내기 때문에 일컫는 말.

현식(現識) 현식顯識. 현행現行하는 식. 아뢰야식 가운데 들어 있는 종자에서 발현하는 이숙식異熟識과 능훈식能熏識.

현신(現身) 불보살이 여러 가지 모습으로 변하여 그 몸을 나타내는 것.

현실종(顯實宗) 진종眞宗.

현애상(懸崖想) 불법이 어렵고 요원하다고 내는 마음이나 생각.

현양성교(顯揚聖教) 자신이 받드는 가르침의 의의를 명확하게 하는 것.

현왕불공(現王佛供) 병자가 죽기 전이나 죽은 뒤에 대웅전 현왕단現王檀이나 명부전에서 거행하는 불공.

현왕여래(現王如來) 보현왕여래普現王如來. 염라대왕이 수기를 받고 미래에 성불하도록 되어 있는 왕.

현왕탱화(現王幀畵) 사람이 죽어서 3일 뒤에 받는 심판을 주재하는 현왕여래現王如來를 중심으로 묘사한 불화.

현왕탱화(고창 선운사 도솔암)

현월(玄月) 현묘한 진리를 달에 비유한 것.

현유(現喩) 팔유八喩 가운데 하나. 눈앞에서 펼쳐지는 일을 가지고 비유하여 나타내는 것.

현음(玄音)   현묘한 법음法音. 곧 불법의 가르침의 소리.

현응(玄應)   유현幽玄한 감응感應. 부처의 마음이 능히 중생의 마음 속에 들어가고 중생이 능히 이것을 느껴 서로 융합하는 것.

현의(玄義)   깊고 그윽한 뜻. 심묘한 의리義理.

현의구(懸衣煸)   장두하파葬頭河婆. 탈의파奪衣婆.

현익(現益)   현생익現生益·현세이익現世利益. 지금 세상에서 받는 이익.

현자(賢者)📖   āryā 신의가 두터운, 자기의 종족에 관련하다, 존경 해야만 하는, 고귀하다 등의 뜻이 있다. 아리이阿梨夷. 성자聖者·존 자尊者로도 번역. 덕이 있어 존경할 만한 어른. 덕이 높은 수행자 에 대한 존칭.

현재법(現在法)   현재 드러나 있는 법.

현재세(現在世)   지금 세상.

현재오과(現在五果)   12연기 가운데 식識·명색名色·육입六入·촉觸· 수受의 다섯 가지를 말한다. 과거의 인因인 무명無明·행行에 의해 나타난 현재의 과果.

현적(玄籍)   현묘한 전적典籍. 불교의 경전 및 부처의 교법.

현전(現前)   눈앞에 나타나는 것. 눈앞에 있는 것.

현전(玄詮)   현묘한 분석이나 해설. 전詮은 결訣.

현전삼매(現前三昧)   제불현전삼매諸佛現前三昧. 반주삼매般舟三昧.

현전승(現前僧)   현재의 승가 단체.

현전승가(現前僧伽)   5인에서 20인 정도 규모의 수행승 단체.

현전승물(現前僧物)   사찰에 거주하는 승려들에게 소속된 모든 물 건. 승물僧物.

현전지(現前地)   보살의 십지十地 가운데 여섯 번째 지위. 미혹을 끊고 뛰어난 지혜를 내어 무위진여無爲眞如의 모습이 나타나는 지위.

현정(顯正)   올바른 도리를 나타내는 것. 중정中正의 의리를 드러 내 보이는 것.

ㅎ

현정이분(顯正二分)　삼론종三論宗에서 정법을 나타내는 사람과 법을 말한다. 곧 인정人正·법정法正.

현종(顯宗)　현교顯敎의 종지宗旨. 진언종 이외의 다른 종을 말한다. 밀종密宗의 반대말.

현종(玄宗)　현묘한 종지. 불교의 일반적 이름.

현증(顯證)　진실을 꿰뚫어 보는 것. 현실의 증명. 현전의 증거.

현지(玄旨)　현묘한 뜻.

현풍(玄風)　그윽하고 우아한 풍취.

현학(玄學)　현묘한 학문. 심오한 불법·불학을 말한다.

현행(現行)　마음의 주재자라고 할 수 있는 제8 아뢰야식이 갖추고 있는 마음의 세력 또는 마음의 작용을 종자種子라 하고, 이 종자가 모든 만상을 드러내는 것을 현행이라고 한다. 현행법現行法.

현행법(現行法)　유식종에서 제8 아뢰야식 가운데 함장되어 있던 종자로부터 나오는 모든 법.

현행혹(現行惑)　이혹二惑 가운데 하나. 현재 행하고 있는 미혹. 육근六根이 육진六塵에 대해 탐貪·진瞋·치癡의 번뇌를 일으켜 마음이 혼미하여 선법善法에 장애가 생기는 것. 곧 번뇌장煩惱障·소지장所池障을 말한다.

현행훈종자(現行熏種子)　현훈종現熏種. 말과 행동과 생각으로 나타나는 현행법이 제8 아뢰야식에 새로운 종자를 훈성熏成하는 것을 말한다.

현향(懸香)　괘향掛香. 향을 주머니에 넣어 방 안에 걸어 두는 것.

현현(顯現)　나타나는 것. 현상.

현현현처(玄玄玄處)　절대絶對·향상向上의 극치. 현묘하고 불가사의한 당처當處.

현화(現化)　부처나 보살이 교화하려는 상대에 맞추어 몸을 바꾸어 나타나는 것.

혈도(血塗)　삼도三塗 가운데 하나. 축생畜生. 서로 잡아먹으며 피를 흘리는 축생을 말한다.

혈맥상승(血脈相承) 스승과 제자 사이에 법을 상속하는 것. 아버지의 피가 자식에게 전해지듯이 스승으로부터 제자에게 법맥이 전해지는 것을 말한다.

혈적적지(血滴滴地) 심정을 극진히 하여 다른 일이 없는 것. 말한마디가 마음속을 깊이 찌르는 것.

협립(脇立) 협사脇士.

협비구(脇比丘) 협존자.

협사(脅士) 보살. 부처를 좌우에서 모시고 있는 보살. 협시보살挾侍菩薩. 협시脇侍·협시夾侍·협시挾侍·협립脇立. 여기서 사士는 대사大士의 준말.

협선취구(挾善趣求) 선한 일을 닦고 그 공덕으로 선한 과보를 바라는 것.

협시(挾侍) 본존불을 곁에서 모시고 있는 것. 협사脅士. 협시보살挾侍菩薩.

협시(脇侍) 부처의 좌우에 있는 시자.

협시불(脇侍佛) 본존을 옆에서 모시고 있는 불상. 협시보살.

형보산왕(逈寶山王) 형보산의 왕. 곧 관세음보살.

형상(形相) 삼종상三種相 가운데 하나. 길고 짧고 모나고 둥근 모양.

형색(形色)📖 형상과 빛깔. 눈으로 보고 몸으로 느끼어 인식하는 물질. 장단長短·방원方圓·고하高下·정부정正不正의 8가지. 현색顯色과 함께 색色의 한 가지.

형색탐(形色貪) 사종탐四種貪 가운데 하나. 아름다운 형체를 보고 탐착하는 것.

혜검(慧劍) 번뇌의 속박을 끊어 버리는 지혜를 칼에 비유한 것. 지검智劍.

혜계(醯鷄) 초파리. 파리가 술독 안을 하늘로 여긴다는 뜻. 혜계옹리천醯鷄甕裏天의 준말. 식견이 좁거나 어리석은 사람에게 빗대어 쓰는 말.

혜광(慧光) 부처의 지혜를 햇빛에 비유한 것. 혜일慧日.

혜근(慧根) 오근五根·22근根 가운데 하나. 혜慧가 진리를 깨닫게 하는 수승한 능력이 있으므로 근이라고 한다. 선정을 얻는 것에 의해 근기가 일어나 사제四諦의 도리를 아는 것을 말한다.

혜능(慧能) 중국 선종禪宗의 육조六祖.

혜도(醯都) 거대한 수數의 이름. 10의 29승.

혜등(慧燈) 지혜의 등불이란 뜻. 지혜로 교의에 통달하지 않은 무명無明 암흑의 세계를 비쳐서 깨치는 것을 등불이 어두움을 비쳐 밝게 하는 것에 비유한 말.

혜력(慧力) ①37도품道品의 오력五力 가운데 하나. 욕계·색계·무색계의 견혹見惑·사혹思惑을 깨뜨리고 번뇌 없는 순진한 무루無漏의 지혜를 드러내는 힘. ②서방정토 보살의 십삼력十三力 가운데 하나. 보리를 수관修觀하고 성취하는 힘. ③보살의 16대력十六大力 가운데 하나. 사제四諦의 도리를 여실히 판단해 아는 작용. ④지혜의 힘. 지혜는 능히 번뇌를 끊을 수 있는 힘이 있다는 뜻. 관력觀力. 정력定力.

혜리(慧利) 지혜와 이익.

혜명(慧命) ①심명心命. 법신法身이 지혜로써 수명壽命을 삼는 것. ②법法으로 식食을 삼는 것을 말한다. 법도나 규율에 맞게 행하는 음식. ③지혜를 생명에 비유한 것. ④수행승의 존칭. 혜수·구수具壽와 같은 말.

혜목(慧目) 지혜의 안목.

혜시(惠施) ①물질과 은혜를 베푸는 것. ②베풀어 주는 것을 기뻐하는 것.

혜안(慧眼) ①오안五眼 가운데 하나. 모든 집착과 차별을 떠나 진리를 밝게 보는 눈. ②십안十眼 가운데 하나. 일체 중생의 모든 근根과 경계를 보는 눈.

ㅎ

혜온(慧蘊)　지혜의 요소의 집합.

혜일(慧日)　부처의 지혜를 햇빛에 비유한 것. 혜광慧光.

혜장(慧藏)　반야바라밀다般若波羅蜜多.

혜족(慧足)　반야般若. 이족二足 가운데 하나.

혜학(慧學)　삼학三學 가운데 하나. 모든 번뇌를 없애고 진리를 철견徹見하려는 법. 곧 지혜智慧를 말한다.

혜해탈(慧解脫)　지혜로써 일체의 번뇌장煩惱障을 여의고 열반을 증득하는 것. 이해탈二解脫 가운데 하나.

혜해탈나한(慧解脫羅漢)　삼종나한三種羅漢 가운데 하나. 지혜를 덮고 있던 번뇌를 끊은 사람.

호(戶)📖　우리말로는 지게라고 한다. 세로살만 있는 날살지게, 날살지게에 씨살을 위·가운데·아래에 한 띠살지게, 날살과 씨살을 똑같은 칸으로 한 우물살지게, 두 살을 어긋나게 걸쳐 마름모 모양을 한 빗살지게, 날살과 씨살의 모든 문살을 넣어 짠 화려한 소슬살지게, 만卍 자가 들어 있는 만자살지게 등이 있다.

호개아사(好箇阿師)　더 말할 나위가 없는 승려라는 뜻. 곧 좋은 승려라는 말.

호거(好去)　선서善逝. 묘왕妙往. 불환래不還來.

호계신(護戒神)　부처의 제계制戒를 수호하는 선신善神.

호광(毫光)📖　백호광白毫光. 부처의 두 눈썹 사이에 있는 희고 빛나는 터럭에서 나오는 밝은 빛. 부처의 위신력을 상징한다.

호국신앙(護國信仰)　숭배하는 신으로 호국한다는 사상.

호궤(互跪)📖　호궤互跪·좌궤左跪의 2가지 호궤胡跪 가운데 하나. 공경하는 예법으로 좌우의 두 무릎을 땅에 대고 두 허벅지를 곧게 세워서 몸을 지탱하는 것을 말한다. 장궤長跪라고도 한다.

호궤(胡跪)　호인胡人의 꿇어앉는 법.

호규지옥(號叫地獄)　8대 지옥 가운데 많은 고통이 따라 비명이 나온다는 지옥.

호념(護念) 모든 부처·보살·하늘·귀신들이 선행을 닦는 중생이나 수행자를 염려하여 보호하는 것.

호념경(護念經) 『아미타경』의 다른 이름.

호대가(好大哥) 좋은 노형老兄. 호선덕好禪德·호대중好大衆이라는 뜻.

호대중(好大衆) 호대가好大哥.

호도(胡道) 호도난설胡道亂說. 호란胡亂한 말이라는 뜻.

호란(胡亂) 괴상하다. 적당하지 못하다. 구차苟且·애매曖昧·괴아怪訝의 뜻. 오호五胡가 중화中華를 어지럽히는 말. 난리를 피하는 일이 창졸간이어서 완전히 준비하기 어렵다는 말.

호란좌(胡亂座) 불랍차不臘次. 새로 소임 맡은 승려의 자리가 아직 정해지지 않고, 또 법랍의 차례에도 따르지 않고 법회에 출석하여 앉는 자리를 말한다.

호로(胡盧) ①방울 소리의 흉내. ②말이 분명하지 않음을 나타내는 말.

호로(葫蘆) 호로壺蘆·호로瓠蘆. 조롱박·호리병박.

호마(護摩) 📖 homa 지혜의 불로 미혹한 마음을 불사르는 것에 비유하여, 공양물을 불속에 던지며 기원하는 의식. 원형백색圓形白色의 단壇에 북쪽 불부佛部의 본존에게 감목甘木을 던져 태우는 식재법息災法, 방형백색方形白色의 단에 동쪽 보부寶部의 본존에게 과목果木을 던져 태우는 증익법增益法, 연화적색蓮花赤色의 단에 서쪽 연화부蓮花部의 본존에게 꽃과 나무를 던져서 태우는 경애법敬愛法, 삼각흑색三角黑色의 단에 남쪽 금강부金剛部의 본존에게 고목苦木을 던져서 태우는 항복법降伏法이 있으며, 여기에 구소법鉤召法을 더하여 5가지 단법壇法이 있다. 음사하여 호마護魔·호마呼摩라고 하며, 뜻으로 화제사법火祭祀法, 분소焚燒, 화제火祭, 화법火法이라고도 한다.

호마단(護摩壇) 호마 의식을 행하는 단. 광명단光明壇이라고도 한

다. ➡ 호마護摩

호마목(護摩木) 호마 의식에서 공양물로 태우는 나무. 단목段木과 유목乳木이 있다.

호명보살(護明菩薩) 석가모니가 보살이었을 때의 이름.

호박(琥珀) 칠보七寶 가운데 하나. 나무의 송진 등이 땅속에 묻혀서 돌처럼 굳어진 광물.

호법(護法) ①달마파라達磨波羅. 십대논사十大論師 가운데 하나. ② 불법佛法을 지키고 유지하는 것.

호법룡(護法龍) 불법을 수호하는 용. 원래 용은 팔부신중八部神衆 가운데 하나.

호법선신(護法善神) 호법신護法神.

호법신(護法神) 불법을 수호하는 선신善神. 호법선신護法善神. 금 강역사金剛力士·사천왕四天王·팔방천八方天·십이신장十二神將·십육선신十六善神·이십팔부중二十八部衆 등을 말한다.

호법아라한(護法阿羅漢) 아라한과를 얻은 이 가운데 자기가 얻은 법을 잃는 것이 두려워 항상 힘써 지키는 아라한.

호법천동(護法天童) 호법동자護法童子. 삼보三寶를 수호하기 위해 수행인을 옹호하거나 영지靈地를 수호하는 신동神童.

호부(護符) 영부靈符·비부秘符·신부神符. 수호하는 신령스러운 병부라는 뜻. 일종의 부적. 부처나 보살·제천귀신 등의 형상形狀·종자種子·진언眞言 등을 기록한 종이.

호상(毫相) 백호상白毫相.

호상석의(互相釋義) 사종석의四種釋義 가운데 하나. 2가지를 아울러서 서로 해석하는 것.

호생(好生) 좋다는 뜻. 주의를 환기시킬 때 쓰는 말. 생은 어조사.

호선덕(好禪德) 호대가好大哥.

호세사천왕(護世四天王) 지국천왕持國天王·증장천왕增長天王·광목천왕廣目天王·다문천왕多聞天王을 말한다. 호국사왕護國四王·호세사왕護世四王·호천護天이라고도 한다.

호신불(護身佛) 금·은·동·옥 등으로 작게 불상을 만들어 한지에 싸서 작은 주머니에 넣어 지니거나 종이 부적에 싸서 지니기도 하는 불상.

호위과(互爲果) 서로 결과로 되는 것.

호의(狐疑) 여우처럼 의심하는 것. 의심이 많아서 결정하지 못하는 것. 부처의 가르침을 의심하는 것.

호일찰(好一拶) 마침 알맞은 때. 응대할 기회가 적당한 것을 찬탄하는 말. 학인學人이 하는 일을 빈정거리는 경우에도 쓴다.

호적(胡笛) 태평소. 날라리.

호조로(胡臊老) 조는 누린내. 누린내 나는 늙은 호인胡人이라는 뜻. 초조初祖 달마達磨를 폄하하는 말.

호지(護持) 쑥의 가지. 이것을 물에 타서 자녀의 머리를 쓰다듬으면 아이가 건강하게 자란다고 하는 주술이 있다.

호천(護天) 호세사천왕護世四天王

호호간(好好看) 자세하게 잘, 틀림없이, 주의 깊게 보라는 뜻.

호호지(浩浩地) 엄청나게 큰 것을 말한다. 호호는 물이 많은 모양.

호호파(虎虎婆) 호호범虎虎凡·호호파呼呼婆·아하부阿呵不·하하呵呵. 팔한지옥八寒地獄 가운데 하나. 이 지옥에 떨어지면 혹독한 추위로 모진 고통을 겪기 때문에 오직 호호하는 고통 소리만이 나올 뿐이라고 한다.

호환투기(互換投機) 호환은 상호교환相互交換. 투기는 기기투입機機投入. 스승과 제자가 만나서 마음과 마음이 서로 통하고 뜻과 기미氣味가 잘 맞아서 조화를 이룬다는 뜻.

혹(惑) 번뇌煩惱의 다른 이름. 미망迷妄의 마음. 경계에 미혹하여 사리를 전도顚倒하는 것. 깨달음을 장애하는 체體.

혹도(惑道) 번뇌도煩惱道. 우주의 진리를 알지 못하는 것과 모든 사물의 진상을 알지 못하는 데서 일어나는 망심妄心.

혹업고(惑業苦)📖 삼도三道. 미혹의 인과因果를 나타내는 말. 탐·진·치 등의 번뇌를 혹, 이 혹에 의해 선악의 행위를 행하는 것을 업, 이 업에 의해 받게 되는 생사를 고과苦果라고 한다. 혹업사·혹업생이라고도 한다.

혹잡염(惑雜染) 번뇌잡염煩惱雜染.

혹장(惑障) 사장四障 가운데 하나. 탐식貪食·진탐瞋瞋·치치癡癡 등의 번뇌가 부처의 정도正道를 장애하는 것. 번뇌장煩惱障.

혼돈화미(混沌畵眉) 쓸데없는 일에 심력心力을 허비한다는 말. 혼돈은 천지가 아직 나누어지지 않은 모양.

혼동무이(混同無二) 섞어서 동화시켜 둘이 아니게 한다는 뜻. 『반야경』의 공사상을 표현하는 말.

혼륜탄조(渾崙呑棗) 대추를 그대로 삼킨다는 말로 물건을 잘 씹지 않고 한입에 삼켜서 맛을 잘 모른다는 것.

혼면(惛眠) 혼침昏沈.

혼백(魂魄) ①몸과 마음의 다른 이름. ②영혼의 뜻. 자기라는 존재의 근원적 생명을 의미하는 말. 혼은 양의 정기, 백은 음의 정기를 말한다.

혼우전(昏寓錢) 육도전六道錢. 사람이 죽으면 돈을 광 속에 묻어 죽은 이가 저승에서 쓰게 하는 풍속.

혼침(昏沈) 대번뇌大煩惱 6가지 가운데 하나. 심소心所의 이름. 마음으로 하여금 어둡고 답답하게 하는 정신 작용. 마음과 정신이 미혹한 것. 혼침惛沉.

홀(忽) 선승禪僧이 가진 법구의 하나. 원래는 효자손처럼 등이 가려울 때나 어깨가 결릴 때 사용하는 것

홀(김천 직지사)

이었는데 뒤에 선승의 위엄을 나타내는 법구가 되었다.

홈대 나무의 한쪽을 길게 홈을 파서 여러 쪽을 이어 산골짜기에 흐르는 물을 절 마당까지 끌어오는 대.

홍가사(紅袈裟) 가사의 색이 홍색인 법의를 말한다.

홍고(弘鼓) 법고法鼓를 말한다.

홍교(弘敎) 불법을 널리 포교하는 것.

홍교삼궤(弘敎三軌) 『묘법연화경』「법사품」에서 말하는 불교를 널리 베푸는 데 있어 법칙이 되는 3가지 궤범. 대자비심大慈悲心으로 방을 삼고, 유화인욕柔和忍辱을 옷으로 삼고, 일체법공一切法空을 상좌로 삼는 것.

홍련지옥(紅蓮地獄) 발특마鉢特摩. 이 지옥에 떨어지면 견디기 어려운 혹독한 추위로 살이 터져서 붉은 연꽃처럼 된다고 한다.

홍련화(紅蓮華) 발두마鉢頭摩. 붉은 연꽃. 천수관음千手觀音의 왼쪽의 첫 번째 손에 든 꽃. 그 손을 홍련화수紅蓮華手라고 한다.

홍련화수(紅蓮華手) 홍련화紅蓮華를 든 천수관음千手觀音의 왼쪽 첫 번째 손.

홍모파(紅帽派) 라마교의 일파. 티베트어로 시바 마르파라고 하며, 홍교紅敎라고도 한다.

홍법(弘法) 교법을 널리 편다는 뜻으로 포교布敎와 같은 말.

홍법력(弘法力) 보살의 16대력大力 가운데 하나.

홍서(弘誓) 본서本誓. 본원本源. ①사홍서원四弘誓願. ②널리 모든 중생을 제도하여 부처의 과위果位를 얻게 하려는 부처의 대자비심의 서원. ➡ 사홍서원四弘誓願

홍서강연(弘誓强緣) 아미타불의 광대한 서원의 힘은 중생이 깨달음을 얻어 정토에 왕생하는 데 강력한 증상연增上緣이 된다는 뜻.

홍서개(弘誓鎧) 보살이 중생을 구제하려는 서원의 견고함을 갑옷에 비유한 것.

홍서대개(弘誓大鎧) 홍서개弘誓鎧.

홍서영락(弘誓瓔珞) 보살은 가없는 중생을 제도하고, 수많은 번뇌를 끊고, 다함이 없는 법문을 배워서 알고, 위없는 부처의 가르침인 도를 증득하려는 4가지 광대한 서원으로 몸을 장식한다는 뜻.

홍선(弘宣) 부처의 교법을 널리 베풀고 유통시키는 것.

홍원(弘願) 넓고 큰 서원誓願. 시방의 중생을 널리 구제하려는 부처의 서원. 사홍서원四弘誓願. 아미타불의 48원을 말한다.

홍원문(弘願門) 아미타불 48본원本願 가운데 제18원에 서원한 염불왕생의 교를 말한다.

홍의파(紅衣派) 홍교紅敎와 같은 말. 라마교喇嘛敎.

홍전(弘傳) 홍통·전파弘通傳播. 교법을 널리 전하여 유통한다는 뜻.

홍조(紅糟) 온조溫糟. 팥죽의 일종. 납월 8일 아침에 먹는 음식.

홍통(弘通) 교화가 세상에 널리 유통된다, 또는 부처의 교법을 세상에 크게 유통시킨다는 뜻.

홍파리색아미타(紅頗梨色阿彌陀) 적색赤色을 띤 아미타불 존상尊像을 말한다. 보통 적색은 아미타불의 본국토인 서방을 상징한다.

홍화(弘化) 널리 교법을 베풀고 중생을 교화하는 것.

홑소리 대부분 한시漢詩의 형태이기 때문에 소리의 시간이 짧고 독창을 위주로 한다. 단성單聲이라고 한다.

화(和) ①고측古則·공안公案을 말한다. ②선승이 체험하거나 견문한 수도修道에 대한 이야기.

화(化) 모든 법이 공성空性임을 나타내기 위해 베푼 대승십유大乘十喩 가운데 하나. 변화變化·화작化作·화현化現 등과 같이 불가사의不可思議한 술법으로 여러 가지 모양을 나타내는 것. 화생化生.

화가라나(和伽羅那) vyākaraṇa 분리分離, 전개展開, 창조創造, 문법적인 정확함 등의 뜻이 있다. 12부경部經 가운데 하나. 음사는 화가나和伽那이며, 기별記莂·수기授記로 번역한다.

화각(花刻) 정의 끝부분이 한쪽에 날이 서 있는 평정을 이용하여 쪼아 선을 만들어 내는 것으로 굵고 가는 붓으로 그린 효과를 낸다.

화개(花蓋) 법당 안에 불상의 상부 천장을 장엄하는 일종의 닫집.

화객(火客) 화전火佃·화반火伴. 사찰에서 불을 피우는 일을 맡은 이. 부목이라고도 한다.

화갱(火坑) 불구덩이. 오욕五慾이나 악취惡趣를 비유한 말.

화거(火車) 맹렬한 불길이 타오르는 수레. 지옥의 옥졸들이 불타는 수레를 끌고 와서 죄인들을 태우고 죄를 꾸짖으며 지옥으로 보낸다고 한다.

화계(花偈) 📖 ①경전 가운데 산문 부분을 비유해서 산화散花라고 하며 게송을 화게라고 한다. 관게貫偈라고도 한다. ②일화오엽게一花五葉偈. 선종의 초조初祖 보리달마菩提達磨가 혜가慧可에게 법을 전해 주는 인신印信으로 법의와 발우와 함께 주었다고 하는 게송. '아본래차토我本來此土 전법구미정傳法救迷情 일화개오엽一花開五葉 결과자연성結果自然成'을 화게라고 한다.

화경(化境) 모든 부처가 교화하는 경계. 시방의 무량한 국토.

화경(華鯨) 범종梵鐘의 다른 이름.

화경(和敬) 화동和同하고 애경愛敬하는 것. 밖으로는 다른 사람의 선에 동조하고 안으로는 스스로 겸손하고 낮추는 자세를 말한다.

화계(火界) 불 자체. 불은 불의 자성을 가지고 있어 다른 물건과 섞이지 않으므로 계界라고 한다.

화계정(火界定) 화염을 놓는 선정.

화공(化功) 교화하는 사람의 공덕.

화과수(花果樹) 나중에 꽃이나 열매를 맺는 원인이 되는 수목.

화광(和光) 화광동진和光同塵. 부처의 지혜의 빛을 숨겨 속진俗塵과 교제하는 것.

화광동진(和光同塵) 불보살이 스스로 빛을 온화하게 하여 번민하는 먼지와 같은 중생과 같이 하는 것.

화광삼매(火光三昧) 화광정火光定과 같은 말. 불을 내는 선정禪定.

화광수적(和光垂跡) 불보살이 중생을 구제하기 위한 방편 수단.

덕광德光을 숨기고 보통 사람들이 사는 속세에 화현하여 중생을 제도하는 것.

화광응적(和光應迹)　화광수적和光垂迹.

화광존(火光尊)　화천火天.

화괘(花掛)　꽃이 그려져 있는 걸개그림.

화교(化敎)　인과의 도리나 옳고 그른 차별을 알게 하는 교법. 제교制敎의 반대말. 경·논에서 말한 선정과 지혜를 주로 한다. 성공교性空敎·상공교相空敎·유식교唯識敎의 삼교三敎가 있다.

화구(火炬)　횃불. 등불. 불법을 비유한 말.

화기자(和伎者)　온갖 악기와 재주로 놀이를 할 때 어울려 주는 사람. 연극에 화답하여 주는 사람. 곧 조수助手. 어릿광대.

화기청(火起請)　서원을 세워 불보살이 살펴보기를 청하면서 타는 불속에 손을 넣는 것을 말한다.

화남(和南)　vandana 예배禮拜·계수稽首로 번역한다. 예배禮拜하는 것. 경례敬禮하는 것. 반담伴談·반제伴題라고도 한다.

화니합수(和泥合水)　타니대수拖泥帶水. 흙탕물을 뒤집어쓴다는 뜻. 선문禪門에서 구두선口頭禪을 경시하는 말.

화단(火壇)　노단爐壇·호마단護摩壇. 호마를 수행하는 화로.

화단(化壇)　열반당涅槃堂·열반대涅槃臺. 시신을 태우는 곳.

화대(華臺)　불보살이 앉는 연화의 좌대.

화대(火大)　사대四大 가운데 하나. 따뜻함을 본질로 하고 만물을 성숙시키는 작용을 하는 원소.

화대(華臺)　연화대좌蓮花臺座. 부처나 보살이 앉는 대좌臺座.

화도(化導)　교화 유도敎化誘導. 사람을 가르쳐 인도한다.

화도(化度)　교화 제도의 뜻. 중생을 교화하여 구제한다.

화도(化道)　중생을 교화하여 구제한다.

화도(火塗)　지옥地獄을 말한다. 화도火途로도 쓴다.

화도도(火塗道)　지옥도地獄道. 지옥의 불구덩이 속에서 고통 받는 모습을 묘사한 그림.

화도중생(化度衆生) 보살의 십금강심十金剛心 가운데 하나. 시방 세계의 중생들을 제도하여 해탈하게 하려는 마음.

화두(火頭) ①절에서 밥을 행하는 소임. 우리나라에서는 공양주 供養主·반두飯頭라고 한다. ②유두油頭. 등두燈頭. 절에서 등불을 켜고 끄고 하는 일을 맡은 소임.

화두(話頭)📖 고측古則·공안公案 등을 가리키는 말. 곧 부처나 조사들의 기록機錄. 참선하는 수행자가 궁구해야 할 문제. 두頭는 어조사.

화두공안(話頭公案)📖 선에 있어서 스승의 화두에 근거한 공안을 말한다. 공안은 주로 임제선臨濟禪에서 참선하는 이에게 부여되는 참구參究 내용.

화락연성(華落蓮成) 연화蓮華 삼유三喩 가운데 하나. 『법화경』의 적문迹門에서 삼승三乘의 권교權敎를 없애고 일승의 실교實敎를 내세우며, 본문本門에서 적문의 부처를 없애고 본문의 부처를 나타내는 것을 연꽃의 꽃잎이 떨어지고 연밥이 성숙하는 것에 비유한 것.

화락천(化樂天) 욕계欲界 육천六天 가운데 하나. 니마라尼摩羅·수열밀타須涅密陀·수밀타須密陀로 음역한다. 화자재천化自在天·화자락천化自樂天·낙변화천樂變化天으로 번역한다.

화령(火鈴) 불을 경계하는 방울.

화륜(火輪) 선화륜旋火輪. 불을 빨리 돌려서 바퀴 모양으로 만든 것. 실질적인 본체가 없는 것을 비유한 말.

화륜단(火輪壇) 삼각형 모양의 단.

화리(化理) 사물의 변화하는 이치.

화리인(火裏人) 화火는 중국에서 군인의 수를 세는 단위. 10인을 1화火라고 한다. 화리인은 한 군대의 사람, 같은 반班의 사람이란 뜻.

화만(華鬘) 꽃으로 만든 꽃다발. 꽃 장식.

화반(火伴) 화객火客.

화법(化法) 중생을 교화하는 방법.

화법(火法) 호마법護摩法.

화법사교(化法四教) 석가모니부처의 일대 설법을 내용에 따라 4 가지로 나눈 것. 중생을 교화하여 이롭게 하는 법문. 곧 삼장교三 藏教·통교通教·별교別教·원교圓教. 화의사교化儀四教의 반대말.

화변(火辯) 질저라파나質咀羅婆拏. 인도의 10대 논사論師 가운데 하나.

화보(華報) 원인이 되는 행업行業에 대해 받을 결과인 과보보다 먼저 받는 보報.

화보살(化菩薩) 중생을 구제하기 위해 모습을 변화시켜 시현示現 하는 보살신.

화불(化佛) 부처나 보살이 신통력으로 변화시킨 부처의 형태. 임 시로 모습을 나타낸 부처. 화생한 부처. 부처가 중생을 인도하기 위해 다른 모습으로 나타난 변화신. 관세음보살의 머리 위의 아미 타불과 같은 것. 용화불·변화불變化佛이라고도 한다.

화사(畵師) 단청을 그리는 사람.

화사(和社) 화상和尙.

화상(和尙) 📖 오파차가鄔波遮迦·우전국于闐國. 수계受戒를 행하는 승려. 수행을 많이 한 승려. 친교사親教師·역생力生·의학依學·근송 近誦으로 번역한다. 본래 아사리와 함께 수계사授戒師인 승려를 말 했으나 후에 덕이 높은 승려를 가리키게 되었다. 계화상戒和尙.

화상(畵像) 채색하여 그린 불상. 밀교에서 만다라曼陀羅라고 한다.

화상(和上) 화상和尙.

화상법(畵像法) 불상을 조각하여 놓고 의궤에 따라 불상에 인간 과 같은 모습을 차례대로 그려 넣는 법.

화상삼보(化相三寶) 4가지 삼보 가운데 하나. 교화하는 모양을 나타내 보이는 삼보.

화색(化色) 부처나 보살이 신통력으로 여러 가지로 변화한 형체.

화색신(化色身) 부처의 화신化身.

화생(化生) 사생四生 가운데 하나. 다른 것에 의탁하지 않고 스스로의 업력으로 태어나는 것. 태생胎生의 반대말.

화생삼매(火生三昧) 화정火定. 몸에서 불을 내는 삼매. 부동명왕不動明王의 삼매. 삼독三毒·오욕五慾의 번뇌를 태워 버린다고 한다.

화선(火仙) 화천火天.

화성(火性) 화대火大.

화성유(化城喩) 📖 『법화경』에 나오는 법화 칠유七喩 가운데 하나. 여러 사람이 보물이 있는 곳을 찾아가다가 길이 험해 사람들이 지치자 인도하던 사람이 신통력으로 가짜 성을 만들어 보인 뒤 보물이 있는 곳이라고 하여 사람들이 힘을 얻게 한 다음 화성을 없애 버리고 다시 진짜 보물이 있는 곳에 이르게 하였다는 이야기. 화성은 방편교의 깨달음, 보물이 있는 곳은 진실교의 깨달음에 비유한 것.

화속(化俗) 세간의 사람을 교화하는 것.

화수(火燧) 부싯돌. 대승 비구의 십팔물十八物 가운데 하나.

화수(華水) 알가閼伽. 공덕수功德水·향수香水라고도 한다. 불상 앞이나 묘 앞에 올리는 물. 화華는 그 물이 청정하다는 뜻.

화수(華手) 연화합장蓮華合掌을 말한다.

화수(化修) 화중수건化重修建.

화수길(和修吉) 구두룡九頭龍·다두룡多頭龍으로 번역. 하나의 몸에 머리가 아홉인 용. 수미산을 돌면서 세룡細龍을 잡아먹는다고 한다.

화수밀다(和須密多) 세우世友.

화승(畵僧) 승려 가운데 불화를 전문으로 그리는 사람. 화사畵師·화원畵員·화공畵工·금어金魚라고도 한다.

화승(和僧) 화합하는 승중僧衆.

화식(火食) 호마護摩를 말한다.

화신(化身) 부처의 삼신三身 가운데 하나. 응화신應化身·변화신變化身이라고도 한다. 중생을 위해 여러 가지 형체로 변화하여 나타나는 불신을 말한다. 중생을 제도하기 위해 알맞은 대상으로 화현化現하는 것. 불구십신佛具十身 가운데 하나.

화신(火神) 화천火天.

화신불(化身佛) 화신化身. 중생을 교화하기 위해 여러 가지 형상으로 나타난 부처를 말한다.

화심(化心) 화신化身의 마음. 실제로 심식心識이나 생각이 없는 것.

화안시(和顔施) 상냥한 얼굴로 남에게 대하는 것. ➡ 무재보시無財布施

화안애어(和顔愛語) 얼굴 표정을 부드럽게 하고 말을 상냥하게 하는 것.

화엄(華嚴) ①『화엄경』. ②『화엄경』에 의해 세운 화엄종. ③화엄종의 교의教義.

화엄경(華嚴經) 화엄종華嚴宗의 근본 경전. 『대방광불화엄경大方廣佛華嚴經』. 석가모니부처가 성도한 처음 설한 경. 불교의 가장 높은 교리에 해당한다.

화엄경약찬게(華嚴經略讚偈) 실차난타가 695~699년에 번역한 80권본 『화엄경』의 39품의 구조와 내용을 7자구 110구 770자로 만든 것. 처음과 마지막 제목을 합하면 112구 784자. 누가 만들었는지는 알려져 있지 않으며, 용성龍星 천오天旿의 『화엄법화약찬총지』(1885)에 실려 있다.

화엄법계(華嚴法界) 『화엄경』에서 밝힌 4가지 법계의 이치. 사법계事法界·이법계理法界·이사무애법계理事無礙法界·사사무애법계事事無礙法界.

화엄변상도(華嚴變相圖) 『화엄경』의 내용을 그림으로 나타낸 불화.

화엄부(華嚴部) 화엄에 속한 부류.

화엄산림(華嚴山林) 『대방광불화엄경』을 한 달 또는 일정한 기간을 정해 놓고 설하는 법회.

화엄삼매(華嚴三昧) 불화엄삼매佛華嚴三昧·화엄정華嚴定이라고도 한다. 공불供佛·교화敎化·십바라밀 등 만행萬行의 근본 의지가 되는 삼매.

화엄삼성(華嚴三聖) 『화엄경』과 관계있는 3명의 성인. 비로자나불·보현보살·문수보살.

화엄시(華嚴時) 석가모니부처가 성도한 뒤 21일 동안 보리수 아래에서 보살들을 위해 『화엄경』을 설교한 때. 천태종의 오시팔교五時八敎 가운데 하나.

화엄시식(華嚴施食) 모든 영가를 대상으로 재의 반飯을 베푸는 것은 물론 법식과 불법을 베푸는 것을 말한다.

화엄신장(華嚴神將) 『화엄경』에서 처음 부처가 깨달음을 이루고 빛을 보이자 이를 보고 시방에서 부처의 설법을 듣고자 모여든 모든 대중을 말한다. 곧 불법佛法을 지키는 신장.

화엄신중(華嚴神衆) 『화엄경』을 호지護持하고 받드는 보살대중.

화엄십찰(華嚴十刹) 신라 시대 의상이 당나라에서 돌아온 뒤에 세운 화엄종華嚴宗을 전교傳敎한 10개의 사찰. 곧 화엄사·부석사·해인사·범어사·갑사·보광사·옥천사·보원사·미리사·청담사. 의상화엄전교십찰義湘華嚴傳敎十刹이라고도 한다.

화엄오위(華嚴五爲) 『화엄경』에서 말한 5가지 목적. 정위正爲는 바르게 불사의승不思議乘의 보살을 위하는 것. 겸위兼爲는 겸하여 모든 중생에게 인연을 맺도록 하기 위한 것. 인위引爲는 권교權敎의 보살들을 이끌어 들이기 위한 것. 권위權爲는 모든 보살들이 일부러 이승의 몸을 나타내고 법회에 참석하여 실이승實二乘들에게 회심廻心하기를 권하기 위한 것. 원위遠爲는 외도나 범부들이 가르침을 듣고 비방하나 결국 그들로 하여금 믿고 받들게 하기 위한 것.

화엄일승(華嚴一乘) 모든 중생이 오직 하나의 성품으로 타고나서 모두 성불하는 것을 일승이라고 한다.

화엄일승법계도(華嚴一乘法界圖) 신라시대 의상이 지은 경문. 법계도인法界圖印과 30구 법성게의 반시槃詩로 구성되었다.

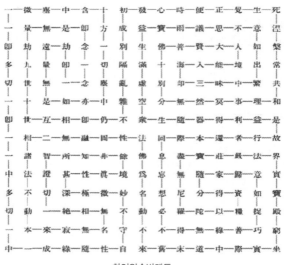

화엄일승법계도

화엄정(華嚴定) 화엄삼매華嚴三昧.

화엄종(華嚴宗) 『화엄경』을 근본 경전으로 하여 세운 종파. 현수종賢首宗이라고도 한다. 두순杜順을 시조로 하고, 2조 지엄智儼을 거쳐서 3조 법장法藏. 곧 현수賢首에 이르러 크게 이루어진 종파.

화엄칠조(華嚴七祖) 화엄종의 교敎를 이어받은 7인. 마명馬鳴·용수龍樹·두순杜順·지엄智儼·법장法藏·징관澄觀·종밀宗密.

화엄회(華嚴會) 『화엄경』을 설하는 법회.

화연(化緣) ①교화하는 인연. 불보살이 이 세상에 출현하는 것은 교화할 인연이 있기 때문이다. ②화익化益의 기연機緣. 교화할 중생의 기연. 불보살은 중생의 근기가 익숙하여 교화의 이익을 받을 수 있게 교화하므로 화연이라고 한다. ③길거리에 나가서 여러 사람에게 물건을 얻어서 한편으로는 속인들과 인연을 맺으며 법을 말하고, 한편으로는 사찰에서 쓸 비용을 마련하는 승려. 가방 화주街坊化主.

화운(華雲) 무수히 많은 꽃을 꽃구름이라고 한다.

화원(化源) 교화의 본원本源.

화원(火院) 화계火界. 금강염金剛炎이라고도 한다.

화유(化誘) 중생을 교화하여 인도하는 것을 말한다.

화의(化儀) 여래가 한 시대에 출세하여 만물을 교화하는 의식.

화의사교(化儀四敎) 석가모니부처의 일생 동안의 설법을 형식에 따라 4종류로 분류한 것. 곧 돈교頓敎·점교漸敎·비밀교秘密敎·부정교不定敎.

화의재진언(化衣財眞言) **바라춤** 법주가 화의재진언을 선창하면 태징의 소리에 맞추어 두 사람이 추는 춤.

화인(化人) 부처나 보살이 중생을 교화하기 위해 중생의 근기에 맞추어 일부러 모양을 변해서 사람의 몸을 나타내는 것.

화자(化者) 권자權者·권현權現·권화權化·대권大權.

화자(和子) 남과 친하게 지내는 사람. 화和는 친인親人이라는 뜻.

화작(化作) 불보살이 불가사의한 힘으로 여러 가지 모습을 나타내거나 온갖 사물을 변화시켜 보이는 일.

화장(火葬) 다비茶毘·사유闍維. 시신을 불에 태워서 장사지내는 장례법.

화장(華藏) 화장세계華藏世界.

화장세계(華藏世界) 연화장세계蓮華藏世界. 석가모니부처의 진신眞身인 비로자나불의 정토. 비로자나불의 깨달음의 세계.

화재(火災) 대삼재大三災의 하나. 외계에서 불의 요소가 격동하는 것.

화쟁(和諍) 신라 원효元曉의 중심 사상. 원효 사상의 근본을 이루는 화해和解와 회통會通의 논리 체계를 이르는 말.

화적(化迹) 교적教迹. 부처가 중생을 교화한 자취.

화적음(和適音) 부처의 팔음八音 가운데 하나로 듣는 대중의 마음을 편안하게 하여 이치를 알게 하는 것을 말한다.

화전(化前) ①천태종에서는 부처가 『법화경』을 설하기 이전. ②정토종에서는 『관무량수경』을 설하기 이전.

화전(化轉) 사람을 교화하여 악을 선으로 향하게 하는 것.

화전(火佃) 화객火客.

화전방편(化前方便) 진실교를 설하기 전에 중생의 근기를 익숙하게 하여 이끌어 들이기 위해 방편 수단으로 말한 교법.

화전서(化前序) 삼종서三種序 가운데 하나. 아문我聞 이하 5가지 일과 같다.

화정(火定) 자기 몸에서 맹렬한 불길을 내는 선정禪定. 곧 화생삼매火生三昧.

화제이교(化制二教) 화행이교化行二教.

화종(華鐘) 범종梵鐘의 다른 이름.

화좌(華座) 화대華臺. 부처나 보살이 앉는 연화의 좌대.

화주(化主) ①능화能化. 세상을 교화하는 주인. 곧 부처를 말한다. 부처는 사바세계의 화주. ②가방화주街坊化主. 가방街坊·공양주供養主. 거리에 나가서 사람들에게 시물施物을 얻으면서 사람들로 하여금 법연法緣을 맺게 하는 동시에 그 사찰에서 쓰는 비용을 구해 오는 선승禪僧.

화주(火珠) 탑 위의 보주寶珠.

화중(和衆) 화합하는 승중僧衆.

화지부(化地部) 정지正地·교지教地·대불가기大不可棄라 번역한다. 소승 20부의 하나. 부처 입멸 후 3백 년 경에 상좌부上座部 가운데 설일체유부說一切有部에서 갈려 나온 일파.

화찬(和讚) 고승의 덕을 찬미하여 부르는 노래.

화창(火窓) 석등의 몸통에 사각형으로 파 놓은 창.

화채(畵采) 단청丹青을 말한다.

화천(火天) Agni 아기니阿耆尼. 화광존火光尊·화선火仙·화신火神. 불을 맡은 신. 태장계외금강부胎藏界外金剛部의 1존尊. 형상은 범천 왕梵天王과 같다.

화천(華天) 화엄종과 천태종.

화청(和淸) 범패에서 축원하는 소리.

화청(和請) 📖 불보살부터 중생까지 모두 함께하여 정토를 구현하는 것. 불교를 알리는 포교의 한 방편으로 대중이 잘 알 수 있는 곡조에 교리를 쉽게 푼 우리말과 한문이 섞인 가사로 선율은 민요조이고 사설은 4·4조의 가사체歌辭體. 태징과 바라지의 북 등의 타악기로 반주한다.

화타(話墮) ①논의 문답에서 지는 것. ②제1의義를 등지고 제2·제3의 화두話頭에 떨어지는 것. 말로 하는 것이 벌써 화타라는 뜻.

화타(化他) 남을 인도하는 것. 곧 다른 사람을 교화하여 악을 여의고 선으로 향하게 한다. 자행自行의 반대말.

화타수(化他壽) 진언종에서 서방 무량수불의 무량수無量壽를 해석할 때 제도할 중생이 한량없으므로 이를 제도하는 부처의 수명도 영원 무진하다는 뜻. 자증수自證壽의 반대말.

화탕(火湯) 끓는 가마솥에 들어가서 죽고, 살았다가 또 죽는 것이 반복되는 지옥.

화태(華胎) 함화含華·태생胎生·궁태宮胎. 아미타불의 본원에 대해 의혹을 품으면서도 서방 정토에 왕생하기를 원하여 선근을 닦는 사람은 정토에 왕생하더라도 5백세 동안 연꽃 속에 들어 있어 삼보三寶를 보거나 듣지도 못하는데, 이것이 마치 아이가 어머니의 태 안에 있어 세상을 보고 듣지 못하는 것과 같다고 하는 뜻.

화택(火宅) 삼계三界가 탐욕 등의 번뇌로 어지러운 것을 불타는 집에 비유한 것. 곧 고뇌가 가득한 이 세계를 가리키는 말.

ㅎ

화택문(火宅門) 번뇌와 고통이 가득한 세상을 불타는 집에 비유한 말.

화택유(火宅喩) 법화칠유法華七喩 가운데 하나. 중생이 이 세상에서 괴로워하는 것을 불타고 있는 집안에 있는 것으로 비유한 말.

화토(化土) 변화토變化土·응토應土·응화토應化土. 삼토三土 가운데 하나. 부처가 중생을 구제하기 위해 그들의 근기에 맞추어 변화하여 나타내는 국토. 아미타불의 극락국토. 곧 극락세계를 말한다.

화표(華表) 대화표주大華表柱. 솟대의 일종.

화합과(和合果) 구과九果 가운데 하나. 화합에 의해 생긴 결과. 감각 기관과 감각 대상의 결합의 결과 생기는 감각 등을 가리킨다.

화합성(和合性) 24불상응법不相應法의 하나. 색심色心의 모든 법이 모여 화합해서 서로 여의지 않는 것을 말한다.

화합승(和合僧) 화합중和合衆. 성원이 사이좋은 다섯 명 이상의 교단. 교단 그 자체.

화합식(和合識) 제8식인 아뢰야식阿賴耶識의 다른 이름. 여래장 사상에서 깨달음과 미혹의 근원으로서의 아뢰야식을 가리킨다.

화합인연(和合因緣) 실질적인 본체를 말한다. 아我가 작용하는 곳에 법을 한곳으로 끌어들이도록 하는 것이 따로 있음을 말한다.

화합중(和合衆) 승가僧伽. 3~4인 이상의 비구가 함께 화합하여 수행하고 서로 어기지 않는 것을 말한다.

화행이교(化行二敎) 화제이교制二敎. 화교化敎와 행교行敎. 율종에서 부처의 일대 교설을 2가지로 분류한 것. 인과의 도리나 옳고 그른 차별을 알게 하는 교법을 화교化敎라 하고, 특히 불제자가 지켜야 할 계율을 밝힌 것을 행교行敎 또는 제교制敎라고 한다.

화향(華香) ①꽃과 향. ②부처에게 공양하는 것.

화현(化現) 부처나 보살이 중생을 구하기 위해 여러 가지로 모습을 바꾸어 이 세상에 나타나는 것. 화신化身.

화혈도(火血刀) 삼악도三惡道의 다른 이름. 지옥은 화도火途. 축생

畜生은 혈도血途. 아귀는 도도刀途.

화회(和會) 회통會通. 경과 논에 서로 어긋나 맞지 않는 글과 뜻이 있을 때 그 가운데서 서로 맞추어 일치하는 점을 발견하는 것.

화회통석(和會通釋) 회석會釋.

확연대오(廓然大悟) 마음이 넓게 열려 있어 큰 진리를 깨달을 수 있다는 뜻. 의심의 구름이 개어서 확신의 경지가 넓게 열린 것을 말한다.

확연무성(廓然無聖) 무성은 깨달음도 없고 깨달은 사람도 없는 것을 뜻한다. 대오大悟의 경지에는 성聖과 속俗이라고 하는 것과 같은 2가지를 대립적으로 보는 생각이 전혀 없다고 하는 뜻.

확탕지옥(鑊蕩地獄) 확탕에 익혀지는 지옥. 끓는 솥에 삶기는 고통을 받는 지옥.

확확바(矐矐婆) 괴로워서 내는 소리에서 유래한 말. 팔한지옥八寒地獄 가운데 하나. 이 지옥에 떨어진 이는 심한 추위 때문에 혀가 굳어져 오직 확확하는 소리만을 내므로 이렇게 부른다.

환(幻) 아무 것도 없는 데서 갑자기 어떤 것이 나타나는 일종의 영상. 허깨비나 신기루를 말한다. 여러 가지 인연이 모여서 생긴 것으로 실제의 본체나 자성이 없고 임시의 이름만 있는 것에 비유하여 환화幻化·환몽幻夢·공화空華라고도 한다. 허깨비. 제법諸法이 공성空性임을 나타내기 위해 베푼 대승십유大乘十喩 가운데 하나.

환골(換骨) 환골탈태換骨奪胎. 머리의 뼈대가 바뀌는 것. 학문·사상의 막힘으로 인한 고뇌를 나타내고 그것을 전기로 하여 진실의 존재에 관철하는 것을 뜻한다.

환골영방(換骨靈方) 골수骨髓를 변환變換하는 선술仙術. 선가禪家에서는 좌선하는 것을 가리킨다.

환단(還丹) 신선이 비밀리에 전하는 묘약. 한 알을 쇠에다 놓으면 금방 금金이 된다고 한다. 납승衲僧의 한마디 말이 보통 사람을 고쳐서 성인이 되게 한다는 뜻.

환도장(還刀匠) 군도軍刀를 만드는 사람.

환래(還來) 갔다가 다시 돌아오는 것.

환례(還禮) 복례復禮·회례回禮. 선종에서 다른 절의 승려에게서 공양을 받거나 물건을 받았을 때 회사回謝하는 것.

환멸(還滅) 각성覺性의 근원에 돌아가서 적멸寂滅한 이치를 깨닫는 것. 곧 수행을 쌓아 번뇌를 끊고 깨달음의 세계로 돌아가는 것. 유전流轉의 반대말.

환멸문(還滅門) 적멸寂滅에로 돌아가는 문. 수행한 공덕으로 말미암아 번뇌를 끊고 생사의 고통에서 벗어나 열반의 본원으로 향하는 부문의 인과. 유전문流轉門의 반대말.

환몽(幻夢) 환幻. 환화幻化. 실질적인 본체나 자성이 없고 임시로 이름만 가지고 있는 꿈과 같은 것을 말한다.

환몽가(幻夢歌) 『석문의범釋門儀範』에 실려 있는 연대와 작자 미상의 노래. 연기법으로 이루어진 세상이 꿈과 같다는 것을 강조하며 수행하기를 권하는 노래.

환몽귀모(幻夢龜毛) 꼭두각시의 꿈과 거북이의 털이란 뜻으로, 실제로 있지 않는 것을 나타내는 말.

환문(還門) 6가지 묘문妙門 가운데 하나. 마음을 돌이켜서 자세히 살피는 마음을 반조返照하는 것. 수행인이 관법을 닦으면서도 오히려 진지眞智를 일으키지 못할 때 돌이켜서 자세히 살피는 마음을 관하여 이 마음이 허망하여 실질적인 본체가 없는 것인 줄로 알면 그곳에 진지가 저절로 나타나게 되는데 이것을 환문이라고 한다.

환배(還拜) 답배答拜. 남에게 받은 예에 답례하는 일.

환사(幻事) 요술妖術. 마술魔術.

환사(幻師) 환술幻術을 부리는 사람. 마술사. 요술사.

환상(幻相) 허환虛幻하여 실질이 없는 모양.

환상(幻象) 환술幻術로 변화하는 형상.

환상회향(還相廻向) 정토문淨土門에서 중생이 극락왕생한 뒤 다시 대자비심을 일으켜 이 세계에 돌아와 다른 중생을 불교의 법도로 향하게 하는 것.

환생(還生) 죽은 사람이 모습을 바꾸어 다시 이 세상에 태어나는 것.

환속(還俗) 귀속歸俗. 승려가 출가자 생활을 그만두고 다시 세속으로 돌아가는 것.

환술(幻術) 요술妖術. 무無에서 유有를 내서 사람들을 현혹시키는 방법.

환심(幻心) 심식이 연을 따라 생기지만 실체가 없는 허깨비와 같다는 것을 말한다.

환우(寰宇) 천하. 온 세상.

환중허백(環中虛白) 도리의 가장 요긴한 곳을 말한다.

환향(還香) 답향答香.

환향(還鄕) 환원還源. 미혹함을 전변하여 깨달음에 들어가는 것. 전심반조轉心反照의 뜻.

환화(幻化) 환幻. 환몽幻夢. 실질적인 본체나 자성이 없이 임시로 이름만 가지고 변화한 것을 말한다.

환희(歡喜) ①파모제타阿波牟提陀. 마음에 맞는 경계를 만나 몸과 마음이 기뻐하고 즐거워한다는 뜻. 불법을 듣고 믿음을 얻어 몸과 마음이 기쁘고 즐거움. 환歡은 몸의 기쁨. 희喜는 마음의 기쁨. ② 부처의 제자 아난타阿難陀. 환희歡喜·경희慶喜로 번역. 십대논사十大論師 가운데 하나.

환희단(歡喜團) 환희환歡喜丸.

환희삼매(歡喜三昧) 환희를 발생시키는 선정.

환희원(歡喜苑) 제석천帝釋天 4개의 정원 가운데 하나인 희림원喜林苑의 다른 이름.

환희일(歡喜日) 부처가 기뻐하는 날. 음력 7월 15일 하안거를 마친 날. 후세에는 15일을 모두 환희일이라고 한다.

환희증익불(歡喜增益佛) 불교에서 말하는 여러 불佛 가운데 하나. 인연을 따라 나타나는 과거 부처 가운데 하나. 환희불歡喜佛·환희여래歡喜如來라고도 한다.

환희지(歡喜地) 보살승菩薩乘 십지十地 가운데 하나. 보살이 수행을 하다가 깨달음의 눈이 뜨여서 기쁨으로 가득 차 있는 경지. 감인지堪忍地.

환희천(歡喜天) 아나발저俄那鉢底. 대성환희자재천大聖歡喜自在天. 불법의 수호신. 성천聖天·천존天尊이라고도 한다.

환희천법(歡喜天法) 환희천을 근본 존상으로 하고 모든 재난을 없애며 부귀영화를 얻기 위해 기도하는 법.

환희환(歡喜丸) 즐거움과 기쁨을 주는 알맹이. 일종의 사탕을 가리키는 말.

환희회(歡喜會) 우란분회盂蘭盆會. 7월 15일 불환희일佛歡喜日의 모임.

활구(活句) 뜻으로 말한 길인 의로意路가 통하지 않고 의미를 알 수 없는 말. 『임간록林間錄』에서 '어중유어語中有語 명위사구名爲死句 어중무어語中無語 명위활구名爲活句'라고 한 것. 즉, 말 가운데 말이 있음을 사구라고 하고, 말 가운데 말이 없음을 활구라고 한다.

활구선(活句禪) 묵조선默照禪을 격파한 선.

활도사문(活道沙門) 명도사문命道沙門. 4가지 사문 가운데 하나. 도에 의해 생활하며 도를 수행하는 사문.

활로(活路) 해탈하는 길. 해탈하는 방법.

활문수(活文殊) 문수文殊의 본분을 갖춘 것.

활발발지(活鱍鱍地) 활발발活鱍鱍은 물고기가 자유롭게 기운차게 노는 모양. 발은 물고기의 꼬리가 물속에서 튀는 모양. 지는 어조사. 동작하는 기운이 아주 좋은 것을 말한다. ①선기禪機가 종횡하는 선승의 모습을 평하는 말. ②어떤 장애도 저항도 없이 자유자재인 것.

활불(活佛) 현세에 살아 있는 부처. 부처의 환생이나 화신化身을 말한다. 티베트나 몽골 불교에 있어서 특수한 교리적 존재이고 라마의 전생을 말한다.

활인검(活人劍) 칼을 지혜에 비유한 것으로 진성眞性을 다시 살리는 기용機用을 말한다.

활지옥(活地獄) 8대 지옥 가운데 하나. 살생을 한 이가 떨어지는 지옥.

활촉(滑觸) 팔촉八觸 가운데 하나. 몸이 젖처럼 미끄러운 느낌이 드는 것.

황교(黃敎) 라마교의 일파.

황권적축(黃券赤軸) 불경을 말한다. 노란빛의 종이나 노란빛의 비단에 경문을 쓰고 붉은빛의 막대를 붙여서 둘둘 말은 데서 연유한 말. 또는 범본梵本은 주로 패엽貝葉에 써서 그 잎이 누르고 막대가 붉은 데 연유하는 것이라고도 한다.

황금택(黃金宅) 가람伽藍의 총명.

황납(黃衲) 청색과 황색黃色의 중간색中間色의 옷.

황두(黃頭) 석가釋迦를 말한다. Kapila-vastu의 음사인 가비라파소도가비라바소도迦毘羅婆蘇都를 황두거소黃頭居所로 번역한 데서 비롯된 말.

황로(黃壚) 황천黃泉. 땅속을 말한다. 흙으로 단壇을 쌓고 그 위에 술잔을 올려 놓는 것을 노壚라고 한다.

황룡탕(黃龍湯) 대황탕大黃湯·황탕黃湯·용탕龍湯. 약으로 쓰는 똥물을 말한다.

황룡파(黃龍派) 선종 7종 가운데 하나. 임제종의 일파. 송나라 때 황룡黃龍 혜남慧南이 개시한 종파.

황면구담(黃面瞿曇) 황면노자黃面老子. 부처를 말한다.

황면노자(黃面老子) 부처를 말한다. 황면구담黃面瞿曇·황두대사黃

ㅎ

頭大士라고도 한다. 줄여서 황두黃頭·황두로·황면黃面이라고도 한다.

황문(黃門) 반택가半擇迦. 내시. 남근을 갖추고 있지 않은 이. 중국에서 대궐문을 황색으로 칠하고 내시에게 지키게 하여 황문이라고 한다.

황신(荒神) 조왕대신竈王大神.

황양목선(黃楊木禪) 깨달은 곳에 주저앉아서 활용하는 솜씨가 없는 사람을 꾸짖는 말.

황엽(黃葉) 누런 버드나무 잎을 아기에게 금이라고 하며 아기의 울음을 그치게 한 것. 부처가 천상의 즐거움을 설명하여 인간의 악을 그치게 한 것을 비유한 말.

황의(黃衣) 계율에서 허락하지 않는 법의. 라마교의 신교에서 입은 옷.

황천(黃泉) 명토冥土. 사람이 죽어서 가는 곳. 저승.

황초폭자(黃綃幅子) 사방 1자 5척의 크기로 만든 정사각형의 모양. 오보병五寶瓶의 입구에서 실을 내어 후령통에 넣고 후령통 팔엽 뚜껑으로 나오게 하여 이를 둘러싸는 천을 말한다.

황탕(黃湯) 황룡탕黃龍湯.

회(悔) 부정지법不定地法 가운데 하나. 심소心所의 이름. 스스로 뉘우치는 마음 작용. 악작惡作과 같은 말.

황초폭자와 후령통(화순 운주사 복장유물)

회개(悔改) 개과천선改過遷善.

회과(悔過) 과오를 뉘우치는 것. 참회하는 것.

회과법(悔過法) 참회하는 의식. 참회법.

회광(廻光) 회광반조廻光返照.

회광반조(回光返照) 회광반조廻光返照. 언어나 문자 등의 방편에 의지하지 않고 자기 본래의 모습을 되돌아보고 반성하여 수양하는 것. 자기 자신을 되돌아보는 것. 회는 회귀回歸. 광은 본래면목. 반은 반성. 조는 관조觀照. 휴정休靜은 회광자간回光自看이라고 말한 바 있다.

회광자간(回光自看) 휴정이 말한 회광반조回光返照.

회광조(回光照) 회광반조回光返照.

회단(灰斷) 몸과 마음이 함께 다하여 없어지는 것. 회신멸지灰身滅智.

회대입일(廻大入一) 권대승교權大乘敎의 마음을 돌이켜서 실대승교實大乘敎인 일불승一佛乘으로 들어가는 것.

회두(回頭) 회두시안回頭是岸. 자기 잘못을 고쳐서 좋은 결과가 있게 하는 것. 개과천선改過遷善.

회두시안(回頭是岸) 회두回頭.

회득(會得) 회통득달會通得達. 사물의 이치를 이해하여 통달한다는 뜻.

회랑(回廊) 정당의 좌우에 있는 길쭉한 집채.

회례(回禮) 환례還禮.

회멸(灰滅) 회신멸지灰身滅智.

회본(會本) 본문과 주석서를 합하여 본문을 이해하기 편리하게 만든 책.

회산주부(灰山住部) 계윤부雞胤部와 같은 말.

회삼귀일(會三歸一) 실교實敎에 들어가게 하는 방편으로 성문·연각·보살이 각각 다르다고 하는 견해를 버리고 그대로 일승一乘이라고 하는 깨달음에 들어가게 하는 것. 삼승三乘을 하나로 하여 일승一乘에 들어가게 하는 것.

회석(會釋) 화회통석和會通釋. 회통會通. 취지가 다르게 보이는 가

ㅎ

르침을 서로 조명하여 모순이 없도록 설명하는 것. 경전의 문장을 모순되지 않도록 해석하는 것을 말한다.

회시(廻施) 자기가 쌓아서 모은 선근 공덕을 남에게 베풀어 주는 것.

회신멸지(灰身滅智) 분신회지焚身灰智·회멸灰滅·회단灰斷. 몸을 재로 만들고 지혜를 멸한다는 뜻. 몸과 마음이 함께 아주 없어짐을 말한다. 이승二乘의 최종 목적이며, 무여열반無餘涅槃이라고도 한다.

회심(廻心) 회심回心. 회심廻心. ①참회하는 마음. 자기 허물을 부끄러워하여 마음을 고치는 것. ②회심향대廻心向大·회대입일廻大入一. 삼승三乘의 마음을 고쳐 일승으로 돌아가는 것.

회심계(回心戒) 원돈계圓頓戒의 다른 이름. 소승의 마음을 돌려서 대승의 도를 향하는 사람이 받는 계율.

회이귀일(會二歸一) 이승二乘을 회동會同하여 보살승인 일승에 돌아간다는 뜻.

회자정리(會者定離) 서로 만난 것은 반드시 이별하게 된다는 뜻.

회중(會中) 설법의 자리에 모인 사람들. 수행자의 집단.

회천력(廻天力) 하늘까지도 돌릴 수 있는 힘. 천자의 마음을 좋은 방향으로 변화시키는 힘.

회취(回趣) 마음을 돌려서 불도로 나가는 것.

회통(會通) 화회소통和會疏通. 회석會釋. 서로 다르고 모순되는 여러 가르침을 화회하고 소통하여 하나로 모아 귀결시키는 것.

회통득달(會通得達) 회득會得.

회향(廻向) 📖 회전취향廻轉趣向. 자기가 닦은 선근 공덕을 다른 중생에게 돌려 향하게 하는 것. 중생회향衆生廻向·보리회향菩提廻向·실제회향實際廻向이 있다. 또는 미타彌陀의 공덕에 의지해서 극락왕생하는 것.

회향게(回向偈) 법회나 의식에서 공덕을 모든 중생에게 돌린다는 뜻을 담고 있으며, 크게는 준제불모准提佛母를 찬讚하는 내용과 법회와 의식에서 사용하는 회향게가 있다.

회향게(廻向偈) 바라춤 보회향진언普廻向眞言에 맞추어 추는 춤. 자기의 선근공덕을 다른 이에게 돌린다는 의미가 있다.

회향문(廻向門) 법회 때 마지막에 읊는 발원문. 극락왕생하려는 수행자가 닦아야 하는 5염문念門 가운데 하나. 자기가 얻은 공덕을 다른 중생에게 돌려주어 함께 부처의 가르침에 향하게 한다는 의미가 있다.

회향발원심(廻向發願心) 과거와 현재에 지은 선근 공덕으로 정토에 왕생하기를 회향 발원하는 마음. 극락정토에 가서 나는 삼인三因 가운데 하나.

회향삼처(廻向三處) 삼종회향三種廻向.

회향소(回向疏) 수륙재의 마지막에 소疏에서 보인 모든 무리들에게 회향하는 소疏.

회향의례(廻向儀禮) 법식을 베풀어 받은 죽은 이가 모든 불보살의 증명공덕證明功德으로 극락왕생하기를 기원하고, 그 공덕을 모든 사람들이 두루 나누어 갖도록 하는 의식.

회향주(回向呪) 보회향진언普回向眞言. "옴 삼마라 삼마라 미만나 사라마하 자거라바 훔唵 娑摩囉 娑摩囉 彌摩曩 斯哈囉摩訶咱哈囉 吽"

회호(回互) 서로 번갈아 섞여서 섭입涉入한다는 뜻. 화엄 교리에서 이사무애理事無碍이며, 사事는 이理에서 생긴 것이므로 이理를 여읜 사事가 없으며 이理와 사事는 무애하며, 이理와 사事가 무애하므로 차별한 현상계의 사事와 사事도 또한 서로 원융 무애圓融無碍하다고 하는 것.

횡념도용(橫拈倒用) 념과 용은 다르다는 뜻. 횡과 도는 종縱과 횡橫, 또는 순順과 역逆이니 자유자재하다는 뜻이다.

횡래기(橫來機) 부처의 45년 동안 설법을 처음부터 차례로 듣지 않고 중간에 와서 듣는 사람.

횡사(橫死) 9가지 횡사橫死가 있다. 득병무의得病無醫·왕법주륙王法誅戮·비인탈정기非人奪精氣·화분火焚·수닉水溺·악수담惡獸啖·타애墮崖·독약주저毒藥咒詛·기갈소곤饑渴所困.

횡수(橫豎) ①횡종橫縱. 수행하는 차례를 지켜야 하는 자력교自力敎는 수豎. 부처의 본원력으로 왕생하는 타력교他力敎는 횡橫. ②화엄에서는 공간적 개념을 수, 시간적 개념을 횡이라고 하여 시방十方을 설명하기도 한다.

횡점두(橫點頭) 허락하지 않는 모양. 곧 머리를 가로로 흔드는 것.

횡초(橫超) 정토문淨土門의 이행도易行道. 여래의 본원을 듣고 의심 없이 믿으면, 한 생각에 즉득왕생即得往生하는 이익을 얻어서 죽은 뒤에 바로 진실한 보토報土에 왕생하는 것을 말한다.

횡출(橫出) 정토문淨土門의 이행도易行道. 자력으로 정행定行·산행散行 등 모든 행을 닦아 방편의 화토化土에 태어나는 것.

효공사교(曉公四敎) 원효 스님이 부처의 일대 교법을 4가지로 나눈 것. ①삼승별교三乘別敎.『사제경』·『연기경』등. ②삼승통교三乘通敎.『반야경』·『해심밀경』등. ③일승분교一乘分敎.『범망경』등. ④일승만교一乘滿敎.『화엄경』등.

후가(後架) 절에서 승당의 뒤에 있는 장소로 대중들이 세수하는 곳.

후광(後光) 불상의 광배光背. 부처나 보살의 몸 뒤에서 나오는 빛. 불상 목뒤에 둥글게 빛나는 원광圓光과 불상 전체에서 빛나는 거신광舉身光이 있다.

후교열반경(後敎涅槃經) 『열반경』을 말한다. 부처 일대 설법 가운데 최후에 말한 것이므로 후교라고 한다.

후당(後堂) 후호後戶. 본당本堂의 뒷문.

후득지(後得智) 여량지如量智·권지權智·속지俗智라고도 한다. 근본지根本智보다 나중에 얻어지는 지혜. 중생의 제도에 작용하는 지혜. 근본지에 의해 진리를 깨달은 뒤에 다시 분별하는 얕은 지혜를 일으켜 의타기성依他起性의 속세의 일을 이해하는 지혜.

ㅎ

후령통(候鈴筒) 복장服藏을 넣는 통. 불상이나 불화 등을 조성할 때 함께 넣는 금·은·칠보七寶 등의 보물과 오곡五穀·오향五香·오약五藥을 넣는 통.

후방(後方) 후제後際. 미래세. 미래.

후변(後邊) 후제後際. 미래세. 미래.

후보(後報) 삼보三報 가운데 하나. 현세에 지은 과보果報가 제2세 이후에 갚아지는 것.

후불(後佛) ①미래에 출현한다고 하는 부처. 미륵보살. ②불상 뒤의 불탱화佛幀畵.

후불벽화(後佛壁畵) 전각의 뒷벽이 아닌 불상을 봉안한 뒤에 천장까지 기둥을 세우고 별도의 벽을 마련하여 그린 그림.

불상과 후불벽화(김천 직지사 대웅전)

후삼일승(後三一乘) 화엄종에서 소승교·시교·종교·돈교·원교의 5교 가운데 종교·돈교·원교의 삼교三敎를 일승이라고 한다.

후생(後生) ①내세·내생·후세. ②후배·후인後人·후진後進.

후선도(後善導) 선도의 재생再生 또는 후신後身이란 뜻.

후

후성(後聖) 후대에 올 성인.

후세(後世) 후생後生.

후수업(後受業) 현생에 업을 만들어 이후의 생에 인과응보를 받는 업을 말한다.

후신(後身) 내세來世의 몸.

후야(後夜) 축각丑刻에서 묘각卯刻까지. 곧 오전 2시부터 오전 6시까지의 시간.

후유(後有) ①후세後世의 유有. 사후의 생. 미래의 과보. ②최후신最後身. 생사신生死身의 최후를 말하는 것으로 보살 등과 같은 뜻.

후유(後喩) 팔유八喩 가운데 하나로 우선 법을 말하고 뒤에 비유를 사용하는 것을 말한다.

후일분(後日分) 하루 가운데 자는 시간을 뺀 새벽부터 초저녁까지를 셋으로 나누는데, 오후 3시[申時]부터 9시[戌時]까지를 말한다.

후일일승(後一一乘) 화엄종에서 소승교小乘教·시교始教·종교終教·돈교頓教·원교圓教의 5교 가운데 마지막 원교를 일승교라고 한다.

후제(後際) 삼세三世의 미래. 미래세. 후변後邊. 후방後方.

후패(後唄) 범패梵唄의 마지막에 거행되는 것.

후호(後戸) 본당本堂의 뒷문. 이당裏堂·후당後堂이라고도 한다.

훈륙향(薰陸香) 유향乳香이라고도 한다. 감람과에 딸린 상록수의 진이 여름에 녹아서 모래 속에 떨어진 것이 땅속에서 굳어져서 향기가 있는 것.

훈변식(熏變識) 제8식인 아뢰야식阿賴耶識의 다른 이름.

훈습(薰習) 습관적 행동에 따른 잠재인상을 가리키는 말. 어떤 것에 계속하여 자극을 줄 때 점차 그 영향을 받는 작용. 향기가 옷에 배듯이 불법을 들어서 마음을 닦는 것. 훈熏은 훈발熏發. 습習은 수습數習·관습慣習의 뜻.

훈신(葷辛) 마늘이나 파와 같이 냄새가 나는 채소가 훈. 고추와 같이 매운 맛이 있는 채소가 신.

훼방론(毁謗論) 『유가사지론瑜伽師地論』에서 제시한 육종론六種論 가운데 하나. 원한을 품고 분함을 드러내면서 추악한 말이나 불손한 말이나 성실하지 못한 말로 서로 헐뜯고 비방하는 것.

훼석(毁釋) 부처와 부처의 가르침을 헐어 없애는 것.

휘신도량(諱辰道場) 기신도량忌辰道場.

휴도(休屠) 부도浮屠.

휴량(休糧) 벽곡辟穀.

휴류선언(鵂鶹仙人) 가나타迦那陀. 휴류(鵂鶹)는 부엉이와 올빼미를 말한다.

휴복(休復) 고요히 마음을 안정시키면서 본래의 진면목으로 돌아가는 것.

흑린주(黑鱗柱) 고기비늘 모양으로 만든 까만 주장柱杖.

흑만만지(黑漫漫地) 만만은 물이 한없이 멀고 많은 모양. 흑만만은 온통 캄캄하다는 뜻. 옳고 그름과 좋고 나쁨과 곱고 미움 등을 분별하지 못하는 모양을 말한다.

흑백업(黑白業) 악업과 선업을 말한다.

흑백흑백업(黑白黑白業) 사업四業 가운데 하나. 욕계의 선업. 욕계의 선업은 선善하지만 악惡이 섞여 있으므로 흑백이라 하고, 과보도 선한 과보이지만 선하지 못한 것도 섞여 있으므로 흑백흑백업이라고 한다.

흑법(黑法) 법의 성질을 색에 비유한 것으로 선善하지 못한 일을 말한다.

흑산(黑山) 대철위산大鐵圍山과 소철위산小鐵圍山 사이에 암흑인 곳을 말한다.

흑승(黑繩) 흑승지옥黑繩地獄.

흑승지옥(黑繩地獄) 살생과 도둑질을 동시에 한 죄인이 떨어진다는 8대 지옥 가운데 두 번째. 뜨거운 쇠사슬에 묶여서 뜨거운 쇠도끼에 찍히고 큰 톱에 잘리는 고통을 받는 지옥.

ㅎ

흑암천(黑闇天) 길상천의 누이동생으로 얼굴이 추악하여 가는 곳마다 공덕을 없애고 사람에게 재난을 주는 여신. 흑야신黑夜神.

흑야신(黑夜神) 흑암천黑闇天·암야천闇夜天. 중야中夜를 맡은 신.

흑업(黑業) 악한 결과를 가져오는 부정한 업. 악업惡業. 백업白業의 반대말.

흑월(黑月) 달이 조금씩으로 이지러져 캄캄하게 되는 부분. 보름의 다음 날인 16일부터 새 달의 앞날인 그믐날까지 이르는 동안. 백월白月의 반대말.

흑의(黑衣) 승려가 입는 검은 가사. 곧 승려를 가리키는 말.

흑의재상(黑衣宰相) 흑의는 승려를 가리키는 것으로, 정치 등 중대한 일에 참여하는 승려를 말한다.

흑흑업(黑黑業) 사업四業 가운데 하나. 욕계의 악업은 성질이 좋지 못하고 받는 과보도 나쁘므로 거듭하여 흑흑업이라고 한다.

흔계(欣界) 흔구欣求할 수 있는 경계. 현성賢聖이 머무는 곳.

흔구(欣求) 선법善法을 구하는 것.

흔구정토(欣求淨土) 흔정欣淨. 극락정토에 왕생하기를 원하는 것. 염리예토厭離穢土의 반대말.

흔묘관(欣妙觀) 6행관行觀 가운데 하나. 초선初禪의 선정이 움직이지 않는 것이어서 상묘上妙한 것과, 초선의 몸이 형체는 있으나 거울 속의 영상처럼 자재自在한 것을 자세히 살펴서 모두 좋아하는 관법.

흔승관(炘勝觀) 6행관行觀 가운데 하나. 초선상승初禪上勝의 선정의 즐거움과, 초선 선미禪味의 즐거움을 자세히 살펴서 모두 좋아하는 것.

흔정(欣淨) 흔구정토欣求淨土.

흔출관(忻出觀) 6행관行觀 가운데 하나. 초선初禪의 마음이 욕심과 더러움을 여의고 자유로운 것과, 초선의 몸이 5신통神通을 얻어서 자유로운 것을 자세히 살펴서 모두 좋아하는 것.

ㅎ

흘률지왕십몽(訖栗枳王十夢) 가섭불迦葉佛의 아버지 행사왕行事王
이 꾼 10가지 기이한 꿈.

흥거(興渠) 생강. 성품은 열이 나고, 기운은 매우며 비린 냄새가
나고, 맛은 매워서, 수행하는 사람이 먹으면 수행하는 몸, 즉 법신
을 죽일 수 있어서 독과 같다고 하여 불자佛子가 먹지 않는 다섯
가지 매운 채소 중에 한 가지. 먹은 냄새가 나면 천신이 도망가서
복덕이 없게 되며, 먹은 사람이 삼매를 닦아도 천신이 보호해 주
지 않는다고 한다. 불가에서 먹지 않는 오신五辛·오훈五葷 가운데
하나. ➡ 오신五辛

흥복(興福) 번역飜譯 십과十科 가운데 아홉 번째. 복리福利를 일으
키고 만들어 일마다 하나가 아닌 것을 말한다.

흥세(興世) 부처가 세상에 나오는 것.

희각분(喜覺分) 칠각분七覺分 가운데 하나. 참된 법을 얻어서 기
뻐하는 일.

희각지(喜覺支) 칠각지七覺支 가운데 하나. 희지喜支. 바른 법을
배우고 바른 수행을 하는 것에 대해 기뻐하는 것. 진실한 가르침
을 실행하는 기쁨으로 사는 것.

희견궁(喜見宮) 희견성喜見城.

희견성(喜見城) 희견궁喜見宮·선견성善見城. 수미산 꼭대기에 있
으며 도리천주忉利天主 제석천帝釋天이 사는 성. 도리천의 중앙에
있는 궁성.

희나연(希那衍) 소승小乘을 말한다.

희대(希代) 희세希世.

희론(戲論) 희롱하는 담론談論. 부질없이 희롱하는 말로 어떤 뜻
이나 이익이 없는 말. 애론愛論과 견론見論이 있다.

희림원(喜林苑) 환희원歡喜苑·가무원歌舞苑·대희원大喜苑과 함께
제석천帝釋天 4개의 정원 가운데 하나. 수미산 꼭대기 제석천이
사는 희견성喜見城의 북쪽에 있는 동산.

희망계(希望戒) 사종계四種戒 가운데 하나. 천상 등의 좋은 곳에 태어나기를 희망하여 지키는 계. 곧 명예나 이익을 구하는 것을 금하는 계.

희망념천(戱忘念天) 욕계 6천의 중간에 있는 하늘. 천인天人들이 여러 가지 희락에 빠져 정념을 잊어 버리고 이 세계에서 떨어진 다고 한다.

희무량심(喜無量心) 사무량심四無量心 가운데 하나. 다른 사람이 괴로움을 여의고 즐거워하는 것을 보고 한없이 기뻐하는 이타利他의 마음 수행.

희사(喜捨) 기쁜 마음으로 재물을 베풀어 주는 것. 주로 삼보에 공양하기 위해 보시하는 것을 말한다. 정사淨捨·정시淨施라고도 한다.

희수(喜受) 오수五受 가운데 하나로 기쁘게 느끼는 것. 마음 가운데 기쁨을 받고 아직 온몸의 즐거움에 미치지 않은 상태.

희심구(喜心俱) 선인선善人禪 가운데 하나. 중생이 고통을 버리고 즐거움을 얻는 것을 보고 기뻐하는 마음과 함께 일어나는 선禪.

희양산파(曦陽山派) 신라 시대 불교의 한 종파. 선종 9산문의 하나. 경문왕 때 도헌道憲이 문경 희양산 봉암사鳳巖寺에서 일으킨 선풍.

희오신(喜悟信) 희인喜忍·오인悟忍·신인信忍. 곧 삼인三忍을 말한다.

희유(希有) ①십이부경十二部經·십이분교十二分教·십이분경十二分經 가운데 하나. ②미증유未曾有. 아주 드물고 진귀한 것.

희유인(希有人) 드물게 있는 사람. 염불하는 사람을 칭찬하는 말. 염불하여 극락정토에 왕생한다고 믿는 것이 어렵고 드문 일임을 말한다.

희인(喜忍) 삼인三忍 가운데 하나. 아미타불이 큰 자비심으로 구제함을 기뻐하는 마음.

희족(喜足) 편안한 경지.

ㅎ

희족천(喜足天) 도솔천兜率天을 말한다. 지족천知足天·묘희족천妙喜足天이라고도 한다.

희지(喜支) 희각지喜覺支.

희천시(希天施) 8가지 보시 가운데 하나. 하늘에 나기를 원하여 남에게 물건을 베풀어 주는 것.

희탐(喜貪) 욕심을 부리는 것.

힐혜(黠慧) 간교한 지혜. 영리한 꾀. 세속의 지혜를 말한다.

부록

1. 탑과 금당의 가람배치

일반적으로 사찰의 구성요소는 크게 주불을 모신 금당金堂, 경전을 강의하거나 의식을 행하는 장소로 쓰이는 강당講堂, 승려들의 생활 장소인 요사寮舍로 나눈다. 또는 금당金堂, 강당, 탑, 음식을 먹을 수 있는 식당, 대중에게 여러 가지를 알리는 사물四物인 범종·법고·목어·운판을 놓은 종루鐘樓, 경전을 보관하는 경장經藏, 승려들이 일상생활을 하는 승방僧房 등 7가지 중요한 당우堂宇·당사堂舍를 갖추어야 한다고 하여 칠당가람七堂伽藍이라고도 한다.

● 쌍탑식

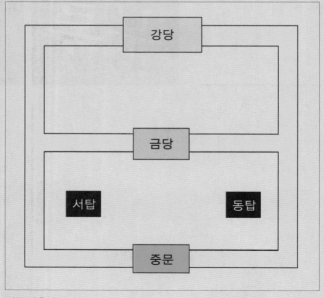

경주 감은사

● 1탑 3금당식

평양 정림사

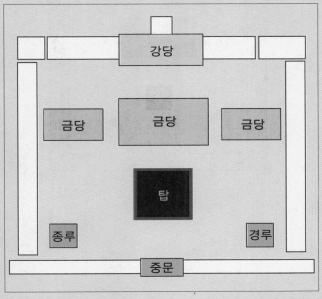

경주 황룡사

● 1탑 1금당식

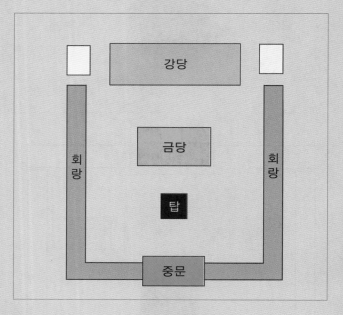

부여 정림사

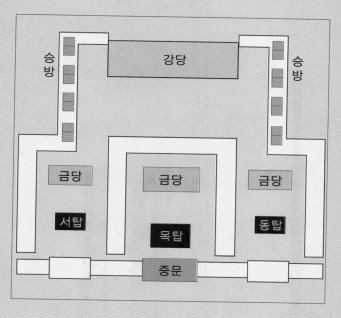

익산 미륵사

2. 일주문에서 대웅전까지

(1) 당간지주幢竿支柱

　사찰에 들어가기 전 멀리서 볼 수 있는 표시로, 사찰이 있고 법회가 있음을 알리는 표식이다. 깃발을 매다는 막대인 당간과, 당간을 바치는 지주를 합쳐 부르는 말이다.

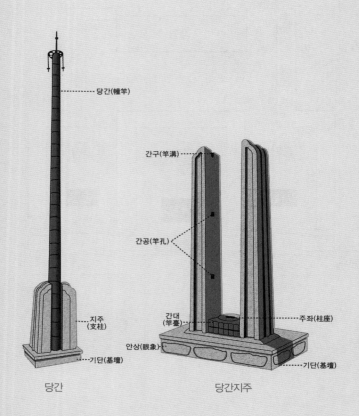

당간

당간지주

당간지주(공주 갑사)

(2) 일주문—柱門

사찰에 들어갈 때, 제일 먼저 만나는 문으로, 두 기둥을 한 줄로 세운 문이라 해서 일주문이라고 한다. 이 문을 경계로 밖은 사바세계이며, 안은 부처의 세계가 펼쳐진다.

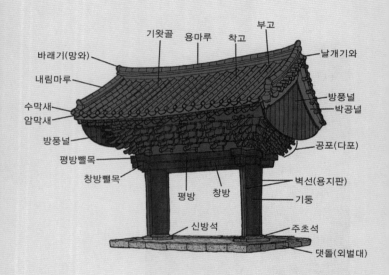

일주문 명칭

일주문(고창 선운사)

(3) 천왕문天王門

천왕문(김제 금산사)

북방의 다문천왕(좌)
동방의 지국천왕(우)

남방의 증장천왕(좌)
서방의 광목천왕(우)

사천왕(구례 화엄사)

(4) 금강문 · 금강역사金剛力士

문을 들어가면 좌우로 서로 마주보게 세운 역사인데, 문 좌우에 그려 넣는 경우도 있다. 절에 들어오는 나쁜 기운을 물리친다는 뜻이 있다.

금강문(김제 금산사)

금강역사(하동 쌍계사)

(5) 불이문不二門 · 해탈문

도리천은 본래 33천으로 지상에서 가장 높은 곳에 있다. 불이문을 지나서 만나는 사원 안의 풍경은 수미산 위에 까마득하게 펼쳐진 드높은 차원의 풍경으로 볼 수 있다.

불이문(고성 건봉사)

해탈문(영암 도갑사)

(6) 범종각

범종각(양산 통도사)

사물(四物)
범종 · 법고 · 목어 · 운판

(7) 대웅전 · 대웅보전

가람의 중심이 되는 전당. 대웅大雄은 『법화경』에서 석가모니를 위대한 영웅, 즉 대웅이라 일컬은 데서 유래하였다. 대웅전에는 중심에 불상을 안치하는 수미단須彌壇과 신중神衆을 모시는 신중단, 그리고 영가靈駕를 모시는 영단을 두고 각 단마다 탱화를 모신다.

본존불인 석가모니불에는 좌우에 협시불脇侍佛을 세우는데, 문수보살과 보현보살을 세우기도 하고, 아미타불과 약사여래를 세우기도 한다.

대웅전 내부(영천 은해사)

대웅전(대구 동화사)

(8) 극락전 · 무량수전 · 미타전 · 아미타전 · 수광전

서방 극락세계에 살면서 중생에게 자비를 베푸는 아미타불을 주불로 모시는 전각이다. 아미타불의 광명은 끝이 없어 백천억 불국토를 비추고無量光, 수명 또한 한량없어 백천억 겁으로도 헤아릴 수 없다無量壽. 그래서 이 부처를 모신 전각을 무량수전이라 하고 관세음보살과 대세지보살, 또는 관세음보살과 지장보살이 좌우에서 협시한다.

아미타불(강진 무위사)

극락전(부여 무량사)

무량수전(영주 부석사)

(9) 대적광전 · 화엄전 · 비로전 · 대광명전

『화엄경』의 주불인 비로자나불을 모시는 전각이다. 비로자나불은 연화장세계의 교주이며, 빛이 가득한 세계이므로 대적광전이라고 한다.

비로자나불(고창 선운사)

대적광전(합천 해인사)

(10) 미륵전 · 용화전

미래의 세상에 온다는 미륵불을 모 신 전각이다. 미륵불이 용화세계에서 중생을 교화하는 내용을 형상화하였다.

미륵보살(국립경주박물관)

미륵전(김제 금산사)

(11) 관음전 · 원통전 · 보타전

관세음보살을 주불로 모신 전각으로, 가람의 중심이면 원통전이라 하고, 부속이 되는 전각일 경우는 관음전이라고 한다.

관세음보살(보은 법주사)

관음전(순천 송광사)

(12) 영산전

영산회상도(하동 쌍계사)

영산전(공주 마곡사)

(13) 약사전 · 만월보전 · 유리광전

질병을 고쳐주는 약사여래를 모신 불전이다.

약사여래(청양 장곡사)

약사전(남원 실상사)

(14) 지장전 · 명부전 · 시왕전

지장보살을 본존으로 모실 때는 지장전 또는 명부전이라고 하며, 시왕을 모시면 시왕전이라고 한다.

지장보살(화순 쌍봉사)

명부전(여주 신륵사)

(15) 팔상전

석가모니의 일대기를 8장면으로 나누어 그린 팔상도를 모시는 전각이다. 중앙에 석가모니불을 봉안하고 갈라보살과 미륵보살을 좌우에 모신다.

팔상전(보은 법주사)

(16) 나한전·응진전

16나한이나 500나한을 모신 불전이다.

오백나한(광주 증심사)

응진당(해남 미황사)

(17) 천불전 · 불조전

현겁천불을 모신 전각으로 천불탱화를 모신다.

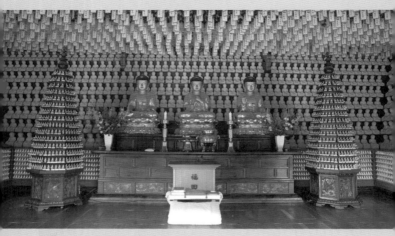

천불전 내부(화성 용주사)

천불전(해남 대흥사)

(18) 대장전 · 장경각

장경각이라고도 하며, 삼보 가운데 하나인 경전을 모시는 전각이다.

경가(합천 해인사)

장경판전(합천 해인사)

(19) 조사당 · 진영각

  처음 사찰을 창건하였거나 개산한 스님을 모시며, 수행과 덕이 높은 고승들의 영정을 모시는 곳을 말한다.

조사당 내부(여주 신륵사)

조사당(여주 신륵사)

(20) 산신각

산신각과 산신도(강진 무위사)

(21) 칠성각 · 삼성각

칠성각은 도교의 칠성신앙을 받아들인 것이다. 삼성각은 산신 · 칠성 · 독성을 하나의 전각에 모신 경우로, 산신신앙에서 시작하였다.

칠성각(남원 실상사)

삼성각(밀양 만어사)

(22) 독성각

흰 수염을 하고 있는 나반존자를 모신 전각이다.

독성각(고성 건봉사)

(23) 요사채

전각이나 산문 외에 승려의 생활과 관련된 건물을 아울러 요사채라
한다.

요사채(산청 율곡사)

(24) 탑의 명칭

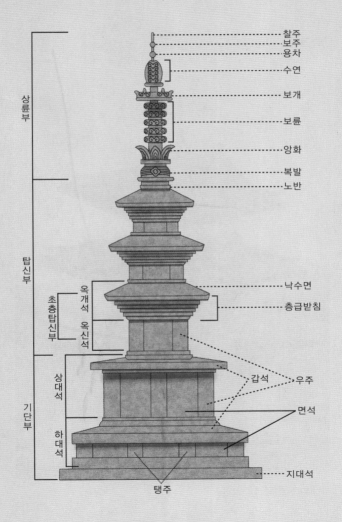

상륜부
- 찰주
- 보주
- 용차
- 수연
- 보개
- 보륜
- 앙화
- 복발
- 노반

탑신부
- 낙수면
- 층급받침

초층탑신부
- 옥개석
- 옥신석

기단부
- 상대석
- 하대석
- 갑석
- 우주
- 면석
- 지대석

탱주

● 탑의 종류

목탑(화순 쌍봉사 대웅전)

전탑(여주 신륵사)

석탑(구례 화엄사 4사자 삼층석탑)

(25) 석등의 명칭

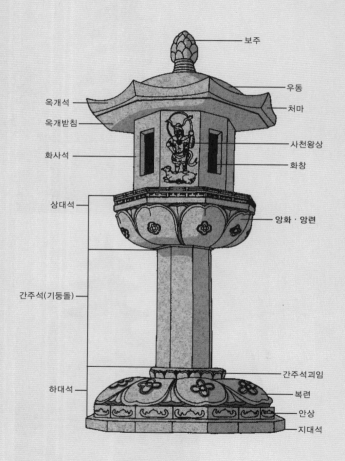

보주
우동
처마
사천왕상
화창
앙화 · 앙련
간주석괴임
복련
안상
지대석

옥개석
옥개받침
화사석
상대석
간주석(기둥돌)
하대석

석등(합천 영암사지)

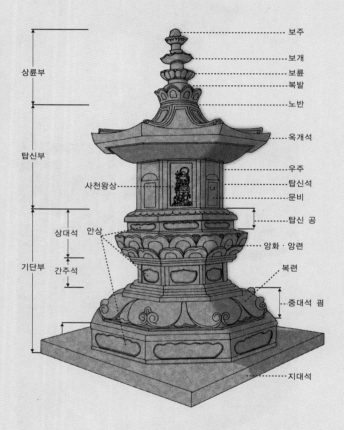

보주
보개
보륜
복발
노반
상륜부
탑신부
옥개석
우주
사천왕상
탑신석
문비
탑신 공
상대석 안상
양화·앙련
간주석
복련
기단부
중대석 굄
지대석

부도(화순 쌍봉사 철감선사)

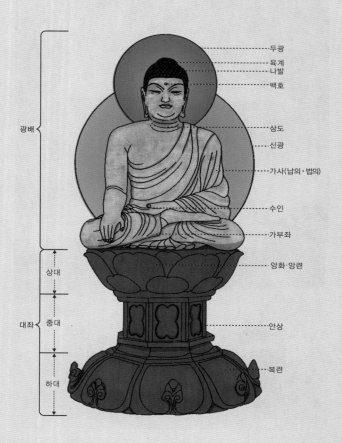

두광
육계
나발
백호
삼도
신광
가사(납의·법의)
수인
가부좌
앙화·앙련
안상
복련

광배

대좌
상대
중대
하대

화불

보관

삼도

경식

완천

영락

천의

정병

상의(군의)

연화좌

(29) 각종 수인과 구품인

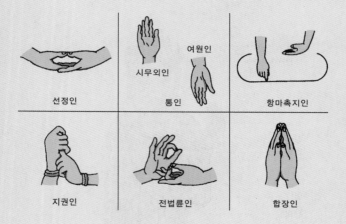

선정인

시무외인 · 여원인
통인

항마촉지인

지권인

전법륜인

합장인

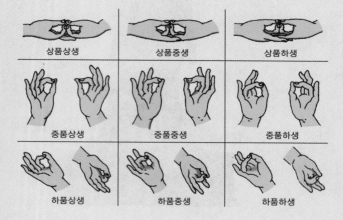

상품상생

상품중생

상품하생

중품상생

중품중생

중품하생

하품상생

하품중생

하품하생

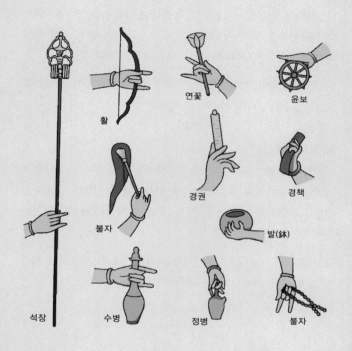

석장

활

연꽃

윤보

불자

경권

경책

발(鉢)

수병

정병

불자

필 자 소 개

조기영

연세대 대학원 국어국문학과를 졸업하고 석사·박사 학위를 받았다. 유도회 한문연수원과 중앙승가대학 불전국역연수원을 수료했다. 연세대 국학연구원 연구원, 충북대 우암연구소 전임연구원으로 연구활동을 했다. 서정대 관광과 교수로 재직했다. 현재 연세대 학부대학 강사·유도회 한문연수원 교수로 있다.

반야심경(2009), 백유경(2009), 초발심자경문(2009), 명심보감(2009), 순언(2010) 외 다수의 논저가 있다.

태경(이선이)

해인사에서 출가하고 봉녕사 승가대학을 졸업했다. 동국대학교 대학원 불교학과를 졸업하고 석사·박사 학위를 받았다. 고려대장경연구소 연구원으로 연구활동을 했다. 현재 월정사 성보박물관 학예연구실장으로 있다.

조상경(2006), 중국초기황엄사상사(편역, 2007), 불복장에 새겨진 의미(편저, 2008) 외 다수의 논저가 있다.

알기쉬운 불교용어 산책

초판 1쇄 인쇄 • 2011년 5월 3일
초판 1쇄 발행 • 2011년 5월 13일

저자 • 조기영 · 태경
발행인 • 한정희
발행처 • 도서출판 양사재
편집 • 신학태 · 김윤선 · 김지선 · 문영주 · 안상준 · 김송이
영업/관리 • 이화표 · 하재일 · 양현주 · 최지현
주소 • 서울시 마포구 마포동 324-3
전화 • (02)706-0248
팩스 • (02)703-9711
등록 • 제313-2007-000136호(2007. 6. 20)
홈페이지 • www.mkstudy.net
이메일 • ysj@mkstudy.net

인쇄 • 새한문화사
제본 • 과성제책
표지인쇄 • 삼화폴리텍

ISBN • 978-89-960255-7-3 (03220)

값 43,000원

© 2011, Yangsajae Publishing Co. Printed in Korea